Microsoft®
Visual FoxPro 6.0 Programmierhandbuch

Der offizielle Leitfaden zur Programmierung mit Visual FoxPro 6.0

Microsoft Press

Microsoft Corporation: Microsoft Visual FoxPro 6.0 Programmierhandbuch
Microsoft Press Deutschland, Edisonstr. 1, 85716 Unterschleißheim
Copyright © 1998 Microsoft Press Deutschland

Das in diesem Buch enthaltene Programmaterial ist mit keiner Verpflichtung oder Garantie irgendeiner Art verbunden. Autor, Übersetzer und der Verlag übernehmen folglich keine Verantwortung und werden keine daraus folgende oder sonstige Haftung übernehmen, die auf irgendeine Art aus der Benutzung dieses Programmaterials oder Teilen davon entsteht.

Das Werk einschließlich aller Teile ist urheberrechtlich geschützt. Jede Verwertung außerhalb der engen Grenzen des Urheberrechtsgesetzes ist ohne Zustimmung des Verlags unzulässig und strafbar. Das gilt insbesondere für Vervielfältigungen, Übersetzungen, Mikroverfilmungen und die Einspeicherung und Verarbeitung in elektronischen Systemen.

TrueType ist eine eingetragene Marke von Apple Computer, Inc.
PC Card ist eine eingetragene Marke von Personal Computer Memory Card International Association (PCMCIA).

Weitere in diesem Dokument aufgeführte Produkt- und Firmennamen können geschützte Marken ihrer jeweiligen Inhaber sein.

15 14 13 12 11 10 9 8 7 6 5 4 3 2 1
99 98

ISBN: 3-86063-057-1
© Microsoft Press Deutschland
(ein Unternehmensbereich der Microsoft GmbH)
Edisonstraße 1, D-85716 Unterschleißheim
Alle Rechte vorbehalten

Übersetzung & Grafik: Translingua Language & Technology GmbH, Bonn
Satz: Jan Carthaus, Insel Reichenau
Umschlaggestaltung: Hommer DesignProduction, München
Produktion: Roland Heindle
Herstellung, Druck und Bindung: Kösel, Kempten

Inhaltsverzeichnis

Einleitung .... **xi**
    Zu diesem Handbuch xi
    So erhalten Sie Hilfe xii
    Benötigen Sie Hilfe? Drücken Sie F1 xii
    Beispieldateien xii
    Verwendung von Codebeispielen xii
    Typografische Vereinbarungen xiii

Teil 1 Programmieren in Visual FoxPro **1**

Kapitel 1 Einführung in die Programmierung **3**
    Vorteile des Programmierens 3
    Vorgehensweisen beim Programmieren in Visual FoxPro 5
    Grundbegriffe des Programmierens 8
    Der Programmierprozeß 16
    Arbeiten mit Prozeduren und benutzerdefinierten Funktionen 25
    So geht's weiter 30

Kapitel 2 Entwickeln einer Anwendung **31**
    Planen der Anwendung 31
    Überblick über den Prozeß 32
    Beginnen der Entwicklung 33
    Verwenden des Projekt-Managers 34
    Erstellen von Datenbanken 35
    Erstellen von Klassen 35
    Gewähren des Zugriffs auf die Funktionalität 35
    Gewähren des Zugriffs auf Informationen 36
    Testen und Fehlerbeseitigung 36

Kapitel 3 Objektorientierte Programmierung **37**
    Objekte in Visual FoxPro 37
    Klassen und Objekte: Die Bausteine einer Anwendung 38
    Klassen in Visual FoxPro 40
    Verstecken nicht notwendiger Komplexität 40
    Leistungsfähigkeit bestehender Klassen ausnutzen 41
    Rationalisierte Pflege von Code 42
    Die Klassenhierarchie in Visual FoxPro 42
    Anpassen einer Klasse an eine Aufgabe 44
    Entscheiden, wann Klassen zu erstellen sind 44
    Entscheiden, welcher Klassentyp zu erstellen ist 45
    Erstellen von Klassen 47
    Ändern einer Klassendefinition 48
    Erstellen einer Unterklasse zu einer Klassendefinition 48
    Verwenden des Klassen-Designers 49
    Hinzufügen von Klassen zu Formularen 57
    Außer Kraft setzen der Standardeinstellungen für Eigenschaften 57
    Aufrufen von Masterklassen-Methodencode 58
    Klassen- und Container-Hierarchien 58
    Bezugnehmen auf Objekte in der Container-Hierarchie 59
    Setzen von Eigenschaften 60
    Aufrufen von Methoden 61
    Reagieren auf Ereignisse 62
    Programmgesteuertes Definieren von Klassen 62
    Schützen und Verstecken von Klassenelementen 63
    Erstellen von Objekten aus Klassen 63
    Hinzufügen von Objekten zu einer Container-Klasse 64
    Zuweisen von Methoden- und Ereigniscode 65
    Erstellen von Objektverweisen 75
    Erstellen von Datenfeldern 76
    Erstellen von Objektdatenfeldern 77
    Verwenden von Objekten zum Speichern von Daten 77

Kapitel 4 Zum besseren Verständnis des Ereignismodells 81
Ereignisse in Visual FoxPro 81
Überprüfen von Ereignisfolgen 85
Zuweisen von Code zu Ereignissen 92

Teil 2 Arbeiten mit Daten 93

Kapitel 5 Entwerfen von Datenbanken 95
Einsatz des Datenbank-Entwurfsverfahrens 95
Anforderungsanalyse für den zu erfassenden Datenbestand 97
Klassifikation der Daten und Zusammenfassung in Tabellen 99
Festlegung der erforderlichen Felder 101
Identifikation der Beziehungen zwischen Tabellen 105
Verfeinerung des Entwurfs 112
Beispieldatenbanken 115

Kapitel 6 Erstellen von Datenbanken 119
Erstellen einer Datenbank 119
Anzeigen und Ändern der Datenbankarchitektur 129
Verwalten von Datenbanken 131
Referenzieren mehrerer Datenbanken 133
Behandeln von Datenbankfehlern 137

Kapitel 7 Arbeiten mit Tabellen 139
Erstellen von Tabellen 139
Arbeiten mit Datensätzen 162
Indizieren von Tabellen 168
Arbeiten mit mehreren Tabellen 187

Kapitel 8 Erstellen von Ansichten 195
Erstellen einer Ansicht 195
Verwenden von Ansichten 206
Aktualisieren von Daten mit Hilfe einer Ansicht 216
Zusammenfassen von Ansichten 222
Arbeiten mit Offline-Daten 223
Optimieren der Leistungsfähigkeit von Ansichten 229

Teil 3 Erstellen der Benutzeroberfläche 235

Kapitel 9 Erstellen von Formularen 237
Verwalten von Formularen 237
Erstellen eines neuen Formulars 237
Hinzufügen von Objekten zu Formularen 248
Bearbeiten von Objekten 258
Verwalten von Formularen 274

Kapitel 10 Verwenden von Steuerelementen 285
Steuerelemente und Daten 285
Wählen des richtigen Steuerelements für eine Aufgabe 286
Erleichtern der Verwendung von Steuerelementen 328
Erweitern von Formularen 335

Kapitel 11 Entwerfen von Menüs und Symbolleisten 341
Verwenden von Menüs in Anwendungen 341
Erstellen von benutzerdefinierten Symbolleisten 358
Testen eines Menüsystems und Beseitigen von Fehlern 366
Anpassen eines Menüsystems 367

Teil 4 Zusammensetzen der Teile 371

Kapitel 12 Hinzufügen von Abfragen und Berichten 373
Hinzufügen von Abfragen 373
Hinzufügen von Berichten und Etiketten 378
Integrieren von Abfragen und Berichten 402

Kapitel 13 Kompilieren einer Anwendung 407
Strukturieren einer Anwendung 407
Hinzufügen von Dateien zu einem Projekt 413
Erstellen einer Anwendung aus einem Projekt 416

Kapitel 14 Testen von Anwendungen und Fehlerbeseitigung 419
Planung von Test und Fehlerbeseitigung 419
Fehlerbeseitigung vor dem Auftreten von Fehlern 420
Isolieren von Problemen 422
Unterbrechen der Programmausführung 424
Anzeigen von Ausgaben 431

Protokollieren des Codeablaufs 432
Behandeln von Laufzeitfehlern. 433

Kapitel 15   Optimieren von Anwendungen. **439**
Optimieren von Tabellen und Indizes 439
Einsatz von Rushmore zum Beschleunigen des Datenzugriffs. 442
Optimieren von Formularen und Steuerelementen 449
Optimieren von Programmen. 452
Optimieren von ActiveX-Steuerelementen. 454
Optimieren von Anwendungen in einer Mehrbenutzerumgebung. 456
Optimieren des Zugriffs auf Remote-Daten. 457
Optimieren internationaler Anwendungen 461

Teil 5   Erweitern der Funktionalität von Anwendungen. **463**

Kapitel 16   Hinzufügen von OLE **465**
Entwerfen einer OLE-Anwendung 465
Hinzufügen von OLE-Objekten zu Ihren Anwendungen. 469
Arbeiten mit ActiveX-Steuerelementen. 476
Bearbeiten von Objekten per Automatisierung. 478
Steuern von Visual FoxPro von anderen Anwendungen aus 483
Erstellen von Automatisierungsservern 487
Verwenden von Remote-Automatisierung. 493

Kapitel 17   Programmieren für gemeinsamen Zugriff. **499**
Steuern des Zugriffs auf Daten 499
Aktualisieren von Daten. 516
Der Umgang mit Konflikten. 531

Kapitel 18   Entwickeln internationaler Anwendungen **537**
Planen einer internationalen Anwendung. 537
Entwerfen der Benutzeroberfläche 539
Eingeben der internationalen Daten. 541
Arbeiten mit Codeseiten. 543
Von Visual FoxPro unterstützte Codeseiten. 550
Sortieren von Daten in internationalen Anwendungen 551
Arbeiten mit Doppelbyte-Zeichensätzen 555
Erstellen oder Ändern von Programmen 557
Verwalten von Dateien in einer internationalen Anwendung. 560

Teil 6   Erstellen von Client-Server-Lösungen 563

Kapitel 19   Entwerfen von Client-Server-Anwendungen 565
Ziele des Client-Server-Entwurfs 565
Ein Entwurf für hohe Leistungsfähigkeit 566
Schnelles Entwickeln von Anwendungen 573
Integrieren von Datengenauigkeit und Datenintegrität 574

Kapitel 20   Übertragen lokaler Visual FoxPro-Datenbanken in Client-Server-Datenbanken (Upsizing) 577
Die Ziele von Prototypen 577
Erstellen eines lokalen Prototyps einer Anwendung 578
Arbeiten mit den Upsizing-Assistenten 579
Übertragen lokaler Datenbanken in Client-Server-Datenbanken in SQL-Server 579
Übertragen lokaler Datenbanken in Client-Server-Datenbanken in Oracle 598

Kapitel 21   Implementieren von Client-Server-Anwendungen 601
Verwenden der SQL Pass-Through-Technologie 601
Arbeiten mit Remote-Daten bei Einsatz von SQL Pass-Through 621
Umgehen mit SQL Pass-Through-Fehlern 638

Kapitel 22   Optimieren des Client-Server-Leistungsverhaltens 639
Optimieren des Umgangs mit Verbindungen 639
Beschleunigen des Abrufens von Daten 641
Beschleunigen der Verarbeitung von Abfragen und Ansichten 644
Beschleunigen der Verarbeitung von Formularen 645
Beschleunigen von Lösch- und Aktualisierungsvorgängen 647

Teil 7   Erstellen von Hilfedateien 651

Kapitel 23   Erstellen einer grafikorientierten Hilfe 653
HTML-Hilfe 653
WinHelp 4.0 659

Kapitel 24   Erstellen von Hilfe im .DBF-Format 671
Entwerfen von Hilfe im .DBF-Format 671
Anzeigen der Beispieldatei der Hilfe im .DBF-Format 672
Verwenden von Hilfe im .DBF-Format 675
Anpassen von Hilfe im .DBF-Format 676

Teil 8 Vertrieb von Anwendungen 679

Kapitel 25 Erstellen einer Anwendung zum Vertrieb 681
Die Schritte bis zur vertriebsfähigen Anwendung. 681
Vorbereiten einer vertriebsfähigen Anwendung 682
Anpassen einer vertriebsfähigen Anwendung. 691
Die Schritte bis zu den fertigen Vertriebsdisketten 696

Kapitel 26 Erstellen von Vertriebsdisketten 699
Die Schritte bis zu den fertigen Vertriebsdisketten 699
Arbeiten mit dem Setup-Assistenten 702

Teil 9 Zugreifen auf APIs 705

Kapitel 27 Erweitern von Visual FoxPro mit externen Bibliotheken 707
Verwenden von externen Bibliotheken 707
Zugreifen auf ActiveX-Steuerelemente und -Objekte 708
Zugreifen auf Dynamic-Link Libraries (DLLs) 709
Zugreifen auf eine Visual FoxPro-Bibliothek 712

Kapitel 28 Zugreifen auf die Visual FoxPro-API 715
Erstellen einer Bibliothek oder eines ActiveX-Objekts 715
Hinzufügen von Visual FoxPro API-Aufrufen 722
Übergeben und Empfangen von Parametern 724
Zurückgeben eines Wertes an Visual FoxPro 729
Übergeben von Parametern an Visual FoxPro API-Funktionen 732
Zugreifen auf Visual FoxPro-Variablen und -Felder 734
Verwalten des Arbeitsspeichers 735
Erstellen und Debuggen von Bibliotheken und ActiveX-Steuerelementen 738

Teil 10 Erstellen von Unternehmenslösungen 743

Kapitel 29 Entwickeln in Teams 745
Rahmenbedingungen für eine Teamentwicklung 745
Arbeiten mit einer Quellcodekontroll-Software in Visual FoxPro 747
Verwalten von Visual FoxPro-Projekten unter Quellcodekontrolle 751
Verwalten von Dateien eines quellcodekontrollierten Projekts 759
Entwickeln und Ändern von Datenbanken in Teams. 767
Entwickeln von Klassenbibliotheken in Teams 768

Kapitel 30 Visual FoxPro-Unternehmenslösungen 769
Entwickeln für das Unternehmen 769
Verwenden von Visual FoxPro als Anwendungs-Front-End 770
Verwenden von Visual FoxPro als Datenquelle 776

Teil 11 Neue Features in Visual FoxPro 781

Kapitel 31 Interoperabilität und das Internet 783
OLE-Drag & Drop 783
OLE-Drag & Drop-Unterstützung zur Entwurfszeit 786
OLE-Drag & Drop-Unterstützung zur Laufzeit 789
Aktive Dokumente 792
Verbesserungen des Automatisierungsservers 801

Kapitel 32 Anwendungsentwicklung und Entwicklerproduktivität 807
Komponentengalerie 807
Erfassungsprotokoll-Profiler 823
Projekt-Manager-Hooks 831
Neue und erweiterte Assistenten und Generatoren 843
Erweiterte Anwendungs-Grundstruktur 845

Kapitel 33 Programmierverbesserungen 849
Access- und Assign-Methoden 849
GIF- und JPEG-Grafikunterstützung 855
Neue und verbesserte Sprachelemente 858
Datumsunterstützung für das Jahr 2000 873

Index 879

Einleitung

Willkommen bei Microsoft® Visual FoxPro®. Dieses relationale Datenbanksystem erleichtert die Datenverwaltung und ermöglicht größere Effizienz bei der Anwendungsentwicklung.

Visual FoxPro macht es Ihnen leicht, Daten zu ordnen, Regeln für Datenbanken zu definieren und Anwendungen zu erstellen. Mit Hilfe der visuellen Design-Tools und Assistenten können Sie Formulare, Abfragen und Berichte schnell erstellen. Visual FoxPro bietet Ihnen außerdem eine integrierte Entwicklungsumgebung mit leistungsfähigen, objektorientierten Programmierwerkzeugen, Client-Server-Fähigkeiten und OLE- sowie ActiveX®-Unterstützung und ermöglicht es Ihnen so, schnell voll funktionsfähige Anwendungen zu erstellen.

Zu diesem Handbuch

Dieses Buch führt Sie in die Anwendungsentwicklung mit Visual FoxPro ein. Lesen Sie diese Buch und lernen Sie, wie Sie mit den Design-Tools und objektorientierten Programmiertechniken von Visual FoxPro eine Anwendung erstellen.

Dieses Handbuch besteht aus folgenden Abschnitten:

Teil 1 Programmieren in Visual FoxPro Enthält eine Übersicht über prozedurale und objektorientierte Programmiertechniken, erläutert die Sprachelemente und das Ereignismodell von Visual FoxPro und bietet eine Übersicht über den Prozeß der Anwendungsentwicklung.

Teil 2 Arbeiten mit Daten Erläutert das Einrichten von Tabellen, Indizes und Datenbanken für eine effiziente Anwendungsentwicklung.

Teil 3 Erstellen der Benutzeroberfläche Erläutert, wie Formulare, Menüs, und Symbolleisten erstellt werden, aus denen die Benutzeroberfläche einer Visual FoxPro-Anwendung besteht.

Teil 4 Zusammenführen aller Einzelteile Erläutert das Kompilieren, die Fehlerbeseitigung und das Optimieren von mit Visual FoxPro erstellen Anwendungen und enthält Anleitungen zur Integration von Abfragen und Berichten in Ihren Anwendungen.

Teil 5 Erweitern der Funktionalität von Anwendungen Erläutert, wie Sie die Funktionalität Ihrer Anwendungen erweitern können, indem Sie Mehrbenutzerunterstützung einrichten, die Vorzüge von OLE- und ActiveX nutzen und die Anwendungen auf den Einsatz auf internationalen Märkten vorbereiten.

Teil 6 Erstellen von Client-Server-Lösungen Erläutert die Projektierung, Erstellung, Implementierung und Optimierung einer effizienten Client-Server-Anwendung

Teil 7 Erstellen von Hilfedateien Beschreibt die Erstellung eines benutzerbezogenen Hilfesystems für Ihre Anwendung. Enthält Informationen sowohl über Winhelp 4.0, HTML Hilfe als auch zeichenorientierte .DBF-Hilfe.

Teil 8 Vertrieb von Anwendungen Dieser Teil zeigt, wie Sie Ihre Anwendung in eine vertriebsfähige, ausführbare .EXE-Datei umwandeln.

Teil 9 Zugriff auf APIs Erläutert, wie Sie in C oder C++ Funktionsbibliotheken erstellen können, die auf das Visual FoxPro-API (Application Programming Interface) zugreifen.

Teil 10 Erstellen von unternehmerisch nutzbaren Lösungen Erläutert die Anwendungsentwicklung im Team und andere mögliche Lösungen, die in der Unternehmens-EDV von Nutzen sein können.

Teil 11 Was ist neu in Visual FoxPro Teil 11 beschreibt die neuesten Verbesserungen in Visual FoxPro.

So erhalten Sie Hilfe

Das System der Visual FoxPro-Hilfe gibt Ihnen schnellen Zugriff auf Informationen zur Verwendung der Visual FoxPro-Designer und -Sprachelemente.

Benötigen Sie Hilfe? Drücken Sie F1

Wenn Sie mit einem Befehl oder Paßwort arbeiten, über den bzw. das Sie weitere Informationen benötigen, markieren Sie den Befehl oder das Paßwort im Befehlsfenster und drücken Sie F1, um kontextbezogene Hilfe zu diesem Element aufzurufen. Beachten Sie, daß Sie die MSDN-Bibliotheksoption während der Installation wählen müssen, um Hilfe zu erhalten.

Beispieldateien

Visual FoxPro wird mit einer Vielzahl von Beispielanwendungen, -datenbanken und -dateien sowie der MSDN-Bibliothek geliefert, die Programmierverfahren veranschaulichen. Um weitere Informationen zu erhalten, lesen Sie die Anweisungen im Fenster „Willkommen bei Visual FoxPro", wenn Sie Visual FoxPro starten.

Verwendung von Codebeispielen

Eine Vielzahl von Themen zur Programmiersprache unter „Hilfe" enthält Codebeispiele, die Sie in einem Programmfenster ausführen können. Sie müssen die Beispieldateien installieren, die während des Setups zur Verfügung gestellt werden, bevor Sie die Programmbeispiele ausführen können.

So führen Sie ein Codebeispiel aus

1. Klicken Sie auf den „Beispiel"-Link, der oben im Hilfethema zu sehen ist.
2. Markieren Sie den gesamten Code, und kopieren Sie diesen in die Zwischenablage (STRG+C).
3. Klicken Sie auf das **Befehlsfenster** in Visual FoxPro, und geben Sie **MODIFY COMMAND** ein, um ein Programmfenster zu öffnen.

    – oder –

    Wählen Sie in Visual FoxPro aus dem Menü **Datei** den Befehl **Neu**, klicken Sie auf die Schaltfläche **Programm** im Dialogfeld **Neu** und klicken Sie anschließend auf die Schaltfläche **Neue Datei**.

Einleitung xiii

4. Fügen Sie den Code in das Programmfenster ein (STRG+V).

5. Klicken Sie auf die Schaltfläche !, um das Programm auszuführen.

6. Benennen und speichern Sie das Programm, wenn die Aufforderung dazu angezeigt wird. Sobald es gespeichert ist, wird das Programm ausgeführt.

Typografische Vereinbarungen

In diesem Buch gelten die folgenden typografischen Vereinbarungen.

Beispiele	Konvention
Setup	Fett formatiert sind u.a. Wörter, die keine Sprachbefehle sind und die Sie eingeben müssen.
In der Symbolleiste des **Abfrage-Designers** wählen Sie **Tabelle hinzufügen**.	In Prozeduren werden ebenfalls Schnittstellenelemente fett gesetzt, um sie hervorzuheben; wie Fenster, Menüs, Dialogfelder, Symbolleisten, Schaltflächen, oder Optionen.
SET HELP TO	Großbuchstaben kennzeichnen Befehle und Schlüsselwörter, Abkürzungen, Konstanten und Gerätenamen.
Drücken Sie TAB. Drücken Sie UMSCHALT+F1.	Kapitälchen kennzeichnen die Namen von Tasten auf der Tastatur. Ein Pluszeichen (+) zeigt eine Tastenkombination an.
C:\My Computer\Working Files\Document\Buttons.vcx	Datei-, Ordner-, Verzeichnis- und Pfadnamen werden fett formatiert und mit umgekehrten Schrägstrichen (\) getrennt.
http://www.microsoft.com/	Kleinschreibung wird für URL Adressen verwendet. Server, gemeinsam genutzte Verzeichnisse und Dateinamen werden durch Schrägstriche (/) getrennt.
FontSize	Die Namen von Objekten, Eigenschaften, Ereignissen und Methoden werden großgeschrieben. Besteht ein Name aus mehreren Wörtern, werden die großgeschriebenen Wörter ohne Leerzeichen aneinandergereiht.
Ereignisgesteuert	Kursivschrift kennzeichnet fest definierte Begriffe bei ihrem ersten Auftreten im Text. Definierte Ausdrücke sind Bestandteil des Produktglossars. Klicken Sie auf das kursiv geschriebene Wort, um dessen Definition zu sehen.

`IF StatusText() = "Test"`
`   = MESSAGEBOX( "OK" )`
`ENDIF`
	Eine nichtproportionale Schriftart wird für Befehlszeilen verwendet, die Sie eingeben müssen, für Codebeispiele sowie Bezugnahmen im Text auf Codebeispiele.

(Fortsetzung)

Beispiele	Konvention
`USE kunde`	Kleinbuchstaben weisen auf Tabellen- und Feldnamen hin.
`NTotal, cName`	Kleinbuchstaben dienen als Präfix bei Variablennamen und Platzhaltern. Der Präfix zeigt den Datentyp einer Variablen an: *c* für Zeichen (Character), *n* für Numerisch, *l* für logisch, *d* für Datum, *t* für DateTime (Datum/Uhrzeit), *y* für Währung, *o* für Objekt und *e* für einen beliebigen Ausdruck (expression).
DELETE VIEW ViewName	In der Syntax sind kursivgeschriebene Wörter Platzhalter für von Ihnen eingefügten Informationen.
[STYLE cStyleName]	In der Syntax dienen Klammern dazu, optionale Punkte zu kennzeichnen.
SET BELL ON | OFF	In der Syntax trennt ein vertikaler Strich zwei sich gegenseitig ausschließende Auswahlthemen.
[, WindowName2 ...]	In der Syntax bedeuten Auslassungspunkte, daß ein Ausdruck in der Liste beliebig oft wiederholt werden kann. Die Listenausdrücke werden durch ein Komma getrennt.

In der Syntax werden folgende Vereinbarungen verwendet:

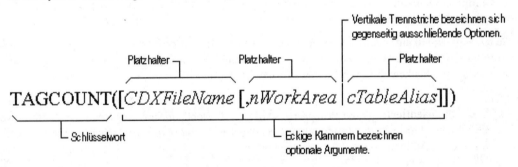

TEIL 1

Programmieren in Visual FoxPro

Visual FoxPro ist ein sehr leistungsfähiges, interaktives Datenverwaltungs-Tool. Sie können sich dessen umfassende Funktionalität jedoch auch durch das Erstellen von Anwendungen zunutze machen. Durch die Kenntnis der objektorientierten Programmiertechniken und des ereignisgesteuerten Modells können Sie Ihre programmiertechnische Produktivität auf ein Maximum steigern.

Kapitel 1   Einführung in das Programmieren   3
Wenn Sie sich bisher noch nicht mit dem Programmieren auseinandergesetzt haben, bietet Ihnen dieses Kapitel die notwendigen Grundkenntnisse über den Programmierprozeß und die Vorgehensweise beim Programmieren in Visual FoxPro.

Kapitel 2   Entwickeln einer Anwendung   31
Beim Entwickeln einer Anwendung können Sie deren Einzelteile mit Hilfe des Projekt-Managers, einer integrierten Möglichkeit zum Erstellen und Testen der Anwendung während des Aufbauprozesses, organisieren.

Kapitel 3   Objektorientiertes Programmieren   37
Mit Hilfe des objektorientierten Programmierens können Sie eigenständige Anwendungskomponenten erstellen, die auf Aktionen sowohl der Benutzer als auch seitens des Systems reagieren und die einfach gepflegt und wiederverwendet werden können.

Kapitel 4   Zum besseren Verständnis des Ereignismodells   81
Über das Ereignismodell wird festgelegt, wann und wie Interaktionen von Benutzenden und dem System auftreten.

KAPITEL 1

Einführung in die Programmierung

In Visual FoxPro stehen Ihnen prozedurale und objektorientierte Programmierverfahren zur Verfügung, die es Ihnen ermöglichen, flexibel leistungsfähige Anwendungen zu entwickeln. Der Begriff „Programmieren" läßt sich als das Erstellen einer Reihe von Anweisungen definieren, mit denen eine bestimmte Aufgabe ausgeführt wird. Auf der strukturellen Ebene impliziert das Programmieren in Visual FoxPro das Bearbeiten gespeicherter Daten.

Wenn Sie keine Erfahrung mit Programmieren haben, finden Sie in diesem Kapitel einführende Erläuterungen. Haben Sie jedoch bereits Vorkenntnisse aus anderen Programmiersprachen und möchten wissen, wie Visual FoxPro einzuordnen ist, lesen Sie das Thema „Visual FoxPro im Vergleich zu anderen Programmiersprachen" in der Hilfe. Eine Erläuterung zur objektorientierten Programmierung finden Sie in Kapitel 3, „Objektorientierte Programmierung".

In diesem Kapitel werden folgende Themen behandelt:

- Vorteile des Programmierens
- Vorgehensweisen beim Programmieren in Visual FoxPro
- Grundbegriffe des Programmierens
- Der Programmierprozeß
- Arbeiten mit Prozeduren und benutzerdefinierten Funktionen
- So geht's weiter

Vorteile des Programmierens

Allgemein gesagt, können Sie alles, was ein Programm ausführt, auch manuell erledigen, sofern Sie über genügend Zeit verfügen können. Wenn Sie beispielsweise in einer Kundentabelle gespeicherte Informationen über einen einzelnen Kunden, wie z. B. die Firma Ernst Handel, anzeigen möchten, können Sie die Informationen manuell aufrufen, indem Sie eine Reihe von Anweisungen befolgen.

▶ **So suchen Sie eine einzelne Bestellung in einer Tabelle**

1. Wählen Sie aus dem Menü **Datei** den Befehl **Öffnen**.
2. Wählen Sie aus dem Listenfeld **Dateityp** die Option **Tabelle**.
3. Doppelklicken Sie in der Liste der Dateien auf **Customer.dbf**.
4. Wählen Sie aus dem Menü **Ansicht** den Befehl **Datenblatt**.
5. Blättern Sie durch die Tabelle, und suchen Sie dabei im Feld **Company** nach den Datensätzen zu „Ernst Handel".

Geben Sie dazu einfach die folgenden Visual FoxPro-Befehle im Befehlsfenster ein:

```
USE Customer
LOCATE FOR Company_name = "Ernst Handel"
BROWSE
```

Nachdem Sie die Bestellung dieses Kunden gefunden haben, möchten Sie vielleicht den Höchstbestellbetrag um 3% erhöhen.

▶ **So erhöhen Sie den Höchstbestellbetrag manuell**

1. Wechseln Sie mit TAB zu dem Feld max_ord_amt.
2. Multiplizieren Sie den Wert im Feld max_ord_amt mit 1,03, und geben Sie im Feld den neuen Wert ein.

Um dasselbe Ergebnis programmgesteuert zu erzielen, geben Sie folgenden Visual FoxPro-Befehl im Befehlsfenster ein:

```
REPLACE max_ord_amt WITH max_ord_amt * 1.03
```

Der Höchstbestellbetrag für einen Kunden läßt sich relativ leicht ändern, und zwar sowohl manuell als auch durch Eingabe der Anweisungen im Befehlsfenster. Beispielsweise wird angenommen, Sie möchten den Höchstbestellbetrag für jeden Kunden um 3% erhöhen. Dies manuell vorzunehmen wäre sehr arbeitsaufwendig und könnte leicht zu Fehleingaben führen. Eine Aufgabe, die Visual FoxPro schnell und fehlerfrei für Sie ausführt, wenn Sie die richtigen Anweisungen in eine Programmdatei eingeben.

▶ **Beispielprogramm zur Erhöhung des Höchstbestellbetrags für alle Kunden**

Code	Kommentare
`USE customer`	Öffnet die Tabelle CUSTOMER.
`SCAN`	Durchsucht jeden Datensatz in der Tabelle und führt alle Anweisungen zwischen SCAN und ENDSCAN für jeden Datensatz aus.
`REPLACE max_ord_amt WITH ;` `    max_ord_amt * 1.03`	Erhöht den Höchstbestellbetrag um 3%. (Das Semikolon (;) bedeutet, daß der Befehl auf der nächsten Zeile fortgesetzt wird.)
`ENDSCAN`	Ende des Codes, der für jeden Datensatz der Tabelle ausgeführt wird.

Das Ausführen eines Programms bietet einige Vorteile gegenüber der Eingabe einzelner Befehle im Befehlsfenster:

- Programme können geändert und erneut ausgeführt werden.
- Sie können Programme über Ihre Menüs, Formulare und Symbolleisten ausführen.
- Programme können andere Programme ausführen.

Kapitel 1 Einführung in die Programmierung

In den folgenden Abschnitten werden die Vorgehensweisen, die Begriffe und Prozesse, die diesem und anderen Visual FoxPro-Programmen zugrunde liegen, erläutert.

Vorgehensweisen beim Programmieren in Visual FoxPro

Programme in Visual FoxPro bestehen aus dem Code, den Sie schreiben. Dies sind Anweisungen in der Form von Befehlen, Funktionen oder Operationen, die Visual FoxPro interpretieren kann. Sie können diese Anweisungen eingeben in:

- das Befehlsfenster
- Programmdateien
- Ereigniscode-Fenster oder Methodencode-Fenster im Formular- oder Klassen-Designer
- Prozedurcode-Fenster im Menü-Designer
- Prozedurcode-Fenster im Berichts-Designer

Das Befehlsfenster

Sie können einen Visual FoxPro-Befehl ausführen, indem Sie diesen im Befehlsfenster eingeben und die EINGABETASTE drücken. Um den Befehl erneut auszuführen, bewegen Sie die Einfügemarke in die Zeile mit dem Befehl und drücken erneut die EINGABETASTE.

Sie können sogar mehrzeiligen Programmcode vom Befehlsfenster aus ausführen, als würde es sich um ein eigenständiges Programm handeln.

▶ **So führen Sie mehrzeiligen Code im Befehlsfenster aus**

1. Markieren Sie die Codezeilen.
2. Drücken Sie die EINGABETASTE, oder wählen Sie aus dem Kontextmenü den Befehl **Markierung ausführen**.

Da das Befehlsfenster ein Bearbeitungsfenster ist, können Sie die Befehle mit den Bearbeitungstools von Visual FoxPro bearbeiten. Sie können Text im Befehlsfenster bearbeiten, eingeben, löschen, ausschneiden, kopieren und einfügen.

Der Vorteil beim Eingeben von Code im Befehlsfenster besteht darin, daß die entsprechenden Anweisungen sofort ausgeführt werden. Es ist nicht nötig, den Code als Datei zu speichern und dann als Programm auszuführen.

Wenn Sie in Menüs oder Dialogfeldern eine Auswahl treffen, werden außerdem die entsprechenden Befehle ins Befehlsfenster geschrieben. Sie können diese Befehle kopieren, in ein Visual FoxPro-Programm einfügen und das Programm dann wiederholt ausführen, wodurch es vereinfacht wird, Tausende von Befehlen immer und immer wieder auszuführen.

Erstellen von Programmen

Ein Visual FoxPro-Programm ist eine Textdatei, die eine Folge von Befehlen enthält. Sie haben folgende Möglichkeiten, in Visual FoxPro ein Programm zu erstellen:

▶ **So erstellen Sie ein Programm**

1. Wählen Sie im Projekt-Manager auf der Registerkarte **Code** den Befehl **Programme**.
2. Wählen Sie **Neu**.

   – oder –

3. Wählen Sie aus dem Menü **Datei** den Befehl **Neu**.
4. Wählen Sie im Dialogfeld **Neu** die Option **Programm**.
5. Wählen Sie **Neue Datei**.

   – oder –

- Geben Sie im Befehlsfenster folgenden Befehl ein:

   ```
   MODIFY COMMAND
   ```

Visual FoxPro öffnet ein neues Fenster namens „Programm1". In diesem Fenster können Sie dann Ihr Programm eingeben.

Speichern von Programmen

Nachdem Sie ein Programm erstellt haben, müssen Sie es speichern.

▶ **So speichern Sie ein Programm**

- Wählen Sie aus dem Menü **Datei** den Befehl **Speichern**.

Wenn Sie versuchen, ein Programm zu schließen, das Sie noch nicht gespeichert haben, wird ein Dialogfeld angezeigt, in dem Sie auswählen können, ob Sie das Programm speichern oder die daran vorgenommenen Änderungen nicht übernehmen möchten.

Wenn Sie ein Programm speichern, das mit dem Projekt-Manager erstellt wurde, wird dieses Programm zum Projekt hinzugefügt.

Wenn Sie ein Programm speichern, dem Sie noch keinen Namen gegeben haben, wird das Dialogfeld **Speichern unter** angezeigt, in dem Sie einen Namen für das Programm angeben können. Nachdem Sie das Programm gespeichert haben, können Sie es ausführen oder weiter bearbeiten.

Bearbeiten von Programmen

Nachdem Sie ein Programm gespeichert haben, können Sie es bearbeiten. Öffnen Sie dazu zunächst das Programm wie folgt:

▶ **So öffnen Sie ein Programm**

- Wenn das Programm Bestandteil eines Projekts ist, markieren Sie es im Projekt-Manager und wählen anschließend **Ändern**.

  – oder –

- Wählen Sie aus dem Menü **Datei** den Befehl **Öffnen**. Ein Dialogfeld mit einer Liste der verfügbaren Dateien wird angezeigt. Wählen Sie aus dem Listenfeld **Dateityp** die Option **Programm**. Wählen Sie aus der Liste der Dateien das Programm, das Sie bearbeiten möchten, und wählen Sie **OK**.

  – oder –

- Geben Sie im Befehlsfenster den Namen des Programms ein, das Sie bearbeiten möchten:

  ```
  MODIFY COMMAND meinprogramm
  ```

  – oder –

- Geben Sie im Befehlsfenster folgenden Befehl ein:

  ```
  MODIFY COMMAND ?
  ```

  Wählen Sie aus der Liste der Dateien das Programm, das Sie bearbeiten möchten, und wählen Sie **OK**.

Nachdem Sie das Programm geöffnet haben, können Sie es bearbeiten. Haben Sie die gewünschten Änderungen vorgenommen, müssen Sie das Programm erneut speichern.

Ausführen von Programmen

Nachdem Sie ein Programm erstellt haben, können Sie es ausführen.

▶ **So führen Sie ein Programm aus**

- Wenn das Programm Bestandteil eines Projekts ist, markieren Sie es im Projekt-Manager und wählen anschließend **Ausführen**.

  – oder –

- Klicken Sie im Menü **Programm** auf **Ausführen**. Wählen Sie aus der Liste der Programme das auszuführende Programm aus, und wählen Sie anschließend **Ausführen**.

  – oder –

- Geben Sie im Befehlsfenster DO und dann den Namen des Programms ein, das ausgeführt werden soll:

  ```
  DO meinprogramm
  ```

Schreiben von Code mit den Design-Tools von Visual FoxPro

Mit Hilfe des Formular-Designers, des Klassen-Designers und des Menü-Designers läßt sich Programmcode leicht in die Benutzeroberfläche integrieren, so daß der Code auf Benutzeraktionen hin ausgeführt wird. Der Berichts-Designer ermöglicht es Ihnen, durch Integrieren von Code in die Berichtsdatei komplexe und benutzerdefinierte Berichte zu erstellen.

Die volle Leistungsfähigkeit von Visual FoxPro steht Ihnen zur Verfügung, wenn Sie mit diesen Design-Tools arbeiten. Weitere Informationen über den Berichts-Designer finden Sie im *Online-Online-Benutzerhandbuch* in Kapitel 7, „Entwerfen von Berichten und Etiketten". Weitere Informationen über den Klassen-Designer finden Sie im vorliegenden Handbuch in Kapitel 3, „Objektorientierte Programmierung". Weitere Informationen über den Formular-Designer finden Sie in diesem Handbuch in Kapitel 9, „Erstellen von Formularen", und weitere Informationen über den Menü-Designer in Kapitel 11, „Entwerfen von Menüs und Symbolleisten".

Grundbegriffe des Programmierens

Beim Programmieren werden Daten gespeichert, und diese Daten werden mit einer Reihe von Anweisungen bearbeitet. Die Daten und Datenspeicher-Container sind gewissermaßen die Rohstoffe des Programmierprozesses. Die Tools, mit denen Sie diese „Rohstoffe" bearbeiten, sind Befehle, Funktionen und Operatoren.

Speichern von Daten

Zu den Daten, mit denen Sie arbeiten, gehören wahrscheinlich Zeitangaben, Geldbeträge und zählbare Elemente sowie Datumsangaben, Namen, Beschreibungen usw. Allen Daten ist jeweils ein bestimmter Datentyp zugeordnet: Sie gehören also zu einer Datenkategorie, die Sie auf ähnliche Weise bearbeiten. Sie können direkt mit diesen Daten arbeiten, ohne sie zu speichern, dann können Sie jedoch die Flexibilität und Leistungsfähigkeit von Visual FoxPro nur noch zu einem geringen Teil nutzen. Visual FoxPro bietet Ihnen eine Vielzahl von Speicher-Containern, die Ihnen mehr Möglichkeiten an die Hand geben, Daten schnell zu bearbeiten.

Der Datentyp bestimmt, wie ein Datenelement gespeichert wird und wie es genutzt werden kann. So können Sie z. B. zwei Zahlen miteinander multiplizieren, nicht aber zwei Zeichen. Andererseits können Sie Zeichen in Großbuchstaben drucken, nicht aber Zahlen. Einige der wichtigsten in Visual FoxPro verwendeten Datentypen finden Sie in nachstehender Tabelle.

▶ **Datentypen**

Typ	Beispiele
Numerisch	123
	3.1415
	−7
Zeichen	„Testzeichenfolge"
	„123"
	„01.01.98"

(Fortsetzung)

Typ	Beispiele
Logisch	.T. (Wahr) .F. (Falsch)
Datum	{^01.01.1998}
DateTime (DatumUhrzeit)	{^01.01.1998 12:30:00}

Daten-Container

Mit Hilfe von Daten-Containern können Sie dieselben Bearbeitungsschritte mit vielen Datenelementen ausführen. Wenn Sie beispielsweise die Stunden addieren, die ein Mitarbeiter gearbeitet hat, das Ergebnis mit dem Stundenlohn multiplizieren und anschließend die abzuführenden Steuern abziehen, können Sie das auszuzahlende Gehalt des Mitarbeiters ermitteln. Sie müssen diese Berechnung jedoch für jeden Mitarbeiter und für jede Zahlungsperiode erneut durchführen. Wenn Sie diese Informationen in Containern speichern und die Bearbeitungsschritte mit den Containern ausführen, können Sie die alten Daten einfach durch die neuen Daten ersetzen und dasselbe Programm immer wieder ausführen. In der nachstehenden Tabelle finden Sie einige der wichtigsten Daten-Container von Visual FoxPro:

Typ	Beschreibung
Variablen	Einzelne Datenelemente, die im RAM (Random Access Memory = Arbeitsspeicher) des Computers gespeichert sind.
Datensätze	Mehrere Zeilen mit vorher festgelegten Feldern, von denen jedes einen vordefinierten Wert enthalten kann. Tabellen werden auf dem Datenträger gespeichert.
Arrays	Mehrere Datenelemente, die im RAM gespeichert sind.

Bearbeiten von Daten

Container und Datentypen sind die Grundbausteine, die Sie zum Bearbeiten von Daten benötigen. Außerdem benötigen Sie Operatoren, Funktionen und Befehle.

Arbeiten mit Operatoren

Operatoren dienen dazu, Daten miteinander zu verbinden. Im folgenden sind die Operatoren aufgelistet, die in Visual FoxPro am häufigsten verwendet werden.

Operator	Gültige Datentypen	Beispiel	Aktion
=	Alle	`? n = 7`	Gibt .T. zurück, wenn der in der Variablen n gespeicherte Wert 7 beträgt, andernfalls .F.
+	Numerisch, Zeichen, Datum, DateTime (Datum/Uhrzeit)	`? "Fox" + "Pro"`	Gibt „FoxPro" zurück
! oder NOT	Logisch	`? !.T.`	Gibt .F. zurück
*, /	Numerisch	`? 5 * 5` `? 25 / 5`	Gibt 25 zurück Gibt 5 zurück

Anmerkung: Ein Fragezeichen (?) vor einem Ausdruck bewirkt, daß das Zeichen für „Neue Zeile" gesetzt und die Ergebnisse des Ausdrucks im aktiven Fenster ausgegeben werden, welches normalerweise das FoxPro-Hauptfenster ist.

Achten Sie darauf, daß Sie zusammen mit einem Operator nur einen Datentyp verwenden können. Mit den folgenden Anweisungen werden zwei numerische Datenelemente in zwei Variablen gespeichert. Den Variablen wurden Namen zugewiesen, die mit n beginnen, so daß wir auf den ersten Blick erkennen, daß sie numerische Daten enthalten; Sie könnten den Variablen jedoch auch Namen zuweisen, die aus beliebigen Kombinationen aus alphanumerischen Zeichen und Unterstrichen bestehen.

```
nFirst = 123
nSecond = 45
```

Mit den folgenden Anweisungen werden zwei aus Zeichen bestehende Datenelemente in zwei Variablen gespeichert. Den Variablen wurden Namen zugewiesen, die mit c beginnen, um anzuzeigen, daß sie Zeichen enthalten.

```
cFirst = "123"
cSecond = "45"
```

Die folgenden zwei Operationen, Addition und Verkettung, führen zu unterschiedlichen Ergebnissen, da in den Variablen Daten unterschiedlichen Typs gespeichert sind.

```
? nFirst + nSecond
? cFirst + cSecond
```

Ausgabe:

```
168
12345
```

Da cFirst Daten vom Typ „Zeichen" und nSecond Daten vom Typ „Numerisch" enthält, die Datentypen also nicht übereinstimmen, verursacht der folgende Befehl einen Fehler:

```
? cFirst + nSecond
```

Sie können dieses Problem mit Hilfe von Konvertierungsfunktionen lösen. STR( ) gibt z. B. die Zeichenfolge zurück, die einem numerischen Wert entspricht, und VAL( ) gibt die numerischen Daten zurück, die einer Zeichenfolge von Zahlen entsprechen. Diese Funktionen und LTRIM( ), eine Funktion, die führende Leerzeichen löscht, ermöglichen es Ihnen, die folgenden Operationen auszuführen:

```
? cFirst + LTRIM(STR(nSecond))
? VAL(cFirst) + nSecond
```

Ausgabe:
```
12345
168
```

Arbeiten mit Funktionen

Funktionen geben einen bestimmten Datentyp zurück. Beispielsweise geben die im vorherigen Abschnitt verwendeten Funktion STR( ) und VAL( ) Zeichen bzw. numerische Werte zurück. Wie bei allen Funktionen werden diese Rückgabetypen immer bei der Beschreibung der Funktionen aufgeführt.

Sie haben fünf Möglichkeiten, eine Visual FoxPro-Funktion aufzurufen:

- Sie können den Rückgabewert einer Funktion einer Variablen zuweisen. Mit der folgenden Codezeile speichern Sie das aktuelle Systemdatum in der Variablen dToday:

  ```
  dToday = DATE( )
  ```

- Sie können den Funktionsaufruf in einen Visual FoxPro-Befehl aufnehmen. Mit dem folgenden Befehl wird als Standardverzeichnis der Wert eingestellt, der von der Funktion GETDIR( ) zurückgegeben wird:

  ```
  CD GETDIR( )
  ```

- Sie können den Rückgabewert im aktiven Ausgabefenster ausgeben. Mit der folgenden Codezeile wird die aktuelle Systemzeit im aktiven Ausgabefenster ausgegeben:

  ```
  ? TIME( )
  ```

- Sie können die Funktion aufrufen, ohne den Rückgabewert zu speichern. Mit dem folgenden Funktionsaufruf wird z. B. die Einfügemarke deaktiviert:

  ```
  SYS(2002)
  ```

- Sie können die Funktion in eine andere Funktion einbetten. Mit der folgenden Codezeile wird der Wochentag ausgegeben:

  ```
  ? DOW(DATE( ))
  ```

Einige in diesem Kapitel verwendete Funktionen sind:

Funktion	Beschreibung
ISDIGIT( )	Gibt Wahr (.T.) zurück, wenn das am weitesten links befindliche Zeichen einer Zeichenfolge eine Zahl ist; andernfalls wird Falsch (.F.) zurückgegeben.
FIELD( )	Gibt den Namen eines Feldes zurück.
LEN( )	Gibt die Anzahl der Zeichen in einem Zeichenausdruck zurück.
RECCOUNT( )	Gibt die Anzahl der Datensätze der aktuell aktiven Tabelle zurück.
SUBSTR( )	Gibt die angegebene Anzahl Zeichen aus einer aus Zeichen bestehenden Zeichenkette zurück, wobei an einer festgelegten Position in der Zeichenkette begonnen wird.

Eine detaillierte Beschreibung dieser Funktionen finden Sie in der Hilfe.

Arbeiten mit Befehlen

Ein Befehl bewirkt, daß eine bestimmte Aktion ausgeführt wird. Für jeden Befehl gilt eine ganz bestimmte Syntax, durch die festgelegt ist, welche Bestandteile des Befehls angegeben werden müssen, damit der Befehl korrekt ausgeführt werden kann. Darüber hinaus gibt es für viele Befehle optionale Klauseln, mit denen Sie genauer angeben können, was Sie mit dem Befehl erreichen möchten.

Mit dem Befehl USE können Sie beispielsweise Tabellen öffnen und schließen:

USE-Syntax	Beschreibung
USE	Schließt die Tabelle im aktuellen Arbeitsbereich.
USE customer	Öffnet die Tabelle CUSTOMER im aktuellen Arbeitsbereich, wobei jede Tabelle geschlossen wird, die im Arbeitsbereich bereits geöffnet war.
USE customer IN 0	Öffnet die Tabelle CUSTOMER in dem Arbeitsbereich mit der nächsten verfügbaren Nummer.
USE customer IN 0 ; ALIAS mycust	Öffnet die Tabelle CUSTOMER im Arbeitsbereich mit der nächsten verfügbaren Nummer und weist dem Arbeitsbereich den Alias mycust zu.

Einige in diesem Kapitel verwendete Befehle sind:

Befehl	Beschreibung
DELETE	Markiert einen festgelegten Datensatz einer Tabelle zum Löschen.
REPLACE	Ersetzt den im Datensatzfeld gespeicherten Wert durch einen neuen Wert.
Go	Setzt den Datensatzzeiger auf eine festgelegte Position in der Tabelle.

Eine detaillierte Beschreibung dieser Befehle finden Sie in der Hilfe.

Steuern des Programmablaufs

Visual FoxPro enthält eine spezielle Kategorie von Befehlen, die andere Befehle und Funktionen „umschließen" und festlegen, wann und wie oft diese Befehle und Funktionen ausgeführt werden. Diese Befehle ermöglichen bedingte Verzweigungen und Schleifen, zwei äußerst leistungsfähige Programmiertools. Das folgende Programm veranschaulicht bedingte Verzweigungen und Schleifen. Diese Begriffe werden nach dem Beispiel ausführlicher erläutert.

Angenommen, Sie haben 10.000 Mitarbeiter und möchten jeder Person, die 45.000 DM oder mehr verdient, eine Gehaltserhöhung von 3% und jeder Person, die weniger als 45.000 DM verdient, eine Gehaltserhöhung von 6% gewähren. Mit dem folgenden Beispielprogramm können Sie diese Aufgabe erfüllen.

Das Programm geht davon aus, daß eine Tabelle mit dem numerischen Feld salary im aktuellen Arbeitsbereich geöffnet ist. Weitere Informationen über Arbeitsbereiche finden Sie in Kapitel 7, „Arbeiten mit Tabellen", im Abschnitt „Arbeiten mit mehreren Tabellen".

Beispielprogramm für Gehaltserhöhung

Code	Kommentare
SCAN	Der Code zwischen SCAN und ENDSCAN wird so oft ausgeführt, wie Datensätze in der Tabelle vorhanden sind. Jedesmal, wenn der Code ausgeführt wurde, wird der Datensatzzeiger auf den nächsten Datensatz der Tabelle verschoben.

IF salary >= 45000.00
   REPLACE salary WITH ;
     salary * 1.03
	Wenn in einem Datensatz das Gehaltsfeld einen Wert größer als oder gleich 45.000 enthält, wird dieser Wert durch ein Gehalt ersetzt, das 3% höher ist.

	(Das Semikolon (;) nach WITH bedeutet, daß der Befehl auf der nächsten Zeile fortgesetzt wird.)

ELSE
   REPLACE salary WITH ;
     salary * 1.06
	Wenn in einem Datensatz das Gehaltsfeld einen Wert nicht größer als oder gleich 45.000 enthält, wird dieser Wert durch ein Gehalt ersetzt, das 6% höher ist.

ENDIF	Ende der bedingten IF-Anweisung.
ENDSCAN	Ende des Codes, der für jeden Datensatz der Tabelle ausgeführt wird.

In diesem Beispiel werden Befehle für eine bedingte Verzweigung und eine Schleife verwendet, um den Ablauf des Programms zu steuern.

Bedingte Verzweigung

Mit Hilfe der bedingten Verzweigung können Sie prüfen, ob bestimmte Bedingungen erfüllt sind, und je nach Ergebnis der Prüfung unterschiedliche Operationen ausführen. In Visual FoxPro gibt es zwei Befehle, die das bedingte Verzweigen ermöglichen:

- IF ... ELSE ... ENDIF
- DO CASE ENDCASE

Der Code zwischen der Anfangsanweisung und der ENDIF- oder ENDCASE-Anweisung wird nur ausgeführt, wenn eine logische Bedingung wahr ist, die Prüfung also den Wert .T. ergibt. Im Beispielprogramm wird der Befehl **IF** verwendet, um zwischen zwei Zuständen zu unterscheiden: Entweder ist das Gehalt höher als 45.000 DM oder nicht. Je nach Status werden unterschiedliche Aktionen ausgeführt.

Im folgenden Beispiel wird keine Aktion ausgeführt, wenn der in der Variablen nWaterTemp gespeicherte Wert kleiner als 100 ist:

```
* setzt eine logische Variable auf Wahr, wenn eine
* Bedingung zutrifft.
IF nWaterTemp >= 100
    lBoiling = .T.
ENDIF
```

Anmerkung: Ein Sternchen am Anfang einer Zeile in einem Programm kennzeichnet eine Kommentarzeile. Kommentare geben dem Programmierer einen Hinweis darauf, was die einzelnen Codesegmente bewirken, und werden von Visual FoxPro ignoriert.

Falls mehrere mögliche Bedingungen zu überprüfen sind, ist ein DO CASE ... ENDCASE-Block möglicherweise effizienter und einfacher zu verwalten als mehrere IF-Anweisungen.

Schleifen

Schleifen ermöglichen es Ihnen, eine oder mehrere Codezeilen so oft wie nötig auszuführen. In Visual FoxPro gibt es drei Befehle, die es ermöglichen, Schleifen zu definieren:

- SCAN ... ENDSCAN
- FOR ... ENDFOR
- DO WHILE ... ENDDO

Verwenden Sie **SCAN**, wenn für jeden Datensatz einer Tabelle eine Reihe von Aktionen ausgeführt werden soll, also wie im oben beschriebenen Beispielprogramm. Dank der SCAN-Schleife reicht es aus, wenn Sie den Code nur einmal schreiben; Sie können ihn dann für jeden Datensatz ausführen, während der Datensatzzeiger die Tabelle durchläuft.

Verwenden Sie **FOR**, wenn Sie wissen, wie oft der jeweilige Codeabschnitt ausgeführt werden muß. Sie wissen beispielsweise, daß eine Tabelle eine bestimmte Anzahl von Feldern enthält. Mit der Visual FoxPro-Funktion FCOUNT( ) können Sie die Anzahl der Felder zurückgeben lassen, und mit einer FOR-Schleife können Sie die Namen aller Felder der Tabelle ausgeben:

```
FOR nCnt = 1 TO FCOUNT( )
   ? FIELD(nCnt)
ENDFOR
```

Verwenden Sie **DO WHILE**, wenn Sie einen Codeabschnitt ausführen möchten, solange eine bestimmte Bedingung erfüllt ist. In diesem Fall wissen Sie zwar nicht, wie oft der Code ausgeführt werden muß, aber Sie wissen, wann die Ausführung beendet werden soll. Angenommen, Sie haben eine Tabelle mit den Namen und Initialen bestimmter Personen, und Sie möchten die Namen der Personen anhand ihrer Initialen nachschlagen. In diesem Fall tritt ein Problem auf, sobald Sie versuchen, den Namen einer Person hinzuzufügen, deren Initialen mit denen des Namens einer anderen Person identisch sind, der bereits in der Tabelle enthalten ist.

Sie können dieses Problem lösen, indem Sie eine Zahl zu den Initialen hinzufügen. Die Kennung für Michael Suyama wäre dann MS, während die nächste Person mit denselben Initialen, Margaret Sun, die Kennung MS1 erhält. Würden Sie anschließend einen Eintrag für Michelle Smith der Tabelle hinzufügen, so wäre ihre Kennung MS2. Eine DO WHILE-Schleife ermöglicht Ihnen, die korrekte Zahl zu finden, die jeweils an die Initialen angehängt werden muß.

Beispielprogramm mit DO WHILE zur Erstellung einer eindeutigen Kennung

Code	**Kommentare**
`nHere = RECNO()`	Speichert die Position eines Datensatzes.
`cInitials = LEFT(Vorname,1) + ;` `   LEFT(Nachname,1)`	Gibt die Initialen einer Person aus den Anfangsbuchstaben der Felder Vorname und Nachname zurück.
`NSuffix = 0`	Erstellt eine Variable, in der die Zahl gespeichert wird, die, falls erforderlich, an das Ende der Initialen der Person angehängt wird.
`LOCATE FOR person_id = cInitials`	Prüft, ob in der Tabelle eine weitere Person mit den gleichen Initialen vorkommt.
`DO WHILE FOUND( )`	Falls in einem weiteren Datensatz der Tabelle der Wert für person_id dem Wert von cInitials entspricht, gibt die Funktion FOUND( ) Wahr (.T.) zurück, und der Code in der Schleife **DO WHILE** wird ausgeführt. Wird keine Entsprechung gefunden, wird statt dessen die Codezeile nach ENDDO ausgeführt.

`nSuffix = nSuffix + 1`
`cInitials = ;`
`   LEFT(cInitials,2);`
`   + ALLTRIM(STR(nSuffix))`
	Bereitet ein weiteres Suffix vor und hängt es an die Initialen an.

(Fortsetzung)

Code	Kommentare
`CONTINUE`	CONTINUE bewirkt, daß der letzte Befehl LOCATE erneut ausgewertet wird. Das Programm prüft, ob der neue Wert in `cInitials` bereits im Feld `person_id` eines anderen Datensatzes vorhanden ist. Wenn dies der Fall ist, gibt FOUND( ) weiterhin Wahr (.T.) zurück, und der Code in der DO WHILE-Schleife wird erneut ausgeführt. Ist der neue Wert in `cInitials` wirklich eindeutig, gibt FOUND( ) Falsch (.F.) zurück, und es wird der auf ENDDO folgende Code ausgeführt.
`ENDDO`	Ende der DO WHILE-Schleife.
`GOTO nHere` `REPLACE person_id WITH cInitials`	Kehrt zum Datensatz zurück und speichert die eindeutige Kennung im Feld `person_id`.

Da Sie nicht im voraus wissen können, wie oft bereits vergebene Kennungen gefunden werden, ist die DO WHILE-Schleife für diesen Vorgang ideal.

Der Programmierprozeß

Sobald Sie die Grundbegriffe verstanden haben, ist das Programmieren ein iterativer Prozeß. Sie durchlaufen die Schritte viele Male, wobei Sie den Code immer weiter ausarbeiten. Am Anfang werden Sie Ihre Programme häufig testen und neue Möglichkeiten ausprobieren. Je vertrauter Sie mit der Programmiersprache sind, desto schneller können Sie programmieren und desto mehr Tests werden Sie nur noch im Kopf ausführen.

Die grundlegenden Schritte beim Programmieren sind:

- Erarbeiten der Problemstellung
- Aufgliedern des Problems in seine Einzelteile
- Erstellen der Teile
- Testen und Korrigieren der Teile
- Zusammensetzen der Teile
- Testen des gesamten Programms

Die folgenden Hinweise sollten Sie beachten, wenn Sie mit dem Programmieren anfangen:

- Verschaffen Sie sich einen Überblick über das Problem, bevor Sie versuchen, es zu lösen. Andernfalls werden Sie viele Änderungen vornehmen, Code verwerfen, von vorn anfangen oder sich mit einem Ergebnis zufriedengeben müssen, von dem Sie nicht vollständig überzeugt sind.

- Unterteilen Sie das Problem in überschaubare Einheiten, anstatt zu versuchen, das ganze Problem auf einmal anzugehen.

- Führen Sie während der Entwicklung abschnittsweise Tests des Codes und Fehlerbeseitigung durch. Führen Sie Tests durch, um herauszufinden, ob mit dem Code die gewünschten Aktionen ausgeführt werden. Unter Fehlerbeseitigung versteht man den Prozeß des Suchens und Beseitigens von Problemen, die verhindern, daß der Code die gewünschten Aktionen ausführt.

- Verfeinern Sie die Datenerfassung und -speicherung so, daß sich die Daten mit dem Programmcode leichter bearbeiten lassen. Dies bedeutet vielfach, daß Sie Ihre Tabellen gut strukturieren müssen.

Im weiteren Verlauf dieses Abschnitts werden die einzelnen Schritte erläutert, die Sie beim Erstellen eines kleinen Visual FoxPro-Programms ausführen.

Erarbeiten der Problemstellung

Bevor Sie ein Problem lösen können, müssen Sie es exakt formulieren. Manchmal ergeben sich je nachdem, wie Sie ein Problem formulieren, mehrere und sogar bessere Lösungsmöglichkeiten.

Angenommen, die zu verwaltenden Daten stammen aus einer Vielzahl von Quellen. Die meisten der Daten sind rein numerisch, aber manche Daten enthalten außer Zahlen auch Gedankenstriche und Leerzeichen. Sie sollten nun alle Leerzeichen und Gedankenstriche aus den Feldern entfernen und die numerischen Daten speichern.

Statt die Leerzeichen und Gedankenstriche aus den ursprünglichen Daten zu entfernen, könnten Sie das Ziel des Programms folgendermaßen formulieren:

Ziel: Ersetzen der vorhandenen Werte eines Feldes durch andere Werte, die die ursprünglichen Werte außer den Leerzeichen und Gedankenstrichen enthalten.

Diese Formulierung vermeidet die Schwierigkeiten, die sich aus dem Bearbeiten einer Zeichenfolge ergeben, deren Länge sich ändert, während Sie mit ihr arbeiten.

Aufgliedern des Problems in seine Einzelteile

Da Sie Visual FoxPro in Form von Operationen, Befehlen und Funktionen ganz bestimmte Anweisungen geben müssen, ist es erforderlich, das Problem in Einzelschritte zu unterteilen. Der erste Einzelschritt in unserem Beispielproblem besteht darin, jedes Zeichen in der Zeichenfolge zu lesen und zu analysieren. Wenn Sie nicht jedes Zeichen einzeln analysieren, können Sie nicht feststellen, ob es gespeichert werden soll.

Beim Lesen eines Zeichens müssen Sie überprüfen, ob es sich um einen Gedankenstrich oder ein Leerzeichen handelt. Zu diesem Zeitpunkt empfiehlt es sich, die Problemstellung zu präzisieren. Was passiert, wenn Sie später Daten erhalten, die runde Klammern enthalten? Wie gehen Sie vor, wenn Währungssymbole, Kommas und Punkte entfernt werden müssen? Je allgemeiner Sie Ihren Code halten können, desto weniger Änderungsarbeit haben Sie später; im wesentlichen geht es darum, Arbeitsaufwand zu verringern. Im folgenden ist das Problem so formuliert, daß viel mehr unterschiedliche Daten abgedeckt sind:

Verfeinerte Zielsetzung: Ersetzen der vorhandenen Werte eines Feldes durch andere Werte, die nur die numerischen Zeichen der ursprünglichen Werte enthalten.

Mit dieser Formulierung läßt sich die Lösung des Problems auf der Zeichenebene neu definieren: Wenn das Zeichen numerisch ist, soll es gespeichert werden, wenn nicht, soll das nächste Zeichen analysiert werden. Sobald Sie eine Zeichenfolge erstellt haben, die nur die numerischen Elemente der ursprünglichen Zeichenfolge enthält, können Sie diese ersetzen und den Vorgang mit dem nächsten Datensatz wiederholen, bis alle Daten bearbeitet wurden.

Zusammenfassend läßt sich das Problem in folgende Schritte unterteilen:

1. Lesen der einzelnen Zeichen.
2. Feststellen, ob das Zeichen numerisch ist.
3. Ist das Zeichen numerisch, wird es in die zweite Zeichenfolge kopiert.
4. Sobald alle Zeichen in der ursprünglichen Zeichenfolge so analysiert wurden, wird diese Zeichenfolge durch die neue, rein numerische Zeichenfolge ersetzt.
5. Diese Schritte werden für alle Datensätze der Tabelle wiederholt.

Erstellen der Teile

Sobald klar ist, welche Schritte auszuführen sind, können Sie die einzelnen Schritte in Form von Visual FoxPro-Befehlen, -Funktionen und -Operatoren formulieren. Wenn Sie genau wissen, welchen Befehl oder welche Funktion Sie benötigen, schlagen Sie die korrekte Syntax in der Hilfe nach. Wenn Sie wissen, was zu tun ist, jedoch die entsprechenden Befehle oder Funktionen nicht kennen, schlagen Sie in der Hilfe unter „Sprachkategorien" nach.

Da mit den Befehlen und Funktionen Daten bearbeitet werden, benötigen Sie Testdaten, mit denen Sie arbeiten können. Diese Testdaten sollten den tatsächlich zu bearbeitenden Daten möglichst ähnlich sein.

In diesem Beispiel können Sie eine Testzeichenfolge in einer Variablen speichern, indem Sie im Befehlsfenster den folgenden Befehl eingeben:

```
cTest = "123-456-7 89 0"
```

Lesen der einzelnen Zeichen

Zunächst möchten Sie ein einzelnes Zeichen der Zeichenfolge lesen. Eine Liste der Funktionen, die zum Bearbeiten von Zeichenfolgen verwendet werden können, finden Sie unter „Zeichenfunktionen" in der Hilfe.

Sie werden feststellen, daß es drei Funktionen gibt, die bestimmte Teile einer Zeichenfolge zurückgeben: LEFT( ), RIGHT( ) und SUBSTR( ). SUBSTR( ) gibt Zeichen von einer beliebigen Stelle der Zeichenfolge zurück.

SUBSTR( ) arbeitet mit drei Argumenten oder Parametern: der Zeichenfolge, der Anfangsposition in der Zeichenfolge und der Anzahl der Zeichen, die ab der Anfangsposition zurückgegeben werden. Wenn Sie testen möchten, ob SUBSTR( ) die gewünschte Aufgabe ausführen kann, geben Sie z. B. im Befehlsfenster die folgenden Befehle ein:

```
? SUBSTR(cTest, 1, 1)
```

```
? SUBSTR(cTest, 3, 1)
? SUBSTR(cTest, 8, 1)
```

Ausgabe:
```
1
3
-
```

Im FoxPro-Hauptfenster wurden das erste, dritte und achte Zeichen der Testzeichenfolge angezeigt.

Um die gleiche Aktion mehrere Male auszuführen, verwenden Sie eine Schleife. Da die Testzeichenfolge aus einer festgelegten Anzahl von Zeichen (14) besteht, können Sie eine FOR-Schleife verwenden. Der Zähler in der FOR-Schleife wird jedesmal erhöht, wenn der Code in der Schleife ausgeführt wird, daher können Sie den Zähler in der Funktion SUBSTR( ) verwenden. Sie könnten den Schleifenaufbau nun im Befehlsfenster testen, aber ab einem bestimmten Zeitpunkt möchten Sie sicher Ihre Arbeit speichern, damit Sie später darauf aufbauen können. Es ist nun ein günstiger Zeitpunkt, um ein neues Programm zu erstellen.

▶ **So erstellen Sie ein neues Programm**

1. Geben Sie im Befehlsfenster den folgenden Befehl ein:

   ```
   MODIFY COMMAND numonly
   ```

2. In dem Fenster, das daraufhin angezeigt wird, geben Sie die folgenden Codezeilen ein:

   ```
   FOR nCnt = 1 TO 14
       ? SUBSTR(cTest, nCnt, 1)
   ENDFOR
   ```

Nachdem Sie das Programm erstellt haben, können Sie es ausführen.

▶ **So führen Sie ein Programm aus**

1. Im geöffneten Programmfenster drücken Sie STRG+E.

2. Wenn ein Dialogfeld angezeigt wird, in dem Sie gefragt werden, ob Sie das Programm speichern möchten, wählen Sie **OK**.

Wenn Sie das Programm ausführen, werden die einzelnen Zeichen in der Testzeichenfolge in einzelnen Zeilen im Visual FoxPro-Hauptfenster ausgegeben.

Testen von Teilen des Programms

Die erste Aufgabe haben Sie jetzt ausgeführt. Sie können jetzt jedes Zeichen der Zeichenfolge lesen und analysieren.

Feststellen, ob das Zeichen numerisch ist

Nachdem Sie ein einzelnes Zeichen der Zeichenfolge gelesen haben, müssen Sie feststellen, ob es eine Zahl ist. Dies können Sie mit Hilfe der Funktion ISDIGIT( ) herausfinden.

Geben Sie im Befehlsfenster die folgenden Befehle ein:

```
? ISDIGIT('2')
? ISDIGIT('-')
? ISDIGIT(SUBSTR(cTest, 3, 1))
```

Ausgabe:
.T.
.F.
.T.

An dieser Ausgabe erkennen Sie, daß „2" eine Zahl, „ – " keine Zahl und das dritte Zeichen in cTest, 3, eine Zahl ist.

Kopieren des Zeichens in die zweite Zeichenfolge, sofern es numerisch ist

Da Sie die Zeichen nun anzeigen und so ermitteln können, ob sie numerisch sind, benötigen Sie jetzt eine Variable, in der die numerischen Werte gespeichert werden können: cNumOnly.

Um die Variable zu erstellen, weisen Sie ihr einen Anfangswert, eine Zeichenfolge mit der Länge 0, zu:

```
cNumOnly = ""
```

Da die FOR-Schleife die Zeichen der Testzeichenfolge nacheinander abarbeitet, empfiehlt es sich, eine weitere Variable zu erstellen, in der jedes Zeichen der Zeichenfolge temporär gespeichert wird, während es bearbeitet wird:

```
cCharacter = SUBSTR(cTest, nCnt, 1)
```

Tip: Es ist häufig empfehlenswert, das Ergebnis einer Berechnung, Auswertung oder Funktion in einer Variablen zu speichern. Sie können dann die Variable bearbeiten, ohne die Berechnung oder Auswertung zu wiederholen.

Die folgende Codezeile kann jedesmal, wenn eine Zahl auftritt, verwendet werden, um die Zahl an die zweite Zeichenfolge anzufügen:

```
cNumOnly = cNumOnly + cCharacter
```

Das Programm sieht jetzt folgendermaßen aus:

```
cNumOnly = ""
FOR nCnt = 1 TO 14
    cCharacter = SUBSTR(cTest, nCnt, 1)
    IF ISDIGIT(cCharacter)
        cNumOnly = cNumOnly + cCharacter
    ENDIF
ENDFOR
```

Testen der Teile

Wenn Sie am Ende ein paar Befehle hinzufügen, mit denen die Zeichenfolgen ausgegeben werden, und dann das Programm ausführen, können Sie beobachten, wie das Programm die Testzeichenfolge verarbeitet:

```
cNumOnly = ""
FOR nCnt = 1 TO 14
    cCharacter = SUBSTR(cTest, nCnt, 1)
    IF ISDIGIT(cCharacter)
        cNumOnly = cNumOnly + cCharacter
    ENDIF
ENDFOR
? cTest
? cNumOnly
```

Ausgabe:
```
123-456-7 89 0
1234567890
```

Die Ausgabe ist korrekt. Aber wenn Sie die Testzeichenfolge beim Testen der Teile ändern, können Probleme auftreten. Geben Sie im Befehlsfenster den folgenden Befehl ein, und führen Sie das Programm erneut aus:

```
cTest = "456-789 22"
```

Das Programm gibt eine Fehlermeldung aus. Es wurde versucht, die FOR-Schleife 14mal auszuführen, aber die Zeichenfolge enthält nur 10 Zeichen. Sie benötigen also noch eine Möglichkeit, variierende Zeichenfolgenlängen zu berücksichtigen. Verwenden Sie LEN( ), um die Anzahl der Zeichen in einer Zeichenfolge zurückzugeben. Wenn Sie diesen Befehl in der FOR-Schleife verwenden, werden Sie feststellen, daß das Programm beide Testzeichenfolgen korrekt bearbeitet:

```
cNumOnly = ""
FOR nCnt = 1 TO LEN(cTest)
   cCharacter = SUBSTR(cTest, nCnt, 1)
   IF ISDIGIT(cCharacter)
      cNumOnly = cNumOnly + cCharacter
   ENDIF
ENDFOR
? cTest
? cNumOnly
```

Zusammensetzen der Teile

Um die Programmierlösung für die oben erläuterte Problemstellung zu vervollständigen, können Sie dazu übergehen, die Daten aus einer Tabelle zu lesen. Nachdem Sie eine Tabelle ausgewählt haben, können Sie die darin befindlichen Datensätze durchsuchen und den Programmcode auf ein Feld und nicht mehr auf eine Variable anwenden.

Erstellen Sie dazu zunächst eine temporäre Tabelle mit einer Vielzahl von Beispielzeichenfolgen. Eine solche Tabelle sollte ein Zeichenfeld mit dem Namen TestField und vier oder fünf Datensätze enthalten:

Inhalt von TestField

123-456-7 89 0	-9221 9220 94321 99-
456-789 22	000001 98-99-234

Wenn Sie den Feldnamen durch den Namen der Testzeichenfolge ersetzen, sieht das Programm folgendermaßen aus:

```
FOR nCnt = 1 TO LEN(TestField)
   cCharacter = SUBSTR(TestField, nCnt, 1)
   IF ISDIGIT(cCharacter)
      cNumOnly = cNumOnly + cCharacter
```

```
        ENDIF
    ENDFOR
? TestField
? cNumOnly
```

Sie können den Datensatzzeiger manuell verschieben, indem Sie die Tabelle durchsuchen und einen Bildlauf durch die Tabelle durchführen. So können Sie den Datensatzzeiger auf jeden Datensatz verschieben, und Sie werden dabei feststellen, daß das Programm seine Aufgabe korrekt erfüllt. Oder Sie können nun den Rest des Programms mit Tabellensteuerungscode versehen:

```
SCAN
    cNumOnly = ""
    FOR nCnt = 1 TO LEN(TestField)
        cCharacter = SUBSTR(TestField, nCnt, 1)
        IF ISDIGIT(cCharacter)
            cNumOnly = cNumOnly + cCharacter
        ENDIF
    ENDFOR
? TestField
? cNumOnly
?
ENDSCAN
```

Ausgabe:

```
123-456-7 89 0
1234567890

456-789 22
45678922

 -9221 9220 94321 99-
922192209432199

000001 98-99-234
0000019899234
```

Testen des ganzen Programms

Eigentlich möchten Sie die Ergebniszeichenfolge am Ende des Programms nicht auf dem Bildschirm anzeigen, sondern in der Tabelle speichern. Verwenden Sie dazu die folgende Codezeile:

```
REPLACE TestField WITH cNumOnly
```

Das komplette Programm sieht folgendermaßen aus:

```
SCAN
   cNumOnly = ""
   FOR nCnt = 1 TO LEN(TestField)
      cCharacter = SUBSTR(TestField, nCnt, 1)
      IF ISDIGIT(cCharacter)
         cNumOnly = cNumOnly + cCharacter
      ENDIF
   ENDFOR
   REPLACE TestField WITH cNumOnly
ENDSCAN
```

Dieses Programm müssen Sie jetzt nur noch mit den Beispieldaten testen, bevor Sie es auf echte Datenbestände anwenden können.

Verbessern des Fehlerverhaltens des Programms

Ein stabiles Programm arbeitet Ihren Vorstellungen entsprechend und ist auch in bestimmtem Umfang in der Lage, eventuell auftretende Probleme vorwegzunehmen und zu behandeln. Das Beispielprogramm führt zwar die gewünschten Aktionen aus, geht aber auch von Voraussetzungen aus, die zutreffen müssen, wenn das Programm korrekt arbeiten soll:

- Im aktuellen Arbeitsbereich ist eine Tabelle geöffnet.
- Die Tabelle hat ein Zeichenfeld mit dem Namen TestField.

Wenn im aktuellen Arbeitsbereich keine Tabelle geöffnet ist oder die Tabelle kein Zeichenfeld mit dem erwarteten Namen hat, gibt das Programm eine Fehlermeldung aus und führt seine Aufgabe nicht aus.

Programm zum Entfernen der nichtnumerischen Zeichen aus einem Feld für alle Datensätze

Code	Kommentare
`lFieldOK = .F.`	Diese Variable stellt fest, ob die für die Abarbeitung des Programms notwendigen Bedingungen vorliegen. Zu Beginn wird die Variable auf Falsch (.F.) gesetzt, damit angenommen wird, daß die notwendigen Bedingungen nicht vorliegen.

`FOR nCnt = 1 TO FCOUNT( )`
`   IF FIELD(nCnt) = ;`
`      UPPER("TestField")`
`      IF TYPE("TestField") = "C"`
`         lFieldOK = .T.`
`      ENDIF`
`      EXIT`
`   ENDIF`
`ENDFOR`
	Mit diesem Codeabschnitt wird jedes Feld der aktuellen Tabelle durchsucht, bis ein Feld mit Namen TestField gefunden wird. Sobald das korrekte Feld gefunden wurde, wird lFieldOK auf Wahr (.T.) gesetzt und die Schleife mit EXIT beendet (da es unnötig ist, mit der Prüfung fortzufahren, nachdem das korrekte Feld gefunden wurde). Falls kein Feld dem Suchkriterium entspricht, bleibt lFieldOK bei der Einstellung Falsch (.F.).

(Fortsetzung)

Code	Kommentare
`IF lFieldOK`	Der Konvertierungsabschnitt des Programms wird nur dann ausgeführt, wenn in der aktuell aktiven Tabelle das Feld `TestField` existiert.
``SCAN
cNumOnly = ""
FOR nCnt = 1 TO LEN(TestField)
cCharacter = ;
SUBSTR(TestField, nCnt, 1)
IF ISDIGIT(cCharacter)
CNumOnly = cNumOnly + ;
CCharacter
ENDIF
ENDFOR
REPLACE TestField WITH ;
CnumOnly
ENDSCAN```	Der Konvertierungscode.
`ENDIF`	Ende der Bedingung `IF lFieldOK`.

Die Haupteinschränkung dieses Programms besteht darin, daß es nur auf ein Feld angewendet werden kann. Wenn Sie die nichtnumerischen Zeichen aus einem anderen Feld als `TestField` löschen möchten, müssen Sie das Programm bearbeiten und `TestField` überall durch den Namen des anderen Feldes ersetzen.

Das Umwandeln des Programms in eine Funktion (wie im nachstehenden Abschnitt erläutert) ermöglicht Ihnen, den Code allgemeiner zu formulieren und so dessen Wiederverwendbarkeit zu steigern, wenn Sie die Arbeit zu einem späteren Zeitpunkt speichern.

Arbeiten mit Prozeduren und benutzerdefinierten Funktionen

Prozeduren und Funktionen ermöglichen es Ihnen, häufig verwendeten Code an einem einzigen Ort zu speichern und ihn in der Anwendung jedesmal aufzurufen, wenn er benötigt wird. Dadurch wird der Code leichter zu lesen und zu verwalten, da Sie Änderungen nur einmal in der Prozedur und nicht mehrmals im Programm vornehmen müssen.

In Visual FoxPro haben Prozeduren folgende Form:

```
PROCEDURE myproc
  * Dies ist Kommentar; an dieser Stelle steht jedoch normalerweise ausführbarer Code
ENDPROC
```

Herkömmlicherweise enthalten Prozeduren Code, mit dem eine Operation ausgeführt wird, und Funktionen berechnen mit Hilfe einiger Operationen einen Wert und geben ihn zurück. In Visual FoxPro sind Funktionen Prozeduren sehr ähnlich:

```
FUNCTION myfunc
   * Dies ist Kommentar; an dieser Stelle steht jedoch normalerweise ausführbarer Code
ENDFUNC
```

Sie können Prozeduren und Funktionen in einer eigenen Programmdatei oder am Ende einer Programmdatei zusammen mit dem „normalen" Programmcode speichern. Sie dürfen allerdings in einer Programmdatei keinen normalen, ausführbaren Programmcode hinter Prozeduren und Funktionen stellen.

Wenn Sie Prozeduren und Funktionen in eine eigene Programmdatei stellen, können Sie diese Prozeduren und Funktionen im Programm mit Hilfe des Befehls SET PROCEDURE TO zur Verfügung stellen. Geben Sie z. B. für die Datei **FUNPROC.PRG** im Befehlsfenster diesen Befehl ein:

```
SET PROCEDURE TO funproc.prg
```

Aufrufen einer Prozedur oder Funktion

Es gibt zwei Möglichkeiten, innerhalb eines Programms eine Prozedur oder Funktion aufzurufen:

- Sie können den Befehl DO verwenden. Beispiel:

  ```
  DO myproc
  ```

  – oder –

- Sie setzen ein Paar runde Klammern hinter den Funktionsnamen. Beispiel:

  ```
  myfunc( )
  ```

Jede dieser Methoden kann erweitert werden, indem Werte von der Prozedur oder Funktion zurückgegeben oder an diese übergeben werden.

Übergeben von Werten an eine Prozedur oder Funktion

Wenn Sie Werte an Prozeduren oder Funktionen übergeben möchten, geben Sie Parameter an. Die folgende Prozedur arbeitet z. B. mit einem einzelnen Parameter:

```
PROCEDURE myproc( cString )
   * Mit der folgenden Zeile wird eine Meldung angezeigt
   MESSAGEBOX ("myproc" + cString)
ENDPROC
```

> **Anmerkung:** Wenn Sie die Parameter einer Prozedur oder Funktion in Klammern angeben, wie z. B. in PROCEDURE myproc(cZeichenfolge), hat der Parameter einen lokalen Gültigkeitsbereich, er gilt also nur für die jeweilige Prozedur oder Funktion. Sie können einer Funktion auch mit LPARAMETERS erlauben, Parameter mit lokalem Gültigkeitsbereich entgegenzunehmen.

Die Funktionsweise von Parametern in einer Funktion ist identisch. Um einen Wert als Parameter an diese Prozedur oder an eine Funktion zu übergeben, können Sie eine Zeichenfolge oder eine Variable verwenden, die eine Zeichenfolge enthält, wie in der nachstehenden Tabelle gezeigt.

Übergeben von Parametern

Code	Kommentare
`DO myproc WITH cTestString` `DO myproc WITH "test string"`	Ruft eine Prozedur auf und übergibt eine Literalzeichenfolge oder eine Zeichenvariable.
`myfunc("test string")` `myfunc( cTestString )`	Ruft eine Funktion auf und übergibt die Kopie einer Zeichenvariablen oder einer Literalzeichenfolge.

Anmerkung: Wenn Sie eine Prozedur oder Funktion ohne den Befehl **DO** aufrufen, steuert die Einstellung UDFPARMS, wie die Parameter übergeben werden. Standardmäßig ist UDFPARMS auf VALUE voreingestellt, so daß Kopien des Parameters weitergegeben werden. Verwenden Sie jedoch **DO**, wird der tatsächliche Parameter verwendet (der Parameter wird als Referenz übergeben), und alle Änderungen innerhalb der Prozedur oder Funktion werden in den Originaldaten widergespiegelt, ungeachtet der Einstellung von UDFPARMS.

Sie können mehrere Werte an eine Prozedur oder Funktion übergeben, wenn Sie diese Werte durch Kommas voneinander trennen. An die folgende Prozedur müssen z. B. drei Parameter übergeben werden: ein Datum, eine Zeichenfolge und eine Zahl.

```
PROCEDURE myproc( dDate, cString, nTimesToPrint )
   FOR nCnt = 1 to nTimesToPrint
      ? DTOC(dDate) + " " + cString + " " + STR(nCnt)
   ENDFOR
ENDPROC
```

Diese Prozedur könnten Sie z. B. mit der folgenden Codezeile aufrufen:

```
DO myproc WITH DATE(), "Hello World", 10
```

Zurückgeben von Werten von einer Funktion

Der Standardrückgabewert ist Wahr (.T.), aber Sie können mit dem Befehl RETURN jeden beliebigen Wert zurückgeben lassen. Die folgende Funktion gibt z. B. ein Datum zurück, das zwei Wochen hinter dem Datum liegt, das der Funktion als Parameter übergeben wurde.

```
FUNCTION plus2weeks
PARAMETERS dDate
   RETURN dDate + 14
ENDFUNC
```

Die folgende Codezeile speichert den von der Funktion zurückgegebenen Wert in einer Variablen:

```
dDeadLine = plus2weeks(DATE())
```

In der folgenden Tabelle sind die Möglichkeiten aufgeführt, von einer Funktion zurückgegebene Werte zu speichern und anzuzeigen.

Bearbeiten von Rückgabewerten

Code	Kommentare
`var = myfunc( )`	Speichert den Rückgabewert einer Funktion in einer Variablen.
`? myfunc( )`	Zeigt den von der Funktion zurückgegebenen Wert im aktiven Ausgabefenster an.

Überprüfen von Parametern in einer Prozedur oder Funktion

Es empfiehlt sich, zu überprüfen, ob die Parameter, die Sie an Prozeduren und Funktionen übergeben, diejenigen sind, die zurückgegeben werden sollen. Mit Hilfe der Funktionen TYPE( ) und PARAMETERS( ) können Sie den Typ und die Anzahl der Parameter überprüfen, die an die Prozedur oder Funktion übergeben werden.

In dem Beispiel im vorherigen Abschnitt muß z. B. ein Parameter vom Typ „Datum" übergeben werden. Sie können mit der Funktion TYPE( ) sicherstellen, daß der Funktion ein Parameter des richtigen Typs übergeben wird.

```
FUNCTION plus2weeks( dDate )
   IF TYPE("dDate") = "D"
      RETURN dDate + 14
   ELSE
      MESSAGEBOX( "Sie müssen ein Datum übergeben!" )
      RETURN {}        && Rückgabe eines ungültigen Datums
   ENDIF
ENDFUNC
```

Wenn an eine Prozedur mehr Parameter übergeben werden, als sie erwartet, zeigt Visual FoxPro eine Fehlermeldung an. Wenn Sie beispielsweise eine Prozedur, die zwei Parameter erwartet, mit drei Parametern aufrufen, erhalten Sie eine Fehlermeldung. Werden jedoch weniger Parameter an eine Prozedur übergeben, als sie erwartet, so werden die überzähligen Parameter mit dem Wert Falsch (.F.) initialisiert. Da es keine Möglichkeit gibt, festzustellen, ob der letzte Parameter auf den Wert Falsch (.F.) gesetzt oder nicht angegeben wurde, können Sie mit der folgenden Prozedur sicherstellen, daß die richtige Anzahl an Parametern übergeben wurde:

```
PROCEDURE SaveValue( cStoreTo, cNewVal, lIsInTable )
   IF PARAMETERS( ) < 3
      MESSAGEBOX( "Zu wenig Parameter übergeben." )
      RETURN .F.
   ENDIF
   IF lIsInTable
      REPLACE (cStoreTo) WITH (cNewVal)
```

```
    ELSE
       &cStoreTo = cNewVal
    ENDIF
    RETURN .T.
ENDPROC
```

Umwandeln des Programms NUMONLY in eine Funktion

NUMONLY.PRG, das Beispielprogramm, das weiter oben im Abschnitt Der Programmierprozeß erläutert wurde, kann hinsichtlich seiner Stabilität und Einsatzfähigkeit verbessert werden, indem Sie aus dem Teil des Programms, der die nichtnumerischen Zeichen aus einer Zeichenfolge entfernt, eine Funktion erstellen.

Beispielprozedur zur Rückgabe numerischer Zeichen aus einer Zeichenfolge

Code	Kommentare
`FUNCTION NumbersOnly( cMixedVal )`	Start der Funktion, die eine aus Zeichen bestehende Zeichenfolge akzeptiert.

`cNumOnly = ""`
`FOR nCnt = 1 TO LEN(cMixedVal)`
`  cCharacter = ;`
`    SUBSTR(cMixedVal, nCnt, 1)`
`  IF ISDIGIT(cCharacter)`
`    cNumOnly = ;`
`      cNumOnly + cCharacter`
`  ENDIF`
`ENDFOR`
	Erstellt eine Zeichenfolge, in der sich nur noch die numerischen Zeichen der Originalzeichenfolge befinden.

`RETURN cNumOnly`	Gibt die Zeichenfolge zurück, die nur aus numerischen Zeichen besteht.
`ENDFUNC`	Ende der Funktion.

Sie können diesen Code in einer Vielzahl von Situationen verwenden; außerdem ist das Programm mit Hilfe der Funktion einfacher zu lesen:

```
SCAN
   REPLACE FieldName WITH NumbersOnly(FieldName)
ENDSCAN
```

Oder noch einfacher:

```
REPLACE All FieldName WITH NumbersOnly(FieldName)
```

So geht's weiter

Die prozedurale Programmierung zusammen mit objektorientierten Programmierverfahren sowie die Visual FoxPro-Design-Tools helfen Ihnen, vielseitige Visual FoxPro-Anwendungen zu erstellen. In den übrigen Kapiteln dieses Handbuchs werden Themenbereiche angesprochen, auf die Sie beim Entwickeln von Visual FoxPro-Anwendungen stoßen werden.

Eine Erläuterung zur Programmierung mit einem objektorientierten Lösungsansatz finden Sie in Kapitel 3, „Objektorientierte Programmierung". Weitere Informationen über das Entwerfen von Formularen im Formular-Designer finden Sie in Kapitel 9, „Erstellen von Formularen".

KAPITEL 2

Entwickeln einer Anwendung

Eine Visual FoxPro-Anwendung enthält gewöhnlich eine oder mehrere Datenbanken, ein Hauptprogramm, in dem die Systemumgebung der Anwendung eingerichtet wird, sowie eine Benutzeroberfläche, die Formulare, Symbolleisten und Menüs umfaßt. Über Abfragen und Berichte können die Benutzer Informationen aus ihren Daten ziehen.

Dieses Kapitel behandelt folgende Themen:

- Planen der Anwendung
- Erstellen von Datenbanken
- Erstellen von Klassen
- Gewähren des Zugriffs auf die Funktionalität
- Gewähren des Zugriffs auf Informationen
- Testen und Fehlerbeseitigung

Weitere Informationen über die Entwicklung von Anwendungen mit Hilfe des Anwendungsassistenten und der erweiterten Anwendungsstruktur finden Sie im Kapitel „Entwickeln von Anwendungen mittels der Anwendungsstruktur" in der Hilfe.

Planen der Anwendung

Eine sorgfältige Planung erspart Zeit, Mühe, Geld und Streß. Je mehr Sie Ihre Endbenutzer in den Planungsprozeß einbeziehen, desto besser. Doch selbst die sorgfältigste Planung wird Sie nicht davor bewahren, im Verlaufe des Projekts die Spezifikationen verbessern zu müssen, wenn Sie von Ihren Endbenutzern einen ersten Erfahrungsbericht erhalten.

Manche Ihrer Entwurfentscheidungen wirken sich darauf aus, wie Sie die Elemente der Anwendung später erstellen. Wer wird die Anwendung nutzen? Wo befindet sich das Zentrum der Benutzeraktivitäten? Wie groß könnten die Datenreihen sein, mit denen später gearbeitet wird? Werden nachgeschaltete Daten-Server verwendet oder die Daten exklusiv lokal für einzelne Benutzer oder in einem Netzwerk für mehrere Benutzer zur Verfügung stehen? Beachten Sie diese Faktoren, bevor Ihr Projekt zu weit fortgeschritten ist.

Allgemeine Benutzeraktivitäten

Auch wenn Ihre Benutzer mit Kunden, Aufträgen und Teilen arbeiten, ist es für die Datenverarbeitung innerhalb Ihrer Anwendung entscheidend, wie Ihre Endbenutzer mit den gewonnenen Informationen arbeiten. Für manche Anwendungen könnte ein Ordnungseintragsformular, wie das in **Tastrade.app** (im Verzeichnis **Visual Studio ...\Samples\Vfp98\Tastrade**), erforderlich sein, für das Verwalten von Lagerbeständen oder das Verfolgen von Verkäufen wäre dies jedoch nicht das richtige Tool.

Datenbankgröße

Sie möchten sicherlich mehr über die Geschwindigkeit erfahren, wenn Sie sich mit großen Datenmengen beschäftigen. Die Methoden zum Optimieren der Arbeitsgeschwindigkeit werden in Kapitel 15, „Optimieren von Anwendungen", erläutert. Vielleicht möchten Sie auch die Möglichkeit, wie sich Ihre Benutzer durch die Daten bewegen dürfen, entsprechend einstellen. Wenn sich in Ihrer Tabelle zwanzig oder dreißig Datensätze befinden, dann reicht es, Ihren Benutzern zu ermöglichen, den Datensatzzeiger in der Tabelle satzweise zu verschieben. Befinden sich in einer solchen Tabelle aber zwanzig- oder dreißigtausend Datensätze, dann sollten Sie den Benutzern andere Möglichkeiten bieten, zu den gewünschten Daten zu gelangen: durch Bereitstellen von Suchlisten oder Dialogfeldern, Filtern, benutzerdefinierten Abfragen usw. Wie spezielle Datensätze über eine Liste ausgewählt werden, wird in Kapitel 10, „Verwenden von Steuerelementen", erläutert. Das Erstellen von parametrisierten Abfragen wird in Kapitel 8, „Erstellen von Ansichten", besprochen.

Einzelbenutzer und mehrere Benutzer

Sie sollten Ihre Anwendung in der Annahme erstellen, daß mehrere Benutzer zur gleichen Zeit auf die Datenbanken zugreifen werden. Visual FoxPro erleichtert es, eine Anwendung für den gemeinsamen Zugriff zu programmieren. Die Techniken, wie Sie mehreren Benutzern zur gleichen Zeit Zugriff auf Ihre Datenbanken ermöglichen, werden in Kapitel 17, „Programmieren für gemeinsamen Zugriff", beschrieben.

Länderspezifische Betrachtungen

Wenn Sie wissen, daß Ihre Anwendung nur in einer einsprachigen Umgebung eingesetzt wird, dann brauchen Sie sich über länderspezifische Aspekte keine Gedanken zu machen. Wenn Sie aber Ihren Markt erweitern möchten oder wenn sich Ihre Kunden mit länderspezifischen Daten oder Umgebungseinstellungen beschäftigen, dann sollten Sie diese Faktoren beim Erstellen der Anwendung mit berücksichtigen. Die Einzelheiten, die Sie beim Entwickeln länderspezifischer Anwendungen berücksichtigen müssen, werden in Kapitel 18, „Entwickeln länderspezifischer Anwendungen", erläutert.

Lokale und Remote-Daten

Wenn in Ihrer Anwendung mit Remote-Daten gearbeitet wird, dann werden Sie diese anders verwalten, als wenn Sie Visual FoxPro-Daten im systemeigenen Format verwalten würden. Wie Ansichten für Daten im systemeigenen Format oder für Remote-Daten erstellt werden, wird in Kapitel 8, „Erstellen von Ansichten", erläutert. Teil 6 des *Programmierhandbuchs*, „Erstellen von Client-Server-Lösungen", erläutert, wie Anwendungen entworfen werden, die nahtlos mit Remote-Daten arbeiten.

Überblick über den Prozeß

Der Prozeß des Erstellens einer Anwendung ist zum großen Teil iterativ. Da es keine zwei Anwendungen gibt, die genau gleich sind, werden Sie wahrscheinlich Prototypen entwickeln und manche Komponenten viele Male verfeinern, bevor Sie ein abgeschlossenes Produkt erhalten. Erwartungen oder Verpflichtungen der Endbenutzer können Veränderungen bewirken, wodurch Sie gezwungen werden, einzelne Gesichtspunkte einer Anwendung zu verbessern. Ebenso wird niemand stets fehlerfreien Code schreiben, so daß Testen und Fehlerbeseitigung gewöhnlich zu einigen Umgestaltungen und Veränderungen im Code führen.

Der Prozeß des Erstellens einer Anwendung

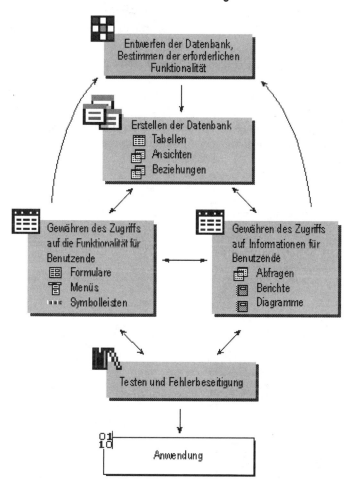

Sie müssen nicht nur dieses große Bild in Ihrer Planungsstufe berücksichtigen, sondern auch entscheiden, welche Funktionalität erforderlich ist, welche Daten eingebunden werden und wie die Datenbank strukturiert werden soll. Sie müssen eine Oberfläche entwerfen, über die Sie den Benutzern den Zugriff auf die Funktionalität der Anwendung ermöglichen. Sie können Berichte und Abfragen erstellen, um die Benutzer in die Lage zu versetzen, nützliche Informationen aus ihren Daten ableiten zu können.

Beginnen der Entwicklung

Nachdem Sie wissen, welche Komponenten Sie voraussichtlich in Ihrer Anwendung benötigen, möchten Sie möglicherweise eine Verzeichnisgrundstruktur und ein Projekt einrichten, um die Komponentendateien, die Sie für die Anwendung erstellen möchten, besser verwalten zu können. Sie können diese Grundstruktur selbst im Windows Explorer und das Projekt im Projekt-Manager erstellen, oder Sie können den Anwendungs-Assistenten verwenden, um beides gleichzeitig einzurichten.

Mit diesem neuen Anwendungs-Assistenten öffnen Sie das Programm zum Erstellen von Anwendungen, so daß Sie ein Projekt und die dazugehörigen Komponenten, die Sie mit dem Assistenten beginnen, weiter anpassen können. Um die Kompatibilität mit früheren Versionen zu gewährleisten, können Sie weiterhin mit dem vorherigen Anwendungs-Assistenten (5.0) arbeiten.

Weitere Informationen finden Sie in der Hilfe unter „Anwendungs-Assistent".

Verwenden des Projekt-Managers

Der Projekt-Manager ermöglicht das Kompilieren der fertigen Anwendung. In der Entwicklungsphase erleichtert er aber auch das Entwerfen, Verändern und Ausführen der einzelnen Komponenten Ihrer Anwendung.

Der Projekt-Manager

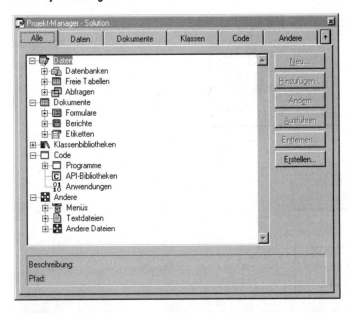

Über den Projekt-Manager können Sie:

- Teile Ihrer Anwendung (Formulare, Menüs, Programme) mit Hilfe weniger Mausklicks verändern und ausführen.
- Klassen, Tabellen und Felder aus dem Projekt-Manager in den Formular-Designer oder Klassen-Designer verschieben.
- Klassen zwischen den Klassenbibliotheken hin- und herschieben.
- Ihre Tabellen und Datenbanken sehr einfach anzeigen und verändern.
- Beschreibungen für die Komponenten Ihrer Anwendung hinzufügen.
- Elemente zwischen den einzelnen Projekten hin- und herschieben.

Detaillierte Informationen über die Verwendung des Projekt-Managers finden Sie im *Online-Benutzerhandbuch* in Kapitel 1, „Erste Schritte". Informationen über das Kompilieren von Anwendungen finden Sie in diesem Handbuch in Kapitel 13, „Kompilieren einer Anwendung".

Erstellen von Datenbanken

Da eine Datenbankanwendung stark von den zugrundeliegenden Daten abhängt, sollten Sie beim Entwerfen Ihrer Anwendung am besten mit den Daten beginnen. Sie können Ihre Datenbank einrichten und festlegen, welche Beziehungen zwischen den Tabellen bestehen sollen, welche Geschäftsbedingungen Sie auferlegen möchten usw., bevor Sie die Oberfläche oder irgendwelche Komponenten zur Datenbearbeitung entwerfen. Eine vernünftige Datenbankgrundlage erleichtert die Entwicklungsarbeit wesentlich.

Weitere Informationen über das Entwerfen von effektiven und effizienten Tabellen und Datenbanken mit Visual FoxPro finden Sie in Kapitel 5, „Gestalten von Datenbanken", in Kapitel 6, „Erstellen von Datenbanken", und in Kapitel 7, „Arbeiten mit Tabellen".

Erstellen von Klassen

Sie können allein mit Hilfe der FoxPro-Basisklassen eine robuste, objektorientierte, ereignisgesteuerte Anwendung erstellen. Es ist nicht unbedingt nötig, eigene Klassen zu erstellen. Eine solide Klassenbibliothek erleichtert jedoch nicht nur das Verwalten und die Pflege von Code; sie ermöglicht es Ihnen auch, rasch Prototypen zu erstellen und Funktionalität in eine Anwendung einzufügen. Sie können Klassen in einer Programmdatei, im Formular-Designer (im Menü **Datei** über den Befehl **Als Klasse speichern**) oder im Klassen-Designer erstellen.

In Kapitel 3, „Objektorientierte Programmierung", werden einige der Vorteile des Erstellens von Klassen erläutert, und Sie erfahren im einzelnen, wie Klassen mit dem Klassen-Designer oder programmgesteuert erstellt werden.

Gewähren des Zugriffs auf die Funktionalität

Die Zufriedenheit der Benutzer wird stark durch die Oberfläche beeinflußt, die Sie für die Funktionalität Ihrer Anwendung zur Verfügung stellen. Ihre Anwendung kann ein sehr klares Klassenmodell, eleganten Code und kluge Lösungen für schwierige Probleme enthalten, diese Leistungsmerkmale bleiben jedoch den Benutzern zumeist verborgen. Sie sehen lediglich die von Ihnen gelieferte Oberfläche. Glücklicherweise erleichtern die Visual FoxPro-Design-Tools das Erstellen von attraktiven Oberflächen, die mit verschiedensten Features ausgestattet sind.

Die Benutzeroberfläche umfaßt in erster Linie Formulare, Symbolleisten und Menüs. Sie können auf der Oberfläche die gesamte Funktionalität Ihrer Anwendung über Steuerelemente oder Menübefehle verbinden. Das Erstellen von Formularen und Formularsätzen wird in Kapitel 9, „Erstellen von Formularen", beschrieben. Der Einsatz der Visual FoxPro-Steuerelemente in Formularen wird in Kapitel 10, „Arbeiten mit Steuerelementen", erläutert. In Kapitel 11, „Entwerfen von Menüs und Symbolleisten", erfahren Sie, wie Sie Ihre Anwendung verbessern.

Gewähren des Zugriffs auf Informationen

Sie möchten Ihren Benutzern wahrscheinlich einige Informationen in Formularen anzeigen. Sie werden ihnen aber auch die Möglichkeit geben wollen, genau anzugeben, welche Informationen sie anzeigen und ggf. in Berichten und Etiketten ausdrucken möchten. Abfragen, und speziell Abfragen, die benutzerdefinierte Parameter akzeptieren, ermöglichen den Benutzern eine größere Kontrolle über die Daten. Über Berichte können die Benutzer vollständige, teilweise oder zusammenfassende Darstellungen ihrer Daten ausdrucken. Über ActiveX-Steuerelemente und Automatisierung ist es möglich, daß sich Ihre Anwendung Informationen und Funktionalität mit anderen Anwendungen teilt.

Der Abfrage-Designer und der Berichts-Designer werden im *Online-Benutzerhandbuch* in den Kapiteln 4 bis 7 erläutert. Das Hinzufügen von Abfragen und Berichten in einer Anwendung wird im vorliegenden Buch in Kapitel 12, „Hinzufügen von Abfragen und Berichten", erläutert. Das Hinzufügen von OLE in einer Anwendung wird in Kapitel 16, „Hinzufügen von OLE", beschrieben.

Testen und Fehlerbeseitigung

Testen und Fehlerbeseitigung ist etwas, das die meisten Entwickler bei jedem Schritt innerhalb des Entwicklungsprozesses machen. Es ist sinnvoll, regelmäßig Tests durchzuführen und Fehler zu beseitigen. Wenn Sie ein Formular erstellen, dann möchten Sie sicher sein, daß es wie gewünscht ausgeführt wird, bevor Sie zu anderen Elementen Ihrer Anwendung übergehen.

In Kapitel 14, „Testen von Anwendungen und Fehlerbeseitigung", wird erläutert, wie die Visual FoxPro-Tools zur Fehlerbeseitigung innerhalb Ihrer Anwendungen eingesetzt werden, und Sie erhalten Tips, mit denen der Fehlerbeseitigungsprozeß vereinfacht wird.

KAPITEL 3

Objektorientierte Programmierung

Visual FoxPro unterstützt die standardmäßige prozedurale Programmierung zwar noch, neue Erweiterungen der Programmiersprache bieten Ihnen aber inzwischen die Leistungsfähigkeit und Flexibilität der objektorientierten Programmierung.

Das objektorientierte Entwerfen und Programmieren stellt eine neue Sichtweise der Programmentwicklung dar, die im Gegensatz zur prozeduralen Programmierung steht. Anstatt den Programmfluß von der ersten bis zur letzten Code-Zeile genau festzulegen, müssen Sie sich Gedanken über das Erstellen von Objekten machen: Dies sind eigenständige Komponenten einer Anwendung, die sowohl eine interne als auch eine für den Benutzer sichtbare Funktionalität besitzen.

Dieses Kapitel behandelt folgende Themen:

- Objekte in Visual FoxPro
- Klassen in Visual FoxPro
- Anpassen einer Klasse an eine Aufgabe
- Erstellen von Klassen
- Hinzufügen von Klassen zu Formularen
- Programmgesteuertes Definieren von Klassen

Objekte in Visual FoxPro

In Visual FoxPro stellen Formulare und Steuerelemente Objekte dar, die Sie in Ihre Anwendungen einfügen können. Sie bearbeiten diese Objekte über deren Eigenschaften, Ereignisse und Methoden.

Mit Hilfe der objektorientierten Erweiterungen der Visual FoxPro-Progammiersprache können Sie die Objekte innerhalb Ihrer Anwendungen wesentlich besser steuern. Diese Erweiterungen erleichtern außerdem das Erstellen und Pflegen von Bibliotheken mit wiederverwendbarem Code, wodurch Sie:

- Kompakteren Code erhalten
- Code leichter und ohne komplizierte Benennungsregeln in Anwendungen einbinden können
- Code aus anderen Dateien leichter in eine Anwendung integrieren können

Die objektorientierte Programmierung stellt im wesentlichen eine Möglichkeit zum Organisieren von Code dar, so daß dieser leichter wiederverwendet und gepflegt werden kann. Die wichtigste Organisationsform wird als Klasse bezeichnet.

Klassen und Objekte: Die Bausteine einer Anwendung

Klassen und Objekte stehen in einer engen Beziehung zueinander, sollten jedoch nicht verwechselt werden. Eine Klasse enthält Informationen darüber, wie ein Objekt aussehen und sich verhalten soll. Eine Klasse kann mit einer Blaupause oder der Schemazeichnung eines Objektes verglichen werden. Das elektrische Schema und das Entwurfslayout eines Telefons würden beispielsweise einer Klasse entsprechen. Das Telefon selbst wäre ein Objekt oder eine Instanz dieser Klasse.

Die Klasse legt die Merkmale des Objekts fest

Objekte besitzen Eigenschaften

Ein Objekt besitzt bestimmte Eigenschaften oder Attribute. Ein Telefon besitzt z. B. eine bestimmte Farbe und Größe. Wenn Sie Ihr Büro mit einem Telefon ausstatten, dann nimmt es einen bestimmten Platz auf Ihrem Schreibtisch ein. Der Hörer kann auf der Telefongabel liegen oder nicht.

Auch die in Visual FoxPro erstellten Objekte besitzen Eigenschaften, die durch die Klasse festgelegt werden, zu der das Objekt gehört. Diese Eigenschaften können zur Entwurfszeit oder zur Laufzeit bestimmt werden.

In der nachstehenden Tabelle finden Sie als Beispiel einige der Eigenschaften, die ein Kontrollkästchen aufweisen kann.

Eigenschaft	Beschreibung
Caption (Beschriftung)	Der beschreibende Text neben dem Kontrollkästchen.
Enabled (Aktiviert)	Legt fest, ob das Kontrollkästchen vom Benutzer aktiviert oder deaktiviert werden kann.
ForeColor (Vordergrundfarbe)	Die Textfarbe der Beschriftung.
Left (Links)	Die Position der linken Seite des Kontrollkästchens.
MousePointer (Mauszeiger)	Das Aussehen des Mauszeigers, wenn er sich auf dem Kontrollkästchen befindet.

(Fortsetzung)

Eigenschaft	Beschreibung
Top (Oben)	Die Position der Oberseite des Kontrollkästchens.
Visible (Sichtbar)	Legt fest, ob das Kontrollkästchen sichtbar ist.

Objekten sind Ereignisse und Methoden zugeordnet

Jedes Objekt ist in der Lage, bestimmte Aktionen, sogenannte Ereignisse, zu erkennen und auf sie zu reagieren. Ein Ereignis ist eine spezielle vorbestimmte Aktivität, die entweder vom Benutzer oder vom System ausgelöst wird. Ereignisse werden in den meisten Fällen durch Aktionen der Benutzer erstellt. Beim Telefon wird z. B. ein Ereignis ausgelöst, wenn der Benutzer den Hörer von der Gabel nimmt. Ereignisse werden auch ausgelöst, wenn der Benutzer auf die Telefontasten drückt, um jemanden anzurufen.

Ereignisauslösende Aktionen der Benutzer umfassen in Visual FoxPro Mausklicks, Mausbewegungen und Tastenbetätigungen. Das Initialisieren eines Objekts und das Ausführen einer Code-Zeile, die einen Fehler verursacht, sind Ereignisse, die durch das System ausgelöst werden.

Methoden sind Prozeduren, die mit einem Objekt verknüpft sind. Methoden unterscheiden sich von normalen Visual FoxPro-Prozeduren: Methoden sind unauflösbar mit einem Objekt verbunden und werden anders aufgerufen als die gewöhnlichen Prozeduren.

Ereignisse können mit ihnen verbundene Methoden besitzen. Wenn Sie z. B. eine Methode für das Ereignis **Click** schreiben, dann wird der Code dieser Methode ausgeführt, sobald das Ereignis **Click** auftritt. Methoden können auch unabhängig von Ereignissen existieren. Diese Methoden müssen im Code explizit aufgerufen werden.

Der Ereignissatz ist fest, wenn auch groß. Sie können keine neuen Ereignisse erstellen. Der Methodensatz jedoch ist unendlich erweiterbar.

Die folgende Tabelle enthält einige Ereignisse, die zu einem Kontrollkästchen gehören.

Ereignis	Beschreibung
Click	Der Benutzer klickt auf das Kontrollkästchen.
GotFocus	Der Anwender wählt das Kontrollkästchen, indem er darauf klickt oder es durch Drücken von TAB aktiviert bzw. deaktiviert.
LostFocus	Der Benutzer wählt ein anderes Steuerelement.

Die folgende Tabelle enthält einige Methoden, die zu einem Kontrollkästchen gehören:

Methode	Beschreibung
Refresh	Der Wert des Kontrollkästchens wird aktualisiert, um alle Änderungen widerzuspiegeln, die in der zugrundeliegenden Datenquelle aufgetreten sind.
SetFocus	Der Fokus wird so auf das Kontrollkästchen gesetzt, als habe der Benutzer TAB so oft gedrückt, bis das Kontrollkästchen gewählt ist.

Eine Erläuterung der Reihenfolge, in der Ereignisse auftreten, finden Sie in Kapitel 4, „Zum besseren Verständnis des Ereignismodells". In der Hilfe finden Sie eine Beschreibung jeder Eigenschaft, jedes Ereignisses und jeder Methode.

Klassen in Visual FoxPro

Alle Eigenschaften, Ereignisse und Methoden eines Objekts werden in der Klassendefinition angegeben. Außerdem besitzen Klassen folgende Merkmale, wodurch sie sich besonders gut zum Erstellen von wiederverwendbarem, leicht zu wartenden Code eignen:

- Kapselung
- Unterklassen
- Vererbung

Verstecken nicht notwendiger Komplexität

Wenn Sie Ihr Büro mit einem Telefon ausstatten, ist es von zweitrangigem Interesse zu wissen, wie das Telefon intern einen Anruf erhält, Verbindungen zu elektronischen Schalttafeln aufbaut, beendet oder die gedrückten Zifferntasten in elektronische Signale umwandelt. Sie können den Hörer abnehmen und die entsprechenden Nummern wählen, um mit der angewählten Person sprechen zu können. Die Komplexität des Verbindungsaufbaus bleibt unsichtbar. Der Vorteil, die inneren Einzelheiten eines Objekts ignorieren zu können und Ihr Hauptaugenmerk auf die von Ihnen benötigten Aspekte des Objekts zu lenken, wird Abstraktion genannt.

Interne Komplexität kann verdeckt werden

Die Kapselung, die die Zusammenfassung des Codes von Methoden und Eigenschaften in einem Objekt mit sich bringt, trägt zur Abstraktion bei. Zum Beispiel können sowohl die Eigenschaften, durch die Elemente innerhalb eines Listenfeldes festgelegt werden, als auch der Code, der ausgeführt wird, sobald ein Element aus dieser Liste ausgewählt wird, in ein einziges Steuerelement eingekapselt werden. Dieses können Sie dann in ein Formular einfügen.

Leistungsfähigkeit bestehender Klassen ausnutzen

Eine Unterklasse kann die gesamte Funktionalität einer vorhandenen Klasse und darüber hinaus zusätzliche Steuerelemente oder sonstige Funktionalität besitzen, die Sie ihr verleihen möchten. Ist Ihre Klasse ein einfaches Telefon, dann können Sie Unterklassen erstellen, die die gesamte Funktionalität des Originaltelefons besitzen. Sie können die Unterklassen auch mit beliebigen von Ihnen gewünschten, speziellen Merkmalen ausstatten.

Unterklassen ermöglichen Ihnen die erneute Verwendung von Code

Das Bilden von Unterklassen ist eine Möglichkeit zum Verringern des von Ihnen zu schreibenden Codes. Sie können mit der Definition eines Objekts beginnen, das Ihren Wünschen annähernd entspricht, und dieses später anpassen.

Rationalisierte Pflege von Code

Durch Vererbung spiegeln sich alle Änderungen, die Sie in eine Klasse einarbeiten, in allen auf dieser Klasse basierenden Unterklassen wider. Diese automatische Aktualisierung erspart Ihnen Zeit und Mühe. Wenn beispielsweise ein Telefonhersteller die Telefone von Wahlscheiben auf Wahltasten umrüsten möchte, dann würde es ihm viel Arbeit ersparen, wenn er lediglich das zugrundeliegende Schema verändern müßte und alle zuvor nach diesem Schema gefertigten Telefone automatisch das neue Merkmal besitzen würden.

Die Vererbung erleichtert die Pflege Ihres Codes

Eine Vererbung kann nicht bei Hardware erfolgen, jedoch steht Ihnen diese Fähigkeit bei Software zur Verfügung. Wenn Sie in einer Klasse einen Fehler feststellen, müssen Sie den Code nicht in allen Unterklassen korrigieren. Sie können den Fehler in der Klasse beheben, und diese Änderung wird dann in allen Unterklassen dieser Klasse durchgeführt.

Die Klassenhierarchie in Visual FoxPro

Wenn Sie benutzerdefinierte Klassen erstellen möchten, dann ist es hilfreich, die Klassenhierarchie von Visual FoxPro zu kennen.

Die Klassenhierarchie in Visual FoxPro

```
                    Visual FoxPro Objekte
                     /              \
            Steuerelemente         Container
```

Steuerelemente:
- Active Doc
- Kontrollkästchen
- Kombinationsfeld
- Befehlsschaltfläche
- Steuerelement
- Benutzerdefiniert
- Bearbeitungsfeld
- Kopfzeile
- Hyperlink
- Abbildung
- Beschriftung
- Zeile
- Listenfeld
- gebundenes OLE-Steuerelement
- OLE-Container-Steuerelement
- Project Hook
- Figur
- Drehfeld
- Textfeld
- Zeitgeber

Container:
- Container
- Formularsatz
- Formular
- Raster
- Spalten
- Seitenrahmen
- Seite
- Symbolleiste
- Optionsfeldgruppe
- Befehlsschaltflächengruppe

LEGENDE
☐ Visuell   ▓ Nichtvisuell

Container und Nicht-Container

Zwei Haupttypen der Visual FoxPro-Klassen und dementsprechend der Visual FoxPro-Objekte sind Container-Klassen und Steuerelementklassen.

Container- und Steuerelementklassen

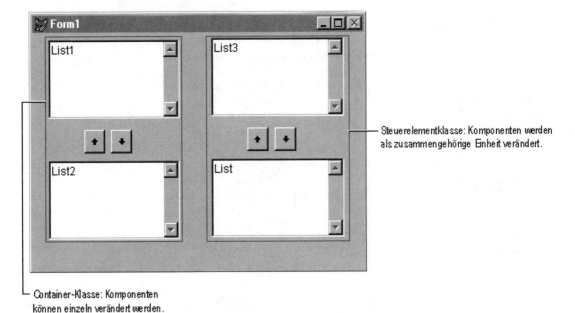

Container-Klassen

Container können andere Objekte enthalten und ermöglichen den Zugriff auf die in ihnen enthaltenen Objekte. Wenn Sie beispielsweise eine Container-Klasse erstellen, die aus zwei Listenfeldern und zwei Befehlsschaltflächen besteht, und dann ein auf dieser Klasse basierendes Objekt einem Formular hinzufügen, kann jedes einzelne Objekt sowohl zur Laufzeit als auch während des Entwurfs bearbeitet werden. Sie können die Position der Listenfelder oder die Beschriftungen der Befehlsschaltflächen leicht ändern. Sie können dem Steuerelement auch während des Entwurfs Objekte hinzufügen; so können Sie beispielsweise Beschriftungen hinzufügen, die die Listenfelder näher kennzeichnen.

In der folgenden Tabelle finden Sie eine Liste aller Komponenten, die eine Container-Klasse enthalten kann.

Container	Enthalten
Befehlsschaltflächengruppen	Befehlsschaltflächen
Container	Beliebige Steuerelemente
Steuerelement	Beliebige Steuerelemente
Benutzerdefiniert	Beliebige Steuerelemente, Seitenrahmen, Container, benutzerdefinierte Objekte
Formularsätze	Formulare, Symbolleisten

(Fortsetzung)

Container	Enthalten
Formulare	Seitenrahmen, beliebige Steuerelemente, Container, benutzerdefinierte Objekte
Datenblattspalten	Kopfzeilen und beliebige Objekte außer Formularsätzen, Symbolleisten, Zeitgeber und anderen Spalten
Datenblatt-Steuerelement	Datenblattspalten
Optionsfeldgruppen	Optionsfelder
Seitenrahmen	Seiten
Seiten	Beliebige Steuerelemente, Container, benutzerdefinierte Objekte
Projekt	Dateien, Server
Symbolleisten	Beliebige Steuerelemente, Seitenrahmen, Container

Steuerelementklassen

Steuerelementklassen sind vollständiger eingekapselt als Container-Klassen, sie sind aus diesem Grund jedoch auch weniger flexibel. Steuerelementklassen verfügen nicht über die Methode AddObject.

Anpassen einer Klasse an eine Aufgabe

Klassen möchten Sie evtl. in vielen verschiedenen Zusammenhängen verwenden können. Eine intelligente Planung hilft Ihnen bei der Entscheidung, welche Klassen zu entwerfen sind und welche Funktionen in eine Klasse einbezogen werden sollen.

Entscheiden, wann Klassen zu erstellen sind

Theoretisch könnten Sie für jedes einzelne jemals zu verwendende Steuerelement und Formular eine eigene Klasse erstellen, doch dies wäre nicht das rationellste Verfahren zum Entwerfen Ihrer Anwendungen. Wahrscheinlich besäßen Sie am Ende viele verschiedene Klassen, die zwar ähnliche Funktionen erfüllen, jedoch separat verwaltet werden müßten.

Zusammenfassen generischer Funktionalität

Sie können eine Steuerelementklasse für generische Funktionalität erstellen. Beispielsweise lassen sich Befehlsschaltflächen, mit denen ein Benutzer den Datensatzzeiger in einer Tabelle verschieben kann, eine Schaltfläche zum Schließen eines Formulars sowie eine Hilfe-Schaltfläche als Klassen speichern und Formularen immer dann hinzufügen, wenn diese die vorgesehenen Funktionen bieten sollen.

Sie können Eigenschaften und Methoden in einer Klasse zusammenfassen, damit der Benutzer sie in die spezielle Datenumgebung eines Formulars oder Formularsatzes integrieren kann.

Schaffen eines einheitlichen Erscheinungsbildes und intuitiven Zugriffs für die Anwendung

Sie können Formularsatz-, Formular-, und Steuerelementklassen mit einem charakteristischen Erscheinungsbild erstellen, so daß alle Komponenten Ihrer Anwendung gleich aussehen. So könnten Sie z. B. einer Formularklasse Graphiken und bestimmte Farbmuster hinzufügen und diese Klasse dann als Vorlage für sämtliche zu erstellenden Formulare verwenden. Sie könnten auch eine Textfeldklasse mit einem besonderen Erscheinungsbild, wie z. B. einer Schattierung, erstellen und diese Klasse in Ihrer gesamten Anwendung immer dann verwenden, wenn Sie ein Textfeld hinzufügen möchten.

Entscheiden, welcher Klassentyp zu erstellen ist

Visual FoxPro ermöglicht es Ihnen, mehrere Arten von Klassen, jede mit individuellen Eigenschaften, zu erstellen. Sie geben den gewünschten Klassentyp entweder im Dialogfeld Neue Klasse oder mit der Klausel AS des Befehls CREATE CLASS an.

Die Visual FoxPro-Basisklassen

Im Klassen-Designer können Sie Unterklassen zu den meisten Visual FoxPro-Basisklassen erstellen:

Die Visual FoxPro-Basisklassen

ActiveDoc	Custom	Label	PageFrame
CheckBox	EditBox	Line	ProjectHook
Column[*]	Form	ListBox	Separator
CommandButton	Formularsatz	OLEBoundControl	Shape
CommandGroup	Datenblatt	OLEContainerControl	Spinner
ComboBox	Header[*]	OptionButton[*]	TextBox
Container	Hyperlink Object	OptionGroup	Timer
Control	Image	Page[*]	ToolBar

[*] Da diese Klassen ein integraler Bestandteil eines übergeordneten Containers sind, lassen sich im Klassen-Designer keine Unterklassen dazu bilden.

Weitere Informationen über die Visual FoxPro-Basisklassen finden Sie in der Hilfe.

Alle Visual FoxPro-Basisklassen erkennen zumindest die folgenden Ereignisse:

Ereignis	Beschreibung
Init	Tritt auf, wenn das Objekt erstellt wird.
Destroy	Tritt auf, wenn das Objekt aus dem Speicher gelöscht wird.
Error	Tritt immer dann auf, wenn in Ereignis- oder Methodenprozeduren dieser Klasse ein Fehler auftritt.

Alle Visual FoxPro-Basisklassen verfügen zumindest über die folgenden Eigenschaften:

Eigenschaft	Beschreibung
Class	Legt den Klassentyp fest.
BaseClass	Legt die Basisklasse fest, von der die Klasse abgeleitet wurde, wie z. B. Formular, Befehlsschaltfläche, benutzerdefinierte Klasse usw.
ClassLibrary	Die Klassenbibliothek, in der die Klasse gespeichert ist.
ParentClass	Die Klasse, von der die aktuelle Klasse abgeleitet wurde. Wurde die Klasse direkt von einer Visual FoxPro-Basisklasse abgeleitet, ist die Eigenschaft **ParentClass** die gleiche wie **BaseClass**.

Weitere Informationen über diese Eigenschaften und Ereignisse finden Sie in der Hilfe.

Erweitern der Visual FoxPro-Basisklassen

Zu diesen Klassen können Sie Unterklassen erstellen, um Ihre eigenen Standardeigenschaften für Steuerelemente festzulegen. Wenn z. B. die Standardnamen von Steuerelementen, die Sie Formularen in Ihren Anwendungen hinzufügen, automatisch Ihre Benennungskonventionen widerspiegeln sollen, könnten Sie hierfür Klassen erstellen, die auf den Basisklassen von Visual FoxPro basieren. Sie können Formularklassen mit einem speziell angepaßten Erscheinungsbild oder Verhalten erstellen, die als Vorlagen für alle künftig erstellten Formulare dienen sollen.

Unterklassen zu den Visual FoxPro-Basisklassen können Sie auch erstellen, um Steuerelemente mit zusammengefaßten Funktionen zu erstellen. Wenn beispielsweise eine Schaltfläche beim Klicken Formulare freigeben soll, können Sie eine auf der Befehlsschaltflächen-Klasse basierende Klasse erstellen, deren Eigenschaft **Caption** auf **Beenden** einstellen und in dem Ereignis **Click** den folgenden Befehl hinzufügen:

```
THISFORM.Release
```

Diese neue Schaltfläche können Sie jedem Formular in Ihrer Anwendung hinzufügen.

Benutzerdefinierte Befehlsschaltfläche, die einem Formular hinzugefügt wurde

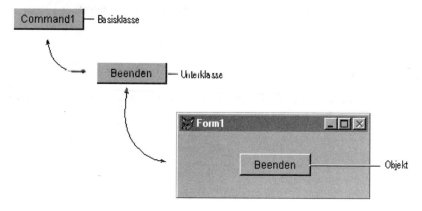

Erstellen von Steuerelementen mit mehreren Komponenten

Ihre Unterklassen sind nicht auf einzelne Basisklassen beschränkt. Sie können mehrere Steuerelemente in einer einzigen Container-Klassendefinition zusammenfassen. Viele der Klassen in der Beispiel-Klassenbibliothek von Visual FoxPro gehören zu dieser Kategorie. So enthält z. B. die Klasse „VCR" in **Buttons.vcx**, die im Visual Studio-Unterverzeichnis **Visual Studio…\Samples\Vfp98\Classes** zu finden ist, vier Befehlsschaltflächen, mit denen sich ein Benutzer durch die Datensätze einer Tabelle bewegen kann.

Erstellen von nichtvisuellen Klassen

Eine Klasse, die auf der benutzerdefinierten Visual FoxPro-Klasse basiert, enthält kein visuelles Laufzeitelement. Mit Hilfe der Klassen-Designer-Umgebung können Sie Methoden und Eigenschaften für Ihre benutzerdefinierte Klasse erstellen. Beispielsweise könnten Sie die benutzerdefinierte Klasse StrMethods erstellen und darin mehrere Methoden zum Bearbeiten von Zeichenfolgen einbeziehen. Diese Klasse könnten Sie einem Formular mit einem Bearbeitungsfeld hinzufügen und die integrierten Methoden bei Bedarf aufrufen. Eine Methode namens WordCount könnten Sie dann folgendermaßen aufrufen:

```
THISFORM.txtCount.Value = ;
    THISFORM.StrMethods.WordCount(THISFORM.edtText.Value)
```

Nichtvisuelle Klassen (wie benutzerdefinierte Steuerelemente und das Zeitgeber-Steuerelement) werden nur während der Entwurfszeit im Formular-Designer visuell dargestellt. Stellen Sie daher die Eigenschaft **Picture** der benutzerdefinierten Klasse auf die .bmp-Datei ein, die im Formular-Designer angezeigt werden soll, wenn die benutzerdefinierte Klasse einem Formular hinzugefügt wird.

Erstellen von Klassen

Sie können neue Klassen im Klassen-Designer erstellen und während des Entwurfsvorgangs anzeigen, wie jedes Objekt für die Benutzer aussehen wird.

▶ **So erstellen Sie eine neue Klasse**

- Wählen Sie im Projekt-Manager die Registerkarte **Klassen** und dann die Schaltfläche **Neu**.

    – oder –

- Wählen Sie aus dem Menü **Datei** den Befehl **Neu**, dann die Option **Klasse** und anschließend **Neue Datei**.

    – oder –

- Verwenden Sie den Befehl CREATE CLASS.

Im Dialogfeld **Neue Klasse** können Sie angeben, wie die neue Klasse heißen, auf welcher Klasse sie basieren und in welcher Bibliothek sie gespeichert werden soll.

Erstellen einer neuen Klasse

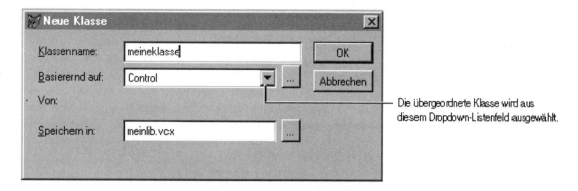

Die übergeordnete Klasse wird aus diesem Dropdown-Listenfeld ausgewählt.

Ändern einer Klassendefinition

Nachdem Sie eine Klasse erstellt haben, können Sie sie modifizieren. Änderungen an einer Klasse wirken sich auf alle Unterklassen und alle Objekte aus, die auf dieser Klasse basieren. Sie können eine Klasse erweitern oder einen Fehler in einer Klasse beseitigen, und allen Unterklassen und Objekten, die auf der Klasse aufbauen, werden diese Änderungen vererbt.

▶ **So ändern Sie eine Klasse im Projekt-Manager**

1. Markieren Sie die Klasse, die Sie ändern möchten.
2. Wählen Sie **Ändern**.

    Hierdurch wird der **Klassen-Designer** geöffnet.

Sie können auch die Definition einer visuellen Klasse mit Hilfe des Befehls MODIFY CLASS ändern. Weitere Informationen finden Sie in der Hilfe unter „MODIFY CLASS".

Wichtig: Ändern Sie nicht die Eigenschaft **Name** einer Klasse, falls diese Klasse bereits in den Komponenten einer anderen Anwendung verwendet wird. Andernfalls kann Visual FoxPro die Klasse nicht mehr finden, wenn dies erforderlich ist.

Erstellen einer Unterklasse zu einer Klassendefinition

Es gibt zwei Möglichkeiten zum Erstellen einer Unterklasse in einer benutzerdefinierten Klasse.

▶ **So erstellen Sie die Unterklasse einer benutzerdefinierten Klasse**

1. Klicken Sie im Dialogfeld Neue Klasse auf die Dialogschaltfläche rechts des Feldes **Basierend auf**.
2. Wählen Sie im Dialogfeld **Öffnen** die Klasse aus, auf der die neue Klasse basieren soll.

    – oder –

- Verwenden Sie den Befehl CREATE CLASS.

Um beispielsweise eine neue Klasse, x, auf parentclass in **Mylibrary.vcx** basieren zu lassen, verwenden Sie nachstehenden Code:

```
CREATE CLASS x OF y AS parentclass ;
    FROM mylibrary
```

Verwenden des Klassen-Designers

Wenn Sie festlegen, auf welcher Klasse Ihre neue Klasse basieren und in welcher Bibliothek die Klasse gespeichert werden soll, öffnet sich der Klassen-Designer.

Klassen-Designer

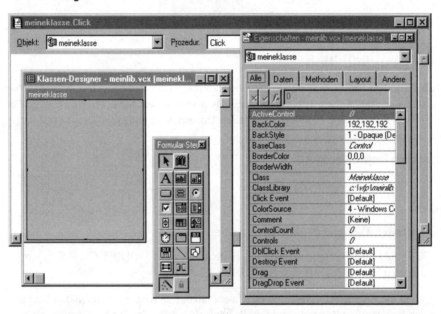

Der Klassen-Designer verfügt über die gleiche Oberfläche wie der Formular-Designer und ermöglicht Ihnen, die Eigenschaften Ihrer Klasse im Eigenschaftenfenster anzuzeigen und zu bearbeiten. In Code-Bearbeitungsfenstern können Sie den Code schreiben, der ausgeführt werden soll, wenn Ereignisse auftreten oder Methoden aufgerufen werden.

Hinzufügen von Objekten zu einer Steuerelement- oder Container-Klasse

Wenn Sie eine neue Klasse auf der Basis der Steuerelement- oder Container-Klasse erstellen, können Sie ihr Steuerelemente mit demselben Verfahren wie im Formular-Designer hinzufügen: klicken Sie in der Symbolleiste für Formular-Steuerelemente auf die gewünschte Schaltfläche, und ziehen Sie sie im Klassen-Designer auf die erforderliche Größe.

Ganz gleich, auf welchem Klassentyp die neue Klasse basiert, Sie können Eigenschaften einstellen und Methoden-Code schreiben. Darüber hinaus können Sie neue Eigenschaften und Methoden für die Klasse erstellen.

Hinzufügen von Eigenschaften und Methoden zu einer Klasse

Sie können einer neuen Klasse beliebig viele neue Eigenschaften und Methoden hinzufügen. Eigenschaften speichern Werte; Methoden dagegen einen prozeduralen Code, der beim Aufrufen der jeweiligen Methode ausgeführt wird.

Erstellen von neuen Eigenschaften und Methoden

Wenn Sie neue Eigenschaften und Methoden für Klassen erstellen, gelten diese Eigenschaften und Methoden für die Klasse und nicht für einzelne Komponenten in der Klasse.

▶ **So fügen Sie einer Klasse eine neue Eigenschaft hinzu**

1. Wählen Sie aus dem Menü **Klasse** den Befehl **Neue Eigenschaft**.
2. Geben Sie im Dialogfeld Neue Eigenschaft den Namen der Eigenschaft ein.
3. Legen Sie die Sichtbarkeit fest: **Global**, **Geschützt** oder **Verborgen**.

   Auf eine globale Eigenschaft kann an beliebiger Stelle in Ihrer Anwendung zugegriffen werden. Geschützte und verborgene Eigenschaften und Methoden werden im Abschnitt „Schützen und Verstecken von Klassenelementen" weiter unten in diesem Kapitel erläutert.

   Dialogfeld „Neue Eigenschaft"

   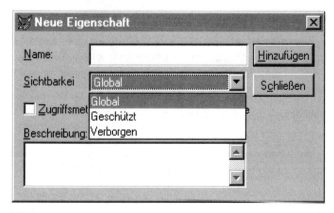

4. Wählen Sie **Hinzufügen**.

   Sie können auch eine Beschreibung der Eigenschaft mit einbeziehen, die unten im Eigenschaftenfenster des **Klassen-Designers** und des **Formular-Designers** angezeigt wird, wenn das Steuerelement einem Formular hinzugefügt wird.

> **Fehlerbehebung:** Wenn Sie einer Klasse eine Eigenschaft hinzufügen, die vom Benutzer der Klasse eingestellt werden kann, könnte dieser eine ungültige Einstellung für die Eigenschaft eingeben, die zur Laufzeit Fehler verursacht. Sie müssen daher die für die Eigenschaft gültigen Einstellungen explizit dokumentieren. Kann Ihre Eigenschaft beispielsweise auf 0, 1 oder 2 eingestellt werden, teilen Sie dies den Benutzern im Feld **Beschreibung** des Dialogfelds Neue Eigenschaft mit. Darüber hinaus möchten Sie den Wert der Eigenschaft möglicherweise auch im Code prüfen, der sich darauf bezieht.

▶ **So erstellen Sie eine Datenfeldeigenschaft**

- Geben Sie im Feld **Name** des Dialogfelds Neue Eigenschaft den Namen, die Größe und die Dimension des Datenfeldes ein.

  Um beispielsweise eine Datenfeldeigenschaft mit dem Namen `myarray` mit zehn Zeilen und zwei Spalten zu erstellen, geben Sie im Feld **Name** folgendes ein:

  `myarray[10,2]`

Die Datenfeldeigenschaft ist zur Entwurfszeit schreibgeschützt und wird im Eigenschaftenfenster in Kursivschrift angezeigt. Sie kann zur Laufzeit verwaltet und neu dimensioniert werden. Ein Beispiel für die Verwendung einer Datenfeldeigenschaft finden Sie in Kapitel 9, „Erstellen von Formularen", unter „Verwalten von Mehrfachinstanzen eines Formulars".

▶ **So fügen Sie einer Klasse eine neue Methode hinzu**

1. Wählen Sie aus dem Menü **Klasse** den Befehl **Neue Methode**.
2. Geben Sie im Dialogfeld Neue Methode den Namen der Methode ein.
3. Legen Sie die Sichtbarkeit fest: **Global**, **Geschützt** oder **Verborgen**.
4. Aktivieren Sie das Kontrollkästchen **Zugriffsmethode**, um eine Zugriffsmethode zu erstellen, aktivieren Sie das Kontrollkästchen **Zuweisungsmethode**, um eine Zuweisungsmethode zu erstellen, bzw. aktivieren Sie beide Kontrollkästchen, um sowohl eine Zugriffs- als auch eine Zuweisungsmethode zu erstellen.

Mit Hilfe von Zugriffs- und Zuweisungsmethoden können Sie Code ausführen, wenn der Wert einer Eigenschaft abgefragt wird oder wenn Sie versuchen, den Wert der Eigenschaft zu ändern.

Der in einer Zugriffsmethode enthaltene Code wird beim Abfragen des Wertes der Eigenschaft ausgeführt, und zwar normalerweise, indem die Eigenschaft in einem Objektverweis verwendet und der Wert der Eigenschaft in einer Variablen gespeichert wird oder indem der Wert der Eigenschaft mit einem Fragezeichen (?) versehen wird.

Der Code einer Zuweisungsmethode wird ausgeführt, wenn Sie versuchen, den Wert einer Eigenschaft zu ändern, was normalerweise über den Befehl **STORE** oder = geschieht, mit dem der Eigenschaft ein neuer Wert zugewiesen wird.

Weitere Informationen über die Zugriffs- und Zuweisungsmethoden finden Sie unter Zugriffs- und Zuweisungsmethoden.

Sie können auch eine Beschreibung der Methode einbeziehen.

Schützen und Verstecken von Klassenelementen

In einer Klassendefinition sind die Eigenschaften und Methoden standardmäßig als **Global** definiert: Mit Code aus anderen Klassen oder Prozeduren können die Eigenschaften eingestellt oder die Methoden aufgerufen werden. Auf Eigenschaften und Methoden jedoch, die Sie als **Geschützt** kennzeichnen, kann nur mit anderen Methoden in der Klassendefinition oder in Unterklassen dieser Klasse zugegriffen werden. Auf Eigenschaften und Methoden, die als **Verborgen** gekennzeichnet sind, kann nur mit anderen Elementen in der Klassendefinition zugegriffen werden. Für Unterklassen der Klasse sind verborgene Elemente „verborgen", und es kann kein Bezug darauf genommen werden.

Um ein korrektes Funktionieren einiger Klassen sicherzustellen, sollten Sie die Benutzer daran hindern, programmgesteuert die Eigenschaften zu ändern oder die Methode von außerhalb der Klasse aufzurufen.

Das folgende Beispiel veranschaulicht die Verwendung von geschützten Eigenschaften und Methoden in einer Klasse.

Die Klasse „Stopwatch" in der Datei **Samples.vcx**, die im Visual Studio-Verzeichnis **Visual Studio ...\Samples\Vfp98\Classes** zu finden ist, enthält einen Zeitgeber und fünf Beschriftungen zur Anzeige der abgelaufenen Zeit:

Die Klasse „Stopwatch" in Samples.vcx

Die Klasse „Stopwatch" enthält Beschriftungen und einen Zeitgeber.

Eigenschaftseinstellungen für die Klasse „Stopwatch"

Steuerelement	Eigenschaft	Einstellung
LblSeconds	Caption	00
lblColon1	Caption	:
LblMinutes	Caption	00
lblColon2	Caption	:

(Fortsetzung)

Steuerelement	Eigenschaft	Einstellung
LblHours	Caption	00
TmrSWatch	Interval	1000

Diese Klasse hat auch drei geschützte Eigenschaften (**nSec, nMin und nHour**) und eine geschützte Methode (**UpdateDisplay**). Die drei anderen benutzerdefinierten Methoden der Klasse (**Start**, **Stop** und **Reset**) sind nicht geschützt.

Tip: Wählen Sie **Klasseninfo** aus dem Menü **Klasse**, um die Sichtbarkeit aller Eigenschaften und Methoden einer Klasse anzuzeigen.

Die geschützten Eigenschaften werden in internen Berechnungen der Methode **UpdateDisplay** und des Ereignisses **Timer** verwendet. Die Methode **UpdateDisplay** legt die Beschriftungen zur Anzeige der abgelaufenen Zeit fest.

Die Methode „UpdateDisplay"

Code	Kommentare

```cSecDisplay = ALLTRIM(STR(THIS.nSec))```
```cMinDisplay = ALLTRIM(STR(THIS.nMin))```
```cHourDisplay = ALLTRIM(STR(THIS.nHour))```
	Wandelt die numerischen Eigenschaften in den Datentyp „Zeichen" zwecks Anzeige in den Beschriftungen um.

```THIS.lblSeconds.Caption = ;```
``` IIF(THIS.nSec < 10, ;```
``` "0" ,"") + cSecDisplay```
```THIS.lblMinutes.Caption = ;```
``` IIF(THIS.nMin < 10, ;```
``` "0", "") + cMinDisplay```
```THIS.lblHours.Caption = ;```
``` IIF(THIS.nHour < 10, ;```
``` "0", "") + cHourDisplay```
	Legt die Beschriftungen fest und behält die führende 0 bei, wenn der Wert der numerischen Eigenschaft kleiner 10 ist.

Die folgende Tabelle listet den Code im Ereignis `tmrSWatch.Timer` auf.

Das Ereignis „Timer"

Code	Kommentare
```THIS.Parent.nSec = THIS.Parent.nSec + 1```	Erhöht die Eigenschaft **nSec** bei jeder Aktivierung der Eigenschaft **Timer**: jede Sekunde.

```IF THIS.Parent.nSec = 60```
``` THIS.Parent.nSec = 0```
``` THIS.Parent.nMin = ;```
``` THIS.Parent.nMin + 1```
```ENDIF```
	Wenn **nSec** den Wert 60 erreicht hat, wird sie auf 0 zurückgesetzt und die Eigenschaft **nMin** erhöht.

(Fortsetzung)

Code	Kommentare

`IF THIS.Parent.nMin = 60`
`  THIS.Parent.nMin = 0`
`  THIS.Parent.nHour = ;`
`    THIS.Parent.nHour + 1`
`ENDIF`
	Wenn **nMin** den Wert 60 erreicht hat, wird sie auf 0 zurückgesetzt und die Eigenschaft **nHour** erhöht.

`THIS.Parent.UpdateDisplay`	Ruft die Methode **UpdateDisplay** auf, wenn die neuen Eigenschaftswerte eingestellt sind.

Die Klasse „Stopwatch" verfügt über drei Methoden, die nicht geschützt sind: **Start**, **Stop** und **Reset** (Zurücksetzen). Benutzer können diese Methoden direkt aufrufen, um die Stoppuhr zu steuern.

Die Methode **Start** enthält die folgende Code-Zeile:

```
THIS.tmrSWatch.Enabled = .T.
```

Die Methode **Stop** enthält die folgende Code-Zeile:

```
THIS.tmrSWatch.Enabled = .F.
```

Die Methode **Reset** stellt die geschützten Eigenschaften auf 0 ein und ruft die geschützte Methode auf:

```
THIS.nSec = 0
THIS.nMin = 0
THIS.nHour = 0
THIS.UpdateDisplay
```

Die Benutzer haben keine direkte Möglichkeit, diese Eigenschaften einzustellen oder diese Methode aufzurufen; dies kann nur mit Hilfe des Codes in der Methode **Reset** geschehen.

Festlegen des Standardwerts für eine Eigenschaft

Wenn Sie eine neue Eigenschaft erstellen, lautet deren Standardeinstellung Falsch (.F.). Im Eigenschaftenfenster können Sie eine andere Standardeinstellung für eine Eigenschaft festlegen. Klicken Sie hierzu in der Registerkarte **Andere** auf die betreffende Eigenschaft, und stellen Sie sie auf den gewünschten Wert ein. Wenn die Klasse einem Formular oder Formularsatz hinzugefügt wird, ist dieser Wert dann die Anfangseinstellung der Eigenschaft.

Sie können jede der Basisklasseneigenschaften auch im Klassen-Designer einstellen. Wenn ein auf der Klasse basierendes Objekt einem Formular hinzugefügt wird, spiegelt das Objekt Ihre Einstellungen für die Eigenschaften und nicht diejenigen der Visual FoxPro-Basisklasse wider.

Tip: Wenn Sie eine leere Zeichenfolge zur Standardeinstellung einer Eigenschaft machen möchten, markieren Sie die Einstellung im Feld **Eigenschaftenbearbeitungsfeld**, und drücken Sie die RÜCKTASTE.

Festlegen des Entwurfszeit-Erscheinungsbilds

Sie können das Symbolleisten- und das Container-Symbol für Ihre Klasse im Dialogfeld Klasseninfo festlegen.

▶ **So legen Sie ein Symbolleisten-Symbol für eine Klasse fest**

1. Wählen Sie im Klassen-Designer aus dem Menü **Klasse** den Befehl **Klasseninfo**.
2. Geben Sie im Dialogfeld Klasseninfo im Feld **Symbol für Symbolleiste** den Namen und Pfad der benötigten .BMP-Datei ein.

> **Tip:** Die Bitmap (.bmp-Datei) für das Symbol der Symbolleiste ist 15 x 16 Pixel groß. Falls das Bild größer oder kleiner ist, wird dessen Größe auf 15 x 16 Pixel geändert, und es sieht möglicherweise nicht wie gewünscht aus.

Diese Anzeige des Symbols für die Symbolleiste erfolgt in der Symbolleiste für Formular-Steuerelemente, wenn Sie die Klassen Ihrer Klassenbibliothek auf der Symbolleiste anzeigen.

Sie können auch festlegen, daß das Symbol im Projekt-Manager und im Klassenkatalog für die Klasse angezeigt wird, indem Sie das Container-Symbol entsprechend einstellen.

▶ **So legen Sie ein Container-Symbol für eine Klasse fest**

1. Wählen Sie im Klassen-Designer aus dem Menü **Klasse** den Befehl **Klasseninfo**.
2. Geben Sie im Feld **Symbol für Container** den Namen und Pfad der .bmp-Datei ein, die auf der entsprechenden Schaltfläche der Symbolleiste für Formular-Steuerelemente angezeigt werden soll.

Verwenden von Klassenbibliotheksdateien

Jede visuell entworfene Klasse wird in einer Klassenbibliothek mit der Dateinamenerweiterung .vcx gespeichert.

Erstellen einer Klassenbibliothek

Zum Erstellen einer Klassenbibliothek gibt es drei verschiedene Verfahren.

▶ **So erstellen Sie eine Klassenbibliothek**

- Wenn Sie eine Klasse erstellen, geben Sie im Feld **Speichern in** des Dialogfelds Neue Klasse eine neue Klassenbibliotheksdatei an.

    – oder –

- Verwenden Sie den Befehl CREATE CLASS, und geben Sie den Namen der neuen Klassenbibliothek an.

    Beispielsweise erstellt die folgende Anweisung die neue Klasse myclass und die neue Klassenbibliothek new_lib:

    ```
    CREATE CLASS myclass OF new_lib AS CUSTOM
    ```

- oder -

- Verwenden Sie den Befehl CREATE CLASSLIB.

    Geben Sie z. B. den folgenden Befehl im Befehlsfenster ein, um die Klassenbibliothek new_lib zu erstellen:

    ```
    CREATE CLASSLIB new_lib
    ```

Kopieren und Entfernen von Klassen aus Klassenbibliotheken

Nachdem Sie einem Projekt eine Klassenbibliothek hinzugefügt haben, können Sie Klassen mühelos aus einer Bibliothek in eine andere kopieren oder Klassen auf einfache Weise aus Bibliotheken entfernen.

▶ **So kopieren Sie eine Klasse aus einer Bibliothek in eine andere**

1. Vergewissern Sie sich, daß beide Bibliotheken in einem Projekt (nicht unbedingt in demselben Projekt) enthalten sind.
2. Wählen Sie im Projekt-Manager die Registerkarte **Klassen** aus.
3. Klicken Sie auf das Pluszeichen (+) links von der Klassenbibliothek, in der die Klasse gespeichert ist.
4. Ziehen Sie die Klasse aus der alten Bibliothek, und legen Sie sie in der neuen Bibliothek ab.

> **Tip:** Aus Gründen der leichteren Handhabung und Geschwindigkeit möchten Sie möglicherweise eine Klasse und alle darauf basierenden Unterklassen in einer einzigen Klassenbibliothek beibehalten. Wenn Sie eine Klasse erstellt haben, die Elemente aus vielen verschiedenen Klassenbibliotheken enthält, müssen diese Bibliotheken alle geöffnet sein, so daß das anfängliche Laden der Klasse zur Laufzeit und zur Entwurfszeit etwas länger dauert.

▶ **So entfernen Sie eine Klasse aus einer Bibliothek**

- Wählen Sie im Projekt-Manager die gewünschte Klasse aus, und wählen Sie die Schaltfläche **Entfernen**.

    - oder -

- Verwenden Sie den Befehl REMOVE CLASS.

Mit dem Befehl RENAME CLASS können Sie den Namen einer Klasse in einer Klassenbibliothek ändern. Wenn Sie den Namen einer Klasse ändern, nehmen Formulare, die diese Klasse und ihre Unterklassen in anderen .vcx-Dateien enthalten, weiterhin Bezug auf den alten Namen und funktionieren nicht mehr korrekt. Weitere Informationen finden Sie in der Hilfe unter „REMOVE CLASS" und „RENAME CLASS" in der Hilfe.

Visual FoxPro enthält einen Klassenkatalog, um das Verwenden und das Verwalten von Klassen und Klassenbibliotheken zu vereinfachen. Weitere Informationen finden Sie in der Hilfe unter „Klassenkatalog-Fenster".

Hinzufügen von Klassen zu Formularen

Sie können eine Klasse aus dem Projekt-Manager auf den Formular-Designer oder den Klassen-Designer ziehen. Außerdem können Sie Ihre Klassen registrieren. Dann können diese direkt in der Symbolleiste für Formular-Steuerelemente des Klassen-Designers oder Formular-Designers angezeigt und Containern mit demselben Verfahren wie die Standard-Steuerelemente hinzugefügt werden.

▶ **So registrieren Sie eine Klassenbibliothek**

1. Klicken Sie im Menü **Extras** auf **Optionen**.
2. Wählen Sie im Dialogfeld **Optionen** die Registerkarte Steuerelemente.
3. Wählen Sie die Option **Bibliotheken visueller Klassen** aus, und wählen Sie die Schaltfläche **Hinzufügen**.
4. Wählen Sie im Dialogfeld **Öffnen** die Klassenbibliothek aus, die Sie der Registrierung hinzufügen möchten, und wählen Sie die Schaltfläche **Öffnen**.
5. Wählen Sie die Schaltfläche **Als Standardeinstellung verwenden**, wenn die gewählte Klassenbibliothek in künftigen Visual FoxPro-Arbeitssitzungen in der Symbolleiste für **Formular-Steuerelemente** verfügbar sein soll.

Sie können Ihre Klassenbibliothek der Symbolleiste für Formular-Steuerelemente auch hinzufügen, indem Sie im Untermenü der Schaltfläche **Klassen anzeigen** die Option **Hinzufügen** wählen. Wenn diese Klassen in künftigen Visual FoxPro-Arbeitssitzungen in der Symbolleiste für Formular-Steuerelemente verfügbar sein sollen, müssen Sie noch im Dialogfeld Optionen die Standardeinstellungen festlegen.

Außer Kraft setzen der Standardeinstellungen für Eigenschaften

Wenn Sie einem Formular Objekte hinzufügen, die auf einer benutzerdefinierten Klasse basieren, können Sie die Einstellungen aller nicht geschützten Eigenschaften der Klasse ändern und so die Standardeinstellungen außer Kraft setzen. Falls Sie die Klasseneigenschaften später im Klassen-Designer ändern, werden die Einstellungen im Objekt auf dem Formular dadurch nicht beeinflußt. Haben Sie keine Eigenschaftseinstellung im Formular geändert und ändern Sie die Eigenschaftseinstellung in der Klasse, wird diese Änderung auch im Objekt wirksam.

Beispielsweise könnte ein Benutzer einem Formular ein auf Ihrer Klasse basierendes Objekt hinzufügen und die Eigenschaft **BackColor** von Weiß in Rot ändern. Falls Sie die Eigenschaft **BackColor** der Klasse in Grün ändern, behält das Objekt im Formular des Benutzers weiterhin die Eigenschaft **BackColor** Rot. Hat der Benutzer aber die Eigenschaft **BackColor** des Objekts nicht geändert, während Sie die Eigenschaft **BackColor** der Klasse in Grün geändert haben, würde die Eigenschaft **BackColor** des Objekts im Formular die Änderung erben und ebenfalls Grün sein.

Aufrufen von Masterklassen-Methodencode

Ein auf einer anderen Klasse basierendes Objekt oder eine Klasse erbt automatisch die Funktionalität des Originals. Sie können diesen vererbten Methoden-Code jedoch leicht außer Kraft setzen. So können Sie beispielsweise neuen Code für das Ereignis Click einer Klasse schreiben, nachdem Sie Unterklassen davon abgeleitet oder nachdem Sie ein auf der Klasse basierendes Objekt einem Container zugewiesen haben. In beiden Fällen wird der neue Code zur Laufzeit ausgeführt; der ursprüngliche Code wird nicht ausgeführt.

Es kommt jedoch häufiger vor, daß Sie die Funktionalität der neuen Klasse oder des neuen Objekts erweitern möchten, während die ursprüngliche Funktionalität erhalten bleibt. Tatsächlich besteht eine der Schlüsselentscheidungen bei der objektorientierten Programmierung darin, festzulegen, welche Funktionalität auf Klassenebene, welche auf Unterklassenebene und welche auf Objektebene zugeordnet werden soll. Sie können Ihren Klassenentwurf optimieren, indem Sie die Funktion DODEFAULT( ) oder den Geltungsbereich-Auflösungsoperator (::) verwenden, um Code auf den verschiedenen Ebenen der Klassen- oder Container-Hierarchie hinzuzufügen.

Hinzufügen von Funktionalität zu Unterklassen

Sie können den Masterklassen-Code von einer Unterklasse aus aufrufen, indem Sie die Funktion DODEFAULT( ) verwenden.

So ist beispielsweise cmdOK eine Befehlsschaltflächen-Klasse, die in der Datei **Buttons.vcx** im Visual Studio-Verzeichnis **Visual Studio ...\Samples\Vfp98\Classes** gespeichert ist. Der mit dem Ereignis **Click** von cmdOk verbundene Code gibt das Formular frei, auf der sich die Schaltfläche befindet. CmdCancel ist eine Unterklasse von cmdOk in der gleichen Klassenbibliothek. Um nun beispielsweise cmdCancel mit der Funktionalität zum Verwerfen von Änderungen auszustatten, könnten Sie dem Ereignis **Click** folgenden Code hinzufügen:

```
IF USED( ) AND CURSORGETPROP("Buffering") != 1
    TABLEREVERT(.T.)
ENDIF
DODEFAULT( )
```

Da die Änderungen standardmäßig in eine gepufferte Tabelle geschrieben werden, wenn die Tabelle geschlossen wird, müssen Sie den Code TABLEUPDATE( ) nicht zu cmdOk hinzufügen. Der zusätzliche Code in cmdCancel macht die Änderungen an der Tabelle rückgängig, bevor der Code in cmdOk, der ParentClass, aufgerufen wird, um das Formular freizugeben.

Klassen- und Container-Hierarchien

Die Klassenhierarchie und der Container sind als zwei unterschiedliche Instanzen zu betrachten. Visual FoxPro durchsucht die Klassenhierarchie aufsteigend nach Ereignis-Code, wohingegen die Bezugnahme auf Objekte in der Container-Hierarchie erfolgt. Im nachstehenden Abschnitt „Bezugnehmen auf Objekte in der Container-Hierarchie", finden Sie Erläuterungen zur Container-Hierarchie. Weiter unten in diesem Kapitel, im Abschnitt „Aufrufen des Ereignis-Codes über die Klassenhierarchie", werden die Klassenhierarchien erläutert.

Bezugnehmen auf Objekte in der Container-Hierarchie

Möchten Sie ein Objekt bearbeiten, dann müssen Sie es in bezug zur Container-Hierarchie identifizieren. Um beispielsweise ein Steuerelement auf einem Formular in einem Formularsatz zu bearbeiten, müssen Sie auf den Formularsatz, das Formular und das Steuerelement Bezug nehmen.

Diese Bezugnahme auf ein Objekt innerhalb seiner Container-Hierarchie können Sie mit der Übergabe der Adresse eines Objekts an Visual FoxPro vergleichen. Wenn Sie einer Person, die sich außerhalb Ihrer unmittelbaren Umgebung befindet, die Lage eines Hauses beschreiben möchten, müssen Sie das Land, die Region oder Gegend, die Stadt und die Straße angeben, oder einfach nur die Hausnummer in der Straße, abhängig davon, wie weit die Person von Ihnen entfernt ist. Andernfalls könnte es zu Verwirrung führen.

Die folgende Abbildung zeigt eine mögliche Verschachtelung innerhalb von Containern.

Verschachtelte Container

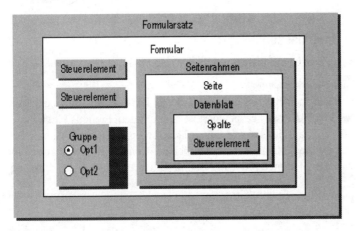

Um das Steuerelement in der Datenblattspalte zu deaktivieren, müssen Sie folgendes angeben:

```
Formset.Form.PageFrame.Page.;
   Grid.Column.Control.Enabled = .F.
```

Die Eigenschaft ActiveForm des Anwendungsobjekts (_VFP) ermöglicht Ihnen das Bearbeiten des aktiven Formulars auch dann, wenn Sie den Namen des Formulars nicht kennen. Beispielsweise ändern Sie mit der folgenden Code-Zeile die Hintergrundfarbe des aktiven Formulars, und zwar ungeachtet des Formularsatzes, zu dem es gehört:

```
_VFP.ActiveForm.BackColor = RGB(255,255,255)
```

Ebenso ermöglicht Ihnen die Eigenschaft ActiveControl das Bearbeiten des aktiven Steuerelements auf dem aktiven Formular. Geben Sie beispielsweise den folgenden Ausdruck in das Überwachungsfenster ein, so wird der Name des aktiven Steuerelements auf einem Formular angezeigt, wenn Sie die verschiedenen Steuerelemente interaktiv wählen:

```
_VFP.ActiveForm.ActiveControl.Name
```

Relatives Referenzieren

Wenn Sie innerhalb einer Container-Hierarchie auf Objekte verweisen möchten (z. B. im Ereignis **Click** einer Befehlsschaltfläche eines Formulars in einem Formularsatz), dann können Sie das zu bearbeitende Objekt über Verknüpfungen identifizieren. In der folgenden Tabelle werden die Eigenschaften oder Schlüsselwörter aufgeführt, die das Referenzieren eines Objekts aus einer Objekthierarchie heraus erleichtern.

Eigenschaft oder Schlüsselwort	Verweis (Reference)
Parent	Der unmittelbare Container des Objekts.
THIS	Das Objekt.
THISFORM	Das Formular, das das Objekt enthält.
THISFORMSET	Der Formularsatz, der das Objekt enthält.

Anmerkung: Sie können THIS, THISFORM und THISFORMSET nur in Methoden- oder Ereignis-Code verwenden.

Die folgende Tabelle enthält Beispiele dazu, wie die Objekteigenschaften über THISFORMSET, THISFORM, THIS und **Parent** festgelegt werden können.

Befehl	Wo muß der Befehl eingefügt werden
`THISFORMSET.frm1.cmd1.Caption = "OK"`	Im Ereignis- oder Methoden-Code eines beliebigen Steuerelements auf einem beliebigen Formular im Formularsatz.
`THISFORM.cmd1.Caption = "OK"`	Im Ereignis- oder Methoden-Code eines beliebigen Steuerelements auf dem gleichen Formular, auf dem sich `cmd1` befindet.
`THIS.Caption = "OK"`	Im Ereignis- oder Methoden-Code des Steuerelements, dessen Beschriftung geändert werden soll.
`THIS.Parent.BackColor = RGB(192,0,0)`	Im Ereignis- oder Methoden-Code eines Steuerelements in einem Formular. Der Befehl ändert die Hintergrundfarbe des Formulars in dunkelrot.

Setzen von Eigenschaften

Sie können die Eigenschaften eines Objekts zur Laufzeit oder Entwurfszeit einstellen.

▶ **So stellen Sie eine Eigenschaft ein**

- Verwenden Sie folgende Syntax:

    Container.Object.Property = Value

Zum Beispiel werden über die folgenden Anweisungen verschiedene Eigenschaften des Textfelds txtDate eines Formulars frmPhoneLog festgelegt:

```
frmPhoneLog.txtDate.Value = DATE( )         && Anzeigen des aktuellen Datums
frmPhoneLog.txtDate.Enabled = .T.           && Das Steuerelement ist aktiviert
frmPhoneLog.txtDate.ForeColor = RGB(0,0,0)          && schwarzer Text
frmPhoneLog.txtDate.BackColor = RGB(192,192,192)    && grauer Hintergrund
```

Bei dem vorangegangenen Beispiel zum Einstellen der Eigenschaften ist frmPhoneLog das Container-Objekt auf der höchsten Ebene. Würde sich frmPhoneLog in einem Formularsatz befinden, dann müßten Sie auch den Formularsatz in den Pfad, der die übergeordnete Klasse bestimmt, einfügen:

```
frsContacts.frmPhoneLog.txtDate.Value = DATE( )
```

Einstellen mehrerer Eigenschaften

Die WITH ... ENDWITH-Struktur vereinfacht das Einstellen mehrerer Eigenschaften. Möchten Sie z. B. mehrere Eigenschaften einer Spalte innerhalb eines Datenblatt-Steuerelements einstellen, das sich wiederum im Formular eines Formularsatzes befindet, dann könnten Sie folgende Syntax verwenden:

```
WITH THISFORMSET.frmForm1.grdGrid1.grcColumn1
   .Width = 5
   .Resizable = .F.
   .ForeColor = RGB(0,0,0)
   .BackColor = RGB(255,255,255)
   .SelectOnEntry = .T.
ENDWITH
```

Aufrufen von Methoden

Nach dem Erstellen eines Objekts können Sie die Methoden dieses Objekts von jedem beliebigen Ausgangspunkt in Ihrer Anwendung aufrufen.

▶ **So rufen Sie eine Methode auf**

- Verwenden Sie folgende Syntax:

    Parent.Object.Method

Über die folgenden Anweisungen werden Methoden zum Anzeigen eines Formulars und zum Einstellen des Fokus auf ein Textfeld aufgerufen:

```
frsFormSet.frmForm1.Show
frsFormSet.frmForm1.txtGetText1.SetFocus
```

Methoden, die Werte zurückgeben und in Ausdrücken verwendet werden, müssen mit einer öffnenden und einer schließenden runden Klammer enden. Über die folgende Anweisung wird beispielsweise die Überschrift eines Formulars auf den Wert gesetzt, der von der benutzerdefinierten Methode GetNewCaption geliefert wird:

```
Form1.Caption = Form1.GetNewCaption( )
```

Anmerkung: Parameter, die an Methoden übergeben werden, müssen nach dem Methodennamen in Klammern eingeschlossen werden; so übergibt beispielsweise `Form1.Show(nStyle)` den Parameter `nStyle` an den Methoden-Code „Show" von Form1.

Reagieren auf Ereignisse

Der von Ihnen in einer Prozedur zu einem Ereignis angegebene Code wird dann ausgeführt, wenn das Ereignis stattfindet. Beispielsweise wird der von Ihnen in die Prozedur zum Ereignis **Click** einer Befehlsschaltfläche eingefügte Code ausgeführt, sobald der Benutzer auf die Befehlsschaltfläche geklickt hat.

Auf Programmebene können Sie die Ereignisse Click, DblClick, MouseMove und DragDrop über den Befehl MOUSE auslösen, oder Sie können Error-Ereignisse über den Befehl ERROR und KeyPress-Ereignisse über den Befehl KEYBOARD erstellen. Andere Ereignisse können Sie nicht auf Programmebene auslösen. Sie können jedoch die zu dem Ereignis gehörende Prozedur aufrufen. Über die folgende Anweisung wird z. B. der in `frmPhoneLog` enthaltene Code für das Ereignis Activate ausgeführt, das Formular selbst jedoch nicht aktiviert:

```
frmPhoneLog.Activate
```

Wenn Sie ein Formular aktivieren möchten, dann sollten Sie die Methode Show des Formulars verwenden. Durch einen Aufruf der Methode **Show** wird das Formular angezeigt und aktiviert, wobei der Code für das Ereignis **Activate** ebenfalls ausgeführt wird:

```
frmPhoneLog.Show
```

Programmgesteuertes Definieren von Klassen

Sie können Klassen visuell im Klassen-Designer und im Formular-Designer oder auf Programmebene in .PRG-Dateien definieren. Dieser Abschnitt beschreibt, wie geschriebene Klassendefinitionen auszusehen haben. Informationen über bestimmte Befehle, Funktionen und Operatoren finden Sie in der Hilfe. Weitere Informationen über Formulare finden Sie in Kapitel 9, „Erstellen von Formularen".

In einer Programmdatei dürfen Sie vor den Klassendefinitionen Programm-Code angeben. Nach den Klassendefinitionen darf jedoch, ebenso wie nach Prozeduren, kein Programm-Code mehr angegeben werden. Die grundlegende Shell zum Erstellen von Klassen besitzt folgende Syntax:

```
DEFINE CLASS ClassName1 AS ParentClass [OLEPUBLIC]
    [[PROTECTED | HIDDEN PropertyName1, PropertyName2 ...]
        [Object.]PropertyName = eExpression ...]
    [ADD OBJECT [PROTECTED] ObjectName AS ClassName2 [NOINIT]
        [WITH cPropertylist]]...
```

```
            [[PROTECTED | HIDDEN] FUNCTION | PROCEDURE Name[_ACCESS | _ASSIGN]
               [NODEFAULT]
               cStatements
            [ENDFUNC | ENDPROC]]...
ENDDEFINE
```

Schützen und Verstecken von Klassenelementen

Sie können Eigenschaften und Methoden in einer Klassendefinition mit Hilfe der Schlüsselwörter PROTECTED und HIDDEN des Befehls DEFINE CLASS schützen.

Wenn Sie beispielsweise eine Klasse erstellen, in der Personaldaten festgehalten werden sollen, und Sie verhindern möchten, daß Benutzer das Anstellungsdatum verändern, dann können Sie die Eigenschaft **Hire-Date** schützen. Wenn Benutzer herausfinden möchten, wann ein Angestellter eingestellt wurde, dann können Sie eine Methode einfügen, über die das Anstellungsdatum zurückgegeben wird.

```
DEFINE CLASS employee AS CUSTOM
PROTECTED HireDate
    First_Name = ""
    Last_Name = ""
    Address = ""
    HireDate = { - - }

PROCEDURE GetHireDate
    RETURN This.HireDate
ENDPROC
ENDDEFINE
```

Erstellen von Objekten aus Klassen

Wenn Sie eine visuelle Klasse gespeichert haben, können Sie mit der Funktion CREATEOBJECT( ) ein hierauf basierendes Objekt erstellen. Im folgenden Beispiel wird gezeigt, wie ein als Klassendefinition in der Klassenbibliotheksdatei **Forms.vcx** gespeichertes Formular ausgeführt wird:

Erstellen und Anzeigen eines Formularobjektes, dessen Klasse im Formular-Designer entworfen wurde

Code	Kommentare
`SET CLASSLIB TO Forms ADDITIVE`	Legt die Klassenbibliothek auf die .vcx-Datei fest, in der die Formulardefinition gespeichert wurde. Das Schlüsselwort ADDITIVE verhindert, daß der Befehl andere Klassenbibliotheken schließt, die aktuell ebenfalls geöffnet sind.
`frmTest = CREATEOBJECT("TestForm")`	In diesem Code wird davon ausgegangen, daß der Name der in der Klassenbibliothek gespeicherten Formularklasse „TestForm" lautet.
`frmTest.Show`	Zeigt das Formular an.

Weitere Informationen hierzu finden Sie unter den Schlüsselwörtern „SET CLASSLIB" oder „CREATEOBJECT( )" in der Hilfe.

Hinzufügen von Objekten zu einer Container-Klasse

Mit Hilfe der Klausel ADD OBJECT des Befehls DEFINE CLASS oder über die Methode AddObject können Sie einem Container Objekte hinzufügen.

Die folgende Klassendefinition beruht beispielsweise auf einem Formular. Der Befehl **ADD OBJECT** fügt zwei Befehlsschaltflächen zum Formular hinzu:

```
DEFINE CLASS myform AS FORM
    ADD OBJECT cmdOK AS COMMANDBUTTON
    ADD OBJECT PROTECTED cmdCancel AS COMMANDBUTTON
ENDDEFINE
```

Wenn Sie Objekte in einen Container einfügen möchten, nachdem das Container-Objekt erstellt wurde, dann verwenden Sie dazu die Methode **AddObject**. Über die folgenden Code-Zeilen wird z. B. ein Formularobjekt erstellt, dem dann zwei Befehlsschaltflächen hinzugefügt werden:

```
frmMessage = CREATEOBJECT("FORM")
frmMessage.AddObject("txt1", "TEXTBOX")
frmMessage.AddObject("txt2", "TEXTBOX")
```

Sie können die Methode **AddObject** auch im Methoden-Code einer Klasse verwenden. In der folgenden Klassendefinition wird **AddObject** beispielsweise in dem mit dem Ereignis Init verbundenen Code verwendet, um ein Steuerelement zu einer Datenblattspalte hinzuzufügen.

```
DEFINE CLASS mygrid AS GRID
ColumnCount = 3
PROCEDURE Init
    THIS.Column2.AddObject("cboClient", "COMBOBOX")
    THIS.Column2.CurrentControl = "cboClient"
ENDPROC
ENDDEFINE
```

Hinzufügen und Erstellen von Klassen im Methodencode

Mit der Methode **AddObject** können Sie einem Container Objekte programmgesteuert hinzufügen. Außerdem können Sie Objekte mit der Funktion CREATEOBJECT( ) in der Methode **Load**, **Init** oder jeder anderen Methode der Klasse erstellen.

Wenn Sie ein Objekt mit der Methode **AddObject** hinzufügen, wird es ein Element des Containers. Die Eigenschaft Parent des hinzugefügten Objekts verweist auf den Container. Wenn ein auf der Steuerelement- oder Container-Klasse basierendes Objekt aus dem Arbeitsspeicher gelöscht wird, wird das hinzugefügte Objekt ebenfalls gelöscht.

Wenn Sie ein Objekt mit der Funktion CREATEOBJECT( ) erstellen, wird es einer Eigenschaft der Klasse oder einer Variablen in der Methode zugewiesen, die diese Funktion aufruft. Die Eigenschaft **Parent** des Objekts ist undefiniert.

Zuweisen von Methoden- und Ereigniscode

Sie sind nicht nur in der Lage, den Code für die Methoden und Ereignisse eines Objekts zu schreiben, Sie können den Methodensatz auch in den Unterklassen der Visual FoxPro-Basisklassen erweitern. Es folgen die Regeln, die Sie beim Schreiben des Codes für Ereignisse und Methoden beachten müssen:

- Der Ereignissatz für die Visual FoxPro-Basisklassen ist fest und kann nicht erweitert werden.
- Jede Klasse reagiert auf einen Satz fester Standardereignisse. Der kleinste Ereignissatz umfaßt die Ereignisse Init, Destroy und Error.
- Wenn Sie in einer Klassendefinition eine Methode mit dem Namen eines Ereignisses erstellen, auf das die Klasse reagiert, dann wird der in der Methode enthaltene Code ausgeführt, sobald ein solches Ereignis auftritt.
- Sie können Methoden zu Ihren Klassen hinzufügen, indem Sie innerhalb der Klassendefinition eine Prozedur oder Funktion erstellen.
- Sie können Zugriffs- und Zuweisungs-Methoden für Ihre Klassen erstellen, indem Sie eine Prozedur oder eine Funktion erstellen, die denselben Namen wie eine Klasseneigenschaft besitzt, und anschließend _ACCESS bzw. _ASSIGN an den Namen der Prodedur bzw. der Funktion anhängen.

Aufrufen des Ereigniscodes über die Klassenhierarchie

Wenn Sie eine Klasse erstellen, dann erbt die Klasse automatisch alle Eigenschaften, Methoden und Ereignisse der übergeordneten Klasse. Befindet sich in der übergeordneten Klasse Code für ein Ereignis, dann wird dieser Code in bezug auf ein auf der Unterklasse basierendes Objekt ausgeführt, sobald das Ereignis eintritt. Sie können den Code der übergeordneten Klasse jedoch überschreiben, indem Sie in der Unterklasse Code für das Ereignis angeben.

Möchten Sie, daß der Ereignis-Code einer übergeordneten Klasse explizit aufgerufen wird, auch wenn die Unterklasse Code für das gleiche Ereignis enthält, dann sollten Sie die Funktion DODEFAULT( ) verwenden.

Sie könnten z. B. eine Klasse mit dem Namen cmdBottom geschrieben haben, die auf der Basisklasse „Befehlsschaltflächen" basiert und für das Ereignis Click mit folgendem Code ausgestattet wurde:

```
GO BOTTOM
THISFORM.Refresh
```

Wenn Sie nun ein auf dieser Klasse basierendes Objekt zu einem Formular hinzufügen, das beispielsweise cmdBottom1 heißen könnte, dann könnten Sie bestimmen, daß für den Benutzer eine Meldung ausgegeben werden soll, um ihm anzuzeigen, daß sich der Datensatzzeiger am Tabellenende befindet. Dazu könnten Sie folgenden Code zum Ereignis **Click** des Objekts hinzufügen:

```
WAIT WINDOW "Tabellenende erreicht!" TIMEOUT 1
```

Wenn Sie das Formular ausführen, wird die Meldung zwar angezeigt, der Datensatzzeiger aber nicht verschoben, weil der Code für das Ereignis **Click** der übergeordneten Klasse so nicht ausgeführt wird. Möchten Sie, daß der Code im Ereignis **Click** der übergeordneten Klasse ebenfalls zur Ausführung kommt, dann sollten Sie folgende Zeilen in die Ereignisprozedur des Objekts einfügen:

```
DODEFAULT( )
WAIT WINDOW "Tabellenende erreicht!" TIMEOUT 1
```

Anmerkung: Mit Hilfe der Funktion ACLASS( ) können Sie alle Klassen in der Klassenhierarchie eines Objekts ermitteln.

Ausführen des Basisklassen-Codes verhindern

Manchmal gibt es Fälle, in denen Sie beim Auftreten eines Ereignisses oder beim Aufrufen einer Methode das standardmäßige Verhalten der Basisklasse verhindern möchten. Sie erreichen dies, indem Sie das Schlüsselwort NODEFAULT in der zu schreibenden Methode unterbringen. Das folgende Programm verwendet beispielsweise das Schlüsselwort NODEFAULT im Ereignis KeyPress eines Textfelds, um zu verhindern, daß die eingegebenen Zeichen im Textfeld angezeigt werden:

```
frmKeyExample = CREATEOBJECT("test")
frmKeyExample.Show
READ EVENTS
DEFINE CLASS test AS FORM
  ADD OBJECT text1 AS TEXTBOX
  PROCEDURE text1.KeyPress
    PARAMETERS nKeyCode, nShiftAltCtrl
    NODEFAULT
    IF BETWEEN(nKeyCode, 65, 122) && zwischen 'A' und 'z'
      This.Value = ALLTRIM(This.Value) + "*"
      ACTIVATE SCREEN    && Ausgabe an Visual FoxPro-Hauptfenster senden
      ?? CHR(nKeyCode)
    ENDIF
  ENDPROC
  PROCEDURE Destroy
    CLEAR EVENTS
  ENDPROC
ENDDEFINE
```

Erstellen eines Satzes von Tabellennavigationsschaltflächen

Ein allgemeines Merkmal vieler Anwendungen ist eine Reihe von Navigationsschaltflächen, die es den Benutzern ermöglicht, sich in der Tabelle zu bewegen. Dazu gehören gewöhnlich Schaltflächen, über die der Datensatzzeiger zum nächsten oder vorhergehenden bzw. zum ersten oder letzten Datensatz innerhalb der Tabelle bewegt wird.

Tabellennavigationsschaltflächen

Entwerfen von Navigationsschaltflächen

Jede dieser Schaltflächen benötigt einige Merkmale und Funktionen, die sie mit den anderen gemeinsam hat, daher ist es sinnvoll, eine Navigationsschaltflächen-Klasse zu erstellen. Die einzelnen Schaltflächen können das hier festgelegte allgemeine Erscheinungsbild und die Funktionalität dann einfach erben. Die übergeordnete Klasse ist die Klasse Navbutton, die weiter unten in diesem Abschnitt definiert wird.

Nachdem die übergeordnete Klasse definiert wurde, werden mit den folgenden Unterklassen die Funktionalität und das Erscheinungsbild für jede der vier Navigationsschaltflächen speziell festgelegt: navTop, navPrior, navNext, navBottom.

Zum Schluß wird eine Container-Klasse, vcr, erstellt, der die einzelnen Navigationsschaltflächen hinzugefügt werden. Der Container wiederum kann zu einem Formular oder zu einer Symbolleiste hinzugefügt werden, damit die Funktionalität der Tabellennavigation verfügbar gemacht wird.

Definition der Klasse NAVBUTTON

Um Navbutton zu erstellen, speichern Sie die folgenden sechs Klassendefinitionen (Navbutton, navTop, navBottom, navPrior, navNext und vcr) in einer Programmdatei wie z. B. **Navclass.prg** ab.

Definition der generischen Navigationsschaltflächen-Klasse

Code	Kommentare
`DEFINE CLASS Navbutton AS COMMANDBUTTON`	Definiert die übergeordnete Klasse der Navigationsschaltflächen.

`    Height = 25`
`    Width = 25`
`    TableAlias = ""`
	Vergabe von Dimensionen für die Klasse.

	Hinzufügen einer benutzerdefinierten Eigenschaft, **TableAlias**, zur Aufnahme des Namens des Alias, in dem navigiert werden soll.

`    PROCEDURE Click`
`        IF NOT EMPTY(This.TableAlias)`
`            SELECT (This.TableAlias)`
`        ENDIF`
`    ENDPROC`
	Wurde **TableAlias** gesetzt, dann wählt diese übergeordnete Klassenprozedur den Alias aus, bevor der aktuelle Navigations-Code in den Unterklassen ausgeführt wird. Andernfalls wird angenommen, daß sich der Benutzer in der Tabelle im aktuell eingestellten Arbeitsbereich bewegen möchte.

`    PROCEDURE RefreshForm`
`        _SCREEN.ActiveForm.Refresh`
`    ENDPROC`
	Über **_SCREEN.ActiveForm.Refresh** anstelle von **THISFORM.Refresh** arbeitet die Klasse korrekt, unabhängig davon, ob Sie sie zu einem Formular oder zu einer Symbolleiste hinzufügen.

`ENDDEFINE`	Ende der Klassendefinition.

Die speziellen Navigationsschaltflächen basieren alle auf der Klasse Navbutton. Über den folgenden Code wird die Schaltfläche **Anfang** für den Navigationsschaltflächen-Satz definiert. Die verbleibenden drei Navigationsschaltflächen werden in der folgenden Tabelle definiert. Die vier Klassendefinitionen ähneln einander, so daß nur die erste Definition ausführlich kommentiert ist.

Definition der Navigationsschaltfläche „Anfang"

Code	Kommentare
DEFINE CLASS navTop AS Navbutton Caption = "|<"	Definiert die Navigationsschaltflächen-Klasse „Anfang", und stellt die Eigenschaft Caption (Beschriftung) ein.
PROCEDURE Click	Dient zum Erstellen des Methoden-Codes, der ausgeführt werden soll, wenn das Ereignis Click für das Steuerelement auftritt.
DODEFAULT( )	Ruft den Ereignis-Code **Click** in der übergeordneten Klasse Navbutton auf, so daß der entsprechende Alias gewählt werden kann, wenn die Eigenschaft **TableAlias** gesetzt wurde.
GO TOP	Fügt den Code hinzu, mit dem der Datensatzzeiger auf den ersten Datensatz in der Tabelle gesetzt wird: GO TOP.
THIS.RefreshForm	Ruft die Methode **RefreshForm** der übergeordneten Klasse auf. In diesem Fall muß der Geltungsbereichs-Auflösungsoperator (::) nicht verwendet werden, da sich in der Unterklasse keine Methode mit dem gleichen Namen wie in der übergeordneten Klasse befindet. Andererseits besitzen sowohl die übergeordnete als auch die Unterklasse eine Methode für das Ereignis **Click**.
ENDPROC	Ende der Prozedur **Click**.
ENDDEFINE	Ende der Klassendefinition.

Die anderen Navigationsschaltflächen besitzen ähnliche Klassendefinitionen.

Definition der anderen Navigationsschaltflächen-Klassen

Code	Kommentare
| ```
DEFINE CLASS navNext AS Navbutton
    Caption = ">"
``` | Definiert die Navigationsschaltflächen-Klasse „Nächster", und stellt die Eigenschaft Caption (Beschriftung) ein. |
| ```
PROCEDURE Click
    DODEFAULT( )
    SKIP 1
    IF EOF( )
        GO BOTTOM
    ENDIF
    THIS.RefreshForm
ENDPROC
``` | Hiermit wird der Datensatzzeiger auf den nächsten Datensatz in der Tabelle gesetzt. |
| `ENDDEFINE` | Ende der Klassendefinition. |
| ```
DEFINE CLASS navPrior AS Navbutton
    Caption = "<"
``` | Definiert die Navigationsschaltflächen-Klasse „Vorheriger" und stellt die Eigenschaft **Caption** (Beschriftung) ein. |
| ```
PROCEDURE Click
    DODEFAULT( )
    SKIP -1
    IF BOF( )
        GO TOP
    ENDIF
    THIS.RefreshForm
ENDPROC
``` | Hiermit wird der Datensatzzeiger auf den vorhergehenden Datensatz in der Tabelle gesetzt. |
| `ENDDEFINE` | Ende der Klassendefinition. |
| ```
DEFINE CLASS navBottom AS Navbutton
    Caption = ">|"
``` | Definiert die Navigationsschaltflächen-Klasse „Ende" und stellt die Eigenschaft **Caption** (Beschriftung) ein. |
| ```
    PROCEDURE Click
        DODEFAULT( )
        GO BOTTOM
        THIS.RefreshForm
ENDPROC
``` | Hiermit wird der Datensatzzeiger auf den letzten Datensatz in der Tabelle gesetzt. |
| `ENDDEFINE` | Ende der Klassendefinition. |

Die folgende Klassendefinition enthält alle vier Navigationsschaltflächen, so daß sie als Einheit zu einem Formular hinzugefügt werden können. Die Klasse enthält ebenfalls eine Methode, über die die Eigenschaft **TableAlias** für die Schaltflächen gesetzt werden kann.

Definition der Tabellennavigations-Steuerelementklasse

Code	Kommentare
| ```
DEFINE CLASS vcr AS CONTAINER
  Height = 25
  Width = 100
  Left = 3
  Top = 3
  ADD OBJECT cmdTop AS navTop ;
    WITH Left = 0
  ADD OBJECT cmdPrior AS navPrior ;
    WITH Left = 25
  ADD OBJECT cmdNext AS navNext ;
    WITH Left = 50
  ADD OBJECT cmdBot AS navBottom ;
    WITH Left = 75
``` | Beginn der Klassendefinition. Die Eigenschaft Height (Höhe) wird auf die gleiche Höhe eingestellt wie die der Befehlsschaltflächen, die enthalten sind.<br><br>Fügt die Navigationsschaltflächen hinzu. |
| ```
  PROCEDURE SetTable(cTableAlias)
    IF TYPE("clableAlias") = 'C'
      THIS.cmdTop.TableAlias = ;
        cTableAlias
      THIS.cmdPrior.TableAlias = ;
        cTableAlias
      THIS.cmdNext.TableAlias = ;
        cTableAlias
      THIS.cmdBot.TableAlias = ;
        cTableAlias
    ENDIF
  ENDPROC
``` | Diese Methode wird verwendet, um die Eigenschaft **TableAlias** für die Schaltflächen zu setzen. **TableAlias** ist in der übergeordneten Klasse Navbutton definiert.<br><br>Sie können diese Eigenschaft auch über die Methode SetAll setzen:<br>`IF TYPE ("cTableAlias") = 'C'`<br>  `This.SetAll("TableAlias", "cTableAlias")`<br>`ENDIF`<br>Dadurch würde jedoch ein Fehler verursacht werden, wenn ein Objekt zu der Klasse hinzugefügt wird, die keine Eigenschaft **TableAlias** besitzt. |
| `ENDDEFINE` | Ende der Klassendefinition. |

Nachdem Sie die Klasse definiert haben, können Sie Unterklassen von dieser ableiten oder sie zu einem Formular hinzufügen.

Erstellen einer Unterklasse, die auf der neuen Klasse basiert

Sie können von vcr auch Unterklassen ableiten, die zusätzliche Schaltflächen wie **Suchen**, **Bearbeiten**, **Speichern** oder **Beenden** enthalten. vcr2 enthält beispielsweise eine Schaltfläche **Beenden**:

Tabellennavigationsschaltflächen mit einer Schaltfläche zum Schließen des Formulars

Definition der Tabellennavigations-Steuerelement-Unterklasse

Code	Kommentare
| ```
DEFINE CLASS vcr2 AS vcr
ADD OBJECT cmdQuit AS
COMMANDBUTTON WITH ;
   Caption = "Beenden",;
   Height = 25, ;
   Width = 50
Width = THIS.Width + THIS.cmdQuit.Width
cmdQuit.Left = THIS.Width - ;
   THIS.cmdQuit.Width
``` | Definiert eine Klasse, die auf vcr beruht, und fügt dieser eine Befehlsschaltfläche hinzu. |
| ```
PROCEDURE cmdQuit.CLICK
   RELEASE THISFORM
ENDPROC
``` | Wenn der Benutzer auf cmdQuit klickt, dann wird das Formular über diesen Code freigegeben. |
| ```
ENDDEFINE
``` | Ende der Klassendefinition. |

Vcr2 besitzt die gleichen Eigenschaften und die gleiche Funktionalität wie vcr, außerdem eine neue Befehlsschaltfläche, und Sie müssen den ganzen Code nicht noch einmal schreiben.

In der Unterklasse widergespiegelte Änderungen zu VCR

Wegen der Vererbung werden in die übergeordneten Klasse eingearbeitete Änderungen in allen Unterklassen widergespiegelt, die auf der übergeordneten Klasse beruhen. Sie könnten dem Benutzer beispielsweise mitteilen, daß das Ende der Tabelle erreicht wurde. Dabei brauchen Sie lediglich die Anweisung IF EOF( ) in navNext.Click folgendermaßen zu ändern:

```
IF EOF( )
   GO BOTTOM
   SET MESSAGE TO "Tabellenende erreicht!"
ELSE
   SET MESSAGE TO
ENDIF
```

Ebenfalls könnten Sie den Benutzer informieren, daß der Beginn der Tabelle erreicht wurde. Dabei müssen Sie lediglich die Anweisung IF BOF( ) in navPrior.Click folgendermaßen ändern:

```
IF BOF()
   GO TOP
   SET MESSAGE TO "Tabellenanfang erreicht!"
ELSE
   SET MESSAGE TO
ENDIF
```

Wurden diese Änderungen in den Klassen navNext und navPrior eingearbeitet, dann wirken sie sich automatisch auf die entsprechenden Schaltflächen in vcr und vcr2 aus.
```

Hinzufügen von VCR zu einer Formularklasse

Nachdem vcr als Steuerelement definiert wurde, kann das Steuerelement in die Definition eines Containers eingefügt werden. Im folgenden, an **Navclass.prg** angefügten Code wird beispielsweise ein Formular mit Navigationsschaltflächen definiert:

```
DEFINE CLASS NavForm AS Form
   ADD OBJECT oVCR AS vcr
ENDDEFINE
```

Ausführen des Formulars, in dem VCR enthalten ist

Nachdem die Formular-Unterklasse definiert wurde, ist es sehr leicht für Sie, diese mit Hilfe der entsprechenden Befehle anzuzeigen.

▶ **So zeigen Sie das Formular an**

1. Laden Sie die Klassendefinition:

   ```
   SET PROCEDURE TO navclass ADDITIVE
   ```

2. Erstellen Sie ein Objekt, das auf der Klasse navform basiert:

   ```
   frmTest = CREATEOBJECT("navform")
   ```

3. Rufen Sie die Methode Show des Formulars auf:

   ```
   frmTest.Show
   ```

Wenn Sie die Methode **SetTable** von oVCR (das VCR-Objekt in NavForm) nicht aufrufen, dann wird, wenn der Benutzer auf die Navigationsschaltflächen klickt, der Datensatzzeiger der Tabelle im aktuellen Arbeitsbereich verschoben. Sie können über die Methode **SetTable** angeben, in welcher Tabelle der Datensatzzeiger verschoben werden soll.

```
frmTest.oVCR.SetTable("customer")
```

Anmerkung: Wenn der Benutzer das Formular schließt, dann wird frmTest auf einen Nullwert (.NULL.) gesetzt. Mit Hilfe des Befehls RELEASE können Sie die Objektvariable aus dem Speicher entfernen. In Programmdateien erstellte Objektvariablen werden aus dem Speicher entfernt, wenn das Programm beendet wird.

Definieren eines Datenblatt-Steuerelements

Ein Datenblatt-Steuerelement enthält Spalten, die wiederum Kopfzeilen und beliebige andere Steuerelemente enthalten können. Standardmäßig ist in einer Spalte ein Textfeld als Steuerelement enthalten, so daß die Standardfunktionalität des Datenblatt-Steuerelements der eines Datenblattfensters ähnelt. Die zugrundeliegende Architektur eines Datenblatt-Steuerelements öffnet es jedoch zu endloser Dehnbarkeit.

Im folgenden Beispiel wird ein Formular erstellt, das ein Datenblattobjekt mit zwei Spalten enthält. Die zweite Spalte enthält ein Kontrollkästchen für die Anzeige der Werte in einem logischen Feld einer Tabelle.

Datenblatt-Steuerelement mit einem Kontrollkästchen in einer Spalte

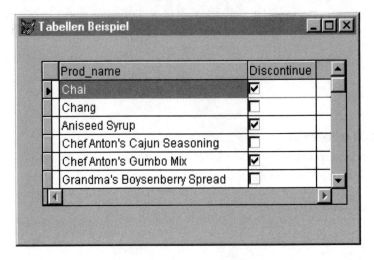

Definition einer Datenblattklasse mit einem Kontrollkästchen in einer Datenblattspalte

Code	Kommentare
| ```
DEFINE CLASS grdProducts AS Grid
    Left = 24
    Top = 10
    Width = 295
    Height = 210
    Visible = .T.
    RowHeight = 28
    ColumnCount = 2
``` | Beginn der Klassendefinition; stellt die Eigenschaften ein, die das Aussehen des Datenblatt-Steuerelements bestimmen.<br><br>Wenn Sie die Eigenschaft **ColumnCount** auf 2 setzen, dann fügen Sie zwei Spalten in das Datenblatt-Steuerelement ein. Jede Spalte enthält eine Kopfzeile mit dem Namen „Header1". Darüber hinaus verfügt jede Spalte über eine unabhängige Gruppe von Eigenschaften, die das jeweilige Aussehen und das Verhalten bestimmen. |
| ```
Column1.ControlSource ="prod_name"
Column2.ControlSource ="discontinu"
``` | Wenn Sie die **ControlSource**-Eigenschaft einer Spalte einstellen, zeigt die Spalte die Werte dieses Feldes für alle Datensätze in der Tabelle an.<br>Discontinu ist ein logisches Feld. |
| ```
Column2.Sparse = .F.
``` | Column2 enthält das Kontrollkästchen. Setzt die Eigenschaft Sparse der Spalte auf .F., wodurch das Kontrollkästchen in allen Zeilen sichtbar ist, nicht nur in der ausgewählten Zelle. |
```

(Fortsetzung)

Code	Kommentare

``
Procedure Init
   THIS.Column1.Width = 175
   THIS.Column2.Width = 68
   THIS.Column1.Header1.Caption = ;
      "Product Name"
   THIS.Column2.Header1.Caption = ;
      "Discontinued"
 	
   THIS.Column2.AddObject("chk1", ;
      "checkbox")
   THIS.Column2.CurrentControl = ;
      "chk1"
   THIS.Column2.chk1.Visible = .T.
   THIS.Column2.chk1.Caption = ""
ENDPROC
``
	Legt die Spaltenbreiten und die Header-Beschriftungen fest.
	
	Über die Methode AddObject können Sie ein Objekt zu einem Container hinzufügen, in diesem Falle ein Kontrollkästchen mit der Bezeichnung `chk1`.
	Setzt CurrentControl der Spalte auf das Kontrollkästchen, damit dieses angezeigt wird.
	Stellt sicher, daß das Kontrollkästchen sichtbar ist.
	Gibt als Beschriftung eine leere Zeichenfolge an, damit die Standardüberschrift „chk1" nicht angezeigt wird.

ENDDEFINE	Ende der Klassendefinition.

Die folgende Klassendefinition ist das Formular, das das Datenblatt-Steuerelement enthält. Beide Klassendefinitionen können in die gleiche Programmdatei einbezogen werden.

Definition einer Formularklasse, die die Datenblattklasse enthält

Code	Kommentare

``
DEFINE CLASS GridForm AS FORM
   Width = 330
   Height = 250
   Caption = "Datenblatt-Steuerelement Beispiel"
   ADD OBJECT grid1 AS grdProducts
   PROCEDURE Destroy
      CLEAR EVENTS
   ENDPROC
 	
ENDDEFINE
``
	Erstellt eine Formularklasse und fügt dieser ein auf der Datenblattklasse basierendes Objekt hinzu.
	
	Das Programm, in dem ein Objekt dieser Klasse erstellt wird, verwendet READ EVENTS. Durch das Einschließen von **CLEAR EVENTS** in das Ereignis Destroy des Formulars kann das Programm beendet werden, wenn der Benutzer das Formular schließt.
	Ende der Klassendefinition.

Das folgende Programm öffnet die Tabelle mit den in den Datenblattspalten anzuzeigenden Feldern, erstellt ein auf der Klasse „GridForm" basierendes Objekt und gibt den Befehl READ EVENTS aus:

```
CLOSE DATABASE
OPEN DATABASE (HOME(2) + "data\testdata.dbc")
USE products
frmTest= CREATEOBJECT("GridForm")
frmTest.Show
READ EVENTS
```

Dieses Programm kann in die gleiche Datei wie die Klassendefinitionen aufgenommen werden, wenn es am Anfang der Datei plaziert wird. Sie könnten auch den Befehl SET PROCEDURE TO verwenden, um das Programm über die Klassendefinitionen anzugeben, und diesen Code dann in einem separaten Programm unterbringen.

Erstellen von Objektverweisen

Anstelle der Kopie eines Objekts können Sie auch einen Verweis auf das Objekt erstellen. Ein Verweis benötigt weniger Speicher als ein weiteres Objekt, kann zwischen Prozeduren einfach übergeben werden und kann beim Schreiben von generischem Code hilfreich sein.

Rückgabe eines Verweises auf ein Objekt

Manchmal werden Sie ein Objekt mittels eines oder mehrere Verweise auf das Objekt bearbeiten wollen. Im folgenden Programm wird beispielsweise eine Klasse definiert, ein auf dieser Klasse basierendes Objekt erstellt und ein Verweis auf das Objekt zurückgegeben:

```
*--NEWINV.PRG
*--Liefert einen Verweis auf ein neues Rechnungsformular.
frmInv = CREATEOBJECT("InvoiceForm")
RETURN frmInv

DEFINE CLASS InvoiceForm AS FORM
    ADD OBJECT txtCompany AS TEXTBOX
    * Code zum Setzen von Eigenschaften, zum Hinzufügen anderer Objekte usw.
ENDDEFINE
```

Mit dem folgenden Programm wird ein Verweis auf das in **Newinv.prg** erstellte Objekt aufgebaut. Die Zeigervariable kann genauso bearbeitet werden wie die Objektvariable:

```
frmInvoice = NewInv() && Speichern des Objektverweises in einer Variablen
frmInvoice.SHOW
```

Sie können auch einen Verweis auf ein Objekt eines Formulars erstellen, wie Sie im folgenden Beispiel sehen:

```
txtCustName = frmInvoice.txtCompany
txtCustName.Value = "Fox User"
```

Tip: Nachdem Sie ein Objekt erstellt haben, können Sie den Befehl DISPLAY OBJECTS verwenden, um die Klassenhierarchie des Objekts, die Eigenschaftseinstellungen, darin enthaltene Objekte sowie verfügbare Methoden und Ereignisse anzuzeigen. Sie können ein Datenfeld mit Hilfe der Funktion AMEMBERS( ) mit den Eigenschaften (nicht den Eigenschaftseinstellungen) eines Objekts, den Ereignissen, Methoden und darin enthaltenen Objekten füllen. Weitere Informationen hierzu finden Sie in der Hilfe unter den Stichwörtern „DISPLAY OBJECTS" und „AMEMBERS( )".

Entfernen von Objekten und Verweisen aus dem Speicher

Wenn ein Verweis auf ein Objekt existiert, dann wird das Objekt nicht automatisch aus dem Speicher entfernt, wenn es freigegeben wird. Der folgende Befehl gibt z. B. das Originalobjekt frmInvoice frei:

```
RELEASE frmInvoice
```

Weil jedoch noch ein Verweis auf ein zu frmInvoice gehörendes Objekt vorhanden ist, wird das Objekt erst aus dem Speicher entfernt, wenn txtCustName über folgenden Befehl freigegeben wird:

```
RELEASE txtCustName
```

Überprüfen der Existenz eines Objekts

Mit Hilfe der Funktionen TYPE( ), ISNULL( ) und VARTYPE( ) können Sie ermitteln, ob ein Objekt vorhanden ist. Die folgenden Code-Zeilen überprüfen beispielsweise, ob ein Objekt namens oConnection existiert:

```
IF TYPE("oConnection") = "O" AND NOT ISNULL(oConnection)
    * Objekt existiert.
ELSE
    * Objekt existiert nicht.
ENDIF
```

Anmerkung: ISNULL( ) ist erforderlich, weil zwar .NULL. in der Formularobjektvariablen gespeichert wird, wenn ein Benutzer ein Formular schließt, der Variablentyp jedoch „O" bleibt.

Erstellen von Datenfeldern

Sie können Elemente von Klassen als Felder definieren. Im folgenden Beispiel stellt choices ein Feld von Steuerelementen dar.

```
DEFINE CLASS MoverListBox AS CONTAINER
DIMENSION choices[3]
ADD OBJECT lstFromListBox AS LISTBOX
ADD OBJECT lstToListBox AS LISTBOX
ADD OBJECT choices[1] AS COMMANDBUTTON
ADD OBJECT choices[2] AS COMMANDBUTTON
ADD OBJECT choices[3] AS ChECKBOX
PROCEDURE choices.CLICK
```

```
PARAMETER nIndex
   DO CASE
      CASE nIndex - 1
         * Code
      CASE nIndex = 2
         * Code
      CASE nIndex = 3
         * Code
   ENDCASE
ENDPROC
ENDDEFINE
```

Wenn ein Benutzer in einem Steuerelementfeld auf ein Steuerelement klickt, übergibt Visual FoxPro die Indexnummer des Steuerelements an die Ereignisprozedur **Click**. In dieser Prozedur können Sie mit Hilfe einer CASE-Anweisung und in Abhängigkeit davon, auf welche Schaltfläche geklickt wurde, unterschiedlichen Code ausführen.

Erstellen von Objektdatenfeldern

Sie können auch Felder mit Objekten erstellen. MyArray enthält z. B. fünf Befehlsschaltflächen:

```
DIMENSION MyArray[5]
FOR x = 1 TO 5
   MyArray[x] = CREATEOBJECT("COMMANDBUTTON")
ENDFOR
```

Nun folgen einige Anmerkungen, die Sie bei Objektdatenfeldern beachten sollten:

- Es ist nicht möglich, einem ganzen Objektdatenfeld über einen einzigen Befehl ein Objekt zuzuweisen. Diese Zuweisung muß für jedes Objekt des Feldes einzeln erfolgen.

- Sie können nicht einem ganzen Feld den Wert einer Eigenschaft zuweisen. Der folgende Befehl würde einen Fehler ergeben:

  ```
  MyArray.Enabled = .F.
  ```

- Wenn Sie ein Objektdatenfeld neu dimensionieren, so daß es größer ist als das ursprüngliche Feld, dann werden die neuen Elemente zu Beginn auf Falsch (.F.) gesetzt, genauso, wie dies in Visual FoxPro mit allen Datenfeldern geschieht. Wenn Sie ein Objektdatenfeld neu dimensionieren, so daß es kleiner wird als das ursprüngliche Feld, dann werden die Objekte freigegeben, deren Indizes größer sind als der größte neue Index.

Verwenden von Objekten zum Speichern von Daten

In objektorientierten Programmiersprachen stellt eine Klasse einen nützlichen und komfortablen Träger zum Speichern von Daten und von Prozeduren dar, die mit einem einzigen Objekt verbunden sind. Sie können z. B. eine benutzerdefinierte Klasse so definieren, daß sie Informationen sowohl über einen Kunden als auch über eine Methode zum Berechnen des Alters dieses Kunden enthält:

```
DEFINE CLASS customer AS CUSTOM
LastName = ""
   FirstName = ""
   Birthday = { / / }
   PROCEDURE Age
      IF !EMPTY(THIS.Birthday)
         RETURN YEAR(DATE()) - YEAR(THIS.Birthday)
ELSE
         RETURN 0
      ENDIF
   ENDPROC
ENDDEFINE
```

Die in Objekten gespeicherten Daten, die auf der Klasse „Customer" basieren, werden jedoch nur im Speicher abgelegt. Befänden sich diese Daten in einer Tabelle, dann würde die Tabelle auf dem Datenträger abgespeichert werden. Wenn Sie mehrere Kunden bearbeiten müßten, dann würden Sie über die Tabelle auf alle Visual FoxPro-Datenbankverwaltungs-Befehle und -funktionen zugreifen können. Dadurch wären Sie in der Lage, die Informationen schnell zu finden, zu sortieren und zu gruppieren, damit Berechnungen durchzuführen, darauf basierende Berichte und Abfragen zu erstellen usw.

Visual FoxPro ist besonders zum Speichern und Bearbeiten von Daten in Datenbanken und Tabellen geeignet. Es kann jedoch vorkommen, daß Sie Daten in Objekten speichern möchten. Gewöhnlich sind diese Daten nur wichtig, solange Ihre Anwendung läuft. Sie gehören im Normalfall zu einem einzigen Objekt.

In einer Anwendung z. B., die ein Sicherheitssystem enthält, hätten Sie normalerweise eine Tabelle mit den Daten der Benutzer, die auf diese Anwendung zugreifen dürfen. Die Tabelle würde die Benutzerkennung, das Kennwort und die Zugriffsberechtigungsstufe enthalten. Hat sich ein Benutzer angemeldet, dann benötigen Sie die meisten Informationen aus der Tabelle nicht mehr. Sie benötigen lediglich Informationen über den aktuellen Benutzer, und diese Informationen können sehr leicht in einem Objekt gespeichert und bearbeitet werden. Die folgende Klassendefinition startet z. B. einen Anmeldevorgang, wenn ein auf der Klasse basierendes Objekt erstellt wird.

```
DEFINE CLASS NewUser AS CUSTOM
   PROTECTED LogonTime, AccessLevel
   UserId = ""
   PassWord = ""
   LogonTime = { - - : : }
   AccessLevel = 0
   PROCEDURE Init
      DO FORM LOGON WITH ;   && Vorausgesetzt, Sie haben dieses
                             && Formular erstellt
         This.UserId, ;
         This.PassWord, ;
         This.AccessLevel
      This.LogonTime = DATETIME( )
   ENDPROC
```

```
* Erstellen von Methoden für die Rückgabe geschützter Eigenschaftswerte
  PROCEDURE GetLogonTime
    RETURN This.LogonTime
  ENDPROC
  PROCEDURE GetAccessLevel
    RETURN This.AccessLevel
  ENDPROC

ENDDEFINE
```

Im Hauptprogramm Ihrer Anwendung können Sie ein Objekt erstellen, das auf der Klasse NewUser basiert:

```
oUser = CREATEOBJECT('NewUser')
oUser.Logon
```

Innerhalb Ihrer Anwendung können Sie die Informationen aus dem Objekt oUser abrufen, wenn Sie die Informationen über den aktuellen Benutzer benötigen. Beispiel:

```
IF oUser.GetAccessLevel( ) >= 4
   DO ADMIN.MPR
ENDIF
```

Integrieren von Objekten und Daten

In den meisten Anwendungen können Sie die Stärke von Visual FoxPro am besten ausnutzen, indem Sie Objekte und Daten integrieren. Die meisten Visual FoxPro-Klassen besitzen Eigenschaften und Methoden, über die Sie die Leistungsfähigkeit eines relationalen Datenbankmanagers und eines vollständigen objektorientierten Systems integrieren können.

Eigenschaften zum Integrieren von Visual FoxPro-Klassen und Datenbankdaten

Klasse	Dateneigenschaften
Datenblatt	RecordSource, ChildOrder, LinkMaster
Alle anderen Steuerelemente	ControlSource
Listenfeld und Kombinationsfeld	ControlSource, RowSource
Formular und Formularsatz	DataSession

Da diese Dateneigenschaften zur Entwurfszeit oder zur Laufzeit geändert werden, können Sie generische Steuerelemente mit einer eingekapselten Funktionalität erstellen, die mit unterschiedlichen Daten funktionieren.

Weitere Informationen über das Integrieren von Daten und Objekten finden Sie in Kapitel 9, „Erstellen von Formularen" und in Kapitel 10, „Verwenden von Steuerelementen".

KAPITEL 4

Zum besseren Verständnis des Ereignismodells

Visual FoxPro bietet eine echte und nicht modale Arbeitsweise, mit der Sie einfach mehrere Formulare automatisch koordinieren und mehrere Instanzen eines Formulars gleichzeitig ausführen können. Visual FoxPro verwaltet außerdem die Ereignisbearbeitung für Sie, so daß Sie dem Anwender eine wesentlich umfangreichere interaktive Umgebung zur Verfügung stellen können.

Dieses Kapitel beschreibt folgendes:

- Ereignisse in Visual FoxPro
- Überprüfen von Ereignisfolgen
- Zuweisen von Code zu Ereignissen

Ereignisse in Visual FoxPro

Ereignis-Code wird als Reaktion auf diverse Benutzeraktionen automatisch vom System ausgelöst. Beispielsweise wird Programm-Code, der für ein Ereignis **Click** geschrieben wurde, vom System automatisch ausgeführt, wenn ein Benutzer auf ein Steuerelement klickt. Ereignis-Code kann ebenfalls durch Systemereignisse ausgelöst werden, wie im Falle des Ereignisses **Timer** in einem Zeitgeber-Steuerelement.

Die Kernereignisse

Die folgende Tabelle enthält eine Liste der Visual FoxPro-Kernereignisse, die für die meisten Steuerelemente gelten.

Gruppe von Kernereignissen

Ereignis	Aktion bei Auslösen des Ereignisses
Init	Ein Objekt wird erstellt.
Destroy	Ein Objekt wird aus dem Speicher gelöscht.
Click	Der Benutzer klickt mit der linken Maustaste auf das Objekt.
DblClick	Der Benutzer doppelklickt mit der linken Maustaste auf das Objekt.
RightClick	Der Benutzer klickt mit der rechten Maustaste auf das Objekt.

(Fortsetzung)

Ereignis	Aktion bei Auslösen des Ereignisses
GotFocus	Das Objekt erhält den Fokus, und zwar durch eine Benutzeraktion wie Drücken von TAB oder Klicken oder indem der Fokus im Code mit Hilfe der Methode SetFocus geändert wird.
LostFocus	Das Objekt verliert den Fokus, und zwar durch eine Benutzeraktion wie Aktivieren eines anderen Objekts durch Drücken von TAB oder Klicken oder indem der Fokus im Code mit Hilfe der Methode SetFocus geändert wird.
KeyPress	Der Benutzer drückt eine Taste und löst sie wieder.
MouseDown	Der Benutzer drückt die Maustaste, während sich der Mauszeiger auf dem Objekt befindet.
MouseMove	Der Benutzer verschiebt die Maus über einem Objekt.
MouseUp	Der Benutzer läßt die Maustaste los, während sich der Mauszeiger auf einem Objekt befindet.

Container und Objektereignisse

Es gibt zwei Grundregeln, die Sie immer beachten sollten, wenn Sie Ereignis-Code für Steuerelemente schreiben:

- Container verarbeiten keine Ereignisse, die ihnen zugeordnete Steuerelemente enthalten.
- Wurde einem Steuerelement kein Ereignis-Code zugeordnet, dann überprüft Visual FoxPro, ob dem in der Klassenhierarchie darüberliegenden Steuerelement zu dem Ereignis Code zugeordnet wurde.

Wenn ein Benutzer mit einem Objekt arbeitet, z. B. indem er es mit Hilfe von TAB anspricht, darauf klickt oder den Mauszeiger über dem Objekt verschiebt, dann finden Objektereignisse statt. Jedes Objekt empfängt seine Ereignisse unabhängig von den anderen. Wenn sich beispielsweise auf einem Formular eine Befehlsschaltfläche befindet, dann wird, wenn ein Benutzer auf diese Schaltfläche klickt, das Ereignis **Click** nicht für das Formular ausgelöst, sondern nur für die Befehlsschaltfläche.

Der Ereignis-Code des Containers ist von dem Ereignis-Code des Steuerelements getrennt

Das Formular besitzt Code für das Ereignis **Click**.

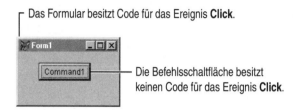

Die Befehlsschaltfläche besitzt keinen Code für das Ereignis **Click**.

Ist mit der Befehlsschaltfläche kein Code für das Ereignis **Click** verbunden, dann geschieht nichts, obwohl der Benutzer auf die Schaltfläche klickt, auch dann nicht, wenn dem entsprechenden Formular Code für das Ereignis **Click** zugeordnet wurde.

Diese Regel gilt auch für Datenblatt-Steuerelemente. Das Datenblatt enthält Spalten, die wiederum Kopfzeilen und Steuerelemente enthalten. Wenn Ereignisse auftreten, dann erkennt nur das innerste, in das Ereignis einbezogene Objekt das Ereignis. Die Container auf höherer Ebene bemerken das Ereignis nicht. Die folgende Darstellung zeigt, welche Objekte auf das Ereignis **MouseMove** reagieren, das erzeugt wird, sobald ein Benutzer den Mauszeiger über dem Datenblatt verschiebt.

Ereignis „MouseMove" für ein Datenblatt

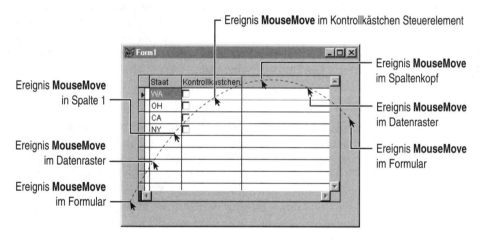

Es gibt jedoch eine Ausnahme von dieser Regel. Wenn Sie für eine Optionsfeldgruppe oder eine Befehlsschaltflächengruppe Ereignis-Code geschrieben haben, eine einzelne Schaltfläche oder ein einzelnes Feld dieser Gruppe jedoch keinen Code für das Ereignis besitzt, dann wird der Ereignis-Code der Gruppe ausgeführt, sobald das Schaltflächenereignis auftritt.

Es könnte z. B. sein, daß Sie mit einer Optionsfeldgruppe arbeiten, zu der Code für das Ereignis **Click** gehört. Nur eines der beiden Optionsfelder der Gruppe besitzt ebenfalls Code für das Ereignis **Click**:

Der Ereignis-Code für Schaltflächengruppen kann als Standard verwendet werden

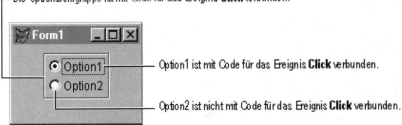

Wenn der Benutzer auf Option1 klickt, wird der mit Option1 verbundene Ereignis-Code für das Ereignis **Click** ausgeführt. Der zu der Optionsfeldgruppe gehörende Ereignis-Code **Click** wird nicht ausgeführt.

Weil zu Option2 kein Code für das Ereignis **Click** gehört, wird der Ereignis-Code der Optionsfeldgruppe ausgeführt, sobald der Benutzer auf Option2 klickt.

Anmerkung: Wenn eine Ereignisfolge, wie z. B. **MouseDown** und danach **MouseUp**, für ein Steuerelement begonnen wird, gehört die gesamte Folge zu dem Steuerelement.

Wenn Sie beispielsweise die linke Maustaste auf einer Befehlsschaltfläche drücken und den Mauszeiger von der Befehlsschaltfläche wegziehen, dann treten die Ereignisse **MouseMove** der Befehlsschaltfläche fortwährend auf, auch wenn sich der Mauszeiger über dem Formular bewegt. Wenn Sie die linke Maustaste über dem Formular anstatt über der Befehlsschaltfläche freigeben, dann ist das auftretende Ereignis **MouseUp** mit der Befehlsschaltfläche und nicht mit dem Formular verbunden.

Klassen und Steuerelementereignisse

Wenn ein Steuerelement in einem Formular auf einer benutzerdefinierten Klasse beruht (die wiederum auf einer anderen benutzerdefinierten Klasse beruhen könnte), sucht Visual FoxPro im unmittelbaren Steuerelement nach dem Ereignis-Code, wenn ein Ereignis aufgetreten ist. Wenn sich in dieser Ereignisprozedur Code befindet, dann wird dieser von Visual FoxPro ausgeführt. Existiert hier kein Ereignis-Code, dann durchsucht Visual FoxPro die nächsthöhere Ebene der Klassenhierarchie. Wird an irgendeiner Stelle in der Klassenhierarchie Code gefunden, der sich auf dieses Ereignis bezieht, dann wird dieser Code ausgeführt. Code, der sich in einer höheren Hierarchie befindet, wird dann nicht ausgeführt.

Gehört zu einem Objekt kein Ereignis-Code, dann durchsucht Visual FoxPro die übergeordnete Klasse

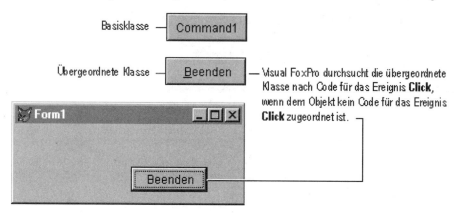

Sie können jedoch Code in eine Ereignisprozedur einfügen und den Code explizit in Klassen ausführen, auf denen das Steuerelement beruht, indem Sie die Funktion DODEFAULT( ) verwenden.

Überprüfen von Ereignisfolgen

Da das Ereignismodell von Visual FoxPro sehr umfassend ist, erhalten Sie umfangreiche Steuerungsmöglichkeiten über die Komponenten Ihrer Anwendung, die auf eine breite Palette von Benutzeraktionen reagieren. Einige der Ereignisfolgen stehen fest, z. B. wenn ein Formular erstellt oder gelöscht wird. Einige Ereignisse sind unabhängig von anderen, die meisten treten jedoch im Zusammenhang mit verschiedenen anderen, auf Benutzerinteraktion beruhenden Ereignissen auf.

Aktivieren der Ereignisüberwachung

Die beste Möglichkeit zum Anzeigen der Visual FoxPro-Ereignisfolgen besteht darin, die Ereignisüberwachung im Debugger zu aktivieren. Die Ereignisüberwachung ermöglicht Ihnen, zu sehen, wann jedes der mit Ihren selbsterstellten Formularen und Steuerelementen verbundene Ereignis in bezug zu anderen Ereignissen auftritt. Auf diese Weise können Sie den effizientesten Platz für das Hinzufügen Ihres Codes ermitteln.

▶ **So aktivieren Sie die Ereignisüberwachung**

1. Klicken Sie im Menü **Extras** des Debugger-Fensters auf **Ereignisüberwachung**.

2. Wählen Sie im Dialogfeld **Ereignisüberwachung** die Option **Ereignisüberwachung aktivieren**.

Die in der Liste „Zu überwachende Ereignisse" befindlichen Ereignisse werden, wenn sie auftreten, in das Ausgabefenster des Debuggers oder in eine Protokollierungsdatei geschrieben.

Das Dialogfeld „Ereignisüberwachung"

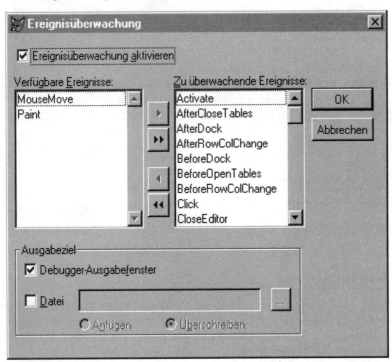

Anmerkung: In diesem Beispiel wurden die Ereignisse **MouseMove** und **Paint** aus der Liste „Zu überwachende Ereignisse" entfernt, da diese Ereignisse so häufig auftreten, daß sie die Überwachung der übrigen Ereignisse erschweren.

Beobachten des Auftretens von Ereignissen

Manchmal wird durch eine Benutzeraktion nur ein einzelnes Ereignis ausgelöst, beispielsweise, wenn der Benutzer den Mauszeiger über ein Steuerelement verschiebt. Häufig werden jedoch dadurch mehrere Ereignisse ausgelöst.

In diesem Abschnitt wird anhand des folgenden Formularbeispiels die Reihenfolge beschrieben, in der die Ereignisse basierend auf Benutzeraktionen auftreten.

Beispielformular zur Illustration der Ereignisfolgen

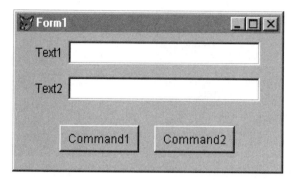

In diesem Beispiel führt der Benutzer folgende Aktionen mit dem Formular durch:

1. Der Benutzer führt das Formular aus.
2. Er gibt Text in „Text1" ein.
3. Er markiert das Feld und kopiert es in die Zwischenablage.
4. Er geht weiter nach „Text2".
5. Er fügt den Text in „Text2" ein.
6. Er schließt das Formular durch Klicken auf **Command2**.

Diese Aktionen lösen für jedes Objekt ein oder mehrere Systemereignisse aus. In den folgenden Tabellen werden die Ereignisse nach den auslösenden einzelnen Benutzeraktionen unterteilt.

Aktion 1

Der Benutzer führt das Formular aus, indem er den folgenden Befehl in das Befehlsfenster eingibt:

```
DO FORM form1 NAME frmObject
```

Visual FoxPro lädt das Formular, initialisiert jedes Objekt und anschließend das Formular; das Formular ist aktiviert, und das erste Feld erhält nun den Eingabefokus.

Objekt (Object)	Ereignis
Datenumgebung	BeforeOpenTables
Formular1	Load
Datenumgebung	Init
Text1	Init
Text2	Init
Befehl1	Init

(Fortsetzung)

Objekt (Object)	Ereignis
Befehl2	Init
Formular1	Init
Formular1	Activate
Formular1	GotFocus
Text1	When
Text1	GotFocus

Aktion 2

Der Benutzer gibt **Test** in „Text1" ein. Jeder Tastendruck erzeugt zwei Ereignisse. Dem Ereignis KeyPress werden 2 Parameter übergeben: die gedrückte Taste und der Status der Tasten UMSCHALT, ALT und STRG.

Objekt (Object)	Ereignis
Text1	KeyPress (84, 1) „T"
Text1	InteractiveChange
Text1	KeyPress (101, 0) „e"
Text1	InteractiveChange
Text1	KeyPress (115,0) „s"
Text1	InteractiveChange
Text1	KeyPress (116,0) „t"
Text1	InteractiveChange

Aktion 3

Der Benutzer doppelklickt auf „Text1", um den Text zu markieren, und drückt danach STRG+C, um den Text in die Zwischenablage zu kopieren. Mit dem Ereignis DblClick sind Mausereignisse und ein Ereignis Click verbunden. An die Ereignisse MouseMove und MouseDown werden vier Parameter übergeben: eine Zahl, die angibt, welche Taste gedrückt wurde, der Status der UMSCHALTTASTE und die X- sowie Y-Positionen. Die X- und Y-Positionen werden relativ zum Formular angegeben und entsprechen der Skalierung (Scale-Mode) des Formulars (z. B. Pixel). Es wird nur ein Ereignis **MouseMove** für jedes Steuerelement aufgelistet. Tatsächlich würde dieses Ereignis wahrscheinlich ein halbes Dutzend Mal oder öfter auftreten.

Objekt (Object)	Ereignis
Formular1	MouseMove(0, 0, 100, 35)
Text1	MouseMove(0,0,44,22)
Text1	MouseDown(1, 0, 44, 22)
Text1	MouseUp(1, 0, 44, 22)
Text1	Click
Text1	MouseDown(1, 0, 44, 22)
Text1	MouseUp(1, 0, 44, 22)
Text1	DblClick

Aktion 4
Der Benutzer drückt TAB, um zu „Text2" zu springen.

Objekt (Object)	Ereignis
Text1	KeyPress(9, 0)
Text1	Valid
Text1	LostFocus
Text2	When
Text2	GotFocus

Aktion 5
Der Benutzer fügt den kopierten Text in „Text2" ein, indem er STRG+V drückt.

Objekt (Object)	Ereignis
Text2	InteractiveChange

Aktion 6
Der Benutzer klickt auf **Command2**, wodurch das Formular geschlossen wird.

Objekt (Object)	Ereignis
Formular1	MouseMove
Befehl2	MouseMove
Text2	Valid

(Fortsetzung)

Objekt (Object)	Ereignis
Befehl2	When
Text2	LostFocus
Befehl2	GotFocus
Befehl2	MouseDown(1, 0, 143, 128)
Befehl2	MouseUp(1, 0, 143, 128)
Befehl2	Click
Befehl2	Valid
Befehl2	When

Wird das Formular geschlossen und das Objekt aus dem Speicher gelöscht, dann finden folgende zusätzliche Ereignisse in umgedrehter Reihenfolge zu den Ereignissen in Aktion 1 statt.

Objekt (Object)	Ereignis
Formular1	Destroy
Befehl2	Destroy
Befehl1	Destroy
Text2	Destroy
Text1	Destroy
Formular1	Unload
Datenumgebung	AfterCloseTables
Datenumgebung	Destroy

Die Visual FoxPro-Ereignisfolge

Die folgende Tabelle zeigt die allgemeine Auslösungssequenz für Visual FoxPro-Ereignisse. Für die Eigenschaft AutoOpenTables der Datenumgebung wird vorausgesetzt, daß sie auf Wahr (.T.) gesetzt wurde. Andere Ereignisse können basierend auf Benutzeraktionen und Systemreaktionen auftreten.

Objekt (Object)	Ereignisse
Datenumgebung	BeforeOpenTables
Formularsatz	Load
Formular	Load

(Fortsetzung)

Objekt (Object)	Ereignisse
Cursor in der Datenumgebung	Init
Datenumgebung	Init
Objekte [1]	Init
Formular	Init
Formularsatz	Init
Formularsatz	Activate
Formular	Activate
Objekt1 [2]	When
Formular	GotFocus
Objekt1	GotFocus
Objekt1	Message
Objekt1	Valid [3]
Objekt1	LostFocus
Objekt2 [3]	When
Objekt2	GotFocus
Objekt2	Message
Objekt2	Valid [4]
Objekt2	LostFocus
Formular	QueryUnload
Formular	Destroy
Objekt [5]	Destroy
Formular	Unload
Formularsatz	Unload
Datenumgebung	AfterCloseTables

(Fortsetzung)

Datenumgebung	Destroy
Cursor in der Datenumgebung	Destroy

[1] Für jedes Objekt vom innersten Objekt zum äußersten Container
[2] Erstes Objekt in der Aktivierfolge
[3] Nächstes Objekt, das den Fokus erhält
[4] Wenn das Objekt den Fokus verliert
[5] Für jedes Objekt vom äußersten Container zum innersten Objekt

Zuweisen von Code zu Ereignissen

Solange Sie ein Ereignis nicht mit Code verbinden, geschieht nichts, wenn dieses Ereignis auftritt. Nur in den seltensten Fällen werden Sie für alle mit einem beliebigen Visual FoxPro-Objekt verbundenen Ereignisse Code schreiben, aber Sie möchten sicherlich auch Funktionalität, die als Reaktion auf bestimmte Schlüsselereignisse in Ihren Anwendungen ermöglicht wird, integrieren. Möchten Sie zu einem Ereignis Code hinzufügen, der bei Auftreten des Ereignisses ausgeführt werden soll, dann verwenden Sie das Eigenschaftenfenster im Formular-Designer.

Die Ereignisreihenfolge hat Einfluß auf die Position, an der Sie Code einfügen sollten. Beachten Sie folgende Tips:

- Die Ereignisse **Init** aller Steuerelemente auf einem Formular treten vor dem Ereignis **Init** des eigentlichen Formulars auf. Daher können Sie in das Ereignis **Init** für das Formular Quellcode einfügen, mit dem Sie beliebige Steuerelemente des Formulars verändern können, bevor das Formular angezeigt wird.

- Wenn Code immer dann ausgeführt werden soll, wenn sich der Wert in einem Listenfeld, einem Kombinationsfeld oder einem Kontrollkästchen ändert, verbinden Sie ihn mit dem Ereignis **InteractiveChange**. Das Ereignis **Click** tritt möglicherweise nicht auf oder wird aufgerufen, ohne daß sich der Wert geändert hat.

- Wenn Sie ein Steuerelement ziehen, werden die anderen Mausereignisse ausgesetzt. So treten beispielsweise die Ereignisse **MouseUp** und **MouseMove** nicht während einer Drag & Drop-Operation auf.

- Die Ereignisse **Valid** und **When** geben einen Wert zurück. Die Standardeinstellung ist der Wert Wahr (.T.). Lassen Sie das Ereignis **When** den Wert Falsch (.F.) oder 0 zurückgeben, kann das Steuerelement den Fokus nicht erhalten. Lassen Sie das Ereignis **Valid** den Wert Falsch (.F.) oder 0 zurückgeben, kann das Steuerelement den Fokus nicht verlieren.

Weitere Informationen über die Verwendung des Formular-Designers finden Sie in Kapitel 9, „Erstellen von Formularen". Weitere Informationen über das Programmieren von Klassen und das Hinzufügen von Ereignis-Code finden Sie in Kapitel 3, „Objektorientierte Programmierung".

TEIL 2

Arbeiten mit Daten

Zum Erstellen effektiver Anwendungen gehört zunächst die Prüfung der Datenanforderungen. Anschließend werden die Datenbanken, Tabellen und Indizes entsprechend diesen Anforderungen erstellt.

Kapitel 5   Entwerfen von Datenbanken   95
Nutzen Sie die Vorteile der relationalen Datenbanktechnologie in Visual FoxPro mit sorgfältig geplanten Datenbanken.

Kapitel 6   Erstellen von Datenbanken   119
Verwenden Sie Datenbanken in Visual FoxPro zum Einrichten von Beziehungen zwischen den Tabellen, Durchsetzen referentieller Integrität und Verwalten von lokalen und Remote-Daten.

Kapitel 7   Arbeiten mit Tabellen   139
Stellen Sie sicher, daß Ihre Tabellen die von der Anwendung benötigte Struktur aufweisen. Richtig gewählte Datentypen und Indizes sind die Grundlage für den Erfolg Ihrer Anwendung.

Kapitel 8   Erstellen von Ansichten   195
Verwenden Sie Ansichten für den Zugriff und das Aktualisieren mehrerer Tabellen. Ansichten ermöglichen das Aktualisieren von lokalen und Remote-Daten.

KAPITEL 5

Entwerfen von Datenbanken

In Visual FoxPro dienen Datenbanken dazu, Tabellen und Ansichten zu organisieren und zwischen diesen Beziehungen herzustellen. Datenbanken stellen die Architektur zum Speichern Ihrer Daten bereit und bieten Ihnen weitere Vorteile. Wenn Sie eine Datenbank verwenden, können Sie Erweiterungen auf Tabellenebene, wie Gültigkeitsregeln auf Feld- und Datensatzebene, Standardfeldwerte und Trigger, erstellen. Sie haben auch die Möglichkeit, gespeicherte Prozeduren und persistente Tabellenbeziehungen zu erstellen. Mit Hilfe Ihrer Datenbank können Sie auf Verbindungen zu Remote-Datenquellen zugreifen und Ansichten von lokalen und Remote-Tabellen erstellen.

Dieses Kapitel enthält die Richtlinien für das Planen von Tabellen, aus denen eine Visual FoxPro-Datenbank aufgebaut ist. Dargestellt werden diese Richtlinien am Aufbau einer Beispieldatenbank der Tasmanischen Handelsgesellschaft. Ferner werden Ihnen weitere Entwürfe von Beispieldatenbanken vorgestellt. Die Beispieldatenbank **Tastrade.dbc** der Tasmanischen Handelsgesellschaft befindet sich im Verzeichnis **Visual Studio ...\Samples\Vfp98\Tastrade\Data**.

Informationen über das Erstellen von Visual FoxPro-Datenbanken im Anschluß an deren Entwurf finden Sie in Kapitel 6, „Erstellen von Datenbanken". Informationen über das Erstellen von Visual FoxPro-Tabellen finden Sie in Kapitel 7, „Arbeiten mit Tabellen".

Dieses Kapitel behandelt folgende Themen:

- Einsatz von Datenbank-Entwurfsverfahren
- Anforderungsanalyse für den zu erfassenden Datenbestand
- Klassifizieren und Zusammenfassen der Daten in Tabellen
- Festlegen der erforderlichen Felder
- Festlegen der Beziehungen zwischen Tabellen
- Verfeinern des Entwurfs
- Beispieldatenbanken

Einsatz des Datenbank-Entwurfsverfahrens

Bei der Verwendung eines einschlägigen Datenbank-Entwurfsverfahrens können Sie schnell und effektiv eine gut konzipierte Datenbank entwickeln, die Ihnen einen komfortablen Zugriff auf die gewünschten Daten ermöglicht. Dabei erfordert ein fundierter Entwurf weniger Zeit für den Aufbau der Datenbank und liefert Ihnen außerdem schnellere, exaktere Ergebnisse.

Anmerkung: Die Begriffe „Datenbank" und „Tabelle" haben in Visual FoxPro nicht dieselbe Bedeutung. Der Begriff Datenbank (.dbc-Datei) bezieht sich auf eine relationale Datenbank, in der Informationen über eine oder mehrere Tabellen (.dbf-Dateien) oder Ansichten erfaßt sind.

Wesentliche Voraussetzung eines effektiven Datenbankentwurfs ist das genaue Verständnis darüber, welche Informationen gespeichert werden sollen und wie diese Informationen von einem relationalen Datenbank-Managementsystem, wie beispielsweise Visual FoxPro, gespeichert werden. Um Ihnen schnelle und exakte Informationen zu liefern, muß Visual FoxPro die Fakten zu verschiedenen Themen in verschiedenen Tabellen organisieren. So können Sie z. B. eine Tabelle erstellen, die nur Informationen über Angestellte enthält, und eine weitere Tabelle, die nur Informationen über den Absatz speichert.

Bei einer durchdachten Organisation der Daten gestalten Sie die Datenbank flexibel und verschaffen sich die Möglichkeit, die Daten auf zahlreiche verschiedene Arten zu kombinieren und darzustellen. Sie können beispielsweise Berichte drucken, die Informationen über Angestellte mit Informationen über die Verkäufe kombinieren.

Die Aufteilung der Daten in verschiedene Tabellen erhöht die Flexibilität Ihrer Datenbank

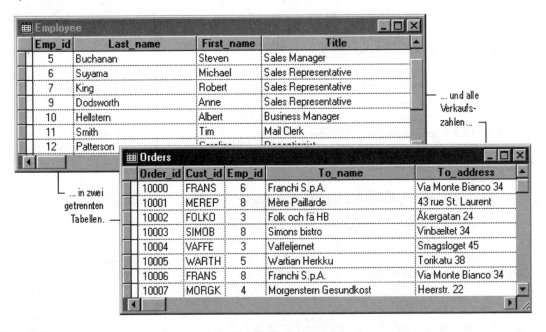

Wenn Sie eine Datenbank entwerfen, unterteilen Sie also zunächst die zu speichernden Informationen in unterschiedliche Themen. Anschließend teilen Sie Visual FoxPro mit, welche Beziehungen zwischen den Themen bestehen. Dann kann Visual FoxPro die passenden Informationen bei Bedarf zusammenführen. Indem Sie die Informationen in verschiedenen Tabellen speichern, können Sie Ihre Daten leichter organisieren und verwalten und außerdem eine leistungsstarke Anwendung erstellen.

Das Datenbank-Entwurfsverfahren erfordert die folgenden Schritte. Jeder Schritt wird im Verlauf dieses Kapitels ausführlich erläutert.

1. **Legen Sie die Aufgabe der Datenbank fest** Dies hilft Ihnen bei der Entscheidung, welche Daten Sie in Visual FoxPro speichern möchten.

2. **Legen Sie die erforderlichen Tabellen fest** Nachdem Sie eine klare Aufgabe für die Datenbank definiert haben, können Sie Ihre Informationen in verschiedene Themen unterteilen, wie „Personal" oder „Aufträge". Jedes Thema wird zu einer Tabelle in Ihrer Datenbank.

3. **Legen Sie die erforderlichen Felder fest** Entscheiden Sie, welche Informationen in jeder Tabelle gespeichert werden sollen. Jede Kategorie von Informationen in einer Tabelle wird Feld genannt und beim Durchsuchen der Tabelle als eine Spalte in der Tabelle angezeigt. So kann beispielsweise ein Feld in einer Personal-Tabelle „Nachname" und ein anderes „Einstellungsdatum" heißen.

4. **Legen Sie die Beziehungen fest** Sehen Sie sich jede Tabelle an, und entscheiden Sie, welche Beziehungen zwischen den Daten in verschiedenen Tabellen bestehen. Fügen Sie Tabellen gegebenenfalls neue Felder hinzu, oder erstellen Sie neue Tabellen, um die Beziehungen klarzustellen.

5. **Verfeinern Sie den Entwurf** Prüfen Sie den Entwurf auf Fehler. Erstellen Sie die Tabellen, und geben Sie einige Datensätze mit Musterdaten ein. Prüfen Sie, ob Sie aus Ihren Tabellen die gewünschten Informationen erhalten. Nehmen Sie gegebenenfalls Änderungen am Entwurf vor.

Es ist kein Problem, wenn Ihr erster Entwurf Fehler enthält oder nicht ganz vollständig ist. Betrachten Sie ihn als ein grobes Konzept, das Sie später verfeinern können. Experimentieren Sie mit Musterdaten und Prototypen Ihrer Formulare und Berichte. Mit Visual FoxPro ist es einfach, während des Erstellens Ihrer Datenbank Änderungen am Entwurf vorzunehmen. Allerdings sind Änderungen an Tabellen wesentlich schwieriger, wenn diese bereits viele Daten enthalten und Sie Formulare und Berichte erstellt haben. Stellen Sie aus diesem Grunde sicher, daß Sie über einen fundierten Entwurf verfügen, bevor Sie mit dem Erstellen Ihrer Anwendung zu weit fortschreiten.

Anforderungsanalyse für den zu erfassenden Datenbestand

Der erste Schritt beim Entwerfen einer Visual FoxPro-Datenbank besteht darin, die an die Daten zu stellenden Anforderungen zu analysieren, indem Sie Aufgabe und Verwendungsweise der Datenbank festlegen. Damit machen Sie sich klar, welche Informationen Sie nach Fertigstellung der Datenbank abrufen möchten. Sie sind dann in der Lage zu erkennen, zu welchen Themen Daten gespeichert werden müssen (Tabellen) und welche Daten Sie zu dem jeweiligen Thema speichern müssen (Felder in den Tabellen).

Sprechen Sie mit den Personen, die mit der Datenbank arbeiten werden. Überlegen Sie sich, welche Fragen die Datenbank später beantworten soll. Fertigen Sie erste Skizzen der Berichte an, die Sie mit der Datenbank erstellen möchten. Sammeln Sie die Formulare, auf denen Sie Ihre Daten bisher eingetragen haben. All diese Informationen werden Sie im weiteren Verlauf des Entwurfsverfahrens verwenden können.

Beispiel: Verkaufs- und Lagerbestandsstatistiken

Angenommen, die Tasmanische Handelsgesellschaft, eine Import-/Exportfirma, die Delikatessen aus der ganzen Welt vertreibt, benötigt eine Datenbank, die Informationen über den Absatz und den Lagerbestand der Firma verfolgen kann.

Beginnen Sie damit, eine Liste von Fragen zu erstellen, die die Datenbank beantworten soll. Wie oft haben wir unser Sonderangebot während des letzten Monats verkauft? Wo wohnen unsere besten Kunden? Wer ist der Lieferant unseres meistverkauften Artikels?

Tragen Sie dann alle Formulare und Berichte mit den Informationen zusammen, die Sie mit der Datenbank abrufen möchten. Gegenwärtig verwendet die Firma einen vorgedruckten Bericht, um die Aufträge zu verfolgen, und ein Auftragsformular, um neue Aufträge aufzunehmen. Die folgende Abbildung zeigt diese beiden Dokumente.

Formulare und Berichte liefern einige Hinweise darauf, welche Daten für die Datenbank benötigt werden

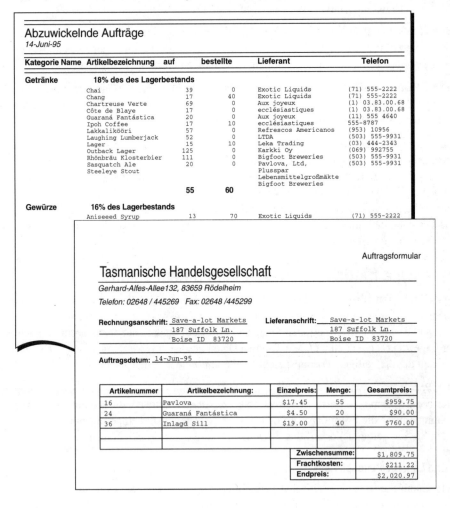

Außerdem muß die Tasmanische Handelsgesellschaft in der Lage sein, Adreßetiketten für Kunden, Angestellte und Lieferanten zu drucken.

Nachdem Sie diese Informationen zusammengetragen haben, sind Sie bereit für den nächsten Schritt.

Klassifikation der Daten und Zusammenfassung in Tabellen

Das Festlegen der Tabellen für Ihre Datenbank ist möglicherweise der schwierigste Schritt des Datenbank-Entwurfsverfahrens. Denn die von der Datenbank zu liefernden Ergebnisse (die zu druckenden Berichte, die zu verwendenden Formulare und die zu beantwortenden Fragen) geben nicht unbedingt Aufschluß über die Struktur der Tabellen, aus denen sie erstellt werden. Sie zeigen Ihnen zwar, was Sie wissen möchten, jedoch nicht, wie diese Informationen in Tabellen untergliedert werden sollen.

Sehen Sie sich als Beispiel das vorstehende Auftragsformular an. Es enthält Daten über den Kunden, seine Adresse und Telefonnummer, sowie Daten über den Auftrag. Dieses Formular liefert Ihnen einige Informationen, die Sie in Ihrer Datenbank speichern möchten. Diese Daten befinden sich zwar alle auf einem Formular, aber um allgemeine Probleme mit der Datenintegrität zu vermeiden, sollten sie in verschiedenen Tabellen gespeichert werden.

Durch einmaliges Speichern von Informationen treten weniger Fehler auf Angenommen, die gesamten Daten eines Auftrags sind in einer Tabelle gespeichert, und ein Kunde erteilt drei verschiedene Aufträge. In diesem Fall könnten Sie die Adresse und Telefonnummer des Kunden dreimal in Ihre Datenbank eingeben (einmal pro Bestellung). Dies kann jedoch zur Folge haben, daß Fehler bei der Dateneingabe auftreten.

Die Tabelle „Kunde" speichert Adreßinformationen einmal

Welche Adresse trifft zu?

Order_id	Order_date	Company	Address
0027	01/27/95	La corne d'abondance	67, avenue de l'Europe
0972	02/15/95	La corne d'abondance	6, avenue de lEurope
0973	02/15/95	La corne d'abondance	67, avenue de l'Europe
0022	06/16/92	La maison d'Asie	1 rue Alsace-Lorraine
0069	09/02/92	La maison d'Asie	1 rue Alsace-Lorraine
0070	09/04/92	La maison d'Asie	1 rue Alsace-Lorraine
0077	09/16/92	La maison d'Asie	1 rue Alsace-Lorraine

Customer

Cust_id	Company	Address	City
LACOR	La corne d'abondance	67, avenue de l'Europe	Versailles
LAMAI	La naison d'Asie	1 rue Alsace-Lorraine	Toulouse
LAUGB	Laughing Bacchus Wine Cellars	1900 Oak St.	Vancouver
LAZYK	Lazy K Kountry Store	12 Orchestra Terrace	Walla Walla
LEHMS	Lehmanns Marktstand	Magazinweg 7	Frankfurt a.M
LETSS	Let's Stop N Shop	87 Polk St., Suite 5	San Francisco
LILAS	LILA-Supermercado	Carrera 52 con Ave. Bolívar #65.6	Barquisimeto

Speichern Sie alle Informationen nur einmal,
um Widersprüchlichkeiten zu vermeiden.

Falls der Kunde umzieht, enthält Ihre Datenbank außerdem entweder widersprüchliche Informationen, oder Sie müßten jeden einzelnen Datensatz der Tabelle über die Verkäufe an diesen Kunden auffinden und ändern. Es ist daher wesentlich vorteilhafter, eine Tabelle „Kunde" zu erstellen und so die Adresse des Kunden an nur einer Stelle in der Datenbank zu speichern. Wenn die Daten dann geändert werden müssen, muß diese Änderung nur ein einziges Mal vorgenommen werden.

Kein unbeabsichtigtes Löschen wichtiger Informationen   Angenommen, ein neuer Kunde erteilt einen Auftrag und storniert diesen anschließend. Wenn Sie den Auftrag aus der Tabelle löschen, die Informationen sowohl über Kunden als auch über deren Aufträge enthält, werden auch der Name und die Adresse des Kunden gelöscht. Sie möchten diesen neuen Kunden jedoch in Ihrer Datenbank behalten und ihm Ihren neuen Katalog zuschicken. Auch hier ist es vorteilhaft, Informationen über den Kunden in einer separaten Tabelle „Kunde" zu speichern. Dann können Sie den Auftrag löschen, ohne gleichzeitig die Informationen über den Kunden zu verlieren.

Überlegen Sie sich, welche Informationen Sie aus der Datenbank abrufen möchten, und unterteilen Sie diese in mehrere Hauptthemen, über die die Datenbank Sie auf dem laufenden halten soll. Beispiele für solche Themen sind Ihre Kunden oder Angestellten, die von Ihnen angebotenen Artikel und Dienstleistungen usw. Für jedes dieser Themen sollte eigene Tabelle angelegt werden.

Tip: Ein Verfahren für das Unterteilen von Informationen in Tabellen besteht darin, sich zunächst die einzelnen Fakten anzusehen und sich Klarheit darüber zu verschaffen, was diese Fakten genau aussagen. Auf dem „Auftragsformular" der Tasmanischen Handelsgesellschaft beispielsweise bildet die Kundenadresse kein Detail des Auftrags, sondern eine ergänzende Information über den Kunden. Dies legt nahe, daß eine separate Tabelle für die Kunden erforderlich ist. Im Bericht „Bestellte Artikel" hat die Telefonnummer des Lieferanten direkt nichts mit dem Lagerbestand zu tun, sondern sie stellt nur den Bezug zum Lieferanten her. Dies legt nahe, daß eine separate Tabelle für die Lieferanten erforderlich ist.

Beispiel: Entwerfen von Tabellen für die Datenbank der Tasmanischen Handelsgesellschaft

Das „Auftragsformular" der Tasmanischen Handelsgesellschaft und der Bericht „Bestellte Artikel" enthalten Informationen über die folgenden Themen:

- Mitarbeiter
- Kunden
- Lieferanten
- Artikel
- Aufträge

Mit Hilfe dieser Liste können Sie nun einen groben Entwurf der Tabellen und einige der Felder jeder Tabelle erstellen, die die Datenbank enthalten soll.

Grober Entwurf der für die Datenbank der Tasmanischen Handelsgesellschaft benötigten Tabellen und Felder

Tasmanische Handelsgesellschaft

Mitarbeiter	Kunden	Lieferanten
Name	Firma	Firma
Anschrift	Anschrift	Anschrift
	Ansprechpartner	Ansprechpartner
		Telefon

Artikel	Aufträge
Artikelbezeichnung	Auftragsdatum
Einzelpreis	Lieferanschrift
Lagermenge	
Bestellte Menge	

Die fertige Datenbank der Tasmanischen Handelsgesellschaft enthält zwar noch andere Tabellen, dieser Entwurf ist jedoch ein guter Ausgangspunkt. Weiter unten in diesem Kapitel erfahren Sie, wie Sie beim Verfeinern des Entwurfs weitere Tabellen hinzufügen können.

Festlegung der erforderlichen Felder

Zum Festlegen der Felder einer Tabelle müssen Sie entscheiden, welche Informationen Sie über die Personen, Dinge oder Ereignisse benötigen, die in der Tabelle gespeichert werden. Sie können sich Felder als Attribute der Tabelle vorstellen. Jeder Datensatz (jede Zeile) in der Tabelle enthält dieselbe Gruppe von Feldern oder Attributen. So enthält beispielsweise ein Adreßfeld in einer Kundentabelle die Adressen der Kunden. Jeder Datensatz der Tabelle enthält Informationen über einen einzelnen Kunden, und das Adreßfeld enthält die Adresse dieses Kunden.

Tips zum Festlegen von Feldern

Hier sind einige Tips, wie Sie die erforderlichen Felder festlegen können:

Stellen Sie eine direkte Beziehung zwischen jedem Feld und dem Thema der Tabelle her Ein Feld, das das Thema einer anderen Tabelle beschreibt, gehört auch in jene andere Tabelle. Wenn Sie später die Beziehungen zwischen den Tabellen festlegen, werden Sie sehen, wie Sie die Daten aus Feldern in mehreren Tabellen verknüpfen können. Bis dahin sollten Sie jedoch sicherstellen, daß jedes Feld einer Tabelle das Thema der Tabelle direkt beschreibt. Wenn Sie feststellen, daß dieselben Informationen in mehreren Tabellen enthalten sind, ist dies ein Hinweis darauf, daß einige Tabellen unnötige Felder enthalten.

Nehmen Sie keine abgeleiteten oder berechneten Daten auf   In den meisten Fällen ist es vorteilhaft, das Ergebnis von Berechnungen nicht in Tabellen zu speichern. Lassen Sie Visual FoxPro statt dessen die Berechnungen erst dann durchführen, wenn Sie das Ergebnis sehen möchten. So weist beispielsweise das in diesem Kapitel weiter oben abgebildete Auftragsformular für jeden bestellten Artikel in der Datenbank der Tasmanischen Handelsgesellschaft den jeweiligen Gesamtpreis als Zwischensumme auf. Jedoch enthält keine Tabelle dieser Datenbank ein Feld **Gesamtpreis** zum Speichern dieser Zwischensumme. Statt dessen enthält die Tabelle „Order_Line_Items" für jeden bestellten Artikel ein Feld für die Bestellmenge sowie ein Feld zum Speichern des Einzelpreises. Anhand dieser Daten berechnet Visual FoxPro die Zwischensumme jedesmal neu, wenn das Auftragsformular gedruckt wird. Der eigentliche Wert der Zwischensumme braucht also nicht in einer Tabelle gespeichert zu werden.

Nehmen Sie alle benötigten Informationen auf   Es kann leicht geschehen, daß wichtige Informationen übersehen werden. Kehren Sie zu den Informationen zurück, die Sie im ersten Schritt des Entwurfsverfahrens gesammelt haben. Sehen Sie sich Ihre alten Formulare und Berichte an, um sicherzustellen, daß alle Informationen, die Sie in der Vergangenheit benötigt haben, in Ihren Visual FoxPro-Tabellen enthalten sind oder aus ihnen abgeleitet werden können. Überlegen Sie sich, welche Fragen Sie an Visual FoxPro stellen werden. Kann Visual FoxPro alle Fragen mit Hilfe der Informationen in Ihren Tabellen beantworten? Haben Sie die Felder festgelegt, in denen eindeutige Daten, wie beispielsweise die Kundennummer, gespeichert werden? Welche Tabellen enthalten Informationen, die Sie später in einem Bericht oder Formular zusammenfassen werden? Weitere Informationen über das Festlegen von Schlüsselfeldern und die Definition von Beziehungen zwischen Tabellen finden Sie in den Abschnitten „Verwenden von Primärschlüsselfeldern" und „Festlegen der Beziehungen zwischen Tabellen" weiter unten in diesem Kapitel.

Speichern Sie die Informationen in kleinstmöglichen logischen Einheiten   Vielleicht möchten Sie den vollständigen Namen in einem einzigen Feld speichern oder nur ein Feld für die Artikelbezeichnung und -beschreibung verwenden. Wenn Sie jedoch Informationen verschiedenen Typs in demselben Feld unterbringen, ist das Wiedergewinnen der einzelnen Informationen später sehr schwierig. Versuchen Sie, die Informationen in logische Einheiten aufzuteilen. Erstellen Sie beispielsweise verschiedene Felder für Vor- und Nachnamen oder für Artikelbezeichnung, Kategorie und Beschreibung.

Beispiel: Hinzufügen von Feldern zur Tabelle „Artikel"

Die Tasmanische Handelsgesellschaft vertreibt importierte Delikatessen aus der ganzen Welt. Die Angestellten verwenden einen Bericht mit dem Namen „Bestellte Artikel", um über bereits bestellte Artikel auf dem laufenden zu bleiben.

Bericht zur statistischen Erfassung der Artikellagerbestände

Abzuwickelnde Aufträge
14-Jun-96

Kategorie Name	Artikelbezeichnung	auf Lager	bestellte Menge	Lieferant	Telefon
Getränke	18% des Lagerbestands				
	Chai	39	.	Exotic Liquids	(1 0)555-2222
	Chang	17	40	Exotic Liquids	(1 0)555-2222
	Chartreuse Verte	69	.	Aux joyeux ecclésiastiques	(1)03 83 00 68
	Côte de Blaye	17	.	Aux joyeux ecclésiastiques	(1)03 83 00 68
	Guaraná Fantástica	20	.	Refrescos Americanas LTDA	(11)555-4640
	Ipoh Coffee	17	10	Leka Trading	555-8787
	Laklikaköori	57	.	Karkki Oy	(953) 10-56
	Laughing Lumbejack Lager	52	.	Bigfoot Breweries	(503) 555-9931
	Outback Lager	15	10	Pavlova, Ltd.	(03) 4443 348
	Rhönbräu Klosterbier	125	.	Plutzeper Lebensmittelgroßmärkte	(069) 992155
	Sasquatch Ale	111	.	Bigfoot Breweries	(503) 555-9931
	Steeleye Stout	20	.	Bigfoot Breweries	(503) 555-9931
Gewürze	16% des Lagerbestands				
	Aniseed Syrup	13	10	Exotic Liquids	(1 0)555-2222
	Chef Anton's Cajun Seasoning	53	.	New Orleans Cajun Delights	(100)555-4822
	Chef Anton's Gumbo Mix	.	.	New Orleans Cajun Delights	(100)555-4822
	Genen Shouyu	39	.	Mayumi's	(06)431-7877

Sie können dem Bericht entnehmen, daß die Tabelle „Artikel", die Informationen über verkaufte Artikel enthält, unter anderem Felder für den Artikelnamen, den Lagerbestand und die Anzahl bestellter Einheiten enthalten muß. Was geschieht jedoch mit den Feldern für den Namen und die Telefonnummer des Lieferanten? Um einen Bericht erstellen zu können, muß Visual FoxPro wissen, welcher Lieferant dem jeweiligen Artikel zugeordnet ist.

Entwurf der Tabelle „Lieferanten" mit den Feldern für Namen und Telefonnummern der Lieferanten

Artikel	Lieferant
Artikelbezeichnung	Firma
Einzelpreis	Anschrift
Lagermenge	Ansprechpartner
Bestellte Menge	Telefon

Bei der Lösung des Problems sollen keine redundanten Daten in die Tabellen eingegeben werden. Dazu wird die Tabelle „Lieferanten" zum Speichern des Namens und der Telefonnummer des Lieferanten angelegt. Im nächsten Schritt fügen Sie in die Tabelle „Artikel" ein Feld ein, das die benötigten Lieferantendaten identifiziert.

Verwenden von Primärschlüsselfeldern

Die Stärke eines relationalen Datenbank-Managementsystems wie Visual FoxPro liegt in dessen Fähigkeit, Informationen aus unterschiedlichen Tabellen schnell zu finden und zusammenzuführen. Damit Visual FoxPro seine volle Geschwindigkeit und Leistung entfalten kann, sollte jede Tabelle in der Datenbank ein Feld oder eine Gruppe von Feldern zur eindeutigen Identifikation jedes einzelnen in der Tabelle gespeicherten Datensatzes enthalten. Häufig wird dazu eine zur eindeutigen Bezeichnung dienende Zahlenangabe, wie beispielsweise eine Personal- oder Seriennummer, verwendet. In der Datenbankterminologie wird diese Information als Primärschlüssel der Tabelle bezeichnet. Visual FoxPro verwendet Primärschlüsselfelder, um Daten aus mehreren Tabellen schnell zu verknüpfen und für Sie zusammenzuführen.

Wenn Sie bereits über ein eindeutiges Erkennungszeichen für eine Tabelle (wie z. B. Artikelnummern zum Bezeichnen der Artikel im Lager) verfügen, können Sie dieses Erkennungszeichen als Primärschlüssel in der Tabelle verwenden. Stellen Sie jedoch sicher, daß die Werte in diesem Feld bei allen Datensätzen verschieden sind, da Visual FoxPro in einem Primärschlüsselfeld keine mehrfach vorkommenden Werte zuläßt. Verwenden Sie daher als Primärschlüssel beispielsweise keine Personennamen, da diese nicht eindeutig sind. Es kann leicht vorkommen, daß in einer Tabelle zwei Personen mit demselben Namen gespeichert sind.

Beachten Sie beim Wählen von Primärschlüsselfeldern die folgenden Punkte:

- Visual FoxPro erlaubt in einem Primärschlüsselfeld nur eindeutige Werte. Ferner darf das Feld keine Nullwerte enthalten. Daher sollten Sie keinen Primärschlüssel wählen, der solche Werte enthalten könnte.

- Sie können den Wert im Primärschlüsselfeld zum Auffinden von Datensätzen verwenden. Er sollte daher nicht zu lang sein, so daß er leicht zu behalten und einzugeben ist. Er kann eine bestimmte Anzahl von Buchstaben oder Ziffern haben oder in einem bestimmten Wertebereich liegen.

- Die Länge des Primärschlüssels wirkt sich auf die Geschwindigkeit der Operationen in der Datenbank aus. Beim Erstellen von Primärschlüsselfeldern sollte die Feldgröße möglichst klein gewählt werden, aber dennoch groß genug, um die Werte, die in diesem Feld gespeichert werden sollen, dort auch speichern zu können.

Beispiel: Festlegen des Primärschlüssels für die Tabelle „Artikel"

Der Primärschlüssel der Tabelle „Artikel" in der Datenbank der Tasmanischen Handelsgesellschaft enthält Artikelnummern. Da jede Artikelnummer einen anderen Artikel bezeichnet, wird vermieden, daß zwei Artikel dieselbe Nummer erhalten.

Der Primärschlüssel der Tabelle „Artikel" ist das Feld „Artikelnummer"

Primärschlüssel

Product_id	Product_na	English_na	Unit_cost
1	Chai	Dharamsala-Tee	15.4000
2	Chang	Tibetanisches Chang-Bier	13.3000
3	Aniseed Syrup	Anissirup	7.0000
4	Chef Anton's Cajun Seasoning	Chef Anton's Cajun-Gewürzsauce	15.4000
5	Chef Anton's Gumbo Mix	Chef Anton's Gumbo-Mix	14.9450

Jede Artikelnummer bezeichnet einen anderen Artikel...

... während manche Felder mehrfach auftretende Werte enthalten können.

Manchmal ist es sinnvoll, aus zwei oder mehr Feldern gemeinsam den Primärschlüssel einer Tabelle zu bilden. So verwendet beispielsweise die Tabelle „Order_Line_Items" in der Datenbank der Tasmanischen Handelsgesellschaft als Primärschlüssel die Kombination der beiden Felder **Auftragsnummer** und **Artikelnummer**. Im nächsten Schritt erfahren Sie den Grund hierfür.

Identifikation der Beziehungen zwischen Tabellen

Nachdem Sie Ihre Daten in Tabellen unterteilt haben, benötigen Sie als nächstes ein Verfahren, mit dessen Hilfe Visual FoxPro diese Daten sinnvoll wieder zusammenführen kann. Das folgende Formular enthält beispielsweise Informationen aus verschiedenen Tabellen.

Das Formular „Auftragseingabe" verwendet Informationen aus verschiedenen Tabellen

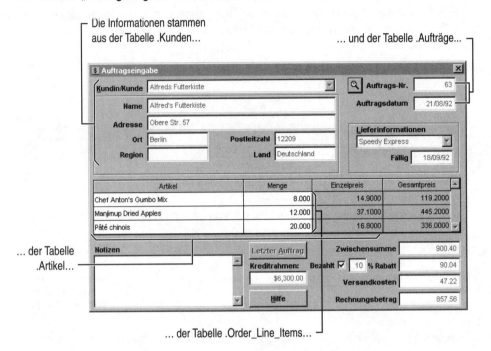

Visual FoxPro ist ein relationales Datenbank-Managementsystem. Dies bedeutet, daß Sie gleichartig strukturierte Daten in jeweils eigenen Tabellen speichern. Anschließend definieren Sie Beziehungen zwischen den Tabellen. Diese Beziehungen kann Visual FoxPro verwenden, um auf in der Datenbank gespeicherte, miteinander in Zusammenhang stehende Informationen zuzugreifen.

Angenommen, Sie möchten mit einem Angestellten über einen seiner Aufträge sprechen. Die Telefonnummern der Angestellten sind in der Tabelle „Angestellte", die Aufträge jedoch in der Tabelle „Aufträge" gespeichert. Wenn Sie Visual FoxPro mitteilen, um welchen Auftrag es sich handelt, kann Visual FoxPro die Telefonnummer anhand der Beziehung zwischen den beiden Tabellen suchen. Dies ist deshalb möglich, weil der Primärschlüssel „Personalkennziffer" der Tabelle „Angestellte" auch ein Feld in der Tabelle „Aufträge" darstellt. In der Datenbankterminologie wird das Feld **Personalkennziffer** in der Tabelle „Aufträge" als Fremdschlüssel bezeichnet, da es sich auf einen Primärschlüssel einer anderen, „fremden" Tabelle bezieht.

Das Feld „Personalkennziffer" dient in der Tabelle „Angestellter" als Primärschlüssel und in der Tabelle „Aufträge" als Fremdschlüssel

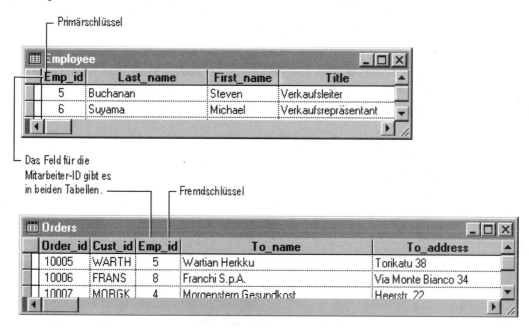

Um also zwischen zwei Tabellen A und B eine Beziehung festzulegen, wird der Primärschlüssel einer Tabelle der anderen Tabelle als Feld hinzugefügt, so daß er in beiden Tabellen angezeigt wird. Aber wie können Sie entscheiden, welchen Primärschlüssel der beiden Tabellen Sie verwenden? Um die Beziehung korrekt festzulegen, müssen Sie sich zunächst über die Art der Beziehung im klaren sein. Drei Arten von Beziehungen zwischen Tabellen lassen sich unterscheiden:

- 1:n-Beziehungen
- m:n-Beziehungen
- 1:1-Beziehungen

Im weiteren Verlauf dieses Abschnitts wird jede mögliche Beziehung anhand eines Beispiels erläutert. Ferner wird erklärt, wie Tabellen zu gestalten sind, damit Visual FoxPro die Daten korrekt miteinander verknüpfen kann. Zweck der Beispiele ist es, Ihnen zu erläutern, wie Sie Beziehungen zwischen Tabellen festlegen und wie Sie entscheiden können, welche Felder in die Tabellen gehören, um diese Beziehungen zu unterstützen. Die Beispiele sind allgemein gehalten und beschreiben deshalb nicht, wie Sie konkret in Visual FoxPro Beziehungen zwischen Tabellen herstellen.

Beispiel: Erstellen einer 1:n-Beziehung

Die 1:n-Beziehung ist die am häufigsten auftretende Art von Beziehung in relationalen Datenbanken. In einer 1:n-Beziehung kann ein Datensatz in Tabelle A mit mehr als einem passenden Datensatz in Tabelle B verknüpft sein. Zu einem Datensatz in Tabelle B kann jedoch höchstens ein passender Datensatz in Tabelle A existieren.

Ein Beispiel für eine 1:n-Beziehung sind die Tabellen „Kategorie" und „Artikel" in der Datenbank der Tasmanischen Handelsgesellschaft.

Die 1:n-Beziehung zwischen den Tabellen „Kategorie" und „Artikel"

Category_id	Name:	Description	Picture_file	Picture
1	Getränke	Memo	Memo	Obj
2	Gewürze	Memo	Memo	Obj
3	Süßwaren	Memo	Memo	Obj
4	Milchprodukte	Memo	Memo	Obj

Eine Kategorie kann mehrere Artikel umfassen.

Product_id	Supplier_id	Category_id	Product_name
43	20	1	Ipoh Coffee
67	16	1	Laughing Lumberjack Lager
70	7	1	Outback Lager
75	12	1	Rhönbräu Klosterbier
76	23	1	Lakkalikööri
3	7	2	Aniseed Syrup

Um die Beziehung festzulegen, fügen Sie das Feld bzw. die Felder, die den Primärschlüssel des Beziehungspartners „1" bilden, zur Tabelle des Beziehungspartners „n" hinzu. Verwenden Sie den Primärschlüssel oder einen potentiellen Indexschlüssel für den Beziehungspartner „1" und einen einfachen Indexschlüssel für den Beziehungspartner „n". In diesem Fall fügen Sie das Feld **Kategorienummer** der Tabelle „Kategorie" zur Tabelle „Artikel" hinzu, da eine Kategorie mehrere Artikel umfaßt. Visual FoxPro verwendet die Kategoriebezeichnung, um für jeden Artikel die richtige Kategorie zu finden.

Weitere Informationen über das Erstellen von Indexschlüsseln finden Sie in Kapitel 7, „Arbeiten mit Tabellen".

Beispiel: Erstellen einer m:n-Beziehung

In einer m:n-Beziehung können einem Datensatz aus Tabelle A mehrere passende Datensätze in Tabelle B zugeordnet sein. Gleichzeitig kann ein Datensatz aus Tabelle B mit mehreren passenden Datensätzen in Tabelle A verknüpft sein. Bei dieser Beziehungsart sind Änderungen am Datenbankentwurf notwendig, bevor Sie in Visual FoxPro die Beziehungen korrekt festlegen können.

Um m:n-Beziehungen zwischen Ihren Tabellen zu finden, ist es wichtig, sich beide Richtungen der Beziehung anzusehen. Sehen Sie sich z. B. die Beziehung zwischen den Aufträgen und Artikeln der Tasmanischen Handelsgesellschaft an. Ein Auftrag kann mehrere Artikel umfassen, so daß für jeden Datensatz in der Tabelle „Aufträge" mehrere Datensätze in der Tabelle „Artikel" vorhanden sind. Darüber hinaus kann jeder Artikel in vielen verschiedenen Aufträgen vorkommen. Für jeden Datensatz in der Tabelle „Artikel" können also mehrere Datensätze in der Tabelle „Aufträge" existieren.

Die m:n-Beziehung zwischen den Tabellen „Aufträge" und „Artikel"

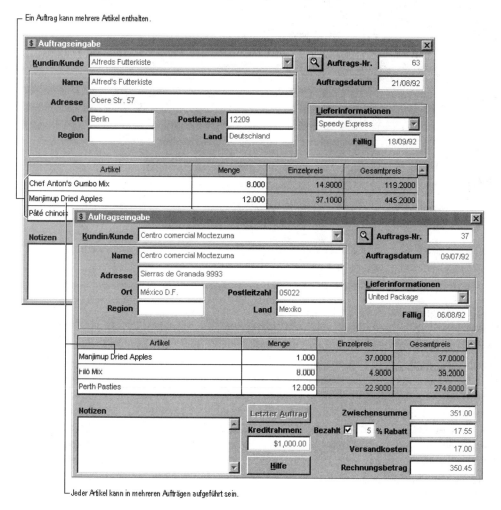

Die Themen dieser beiden Tabellen, „Aufträge" und „Artikel", stehen also in einer m:n-Beziehung zueinander. Dies führt jedoch zu Problemen beim Datenbankentwurf. Um dieses Problem zu veranschaulichen, legen Sie beispielsweise die Beziehung zwischen den beiden Tabellen fest, indem Sie das Feld **Artikelnummer** zur Tabelle „Aufträge" hinzufügen. Um die Bestellung mehrerer Artikel pro Auftrag zu ermöglichen, muß die Tabelle „Aufträge" mehrere Datensätze pro Auftrag enthalten. Die Bestellinformationen jedes Datensatzes eines einzelnen Auftrags würden sich demnach mehrfach wiederholen. Dieser Entwurf ist nicht effizient und kann zu fehlerhaften Daten führen. Dieselben Probleme tauchen auf, wenn das Feld **Auftragsnummer** der Tabelle „Artikel" hinzugefügt würde, da Sie für jeden Artikel mehrere Datensätze in der Tabelle „Artikel" erhielten. Wie läßt sich dieses Problem lösen?

Die Antwort liegt in dem Erstellen einer dritten Tabelle, in der die m:n-Beziehung in zwei 1:n-Beziehungen aufgeteilt wird. Diese dritte Tabelle wird als Verbindungstabelle bezeichnet, da sie die Verbindung zwischen zwei Tabellen bildet. Sie enthält die Primärschlüssel der beiden anderen Tabellen.

Die Tabelle „Order_Line_Items" erstellt die 1:n-Beziehung zwischen den Tabellen „Aufträge" und „Artikel"

Line_no	Order_id	Product_id	Unit_price	Quantity
1	10000	17	27.0000	4.000
1	10001	25	9.8000	42.000
2	10001	40	12.8000	36.000
3	10001	59	38.5000	24.000
4	10001	64	23.0000	12.000
1	10002	31	8.0000	15.000
2	10002	39	12.6000	19.000
3	10002	71	15.0000	15.000
1	10003	18	43.7000	12.000

- Primärschlüssel der Tabelle „Aufträge"
- Primärschlüssel der Tabelle „Artikel"
- Informationen, die sich auf den Auftrag und auf den Artikel beziehen.

Ein Verbindungstabelle kann sich auf die beiden Primärschlüssel der Tabellen, die sie verbindet, beschränken oder aber, wie die Tabelle „Order_Line_Items", noch weitere Informationen enthalten.

Jeder Datensatz der Tabelle „Order_Line_Items" stellt einen Artikel eines Auftrags dar. Der Primärschlüssel der Tabelle „Order_Line_Items" besteht aus zwei Feldern: den beiden Fremdschlüsseln der Tabellen „Aufträge" und „Artikel". Das Feld **Auftragsnummer** kann für sich allein nicht als Primärschlüssel dieser Tabelle verwendet werden, da ein Auftrag viele Auftragszeilen enthalten kann. Die Auftragsnummer wird für jeden Artikel eines Auftrags wiederholt, so daß das Feld keine eindeutigen Werte enthält. Das Feld **Artikelnummer** kann ebenfalls nicht für sich allein verwendet werden, da ein Artikel in vielen verschiedenen Aufträgen auftauchen kann. Zusammengenommen bilden die beiden Felder in der Verbindungstabelle jedoch stets einen eindeutigen Wert für jeden Datensatz. Die Verbindungstabelle selbst benötigt keinen eigenen Primärschlüssel.

In der Datenbank der Tasmanischen Handelsgesellschaft stehen die beiden Tabellen „Aufträge" und „Artikel" in keiner direkten Beziehung zueinander. Sie sind jedoch durch die Tabelle „Order_Line_Items" indirekt aufeinander bezogen. Die m:n-Beziehung zwischen Aufträgen und Artikeln wird in der Datenbank in Form von zwei 1:n-Beziehungen dargestellt:

- Zwischen den Tabellen „Aufträge" und „Order_Line_Items" besteht eine 1:n-Beziehung. Zwar kann jeder Auftrag mehrere Artikel umfassen, jedoch ist jeder bestellte Artikel nur mit einem einzigen Auftrag verknüpft.

- Die Tabellen „Artikel" und „Order_Line_Items" haben eine 1:n-Beziehung. Zwar kann jeder Artikel mehrfach bestellt worden sein, jedoch ist jeder einzelne Artikel nur mit einer einzigen Bestellung verknüpft.

Beispiel: Erstellen einer 1:1-Beziehung

In einer 1:1-Beziehung kann ein Datensatz in Tabelle A nur einen einzigen passenden Datensatz in Tabelle B und ein Datensatz aus der Tabelle B nur einen einzigen passenden Datensatz in Tabelle A besitzen. Diese Beziehungsart ist ungewöhnlich und erfordert unter Umständen einige Änderungen am Datenbankentwurf.

1:1 Beziehungen zwischen Tabellen sind deshalb ungewohnlich, weil die Informationen der beiden Tabellen oft problemlos in einer Tabelle vereint werden können. Nehmen wir beispielsweise an, Sie erstellen eine Tabelle „Tischtennisspieler", um Informationen über ein Wohltätigkeits-Tischtennisturnier der Tasmanischen Handelsgesellschaft zu speichern. Da alle Tischtennisspieler Angestellte der Tasmanischen Handelsgesellschaft sind, besteht zwischen dieser Tabelle und der Tabelle der Angestellten der Tasmanischen Handelsgesellschaft eine 1:1-Beziehung.

Die 1:1-Beziehung zwischen den Tabellen „Angestellte" und „Tischtennisspieler"

Ping_pong_players				
Emp_id	Player_nickname	Preferred_date	Skill_level	Pledge
6	Ace	07/07/96	1	2.0000
7	King John	07/09/96	2	2.0000
8	Calmeister	07/07/96	1	2.0000
9	Slammin' Nan	07/07/96	1	2.0000

— Jedem Tischtennisspieler entspricht ein Eintrag in der Tabelle „Angestellte".

Employee			
Emp_id	Last_name	First_name	Title
6	Suyama	Michael	Sales Representative
7	King	Robert	Sales Representative
8	Callahan	Laura	Inside Sales Coordinator
9	Dodsworth	Anne	Sales Representative

— Diese Wertemenge ist eine Teilmenge des Feldes „Emp_ID" der Tabelle „Angestellte".

Alle Felder der Tabelle „Tischtennisspieler" könnten in die Tabelle „Angestellte" aufgenommen werden. Die Tabelle „Tischtennisspieler" dient jedoch nur zum Speichern der Informationen eines einzelnen Ereignisses. Nach dem Ende des Turniers werden die Informationen aus dieser Tabelle nicht mehr benötigt. Würden Sie die Felder in die Tabelle „Angestellte" aufnehmen, blieben in vielen Datensätzen die neuen Felder leer, da nicht alle Angestellten Tischtennis spielen. Daher ist es in diesem Fall angebracht, eine neue Tabelle für die Tischtennisspieler zu erstellen.

Wenn Sie in Ihrer Datenbank die Notwendigkeit für eine 1:1-Beziehung feststellen, sollten Sie sich überlegen, ob die Informationen nicht in einer Tabelle zusammengefaßt werden können. Betrachten Sie beispielsweise die Tabelle „Angestellte". Jeder Angestellte hat einen Vorgesetzen, der wiederum ein Angestellter ist. Sie können also ein Feld mit der Personalnummer des Vorgesetzten hinzufügen. Die Informationen können dann zu einem späteren Zeitpunkt durch Ausführen einer Eigenverknüpfung innerhalb einer Abfrage oder Ansicht zusammengeführt werden. Für die Auflösung dieser 1:1-Beziehung benötigen Sie also keine zusätzliche Tabelle. Falls Sie dies aus bestimmten Gründen nicht wünschen, kann die Beziehung zwischen den beiden Tabellen folgendermaßen festgelegt werden:

- Wenn die beiden Tabellen dasselbe Thema haben, können Sie die Beziehung wahrscheinlich durch Verwenden des gleichen Primärschlüsselfelds in beiden Tabellen herstellen.
- Wenn die beiden Tabellen unterschiedliche Themen und unterschiedliche Primärschlüssel haben, wählen Sie eine der beiden Tabellen, und fügen Sie deren Primärschlüsselfeld als Fremdschlüssel in die andere Tabelle ein.

Verfeinerung des Entwurfs

Nachdem Sie alle benötigten Tabellen, Felder und Beziehungen erstellt haben, sollten Sie den Entwurf sorgfältig auf verbliebene Fehler hin untersuchen.

Möglicherweise gibt es beim Entwerfen Ihrer Datenbank eines der nachstehend beschriebenen Probleme. Diese Probleme würden die Handhabung Ihrer Daten erschweren und unnötig komplizieren.

- Haben Sie eine Tabelle mit vielen Feldern, die jedoch thematisch nicht zusammengehören? So könnte beispielsweise eine Tabelle aus Feldern mit Informationen über Ihre Kunden bestehen, zusätzlich aber auch Felder mit Informationen über die Verkäufe enthalten. Wenn möglich, stellen Sie sicher, daß jede Tabelle nur Daten enthält, die sich auf ein bestimmtes Thema beziehen.
- Haben Sie viele Datensätze, in deren Felder absichtlich keine Informationen eingetragen werden, weil die Informationen nicht zu diesen Datensätzen passen? Dies bedeutet normalerweise, daß die Felder in eine andere Tabelle gehören.
- Haben Sie die gleichen Felder in vielen verschiedenen Tabellen? Beispielsweise haben Sie für die Verkäufe im Januar und im Februar jeweils eine separate Tabelle erstellt, oder für lokale und für auswärtige Kunden, die jedoch dieselbe Art von Informationen enthalten. Versuchen Sie, die thematisch zusammengehörenden Informationen in einer Tabelle zusammenfassen. Eventuell müssen Sie dieser Tabelle dann ein neues Feld hinzufügen, z. B. ein Feld für das Verkaufsdatum.

Erstellen Sie Ihre Tabellen, legen Sie die Beziehungen zwischen den Tabellen fest, und geben Sie in jede Tabelle einige Datensätze ein. Versuchen Sie, aus der Datenbank die gewünschten Informationen abzufragen. Erstellen Sie grobe Entwürfe Ihrer Formulare und Berichte, und überprüfen Sie, ob diese die erwarteten Daten liefern. Suchen Sie nach mehrfach auftauchenden Daten, und beseitigen Sie diese.

Beim Testen Ihrer ersten Datenbank werden Sie wahrscheinlich Verbesserungsmöglichkeiten finden. Überprüfen Sie insbesondere die folgenden Punkte:

- Haben Sie Felder vergessen? Wurden wichtige Informationen ausgelassen? Falls dies der Fall ist, gehören diese Informationen in bereits bestehende Tabellen. Falls es sich um Informationen zu einem anderen Thema handelt, müssen Sie möglicherweise eine neue Tabelle erstellen.

- Hat jede Tabelle einen geeigneten Primärschlüssel? Falls dieser zum Auffinden von bestimmten Datensätzen verwendet werden soll: Ist er leicht zu behalten und einzugeben? Stellen Sie sicher, daß Sie keinen Wert in ein Primärschlüsselfeld eingeben müssen, der einen anderen Wert in diesem Feld dupliziert.

- Geben Sie wiederholt dieselben Informationen in eine Ihrer Tabellen ein? Falls dies der Fall ist, sollten Sie diese Tabelle eventuell in zwei Tabellen mit einer 1:n-Beziehung aufteilen.

- Haben Sie Tabellen mit vielen Feldern, wenigen Datensätzen und vielen leeren Feldern in den einzelnen Datensätzen? Falls dies der Fall ist, sollten Sie eventuell die Tabelle neu entwerfen, so daß sie weniger Felder, dafür aber mehr Datensätze enthält.

Halten Sie zunächst die gewünschten Änderungen fest. Modifizieren Sie anschließend Ihre Tabellen und Felder, so daß sie dem verbesserten Entwurf entsprechen. Weitere Informationen über das Ändern von Tabellen finden Sie in Kapitel 7, „Arbeiten mit Tabellen".

Beispiel: Verfeinern der Tabelle „Artikel"

Jeder Artikel im Lagerbestand der Tasmanischen Handelsgesellschaft fällt unter eine bestimmte Kategorie, wie beispielsweise „Getränke", „Gewürze" oder „Meeresfrüchte". Die Tabelle „Artikel" könnte ein Feld enthalten, das die Kategorie jedes Artikels anzeigt.

Tabelle „Artikel" mit dem Feld „Kategoriename"

Product_id	Product_name	Units_in_stock	Category_name
1	Chai	39.000	Naturprodukte
2	Chang	17.000	Getränke
3	Aniseed Syrup	13.000	Gewürze
4	Chef Anton's Cajun Seasoning	53.000	Getränke
5	Chef Anton's Gumbo Mix	0.000	Gewürze
6	Grandma's Boysenberry Spread	120.000	Gewürze
7	Uncle Bob's Organic Dried Pears	15.000	Naturprodukte
8	Northwoods Cranberry Sauce	6.000	Gewürze

Jeder Artikel ist einer Kategorie zugeordnet.

Angenommen, die Tasmanische Handelsgesellschaft entscheidet beim Prüfen und Verfeinern der Datenbank, daß neben dem Namen eines Artikels auch dessen Kategorie erfaßt werden soll. Falls Sie zur Tabelle „Artikel" ein Feld namens **Kategoriebeschreibung** hinzufügen, muß die Kategorie jedes Artikels für jeden einzelnen Artikel dieser Kategorie erneut eingegeben werden. Dies ist sicher keine gute Lösung.

Es wäre besser, „Kategorie" als neues Thema in der Datenbank zu definieren und mit einer eigenen Tabelle und einem eigenen Primärschlüssel zu versehen. Dann kann der Primärschlüssel der Tabelle „Kategorie" der Tabelle „Artikel" als Fremdschlüssel hinzugefügt werden.

Die Tabelle „Kategorie" dient zum effizienten Speichern der Kategorieinformationen

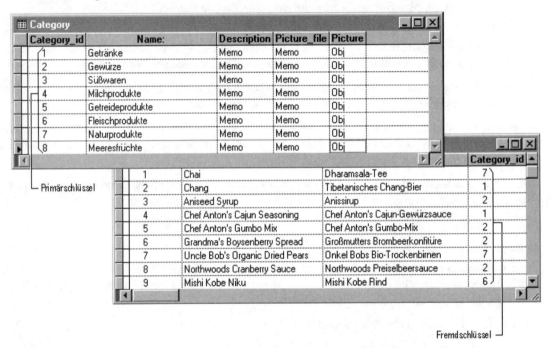

Die Tabellen „Artikel" und „Kategorie" stehen in einer 1:n-Beziehung zueinander: Eine Kategorie kann mehrere Artikel umfassen, jedoch kann ein Artikel nur zu einer einzigen Kategorie gehören.

Beispieldatenbanken

Die folgenden Abbildungen geben Ihnen möglicherweise Anregungen zum Entwurf Ihrer eigenen Datenbank. Diese Datenbanken sind nicht Bestandteil des Lieferumfangs von Visual FoxPro, sondern werden hier nur als Beispiele für Datenbanken und Tabellen vorgestellt.

Beispieldatenbank „Termine"

Diese Datenbankstruktur ist eigens dafür entworfen, Termine zu speichern. Sie kann problemlos den Erfordernissen der Terminplanung von Ärzten, Zahnärzten, Rechtsanwälten und Steuerberatern angepaßt werden. Jeder Termin wird eindeutig mit Hilfe eines Mehr-Felder-Primärschlüssels in der Tabelle „Termine" gekennzeichnet. Dieser Primärschlüssel, der Index „client_sta", wird durch die Indexierung eines Ausdrucks erstellt, der die Felder **client_id** und **date_start_time** kombiniert.

Beispiel einer Datenbank zur Terminverwaltung

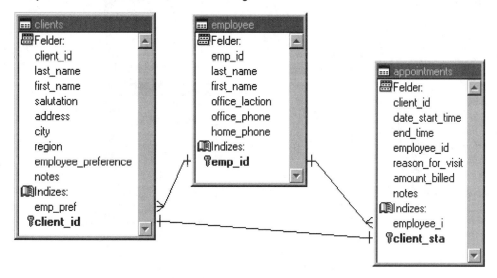

Datenbank „Personal"

Diese Datenbankstruktur eignet sich dazu, Informationen über Angestellte zu speichern. In der Tabelle „Job History" können Sie Informationen über jede Neuanstellung oder Beförderung speichern. Die Datenbank kann also eine Vielzahl von Datensätzen für jeden Angestellten enthalten.

Beispiel einer Personaldatenbank

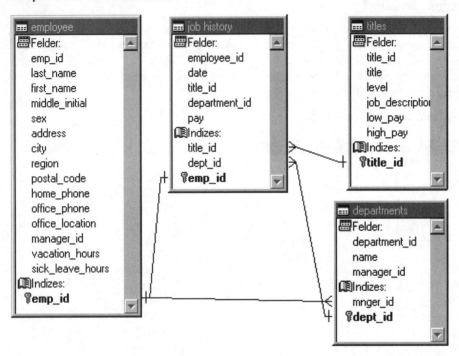

Beispieldatenbank „Bibliothek"

Diese Beispieldatenbank dient dazu, Informationen über Bücher und deren Ausleihstatus an die Benutzenden der Bibliothek zu speichern. Beachten Sie in diesem Beispiel die m:n-Beziehungen zwischen den Tabellen „Bücher" und „Autoren" und zwischen den Tabellen „Bücher" und „Artikel".

Beispiel einer Bibliotheksdatenbank

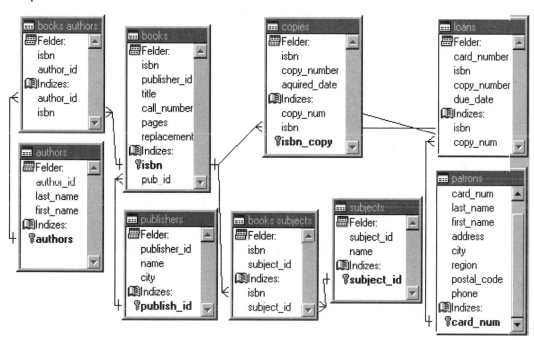

KAPITEL 6

Erstellen von Datenbanken

Wenn der Entwurfsprozeß der Datenbank abgeschlossen ist, wird sie unter Verwendung der Benutzeroberfläche oder der Datenbanksprache erstellt. Möglicherweise möchten Sie bereits vorhandene Tabellen zur Datenbank hinzufügen und diese Tabellen anschließend ändern, um die Vorteile der Datenwörterbuch-Funktionen von Visual FoxPro nutzen zu können. Wenn Sie ein Projekt im Projekt-Manager bearbeiten, können Sie die Tabellen direkt bei deren Erstellung hinzufügen.

Weitere Informationen über das Erstellen einer Datenbank für eine Mehrbenutzerumgebung finden Sie in Kapitel 17, „Programmentwicklung für gemeinsamen Zugriff".

Dieses Kapitel behandelt folgende Themen:

- Erstellen einer Datenbank
- Anzeigen und Ändern der Datenbankarchitektur
- Verwalten von Datenbanken
- Referenzieren mehrerer Datenbanken
- Behandeln von Datenbankfehlern

Erstellen einer Datenbank

Beim Erstellen einer Datenbank fassen Sie verschiedene Tabellen in einer Datensammlung zusammen; so können Sie die Vorteile der Datenwörterbuch-Funktionen nutzen.

Ein Datenwörterbuch bietet beim Entwickeln und Ändern einer Datenbank große Flexibilität, und es ist nicht mehr notwendig, Programm-Code für die Gültigkeitsprüfung auf Feld- oder Datensatzebene zu schreiben. Ferner stellt es die Eindeutigkeit der Werte innerhalb der Primärschlüssel sicher. Das Visual FoxPro-Datenwörterbuch bietet Unterstützung beim Erstellen und Festlegen folgender Punkte:

- Primäre und potentielle Schlüssel
- Persistente Beziehungen zwischen Datenbanktabellen
- Lange Namen für Tabellen und Felder
- Feldbeschriftungen, die in Datenblattfenstern und Datenblattspalten als Überschrift angezeigt werden
- Standardwerte in Feldern
- Standard-Steuerelementklasse, die in Formularen verwendet wird

- Eingabemasken und Anzeigeformate für Felder
- Gültigkeitsregeln auf Feld- und Datensatzebene
- Trigger
- Gespeicherte Prozeduren
- Verbindungen zu Remote-Datenquellen
- Lokale und Remote-Ansichten
- Kommentare für jedes Feld, jede Tabelle und die Datenbank

Einige dieser Datenwörterbuch-Funktionen, wie beispielsweise lange Feldnamen, primäre und potentielle Schlüssel, Standardwerte, Gültigkeitsregeln auf Feld- und Datensatzebene sowie Trigger, sind in der .dbc-Datei gespeichert, werden jedoch erst während des Erstellens einer Tabelle oder Ansicht erstellt. Informationen über diese Funktionen finden Sie in Kapitel 7, „Arbeiten mit Tabellen", und in Kapitel 8, „Erstellen von Ansichten".

Zusammenfassen von Tabellen in einer Datenbank

Das Zusammenfassen von Tabellen in einer Datenbank erfordert das Erstellen eines Datenbank-Containers zur Aufnahme aller den Tabellen zugeordneten Objekte (z. B. Ansichten, Verbindungen und gespeicherte Prozeduren), die zusammen die Datenbank bilden.

▶ **So erstellen Sie eine neue Datenbank**

- Klicken Sie im Projekt-Manager auf die Registerkarte **Daten**, dann in der Liste auf **Datenbanken** und schließlich auf **Neu**.

    – oder –

- Verwenden Sie den Befehl CREATE DATABASE.

Der folgende Code erstellt die neue Datenbank Sample und öffnet diese exklusiv:

```
CREATE DATABASE Sample
```

Eine neu erstellte Datenbank enthält keine Tabellen oder andere Objekte. Wird eine Tabelle hinzugefügt, werden zwischen der Tabellendatei und dem Datenbank-Container Verknüpfungen hergestellt. Die Verknüpfungsinformationen, die in einer Datenbank über eine Tabelle gespeichert werden, sind Vorwärtsverweise. Umgekehrt sind die Informationen, die in einer Tabelle über den Datenbank-Container gespeichert werden, Rückverweise.

Kapitel 6 Erstellen von Datenbanken

Verknüpfungen legen die Verbindungen zwischen dem Datenbank-Container und den Tabellen fest

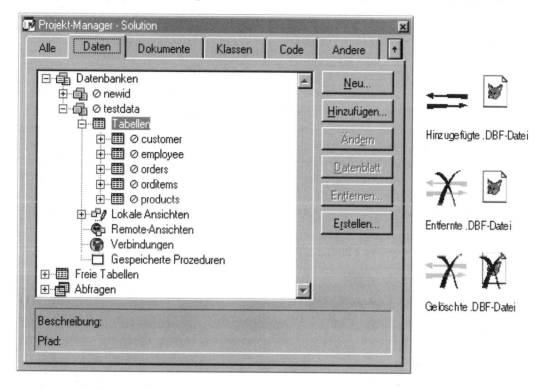

Die folgenden Befehle und Funktionen können zum programmgesteuerten Arbeiten mit einer Datenbank und deren Objekten verwendet werden.

Befehle und Funktionen zum Ändern von Datenbanken und Datenbankobjekten

ADATABASES( )	CREATE VIEW	MODIFY CONNECTION
ADBOBJECTS( )	DBC( )	MODIFY DATABASE
ADD TABLE	DBGETPROP( )	MODIFY PROCEDURE
ALTER TABLE	DBSETPROP( )	MODIFY STRUCTURE
APPEND PROCEDURES	DELETE CONNECTION	MODIFY VIEW
CLOSE DATABASE	DELETE DATABASE	OPEN DATABASE
COPY PROCEDURES	DELETE VIEW	PACK DATABASE
CREATE CONNECTION	DISPLAY DATABASE	RENAME TABLE

CREATE DATABASE	DROP TABLE	REMOVE TABLE
CREATE SQL VIEW	INDBC( )	SET DATABASE
CREATE TABLE	LIST DATABASE	VALIDATE DATABASE

Weitere Informationen über die einzelnen Befehle finden Sie in der Hilfe.

Hinzufügen von Tabellen zu einer Datenbank

Jede Visual FoxPro-Tabelle kann in zwei verschiedenen Formen vorkommen: als freie Tabelle, das heißt als .dbf-Datei, die mit keiner Datenbank verbunden ist, oder als Datenbanktabelle, das heißt als .dbf-Datei, die einer Datenbank zugeordnet ist. Einer Datenbank zugeordnete Tabellen können im Gegensatz zu Tabellen, die keiner Datenbank zugeordnet sind, Eigenschaften (z. B. Gültigkeitsregeln auf Feld- und Datensatzebene, Trigger oder persistente Beziehungen) besitzen.

Tabellen werden mit einer Datenbank verbunden, wenn sie innerhalb einer geöffneten Datenbank erstellt werden. Sie können diese Zuordnung jedoch auch erreichen, wenn Sie vorhandene Tabellen zu einer Datenbank hinzufügen. Informationen über das Erstellen von neuen Tabellen finden Sie in Kapitel 7, „Arbeiten mit Tabellen".

▶ So fügen Sie einer Datenbank eine freie Tabelle hinzu

- Klicken Sie im Projekt-Manager auf der Registerkarte **Alle** oder **Daten** auf **Tabellen** und dann auf **Hinzufügen**.

    – oder –

- Verwenden Sie den Befehl ADD TABLE.

Beispielsweise öffnet der folgende Code die Datenbank testdata und fügt die Tabelle orditems hinzu:

```
OPEN DATABASE testdata
ADD TABLE orditems
```

Vorhandene freie Tabellen müssen explizit hinzugefügt werden, damit sie Bestandteil der Datenbank werden. Durch das Ändern der Struktur einer freien Tabelle fügt Visual FoxPro diese freie Tabelle nicht zur Datenbank hinzu, selbst wenn Sie den Befehl MODIFY STRUCTURE innerhalb einer geöffneten Datenbank ausführen.

Arbeiten mit freien Tabellen

Sie können eine bestimmte Tabelle nur mit einer Datenbank verbinden, jedoch können Sie die Daten in einer vorhandenen .dbf-Datei auch verwenden, wenn diese Datei nicht zu der Datenbank hinzugefügt wurde.

▶ So greifen Sie auf eine Tabelle in einer anderen Datenbank zu

- Erstellen Sie in Ihrer Datenbank eine Ansicht, die auf diese Tabelle verweist.

    – oder –

- Greifen Sie auf die Tabelle unter Verwendung des Befehls USE zusammen mit dem Symbol **!** zu.

Das Symbol ! dient zum Referenzieren einer Tabelle, die sich nicht in der aktuellen Datenbank befindet. Zum Durchsuchen der Tabelle orditems in der Datenbank testdata können Sie beispielsweise folgenden Code verwenden:

```
USE testdata!orditems
BROWSE
```

In diesem Beispiel wird die Datenbank testdata anhand des Befehls **USE** automatisch geöffnet, jedoch wird sie nicht zur aktuellen Datenbank. Eine Datenbank, die auf diese Weise automatisch geöffnet wird, wird auch automatisch wieder geschlossen, wenn die Tabelle geschlossen wird, es sei denn, Sie öffnen die Datenbank vor dem Schließen der Tabelle explizit.

Informationen über das Verwenden von Ansichten für den Zugriff auf Informationen außerhalb der Datenbank finden Sie in Kapitel 8, „Erstellen von Ansichten".

Entfernen einer Tabelle aus einer Datenbank

Beim Hinzufügen einer Tabelle zu einer Datenbank ändert Visual FoxPro den Tabellenvorspann, um den Pfad und den Dateinamen der Datenbank, zur der die Tabelle nun gehört, zu speichern. Diese Informationen über den Pfad und den Dateinamen werden als Rückverweis bezeichnet, da hierdurch die Tabelle mit der Datenbank verknüpft wird. Beim Entfernen einer Tabelle aus der Datenbank wird nicht nur die Tabelle zusammen mit den zugeordneten Datenwörterbuch-Informationen aus der Datenbank entfernt, sondern es werden auch die Rückverweis-Informationen aktualisiert, um den neuen Zustand der Tabelle als freie Tabelle zu kennzeichnen.

Sie können eine Tabelle aus einer Datenbank entweder über die Benutzeroberfläche oder mit dem Befehl REMOVE TABLE entfernen. Beim Entfernen einer Tabelle aus einer Datenbank können Sie entscheiden, ob diese Tabelle ebenfalls vom Datenträger gelöscht werden soll.

▶ **So entfernen Sie eine Tabelle aus einer Datenbank**

- Klicken Sie im Projekt-Manager auf den gewünschten Tabellennamen und dann auf **Entfernen**.

    – oder –

- Klicken Sie im Datenbank-Designer auf die gewünschte Tabelle und dann im Menü **Datenbank** auf **Entfernen**.

    – oder –

- Verwenden Sie den Befehl REMOVE TABLE.

Beispielsweise öffnet der folgende Code die Datenbank testdata und löscht die Tabelle orditems:

```
OPEN DATABASE testdata
REMOVE TABLE orditems
```

Durch das Entfernen einer Tabelle aus der Datenbank wird die Tabellendatei nicht automatisch gelöscht. Soll die Tabelle aus der Datenbank entfernt und gleichzeitig die entsprechende .dbf-Datei von der Festplatte gelöscht werden, verwenden Sie die Klausel DELETE des Befehls **REMOVE TABLE** oder den Befehl **DROP TABLE**. Beispielsweise öffnet der folgende Code die Datenbank testdata und löscht die Tabelle orditems von der Festplatte:

```
OPEN DATABASE testdata
REMOVE TABLE orditems DELETE
```

Der folgende Code öffnet die Datenbank testdata und löscht die Tabelle orditems, ohne eine Kopie der Datei im Windows-Papierkorb abzulegen.

```
OPEN DATABASE testdata
DROP TABLE orditems NORECYCLE
```

Aktualisieren der Verknüpfungen zwischen Tabelle und Datenbank

Werden Datenbankdateien (.dbc-, .dct- und .dcx-Dateien) oder eine mit einer Datenbank verbundene Tabelle verschoben, ändern sich die relativen Pfadangaben, wodurch Rück- und Vorwärtsverweise, die Visual FoxPro für die Zuordnung zwischen Datenbank und Tabelle verwendet, aufgelöst werden können.

- Der Rückverweis verknüpft die Tabelle mit ihrer zugehörigen Datenbank. Sie besteht aus dem relativen Pfad und dem Dateinamen der .dbc-Datei, die der Tabelle zugeordnet ist, und ist im Tabellenkopf der Visual FoxPro-Tabellendatei (.dbf) gespeichert.

- Über den Vorwärtsverweis erkennt die Datenbank die zu ihr gehörenden Tabellen. Vorwärtsverweise sind in der Datenbankdatei (.dbc) gespeichert und bestehen aus den relativen Pfadangaben und den Dateinamen der einzelnen zugeordneten Tabellendateien.

Sie können Verknüpfungen wiederherstellen, die relativen Pfadangaben ändern und so die neue Dateiposition erfassen.

▶ **So aktualisieren Sie Verknüpfungen, nachdem eine Tabelle oder Datenbank verschoben wurde**

- Verwenden Sie die Klausel RECOVER des Befehls VALIDATE DATABASE.

Mit Hilfe des folgenden Codes wird die Datenbank testdata geöffnet. Nach dem Öffnen werden Dialogfelder zum Suchen von Tabellen, die sich nicht an den in der Datenbank enthaltenen Positionen befinden, angezeigt:

```
OPEN DATABASE testdata
VALIDATE DATABASE RECOVER
```

Tip: Wenn Sie eine Tabelle verwenden und keine Zeit haben, die Verknüpfungen für alle Tabellen in der Datenbank wiederherzustellen, können Sie die Tabelle mit dem Befehl USE öffnen. Visual FoxPro zeigt dann das Dialogfeld Öffnen an, über das Sie die Datenbank, zu der eine Tabelle gehört, feststellen oder die Verknüpfungen löschen können.

Informationen über das Entfernen des Rückverweises aus einer Tabelle, deren Datenbank, zu der die Tabelle gehört, irrtümlich von der Festplatte gelöscht wurde, finden Sie unter „FREE TABLE" in der Hilfe.

Erstellen von persistenten Beziehungen

Sie können persistente Beziehungen zwischen den Tabellen in einer Datenbank herstellen. Persistente Beziehungen sind in der Datenbank gespeicherte Beziehungen zwischen den Datenbanktabellen. Diese werden

- automatisch als Standard-Verknüpfungsbedingungen in den Abfrage- und Ansichts-Designern verwendet,
- im Datenbank-Designer als Zeilen für die Zuordnung von Tabellenindizes angezeigt,
- im Datenumgebungs-Designer als Standardbeziehungen für Formulare und Berichte angezeigt,
- zum Speichern von Informationen bezüglich der referentiellen Integrität verwendet.

Im Gegensatz zu temporären Beziehungen, die mit dem Befehl SET RELATION festgelegt werden, müssen persistente Beziehungen nicht bei jeder Verwendung von Tabellen neu erstellt werden. Weil persistente Beziehungen jedoch nicht die Beziehung zwischen Datensatzzeigern in Tabellen steuern, verwenden Sie beim Entwickeln von Visual FoxPro-Anwendungen sowohl temporäre SET RELATION-Beziehungen als auch persistente Beziehungen.

In Visual FoxPro werden Indizes zum Herstellen persistenter Beziehungen zwischen Tabellen in einer Datenbank verwendet. Persistente Beziehungen werden zwischen Indizes und nicht zwischen Feldern erstellt, wodurch Tabellen, die auf einem einfachen oder komplexen Indexausdruck basieren, zueinander in Beziehung gesetzt werden können.

▶ **So erstellen Sie eine persistente Beziehung zwischen Tabellen**

- Klicken Sie im Datenbank-Designer auf den gewünschten Index, und ziehen Sie diesen auf den Indexnamen der zu verknüpfenden Tabelle.

    – oder –

- Verwenden Sie die Befehle CREATE TABLE oder ALTER TABLE zusammen mit der Klausel FOREIGN KEY.

Mit dem folgenden Befehl wird z. B. eine persistente 1:n-Beziehung zwischen den Tabellen customer und orders hergestellt, die auf dem Primärschlüssel cust_id der Tabelle customer und dem neuen Fremdschlüssel cust_id der Tabelle orders basiert:

```
ALTER TABLE orders;
   ADD FOREIGN KEY cust_id TAG ;
      cust_id REFERENCES customer
```

Wenn Sie anschließend im Datenbank-Designer das Datenbankschema anzeigen, sehen Sie eine Verbindungslinie zwischen orders und customer. Diese Linie stellt die neue persistente Beziehung dar.

Indizes stellen die Grundlage für persistente Beziehungen dar

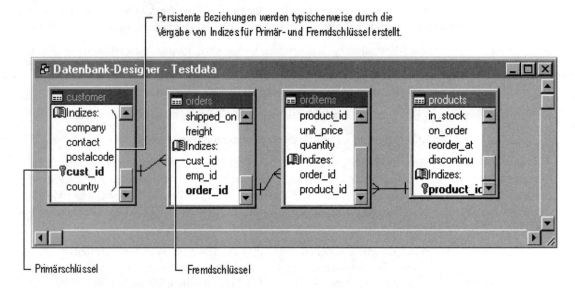

Die Art der erstellten persistenten Beziehung hängt von dem Indexnamen oder dem Indexschlüssel ab. In einer 1:n-Beziehung muß auf der Seite „1" der Beziehung ein primärer oder potentieller Indexname oder -schlüssel und auf der Seite „n" ein einfacher Indexname oder -schlüssel verwendet werden. Weitere Informationen über die Indexarten und das Erstellen von Indizes finden Sie in Kapitel 7, „Arbeiten mit Tabellen".

▶ **So löschen Sie eine persistente Beziehung zwischen Tabellen**

1. Klicken Sie im Datenbank-Designer auf die Linie, die die Beziehung zwischen den zwei Tabellen darstellt.

    Die Linie wird daraufhin breiter angezeigt, um darauf hinzuweisen, daß die Beziehung ausgewählt wurde.

2. Drücken Sie ENTF.

    – oder –

    Verwenden Sie den Befehl **ALTER TABLE** zusammen mit der DROP-Klausel FOREIGN KEY.

Mit dem folgenden Befehl wird z. B. eine persistente Beziehung zwischen den Tabellen customer und orders gelöscht, die auf dem Primärschlüssel cust_id der Tabelle customer und dem Fremdschlüssel cust_id der Tabelle orders basiert:

```
ALTER TABLE orders DROP FOREIGN KEY TAG cust_id SAVE
```

Einrichten der referentiellen Integrität

Das Einrichten der referentiellen Integrität umfaßt das Einrichten von Regeln, die bei der Neueingabe und dem Löschen von Datensätzen gewährleisten, daß die festgelegten Beziehungen zwischen Tabellen nicht aufgelöst werden.

Durch Verwenden der referentiellen Integrität gewährleistet Visual FoxPro, daß folgende Vorgänge nicht möglich sind:

- Hinzufügen von Datensätzen zu einer verknüpften Tabelle, wenn kein zugeordneter Datensatz in der Primärtabelle vorliegt.
- Änderungen in Primärtabellen, deren Ergebnis ein nicht mehr zugeordneter Datensatz in einer verknüpften Tabelle wäre.
- Löschen von Datensätzen in einer Primärtabelle, wenn zu diesem Datensatz übereinstimmende, verknüpfte Datensätze vorhanden sind.

Sie können eigene Trigger und gespeicherte Prozeduren zum Gewährleisten der referentiellen Integrität schreiben. Jedoch bietet der Visual FoxPro-Assistent für referentielle Integrität (RI) die Möglichkeit, die Art der Regeln, die eingehalten werden sollen, die Tabellen, für die diese Regeln gelten sollen und die Systemereignisse, die ein Überprüfen dieser Regeln durch Visual FoxPro auslösen, festzulegen.

Dieser Assistent verwaltet mehrere Ebenen der Weitergabe für die Lösch- und Aktualisierungsweitergabe und sollte als Hilfsmittel für das Einrichten der referentiellen Integrität verwendet werden.

▶ **So starten Sie den Assistenten für referentielle Integrität**

1. Starten Sie den Datenbank-Designer.
2. Klicken Sie im Menü **Datenbank** auf **Referentielle Integrität bearbeiten**.

Werden unter Verwendung des Assistenten für referentielle Integrität Regeln für eine Datenbank festgelegt, generiert Visual FoxPro den Code zur Durchsetzung dieser Regeln der referentiellen Integrität und speichert ihn in Triggern, die auf gespeicherte Prozeduren verweisen. Diesen Programm-Code der Datenbank können Sie im Texteditor für gespeicherte Prozeduren anzeigen. Weitere Informationen über die Verwendung des Assistenten für referentielle Integrität erhalten Sie, indem Sie in der Hilfe nach dem Begriff „Assistent für referentielle Integrität" suchen. Informationen über das programmgesteuerte Erstellen von Triggern finden Sie in Kapitel 7, „Arbeiten mit Tabellen", unter „Verwenden von Triggern".

Vorsicht: Werden Änderungen am Aufbau der Datenbank (z. B. Änderungen an Tabellen oder Indizes, die in persistenten Beziehungen verwendet werden) vorgenommen, sollte vor Verwenden der Datenbank der Assistent für referentielle Integrität erneut gestartet werden. Hierdurch werden der Code in den gespeicherten Prozeduren und die Tabellentrigger, die zum Gewährleisten der referentiellen Integrität verwendet werden, entsprechend an das neue Datenbankdesign angepaßt. Wird der Assistent nicht erneut nach Änderungen am Datenbankdesign gestartet, könnten Sie unerwartete Ergebnisse erhalten, denn der Code und die Trigger werden dann nicht aktualisiert.

Erstellen gespeicherter Prozeduren

Gespeicherte Prozeduren können für die Tabellen in einer Datenbank geschrieben werden. Dabei sind gespeicherte Prozeduren Visual FoxPro-Code, der in einer .dbc-Datei gespeichert wird. Diese Prozeduren sind Code-Prozeduren, die nur auf Daten in der Datenbank angewandt werden. Sie können die Leistung steigern, da sie bereits beim Öffnen der Datenbank in den Speicher geladen werden.

▶ **So erstellen, ändern oder löschen Sie eine gespeicherte Prozedur**

- Klicken Sie im Projekt-Manager auf eine Datenbank, dann auf **Gespeicherte Prozeduren** und schließlich auf **Neu**, **Ändern** oder **Entfernen**.

    – oder –

- Klicken Sie im Datenbank-Designer im Menü **Datenbank** auf **Gespeicherte Prozeduren bearbeiten**.

    – oder –

- Verwenden Sie im Befehlsfenster den Befehl MODIFY PROCEDURE.

Jedes dieser genannten Verfahren öffnet den Texteditor in Visual FoxPro, in dem Sie gespeicherte Prozeduren der Datenbank hinzufügen, ändern oder löschen können.

Gespeicherte Prozeduren können zum Erstellen von benutzerdefinierten Funktionen verwendet werden, auf die anschließend in Gültigkeitsregeln auf Feld- oder Datensatzebene verwiesen werden kann. Beim Speichern einer benutzerdefinierten Funktion als gespeicherte Prozedur in der Datenbank wird der Funktions-Code in einer .dbc-Datei gespeichert und automatisch mit der Datenbank verschoben, wenn diese verlagert wird. Anwendungen werden durch das Verwenden gespeicherter Prozeduren portierbarer, da Sie beim Verlagern der Datenbank nicht auf separate Dateien mit benutzerdefinierten Funktionen zu achten brauchen.

Anzeigen und Festlegen von Datenbankeigenschaften

Alle Visual FoxPro-Datenbanken verfügen über die Eigenschaften **Version** und **Comment**, die mit den Funktionen DBGETPROP( ) und DBSETPROP( ) angezeigt bzw. festgelegt werden können.

Der folgende Code zeigt z. B. die Versionsnummer der Datenbank testdata an:

```
? DBGETPROP('testdata', 'database', 'version')
```

Der zurückgegebene schreibgeschützte Wert stellt die .dbc-Versionsnummer von Visual FoxPro dar. Mit dieser Funktion kann ebenfalls ein eventuell vorhandener Kommentar für die Datenbank angezeigt werden.

```
? DBGETPROP('testdata', 'database', 'comment')
```

Im Gegensatz zur Eigenschaft **Version** kann die Eigenschaft **Comment** festgelegt werden. Verwenden Sie die Funktion DBSETPROP( ) zur Eingabe einer Beschreibung oder von anderem Text, der in der Datenbank gespeichert werden soll.

So legen Sie die Eigenschaft „Comment" für die aktuelle Datenbank fest

- Klicken Sie im Datenbank-Designer im Menü **Datenbank** auf **Eigenschaften**, und geben Sie dann den gewünschten Text im Feld **Kommentar** ein.

– oder –

- Verwenden Sie die Option **Comment** der Funktion DBSETPROP( ).

Beispielsweise ändert der folgende Code den Kommentar für die Datenbank testdata:

```
? DBSETPROP('testdata', 'database', 'comment', ;
    'TestData ist in Visual FoxPro enthalten')
```

Die Funktionen DBGETPROP( ) und DBSETPROP( ) können ebenfalls zum Anzeigen oder Festlegen von Eigenschaften anderer Datenbankobjekte, wie z. B. Verbindungen und Ansichten, verwendet werden. Weitere Informationen über diese Funktionen finden Sie in der Hilfe.

Anzeigen und Ändern der Datenbankarchitektur

Wenn Sie eine Datenbank erstellen, erstellt Visual FoxPro eine .dbc-Datei (DataBase Container) und öffnet diese exklusiv. Diese Datei enthält alle Informationen zur Datenbank einschließlich der Namen von Dateien und Objekten, die der Datenbank zugeordnet sind. Sie enthält zwar nicht alle Objekte oberster Ebene, wie beispielsweise Tabellen oder Felder, jedoch speichert Visual FoxPro in ihr die Dateipfadzeiger auf die Tabellen.

Zum Untersuchen der Datenbankarchitektur können Sie die Datenbankdatei durchsuchen, das Schema anzeigen, Datenbankobjekte durchsuchen, die Datenbank prüfen und sogar die .dbc-Datei erweitern.

Anzeigen des Datenbankschemas

Bei dem Datenbankschema handelt es sich um die visuelle Darstellung der in der Datenbank eingerichteten Tabellenstrukturen und persistenten Beziehungen. Das Schema der geöffneten Datenbank wird im Datenbank-Designer-Fenster angezeigt.

So zeigen Sie das Datenbankschema an

- Verwenden Sie den Befehl MODIFY DATABASE.

Der folgende Code öffnet die Datenbank testdata und zeigt deren Schema im Datenbank-Designer an:

```
MODIFY DATABASE testdata
```

Das Datenbankschema ist eine Darstellung der Objekte in einer Datenbank

Mit der Datenbank-Symbolleiste im Datenbank-Designer können Sie neue Tabellen erstellen, bestehende Tabellen zur Datenbank hinzufügen, Tabellen aus der Datenbank entfernen oder die Struktur einer Tabelle ändern. Ferner können Verbindungen erstellt und gespeicherte Prozeduren bearbeitet werden.

Durchsuchen der Datenbankdatei

Die Datenbankdatei enthält für alle der Datenbank zugeordneten Tabellen, Ansichten, Indizes, Indexnamen, persistenten Beziehungen und Verbindungen sowie für alle Tabellenfelder und Felder von Ansichten mit erweiterten Eigenschaften einen Datensatz. Ferner wird in ihr ein Datensatz mit allen gespeicherten Prozeduren der Datenbank abgelegt.

Informationen über den Aufbau der .dbc-Datei finden Sie unter „Dateistrukturen" in der Hilfe. Möglicherweise benötigen Sie jedoch manchmal nicht die konzeptuelle Darstellung des Datenbankschemas im Datenbank-Designer, sondern möchten den Inhalt einer Datenbanktabelle durchsuchen. Mit dem Befehl USE und der Angabe der gewünschten .dbc-Datei können Sie eine geschlossene Datenbank durchsuchen. Der folgende Code öffnet z. B. ein Datenblattfenster und zeigt den Inhalt der Datenbank sales in tabellarischer Form an:

```
CLOSE DATABASE sales
USE sales.dbc EXCLUSIVE
BROWSE
```

Vorsicht: Ändern Sie nicht die Datenbankdatei mit dem Befehl BROWSE, wenn Ihnen die Struktur von .dbc-Dateien noch nicht vertraut ist. Sollte Ihnen bei dem Versuch, die .dbc-Datei zu ändern, ein Fehler unterlaufen, könnte dadurch die Datenbank ungültig werden, und es könnten Daten verloren gehen.

Erweitern von Datenbankdateien

Die .dbc-Datei enthält ein Memofeld mit der Bezeichnung **User**, in dem Informationen zu jedem einzelnen Datensatz in der Datenbank gespeichert werden können. Ferner können Sie der .dbc-Datei weitere Felder hinzufügen, die Sie bei der Entwicklung benötigen. Dabei ist jedoch zu beachten, daß Felder nur am Ende der Struktur hinzugefügt werden dürfen und Sie für Änderungen an der Struktur exklusiven Zugriff auf die .dbc-Datei benötigen.

▶ **So fügen Sie einer .DBC-Datei ein Feld hinzu**

1. Öffnen Sie die .dbc-Datei exklusiv mit dem Befehl USE.
2. Verwenden Sie den Befehl MODIFY STRUCTURE.

Der folgende Code öffnet z. B. den Tabellen-Designer, damit Sie ein Feld zur Struktur der Datei **Testdata.dbc** hinzufügen können:

```
USE TESTDATA.DBC EXCLUSIVE
MODIFY STRUCTURE
```

Beim Hinzufügen eines neuen Feldes zur Datenbankdatei sollten Sie den Feldnamen mit „U" beginnen, um anzuzeigen, daß dieses Feld benutzerdefiniert ist. Durch diese Kennzeichnung schließen Sie etwaige Konflikte zwischen diesem Feld und zukünftigen Erweiterungen der .dbc-Datei aus.

Vorsicht: Ändern Sie in einer .dbc-Datei keine von Visual FoxPro definierten Felder, denn Änderungen an einer .dbc-Datei können die Datenintegrität der Datenbank verletzen.

Gültigkeitsprüfung einer Datenbank

Die Gültigkeitsprüfung einer Datenbank stellt sicher, daß die Zeilen der Datenbank die richtigen Darstellungen der Metadaten in der Datenbank speichern. Die Integrität der Datenbank können Sie mit dem Befehl VALIDATE DATABASE überprüfen.

▶ **So führen Sie die Gültigkeitsprüfung einer Datenbank durch**

- Verwenden Sie den Befehl VALIDATE DATABASE.

Der folgende Code verwendet z. B. die .dbc-Datei der Datenbank testdata und prüft diese auf Gültigkeit:

```
OPEN DATABASE testdata EXCLUSIVE
VALIDATE DATABASE
```

Weitere Informationen über die Verfahren zur Gültigkeitsprüfung, die von dem Befehl VALIDATE DATABASE verwendet werden, finden Sie in der Hilfe.

Verwalten von Datenbanken

Möglicherweise möchten Sie eine Datenbank nach dem Erstellen zu einem Projekt hinzufügen, sofern diese nicht bereits Bestandteil eines Projekts ist. Sollte die Datenbank Bestandteil eines Projekts sein, können Sie sie aus dem Projekt wieder entfernen und, sofern Sie die Datenbank nicht mehr benötigen, auch vom Datenträger löschen.

Eine Datenbank im Projekt-Manager

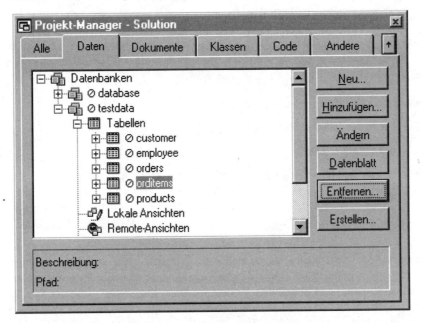

Hinzufügen einer Datenbank zu einem Projekt

Wird eine Datenbank mit dem Befehl CREATE DATABASE erstellt, ist sie nicht automatisch Bestandteil eines Projekts, selbst wenn der Projekt-Manager geöffnet ist. Datenbanken können zu einem Projekt hinzugefügt werden. Dies vereinfacht die Organisation, Ansicht und Veränderung der Datenbankobjekte unter Verwendung der Benutzeroberfläche und erleichtert das Entwickeln von Anwendungen. Das Hinzufügen von Datenbanken kann jedoch nur mit dem Projekt-Manager durchgeführt werden.

▶ **So fügen Sie eine Datenbank zu einem Projekt hinzu**

- Klicken Sie im Projekt-Manager auf **Datenbanken** und dann auf **Hinzufügen**.

Entfernen einer Datenbank aus einem Projekt

Das Löschen von Datenbanken aus einem Projekt kann nur mit dem Projekt-Manager durchgeführt werden.

▶ **So entfernen Sie eine Datenbank aus einem Projekt**

- Klicken Sie im Projekt-Manager auf die gewünschte Datenbank, dann auf **Entfernen** und anschließend erneut auf **Entfernen**.

Löschen einer Datenbank

Datenbanken können mit dem Projekt-Manager oder dem Befehl DELETE DATABASE vom Datenträger gelöscht werden.

▶ **So löschen Sie eine Datenbank**

- Klicken Sie im Projekt-Manager auf die gewünschte Datenbank, dann auf **Entfernen** und anschließend auf **Löschen**.

– oder –

- Verwenden Sie den Befehl DELETE DATABASE.

Der folgende Code löscht z. B. die Datenbank sample:

```
DELETE DATABASE sample
```

Verwenden Sie zum Löschen einer Datenbank von der Festplatte immer eine der oben beschriebenen Methoden. Wenn Sie den Projekt-Manager oder den Befehl DELETE DATABASE verwenden, kann Visual FoxPro die Rückverweise der Tabellen innerhalb der Datenbank auf diese Datenbank entfernen. Beim Verwenden eines anderen Hilfsmittels zum Löschen einer Datenbankdatei, wie z. B. Windows-Explorer, würden diese Rückverweise nicht gelöscht. Weitere Informationen über den Befehl **DELETE DATABASE** finden Sie in der Hilfe.

Anmerkung: Der Befehl **DELETE DATABASE** löscht nicht die mit der Datenbank verbundenen Tabellen vom Datenträger. Diese Tabellen werden jedoch nach dem Löschen der Datenbank zu freien Tabellen. Sollen sowohl eine Datenbank als auch die damit verbundenen Tabellen gelöscht werden, verwenden Sie den Befehl **DELETE DATABASE** zusammen mit der Klausel DELETETABLES.

Referenzieren mehrerer Datenbanken

Auf dem System können sich viele Visual FoxPro-Datenbanken befinden, um die Organisationsbedürfnisse in einer Mehrbenutzerumgebung zu befriedigen. Mehrere Datenbanken bieten folgende Vorteile:

- Steuern des Benutzerzugriffs auf bestimmte Tabellen im gesamten System

- Organisation der Daten, um den Informationsbedarf der verschiedenen Gruppen, die das System verwenden, effizient zu befriedigen

- Zulassen der exklusiven Verwendung von bestimmten Tabellen zum Erstellen von lokalen und Remote-Ansichten zur Laufzeit

Angenommen, Sie haben eine Datenbank „Verkäufe", in der die Vertriebsinformationen gespeichert sind. Sie wird vorwiegend von der Vertriebsabteilung, die mit den Kunden zusammenarbeitet, verwendet. Eine zweite Datenbank enthält die Bestandsinformationen. Diese Datenbank wird vorwiegend von den Einkäufern, die mit den Lieferanten zusammenarbeiten, verwendet. Dabei kommt es von Zeit zu Zeit vor, daß beide Benutzergruppen dieselben Informationsbedürfnisse haben. Diese Datenbanken können beide gleichzeitig geöffnet werden. Ferner ist bei Bedarf ein gemeinsamer Zugriff auf beide Datenbanken möglich, und dennoch enthalten beide Datenbanken unterschiedliche Arten von Informationen.

Mehrere Datenbanken erhöhen die Flexibilität des Systems

```
         Verkäufe                    Bestand
   ┌──────────────────┐      ┌──────────────────┐
   │ ▭ Kunden         │      │ ▭ Produkt        │
   │ ▭ Aufträge       │      │    - Produkt ID  │
   │ ▭ Artikelbezeich-│      │    - Menge       │
   │    nung          │      │ ▭ Lieferanten    │
   │    - Produkt-ID  │      │                  │
   │    - Menge       │      │                  │
   └──────────────────┘      └──────────────────┘

         Kunden                      Kunden
```

Es gibt zwei Wege, wie Sie mehrere Datenbanken verwenden können: Sie können mehrere Datenbanken gleichzeitig öffnen oder auf Tabellen in einer geschlossenen Datenbank verweisen. Sind mehrere Datenbanken geöffnet, können Sie die aktive Datenbank festlegen und Tabellen daraus auswählen.

Öffnen mehrerer Datenbanken

Ist eine Datenbank geöffnet, werden die Tabellen und die Beziehungen zwischen diesen Tabellen durch die in der Datenbank gespeicherten Informationen gesteuert. Sie können mehrere Datenbanken gleichzeitig geöffnet haben. Dies könnte z. B. der Fall sein, wenn Sie mehrere Anwendungen ausführen, wobei jede Anwendung auf eine andere Datenbank zugreifen muß. Sie könnten ferner mehrere Datenbanken öffnen wollen, wenn Sie Informationen, wie z. B. benutzerdefinierte Steuerelemente, verwenden möchten, die in einer von der Anwendungsdatenbank getrennten Datenbank gespeichert sind.

▶ **So öffnen Sie mehrere Datenbanken**

- Klicken Sie im Projekt-Manager auf eine Datenbank und dann auf **Ändern** oder **Öffnen**.

  – oder –

- Verwenden Sie den Befehl OPEN DATABASE.

Durch das Öffnen einer neuen Datenbank werden zuvor geöffnete Datenbanken nicht geschlossen. Diese bleiben geöffnet, wobei die zuletzt geöffnete Datenbank zur aktuellen Datenbank wird.

Festlegen der aktuellen Datenbank

Werden mehrere Datenbanken geöffnet, legt Visual FoxPro die zuletzt geöffnete Datenbank als die aktuelle Datenbank fest. Tabellen oder andere Objekte, die Sie erstellen oder hinzufügen, werden standardmäßig immer Bestandteil der aktuellen Datenbank. Befehle und Funktionen, die mit geöffneten Datenbanken arbeiten, wie z. B. **ADD TABLE** oder DBC( ), werden mit der aktuellen Datenbank ausgeführt.

Innerhalb der Benutzeroberfläche oder mit dem Befehl **SET DATABASE** können Sie eine andere Datenbank als aktuelle Datenbank festlegen.

▶ **So legen Sie die aktuelle Datenbank fest**

- Wählen Sie auf der Standard-Symbolleiste eine Datenbank im Feld **Datenbanken**.

  – oder –

- Verwenden Sie den Befehl SET DATABASE.

Der folgende Code öffnet z. B. drei Datenbanken, legt die erste Datenbank als aktuelle Datenbank fest und verwendet dann die Funktion DBC( ) zur Anzeige der aktuellen Datenbank.

```
OPEN DATABASE testdata
OPEN DATABASE tastrade
OPEN DATABASE sample
SET DATABASE TO testdata
? DBC( )
```

Tip: Es ist möglich, daß Visual FoxPro beim Ausführen einer Abfrage oder eines Formulars mehrere benötigte Datenbanken automatisch öffnet. Stellen Sie dabei sicher, daß Sie mit der richtigen Datenbank arbeiten, indem Sie vor dem Ausführen von Befehlen, die die aktuelle Datenbank betreffen, die aktuelle Datenbank immer explizit festlegen.

Auswählen von Tabellen in der aktuellen Datenbank

Tabellen in der aktuellen Datenbank können mit dem Befehl **USE** ausgewählt werden.

▶ **So wählen Sie eine Tabelle der aktuellen Datenbank aus**

- Verwenden Sie den Befehl USE gefolgt vom Symbol **?**.

  Das Dialogfeld **Öffnen**, in dem Sie die zu öffnende Tabelle auswählen können, wird angezeigt.

Der folgende Code öffnet z. B. die Datenbank sales und fordert Sie auf, eine Tabelle aus der Liste der Tabellen in der Datenbank auszuwählen:

```
OPEN DATABASE SALES
USE ?
```

Soll eine Tabelle geöffnet werden, die nicht der geöffneten Datenbank zugeordnet ist, klicken Sie im Dialogfeld **Öffnen** auf **Andere**.

Schließen einer Datenbank

Geöffnete Datenbanken können mit dem Projekt-Manager oder dem Befehl **CLOSE DATABASE** geschlossen werden.

▶ **So schließen Sie eine Datenbank**

- Klicken Sie im Projekt-Manager auf eine Datenbank und dann auf **Schließen**.

  – oder –

- Verwenden Sie den Befehl CLOSE **DATABASE**.

Der folgende Code schließt z. B. die Datenbank testdata:

```
SET DATABASE TO testdata
CLOSE DATABASE
```

Bei beiden Möglichkeiten wird die Datenbank automatisch geschlossen. Sie können ferner Datenbanken und alle anderen geöffneten Objekte schließen, indem Sie den Befehl CLOSE mit der Klausel ALL verwenden.

Das Ausführen des Befehls CLOSE **DATABASE** im Befehlsfenster schließt keine Datenbanken, die auf eine der beiden folgenden Arten geöffnet wurden:

- durch den Projekt-Manager (wenn Sie die Gliederung zur Anzeige des Datenbankinhaltes erweitert haben)
- durch ein Formular, das in einer eigenen Datensitzung ausgeführt wird

In diesen beiden Fällen bleibt die Datenbank geöffnet, bis sie im Projekt-Manager geschlossen oder die Ausführung des Formulars beendet wird. Weitere Informationen über den Befehl **CLOSE** finden Sie in der Hilfe.

Geltungsbereichsauflösung

In Visual FoxPro wird die aktuelle Datenbank als der primäre Geltungsbereich für benannte Objekte, wie z. B. Tabellen, verwendet. Das heißt, wenn eine Datenbank geöffnet ist, sucht Visual FoxPro zuerst in der geöffneten Datenbank nach angeforderten Objekten, wie z. B. Tabellen, Ansichten, Verbindungen usw. Wird dabei ein Objekt nicht gefunden, durchsucht Visual FoxPro den standardmäßigen Suchpfad.

Angenommen, die Tabelle customer ist mit der Datenbank sales verbunden, dann findet Visual FoxPro die Tabelle customer in der Datenbank immer, wenn folgende Befehle ausgeführt werden:

```
OPEN DATABASE SALES
ADD TABLE F:\SOURCE\CUSTOMER.DBF
USE CUSTOMER
```

Wird der folgende Befehl ausgeführt, durchsucht Visual FoxPro zuerst die aktuelle Datenbank nach der Tabelle products:

```
USE PRODUCTS
```

Befindet sich products nicht in der aktuellen Datenbank, sucht Visual FoxPro außerhalb der Datenbank unter Verwendung des standardmäßigen Suchpfads.

Anmerkung: Soll der Zugriff auf eine Tabelle, die sich entweder innerhalb oder außerhalb einer Datenbank befindet, möglich sein, können Sie den vollen Pfadnamen angeben (z. B. wenn eine Tabelle verschoben wird). Jedoch ist die Leistung höher, wenn Sie als Verweis nur den Tabellennamen angeben, da Visual FoxPro auf Namen von Datenbanktabellen schneller zugreifen kann als auf Namen, die mit dem vollen Pfadnamen angegeben werden.

Behandeln von Datenbankfehlern

Datenbankfehler (auch „Modulfehler" genannt) treten bei Laufzeitfehlern in Ereignis-Code auf Datensatzebene auf. Dies ist z. B. der Fall, wenn ein Benutzer versucht, einen Nullwert in einem Feld zu speichern, das keine Nullwerte zuläßt.

Tritt ein Datenbankfehler auf, gibt das Datenbankmodul, das auf den Fehler stößt, normalerweise eine Fehlermeldung aus. Die genaue Ursache einer Fehlermeldung hängt jedoch davon ab, wie auf die Datenbank zugegriffen wird (die Fehlermeldungen, die ein Remote Datenbank-Server wie Microsoft SQL Server ausgibt, werden sich aller Wahrscheinlichkeit nach von den Fehlermeldungen, die eine lokale Visual FoxPro-Datenbank bei einem Datenbankfehler ausgibt, unterscheiden).

Ferner sind Fehler auf Modulebene häufig äußerst generisch, da das Datenbankmodul über keinerlei Informationen über den Kontext, in dem ein Datensatz aktualisiert wird, verfügt. Daraus folgt, daß die durch ein Datenbankmodul ausgegebenen Fehlermeldungen für den Endbenutzer einer Visual FoxPro-Anwendung häufig nicht sehr nützlich sind.

Um Datenbankfehler anwendungsbezogen zu behandeln, können Sie mit dem Befehl CREATE TRIGGER Trigger erstellen. Dieser Trigger wird ausgelöst, wenn versucht wird, einen Datensatz zu aktualisieren (Löschen, Einfügen oder Aktualisieren). Dieser benutzerdefinierte Trigger kann dann auf anwendungsspezifische Fehlerbedingungen achten und diese ausgeben.

Wenn Sie sich dazu entschließen, Datenbankfehler anhand von Triggern zu behandeln, sollten Sie die Zwischenspeicherung aktivieren. Auf diese Weise wird bei einer Aktualisierung eines Datensatzes zwar der Trigger ausgelöst, der Datensatz jedoch nicht direkt zur zugrundeliegenden Datenbank gesendet. Sie vermeiden dadurch die mögliche Ausgabe von zwei Fehlermeldungen: eine durch den Trigger und die andere durch das zugrundeliegende Datenbankmodul.

▶ **So erstellen Sie benutzerdefinierte Fehlermeldungen unter Verwendung von Triggern**

1. Geben Sie innerhalb einer benutzerdefinierten Funktion oder gespeicherten Prozedur den gewünschten Text der Fehlermeldung ein.

2. Aktivieren Sie mit der Funktion CURSORSETPROP( ) das Zwischenspeichern, um den Fehlermeldungstext anzuzeigen. Ist das Zwischenspeichern deaktiviert, werden dem Benutzer beide Fehlermeldungen (die des Triggers und die des Datenbankmoduls) angezeigt.

KAPITEL 7

Arbeiten mit Tabellen

Zum Aufbau Ihrer Datenbank gehört das Erstellen von Tabellen. Während des Entwerfens Ihrer Datenbank haben Sie die Tabellenfelder und Beziehungen festgelegt, die für Ihre Anwendung erforderlich sind. Während Sie nun diese Tabellen erstellen, wählen Sie im einzelnen die Datentypen, Beschriftungen und eventuellen Standardwerte für jedes Feld, die Trigger für jede Tabelle sowie die Tabellenindizes aus, mit denen Sie Beziehungen zwischen Tabellen herstellen. Dieses Kapitel beschreibt das Verfahren, mit dem Sie Tabellen und Indizes erstellen, verfeinern und miteinander verknüpfen, während Sie eine Anwendung entwickeln. Es konzentriert sich in erster Linie auf die Verwendung der Sprache für die Arbeit mit Tabellen und Datensätzen, erläutert aber auch, wie Sie die Benutzeroberfläche zum Ausführen allgemeiner Tasks einsetzen.

Dieses Kapitel behandelt folgende Themen:

- Erstellen von Tabellen
- Arbeiten mit Datensätzen
- Indizieren von Tabellen
- Arbeiten mit mehreren Tabellen

Erstellen von Tabellen

Sie können entweder eine Tabelle in einer Datenbank oder eine freie Tabelle, die nicht mit einer Datenbank verbunden ist, erstellen. Wenn Sie die Tabelle mit einer Datenbank verbinden, haben Sie die Möglichkeit, lange Tabellen- und Feldnamen für Datenbanktabellen zu erstellen. Sie können die Fähigkeiten des Data Dictionary (Datenwörterbuch) für Datenbanktabellen, lange Feldnamen, Standardfeldwerte, Regeln auf Feld- und Datensatzebene und Trigger nutzen.

Erstellen von Datenbanktabellen im Vergleich zu freien Tabellen

Eine Visual FoxPro-Tabelle (.dbf-Datei) kann in zwei verschiedenen Formen vorkommen: entweder als Datenbanktabelle (eine mit einer Datenbank verbundene Tabelle) oder als freie Tabelle, die nicht mit einer Datenbank verbunden ist. Tabellen, die mit einer Datenbank verbunden sind, bieten mehrere Vorteile gegenüber freien Tabellen. Wenn eine Tabelle in eine Datenbank integriert ist, können Sie folgendes festlegen:

- Lange Namen für die Tabelle und für jedes Tabellenfeld
- Beschriftungen und Kommentare für jedes Tabellenfeld
- Standardwerte, Eingabeformate und das Format von Tabellenfeldern
- Standard-Steuerelementklassen für Tabellenfelder
- Gültigkeitsregeln auf Feld- und Datensatzebene

- Primärschlüsselindizes und Tabellenbeziehungen zur Unterstützung der referentiellen Integritätsregeln
- einen Trigger für die Ereignisse **INSERT**, **UPDATE** oder **DELETE**

Einige Merkmale sind nur auf Datenbanktabellen anwendbar. Informationen über das Verbinden von Tabellen mit einer Datenbank finden Sie in Kapitel 6, „Erstellen von Datenbanken".

Datenbanktabellen haben Eigenschaften, die freie Tabellen nicht haben

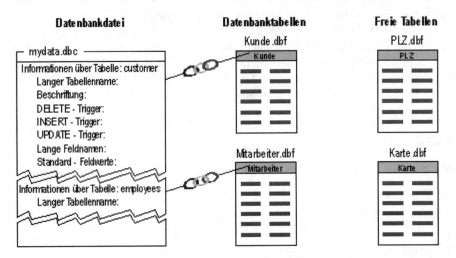

Sie können Tabellen interaktiv mit dem Tabellen-Designer entwerfen und erstellen, den Sie über den Projekt-Manager oder das Menü **Datei** aufrufen. Außerdem können Sie Tabellen mit Hilfe der Programmiersprache entwerfen. Dieser Abschnitt beschreibt in erster Linie, wie eine Tabelle programmgesteuert erstellt wird. Informationen über die Verwendung des Tabellen-Designers zum interaktiven Erstellen von Tabellen finden Sie im *Online-Benutzerhandbuch*, Kapitel 2, „Erstellen von Tabellen und Indizes".

Mit den folgenden Befehlen können Sie eine Tabelle programmgesteuert erstellen und bearbeiten:

Befehle zum Erstellen und Bearbeiten von Tabellen

ALTER TABLE	CLOSE TABLES
CREATE TABLE	DELETE FILE
REMOVE TABLE	RENAME TABLE
DROP TABLE	

Ausführliche Informationen über diese Befehle finden Sie in der Hilfe.

Erstellen einer Datenbanktabelle

Sie können eine neue Tabelle in einer Datenbank mit Hilfe des Menüsystems, im Projekt-Manager oder mit der Programmiersprache erstellen. Während des Erstellens der Tabelle können Sie lange Feldnamen, Standardfeldwerte, Gültigkeitsregeln auf Feld- und Datensatzebene sowie Trigger festlegen.

▶ **So erstellen Sie eine neue Datenbanktabelle**

- Klicken Sie im Projekt-Manager auf die gewünschte Datenbank, klicken Sie auf **Tabellen**, und klicken Sie anschließend auf **Neu**, um den Tabellen-Designer zu öffnen.

  – oder –

- Verwenden Sie den Befehl CREATE TABLE, während eine Datenbank geöffnet ist.

  Der folgende Code erstellt beispielsweise die Tabelle smalltbl mit der Spalte name:

```
OPEN DATABASE Sales
CREATE TABLE smalltbl (name c(50))
```

Die neue Tabelle wird automatisch mit der Datenbank verbunden, die zum Zeitpunkt ihrer Erstellung geöffnet ist. Diese Zuordnung wird durch einen Rückverweis, der im Vorspanndatensatz der Tabelle gespeichert ist, definiert.

Erstellen einer freien Tabelle

Eine freie Tabelle ist nicht mit einer Datenbank verbunden. Sie können z. B. eine freie Tabelle erstellen, um darin Informationen, die viele Datenbanken gemeinsam nutzen, zum Nachschlagen zu speichern.

▶ **So erstellen Sie eine neue freie Tabelle**

- Klicken Sie im Projekt-Manager auf **Freie Tabellen** und dann auf **Neu**, um den Tabellen-Designer zu öffnen.

  – oder –

- Verwenden Sie das Schlüsselwort FREE mit dem Befehl CREATE TABLE.

Beispielsweise erstellt der folgende Code die freie Tabelle smalltbl mit der Spalte name:

```
CLOSE DATABASES
CREATE TABLE smalltbl FREE (name c(50))
```

Ist beim Erstellen der Tabelle keine Datenbank geöffnet, müssen Sie das Schlüsselwort FREE nicht angeben.

Benennen einer Tabelle

Zusammen mit dem Befehl **CREATE TABLE** geben Sie den Dateinamen der .dbf-Datei an, in der Visual FoxPro die neue Tabelle speichert. Dieser Dateiname ist der Standardtabellenname sowohl für Datenbanktabellen als auch für freie Tabellen. Tabellennamen können aus Buchstaben, Ziffern oder Unterstrichen bestehen und müssen mit einem Buchstaben oder Unterstrich anfangen.

Wenn Ihre Tabelle in einer Datenbank gespeichert ist, haben Sie auch die Möglichkeit, einen langen Tabellennamen festzulegen. Lange Tabellennamen können aus maximal 128 Zeichen bestehen und anstelle von kurzen Dateinamen verwendet werden, um die Tabelle in der Datenbank zu kennzeichnen. Visual FoxPro zeigt einen von Ihnen definierten langen Tabellennamen bei jeder Anzeige der betreffenden Tabelle in der Benutzeroberfläche an: z. B. im Projekt-Manager, im Datenbank-, Abfrage- und Ansichts-Designer sowie in der Titelleiste eines Datenblattfensters.

▶ **So geben Sie einer Datenbanktabelle einen langen Namen**

- Geben Sie im Tabellen-Designer einen langen Namen im Feld **Tabellenname** ein.

– oder –

- Verwenden Sie den Befehl CREATE TABLE mit der Klausel NAME.

Beispielsweise erstellt der folgende Code die Tabelle vendintl und gibt ihr den eindeutigen langen Namen vendors_international:

```
CREATE TABLE vendintl NAME vendors_international (company C(40))
```

Im Tabellen-Designer können Sie ebenfalls Tabellen umbenennen oder Tabellen, die ursprünglich mit kurzen Namen erstellt wurden, lange Namen zuweisen. Wenn Sie z. B. einer Datenbank eine freie Tabelle hinzufügen, können Sie dieser mit Hilfe des Tabellen-Designers einen langen Tabellennamen zuweisen. Lange Namen können Buchstaben, Ziffern oder Unterstriche enthalten und müssen mit einem Buchstaben oder Unterstrich anfangen. Leerzeichen sind in langen Tabellennamen nicht zulässig.

Umbenennen einer Tabelle

Sie können Datenbanktabellen in der Benutzeroberfläche umbennen, da hierbei der lange Tabellenname geändert wird. Wenn Sie eine Tabelle aus der Datenbank entfernen, erhält der Dateiname wieder den ursprünglichen Namen der Datei. Freien Tabellen können keine langen Tabellennamen zugewiesen werden. Ferner kann deren Name nur mit den Befehlen der Datenbanksprache geändert werden.

▶ **So benennen Sie eine Tabelle in einer Datenbank um**

1. Klicken Sie im Datenbank-Designer auf die gewünschte Tabelle.

2. Klicken Sie im Menü **Datenbank** auf **Ändern**.

3. Geben Sie im Tabellen-Designer auf der Registerkarte **Tabelle** einen neuen Namen für die Tabelle im Feld **Name** ein.

▶ **So benennen Sie eine freie Tabelle um**

- Verwenden Sie den Befehl RENAME.

  Vorsicht: Wenn Sie den Befehl **RENAME** auf eine mit der Datenbank verbundenen Tabelle anwenden, aktualisiert der Befehl nicht den Rückverweis auf die Datenbank. Das kann Fehler beim Zugriff auf die betreffende Tabelle hervorrufen.

Entfernen einer Tabelle aus einer Datenbank

Wenn eine Tabelle mit einer Datenbank verbunden ist, können Sie sie aus der Datenbank entfernen und dabei gleichzeitig löschen. Das Löschen einer Tabelle ist jedoch ein anderer Vorgang als ihr Entfernen aus einer Datenbank. Wenn Sie eine Tabelle lediglich aus einer Datenbank entfernen, sie aber nicht vom Datenträger löschen möchten, lesen Sie in Kapitel 6, „Erstellen von Datenbanken", den Abschnitt „Entfernen einer Tabelle aus einer Datenbank".

▶ So löschen Sie eine Datenbanktabelle vom Datenträger

- Klicken Sie im Projekt-Manager auf die gewünschte Tabelle, wählen Sie **Entfernen** und dann **Löschen**.

  – oder –

- Klicken Sie im Datenbank-Designer auf die gewünschte Tabelle, und klicken Sie dann im Menü **Datenbank** auf **Entfernen** und anschließend auf **Löschen**.

  – oder –

- Um eine Tabelle einschließlich aller mit der Tabelle verbundenen Indizes, Standardwerte und Gültigkeitsregeln zu löschen, geben Sie den Befehl DROP TABLE ein.

  – oder –

- Geben Sie den Befehl ERASE ein, um nur die Tabelle (.dbf-Datei) zu löschen.

  Vorsicht: Wenn Sie den Befehl **ERASE** auf eine mit der Datenbank verbundenen Tabelle anwenden, aktualisiert der Befehl nicht den Rückverweis auf die Datenbank. Das kann Fehler beim Zugriff auf die betreffende Tabelle hervorrufen.

Der folgende Code öffnet die Datenbank testdata und löscht die Tabelle orditems einschließlich der ihr zugeordneten Indizes, Standardwerte und Gültigkeitsregeln:

```
OPEN DATABASE testdata
DROP TABLE orditems
```

Beim Löschen einer Tabelle mit dem Befchl REMOVE TABLE und der Klausel DELETE werden auch die dazugehörige .fpt-Memodatei und die strukturierte .cdx-Indexdatei entfernt.

Löschen einer freien Tabelle

Wenn eine Tabelle nicht mit einer Datenbank verbunden ist, können Sie die Tabellendatei im Projekt-Manager oder mit dem Befehl **DELETE FILE** löschen.

▶ So löschen Sie eine freie Tabelle

- Klicken Sie im Projekt-Manager auf die gewünschte freie Tabelle, klicken Sie dann auf **Entfernen** und anschließend auf **Löschen**.

  – oder –

- Verwenden Sie den Befehl DELETE FILE.

Beispielsweise schließt der folgende Code die aktuelle Tabelle sample und löscht die Datei vom Datenträger:

```
USE
DELETE FILE sample.dbf
```

Wenn der Befehl **DELETE FILE** eingegeben wird, darf die zu löschende Datei nicht geöffnet sein. Beim Löschen einer Tabelle, mit der andere Dateien verbunden sind (Memodatei (.ftp-Datei) oder Indexdateien (.cdx- oder .idx-Dateien)), müssen Sie sicherstellen, daß diese Dateien ebenfalls gelöscht werden. Gibt es z. B. eine Memodatei zur Datei sample.dbf, könnten Sie beide Dateien mit den folgenden Befehlen löschen:

```
USE
DELETE FILE sample.dbf
DELETE FILE sample.ftp
```

Weitere Informationen über „DELETE FILE" finden Sie in der Hilfe.

Duplizieren einer Tabelle

Sie können mit Hilfe der Programmiersprache eine Kopie einer Tabellenstruktur, ihrer gespeicherten Prozeduren, Triggerausdrücke und Standardfeldwerte erstellen. Für diese Funktion ist keine entsprechende Menüoption definiert. Mit der folgenden Prozedur wird nicht der Inhalt der Tabelle kopiert.

▶ **So duplizieren Sie eine Tabelle**

1. Öffnen Sie die Originaltabelle.
2. Kopieren Sie die Originaltabelle mit dem Befehl COPY STRUCTURE.
3. Öffnen Sie die mit dem Befehl **COPY STRUCTURE** erstellte leere Tabelle.
4. Kopieren Sie die Daten aus der Originaltabelle mit dem Befehl APPEND FROM.

Kopieren und Bearbeiten der Tabellenstruktur

Die Struktur einer bestehenden Tabelle können Sie im Tabellen-Designer oder mit dem Befehl ALTER TABLE ändern. Alternativ dazu können Sie eine neue Tabelle basierend auf der Struktur einer bestehenden Tabelle erstellen und anschließend die Struktur der neuen Tabelle ändern.

▶ **So kopieren und bearbeiten Sie eine Tabellenstruktur**

1. Öffnen Sie die Originaltabelle.
2. Geben Sie den Befehl COPY STRUCTURE EXTENDED ein, um eine neue Tabelle mit der Struktur einer bestehenden Tabelle zu erstellen.
3. Bearbeiten Sie die neue Tabelle mit den Strukturinformationen, um die Struktur jeder Tabelle, die aufgrund dieser Informationen neu erstellt wird, zu ändern.
4. Erstellen Sie eine neue Tabelle mit dem Befehl CREATE FROM.

    Die neue Tabelle enthält noch keine Datensätze.
5. Fügen Sie der Tabelle mit dem Befehl APPEND FROM oder mit einem anderen Befehl zum Kopieren von Daten gegebenenfalls Datensätze hinzu.

Speichern einer Tabelle als HTML-Datei

Wenn Sie eine Tabelle durchsuchen, können Sie im Menü **Datei** die Option **Als HTML speichern** verwenden, um den Inhalt der Tabelle als HTML-Datei (HTML = Hypertext Markup Language) zu speichern.

▶ **So speichern Sie eine Tabelle als HTML-Datei**

1. Öffnen Sie die Tabelle.
2. Durchsuchen Sie die Tabelle, indem Sie im Befehlsfenster den Befehl BROWSE eingeben oder im Menü **Ansicht** auf **Datenblatt** klicken.
3. Klicken Sie im Menü **Datei** auf **Als HTML speichern**.
4. Geben Sie den Namen der zu erstellenden HTML-Datei ein, und klicken Sie auf **Speichern**.

Erstellen von Feldern

Beim Erstellen von Tabellenfeldern legen Sie fest, wie die Daten in der Tabelle gekennzeichnet und gespeichert werden, indem Sie einen Feldnamen, einen Datentyp und die Feldbreite angeben. Ferner können Sie festlegen, welche Daten in diesem Feld zulässig sind, indem Sie angeben, ob das Feld Nullwerte zuläßt, einen Standardwert hat oder ob die Werte in dem Feld bestimmte Gültigkeitsregeln erfüllen müssen. Durch Einstellen der Anzeigeeigenschaften legen Sie fest, welches Formular-Steuerelement erstellt wird, wenn das Feld in ein Formular eingefügt wird. Ferner werden mit diesen Eigenschaften das Format des Feldinhaltes und die Beschreibung des Feldes festgelegt.

Anmerkung: Tabellen in Visual FoxPro können bis zu 255 Felder enthalten. Gibt es ein oder mehrere Felder, die Nullwerte enthalten können, verringert sich die maximale Anzahl der in einer Tabelle möglichen Felder um eins, von 255 auf 254.

Benennen von Feldern

Feldnamen legen Sie fest, während Sie eine neue Tabelle erstellen. Diese Feldnamen können bei freien Tabellen 10 Zeichen und bei Datenbanktabellen 128 Zeichen lang sein. Wenn Sie eine Tabelle aus einer Datenbank entfernen, werden lange Tabellenfeldnamen auf 10 Zeichen abgeschnitten.

▶ **So benennen Sie ein Tabellenfeld**

- Geben Sie im Tabellen-Designer den gewünschten Feldnamen im Feld **Name** ein.

  – oder –

- Geben Sie den Befehl CREATE TABLE oder ALTER TABLE ein.

Beispielsweise könnten Sie den folgenden Befehl eingeben, um die Tabelle customer mit drei Feldern (cust_id, company und contact) zu erstellen und zu öffnen:

```
CREATE TABLE customer (cust_id C(6), company C(40), contact C(30))
```

Im vorstehenden Beispiel bezeichnet C(6) ein Feld mit Daten vom Typ „Zeichen" und einer Feldbreite von 6. Weitere Informationen über das Wählen von Datentypen für Ihre Tabellenfelder finden Sie weiter unten in diesem Abschnitt.

Mit dem Befehl **ALTER TABLE** fügen Sie die Felder company und contact zu der vorhandenen Tabelle customer hinzu:

```
ALTER TABLE customer ;
   ADD COLUMN (company C(40), contact C(30))
```

Verwenden von kurzen Feldnamen

Wenn Sie eine Tabelle in einer Datenbank erstellen, speichert Visual FoxPro die langen Namen für die Tabellenfelder in einem Datensatz der .dbc-Datei. Die ersten 10 Zeichen eines langen Namens werden außerdem in der .dbf-Datei als Feldname gespeichert.

Falls die ersten 10 Zeichen eines langen Feldnamens nicht eindeutig für die Tabelle sind, erstellt Visual FoxPro automatisch einen Namen. Dieser besteht aus den ersten n Zeichen des langen Namens, gefolgt vom sequentiellen Nummernwert, so daß der Feldname insgesamt 10 Zeichen lang ist. Die langen Feldnamen des nachstehenden Beispiels werden in die folgenden 10-Zeichen-Namen umgewandelt:

Langer Name	Kurzer Name
customer_contact_name	customer_c
customer_contact_address	customer_2
customer_contact_city	customer_3
...	...
customer_contact_fax	customer11

Solange eine Tabelle mit einer Datenbank verbunden ist, müssen Sie mit den langen Feldnamen auf die Tabellenfelder Bezug nehmen. Es ist nicht möglich, mit den 10-Zeichen-Namen auf Felder einer Datenbanktabelle Bezug zu nehmen. Entfernen Sie jedoch eine Tabelle aus ihrer Datenbank, gehen die langen Namen für die Tabellenfelder verloren, und Sie müssen die (in der .dbf-Datei gespeicherten) 10-Zeichen-Namen verwenden.

In Indexdateien können ebenfalls lange Feldnamen verwendet werden. Diese dürfen jedoch nur Buchstaben und keine Zahlen enthalten. Wenn Sie aber einen Index mit langen Feldnamen erstellen und dann die referenzierte Tabelle aus der Datenbank entfernen, funktioniert Ihr Index nicht mehr. In diesem Fall können Sie entweder die Namen im Index verkürzen und den Index anschließend erneut aufbauen oder den Index löschen und erneut unter Verwendung kurzer Feldnamen erstellen. Informationen über das Löschen eines Indexes finden Sie unter „Löschen eines Indexes" weiter unten in diesem Kapitel.

Die Regeln zum Erstellen von langen Feldnamen sind dieselben wie diejenigen zum Erstellen einer beliebigen Visual FoxPro-Kennung, außer daß diese Namen maximal 128 Zeichen lang sein können.

Weitere Informationen zum Benennen von Visual FoxPro-Kennungen finden Sie unter „Erstellen von Visual FoxPro-Namen" in der Hilfe.

Auswählen von Datentypen

Wenn Sie die Tabellenfelder erstellen, wählen Sie jeweils einen Datentyp für die in einem Feld zu speichernden Daten. Beim Wählen des Datentyps für ein Feld legen Sie folgende Einzelheiten fest:

- Die im Feld zulässigen Werte. Beispielsweise können Sie in einem numerischen Feld keinen Text speichern.

- Den Speicherplatz, den Visual FoxPro für die in diesem Feld gespeicherten Werte reservieren soll. Beispielsweise belegt jeder Wert vom Datentyp „Währung" 8 Byte Speicher.

- Die möglichen Operationen, die an den Werten in diesem Feld durchgeführt werden können. Beispielsweise kann Visual FoxPro die Summe von Werten vom Typ „Numerisch" oder „Währung" berechnen, jedoch nicht von Werten vom Typ „Zeichen" oder „Objekt".

- Die Möglichkeit einer Indizierung oder Sortierung des Feldes durch Visual FoxPro. Felder vom Typ „Memo" oder „Objekt" können nicht indiziert oder sortiert werden.

Tip: Bei Telefonnummern, Artikelnummern und anderen Nummern, die Sie nicht für mathematische Berechnungen verwenden werden, sollten Sie den Datentyp „Zeichen" und nicht den Datentyp „Numerisch" wählen.

▶ **So wählen Sie einen Datentyp für ein Feld**

- Wählen Sie im Tabellen-Designer aus der Liste „Typ" den gewünschten Datentyp aus.

  – oder –

- Verwenden Sie den Befehl CREATE TABLE.

Beispielsweise könnten Sie den folgenden Befehl eingeben, um die Tabelle products mit drei Feldern (prod_id, prod_name und unit_price) zu erstellen und zu öffnen:

```
CREATE TABLE products (prod_id C(6), prod_name C(40), unit_price Y)
```

Im vorstehenden Beispiel legt das „Y" hinter dem Feldnamen unit_price den Datentyp „Währung" fest.

Weitere Informationen über besondere Datentypen finden Sie unter „Daten- und Feldtypen" in Hilfe.

Schnelles Hinzufügen eines einfachen Indexes

Beim Hinzufügen eines Feldes können Sie schnell einen einfachen Index für das Feld einrichten, indem Sie im Tabellen-Designer in der Spalte „Index" den Eintrag **Aufsteigend** oder **Absteigend** wählen. Der erstellte Index wird automatisch auf der Registerkarte **Indizes** angezeigt und verwendet das Feld als Ausdruck. Den Index können Sie anschließend ändern, indem Sie auf die Registerkarte **Indizes** klicken und dem Index einen Namen, Typ oder Filter zuweisen.

Verwenden von Nullwerten

Wenn Sie eine neue Tabelle erstellen, können Sie festlegen, ob in einem oder mehreren Tabellenfeldern Nullwerte zulässig sein sollen. Mit einem Nullwert weisen Sie darauf hin, daß Informationen, die normalerweise in einem Feld oder Datensatz gespeichert würden, momentan nicht verfügbar sind. So steht z. B. der Krankenkassenzuschuß oder der Steuersatz eines Angestellten zu dem Zeitpunkt noch nicht fest, an dem ein Datensatz angelegt wird. Statt nun im Feld eine Null oder ein Leerzeichen zu speichern, das als bedeutungsvoll ausgewertet werden könnte, könnten Sie dort so lange einen Nullwert speichern, bis die benötigten Informationen verfügbar werden.

▶ **So steuern Sie die Eingabe von Nullwerten für Felder**

- Aktivieren oder Deaktivieren Sie im Tabellen-Designer die Spalte „Null" für das Tabellenfeld.

  Ist die Spalte „Null" aktiviert, sind in dem Feld Nullwerte möglich.

  – oder –

- Verwenden Sie die Klauseln NULL und NOT NULL des Befehls CREATE TABLE.

Beispielsweise erstellt und öffnet der folgende Befehl eine Tabelle, in deren Felder cust_id und company keine Nullwerte eingegeben werden sollen. Das Feld contact läßt jedoch Nullwerte zu.

```
CREATE TABLE customer (cust_id C(6) NOT NULL, ;
    company C(40) NOT NULL, contact C(30) NULL)
```

Mit dem Befehl SET NULL **ON** können Sie ebenfalls steuern, ob Nullwerte in Tabellenfeldern zulässig sind.

▶ **So ermöglichen Sie die Eingabe von Nullwerten in allen Tabellenfeldern**

- Aktivieren Sie im Tabellen-Designer die Spalte „Null" für jedes Tabellenfeld.

  – oder –

- Verwenden Sie den Befehl SET NULL **ON**, bevor Sie den Befehl CREATE TABLE verwenden.

Wenn Sie den Befehl **SET NULL ON** ausführen, aktiviert Visual FoxPro automatisch die Spalte „Null" für jedes Tabellenfeld, während Sie Felder im Tabellen-Designer hinzufügen. Falls Sie den Befehl **SET NULL ON** vor dem Befehl **CREATE TABLE** ausgeben, müssen Sie die Klausel NULL oder NOT NULL nicht hinzufügen. Beispielsweise erstellt der folgende Code eine Tabelle, bei der in jedem Tabellenfeld Nullwerte eingegeben werden können:

```
SET NULL ON
CREATE TABLE test (field1 C(6), field2 C(40), field3 Y)
```

Nullwerte beeinflussen das Verhalten von Tabellen und Indizes. Wenn Sie zum Beispiel mit den Befehlen **APPEND FROM** oder **INSERT INTO** Datensätze aus einer Tabelle, die Nullwerte enthält, in eine Tabelle kopieren, bei der keine Nullwerte zulässig sind, werden angefügte Felder, die Nullwerte enthielten, in der aktuellen Tabelle als leere Felder oder „0" behandelt.

Weitere Informationen über die Interaktion zwischen Nullwerten und Visual FoxPro-Befehlen finden Sie in der Hilfe.

Hinzufügen von Kommentaren zu Feldern

Nachdem Sie eine Tabelle in einer geöffneten Datenbank erstellt haben, können Sie eine Beschreibung jedes Tabellenfeldes hinzufügen, damit Ihre Tabelle leichter zu verstehen und zu aktualisieren ist. Visual FoxPro zeigt den Kommentartext zu einem Feld im Projekt-Manager an, wenn Sie dieses Feld in der Feldliste für die Tabelle auswählen.

▶ **So fügen Sie einem Feld in einer Datenbanktabelle einen Kommentar hinzu**

- Geben Sie im Tabellen-Designer im Feld **Feldkommentar** den Text für den Kommentar ein.

    – oder –

- Verwenden Sie die Funktion DBSETPROP( ).

So möchten Sie beispielsweise erklären, was im Feld unit_price Ihrer Tabelle orditems gespeichert ist, indem Sie als Kommentartext für das Feld **Aktueller Einzelpreis pro Einheit** eingeben:

```
?DBSETPROP('orditems.price', 'field', 'comment', ;
    'Aktueller Einzelpreis pro Einheit')
```

Weitere Informationen über die Verwendung von DBSETPROP( ) zum Festlegen von Eigenschaften für Felder in Datenbanktabellen finden Sie unter „DBSETPROP( )" in der Hilfe oder in Kapitel 6, „Erstellen von Datenbanken".

Erstellen von Standardfeldwerten

Soll Visual FoxPro den Inhalt eines Feldes automatisch beim Hinzufügen eines neuen Datensatzes ausfüllen, können Sie für das betreffende Feld einen Standardwert festlegen. Ein Standardwert ist eine Mengenangabe oder eine Zeichenfolge, die Sie als „standardmäßigen" Inhalt für ein Feld festlegen und die automatisch eingefügt wird, wenn ein neuer Datensatz zu einer Datenbanktabelle hinzugefügt wird. Dieser Standardwert wird unabhängig davon zugewiesen, ob Sie Daten in einem Formular, einem Datenblattfenster, einer Ansicht oder programmgesteuert eingeben. Er verbleibt in dem Feld, bis Sie einen neuen Wert eingeben.

Standardwerte erstellen Sie entweder im Tabellen-Designer oder mit der Programmiersprache. Sie können Standardwerte für jeden Datentyp mit Ausnahme des Typs „Objekt" festlegen.

▶ **So weisen Sie einem Feld in einer Datenbanktabelle einen Standardwert zu**

- Geben Sie im Tabellen-Designer unter **Feldgültigkeit** den gewünschten Wert im Feld **Standardwert** ein.

    – oder –

- Verwenden Sie den Befehl CREATE TABLE mit der Klausel DEFAULT.

Beispielsweise soll Ihre Anwendung die maximale Bestellmenge für einen neuen Kunden so lange begrenzen, bis Sie Zeit gehabt haben, seine Kreditfähigkeit zu überprüfen und seinen Kreditrahmen festzulegen. Das folgende Beispiel erstellt das Feld maxordamt mit einem Standardwert von 1000:

```
CREATE TABLE customer (cust_id C(6), company C(40), contact C(30), ;
    maxordamt Y(4) DEFAULT 1000)
```

Wenn Ihre Tabelle customer bereits die Spalte maxordamt enthält, können Sie einen Standardwert für die Spalte mit dem folgenden Befehl hinzufügen:

```
ALTER TABLE customer ALTER COLUMN maxordamt SET DEFAULT 1000
```

Weitere Informationen über „ALTER TABLE" finden Sie in der Hilfe.

Verwenden von Standardwerten zur Beschleunigung der Dateneingabe

Mit Hilfe von Standardwerten können Sie die Dateneingabe für die Benutzenden Ihrer Anwendung beschleunigen und es ihnen so ermöglichen, ein Feld zu überspringen, es sei denn, daß sie einen anderen Wert eingeben möchten. Wenn Ihre Firma z. B. hauptsächlich Inlandskunden hat, haben Sie die Möglichkeit, das Feld country in der Tabelle customer einer Datenbank automatisch mit dem Namen Ihres Landes auszufüllen. Falls Sie dann einen Datensatz für einen ausländischen Kunden eingeben müssen, können Sie den Namen Ihres Landes mit dem Namen des anderen Landes überschreiben.

Tip: Wenn eine der datenorientierten Regeln Ihrer Anwendung festlegt, daß ein Feld einen Eintrag enthalten muß, können Sie mit einem Standardwert sicherstellen, daß eine bestimmte Gültigkeitsregel auf Feld- oder Datensatzebene nicht verletzt wird.

Wenn Sie eine Tabelle aus einer Datenbank entfernen oder löschen, werden alle an diese Tabelle gebundenen Standardwerte ebenfalls aus der Datenbank gelöscht. Gespeicherte Prozeduren jedoch, auf die der entfernte oder gelöschte Standardwert Bezug nimmt, bleiben weiterhin gespeichert.

Wenn Sie keinen Standardwert angeben, wird ein leerer Wert (wie für jeden Datentyp definiert) eingefügt, außer wenn SET NULL auf ON gesetzt ist. Diese Maßnahme erhält die Abwärtskompatibilität mit möglicherweise vorhandenem FoxPro-Code.

Falls das Feld Nullwerte verwenden soll, können Sie .NULL. als Standardwert angeben. Dann fügt Visual FoxPro, unabhängig davon, ob **SET NULL** auf ON oder OFF gesetzt ist, .NULL. bei allen Befehlen mit Ausnahme von **APPEND BLANK** ein.

Zulässige Standardwerte

Sie können festlegen, daß Standardwerte entweder Skalarwerte (wie „Zahl") oder Ausdrücke sind, die zu einer skalaren Größe auswerten. Außerdem können Sie jeden gültigen Xbase-Ausdruck festlegen, der einen mit dem Datentyp für das Feld übereinstimmenden Wert zurückgibt.

Wenn die Tabellenstruktur geschlossen ist, wertet Visual FoxPro Ausdrücke im Hinblick auf den Datentyp aus. Stimmt der Datentyp mit dem dazugehörigen Feldtyp nicht überein, gibt Visual FoxPro eine Fehlermeldung aus. Falls es sich bei dem Ausdruck um eine benutzerdefinierte Funktion (UDF = User Defined Function) handelt oder er eine UDF enthält, wird er nicht ausgewertet.

Wenn Sie den Standardwert mit der Programmiersprache erstellen und die Datentypen dabei nicht übereinstimmen, indizieren die Befehle **CREATE TABLE** oder **ALTER TABLE** eine Fehlermeldung. Ist der Ausdruck eine UDF oder enthält er eine UDF, wird er zum Zeitpunkt der Erstellung nicht ausgewertet, und es wird kein Fehler zurückgegeben.

Wann Standardwerte zugewiesen werden

Bei Ausgabe der Befehle **APPEND BLANK** oder **INSERT** werden Standardwerte (bei Bedarf) ausgewertet und in die passenden Felder eingefügt.

Wenn Sie Werte mit den Befehlen **APPEND FROM** oder **INSERT – SQL** zuweisen, weist Visual FoxPro allen nicht explizit zugewiesenen Feldern automatisch Standardwerte zu. In die Befehle **APPEND FROM** und **INSERT – SQL** können ebenfalls Standardwerte einbezogen werden. Wenn einer dieser Befehle angewendet wird, überschreiben die Standardwerte jedoch nicht die in Feldern bereits vorhandenen Werte. Falls an- oder eingefügte Felder Werte enthalten, bleibt der vorhandene Wert erhalten, während der Datensatz an- oder eingefügt wird; der Standardwert wird nicht verwendet.

Verwenden von Standardwerten zum automatischen Erstellen von NOT NULL-Feldern

Standardwerte sind besonders zweckmäßig zum automatischen Erstellen von Feldern, in denen Nullwerte nicht zulässig sind. Beim Hinzufügen eines neuen Datensatzes werden zuerst die Standardwerte angewendet. Anschließend wird jedes Feld in der Definitionsreihenfolge auf fehlende Informationen hin überprüft. Dieses Vorgehen stellt sicher, daß als NOT NULL gekennzeichnete Felder mit Standardwerten erstellt werden können, bevor die NOT NULL-Beschränkung zugewiesen wird.

Festlegen eines Eingabeformats

Durch Eingabeformate werden Zeichensetzung, Leerzeichen und andere Formateigenschaften der Werte bei der Eingabe in das Feld definiert. Die Werte werden dadurch einheitlich gespeichert, wodurch Dateneingabefehler vermieden und die Verarbeitung effizienter gestaltet werden kann. Das Einrichten eines Eingabeformats für ein numerisches Feld, in dem Telefonnummern gespeichert werden, hilft dem Benutzenden, das Feld schnell auszufüllen, da die Zeichensetzung und die Leerzeichen bereits im Format vorgegeben sind.

▶ **So richten Sie ein Eingabeformat ein**

- Geben Sie im Tabellen-Designer unter **Anzeige** das gewünschte Format im Feld **Eingabemaske** ein.

    – oder –

- Verwenden Sie die Funktion DBSETPROP( ) zum Setzen der Eigenschaft **InputMask**.

    Beispielsweise legt der folgende Code ein Eingabeformat für ein Datum fest:

    ```
    DBSetProp("orders.postalcode","field","InputMask", "99999-9999")
    ```

Steuern der Anzeige von Feldern

Anhand von zusätzlichen Eigenschaften für Felder können Sie festlegen, wie ein Feld und dessen Wert in Formularen, Datenblattfenstern und Berichten angezeigt wird. Sie können hierbei ein Anzeigeformat, eine Standardfeldbeschriftung, eine Standardklasse sowie eine Klassenbibliothek festlegen.

Definieren eines Formats

Ein Format bietet eine Ausgabemaske, die festlegt, wie der Wert eines Feldes in einem Formular, Datenblattfenster oder einem Bericht angezeigt wird. Beispiel:

▶ So legen Sie ein Format fest

- Geben Sie im Tabellen-Designer unter **Anzeige** die gewünschte Maske im Feld **Format** ein.

  – oder –

- Verwenden Sie die Funktion DBSETPROP( ) zum Setzen der Eigenschaft **Format**.

Beispielsweise legt der folgende Code das Anzeigeformat für die Postleitzahl fest:

```
DBSetProp("orders.postalcode","field","Format","@R 99999-9999")
```

Erstellen von Beschriftungen für Felder

Sie können für jedes Feld in einer Datenbanktabelle eine Beschriftung erstellen. Visual FoxPro zeigt den Beschriftungstext eines Feldes als Spaltenkopfzeile in einem Datenblattfenster und als Standard-Kopfzeilenname in einem Formular-Datenblatt an.

▶ So fügen Sie einem Feld in einer Datenbanktabelle eine Beschriftung hinzu

- Geben Sie im Tabellen-Designer unter **Anzeige** den Text für Ihre Beschriftung im Feld **Überschrift** ein.

  – oder –

- Verwenden Sie die Funktion DBSETPROP( ).

Mit dem folgenden Befehl können Sie z. B. eine Beschriftung für das Feld fax in der Tabelle supplier erstellen, indem Sie **Supplier_Fax** als Beschriftung für das Feld eingeben:

```
?DBSETPROP('supplier.fax', 'field', 'caption', 'Supplier_Fax')
```

Weitere Informationen über die Verwendung von DBSETPROP( ) zum Festlegen von Eigenschaften für Felder in Datenbanktabellen finden Sie unter „DBSETPROP( )" in der Hilfe oder in Kapitel 6, „Erstellen von Datenbanken".

Festlegen einer Standardklasse

Um beim Erstellen von Formularen Zeit zu sparen, können Sie eine Standardklasse für jedes Feld festlegen. Ist die Klasse einmal für ein Feld festgelegt, verwendet das Steuerelement standardmäßig diese angegebene Klasse, wenn Sie das Feld in ein Formular einfügen. Zeichenfelder werden z. B. automatisch als Textfeld-Steuerelemente angezeigt, wenn sie in ein Formular eingefügt werden. Soll statt dessen ein Kombinationsfeld-Steuerelement erstellt werden, wenn Sie das Feld in ein Formular einfügen, können Sie diese Klasse als Standardklasse für das Feld festlegen. Sie können ebenfalls selbsterstellte Klassenbibliotheken verwenden.

▶ So legen Sie eine Standardklasse fest

- Wählen Sie im Tabellen-Designer in den Feldern **Klasse für Anzeige** und **Bibliothek für Anzeige** entsprechend eine Klasse und eine Bibliothek.

Wenn Sie beim Arbeiten häufig die Bibliothek und Klasse für die verwendeten Felder wechseln, können Sie im Dialogfeld Optionen die Datentypen der Felder einer Bibliothek und Klasse zuordnen. Weitere Informationen über das Zuordnen von Felddatentypen zu Bibliotheken finden Sie im *Installationshandbuch* in Kapitel 3, „Konfigurieren von Visual FoxPro". Weitere Informationen über das Erstellen von Klassen finden Sie in Kapitel 3, „Objektorientiertes Programmieren", in diesem Handbuch.

Umsetzen datenbezogener Regeln

Sie können datenbezogene Regeln für die Dateneingabe durchsetzen, indem Sie Regeln (die sogenannten Gültigkeitsregeln) auf Feld- und Datensatzebene erstellen, mit denen Sie die in die Felder von Datenbanktabellen und in Datensätze eingegebenen Daten prüfen. Gültigkeitsregeln auf Feld- und Datensatzebene vergleichen die eingegebenen Werte mit den von Ihnen definierten Regelausdrücken. Wenn der eingegebene Wert mit den Anforderungen der Regel nicht übereinstimmt, wird er zurückgewiesen. Gültigkeitsregeln gibt es nur in Datenbanktabellen.

Gültigkeitsregeln auf Feld- und Datensatzebene ermöglichen es Ihnen, die in eine Tabelle eingegebenen Informationsarten zu prüfen, unabhängig davon, ob der Zugriff auf die Daten in einem Datenblattfenster, einem Formular oder programmgesteuert mit der Sprache erfolgt. Damit können Sie die Regel für ein Feld konsistenter mit einem geringeren Codeumfang durchsetzen, als wenn Sie den Regelausdruck als Code in einer Klausel VALID für ein Formular oder in einem Teil des Programmcodes schreiben. Außerdem werden die in einer Datenbank festgelegten Regeln für alle Benutzenden der Tabelle durchgesetzt, ungeachtet der Anforderungen einer Anwendung.

Sie können auch potentielle Indizes oder Primärindizes, die doppelte Einträge in einem Feld verhindern, erstellen. Darüber hinaus haben Sie die Möglichkeit, Trigger bereitzustellen, die die referentielle Integrität durchsetzen oder andere Aktionen ausführen, wenn die Daten in Ihrer Datenbank geändert werden.

Wann Beschränkungen Geltung verschafft wird

Sie können die Datenbankbeschränkungen auf der Ebene wählen, auf der eine datenbezogene Regel oder eine Regel der referentiellen Integrität durchgesetzt werden soll. Ferner können Sie die Aktion bestimmen, durch die die Beschränkung aktiviert wird. In der folgenden Tabelle finden Sie die Beschränkungen zur Gültigkeitsprüfung der Daten in der Reihenfolge, in der sie durch Visual PoxPro durchgesetzt werden; die Ebenen, auf der sie angewendet werden, sowie die Aktion, die die Gültigkeitsprüfung aktiviert.

Mechanismus	Ebene	Aktiviert
NULL-Gültigkeitsprüfung	Feld oder Spalte	Wenn Sie sich in einem Datenblattfenster aus einem Feld oder einer Spalte bewegen, oder wenn sich der Feldwert bei einem **INSERT** oder REPLACE-Vorgang ändert.
Gültigkeitsregeln auf Feldebene	Feld oder Spalte	Wenn Sie sich in einem Datenblattfenster aus einem Feld oder einer Spalte bewegen, oder wenn sich der Feldwert bei einem **INSERT** oder REPLACE-Vorgang ändert.

(Fortsetzung)

Mechanismus	Ebene	Aktiviert
Gültigkeitsregeln auf Datensatzebene	Datensatz	Wenn ein Datensatz aktualisiert wird.
Potentieller/Primärer Index	Datensatz	Wenn ein Datensatz aktualisiert wird.
Klausel VALID	Formular	Wenn Sie den Datensatz verlassen.
Trigger	Tabelle	Wenn sich ein Tabellenwert bei einem der Ereignisse **INSERT**, **UPDATE** oder **DELETE** ändert.

Restriktionen werden in der Reihenfolge aktiviert, in der sie in der Tabelle aufgeführt sind. Die erste Verletzung einer Gültigkeitsprüfung beendet die Ausführung eines Befehls.

Weitere Informationen über potentielle Indizes und Primärindizes finden Sie im Abschnitt „Steuern von Duplikatwerten" weiter unten in diesem Kapitel.

Beschränken von Werten eines Feldes

Wenn Sie die Informationsart, die ein Benutzer in ein Feld eingeben kann, steuern möchten und die Gültigkeit der Daten in einem Feld unabhängig von jedem anderen Eintrag im Datensatz geprüft werden kann, verwenden Sie eine Gültigkeitsregel auf Feldebene. Beispielsweise möchten Sie mit Hilfe einer Gültigkeitsregel auf Feldebene sicherstellen, daß der Benutzer keine negative Zahl in ein Feld eingibt, das nur positive Werte enthalten soll. Mit einer Gültigkeitsregel auf Feldebene können Sie auch die in ein Feld eingegebenen Werte mit den Werten in einer anderen Tabelle vergleichen.

Vermeiden Sie es, anwendungsspezifische Gültigkeitsregeln auf Feld- oder Datensatzebene zu erstellen. Verwenden Sie Gültigkeitsregeln auf Feld- und Datensatzebene, um Datenintegrität und datenbezogene Regeln durchzusetzen, die für die Daten Ihrer Datenbank immer gelten, unabhängig davon, welcher Benutzer auf die Daten zugreift. Sie können beispielsweise eine Regel erstellen, die den Eintrag im Tabellenfeld postal_code mit einer Prüftabelle, die die Postleitzahlen für Ihr Land enthält, vergleicht und jede eingegebene Postleitzahl zurückweist, die noch nicht als gültige Postleitzahl enthalten ist.

▶ **So erstellen Sie eine Gültigkeitsregel auf Feldebene**

- Geben Sie im Tabellen-Designer unter **Feldgültigkeit** den gewünschten Regelausdruck im Feld **Regel** ein.

    – oder –

- Verwenden Sie den Befehl CREATE TABLE mit der Klausel CHECK.

    – oder –

- Verwenden Sie den Befehl ALTER TABLE mit der Klausel SET CHECK.

Beispielsweise fügt der folgende Code der Tabelle orditems eine Gültigkeitsregel auf Feldebene hinzu, bei der die im Feld quantity eingegebenen Zahlen 1 sein müssen:

```
ALTER TABLE orditems
   ALTER COLUMN quantity SET CHECK quantity >= 1
```

Wenn der Benutzer einen Wert < 1 einzugeben versucht, zeigt Visual FoxPro einen Fehler an und weist den unzulässigen Wert zurück.

Sie können die bei einer Verletzung der Regel angezeigte Meldung anpassen, indem Sie dem Feld einen Gültigkeitstext hinzufügen. Der eingegebene Text wird dann anstelle der Standardfehlermeldung angezeigt.

▶ **So fügen Sie einer Gültigkeitsregel auf Feldebene eine benutzerdefinierte Fehlermeldung hinzu**

- Geben Sie im Tabellen-Designer unter **Feldeigenschaften** die gewünschte Fehlermeldung im Feld **Meldung** ein.

  – oder –

- Verwenden Sie den Befehl CREATE TABLE oder ALTER TABLE mit der Klausel CHECK und der optionalen Klausel ERROR.

Beispielsweise fügt der folgende Code der Tabelle orditems sowohl eine Gültigkeitsregel auf Feldebene, bei der die im Feld quantity eingegebenen Zahlen 1 sein müssen, als auch eine benutzerdefinierte Fehlermeldung hinzu:

```
ALTER TABLE orditems ;
   ALTER COLUMN quantity SET CHECK quantity >= 1 ;
   ERROR "Mengen müssen größer gleich 1 sein"
```

Wenn der Benutzer einen Wert < 1 einzugeben versucht, zeigt Visual FoxPro ein Fehlerdialogfeld mit der von Ihnen definierten Fehlermeldung an und weist den unzulässigen Wert zurück. Sie können eine benutzerdefinierte Fehlermeldung auch mit dem Befehl **ALTER TABLE** mit der Klausel SET CHECK und der optionalen Klausel ERROR erstellen.

Wann Gültigkeitsregeln auf Feldebene geprüft werden

Gültigkeitsregeln auf Feldebene werden geprüft, wenn sich der Feldwert ändert. Im Gegensatz zu Triggern werden diese Gültigkeitsregeln selbst bei zwischengespeicherten Daten aktiv. Wenn Sie mit Daten in einem Datenblatt-, Formular- oder anderen Fenster der Benutzeroberfläche arbeiten, prüft Visual FoxPro die Gültigkeitsregeln auf Feldebene beim Verlassen des betreffenden Feldes. Wurde ein Feldwert nicht geändert, wird die Regel nicht geprüft. Sie können sich also nach Belieben mit TAB durch die Felder bewegen, ohne daß das System die Gültigkeit der Daten prüft.

Prüfen der Gültigkeitsregeln auf Feldebene

Dateneingabe	Fenster oder Befehl	Prüfen der Gültigkeitsregel auf Feldebene
Benutzeroberfläche	Datenblattfenster Formular Anderes Fenster	Wenn Sie nach dem Ändern des Feldwertes das Feld verlassen. (Wurde ein Feldwert nicht geändert, wird die Regel nicht geprüft.)
Befehle, bei denen keine Felder angegeben werden	APPEND APPEND GENERAL APPEND MEMO BROWSE CHANGE DELETE EDIT GATHER	Wenn sich der Feldwert ändert (in der Reihenfolge der Felddefinitionen).
	APPEND BLANK INSERT INSERT – SQL	Wenn ein Datensatz an- oder eingefügt wird.
Befehle, bei denen Felder angegeben werden	UPDATE UPDATE – SQL REPLACE	In der Reihenfolge, in der die Felder im Befehl angegeben werden.

Prüfen von Werten auf Datensatzebene

Mit Gültigkeitsregeln auf Datensatzebene können Sie die Informationsart steuern, die ein Benutzer in einen Datensatz eingeben kann. Gültigkeitsregeln auf Datensatzebene vergleichen normalerweise die Werte von zwei oder mehr Feldern in demselben Datensatz, um sicherzustellen, daß diese die für die Datenbank festgelegten datenbezogenen Regeln einhalten. So können Sie z. B. mit einer Gültigkeitsregel auf Datensatzebene sicherstellen, daß der Wert eines Feldes immer größer als derjenige eines anderen Feldes im selben Datensatz ist.

▶ **So erstellen Sie eine Gültigkeitsregel auf Datensatzebene und eine benutzerdefinierte Fehlermeldung**

- Geben Sie im Tabellen-Designer auf der Registerkarte **Tabelle** die gewünschte Regel und Fehlermeldung in den Feldern **Regel** bzw. **Meldung** ein.

  – oder –

- Verwenden Sie den Befehl CREATE TABLE oder ALTER TABLE mit der Klausel CHECK.

Beispielsweise möchten Sie sicherstellen, daß Angestellte bei ihrer Einstellung 18 Jahre oder älter sind. Der folgende Code fügt der Tabelle `employee` eine Gültigkeitsregel auf Datensatzebene sowie einen Fehlertext hinzu. Die Regel legt fest, daß das in die Spalte `hire_date` eingegebene Einstellungsdatum größer gleich dem Geburtsdatum plus 18 Jahre ist:

```
ALTER TABLE employee SET CHECK ;
   hire_date >= birth_date + (18 * 365.25) ;
   ERROR "Angestellte müssen bei Einstellung 18 Jahre oder älter sein"
```

Wenn ein Benutzer dann einen Datensatz für Angestellte mit einem ungültigen Datum eingibt, zeigt Visual FoxPro ein Fehlerdialogfeld mit der von Ihnen definierten Fehlermeldung an und aktualisiert den Datensatz nicht.

Sie können eine Gültigkeitsregel auf Datensatzebene auch mit dem Befehl ALTER TABLE und der Klausel SET CHECK erstellen. Dabei sollten Sie sicherstellen, daß die für Felder festgelegten Regeln mit den für die Tabelle definierten Regeln semantisch nicht in Konflikt geraten. Denn Visual FoxPro versucht nicht, die Ausdrücke auf Feld- und Datensatzebene hinsichtlich ihrer Konsistenz zu vergleichen.

Wann Gültigkeitsregeln auf Datensatzebene geprüft werden

Genauso wie Gültigkeitsregeln auf Feldebene werden Gültigkeitsregeln auf Datensatzebene bei einer Änderung des Datensatzwertes aktiv. Unabhängig davon, ob Sie mit Daten in einem Datenblatt-, Formular- oder anderen Fenster der Benutzeroberfläche oder aber mit Befehlen zur Datenänderung arbeiten, prüft Visual FoxPro die Gültigkeitsregeln auf Datensatzebene, während Sie den Datensatzzeiger aus dem Datensatz her aus verschieben. Wurden innerhalb des Datensatzes keine Werte verändert, wird die Gültigkeitsregel auf Datensatzebene beim Verschieben des Datensatzzeigers nicht geprüft. Sie können sich also nach Belieben durch die Datensätze bewegen, ohne daß das System die Gültigkeit der Daten prüft.

Wenn Sie einen Datensatz ändern, den Datensatzzeiger jedoch nicht verschieben, und danach das Datenblattfenster schließen, prüft Visual FoxPro zunächst noch die Regel und weist Sie auf vorliegende Fehler hin. Erst dann schließt Visual FoxPro das Fenster.

Vorsicht: Beziehen Sie in Ihre Gültigkeitsregeln keine Befehle oder Funktionen ein, die den Datensatzzeiger in den aktuellen Arbeitsbereich (den Bereich, dessen Regeln geprüft werden) zu verschieben versuchen. Wenn Sie in Gültigkeitsregeln Befehle oder Funktionen wie **SEEK**, **LOCATE**, **SKIP**, **APPEND**, **APPEND BLANK**, **INSERT** oder AVERAGE, COUNT, BROWSE und REPLACE FOR einbeziehen, bewirkt dies möglicherweise, daß sie rekursiv Trigger auslösen und eine Fehlerbedingung erzeugen.

Im Gegensatz zu Triggern werden Gültigkeitsregeln auf Datensatzebene selbst bei zwischengespeicherten Daten aktiv. Wenn eine solche Gültigkeitsregel während der Ausführung einer Anwendung aktiv wird, müssen Sie einen Fehlerbehandlungscode einbeziehen. Dies bedeutet normalerweise, daß die Anwendung das Formular so lange nicht verlassen darf (oder allgemeiner, nicht die aktive Umgebung ändern darf), bis der Benutzer den gemeldeten Fehler entweder korrigiert oder die Aktualisierung abbricht.

Entfernen einer Tabelle mit dazugehörigen Regeln aus einer Datenbank

Wenn Sie eine Tabelle aus einer Datenbank entfernen oder löschen, werden sämtliche mit ihr verbundenen Gültigkeitsregeln auf Feld- und Datensatzebene aus der Datenbank gelöscht. Da diese Regeln in der .dbc-Datei gespeichert sind, wird die Verknüpfung zwischen der .dbf-Datei und ihrer .dbc-Datei beim Entfernen einer Tabelle aus der Datenbank aufgehoben. Gespeicherte Prozeduren, auf die die entfernte oder gelöschte Regel Bezug nimmt, werden dagegen nicht gelöscht. Sie werden nicht automatisch entfernt, weil sie eventuell von den Regeln in anderen in der Datenbank verbliebenen Tabellen benötigt werden.

Verwenden von Triggern

Ein Trigger ist ein Ausdruck, der an eine Tabelle gebunden ist und aufgerufen wird, wenn Datensätze in der Tabelle durch einen der festgelegten Datenänderungsbefehle geändert werden. Mit Hilfe von Triggern lassen sich alle Operationen mit Seiteneffekten durchführen, die für eine Datenbankanwendung beim Ändern von Daten erforderlich sind. So können Sie mit Triggern beispielsweise folgende Aktionen ausführen:

- Protokollieren von Datenbankänderungen
- Durchsetzen von referentieller Integrität
- Automatisches Neubestellen eines Artikels, der im Lager nicht mehr ausreichend vorhanden ist

Trigger werden als Eigenschaften für eine bestimmte Tabelle erstellt und gespeichert. Wenn Sie eine Tabelle aus einer Datenbank entfernen, werden die mit dieser Tabelle verbundenen Trigger gelöscht. Trigger werden aktiv, nachdem alle anderen Prüfungen, wie Gültigkeitsregeln, Durchsetzung des Primärschlüssels und Durchsetzung des Nullwertes, durchgeführt worden sind. Im Gegensatz zu Gültigkeitsregeln auf Feld- und Datensatzebene werden Trigger bei zwischengespeicherten Daten nicht aktiv.

Erstellen von Triggern

Trigger werden im Tabellen-Designer oder mit dem Befehl **CREATE TRIGGER** erstellt. Bei jeder Tabelle können Sie für jedes der drei folgenden Ereignisse einen einzigen Trigger erstellen: **INSERT**, **UPDATE** und **DELETE**. Ein Tabelle kann maximal 3 Trigger gleichzeitig haben. Ein Trigger muß einen der Werte Wahr (.T.) oder Falsch (.F.) zurückgeben.

▶ **So erstellen Sie einen Trigger**

- Geben Sie im Tabellen-Designer auf der Registerkarte **Tabelle** den Trigger-Ausdruck oder den Namen einer gespeicherten Prozedur, die einen Trigger-Ausdruck enthält, im Feld **Insert-Trigger**, **Update-Trigger** oder **Delete-Trigger** ein.

    – oder –

- Verwenden Sie den Befehl CREATE TRIGGER.

Beispielsweise möchte die Tasmanische Handelsgesellschaft bei jedem Verkauf eines Artikels den Lagerbestand im Feld Units_in_stock mit dem Mindestbestand im Feld Reorder_level vergleichen und informiert werden, wenn der betreffende Artikel nachbestellt werden muß. Zu diesem Zweck könnten Sie in der Tabelle products einen Update-Trigger erstellen. Dann wird der Update-Trigger bei jedem verkauften Stück dieses Artikels aufgerufen und der Wert im Feld Units_in_stock auf den neuen Lagerbestand gesetzt.

Um Ihren Trigger zu erstellen, können Sie updProductsTrigger( ) als Update-Trigger für die Tabelle products festlegen. Sie können products das neue Feld reorder_amount hinzufügen, in dem die Anzahl des Artikels gespeichert ist, die Sie jedes Mal nachbestellen möchten, und eine Tabelle reorder mit den Feldern product_id und reorder_amount erstellen. Anschließend können Sie folgenden Code der gespeicherten Prozedur hinzufügen:

```
PROCEDURE updProductsTrigger
    IF (units_in_stock+units_on_order) <= reorder_level
    INSERT INTO Reorder VALUES(Products.product_id, ;
```

```
Products.reorder_amount)
   ENDIF
ENDPROC
```

Ähnliche Trigger können Sie für eines der Ereignisse **Insert** oder **Delete** erstellen, indem Sie statt der Klausel FOR UPDATE die Klausel FOR INSERT bzw. die Klausel FOR DELETE verwenden. Wenn Sie einen Trigger zu erstellen versuchen, der für ein bestimmtes Ereignis und eine bestimmte Tabelle bereits existiert, und SET SAFETY auf ON gesetzt ist, fragt Visual FoxPro, ob Sie den vorhandenen Trigger überschreiben möchten.

Entfernen oder Löschen von Triggern

Sie können einen Trigger aus einer Datenbanktabelle entweder in der Benutzeroberfläche oder mit dem Befehl **DELETE TRIGGER** entfernen.

▶ **So löschen Sie einen Trigger**

- Wählen Sie im Tabellen-Designer auf der Registerkarte **Tabelle** den Trigger-Ausdruck im Feld **INSERT-Trigger**, **UPDATE-Trigger** oder **DELETE-Trigger**, und löschen Sie ihn.

    – oder –

- Verwenden Sie den Befehl DELETE TRIGGER.

Beispielsweise entfernt der folgende Code den Update-Trigger für die Tabelle customer:

```
DELETE TRIGGER ON customer FOR UPDATE
```

Wenn Sie eine Tabelle aus einer Datenbank entfernen oder löschen, werden alle an diese Tabelle gebundenen Trigger aus der Datenbank gelöscht. Gespeicherte Prozeduren, auf die der entfernte oder gelöschte Trigger Bezug nimmt, werden dagegen nicht gelöscht.

Ändern von Triggern

Sie können Trigger im Tabellen-Designer oder mit Hilfe der Sprache ändern.

▶ **So ändern Sie einen Trigger**

- Geben Sie im Tabellen-Designer auf der Registerkarte **Tabelle** den neuen Trigger-Ausdruck im Feld **INSERT-Trigger**, **UPDATE-Trigger** oder **DELETE-Trigger** ein.

    – oder –

- Geben Sie den Befehl SET SAFETY OFF ein, und verwenden Sie anschließend den Befehl CREATE TRIGGER.

Wenn Sie einen Trigger ändern, indem Sie zuerst den Befehl SET SAFETY **OFF** ausgeben und dann den Trigger neu erstellen, wird der alte Trigger-Ausdruck automatisch gelöscht und durch den neuerstellten Trigger-Ausdruck ersetzt.

Verwenden von Triggern zum Erstellen von referentieller Integrität

Visual FoxPro enthält einen Assistenten für referentielle Integrität zum Erstellen von Triggern und gespeicherten Prozeduren, die die referentielle Integrität (RI) für Ihre Datenbank durchsetzen. Weitere Informationen über den Assistenten für Referentielle Integrität finden Sie unter „Assistent für Referentielle Integrität" in der Hilfe oder in Kapitel 6, „Erstellen von Datenbanken".

Ändern der Tabellenstruktur

Nachdem Sie eine Tabelle erstellt haben, können Sie deren Struktur und Eigenschaften jederzeit ändern. Auf Wunsch können Sie Feldnamen, Feldbreiten und Datentypen hinzufügen, ändern oder löschen, Standardwerte oder Regeln ändern oder aber Kommentare oder Beschriftungen hinzufügen.

Sie können entweder den Tabellen-Designer öffnen, um die Struktur Ihrer Tabelle zu ändern, oder die Änderungen programmgesteuert mit dem Befehl **ALTER TABLE** vornehmen. Stellen Sie dabei sicher, daß nur Sie vor dem Ändern der Struktur Zugriff auf die Tabelle haben.

▶ **So ändern Sie die Struktur einer Tabelle mit dem Tabellen-Designer**

- Klicken Sie im Projekt-Manager auf den gewünschten Tabellennamen und anschließend auf **Ändern**.

  – oder –

- Klicken Sie im Datenbank-Designer auf die gewünschte Tabelle im Datenbankschema, und klicken Sie anschließend im Menü **Datenbank** auf **Ändern**.

  – oder –

- Verwenden Sie den Befehl MODIFY STRUCTURE.

Beispielsweise können Sie die Struktur der Datenbanktabelle employee mit den folgenden Befehlen ändern:

```
OPEN DATABASE testdata
USE employee EXCLUSIVE
MODIFY STRUCTURE
```

Jede der obengenannten Optionen öffnet den Tabellen-Designer.

▶ **So ändern Sie die Struktur einer Tabelle programmgesteuert**

- Verwenden Sie den Befehl ALTER TABLE.

Der Befehl **ALTER TABLE** bietet zahlreiche Klauseln, die es Ihnen ermöglichen, Tabellenfelder hinzuzufügen oder zu entfernen, Primärschlüssel, eindeutige Schlüssel oder Fremdschlüssel zu erstellen oder zu entfernen sowie bereits vorhandene Felder umzubenennen. Einige dieser Klauseln beziehen sich nur auf Tabellen, die mit einer Datenbank verbunden sind. In diesem Abschnitt finden Sie einige spezifische Beispiele. Weitere Informationen über „ALTER TABLE" und dessen Klauseln finden Sie in der Hilfe.

Hinzufügen von Feldern

Sie können einer Tabelle ein neues Feld entweder mit dem Tabellen-Designer oder mit der Sprache hinzufügen.

▶ So fügen Sie einer Tabelle ein Feld hinzu

- Klicken Sie im Tabellen-Designer auf **Einfügen**.

  – oder –

- Verwenden Sie den Befehl ALTER TABLE mit der Klausel ADD COLUMN.

Beispielsweise fügt der folgende Befehl der Tabelle customer das Feld fax hinzu und ermöglicht die Eingabe von Nullwerten in diesem Feld:

```
ALTER TABLE customer ADD COLUMN fax c(20) NULL
```

Löschen von Feldern

Sie können ein vorhandenes Feld entweder mit dem Tabellen-Designer oder mit der Sprache aus einer Tabelle löschen.

▶ So löschen Sie ein Feld aus einer Tabelle

- Klicken Sie im Tabellen-Designer auf das zu löschende Feld und anschließend auf **Löschen**.

  – oder –

- Verwenden Sie den Befehl ALTER TABLE mit der Klausel DROP COLUMN.

Beispielsweise entfernt der folgende Befehl das Feld fax aus der Tabelle customer:

```
ALTER TABLE customer DROP COLUMN fax
```

Beim Entfernen eines Feldes aus einer Tabelle werden auch die Einstellung für dessen Standardwert, seine Regeldefinitionen und Beschriftung entfernt. Für den Fall, daß Index- oder Triggerausdrücke auf das Feld verweisen, werden diese Ausdrücke ungültig, sobald das Feld gelöscht wurde. Der ungültige Index- oder Trigger-Ausdruck indiziert erst zur Laufzeit einen Fehler.

Umbenennen von Feldern

Es gibt zwei Möglichkeiten, bereits vorhandene Tabellenfelder umzubenennen.

▶ So benennen Sie ein Tabellenfeld um

- Geben Sie im Tabellen-Designer im Feld **Name** für das vorhandene Feld einen neuen Feldnamen ein.

  – oder –

- Verwenden Sie den Befehl ALTER TABLE mit der Klausel RENAME COLUMN.

Beispielsweise könnten Sie den folgenden Befehl verwenden, um die Spalte company in der Tabelle customer umzubenennen:

```
ALTER TABLE customer RENAME COLUMN company TO company_long_new_name
```

Im vorstehenden Beispiel wurde für den neuen Feldnamen die Möglichkeit zum Erstellen von langen Feldnamen in Datenbanktabellen genutzt.

Festlegen oder Ändern von Gültigkeitsregeln auf Feld- oder Datensatzebene

Sie können neue Ausdrücke für Gültigkeitsregeln auf Feld- oder Datensatzebene und neuen Gültigkeitstext festlegen sowie Regeln und Text ändern, die mit den Befehlen **CREATE TABLE** oder **ALTER TABLE** erstellt wurden.

▶ **So ändern Sie eine vorhandene Gültigkeitsregel**

- Klicken Sie im Tabellen-Designer auf die Registerkarte **Tabelle**, und geben Sie unter **Gültigkeitsregel für Datensatz** den neuen Ausdruck und Text für die Gültigkeitsregel in den Feldern **Regel** bzw. **Meldung** ein.

    – oder –

- Verwenden Sie den Befehl ALTER TABLE.

Mit der Funktion DBGETPROP( ) können Sie die aktuelle Regel und Meldung anzeigen. Diese Werte sind für Tabellen schreibgeschützt und können nur mit dem Befehl **ALTER TABLE** geändert werden.

Festlegen oder Ändern von Standardwerten

Nachdem Sie Ihre Tabelle erstellt haben, können Sie die Standardwerte für Tabellenfelder festlegen oder ändern.

▶ **So ändern Sie einen vorhandenen Standardwert**

- Geben Sie im Tabellen-Designer den neuen Wert auf der Registerkarte **Felder** im Feld **Standardwert** ein.

    – oder –

- Verwenden Sie den Befehl ALTER TABLE.

Mit der Funktion DBGETPROP( ) können Sie den aktuellen Standardwert für ein Feld anzeigen. Diese Werte sind für Tabellen schreibgeschützt und können nur mit dem Befehl **ALTER TABLE** geändert werden.

Arbeiten mit Datensätzen

Sobald Sie die Struktur für eine Tabelle entworfen und erstellt haben, können Sie in der Tabelle Daten speichern, indem Sie neue Datensätze hinzufügen. Später ändern oder löschen Sie bereits vorhandene Datensätze. Jede dieser Aufgaben läßt sich entweder in der Benutzeroberfläche oder mit Befehlen ausführen. In diesem Abschnitt wird in erster Linie das programmgesteuerte Arbeiten mit Datensätzen beschrieben. Weitere Informationen über das Arbeiten mit Datensätzen in der Benutzeroberfläche finden Sie im *Online-Benutzerhandbuch*, in Kapitel 2, „Erstellen von Tabellen und Indizes".

Hinzufügen von Datensätzen

Wenn Sie eine Visual FoxPro-Tabelle zum ersten Mal erstellen, ist diese geöffnet, jedoch leer. Falls Sie versuchen, Daten in einer Tabelle zu speichern, ohne darin zunächst einen Datensatz zu erstellen, geschieht nichts. Um in einer neuen Tabelle Datensätze hinzuzufügen, müssen Sie zuerst Zeilen zum Speichern der neuen Daten hinzufügen.

▶ **So fügen Sie einer Tabelle Datensätze hinzu**

- Verwenden Sie den Befehl INSERT – SQL.

Mit dem Befehl INSERT – SQL können Sie die in ihm enthaltenen Werte oder aber Werte aus einem Datenfeld oder einer Variablen einfügen. Beispielsweise könnten Sie einen neuen Datensatz in die Tabelle customer der Datenbank der Tasmanischen Handelsgesellschaft einfügen, indem Sie den folgenden Befehl verwenden:

```
INSERT INTO customer (cust_id, company, contact) ;
   VALUES ("SMI007", "Smith's Delicatessen", "Sarah Smith")
```

Der Befehl **INSERT – SQL** ist zweckmäßig bei Remote-Daten, da er eine ANSI-konforme SQL-Syntax verwendet. Weitere Informationen über „INSERT – SQL" finden Sie in der Hilfe.

Sie können auch den Befehl **APPEND BLANK** gefolgt vom Befehl **REPLACE** verwenden, um einer Tabelle einen leeren Datensatz hinzuzufügen und dann Daten in einem Feld zu speichern. Der Befehl **APPEND BLANK** fügt einer Tabelle einen neuen, leeren Datensatz an. Anschließend ersetzt der Befehl **REPLACE** den aktuellen Wert eines (sogar leeren) Feldes durch einen neuen Wert.

Für den Befehl **REPLACE** ist folgendes erforderlich:

- eine geöffnete Tabelle
- ein vorhandener Datensatz
- der Name des Feldes, in dem der Wert gespeichert werden soll
- ein Wert für jedes Feld, der für den Datentyp des Feldes gültig ist

Im folgenden Beispiel erstellt der Befehl APPEND BLANK einen Datensatz, in dem Sie mit dem Befehl **REPLACE** Daten speichern können:

```
APPEND BLANK                && Der Datensatz ist nun verfügbar
REPLACE lastname WITH "SMITH"    && Speichern des Zeichenwerts in dem Feld
```

Zum Aktualisieren von Datensätzen in einer Tabelle können Sie den Befehl UPDATE – SQL statt des Befehls **REPLACE** verwenden. Informationen über „UPDATE – SQL" finden Sie in der Hilfe.

Anfügen von Datensätzen aus einer anderen Tabelle

Ein anderes Verfahren zum Speichern von Daten in Datensätzen ist das Kopieren aus anderen Tabellen oder Dateien. So können Sie beispielsweise Datensätze aus einer anderen Tabelle oder Datei anfügen.

▶ **So fügen Sie Datensätze aus einer anderen Datei an**

- Verwenden Sie den Befehl **APPEND FROM**.

  – oder –

- Verwenden Sie den Befehl **IMPORT**.

Datensätze können Daten wie im vorstehenden Beispiel, wo der Befehl **INSERT** den in bestimmte Felder der Tabelle customer einzufügenden Text angab, direkt übernehmen. Daten können aber auch aus Konstanten, Variablen, Datenfeldern, Objekten oder anderen Datenquellen stammen. Weitere Informationen über andere Verfahren zum Importieren von Daten finden Sie im *Online-Benutzerhandbuch*, in Kapitel 9, „Importieren und Exportieren von Daten".

Hinzufügen von Datensätzen im Datenblattmodus

Wenn Sie einen neuen Datensatz hinzufügen möchten, während Sie eine Tabelle im Datenblattmodus anzeigen, klicken Sie im Menü Tabelle auf **Neuen Datensatz anfügen**. Möchten Sie dagegen verhindern, daß Benutzende einen neuen Datensatz anfügen, während der Datenblattmodus aktiv ist, können Sie den Befehl BROWSE mit der Klausel NOAPPEND verwenden. Weitere Informationen über „BROWSE" finden Sie in der Hilfe.

Eingeben von Daten in eine Tabelle

Sie können Daten entweder interaktiv in einem Datenblattfenster oder programmgesteuert mit den Befehlen REPLACE oder UPDATE – SQL in einer Tabelle eingeben. Wenn Sie **REPLACE** oder **UPDATE – SQL** in einer Mehrbenutzeranwendung einsetzen, können Sie die Datensatz- oder Tabellenpufferung aktivieren. Hierdurch können Daten bearbeitet werden, ohne den Datensatz bis zur Übergabe der Änderungen sperren zu müssen. Weitere Informationen über Datensatz- und Tabellenpufferung finden Sie in Kapitel 17, „Programmieren für gemeinsamen Zugriff".

Bearbeiten von Datensätzen in einer Tabelle

Sie können die in einer Tabelle bereits vorhandenen Datensätze entweder in der Benutzeroberfläche oder programmgesteuert anzeigen und bearbeiten.

▶ **So zeigen Sie Datensätze zum Bearbeiten an**

- Verwenden Sie den Befehl EDIT.

  – oder –

- Verwenden Sie den Befehl CHANGE.

Beispielsweise zeigt der folgende Code die Tabelle customer in einem Datenblattfenster im Bearbeitungsmodus an:

```
USE customer
EDIT
```

Wenn Sie einen Datensatz in einem Formular bearbeiten möchten, erstellen Sie in Ihrem Formular ein Textfeld und stellen Sie seine Eigenschaft **DataSource** auf den Namen der zu bearbeitenden Tabelle ein. Weitere Informationen über Formulare finden Sie in Kapitel 9, „Erstellen von Formularen".

Änderungen in einzelnen Feldern einer Tabelle können Sie auch mit den Befehlen CHANGE und EDIT durchführen. Informationen über „CHANGE" und „EDIT" finden Sie in der Hilfe.

Hinzufügen von Grafiken zu einer Tabelle

Sie können Grafiken in einer Visual FoxPro-Tabelle speichern, indem Sie ein Feld vom Typ „Objekt" erstellen und in das Feld OLE-Objekte, wie Bitmaps oder Diagramme, importieren oder einfügen. Der Befehl APPEND GENERAL überträgt ein OLE-Objekt in ein Feld vom Typ „Objekt". Das folgende Beispiel speichert eine Microsoft Excel-Diagrammdatei aus dem Visual FoxPro-Standardverzeichnis in einem Feld vom Typ „Objekt" namens **Chart**:

```
APPEND GENERAL Chart FROM "CHART1.CLX" CLASS EXCELCHART
```

Weitere Informationen über das Arbeiten mit OLE-Objekten in Visual FoxPro-Tabellen finden Sie in Kapitel 16, „Hinzufügen von OLE".

Eingeben von Nullwerten in Feldern

Sie können in einem Feld einen Nullwert mit der Programmiersprache, mit dem NULL-Token oder in der Benutzeroberfläche mit einer Tastenkombination eingeben, wenn das Feld Nullwerte zuläßt.

▶ **So speichern Sie einen Nullwert in einem Feld**

- Drücken Sie in einem Datenblattfenster oder einem Formular-Steuerelement STRG+0 (Null).

  – oder –

- Verwenden Sie das NULL-Token.

Beispielsweise ersetzt der folgende Code den vorhandenen Wert im Feld automobile durch einen Nullwert:

```
REPLACE automobile WITH NULL
```

Anmerkung: Verwenden Sie zum Festlegen des Textes, der für Nullwerte angezeigt werden soll, den Befehl SET NULLDISPLAY.

Löschen von Datensätzen

Datensätze löschen Sie, indem Sie sie erst zum Löschen markieren und dann die gelöschten Datensätze entfernen. Bis Sie die zum Löschen markierten Datensätze entfernen, bleiben diese weiterhin auf dem Datenträger gespeichert. Ihre Löschmarkierung kann aufgehoben und sie können wiederhergestellt werden. Dieser Abschnitt beschreibt, wie Sie Datensätze zum Löschen markieren, ihre Löschmarkierung wieder aufheben und Datensätze endgültig aus Ihrer Tabelle entfernen.

Markieren von Datensätzen zum Löschen

Sie können Datensätze entweder auf der Benutzeroberfläche oder mit dem Befehl DELETE – SQL zum Löschen markieren.

▶ **So markieren Sie einen Datensatz zum Löschen**

- Klicken Sie in einem Datenblattfenster auf die Löschmarkierung, um den zu löschenden Datensatz zu kennzeichnen.

    – oder –

- Klicken Sie im Menü Tabelle auf **Datensätze löschen**.

    – oder –

- Verwenden Sie den Befehl DELETE – SQL.

Mit dem Befehl **DELETE – SQL** können Sie einen Bereich von Datensätzen sowie eine auf einem logischen Ausdruck basierende Bedingung angeben, die Datensätze erfüllen müssen, damit sie zum Löschen markiert werden. Beispielsweise markiert der folgende Code alle Datensätze mit „T" im Feld Discontinu der Tabelle products zum Löschen:

```
USE products
DELETE FROM products WHERE discontinu = .T.
BROWSE
```

Datensätze, die Sie zum Löschen markieren, werden physisch erst vom Datenträger gelöscht, wenn Sie den Befehl PACK ausführen. Wenn Sie die Tabelle im Datenblattfenster anzeigen, sehen Sie, daß jeder gelöschte Datensatz mit der Löschmarkierung gekennzeichnet ist. Falls SET DELETED auf OFF gesetzt ist, bleibt der Datensatz in der Tabelle jedoch weiterhin sichtbar. Ist **SET DELETED** dagegen auf ON gesetzt, werden die zum Löschen markierten Datensätze aus dem Datenblattfenster entfernt.

Die Einstellung des Befehls **SET DELETED** wirkt sich auch darauf aus, ob Befehle, die Operationen an Datensätzen durchführen, auf zum Löschen markierte Datensätze zugreifen können. Weitere Informationen über „SET DELETED" finden Sie in der Hilfe.

Zurückrufen von Datensätzen, die zum Löschen markiert wurden

Sie können die Markierung von Datensätzen, die zum Löschen markiert wurden, mit dem Befehl **RECALL** wieder aufheben. Der Befehl RECALL kann Datensätze nur dann wiederherstellen, wenn Sie nicht einen der Befehle **PACK** oder **ZAP** ausgegeben haben, der die Datensätze physisch aus der Tabelle löscht.

▶ **So heben Sie die Löschmarkierung eines Datensatzes auf**

- Klicken Sie in einem Datenblattfenster auf die Löschmarkierung, um die Markierung des Datensatzes aufzuheben.

    – oder –

- Klicken Sie im Menü Tabelle auf **Löschen rückgängig**.

    – oder –

- Verwenden Sie den Befehl RECALL.

Mit dem Befehl **RECALL** können Sie einen Bereich von Datensätzen sowie eine auf einem logischen Ausdruck basierende Bedingung angeben, die Datensätze erfüllen müssen, damit ihre Löschmarkierung wieder aufgehoben wird. Beispielsweise hebt der folgende Code die Löschmarkierung aller Datensätze mit „T" im Feld discontinu der Tabelle products auf:

```
USE products
RECALL FOR discontinu = .T.
BROWSE
```

Wenn Sie sich die Tabelle im Datenblattfenster anschauen, sehen Sie, daß die Datensätze nicht mehr mit der Löschmarkierung gekennzeichnet sind.

Entfernen von Datensätzen, die zum Löschen markiert wurden

Nachdem Sie Datensätze zum Löschen markiert haben, können Sie sie entweder in der Benutzeroberfläche oder mit der Sprache endgültig vom Datenträger entfernen.

▶ **So entfernen Sie zum Löschen markierte Datensätze vom Datenträger**

- Klicken Sie in einem Datenblattfenster im Menü **Tabelle** auf **Markierte Datensätze entfernen**.

– oder –

- Verwenden Sie den Befehl PACK.

Für den Befehl **PACK** gibt es zwei Klauseln: MEMO und DBF. Wenn Sie **PACK** ohne die Klausel MEMO oder DBF ausgeben, werden Datensätze sowohl in der Tabellendatei als auch in der dazugehörigen Memodatei entfernt. Stellen Sie dabei sicher, daß nur Sie Zugriff auf die Tabelle haben. Beispielsweise entfernt der folgende Code Datensätze, die zum Löschen markiert wurden:

```
USE customer EXCLUSIVE
PACK
```

Wenn Sie Datensätze nur in der Tabellendatei löschen und die Memodatei unverändert beibehalten möchten, verwenden Sie **PACK DBF**. Weitere Informationen über „PACK" finden Sie in der Hilfe.

Speicherplatz sparen

Die Informationen in Memofeldern von Tabellen werden in einer dazugehörigen Memodatei unter demselben Namen wie die Tabelle gespeichert. Diese Datei hat die Erweiterung .fpt. Wenn Sie nichtbelegten Speicherplatz aus der Memodatei entfernen, jedoch Datensätze, die zum Löschen markiert sind, nicht entfernen möchten, geben Sie den Befehl PACK mit der Klausel MEMO aus. Stellen Sie dabei sicher, daß nur Sie Zugriff auf die Tabelle haben.

Entfernen aller Datensätze aus einer Tabelle

Wenn Sie alle Datensätze aus einer Tabelle entfernen und nur die Tabellenstruktur beibehalten möchten, können Sie den Befehl ZAP verwenden. **ZAP** hat die gleiche Wirkung wie **DELETE ALL** und **PACK**, ist jedoch wesentlich schneller. Stellen Sie dabei sicher, daß nur Sie Zugriff auf die Tabelle haben.

Vorsicht: Datensätze, die aus der aktuellen Tabelle mit **ZAP** entfernt wurden, können nicht zurückgeholt werden.

Informationen über „ZAP" finden Sie in der Hilfe.

Indizieren von Tabellen

Wenn Sie durch die Datensätze einer Tabelle in einer bestimmten Reihenfolge navigieren, sie anzeigen oder bearbeiten möchten, verwenden Sie einen Index. Visual FoxPro bietet Ihnen mit Indizes als Sortierverfahren ein flexibles und leistungsstarkes Tool zum Entwickeln Ihrer Anwendung. Sie haben die Flexibilität, viele verschiedene Indexschlüssel für dieselbe Tabelle zu erstellen und zu verwenden. Auf diese Weise können Sie mit Datensätzen je nach den Anforderungen Ihrer Anwendung in unterschiedlichen Reihenfolgen arbeiten. Sie haben die Möglichkeit, benutzerdefinierte Beziehungen zwischen Tabellen auf der Basis ihrer Indizes zu erstellen und so auf die gewünschten Datensätze zuzugreifen.

Ein Visual FoxPro-Index ist eine Datei mit Zeigern, die nach den Werten eines Indexschlüssels logisch sortiert sind. Die Indexdatei ist von der .dbf-Datei der Tabelle unabhängig und ändert nicht die physische Reihenfolge der Datensätze in der Tabelle. Statt dessen erstellen Sie beim Erstellen eines Indexes eine Datei, die Zeiger zu den Datensätzen in der .dbf-Datei verwaltet. Wenn Sie mit den Datensätzen einer Tabelle in einer bestimmten Reihenfolge arbeiten möchten, wählen Sie einen Index, der die Reihenfolge steuert und die Geschwindigkeit erhöht, in der Sie die Tabelle ansehen und auf sie zugreifen werden.

Erstellen eines Indexes

Wenn Sie eine Tabelle zum ersten Mal erstellen, erstellt Visual FoxPro die .dbf-Datei der Tabelle und, falls Ihre Tabelle Memofelder oder Felder vom Typ „Objekt" enthält, die dazugehörige .fpt-Datei. Sie können während der Definition eines Feldes wählen, ob Sie einen Index hinzufügen möchten oder ob zu diesem Zeitpunkt keine Indexdateien erstellt werden sollen. Neu eingegebene Datensätze werden in einer Tabelle in der Reihenfolge der Eingabe gespeichert und beim Durchsuchen der neuen Tabelle in dieser Reihenfolge angezeigt.

Normalerweise möchten Sie sich die Datensätze Ihrer neuen Tabelle jedoch in einer bestimmten Reihenfolge ansehen und so darauf zugreifen können. So möchten Sie sich zum Beispiel die Datensätze Ihrer Kundentabelle in alphabetischer Reihenfolge nach Firmennamen sortiert ansehen. Wenn Sie die Reihenfolge steuern möchten, in der Datensätze angezeigt werden und darauf zugegriffen wird, erstellen Sie für Ihre Tabelle eine Indexdatei, indem Sie den ersten Indexschlüssel erstellen. Anschließend können Sie die Reihenfolge der Tabelle für den neuen Indexschlüssel festlegen und in dieser neuen Reihenfolge auf die Datensätze der Tabelle zugreifen.

▶ **So erstellen Sie einen Indexschlüssel für eine Tabelle**

- Klicken Sie im Tabellen-Designer auf die Registerkarte **Indizes**, und geben Sie die Informationen für einen einzigen Indexschlüssel ein. Wählen Sie als Indextyp **Einfach** aus.

– oder –

- Verwenden Sie den Befehl INDEX.

Beispielsweise verwendet der folgende Code die Tabelle customer und erstellt einen Indexschlüssel für das Feld city. Das Schlüsselwort TAG und das darauf folgende Wort „city" legen einen Namen oder Schlüssel für den neuen Indexschlüssel des Feldes „city" fest.

```
USE customer
INDEX ON city TAG city
```

Im vorstehenden Beispiel wird für den Indexschlüssel derselbe Name wie für das indizierte Feld verwendet. Sie könnten dem Indexschlüssel auf Wunsch auch einen anderen Namen geben.

Wenn Sie zunächst einen Index mit dem Befehl **INDEX** erstellen, verwendet Visual FoxPro automatisch diesen neuen Index, um die Reihenfolge der Datensätze in der Tabelle festzulegen. Haben Sie beispielsweise in die im vorstehenden Beispiel erstellte Tabelle einige Daten eingegeben und durchsuchen dann die Tabelle, werden die Datensätze nach dem Feld „city" sortiert angezeigt.

Erstellen einer Indexdatei

Während Sie im vorhergehenden Beispiel den ersten Indexschlüssel für Ihre Tabelle erstellt haben, hat Visual FoxPro automatisch die neue Datei **CUSTOMER.CDX** erstellt, um den neuen Indexschlüssel zu speichern. Die .CDX-Indexdatei, die als strukturierter komprimierter Mehrfachindex bezeichnet wird, ist der gebräuchlichste und wichtigste Indexdateityp, den Sie in Visual FoxPro erstellen. Die strukturierte .cdx-Datei:

- wird beim Öffnen einer Tabelle automatisch geöffnet
- kann in derselben Indexdatei mehrere Indexschlüssel enthalten
- wird automatisch verwaltet, während Sie Datensätze in der Tabelle hinzufügen, ändern oder löschen

Falls eine Visual FoxPro-Tabelle überhaupt mit einer Indexdatei verbunden ist, handelt es sich dabei normalerweise um eine strukturierte .cdx-Datei. Der Begriff „strukturiert" besagt, daß Visual FoxPro die Datei als einen wesentlichen Bestandteil der Tabelle betrachtet und sie automatisch öffnet, wenn Sie mit der Tabelle arbeiten. Unabhängig davon, ob Sie den Tabellen-Designer oder, wie im vorhergehenden Beispiel gezeigt, die einfachste Form des Befehls **INDEX** verwenden, erstellt Visual FoxPro die .cdx-Datei mit demselben Basisnamen wie die aktuelle Tabelle und speichert darin die Indexinformationen für den neuen Schlüssel. Sie können die strukturierte .cdx-Datei für häufig eingesetzte Indexschlüssel, wie diejenigen zum Sortieren von Datensätzen für tägliche Ansicht, Dateneingabe, SET RELATION-Verknüpfungen, Rushmore™-Optimierung beim Anzeigen von Datensätzen oder häufig gedruckte Berichte, verwenden.

Visual FoxPro bietet Ihnen zwei weitere Indexdateitypen: die nichtstrukturierte .cdx-Datei und die .idx-Datei mit einem einzigen Schlüssel. Da der strukturierte komprimierte .cdx-Mehrfachindex der wichtigste Indextyp ist, zeigen die meisten Beispiele in diesem Abschnitt, wie Datensätze in Tabellen mit Hilfe von Indexschlüsseln der .cdx-Datei sortiert werden. Die beiden anderen Indexdateitypen werden weniger häufig verwendet und deshalb erst am Ende dieses Abschnitts erläutert.

Ansehen von Indexinformationen

Sie können während des Indiziervorgangs sehen, wie viele Datensätze indiziert werden, indem Sie TALK auf ON setzen. Das während des Indizierens angezeigte Datensatzintervall kann mit SET ODOMETER festgelegt werden. Weitere Informationen über geöffnete Indexdateien finden Sie, wenn Sie DISPLAY STATUS verwenden. Dieser Befehl listet die Namen aller geöffneten Indexdateien, ihre Typen (strukturiert, .cdx oder .idx), ihre Indexausdrücke sowie den Namen der Hauptindexdatei oder des Hauptindexschlüssels auf.

Die Anzahl der Indexdateien (.idx oder .cdx), die Sie öffnen können, wird nur durch die Kapazität des Arbeitsspeichers und die Systemressourcen begrenzt.

Steuern von Duplikatwerten

Visual FoxPro unterstützt vier Indextypen: primär, potentiell, eindeutig und einfach. Diese Indextypen steuern, ob Duplikatwerte in Tabellenfeldern und Datensätzen zulässig oder unzulässig sind.

Verhindern von Duplikatwerten

Ein Primärindex ist ein Index, bei dem Duplikatwerte in den angegebenen Feldern oder dem angegebenen Ausdruck niemals zulässig sind. Primärindizes werden prinzipiell in der Primärtabelle (referenzierten Tabelle) zum Herstellen von referentieller Integrität in einer persistenten Beziehung verwendet. Sie können für eine Tabelle nur einen Primärindex erstellen. Wenn Sie einen Primärindex für ein Feld festlegen, das bereits Duplikatdaten enthält, gibt Visual FoxPro einen Fehler zurück.

Ein potentieller Index ist ein Index, bei dem ebenfalls Duplikatwerte in den angegebenen Feldern oder dem angegebenen Ausdruck niemals zulässig sind. Die Bezeichnung „potentiell" bezieht sich auf den Status des Indexes. Da potentielle Indizes niemals Duplikatwerte zulassen, sind sie „potentielle" Primärindizes für Tabellen.

Sie können mehrere potentielle Indizes für eine Tabelle erstellen. Potentielle Indizes verwenden Sie in einer persistenten Beziehung entweder als referenzierten oder als referenzierenden Index zum Herstellen von referentieller Integrität.

Wenn Sie einen potentiellen Index für ein Feld festlegen, das bereits Duplikatdaten enthält, gibt Visual FoxPro einen Fehler zurück.

Festlegen eines primären oder potentiellen Indexes

Sie erstellen primäre und potentielle Indizes mit den Befehlen **CREATE TABLE** oder **ALTER TABLE**. Auf der Seite „1" einer 1:n- oder in einer persistenten 1:1-Beziehung können Sie sowohl primäre als auch potentielle Indizes verwenden.

▶ **So erstellen Sie einen primären oder potentiellen Index**

- Klicken Sie im Tabellen-Designer auf die Registerkarte **Indizes**, und erstellen Sie einen Index, indem Sie als Indextyp **Primär** oder **Potentiell** wählen.

– oder –

- Verwenden Sie den Befehl ALTER TABLE.

Beispielsweise legt jeder der folgenden Befehle das Feld cust_id als Primärschlüssel für die Tabelle customer fest:

```
ALTER TABLE customer ADD PRIMARY KEY cust_id TAG cust_id
ALTER TABLE customer ALTER COLUMN cust_id c(5) PRIMARY KEY
```

Primäre und potentielle Indizes werden in einer strukturierten .cdx-Datei für die Tabelle gespeichert. Die Datenbank speichert die Namen der Indizes in der .cdx-Datei unabhängig davon, ob es sich um primäre oder potentielle Indizes handelt. Diese Indextypen können nicht in anderen .cdx-Dateien gespeichert werden. Ferner können keine .idx-Dateien für diese Indextypen verwendet werden. Der Hauptgrund hierfür liegt darin, daß die Indexdatei mit diesen Indizes immer zusammen mit der dazugehörigen Tabelle geöffnet werden muß.

Primärschlüssel sind Teil einer Tabelle innerhalb einer Datenbank. Wird die Verbindung der Tabelle zur Datenbank aufgelöst, wird der Primärschlüssel entfernt.

Wenn Sie in einem mit einer Datenbank verbundenen Indexausdruck eine benutzerdefinierte Funktion (UDF) verwenden, behandelt Visual FoxPro den Ausdruck genauso, wie es Regel- und Triggerausdrücke mit UDFs behandelt.

Zulassen von Duplikatwerten

In Visual FoxPro verhindert ein eindeutiger Index nicht die Erstellung von Duplikatwerten, sondern er speichert nur das erste Vorkommen des Wertes in der Indexdatei. Der Begriff „eindeutig" bezieht sich auf die Einträge in der Indexdatei. Ein Index dieser Art enthält nur eindeutige Werte, da er einen bestimmten Schlüssel nur einmal speichert und alle weiteren Vorkommen eines nichteindeutigen Wertes ab dem zweiten ignoriert. Aus diesem Grunde könnte die nach einem eindeutigen Index indizierte Tabelle Duplikatwerte enthalten. Eindeutige Indextypen sind in erster Linie für Abwärtskompatibilität vorgesehen.

Ein einfacher Index ist ein Index, der nicht eindeutig, primär oder potentiell ist. Sie verwenden einen einfachen Index zum Sortieren und schnellen Suchen von Datensätzen, nicht jedoch, um die Eindeutigkeit der Daten in diesen Datensätzen durchzusetzen. Einen einfachen Index verwenden Sie außerdem als Beziehungspartner „n" einer persistenten 1:n-Beziehung.

So erstellen Sie einen einfachen Index

- Klicken Sie im Tabellen-Designer auf die Registerkarte **Indizes**, und erstellen Sie einen Index, indem Sie als Indextyp **Einfach** wählen.

    – oder –

- Verwenden Sie den Befehl INDEX.

Beispielsweise legen die folgenden Befehle das Feld city als einfachen Indexschlüssel für die Tabelle customer fest:

```
USE customer
INDEX ON city TAG city
```

Erstellen mehrerer Indizes

Wenn Sie mit den Datensätzen in Ihrer Tabelle arbeiten, werden Sie feststellen, daß Sie auf Datensätze in unterschiedlichen Folgen zugreifen müssen. So möchten Sie zum Beispiel die Tabelle customer nach contact sortieren, um schnell einen gesuchten Namen zu finden, oder die Tabelle nach der Postleitzahl sortieren, um Adreßetiketten zu erstellen, die für einen rationelleren Versand vorsortiert werden.

Sie können viele verschiedene Sortiermöglichkeiten für Ihre Tabelle erstellen und speichern, indem Sie für dieselbe Tabelle mehrere Indexschlüssel erstellen. Damit wird es möglich, Datensätze in Tabellen zu unterschiedlichen Zeiten unterschiedlichen Zwecken entsprechend zu sortieren.

So erstellen Sie zusätzliche Indexschlüssel für eine Tabelle

- Klicken Sie im Tabellen-Designer auf die Registerkarte **Indizes**, und geben Sie die Informationen für zusätzliche Indexschlüssel ein.

    – oder –

- Verwenden Sie den Befehl INDEX.

Beispielsweise erstellt der folgende Code zwei neue Indexschlüssel in der Tabelle employee: einen für das Feld last_name und einen anderen für das Feld country.

```
USE employee
INDEX ON last_name TAG last_name
INDEX ON country TAG country
```

Wenn Sie einen Indexnamen erstellen, ohne den Namen einer Indexdatei anzugeben, wird der Name automatisch der strukturierten .cdx-Indexdatei der Tabelle hinzugefügt. Das folgende Schema zeigt eine .cdx-Indexdatei mit drei Indexnamen.

Der .cdx-Index enthält mehrere Namen, die mehrere Möglichkeiten zum Sortieren von Datensätzen darstellen

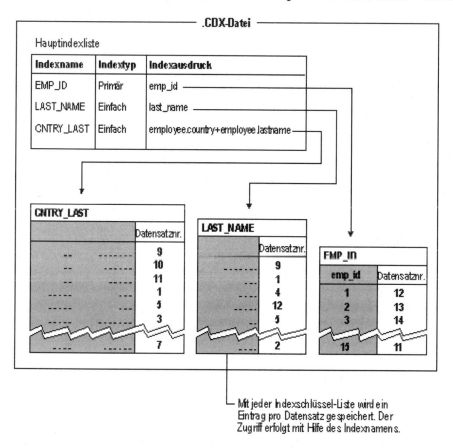

Zwei der Namen im Schema, emp_id und last_name, stellen Indizes dar, die auf einzelnen Feldern basieren. Der Index cntry_last sortiert Datensätze mit Hilfe eines einfachen Zwei-Felder-Indexausdrucks. Weitere Informationen über das Erstellen eines Indexes auf der Basis von mehreren Feldern finden Sie unter „Indizieren nach Ausdrücken" weiter unten in diesem Kapitel.

Steuern der Reihenfolge des Zugriffs auf Datensätze

Nachdem Sie für die Tabelle customer Indexschlüssel in den Feldern company, city und country erstellt haben, können Sie die Tabelle in verschiedenen Reihenfolgen anzeigen und auf sie zugreifen, indem Sie einfach den gewünschten Indexschlüssel wählen. Mit dem Befehl SET ORDER wählen Sie einen bestimmten Indexschlüssel als Sortierschlüssel für die Tabelle.

Beispielsweise öffnet der folgende Code ein Datenblattfenster, das die Datensätze in der Tabelle customer nach Ländern sortiert anzeigt:

```
SET ORDER TO country
BROWSE
```

Festlegen der Reihenfolge von Datensätzen zur Laufzeit

Mit dem Befehl SET ORDER können Sie die Hauptindexdatei bzw. den Hauptindexschlüssel festlegen. Eine Tabelle kann mehrere Indexdateien gleichzeitig geöffnet haben. Sie bestimmen jedoch die Reihenfolge, in der die Datensätze einer Tabelle angezeigt werden oder auf sie zugegriffen wird, indem Sie eine Einfachindexdatei (.idx) (die Hauptindexdatei) oder den Namen aus einer Mehrfachindexdatei (.cdx) (den Hauptindexnamen) als Hauptindex festlegen. Bestimmte Befehle, wie **SEEK**, suchen mit Hilfe des Hauptindexnamens nach Datensätzen. Zum Ausführen von Abfragen müssen Sie den Befehl **SET ORDER** nicht verwenden.

Interaktives Festlegen der Reihenfolge von Datensätzen in einem Formular

Sie können den Befehl SET ORDER zur Laufzeit verwenden, um die Reihenfolge von Datensätzen in einem Formular zu ändern. So möchten Sie es beispielsweise den Benutzenden Ihrer Anwendung ermöglichen, die Datensätze in einem Datenblatt-Steuerelement neu anzuordnen, indem sie auf die Kopfzeile der Spalte klicken, nach der sie sortieren möchten.

▶ **So sortieren Sie die Datensätze in einem Datenblatt-Steuerelement nach Spalten**

1. Erstellen Sie ein Formular mit einem Datenblattsteuerelement.

2. Stellen Sie die Eigenschaft ColumnCount des Datenblattsteuerelements auf die Anzahl der Felder ein, die dort angezeigt werden sollen.

3. Fügen Sie im Click-Ereignis für die Kopfzeile jeder Spalte des Datenblatts Code hinzu, der:

    - für die Reihenfolge der Datensätze einen auf der Spalte basierenden Indexschlüssel festlegt
    - das Formular aktualisiert

Wenn Sie beispielsweise in der Datenbank „Testdata" ein auf der Tabelle „Customer" basierendes Formular mit einem Datenblatt-Steuerelement erstellt haben, das die vier Spalten company, contact, postal_code und phone enthält, würde das Datenblatt-Steuerelement zunächst alphabetisch sortiert angezeigt, weil die Datensätze in dieser Tabelle alphabetisch eingegeben wurden.

Die Tabelle „Customer" in einem Datenblatt-Steuerelement, nach Firmennamen alphabetisch sortiert

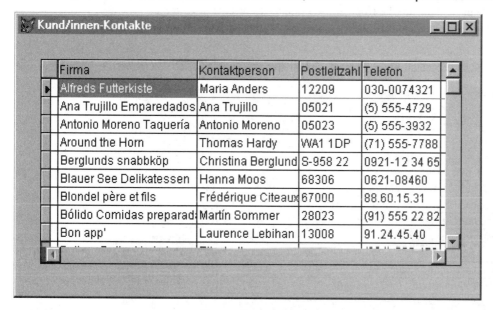

Dann könnten Sie es dem Benutzer ermöglichen, sich das Datenblatt-Steuerelement nach contact oder postal_code sortiert anzusehen, indem Sie in das Ereignis **Click** jeder Spaltenkopfzeile den folgenden Code einfügen:

Beispiel für den Ereigniscode, um die Datensätze in einem Datenblatt-Steuerelement durch Klicken auf die Spaltenkopfzeile zu sortieren

Code	Kommentar
SET ORDER TO company GO TOP THISFORM.Refresh	Code des Ereignisses **Click** in der Kopfzeile Company. Das Datenblatt-Steuerelement wird anhand des Indexschlüssels company neu sortiert und das Formular zur Anzeige der neuen Reihenfolge aktualisiert.
SET ORDER TO contact GO TOP THISFORM.Refresh	Code des Ereignisses **Click** in der Kopfzeile Contact. Das Datenblatt-Steuerelement wird anhand des Indexschlüssels contact neu sortiert und das Formular zur Anzeige der neuen Reihenfolge aktualisiert.
SET ORDER TO postalcode GO TOP THISFORM.Refresh	Code des Ereignisses **Click** in der Kopfzeile Postal_Code. Das Datenblatt-Steuerelement wird anhand des Indexschlüssels postalcode neu sortiert und das Formular zur Anzeige der neuen Reihenfolge aktualisiert.
	Da ein Sortieren nach der Telefonnummer in dieser Anwendung nicht von Bedeutung ist, geben Sie keinen Code für das Ereignis **Click** in der Kopfzeile Phone ein.

Bei der ersten Anzeige dieses Formulars ist das Datenblatt-Steuerelement nach Firmen alphabetisch sortiert. Wenn der Benutzer dann auf die Kopfzeile der Spalte „Contact" klickt, zeigt Visual FoxPro die Datensätze im Datenblatt-Steuerelement in alphabetischer Reihenfolge nach den Namen der Kontaktpersonen sortiert an.

Kundentabelle im Datenblatt-Steuerelement, alphabetisch neu sortiert nach den Namen der Kontaktpersonen

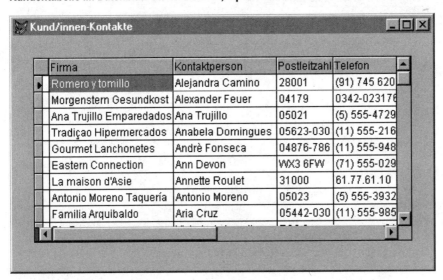

Wenn der Benutzer auf die Spaltenkopfzeile `Postal_code` klickt, wird das Datenblatt-Steuerelement nach Postleitzahlen neu sortiert angezeigt.

Kundentabelle im Datenblatt-Steuerelement, neu sortiert nach Postleitzahlen

Da es in dieser Beispielanwendung nicht unbedingt erforderlich ist, Kontaktpersonen nach Telefonnummern zu sortieren, wird in das Ereignis **Click** für die Spaltenkopfzeile phone kein SET ORDER-Code eingefügt. Wenn der Benutzer daher auf die Spaltenkopfzeile „Phone" klickt, ändert sich die Datenblattanzeige nicht.

Verwenden anderer Indextypen

Außer dem gebräuchlichsten Index, dem komprimierten strukturierten .cdx-Mehrfachindex, unterstützt Visual FoxPro zwei weitere Indexdateitypen: den nichtstrukturierten .cdx-Index und den eigenständigen .idx-Index. Nichtstrukturierte .cdx-Indizes werden für seltener verwendete Mehrfachschlüssel eingesetzt. Eigenständige (oder .idx-) Indizes werden für temporäre oder selten verwendete Einfachindizes eingesetzt und sind in erster Linie für Abwärtskompatibilität verfügbar.

Die folgende Tabelle gibt einen Überblick über die drei Indextypen, ihre Namensgebung, die zulässige Anzahl von Schlüsseln sowie die jeweilige maximale Zeichenanzahl.

Visual FoxPro-Indextypen

Indextyp	Beschreibung	Anzahl der Schlüssel	Einschränkung
Strukturierter .cdx-Index	Verwendet denselben Basisnamen wie die Tabellendatei und wird mit der Tabelle automatisch geöffnet	Mehrfachindexausdrücke, Indexnamen genannt	Maximal 240 Zeichen bei ausgewertetem Ausdruck
Nichtstrukturierter .cdx-Index	Muß explizit geöffnet werden; verwendet einen anderen Namen als den Basistabellennamen	Mehrfachindexausdrücke, Indexnamen genannt	Maximal 240 Zeichen bei ausgewertetem Ausdruck
Eigenständiger .idx-Index	Muß explizit geöffnet werden; der Basisname der .idx-Datei ist benutzerdefiniert	Einfachindexausdruck	Maximal 100 Zeichen bei ausgewertetem Ausdruck

Verwenden von nichtstrukturierten .CDX-Indizes

Ein nichtstrukturierter .cdx-Index ist zweckmäßig, wenn Sie mehrere Indexnamen für einen besonderen Zweck erstellen, Ihre Anwendung diese Indizes jedoch nicht laufend verwalten soll. Beispielsweise enthält Ihre Anwendung eine spezielle Gruppe von Berichten, die Daten auf der Basis von normalerweise nicht indizierten Feldern analysiert. Dann kann Ihr Anwendungsprogramm einen nichtstrukturierten .cdx-Index mit den erforderlichen Indexnamen erstellen, die speziellen Berichte ausführen und anschließend die nichtstrukturierte .cdx-Datei löschen.

▶ **So erstellen Sie einen nichtstrukturierten .cdx-Indexnamen**

- Verwenden Sie den Befehl INDEX mit den Klauseln TAG und OF.

Mit dem Befehl **INDEX** und der Klausel OF weisen Sie Visual FoxPro an, den Indexnamen in einer anderen Datei als der strukturierten .cdx-Indexdatei für die Tabelle zu speichern. Beispielsweise erstellt der folgende Befehl die Indexnamen `title` und `hire_date` für die Tabelle `employee` und speichert sie in der nichtstrukturierten .cdx-Datei `QRTLYRPT.CDX`:

```
USE employee
INDEX ON title TO TAG title OF QRTLYRPT
INDEX ON hire_date TO TAG hiredate OF QRTLYRPT
```

Verwenden von eigenständigen Indizes

Die eigenständige Indexdatei, die auf einem Einfachindexausdruck basiert, wird als .idx-Datei gespeichert. Im Gegensatz zu .cdx-Indizes, die Mehrfachindexausdrücke speichern können, speichert der .idx-Index nur einen Einfachindexausdruck.

Eigenständige Indizes verwenden Sie normalerweise als temporäre Indizes, die Sie erst unmittelbar vor ihrer Verwendung erstellen oder neu indizieren. So verfügen Sie zum Beispiel über einen Index, den Sie nur für einen zusammenfassenden Quartals- oder Jahresbericht verwenden. Statt nun diesen selten verwendeten Index in den strukturierten .cdx-Index einzubeziehen, wo er bei jeder Verwendung der Tabelle verwaltet würde, können Sie einen eigenständigen .idx-Index erstellen. Für eine bestimmte Tabelle lassen sich beliebig viele .idx-Dateien erstellen.

▶ **So erstellen Sie einen eigenständigen .idx-Index**

- Verwenden Sie den Befehl INDEX mit der Klausel COMPACT.

    – oder –

- Verwenden Sie den Befehl COPY TAG.

Der Befehl **INDEX** mit der Klausel COMPACT erstellt einen neuen eigenständigen Index in einer kleinen Indexdatei, auf die schnell zugegriffen werden kann. Wenn Sie aus Gründen der Kompatibilität mit den älteren Indexformaten von FoxBASE+® und FoxPro®, Version 1.0, eine unkomprimierte eigenständige .idx-Datei erstellen möchten, brauchen Sie die Klausel COMPACT nicht zu verwenden.

Der folgende Code erstellt in der Tabelle `orders` eine eigenständige .idx-Datei für `order_date`, legt die Reihenfolge auf den neuen Index fest und öffnet dann ein Datenblattfenster, das die Bestellungen in der Reihenfolge von `order_date` anzeigt:

```
USE ORDERS
INDEX ON order_date TO orddate COMPACT
SET ORDER TO orddate
BROWSE
```

Mit dem Befehl **COPY TAG** können Sie aus einem Indexnamen in einer bereits vorhandenen .cdx-Datei eine eigenständige Indexdatei erstellen. So bemerken Sie beispielsweise, daß einer der Indizes, den Sie momentan in der strukturierten .cdx-Datei verwalten, nur für Quartals- oder Jahresberichte verwendet wird. Der folgende Code erstellt aus dem Indexnamen `birth_date` in der Tabelle `employee` einen eigenständigen Index:

```
COPY TAG birth_date to birthdt COMPACT
```

Nachdem Sie aus einem Indexnamen in einer .cdx-Datei einen eigenständigen Index erstellt haben, löschen Sie normalerweise den jetzt nicht mehr benötigten Indexnamen aus der .cdx-Datei. Im nächsten Abschnitt wird das Löschen eines Indexes beschrieben.

Löschen eines Indexes

Nicht mehr verwendete Indizes können Sie löschen, indem Sie den Indexnamen in der .cdx-Datei löschen oder bei eigenständigen Indizes die .idx-Datei löschen. Das Löschen von nicht verwendeten Indexnamen beschleunigt Ihre Anwendung, da Visual FoxPro diese Namen nicht mehr aktualisieren muß, um Änderungen an den Daten einer Tabelle widerzuspiegeln.

Löschen eines Indexnamens aus der strukturierten .cdx-Datei

Sie können einen Indexnamen aus der strukturierten .cdx-Datei im Tabellen-Designer oder mit der Sprache entfernen.

▶ **So löschen Sie einen Indexnamen aus der strukturierten .cdx-Datei**

- Klicken Sie im Tabellen-Designer auf die Registerkarte **Index**, um den gewünschten Index auszuwählen und zu löschen.

    – oder –

- Verwenden Sie den Befehl DELETE TAG.

    – oder –

- Verwenden Sie den Befehl ALTER TABLE mit den Klauseln DROP PRIMARY KEY oder DROP UNIQUE TAG.

Wenn Ihre Tabelle employee beispielsweise den Index title enthält, könnten Sie diesen mit dem folgenden Code löschen:

```
USE employee
DELETE TAG title
```

Falls der zu löschende Indexname der Primärschlüssel für die Tabelle employee war, könnten Sie den Befehl **ALTER TABLE** verwenden:

```
USE employee
ALTER TABLE DROP PRIMARY KEY
```

Weitere Informationen über „ALTER TABLE" finden Sie in der Hilfe.

Löschen eines Indexnamens aus einer nichtstrukturierten .cdx-Datei

Ein nichtstrukturierter .cdx-Index und seine Indexnamen werden im Tabellen-Designer nicht angezeigt. Sie können einen Indexnamen mit Hilfe der Sprache aus einer nichtstrukturierten .cdx-Datei löschen.

▶ **So löschen Sie einen Index aus einer nichtstrukturierten .cdx-Datei**

- Verwenden Sie den Befehl DELETE TAG mit der Klausel OF.

Mit dem Befehl **DELETE TAG** und der Klausel OF weisen Sie Visual FoxPro an, einen Indexnamen aus einer anderen .cdx-Datei als der strukturierten .cdx-Datei zu löschen. Wenn Sie beispielsweise die nichtstrukturierte .cdx-Datei QRTLYRPT.CDX mit dem Indexnamen title haben, könnten Sie diesen Indexnamen mit dem folgenden Befehl löschen:

```
DELETE TAG title OF qtrlyrpt
```

Mit dem Befehl **DELETE TAG** und der Klausel ALL löschen Sie sämtliche Indexnamen in einer strukturierten oder nichtstrukturierten .cdx-Datei. Weitere Informationen über „DELETE TAG" finden Sie in der Hilfe.

Löschen einer eigenständigen .idx-Indexdatei

Weil eine eigenständige Indexdatei nur einen Einfachindexausdruck enthält, löschen Sie diesen Ausdruck, indem Sie die .idx-Datei vom Datenträger löschen.

▶ **So löschen Sie eine eigenständige .idx-Datei**

- Verwenden Sie den Befehl DELETE FILE.

Der folgende Code löscht z. B. die eigenständige .idx-Indexdatei Orddate.idx:

```
DELETE FILE orddate.idx
```

Eigenständige .idx-Dateien, die nicht mehr benötigt werden, können ebenfalls mit einem anderen Hilfsmittel wie z. B. dem Windows-Explorer gelöscht werden. Weitere Informationen über „DELETE FILE" finden Sie in der Hilfe.

Indizieren nach Ausdrücken

Sie können die Leistung Ihrer Anwendungen steigern, indem Sie Indizes erstellen, die auf Ausdrücken basieren. Diese Ausdrücke können je nach ihrer Aufgabe einfach oder komplex sein.

Indizieren nach einfachen Ausdrücken

Einfache Indexausdrücke sind Indizes, die auf einzelnen Feldern oder auf der Verkettung von zwei oder mehr Zeichenfeldern zum Erstellen eines Mehrfelderschlüssels basieren. So möchten Sie zum Beispiel einen Index für die Tabelle „Customer" in der Datenbank der Tasmanischen Handelsgesellschaft erstellen, der auf dem folgenden Ausdruck basiert:

```
country + region + cust_id
```

Wenn Sie die nach diesem Indexnamen sortierte Tabelle durchsuchen, sehen Sie, daß die Kunden zunächst nach Land, dann nach Region und schließlich nach Kunden-Code sortiert sind.

Verhindern von Duplikaten in einer Felderkombination

Wenn Sie verhindern möchten, daß Werte über mehrere Felder dupliziert werden, können Sie einen Primär- oder potentiellen Index erstellen, der auf einem mehrere Felder zusammenfassenden Ausdruck basiert.

Beispielsweise verfügen Sie über eine Tabelle, in der die Ortsnetzkennzahl und die Telefonnummer in zwei Spalten gespeichert sind:

Ortsnetzkennzahl	Telefonnummer
206	444-nnnn
206	555-nnnn
313	444-nnnn

Sowohl das Feld für die Ortsnetzkennzahl als auch das Feld für die Telefonnummer enthalten Werte, die die Werte in anderen Zeilen duplizieren. Telefonnummern werden jedoch nicht dupliziert, weil nur die Kombination der beiden Felder zusammen den Wert ergeben. Doch wenn der Primär- oder potentielle Index beide Spalten im Indexausdruck angibt, werden die Zeilen im Beispiel nicht als Duplikate betrachtet. Bei einem Versuch, einen Wert einzugeben, der mit der Ortsnetzkennzahl und der Telefonnummer in einer der vorhandenen Zeilen exakt übereinstimmt, würde Visual FoxPro die Eingabe als Duplikat zurückweisen.

Verwenden von Nullwerten in Indexausdrücken

Sie können Indizes für Felder erstellen, die Nullwerte enthalten. Mit .NULL. ausgewertete Indexausdrücke werden in die .cdx- oder .idx-Datei vor Nichtnulleinträgen eingefügt. Sämtliche Nullwerte werden an den Anfang des Indexes gesetzt.

Das folgende Beispiel veranschaulicht ein Ergebnis des Indizierens von Nullwerten. Dies ist der „Zustand" der Tabelle, bevor der Index zugewiesen wird:

Für beide Datensätze im Feld SocSec werden Nullwerte angezeigt

Datensatz	Nachname	Vorname	Socsec
1	Bennett	Louisa	111-000-2222
2	Carter	Alan	555-22-9999
3	Dunn	Anne	.NULL.
4	Giles	Gregory	222-33-4444
5	Carter	Alan	.NULL.

In beiden Datensätzen teilt der Wert .NULL. mit, daß die Sozialversicherungsnummern für Anne Dunn und Alan Carter entweder unbekannt oder nicht verfügbar sind. Der folgende Code erstellt dann einen Index mit der Sozialversicherungsnummer:

```
INDEX ON SocSec + LastName + FirstName TAG MyIndex
```

Nach dem Sortieren mit diesem Index wird die Tabelle wie in der folgenden Abbildung dargestellt.

Nach dem Indizieren nach SocSec **werden die Datensätze mit** SocSec**-Nullwerten zuerst angezeigt**

Datensatz	Nachname	Vorname	Socsec
3	Dunn	Anne	.NULL.
5	Carter	Alan	.NULL.
1	Bennett	Louisa	111-000-2222
4	Giles	Gregory	222-33-4444
2	Carter	Alan	555-22-9999

— Nullwerte

Wenn der Indexausdruck Nullwerte enthält, werden die Datensätze, deren SocSec-Werte .NULL. sind, zuerst sortiert (nach LastName). Ihnen folgen dann die Datensätze, deren SocSec-Werte ungleich Null sind. Beachten Sie die beiden Einträge für Alan Carter. Weil Datensatz 5 einen Nullwert enthält, wird Datensatz 5 vor Datensatz 2 indiziert.

Indizieren nach komplexen Ausdrücken

Sie können auch Indizes erstellen, die auf komplexeren Ausdrücken beruhen. Visual FoxPro-Indexausdrücke können Visual FoxPro-Funktionen, Konstanten oder benutzerdefinierte Funktionen enthalten.

Der erstellte Ausdruck darf auf nicht mehr als 100 Zeichen für einen eigenständigen Index (.idx) bzw. 240 Zeichen für einen .cdx-Indexnamen ausgewertet werden. Sie können Felder unterschiedlicher Datentypen zusammen in einem Indexnamen verwenden, indem Sie die einzelnen Komponenten des Ausdrucks in Zeichendaten umwandeln.

Um die Vorteile der Rushmore™-Optimierung nutzen zu können, muß der Indexausdruck genau mit dem Kriterium übereinstimmen.

Verwenden von Visual FoxPro-Funktionen in einem Indexschlüssel

Sie können Visual FoxPro-Funktionen in einem Indexnamen verwenden. So können Sie zum Beispiel einen numerischen Wert mit Hilfe der Funktion STR( ) in eine Zeichenfolge umwandeln. Wenn Sie für die Tabelle customer einen Indexnamen erstellen möchten, der das Feld cust_id mit dem Feld maxordamt kombiniert, könnten Sie maxordamt (Feldtyp „Währung", Feldbreite 8) mit dem folgenden Code in ein 8-Zeichen-Feld mit 2 Dezimalstellen umwandeln:

```
INDEX ON cust_id + STR(maxordamt, 8, 2) TAG custmaxord
```

Wenn Sie die Größe von Indizes für Felder mit Integer-Werten verringern möchten, können Sie die Integer-Werte mit der Funktion BINTOC( ) in eine binäre Zeichendarstellung umwandeln. Binäre Werte können mit der Funktion CTOBIN( ) in Integer-Werte umgewandelt werden.

Wenn Sie einen Index erstellen möchten, um eine Tabelle in chronologischer Reihenfolge zu sortieren, können Sie ein Datumsfeld mit Hilfe der Funktion DTOS( ) in eine Zeichenfolge umwandeln. Um auf die Tabelle employee nach hire_date und emp_id zuzugreifen, können Sie den folgenden Indexausdruck erstellen:

```
INDEX ON DTOS(hire_date) + emp_id TAG id_hired
```

Einbeziehen von gespeicherten Prozeduren oder benutzerdefinierten Funktionen

Sie können die Leistung Ihres Indexes steigern, indem Sie in Ihrem Indexausdruck auf eine gespeicherte Prozedur oder eine benutzerdefinierte Funktion (UDF) Bezug nehmen. Beispielsweise können Sie mit einer gespeicherten Prozedur oder einer UDF aus einem einzelnen Feld, das die Hausnummer und den Straßennamen enthält, den Straßennamen herausziehen. Wenn die Hausnummer immer numerisch ist, gibt die gespeicherte Prozedur oder die UDF den Zeichenteil des Feldes zurück und füllt das Feld nach Bedarf mit Leerzeichen auf, um einen Indexschlüssel von konstanter Länge zu erstellen. Mit Hilfe dieses Schlüssels können Sie dann auf die Datensätze der Tabelle in der Reihenfolge der Straßennamen zugreifen.

Falls Ihre Tabelle mit einer Datenbank verbunden ist, möchten Sie in Ihrem Indexnamen möglicherweise lieber eine gespeicherte Prozedur als eine UDF verwenden. Weil eine UDF in einer von der Datenbank unabhängigen Datei gespeichert wird, ist es möglich, die UDF-Datei zu verschieben oder zu löschen. Hierdurch wird der Indexschlüssel, der auf die UDF verweist, ungültig. Im Gegensatz dazu wird gespeicherter Prozedurcode in der .dbc-Datei gespeichert.

Mit der Bezugnahme auf eine solche Prozedur bestimmen Sie, daß der Index genau auf dem von Ihnen festgelegten Code basiert. Wenn Sie in Ihrem Indexausdruck eine UDF angeben, wird jede beliebige UDF verwendet, die sich beim Indizieren innerhalb des Bereichs befindet und denselben Namen wie die UDF hat, auf die in Ihrem Index Bezug genommen wird.

Anmerkung: Überlegen Sie sorgfältig jede Bezugnahme auf eine gespeicherte Prozedur oder eine UDF in einem Indexausdruck, da dadurch das Erstellen oder Aktualisieren des Indexes länger dauert.

Verwenden von Daten aus einem Feld einer anderen Tabelle

Sie können einen Indexschlüssel erstellen, der auf eine in einem anderen Arbeitsbereich geöffnete Tabelle Bezug nimmt. Dabei empfiehlt es sich, für jeden Schlüssel, der auf mehrere Tabellen Bezug nimmt, einen eigenständigen Indcx (.idx) zu verwenden. Wenn Sie nämlich einen Schlüssel, der auf eine andere Tabelle Bezug nimmt, in eine strukturierte .cdx-Datei einbeziehen, läßt Visual FoxPro das Öffnen der Tabelle erst zu, nachdem Sie die Tabelle geöffnet haben, auf die der Indexschlüssel Bezug nimmt.

Zugreifen auf Datensätze in absteigender Reihenfolge

Sie können sich Datensätze in absteigender Reihenfolge ansehen, indem Sie entweder einen absteigenden Index erstellen oder einen bereits vorhandenen Index in absteigender Reihenfolge lesen.

▶ **So erstellen Sie einen absteigenden Index**

- Klicken Sie im Tabellen-Designer in der Registerkarte **Indizes** auf die Schaltfläche mit dem Pfeil links neben dem Feld **Name**, so daß der Pfeil nach unten zeigt.

    – oder –

- Verwenden Sie den Befehl INDEX ON mit der Klausel DESCENDING, um einen absteigenden Index zu erstellen.

Eine strukturierte Mehrfachindexdatei können Sie mit beiden Verfahren erstellen. Andere Indexdateitypen können Sie mit dem zweiten Verfahren erstellen. So könnten Sie beispielsweise mit dem folgenden Code einen neuen absteigenden Index erstellen, der Ihre Tabelle product vom höchsten zum niedrigsten Wert im Feld unit_price sortiert, und dann die Tabelle in der neuen Reihenfolge durchsuchen:

```
USE products
INDEX ON unit_price TAG unit_price DESCENDING
BROWSE
```

▶ **So lesen Sie einen bereits vorhandenen Index in absteigender Reihenfolge**

- Verwenden Sie den Befehl SET ORDER mit der Klausel DESCENDING.

Das Lesen eines bereits vorhandenen Indexes in absteigender Reihenfolge ermöglicht es Ihnen, einen solchen Index schneller einzusetzen als wenn Sie einen neuen erstellten. So haben Sie beispielsweise bereits einen Index erstellt, der Ihre Tabelle product mit dem folgenden Code nach unit_price sortiert:

```
USE products
INDEX ON unit_price TAG unit_price
```

Standardmäßig ist die Reihenfolge aufsteigend. Mit dem folgenden Code könnten Sie die Tabelle in absteigender Reihenfolge durchsuchen:

```
USE products
SET ORDER TO unit_price DESCENDING
BROWSE
```

Die vorstehenden Beispiele konzentrieren sich auf den Zugriff auf Informationen in absteigender Reihenfolge. Für die Befehle SET ORDERlngSET_ORDER und INDEXlngINDEX gibt es jedoch auch die Klausel ASCENDING. Durch Kombination dieser beiden Befehle wird Ihre Anwendung sehr flexibel. Wenn Sie beispielsweise mit Hilfe der Klauseln ASCENDING oder DESCENDING einen Index in der am häufigsten benötigten Reihenfolge erstellen, können Sie den Befehl **SET ORDER** mit der entgegengesetzten Klausel verwenden, um sich die Informationen in der umgekehrten Reihenfolge anzusehen oder darauf zuzugreifen, wenn diese Reihenfolge praktischer ist.

Filtern von Daten

Mit Hilfe eines gefilterten Indexes können Sie die Datensätze, auf die Sie zugreifen, auf nur die gewünschten Daten begrenzen. Wenn Sie einen gefilterten Index erstellen, sind nur Datensätze, die dem Filterausdruck entsprechen, für Anzeige und Zugriff verfügbar.

▶ **So filtern Sie Daten mit Hilfe eines gefilterten Indexes**

- Klicken Sie im Tabellen-Designer auf die Registerkarte **Indizes**, und geben Sie im Feld **Filter** für den zu filternden Index einen Filterausdruck ein.

 – oder –

- Verwenden Sie den Befehl INDEX mit der optionalen Klausel FOR.

Wenn Sie beim Befehl **INDEX** die optionale Klausel FOR einbeziehen, dient die Indexdatei als Filter für die Tabelle. Indexschlüssel werden in der Indexdatei nur für die Datensätze erstellt, die dem Filterausdruck entsprechen.

Wenn Sie beispielsweise ein Schreiben an die Verkaufsrepräsentanten Ihrer Firma vorbereiten und das Schreiben nach Ländern sortieren möchten, könnten Sie einen Index erstellen, der die Tabelle employee so filtert, daß nur die nach Ländern und Nachnamen sortierten Datensätze für Verkaufsrepräsentanten angezeigt werden. Der folgende Code erstellt einen gefilterten Index und zeigt die gefilterten Daten in einem Datenblattfenster an:

```
USE employee
INDEX ON country+last_name FOR title = "Sales Representative" ;
TAG reps_cntry
BROWSE
```

Im Datenblattfenster werden nur die Verkaufsrepräsentanten angezeigt. Die Datensätze der anderen Angestellten werden nicht angezeigt.

Ein gefilterter Index erstellt einen Index nur für Datensätze, die dem Filterausdruck entsprechen

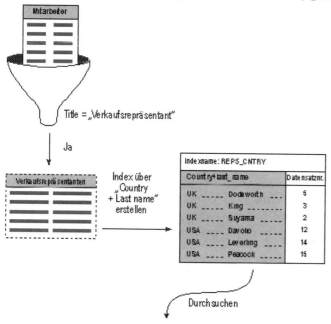

Temporäres Filtern von Daten

Mit dem Befehl SET FILTER können Sie Daten temporär filtern, ohne einen speziellen gefilterten Index zu erstellen. Dieser Befehl ist besonders zweckmäßig, um eine temporäre Bedingung festzulegen, die Datensätze in einer Tabelle erfüllen müssen, damit auf sie zugegriffen werden kann. Um den Filter für die aktuelle Tabelle zu deaktivieren, geben Sie den Befehl **SET FILTER TO** ohne einen Ausdruck ein. So könnten Sie beispielsweise den folgenden Befehl ausgeben, um die Tabelle customer so zu filtern, daß sie nur die Kunden in Deutschland anzeigt:

```
USE customer
SET FILTER TO country = "Deutschland"
BROWSE
```

Der Befehl **SET FILTER** akzeptiert jeden gültigen logischen Visual FoxPro-Ausdruck als Filterbedingung. Sobald der Befehl **SET FILTER** ausgeführt wurde, sind nur noch die Datensätze in der Tabelle verfügbar, die die Filterbedingung erfüllen. Alle Befehle, die auf die Tabelle zugreifen, halten die Bedingung **SET FILTER** ein. Für jede geöffnete Tabelle kann ein eigener Filter eingerichtet werden. Weitere Informationen über „SET FILTER" finden Sie in der Hilfe.

Rationelles Verwenden von Indizes

Sie können die Leistung von indizierten Tabellen steigern, indem Sie Ihre Indizes auf dem neuesten Stand halten und darin optimierbare Ausdrücke verwenden.

Neuerstellen einer aktiven Indexdatei

Wenn Sie eine Tabelle öffnen, ohne auch ihre entsprechenden Indexdateien zu öffnen, und Änderungen an den Schlüsselfeldern der Tabelle vornehmen, veralten die Indexdateien. Diese Dateien können auch infolge eines Systemabsturzes oder eventuell dadurch ungültig werden, daß der Zugriff auf eine Tabelle und deren Aktualisierung aus einem anderen Programm als Visual FoxPro erfolgt. Veraltete Indexdateien können Sie aktualisieren, indem Sie sie mit dem Befehl **REINDEX** neu indizieren.

▶ **So können Sie eine aktive Indexdatei neu erstellen**

- Klicken Sie im Menü Tabelle auf **Indizes neu erstellen**.

  – oder –

- Verwenden Sie den Befehl REINDEX.

Beispielsweise aktualisiert der folgende Code die Indexdatei für die Tabelle customer:

```
USE customer
REINDEX
```

Der Befehl **REINDEX** aktualisiert alle im ausgewählten Arbeitsbereich geöffneten Indexdateien. Visual FoxPro erkennt jeden Indexdateityp (.cdx-Mehrfachindexdateien, strukturierte .cdx-Dateien und .idx-Einfachindexdateien) und indiziert ihn entsprechend neu. Es aktualisiert sämtliche Schlüssel in .cdx-Dateien und außerdem strukturierte .cdx-Dateien, die automatisch zusammen mit der Tabelle geöffnet werden.

Mit dem Befehl **REINDEX** können Sie ebenfalls veraltete Indexdateien aktualisieren. Weitere Informationen über „REINDEX" finden Sie in der Hilfe.

Neuindizieren zur Laufzeit

Der Vorgang des Neuindizierens kann längere Zeit dauern, besonders wenn umfangreiche Tabellen neu zu indizieren sind. Daher sollten Sie nur bei Bedarf neu indizieren. Sie können die Leistung steigern, indem Sie die Neuinindizierung während des Initialisierungs- oder des Beendigungsteils Ihres Programms vornehmen, und nicht während des Hauptteils einer Anwendung.

Verwenden von Indizes zum Optimieren von Abfragen

Mit Hilfe von Indizes können Sie Abfragen und andere Operationen beschleunigen. Informationen über das Erstellen von Rushmore-optimierbaren Indexausdrücken finden Sie in Kapitel 15, „Optimieren von Anwendungen".

Arbeiten mit mehreren Tabellen

Beim Verwenden mehrerer Tabellen nutzen Sie Datensitzungen zum Steuern der in Formularen verfugbaren Tabellen sowie Arbeitsbereiche, um festzulegen, welche Tabellen geöffnet sind. Ein Arbeitsbereich ist ein numerierter Bereich zum Kennzeichnen einer geöffneten Tabelle. Sie können Visual FoxPro-Tabellen in 32.767 Arbeitsbereichen öffnen und bearbeiten. Arbeitsbereiche werden normalerweise durch die Anwendung anhand des Aliasnamens der im Arbeitsbereich geöffneten Tabelle identifiziert. Ein Tabellenaliasname ist der Name, der sich auf eine in einem Arbeitsbereich geöffnete Tabelle bezieht.

Verwenden von Datensitzungen

Außer den im Umgebungsfenster sichtbaren Arbeitsbereichen stellt Visual FoxPro automatisch mit Hilfe von Datensitzungen für jedes Vorkommen eines Formulars oder Formularsatzes eine separate Umgebung bereit. Eine Datensitzung ist die Darstellung der aktuellen dynamischen Arbeitsumgebung eines Formulars, Formularsatzes oder Berichts. Jede Datensitzung enthält eine eigene Gruppe von Arbeitsbereichen. Diese Arbeitsbereiche wiederum enthalten die in ihnen geöffneten Tabellen, ihre Indizes und Beziehungen. Informationen über das Verwenden von Datensitzungen finden Sie in Kapitel 17, „Programmieren für gemeinsamen Zugriff".

Anzeigen von Arbeitsbereichen

Sie können eine Liste der in einer Visual FoxPro-Arbeitssitzung geöffneten Tabellen im Datensitzungsfenster anzeigen.

▶ **So öffnen Sie das Fenster „Datensitzung"**

- Klicken Sie im Menü **Fenster** auf **Datensitzung**.

  – oder –

- Verwenden Sie den Befehl SET.

Wenn Sie den Befehl **SET** im Befehlsfenster ausgeben, öffnet Visual FoxPro das Datensitzungsfenster und zeigt die Arbeitsbereich-Aliasnamen für die in der aktuellen Datensitzung geöffneten Tabellen an.

Datensitzungsfenstermit geöffneter Arbeitnehmer-Tabelle

Öffnen einer Tabelle in einem Arbeitsbereich

Sie können eine Tabelle in einem Arbeitsbereich entweder im Datensitzungsfenster oder mit dem Befehl **USE** öffnen.

▶ **So öffnen Sie eine Tabelle in einem Arbeitsbereich**

- Klicken Sie im Fenster Datensitzung auf **Öffnen**.

    – oder –

- Geben Sie im Befehlsfenster den Befehl USE ein.

Zum Öffnen einer Tabelle im niedrigsten verfügbaren Arbeitsbereich verwenden Sie den Befehl **USE** mit der Klausel IN beim Arbeitsbereich 0. Sind beispielsweise Tabellen in den Arbeitsbereichen 1 bis 10 geöffnet, öffnet der folgende Befehl die Tabelle customer im Arbeitsbereich 11.

```
USE customer IN 0
```

Oder klicken Sie im Menü **Datei** auf **Öffnen**, um eine Tabelle in einem Arbeitsbereich zu öffnen.

Schließen einer Tabelle in einem Arbeitsbereich

Sie können eine Tabelle in einem Arbeitsbereich entweder im Datensitzungsfenster oder mit der Sprache schließen.

▶ **So schließen Sie eine Tabelle in einem Arbeitsbereich**

- Klicken Sie im Fenster Datensitzung auf den Aliasnamen der gewünschten Tabelle, und klicken Sie anschließend auf **Schließen**.

  – oder –

- Geben Sie USE ohne einen Tabellennamen ein.

  – oder –

- Verwenden Sie den Befehl **USE** mit der Klausel IN, um auf den Arbeitsbereich der zu schließenden Tabelle Bezug zu nehmen.

Wenn Sie den Befehl **USE** ohne einen Tabellennamen ausgeben und im ausgewählten Arbeitsbereich eine Tabellendatei geöffnet ist, wird die Tabelle geschlossen. Beispielsweise öffnet der folgende Code die Tabelle customer, zeigt ein Datenblattfenster an und schließt die Tabelle wieder:

```
USE customer
BROWSE
USE
```

Eine Tabelle wird auch automatisch geschlossen, wenn Sie eine andere Tabelle in demselben Arbeitsbereich öffnen oder wenn Sie den Befehl **USE** mit der Klausel IN ausgeben und auf den aktuellen Arbeitsbereich Bezug nehmen. Der folgende Code öffnet die Tabelle customer, zeigt sie an und schließt sie wieder durch Ausgeben von **USE IN** und dem Tabellenaliasnamen customer:

```
USE customer
BROWSE
USE IN customer
```

Es ist nicht möglich, mehrere Tabellen gleichzeitig in einem Arbeitsbereich zu öffnen.

Bezug nehmen auf einen Arbeitsbereich

Sie können auf den nächsten verfügbaren Arbeitsbereich Bezug nehmen, bevor Sie eine Tabelle öffnen, indem Sie die Arbeitsbereichnummer verwenden, wie es im folgenden Beispiel gezeigt wird.

```
SELECT 0
```

Verwenden von Tabellenaliasnamen

Ein Tabellenaliasname ist der Name, mit dem Visual FoxPro auf eine in einem Arbeitsbereich geöffnete Tabelle Bezug nimmt. Beim Öffnen einer Tabelle verwendet Visual FoxPro automatisch den Dateinamen als Standardaliasnamen. Wenn Sie zum Beispiel die Datei **Customer.dbf** im Arbeitsbereich 0 mit den folgenden Befehlen öffnen, wird der Tabelle automatisch der Standardaliasname customer zugewiesen:

```
SELECT 0
USE customer
```

Anschließend können Sie den Aliasnamen `customer` verwenden, um die Tabelle in einem Befehl oder einer Funktion zu kennzeichnen. Sie können aber auch einen eigenen Aliasnamen erstellen.

Erstellen eines benutzerdefinierten Aliasnamens

Sie können einer Tabelle beim Öffnen einen eigenen benutzerdefinierten Aliasnamen zuweisen.

▶ **So öffnen Sie eine Tabelle mit einem benutzerdefinierten Aliasnamen**

- Geben Sie USE mit einem Tabellenaliasnamen ein.

Beispielsweise öffnen Sie mit dem folgenden Befehl die Datei **Customer.dbf** im Arbeitsbereich 0 und weisen ihr den Aliasnamen `people` zu:

```
SELECT 0
USE customer ALIAS people
```

Anschließend müssen Sie mit dem Aliasnamen `people` auf die geöffnete Tabelle Bezug nehmen. Ein Aliasname kann aus maximal 254 Buchstaben, Ziffern oder Unterstrichen bestehen und muß mit einem Buchstaben oder einem Unterstrich anfangen. Visual FoxPro erstellt automatisch einen Alias, wenn der von Ihnen angegebene Alias ein nicht unterstütztes Aliaszeichen enthält. Weitere Informationen über das Zuweisen von Tabellen-Aliasnamen finden Sie unter „USE" in der Hilfe.

Verwenden eines von Visual FoxPro zugewiesenen Aliasnamens

Visual FoxPro weist einer Tabelle in folgenden Fällen automatisch einen Aliasnamen zu:

- Sie öffnen eine einzelne Tabelle gleichzeitig in mehreren Arbeitsbereichen, indem Sie den Befehl USE mit der Klausel AGAIN ausgeben und dabei für keinen Arbeitsbereich einen Aliasnamen angeben.

- Es liegt ein Konflikt mit Aliasnamen vor.

Die standardmäßigen Aliasnamen, die in den ersten 10 Arbeitsbereichen zugewiesen werden, sind die Buchstaben „A" bis „J". Die Aliasnamen in den Arbeitsbereichen 11 bis 32767 sind W11 bis W32767. Sie können diese von Visual FoxPro zugewiesenen Aliasnamen genauso wie jeden Standard- oder benutzerdefinierten Aliasnamen verwenden, um auf eine in einem Arbeitsbereich geöffnete Tabelle Bezug zu nehmen.

Auswählen eines Arbeitsbereichs mit Hilfe eines Aliasnamens

Mit dem Befehl **SELECT** können Sie aus einem Arbeitsbereich in einen anderen gelangen. Wenn zum Beispiel **Customer.dbf** in einem Arbeitsbereich geöffnet und der Standardaliasname CUSTOMER zugewiesen ist, können Sie mit dem folgenden Befehl **SELECT** zu diesem Arbeitsbereich gelangen:

```
SELECT customer
```

Bezug nehmen auf Tabellen, die in anderen Arbeitsbereichen geöffnet sind

Sie können auf Felder in anderen Arbeitsbereichen auch Bezug nehmen, indem Sie den Feldnamen mit dem Aliasnamen und einem Punkt oder mit dem Operator -> einleiten. Wenn Sie sich beispielsweise in einem Arbeitsbereich befinden und auf das Feld contact in der Tabelle customer zugreifen möchten, die in einem anderen Arbeitsbereich geöffnet ist, könnten Sie mit dem folgenden Befehl auf dieses Feld Bezug nehmen:

customer.contact

Falls die Tabelle, auf die Sie Bezug nehmen möchten, mit einem Aliasnamen geöffnet wurde, können Sie diesen verwenden. Wurde die Tabelle customer beispielsweise mit dem Aliasnamen people geöffnet, können Sie folgendermaßen auf das Feld lastname Bezug nehmen:

people.lastname

Durch die spezielle Verwendung des Tabellennamens oder des Tabellenaliasnamens kennzeichnen Sie die gewünschte Tabelle unabhängig von dem Arbeitsbereich, in dem sie geöffnet ist.

Festlegen von temporären Beziehungen zwischen Tabellen

Wenn Sie eine temporäre Beziehung zwischen Tabellen herstellen, bewirken Sie, daß der Datensatzzeiger einer Tabelle (der Detailtabelle) automatisch den Bewegungen des Datensatzzeigers in der anderen Tabelle (der Master-Tabelle) folgt. Dies ermöglicht es Ihnen, einen Datensatz im Beziehungspartner „1" einer Tabellenbeziehung auszuwählen und auf die referenzierenden Datensätze im Beziehungspartner „n" automatisch zuzugreifen.

Beispielsweise möchten Sie auf die Tabellen customer und orders so Bezug nehmen, daß der Datensatzzeiger in der Tabelle orders, wenn Sie den Datensatzzeiger in der Tabelle customer auf einen bestimmten Kunden verschieben, automatisch auf den Datensatz mit derselben Kundennummer verschoben wird.

Sie können Tabellenarbeitsbereiche und Tabellenaliasnamen verwenden, um mit dem Befehl **SET RELATION** Beziehungen zwischen zwei geöffneten Tabellen herzustellen. Wenn Sie zum Arbeiten mit Tabellen ein Formular verwenden, können Sie diese Beziehungen als Teil der Datenumgebung für das Formular speichern.

Temporär verknüpfte Tabellen

Sie können temporäre Beziehungen zwischen Tabellen entweder im Datensitzungsfenster oder mit der Sprache erstellen.

▶ **So stellen Sie eine temporäre Beziehung zwischen Tabellen her**

- Wählen Sie im Datensitzungsfenster die gewünschten Tabellen aus, und klicken Sie anschließend auf **Beziehungen**, um Beziehungen zu erstellen.

    – oder –

- Verwenden Sie den Befehl SET RELATION.

Mit dem Befehl **SET RELATION** stellen Sie eine Beziehung zwischen einer im ausgewählten Arbeitsbereich geöffneten Tabelle und einer in einem anderen Arbeitsbereich geöffneten Tabelle her. Normalerweise stellen Sie Verbindungen zwischen Tabellen mit gemeinsamen Feldern her. Der Ausdruck, mit dem Sie die Beziehung herstellen, ist in der Regel der Indexausdruck des Hauptindexes der Detailtabelle.

Beispielsweise liegen für einen Kunden viele Bestellungen vor. Wenn Sie zwischen dem Feld, das beiden Tabellen (customer und orders) gemeinsam ist, eine Beziehung erstellen, können Sie mühelos sämtliche Bestellungen für jeden Kunden einsehen. Das folgende Programm verwendet das beiden Tabellen gemeinsame Feld cust_id und erstellt eine Beziehung zwischen den beiden Tabellen basierend auf dem Feld cust_id in der Tabelle customer und dem Indexschlüssel cust_id in der Tabelle orders.

Verwenden von SET RELATION zum Erstellen einer Beziehung zwischen zwei Tabellen

Code	Kommentare
USE customer IN 1	Öffnen der Tabelle customer (Master-Tabelle) in Arbeitsbereich 1.
USE orders IN 2	Öffnen der Tabelle orders (Detailtabelle) in Arbeitsbereich 2.
SELECT orders	Auswahl des Arbeitsbereichs in der Detailtabelle.
SET ORDER TO TAG cust_id	Angeben der Tabellenreihenfolge für die Detailtabelle unter Verwendung des Indexnamens cust_id.
SELECT customer	Auswahl des Arbeitsbereichs in der Master-Tabelle.
SET RELATION TO cust_id INTO orders	Erstellen der Beziehung zwischen der Master-Tabelle und dem steuernden Index in der Detailtabelle.
SELECT orders BROWSE NOWAIT SELECT customer BROWSE NOWAIT	Öffnen von zwei Datenblattfenstern; beachten Sie, daß sich bei einem Verschieben des Datensatzzeigers in der Master-Tabelle die angezeigten Daten in der Detailtabelle ändern.

Das Datensitzungsfenster zeigt die beiden geöffneten Tabellen, Orders und Customer, sowie die mit dem Befehl **SET RELATION** hergestellte Beziehung an.

Das Datensitzungsfenster zeigt die Aliasnamen der geöffneten Tabellen und die temporären Beziehungen an

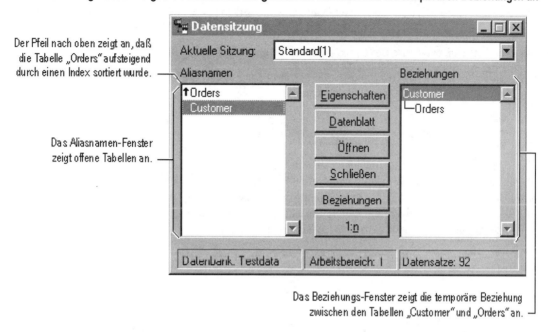

Sie haben in der Detailtabelle orders einen Index erstellt, um die Datensätze dieser Tabelle entsprechend dem Kunden, der die Bestellung aufgegeben hat, in Gruppen einzuteilen. Wenn Sie eine Beziehung zwischen der Master-Tabelle und dem Index der Detailtabelle erstellen, wählt Visual FoxPro nur diejenigen Datensätze der Detailtabelle aus, deren Indexschlüssel mit dem Indexschlüssel des ausgewählten Master-Datensatzes übereinstimmt.

Im vorstehenden Beispiel wurde eine einzelne Beziehung zwischen zwei Tabellen hergestellt. Sie können den Befehl SET RELATION ebenfalls verwenden, um mehrere Beziehungen zwischen einer Master- und mehreren Detailtabellen zu erstellen. Weitere Informationen zum programmgesteuerten Erstellen von Beziehungen finden Sie unter „SET RELATION" in der Hilfe.

Speichern von Tabellenbeziehungen in einer Datenumgebung

Wenn Sie ein Formular erstellen, das mehrere Tabellen verwendet, können Sie Tabellenbeziehungen in der Datenumgebung erstellen und zusammen mit dem Formular speichern. Solche in der Datenumgebung erstellten Beziehungen werden beim Ausführen des Formulars automatisch geöffnet. Informationen über das Erstellen einer Datenumgebung finden Sie in Kapitel 9, „Erstellen von Formularen".

Herstellen von Beziehungen zwischen Datensätzen in einer einzelnen Tabelle

Sie können auch eine Beziehung zwischen Datensätzen in einer einzelnen Tabelle erstellen. Diese Beziehung, eine sogenannte „eigenreferentielle Beziehung", kann zweckmäßig sein in Situationen, in denen Sie sämtliche benötigten Informationen in einer einzelnen Tabelle gespeichert haben.

Beispielsweise möchten Sie die Datensätze für Manager in der Tabelle employee durchblättern, wobei sich die Anzeige der einem Manager jeweils unterstellten Angestellten automatisch ändern soll, während Sie den Datensatzzeiger von Manager zu Manager verschieben.

▶ **So stellen Sie eine temporäre Beziehung zwischen Datensätzen in einer einzelnen Tabelle her**

- Wählen Sie im Datensitzungsfenster die gewünschten Tabellen aus, und klicken Sie anschließend auf **Beziehungen**, um Beziehungen zu erstellen.

    – oder –

- Verwenden Sie den Befehl SET RELATION.

Um eine eigenreferentielle Beziehung zu erstellen, öffnen Sie dieselbe Tabelle zweimal: einmal in einem Arbeitsbereich und noch einmal mit dem Befehl USE **AGAIN** in einem anderen Arbeitsbereich. Anschließend stellen Sie mit Hilfe eines Indexes eine Beziehung zwischen den Datensätzen her. Beispielsweise stellt der folgende Code eine eigenreferentielle Beziehung her und durchsucht diese, indem er den Indexschlüssel mgr_id erstellt, der die Tabelle employee nach dem Feld reports_to sortiert:

```
SELECT 0
USE employee ALIAS managers
SELECT 0
USE employee AGAIN ALIAS employees
INDEX ON reports_to TAG mgr_id
SET ORDER TO mgr_id
SELECT managers
SET RELATION TO emp_id INTO employees
BROWSE
SELECT employees
BROWSE
```

Wenn Sie den Datensatzzeiger im Datenblattfenster der Tabelle managers verschieben, wird das Datenblattfenster der Tabelle employees aktualisiert, um nur die Angestellten, die zu dem ausgewählten Vorgesetzten gehören, anzuzeigen.

Festlegen von persistenten Beziehungen mit Indizes

Mit Hilfe von Indizes können Sie persistente Beziehungen zwischen Tabellen in einer Datenbank herstellen. Sie werden in der Datenbankdatei gespeichert und im Abfrage- und Ansichts-Designer automatisch als Standard-Verknüpfungsbedingungen verwendet. Darüber hinaus werden sie im Datenbank-Designer als Linien, die Tabellenindizes miteinander verbinden, sowie als Standardbeziehungen beim Arbeiten mit den Tabellen in der Datenumgebung angezeigt.

Im Gegensatz zu temporären Beziehungen, die mit dem Befehl SET RELATION festgelegt werden, müssen persistente Beziehungen nicht bei jeder Verwendung von Tabellen neu erstellt werden. Weil persistente Beziehungen jedoch nicht die Beziehung zwischen Datensatzzeigern in Tabellen steuern, verwenden Sie beim Entwickeln von Visual FoxPro-Anwendungen sowohl temporäre SET RELATION-Beziehungen als auch persistente Beziehungen. Weitere Informationen über das Festlegen von persistenten Beziehungen finden Sie in Kapitel 6, „Verwenden von Datenbanken".

KAPITEL 8

Erstellen von Ansichten

Falls Sie benutzerdefinierte und aktualisierbare Daten in der Datenbank benötigen, können Sie hierfür Ansichten verwenden. Ansichten kombinieren die Möglichkeiten von Tabellen und Abfragen: Wie Abfragen können Sie Ansichten dazu verwenden, bestimmte Daten aus einer oder mehreren Tabellen zu extrahieren; wie eine Tabelle können Sie eine Ansicht zum Aktualisieren und permanenten Speichern der Informationen innerhalb der Ansicht verwenden. Ferner können mit Ansichten Daten eingegeben und bearbeitet werden, ohne daß zu diesem Zeitpunkt eine Verbindung zum zentralen Datenbanksystem besteht.

In diesem Kapitel wird das programmgesteuerte Erstellen und Aktualisieren von Ansichten sowie das Einstellen der Eigenschaften zur Optimierung der Leistungsfähigkeit der Ansichten beschrieben. Weitere Informationen über Datenbanken finden Sie im *Online-Benutzerhandbuch* in Kapitel 6, „Erstellen von Datenbanken". Weitere Informationen über Tabellen und Indizes finden Sie im *Online-Benutzerhandbuch* in Kapitel 7, „Arbeiten mit Tabellen". Weitere Informationen über den Ansichts-Designer finden Sie im *Online-Benutzerhandbuch* in Kapitel 5, „Aktualisieren von Daten mit Hilfe von Ansichten".

In diesem Kapitel werden die folgenden Themen behandelt:

- Erstellen einer Ansicht
- Arbeiten mit Ansichten
- Aktualisieren von Daten mit Hilfe einer Ansicht
- Kombinieren von Ansichten
- Arbeiten mit Offline-Daten
- Optimieren der Leistungsfähigkeit von Ansichten

Erstellen einer Ansicht

Da Ansichten und Abfragen viele Gemeinsamkeiten haben, entspricht das Erstellen einer Ansicht in etwa dem Erstellen einer Abfrage. Das heißt, Sie wählen die Tabellen und Felder aus, die Sie in die Ansicht aufnehmen möchten, und geben die Verknüpfungsbedingungen zum Verbinden der Tabellen sowie die Filter zum Auswählen bestimmter Datensätze an. Anders als bei Abfragen können Sie bei Ansichten festlegen, wie die Änderungen der Daten in der Ansicht an die Ursprungsdaten oder Basistabellen, aus denen die Ansicht erstellt wurde, weitergegeben werden.

Wird eine Ansicht erstellt, speichert Visual FoxPro eine Ansichtsdefinition in der aktuellen Datenbank. Diese Definition enthält die in der Ansicht verwendeten Tabellennamen und die ausgewählten Felder sowie deren Einstellungen für die Eigenschaften. Bei der Verwendung der Ansicht wird die Ansichtsdefinition zum Erstellen einer SQL-Anweisung verwendet, die die Daten innerhalb der Ansicht festlegt.

Weitere Informationen über Ansichtseigenschaften finden Sie unter „Einstellen der Ansichts- und Verbindungseigenschaften" weiter unten in diesem Kapitel und unter DBGETPROP( ) oder CURSORGETPROP( ) in der Hilfe.

Es gibt zwei Arten von Ansichten: Lokale und Remote-Ansichten. Remote-Ansichten verwenden die Remote-SQL-Syntax, um Informationen von einer Remote-ODBC-Datenquelle abzurufen. Dagegen verwenden lokale Ansichten die Visual FoxPro-Syntax zum Auswählen von Informationen aus Tabellen und Ansichten. Einer lokalen Ansicht können dabei mehrere Remote-Ansichten hinzugefügt werden, wodurch Sie ausgehend von nur einer Ansicht auf Visual FoxPro- und auf ODBC-Datenquellen zugreifen können. Weitere Informationen über den Zugriff auf lokale und Remote-Daten in einer Ansicht finden Sie unter „Zusammenfassen lokaler und Remote-Daten in einer Ansicht" weiter unten in diesem Kapitel.

Erstellen einer lokalen Ansicht

Lokale Ansichten können mit dem Ansichts-Designer oder mit dem Befehl **CREATE SQL VIEW** erstellt werden.

▶ **So erstellen Sie eine lokale Ansicht**

- Wählen Sie im Projekt-Manager eine Datenbank, und klicken Sie auf **Lokale Ansichten** und dann auf **Neu**, um den Ansichts-Designer zu starten.

    – oder –

- Verwenden Sie den Befehl CREATE SQL VIEW, während eine Datenbank geöffnet ist.

    – oder –

- Verwenden Sie den Befehl **CREATE SQL VIEW** mit der Klausel AS.

Beispielsweise erstellt der folgende Code eine Ansicht mit allen Feldern der Tabelle products:

```
CREATE SQL VIEW product_view AS SELECT * ;
    FROM testdata!products
```

Der neue Name der Ansicht wird im Projekt-Manager angezeigt. Im Datenbank-Designer wird die Ansicht wie eine Tabelle im Schema angezeigt, wobei sich der Name der Ansicht an der Stelle befindet, an der sonst die Tabellennamen stehen.

Im Beispiel oben ist der Tabellenname qualifiziert, d.h., vor dem Tabellennamen steht der Name der Datenbank der Tabelle und das Ausrufezeichen „!". Wenn Sie beim Erstellen einer Ansicht den Tabellennamen qualifizieren, sucht Visual FoxPro die Tabelle in der Liste der offenen Datenbanken, und zwar in den aktuellen und den nicht aktuellen Datenbanken und im Standardsuchpfad der Tabelle.

Wird eine Tabelle in einer Ansichtsdefinition nicht durch den Datenbanknamen qualifiziert, muß die Datenbank geöffnet werden, bevor die Ansicht verwendet werden kann.

Tip: Wenn Sie eine Ansicht im Projekt-Manager erstellen oder verwenden, öffnet der Projekt-Manager die Datenbank automatisch. Wird anschließend eine Ansicht außerhalb eines Projekts verwendet, müssen Sie die Datenbank öffnen, um sicherzustellen, daß sich die Datenbank im Gültigkeitsbereich befindet, bevor Sie die Ansicht verwenden.

Erstellen von Ansichten mit gespeicherten SQL SELECT-Anweisungen

Sie können mit der Makrosubstitution die Anweisung **SQL SELECT** in einer Variablen speichern, die Sie anschließend zusammen mit dem Befehl **CREATE SQL VIEW** und der Klausel **AS** aufrufen können. Beispielsweise speichert der folgender Code eine **SQL SELECT**-Anweisung in der Variablen emp_cust_sql, die anschließend zum Erstellen einer neuen Ansicht verwendet werden kann:

```
emp_cust_sql = "SELECT employee.emp_id, ;
   customer.cust_id, customer.emp_id, ;
   customer.contact, customer.company ;
   FROM employee, customer ;
   WHERE employee.emp_id = customer.emp_id"
CREATE SQL VIEW emp_cust_view AS &emp_cust_sql
```

Verändern von Ansichten

Sie können vorhandene Ansichten im Ansichts-Designer unter Verwendung des Projekt-Managers oder über die Programmiersprache verändern. Um die SQL-Anweisung einer Ansicht programmgesteuert zu ändern, müssen Sie eine neue Ansicht erstellen. Die Definition dieser neuen Ansichtsdefinition können Sie anschließend speichern und damit den vorhandenen Ansichtsnamen überschreiben. Informationen über das Ändern der Eigenschaften von Ansichten finden Sie unter „Einstellen der Ansichts- und Verbindungseigenschaften" weiter unten in diesem Kapitel.

Tip: Das programmgesteuerte Erstellen einer Ansicht können Sie auch vereinfachen, indem Sie im Ansichts-Designer eine vorhandene Ansicht öffnen, die schreibgeschützte SQL-Anweisung kopieren und in Ihren Code einfügen.

▶ So ändern Sie eine Ansicht im Ansichts-Designer

- Klicken Sie im Projekt-Manager auf eine Ansicht und dann auf **Ändern**, um den Ansichts-Designer zu starten.

  – oder –

- Öffnen Sie eine Datenbank, und verwenden Sie den Befehl MODIFY VIEW mit dem Namen der gewünschten Ansicht.

Im Ansichts-Designer können Sie neue Tabellen über das Menü **Abfrage** oder die Symbolleiste des Ansichts-Designers hinzufügen. Der folgende Code zeigt product_view im Ansichts-Designer an:

```
OPEN DATABASE testdata
MODIFY VIEW product_view
```

Umbenennen einer Ansicht

Sie können eine Ansicht im Projekt-Manager oder mit dem Befehl **RENAME VIEW** umbenennen.

So ändern Sie den Namen einer Ansicht

- Wählen Sie im Projekt-Manager eine Datenbank und den Namen der gewünschten Ansicht, und klicken Sie dann im Menü **Projekt** auf **Datei umbenennen**.

  – oder –

- Verwenden Sie den Befehl RENAME VIEW.

Beispielsweise ändert der folgende Code den Namen von product_view in products_all_view:

```
RENAME VIEW product_view TO products_all_view
```

Bevor Sie die Ansicht umbenennen können, muß die dazugehörige Datenbank geöffnet sein.

Löschen einer Ansicht

Ansichtsdefinitionen können mit dem Projekt-Manager oder unter Verwendung des Befehls **DELETE DATABASE** aus der Datenbank gelöscht werden. Stellen Sie vor dem Löschen der Ansicht sicher, daß die dazugehörige Datenbank geöffnet und die aktuelle Datenbank ist.

So löschen Sie eine Ansicht

- Wählen Sie im Projekt-Manager eine Datenbank. Klicken Sie auf den gewünschten Ansichtsnamen und dann auf **Entfernen**.

  – oder –

- Verwenden Sie den Befehl DELETE VIEW oder DROP VIEW.

Beispielsweise löscht der folgende Code die Ansichten product_view und customer_view aus der Datenbank.

```
DELETE VIEW product_view
DROP VIEW customer_view
```

Anmerkung: Diese beiden Befehle haben denselben Effekt. Der Unterschied ist, daß **DROP VIEW** die Standard-ANSI-SQL-Syntax zum Löschen einer SQL-Ansicht ist.

Erstellen einer Ansicht aus mehreren Tabellen

Um auf verwandte Informationen, die sich in unterschiedlichen Tabellen befinden, zuzugreifen, können Sie eine neue Ansicht erstellen und mehrere Tabellen hinzufügen oder eine vorhandene Ansicht durch Hinzufügen weiterer Tabellen ändern. Tabellen können Sie mit dem Ansichts-Designer oder mit dem Befehl **CREATE SQL VIEW** hinzufügen. Nach dem Hinzufügen der Tabellen können Sie die Steuerung der Ansichtsergebnisse unter Verwendung der Verknüpfungsbedingung, die Sie zwischen den Tabellen definieren, erweitern.

▶ **So erstellen Sie eine Ansicht aus mehreren Tabellen**

- Erstellen Sie im Projekt-Manager eine Ansicht, und fügen Sie die gewünschten Tabellen im Ansichts-Designer hinzu.

  – oder –

- Öffnen Sie eine Datenbank, verwenden Sie den Befehl CREATE SQL VIEW und fügen Sie in der Klausel FROM Tabellennamen und Verknüpfungsbedingungen hinzu.

  Wenn Sie die Tabellen nur mit dem Befehl **CREATE SQL VIEW** hinzufügen, erstellen Sie damit ein Kreuzprodukt. Sie müssen also zum Verbinden von entsprechenden Datensätzen in den Tabellen eine Verknüpfungsbedingung in der Klausel FROM oder WHERE der Anweisung angeben. Sind bereits persistente Beziehungen zwischen den Tabellen eingerichtet, werden diese automatisch als Verknüpfungsbedingungen verwendet.

Definieren und Ändern von Verknüpfungsbedingungen

Normalerweise werden für die Definition einer Verknüpfungsbedingung die Beziehungen verwendet, die Sie bereits zwischen den Primär- und Fremdschlüsselfeldern der Tabellen eingerichtet haben. Angenommen, Sie suchen nach Informationen zu Aufträgen und möchten dabei, daß die Informationen über den Kunden, der den Auftrag erteilt hat, ebenfalls angezeigt werden. Sie können hierzu eine Ansicht unter Verwendung der Tabellen „Customer" und „Orders" erstellen. Legen Sie dann eine Verknüpfungsbedingung fest zum Vergleich der Werte in den Feldern, die in beiden Tabellen vorhanden sind. Diese Bedingung soll nur die Werte anzeigen, die in beiden Tabellen gleich sind. Bei den Tabellen „Customer" und „Orders" ist das gemeinsame Feld **Customer_ID**.

▶ **So definieren Sie Verknüpfungsbedingungen in einer Ansicht**

- Erstellen oder ändern Sie im Projekt-Manager eine Ansicht, und fügen Sie dann die gewünschten Tabellen im Ansichts-Designer hinzu.

  – oder –

- Öffnen Sie eine Datenbank, verwenden Sie den Befehl CREATE SQL VIEW und fügen Sie in der Klausel FROM Tabellennamen und Verknüpfungsbedingungen hinzu.

Exklusionsverknüpfungen, im Ansichts-Designer angegeben und in der SELECT-SQL-Anweisung angezeigt

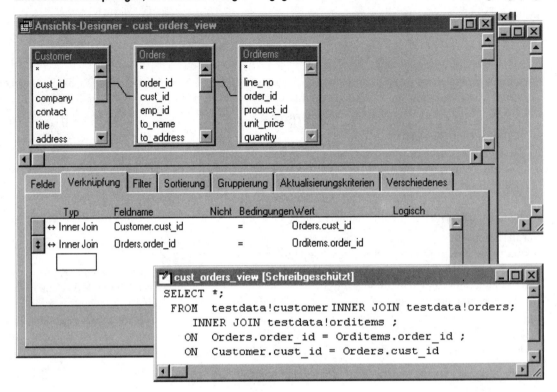

Der folgende Code erstellt eine neue, im Beispiel oben beschriebene Ansicht mit der Klausel FROM zur Angabe der Verknüpfungsbedingungen für die Ansicht.

```
OPEN DATABASE testdata
CREATE SQL VIEW cust_orders_view AS ;
   SELECT * FROM testdata!customer ;
      INNER JOIN testdata!orders ;
      ON customer.cust_id = orders.cust_id
```

Diese Verknüpfungsbedingung verfügt über verschiedene Aspekte: die Art der Verknüpfung, die zu verknüpfenden Felder und der Operator zum Vergleichen der Felder. In diesem Beispiel (Exklusionsverknüpfung) werden nur die Zeilen der Tabelle customer in das Ergebnis aufgenommen, die über einen oder mehrere entsprechende Datensätze in der Tabelle orders verfügen.

Zum individuellen Anpassen des Ergebnisses einer Ansicht können Sie folgende Punkte angeben:

- Felder in der Verknüpfung
- Vergleichsoperatoren zwischen den Feldern

- Verknüpfungsfolgen, wenn Sie zwei Tabellen in dem Ansichtsfenster haben
- Art der Verknüpfung

Das Angeben einer Verknüpfung zwischen Feldern, die nicht die Primär- oder Fremdschlüsselfelder in den Tabellen sind, kann in bestimmten Fällen sehr nützlich sein, kommt jedoch nur in wenigen Ansichten vor.

Durch das Ändern des Vergleichsoperators wird gesteuert, welche Datensätze verglichen und zurückgegeben werden. Dies entspricht in etwa der Funktion eines Filters. Angenommen, Sie verwenden ein Datumsfeld in einer Verknüpfung, dann können Sie anhand des Vergleichsoperators festlegen, daß nur die Datensätze vor oder nach einem bestimmten Datum in das Ergebnis aufgenommen werden sollen.

Weitere Informationen über Verknüpfungsfolgen finden Sie unter „Definieren von mehreren Verknüpfungsbedingungen" weiter unten in diesem Kapitel.

Durch die Angabe einer anderen Art der Verknüpfung können Sie die Abfrage dahingehend erweitern, daß sowohl die Datensätze, die die Verknüpfungsbedingung erfüllen, als auch die, die sie nicht erfüllen, in das Abfrageergebnis aufgenommen werden sollen. Haben Sie in einer Ansicht mehr als zwei Tabellen, können Sie das Ergebnis beeinflussen, indem Sie die Reihenfolge der Verknüpfungsbedingungen in der Klausel FROM ändern.

Sie können die Art der Verknüpfung im Ansichts-Designer oder mit der Programmiersprache ändern.

▶ **So ändern Sie die Verknüpfungsart**

- Wählen Sie die Registerkarte **Verknüpfung**.

    – oder –

- Doppelklicken Sie auf die **Verknüpfungslinie**.

    – oder –

- Öffnen Sie eine Datenbank, verwenden Sie den Befehl CREATE SQL VIEW und fügen Sie in der Klausel FROM Tabellennamen und Verknüpfungsbedingungen hinzu.

Aufnehmen von nichtentsprechenden Datensätzen in das Ergebnis

Sollen in das Ergebnis auch die Zeilen einbezogen werden, die keine entsprechenden Datensätze haben, können Sie eine Inklusionsverknüpfung verwenden. Zum Beispiel, wenn Sie eine Liste aller Kunden und nicht nur derjenigen Kunden, die einen Auftrag erteilt haben, benötigen. Ferner sollen in der Ansicht die Auftragsnummern bei den Kunden, die einen Auftrag erteilt haben, angezeigt werden. Wenn Sie hierzu eine Inklusionsverknüpfung wählen, werden in den leeren Feldern, die über keine entsprechenden Datensätze verfügen, Nullwerte zurückgegeben.

Diese Ansicht können Sie ebenfalls anhand der Programmiersprache mit dem folgenden Code erstellen:

```
OPEN DATABASE testdata
CREATE SQL VIEW cust_orders_view AS ;
   SELECT * FROM testdata!customer ;
      LEFT OUTER JOIN testdata!orders ;
      ON customer.cust_id = orders.cust_id
```

Welche nichtentsprechenden Datensätze in die Ansicht aufgenommen werden sollen, können Sie durch Auswahl der folgenden Verknüpfungen festlegen.

Zweck	Verknüpfungsart
Rückgabe der Datensätze beider Tabellen, die die zwischen den Feldern in der Verknüpfungsbedingung festgelegte Vergleichsbedingung erfüllen.	Exklusionsverknüpfung
Rückgabe aller Datensätze der Tabelle, die sich auf der linken Seite des Schlüsselworts JOIN befindet, und nur der Datensätze der Tabelle auf der rechten Seite des Schlüsselworts, die Entsprechungen haben.	Inklusionsverknüpfung (links)
Rückgabe aller Datensätze der Tabelle, die sich auf der rechten Seite des Schlüsselworts JOIN befindet, und nur der Datensätze der Tabelle auf der linken Seite des Schlüsselworts, die Entsprechungen haben.	Inklusionsverknüpfung (rechts)
Rückgabe aller entsprechenden und nichtentsprechenden Datensätze beider Tabellen.	Inklusionsverknüpfung (vollständig)

Definieren von mehreren Verknüpfungsbedingungen

Bei der Verwendung von mehr als zwei Tabellen in Ansichten oder Abfragen können Sie die Ergebnisse durch die Reihenfolge beeinflussen, in der die Verknüpfungsbedingungen angegeben werden. Angenommen, Sie suchen nach Informationen zu Aufträgen und möchten dabei ebenfalls, daß die Informationen über den Angestellten, der den Auftrag bearbeitet, sowie den Kunden, der den Auftrag erteilt hat, angezeigt werden. Dazu können Sie unter Verwendung der Tabellen customer, orders und employee eine Ansicht erstellen und eine Exklusionsverknüpfung der gemeinsamen Felder in diesen Tabellen einrichten. Die Tabellen customer und orders verfügen beide über das Feld **Customer ID**, während die Tabellen orders und employee beide über das Feld **Employee ID** verfügen.

Dieser Ansicht liegt die folgende SQL-Anweisung zugrunde:

```
OPEN DATABASE testdata
CREATE SQL VIEW cust_orders_emp_view AS ;
   SELECT * FROM testdata!customer ;
      INNER JOIN testdata!orders ;
      ON customer.cust_id = orders.cust_id ;
      INNER JOIN testdata!employee ;
      ON orders.emp_id = employee.emp_id
```

Verwenden von Verknüpfungen in der WHERE-Klausel

Sie können die gewünschten Verknüpfungsbedingungen in der Klausel WHERE angeben. Im Gegensatz zur Klausel FROM können Sie jedoch bei dieser Klausel keine Verknüpfungsart angeben. Bei Remote-Ansichten wird die Verknüpfungsklausel immer in der Klausel WHERE angegeben.

Der folgende Code erstellt dieselbe Ansicht wie im Beispiel oben, verwendet jedoch zur Angabe der Verknüpfungsbedingungen für die Ansicht die Klausel WHERE:

```
OPEN DATABASE testdata
CREATE SQL VIEW cust_orders_emp_view AS ;
    SELECT * FROM testdata!customer, ;
        testdata!orders, testdata!employee ;
    WHERE customer.cust_id = orders.cust_id ;
    AND orders.emp_id = employee.emp_id
```

Zugreifen auf Remote-Daten

Wenn Sie Daten, die sich auf einem Remote-Server befinden, verwenden möchten, können Sie dazu eine Remote-Ansicht erstellen. Um jedoch eine Remote-Ansicht erstellen zu können, müssen Sie zuerst die Verbindung zur Datenquelle sicherstellen.

Verbindung zu einer Remote-Datenquelle

Bei einer Remote-Datenquelle handelt es sich normalerweise um einem Remote-Server, für den Sie einen ODBC-Treiber installiert und einen ODBC-Datenquellennamen eingerichtet haben. Für eine gültige Datenquelle müssen Sie sicherstellen, daß ODBC installiert ist. Sie können mit Visual FoxPro eine Datenquelle und Verbindungen definieren.

Weitere Informationen über das Einrichten von ODBC-Datenquellen finden Sie im *Installationshandbuch* in Kapitel 1, „Installieren von Visual FoxPro".

Definieren einer Verbindung

Visual FoxPro bietet die Möglichkeit, in einer Datenbank die Definition einer benannten Verbindung zu erstellen und zu speichern, auf die Sie anschließend beim Erstellen einer Remote-Ansicht anhand eines Namens verweisen können. Sie können für die benannte Verbindung auch Eigenschaften festlegen, um die Kommunikation zwischen Visual FoxPro und der Remote-Datenquelle zu optimieren. Wenn Sie eine Remote-Ansicht aktivieren, wird die Verbindung der Ansicht das Bindeglied zur Remote-Datenquelle.

▶ **So erstellen Sie eine benannte Verbindung**

- Klicken Sie im Projekt-Manager auf **Verbindungen** und dann auf **Neu**, um den Verbindungs-Designer zu öffnen.

    – oder –

- Öffnen Sie eine Datenbank, und verwenden Sie den Befehl CREATE CONNECTION, um den Verbindungs-Designer zu öffnen.

    – oder –

- Verwenden Sie den Befehl CREATE CONNECTION zusammen mit dem Namen einer Verbindung.

Beispielsweise erstellt der folgende Code eine Verbindung in der Datenbank testdata zum Speichern der Informationen, die für die Verbindung mit der ODBC-Datenquelle sqlremote benötigt werden:

```
OPEN DATABASE testdata
CREATE CONNECTION remote_01 DATASOURCE sqlremote userid password
```

Visual FoxPro zeigt im Projekt-Manager den Namen `remote_01` für die Verbindung an.

Das Erstellen einer benannten Verbindung in der Datenbank belegt keinerlei Netzwerk- oder Remote-Ressourcen, da Visual FoxPro die Verbindung erst beim Verwenden der Ansicht aufbaut. Bis zur Aktivierung der Verbindung ist eine benannte Verbindung lediglich eine Verbindungsdefinition, die als Zeile in der .dbc-Datei der Datenbank gespeichert ist. Wird die Remote-Ansicht verwendet, verwendet Visual FoxPro die benannte Verbindung, auf die die Ansicht verweist, und baut eine tatsächliche Verbindung zur Datenquelle auf. Diese aktive Verbindung wird dann als Leitung zum Senden der Datenanforderung an die Remote-Datenquelle verwendet.

Sie können ebenfalls Ansichten erstellen, die nur den Namen der Datenquelle und nicht den Verbindungsnamen angeben. Wird die Ansicht verwendet, baut Visual FoxPro anhand der ODBC-Informationen über die Datenquelle eine aktive Verbindung zur Datenquelle auf. Beim Schließen der Ansicht wird die Verbindung abgebaut.

Festlegen der Priorität von Verbindungen und Datenquellen

Wenn Sie den Befehl CREATE SQL VIEW mit der Klausel CONNECTION verwenden, geben Sie dabei einen Namen für eine Verbindung oder Datenquelle an. Visual FoxPro durchsucht dann zuerst die aktuelle Datenbank nach der Verbindung mit dem angegebenen Namen. Wird keine Verbindung mit diesem Namen gefunden, sucht Visual FoxPro nach einer eingerichteten ODBC-Datenquelle mit dem angegebenen Namen. Enthält die aktuelle Datenbank eine benannte Verbindung mit demselben Namen wie den einer ODBC-Datenquelle auf dem System, findet und verwendet Visual FoxPro diese benannte Verbindung.

Anzeigen von Eingabeaufforderungen zur ODBC-Anmeldung

Bei der Verwendung von Ansichten, deren Anmeldeinformationen für die Verbindung nicht vollständig angegeben sind, ist es möglich, daß Visual FoxPro ein Fenster der Datenquelle anzeigt, in dem Sie zur Eingabe der fehlenden Informationen aufgefordert werden.

Sie können festlegen, ob Visual FoxPro beim Herstellen der Verbindung zur Eingabe von Informationen, die nicht angegeben wurden, auffordern soll.

▶ **So steuern Sie die Anzeige von Eingabeaufforderungen zur ODBC-Anmeldung**

- Klicken Sie im Projekt-Manager auf eine Ansicht und dann auf **Ändern**, um den Verbindungs-Designer zu starten.
- Wählen Sie unter **Eingabeaufforderungen zur ODBC-Anmeldung anzeigen** eine Option.

  – oder –

- Verwenden Sie die Eigenschaft **DispLogin** der Funktion DBSETPROP( ) oder SQLSETPROP( ).

Verwenden einer vorhandenen Verbindung

Zum Erstellen einer Remote-Ansicht können Sie eine benannte Verbindung verwenden. Eine Liste der in der Datenbank verfügbaren Verbindungen können Sie im Projekt-Manager oder mit dem Befehl **DISPLAY CONNECTIONS** anzeigen.

▶ **So wählen Sie vorhandene Verbindungen**

- Wählen Sie im Projekt-Manager eine Datenbank, und klicken Sie dann auf **Verbindungen**.

    – oder –

- Verwenden Sie den Befehl DISPLAY CONNECTIONS.

Der folgende Code zeigt z. B. die Verbindungen in der Datenbank testdata an:

```
OPEN DATABASE testdata
DISPLAY CONNECTIONS
```

Erstellen einer Remote-Ansicht

Wenn Sie über eine gültige Datenquelle oder eine benannte Verbindung verfügen, können Sie im Projekt-Manager oder mit der Programmiersprache eine Remote-Ansicht erstellen. Diese Ansicht unterscheidet sich von einer lokalen Ansicht insofern, daß Sie bei der Definition eine Verbindung oder den Namen einer Datenquelle hinzufügen. Die SQL-Anweisung der Remote-Ansicht verwendet den systemeigenen Server-Dialekt.

▶ **So erstellen Sie eine Remote-Ansicht**

- Wählen Sie im Projekt-Manager eine Datenbank, und klicken Sie auf **Remote-Ansichten** und dann auf **Neu**, um den Ansichts-Designer zu starten.

    – oder –

- Verwenden Sie den Befehl CREATE SQL VIEW mit der Klausel REMOTE und/oder der Klausel CONNECTION.

Wenn Sie die Klausel CONNECTION mit dem Befehl **CREATE SQL VIEW** verwenden, müssen Sie das Schlüsselwort REMOTE nicht angeben, denn Visual FoxPro erkennt die Ansicht als Remote-Ansicht bereits durch das Schlüsselwort CONNECTION. Befindet sich z. B. die Tabelle products der Datenbank testdata auf einem Remote-Server, erstellt der folgende Code eine Remote-Ansicht der Tabelle products:

```
OPEN DATABASE testdata
CREATE SQL VIEW product_remote_view ;
   CONNECTION remote_01 ;
   AS SELECT * FROM products
```

Sie können beim Erstellen einer Remote-Ansicht den Namen einer Datenquelle anstelle eines Verbindungsnamens verwenden. Ferner können Sie den Verbindungsnamen oder den Namen der Datenquelle auslassen, wenn Sie den Befehl **CREATE SQL VIEW** mit der Klausel REMOTE verwenden. Visual FoxPro zeigt dann das Dialogfeld Verbindung oder Datenquelle auswählen an, in dem Sie eine gültige Verbindung oder Datenquelle wählen können.

Nachdem Sie die Ansicht erstellt haben, wird diese im Schema des Datenbank-Designers wie eine Tabelle mit Namen und Symbol angezeigt.

Wenn Sie im Ansichts-Designer zwei oder mehr Tabellen verknüpfen, verwendet der Designer Exklusionsverknüpfungen (oder =-Verknüpfung) und schreibt die Verknüpfungsbedingung in die Klausel WHERE. Möchten Sie eine Inklusionsverknüpfung verwenden, beachten Sie, daß im Ansichts-Designer nur linke Inklusionsverknüpfungen zur Verfügung stehen, da nur diese Syntax von ODBC unterstützt wird. Wenn Sie rechte oder vollständige Inklusionsverknüpfungen benötigen oder eine systemeigene Syntax für linke Inklusionsverknüpfungen verwenden möchten, müssen Sie die Ansicht programmgesteuert erstellen.

Verwenden von Ansichten

Nachdem Sie eine Ansicht erstellt haben, können Sie diese für die Anzeige und das Aktualisieren von Daten verwenden. Ferner können Sie die Eigenschaften einer Ansicht einstellen, um die Leistung zu optimieren. Ansichten werden wie Tabellen behandelt:

- Öffnen der Ansicht mit dem Befehl USE zum Einfügen des Namens der Ansicht
- Schließen der Ansicht mit dem Befehl **USE**
- Anzeige der Datensätze einer Ansicht im Datenblattfenster
- Anzeige der Aliasnamen von geöffneten Ansichten im Datensitzungsfenster
- Verwenden der Ansicht als Datenquelle, z. B. in einem Text, einem Datenblatt-Steuerelement, einem Formular oder einem Bericht

Sie können eine Ansicht im Projekt-Manager oder mit der Programmiersprache verwenden.

▶ **So verwenden Sie eine Ansicht**

- Wählen Sie im Projekt-Manager eine Datenbank, klicken Sie auf die gewünschte Ansicht und dann auf **Datenblatt**, um die Ansicht im Datenblattfenster anzuzeigen.

    – oder –

- Greifen Sie auf die Ansicht programmgesteuert mit dem Befehl USE zu.

Der folgende Code zeigt product_view im Datenblattfenster an:

```
OPEN DATABASE testdata
USE product_view
BROWSE
```

Bei der Verwendung einer Ansicht wird diese als Cursor in einem eigenen Arbeitsbereich geöffnet. Basiert die Ansicht auf lokalen Tabellen, öffnet Visual FoxPro ebenfalls die Basistabellen in eigenen Arbeitsbereichen. Die Basistabellen für eine Ansicht sind die Tabellen, auf die mit der Anweisung **SELECT – SQL** zugegriffen wird. Diese Anweisung wird beim Erstellen der Ansicht in den Befehl **CREATE SQL VIEW** eingefügt. Im oben aufgeführten Beispiel wird durch das Verwenden von product_view mit dem Befehl **USE** automatisch auch die Tabelle products geöffnet.

Das Datensitzungsfenster zeigt die Ansicht und deren Basistabelle an

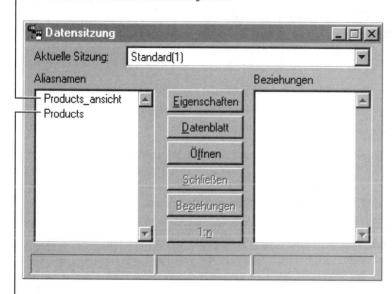

Basiert eine Ansicht auf Remote-Tabellen, werden die Basistabellen nicht in Arbeitsbereichen geöffnet, sondern nur der Name der Remote-Ansicht im Datensitzungsfenster angezeigt.

Einschränken des Gültigkeitsbereichs einer Ansicht

Beim Zugriff auf eine Remote-Datenquelle ist es wahrscheinlich, daß Sie auf große Datenmengen zugreifen. Sie können durch Einschränken des Gültigkeitsbereichs der Ansicht festlegen, daß die Ansicht nur die Datensätze einliest, die Sie zu einem bestimmten Zeitpunkt benötigen. Hierdurch wird das Netzwerk weniger belastet und die Leistung der Ansicht erhöht. Angenommen, Sie benötigen die Informationen über Kunden in einem bestimmten Land sowie über die Aufträge dieser Kunden. In diesem Fall ist es schneller, wenn Sie nur die Datensätze für das gewünschte Land und nicht alle Kunden in die Ansicht laden.

Eine Methode, um den Gültigkeitsbereich einer Ansicht einzuschränken, besteht darin, eine WHERE-Klausel in die SQL-Anweisung der Ansicht einzufügen. Wenn Sie z. B. nur die Kunden in Schweden anzeigen möchten, können Sie die folgende SQL WHERE-Klausel zur Ansicht hinzufügen:

```
SELECT * FROM customer ;
   WHERE customer.country = 'Sweden'
```

Dieser Code bietet eine effektive Einschränkung des Gültigkeitsbereichs der Ansicht, da hierdurch lediglich die Datensätze der Kunden in Schweden geladen werden. Allerdings würde dies voraussetzen, daß Sie für jedes Land eine eigene Ansicht erstellen, da der Wert für ein Land customer.country in der Anweisung **SELECT** der Ansicht fest eingegeben ist.

Erstellen einer parametrisierten Ansicht

Durch das Erstellen von parametrierbaren Ansichten können Sie den Gültigkeitsbereich von Ansichten einschränken, ohne daß Sie für jede Datensatz-Untermenge eine eigene Ansicht erstellen müssen. Eine parametrierbare Ansicht erstellt eine WHERE-Klausel in der **SQL SELECT**-Anweisung der Ansicht, die die zu ladenden Datensätze auf den Bereich einschränkt, der die Bedingungen in der WHERE-Klausel erfüllt. Diese Bedingungen werden anhand des Wertes, der für den Parameter angegeben wird, erstellt. Dieser Wert kann zur Laufzeit eingegeben oder der Ansicht programmgesteuert übergeben werden.

Im obigen Beispiel können Sie z. B. eine Ansicht erstellen, mit der Sie Datensätze für jedes Land laden können, indem Sie einfach den Namen des Landes angeben, wenn Sie die Ansicht verwenden.

▶ **So erstellen Sie eine parametrierbare Ansicht**

- Klicken Sie im Ansichts-Designer im Menü **Abfrage** auf **Ansichtsparameter**.

  – oder –

- Verwenden Sie den Befehl CREATE SQL VIEW mit einem Fragezeichen „?" und einem Parameter.

Der von Ihnen angegebene Parameter wird als Visual FoxPro-Ausdruck ausgewertet, dessen Wert als Bestandteil der SQL-Anweisung der Ansicht gesendet wird. Schlägt die Auswertung fehl, fordert Visual FoxPro zur Eingabe des Parameterwerts auf. Befindet sich z. B. die Tabelle customer der Datenbank testdata auf einem Remote-Server, erstellt der folgende Code eine parametergesteuerte Ansicht, bei der nur die Kunden aus dem Land berücksichtigt werden, das dem für den Parameter ?cCountry angegebenen Wert entspricht.

```
OPEN DATABASE testdata
CREATE SQL VIEW customer_remote_view ;
   CONNECTION remote_01 ;
   AS SELECT * FROM customer ;
   WHERE customer.country = ?cCountry
```

Sie können den Wert für ?cCountry auch programmgesteuert übergeben, wenn Sie die Ansicht verwenden. Sie können hierfür z. B. den folgenden Code verwenden:

```
cCountry = 'Sweden'
USE Testdata!customer_remote_view IN 0
BROWSE
```

Visual FoxPro zeigt die Kundendatensätze der schwedischen Firmen im Datenblattfenster für Customer_remote_view an.

Die Ansicht zeigt die Datensätze an, deren Land mit dem übergebenen Wert übereinstimmt

Customer_id	Company_name	Address	City	Country	Contact_name
BERGS	Berglunds Snabbköp	Berguvsvägen 8	Luleå	Schweden	Christina Berglund
FOLKO	Folk och fä HB	Åkergatan 24	Bräcke	Schweden	Maria Larsson

Tip: Handelt es sich bei dem Parameter um einen Ausdruck, schließen Sie den Parameterausdruck in Klammern ein. Damit bewirken Sie, daß der gesamte Ausdruck als Teil des Parameters ausgewertet wird.

Auffordern der Benutzer zur Eingabe eines Parameters

Handelt es sich bei dem Parameter nicht um eine Variable oder einen Ausdruck, möchten Sie möglicherweise, daß der Benutzer den Parameterwert angeben kann. Schließen Sie dazu den Ansichtsparameter in Anführungszeichen ein. In diesem Fall interpretiert Visual FoxPro den Parameter nach dem Fragezeichen „?" nicht als Ausdruck. Statt dessen werden Sie zur Eingabe des Parameters zur Laufzeit aufgefordert. Der folgende Code erstellt z. B. eine parametrierbare Ansicht, die den Benutzer auffordert, einen Wert für den Parameter ?'my customer id' anzugeben:

```
OPEN DATABASE testdata
CREATE SQL VIEW customer_remote_view ;
   CONNECTION remote_01 ;
   AS SELECT * FROM customer ;
   WHERE customer.cust_id = ?'my customer id'
USE customer_remote_view
```

Wenn Sie die Ansicht dieses Beispiels verwenden, wird das Dialogfeld **Ansichtsparameter** angezeigt.

Das Dialogfeld „Ansichtsparameter" fordert zur Eingabe des Wertes in Anführungszeichen auf

Nach der Eingabe einer gültigen Kundenkennung zeigt Visual FoxPro den Datensatz mit dieser Kennung an. Geben Sie im Beispiel oben den Wert ALFKI ein und öffnen anschließend das Datenblatt von Customer_remote_view, wird der entsprechende Datensatz angezeigt.

Datenblattfenster mit dem Datensatz, dessen „cust_id" „ALFKI" ist

Customer_id	Company_name	Address	City
ALFKI	Alfreds Futterkiste	Obere Str. 57	Berlin

Durch die Angabe einer Zeichenfolge in Anführungszeichen stellen Sie sicher, daß Visual FoxPro den Benutzer immer zur Eingabe eines Parameterwerts auffordert.

Öffnen mehrerer Instanzen einer Ansicht

Sie können Mehrfachinstanzen einer Ansicht in verschiedenen Arbeitsbereichen öffnen. Dies entspricht dem Öffnen einer Tabelle in mehreren Arbeitsbereichen. Der Unterschied ist jedoch, daß Ansichten standardmäßig bei jedem Verwenden eine neue Kopie der Daten abrufen.

▶ **So öffnen Sie eine Ansicht in mehreren Arbeitsbereichen**

- Klicken Sie im Projekt-Manager auf eine Ansicht und dann auf **Datenblatt**, um die Ansicht im Datenblattfenster anzuzeigen. Wiederholen Sie diesen Schritt, um die Ansicht in einem weiteren Arbeitsbereich zu öffnen.

  – oder –

- Klicken Sie im Datensitzungsfenster auf **Öffnen** und dann auf den Namen der gewünschten Ansicht. Wiederholen Sie diesen Schritt, um die Ansicht in einem weiteren Arbeitsbereich zu öffnen.

  – oder –

- Greifen Sie auf die Ansicht programmgesteuert mit dem Befehl USE zu.

Wenn Sie programmgesteuert mit dem Befehl **USE** auf eine Ansicht zugreifen, können Sie festlegen, daß eine andere Instanz der Ansicht geöffnet wird, ohne daß die Datenquelle dafür erneut abgefragt wird. Dies ist insbesondere dann nützlich, wenn Sie eine Remote-Ansicht in mehreren Arbeitsbereichen öffnen und dabei nicht immer warten möchten, bis die Daten von der Datenquelle geladen sind.

▶ **So verwenden Sie eine Ansicht erneut, ohne Daten zu laden**

- Verwenden Sie den Befehl USE mit der Klausel NOREQUERY.

  – oder –

- Verwenden Sie den Befehl USE mit der Klausel AGAIN.

Der folgende Code verwendet die Klausel NOREQUERY zur Anzeige des von der ersten Instanz von product_remote_view abgerufenen Cursors in zwei Datenblattfenstern, ohne die Remote-Datenquelle erneut abzufragen.

```
OPEN DATABASE testdata
CREATE SQL VIEW product_remote_view ;
   CONNECTION remote_01 ;
   AS SELECT * FROM products
USE product_remote_view
BROWSE
SELECT 0
USE product_remote_view NOREQUERY
BROWSE
```

Sie können mit der Klausel NOREQUERY eine Arbeitssitzungsnummer angeben. Geben Sie diese nicht an, durchsucht Visual FoxPro alle Arbeitssitzungen. Wird für die Ansicht eine geöffnete Ergebnismenge gefunden, wird erneut ein Cursor auf derselben Ergebnismenge geöffnet. Andernfalls wird eine neue Ergebnismenge für die Ansicht abgerufen. Wie bei Tabellen wird auch bei Ansichten ein neuer Ansichts-Cursor geöffnet, wenn die Ansicht nicht gefunden wurde.

Soll Visual FoxPro nur die aktuelle Sitzung nach einer geöffneten Ergebnismenge durchsuchen, können Sie hierzu die Klausel AGAIN angeben. Der folgende Code zeigt product_remote_view in zwei Datenblattfenstern an:

```
OPEN DATABASE testdata
USE product_remote_view
BROWSE
USE product_remote_view AGAIN in 0
BROWSE
```

Bei der Verwendung der Klausel AGAIN sucht Visual FoxPro in der aktuellen Arbeitssitzung nach einem vorhandenen Ansichts-Cursor und öffnet einen weiteren Alias, der auf diesen Ansichts-Cursor verweist. Das Öffnen einer weiteren Instanz einer Ansicht mit der Klausel AGAIN entspricht dem Ausführen des Befehls USE mit der Klausel NOREQUERY und der aktuellen Nummer der Sitzung.

Anzeigen der Struktur einer Ansicht

Sie können nur die Struktur einer Ansicht mit dem Befehl **USE** und der Klausel NODATA öffnen und anzeigen. Diese Option ist insbesondere dann nützlich, wenn Sie die Struktur einer Remote-Ansicht anzeigen möchten, ohne dabei warten zu müssen, bis die Daten geladen sind.

▶ **So öffnen Sie eine Ansicht, ohne Daten anzuzeigen**

- Greifen Sie auf die Ansicht programmgesteuert unter Verwendung des Befehls USE und der Klausel NODATA zu.

Der folgende Code zeigt customer_remote_view in einem Datenblattfenster an:

```
OPEN DATABASE testdata
USE customer_remote_view NODATA in 0
BROWSE
```

Wenn Sie eine Ansicht mit der Klausel NODATA verwenden, wird immer ein neuer Ansichts-Cursor geöffnet. Diese Klausel bietet den schnellsten Weg zur Anzeige der Struktur einer Ansicht, da es den kleinstmöglichen Cursor auf die Remote-Datenquelle generiert. Die Klausel NODATA veranlaßt Visual FoxPro, eine WHERE-Klausel, die immer den Wert Falsch (.F.) zurückgibt, für die Ansicht zu erstellen. Da keine Datensätze der Datenquelle die Bedingung der WHERE-Klausel erfüllen können, werden keine Zeilen in den Cursor der Remote-Datenquelle gelesen. Die Ansicht ist deshalb schnell, weil Sie nicht darauf warten müssen, daß die Remote-Datenquelle einen möglicherweise sehr großen Cursor generiert.

Tip: Die Klausel NODATA ist effizienter als das Verwenden der Eigenschaft **MaxRecords** mit der Einstellung 0 für die Ansicht oder den Cursor. Wenn Sie die Eigenschaft **MaxRecords** verwenden, müssen Sie warten, bis die Remote-Datenquelle einen Cursor für die Ansicht mit allen Datenzeilen, die die Bedingungen der normalen WHERE-Klausel erfüllen, generiert hat. Die Zeilen des aufgefüllten Cursors der Remote-Ansicht werden dann entsprechend den Einstellungen der Eigenschaft **MaxRecords** geladen.

Erstellen eines Indexes für eine Ansicht

Sie können lokale Indizes für Ansichten wie bei Tabellen mit dem Befehl INDEX **ON** erstellen. Anders als die Indizes, die Sie für eine Tabelle erstellen, sind die lokalen Indizes für Ansichten nicht persistent, sondern werden entfernt, wenn die Ansicht geschlossen wird.

Tip: Beachten Sie die Größe der Ergebnismenge der Ansicht, wenn Sie einen lokalen Index dafür erstellen möchten, denn das Indizieren einer großen Ergebnismenge kann viel Zeit in Anspruch nehmen und die Leistung der Ansicht herabsetzen.

Weitere Informationen über das Erstellen von Indizes finden Sie in Kapitel 7, „Arbeiten mit Tabellen", oder unter „INDEX" in der Hilfe.

Erstellen von temporären Beziehungen zwischen Ansichten

Sie können temporäre Beziehungen zwischen Ansichtsindizes untereinander oder zwischen Ansichtsindizes und Tabellenindizes mit dem Befehl SET RELATION erstellen.

Wenn Sie den Befehl **SET RELATION** zum Verbinden einer Ansicht mit einer Tabelle verwenden, sollten Sie aus Leistungsgesichtspunkten die Ansicht als Master und die Tabelle als Detailtabelle in der Beziehung festlegen. Die Detailtabelle ist effizienter, weil der strukturierte Index der Tabelle permanent verwaltet wird, auf ihn schnell zugegriffen werden kann und weil er von der Datenumgebung zum Sortieren der Datensätze verwendet werden kann. Der Index der Ansicht muß hingegen bei jeder Aktivierung der Ansicht neu aufgebaut werden und benötigt mehr Zeit als der Index der Tabelle. Ein Index einer Ansicht ist nicht Teil der Ansichtsdefinition, d.h. wenn Sie eine Datenumgebung verwenden, kann die Ansicht nicht als Detailtabelle verwendet werden, da der Index als Teil der Definition vorhanden sein muß. Dies wird von Ansichten nicht unterstützt.

Einstellen der Ansichts- und Verbindungseigenschaften

Beim Erstellen einer Ansicht erbt die Ansicht die Einstellung der Eigenschaften wie z. B. **UpdateType** und **UseMemoSize** von dem Umgebungs-Cursor oder dem Cursor 0 der aktuellen Sitzung. Sie können diese Standardeinstellungen der Eigenschaften ändern, indem Sie die Funktion CURSORSETPROP( ) mit 0 als Cursor-Nummer aufrufen. Nachdem die Ansicht erstellt und in einer Datenbank gespeichert wurde, können Sie die Ansichtseigenschaften mit der Funktion DBSETPROP( ) ändern. Die Änderungen, die Sie an Ansichtseigenschaften in einer Datenbank vornehmen, werden dauerhaft in der Datenbank gespeichert.

Wenn Sie eine Ansicht einsetzen, werden die Eigenschaftseinstellungen, die für die Ansicht in der Datenbank gespeichert sind, vom aktiven Ansichts-Cursor geerbt. Sie können die Einstellungen der Eigenschaften der aktiven Ansicht mit der Funktion CURSORSETPROP( ) ändern, indem Sie diese mit dem Ansichts-Cursor aufrufen. Änderungen, die Sie mit der Funktion CURSORSETPROP( ) vornehmen, sind temporär: Die temporären Einstellungen der aktiven Ansicht verschwinden, sobald Sie die Ansicht geschlossen haben, und die temporären Einstellungen des Cursors 0 verschwinden, wenn Sie die Visual FoxPro-Arbeitssitzung beenden.

Verbindungen erben Eigenschaften auf ähnliche Weise. Die Standardeigenschaften für die Verbindung 0 werden beim Erstellen und Speichern einer benannten Verbindung in einer Datenbank vererbt. Sie können diese Standardeinstellungen der Verbindung 0 mit der Funktion SQLSETPROP( ) ändern. Nachdem die Verbindung erstellt und in einer Datenbank gespeichert wurde, können Sie die Verbindungseigenschaften mit der Funktion DBSETPROP( ) ändern. Wenn Sie eine Verbindung einsetzen, werden die Eigenschaftseinstellungen, die für die Verbindung in der Datenbank gespeichert sind, von der aktiven Verbindung geerbt. Sie können die Einstellungen der Eigenschaften der aktiven Verbindung mit der Funktion SQLSETPROP( ) ändern, indem Sie diese mit der Kennung der Verbindung aufrufen.

Sowohl Ansichten als auch Verbindungen können eine benannte ODBC-Datenquelle verwenden. Wenn Sie eine ODBC-Datenquelle in einer Ansicht verwenden, erbt die Verbindung die Einstellungen der Eigenschaften von den Standardeinstellungen der Arbeitssitzung. Weitere Informationen über CURSORSETPROP( ), DBSETPROP( ) und SQLSETPROP( ) finden Sie in der Hilfe.

Das folgende Diagramm verdeutlicht für Ansichten und Verbindungen, wie die Einstellungen von Eigenschaften vererbt werden. Die grauen Linien stellen den Weg der Eigenschaftsvererbung dar; die schwarzen stellen Visual FoxPro-Befehle dar.

Ansichts- und Verbindungseigenschaften und deren Vererbung

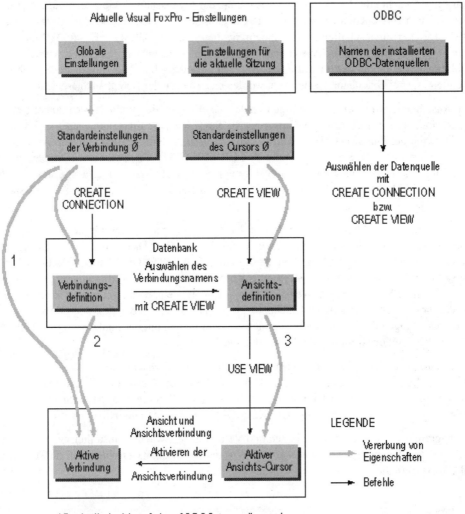

[1] Beruht die Ansicht auf einer ODBC-Datenquelle, werden die Eigenschaften der aktiven Verbindung von Verbindung Ø abgeleitet.

[2] Beruht die Ansicht auf einer Datenbankverbindung, werden die Eigenschaften der aktiven Verbindung aus der Verbindungsdefinition der Datenbank abgeleitet.

[3] Die Eigenschaften des aktiven Ansichts-Cursors werden von der Ansichtdefinition der Datenbank abgeleitet.

Ändern von Standarddatentypen beim Herunterladen von Remote-Ansichten

Wenn Sie eine Ansicht erstellen, wird die Eigenschaft **DataType** für alle Felder in der Ansicht auf einen Standardwert gesetzt. Der Wert ist der Datentypbuchstabe (D, G, I, L, M, P, T, W) für Datentypen mit fester Länge, und dem Buchstaben folgen die Parameter für die Feldbreite und den Maßstab in runden Klammern (B(d), Z(n), N(n, d)) für Datentypen mit variabler Länge. Diese Eigenschaft ist für lokale Ansichten schreibgeschützt. Eine Liste der Standarddatentypen finden Sie in Kapitel 21, „Implementieren von Client-Server-Anwendungen", unter „Herunterladen oder Hochladen von Daten über eine Remote-Ansicht".

Sie können die Einstellung der Eigenschaft **DataType** für das Feld der Remote-Ansicht mit der Funktion DBSETPROP( ) ändern. Dies wird in der folgenden Tabelle gezeigt.

ODBC-Datentyp des Remote-Feldes	Mögliche Datentypen im Visual FoxPro-Cursor
SQL_CHAR SQL_VARCHAR SQL_LONGVARCHAR	Zeichen oder Memo[1] (Standard); auch Objekt oder Bild
SQL_BINARY SQL_VARBINARY SQL_LONGVARBINARY	Memo (Standard); auch Zeichen, Objekt oder Bild
SQL_DECIMAL SQL_NUMERIC	Numerisch oder Währung[2] (Standard); auch Zeichen, Integer oder Double
SQL_BIT	Logisch (Standard); auch Zeichen
SQL_TINYINT SQL_SMALLINT SQL_INTEGER	Integer (Standard); auch Zeichen, Numerisch, Double oder Währung
SQL_BIGINT	Zeichen (Standard); auch Integer, Numerisch, Double oder Währung
SQL_REAL SQL_FLOAT SQL_DOUBLE	Double (Standard); die Anzahl der Dezimalstellen ist der Wert von SET DECIMALS in Visual FoxPro; auch Zeichen, Integer, Numerisch oder Währung
SQL_DATE	Datum (Standard); auch Zeichen oder DatumZeit
SQL_TIME	DatumZeit[3] (Standard); auch Zeichen
SQL_TIMESTAMP	DatumZeit[4] (Standard); auch Zeichen oder Datum

[1] Wenn die Breite des ODBC-Feldes geringer ist als der Wert der Cursor-Eigenschaft **UseMemoSize**, wird es zu einem Feld vom Typ „Zeichen" im Visual FoxPro-Cursor; andernfalls zu einem Feld vom Typ „Memo".

[2] Hat das Feld auf dem Server den Datentyp „Währung" (money), erhält es in Visual FoxPro den Datentyp „Währung".

[3] Standardwert für den Tag ist 1.1.1900.

[4] Enthält der Wert eines SQL_TIMESTAMP-Feldes Sekundenbruchteile, werden diese Bruchteile abgetrennt, wenn der Wert in den Visual FoxPro-Datentyp „DatumZeit" umgewandelt wird.

Verwenden der Eigenschaft „DataType"

Mit Hilfe der Eigenschaft **DataType** können Sie einen vom Standarddatentyp abweichenden Datentyp auswählen. Sie möchten beispielsweise ein Server-Zeitstempelfeld in Visual FoxPro herunterladen, aber der Standarddatentyp für ein Feld **DatumZeit** in Visual FoxPro schneidet alle in der Server-Zeitmarke gespeicherten Sekundenbruchteile ab. In diesem Fall können Sie mit Hilfe der Eigenschaft **DataType** das Remote-Zeitstempelfeld in ein Visual FoxPro-Zeichenfeld abbilden, um so die Sekundenbruchteile zu erhalten.

Schließen der Basistabellen einer Ansicht

Die lokalen Basistabellen, die automatisch beim Verwenden einer Ansicht geöffnet werden, werden nicht automatisch mit dem Schließen der Ansicht wieder geschlossen, sondern müssen von Ihnen explizit geschlossen werden. Dieses Verhalten ist mit dem Befehl **SELECT – SQL** konsistent.

Aktualisieren von Daten mit Hilfe einer Ansicht

In Ansichten werden Daten auf die gleiche Art wie in Tabellen aktualisiert. Mit einer Ansicht können Sie auch die Basistabellen der Ansicht aktualisieren. Ansichten werden standardmäßig mit der optimistischen Zeilenpufferung zwischengespeichert. Diese Zwischenspeicherung kann jedoch auf die Tabellenpufferung geändert werden. Weitere Informationen über Zwischenspeichern finden Sie in Kapitel 17, „Programmieren für gemeinsamen Zugriff".

Die Daten in einer Ansicht können in der Benutzeroberfläche oder mit der Programmiersprache aktualisiert werden. Der erste Schritt hierfür ist, daß Sie die Ansicht aktualisierbar machen. In den meisten Fällen ist die Ansicht mit den standardmäßigen Eigenschaftseinstellungen bereits aktualisierbar, jedoch werden die aktualisierten Daten nicht zur Datenquelle gesendet, bis Sie Visual FoxPro dazu anweisen, indem Sie die Eigenschaft **SendUpdates** auf On setzen.

Für das Steuern der Aktualisierungen verwendet eine Ansicht fünf Eigenschaften, die in der folgenden Tabelle zusammen mit den Standardeinstellungen aufgelistet sind:

Aktualisierungseigenschaften einer Ansicht und die entsprechenden Standardeinstellungen

Ansichtseigenschaft	Standardeinstellung
Tables	Umfaßt alle Tabellen, die über aktualisierbare Felder und mindestens ein Primärschlüsselfeld verfügen.
KeyField	Datenbank-Schlüsselfelder und Remote-Primärschlüssel der Tabelle
UpdateName	Tabellenname.Spaltenname für alle Felder
Updatable	Alle Felder mit Ausnahme der Primärschlüsselfelder
SendUpdates	Der Standardwert wird vom Standardwert der Arbeitssitzung, normalerweise Falsch (.F.), übernommen. Wird der Wert auf Wahr (.T.) gesetzt, wird dies der neue Standardwert für alle in der Arbeitssitzung erstellten Ansichten.

(Fortsetzung)

Ansichtseigenschaft	Standardeinstellung
CompareMemo	Standardwert ist Wahr (.T.). Dies bedeutet, daß Memofelder in die Klausel WHERE aufgenommen und für das Feststellen von Aktualisierungskonflikten verwendet werden.

Obwohl alle fünf Eigenschaften für das Aktualisieren von Daten benötigt werden, dient die Eigenschaft **SendUpdates** als „Hauptschalter", der festlegt, ob die aktualisierten Daten gesendet oder nicht gesendet werden. Während des Entwickelns einer Anwendung möchten Sie vielleicht die Eigenschaft **SendUpdates** auf Off setzen und anschließend alle anderen Eigenschaften so konfigurieren, daß Aktualisierungen nur an den Feldern vorgenommen werden, die Sie aktualisieren möchten. Wenn Sie dann zum Testen Ihrer Anwendung bereit sind, können Sie die Eigenschaft **SendUpdates** wieder auf On setzen, um Aktualisierungen zu ermöglichen.

In manchen komplexeren Situationen bieten die Standardeinstellungen für die Aktualisierung möglicherweise keine Aktualisierungen für eine Ansicht, die mit der Programmiersprache erstellt wurde. Um Aktualisierungen zu aktivieren, zeigen Sie die Standardeinstellungen aller Aktualisierungseigenschaften an, und stellen Sie diese entsprechend ein. Sie können ferner zusätzliche Eigenschaften wie z. B. **UpdateType**, **WhereType** usw. entsprechend den benötigten Voreinstellungen einstellen. Eine vollständige Liste der **Ansicht**seigenschaften finden Sie unter „DBGETPROP( )" in der Hilfe.

▶ **So machen Sie eine Ansicht mit dem Ansichts-Designer aktualisierbar**

- Klicken Sie im Ansichts-Designer auf die Registerkarte **Aktualisierungskriterien**, und überprüfen Sie die Standardeinstellungen.

Die Standardeinstellungen für Ansichten, die im Ansichts-Designer erstellt werden, stellen die Ansicht normalerweise so ein, daß sie aktualisierbar ist. Sie müssen nur noch das Kontrollkästchen **SQL-Aktualisierungen senden** aktivieren, um die Aktualisierungen zu ermöglichen. Ferner können Sie Tabellen, Felder, die Klausel SQL WHERE und die Optionen für die Aktualisierung ändern.

▶ **So machen Sie durch Einstellen der Aktualisierungseigenschaften der Ansicht eine Ansicht aktualisierbar**

- Überprüfen Sie die aktuellen Standardeinstellungen mit dem Befehl DISPLAY DATABASE, und ändern Sie anschließend mit der Funktion DBSETPROP( ) die Eigenschaften der Ansichtsdefinition entsprechend den Anforderungen.

Im folgenden Beispiel werden die Schritte gezeigt, die Sie zum programmgesteuerten Einstellen der fünf Aktualisierungseigenschaften befolgen sollten:

Anmerkung: Die standardmäßigen Ansichtseigenschaften bieten möglicherweise bereits die gesamten Informationen, die zum Aktualisieren Ihrer Ansicht benötigt werden.

1. Stellen Sie die Eigenschaft **Tables** mit mindestens einem Tabellennamen ein.

    Wenn Sie z. B. eine Ansicht mit dem Namen cust_view, die auf der Tabelle customer basiert, haben, können Sie die Tabelle mit der folgenden Funktion einstellen.

```
DBSETPROP('cust_view','View','Tables','customer')
```

> **Tip:** Wenn eine Tabelle als qualifizierendes Merkmal in der Eigenschaft **UpdateName**, jedoch nicht in der Standardliste der Eigenschaft **Tables** auftritt, ist für die Tabelle möglicherweise kein Primärschlüsselfeld definiert. Machen Sie die Tabelle aktualisierbar, indem Sie das Feld, das Sie als Schlüsselfeld erachten, zur Eigenschaft **KeyField** und anschließend die Tabelle zur Eigenschaftsliste **Tables** hinzufügen.

2. Stellen Sie die Eigenschaft **KeyField** mit einem oder mehreren lokalen Visual FoxPro-Feldnamen ein, die zusammen einen eindeutigen Schlüssel für die aktualisierbare Tabelle bilden.

   Wenn wir dazu dasselbe Beispiel wie oben verwenden, können Sie cust_id mit dem folgenden Code zum Schlüsselfeld machen:

```
DBSETPROP('cust_view.cust_id','Field','KeyField',.T.)
```

> **Vorsicht:** Stellen Sie sicher, daß die angegebenen Schlüsselfelder sowohl in der Basistabelle, die aktualisiert werden soll, als auch in der Ansicht einen eindeutigen Schlüssel bilden.

3. Ordnen Sie mit der Eigenschaft **UpdateName** die Felder der Ansicht den entsprechenden Feldern in der Basistabelle zu. Diese Eigenschaft ist besonders dann nützlich, wenn die Ansicht auf einer Verknüpfung zweier Tabellen mit einem gemeinsamen Feldnamen basiert oder wenn den Feldern Aliasnamen in der Ansicht zugewiesen sind. Um die gewünschte Basistabelle zu aktualisieren, ordnen Sie den Namen des Visual FoxPro-Ansichtsfelds dem Namen des Feldes in der Basistabelle und dem Tabellennamen zu.

```
DBSETPROP('cust_view.cust_id','Field','UpdateName',;
       'customer.cust_id')
```

> **Tip:** Damit Sie nicht versehentlich Felder doppelt in einer Ansicht einfügen, können Sie die Feldnamen, die Sie für die Ansicht verwenden, in der SQL-Anweisung qualifizieren. Anschließend können Sie mit der Visual FoxPro-Eigenschaft **UpdateName** der Ansicht die qualifizierten Felder dem richtigen Basistabellen- und Feldnamen zuordnen.

4. Geben Sie den Gültigkeitsbereich der Felder, die Sie aktualisieren möchten, mit der Eigenschaft **Updatable** an. Sie sollten nur die Bereiche der Felder festlegen, die Sie ebenfalls mit der Eigenschaft **UpdateName** angegeben haben.

```
DBSETPROP('cust_view.cust_id','Field','Updatable',;
       .T.)
```

5. Setzen Sie die Eigenschaft **SendUpdates** auf Wahr (.T.). Dies ist der „Hauptschalter", der Visual FoxPro anweist, die Aktualisierungen zu erstellen und an alle Tabellen und Felder, die Sie als aktualisierbar definiert haben, zu senden.

```
DBSETPROP('cust_view','View','SendUpdates',.T.)
```

Wenn Sie mit DBSETPROP( ) die Eigenschaften einer Ansicht vor der Verwendung der Ansicht festlegen, werden diese Einstellungen in der Datenbank gespeichert und automatisch beim Aktivieren der Ansicht verwendet. Ist die Ansicht aktiviert, können die Eigenschaftseinstellungen der aktiven Ansicht mit CURSORSETPROP( ) verändert werden. Die Eigenschaftseinstellungen, die mit CURSORSETPROP( ) an einer aktiven Ansicht vorgenommen werden, werden nach dem Schließen der Ansicht nicht gespeichert.

Aktualisieren mehrerer Tabellen in einer Ansicht

Eine Ansicht ermöglicht das Aktualisieren mehrerer Basistabellen. Wenn Sie eine Ansicht haben, die zwei oder mehrere Tabellen kombiniert, sollten Sie verschiedene Eigenschaften setzen, um sicherzustellen, daß nur die n-Seite der Ansichtsabfrage aktualisierbar ist.

Ansichten werden Tabelle für Tabelle aktualisiert. Sie müssen sicherstellen, daß bei jeder Tabelle, auf die durch eine Ansicht zugegriffen wird, das Schlüsselfeld ein eindeutiger Schlüssel sowohl in der Ergebnismenge der Ansicht als auch in der Basistabelle ist.

▶ **So machen Sie eine Ansicht aus mehreren Tabellen aktualisierbar**

- Klicken Sie im Ansichts-Designer auf die Registerkarte **Aktualisierungskriterien**, und wählen Sie dann die Tabellen- und Feldnamen, die aktualisiert werden sollen.

  – oder –

- Verwenden Sie die Funktion DBSETPROP( ).

In den meisten Fällen ist eine Ansicht, die auf mehreren Tabellen basiert, bereits durch die von Visual FoxPro verwendeten Standardwerte aktualisierbar, auch wenn die Ansicht programmgesteuert erstellt wird. Das folgende Code-Beispiel erstellt für eine Ansicht, die auf zwei Tabellen basiert, die Aktualisierungseigenschaften und stellt diese explizit ein. Dieses Beispiel können Sie als Richtlinie für das Anpassen der Aktualisierungseigenschaften einer Ansicht verwenden.

Aktualisieren mehrerer Tabellen in einer Ansicht

Code	Beschreibung

``
CREATE SQL VIEW emp_cust_view AS ;
   SELECT employee.emp_id, ;
   employee.phone, customer.cust_id, ;
   customer.emp_id, customer.contact, ;
   customer.company ;
   FROM employee, customer ;
   WHERE employee.emp_id = customer.emp_id
``
	Erstellt eine Ansicht, die auf Felder aus zwei Tabellen zugreift.

``` DBSETPROP('emp_cust_view', 'View', 'Tables', ; 'employee, customer') ```	Richtet die Tabellen als aktualisierbar ein.

(Fortsetzung)

Code	Beschreibung

``DBSETPROP('emp_cust_view.emp_id', 'Field', ;``
``    'UpdateName', '``
``DBSETPROP('emp_cust_view.phone', 'Field', ;``
``    'UpdateName', '``
``DBSETPROP('emp_cust_view.cust_id', 'Field', ;``
``    'UpdateName', '``
``    'customer.cust_id')``
``DBSETPROP('emp_cust_view.emp_id1', 'Field', ;``
``    'UpdateName', '``
``    'customer.emp_id')``
``DBSETPROP('emp_cust_view.contact', 'Field', ;``
``    'UpdateName', '``
``    'customer.contact')``
``DBSETPROP('emp_cust_view.company', 'Field', ;``
``    'UpdateName', '``
``    'customer.company')``
	Richtet die Aktualisierungsnamen ein.

``DBSETPROP('emp_cust_view.emp_id', 'Field', ;`` ``    'KeyField', .``	Richtet einen eindeutigen Schlüssel, bestehend aus einem Feld, für die Tabelle „Employee" ein.

``DBSETPROP('emp_cust_view.cust_id', 'Field', ;``
``    'KeyField', .T.)``
``DBSETPROP('emp_cust_view.emp_id1', 'Field', ;``
``    'KeyField', .T.)``
	Richtet einen eindeutigen Schlüssel, bestehend aus zwei Feldern, für die Tabelle „Customer" ein.

``DBSETPROP('emp_cust_view.phone', 'Field', ;``
``    'UpdatableField', .T.)``
``DBSETPROP('emp_cust_view.contact', 'Field', ;``
``    'UpdatableField', ;``
``DBSETPROP('emp_cust_view.company', 'Field', ;``
``    'UpdatableField', ;``
	Richtet die aktualisierbaren Felder ein. Normalerweise sind Schlüsselfelder nicht aktualisierbar.

``DBSETPROP('emp_cust_view', 'View', ;`` ``    'SendUpdates', .T.)``	Aktiviert die Aktualisierungsfunktion.

``GO TOP``
``REPLACE employee.phone WITH "(206)111-2222"``
``REPLACE customer.contact WITH "John Doe"``
	Ändert die Daten in der Ansicht.

``TABLEUPDATE()``	Bestätigt die Änderungen durch Aktualisieren der Basistabellen „Employee" und „Customer".

Anpassen von Ansichten mit Hilfe des Data Dictionary (Datenwörterbuch)

Da Ansichten in einer Datenbank gespeichert werden, können Sie folgendes erstellen und festlegen:

- Beschriftungen
- Kommentare für die Ansicht und die Felder der Ansicht
- Standardwerte für Felder der Ansicht
- Regeln auf Feld- und Datensatzebene sowie Fehlermeldungen für die Regeln

Die Funktionen des Data Dictionary (Datenwörterbuch) für Ansichten entsprechen den Funktionen des Data Dictionary für Datenbanktabellen. Jedoch werden die Beschriftungen, Kommentare, Standardwerte und Regeln für Ansichten mit der Programmiersprache und nicht mit dem Tabellen-Designer festgelegt.

Festlegen von Standardwerten für die Felder einer Ansicht

Wie die Standardwerte für Tabellenfelder werden auch die Standardwerte für Ansichtsfelder in der Datenbank gespeichert und stehen jedesmal, wenn Sie die Ansicht verwenden, zur Verfügung. Visual FoxPro vergleicht nicht die von Ihnen lokal erstellten Standardwerte mit den auf einer Remote-Datenquelle eingerichteten Standardwerten. Sie müssen also sicherstellen, daß die lokal eingerichteten Standardwerte zu denen der Datenquelle passen.

▶ **So weisen Sie einem Feld in einer Ansicht einen Standardwert zu**

- Klicken Sie im **Ansichts-Designer** auf die Registerkarte Felder, wählen Sie ein Feld, und klicken Sie dann auf **Eigenschaften**, um den Standardwert für dieses Feld einzugeben.

    – oder –

- Verwenden Sie die Eigenschaft **DefaultValue** der Funktion DBSETPROP( ).

Beispielsweise soll Ihre Anwendung die maximale Bestellmenge für einen neuen Kunden so lange begrenzen, bis Sie Zeit gehabt haben, seine Kreditfähigkeit zu überprüfen und seinen Kreditrahmen festzulegen. Das folgende Beispiel erstellt das Feld maxordamt mit einem Standardwert von 1000:

```
OPEN DATABASE testdata
USE customer_view
?DBSETPROP ('Customer_view.maxordamt', 'Field', 'DefaultValue', 1000)
```

Sie können Standardwerte ebenfalls zum automatischen Auffüllen einiger Datensätze für den Benutzer verwenden. Sie können z. B. ein Datenblatt-Steuerelement (Grid), das auf einer Remote-Ansicht einer Tabelle mit den Bestelldetails basiert, zu einem Formular für die Auftragseingabe hinzufügen. Das Feld **order_id** ist das Schlüsselfeld, das jede Zeile des Datenblatts seinem entsprechenden Datensatz in der Remote-Tabelle mit den Bestelldetails zuordnet. Da die Bestellnummer jeder Zeile in dem Datenblatt für einen Auftrag immer dieselbe ist, können Sie einen Standardwert einrichten, der das wiederholte Eingeben dieses Wertes durch automatisches Auffüllen des Feldes order_id erspart.

Tip: Wenn eine der Business-Regeln Ihrer Anwendung festlegt, daß ein Feld einen Eintrag enthalten muß, können Sie mit einem Standardwert sicherstellen, daß eine bestimmte Gültigkeitsregel auf Feld- oder Datensatzebene nicht verletzt wird.

Erstellen von Regeln für Felder und Datensätze einer Ansicht

Sie können lokale Versionen von Regeln einer Remote-Datenquelle erstellen, um

- Antwortzeiten zu verkürzen
- die Netzwerkbelastung zu verringern

- Daten vor dem Senden an die Remote-Datenquelle zu überprüfen
- sicherzustellen, daß keine fehlerhaften Daten an die Remote-Datenquelle gesendet werden

Visual FoxPro vergleicht nicht lokal erstellte Regeln mit Remote-Regeln. Sie müssen also sicherstellen, daß die lokal eingerichteten Regeln zu denen der Datenquelle passen. Sollten sich Remote-Regeln ändern, müssen Sie die lokalen Regeln entsprechend anpassen.

▶ **So erstellen Sie eine Regel für ein Feld oder einen Datensatz einer Ansicht**

- Klicken Sie im **Ansichts-Designer** auf die Registerkarte Felder, wählen Sie ein Feld, und klicken Sie dann auf **Eigenschaften**, um einen Ausdruck für eine Regel und den Meldungstext für dieses Feld einzugeben.

    – oder –

- Verwenden Sie die Eigenschaften **RuleExpression** und **RuleText** der Funktion DBSETPROP( ).

Beispielsweise erstellt der folgende Code eine Regel auf Feldebene für orditems_view, die sicherstellt, daß keine Menge kleiner 1 eingegeben wird:

```
OPEN DATABASE testdata
USE orditems_view
DBSETPROP('Orditems_view.quantity','Field', ;
        'RuleExpression', 'quantity >= 1')
DBSETPROP('Orditems_view.quantity','Field', ;
        'RuleText', ;
'"Mengen müssen größer gleich 1 sein"')
```

Sie können die Funktion DBSETPROP( ) auch zum Erstellen von Regeln auf Datensatzebene verwenden. Weitere Informationen finden Sie unter „DBSETPROP( )" in der Hilfe.

Zusammenfassen von Ansichten

Sie können Ansichten erstellen, die auf anderen Ansichten basieren. Dies könnte z. B. nützlich sein, wenn Sie eine Untermenge der Informationen aus mehreren anderen Ansichten benötigen oder die Daten einer lokalen und einer Remote-Ansicht zu einer Ansicht zusammenfassen möchten. Eine Ansicht, die auf anderen Ansichten oder einer Zusammenfassung von lokalen Tabellen und lokalen oder Remote-Ansichten basiert, wird als mehrstufige Ansicht bezeichnet. Die Ansicht, die dabei die anderen Ansichten zusammenfaßt, ist die Ansicht auf der obersten Ebene. Zwischen der Ansicht auf oberster Ebene und den lokalen oder Remote-Basistabellen können sich mehrere Ansichtsebenen befinden. Wenn Sie eine mehrstufige Ansicht verwenden, werden die Ansichten sowie alle Visual FoxPro-Tabellen (die in dieser Ansicht oder in einer Ansicht auf einer Zwischenebene verwendet werden), auf denen die oberste Ansicht basiert, im Datensitzungsfenster angezeigt. Remote-Tabellen werden nicht im Datensitzungsfenster angezeigt.

Zusammenfassen lokaler und Remote-Daten in einer Ansicht

Sie können lokale und Remote-Daten in einer Ansicht zusammenfassen, indem Sie eine neue lokale Ansicht erstellen, die auf einer lokalen und einer Remote-Ansicht basiert.

▶ **So erstellen Sie eine Ansicht, die lokale und Remote-Daten zusammenfaßt**

- Wählen Sie im Projekt-Manager eine Datenbank, klicken Sie auf **Lokale Ansichten** und dann auf **Neu**, um den Ansichts-Designer zu öffnen. Fügen Sie beliebige Tabellen sowie lokale und Remote-Ansichten zur Ansicht hinzu.

– oder –

- Verwenden Sie den Befehl CREATE SQL VIEW.

Mit dem folgenden Code können Sie z. B. eine Ansicht erstellen, die die Informationen der lokalen Tabelle „Employee" und der Remote-Tabelle „Orders" zusammenfaßt:

```
OPEN DATABASE testdata
CREATE SQL VIEW remote_orders_view ;
   CONNECTION remote_01 ;
   AS SELECT * FROM orders
CREATE SQL VIEW local_employee_remote_orders_view ;
   AS SELECT * FROM testdata!local_employee_view, ;
   testdata!remote_orders_view ;
   WHERE local_employee_view.emp_id = ;
      remote_orders_view.emp_id
```

Aktualisieren lokaler und Remote-Daten mit Hilfe einer Ansicht

Beim Aktualisieren von Daten in einer mehrstufigen Ansicht werden die Aktualisierungen eine Ebene weiter nach unten, d.h. an die Ansicht, auf der die oberste Ansicht basiert, weitergegeben. Sollen die Aktualisierungen bis zu den Basistabellen weitergegeben werden, müssen Sie den Befehl TABLEUPDATE für jede Ansicht in der Struktur ausführen.

Arbeiten mit Offline-Daten

Es kommt sicherlich vor, daß Sie Daten anzeigen, zusammenstellen oder ändern möchten, ohne daß dabei eine Verbindung zur Host-Datenbank besteht. Durch Einsatz der Offline-Funktionen für Ansichten in Visual FoxPro können Sie eine Verbindung zur Host-Datenbank herstellen und eine Datenuntermenge abrufen, die Sie anschließend offline verwenden können. Nachdem die Verbindung zur Host-Datenbank abgebaut wurde, können Sie die Ansicht direkt oder mit einer von Ihnen erstellten Anwendung bearbeiten. Haben Sie alle Änderungen vorgenommen, können die in der Ansicht gespeicherten Änderungen an die Host-Datenbank übergeben werden.

Verschiedene Situationen, in denen Offline-Ansichten nützlich eingesetzt werden können, sind:

- Bei einer Datenverwaltung, bei der große Datenbanken zentral auf MIS-Servern verwaltet werden. Wenn Sie z. B. nur Daten der Marketing-Abteilung benötigen, können Sie eine Ansicht ausschließlich mit den Daten erstellen, die für Sie von Interesse sind. Anschließend können Sie die Verbindung zum Server abbauen, verschiedenen Benutzern in der Marketing-Abteilung die Möglichkeit geben, die Daten zu aktualisieren, und dann die geänderten Daten wieder an die Datenquelle zurücksenden und bestätigen.

- Bei geographisch ungünstigen Gegebenheiten, bei denen Sie gezwungen sind, bestimmte Datenbestände auf einem Laptop mit sich zu führen, können Sie die Daten unabhängig von der Host-Datenbank bearbeiten und die Host-Datenbank zu einem späteren Zeitpunkt mit den geänderten Daten aktualisieren.
- Bei zeitkritischen Daten. Wenn Sie z. B. Gehaltserhöhungen eingeben möchten, bevor diese tatsächlich in Kraft treten.

Arbeiten mit Offline-Ansichten

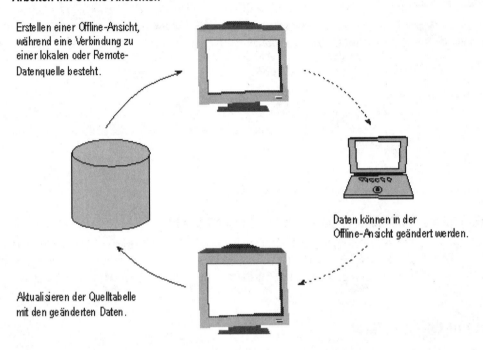

Zum Erstellen und Verwenden der Daten von Offline-Ansichten stehen Ihnen folgende Funktionen und Befehle zur Verfügung:

- Die Funktion CREATEOFFLINE( )
- Der Befehl USE *SQLViewName* mit den Klauseln ADMIN und ONLINE
- Die Funktion TABLEUPDATE
- Die Funktion DROPOFFLINE( )

Bei Offline-Ansichten, die auf einem anderen Computer als demjenigen, auf dem die Ansicht erstellt wurde, verwendet werden sollen, müssen Sie den Ziel-Computer vorbereiten, indem Sie eine Kopie der Host-Datenbankdatei (.dbc) erstellen. Stellen Sie ferner sicher, daß die von der Ansicht verwendete ODBC-Datenquelle auf dem Ziel-Computer vorhanden ist, und überprüfen Sie die Anforderungen an die Daten, um den benötigten Inhalt der Ansicht festzulegen.

Anmerkung: Verwenden Sie zum Installieren von Datenquellen auf einem Computer das Programm ODBC Administrator. Auf dieses Programm können Sie über die Visual FoxPro-Programmgruppe oder die Systemsteuerung zugreifen.

Erstellen von Offline-Ansichten

Wie bei Online-Daten sollten Sie auch die Anforderungen an die Daten beim Erstellen von Offline-Ansichten überprüfen, um den Entwurf der Ansichten in der Offline-Datenbank festzulegen. Nachdem feststeht, welche Datenuntermenge offline verwendet werden soll, können Sie mit einer vorhandenen Ansicht beginnen oder eine neue Ansicht erstellen. Sie können eine bereits vorhandene Ansicht, die die offline benötigten Datensätze zurückliefert, verwenden oder eine neue Ansicht programmgesteuert erstellen. Die Ansicht, die Sie für das Arbeiten offline verwenden, ist in einer .dbf-Datei im Container der Offline-Datenbank gespeichert.

Anmerkung: Wenn Sie vorhaben, die Daten in einer Offline-Ansicht zu ändern, stellen Sie sicher, daß die Ansicht aktualisierbar ist, bevor Sie die Verbindung zur Datenbank beenden. Nachdem die Ansicht offline ist, können deren Aktualisierungseigenschaften nur noch programmgesteuert und nicht mehr im Ansichts-Designer geändert werden.

▶ **So verwenden Sie eine vorhandene Ansicht für das Arbeiten offline**

- Verwenden Sie die Funktion CREATEOFFLINE( ) mit dem Namen der Ansicht.

Wenn Sie z. B. Kundenbesuche machen, um Konten abzugleichen, Kunden hinzuzufügen und neue Verkäufe zu speichern, benötigen Sie die Kundeninformationen sowie die aktuellen Auftragsinformationen und die gespeicherten Produktbeschreibungen. Sie können dazu eine Ansicht customerinfo erstellen, die die Informationen der Tabellen „Customers", „Orders" und „OrderItems" zusammenfaßt. Diese Ansicht können Sie mit dem folgenden Code erstellen:

```
CREATEOFFLINE("customerinfo")
```

▶ **So erstellen Sie eine Ansicht programmgesteuert offline**

- Verwenden Sie den Befehl CREATE SQL VIEW gefolgt von dem Befehl CREATEOFFLINE( ).

Beispielsweise erstellt der folgende Code eine Ansicht, die die Daten der Online-Datenbanktabellen Products und Inventory anzeigt. Solange keine Aktualisierungskriterien angegeben wurden, ist diese Ansicht schreibgeschützt:

```
CREATE SQL VIEW showproducts ;
   CONNECTION dsource ;
   AS SELECT * FROM Products INNER JOIN Inventory ;
   ON Products.ProductID = Inventory.ProductID ;
CREATEOFFLINE("showproducts")
```

Anzeigen und Ändern von Offline-Daten

Ansichten für die Offline-Daten unterscheiden sich in der Verwendung nicht von anderen Ansichten in Ihrer Anwendung: Sie können Datensätze hinzufügen, ändern und löschen. Mehrere Benutzer können die Offline-Ansicht gleichzeitig unter der Verwendung der Datenbank im gemeinsamen Modus einsetzen. Sollen die Änderungen nach der Bearbeitung nicht beibehalten werden, können Sie die Informationen wieder auf den ursprünglichen Zustand zurücksetzen.

Verwenden von Daten offline

Das Verwenden von Offline-Ansichten ermöglicht das Anzeigen und Aktualisieren von Daten mit denselben Formularen, Berichten und Anwendungen, die Sie auch für Online-Daten verwenden. Beispielsweise öffnet der folgende Code die Ansicht Showproducts:

```
USE Showproducts
```

Tip: Sollten Sie nicht die erwarteten Daten erhalten, überprüfen Sie die Optimierungseinstellungen der Remote-Ansicht. Wenn Sie z. B. die Eigenschaft **MaxRecords** mit der Funktion DBSETPROP( ) eingestellt haben, wird in den Offline-Ansichten auch nur diese eingestellte Anzahl von Datensätzen angezeigt. Haben Sie jedoch ein Memofeld zu der Feldliste der Ansicht hinzugefügt, wird dieses automatisch in die Ergebnismenge aufgenommen, auch wenn die Eigenschaft **FetchMemo** auf Falsch (.F.) gesetzt ist.

Verwalten von Daten offline

In verschiedenen Situationen (insbesondere in einer Umgebung, in der die Daten von vielen verschiedenen Benutzern geändert werden) möchten Sie möglicherweise die Änderungen, die in einer Offline-Ansicht vorgenommen wurden, überprüfen, bevor diese in der Quelldatenbank bestätigt werden. Mit dem Befehl USE und der Klausel ADMIN können Sie alle Änderungen, die in der Ansicht seit dem Beenden der Verbindung zur Datenbank bestätigt wurden, anzeigen. Die Änderungen können Sie dann gegebenenfalls einzeln rückgängig machen, ohne dazu mit der Datenquelle verbunden zu sein. Beispielsweise öffnet der folgende Code die Ansicht Showproducts im Administratormodus:

```
USE Showproducts ADMIN
```

Aktualisieren der Online-Daten

Nachdem Sie das Offline-Arbeiten beendet haben, können Sie die Daten auf dem Server mit denselben Transaktionen zum Aktualisieren von Tabellen, die Sie auch für Online-Daten verwenden, aktualisieren. Beim Arbeiten mit Remote-Daten sollten Sie folgende Tips beachten:

- Führen Sie einzelne Datensatzaktualisierungen mit automatischen Transaktionen durch.
- Führen Sie Batch-Aktualisierungen mit manuellen Transaktionen durch.
- Fügen Sie ggf. Code zum Feststellen von Aktualisierungskonflikten ein, erstellen Sie ein Protokoll der Konflikte und beseitigen Sie diese.

Bevor Sie die Aktualisierungen verarbeiten können, müssen Sie mit dem Befehl USE und dem Schlüsselwort ONLINE die Verbindung zur Host-Datenbank wiederherstellen. Nach Ausführung des Befehls versucht Visual FoxPro, die Host-Datenbank mit den in der Ansicht gespeicherten Informationen zur Datenquelle zu finden. Besteht die Verbindung zur Datenbank, können Sie mit TABLEUPATE( ) die in den Offline-Daten gespeicherten Aktualisierungen verarbeiten.

Um sicherzustellen, daß die Verbindungsinformationen, unabhängig vom Speicherort der Host- oder Ansichtstabellen, richtig sind, müssen Sie die Syntax für Verbindungszeichenfolgen anstelle einer benannten Verbindung verwenden.

Batch-Aktualisierungen für Datensätze in lokalen Tabellen

Für Batch-Aktualisierungen in lokalen Tabellen sollten Sie manuelle Transaktionen verwenden. Hierbei können die gesamten Batch-Aktualisierungen in einer einzigen Transaktion statt in einer Reihe von separaten Transaktionen durchgeführt werden.

Aktualisieren lokaler Tabellen mit Offline-Ansichten

Code	Beschreibung
`USE myofflineview ONLINE EXCLUSIVE`	Wiederverbinden mit dem Host und Öffnen der Ansicht

`BEGIN TRANSACTION`
`IF TABLEUPDATE (2, .F., "myofflineview")`
`   END TRANSACTION`
`ELSE`
`   MESSAGEBOX("Fehler: Aktualisierung nicht erfolgreich.")`
`   ROLLBACK`
`ENDIF`
	Überprüfen auf Aktualisierungskonflikte und ggf. Aktualisieren

Batch-Aktualisierungen für Datensätze in Remote-Tabellen

Verwenden Sie für Batch-Aktualisierungen in Remote-Tabellen manuelle Transaktionen. Beginnen Sie mit TABLEUPDATE( ), und beenden Sie die Verarbeitung mit SQLCOMMIT( ) oder SQLROLLBACK( ).

Zum Aufbau der Verbindung für das manuelle Durchführen der Transaktionen müssen Sie CURSORGETPROP( ) für den Ansichts-Cursor verwenden, um die Verbindungskennung zu erhalten. Setzen Sie anschließend die Eigenschaft **Transactions** auf den manuellen Modus.

Im folgenden Code ist die aktuelle Verbindungskennung für die Ansicht myview in hConn1 gespeichert. hConn1 wird verwendet, um die Eigenschaft **Transactions** auf den Wert „2" für manuelle Transaktionen zu setzen.

```
hConn1 = CURSORGETPROP("CONNECTHANDLE","myview") ;
SQLSETPROP(hConn1,"TRANSACTIONS",2)
```

Nachdem die Verbindung für die Aktualisierungen eingerichtet ist, können Sie mit TABLEUPDATE( ) Ihre Transaktionen verarbeiten.

Befinden sich die Host-Tabellen auf einem Remote-Server (z. B. SQL-Server), können Sie den folgenden Code als Richtlinie verwenden.

Aktualisieren von Remote-Tabellen mit Offline-Ansichten

Code	Beschreibung
`USE myofflineview ONLINE EXCLUSIVE`	Wiederverbinden mit dem Host und Öffnen der Ansicht

`SQLSetProp(liviewhandle,"transactions",2)`
`SQLSetProp(custviewhandle,"transactions",2)`
`SQLSetProp(ordviewhandle,"transactions",2)`
	Einrichten der Verbindungen für die Ansichten zum manuellen Verarbeiten der Transaktionen

`IF NOT TABLEUPDATE(.T.,.F.,"lineitemsview")`
`  =SQLROLLBACK(ordviewhandle)`
`  =MESSAGEBOX("Can't update line items table")`
`  IF NOT TableUpdate(.T.,.F.,"ordersview")`
`    =SQLROLLBACK(liviewhandle)`
`    =MESSAGEBOX("Kann die Tabelle orders nicht aktualisieren")`
`    IF NOT TABLEUPDATE(.T.,.F.,"customerview")`
`      =SQLROLLBACK(custviewhandle)`
`      =MESSAGEBOX("Can't update customer table")`
`    Else *# check out failure scenarios`
`      IF NOT SQLCOMMIT(liviewhandle)`
`        =SQLROLLBACK(liviewhandle)`
`        IF NOT SQLCOMMIT(ordviewhandle)`
`          =SQLROLLBACK(ordviewhandle)`
`          IF NOT SQLCOMMIT(custviewhandle)`
`            =SQLROLLBACK(custviewhandle)`
`          ENDIF`
`        ENDIF`
`      ENDIF`
`    ENDIF`
`  ENDIF`
`ENDIF`
	Behandeln von Aktualisierungen und Aktualisierungskonflikten

Aktualisieren eines Datensatzes

Wenn Sie nur eine Zeile aktualisieren, können Sie automatische Transaktionen dazu verwenden. Da jede Anweisung zum Verarbeiten eines Aktualisierungs-, Lösch- oder Einfügevorgangs als separate Transaktion behandelt wird, ist ein Zurücksetzen vorheriger Transaktionsanweisungen nicht möglich.

```
USE customerview ONLINE EXCLUSIVE
GOTO 3
   IF TABLEUPDATE (0, .F., workarea)
      * Konflikt in der Code-Behandlung
   ENDIF
```

Tip: Verwenden Sie zum Aktualisieren eines einzelnen Datensatzes in einer lokalen Tabelle die Funktion GETNEXTMODIFIED( ).

Abbrechen von Offline-Aktualisierungen

Sollten Sie sich entscheiden, die Offline-Daten zu löschen und die Ansicht wieder in eine Online-Ansicht umzuwandeln, können Sie dazu die Funktion DROPOFFLINE( ) verwenden.

▶ **So brechen Sie Offline-Aktualisierungen ab**

- Verwenden Sie die Funktion DROPOFFLINE( ) mit dem Namen der Ansicht.

Überprüfen Sie dabei die Rückgabewerte: Wahr (.T.) bedeutet eine erfolgreiche Ausführung; Falsch (.F.) bedeutet, daß die Ansicht vor Ausführung des Befehls nicht geschlossen war.

Der folgende Code löscht alle Änderungen, die an der Datenuntermenge in myview vorgenommen wurden. Die Ansicht bleibt zwar Bestandteil der Datenbank, jedoch werden die aktuellen Daten der Ansicht gelöscht.

```
DROPOFFLINE("myview")
```

Sie können Offline-Datensätze löschen, jedoch nicht die Befehle PACK, ZAP oder INSERT für eine Offline-Ansicht verwenden.

Optimieren der Leistungsfähigkeit von Ansichten

Sie können die Leistung von Ansichten durch Einstellen der Ansichtseigenschaften optimieren.

Festlegen des Leseumfangs beim kontinuierlichen Lesen

Mit der Eigenschaft **FetchSize** der Ansicht und des aktiven Ansichts-Cursors können Sie festlegen, wie viele Zeilen Visual FoxPro kontinuierlich pro Lesevorgang von der Host-Datenbank liest. Verwenden Sie zum Einstellen dieser Eigenschaften die Funktionen DBSETPROP( ) und CURSORSETPROP( ).

Festlegen, wie Memofelder gelesen werden

Zum beschleunigten Abrufen von Ansichtsdaten können Sie die Funktion zum verzögerten Lesen von Memofeldern verwenden. Ist diese Funktion aktiv, ruft Visual FoxPro den Inhalt eines Memofeldes erst ab, wenn Sie das Feld öffnen und anzeigen. Da Visual FoxPro das Schlüsselfeld und den Tabellennamen zum Suchen einer Zeile in einer Remote-Datenquelle benötigt, müssen Sie die Eigenschaft **UpdateName** oder **UpdatableFieldList**, die Eigenschaft **KeyField** oder **KeyFieldList** und die Eigenschaft **Tables** einstellen, damit das verzögerte Abrufen von Memofeldern funktioniert. Die Eigenschaft **SendUpdates** or **Updatable** muß für ein verzögertes Abrufen jedoch nicht aktiviert sein.

Einstellen der maximalen Anzahl von zu ladenden Datensätzen

Durch Einstellen der Eigenschaft **MaxRecords** können Sie die maximale Anzahl der Datensätze festlegen, die geladen werden sollen. Sendet Visual FoxPro eine SQL-Anweisung an die Datenquelle, um eine Ansicht zu erstellen, wird aus der Datenquelle eine Ergebnismenge erstellt und gespeichert. Die Eigenschaft **MaxRecords** legt die maximale Anzahl von Zeilen fest, die aus der Remote-Ergebnismenge in die Ansicht abgerufen werden können. Die Standardeinstellung dieser Eigenschaft ist -1, die alle Datensätze der Ergebnismenge abruft.

▶ **So legen Sie fest, wie viele Datensätze maximal in eine Ansicht geladen werden**

- Klicken Sie im Menü **Extras** auf **Optionen** und dann auf die Registerkarte **Remote-Daten**. Deaktivieren Sie unter **Standardeinstellungen für Remote-Ansichten** neben **Maximalanzahl abzurufender Datensätze** das Kontrollkästchen **Alle**, geben Sie dann einen Wert in das Textfeld ein, und klicken Sie schließlich auf **OK**.

– oder –

- Verwenden Sie die Eigenschaft **MaxRecords** der Funktion DBSETPROP( ) oder CURSORSETPROP( ).

Beispielsweise ändert der folgende Code die Ansichtsdefinition, um die Maximalzahl abzurufender Datensätze, unabhängig von der Größe der Ergebnismenge der Remote-Datenquelle, auf 50 zu begrenzen:

```
OPEN DATABASE testdata
USE remote_customer_view
?DBSETPROP ('Remote_customer_view', 'View','MaxRecords', 50)
```

Die oberste Grenze der Eigenschaft **MaxRecords** für eine aktive Ansicht können Sie mit der Funktion CURSORSETPROP( ) einstellen.

Tip: Sie können die Eigenschaft **MaxRecords** nicht verwenden, um eine bereits ausgeführte Abfrage anzuhalten, da diese Eigenschaft nicht die Erstellung der Ergebnismenge steuert. Verwenden Sie zum Festlegen der Ausführungszeit auf der Remote-Datenquelle die Eigenschaft **QueryTimeOut**.

Optimieren von Filtern und Verknüpfungen

Um Entscheidungen bezüglich der Optimierung einer Ansicht oder Abfragetreffen zu können, müssen Sie den Ausführungsplan kennen. Dieser Plan legt die Reihenfolge fest, in der Verknüpfungs- und Filterklauseln ausgewertet werden. Mit der Funktion SYS(3054) können Sie eine von drei Rushmore™-Optimierungsebenen anzeigen. Diese drei Ebenen geben den Grad an, zu dem die Filter- oder Verknüpfungsbedingungen in der Lage sind, die Rushmore-Optimierung zu verwenden. Die Ebenen sind vollständig (Full), teilweise (Partial) oder gar nicht (None).

▶ **So zeigen Sie den Ausführungsplan für Filter an**

1. Geben Sie im Befehlsfenster die Funktion **SYS(3054,1)** ein, um **SQL ShowPlan** zu aktivieren.

2. Geben Sie die **SQL SELECT**-Anweisung ein.

   Beispielsweise können Sie eingeben:

   ```
   SELECT * FROM customer, orders ;
   WHERE Upper(country) = "MEXICO"
   ```

3. Der Ausführungsplan wird angezeigt.

   Für dieses Beispiel könnte die Anzeige z. B. folgendermaßen aussehen:

   ```
   Using Index Tag Country to optimize table customer
   Rushmore Optimization Level for table customer: Full
   ```

```
Rushmore Optimization Level for table orders: none
```

4. Geben Sie im Befehlsfenster die Funktion **SYS(3054,0)** ein, um **SQL ShowPlan** zu deaktivieren.

Geben Sie anschließend die Funktion SYS mit der Zahl 11 an, um Verknüpfungen in den Klauseln FROM und WHERE auszuwerten.

▶ **So zeigen Sie den Ausführungsplan für Verknüpfungen an**

1. Geben Sie im Befehlsfenster die Funktion **SYS(3054,11)** ein, um **SQL ShowPlan** zu aktivieren.
2. Geben Sie die **SQL SELECT**-Anweisung ein.

   Beispielsweise können Sie eingeben:
   ```
   SELECT * ;
   FROM customer INNER JOIN orders ;
      ON customer.cust_id = orders.cust_id ;
   WHERE Upper(country) = "MEXICO"
   ```
3. Der Ausführungsplan wird angezeigt.

   Für dieses Beispiel könnte die Anzeige z. B. folgendermaßen aussehen:
   ```
   Using Index Tag Country to optimize table customer
   Rushmore Optimization Level for table customer: Full
   Rushmore Optimization Level for table customer: none
   Joining table customer and table orders using Cust_id
   ```
4. Geben Sie im Befehlsfenster die Funktion **SYS(3054,0)** ein, um **SQL ShowPlan** zu deaktivieren.

Festlegen der Auswertung von Verknüpfungen

Entspricht der Ausführungsplan für Ihre Verknüpfungen nicht den spezifischen Anforderungen, können Sie die Reihenfolge der Verknüpfungsausführung so festlegen, wie die Verknüpfungen eingegeben werden, ohne eine Optimierung durch den Prozessor. Hierzu müssen Sie das Schlüsselwort FORCE angeben und die Verknüpfungsbedingungen in die Klausel FROM schreiben. Verknüpfungsbedingungen in WHERE-Klauseln werden nicht in die erzwungene Verknüpfungsauswertung einbezogen.

Anmerkung: Das Schlüsselwort FORCE kann nicht in SQL Pass-Through-Anweisungen oder Remote-Ansichten verwendet werden, da es eine Visual FoxPro-Erweiterung des ANSI-Standards ist und nicht von anderen SQL-Wörterbüchern unterstützt wird.

Das Schlüsselwort FORCE ist global und gilt aus diesem Grund für alle Tabellen in der Klausel JOIN. Stellen Sie sicher, daß die Reihenfolge, in der die Verknüpfungstabellen angezeigt werden, genau der Reihenfolge entspricht, in der sie verknüpft werden sollen. Sie können zum Festlegen der Ausführungsreihenfolge von Verknüpfungen auch Klammern verwenden.

In diesem Beispiel wird die erste angegebene Verknüpfung auch zuerst ausgewertet. Zuerst wird die Tabelle „Customer" mit der Tabelle „Orders" verknüpft. Das Ergebnis dieser Verknüpfung wird anschließend mit der Tabelle OrdItems verknüpft:

```
SELECT * ;
  FROM FORCE Customers ;
  INNER JOIN Orders ;
    ON Orders.Company_ID = Customers.Company_ID ;
  INNER JOIN OrdItems;
    ON OrdItems.Order_NO = Orders.Order_NO
```

In diesem Beispiel wird die Verknüpfung zwischen den Tabellen Orders und OrdItems innerhalb der Klammern zuerst ausgewertet. Das Ergebnis dieser Verknüpfung wird anschließend in der Auswertung der Verknüpfung mit der Tabelle Customers verwendet:

```
SELECT * ;
FROM FORCE Customers ;
  INNER JOIN (orders INNER JOIN OrdItems ;
    ON OrdItems.Order_No = Orders.Order_No) ;
    ON Orders.Company_ID = Customers.Company_ID
```

Verbindungen für mehrere Remote-Ansichten gemeinsam verwenden

Sie können eine aktive Verbindung als Informationsleitung für mehrere Remote-Ansichten einsetzen, indem Sie die Verbindung gemeinsam verwenden. Gemeinsam verwendete Verbindungen bieten folgende Vorteile:

- Verringern der Anzahl von Verbindungen auf einem Remote-Server
- Verringern der Verbindungskosten für Server, bei denen auf Verbindungsbasis abgerechnet wird

Verbindungen werden gemeinsam verwendet, indem Sie die Ansichtsdefinition so einstellen, daß die Ansicht bei Aktivierung die gemeinsame Verbindung nutzt. Wird die Ansicht verwendet, stellt Visual FoxPro die Verbindung zur Remote-Datenquelle unter der Verwendung einer gemeinsamen Verbindung (sofern eine besteht) her. Ist keine gemeinsam genutzte Verbindung in Verwendung, erstellt Visual FoxPro beim Öffnen der Ansicht eine exklusive Verbindung, die dann von anderen Ansichten genutzt werden kann.

Während einer Visual FoxPro-Sitzung wird nur eine aktive Instanz einer benannten Verbindungsdefinition gemeinsam genutzt. Sind mehrere Instanzen derselben Verbindungsdefinition aktiv, wird die erste Instanz, die als gemeinsam genutzte Verbindung genutzt werden kann, zur deklarierten gemeinsamen Verbindung. Alle Ansichten, die diese Verbindungsdefinition verwenden und gemeinsame Verbindungen nutzen, greifen auf den Remote-Server über die deklarierte gemeinsame Verbindung zu.

Andere Verbindungen als die deklarierte gemeinsame Verbindung werden nicht gemeinsam genutzt. Die Nutzung gemeinsamer Verbindungen ist nicht auf einzelne Sitzungen beschränkt.

▶ **So verwenden Sie eine Verbindung gemeinsam**

- Klicken Sie im Menü **Extras** auf **Optionen** und dann auf die Registerkarte **Remote-Daten**. Aktivieren Sie unter **Standardeinstellungen für Remote-Ansichten** das Kontrollkästchen **Verbindung gemeinsam nutzen**, und klicken Sie dann auf **OK**.

  – oder –

- Verwenden Sie den Ansichts-Designer.

– oder –

- Verwenden Sie den Befehl CREATE SQL VIEW mit der Klausel SHARE.

Der folgende Code erstellt eine Ansicht, die eine Verbindung gemeinsam nutzt, wenn sie mit dem Befehl USE aktiviert wird.

```
CREATE SQL VIEW product_view_remote ;
   CONNECTION remote_01 SHARE AS ;
   SELECT * FROM products
USE product_view_remote
```

Testen, ob eine Verbindung belegt ist

Ist eine Verbindung belegt (wenn z. B. Visual FoxPro kontinuierlich Daten in einen Cursor liest), möchten Sie über diese Verbindung sicherlich keinen anderen Lesevorgang starten oder Aktualisierungen senden. Mit der Eigenschaft **ConnectBusy** können Sie feststellen, ob eine Verbindung belegt ist. Sie liefert bei belegter Verbindung den Wert Wahr (.T.). Sie können diese Eigenschaft in Ihrer Anwendung einsetzen, um eine gemeinsam genutzte Verbindung zu einer Remote-Datenquelle zu testen, bevor Sie eine Anforderung senden.

▶ **So stellen Sie fest, ob eine Verbindung belegt ist**

- Verwenden Sie die Eigenschaft **ConnectBusy** der Funktion SQLGETPROP( ).

Sie benötigen die Verbindungskennung, wenn Sie die Funktion SQLGETPROP( ) verwenden möchten. Diese Kennung können Sie für eine aktive Ansicht mit der Eigenschaft **ConnectHandle** der Funktion CURSORGETPROP( ) feststellen. Der folgende Code ermittelt die Verbindungskennung und verwendet diese anschließend zum Testen, ob die Verbindung belegt ist:

```
nConnectionHandle=CURSORGETPROP('ConnectHandle')
SQLGETPROP(nConnectionHandle, "ConnectBusy")
```

TEIL 3

Erstellen der Benutzeroberfläche

Wenn eine Benutzeroberfläche gut gestaltet wird, kann sie viel dazu beitragen, daß sich der Benutzer innerhalb der Anwendung leicht orientieren kann. Mit Formularen, Klassen, Steuerelementen, Menüs und Symbolleisten stehen Ihnen alle Tools zur Verfügung, um eine optimale Benutzeroberfläche zu entwickeln.

Kapitel 9   Erstellen von Formularen   237
In einer Anwendung werden Formulare benötigt, um den Benutzern das Anzeigen und Bearbeiten von Daten zu ermöglichen. Darüber hinaus haben Sie aber auch die Möglichkeit, Standardformulare visuell und programmgesteuert anzupassen, um für den Benutzer eine spezielle Umgebung zu erstellen.

Kapitel 10   Verwenden von Steuerelementen   285
Steuerelemente dienen dazu, den Dialog zwischen Benutzer und Anwendung zu steuern. Visual FoxPro bietet eine Reihe verschiedener Steuerelemente, mit denen Sie die Funktionalität der Benutzeroberfläche verbessern können.

Kapitel 11   Entwerfen von Menüs und Symbolleisten   341
Wenn das Menüsystem gut strukuriert ist, erhält der Benutzer bereits anhand der Menüs einen Überblick über die Grundfunktionen der Anwendung. Wenn Sie die Menüs und Symbolleisten sorgfältig planen, können Sie die Benutzerfreundlichkeit Ihrer Anwendung verbessern, Routinearbeiten bedeutend vereinfachen und auf gewohnte Elemente der Windows-Benutzeroberfläche zurückgreifen.

KAPITEL 9

Erstellen von Formularen

Sie können Formulare dazu verwenden, Benutzern eine vertraute Oberfläche zum Anzeigen und Eingeben von Daten in eine Datenbank zur Verfügung zu stellen. Formulare stellen eine Vielzahl von Objekten zur Verfügung, mit denen Sie auf Benutzer- oder Systemereignisse reagieren können. So können die Benutzer ihre Informationsverwaltungsaufgaben ganz einfach ausführen.

Im vorliegenden Kapitel wird beschrieben:

- Erstellen von Formularen
- Erstellen eines neuen Formulars
- Hinzufügen von Objekten zu Formularen
- Bearbeiten von Objekten
- Verwalten von Formularen

Verwalten von Formularen

Visual FoxPro enthält einen leistungsfähigen Formular-Designer, um das Entwerfen von Formularen schnell und einfach zu gestalten. Sie können:

- Verschiedene Arten von Objekten zu den Formularen hinzufügen.
- Daten an ein Objekt binden.
- Formulare der obersten Ebene oder Unterformulare erstellen.
- Mehrere Formulare entwerfen, die zusammen bearbeitet werden.
- Formulare entwerfen, die auf Ihren Vorlagen beruhen.

Formulare und Formularsätze sind Objekte mit eigenen Eigenschaften, Ereignissen und Methoden, die Sie im Formular-Designer festlegen können. Ein Formularsatz besteht aus mehreren Formularen, die als eine Einheit bearbeitet werden können. Wenn sich in Ihrem Formularsatz beispielsweise vier Formulare befinden, können Sie diese zur Laufzeit über einen einzigen Befehl als Einheit ein- oder ausblenden.

Erstellen eines neuen Formulars

Mit dem Formular-Designer können Sie sehen, wie sich die einzelnen Objekte den Benutzern darstellen.

So erstellen Sie ein neues Formular

- Wählen Sie im Projekt-Manager **Formulare**, klicken Sie auf **Neu**, und wählen Sie anschließend **Neues Formular**.

  – oder –

  Wählen Sie aus dem Menü **Datei** den Befehl **Neu**, anschließend **Formular** und dann **Neue Datei**.

  – oder –

- Verwenden Sie den Befehl **CREATE FORM**.

Der Formular-Designer mit den Symbolleisten: Formular-Designer, Formular-Steuerelemente, Layout und Farbpalette

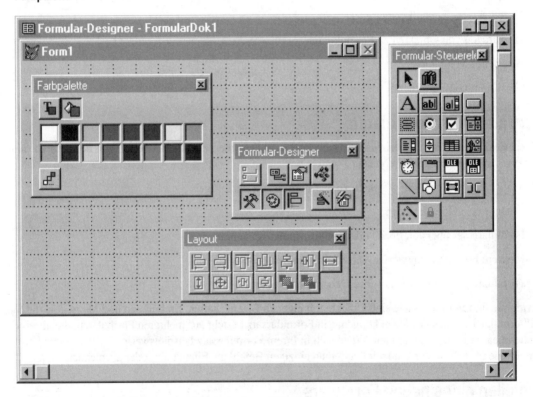

Eine genauere Beschreibung des Formular-Designers finden Sie im *Online-Benutzerhandbuch* in Kapitel 8, „Verwalten von Daten mittels Formularen". Weitere Informationen über die Symbolleisten erhalten Sie, indem Sie in der Hilfe nach der jeweiligen Bezeichnung der einzelnen Symbolleisten suchen.

Festlegen der Datenumgebung

Jedes Formular bzw. jeder Formularsatz enthält eine Datenumgebung. Die Datenumgebung ist ein Objekt mit Tabellen oder Ansichten, die durch das Formular beeinflußt werden bzw. die das Formular beeinflussen, sowie mit Beziehungen zwischen den Tabellen, die das Formular erwartet. Sie können die Datenumgebung visuell im Datenumgebungs-Designer entwerfen und zusammen mit dem Formular speichern.

Mit der Datenumgebung läßt sich das Öffnen und Schließen von Tabellen und Ansichten während der Ausführung des Formulars automatisieren. Darüber hinaus haben Sie mit der Datenumgebung auch die Möglichkeit, die Eigenschaft ControlSource für Steuerelemente einzustellen, indem Sie das Feld für die Einstellung der Eigenschaft **ControlSource** im Eigenschaftenfenster mit allen Feldern aus Ihrer Datenumgebung füllen.

▶ **So öffnen Sie den Datenumgebungs-Designer**

1. Wählen Sie aus dem Menü **Ansicht** den Befehl **Datenumgebung**.
2. Wählen Sie aus dem Kontextmenü den Befehl **Hinzufügen**.
3. Wählen Sie im Dialogfeld **Öffnen** eine Tabelle oder eine Ansicht, die Sie zur Datenumgebung hinzufügen möchten.

Der Datenumgebungs-Designer

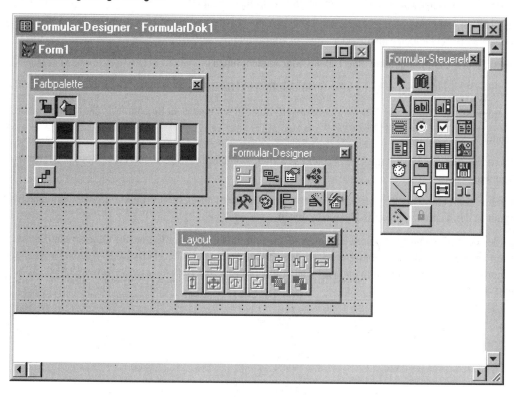

Allgemeine Eigenschaften des Datenumgebungs-Designers

Folgende Eigenschaften der Datenumgebung werden normalerweise im Eigenschaftenfenster festgelegt.

Eigenschaft	Beschreibung	Standardeinstellung
AutoCloseTables	Legt fest, ob nach der Freigabe des Formulars die Tabellen und Ansichten geschlossen werden.	Wahr (.T.)
AutoOpenTables	Legt fest, ob die in der Datenumgebung enthaltenen Tabellen und Ansichten beim Ausführen des Formulars geöffnet werden.	Wahr (.T.)
InitialSelectedAlias	Gibt die Tabelle oder Ansicht an, die beim Ausführen des Formulars ausgewählt wird.	"" zur Entwurfszeit. Wenn keine Tabelle oder Ansicht angegeben wird, wird zur Laufzeit zunächst der erste Cursor ausgewählt, der zur Datenumgebung hinzugefügt wurde.

Hinzufügen einer Tabelle oder Ansicht zum Datenumgebungs-Designer

Wenn Sie zum Datenumgebungs-Designer Tabellen oder Ansichten hinzufügen, werden die Felder und Indizes der entsprechenden Tabelle oder Ansicht angezeigt.

▶ **So fügen Sie der Datenumgebung eine Tabelle oder Ansicht hinzu**

1. Wählen Sie im Datenumgebungs-Designer den Befehl **Hinzufügen**.

2. Wählen Sie im Dialogfeld Tabelle oder Ansicht hinzufügen eine Tabelle oder Ansicht aus der Liste aus.

   – oder –

   Ist weder eine Datenbank noch ein Projekt geöffnet, wählen Sie **Andere**, um eine Tabelle auswählen zu können.

Sie können auch eine Tabelle oder Ansicht entweder aus einem geöffneten Projekt oder aus dem Datenbank-Designer in den Datenumgebungs-Designer ziehen.

Wenn der Datenumgebungs-Designer aktiv ist, dann zeigt das Eigenschaftenfenster Objekte und Eigenschaften an, die zur Datenumgebung gehören. Jede Tabelle oder Ansicht innerhalb der Datenumgebung, jede Beziehung zwischen Tabellen und auch die Datenumgebung selbst stellen ein gesondertes Objekt im Feld **Objekt** des Eigenschaftenfensters dar.

Entfernen einer Tabelle aus dem Datenumgebungs-Designer

Wenn Sie eine Tabelle aus der Datenumgebung entfernen, dann werden alle Beziehungen, die für die Tabelle festgelegt wurden, ebenfalls gelöscht.

▶ **So entfernen Sie eine Tabelle oder Ansicht aus dem Datenumgebungs-Designer**

1. Wählen Sie die Tabelle oder Ansicht im Datenumgebungs-Designer.
2. Wählen Sie aus dem Menü **Datenumgebung** den Befehl **Entfernen**.

Festlegen von Beziehungen im Datenumgebungs-Designer

Wenn Sie Tabellen zum Datenumgebungs-Designer hinzufügen, die in einer Datenbank festgelegte persistente Beziehungen zueinander besitzen, werden die Beziehungen automatisch in die Datenumgebung eingefügt. Andernfalls können Sie im Datenumgebungs-Designer Beziehungen herstellen.

▶ **So können Sie im Datenumgebungs-Designer Beziehungen herstellen**

- Ziehen Sie ein Feld aus der Haupttabelle über den passenden Indexnamen in der zu verknüpfenden Tabelle.

Der Datenumgebungs-Designer mit den zwischen den Tabellen festgelegten Beziehungen

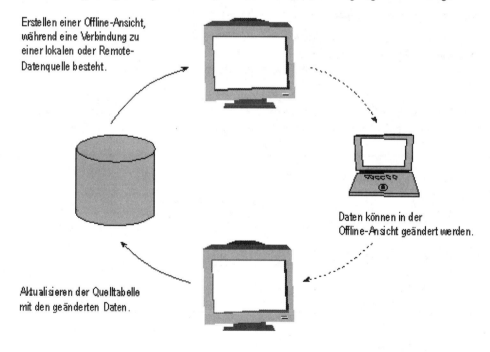

Sie können auch ein Feld aus der Haupttabelle in ein Feld der verknüpften Tabelle ziehen. Gibt es keinen Indexnamen in der verknüpften Tabelle, der zu dem Feld der Haupttabelle gehört, dann werden Sie dazu aufgefordert, den Indexnamen zu erstellen.

Bearbeiten von Beziehungen im Datenumgebungs-Designer

Wenn Sie im Datenumgebungs-Designer eine Beziehung herstellen, dann zeigt eine Linie zwischen den Tabellen die Beziehung an.

▶ **So bearbeiten Sie die Eigenschaften der Beziehung**

- Wählen Sie im Eigenschaftenfenster aus dem Feld **Objekt** die Beziehung.

Die Eigenschaften der Beziehung entsprechen den Klauseln und Schlüsselwörtern in den Befehlen SET RELATION und SET SKIP. Weitere Informationen zu diesen Befehlen finden Sie in der Hilfe.

Die Eigenschaft RelationalExpr wird standardmäßig auf den Namen des Primärschlüsselfelds in der Haupttabelle gesetzt. Wenn die verknüpfte Tabelle über einen Ausdruck indexiert wird, dann müssen Sie die Eigenschaft **RelationalExpr** auf diesen Ausdruck setzen. Wird die verknüpfte Tabelle z. B. über UPPER(cust_id) indexiert, dann müssen Sie **RelationalExpr** auf UPPER(cust_id) setzen.

Wenn es sich nicht um eine 1:n-Beziehung handelt, müssen Sie die Eigenschaft OneToMany auf Falsch (.F.) setzen. Dies entspricht der Verwendung des Befehls SET RELATION ohne Ausgabe von SET SKIP.

Wenn Sie die Eigenschaft OneToMany einer Beziehung auf Wahr (.T.) setzen, so entspricht das der Ausgabe des Befehls **SET SKIP**. Wenn Sie die Master-Tabelle durchlaufen, bleibt der Datensatzzeiger solange auf dem gleichen Datensatz, bis der Datensatzzeiger der Detailtabelle über alle verknüpften Datensätze bewegt wurde.

Anmerkung: Wenn Sie in einem Formular eine 1:n-Beziehung herstellen möchten, setzen Sie die Eigenschaft **OneToMany** auch dann auf Wahr (.T.), wenn in einer Datenbank bereits eine persistente 1:n-Beziehung erstellt wurde.

Erstellen von SDI- und MDI-Anwendungen

Mit Visual FoxPro können zweierlei Arten von Anwendungen erstellt werden:

- MDI-Anwendungen (Multiple Document Interface) bestehen aus einem einzigen Hauptfenster, wobei die Fenster der Anwendung entweder in diesem Fenster enthalten sind oder über dem Hauptfenster verschoben werden können. Visual FoxPro ist im wesentlichen eine MDI-Anwendung, wobei im Hauptfenster von Visual FoxPro ein Befehlsfenster und mehrere Bearbeitungsfenster und Designer-Fenster enthalten sind.

- SDI-Anwendungen (Single Document Interface) bestehen aus einem oder mehreren voneinander unabhängigen Fenstern, die nur einzeln auf dem Windows-Desktop erscheinen können. Ein Beispiel für eine SDI-Anwendung ist Microsoft Exchange. Bei dieser Anwendung wird jede geöffnete Nachricht in einem eigenen unabhängigen Fenster angezeigt.

Anwendungen mit einem einzigen Fenster sind normalerweise SDI-Anwendungen. Bei manchen Anwendungen werden allerdings SDI- und MDI-Elemente auch kombiniert eingesetzt. Bei Visual FoxPro wird z. B. der Debugger als SDI-Anwendung angezeigt, wobei dieser wiederum eigene MDI-Fenster enthält.

Mit Visual FoxPro lassen sich verschiedene Arten von Formularen erstellen, so daß sowohl SDI- als MDI-Anwendungen unterstützt werden:

- *Unterformular.* Ein in einem anderen Fenster enthaltenes Formular. Diese Art Formular wird bei der Erstellung von MDI-Anwendungen verwendet. Unterformulare können nur innerhalb der Grenzen ihres jeweiligen übergeordneten Formulars (Hauptformular) verschoben werden. Wenn das Unterformular minimiert wird, erscheint das entsprechende Symbol unten im übergeordneten Formular. Wenn das übergeordnete Formular minimiert wird, werden dessen Unterformulare ebenfalls minimiert.

- *Verschiebbares Formular.* Ein Formular, das zwar zu einem übergeordneten Formular (Hauptformular) gehört, jedoch nicht in diesem enthalten ist. Verschiebbare Formulare können auf dem gesamten Bildschirm verschoben werden. Sie können jedoch nicht hinter das entsprechende übergeordnete Formular verschoben werden. Wenn ein verschiebbares Formular minimiert wird, erscheint dessen Symbol unten auf dem Desktop. Wenn das übergeordnete Formular minimiert wird, werden die zugehörigen verschiebbaren Formulare ebenfalls minimiert. Verschiebbare Formulare werden ebenfalls bei der Erstellung von MDI-Anwendungen eingesetzt.

- *Formular der obersten Ebene.* Hierbei handelt es sich um ein unabhängiges Formular. Diese Art Formular wird beim Erstellen von SDI-Anwendungen verwendet bzw. dient in MDI-Anwendungen als übergeordnetes Formular für Unterformulare. Formulare der obersten Ebene sind mit normalen Windows-Anwendungen vergleichbar, sie können vor und hinter diesen angezeigt werden und erscheinen auch in der Task-Leiste.

Unterformulare, verschiebbare Formulare und Formulare der obersten Ebene

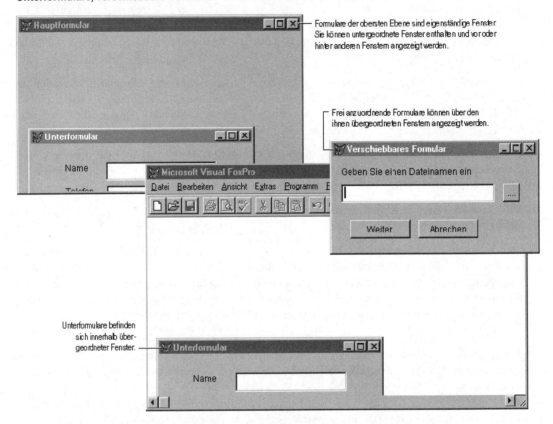

Festlegen des Formulartyps

Die Vorgehensweise bei der Erstellung ist bei allen Formulartypen im wesentlichen dieselbe. Bei den Formularen müssen nur bestimmte Eigenschaften eingestellt werden, mit denen das Verhalten des Formulars festgelegt wird.

Wenn Sie ein Unterformular erstellen, müssen Sie nicht nur angeben, daß es in einem anderen Formular erscheinen soll, sondern auch, ob es sich um ein MDI-konformes Unterformular handelt. Letzteres wirkt sich auf das Verhalten des Formulars beim Maximieren aus. Ein MDI-konformes Formular ist mit dem übergeordneten Formular verknüpft und verwendet dessen Titelleiste und Titelüberschrift, Menüs und Symbolleisten. Ein nicht MDI-konformes Unterformular wird dagegen auf die volle Größe des Client-Bereichs des übergeordneten Formulars maximiert, behält aber seine eigene Titelüberschrift und Titelleiste.

▶ **So geben Sie ein Unterformular an**

1. Erstellen oder bearbeiten Sie das Formular mit dem Formular-Designer.
2. Stellen Sie für die Eigenschaft ShowWindow einen der folgenden Werte ein:
   - **0 – In Screen.** Übergeordnetes Formular des Unterformulars ist das Hauptfenster von Visual FoxPro.
   - **1 – In Top-Level Form.** Übergeordnetes Formular des Unterformulars ist dasjenige Formular der obersten Ebene, das aktiv ist, wenn das untergeordnete Fenster angezeigt wird. Diese Einstellung wird verwendet, wenn das untergeordnete Fenster nicht im Hauptfenster von Visual FoxPro, sondern in einem beliebigen anderen Standardfenster angezeigt werden soll.
3. Setzen Sie die Eigenschaft MDIForm des Formulars auf Wahr (.T.), wenn das Unterformular mit dem übergeordneten Formular beim Maximieren kombiniert werden soll, bzw. auf Falsch (.F.), wenn das untergeordnete Fenster beim Maximieren als eigenes Fenster erhalten bleiben soll.

Beim verschiebbaren Formular handelt es sich um eine Variante des Unterformulars.

▶ **So geben Sie ein verschiebbares Formular an**

1. Erstellen oder bearbeiten Sie das Formular mit dem Formular-Designer.
2. Stellen Sie für die Eigenschaft ShowWindow einen der folgenden Werte ein:
   - **0 – In Screen.** Übergeordnetes Formular des verschiebbaren Formulars ist das Hauptfenster von Visual FoxPro.
   - **1 – In Top-Level Form.** Übergeordnetes Formular des verschiebbaren Formulars ist dasjenige Formular der obersten Ebene, das aktiv ist, wenn das verschiebbare Fenster angezeigt wird.
3. Setzen Sie die Eigenschaft Desktop auf Wahr (.T.).

▶ **So geben Sie ein Formular der obersten Ebene an**

1. Erstellen oder bearbeiten Sie das Formular mit dem Formular-Designer.
2. Setzen Sie die Eigenschaft ShowWindow des Formulars auf **2 – As Top-Level Form**.

Anzeigen eines Unterformulars in einem Formular der obersten Ebene

Wenn bei einem Unterformular die Eigenschaft ShowWindow auf 1 – In Top-Level Form eingestellt ist, wird das entsprechende Formular der obersten Ebene nicht explizit angegeben, sondern es wird von Visual FoxPro einem Formular der obersten Ebene zugewiesen, wenn das untergeordnete Fenster angezeigt wird.

▶ **So zeigen Sie ein Unterformular in einem Formular der obersten Ebene an**

1. Erstellen Sie ein Formular der obersten Ebene.
2. Im Ereigniscode des Formulars der obersten Ebene fügen Sie den Befehl DO FORM ein und übergeben diesem den Namen des anzuzeigenden Unterformulars.

   Um im Formular der obersten Ebene eine Schaltfläche zu erstellen, können Sie im Code für das Ereignis **Click** der Schaltfläche Click z. B. den folgenden Befehl einfügen:

```
DO FORM MyChild
```

> **Anmerkung:** Wenn das Unterformular angezeigt wird, muß das Formular der obersten Ebene sichtbar und aktiv sein. Das Unterformular kann daher nicht mit dem Ereignis Init des Formulars der obersten Ebene angezeigt werden, da das Formular der obersten Ebene zu diesem Zeitpunkt noch nicht aktiv ist.

3. Aktivieren Sie zuerst das Formular der obersten Ebene, und lösen Sie dann bei Bedarf das Ereignis aus, mit dem das Unterformular angezeigt wird.

Ausblenden des Visual FoxPro-Hauptfensters

Beim Ausführen eines Formulars der obersten Ebene ist es oft nicht erwünscht, daß das Visual FoxPro-Fenster angezeigt wird. Um das Visual FoxPro-Fenster je nach Bedarf ein- oder auszublenden, verwenden Sie die Eigenschaft Visible des Anwendungsobjekts.

▶ **So blenden Sie das Visual FoxPro-Hauptfenster aus**

1. Fügen Sie im Code für das Ereignis Init des Formulars die folgende Code-Zeile ein:

   ```
   Application.Visible = .F.
   ```

2. Fügen Sie im Code für das Ereignis Destroy des Formulars die folgende Code-Zeile ein:

   ```
   Application.Visible = .T.
   ```

Stellen Sie sicher, daß das Formular auch geschlossen werden kann. Verwenden Sie hierzu in einer Methode oder in einem Ereignis den Befehl THISFORM.Release.

> **Anmerkung:** Sie können das Hauptfenster von Visual FoxPro auch ausblenden, indem Sie in einer Konfigurationsdatei die folgende Zeile einfügen:
>
> ```
> SCREEN = OFF
> ```

Weitere Informationen zum Konfigurieren von Visual FoxPro finden Sie im *Installationshandbuch* in Kapitel 3, „Konfigurieren von Visual FoxPro".

Hinzufügen eines Menüs zu einem Formular der obersten Ebene

▶ **So fügen Sie in einem Formular der obersten Ebene ein Menü hinzu**

1. Erstellen Sie ein Menü für das Formular der obersten Ebene. Weitere Informationen zum Erstellen von Menüs für Formulare der obersten Ebene finden Sie in Kapitel 11, „Erstellen von Menüs und Symbolleisten".

2. Setzen Sie die Eigenschaft ShowWindow des Formulars auf **2 – As Top-Level Form**.

3. Führen Sie im Ereignis Init des Formulars das Menüprogramm aus. Verwenden Sie hierzu den Befehl **DO**, und übergeben Sie diesem zwei Parameter:

   DO *menuname.mpr* WITH *oForm, lAutoRename*

   oForm ist ein Objektverweis auf das Formular. Übergeben Sie im Ereignis **Init** des Formulars THIS als ersten Parameter.

   lAutoRename legt fest, ob für das Menü ein neuer eindeutiger Name erzeugt wird. Wenn mehrere Instanzen des Formulars ausgeführt werden sollen, muß für *lAutoRename* der Wert Wahr (.T.) übergeben werden.

   Mit dem folgenden Code können Sie z. B. ein Menü mit dem Namen mySDImenu aufrufen:

   ```
   DO mySDImenu.mpr WITH THIS, .T.
   ```

Erweitern von Formularen durch Formularsätze

Sie können mehrere Formulare als Gruppe bearbeiten, indem Sie diese in einen Formularsatz einfügen. Ein Formularsatz bietet die folgenden Vorteile:

- Sie können alle Formulare innerhalb eines Formularsatzes gleichzeitig ein- oder ausblenden.
- Sie können mehrere Formulare gleichzeitig visuell anordnen, um deren relative Positionen zu steuern.
- Da alle Formulare eines Formularsatzes in einer einzigen .scx-Datei definiert sind und eine gemeinsame Datenumgebung besitzen, können Sie die Datensatzzeiger in mehreren Formularen automatisch synchronisieren. Wenn Sie den Satzzeiger in einer übergeordneten Tabelle in einen Formular verschieben, werden die untergeordneten Datensätze in den anderen Formularen aktualisiert und angezeigt.

Anmerkung: Wenn der Formularsatz ausgeführt wird, werden alle Formulare und alle Objekte in den Formularen geladen. Wenn viele Formulare mit einer großen Anzahl von Steuerelementen geladen werden, kann dieser Vorgang mehrere Sekunden dauern.

Erstellen eines neuen Formularsatzes

Ein Formularsatz ist ein übergeordneter Container für ein oder mehrere Formulare. Mit dem Formular-Designer können Sie einen Formularsatz erstellen.

▶ **So erstellen Sie einen Formularsatz**

- Wählen Sie aus dem Menü Formular den Befehl **Formularsatz erstellen**.

Wenn Sie nicht mit mehreren Formularen als Gruppe von Formularen arbeiten möchten, brauchen Sie keinen Formularsatz zu erstellen. Haben Sie aber einen Formularsatz erstellt, können Sie weitere Formulare zu diesem hinzufügen.

Hinzufügen und Entfernen von Formularen

Nachdem Sie einen Formularsatz erstellt haben, können Sie neue Formulare hinzufügen und Formulare aus diesem entfernen.

▶ **So fügen Sie weitere Formulare zu einem Formularsatz hinzu**

- Wählen Sie aus dem Menü Formular den Befehl **Neues Formular hinzufügen**.

▶ **So entfernen Sie ein Formular aus einem Formularsatz**

1. Wählen Sie im Feld **Formular** im unteren Teil des Formular-Designers das Formular aus.
2. Wählen Sie aus dem Menü **Formular** den Befehl **Formular entfernen**.

Befindet sich in einem Formularsatz nur ein Formular, dann können Sie den Formularsatz löschen, wodurch nur noch das Formular an sich erhalten bleibt.

▶ **So entfernen Sie einen Formularsatz**

- Wählen Sie aus dem Menü Formular den Befehl **Formularsatz entfernen**.

Formulare werden im Tabellenformat in einer Datei mit einer .scx-Dateinamenerweiterung gespeichert. Wenn Sie ein Formular erstellen, enthält die .scx-Tabelle einen Datensatz für das Formular, einen Datensatz für die Datenumgebung und zwei Datensätze für interne Zwecke. Für jedes Objekt, das Sie im Formular oder in der Datenumgebung hinzufügen, wird ein weiterer Datensatz angelegt. Wenn Sie einen Formularsatz erstellen, wird ein weiterer Datensatz für den Formularsatz sowie für jedes neue Formular hinzugefügt. Der Formularsatz ist der übergeordnete Container für die einzelnen Formulare. Für die einzelnen Steuerelemente ist das Formular, in dem sie sich befinden, der übergeordnete Container.

Tip: Wenn Sie einen Formularsatz ausführen, müssen Sie nicht alle Formulare innerhalb des Formularsatzes von Beginn an anzeigen. Setzen Sie die Eigenschaft Visible für die Formulare auf Falsch (.F.), die nicht eingeblendet werden sollen, wenn der Formularsatz ausgeführt wird. Setzen Sie die Eigenschaft **Visible** auf Wahr (.T.), wenn Sie möchten, daß die Formulare angezeigt werden.

Hinzufügen von Objekten zu Formularen

Möchten Sie die in einem Formular gewünschte Funktionalität entwerfen, dann fügen Sie die entsprechenden Steuerelemente ein, bestimmen die Eigenschaften für das Formular und die Steuerelemente und schreiben den Ereigniscode.

Sie können folgende Objekttypen in ein Formular einfügen:

- Steuerelemente
- Container
- Benutzerdefinierte Klassen
- OLE-Objekte

Container- und Steuerelement-Objekte

Objekte gehören in Visual FoxPro zu einer von zwei Kategorien, je nach Art der Klasse, auf der sie beruhen:

- Container können wiederum andere Container oder Steuerelemente enthalten. Ein Container kann als übergeordnetes Objekt für andere Objekte fungieren. Ein Formular als Container ist beispielsweise einem Kontrollkästchen innerhalb dieses Formulars übergeordnet.

- Steuerelemente dagegen können zwar in Containern enthalten sein, anderen Objekten jedoch nicht übergeordnet werden. Ein Kontrollkästchen kann z. B. kein weiteres Objekt enthalten.

Mit Hilfe des Formular-Designers können Sie sowohl Container als auch Steuerelemente entwerfen.

Container	Enthält
Spalte	Kopfzeilen und alle anderen Objekte außer Formularsätzen, Formularen, Symbolleisten, Zeitgebern und anderen Spalten
Befehlsschaltflächengruppe	Befehlsschaltflächen
Formularsatz	Formulare, Symbolleisten
Formular	Seitenrahmen, Datenblätter, beliebige Steuerelemente
Datenblatt	Spalten
Optionsfeldgruppe	Optionsfelder
Seitenrahmen	Seiten
Seite	Datenblätter, beliebige Steuerelemente

Hinzufügen von Visual FoxPro-Containern

Außer Formularsätzen und Formularen bietet Ihnen Visual FoxPro vier Container-Basisklassen.

Visual FoxPro-Container-Klassen

Befehlsschaltflächengruppe	Optionsfeldgruppe
Datenblatt	Seitenrahmen

▶ **So fügen Sie Container-Objekte in Formulare ein**

- Wählen Sie in der Symbolleiste Formular-Steuerelemente die gewünschte Container-Objektschaltfläche (Schaltflächengruppe, Datenblatt oder Seitenrahmen) aus, und ziehen Sie sie im Formular auf die gewünschte Größe.

Wenn Sie im Formular-Designer eine Befehlsschaltflächengruppe oder eine Optionsschaltflächengruppe zu einem Formular hinzufügen, dann enthält die Gruppe standardmäßig zwei Schaltflächen. Wenn Sie einen Seitenrahmen in das Formular einfügen, enthält der Seitenrahmen standardmäßig zwei Seiten. Sie können mehrere Schaltflächen oder Seiten einfügen, indem Sie die Eigenschaft ButtonCount oder PageCount auf die gewünschte Zahl setzen.

Wenn Sie ein Datenblatt einfügen, ist die Eigenschaft ColumnCount standardmäßig auf –1 gesetzt, was „AutoFill" bedeutet. Das Datenblatt zeigt dadurch zur Laufzeit so viele Spalten an, wie sich Felder in der Tabelle „RowSource" befinden. Wenn kein AutoFill erfolgen soll, können Sie die Anzahl der Spalten mit der Eigenschaft ColumnCount des Datenblatts angeben.

Weitere Informationen zu diesen Container-Objekten finden Sie in Kapitel 10, „Verwenden von Steuerelementen".

Auflistung- und Anzahl-Eigenschaften

Allen Container-Objekten in Visual FoxPro ist eine Anzahl- und eine Auflistung-Eigenschaft zugeordnet. Die Eigenschaft **Auflistung** ist ein Datenfeld, das auf jedes Objekt im Container verweist. Die Eigenschaft **Anzahl** ist eine numerische Eigenschaft, die die Anzahl der Objekte in einem Container angibt.

Die Auflistung- und Anzahl-Eigenschaften für jeden Container sind entsprechend dem Objekttyp benannt, der in einem Container enthalten sein kann. Die folgende Tabelle enthält die Container und die entsprechenden Auflistung- und Anzahl-Eigenschaften:

Container	Auflistung-Eigenschaft	Anzahl-Eigenschaft
Anwendung	Objects	Count
	Forms	FormCount
FormSet	Forms	FormCount
Formular	ObjectsControls	Count
		ControlCount
Seitenrahmen	Pages	PageCount
Seite	Controls	ControlCount
Datenblatt	Columns	ColumnCount
Schaltflächengruppe	Buttons	ButtonCount
Optionsgruppe	Buttons	ButtonCount
Spalte	Controls	ControlCount

(Fortsetzung)

Container	Auflistung-Eigenschaft	Anzahl-Eigenschaft
Symbolleiste	Controls	ControlCount
Container	Controls	ControlCount
Steuerelement	Controls	ControlCount

Mit Hilfe dieser Eigenschaften können Sie eine Schleife verwenden, um alle oder bestimmte Objekte im Container programmgesteuert zu verändern. Mit Hilfe der folgenden Programmzeilen können Sie beispielsweise die Eigenschaft BackColor für Spalten in einem Datenblatt so festlegen, daß diese abwechselnd grün und rot angezeigt werden:

```
o = THISFORM.grd1
FOR i = 1 to o.ColumnCount
   IF i % 2 = 0 && Geradzahlige Spalte
      o.Columns(i).BackColor = RGB(0,255,0) && Grün
   ELSE
      o.Columns(i).BackColor = RGB(255,0,0) && Rot
   ENDIF
ENDFOR
```

Hinzufügen von Visual FoxPro-Objekten zu einem Formular

Mit der Symbolleiste für Steuerelemente können Sie auf einfache Art und Weise beliebige Visual FoxPro-Standard-Steuerelemente zu Ihrem Formular hinzufügen.

Visual FoxPro-Standard-Steuerelemente

KontrollkästchenHyperlinkListenfeldDrehfeldKombinationsfeldBildGebundenes OLE-SteuerelementTextfeldBefehlsschaltflächeBeschriftungOLE-Container-SteuerelementZeitgeberBearbeitungsfeldLinieFigur

▶ **So fügen Sie einem Formular Steuerelemente hinzu**

- Wählen Sie in der Symbolleiste für Formular-Steuerelemente die Schaltfläche mit dem gewünschten Steuerelement, und klicken oder ziehen Sie es im Formular auf die gewünschte Größe.

Weitere Informationen zur Verwendung von Steuerelementen finden Sie in Kapitel 10, „Verwenden von Steuerelementen".

Hinzufügen von gebundenen Steuerelementen zu einem Formular

Daten in Tabellen, Ansichten, Tabellen- oder Ansichtsfeldern können durch Einstellen der Eigenschaft ControlSource eines Steuerelements an ein Feld bzw. durch Einstellen der Eigenschaft RecordSource eines Datenblatts an eine Tabelle oder eine Ansicht gebunden werden. Sie haben außerdem auch die Möglichkeit, gebundene Steuerelemente zu erstellen, indem Sie aus den folgenden Visual FoxPro-Fenstern Felder oder Tabellen direkt auf das Formular ziehen:

- Projekt-Manager
- Datenbank-Designer
- Datenumgebungs-Designer

Die Klasse der so erstellten Steuerelemente ist hierbei von den Einstellungen „Feldtypen Klassen zuordnen" der Registerkarte **Felder** des Tabellen-Designers abhängig bzw. von den Einstellungen der Registerkarte **Klassenzuordnung zu Feldern** im Dialogfeld **Optionen**.

Weitere Informationen zur Einstellung der Standard-Steuerelementklassen finden Sie in der Hilfe unter „Tabellen-Designer" oder „Registerkarte Klassenzuordnung zu Feldern".

Hinzufügen von benutzerdefinierten Objekten zu einem Formular

Eines der leistungsfähigsten Features von Visual FoxPro besteht in der Fähigkeit, Klassen erstellen zu können, die leicht eingesetzt und in verschiedenen Teilen Ihrer Anwendungen erneut verwendet werden können. Nachdem Sie Klassen erstellt haben, können Sie diese Ihren Formularen hinzufügen.

▶ **So fügen Sie ein auf einer benutzerdefinierten Klasse basierendes Objekt hinzu**

- Ziehen Sie die Klasse im Projekt-Manager auf einen Container.

Wenn Sie benutzerdefinierte Klassen zu einer Symbolleiste hinzufügen, können Sie diese direkt über die Symbolleiste für Formular-Steuerelemente hinzufügen.

Hinzufügen von Klassenbibliotheken zur Steuerelemente-Symbolleiste

Sie müssen Ihre Klassenbibliotheken registrieren, bevor diese in der Symbolleiste für Formular-Steuerelemente angezeigt werden können.

▶ **So registrieren Sie eine Klassenbibliothek**

1. Wählen Sie aus dem Menü Extras den Befehl **Optionen**.
2. Wählen Sie im Dialogfeld Optionen die Registerkarte **Steuerelemente**.
3. Wählen Sie **Hinzufügen**.
4. Wählen Sie im Dialogfeld **Öffnen** eine Klassenbibliothek, die in die Liste „Ausgewählt" eingefügt werden soll, und wählen Sie **Öffnen**.
5. Wiederholen Sie die Schritte 3 und 4 solange, bis Sie alle Bibliotheken hinzugefügt haben, die Sie registrieren möchten.

Die Klassen der in der Liste „Ausgewählt" enthaltenen Klassenbibliotheken können im Formular-Designer genauso einfach verwendet werden wie die Visual FoxPro-Basisklassen.

Die Registerkarte „Steuerelemente" im Dialogfeld „Optionen"

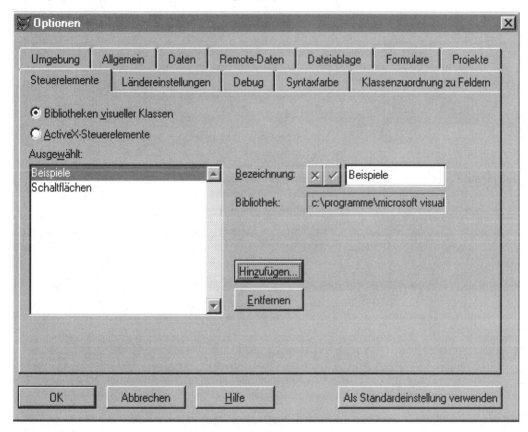

Tip: Wenn Sie möchten, daß die Klassenbibliotheken beim Ausführen von Visual FoxPro immer zur Verfügung stehen, klicken Sie im Dialogfeld Optionen auf die Schaltfläche **Als Standardeinstellung verwenden**.

Sie können die Bibliotheken auch direkt im Formular-Designer registrieren.

▶ **So registrieren Sie eine Klassenbibliothek im Formular-Designer**

1. Wählen Sie in der Symbolleiste für Formular-Steuerelemente die Schaltfläche **Klassen anzeigen**.
2. Wählen Sie **Hinzufügen** aus dem Untermenü.

Untermenü der Schaltfläche „Klassen anzeigen"

Wählen Sie diesen Eintrag, um eine neue Klassenbibliothek zu registrieren.

3. Wählen Sie im Dialogfeld **Öffnen** eine Klassenbibliothek, die in die Symbolleiste für **Formular-Steuerelemente** eingefügt werden soll, und wählen Sie **Öffnen**.

Hinzufügen von Objekten aus einer Klassenbibliothek zu einem Formular

Nachdem Sie die Klassenbibliotheken der Registerkarte **Steuerelemente** des Dialogfelds Optionen oder über das Untermenü **Klassen anzeigen** hinzugefügt haben, können Sie im Formular-Designer auf diese zugreifen.

▶ **So fügen Sie ein benutzerdefiniertes Objekt aus der Symbolleiste für Formular-Steuerelemente hinzu**

1. Wählen Sie in der Symbolleiste für Formular-Steuerelemente die Schaltfläche **Klassen anzeigen**.
2. Markieren Sie in der Liste der registrierten Klassenbibliotheken die Bibliothek, die das Steuerelement enthält, welches zu dem Formular hinzugefügt werden soll.

Auf der Symbolleiste werden nun die Steuerelemente aus der markierten Bibliothek angezeigt.

Benutzerdefinierte Klassenbibliothek, die zum Untermenü „Klassen anzeigen" hinzugefügt wurde

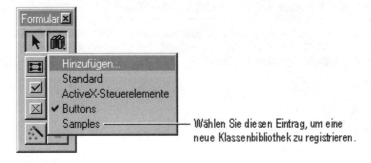

Wählen Sie diesen Eintrag, um eine neue Klassenbibliothek zu registrieren.

3. Klicken Sie auf das gewünschte Steuerelement, und ziehen Sie es im Formular auf die gewünschte Größe.

Anmerkung: Eine visuelle Klassenbibliothek können Sie aus dem Symbolleistenmenü **Klassen anzeigen** entfernen, indem Sie die entsprechende Bibliothek in der Liste „Ausgewählt" der Registerkarte **Steuerelemente** des Dialogfelds **Optionen** markieren und danach **Entfernen** wählen.

Wenn Sie Objekte, die nicht auf den Basisklassen von Visual FoxPro basieren, zu einem Formular hinzufügen, wird der relative Pfad der Klassenbibliothek (.vcx-Datei) in der .scx-Datei des Formulars gespeichert. Wenn Sie das Formular oder die Klassenbibliothek an eine andere Position verschieben, zeigt Visual FoxPro beim Ausführen des Formulars ein Dialogfeld an, anhand dessen Sie die Klassenbibliothek manuell suchen können.

Bestimmen der Steuerelemente in einem Formular

Wenn Sie ermitteln möchten, wie viele Steuerelemente sich in dem Formular befinden, können Sie dazu die Eigenschaft ControlCount verwenden. Über die Eigenschaft Controls[n] des Formulars können Sie auf die einzelnen Steuerelemente des Formulars verweisen. Das folgende Programm druckt die Eigenschaft Name aller Steuerelemente des derzeit aktiven Formulars aus.

```
ACTIVATE SCREEN    && Im Visual FoxPro-Hauptfenster drucken
FOR nCnt = 1 TO Application.ActiveForm.ControlCount
    ? Application.ActiveForm.Controls[nCnt].Name
ENDFOR
```

Hinzufügen von Eigenschaften und Methoden zu einem Formular

Zu Formularsätzen oder einzelnen Formularen, die nicht zu einem Formularsatz gehören, können beliebig viele neue Eigenschaften und Methoden hinzugefügt werden. Eigenschaften speichern einen Wert, Methoden dagegen einen prozeduralen Code, der beim Aufrufen der jeweiligen Methode ausgeführt wird. Die neuen Eigenschaften und Methoden gehören zum Gültigkeitsbereich dieses Formulars. Verweise auf diese Eigenschaften und Methoden erfolgen genauso wie bei den anderen Eigenschaften und Methoden des Formulars.

Erstellen neuer Eigenschaften

Wenn Sie einen Formularsatz bearbeiten, dann werden die im Formular-Designer hinzugefügten Eigenschaften und Methoden dem Formularsatz zugeordnet. Haben Sie keinen Formularsatz definiert, dann werden die Eigenschaften und Methoden dem Formular zugeordnet.

▶ **So fügen Sie einem Formular eine neue Eigenschaft hinzu**

1. Wählen Sie aus dem Menü Formular den Befehl **Neue Eigenschaft**.
2. Geben Sie im Dialogfeld Neue Eigenschaft den Namen der Eigenschaft ein. Sie können auch eine Beschreibung der Eigenschaft einfügen, die später am unteren Rand des Eigenschaftenfensters angezeigt werden kann.

Hinzufügen einer Eigenschaft zu einem Formular

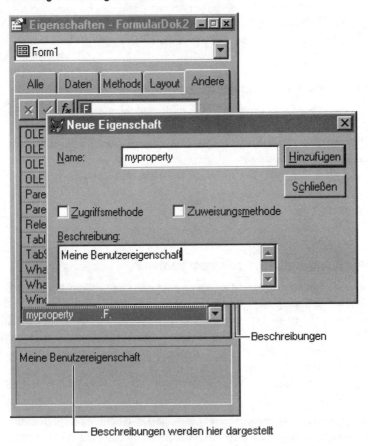

Erstellen einer Datenfeldeigenschaft

Eine Datenfeldeigenschaft ist dem Formular zugeordnet wie andere Eigenschaften auch, kann darüber hinaus aber mit den Datenfeld-Befehlen und -Funktionen von Visual FoxPro bearbeitet werden.

▶ **So erstellen Sie eine Datenfeldeigenschaft**

1. Fügen Sie eine neue Eigenschaft zu dem Formular hinzu.

2. Geben Sie den Namen der Datenfeldeigenschaft im Feld **Name** des Dialogfelds Neue Eigenschaft ein, und fügen Sie die Größe und Dimension des Datenfelds ein.

   Wenn Sie z. B. ein zweidimensionales Datenfeld mit 10 Zeilen erstellen möchten, geben Sie in das Feld **Name** des Dialogfelds **Neue Eigenschaft** folgendes ein: **arrayprop[10,2]**.

Eine Datenfeldeigenschaft ist im Entwurfsmodus schreibgeschützt. Während der Laufzeit können Sie jedoch die Datenfeldeigenschaft verwalten, neu dimensionieren oder den Elementen Werte zuweisen. Ein Beispiel dafür, wie eine Datenfeldeigenschaft genutzt werden kann, finden Sie unter „Verwalten mehrerer Instanzen eines Formulars" weiter unten in diesem Kapitel.

Erstellen neuer Methoden

Sie können dem Formular Methoden hinzufügen, die genauso aufgerufen werden wie die Methoden der Formularklasse.

▶ **So erstellen Sie eine neue Methode für ein Formular**

1. Wählen Sie aus dem Menü Formular den Befehl **Neue Methode**.

2. Geben Sie im Dialogfeld Neue Methode den Namen der Methode ein. Optional können Sie eine Beschreibung der Methode angeben:

Eine benutzerdefinierte Methode rufen Sie genauso wie die Methoden der Basisklasse mit folgender Syntax auf:

ObjectName.MethodNameObjectName.MethodName

Ihre Methode darf auch Parameter entgegennehmen und Werte zurückgeben. In diesem Fall rufen Sie die Methode innerhalb einer Zuweisungsanweisung auf:

cVariable = ObjectName.MethodName(cParameter, nParameter)cVariable = ObjectName.MethodName(cParameter, nParameter)

Einfügen vordefinierter Konstanten

Wenn in Methoden vordefinierte Konstanten verwendet werden sollen, können diese über eine Header-Datei mit der Anweisung #INCLUDE in ein Formular oder einen Formularsatz eingefügt werden. Eine Header-Datei enthält normalerweise Kompilierzeitkonstanten, die mit der #DEFINE-Präprozessoranweisung definiert werden.

Weitere Informationen finden Sie unter „#INCLUDE" und „#DEFINE" in der Hilfe.

▶ **So fügen Sie eine Datei in ein Formular ein**

1. Wählen Sie aus dem Menü **Formular** den Befehl **Include-Datei**.
2. Geben Sie die Datei im Textfeld **Include-Datei** des Dialogfelds Include-Datei an.

   – oder –

   Wählen Sie die Schaltfläche, mit der das Dialogfeld **Einbeziehen** geöffnet werden kann, und wählen Sie die Datei aus.
3. Wählen Sie **OK**.

Bearbeiten von Objekten

Es gibt verschiedene Möglichkeiten, Objekte zur Entwurfzeit zu bearbeiten:

- Verändern Sie die Größe sowie die Position der Objekte, indem Sie diese im Fenster des Formular-Designers ziehen oder verschieben.
- Richten Sie Steuerelemente mit Hilfe der Ausrichtungstools in der Layout-Symbolleiste oder über die Optionen im Menü Format aus.
- Legen Sie die Farben fest, indem Sie die Vorder- und Hintergrundfarbe in der Farbpaletten-Symbolleiste auswählen.
- Geben Sie die Eigenschaften im Eigenschaftenfenster an. Das Eigenschaftenfenster stellt die Hauptsteuerungszentrale für alle Objekte innerhalb Ihres Formulars dar.

Informationen über die Verwendung von Symbolleisten und Menübefehlen sowie über Komponenten des Eigenschaftenfensters finden Sie in der Hilfe unter dem Namen der jeweiligen Symbolleiste oder unter „Eigenschaftenfenster".

Festlegen von Eigenschaften zur Entwurfszeit

Wird das Eigenschaftenfenster geöffnet, werden die Eigenschaften oder Ereignisse des markierten Objekts angezeigt. Wenn mehrere Objekte ausgewählt sind, werden im Eigenschaftenfenster die gemeinsamen Eigenschaften dieser Objekte angezeigt. Möchten Sie die Eigenschaften oder Ereignisse eines anderen Objekts bearbeiten, dann wählen Sie das entsprechende Objekt aus dem Feld **Objekt**, oder markieren Sie ein anderes Steuerelement innerhalb des Formulars.

Kapitel 9 Erstellen von Formularen

Das Eigenschaftenfenster

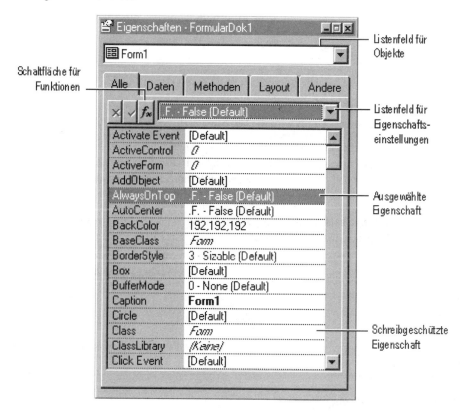

So stellen Sie eine Eigenschaft ein

1. Markieren Sie eine Eigenschaft in der Liste der Eigenschaften und Ereignisse des Eigenschaftenfensters.
2. Geben Sie die gewünschte Einstellung im Feld **Eigenschaften festlegen** ein, oder wählen Sie diese für die ausgewählte Eigenschaft aus.

Anmerkung: Eigenschaften, die zur Entwurfzeit schreibgeschützt sind, wie z. B. die Objekteigenschaft Class, werden in der Liste der Eigenschaften und Ereignisse des Eigenschaftenfensters kursiv angezeigt.

Wenn die Eigenschaft einen Zeichenwert verlangt, brauchen Sie den Wert nicht in Anführungszeichen einzugeben. Wenn Sie z. B. CUSTOMER als Überschrift eines Formulars angeben möchten, dann geben Sie **CUSTOMER** im Feld **Eigenschaften festlegen** ein. Wenn Sie möchten, daß „CUSTOMER" mit den Anführungszeichen im Fenstertitel angezeigt werden soll, dann geben Sie „**CUSTOMER**" im Feld **Eigenschaften festlegen** ein.

Festlegen von Eigenschaften mit Hilfe von Ausdrücken

Sie können die Eigenschaften auch über die Ergebnisse von Ausdrücken oder Funktionen im Eigenschaftenfenster festlegen.

So legen Sie eine Eigenschaft mit Hilfe eines Ausdrucks fest

- Wählen Sie im Eigenschaftenfenster die Schaltfläche **Funktion**, damit der Ausdruckseditor geöffnet wird.

   – oder –

- Geben Sie im Feld **Ausdruck** das Gleichheitszeichen = gefolgt von einem Ausdruck ein.

   Sie können z. B. die Eigenschaft Caption eines Formulars so festlegen, daß die derzeit aktive Tabelle angezeigt wird, wenn das Formular ausgeführt wird. Geben Sie hierzu **=ALIAS( )** im Feld **Ausdruck** ein.

Ein Eigenschaftenausdruck wird ausgewertet, sobald Sie diesen im Eigenschaftenfenster festlegen oder wenn das Objekt zur Laufzeit oder Entwurfzeit initialisiert wird. Nach dem Erstellen des Objekts wird die Einstellung der Eigenschaft so lange beibehalten, bis Sie oder ein Benutzer diese explizit ändern.

Fehlerbehebung: Wenn Sie eine Eigenschaft auf das Ergebnis einer benutzerdefinierten Funktion setzen, dann wird die Funktion ausgeführt, sobald Sie die Eigenschaft festlegen oder verändern, oder wenn Sie das Formular ausführen. Enthält die benutzerdefinierte Funktion einen Fehler, dann können Sie eventuell Ihr Formular nicht öffnen.

Sie können die Eigenschaft auch innerhalb des Ereignisses Init des Objekts über die benutzerdefinierte Funktion setzen, wie dies im folgenden Beispiel geschieht:

```
THIS.Caption = myfunction( )
```

Löst die benutzerdefinierte Funktion einen Fehler aus, können Sie das Formular nicht ausführen, aber Änderungen vornehmen.

Definieren des Formularverhaltens

Wenn Sie ein Formular im Formular-Designer entwerfen, dann ist das Formular aktuell: Änderungen am Verhalten und an der Darstellung werden vom Formular sofort umgesetzt, es sei denn, Sie haben die Eigenschaft Visible auf Falsch (.F.) eingestellt. Wenn Sie die Eigenschaft WindowState auf 1 – oder 2 – Maximized setzen, dann zeigt das Formular im Formular-Designer diese Einstellung sofort an. Wenn Sie die Eigenschaft Movable auf Falsch (.F.) setzen, können Benutzer das Formular weder zur Laufzeit noch zur Entwurfszeit verschieben. Sie sollten die Funktionalität Ihres Formulars festlegen und alle zugehörigen Steuerelemente hinzufügen, bevor Sie einige Eigenschaften festlegen, die das Verhalten des Formulars bestimmen.

Die folgenden Formulareigenschaften werden häufig zur Entwurfszeit eingestellt, um die Darstellung und das Verhalten des Formulars festzulegen.

Eigenschaft	Beschreibung	Standard
AlwaysOnTop	Bestimmt, ob das Formular immer im Vordergrund vor allen anderen Fenstern angezeigt wird.	Falsch (.F.)

(Fortsetzung)

Eigenschaft	Beschreibung	Standard
AutoCenter	Legt fest, ob das Formular bei der Initialisierung automatisch im Visual FoxPro-Hauptfenster oder auf dem Desktop zentriert wird.	Falsch (.F.)
BackColor	Bestimmt die Farbe des Formulars.	255,255,255
BorderStyle	Legt fest, ob das Formular keinen Rahmen, einen Rahmen mit einfacher oder doppelter Linie oder einen Systemrahmen besitzt. Wenn für BorderStyle 3 – System eingestellt wird, können Benutzer die Größe des Formulars verändern.	3
Caption	Legt den Text fest, der in der Titelleiste angezeigt wird.	Formular1
Closable	Legt fest, ob Benutzer das Formular durch Doppelklick auf das Schließfeld schließen können.	Wahr (.T.)
DataSession	Bestimmt, ob die zum Formular gehörenden Tabellen für den allgemeinen Zugriff geöffnet werden oder ob der Zugriff nur über das Formular erfolgen soll.	1
MaxButton	Legt fest, ob Formular eine Schaltfläche **Maximieren** besitzt oder nicht.	Wahr (.T.)
MinButton	Legt fest, ob Formular eine Schaltfläche **Minimieren** besitzt oder nicht.	Wahr (.T.)
Movable	Bestimmt, ob das Formular an eine andere Position auf dem Bildschirm verschoben werden kann.	Wahr (.T.)
ScaleMode	Legt fest, ob als Maßeinheit für die Eigenschaften in bezug auf Objektgröße und Position FoxPro-Pixel oder Pixel verwendet werden.	Hängt von den Einstellungen im Dialogfeld Optionen ab.
Scrollbars	Legt die Art des Bildlauffelds für ein Formular fest.	0 – Kein
TitleBar	Legt fest, ob über dem Formular eine Titelleiste angezeigt wird.	1 – Ein
ShowWindow	Bestimmt, ob das Fenster ein untergeordnetes Fenster ist (im Bildschirm), ein verschiebbares Fenster oder ein Standardfenster.	0 – Im Fenster
WindowState	Legt fest, ob das Formular minimiert (nur in Windows), maximiert oder normal erscheint.	0 – Normal
WindowType	Legt fest, ob das Formular nicht modal (Standardeinstellung) oder modal ist. Wenn das Formular modal ist, müssen Benutzer das Formular erst schließen, bevor sie auf andere Elemente der Benutzeroberfläche der Anwendung zugreifen können.	0 – Nicht modal

Sie können die Eigenschaft LockScreen dazu verwenden, um die Layouteigenschaften der Steuerelemente zur Laufzeit sauberer anzupassen.

Zuweisen von Symbolen zu Formularen

In Visual FoxPro für Windows können Sie einem Formular ein Symbol zuweisen. Wenn das Formular minimiert wird, wird unter Windows NT® und Windows 95 dieses Symbol angezeigt. Unter Windows 95 erscheint dieses Symbol zusätzlich in der Titelleiste. Um ein Symbol einem Formular zuzuweisen, geben Sie bei der Eigenschaft **Icon** des Formulars den Namen einer .ico-Datei an.

▶ **So weisen Sie einem Formular ein Symbol zu**

1. Öffnen Sie das Formular.

2. Öffnen Sie das Eigenschaftenfenster.

3. Setzen Sie die Eigenschaft Icon auf die .ICO-Datei, die angezeigt werden soll.

Bearbeiten von Ereignis- und Methoden-Code

Ereignisse sind Benutzeraktionen, wie Klicken mit der Maus oder Verschieben der Maus, sowie Systemaktionen, wie das Zählen von Zeittakten der Systemuhr. Methoden sind Prozeduren, die mit dem Objekt verknüpft sind und die insbesondere auf Programmebene aufgerufen werden. Informationen zu Ereignissen und Methoden finden Sie in Kapitel 3, „Objektorientierte Programmierung". Sie können den Code angeben, der ausgeführt werden soll, sobald ein Ereignis ausgelöst oder eine Methode aufgerufen wurde.

▶ **So bearbeiten Sie Ereignis- oder Methoden-Code**

1. Wählen Sie aus dem Kontextmenü des Steuerelements den Befehl **Code**.

2. Wählen Sie im Feld **Prozedur** das Ereignis oder die Methode aus.

3. Schreiben Sie den Code in das Bearbeitungsfenster, der ausgeführt werden soll, nachdem das Ereignis ausgelöst oder die Methode aufgerufen wurde.

   Sie könnten z. B. eine Befehlsschaltfläche in ein Formular eingebaut haben, welche die Beschriftung „Beenden" trägt. Fügen Sie im Ereignis **Click** für diese Schaltfläche folgende Zeile ein:

   ```
   THISFORM.Release
   ```

Tip: Um zwischen den Prozeduren im Code-Fenster zu wechseln, drücken Sie BILD-AUF oder BILD-AB.

Wenn Benutzer nun auf diese Befehlsschaltfläche klicken, wird das Formular vom Bildschirm und aus dem Speicher gelöscht. Möchten Sie nicht, daß das Formular aus dem Speicher entfernt wird, dann können Sie statt dessen folgende Zeile für das Ereignis **Click** angeben:

```
THISFORM.Hide
```

Anmerkung: Wenn der mit dem Ereignis **Init** eines Formularsatzes, eines Formulars oder irgendeines anderen Objekts innerhalb eines zu einem Formularsatz gehörenden Formulars verknüpfte Code Falsch (.F.) zurückgibt, wird das Formular nicht erstellt.

Speichern von Formularen

Sie müssen Ihr Formular speichern, bevor Sie es ausführen können. Wenn Sie versuchen, den Formular-Designer zu schließen, bevor das Formular gespeichert wurde, werden Sie von Visual FoxPro aufgefordert, die eingearbeiteten Änderungen zu speichern oder zu verwerfen.

▶ **So speichern Sie ein Formular**

- Wählen Sie im Formular-Designer aus dem Menü **Datei** den Befehl **Speichern**.

Speichern von Formularen und Steuerelementen als Klassen

Sie können ein Formular oder einen Teil der Steuerelemente innerhalb eines Formulars als Klassendefinition speichern. Wenn Sie vorhaben, Unterklassen zu erstellen, die auf dem Formular beruhen, oder wenn Sie die Steuerelemente in anderen Formularen nochmals verwenden möchten, dann sollten Sie das Formular als Klassendefinition speichern.

▶ **So speichern Sie ein Formular oder markierte Steuerelemente als Klassendefinition**

1. Wählen Sie aus dem Menü **Datei** den Befehl **Als Klasse speichern**.
2. Wählen Sie im Dialogfeld Als Klasse speicherncmdSave den Eintrag **Aktuelles Formular** oder **Ausgewählte Steuerelemente**.

Das Dialogfeld „Als Klasse speichern"

3. Geben Sie im Feld **Name** den Namen der Klasse ein.
4. Geben Sie im Feld **Datei** den Namen der Datei an, in der die Klasse gespeichert werden soll.
5. Wählen Sie **OK**.

Wenn Sie für den Dateinamen keine Erweiterung angeben, dann wird die Standard-Dateinamenerweiterung .vcx angefügt, sobald die Datei gespeichert wird. Nachdem ein Formular als Klassendefinition gespeichert wurde, können Sie diese über den Befehl **MODIFY CLASS** verändern. Weitere Informationen über das Erstellen von Klassen finden Sie in Kapitel 3, „Objektorientierte Programmierung".

Ausführen eines Formulars

Sie können ein Formular direkt über die Oberfläche oder auf Programmebene ausführen.

Interaktives Ausführen eines Formulars

Sie können das von Ihnen entworfene Formular auf verschiedene Art und Weise ausführen.

Wenn Sie im Formular-Designer arbeiten, können Sie das Formular testen, indem Sie die Schaltfläche **Ausführen** wählen. Wenn Sie den Formular-Designer erneut öffnen möchten, müssen Sie das Formular schließen oder in der Symbolleiste die Schaltfläche **Formular ändern** wählen.

Sie können ein Formular aus einem Projekt heraus oder auf Programmebene ausführen.

▶ **So führen Sie ein Formular interaktiv aus**

- Markieren Sie das Formular im Projekt-Manager, und wählen Sie **Ausführen**.

    – oder –

- Geben Sie im Befehlsfenster DO FORM ein.

Sie können das Formular auch ausführen, indem Sie im Menü **Programm** auf **Ausführen** klicken. Wählen Sie **Formular** im Feld **Dateityp**, markieren Sie das gewünschte Formular, und klicken Sie anschließend auf **Ausführen**.

Ausführen eines Formulars auf Programmebene

Möchten Sie ein Formular auf Programmebene ausführen, dann fügen Sie den Befehl DO FORM in den mit einem Ereignis verknüpften Code, in den Methoden-Code, in ein Programm oder eine Prozedur ein.

Benennen eines Formular-Objekts

Wenn Sie den Befehl **DO FORM** verwenden, dann ist der Name des Formular-Objekts standardmäßig gleich dem Namen der .scx-Datei. Mit der folgenden Code-Zeile wird z. B. **Customer.scx** ausgeführt. Visual FoxPro erstellt hierbei automatisch eine Objektvariable mit dem Namen customer:

```
DO FORM Customer
```

▶ **So benennen Sie ein Formular-Objekt**

- Verwenden Sie die Klausel NAME des Befehls FORM.

Die folgenden Befehle führen beispielsweise ein Formular aus, wobei zwei Formular-Objektvariablennamen erstellt werden:

```
DO FORM Customer NAME frmCust1
DO FORM Customer NAME frmCust2
```

Bearbeiten des Formular-Objekts

Wenn Sie im Befehlsfenster den Befehl DO FORM eingeben, dann wird das Formular-Objekt mit einer globalen Variablen verknüpft. Mit Hilfe des Variablennamens können Sie auf das Formular-Objekt zugreifen. Die folgenden Befehle öffnen z. B. ein Formular Customer und ändern dessen Überschrift, wenn sie über das Befehlsfenster eingegeben werden.

```
DO FORM Customer
Customer.Caption = "Hallo"
```

Wenn Sie danach den folgenden Befehl über das Befehlsfenster ausgeben, wird im aktiven Ausgabefenster der Wert 0 angezeigt, d.h. Customer ist ein Objekt:

```
? TYPE("Customer")
```

Wenn Sie den Befehl **DO FORM** in einem Programm ausgeben, dann wird das Formular-Objekt dem Programm zugeordnet. Ist das Programm oder die Prozedur beendet, wird das Objekt gelöscht. Sie könnten beispielsweise folgendes Programm ausführen:

```
*formtest.prg
DO FORM Customer
```

Nachdem Sie das Programm ausgeführt haben, bleiben das Formular sichtbar und alle Steuerelemente des Formulars aktiv. TYPE("Customer") gibt jedoch U zurück, wodurch angezeigt wird, daß Customer eine undefinierte Variable ist. Der folgende Befehl würde, eingegeben im Befehlsfenster, einen Fehler erzeugen:

```
Customer.Caption = "Hallo"
```

Sie können jedoch auf das Formular zugreifen, indem Sie die Eigenschaften ActiveForm, Forms und FormCount des Anwendungsobjekts verwenden.

Zuweisen des Formulars zu der Formular-Objektvariablen

Über das Schlüsselwort LINKED des Befehls DO FORM können Sie das Formular mit dem Formular-Objekt verknüpfen. Fügen Sie das Schlüsselwort LINKED ein, wird wenn die mit dem Formular-Objekt verknüpfte Variable den Gültigkeitsbereich überschreitet, das Formular entfernt.

Der folgende Befehl erstellt z. B. ein Formular, das mit der Objektvariablen frmCust2 verknüpft ist.

```
DO FORM Customer NAME frmCust2 LINKED
```

Wird frmCust2 gelöscht, wird das Formular geschlossen.

Schließen eines aktiven Formulars

Möchten Sie den Benutzern erlauben, das aktive Formular zu schließen, indem sie auf die Schaltfläche zum Schließen klicken oder indem sie aus dem Systemmenü des Formulars den Befehl **Schließen** wählen dann sollten Sie die Eigenschaft **Closable** des Formulars festlegen.

▶ **So geben Sie den Benutzern die Möglichkeit, das aktive Formular schließen zu können**

- Setzen Sie die Eigenschaft Closable im Eigenschaftenfenster auf Wahr (.T.).

  – oder –

- Verwenden Sie den Befehl RELEASE.

Sie können z. B. das Formular `frmCustomer` schließen und entfernen, indem Sie den folgenden Befehl in einem Programm oder über das Befehlsfenster eingeben:

```
RELEASE frmCustomer
```

Sie können Benutzern auch erlauben, ein Formular zu schließen und zu entfernen, indem Sie folgenden Befehl in den Code des Ereignisses Click eines Steuerelements, z. B. einer Befehlsschaltfläche mit der Beschriftung **Beenden**, einfügen:

```
THISFORM.Release
```

Sie können den Befehl RELEASE auch in dem Code verwenden, der einem Objekt des Formulars zugeordnet ist. Der gesamte in der Methode **Release** enthaltene Code wird dann jedoch nicht ausgeführt.

Fehlerbehebung: Wenn Sie ein Formular entfernen, dann entfernen Sie auch die für das Formular erstellte Objektvariable aus dem Speicher. Daher dürfen Sie Formulare innerhalb eines Formularsatzes nicht löschen, ohne auch den Formularsatz zu entfernen. Wenn Sie den Formularsatz entfernen möchten, können Sie den Befehl `RELEASE THISFORMSET` verwenden. Wenn Sie ein Formular vom Bildschirm löschen möchten, so daß Benutzer es nicht mehr anzeigen oder mit diesem arbeiten können, können Sie dazu den Befehl `THISFORM.Hide` verwenden.

Festlegen von Eigenschaften zur Laufzeit

Über das Objektmodell in Visual FoxPro können Sie die Eigenschaften zur Laufzeit sehr gut steuern.

Verweisen auf Objekte in der Objekthierarchie

Möchten Sie ein Objekt bearbeiten, dann müssen Sie es in Bezug zur Containerhierarchie identifizieren. Auf der höchsten Ebene der Containerhierarchie (Formularsatz oder Formular) müssen Sie auf die Objektvariable verweisen. Der Name der Objektvariablen stimmt mit dem Namen der .scx-Datei überein, es sei denn, Sie ändern diesen mit der Klausel NAME des Befehls DO FORM.

Eigenschaften können durch Verweisen auf die Objektvariable, das Steuerelement und die Eigenschaft geändert werden. Diese werden durch Punkte (.) getrennt:

objectvariable.[form.]control.property = SettingObjectvariable.[Form.]control.property = Setting

In der folgenden Liste werden die Eigenschaften oder Schlüsselwörter aufgeführt, die das Verweisen auf ein Objekt in der Objekthierarchie erleichtern:

Eigenschaft oder Schlüsselwort	Verweis
ActiveControl	Das Steuerelement in dem derzeit aktiven Formular, das gerade den Fokus besitzt
ActiveForm	Das derzeit aktive Formular
ActivePage	Die aktive Seite des derzeit aktiven Formulars
Parent	Der unmittelbare Container des Objekts
THIS	Das Objekt oder eine Prozedur bzw. ein Ereignis des Objekts
THISFORM	Das Formular, das das Objekt enthält
THISFORMSET	Der Formularsatz, der das Objekt enthält

Wenn Sie z. B. die Beschriftung einer Befehlsschaltfläche ändern möchten, die sich im Formular frmCust befindet, wobei dieses wiederum im Formularsatz **Custview.scx** enthalten ist, können Sie in einem Programm oder im Befehlsfenster den folgenden Befehl verwenden:

```
CustView.frmCust.cmdButton1.Caption = "Bearbeiten"
```

Mit Hilfe der Schlüsselwörter THIS, THISFORM und THISFORMSET können Sie auf Objekte in einem Formular verweisen. Wenn Sie z. B. die Beschriftung einer Befehlsschaltfläche ändern möchten, sobald auf die Schaltfläche geklickt wurde, dann fügen Sie folgenden Befehl in den Code für das Ereignis **Click** der Befehlsschaltfläche ein:

```
THIS.Caption = "Bearbeiten"
```

Die folgende Tabelle enthält Beispiele dazu, wie die Objekteigenschaften über THISFORMSET, THISFORM, THIS und Parent festgelegt werden können.

Befehl	Einfügen im
`THISFORMSET.frm1.cmd1.Caption = 'OK'`	Ereignis- oder Methoden-Code eines beliebigen Steuerelements in einem Formular oder Formularsatz mit Ausnahme von frm1.
`THISFORM.cmd1.Caption = 'OK'`	Ereignis- oder Methoden-Code eines beliebigen Steuerelements mit Ausnahme von cmd1 in demselben Formular, in dem cmd1 enthalten ist.
`THIS.Caption = 'OK'`	Ereignis- oder Methoden-Code des Steuerelements, dessen Beschriftung geändert werden soll.
`THIS.Parent.BackColor = RGB(192,0,0)`	Ereignis- oder Methoden-Code eines Steuerelements in einem Formular. Der Befehl ändert die Hintergrundfarbe des Formulars in dunkelrot.

Festlegen von Eigenschaften zur Laufzeit mit Hilfe von Ausdrücken

Sie können Eigenschaften zur Laufzeit auch mit Hilfe von Ausdrücken oder Funktionen festlegen.

▶ **So legen Sie Eigenschaften zur Laufzeit auf Ausdrücke fest**

- Weisen Sie der Eigenschaft einen Ausdruck zu.

    – oder –

- Weisen Sie der Eigenschaft das Ergebnis einer benutzerdefinierten Funktion zu.

    Sie könnten z. B. die Beschriftung einer Schaltfläche je nach dem Wert einer Variablen auf „Bearbeiten" oder „Speichern" setzen. Deklarieren Sie die Variable im aufrufenden Programm für Ihr Formular:

    ```
    PUBLIC glEditing
    glEditing = .F.
    ```

    Verwenden Sie danach in der Einstellung „Caption" einen IIF-Ausdruck:

    ```
    frsSet1.frmForm1.cmdButton1.Caption = ;
        IIF(glEditing = .F., "Bearbeiten", "Speichern")
    ```

Sie können die Größe einer Schaltfläche festlegen und die Beschriftung über Ausdrücke setzen, die Felder aus einer Tabelle enthalten:

```
* Schaltflächenbreite auf die Länge von 'Telefonieren mit ' +
* Vor- und Nachnamen setzen
frmForm1.cmdButton1.Width = 17 + ;
    LEN(ALLTRIM(employee.first_name  + " " + employee.last_name))
* Schaltflächenbeschriftung auf 'Telefonieren mit ' +
* Vor- und Nachnamen setzen
frmForm1.cmdButton1.Caption = "'Telefonieren mit " ;
    + ALLTRIM(employee.first_name + " " + employee.last_name)
```

Sie können die Beschriftung auch mit einer benutzerdefinierten Funktion festlegen:

```
frsSet1.frmForm1.cmdButton1.Caption = setcaption()
```

Einstellen mehrerer Eigenschaften

Es können auch mehrere Eigenschaften gleichzeitig eingestellt werden.

▶ **So setzen Sie mehrere Eigenschaften**

- Verwenden Sie hierzu die WITH ... ENDWITH-Struktur.

    Möchten Sie z. B. mehrere Eigenschaften einer Spalte innerhalb eines Datenblatts eines Formulars festlegen, dann können Sie folgende Anweisung in den jeweiligen Code der Ereignisse und Methoden innerhalb des Formulars einfügen:

    ```
    WITH THISFORM.grdGrid1.grcColumn1
        .Width = 5
    ```

```
      .Resizable = .F.
      .ForeColor = RGB(0,0,0)
      .BackColor = RGB(255,255,255)
      .SelectOnEntry = .T.
   ENDWITH
```

Aufrufen von Methoden zur Laufzeit

Zum Aufrufen von Methoden eines Objekts wird die folgende Syntax verwendet:

Parent.Object.MethodParent.Object.Method

Nach dem Erstellen eines Objekts können Sie die Methoden dieses Objekts von jedem beliebigen Ausgangspunkt in Ihrer Anwendung aufrufen. Die folgenden Befehle rufen die Methoden zum Anzeigen des Formulars sowie zum Festlegen des Fokus auf eine Befehlsschaltfläche auf:

```
* In der Datei MYF_SET.SCX gespeicherter Formularsatz
myf_set.frmForm1.Show
myf_set.frmForm1.cmdButton1.SetFocus
```

Um ein Formular auszublenden, verwenden Sie den folgenden Befehl:

```
myf_set.frmForm1.Hide
```

Reagieren auf Ereignisse

Der von Ihnen in einer Prozedur zu einem Ereignis angegebene Code wird dann ausgeführt, wenn das Ereignis stattfindet. Beispielsweise wird der von Ihnen in die Prozedur zum Ereignis **Click** einer Befehlsschaltfläche eingefügte Code ausgeführt, sobald der Benutzer auf die Befehlsschaltfläche geklickt hat.

Wenn der Prozedur-Code für ein Ereignis aufgerufen wird, bewirkt dies noch keine Auslösung des Ereignisses. Über die folgende Anweisung wird z. B. der in `frmPhoneLog` enthaltene Code für das Ereignis **Activate** ausgeführt, das Formular selbst jedoch nicht aktiviert:

```
frmPhoneLog.Activate
```

Durch einen Aufruf der Methode Show wird das Formular angezeigt und aktiviert, wobei der Code für das Ereignis **Activate** ebenfalls ausgeführt wird:

```
frmPhoneLog.Show
```

Beispiel für das Bearbeiten von Objekten

Im folgenden Beispiel werden Eigenschaften eingestellt, und es wird von den verschiedenen Objekten innerhalb eines Formularsatzes Ereigniscode aufgerufen. Im Formularsatz des Beispiels sind zwei Formulare enthalten: frmLeft und frmRight.

Beispiel-Formularsatz im Formular-Designer

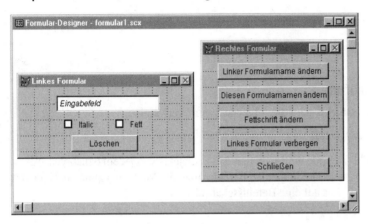

Die beiden Kontrollkästchen und die Befehlsschaltfläche im Formular frmLeft besitzen Ereigniscode. Der Name des Textfelds im Formular frmLeft ist txtInput.

Ereigniscode für die Objekte in LeftForm

Objekt	Ereignis	Code
ChkItalic	Click	THISFORM.txtInput.FontItalic = ; THIS.Value
ChkBold	Click	THIS.txtInput.FontBold = THIS.Value
CmdClear	Click	THISFORM.txtInput.Value = "" THISFORM.txtInput.FontBold = .F. THISFORM.txtInput.FontItalic = .F. THISFORM.chkItalic.Value = .F. THISFORM.chkBold.Value = .F.

Festlegen einer Eigenschaft eines weiteren Steuerelements innerhalb des gleichen Formulars

Sie können die Eigenschaften eines Steuerelements aus dem Ereigniscode eines anderen Steuerelements setzen, indem Sie das Schlüsselwort THISFORM oder die Eigenschaft Parent verwenden. Die folgenden zwei Befehle werden ausgeführt, sobald ein Benutzer anfänglich auf die Kontrollkästchen **Italic** und **Bold** klickt.

```
THISFORM.txtInput.FontItalic = .T.
THIS.Parent.txtInput.FontBold = .T.
```

In diesem Fall können THISFORM und THIS.Parent austauschbar verwendet werden.

Beispiel-Formularsatz zur Laufzeit

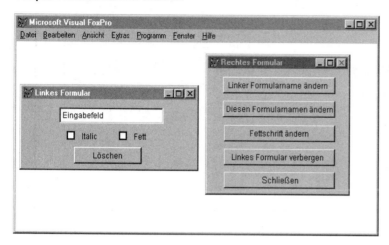

Der Code im Ereignis **Click** des cmdClear enthält den Befehl **THISFORM**, wodurch die Werte der anderen Steuerelemente in dem Formular zurückgesetzt werden.

Festlegen der Eigenschaft eines anderen Formulars

Sie können die Eigenschaften eines Formulars auch von einem anderen Formular aus festlegen. Das rechte Formular enthält 5 Befehlsschaltflächen. Die erste Schaltfläche des Formulars enthält folgenden Code für das Ereignis Click:

```
THISFORMSET.frmLeft.Caption = ;
   ALLTRIM(ThisFormSet.frmLeft.txtInput.Value)
```

Beachten Sie, daß auf den Formularsatz und das Formular verwiesen werden muß, wenn die Eigenschaften von einem anderen Formular aus festgelegt werden.

Der Benutzer klickt auf die Befehlsschaltfläche „Change Left Form Caption" im rechten Formular

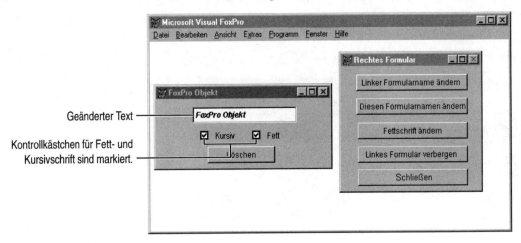

Geänderter Text

Kontrollkästchen für Fett- und Kursivschrift sind markiert.

Im Click-Ereigniscode der zweiten Befehlsschaltfläche in frmRight wird das Festlegen einer Eigenschaft eines Formular aus einem Objekt des Formulars heraus demonstriert:

```
THISFORM.Caption = ;
    ALLTRIM(ThisFormSet.frmLeft.txtInput.Value)
```

Wenn Benutzer diese Schaltfläche wählen, wird die Überschrift von frmRight in den Wert im Textfeld von frmLeft umgeändert.

Zugreifen auf Objekte in verschiedenen Formularen

Der folgende Code im Ereignis Click der Befehlsschaltfläche **Change Bold Setting** verändert den Wert des Kontrollkästchens **Bold** in frmLeft und ruft den mit diesem Steuerelement verknüpften Ereigniscode auf.

```
THISFORMSET.frmLeft.chkBold.Value = ;
    NOT THISFORMSET.frmLeft.chkBold.Value
THISFORMSET.frmLeft.chkBold.InteractiveChange
```

In der letzten Zeile des Beispiels wird das Ereignis Interactive Change von chkBold aufgerufen. Sie könnten diese Prozedur auch über folgenden Befehl aufrufen:

```
THISFORMSET.frmLeft.chkBold.InteractiveChange( )
```

Wenn dieser Prozeduraufruf weggelassen wird, ändert sich zwar der Wert des Kontrollkästchens, die Eigenschaft FontBold des Textfelds wird jedoch nicht geändert.

Der Benutzer klickt auf die Befehlsschaltfläche „Change Bold Setting" im rechten Formular

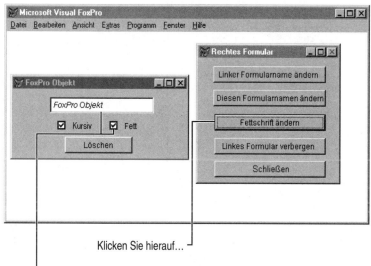

Klicken Sie hierauf...

... um die Einstellung für Fettschrift zu ändern.

Überprüfen von Eigenschaften und Aufrufen von Methoden-Code eines anderen Formulars

Der folgende Code im Ereignis Click der Befehlsschaltfläche **Hide Left Form** blendet frmLeft, je nach dem Wert der Eigenschaft Visible, aus oder ein. Außerdem wird der Text der Befehlsschaltfläche entsprechend angepaßt:

```
IF ThisFormSet.frmLeft.Visible
   ThisFormSet.frmLeft.Hide
   THIS.Caption = "Show Left Form"
ELSE
   ThisFormSet.frmLeft.Show
   THIS.Caption = "Hide Left Form"
ENDIF
```

Beachten Sie, daß das Schlüsselwort THIS im Ereigniscode eines Steuerelements verwendet wird, um auf die Eigenschaften des Steuerelements selbst zu verweisen.

Der Benutzer klickt auf die Befehlsschaltfläche „Hide Left Form" im rechten Formular

Beachten Sie die Änderung der Beschriftung.

Der folgende Befehl im Ereignis **Click** der Befehlsschaltfläche **Close** entfernt den Formularsatz, wodurch beide Formulare geschlossen werden:

```
RELEASE ThisFormSet
```

Verwalten von Formularen

Die folgenden Prozeduren beschreiben allgemeine Aufgaben, die mit dem Verwalten von Formularen innerhalb einer Anwendung verbunden sind.

Ausblenden eines Formulars

Sie können ein Formular ausblenden, so daß Benutzer es nicht mehr sehen können. Wenn ein Formular ausgeblendet ist, können Benutzer nicht mehr mit dem Formular arbeiten. Sie können das Formular jedoch weiterhin uneingeschränkt über ein Programm steuern.

▶ **So blenden Sie ein Formular aus**

- Verwenden Sie die Methode Hide.

    Zum Beispiel könnten Sie folgende Programmzeile in den mit dem Ereignis Click einer Befehlsschaltfläche verknüpften Code einfügen:

    ```
    THISFORM.Hide
    ```

Wenn Benutzer auf die Befehlsschaltfläche klicken, bleibt das Formular zwar im Speicher erhalten, ist jedoch nicht mehr sichtbar.

Entfernen eines Formulars

Sie können den Benutzern die Möglichkeit einräumen, ein Formular zu entfernen, wenn sie die Arbeit mit dem Formular beendet haben. Wenn Sie ein Formular entfernen, dann können Sie nicht mehr auf die Eigenschaften und Methoden des Formulars zugreifen.

▶ **So entfernen Sie ein Formular**

- Verwenden Sie die Methode Release.

Zum Beispiel könnten Sie folgende Programmzeile in den mit dem Ereignis Click einer Befehlsschaltfläche verknüpften Code einfügen:

```
THISFORM.Release
```

Wenn Benutzer auf die Befehlsschaltfläche klicken, wird das Formular geschlossen.

Übergeben von Parametern an ein Formular

Manchmal möchten Sie vielleicht beim Ausführen von Formularen Parameter an diese übergeben, um Eigenschaftenwerte festzulegen oder operativ innerorganisatorische Standards anzugeben.

▶ **So übergeben Sie einen Parameter an ein im Formular-Designer erstelltes Formular**

1. Erstellen Sie Eigenschaften im Formular, die die Parameter entgegennehmen sollen, wie z. B. **ItemName** und **ItemQuantity**.

2. Fügen Sie im Ereigniscode Init des Formulars eine PARAMETERS-Anweisung ein, so wie:

   ```
   PARAMETERS cString, nNumber
   ```

3. Die Parameter können den Eigenschaften im Code des Ereignisses **Init** zugewiesen werden, z. B.:

   ```
   THIS.ItemName = cString
   THIS.ItemQuantity =
   ```

4. Fügen Sie in den Befehl DO FORM zum Ausführen des Formulars eine WITH-Klausel ein:

   ```
   DO FORM myForm WITH "Brezel", 24
   ```

Zurückgeben eines Werts aus einem Formular

Sie können Formulare innerhalb Ihrer Anwendung dazu verwenden, den Benutzern die Möglichkeit zu geben, Werte einzugeben.

▶ **So geben Sie einen Wert aus dem Formular zurück**

1. Legen Sie die Eigenschaft WindowType des Formulars auf 1 fest, wodurch das Formular modal wird.
2. Fügen Sie in den mit dem Ereignis **UnLoad** des Formulars verknüpften Code einen Befehl RETURN mit einem Rückgabewert ein.
3. Fügen Sie in dem Programm oder der Methode, von dem/der aus das Formular ausgeführt wird, das Schlüsselwort TO in den Befehl DO FORM ein.

   Wenn z. B. `FindCustID` ein modales Formular wäre, das einen Zeichenwert zurückgibt, dann wird der Rückgabewert des Formulars über den folgenden Code in der Variablen `cCustID` gespeichert.

   ```
   DO FORM FindCustID TO cCustID
   ```

   Weitere Informationen finden Sie in den Hilfethemen unter „RETURN" und „DO FORM".

Fehlerbehebung: Wenn Sie eine Fehlermeldung erhalten, überprüfen Sie, ob **WindowType** auf 1 (Modal) gesetzt ist.

Speichern eines Formulars als HTML-Datei

Beim Erstellen eines Formulars können Sie im Menü **Datei** die Option **Als HTML speichern** verwenden, um den Inhalt eines Formulars als HTML-Datei (HTML = Hypertext Markup Language) zu speichern.

▶ **So speichern Sie ein Formular als HTML-Datei**

1. Öffnen Sie das Formular.
2. Klicken Sie im Menü **Datei** auf **Als HTML speichern**. (Sie werden aufgefordert, das Formular zu speichern, sofern dies geändert wurde.)
3. Geben Sie den Namen der zu erstellenden HTML-Datei ein, und klicken Sie auf **Speichern**.

Verwalten mehrerer Instanzen eines Formulars

Mehrere Instanzen einer Klassendefinition können gleichzeitig aktiv sein. Wenn Sie z. B. ein Bestellformular entwerfen, können in der Anwendung gleichzeitig mehrere Bestellungen geöffnet sein, die zwar auf derselben Formulardefinition basieren, aber unabhängig voneinander angezeigt und bearbeitet werden können.

Wenn Sie mehrere Instanzen eines Formulars geöffnet haben, sollten Sie unbedingt die folgenden Punkte beachten:

- Erstellen Sie im startenden Formular eine Datenfeldeigenschaft, in der die Objektvariablen der jeweiligen Instanzen des Formulars gespeichert werden. Wenn Sie nicht von vornherein wissen, wie viele Instanzen des Formulars gestartet werden, sollten Sie die Instanzenvariablen in einem Datenfeld verwalten.

- Wenn das Formular mehrere Instanzen haben soll, setzen Sie die Eigenschaft DataSession auf 2 – **Private Data Session**. Bei einer privaten Datensitzung werden für jede Instanz des Formulars getrennte Arbeitsbereiche zur Verfügung gestellt, so daß die ausgewählten Tabellen und Datensatzzeiger-Positionen von einander unabhängig sind.

Der folgenden Beispiel-Code zeigt, wie mehrere Instanzen eines Formulars erstellt werden. Der vorliegende Beispiel-Code ist nicht optimiert, sondern soll nur das Konzept verdeutlichen.

Das folgende Formular startet mehrere Instanzen:

Startformular

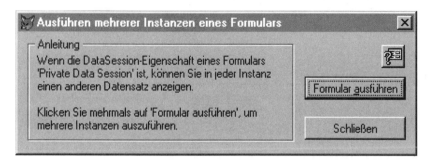

Einstellung der Eigenschaften bei Launch.scx

Objekt	Eigenschaft	Einstellung
FrmLaunch	AForms[1]	" "

Ereigniscode für Launch.scx

Objekt	Ereignis	Code
CmdQuit	Click	`RELEASE THISFORM`

CmdLaunch	Click	`NInstanz = ALEN(THISFORM.aForms)`
		`DO FORM Multi ;`
		`  NAME THISFORM.aForms[nInstance] ;`
		`  LINKED`
		`DIMENSION ;`
		`  THISFORM.aForms[nInstance + 1]`

Dieses Beispiel können Sie dahingehend weiterentwickeln, daß das Datenfeld mit den Formularobjekten so verwaltet wird, daß leere Datenfeldelemente nach dem Schließen eines Formulars wiederverwendet werden können, statt das Datenfeld jedesmal neu zu dimensionieren und die Anzahl der Elemente um 1 zu erhöhen.

Das Formular, das mehrere Instanzen haben kann, ist Multi.scx. Die Datenumgebung für dieses Formular enthält die Tabelle „Employee".

Mehrere Instanzen von Multi.scx

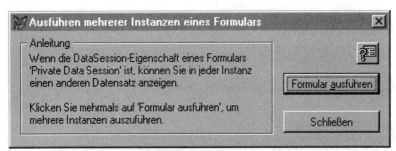

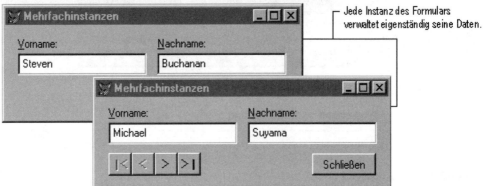

Jede Instanz des Formulars verwaltet eigenständig seine Daten.

Einstellung der Eigenschaften bei Multi.scx

Objekt	Eigenschaft	Einstellung
TxtFirstname	ControlSource	Employee.first_name
TxtLastName	ControlSource	Employee.last_name
FrmMulti	DataSession	2 – Private Datensitzung

Wenn Sie im Startformular **Formular starten** wählen, wird eine Instanz des Formulars Multi erstellt. Wenn Sie das Startformular schließen, werden das Eigenschaftsdatenfeld **aForms** freigegeben und alle Instanzen von Multi gelöscht.

Visual FoxPro bietet einige Funktionen und Eigenschaften, mit denen mehrere Instanzen von Objekten verwaltet werden können. Weitere Informationen finden Sie unter „AINSTANCE( )", „AUSED( )" und unter „DataSessionID" im Sprachverzeichnis.

Festlegen der Entwurfsfläche für ein Formular

Sie können die maximale Entwurfsfläche für den Formular-Designer im Dialogfeld **Optionen** festlegen.

Registerkarte „Formulare" im Dialogfeld „Optionen"

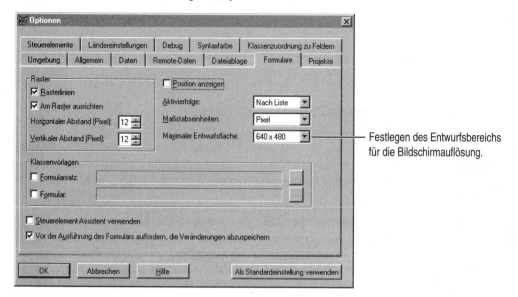

Festlegen des Entwurfsbereichs für die Bildschirmauflösung.

▶ **So legen Sie die maximale Entwurfsfläche für ein Formular fest**

1. Wählen Sie aus dem Menü **Extras** den Befehl **Optionen**.

2. Wählen Sie im Dialogfeld Optionen die Registerkarte **Formulare**.

3. Wählen Sie im Feld **Maximale Entwurfsfläche** die Pixelkoordinaten für die maximale Entwurfsfläche.

Wenn Sie die maximale Entwurfsfläche festlegen, ist der Hintergrund des Formular-Designers innerhalb der Entwurfsflächengrenzen weiß und in den Bereichen jenseits der maximalen Entwurfsfläche grau. Wenn Sie Anwendungen auf einem Monitor entwickeln, der z. B. eine Auflösung von 1024 x 768 hat, können Sie Ihre Entwurfsauflösung auf 640 x 480 festlegen, um sicherzustellen, daß die Formulare auch mit dieser Auflösung korrekt angezeigt werden.

Innerhalb der Entwurfsfläche sollten Sie unbedingt die Standardfensterattribute, wie z. B. Symbolleisten, mitberechnen. Auf einem Bildschirm mit der Auflösung 640 x 480 beispielsweise kann ein Formular mit einer Statusleiste und einer Symbolleiste am oberen oder unteren Ende des Bildschirms maximal eine Höhe von 390 Pixeln besitzen.

FoxPro-Hauptfenster-Attribut	Benötigte Pixel
Titel und Menü	38
Statusleiste	23
Verankerte Symbolleiste	29

Verwenden von lokalen und Remote-Daten in einem Formular

Sie können Formulare erstellen, bei denen Sie einfach zwischen lokalen Daten und entfernt (z. B. auf einem Datenbankserver) gespeicherten Daten umschalten können. Sie haben dadurch die Möglichkeit, Prototyp-Anwendungen zu erstellen, bei denen lokale bzw. Testdaten verwendet werden, und können dann auf Remote-, „echte" Daten umschalten, ohne daß Ihr Formular wesentlich geändert werden muß.

Wenn Ihre Visual FoxPro-Anwendung z. B. als Frontend für eine große Kundendatenbank dient, die sich auf einem Datenbankserver befindet, können Sie eine lokale .dbf-Datei erstellen, die nur eine kleine, aber repräsentative Stichprobe der Daten enthält. Auf der Basis dieser kleinen Testdatenmenge können Sie dann Formulare erstellen, testen und debuggen. Wenn die Anwendung fertiggestellt ist, können Sie das Formular mit der großen Datenmenge verbinden.

Für das Umschalten zwischen lokalen und Remote-Daten ist es wichtig, daß Sie Ansichten verwenden, statt das Formular (und die entsprechenden Steuerelemente) direkt an eine Tabelle zu binden. Beim Zugriff auf Remote-Daten müssen Sie ohnehin immer eine Ansicht verwenden. Um das Umschalten zwischen lokalen und Remote-Daten zu erleichtern, sollten Sie daher auch für die lokalen Daten eine Ansicht erstellen. Wenn Sie ein Formular erstellen, können Sie beide Ansichten zur Datenumgebung hinzufügen und je nach Bedarf zwischen diesen beiden Ansichten wechseln.

▶ **So erstellen Sie ein Formular, mit dem Sie zwischen lokalen und Remote-Daten wechseln können**

1. Erstellen Sie zwei Ansichten für die Daten, eine Ansicht, die auf die Remote-Daten verweist, und eine weitere Ansicht, die auf die lokalen Daten verweist.

2. Erstellen Sie ein neues Formular

3. Öffnen Sie den Datenumgebungs-Designer für das Formular, und fügen Sie beide Ansichten hinzu.

4. Klicken Sie mit der rechten Maustaste auf den Datenumgebungs-Designer, und wählen Sie **Eigenschaften**.

5. Geben Sie im Eigenschaftenfenster für die Eigenschaft Alias bei beiden Cursorn denselben Namen ein.

6. Setzen Sie die Eigenschaft OpenViews der Datenumgebung entweder auf **1 – Local Only** or **2 – Remote Only**, je nachdem, welche Ansicht beim Ausführen des Formulars verwendet werden soll.

   Anmerkung: Da für beide Ansichten derselbe Name verwendet wird, darf die Standardeinstellung **0 – Local and Remote** nicht verwendet werden.

7. Fügen Sie im Formular die benötigten Steuerelemente hinzu, und stellen Sie bei diesen die Eigenschaft ControlSource auf das entsprechende Feld der Ansicht ein. Da beide Ansichten denselben Alias besitzen, reagieren die Steuerelemente auf die Ansicht, die beim Ausführen des Formulars gerade aktiv ist.

Wenn Sie das Formular erstellt haben, können Sie zwischen den Aliasnamen der Ansicht wechseln, indem Sie in der Datenumgebung die Eigenschaft **OpenViews** ändern. Dies ist in der Datenumgebung möglich, während Sie mit dem Formular-Designer arbeiten. Eine weitere Möglichkeit besteht darin, Code zu schreiben und an ein Ereignis zu knüpfen, um auch während der Laufzeit die Ansicht wechseln zu können. Sie können z. B. den folgenden Code für das Ereignis Activate des Formulars schreiben:

```
THISFORM.DataEnvironment.OpenViews = 2 && Remote-Ansicht verwenden
```

Wenn Sie ein Formular erstellen, mit dem Sie zwischen lokalen und Remote-Daten wechseln können, müssen Sie auch den Navigations-Code so anpassen, daß beide Ansichten unterstützt werden. Dies gilt insbesondere für Formulare mit 1:n-Beziehungen. Wenn z. B. das Formular nur auf eine lokale Tabelle oder Ansicht zugreift, können Sie den folgenden Code für die Befehlsschaltfläche **Nächster** verwenden, um den Cursor zum nächsten Datensatz zu bewegen.

```
SKIP 1
THISFORM.Refresh()
```

Dieser Code ist allerdings für das Navigieren in einer Remote-Ansicht ungeeignet, da hierbei vorausgesetzt wird, daß der Cursor alle von dem Formular benötigten Daten enthält. Normalerweise wird versucht, die Datenmenge, die von einer Remote-Datenquelle geladen wird, auf ein Mindestmaß zu beschränken.

Die Lösung hierfür ist eine parametrisierte Ansicht. Die Definition für eine Ansicht zum Bearbeiten von Kundeninformationen könnte folgendermaßen aussehen:

```
SELECT * FROM CUSTOMERS WHERE ;
    CUSTOMERS.COMPANY_NAME = ?pCompanyName
```

Wenn das Formular ausgeführt wird, werden die Benutzer aufgefordert, den Kundennamen einzugeben; z. B. in einem Dialogfeld oder in einem Textfeld. Der Code für die Schaltfläche **Anzeigen** könnte dann folgendermaßen aussehen:

```
pCompanyName = THISFORM.txtCompanyName.Value
REQUERY("customer")
THISFORM.Refresh()
```

Weitere Informationen über parametrisierte Ansichten finden Sie unter „Erstellen einer parametrisierten Ansicht" in Kapitel 8, „Erstellen von Ansichten".

Einstellen von Formularvorlagen

Sie können sich eigene Formularklassen als Vorlage für neue Formulare erstellen, oder aber eine der Beispielklassen verwenden, die mit Visual FoxPro ausgeliefert wurden.

Wenn Sie ein neues Formular erstellen, beruht es auf dem Vorlagenformular, das im Dialogfeld **Optionen** festgelegt wurde. Wurde keine Vorlage angegeben, dann basiert das neue Formular auf der Visual FoxPro-Formularbasisklasse. Weitere Informationen über Visual FoxPro-Klassen finden Sie in Kapitel 3, „Objektorientierte Programmierung".

Vorteile von Formularvorlagen

Formularvorlagen ermöglichen Ihnen, Standardeigenschaften für Ihre Formulare zu vereinbaren, wodurch Sie auf einfache Art und Weise allen Formularen innerhalb Ihrer Anwendung ein gleichbleibendes Aussehen und Verhalten geben können. Sie können z. B. in allen Formularen ein Firmenlogo einfügen und ein gleichbleibendes Farbschema verwenden, indem Sie eine Formularklasse mit diesen Attributen als Vorlage entwerfen. Wird das Firmenlogo verändert, dann bräuchten Sie nur das Bild in der Vorlage-Formularklasse zu verändern, und schon würden alle auf dieser Vorlage erstellten Formulare automatisch das neue Logo erben.

Sie können benutzerdefinierte Eigenschaften und Methoden zur Visual FoxPro-Formularklasse hinzufügen, so daß diese Eigenschaften und Methoden allen Formularen in Ihrer Anwendung zur Verfügung stehen. Wenn Sie es gewöhnt sind, Variablen und benutzerdefinierte Prozeduren zu erstellen, die den Bereich eines Formulars besitzen, dann erhalten Sie die gleiche Funktionalität mit Hilfe benutzerdefinierter Eigenschaften und Methoden.

Angeben der Standardformularvorlage

Sie können eine beliebige Formularklasse für Ihre Formularvorlage angeben, die sich in einer registrierten Klassenbibliothek befindet.

▶ **So geben Sie eine Standardformularvorlage an**

1. Wählen Sie aus dem Menü **Extras** den Befehl **Optionen**.

2. Wählen Sie im Dialogfeld Optionen die Registerkarte **Formulare**.

3. Aktivieren Sie das Kontrollkästchen **Formular** im Bereich **Klassenvorlagen**.

    Wurde noch keine Formularvorlage ausgewählt, dann wird das Dialogfeld **Formularvorlage** eingeblendet, damit Sie eine Formularklasse auswählen können. Ansonsten können Sie die Vorlage ändern, indem Sie die Dialogschaltfläche auswählen und eine andere Klasse markieren.

4. Wählen Sie **Als Standardeinstellung verwenden**, wenn Sie möchten, daß die Vorlage in nachfolgenden Arbeitssitzungen von Visual FoxPro verwendet wird.

5. Wählen Sie **OK**.

Registerkarte „Formulare" des Dialogfelds „Optionen"

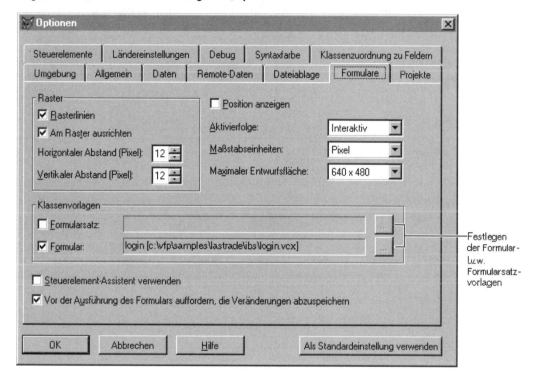

Festlegen der Formular- bzw. Formularsatz- vorlagen

Einstellen von Formularvorlagen

Sie können Formularsatzvorlagen genauso angeben, wie Sie Formularvorlagen festlegen. Folgende Kombinationen sind möglich:

- Sowohl Formularsatz- als auch Formularvorlagen werden angegeben.

  Wählen Sie **Formular** im Dialogfeld Neu (oder eine der anderen Möglichkeiten, ein neues Formular zu erstellen), dann wird automatisch ein Formularsatz erstellt, der auf der Vorlage-Formularsatzklasse basiert. Wenn Sie aus dem Menü Formular im Formular-Designer den Befehl **Neues Formular hinzufügen** wählen, dann wird ein Formular, das auf Ihrer Formularvorlage basiert, zum Formularsatz hinzugefügt.

- Es wird nur die Formularsatzvorlage angegeben.

  Wählen Sie **Formular** im Dialogfeld **Neu** (oder eine der anderen Möglichkeiten, ein neues Formular zu erstellen), dann wird automatisch ein Formularsatz erstellt, der auf der Vorlage-Formularsatzklasse basiert. Wenn Sie aus dem Menü **Formular** im Formular-Designer den Befehl **Neues Formular hinzufügen** wählen, dann wird ein Formular, das auf der Visual FoxPro-Formularbasisklasse basiert, zum Formularsatz hinzugefügt.

- Es wird nur die Formularvorlage angegeben.

Wählen Sie **Formular** im Dialogfeld **Neu** (oder eine der anderen Möglichkeiten, ein neues Formular zu erstellen), dann wird automatisch ein Formular, das auf Ihrer Formularvorlage basiert, erstellt.

- Es werden keine Vorlagen angegeben.

Wählen Sie **Formular** im Dialogfeld **Neu** (oder eine der anderen Möglichkeiten, ein neues Formular zu erstellen), dann wird automatisch ein Formular, das auf der Visual FoxPro-Formularbasisklasse basiert, erstellt.

KAPITEL 10

Verwenden von Steuerelementen

Steuerelemente sind das primäre Mittel, mit denen Benutzer Interaktionen ausführen. Mittels Eingaben und Mausklicks und indem sie sich mit Hilfe der Steuerelemente in den Formularen Ihrer Anwendung bewegen, können Benutzer ihre Daten bearbeiten und die erforderlichen Aufgaben ausführen.

Dieses Kapitel behandelt folgende Themen:

- Steuerelemente und Daten
- Wählen des richtigen Steuerelements für eine Aufgabe
- Erleichtern der Verwendung von Steuerelementen
- Erweitern von Formularen

Weitere Informationen finden Sie unter Steuerelemente und Objehchkte im *Sprachverzeichnis*.

Steuerelemente und Daten

Ihre Formulare können zwei verschiedene Steuerelementtypen enthalten: Steuerelemente, die an Daten gebunden sind, und Steuerelemente, die nicht gebunden sind. Wenn Benutzer den Dialog mit Hilfe von gebundenen Steuerelementen führen, werden die von ihnen eingegebenen oder gewählten Werte in der Datenquelle (einem Tabellen- oder Cursor-Feld oder einer Variablen) gespeichert. Ein Steuerelement binden Sie an Daten, indem Sie seine Eigenschaft ControlSource oder (bei Datenblättern) seine Eigenschaft RecordSource einstellen.

Wenn Sie die Eigenschaft **ControlSource** eines Steuerelements nicht einstellen, wird der vom Benutzer im Steuerelement eingegebene oder gewählte Wert nur als Eigenschaftseinstellung gespeichert. Der Wert wird nicht auf den Datenträger geschrieben oder über die Gültigkeitsdauer des Steuerelements hinaus im Arbeitsspeicher gespeichert.

Auswirkung der Einstellung der Eigenschaft „ControlSource" auf Steuerelemente

Steuerelement	Auswirkung
Kontrollkästchen	Wenn **ControlSource** ein Tabellenfeld darstellt, bewirken NULL-Werte oder die numerischen Werte 0, 1 oder 2, daß das Kontrollkästchen bei den jeweiligen Datensätzen aktiviert, deaktiviert oder grau angezeigt wird.
Spalte	Wenn **ControlSource** ein Tabellenfeld darstellt, bearbeitet der Benutzer direkt das Feld, wenn er die Werte in der Spalte bearbeitet. Um ein ganzes Datenblatt-Steuerelement an Daten zu binden, muß die Eigenschaft **RecordSource** des Datenblatt-Steuerelements festgelegt werden.

(Fortsetzung)

Steuerelement	Auswirkung
Listenfeld oder Kombinationsfeld	Wenn **ControlSource** eine Variable ist, ist der Wert, der vom Benutzer gewählt werden kann, in dieser Variablen gespeichert. Wenn **ControlSource** ein Tabellenfeld ist, wird der Wert in dem Feld gespeichert, bei dem sich gerade der Datensatzzeiger befindet. Wenn ein Listenelement mit dem Wert des Tabellenfeldes übereinstimmt, wird beim Bewegen von Datensatz zu Datensatz das jeweilige Listenelement markiert.
Optionsfeld	Wenn **ControlSource** ein numerisches Feld ist, wird je nachdem, ob die Schaltfläche gedrückt ist oder nicht, der Wert 0 oder 1 in das Feld geschrieben.
	Wenn **ControlSource** ein logisches Feld ist, wird je nachdem, ob die Schaltfläche gedrückt ist oder nicht, der Wert Wahr (.T.) oder Falsch (.F.) in das Feld geschrieben. Wenn der Datensatzzeiger auf einen anderen Datensatz bewegt wird, wird der Wert des Optionsfeldes entsprechend dem Wert des neuen Feldes aktualisiert.
	Wenn **ControlSource** des Optionsfeldgruppen-Steuerelements (d.h. nicht des Optionsfeldes selbst) ein Zeichenfeld ist, wird in diesem Feld die Beschriftung des Optionsfeldes gespeichert, wenn das Optionsfeld aktiviert wird. Zu beachten ist, daß für ein Optionsfeld (im Unterschied zum Optionsgruppen-Steuerelement) kein Zeichenfeld eingestellt werden darf. Andernfalls meldet Visual FoxPro beim Ausführen des Formulars, daß der Datentyp nicht übereinstimmt.
Drehfeld	Das Drehfeld zeigt numerische Werte an und schreibt diese Werte in die zugrundeliegenden Felder oder Variablen.
Textfeld oder Bearbeitungsfeld	Der Wert im Tabellenfeld wird im Textfeld angezeigt. Die vom Benutzer vorgenommenen Änderungen werden in die Tabelle geschrieben. Wenn der Datensatzzeiger bewegt wird, ändert sich die Eigenschaft Value des Textfeldes entsprechend.

Bei einigen der Aufgaben, die Sie mit Steuerelementen ausführen möchten, müssen Daten an das Steuerelement gebunden sein. Bei anderen Aufgaben ist dies nicht erforderlich.

Wählen des richtigen Steuerelements für eine Aufgabe

Die Steuerelemente von Visual FoxPro sind flexibel und vielseitig. Obwohl es mehrere Steuerelemente gibt, die Sie zur Ausführung einer bestimmten Aufgabe einsetzen können, müssen Sie doch ein einheitliches Verfahren für die verwendeten Steuerelemente wählen. Eine Bezeichnung besitzt ebenso wie eine Befehlsschaltfläche ein Click-Ereignis. Der Benutzer erwartet jedoch nur bei einer Befehlsschaftfläche, daß eine Aktion ausgeführt wird.

Der größte Teil der Funktionalität, die Sie in Ihre Formulare integrieren möchten, gehört zu einer der folgenden Kategorien:

- Bereitstellen einer Gruppe von festgelegten Wahlmöglichkeiten
- Akzeptieren von Benutzereingaben, die im voraus nicht festgelegt werden können
- Akzeptieren von Benutzereingaben innerhalb eines bestimmten Bereichs
- Ermöglichen der Ausführung bestimmter Aktionen
- Ausführen von speziellen Aktionen in bestimmten Intervallen
- Anzeigen von Informationen

Bereitstellen einer Gruppe von festgelegten Wahlmöglichkeiten

Eines der einfachsten Verfahren, mit dem Sie die Gültigkeit der Daten in einer Datenbank gewährleisten können, besteht darin, Benutzern eine festgelegte Gruppe von Optionen bereitzustellen. Indem Sie die für Benutzer verfügbaren Wahlmöglichkeiten festlegen, stellen Sie sicher, daß in der Datenbank keine ungültigen Daten gespeichert werden. Mit den folgenden Steuerelementen können Sie Benutzern eine Gruppe festgelegter Wahlmöglichkeiten bereitstellen:

- Optionsfeldgruppen
- Listenfelder und Kombinationsfelder (Dropdown List)
- Kontrollkästchen

Verwenden von Optionsfeldgruppen

Optionsfeldgruppen sind Container, die Optionsfelder enthalten. Normalerweise geben Optionsfelder Benutzern die Möglichkeit, eine Option aus mehreren Optionen in einem Dialogfeld festzulegen, statt Daten eingeben zu müssen. Optionsfelder können beispielsweise dazu verwendet werden, um anzugeben, ob die Ausgabe in eine Datei, auf den Drucker oder in der Seitenansicht erfolgen soll. Informationen darüber finden Sie in Kapitel 12, „Hinzufügen von Abfragen und Berichten".

Setzen der Anzahl der Optionsfelder in einer Optionsfeldgruppe

Wenn Sie eine Optionsfeldgruppe in einem Formular erstellen, enthält diese standardmäßig zwei Optionsfelder. Durch Ändern der Eigenschaft **ButtonCount** können Sie festlegen, wie viele Optionsfelder eine Gruppe enthalten soll.

▶ **So legen Sie die Anzahl der Optionsfelder in einer Gruppe fest**

- Stellen Sie die Eigenschaft ButtonCount auf die gewünschte Anzahl von Optionsfeldern ein.

    Wenn Sie zum Beispiel eine Gruppe von sechs Optionsfeldern erstellen möchten, stellen Sie die Eigenschaft **ButtonCount** für die Optionsfeldgruppe auf 6 ein.

Die Eigenschaft Value der Gruppe gibt an, welches der Optionsfelder gewählt wurde. Wählt ein Benutzer beispielsweise das vierte Optionsfeld in einer Gruppe von sechs Optionsfeldern, lautet der Wert des Optionsfelds 4.

Wenn die Eigenschaft ControlSource der Gruppe ein Zeichenfeld ist oder wenn die Eigenschaft **Value** vor dem Ausführen des Formulars auf einen Zeichenwert gesetzt wurde, ist die Eigenschaft **Value** der Gruppe gleich der Überschrift des gewählten Optionsfeldes.

Einstellen der Eigenschaften eines Optionsfelds

Wenn Sie einzelne Elemente einer Optionsfeld- oder Befehlsschaltflächengruppe im Formular-Designer manuell anpassen möchten, wählen Sie aus dem Kontextmenü der Gruppe den Befehl **Bearbeiten**.

Eigenschaften für einzelne Optionsfelder können Sie im Eigenschaftenfenster einstellen. Sie können diese Eigenschaften aber auch zur Laufzeit einstellen, indem Sie den Namen des Optionsfelds und die gewünschte Eigenschaftseinstellung festlegen. Mit der folgenden Code-Zeile wird z. B. die Überschrift von optCust in der Optionsfeldgruppe opgChoices eingestellt. Die Code-Zeile muß hierbei in den Methoden- oder Ereigniscode eines Objekts eingefügt werden, das sich in demselben Formular befindet wie die Optionsfeldgruppe:

```
THISFORM.opgChoices.optCust.Caption = "Nach Kunden sortieren"
```

Diese Eigenschaften können Sie zur Laufzeit auch einstellen, indem Sie für die Eigenschaft Buttons die Indexnummer des Optionsfelds in der Gruppe angeben. Ist zum Beispiel optCust das dritte Feld in der Gruppe, legt die folgende Code-Zeile für die Beschriftung ebenfalls optCust fest:

```
THISFORM.opgChoices.Buttons(3).Caption = "Nach Kunden sortieren"
```

▶ **So stellen Sie die Eigenschaften für alle Optionsfelder in einer Gruppe ein**

- Verwenden Sie die Methode SetAll der Gruppe.

    Beispielsweise deaktiviert die folgende Code-Zeile in einem Formular alle Optionsfelder in der Gruppe opgMyGroup:

    ```
    THISFORM.opgMyGroup.SetAll("Enabled",.F., "OptionButton")
    ```

Aktivieren und Deaktivieren von Schaltflächen in einer Gruppe

Im vorangegangenen Beispiel wird gezeigt, wie alle Optionsfelder einer Gruppe programmgesteuert deaktiviert werden können. Wenn die Optionsfelder deaktiviert sind, werden sie in den Farben angezeigt, die in den Eigenschaften DisabledForeColor und DisabledBackColor der Optionsfelder festgelegt sind. Um die Gruppe zu deaktivieren, können Sie auch die Eigenschaft Enabled der Optionsfeldgruppe auf Falsch (.F.) setzen. Der Benutzer hat in diesem Fall jedoch keine visuelle Kontrolle.

Bestimmen, welches Optionsfeld momentan ausgewählt ist

Mit der Eigenschaft Value der Optionsfeldgruppe können Sie bestimmen, welches Optionsfeld in der Gruppe ausgewählt ist. Wenn die Steuerelementquelle der Schaltfläche numerisch ist, besitzen Sie in einer Gruppe fünf Optionsfelder. Wenn das dritte Optionsfeld gewählt ist, ist der Wert der Optionsfeldgruppe 3. Wenn keine Optionsfelder gewählt sind, ist die Eigenschaft **Value** der Optionsfeldgruppe 0.

Sie können auch die Beschriftung des ausgewählten Optionsfelds mit Hilfe der Eigenschaften der Gruppe Value und Buttons bestimmen. Beispielsweise speichert die folgende Code-Zeile die Eigenschaft Caption des ausgewählten Optionsfelds in der Variablen cSelected.

```
oGroup = THISFORM.opg1
cSelected = oGroup.Buttons(oGroup.Value).Caption
```

Filtern von Listen mit Optionsfeldern

Wenn Sie eine kleine Auswahl von vordefinierten Tabellenfiltern einsetzen, können Sie die Optionsfelder dazu verwenden, um dem Benutzer die Möglichkeit zu geben, zwischen den verschiedenen Filtern zu wechseln.

Das folgende Beispiel setzt ein Formular mit einem Listenfeld (lstCustomers) und einer Optionsfeldgruppe voraus, die drei Optionsfelder enthält.

Eigenschaftseinstellungen für das Listenfeld

Objekt	Eigenschaft	Einstellung
lstCustomers	RowSourceType	2 – Alias
lstCustomers	RowSource	Customer

Die Filter werden im Ereigniscode Click der Optionsfelder gesetzt.

Ereigniscode zum Filtern einer Liste, wenn der Benutzer ein Optionsfeld gewählt hat

Objekt	Ereignis	Code
optAll	Click	SET FILTER TO GO TOP THISFORM.lstCustomers.Requery
optCanada	Click	SET FILTER TO customer.country = "Canada" GO TOP THISFORM.lstCustomers.Requery
optUK	Click	SET FILTER TO customer.country = "UK" GO TOP THISFORM.lstCustomers.Requery

Wenn der Benutzer das Formular schließt, vergessen Sie nicht, den Filter zurückzusetzen, indem Sie in das Ereignis **Click** der schließenden Schaltfläche oder in das Destroy-Ereignis hier **SET FILTER TO** einbeziehen.

Tip: Eine Liste, deren Quelle sich möglicherweise geändert hat, können Sie mit der Methode Requery aktualisieren.

Verwenden von Optionsfeldern zum Speichern der Benutzerauswahl in einer Tabelle

Mit Hilfe von Optionsfeldern können Sie Informationen von Benutzern erhalten, die Sie durch Speichern der Eigenschaft Caption in einer Tabelle speichern möchten. Sie können z. B. mit Optionsfeldern in einer Anwendung für einen Multiple-Choice-Test die Anworten A, B, C oder D wählen oder in einer Personaltabelle das Geschlecht eingeben.

▶ **So speichern Sie die Eigenschaft „Caption" eines Optionsfelds in einer Tabelle**

1. Stellen Sie die Eigenschaft Value der Optionsfeldgruppe auf eine leere Zeichenfolge ein.
2. Stellen Sie die Eigenschaft ControlSource der Optionsfeldgruppe auf ein Zeichenfeld in einer Tabelle ein.

Wenn die Beschriftungen der Optionsfelder innerhalb einer Optionsfeldgruppe „A", „B", „C" und „D" lauten und die Steuerelementquelle der Optionsfeldgruppe ein Zeichenfeld ist, wird in diesem Feld der Wert „B" gespeichert, wenn der Benutzer das Optionsfeld mit der Beschriftung „B" wählt.

▶ **So zeigen Sie ein Beispiel für einen Multiple-Choice-Test mit Optionsfeldern an**

1. Führen Sie **Solution.app** im Ordner **Visual Studio ...\Samples\Vfp98\Solution** aus.
2. Klicken Sie in der Verzeichnisstruktur auf **Steuerelemente**, und klicken Sie dann auf **Optionsfelder**.
3. Klicken Sie auf **Benutzer/innen mehrere Wahlmöglichkeiten bieten**.

Verwenden von Listenfeldern und Kombinationsfeldern (Dropdown List)

Listenfelder und Kombinationsfelder (d.h. Kombinationsfelder, bei denen die Eigenschaft **Style** auf 2 – Dropdown-List eingestellt ist) stellen den Benutzern Listen zur Verfügung, die eine Reihe von Optionen oder Informationen enthalten können. In einem Listenfeld können mehrere Elemente gleichzeitig angezeigt werden. In einem Kombinationsfeld mit der Eigenschaft **Dropdown List** dagegen ist immer nur ein Element sichtbar. Um die anderen Elemente anzuzeigen, können die Benutzer jedoch auf den nebenstehenden Pfeil klicken und dann in der Liste blättern.

Führen Sie die Anwendung **Solution.app** im Verzeichnis **Visual Studio ...\Samples\Vfp98\Solution** aus. Hier finden Sie mehrere Beispiele, in denen gezeigt wird, wie Listenfelder und Kombinationfelder verwendet werden, darunter auch:

- Hinzufügen von Bildern zu einer Liste.
- Mehrere Einträge in einem Listenfeld auswählen.
- Liste mit Werten aus verschiedenen Quellen füllen.

- Mehrere Spalten in einem Listenfeld anzeigen.
- Listenfeldeinträge sortieren.
- Einträge zwischen Listenfeldern verschieben.

Listenfeld und Kombinationsfeld mit gleicher Einstellung der Eigenschaft „RowSource"

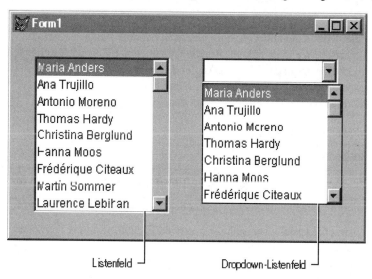

Tip: Wenn Sie auf dem Formular genügend Platz haben und die vorhandenen Auswahlmöglichkeiten besonders herausstellen möchten, verwenden Sie am besten ein Listenfeld. Wenn Sie dagegen Platz sparen und das aktuell gewählte Element hervorheben möchten, verwenden Sie ein Kombinationsfeld (Dropdown List).

Häufig verwendete Listeneigenschaften und Methoden

Die folgenden Listenfeldeigenschaften werden normalerweise zur Entwurfszeit eingestellt.

Eigenschaft	Beschreibung
ColumnCount	Anzahl der Spalten im Listenfeld.
ControlSource	Bestimmt, wo der Wert, den die Benutzer aus der Liste wählen, gespeichert wird.
MoverBars	Legt fest, ob links neben den Listenelementen Schiebeleisten angezeigt werden, damit die Benutzer die Reihenfolge der Listenelemente einfach verändern können.
Multiselect	Bestimmt, ob die Benutzer in der Liste mehr als ein Element gleichzeitig markieren können.
RowSource	Bestimmt die Datenherkunft der in der Liste angezeigten Werte.

(Fortsetzung)

Eigenschaft	Beschreibung
RowSourceType	Legt fest, ob es sich bei **RowSource** um einen Wert, eine Tabelle, eine SQL-Anweisung, eine Abfrage, ein Datenfeld, eine Dateiliste oder eine Feldliste handelt.

Hinweis: Die Eigenschaft Value einer Liste kann entweder auf numerisch oder auf Zeichen eingestellt werden. Die Standardeinstellung ist numerisch. Wenn es sich bei **RowSource** um einen Zeichenwert handelt und Sie als Eigenschaft **Value** die Zeichenfolge des in der Liste markierten Elements erhalten möchten, stellen Sie die Eigenschaft **Value** auf eine leere Zeichenfolge ein. Um im Eigenschaftenfenster bei einer Eigenschaft eine leere Zeichenfolge einzugeben, drücken Sie die LEERTASTE und dann die RÜCKTASTE.

Folgende Listenfeldmethoden werden häufig eingesetzt.

Methode	Beschreibung
AddItem	Fügt zu einer Liste mit der Eigenschaft **RowSourceType** 0 ein Element hinzu.
RemoveItem	Entfernt ein Element aus einer Liste mit der Eigenschaft **RowSourceType** 0.
Requery	Aktualisiert die Liste, wenn sich die Werte der Datenherkunft (Eigenschaft **RowSource**) geändert haben.

Füllen eines Listenfelds oder eines Kombinationsfelds

Durch die Einstellung der Eigenschaften RowSourceType und RowSource können Listenfelder mit Daten aus einer Reihe verschiedener Quellen gefüllt werden.

Auswählen der Art der Daten für ein Listenfeld oder ein Kombinationsfeld

Mit der Eigenschaft RowSourceType legen Sie fest, aus welcher Art von Datenquelle die Werte für das Listenfeld bzw. für das Kombinationsfeld stammen, z. B. aus einem Datenfeld oder aus einer Tabelle. Nachdem Sie die Eigenschaft **RowSourceType** eingestellt haben, geben Sie anhand der Eigenschaft RowSource die Datenquelle für die Listenelemente an.

RowSourceType	Datenquelle für die Listenelemente
0	Keine. Elemente werden programmgesteuert zur Liste hinzugefügt.
1	Wert
2	Alias
3	SQL-Anweisung
4	Abfrage (.qpr)
5	Datenfeld (Array)

(Fortsetzung)

RowSourceType	Datenquelle für die Listenelemente
6	Felder
7	Dateien
8	Struktur
9	Popup. Wird nur aus Gründen der Abwärtskompatibilität bereitgestellt.

In den folgenden Abschnitten werden die verschiedenen Einstellungen der Eigenschaft **RowSourceType** beschrieben.

Keine Wenn Sie die Eigenschaft **RowSourceType** auf 0 (Standardeinstellung) einstellen, wird die Liste nicht automatisch gefüllt. Listenelemente können mit der Methode AddItem hinzugefügt werden:

```
frmForm1.lstMyList.RowSourceType = 0
frmForm1.lstMyList.AddItem("Erstes Element")
frmForm1.lstMyList.AddItem("Zweites Element")
frmForm1.lstMyList.AddItem("Drittes Element")
```

Die Methode RemoveItem ermöglicht es Ihnen, Einträge aus der Liste zu entfernen. Beispielsweise entfernt die folgende Code-Zeile das „Zweite Element" aus der Liste:

```
frmForm1.lstMyList.RemoveItem(2)
```

Wert Wenn Sie die Eigenschaft **RowSourceType** auf 1 einstellen, können Sie in der Eigenschaft **RowSource** mehrere Werte angeben, die Sie in der Liste anzeigen möchten. Falls Sie die Eigenschaft **RowSource** im Eigenschaftenfenster einstellen, beziehen Sie eine durch Kommas getrennte Liste von Einträgen ein. Falls Sie die Eigenschaft RowSource programmgesteuert einstellen, setzen Sie die durch Kommas getrennte Liste in Anführungszeichen:

```
Form1.lstMyList.RowSourceType = 1
Form1.lstMyList.RowSource = "eins,zwei,drei,vier"
```

Alias Wenn Sie die Eigenschaft **RowSourceType** auf 2 einstellen, können Sie Werte aus einem oder mehreren Feldern einer geöffneten Tabelle einbeziehen.

Falls die Eigenschaft ColumnCount auf 0 oder 1 eingestellt ist, zeigt die Liste Werte im ersten Feld der Tabelle an. Ist die Eigenschaft **ColumnCount** auf 3 eingestellt, zeigt die Liste Werte in den ersten drei Feldern der Tabelle an. Um Felder in einer anderen Reihenfolge als derjenigen anzuzeigen, in der sie in der Tabelle gespeichert sind, stellen Sie die Eigenschaft **RowSourceType** auf 3 – SQL-Anweisung oder 6 – Felder ein.

Hinweis: Wenn die Eigenschaft **RowSourceType** auf 2 – Alias oder 6 – Felder eingestellt ist und die Benutzer in der Liste einen anderen Wert wählen, wird der Datensatzzeiger der Tabelle auf den Datensatz mit dem Wert dieses Listenelements gesetzt.

SQL-Anweisung Wenn Sie die Eigenschaft **RowSourceType** auf **3 – SQL-Anweisung** einstellen, müssen Sie als Eigenschaft **RowSource** eine SELECT – SQL-Anweisung eingeben. Beispielsweise wählt die folgende Anweisung alle Felder und alle Datensätze aus der Tabelle „Customer" aus und überträgt sie in eine Cursor-Datei:

```
SELECT * FROM Customer INTO CURSOR mylist
```

Falls Sie die Eigenschaft **RowSource** programmgesteuert einstellen, denken Sie daran, die Anweisung SELECT in Anführungszeichen zu setzen.

Hinweis: Standardmäßig zeigen Visual FoxPro-SELECT-Anweisungen ohne INTO-Klauseln die sich ergebende Cursor-Datei sofort in einem Datenblattfenster an. Da dies in den meisten Fällen nicht erwünscht ist, sollten Sie in die Anweisung SELECT eine INTO CURSOR-Klausel einfügen.

Abfrage Wenn Sie die Eigenschaft **RowSourceType** auf 4 einstellen, können Sie Ihr Listenfeld mit den Ergebnissen einer Abfrage auffüllen, die Sie im Abfrage-Designer entworfen haben. Ist die Eigenschaft **RowSourceType** auf 4 eingestellt, stellen Sie die Eigenschaft **RowSource** auf die .qpr-Datei ein. Beispielsweise stellt die folgende Code-Zeile die Eigenschaft **RowSource** einer Liste auf eine Abfrage ein.

```
THISFORM.List1.RowSource = "region.qpr"
```

Falls Sie keine Dateinamenerweiterung angeben, setzt Visual FoxPro die Erweiterung .qpr voraus.

Datenfeld Wenn Sie die Eigenschaft **RowSourceType** auf 5 einstellen, wird die Liste mit den Einträgen aus einem Datenfeld aufgefüllt. Sie können für die Eigenschaft **RowSource** entweder eine Datenfeldeigenschaft des Formulars oder Formularsatzes erstellen oder ein an einer anderen Stelle Ihrer Anwendung erstelltes Datenfeld verwenden.

Informationen über das Erstellen von Datenfeldeigenschaften finden Sie in Kapitel 9, „Erstellen von Formularen".

Fehlerbehebung: Die RowSource-Einstellung einer Liste wird von Visual FoxPro bei Bedarf in Ihrer Anwendung und nicht nur in der Methode ausgewertet, in der Sie die Eigenschaft RowSource eingestellt haben Diesen Geltungsbereich müssen Sie bedenken. Wenn Sie ein lokales Datenfeld in einer Methode erstellen, erstreckt sich der Geltungsbereich des Datenfelds nur auf die Methode, und es ist nicht in allen Fällen verfügbar, in denen Visual FoxPro die Eigenschaftseinstellung auswerten muß. Falls Sie die Eigenschaft **RowSource** einer Liste auf eine Datenfeldeigenschaft des Formulars oder Formularsatzes einstellen, müssen Sie auf die Eigenschaft relativ zur Liste und nicht relativ zur Methode Bezug nehmen, in der Sie die Eigenschaft eingestellt haben. Wenn Sie beispielsweise die Datenfeldeigenschaft arrayprop für ein Formular eingestellt haben, führen die folgenden Code-Zeilen für das Ereignis **Init** des Formulars zu unterschiedlichen Ergebnissen:

```
THIS.lst1.RowSource = "THIS.arrayprop"      && Fehler
THIS.lst1.RowSource = "THISFORM.arrayprop"  && Kein Fehler.
```

So füllen Sie eine Liste mit den Elementen eines mehrdimensionalen Datenfelds auf

1. Stellen Sie die Eigenschaft RowSourceType auf 5 ein.
2. Stellen Sie die Eigenschaft RowSource auf das mehrdimensionale Datenfeld ein.
3. Stellen Sie die Eigenschaft ColumnCount auf die Anzahl der anzuzeigenden Spalten ein.
4. Stellen Sie die Eigenschaft ColumnWidths auf die gewünschte Breite für jede Spalte ein.

Felder Wenn Sie die Eigenschaft **RowSourceType** auf 6 einstellen, können Sie ein Feld oder eine durch Kommas getrennte Feldliste zum Auffüllen der Liste angeben, zum Beispiel:

contact,company,country

Sie können die folgenden Informationsarten in die Eigenschaft **RowSource** einer Liste mit der RowSource-Type-Einstellung 6-Felder einbeziehen:

- field
- alias.field
- alias.field, field, field, ...

Wenn eine Liste Felder aus mehreren Tabellen enthalten soll, stellen Sie die Eigenschaft **RowSourceType** auf 3-SQL-Anweisung ein.

Im Gegensatz zur **RowSourceType**-Einstellung **2- Alias** ermöglicht es Ihnen die Einstellung **RowSourceType** 6 – Felder, Felder unabhängig von ihren tatsächlichen Positionen in der Tabelle anzuzeigen.

Dateien Wenn Sie die Eigenschaft **RowSourceType** auf 7 einstellen, wird die Liste mit den Dateien des aktuellen Verzeichnissesaufgefüllt. Außerdem ermöglichen es Ihnen Optionen in der Liste, ein anderes Laufwerk und Verzeichnisfür Dateinamen zu wählen, die in der Liste angezeigt werden sollen.

Liste mit Dateien eines Verzeichnisses

Stellen Sie die Eigenschaft **RowSource** auf den Platzhalter der Dateitypen ein, die in der Liste angezeigt werden sollen. Um beispielsweise Visual FoxPro-Tabellen in der Liste anzuzeigen, stellen Sie die Eigenschaft **RowSource** auf .dbf ein.

Struktur Wenn Sie die Eigenschaft **RowSourceType** auf 8 einstellen, wird die Liste mit den Feldern der Tabelle aufgefüllt, die Sie beim Einstellen der Eigenschaft **RowSource** angeben. Diese RowSourceType-Einstellung ist zweckmäßig, wenn Sie den Benutzern eine Liste von Feldern zur Verfügung stellen möchten, die nach Werten durchsucht werden müssen oder nach denen eine Tabelle sortiert werden soll.

Popup Wenn Sie die Eigenschaft **RowSourceType** auf 9 einstellen, können Sie die Liste aus einem zuvor definierten Popup ausfüllen. Diese Option steht aus Gründen der Abwärtskompatibilität zur Verfügung.

Erstellen von mehrspaltigen Listenfeldern

Listenfelder enthalten standardmäßig nur eine Spalte. In Visual FoxPro können Sie jedoch Listenfelder mit beliebig vielen Spalten erstellen. Ein Listenfeld unterscheidet sich von einem Datenblatt insofern, daß Sie in einer Liste nur Spalten auswählen können, während in einem Datenblatt auch einzelne Zellen ausgewählt werden können. Außerdem können die Daten in einer Liste nicht direkt bearbeitet werden.

▶ **So zeigen Sie mehrere Spalten in einem Listenfeld an**

1. Stellen Sie die Eigenschaft ColumnCount auf die Anzahl der gewünschten Spalten ein.

2. Stellen Sie die Eigenschaft ColumnWidths ein. Wenn das Listenfeld beispielsweise drei Spalten enthält, würde der folgende Befehl die Spaltenbreiten auf 10, 15 und 30 setzen.

    ```
    THISFORM.listbox.ColumnWidths = "10, 15, 30"
    ```

3. Stellen Sie die Eigenschaft RowSourceType auf 6 – Felder ein.

4. Stellen Sie die Eigenschaft RowSource auf die in den Spalten anzuzeigenden Felder ein. Beispielsweise stellt der folgende Befehl die Quellen von drei Spalten in einem dreispaltigen Listenfeld auf die Felder „contact", „city" und „country" der Tabelle „Customer" ein:

    ```
    form.listbox.RowSource = "contact,city,country"
    ```

Hinweis: Damit die Spalten korrekt ausgerichtet werden, müssen Sie die Eigenschaft **ColumnWidths** einstellen oder die Eigenschaft FontName auf eine Nicht-Proportionalschrift ändern.

Wenn die Eigenschaft **RowSourceType** der Liste auf **0 – Keine** eingestellt ist, können Sie mit der Methode **AddListItem** Listenelemente zu einer mehrspaltigen Liste hinzufügen. Der folgende Code fügt z. B. Text in bestimmte Spalten eines Listenfelds ein:

```
THISFORM.lst1.ColumnCount = 3
THISFORM.lst1.Columnwidths = "100,100,100"
THISFORM.lst1.AddListItem("Reihe1 Spalte1", 1,1)
THISFORM.lst1.AddListItem("Reihe2 Spalte2", 1,2)
THISFORM.lst1.AddListItem("Reihe1 Spalte3", 1,3)
THISFORM.lst1.AddListItem("Reihe2 Spalte2", 2,2)
```

Auswählen von mehreren Listenelementen

In einer Liste kann standardmäßig nur ein Element ausgewählt werden. Sie können dem Benutzer aber auch die Möglichkeit geben, in der Liste mehrere Elemente zu markieren.

▶ **So ermöglichen Sie das Auswählen mehrerer Listenelemente**

- Setzen Sie die Eigenschaft MultiSelect der Liste auf Wahr (.T.).

Um die markierten Elemente zu verarbeiten, d.h. um sie in ein Datenfeld zu kopieren oder an einer anderer Stelle der Anwendung zu integrieren, müssen die Listenelemente eine Schleife durchlaufen und diejenigen Elemente, bei denen die Eigenschaft Selected Wahr (.T.) ist, weiterverarbeitet werden. Der folgende Code könnte z. B. in das Ereignis InteractiveChange eines Listenfelds eingefügt werden, um die markierten Elemente in einem Kombinationsfeld, cboSelected, und die Anzahl der markierten Elemente in einem Textfeld, txtNoSelected, anzuzeigen:

```
nNumberSelected = 0     && Variable zum Speichern der Anzahl
THISFORM.cboSelected.Clear && Kombinationsfeld löschen
FOR nCnt = 1 TO THIS.ListCount
   IF THIS.Selected(nCnt)
      nNumberSelected = nNumberSelected + 1
      THISFORM.cboSelected.AddItem (THIS.List(nCnt))
   ENDIF
ENDFOR
THISFORM.txtNoSelected.Value = nNumberSelected
```

Benutzern die Möglichkeit geben, einem Listenfeld Einträge hinzuzufügen

Sie können es Benutzern nicht nur ermöglichen, Einträge aus einem Listenfeld auszuwählen, sondern ihnen auch die Möglichkeit geben, einer Liste Einträge interaktiv hinzuzufügen.

▶ **So fügen Sie einer Liste Einträge interaktiv hinzu**

- Verwenden Sie die Methode AddItem.

Im folgenden Beispiel fügt der Code im Ereignis **KeyPress** eines Textfelds den Text im Textfeld einem Listenfeld hinzu und löscht den Text im Textfeld, wenn der Benutzer die EINGABETASTE drückt:

```
LPARAMETERS nKeyCode, nShiftAltCtrl
IF nKeyCode = 13     && EINGABETASTE
   THISFORM.lstAdd.AddItem(This.Value)
   THIS.Value = ""
ENDIF
```

Benutzern die Möglichkeit geben, Daten aus einer Liste in eine Tabelle einzugeben

Wenn die Eigenschaft ControlSource für ein Feld eingestellt wurde, wird das ausgewählte Listenelement in die Tabelle geschrieben. Mit diesem einfachen Verfahren können Sie die Integrität der Daten in der Tabelle sicherstellen. Der Benutzer kann dann zwar falsche Daten, aber keine ungültigen Werte mehr eingeben.

Wenn Sie beispielsweise eine Liste von Ländern oder Regionen erstellt haben, aus denen ein Benutzer wählen soll, kann dieser keine ungültige Abkürzung für ein Land oder eine Region eingeben.

Anzeigen von Detail-Datensätzen in einer Liste

Oft möchten Sie es Benutzern ermöglichen, den Datensatz auszuwählen, den sie anzeigen oder bearbeiten möchten. So könnten Sie Benutzern beispielsweise eine Liste mit Kundennamen bereitstellen. Wenn ein Benutzer dann einen Kunden aus der Liste auswählt, wird dessen Datensatz in der Tabelle ausgewählt. Zum Auswählen des entsprechenden Datensatzes stehen Ihnen, je nach der Datenquelle im Formular, verschiedene Verfahren zur Verfügung.

RowSourceType	Auswählen des entsprechenden Datensatzes
2 – Alias 6 – Felder	Wenn der Benutzer einen Wert in der Liste wählt, wird der Datensatzzeiger automatisch auf den gewünschten Datensatz gesetzt. Geben Sie THIS-FORM.Refresh im Ereignis **InteractiveChange** der Liste ein, um die neuen Werte in den anderen Steuerelementen des Formulars anzuzeigen.
0 – Keine 1 – Wert 3 – SQL-Anweisung 4 – Abfrage (.QPR) 5 – Datenfeld	Wählen Sie im Ereignis **InteractiveChange** die Tabelle aus, die den Datensatz mit den gewünschten Werten enthält, und suchen Sie dann nach dem gewünschten Wert: Enthält beispielsweise die Eigenschaft **RowSource** Kunden-Code-Nummern aus der Tabelle „Customer", geben Sie den folgenden Code ein: ``` SELECT customer LOCATE FOR THIS.Value = cust_id THISFORM.Refresh ```

Aktualisieren einer auf einem Listenwert basierenden 1:n-Anzeige

Wenn der Benutzer zu einem bestimmten Datensatz springen möchte, indem er in der Liste einen Wert auswählt, muß bei einer 1:n-Beziehung der geänderte Datensatzzeiger in der Master-Tabelle berücksichtigt werden. Diese Funktionalität können Sie sowohl bei lokalen Tabellen als auch bei lokalen oder Remote-Ansichten implementieren.

Lokale Tabellen

Angenommen, die Eigenschaft **RowSourceType** der Liste ist auf 2 – Alias oder 6 – Felder eingestellt, und als **RowSource** dient eine lokale Tabelle mit einer Beziehung, die in der Datenumgebung des Formulars festgelegt wurde. In diesem Fall muß im Ereignis **InteractiveChange** der Befehl THISFORM.Refresh abgesetzt werden, wenn der Benutzer einen neuen Wert wählt. Auf der n-Seite einer 1:n-Beziehung werden nur diejenigen Datensätze automatisch angezeigt, die mit dem Ausdruck der Master-Tabelle übereinstimmen, auf dem die Beziehung basiert.

Ansichten

Bei der Aktualisierung einer 1:n-Anzeige gibt es gewisse Unterschiede, je nachdem, ob für die Eigenschaft **RowSource** des Listenfelds eine lokale oder eine Remote-Ansicht eingestellt wurde. Im folgenden Beispiel wird das Erstellen eines Formulars mit einem Listenfeld und einem Datenblatt beschrieben. Im Listenfeld werden die Werte des Feldes cust_id der Tabelle TESTDATA!Customer angezeigt. Im Datenblatt-Steuerelement stehen die Bestellungen für die im Listenfeld markierte Kundennummer (cust_id).

Erstellen Sie zunächst im Ansichts-Designer eine Ansicht mit Parametern für die Bestellungen. Wenn Sie die Ansicht im Ansichts-Designer erstellen, setzen Sie das Auswahlkriterium für den Fremdschlüssel auf eine Variable. Im folgenden Beispiel wird die Variable m.cCust_id genannt.

Auf einer Variablen basierende Ansicht mit Parametern

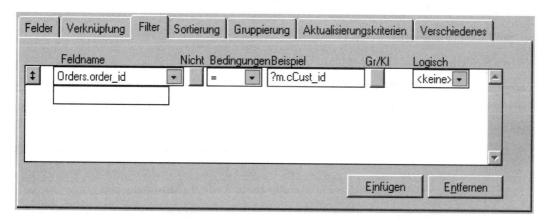

Beim Entwurf des Formulars führen Sie die nachfolgend aufgeführten Schritte aus: Beachten Sie, daß die Ansicht einen Parameterwert benötigt, der beim Laden des Formulars noch nicht verfügbar ist. Wenn Sie die Eigenschaft NoDataOnLoad des Cursor-Objekts der Ansicht auf Wahr (.T.) setzen, verhindern Sie, daß die Ansicht vor dem Aufruf der Funktion REQUERY( ) ausgeführt wird. Beim Aufruf der Funktion REQUERY( ) hat der Benutzer bereits einen Wert für die Variable gewählt, die für die Ansicht mit Parametern verwendet werden kann.

▶ **So entwerfen Sie eine 1:n-Liste, die auf lokalen- oder Remote-Ansichten basiert**

1. Fügen Sie in der Datenumgebung eine Tabelle und eine Ansicht mit Parametern hinzu.

2. Setzen Sie in der Datenumgebung im Eigenschaftenfenster des Cursor-Objekts der Ansicht die Eigenschaft **NoDataOnLoad** auf Wahr (.T.).

3. Setzen Sie die Eigenschaft **RowSourceType** des Listenfeldes auf 6 – Felder und die Eigenschaft **RowSource** des Listenfeldes auf das Feld, das im Parameter der Ansicht als Fremdschlüssel verwendet wird.

   Im vorliegenden Beispiel würden Sie die Eigenschaft **RowSource** auf customer.cust_id setzen.

4. Stellen Sie die Eigenschaft **RecordSource** des Datenblatt-Steuerelements auf den Namen der zuvor erstellten Ansicht ein.

5. Speichern Sie im Code des Ereignisses **InteractiveChange** den Wert des Listenfeldes in einer Variablen und fragen Sie die Ansicht erneut ab:

```
m.cCust_id = THIS.Value
*Angenommen, der Name der Ansicht ist orders_view
=REQUERY("orders_view")
```

Weitere Informationen über lokale und Remote-Ansichten finden Sie in Kapitel 8, „Erstellen von Ansichten".

Hinzufügen von Bildern zu Einträgen in einer Liste

Datensätze aus einer 1:n-Beziehung können in einer Liste angezeigt werden, so daß in der Liste immer die Detail-Datensätze des entsprechenden Datensatzes der Master-Tabelle angezeigt werden.

▶ **So zeigen Sie Detail-Datensätze in einer Liste an**

1. Fügen Sie dem Formular eine Liste hinzu.

2. Stellen Sie die Eigenschaft ColumnCount der Liste auf die Anzahl der anzuzeigenden Spalten ein.

   Wenn Sie zum Beispiel die Felder Order_id, Order_net und Shipped_on in der Liste anzeigen möchten, stellen Sie die Eigenschaft **ColumnCount** auf 3 ein.

3. Stellen Sie die Eigenschaft ColumnWidths auf die entsprechenden Breiten zum Anzeigen Ihrer ausgewählten Felder ein.

4. Stellen Sie die Eigenschaft RowSourceType der Liste auf **3 – SQL-Anweisung** ein.

5. Stellen Sie die Eigenschaft RowSource auf die SELECT-Anweisung ein. Beispielsweise wählt die folgende Anweisung drei Felder aus der Tabelle „Orders" für den aktuellen Datensatz in der Tabelle „Customer" aus:

```
SELECT order_id, order_net, shipped_on from orders ;
    WHERE order.cust_id = customer.cust_id ;
    INTO CURSOR temp
```

6. Fragen Sie im Ereigniscode Init des Formulars und im Code, der den Datensatzzeiger in der Tabelle bewegt, die Liste erneut ab:

```
THISFORM.lstChild.Requery
```

Hinzufügen von Bildern zu Einträgen in einer Liste

Sie können die Eigenschaft Picture der **Liste** auf die .bmp-Datei einstellen, die neben den Einträgen in der Liste angezeigt werden soll.

Beispielsweise könnten Sie ein Listenfeld mit Dateien angelegt haben. Wenn es sich bei der Datei um eine Tabelle, ein Programm oder irgendeinen anderen Dateityp handelt, soll daneben ein anderes Bitmap angezeigt werden.

Listenfeld mit Bildern

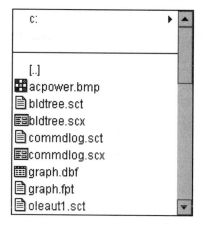

Der folgende Code ist mit dem Ereignis Click des Listenfelds verbunden:

```
FOR iItem = 5 TO THIS.ListCount    && Dateien beginnen mit dem 5. Element
   cExtension = UPPER(RIGHT(THIS.List(iItem),3))
   DO CASE
      CASE cExtension = "DBF"
         THIS.Picture(iItem) = "tables.bmp"
      CASE cExtension = "BMP"
         THIS.Picture(iItem) = "other.bmp"
      CASE cExtension = "PRG"
         THIS.Picture(iItem) = "programs.bmp"
      CASF cExtension = "SCX"
         THIS.Picture(iItem) = "form.bmp"
      OTHERWISE
         THIS.Picture(iItem) = IIF("]" $ cExtension, ;
            "", "textfile.bmp")
   ENDCASE
ENDFOR
```

Verwenden von Kontrollkästchen

Mit Hilfe von Kontrollkästchen können Sie es einem Benutzer ermöglichen, einen booleschen Status festzulegen: Wahr oder Falsch, Ein oder Aus, Geöffnet oder Geschlossen. Gelegentlich reicht es jedoch nicht aus, eine Eingabe als Wahr oder Falsch auszuwerten, zum Beispiel im Falle von nicht beantworteten Fragen in einem Wahr/Falsch-Fragebogen.

▶ So zeigen Sie Beispiele für die Verwendung von Kontrollkästchen an

1. Führen Sie **Solution.app** im Ordner **Visual Studio ...\Samples\Vfp98\Solution** aus.
2. Klicken Sie in der Verzeichnisstruktur auf **Steuerelemente**, und klicken Sie dann auf **Kontrollkästchen**.

Entsprechend der Einstellung der Eigenschaft Value gibt es vier mögliche Zustände für ein Kontrollkästchen.

Anzeige	Eigenschaft Value
☐ Check1	0 oder .F.
☑ Check2	1 oder .T.
☑ Check3	2
☐ Check4	.NULL.

Die Eigenschaft **Value** des Kontrollkästchens spiegelt den Datentyp der letzten Zuweisung wider. Wenn Sie die Eigenschaft auf Wahr (.T.) oder Falsch (.F.) eingestellt haben, bleibt der Datentyp so lange „logisch", bis Sie die Eigenschaft auf einen numerischen Wert einstellen.

Tip: Durch Drücken der Tastenkombination STRG+0 kann der Benutzer im Kontrollkästchen einen Null-Wert eingeben.

Speichern oder Anzeigen von logischen Feldern

Falls Sie die Eigenschaft ControlSource des Kontrollkästchens auf ein logisches Feld in einer Tabelle einstellen, wird das Kontrollkästchen als aktiviert angezeigt, wenn der Wert im aktuellen Datensatz Wahr (.T.) ist, als deaktiviert angezeigt, wenn der Wert im aktuellen Datensatz Falsch (.F.) ist, und abgeblendet angezeigt, wenn der aktuelle Datensatz einen Nullwert (.NULL.) enthält.

Akzeptieren von Eingaben, die im voraus nicht festgelegt werden können

Nicht immer ist es möglich, alle Werte vorauszusehen, die ein Benutzer eventuell in ein Steuerelement eingeben muß. Die folgenden Steuerelemente ermöglichen es Ihnen, solche Benutzereingaben zu akzeptieren, die im voraus nicht festgelegt werden können:

- Textfelder
- Bearbeitungsfelder
- Kombinationsfelder

Verwenden von Textfeldern

Das Textfeld ist das grundlegende Steuerelement, das Benutzern das Hinzufügen oder Bearbeiten von Daten ermöglicht, die in einem Nicht-Memofeld einer Tabelle gespeichert sind.

▶ **So zeigen Sie Beispiele für die Verwendung von Textfeldern an**

1. Führen Sie **Solution.app** im Ordner **Visual Studio ...\Samples\Vfp98\Solution** aus.
2. Klicken Sie in der Verzeichnisstruktur auf **Steuerelemente**, und klicken Sie dann auf **Textfelder**.

▶ **So ändern Sie programmgesteuert den im Textfeld angezeigten Text oder verweisen darauf**

- Stellen Sie die Eigenschaft Value ein oder verweisen Sie darauf.

Wenn Sie eine Eigenschaft ControlSource für das Textfeld einstellen, wird der im Feld angezeigte Wert sowohl in dessen Eigenschaft **Value** als auch mit der Eigenschaft **ControlSource** angegebenen Variable oder Feld gespeichert.

Allgemeine Textfeldeigenschaften

Der Wert eines Textfeldes kann mit Hilfe der mit dem Ereignis Valid verbundenen Methode geprüft werden. Wenn der Wert ungültig ist, geben Sie Falsch (.F.) oder 0 zurück. Wenn das Ereignis **Valid** Falsch (.F.) zurückgibt, wird die Meldung „Ungültige Eingabe" angezeigt. Wenn Sie Ihre eigene Meldung anzeigen möchten, fügen Sie den Befehl **WAIT WINDOW** oder die Funktion MESSAGEBOX( ) in den Code des Ereignisses **Valid** ein, und geben Sie 0 zurück.

Wenn Sie zum Beispiel ein Textfeld erstellt haben, in dem ein Benutzer ein Datum für einen Termin eingeben kann, könnten Sie sich vergewissern, daß dieses Datum nicht bereits vergangen ist, indem Sie in das Ereignis Valid des Textfelds den folgenden Code einbeziehen:

```
IF CTOD(THIS.Value) < DATE()
    = MESSAGEBOX("Sie müssen ein Datum in der Zukunft eingeben",1)
    RETURN 0
ENDIF
```

Markieren von Text, wenn das Textfeld den Fokus erhält

Um den gesamten Text zu markieren, wenn der Benutzer mit der Tastatur zum Textfeld wechselt, stellen Sie die Eigenschaft SelectOnEntry auf Wahr (.T.) ein.

Formatieren des Textes in einem Textfeld

Sie können mit der Eigenschaft InputMask die Werte festlegen, die der Benutzer in ein Textfeld eingeben kann. Mit der Eigenschaft Format legen Sie fest, wie die Werte im Textfeld angezeigt werden.

Verwenden der Eigenschaft „InputMask"

Die Eigenschaft **InputMask** legt die Eigenschaften jedes in das Textfeld eingegebenen Zeichens fest. So könnten Sie beispielsweise die Eigenschaft **InputMask** auf 999.999,99 einstellen, um die Benutzereingabe auf numerische Werte unter 1.000.000 mit zwei Dezimalstellen zu begrenzen. Der Punkt und das Komma würden im Textfeld angezeigt, bevor der Benutzer irgendwelche Werte eingibt. Wenn der Benutzer eine Zeichentaste drückt, würde das Zeichen im Textfeld nicht angezeigt.

Falls ein Benutzer die Möglichkeit haben soll, in einem logischen Feld „J" bzw. „N" anstatt „T" bzw. „F" einzugeben, stellen Sie die Eigenschaft **InputMask** auf „Y" ein.

Akzeptieren von Benutzerkennwörtern in einem Textfeld

Häufig soll ein Benutzer einer Anwendung geheime Informationen, wie z. B. ein Kennwort, liefern. Dann ermöglicht es Ihnen ein Textfeld, die gewünschten Informationen zu erhalten, ohne daß diese auf dem Bildschirm sichtbar werden.

▶ **So akzeptieren Sie Benutzereingaben, ohne den tatsächlichen Wert anzuzeigen**

- Stellen Sie die Eigenschaft PasswordChar des Textfelds auf „*" oder irgendein anderes generisches Zeichen ein.

Wenn Sie die Eigenschaft **PasswordChar** auf einen beliebigen anderen Wert einstellen (ausgenommen eine leere Zeichenfolge), enthalten die Eigenschaften Value und Text des Textfeldes den Wert, den der Benutzer tatsächlich eingegeben hat, während im Textfeld für jede vom Benutzer gedrückte Taste nur ein generisches Zeichen angezeigt wird.

Eingeben von Datumswerten in einem Textfeld

Textfelder besitzen mehrere Eigenschaften, die dem Benutzer das Eingeben von Datumswerten erleichtern.

Eigenschaft	Beschreibung
Century	Legt fest, ob die beiden Stellen mit der Jahresangabe angezeigt werden oder nicht.
DateFormat	Formatiert das Datum im Textfeld. Fünfzehn vordefinierte Formate stehen zur Verfügung, z. B. Amerikanisch, Deutsch oder Japanisch.
StrictDateEntry	Wenn die Eigenschaft **StrictDateEntry** auf 0 – Loose eingestellt wird, hat der Benutzer bei der Eingabe von Datumswerten größere Freiheiten und ist nicht an das Standardformat 99/99/99 gebunden.

Weitere Informationen zu diesen Eigenschaften finden Sie in der Hilfe.

Allgemeine Textfeldeigenschaften

Die folgenden Textfeldeigenschaften werden normalerweise zur Entwurfszeit eingestellt.

Eigenschaft	Beschreibung
Alignment	Bestimmt, ob der Inhalt des Textfeldes linksbündig, rechtsbündig, zentriert oder automatisch ausgerichtet wird. Die automatische Ausrichtung ist vom Datentyp abhängig. Zahlen werden z. B. rechtsbündig, Zeichen werden linksbündig ausgerichtet.
ControlSource	Tabellenfeld oder Variable, das bzw. die im Textfeld angezeigt wird.

(Fortsetzung)

Eigenschaft	Beschreibung
InputMask	Gibt die Regeln bei der Dateneingabe an. Die Überprüfung erfolgt für jedes einzelne Zeichen. Weitere Informationen zur Eigenschaft **InputMask** finden Sie in der Hilfe.
SelectOnEntry	Legt fest, ob der Inhalt des Textfeldes automatisch markiert wird, wenn das Textfeld den Fokus erhält.
TabStop	Bestimmt, ob der Benutzer mit TAB zum Steuerelement wechseln kann. Wenn die Eigenschaft TabStop auf Falsch (.F.) eingestellt ist, kann der Benutzer das Textfeld trotzdem noch durch Anklicken wählen.

Verwenden von Bearbeitungsfeldern

Sie können es Benutzern ermöglichen, Text aus langen Zeichenfeldern oder Memofeldern in Bearbeitungsfeldern zu bearbeiten. Bearbeitungsfelder bieten automatischen Textumbruch und die Möglichkeit, sich mit Hilfe der Pfeiltasten, BILD-AUF und BILD-AB sowie von Bildlaufleisten durch den Text zu bewegen.

▶ **So zeigen Sie Beispiele für die Verwendung von Bearbeitungsfeldern an**

1. Führen Sie **Solution.app** im Ordner **Visual Studio ...\Samples\Vfp98\Solution** aus.
2. Klicken Sie in der Verzeichnisstruktur auf **Steuerelemente**, und klicken Sie dann auf **Bearbeitungsfelder**.

Benutzern die Möglichkeit geben, ein Memofeld in einem Bearbeitungsfeld zu bearbeiten

Wenn Sie es einem Benutzer ermöglichen möchten, ein Memofeld in einem Bearbeitungsfeld zu bearbeiten, müssen Sie lediglich die Eigenschaft ControlSource des Bearbeitungsfelds auf das Memofeld einstellen. Wenn zum Beispiel die Tabelle „log" das Memofeld comments enthält, können Sie die Eigenschaft **ControlSource** eines Bearbeitungsfelds auf log.comments einstellen, damit ein Benutzer das Memofeld im Bearbeitungsfeld bearbeiten kann.

Benutzern die Möglichkeit geben, eine Textdatei in einem Bearbeitungsfeld zu bearbeiten

Sie können es einem Benutzer auch ermöglichen, eine Textdatei in einem Bearbeitungsfeld zu bearbeiten. Ein Beispiel hierfür ist das folgende Formular.

Beispielformular zum Bearbeiten einer Textdatei in einem Bearbeitungsfeld

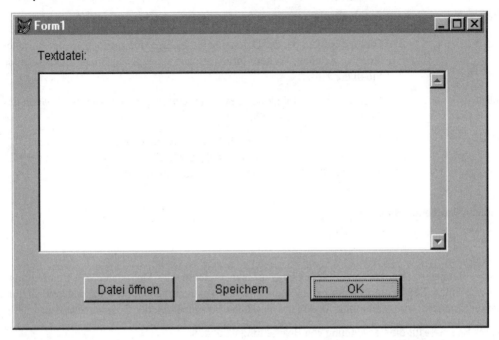

Eine Schaltfläche **OK** im Formular schließt dieses mit dem folgenden Befehl im Ereigniscode **Click**:

```
RELEASE THISFORM
```

Die beiden anderen Schaltflächen in diesem Beispiel, cmdOpenFile und cmdSave, ermöglichen es einem Benutzer, eine Textdatei zu öffnen und die Datei nach der Bearbeitung zu speichern.

Code für das Ereignis „Click" von cmdOpenFile

Code	Kommentare
CREATE CURSOR textfile ; (filename c(35), mem m)	Erstellen Sie einen Cursor mit einem Zeichenfeld für den Namen der Textdatei und einem Memofeld für den Inhalt der Textdatei.
APPEND BLANK	Fügen Sie einen leeren Datensatz zum Cursor hinzu.
REPLACE textfile.FileName WITH ; GETFILE("TXT")	Verwenden Sie die Funktion GETFILE( ), um den Namen der zu öffnenden Datei zu erhalten. Speichern Sie den Namen im Feld „FileName" des Cursors.

(Fortsetzung)

Code	Kommentare

`IF EMPTY(textfile.FileName)`
`    RETURN`
`ENDIF`
	Wenn der Benutzer im Dialogfeld **Datei lesen** den Befehl **Abbrechen** wählt, ist das Feld „FileName" leer, und es wird keine Datei geöffnet.

`APPEND MEMO mem FROM ;` `    (textfile.FileName) OVERWRITE`	Füllen Sie das Memofeld mit dem in der Datei enthaltenen Text.

`THISFORM.edtText.ControlSource = ;`
`    "textfile.mem"`
`THISFORM.Refresh`
	Setzen Sie die Eigenschaft ControlSource des Bearbeitungsfeldes auf das Formular.

`THISFORM.cmdSave.Enabled = .T.`	Klicken Sie auf die Schaltfläche **Speichern**.

Nachdem ein Benutzer die Datei geöffnet und bearbeitet hat, ermöglicht es ihm die Schaltfläche **Speichern**, Änderungen wieder zurück in die Datei zu schreiben.

Code für das Ereignis „Click" von cmdSave

Code	Kommentare
`COPY MEMO textfile.mem TO ;` `    (textfile.filename)`	Überschreibt den alten Wert in der Datei mit dem neuen Text des Bearbeitungsfeldes.

Bearbeiten von markiertem Text in einem Bearbeitungsfeld

Bearbeitungsfelder und Textfelder besitzen drei Eigenschaften, die Ihnen das Arbeiten mit markiertem Text ermöglichen: **SelLength**, **SelStart** und **SelText**.

Mit Hilfe der Eigenschaften SelStart und SelLength können Sie Text programmgesteuert markieren. Beispielsweise markieren die folgenden Code-Zeilen das erste Wort in einem Bearbeitungsfeld.

```
Form1.edtText.SelStart = 0
Form1.edtText.SelLength = AT(" ", Form1.edtText.Text) - 1
```

Tip: Wenn Sie die Eigenschaft **SelStart** ändern, wird im Bearbeitungsfenster zu der Stelle geblättert, an der die neue Markierung beginnt. Wenn Sie die Eigenschaft **SelStart** mit einer Schleife ändern, z. B. wenn Sie nach Text suchen, können Sie Ihren Code beschleunigen, indem Sie vor der Verarbeitung `THISFORM.LockScreen = .T.` und nach der Verarbeitung `THISFORM.LockScreen = .F.` einfügen.

Mit der Eigenschaft SelText können Sie auf markierten Text in einem Bearbeitungs- oder Textfeld zugreifen. Die folgende Code-Zeile formatiert z. B. den markierten Text ganz in Großbuchstaben.

```
Form1.edtText.SelText = UPPER(Form1.edtText.SelText)
```

Allgemeine Bearbeitungsfeldeigenschaften

Die folgenden Bearbeitungsfeldeigenschaften werden normalerweise zur Entwurfszeit eingestellt.

Eigenschaft	Beschreibung
AllowTabs	Legt fest, ob der Benutzer in das Bearbeitungsfeld Tabstops einfügen kann, statt zum nächsten Steuerelement zu gehen. Wenn Sie die Eingabe von Tabstops zulassen, muß gewährleistet sein, daß der Benutzer durch Drücken von STRG+TAB zum nächsten Steuerelement wechseln kann.
HideSelection	Bestimmt, ob der im Bearbeitungsfeld markierte Text sichtbar markiert ist, wenn das Bearbeitungsfeld nicht den Fokus besitzt.
ReadOnly	Legt fest, ob der Benutzer den im Bearbeitungsfeld enthaltenen Text ändern darf.
ScrollBars	Bestimmt, ob vertikale Bildlaufleisten angezeigt werden.

Verwenden von Kombinationsfeldern

Das Kombinationsfeld-Steuerelement bietet die Funktionalität eines Listenfelds und eines Textfelds. Es gibt zwei Arten von Kombinationsfeldern: **Dropdown Combo** und **Dropdown List**. Durch Ändern der Eigenschaft Style des Steuerelements legen Sie fest, welche Kombinationsfeldart Sie erstellen möchten. Informationen über Kombinationsfelder (Dropdown List) finden Sie im Abschnitt „Verwenden von Listenfeldern und Kombinationsfeldern (Dropdown List)" weiter oben in diesem Kapitel.

Kombinationsfeld

Ein Benutzer kann entweder auf die Schaltfläche klicken, um eine Liste von Wahlmöglichkeiten anzuzeigen, oder er kann einen neuen Eintrag in das Feld neben der Schaltfläche direkt eingeben. Die standardmäßige Style-Eigenschaft von einem Kombinationsfeld ist 0 – Dropdown Combo.

Hinzufügen von Benutzereinträgen zu Kombinationsfeldern (Dropdown List)

Wenn zu einem Kombinationsfeld ein neuer Benutzerwert hinzugefügt werden soll, können Sie in der mit dem Ereignis Valid des Kombinationsfelds verbundenen Methode die folgende Code-Zeile hinzufügen:

```
THIS.AddItem(THIS.Text)
```

Vor dem Hinzufügen eines neuen Elements sollte sinnvollerweise geprüft werden, ob der Wert nicht bereits im Kombinationsfeld enthalten ist:

```
lItemExists = .F.  && angenommen, der Wert ist nicht in der Liste enthalten.
FOR i = 1 to THIS.ListCount
   IF THIS.List(i) = THIS.Text
      lItemExists = .T.
      EXIT
   ENDIF
ENDFOR
```

```
IF !lItemExists
   THIS.AddItem(THIS.Text)
ENDIF
```

Allgemeine Kombinationsfeldeigenschaften

Die folgenden Kombinationsfeldeigenschaften werden normalerweise zur Entwurfszeit eingestellt.

Eigenschaft	Beschreibung
ControlSource	Legt das Tabellefeld fest, in dem der Wert, den der Benutzer wählt oder eingibt, gespeichert wird.
DisplayCount	Legt die maximale Anzahl der in der Liste angezeigten Elemente fest.
InputMask	Bei Kombinationsfeldern wird mit dieser Eigenschaft angegeben, welche Art von Werten eingegeben werden können.
IncrementalSearch	Legt fest, ob bei der Eingabe von einzelnen Zeichen nach einem übereinstimmenden Listenelement gesucht werden soll.
RowSource	Bestimmt die Datenquelle für die Elemente im Kombinationsfeld.
RowSourceType	Bestimmt die Art der Datenquelle für das Kombinationsfeld. Die Einstellungen der Eigenschaft **RowSourceType** sind mit den Einstellungen des Listenfeldes identisch. Weitere Informationen zu den einzelnen Einstellungen finden Sie in der Hilfe oder weiter oben in diesem Kapitel (Listenfelder).
Style	Legt fest, ob es sich bei dem Kombinationsfeld um ein Dropdown Combo- oder um ein Dropdown List-Steuerelement handelt.

Akzeptieren von numerischen Eingaben innerhalb eines bestimmten Bereichs

Obwohl Sie die Eigenschaft InputMask property einstellen und durch das Einbeziehen von Code in das Ereignis Valid sicherstellen können, daß in Textfelder eingegebene numerische Werte innerhalb eines bestimmten Bereichs liegen, läßt sich der Wertebereich am einfachsten mit Hilfe eines Drehfelds prüfen.

Verwenden von Drehfeldern

Mit Drehfeldern ermöglichen Sie es Benutzern, etwas auszuwählen, indem sie entweder die verfügbaren Werte „durchblättern" oder die gewünschten Werte direkt in das Feld eingeben.

Festlegen des Wertebereichs, den Benutzer in einem Drehfeld wählen können

Stellen Sie die Eigenschaften KeyboardHighValue und SpinnerHighValue auf die höchste Zahl ein, die Benutzer in das Drehfeld eingeben können.

Stellen Sie die Eigenschaften KeyboardLowValue und SpinnerLowValue auf die niedrigste Zahl ein, die Benutzer in das Drehfeld eingeben können.

Vermindern eines Drehfeldwerts, wenn der Benutzer auf die Schaltfläche mit dem nach oben zeigenden Pfeil klickt

Wenn Ihr Drehfeld einen Wert wie „Priorität" anzeigt, möchten Sie einem Benutzer vielleicht die Möglichkeit geben, die Priorität von 2 auf 1 zu erhöhen, indem er auf die Schaltfläche mit dem nach oben zeigenden Pfeil klickt. Um zu bewirken, daß die Drehfeldnummer beim Klicken auf diese Schaltfläche vermindert wird, stellen Sie die Eigenschaft Increment auf -1 ein.

Durchblättern von nichtnumerischen Werten

Obwohl der Wert eines Drehfelds eigentlich numerisch ist, können Sie es Benutzern mit Hilfe des Drehfeld-Steuerelements und eines Textfelds ermöglichen, verschiedene Datentypen zu durchblättern. Wenn ein Benutzer zum Beispiel in der Lage sein soll, einen Bereich von Datumswerten zu durchblättern, könnten Sie die Größe des Drehfelds so ändern, daß nur die Schaltflächen sichtbar sind, und neben den Schaltflächen ein Textfeld positionieren. Stellen Sie die Eigenschaft Value des Textfelds auf ein Datum ein, und erhöhen oder vermindern Sie das Datum in den UpClick- und DownClick-Ereignissen des Drehfelds.

Tip: Mit der Windows-API-Funktion **GetSystemMetrics** können Sie die Breite des Drehfeldes so einstellen, daß nur die Schaltflächen sichtbar sind und die Schaltflächen mit den Bitmaps mit Aufwärts- und Abwärtspfeil optimal angezeigt werden.

1. Setzen Sie die Eigenschaft BorderStyle propertylngBorderStyle_property des Drehfeldes auf 0.
2. Fügen Sie den folgenden Code in das Ereignis Init des Drehfeldes ein.

```
DECLARE INTEGER GetSystemMetrics IN Win32api INTEGER
THIS.Width = GetSystemMetrics(2) && SM_CXVSCROLL
```

Allgemeine Drehfeldeigenschaften

Die folgenden Drehfeldeigenschaften werden normalerweise zur Entwurfszeit eingestellt.

Eigenschaft	Beschreibung
Interval	Legt fest, um wieviel der Wert jeweils erhöht bzw. vermindert wird, wenn der Benutzer auf den Aufwärts- oder Abwärtspfeil klickt.
KeyboardHighValue	Der höchste Wert, der über die Tastatur in das Textfeld des Drehfeldes eingegeben werden kann.
KeyboardLowValue	Der niedrigste Wert, der über die Tastatur in das Textfeld des Drehfeldes eingegeben werden kann.
SpinnerHighValue	Der höchste Wert, den das Drehfeld anzeigt, wenn der Benutzer auf die Schaltfläche mit dem Aufwärtspfeil klickt.

(Fortsetzung)

Eigenschaft	Beschreibung
SpinnerLowValue	Der niedrigste Wert, den das Drehfeld anzeigt, wenn der Benutzer auf die Schaltfläche mit dem Abwärtspfeil klickt.

Ermöglichen von bestimmten Aktionen

Häufig möchten Sie Benutzern die Möglichkeit geben, bestimmte Aktionen auszuführen, bei denen keine Werte bearbeitet werden. So können Sie es einem Benutzer beispielsweise ermöglichen, ein Formular zu schließen, ein anderes Formular zu öffnen, sich in einer Tabelle zu bewegen, Änderungen zu speichern oder abzubrechen, die Adresse eines Internet- oder Intranet-Ziels aufzurufen, einen Bericht oder eine Abfrage oder aber beliebig viele andere Aktionen auszuführen.

Verwenden von Befehlsschaltflächen und Befehlsschaltflächengruppen

Der Code für bestimmte Aktionen wird sehr häufig im Ereignis Click einer Befehlsschaltfläche untergebracht.

Bestimmen einer Befehlsschaltfläche zur Standardwahlmöglichkeit

Wenn Sie eine Befehlsschaltfläche zur Standardwahlmöglichkeit bestimmen möchten, stellen Sie deren Eigenschaft Default auf Wahr (.T.) ein. Die Standard-Befehlsschaltfläche hat einen dickeren Rahmen als andere Befehlsschaltflächen. Ist eine Befehlsschaltfläche die Standardwahlmöglichkeit, wird beim Drücken der EINGABETASTE das Ereignis **Click** dieser Schaltfläche ausgeführt.

Hinweis: Falls das ausgewählte Objekt in einem Formular ein Bearbeitungsfeld oder ein Datenblatt ist, wird der mit dem Ereignis **Click** der Standardwahlmöglichkeit verbundene Code nicht ausgeführt, wenn der Benutzer die EINGABETASTE drückt. Durch das Drücken der EINGABETASTE in einem Bearbeitungsfeld wird dem Wert im Bearbeitungsfeld ein Wagenrücklauf und ein Zeilenvorschub hinzugefügt. Durch das Drücken der EINGABETASTE in einem Datenblatt wird ein benachbartes Feld ausgewählt. Um das Ereignis **Click** einer Standard-Befehlsschaltfläche auszuführen, drücken Sie STRG+EINGABETASTE.

Allgemeine Befehlsschaltflächeneigenschaften

Die folgenden Eigenschaften für Befehlsschaltflächen werden normalerweise zur Entwurfszeit eingestellt.

Eigenschaft	Beschreibung
Cancel	Legt fest, daß der Code für das Ereignis **Click** der Befehlsschaltfläche ausgeführt wird, wenn der Benutzer ESC drückt.
Caption	Auf der Schaltfläche angezeigter Text.
DisabledPicture	Die .bmp-Datei, die angezeigt wird, wenn die Schaltfläche deaktiviert ist.

(Fortsetzung)

Eigenschaft	Beschreibung
DownPicture	Die .bmp-Datei, die angezeigt wird, wenn die Schaltfläche gedrückt ist.
Enabled	Legt fest, ob die Schaltfläche gewählt werden kann.
Picture	Die auf der Schaltfläche angezeigte .bmp-Datei.

Sie können Befehlsschaltflächen auch in eine Gruppe einbeziehen und dann entweder einzeln oder als Gruppe bearbeiten.

Verwalten von Befehlsschaltflächen-Wahlmöglichkeiten auf Gruppenebene

Wenn Sie mit einer einzigen Methodenprozedur für den gesamten Code der Ereignisse Click von Befehlsschaltflächen in einer Gruppe arbeiten möchten, können Sie den Code dem Ereignis **Click** der Befehlsschaltflächengruppe zuordnen. Wie das folgende Codebeispiel veranschaulicht, gibt die Eigenschaft Value property der Befehlsschaltflächengruppe an, auf welche der Schaltflächen geklickt wurde:

```
DO CASE
   CASE THIS.Value = 1
      WAIT WINDOW "Sie klickten " + THIS.cmdCommand1.Caption NOWAIT
      * eine Aktion ausführen
   CASE THIS.Value = 2
      WAIT WINDOW "Sie klickten " + THIS.cmdCommand2.Caption NOWAIT
      * eine andere Aktion ausführen
   CASE THIS.Value = 3
      WAIT WINDOW "Sie klickten " + THIS.cmdCommand3.Caption NOWAIT
      * eine dritte Aktion ausführen
ENDCASE
```

Hinweis: Wenn der Benutzer zwar in die Befehlsschaltflächengruppe, doch nicht auf eine bestimmte Schaltfläche klickt, zeigt die Eigenschaft **Value** weiterhin die zuletzt gewählte Befehlsschaltfläche an.

Falls Sie für das Ereignis **Click** einer bestimmten Schaltfläche in der Gruppe **Code** geschrieben haben, wird dieser Code und nicht der Ereigniscode **Click** für die Gruppe ausgeführt, wenn der Benutzer die betreffende Schaltfläche wählt.

Allgemeine Eigenschaften für Befehlsschaltflächengruppen

Die folgenden Eigenschaften für Befehlsschaltflächengruppen werden normalerweise zur Entwurfszeit eingestellt.

Eigenschaft	Beschreibung
ButtonCount	Anzahl der Befehlsschaltflächen in der Gruppe.
BackStyle	Legt fest, ob die Befehlsschaltflächengruppe einen durchsichtigen oder einen undurchsichtigen Hintergrund besitzt. Ein durchsichtiger Hintergrund wird in der Farbe wie das darunterliegende Objekt angezeigt, normalerweise ist es ein Formular oder eine Seite.

Verwenden des Hyperlink-Objekts

Mit dem Hyperlink-Objekt können Sie die Adresse eines Internet- oder Intranet-Ziels aufrufen. Das Hyperlink-Objekt kann zum Starten einer Hyperlink-sensitiven Anwendung, normalerweise eines Internet-Browsers wie z. B. der Microsoft Internet Explorer, und zum Öffnen der in der Adresse festgelegten Seite verwendet werden. Mit der Hyperlink-Methode **NavigateTo( )** können Sie die Zieladresse festlegen, die aufgerufen wird.

Um zum Beispiel die Microsoft Internet-Site im World Wide Web von einem Formular aus aufzurufen, fügen Sie dem Formular zunächst das Hyperlink-Steuerelement hinzu. Fügen Sie dem Formular eine Befehlsschaltfläche hinzu, und fügen Sie anschließend dem Ereignis **Click** den folgenden Code für die Befehlsschaltfläche hinzu:

```
THISFORM.Hyperlink1.NavigateTo('www.microsoft.com')
```

Wenn das Formular angezeigt wird, können Sie mit einem Klick auf die Befehlsschaltfläche die Microsoft-Website aufrufen.

Ausführen von speziellen Aktionen in bestimmten Intervallen

Das Zeitgeber-Steuerelement ermöglicht es Ihnen, in bestimmten Intervallen Aktionen auszuführen oder Werte zu prüfen.

Verwenden des Zeitgeber-Steuerelements

Zeitgeber-Steuerelemente reagieren auf den Zeitablauf unabhängig vom Benutzerdialog. Daher lassen sich Zeitgeber so programmieren, daß sie in regelmäßigen Intervallen Aktionen ausführen. Eine typische Anwendung ist die Überwachung der Systemuhr, um zu prüfen, ob der Zeitpunkt für die Ausführung eines bestimmten Tasks erreicht ist. Zeitgeber können auch bei anderen Hintergrundprozessen sinnvoll eingesetzt werden.

▶ **So zeigen Sie Beispiele für die Verwendung von Zeitgebern an**

1. Führen Sie **Solution.app** im Ordner **Visual Studio ...\Samples\Vfp98\Solution** aus.
2. Klicken Sie in der Verzeichnisstruktur auf **Steuerelemente**, und klicken Sie dann auf **Zeitgeber**.

Jeder Zeitgeber besitzt eine Eigenschaft Interval, die festlegt, wie viele Millisekunden zwischen einem und dem nächsten Ereignis **Timer** vergehen. Außer bei Deaktivierung empfängt ein Zeitgeber in annähernd gleichen Zeitabständen ein Ereignis, das sogenannte „Timer Ereignis". Wenn Sie einen Zeitgeber programmieren, müssen Sie einige Einschränkungen bei der Eigenschaft **Interval** berücksichtigen:

- Das Intervall kann zwischen 0 und 2.147.483.647 einschließlich eingestellt werden. Damit beträgt das längste Intervall ungefähr 596,5 Stunden (mehr als 24 Tage).
- Das Intervall läuft nicht unbedingt exakt zum richtigen Zeitpunkt ab. Um die Genauigkeit sicherzustellen, sollte der Zeitgeber die Systemuhr bei Bedarf prüfen, statt zu versuchen, die akkumulierte Zeit intern zu verfolgen.
- Das System erzeugt 18 Impulse pro Sekunde. Selbst wenn die Eigenschaft **Interval** in Millisekunden gemessen wird, beträgt die maximale Genauigkeit eines Intervalls 1/18 Sekunde.
- Wenn Ihre Anwendung oder eine andere Anwendung das System stark beansprucht (z. B. mit langen Schleifen, umfangreichen Berechnungen oder mit Zugriffen auf Datenträger, Netzwerk oder Anschlüsse), erhält Ihre Anwendung Timer Ereignisse eventuell nicht so oft, wie in der Eigenschaft Interval festgelegt wurde.

Einfügen eines Zeitgeber-Steuerelements in einem Formular

Ein Zeitgeber-Steuerelement fügen Sie genau so wie Sie jedes andere Steuerelement in einem Formular ein: Wählen Sie das Zeitgeber-Steuerelement in der Steuerelemente-Symbolleiste aus, und ziehen Sie es auf das Formular.

Zeitgeber-Steuerelement

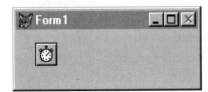

Der Zeitgeber wird im Formular zur Entwurfszeit angezeigt, so daß Sie ihn auswählen, sich seine Eigenschaften anzeigen und für ihn eine Ereignisprozedur schreiben können. Zur Laufzeit wird ein Zeitgeber nicht angezeigt, und seine Position und Größe sind irrelevant.

Initialisieren eines Zeitgeber-Steuerelements

Ein Zeitgeber-Steuerelement besitzt zwei Haupteigenschaften.

Eigenschaft	Einstellung
Enabled	Wenn der Zeitgeber beim Laden des Formulars starten soll, stellen Sie diese Eigenschaft auf Wahr (.T.) ein. Andernfalls behalten Sie die Einstellung Falsch (.F.) bei. Vielleicht möchten Sie auch, daß ein äußeres Ereignis (wie das Klicken auf eine Befehlsschaltfläche) die Ausführung des Zeitgebers startet.
Interval	Anzahl der Millisekunden zwischen den Ereignissen Timer.

Die Eigenschaft Enabled ist beim Zeitgeber anders als bei anderen Objekten. Bei den meisten Objekten legt die Eigenschaft **Enabled** fest, ob das Objekt auf ein vom Benutzer verursachtes Ereignis reagieren kann. Beim Zeitgeber-Steuerelement unterbricht die Enabled-Einstellung Falsch (.F.) dessen Ausführung.

Denken Sie daran, daß das Ereignis Timer periodisch ist. Die Eigenschaft Interval legt nicht „wie lange", sondern „wie oft" fest. Die Länge des Intervalls sollte von der gewünschten Genauigkeit abhängen. Da es ein integriertes Fehlerpotential gibt, stellen Sie das Intervall auf die Hälfte des benötigten Genauigkeitsgrads ein.

Hinweis: Je öfter ein Ereignis Timer erzeugt wird, desto mehr Prozessorzeit wird bei der Reaktion auf das Ereignis beansprucht. Dies kann die Gesamtleistung verlangsamen. Stellen Sie deshalb ein besonders kleines Intervall nur bei Bedarf ein.

Reagieren auf das Timer-Ereignis

Wenn das Intervall eines Zeitgeber-Steuerelements abläuft, erzeugt Visual FoxPro das Ereignis Timer. Normalerweise reagieren Sie auf dieses Ereignis, indem Sie eine allgemeine Bedingung, wie die Systemuhr, prüfen lassen.

Eine Digitaluhr ist eine sehr einfache, doch äußerst zweckmäßige Anwendung, die ein Zeitgeber-Steuerelement enthält. Sobald Sie verstehen, wie diese Anwendung funktioniert, können Sie sie so verbessern, daß sie als Wecker, Stoppuhr oder andere Zeitanzeige eingesetzt werden kann.

Die Digitaluhr-Anwendung umfaßt einen Zeitgeber und eine Beschriftung mit einem Rahmen. Zur Entwurfszeit sieht sie wie folgt aus:

Die Digitaluhr-Anwendung

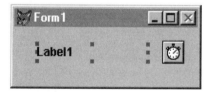

Zur Laufzeit wird der Zeitgeber nicht angezeigt.

Steuerelement	Eigenschaft	Einstellung
LblTime	Caption	
Timer1	Interval	500 (eine halbe Sekunde)
Timer1	Enabled	Wahr

Die einzige Prozedur in dieser Anwendung ist die Timer-Ereignisprozedur:

```
IF THISFORM.lblTime.Caption != Time()
   THISFORM.lblTime.Caption = Time()
ENDIF
```

Dies entspricht der Regel, daß das Intervall auf die Hälfte des kürzesten Zeitraums einzustellen ist, den Sie unterscheiden möchten (im vorliegenden Fall eine Sekunde). Dies kann dazu führen, daß der Zeitgebercode die Beschriftung mit derselben Zeit zweimal pro Sekunde aktualisiert. Da dies zu einem sichtbaren Flackern führen könnte, testet der Code, ob sich die Zeit von der in der Beschriftung angezeigten unterscheidet, bevor er die Beschriftung ändert.

Anzeigen von Daten

Ein Grundprinzip für einen guten Entwurf besteht darin, wichtige Informationen sichtbar zu machen. Mit den folgenden Steuerelementen können Sie Informationen für Ihre Benutzer anzeigen:

- Abbildungen
- Bezeichnungen
- Textfelder
- Bearbeitungsfelder
- Figuren

Verwenden von Abbildungen

Das Abbildungs-Steuerelement ermöglicht es Ihnen, Ihrem Formular Abbildungen (.bmp-Dateien) hinzuzufügen. Ein Abbildungs-Steuerelement bietet den vollen Umfang an Eigenschaften, Ereignissen und Methoden wie andere Steuerelemente und kann daher zur Laufzeit dynamisch geändert werden. Benutzer können mit Abbildungen im Dialog arbeiten, indem sie darauf klicken, doppelklicken usw.

Die folgende Tabelle listet einige der Haupteigenschaften eines Abbildungs-Steuerelements auf.

Eigenschaft	Beschreibung
Picture	Die anzuzeigende Abbildung (.bmp-Datei).
BorderStyle	Legt fest, ob die Abbildung einen sichtbaren Rahmen erhalten soll.
Stretch	Wenn die Eigenschaft Stretch auf „0 – Clip (Default)" gesetzt wird, wird der Bereich der Abbildung, der über das Abbildungs-Steuerelement hinausragt, nicht angezeigt. Ist Stretch auf „1-Isometric" eingestellt, behält das Abbildungs-Steuerelement die ursprünglichen Dimensionen der Abbildung bei und zeigt so viel vom Bild an, wie die Dimensionen des Steuerelements zulassen. Ist Stretch auf „2-Stretch" eingestellt, wird das Bild so angepaßt, daß es mit der Höhe und Breite des Abbildungs-Steuerelements exakt übereinstimmt.

Verwenden von Bezeichnungen

Bezeichnungen unterscheiden sich von Textfeldern in den folgenden Punkten:
- Sie können keine Datenquelle haben.
- Sie lassen sich nicht direkt bearbeiten.
- Sie sind nicht über die TAB-Taste erreichbar.

Sie können die Eigenschaften Caption und Visible von Bezeichnungen programmgesteuert ändern und so die Bezeichnungsanzeige an die aktuelle Situation anpassen.

Allgemeine Bezeichnungseigenschaften

Die folgenden Bezeichnungseigenschaften werden normalerweise zur Entwurfszeit eingestellt.

Eigenschaft	Beschreibung
Caption	Der angezeigte Text.
AutoSize	Bestimmt, ob die Größe der Bezeichnung an die Länge des Textes angepaßt wird.
BackStyle	Legt fest, ob die Bezeichnung transparent oder nichttransparent ist.
WordWrap	Bestimmt, ob der auf dem Bezeichnungs-Steuerelement angezeigte Text über mehrere Zeilen umbrochen werden kann.

Verwenden von Text- und Bearbeitungsfeldern zur Anzeige von Informationen

Stellen Sie die Eigenschaft ReadOnly von Text- und Bearbeitungsfeldern zur Anzeige von Informationen ein, die ein Benutzer zwar lesen, doch nicht bearbeiten kann. Wenn Sie ein Bearbeitungsfeld lediglich deaktivieren, kann der Benutzer keinen Bildlauf durch den Text durchführen.

Verwenden von Figuren und Linien

Figuren und Linien helfen Ihnen dabei, Elemente in Ihrem Formular visuell zu gruppieren. Untersuchungen haben gezeigt, daß Benutzer eine Benutzeroberfläche besser kennenlernen und verstehen und so mit einer Anwendung leichter arbeiten, wenn verwandte Elemente miteinander verbunden sind.

Die folgenden Figureigenschaften werden normalerweise zur Entwurfszeit eingestellt.

Eigenschaft	Beschreibung
Curvature	Ein Wert zwischen 0 (entspricht einem Quadrat oder Rechteck) und 99 (entspricht einem Kreis oder einer Ellipse).
FillStyle	Legt fest, ob die Figur transparent ist oder ein bestimmtes Füllmuster für den Hintergrund hat.
SpecialEffect	Legt fest, ob die Figur flach oder dreidimensional ist. Diese Eigenschaft ist nur wirksam, wenn die Eigenschaft Curvature auf „0" eingestellt wird.

Die folgenden Linieneigenschaften werden normalerweise zur Entwurfszeit eingestellt.

Eigenschaft	Beschreibung
BorderWidth	Legt fest, wie viele Pixel die Linie breit ist.
LineSlant	Legt die Richtung der Neigung fest, wenn die Linie nicht horizontal oder vertikal ist. Gültige Werte für diese Eigenschaft sind ein Schrägstrich (/) und ein umgekehrter Schrägstrich (\ ).

Verwenden von Formulargrafiken zur Anzeige von Informationen

Mit Hilfe der folgenden Formularmethoden können Sie Informationen in einem Formular grafisch anzeigen.

Methode	Beschreibung
Circle	Zeichnet eine kreisförmige Figur oder einen Bogen in ein Formular.
Cls	Löscht Grafiken und Text aus einem Formular.
Line	Zeichnet eine Linie in ein Formular.
Pset	Stellt einen Punkt in einem Formular auf eine bestimmte Farbe ein.
Print	Druckt eine Zeichenfolge in einem Formular.

▶ **So zeigen Sie Beispiele für die Verwendung von Formulargrafiken an**

1. Führen Sie **Solution.app** im Ordner **Visual Studio ...\Samples\Vfp98\Solution** aus.
2. Klicken Sie in der Verzeichnisstruktur auf **Formulare**, und klicken Sie dann auf **Formulargrafiken**.

Verbessern der Anzeige von Steuerelementen

Befehlsschaltflächen, Kontrollkästchen und Optionsfelder können zusätzlich zu einer Beschriftung eine Abbildung anzeigen. Alle diese Steuerelemente besitzen Eigenschaften, die es Ihnen ermöglichen, Abbildungen zur Anzeige auf Steuerelementen anzugeben.

Eigenschaft	Beschreibung
DisabledPicture	Das Bild, das auf der Schaltfläche angezeigt wird, wenn diese deaktiviert ist.
DownPicture	Das Bild, das auf der Schaltfläche angezeigt wird, wenn diese gedrückt ist.
Picture	Das Bild, das auf der Schaltfläche angezeigt wird, wenn diese aktiviert und nicht gedrückt ist.

Falls Sie keinen Wert für die Eigenschaft **DisabledPicture** angeben, zeigt Visual FoxPro das Bild abgeblendet an, wenn das Steuerelement deaktiviert ist. Wenn Sie keinen Wert für die Eigenschaft **DownPicture** angeben, zeigt Visual FoxPro das Bild mit geänderten Hintergrundfarben an, so daß die Schaltfläche gedrückt angezeigt wird, wenn sie gedrückt wird.

Soll zusätzlich zum Bild keine Beschriftung angezeigt werden, stellen Sie die Eigenschaft Caption auf eine leere Zeichenfolge ein, indem Sie die Standardbeschriftung im Bearbeitungsfeld des Eigenschaftenfensters löschen.

Verwenden von Bildschablonen

Ein .bmp-Bild enthält häufig weiße Flächen, die auf den Steuerelementen nicht angezeigt werden sollen. Bei einer unregelmäßig geformten Abbildung würde ein weißer Rahmen störend wirken. Zur Vermeidung dieses Problems erstellt Visual FoxPro eine temporäre Standardschablone für Ihre Abbildung. Weiße Bereiche werden transparent angezeigt, so daß die darunterliegende Farbe der Schaltfläche oder des Hintergrunds sichtbar wird. Wenn bestimmte weiße Bereiche Ihrer .bmp weiß bleiben sollen, erstellen Sie für das Bild eine Schablone, die die Standardschablone außer Kraft setzt.

▶ **So erstellen Sie eine Schablone für ein .bmp-Bild**

1. Öffnen Sie die .bmp-Datei in Microsoft Paint oder einem anderen Bearbeitungsprogramm.

2. Schwärzen Sie alle Bereiche des Bildes, die genauso wie in der .bmp-Datei angezeigt werden sollen. Lassen Sie die Bereiche weiß, die transparent sein sollen.

3. Speichern Sie die Datei in demselben Verzeichnisund unter demselben Namen wie die .bmp-Datei, allerdings mit der Erweiterung .msk.

Wenn Visual FoxPro eine .bmp-Datei lädt, die in der Eigenschaft Picture einer Befehlsschaltfläche, eines Optionsfelds oder eines Kontrollkästchens angegeben wurde, sucht es in demselben Verzeichnis nach einer passenden .msk-Datei. Falls sich eine .msk-Datei mit demselben Namen wie die .bmp-Datei im Verzeichnis befindet, verwendet Visual FoxPro diese Datei als Schablone für die Abbildung. Alle weißen Bereiche im .msk-Bild werden im .bmp-Bild transparent. Alle schwarzen Bereiche im .msk-Bild werden im .bmp-Bild unverändert angezeigt.

Hinweis: Das .bmp-Bild und das .msk-Bild müssen dieselben Abmessungen haben, damit die Schablone den Bereich des .bmp-Bildesdarstellen kann.

Bearbeiten mehrerer Zeilen von Daten

Visual FoxPro bietet das Datenblatt-Objekt, ein leistungsstarkes Tool zum Anzeigen und Bearbeiten mehrerer Zeilen von Daten.

Verwenden von Datenblättern

Das Datenblatt ist ein Container-Objekt. So wie ein Formularsatz Formulare enthält, enthält ein Datenblatt Spalten. Die Spalten enthalten zusätzlich Kopfzeilen und Steuerelemente, die jeweils eigene Eigenschaften, Ereignisse und Methoden besitzen, so daß Ihnen viele Möglichkeiten offen stehen, die Elemente des Datenblatts zu beeinflussen.

Container	Enhalten
Datenblatt	Spalten
Spalte	Kopfzeilen, Steuerelemente

Das Datenblatt-Objekt ermöglicht es Ihnen, Zeilen und Spalten von Daten in einem Formular oder einer Seite anzuzeigen und zu bearbeiten. Das Datenblatt-Steuerelement eignet sich besonders für Formulare, die auf einer 1:n-Beziehung basieren, wie z. B. ein Rechnungsformular.

▶ **So zeigen Sie Beispiele für die Verwendung von Datenblättern an**

1. Führen Sie **Solution.app** im Ordner **Visual Studio ...\Samples\Vfp98\Solution** aus.
2. Klicken Sie in der Verzeichnisstruktur auf **Steuerelemente**, und klicken Sie dann auf **Datenblatt**.

Formular mit einem aufgefüllten Datenblatt

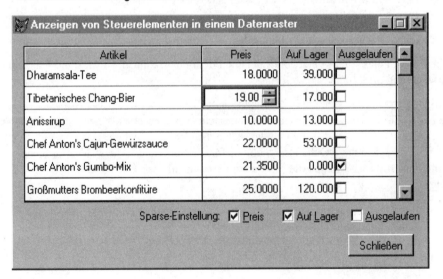

Kapitel 10 Verwenden von Steuerelementen

▶ So fügen Sie einem Formular ein Datenblatt-Steuerelement hinzu

- Wählen Sie in der Symbolleiste für Formular-Steuerelemente die Schaltfläche **Datenblatt**, und ziehen Sie es im Formular-Designer auf die gewünschte Größe.

Wenn Sie keinen RecordSource-Wert für das Datenblatt festlegen und im aktuellen Arbeitsbereich eine Tabelle geöffnet ist, zeigt das Datenblatt alle Felder dieser Tabelle an.

Festlegen der Spaltenanzahl in einem Datenblatt

Eine der ersten Eigenschaften, die Sie für das Datenblatt-Steuerelement festlegen, ist die Spaltenanzahl.

▶ So legen Sie die Spaltenanzahl in einem Datenblatt fest

1. Wählen Sie die Eigenschaft **ColumnCount** in der Liste der Eigenschaften und Methoden.
2. Geben Sie im Eingabefeld die gewünschte Spaltenanzahl ein.

Wenn die Eigenschaft **ColumnCount** auf -1 (Standard) eingestellt wird, enthält das Datenblatt zur Laufzeit so viele Spalten, wie die mit ihm verbundene Tabelle Felder enthält.

Manuelles Anpassen der Datenblattanzeige zur Entwurfszeit

Sobald Sie dem Datenblatt Spalten hinzugefügt haben, können Sie die Spaltenbreite und die Zeilenhöhe ändern. Sie haben die Möglichkeit, die Height- und Width Eigenschaften der Spalten- und Zeilen-Objekte entweder im Eigenschaftenfenster manuell einzustellen oder diese Eigenschaften im Modus zum Datenblattentwurf visuell einzustellen.

▶ So wechseln Sie in den Modus zum Datenblattentwurf

- Wählen Sie aus dem Kontextmenü des Datenblatts den Befehl **Bearbeiten**.

  – oder –

- Markieren Sie im Listenfeld **Objekt** des Eigenschaftenfensters eine Spalte des Datenblatts.

Während Sie im Modus zum Datenblattentwurf arbeiten, ist das Datenblatt von einem breiten Rahmen umgeben. Zum Wechseln aus diesem Modus wählen Sie das Formular oder ein anderes Steuerelement aus.

▶ So passen Sie die Spaltenbreite in einem Datenblatt an

1. Setzen Sie den Mauszeiger im Modus zum Datenblattentwurf so zwischen die Spaltenköpfe des Datenblatts, daß er zu einem Strich mit nach links und rechts zeigenden Pfeilen wird.
2. Wählen Sie die Spalte aus, und ziehen Sie, bis sie die gewünschte Breite hat.

   – oder –

   Stellen Sie im Eigenschaftenfenster die Eigenschaft **Width** der Spalte ein.

▶ So passen Sie die Zeilenhöhe in einem Datenblatt an

1. Setzen Sie den Mauszeiger im Modus zum Datenblattentwurf zwischen die erste und zweite Schaltfläche auf der linken Seite des Datenblatt-Steuerelements, daß er zu einem Strich mit nach oben und unten zeigenden Pfeilen wird.

2. Wählen Sie die Zeile aus, und ziehen Sie, bis sie die gewünschte Höhe hat.

– oder –

Stellen Sie im Eigenschaftenfenster die Eigenschaft Height der Spalte ein.

Tip: Indem Sie die Eigenschaft AllowRowSizing auf Falsch (.F.) setzen, können Sie verhindern, daß der Benutzer zur Laufzeit die Höhe der Datenblattzeilen verändert.

Festlegen der Quelle der im Datenblatt angezeigten Daten

Sie können die Datenquelle für das Datenblatt und für jede Spalte einzeln festlegen.

▶ **So legen Sie die Datenquelle für ein Datenblatt fest**

1. Wählen Sie das Datenblatt aus, und klicken Sie dann im Eigenschaftenfenster auf die Eigenschaft **RecordSourceType**.

2. Setzen Sie die Eigenschaft **RecordSourceType** auf 0 – Table, wenn Sie die Tabelle automatisch öffnen möchten. Wenn Sie das Datenblatt mit Feldern einer bereits geöffneten Tabelle auffüllen möchten, stellen Sie 1 – Alias ein.

3. Klicken Sie im Eigenschaftenfenster auf die Eigenschaft **RecordSource**.

4. Geben Sie den Aliasnamen oder den Namen der Tabelle ein, die als Datenquelle für das Datenblatt dienen soll.

Wenn Sie bestimmte Felder angeben möchten, die in bestimmten Spalten angezeigt werden sollen, können Sie auch die Datenquelle für eine Spalte festlegen.

▶ **So legen Sie die Datenquelle für eine Spalte fest**

1. Wählen Sie die Spalte aus, und klicken Sie dann im Eigenschaftenfenster auf die Eigenschaft **ControlSource**.

2. Geben Sie den Aliasnamen oder den Namen der Tabelle und des Feldes ein, die als Quelle für die in der Spalte angezeigten Werte dienen sollen. Beispielsweise können Sie eingeben:

```
Orders.order_id
```

Hinzufügen von Datensätzen zu einem Datenblatt

Wenn Sie die Eigenschaft AllowAddNew des Datenblatts auf Wahr (.T.) setzen, kann der Benutzer in der im Datenblatt angezeigten Tabelle neue Datensätze eingeben. Bei dieser Einstellung wird dann ein neuer Datensatz hinzugefügt, wenn der Benutzer den letzten Datensatz wählt und die NACH-UNTEN-TASTE drückt.

Wenn Sie bestimmen möchten, wann der Benutzer neue Datensätze einfügen darf, können Sie die Eigenschaft **AllowAddNew** auf Falsch (.F.) (Standardeinstellung) setzen und zum Hinzufügen von neuen Datensätzen die Befehle APPEND BLANK oder INSERT verwenden.

Erstellen eines auf einer 1:n-Beziehung basierenden Formulars mit einem Datenblatt-Steuerelement

Ein Datenblatt wird sehr häufig dazu verwendet, die Detail-Datensätze für eine Tabelle anzuzeigen, während Textfelder die Daten für die Master-Datensätze anzeigen. Wenn der Benutzer sich durch die Datensätze in der Master-Tabelle bewegt, zeigt das Datenblatt die entsprechenden Detail-Datensätze an.

Wenn die Datenumgebung Ihres Formulars eine 1:n-Beziehung zwischen zwei Tabellen enthält, läßt sich diese Beziehung sehr einfach im Formular darstellen.

▶ Einrichten eines auf einer 1:n-Beziehung basierenden Formulars mit einer Datenumgebung

1. Ziehen Sie die gewünschten Felder aus der Master-Tabelle im Datenumgebung-Designer auf Ihr Formular.
2. Ziehen Sie die referenzierende Tabelle (Sekundärtabelle) aus dem Datenumgebung-Designer auf das Formular.

In fast allen Fällen möchten Sie für Ihr Formular oder Ihren Formularsatz eine Datenumgebung erstellen. Das Erstellen eines auf einer 1:n-Beziehung basierenden Formulars ist jedoch wesentlich komplizierter, wenn der Datenumgebungs-Designer nicht verwendet wird.

▶ Einrichten eines auf einer 1:n-Beziehung basierenden Formulars ohne Datenumgebung

1. Fügen Sie Ihrem Formular Textfelder hinzu, um die gewünschten Felder aus der Primärtabelle anzuzeigen.
2. Stellen Sie die Eigenschaft ControlSource der Textfelder auf die Primärtabelle ein.
3. Fügen Sie dem Formular ein Datenblatt hinzu.
4. Stellen Sie die Eigenschaft RecordSource des Datenblatts auf den Namen der Sekundärtabelle ein.
5. Stellen Sie die Eigenschaft LinkMaster des Datenblatts auf den Namen der Primärtabelle ein.
6. Stellen Sie die Eigenschaft ChildOrder des Datenblatts auf den Namen des Indexnamens (TAG) in der Sekundärtabelle ein, der dem relationalen Ausdruck der Primärtabelle entspricht.
7. Stellen Sie die Eigenschaft RelationalExpr des Datenblatts auf den Ausdruck ein, der die Sekundärtabelle mit der Primärtabelle verknüpft. Wenn zum Beispiel der ChildOrder-Schlüssel nach "`lastname + firstname`" indiziert ist, stellen Sie die Eigenschaft RelationalExpr auf denselben Ausdruck ein.

Unabhängig davon, welchen der beiden Wege Sie bei der Erstellung des Formulars gewählt haben, haben Sie die Möglichkeit, im Formular Navigations-Steuerelemente hinzuzufügen, mit denen Sie sich in der Master-Tabelle bewegen und die Formularobjekte aktualisieren können. Beispielsweise könnte der folgende Code in das Ereignis Click einer Befehlsschaltfläche einbezogen werden:

```
SELECT orders && wenn orders die Master-Tabelle ist
SKIP
IF EOF( )
   GO BOTTOM
ENDIF
THISFORM.Refresh
```

Anzeigen von Steuerelementen in Datenblattspalten

Zusätzlich zum Anzeigen von Felddaten in einem Datenblatt können Sie in die Spalten eines Datenblatts Steuerelemente einbeziehen und so einem Benutzer eingebettete Textfelder, Kontrollkästchen, Dropdown-Listenfelder, Drehfelder und andere Steuerelemente bereitstellen. Wenn eine Tabelle zum Beispiel ein logisches Feld enthält, kann ein Benutzer bei der Ausführung des Formulars am Kontrollkästchen erkennen, welche Datensatzwerte Wahr (.T.) und welche Falsch (.F.) sind. Der Wert läßt sich mühelos durch Aktivieren oder Deaktivieren des Kontrollkästchens ändern.

Sie können Steuerelementen Datenblattspalten entweder interaktiv im Formular-Designer hinzufügen, oder Sie können Code schreiben, um die Steuerelemente den Spalten zur Laufzeit hinzuzufügen.

▶ **So fügen Sie Steuerelemente einer Datenblattspalte interaktiv hinzu**

1. Fügen Sie einem Formular ein Datenblatt hinzu.

2. Stellen Sie im Eigenschaftenfenster die Eigenschaft **ColumnCount** des Datenblatts auf die Anzahl der gewünschten Spalten ein.

   Geben Sie beispielsweise 2 für ein zweispaltiges Datenblatt ein.

3. Wählen Sie im **Eigenschaftenfenster** die übergeordnete Spalte für das Steuerelement aus dem Feld **Objekt** aus.

   Wählen Sie zum Beispiel **Column1** aus, um der Spalte 1 ein Steuerelement hinzuzufügen. Der Rahmen des Datenblatts ändert sich und weist so darauf hin, daß Sie ein eingebettetes Objekt bearbeiten, wenn Sie die Spalte markieren.

4. Wählen Sie das gewünschte Steuerelement in der Symbolleiste für Formular-Steuerelemente aus, und klicken Sie in die übergeordnete Spalte.

   Das neue Steuerelement wird zwar nicht in der Datenblattspalte des Formular-Designers angezeigt, doch zur Laufzeit sichtbar sein.

5. Vergewissern Sie sich im Eigenschaftenfenster, daß das Steuerelement unter der übergeordneten Spalte im Listenfeld **Objekt** angezeigt wird.

   Ein Kontrollkästchen wurde einer Datenblattspalte hinzugefügt

Eingerückt, da in Column 1 enthalten.

   Wenn das neue Steuerelement ein Kontrollkästchen ist, stellen Sie die Eigenschaft **Caption** des Kontrollkästchens auf „ " und die Eigenschaft **Sparse** der Spalte auf Falsch (.F.) ein.

6. Stellen Sie die Eigenschaft **ControlSource** der übergeordneten Spalte auf das gewünschte Tabellenfeld ein.

   In der folgenden Abbildung beispielsweise ist die Eigenschaft **ControlSource** der Spalte auf `products.discontinu` aus **Testdata.dbc** im Verzeichnis **Visual Studio …\Samples\Vfp98\Data**.

7. Stellen Sie die Eigenschaft **CurrentControl** der übergeordneten Spalte auf das neue Steuerelement.

Beim Ausführen des Formulars wird das Steuerelement in der Datenblattspalte angezeigt.

Das Kontrollkästchen wird zur Laufzeit in der Spalte angezeigt

> **Tip:** Wenn Sie ein Kontrollkästchen in einer Datenblattspalte zentrieren möchten, erstellen Sie eine Container-Klasse, fügen dieser ein Kontrollkästchen hinzu und passen dessen Position in der Container-Klasse an. Fügen Sie die Container-Klasse dann der Datenblattspalte hinzu, und stellen Sie die Eigenschaft **ControlSource** des Kontrollkästchens auf das gewünschte Feld ein.

▶ **So entfernen Sie Steuerelemente im Formular-Designer aus Datenblattspalten**

1. Wählen Sie im Listenfeld **Objekt** des Eigenschaftenfensters das zu entfernende Steuerelement aus.
2. Aktivieren Sie den Formular-Designer.

   Wenn das Eigenschaftenfenster sichtbar ist, wird der Steuerelementname im Listenfeld **Objekt** angezeigt.
3. Drücken Sie ENTF.

Sie können Steuerelemente einer Datenblattspalte auch mit der Methode AddObject im Code hinzufügen.

▶ **So fügen Sie Steuerelemente einer Datenblattspalte programmgesteuert hinzu**

- Verwenden Sie im Ereignis Init des Datenblatts die Methode AddObject, um der Datenblattspalte das Steuerelement hinzuzufügen, und stellen Sie die Eigenschaft CurrentControl der Spalte ein.

Beispielsweise fügen die folgenden Code-Zeilen im Ereignis **Init** eines Datenblatts einer Datenblattspalte zwei Steuerelemente hinzu und legen eines davon als aktuelles Steuerelement fest:

```
THIS.grcColumn1.AddObject("spnQuantity", "SPINNER")
THIS.grcColumn1.AddObject("cboQuantity", "COMBOBOX")
THIS.grcColumn1.CurrentControl = "spnQuantity"
* Die folgenden Code-Zeilen stellen sicher,
* daß das Steuerelement sichtbar ist
* und in jeder Zeile des Datenblatts angezeigt wird
THIS.grcColumn1.spnQuantity.Visible = .T.
THIS.grcColumn1.Sparse = .F.
```

In diesem Beispiel gibt es für Column1 drei mögliche aktuelle Steuerelementwerte:

- spnQuantity
- cboQuantity
- Text1 (das Standard-Steuerelement)

Hinweis: Auf Datenblattebene eingestellte Eigenschaften werden nicht an die Spalten oder Kopfzeilen übergeben. Analog müssen Sie die Eigenschaften der Kopfzeilen und eingebetteten Steuerelemente direkt einstellen, da diese ihre Eigenschaften nicht aus Einstellungen auf Spaltenebene erben.

Tip: Um die Kombinationsfelder in den Datenblattspalten optimal anzuzeigen, stellen Sie beim Kombinationsfeld die folgenden Eigenschaften ein:

```
BackStyle = 0        && durchsichtig
Margin = 0
SpecialEffect = 1    && flach
BorderStyle = 0      && kein Rahmen
```

Verwenden von bedingter Formatierung in Datenblättern

Durch spezielle Formatierung eines Datenblatts erleichtern Sie einem Benutzer die Aufgabe, die Datensätze im Datenblatt nach bestimmten Informationen zu durchsuchen. Zum Erstellen einer bedingten Formatierung verwenden Sie die Eigenschaften einer Spalte, die sich auf dynamische Schrift- und Farbgestaltung beziehen.

Sie können beispielsweise zu einem Formular ein Datenblatt hinzufügen und die Eigenschaft ColumnCount auf 2 einstellen. Stellen Sie außerdem die Eigenschaft ControlSource der ersten Spalte auf orders.to_name und die Eigenschaft **ControlSource** der zweiten Spalte auf orders.order_net ein. Zur Anzeige von Bestellsummen kleiner 500,00 mit schwarzer Vordergrundfarbe und von Bestellsummen größer gleich 500,00 mit roter Vordergrundfarbe beziehen Sie die folgende Zeile in den Init-Ereigniscode des Datenblatts ein:

```
THIS.Column2.DynamicForeColor = ;
   "IIF(orders.order_net >= 500, RGB(255,0,0), RGB(0,0,0))"
```

Allgemeine Datenblatteigenschaften

Die folgenden Datenblatteigenschaften werden normalerweise zur Entwurfszeit eingestellt.

Eigenschaft	Beschreibung
ChildOrder	Der Fremdschlüssel der Detailtabelle ist mit dem Primärschlüssel der Master-Tabelle verknüpft.
ColumnCount	Anzahl der Spalten. Wenn die Eigenschaft **ColumnCount** auf -1 gestellt ist, besitzt das Datenblatt so viele Felder wie die Datensatzquelle (Eigenschaft **RecordSource**) des Datenblatts.
LinkMaster	Master-Tabelle für die im Datenblatt angezeigten Detaildatensätze.

(Fortsetzung)

Eigenschaft	Beschreibung
RecordSource	Legt die im Datenblatt anzuzeigenden Daten fest.
RecordSourceType	Herkunft der im Datenblatt angezeigten Daten: eine Tabelle, ein Alias, eine Abfrage oder eine Tabelle, die im Dialog mit dem Benutzer ausgewählt wurde.

Allgemeine Spalteneigenschaften

Die folgenden Spalteneigenschaften werden normalerweise zur Entwurfszeit eingestellt.

Eigenschaft	Beschreibung
ControlSource	Legt die in der Spalte anzuzeigenden Daten fest. Hierbei handelt es sich häufig um ein Feld in einer Tabelle.
Sparse	Wenn Sparse auf Wahr (.T.) eingestellt ist, werden Steuerelemente in einem Datenblatt nur dann als Steuerelemente angezeigt, wenn die Zelle in der Spalte ausgewählt ist. Andere Zellen in der Spalte zeigen den zugrundeliegenden Datenwert in einem Textfeld an. Die Sparse-Einstellung Wahr (.T.) ermöglicht eine schnellere Aktualisierung, wenn ein Benutzer einen Bildlauf durch ein Datenblatt mit vielen angezeigten Zeilen durchführt.
CurrentControl	Legt fest, welches Steuerelement im Datenblatt aktiv ist. Die Standardeinstellung ist Text1. Wenn Sie der Spalte jedoch ein Steuerelement hinzufügen, können Sie dieses als CurrentControl festlegen.

Hinweis: Die Eigenschaft ReadOnly eines Steuerelements innerhalb der Spalte wird durch die Eigenschaft ReadOnly der Spalte außer Kraft gesetzt. Wenn Sie die Eigenschaft **ReadOnly** des Steuerelements in einer Spalte in dem mit dem Ereignis AfterRowColChange verbundenen Code einstellen, wird die neue Einstellung gültig, während diese Zelle aktiv ist.

Erleichtern der Verwendung von Steuerelementen

Vermutlich möchten Sie es den Benutzern so einfach wie möglich machen, Ihre Steuerelemente zu verstehen und einzusetzen. Zugriffstasten, Aktivierfolge, QuickInfo-Text und selektives Deaktivieren sind wichtige Mittel für einen benutzerfreundlichen Entwurf.

Festlegen von Zugriffstasten

Eine Zugriffstaste ermöglicht es einem Benutzer, ein Steuerelement von einer beliebigen Stelle im Formular aus zu wählen, indem er ALT und die jeweilige Taste drückt.

▶ **So legen Sie eine Zugriffstaste für ein Steuerelement fest**

- Setzen Sie in der Eigenschaft Caption für das Steuerelement einen umgekehrten Schrägstrich und ein Kleiner-Zeichen (\<) vor den als Zugriffstaste gewünschten Buchstaben.

Beispielsweise legt die folgende Caption-Einstellung für die Beschriftung einer Befehlsschaltfläche f als Zugriffstaste fest.

Ö\<ffnen

Der Benutzer kann die Befehlsschaltfläche an jeder Stelle des Formulars wählen, indem er ALT+F drückt.

So legen Sie eine Zugriffstaste für ein Textfeld oder ein Bearbeitungsfeld fest

1. Erstellen Sie eine Beschriftung mit einem umgekehrten Schrägstrich und einem Kleiner-Zeichen vor dem gewünschten Buchstaben, wie z. B. bei K\<unde.
2. Achten Sie darauf, daß sich die Beschriftung in der Aktivierreihenfolge direkt vor dem Textfeld bzw. dem Bearbeitungsfeld befindet, das den Fokus erhalten soll.

Festlegen der Aktivierfolge von Steuerelementen

Die Standard-Aktivierfolge von Steuerelementen in Ihrem Formular ist die Reihenfolge, in der Sie diese Elemente dem Formular hinzugefügt haben.

Tip: Legen Sie die Aktivierfolge von Steuerelementen so fest, daß der Benutzer sich mühelos in einer logischen Reihenfolge durch Ihre Steuerelemente bewegen kann.

So ändern Sie die Aktivierfolge von Steuerelementen

1. Wählen Sie in der Symbolleiste für Formular-Designer die Schaltfläche **Aktivierfolge bestimmen**.
2. Doppelklicken Sie auf das Feld neben dem Steuerelement, das beim Öffnen des Formulars den Anfangsfokus besitzen soll.
3. Klicken Sie neben die anderen Steuerelemente in der Reihenfolge, in der Sie später mit TAB gelangen möchten.
4. Um den Vorgang abzuschließen, klicken Sie auf eine beliebige Stelle außerhalb der Felder für die Aktivierreihenfolge.

Je nach der Einstellung in der Registerkarte **Formulare** des Dialogfelds Optionen können Sie die **Aktivierfolge** für die Objekte Ihres Formulars auch nach **Liste** festlegen.

Sie können für die Optionsfelder und Befehlsschaltflächen innerhalb einer Steuerelementgruppe eine Auswahlfolge festlegen. Wenn der Benutzer eine Steuerelementgruppe mit der Tastatur ansteuern möchte, kann er mit TAB zu dem ersten Feld oder der ersten Schaltfläche wechseln und dann mit den Pfeiltasten andere Schaltflächen innerhalb der Steuerelementgruppe.

▶ **So ändern Sie die Auswahlfolge von Feldern/Schaltflächen innerhalb einer Steuerelementgruppe**

1. Wählen Sie im Eigenschaftenfenster die Gruppe aus dem Listenfeld „Objekt". Mit einem dicken Rahmen wird angezeigt, daß sich die Gruppe im Bearbeitungsmodus befindet.
2. Wählen Sie das Fenster **Formular-Designer** aus.
3. Wählen Sie aus dem Menü **Ansicht** den Befehl **Aktivierfolge**.
4. Stellen Sie die Auswahlfolge so ein, wie Sie die Aktivierfolge von Steuerelementen festlegen würden.

Einstellen des QuickInfo-Textes

Jedes Steuerelement verfügt über die Eigenschaft ToolTipText, mit der Sie den Text festlegen können, der angezeigt wird, wenn der Benutzer den Mauszeiger über das Steuerelement bewegt. QuickInfos sind besonders zweckmäßig bei Schaltflächen, die Symbole statt Text anzeigen.

▶ **So legen Sie QuickInfo-Text fest**

- Wählen Sie im Eigenschaftenfenster die Eigenschaft **ToolTipText** aus, und geben Sie den gewünschten Text ein.

Die Eigenschaft ShowTips des Formulars legt fest, ob QuickInfo-Text angezeigt wird.

Ändern des Mauszeigers

Um den Benutzer auf die verschiedenen aktuellen Zustände der Anwendung visuell hinzuweisen, können Sie die Anzeige des Mauszeigers ändern.

In der Klasse „tsBaseForm" der Beispielanwendung Tasmanische Handelsgesellschaft ändert beispielsweise die Methode **WaitMode** den Mauszeiger und zeigt den Standard-Cursor für den Wartezustand an. Vor der Ausführung von Code, für dessen Verarbeitung längere Zeit benötigt wird, übergibt diese Beispielanwendung der Methode **WaitMode** den Wert Wahr (.T.) und ändert dadurch den Mauszeiger, so daß der Benutzer darüber informiert ist, daß die Verarbeitung noch nicht abgeschlossen ist. Nach dem Ende der Verarbeitung wird der Standardmauszeiger durch einen Aufruf der Methode **WaitMode** mit dem Wert Falsch (.F.) wiederhergestellt.

```
* Methode WaitMode der tsBaseForm-Klasse
LPARAMETERS tlWaitMode

lnMousePointer = IIF(tlWaitMode, MOUSE_HOURGLASS, MOUSE_DEFAULT)
THISFORM.MousePointer = lnMousePointer
THISFORM.SetAll('MousePointer', lnMousePointer)
```

Wenn Sie als Mauszeiger keinen Standard-Mauszeiger einstellen möchten, setzen Sie die Eigenschaft MousePointer auf 99 – Custom, und stellen Sie die Eigenschaft MouseIcon auf Ihre eigene Cursor (.cur) bzw. auf Ihre eigene Symboldatei (.ico) ein.

Aktivieren und Deaktivieren von Steuerelementen

Wenn die Funktionalität eines Steuerelements in einer bestimmten Situation nicht verfügbar ist, stellen Sie dessen Eigenschaft Enabled auf Falsch (.F.) ein.

Aktivieren und Deaktivieren von Schaltflächen in einer Gruppe

Sie können einzelne Optionsfelder oder Befehlsschaltflächen in einer Gruppe aktivieren oder deaktivieren, indem Sie die Eigenschaft Enabled jeder dieser Schaltflächen entweder auf Wahr (.T.) oder auf Falsch (.F.) einstellen. Es ist auch möglich, alle Schaltflächen in einer Gruppe zu deaktivieren oder zu aktivieren, indem Sie die Eigenschaft **Enabled** der Gruppe wie in der folgenden Code-Zeile einstellen:

```
frmForm1.cmgCommandGroup1.Enabled = .T.
```

Wenn Sie die Eigenschaft **Enabled** einer Optionsfeldgruppe oder einer Befehlsschaltflächengruppe auf Falsch (.F.) einstellen, werden alle Schaltflächen der Gruppe deaktiviert, jedoch nicht mit den Farbeigenschaften **DisabledBackColor** und **DisabledForeColor** angezeigt. Durch das Einstellen der Eigenschaft **Enabled** für die Gruppe wird die Eigenschaft **Enabled** der einzelnen Schaltflächen in der Gruppe nicht geändert. Dies gibt Ihnen die Möglichkeit, eine Gruppe von Schaltflächen zu deaktivieren, in der einige Schaltflächen bereits deaktiviert sind. Wenn Sie die Gruppe aktivieren, bleiben ursprünglich deaktivierte Schaltflächen weiterhin deaktiviert.

Falls Sie sämtliche Schaltflächen in einer Gruppe deaktivieren möchten, damit sie deaktiviert angezeigt werden, und falls Sie Informationen darüber, welche Schaltflächen ursprünglich deaktiviert oder aktiviert waren, nicht beibehalten möchten, können Sie die Methode SetAll der Gruppe folgendermaßen verwenden:

```
frmForm1.opgOptionGroup1.SetAll("Enabled", .F.)
```

Zulassen der Drag & Drop-Textbearbeitung für Benutzer

Beim Entwerfen von Visual FoxPro-Anwendungen können Sie Text, Dateien und Objekte aus der Komponentengalerie, dem Projekt-Manager, dem Datenbank-Designer und dem Datenumgebungs-Designer an die gewünschten Positionen in Formularen und Berichten ziehen. Sie können die Drag & Drop-Funktionalität von Visual FoxPro Ihren Benutzern auch zur Laufzeit zur Verfügung stellen.

Die Möglichkeiten von Drag & Drop reichen bis zu Vorgängen mit mehreren Formularen. Der Benutzer kann Text, Dateien und Steuerelemente an jede Stelle auf dem Formular und auch auf andere Formulare ziehen.

Unter Visual FoxPro werden jetzt zwei Drag & Drop-Typen unterstützt: OLE-Drag & Drop und Control-Drag & Drop. OLE-Drag & Drop ermöglicht es Ihnen, Daten zwischen anderen Anwendungen, die OLE-Drag & Drop unterstützen (wie z. B. Visual FoxPro, Visual Basic, dem Windows-Explorer, Microsoft Word und Excel usw.) zu verschieben. Unter einer installierten Visual FoxPro-Anwendung können Sie Daten zwischen Steuerelementen innerhalb der Anwendung oder zwischen Steuerelementen und anderen Windows-Anwendungen, die OLE-Drag & Drop unterstützen, verschieben.

Mit Control-Drag & Drop können Sie Visual FoxPro-Steuerelemente innerhalb Ihrer Visual FoxPro-Anwendungen verschieben. Control-Drag & Drop wird ebenfalls unter früheren Versionen von Visual FoxPro unterstützt. Während der Benutzer ein Steuerelement zieht, blendet Visual FoxPro einen grauen Umriß von der Größe des Objekts ein, der zusammen mit dem Mauszeiger verschoben wird. Sie können dieses Standardverhalten außer Kraft setzen, indem Sie für die Eigenschaft DragIcon eines Steuerelements eine Cursor-Datei (.cur) festlegen.

In diesem Abschnitt wird Control-Drag & Drop beschrieben. Weitere Informationen über OLE-Drag & Drop finden Sie unter „OLE-Drag & Drop" in Kapitel 31, „Interoperabilität im Internet".

▶ **So zeigen Sie Beispiele für die Verwendung von Drag & Drop an**

1. Führen Sie **Solution.app** im Ordner **Visual Studio ...\Samples\Vfp98\Solution** aus.
2. Klicken Sie in der Verzeichnisstruktur auf **Steuerelemente**, und klicken Sie dann auf **Allgemein**.

Ziehen eines Abbildungs-Steuerelements zur Laufzeit

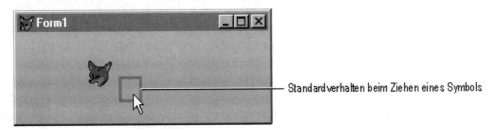

Standardverhalten beim Ziehen eines Symbols

Hinweis: Beim Ziehen eines Steuerelements zur Laufzeit wird dessen Position nicht automatisch geändert. Sie müssen die Neupositionierung (entsprechend der Beschreibung im Abschnitt „Bewirken einer Steuerelementverschiebung in einem Drag & Drop-Vorgang" weiter unten in diesem Kapitel) selbst programmieren. Das Ziehen wird häufig nur verwendet, um eine bestimmte Aktion auszuführen. Nach dem Loslassen der Maustaste nimmt das Steuerelement seine ursprüngliche Position wieder ein.

Mit den folgenden Eigenschaften, Ereignissen und Methoden für Drag & Drop können Sie die Auswirkung eines Zieh-Vorgangs bestimmen und außerdem festlegen, wie das Ziehen bei einem bestimmten Steuerelement (sofern gewünscht) initialisiert wird.

Für die folgende Aufgabe	verwenden Sie dieses Merkmal
Automatisches oder manuelles Ziehen eines Steuerelements zulassen.	Eigenschaft DragMode
Das Symbol angeben, das beim Ziehen des Steuerelements angezeigt wird.	Eigenschaft DragIcon
Erkennen, wann ein Steuerelement auf einem Objekt abgelegt wird.	Ereignis DragDrop
Erkennen, wann ein Steuerelement über ein Objekt gezogen wird.	Ereignis DragOver
Manuelles Ziehen starten oder beenden.	Methode Drag

Alle visuellen Steuerelemente können zur Laufzeit gezogen werden, und alle Steuerelemente nutzen gemeinsam die in der vorstehenden Tabelle aufgelisteten Eigenschaften. Formulare erkennen zwar die DragDrop- und DragOver-Ereignisse, besitzen jedoch keine DragMode- und DragIcon Eigenschaften.

Aktivieren des automatischen Zieh-Modus

Wenn der Benutzer die Möglichkeit erhalten soll, ein Steuerelement zu ziehen, nachdem er auf dieses geklickt hat, setzen Sie die Eigenschaft DragMode auf 1. Hierdurch wird das automatische Ziehen des Steuerelement aktiviert. Wenn Sie das Ziehen auf Automatic einstellen, ist der Zieh-Modus immer aktiviert.

Hinweis: Während ein automatischer Zieh-Vorgang abläuft, erkennt das gezogene Steuerelement keine anderen Maus-Ereignisse.

Reagieren, wenn der Benutzer das Objekt ablegt

Wenn der Benutzer die Maustaste losläßt, nachdem er ein Steuerelement gezogen hat, erzeugt Visual FoxPro ein Ereignis DragDrop. Es gibt viele Möglichkeiten, auf dieses Ereignis zu reagieren. Sie können das Steuerelement an die neue Position verschieben, die durch die letzte Position des grauen Umrisses bezeichnet wird. Denken Sie daran, daß das Steuerelement nicht automatisch an die neue Position verschoben wird.

Im Zusammenhang mit Drag & Drop-Vorgängen gibt es zwei wichtige Begriffe:

Begriff	Bedeutung
Quelle	Spricht das Steuerelement an, das gezogen wird.
Ziel	Bezeichnet das Objekt, auf dem der Benutzer das Steuerelement ablegt. Dieses Objekt (ein Formular oder Steuerelement) erkennt das Ereignis **DragDrop**.

Ein Steuerelement wird dann zum Ziel, wenn sich der Mauszeiger beim Loslassen der Maustaste innerhalb der Begrenzung des Steuerelements befindet. Ein Formular wird dann zum Ziel, wenn der Mauszeiger über einem freien Bereich des Formulars steht.

Das Ereignis DragDrop erhält drei Parameter: *oSource*, *nXCoord* und *nYCoord*. Der Parameter *oSource* ist ein Bezug auf das Steuerelement, das auf dem Ziel abgelegt wurde. Die Parameter *nXCoord* und *nYCoord* enthalten die horizontale bzw. vertikale Koordinate des Mauszeigers innerhalb des Ziels.

Da es sich bei *oSource* um ein Objekt handelt, können Sie es wie ein Steuerelement einsetzen, d.h. Sie können auf die zugehörigen Eigenschaften Bezug nehmen oder eine zugehörige Methode aufrufen. Beispielsweise prüfen die folgenden Anweisungen in dem mit dem Ereignis DragDrop verbundenen Code, ob der Benutzer ein Steuerelement auf dem Element selbst abgelegt hat:

```
LPARAMETERS oSource, nXCoord, nYCoord
IF oSource.Name != THIS.Name
   * Eine Aktion ausführen.
ELSE
   * Steuerelement wurde auf sich selbst abgelegt.
   * Eine andere Aktion ausführen.
ENDIF
```

Alle für *oSource* möglichen Steuerelementtypen besitzen eine Eigenschaft Visible. Deshalb können Sie ein Steuerelement unsichtbar machen, wenn es auf einem bestimmten Teil eines Formulars oder auf einem anderen Steuerelement abgelegt wird. Die folgende Zeile in dem mit dem Ereignis DragDrop eines Abbildungs-Steuerelements verbundenen Code bewirkt, daß ein gezogenes Steuerelement beim Ablegen auf der Abbildung unsichtbar wird:

```
LPARAMETERS oSource, nXCoord, nYCoord
oSource.Visible = .F.
```

Hinweisen auf gültige Drop-Zonen

Beim Aktivieren von Drag & Drop können Sie Ihren Benutzern helfen, indem Sie visuelle Hinweise einbeziehen. Hierzu ändern Sie am besten in dem mit dem Ereignis DragOver verbundenen Code die Eigenschaft DragIcon der Quelle.

Der folgende Code im Ereignis **DragOver** eines Steuerelements weist einen Benutzer darauf hin, daß das Steuerelement kein gültiges Drop-Ziel ist. In diesem Beispiel ist cOldIcon eine benutzerdefinierte Eigenschaft des Formulars.

```
LPARAMETERS oSource, nXCoord, nYCoord, nState
DO CASE
    CASE nState = 0             && Hingehen
        THISFORM.cOldIcon = oSource.DragIcon
        oSource.DragIcon = "NODROP01.CUR"
    CASE nState = 1             && verlassen
        oSource.DragIcon = THISFORM.cOldIcon
ENDCASE
```

Steuern des Beginns und des Endes des Zieh-Vorgangs

Die Einstellung „Manual" der Eigenschaft DragMode ermöglicht Ihnen eine bessere Steuerung als die Einstellung „Automatic". Mit der Einstellung „Manual" können Sie festlegen, wann ein Steuerelement gezogen werden kann und wann nicht. (Wenn DragMode auf „Automatic" eingestellt ist, kann das Steuerelement immer gezogen werden, sofern die Einstellung nicht geändert wird.)

So möchten Sie beispielsweise das Ziehen als Reaktion auf MouseDown- und MouseUp Ereignisse oder als Reaktion auf einen Tastatur- oder Menübefehl aktivieren. Die Einstellung „Manual" ermöglicht es Ihnen außerdem, ein Ereignis MouseDown vor Beginn des Ziehens zu erkennen, so daß Sie die Mauszeigerposition speichern können.

Wenn Sie das Ziehen mit Hilfe von Code aktivieren möchten, behalten Sie für die Eigenschaft **DragMode** die Standardeinstellung (0 – Manual) bei. Verwenden Sie dann die Methode Drag immer, wenn Sie das Ziehen eines Objekts beginnen oder beenden möchten:

container.control.Drag(*nAction*)*container.control*.Drag(*nAction*)

Wenn *nAction* gleich 1 ist, startet die Methode Drag das Ziehen des Steuerelements. Ist *nAction* gleich 2, wird das Steuerelement abgelegt und ein Ereignis **DragDrop** ausgelöst. Der Wert 0 für *nAction* bricht das Ziehen ab. Die Wirkung ist ähnlich wie bei dem Wert 2. Allerdings tritt kein Ereignis **DragDrop** ein.

Hinweis: Wenn Sie Drag & Drop aus einem Listenfeld aktivieren möchten, rufen Sie die Methode Drag am besten in dem mit dem Ereignis MouseMove des Quellistenfelds verbundenen Code auf, nachdem Sie festgelegt haben, daß die Maustaste gedrückt ist. Ein Beispiel hierfür finden Sie in der Datei **Lmover.scx** im Verzeichnis **Visual Studio…\Samples\Vfp98\Solution\Controls\Lists**.

Bewirken einer Steuerelementverschiebung in einem Drag & Drop-Vorgang

Vermutlich möchten Sie, daß das Quell-Steuerelement seine Position ändert, nachdem der Benutzer die Maustaste losgelassen hat. Mit der Methode Move bewirken Sie, daß ein Steuerelement zu der neuen Mauszeigerposition verschoben wird. Beispielsweise verschiebt der folgende Code im Ereignis **DragDrop** eines Formulars das gezogene Steuerelement zu seiner Ablegeposition:

```
LPARAMETERS oSource, nXCoord, nYCoord
oSource.Move(nXCoord, nYCoord)
```

Mit diesem Code erzielen Sie möglicherweise nicht die erwünschte Wirkung, da sich der Mauszeiger an der oberen linken Ecke des Steuerelements befindet. Der folgende Code richtet die Mitte des Steuerelements an der Mauszeigerposition aus:

```
LPARAMETERS oSource, nXCoord, nYCoord
oSource.Move ((nXCoord - oSource.Width / 2), ;
   (nYCoord - oSource.Height / 2))
```

Dieser Code funktioniert am besten, wenn die Eigenschaft DragIcon auf einen anderen Wert als den Standardwert (das graue Rechteck) eingestellt wird. Wird das graue Rechteck verwendet, möchte der Benutzer das Steuerelement normalerweise exakt in die Endposition des Rechtecks verschieben. Zeichnen Sie zu diesem Zweck die Ausgangsposition des Mauszeigers im Quell-Steuerelement auf. Verwenden Sie diese Position dann als Versatz beim Verschieben des Steuerelements. Ein Beispiel hierfür finden Sie in der Datei **Ddrop.scx** im Verzeichnis **Visual Studio …\Samples\Vfp98\Solution\Forms**.

So zeichnen Sie die Ausgangsposition des Mauszeigers auf

1. Legen Sie manuelles Ziehen des Steuerelements fest.
2. Deklarieren Sie zwei Variablen auf Formularebene, nDragX und nDragY.
3. Aktivieren Sie das Ziehen, wenn ein Ereignis MouseDown auftritt. Speichern Sie in diesem Fall den Wert von *nXCoord* und *nYCoord* in den entsprechenden Eigenschaften des Formulars.
4. Deaktivieren Sie das Ziehen, wenn ein Ereignis MouseUp auftritt.

Erweitern von Formularen

Mit Seitenrahmen können Sie die Fläche von Formularen vergrößern. Durch den Einsatz von ActiveX-Steuerelementen verfügen Sie über zusätzliche Möglichkeiten, die Funktionalität Ihrer Formulare zu erweitern.

Verwenden von Seitenrahmen

Ein Seitenrahmen ist ein Container-Objekt, das Seiten enthält. Auf Seiten sind Steuerelemente enthalten. Eigenschaften können auf Seitenrahmen-, Seiten- oder Steuerelementebene eingestellt werden.

▶ **So zeigen Sie Beispiele für die Verwendung von Seitenrahmen an**

1. Führen Sie **Solution.app** im Ordner **Visual Studio ...\Samples\Vfp98\Solution** aus.
2. Klicken Sie in der Verzeichnisstruktur auf **Steuerelemente**, und klicken Sie dann auf **Seitenrahmen**.

Am besten stellen Sie sich den Seitenrahmen als einen dreidimensionalen Container vor, der schichtweise angeordnete Seiten zeigt. Nur die Steuerelemente auf der obersten Seite (oder oben auf dem Seitenrahmen) können sichtbar und aktiv sein.

Mehrere Seiten in einem Seitenrahmen eines Formulars

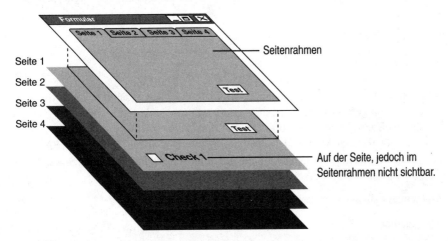

Der Seitenrahmen definiert die Position der Seiten und das sichtbare Ausmaß der Seite. Die obere linke Ecke einer Seite ist an der oberen linken Ecke des Seitenrahmens verankert. Steuerelemente können auf Seiten plaziert werden, die die Dimensionen des Seitenrahmens überschreiten. Diese Steuerelemente sind aktiv, doch nicht sichtbar, es sei denn, daß Sie die Eigenschaften Height und Width des Seitenrahmens programmgesteuert ändern, um die Steuerelemente sichtbar zu machen.

Verwenden von Seiten in einer Anwendung

Bei Seitenrahmen und Seiten können Sie mit Registerkarten versehene Formulare oder Dialogfelder erstellen, die dieselben Möglichkeiten der Benutzeroberfläche wie der Projekt-Manager bieten.

Darüber hinaus ermöglichen es Ihnen Seitenrahmen, einen Bereich des Formulars zu definieren, in den Sie Steuerelemente mühelos ein- und auslagern können. So bleibt beispielsweise in Assistenten der größte Teil des Formulars konstant, doch ein Formularbereich ändert sich bei jedem Schritt. Statt nun für die einzelnen Assistentenschritte fünf Formulare zu erstellen, könnten Sie ein einziges Formular mit einem Seitenrahmen und fünf Seiten erstellen.

Solution.app im Verzeichnis **Visual Studio ...\Samples\Vfp98\Solution** enthält zwei Beispiele für Seitenrahmen, die zeigen, wie Rahmen mit und ohne Registerkarten verwendet werden.

Hinzufügen von Seitenrahmen zu einem Formular

Sie können in jedes Formular einen oder mehrere Seitenrahmen einbeziehen.

So fügen Sie einem Formular einen Seitenrahmen hinzu

1. Wählen Sie in der Symbolleiste für Formular-Steuerelemente die Schaltfläche **Seitenrahmen**, und ziehen Sie sie im Formular-Designer auf die gewünschte Größe.

2. Stellen Sie die Eigenschaft **PageCount** so ein, daß sie die Anzahl der in den Rahmen einzubeziehenden Seiten angibt.

Seitenrahmen mit vier Seiten

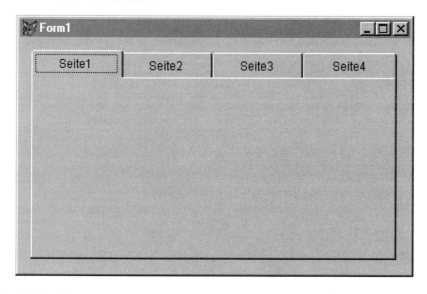

3. Wählen Sie aus dem Kontextmenü des Rahmens den Befehl **Bearbeiten**, um den Rahmen als Container zu aktivieren. Der Rand des Seitenrahmens wird breiter und zeigt so, daß er aktiv ist.

4. Fügen Sie Steuerelemente mit demselben Verfahren wie in einem Formular hinzu.

> **Hinweis:** Wie bei anderen Container-Steuerelementen müssen Sie den Seitenrahmen zunächst markieren und aus dem Kontextmenü den Befehl **Bearbeiten** wählen, oder Sie müssen den Container im Listenfeld **Objekt** des Eigenschaftenfensters auswählen, so daß er markiert ist (einen breiteren Rand hat). Wenn Sie die Seite nicht als Container aktivieren, bevor Sie ihr Steuerelemente hinzufügen, werden die Elemente dem Formular und nicht der Seite hinzugefügt, obwohl sie sichscheinbar auf der Seite befinden.

▶ So wählen Sie eine andere Seite im Seitenrahmen aus

1. Aktivieren Sie den Seitenrahmen als Container, indem Sie mit der rechten Maustaste darauf klicken und **Bearbeiten** wählen.
2. Wählen Sie das Register der Seite aus, das Sie verwenden möchten.

   – oder –

- Wählen Sie die gewünschte Seite im Eigenschaftenfenster im Listenfeld **Objekt** aus.

   – oder –

- Wählen Sie die gewünschte Seite unten im Formular-Designer im Feld **Seite** aus.

Hinzufügen von Steuerelementen zu einer Seite

Wenn Sie einer Seite Steuerelemente hinzufügen, sind diese nur sichtbar und aktiv, wenn die betreffende Seite aktiv ist.

▶ So fügen Sie einer Seite Steuerelemente hinzu

1. Wählen Sie im Listenfeld **Objekt** des Eigenschaftenfensters die Seite aus. Um den Seitenrahmen wird eine Umrahmung angezeigt, in der Sie die darin enthaltenen Objekte bearbeiten können.
2. Wählen Sie in der Symbolleiste für Formular-Steuerelemente die benötigte Steuerelementschaltfläche, und ziehen Sie sie in der Seite auf die gewünschte Größe.

Verwalten von langen Beschriftungen auf Registern

Falls die Beschriftungen Ihrer Registerkarten länger sind, als angesichts der Seitenrahmenbreite und der Anzahl der Seiten auf der Registerkarte angezeigt werden kann, gibt es zwei Möglichkeiten:

- Stellen Sie die Eigenschaft TabStretch auf 1 – Single Row ein, um nur die Zeichen der Beschriftungen anzuzeigen, die auf die Registerkarten passen. Die Standardeinstellung ist Single Row.
- Stellen Sie die Eigenschaft **TabStretch** auf 0 – Multiple Rows ein, um die Registerkarten so zu stapeln, daß die gesamte Beschriftung auf allen Registerkarten sichtbar ist.

Programmgesteuertes Ändern von Seiten

Unabhängig davon, ob ein Seitenrahmen mit oder ohne Registerkarte angezeigt wird, können Sie eine Seite mit Hilfe der Eigenschaft ActivePage programmgesteuert aktivieren. Beispielsweise ändert der folgende Code in der Ereignisprozedur **Click** einer Befehlsschaltfläche in einem Formular die aktive Seite eines Seitenrahmens im Formular auf die dritte Seite:

```
THISFORM.pgfOptions.ActivePage = 3
```

Allgemeine Seitenrahmeneigenschaften

Die folgenden Seitenrahmeneigenschaften werden normalerweise zur Entwurfszeit eingestellt.

Eigenschaft	Beschreibung
Tabs	Legt fest, ob die Registerkarten für die Seiten sichtbar sind.
TabStyle	Legt fest, ob die Registerkarten alle dieselbe Größe besitzen ob die Breite aller Registerkarten insgesamt mit der Breite des Seitenrahmens übereinstimmt.
PageCount	Anzahl der Seiten im Seitenrahmen.

OLE-Container-Steuerelement

Um zu einem Formular ein OLE-Objekt hinzuzufügen, klicken Sie auf dieses Symbol und ziehen es im Formular auf die gewünschte Größe. Dieses Symbol kann für ein Server-Objekt, z. B. für Microsoft Exceloder Microsoft Word, stehen oder für ein ActiveX-Steuerelement, vorausgesetzt, daß in Ihrem Windows SYSTEM-Verzeichnis ActiveX-Steuerelemente (Dateien mit der Endung .ocx)enthalten sind. Allgemeine Informationen zu ActiveX-Steuerelementen finden Sie in Kapitel 16, „Hinzufügen von OLE".

Gebundenes OLE-Steuerelement

Um in einem Formular ein gebundenes OLE-Objekt zu erstellen, klicken Sie auf dieses Symbol und ziehen es im Formular auf die gewünschte Größe. Nach dem Erstellen des Objekts verbinden Sie es mit einem Objektfeld in einer Tabelle. Danach können Sie das Objekt dazu verwenden, um den Inhalt dieses Feldes anzuzeigen. Wenn Sie z. B. im Objektfeld Word-Dokumente speichern, können Sie den Inhalt dieser Dokumente mit einem gebundenen OLE-Objekt im Formular anzeigen.

▶ So erstellen Sie ein gebundenes OLE-Objekt

1. Erstellen oder öffnen Sie ein Formular.

2. Wählen Sie in der Symbolleiste für Formular-Steuerelemente die Schaltfläche **Gebundenes OLE-Steuerelement** und ziehen Sie das Objekt im Formular auf de gewünschte Größe.

3. Verbinden Sie das OLE-Objekt mit einem Objektfeld, indem Sie die Eigenschaft **ControlSource** des Objekts einstellen.

Ein Beispiel für die Verwendung des gebundenen OLE-Steuerelements finden Sie in Kapitel 16, „Hinzufügen von OLE".

KAPITEL 11

Entwerfen von Menüs und Symbolleisten

Die Menüs und Symbolleisten bieten den Benutzern klar gegliederte und leicht zugängliche Zugriffsmöglichkeiten auf die in der Anwendung enthaltenen Befehle und Tools. Wenn Sie Ihre Menüs und Symbolleisten mit Sorgfalt planen und entwickeln, können Sie erreichen, daß die wesentlichen Funktionsmerkmale Ihrer Anwendung klar ersichtlich werden und sich die Benutzer schnell orientieren können.

Weitere Informationen, wie Sie Symbolleisten von Visual FoxPro ändern können, finden Sie in Kapitel 3, „Konfigurieren von Visual FoxPro", im *Installationshandbuch*.

Dieses Kapitel behandelt folgende Themen:

- Verwenden von Menüs in Anwendungen
- Erstellen von benutzerdefinierten Symbolleisten
- Testen eines Menüsystems und Beseitigen von Fehlern
- Anpassen eines Menüsystems

Verwenden von Menüs in Anwendungen

Häufig suchen die Benutzer zuerst in Menüs, bevor sie sich an irgendeiner anderen Stelle über Ihre Anwendung informieren. Wenn Ihre Menüs gut entworfen sind, können die Benutzer allein anhand von Anordnung und Inhalt die grundlegenden Möglichkeiten der Anwendung erkennen. Mit dem Menü-Designer von Visual FoxPro erstellen Sie Menüs, die die Qualität Ihrer Anwendungen verbessern.

Jeder Teil einer Visual FoxPro-Anwendung kann ein eigenes *Menüsystem* (Gruppe von Menüs) enthalten. In den folgenden Abschnitten wird die Erstellung eines Menüsystems beschrieben. Es wird jedoch nicht darauf eingegangen, wie Sie dieses System in Ihre Anwendung integrieren. Einzelheiten über das Hinzufügen von Menüs zu einer Anwendung finden Sie in Kapitel 13, „Kompilieren einer Anwendung".

Erstellen eines Menüsystems

Die Hauptarbeit beim Erstellen eines Menüsystems wird im Menü-Designer erledigt. Hier werden die eigentlichen Menüs, Untermenüs und Menüoptionen erstellt.

Menü-Designer

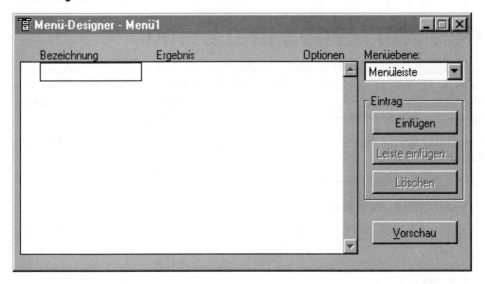

Zum Erstellen eines Menüsystems sind mehrere Schritte erforderlich: Unabhängig vom Umfang Ihrer Anwendung und der Komplexität der Menüs sollten Sie grundsätzlich die folgenden Arbeitsschritte durchführen.

- Planung und Entwurf des Menüsystems

    Entscheiden Sie, welche Menüs benötigt werden, wo diese in der Benutzeroberfläche angezeigt werden sollen, für welche Menüs Untermenüs erforderlich sind usw. Weitere Informationen über das Planen von Menüsystemen finden Sie unter „Planen eines Menüsystems" weiter unten in diesem Kapitel.

- Erstellen Sie die Menüs und Untermenüs.

    Definieren Sie mit dem Menü-Designer die Menünamen, Menüelemente und Untermenüs.

- Weisen Sie dem System Tasks zu, um die entsprechenden Aktionen auszuführen.

    Legen Sie Tasks fest, die die Menüs ausführen sollen, beispielsweise das Anzeigen von Formularen und Dialogfeldern. Beziehen Sie außerdem bei Bedarf Initialisierungs-Code und Abschluß-Code ein. Der Initialisierungs-Code wird ausgeführt, bevor das Menüsystem definiert ist. Er kann Code zum Öffnen von Dateien, Deklarieren von Variablen oder Ablegen des Menüsystems in einem Stapelspeicher enthalten, damit er später abgerufen werden kann. Der Abschluß-Code wird nach dem Code für die Menüdefinition ausgeführt und stellt Menüs und Menüelemente zur Auswahl, zur Verfügung oder hebt deren Verfügbarkeit auf.

- Erstellen Sie das Menüprogramm.
- Führen Sie das Programm zum Testen des Systems aus.

Planen eines Menüsystems

Die Zweckmäßigkeit einer Anwendung kann von der Qualität ihrer Menüsysteme abhängen. Wenn Sie genügend Planungszeit in Ihre Menüs investieren, sind die Benutzer gerne bereit, damit zu arbeiten und erlernen dies schnell.

Beachten Sie beim Entwerfen Ihres Menüsystems die folgenden Richtlinien:

- Organisieren Sie das System nach den Tasks, die die Benutzer ausführen werden, und nicht nach der Hierarchie der Programme in der Anwendung.

  Wenn die Benutzer die Menüs und Menüelemente anzeigen, erhalten sie bereits einen Eindruck davon, wie die Anwendung aufgebaut ist. Um diese Menüs und Menüelemente wirkungsvoll zu entwerfen, sollten Sie wissen, wie die Benutzer über ihre Arbeit denken und diese ausführen.

- Geben Sie jedem Menü einen sinnvollen Namen.

- Organisieren Sie Menüelemente nach der erwarteten Häufigkeit ihrer Verwendung, ihrer logischen oder alphabetischen Reihenfolge.

  Wenn Sie die Häufigkeit nicht vorhersagen und keine logische Reihenfolge festlegen konnen, organisieren Sie die Menüelemente alphabetisch. Die alphabetische Anordnung empfiehlt sich besonders, wenn ein Menü mehr als acht Elemente enthält. Bei so vielen Menüelementen benötigen die Benutzer schon eine gewisse Zeit, um sie durchzusehen. Bei einer alphabetischen Reihenfolge wird das gesuchte Element schneller gefunden.

- Fügen Sie zwischen logischen Gruppen von Menüelementen Trennlinien ein.

- Begrenzen Sie die Anzahl der Elemente in einem Menü auf einen Bildschirm.

- Wenn die Anzahl die Länge eines Bildschirms überschreitet, erstellen Sie für geeignete Menüelemente Untermenüs.

- Wählen Sie Zugriffstasten und Shortcuts für Menüs und Menüelemente.

  Beispielsweise kann ALT+D eine Zugriffstaste für ein Menü **Datei** sein.

- Verwenden Sie Wörter, die die einzelnen Menüelemente deutlich benennen.

  Verwenden Sie allgemein gebräuchliche Wörter statt Computerjargon, und weisen Sie mit einfachen, aktiven Verben darauf hin, welche Aktionen sich aus dem Wählen des betreffenden Menüelements ergeben. Verwenden Sie keine Substantive als Verben. Benennen Sie außerdem die Menüelemente mit Hilfe von Parallelkonstruktionen. Wenn Sie Elemente zum Beispiel mit einzelnen Wörtern benennen, behalten Sie dies durchgehend bei.

- Schreiben Sie die Namen von Menüelementen in Groß- und Kleinbuchstaben.

> **Tip:** Wenn Sie ein Beispiel für ein Menüsystem anzeigen möchten, führen Sie die Anwendung **Tasmanian Traders** Tastrade.app aus, die sich im Verzeichnis **Visual Studio ...\Samples\Vfp98\Tastrade** befindet.

Erstellen von Menüs, Kontextmenüs, Menüelementen und Untermenüs

Nachdem Sie Ihr Menüsystem geplant haben, können Sie es mit dem Menü-Designer erstellen. Sie haben die Möglichkeit, Menüs, Menüelemente, Untermenüs von Menüelementen, Linien zum Trennen von Gruppen verwandter Menüelemente usw. zu erstellen. Die folgenden Abschnitte beschreiben alle Einzelheiten.

Erstellen von Menüs

Sie können Menüs erstellen, indem Sie entweder das vorhandene Visual FoxPro-Menüsystem anpassen oder Ihr eigenes Menüsystem entwickeln. Wenn Sie von dem vorhandenen Visual FoxPro-Menüsystem ausgehen möchten, verwenden Sie das Standardmenü.

▶ **So erstellen Sie ein Menüsystem mit dem Standardmenü**

1. Wählen Sie aus dem Projekt-Manager die Registerkarte **Andere**, wählen Sie **Menüs** aus, und klicken Sie dann auf die Schaltfläche **Neu**.

2. Wählen Sie **Menü**.

   Der **Menü-Designer** wird angezeigt.

3. Wählen Sie aus dem Menü **Menü** den Befehl **Standardmenü**.

   Der **Menü-Designer** zeigt jetzt Informationen über die Hauptmenüs von Visual FoxPro an.

   Menüsystem, das mit dem Merkmal Standardmenü erstellt wurde

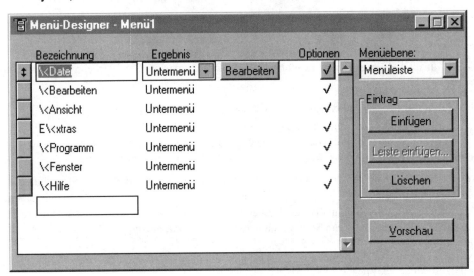

4. Passen Sie das Menüsystem an, indem Sie Menüelemente hinzufügen oder ändern.

   Fügen Sie z. B. ein Menü **Kunde** vor dem Menü **Hilfe** ein, indem Sie zunächst das mit dem Menü **Hilfe** verbundene Verschiebesymbol wählen, dann auf die Schaltfläche **Einfügen** klicken und schließlich in der Spalte **Bezeichnung** das Wort **Kunde** eingeben. Das Ergebnis sieht folgendermaßen aus:

Angepaßtes Menüsystem

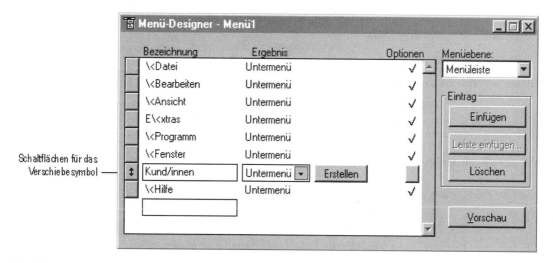

Schaltflächen für das Verschiebesymbol

Tip: Ziehen Sie das zugehörige Verschiebesymbol, um die Position eines Menüs innerhalb der Menüleiste zu ändern.

Wenn Sie das Menü **Hilfe** benötigen, sollten Sie es auf der Menüleiste ganz rechts anordnen, damit die Benutzer es schneller finden.

Bevor Sie in Ihrer Anwendung ein Menü verwenden können, müssen Sie es zunächst generieren.

▶ **So generieren Sie ein Menü**

- Wählen Sie aus dem Menü Menü den Befehl **Generieren**.

Visual FoxPro fordert Sie auf, das Menüsystem in einer Datei mit der Erweiterung .mnx zu speichern. Dies ist eine Tabelle, die alle Informationen über das Menüsystem enthält. Nachdem Sie das Menüsystem gespeichert haben, fragt Sie Visual FoxPro nach einer Ausgabedatei mit der Erweiterung .mpr. In dieser Datei wird das generierte Menüprogramm gespeichert.

Erstellen von Kontextmenüs

Kontextmenüs werden immer dann angezeigt, wenn Sie mit der rechten Maustaste auf ein Steuerelement oder ein Objekt klicken. Auf diese Weise können diejenigen Funktionen angezeigt werden, die sich auf das entsprechende Objekt beziehen. Mit Visual FoxPro können Sie Kontextmenüs erstellen und diese dann mit Steuerelementen verknüpfen. Sie können z. B. ein Kontextmenü mit den Befehlen **Ausschneiden**, **Kopieren** und **Einfügen** erstellen, das erscheint, wenn die Benutzer mit der rechten Maustaste auf ein Datenblatt-Steuerelement (Grid) klicken.

▶ **So erstellen Sie ein Kontextmenü**

1. Wählen Sie aus dem Projekt-Manager die Registerkarte **Andere**, wählen Sie **Menüs** aus, und klicken Sie dann auf die Schaltfläche **Neu**.

2. Wählen Sie **Shortcut**.

   Der **Zugriffstasten-Designer** wird angezeigt.

Wenn Sie sich im Zugriffstasten-Designer befinden, gehen Sie beim Hinzufügen von Menüelementen genauso vor wie beim Erstellen von Menüs.

Wenn Sie ein Beispiel für Kontextmenüs anzeigen möchten, führen Sie die Anwendung **Solution.app** im Verzeichnis **Visual Studio ...\Samples\Solution\Vfp98\Solution** aus.

Erstellen von SDI-Menüs

Als SDI-Menüs werden solche Menüs bezeichnet, die in SDI-Fenstern (Single-Document Interface) angezeigt werden. Wenn Sie ein SDI-Menü erstellen möchten, müssen Sie beim Entwerfen des Menüs angeben, daß das Menü in einem SDI-Formular verwendet wird. Hiervon abgesehen gehen Sie bei der Erstellung eines SDI-Menüs genauso vor wie bei einem normalen Menü.

▶ **So erstellen Sie ein SDI-Menü**

- Wenn der Menü-Designer geöffnet ist, wählen Sie aus dem Menü **Ansicht** den Befehl **Allgemeine Optionen** und dann **Formular der obersten Ebene**.

Erstellen von Menüelementen

Nachdem Sie Menüs erstellt haben, können Sie darin Menüelemente anordnen. Menüelemente können Visual FoxPro-Befehle oder -Prozeduren darstellen, die die Benutzer ausführen sollen. Sie können aber auch Untermenüs enthalten, die weitere Menüelemente bereitstellen.

▶ **So fügen Sie einem Menü Menüelemente hinzu**

1. Klicken Sie in der Spalte **Bezeichnung** auf den Namen des Menüs, dem Sie Menüelemente hinzufügen möchten.

   Klicken Sie zum Beispiel auf den vorher erstellten Menünamen **Kunde**.

2. Wählen Sie unter **Ergebnis** die Option **Untermenü** aus.

   Rechts neben der Liste wird eine Schaltfläche **Erstellen** eingeblendet.

3. Klicken Sie auf die Schaltfläche **Erstellen**.

   Ein leeres Entwurfsfenster wird eingeblendet. In diesem Fenster geben Sie die Menüelemente ein.

4. Geben Sie in der Spalte **Bezeichnung** die Namen der neuen Menüelemente ein.

   Möchten Sie beispielsweise zwischen bar und mit Kreditkarte zahlenden Kunden unterscheiden, geben Sie für das eine Menüelement **Bar** und für das andere Element **Kreditkarte** ein.

Erstellen von Untermenüs

Für jedes Menüelement können Sie ein Untermenü mit weiteren Menüelementen erstellen.

▶ **So erstellen Sie ein Untermenü**

1. Klicken Sie in der Spalte **Bezeichnung** auf das Menüelement, dem Sie ein Untermenü hinzufügen möchten.

   Klicken Sie beispielsweise auf das vorher erstellte Menüelement **Kreditkarte**.

2. Wählen Sie unter **Ergebnis** die Option **Untermenü** aus.

   Rechts neben der Liste wird eine Schaltfläche **Erstellen** eingeblendet. Wenn bereits ein Untermenü vorhanden ist, wird statt dessen eine Schaltfläche **Bearbeiten** eingeblendet.

3. Wählen Sie **Erstellen** oder **Bearbeiten**.

4. Geben Sie in der Spalte **Bezeichnung** die Namen der neuen Menüelemente ein.

   Fügen Sie dem Untermenü **Kreditkarte** beispielsweise zwei Elemente hinzu: geben Sie **Visa** für Besitzer von Visa-Kreditkarten und **MasterCard** für Besitzer von MasterCard-Kreditkarten ein.

Programmgesteuertes Hinzufügen von Menüs

Obwohl Sie Menüs und Menüelemente normalerweise mit dem Menü-Designer erstellen, können Sie zu diesem Zweck auch Visual FoxPro-Befehle verwenden. So können Sie zum Beispiel ein Menü mit dem Befehl DEFINE PAD, ein Untermenü mit dem Befehl DEFINE POPUP und Elemente im Untermenü mit einer Folge von DEFINE BAR-Befehlen erstellen. Einzelheiten finden Sie in der Hilfe unter dem jeweiligen Thema.

Gruppieren von Menüelementen

Zur besseren Lesbarkeit trennen Sie Gruppen ähnlicher Menüelemente durch Trennlinien voneinander. So enthält beispielsweise das Visual FoxPro-Menü **Bearbeiten** eine Linie, die die Befehle **Rückgängig** und **Wiederherstellen** von den Befehlen **Ausschneiden**, **Kopieren**, **Einfügen**, **Inhalte einfügen** und **Löschen** trennt.

Gruppierte Menüelemente

▶ **So gruppieren Sie Menüelemente**

1. Geben Sie in der Spalte **Bezeichnung** die Kombination **\-** ein. Damit wird eine Trennlinie erstellt.

2. Ziehen Sie das Verschiebesymbol links neben der Bezeichnung **\-**, um die Trennlinie zu verschieben, bis sie sich an der gewünschten Position befindet.

Speichern eines Menüs als HTML-Datei

Beim Erstellen eines Menüs können Sie aus dem Menü **Datei** den Befehl **Als HTML speichern** wählen, um den Inhalt eines Menüs als HTML-Datei (HTML = Hypertext Markup Language) zu speichern.

▶ **So speichern Sie ein Formular als HTML-Datei**

1. Öffnen Sie das Menü.

2. Klicken Sie im Menü **Datei** auf **Als HTML speichern**. (Sie werden aufgefordert, das Menü zu speichern, sofern dies geändert wurde.)

3. Geben Sie den Namen der zu erstellenden HTML-Datei ein, und klicken Sie auf **Speichern**.

Integrieren von Menüs in eine Anwendung

Wenn Sie ein Menüsystem erstellt haben, können Sie dieses in Ihre Anwendung integrieren.

▶ **So integrieren Sie ein Menüsystem in Ihrer Anwendung**

- Fügen Sie die .mnx-Datei zu Ihrem Projekt hinzu und erstellen Sie dann die Anwendung aus dem Projekt. Weitere Informationen über das Erstellen einer Anwendung finden Sie in Kapitel 13, „Kompilieren einer Anwendung".

Zuweisen von Kontextmenüs zu Steuerelementen

Wenn Sie ein Kontextmenü erstellt und generiert haben, können Sie es einem Steuerelement zuweisen. Kontextmenüs werden normalerweise dann angezeigt, wenn die Benutzer mit der rechten Maustaste auf ein Steuerelement klicken. Um das Kontextmenü einem bestimmten Steuerelement zuzuweisen, müssen Sie im Ereigniscode für den rechten Mausklick des Steuerelements ein paar Zeilen hinzufügen.

1. Wählen Sie dasjenige Steuerelement, dem Sie ein Kontextmenü zuweisen möchten.

2. Wählen Sie im Eigenschaftenfenster die Registerkarte **Methoden**, und wählen Sie das **Right Click-Ereignis**.

3. Geben Sie im Code-Fenster den Befehl **DO** *menu*.**MPR** ein, wobei Sie für *menu* den Namen des Kontextmenüs angeben.

> **Hinweis:** Achten Sie darauf, daß Sie bei der Benennung der Kontextmenüs immer die Erweiterung .mpr verwenden.

Zuweisen von SDI-Menüs zu Formularen

Wenn Sie ein SDI-Menü erstellt haben, können Sie es einem SDI-Formular zuweisen. Zusätzlich müssen Sie:

- Die ShowWindow-Eigenschaft des Formulars einstellen.
- Im Init-Ereignis des Formulars eine DO-Anweisung hinzufügen.

▶ **So weisen Sie ein SDI-Menü einem Formular zu**

1. Stellen Sie im Formulardesigner die ShowWindow-Eigenschaft auf **2 – As Top Level Form**.
2. Rufen Sie das Menü im Init-Ereignis des Formulars auf.

    Wenn Ihr Menü z. B. SDIMENU.MPR heißt, würden Sie den folgenden Code eingeben:

    ```
    DO SDIMENU.MPR WITH THIS,.T.
    ```

Zuweisen von Tasks zu einem Menüsystem

Wenn Sie ein Menüsystem erstellen, sollten Sie dabei auf einfachen Zugriff auf dieses System achten. Menüs und Menüelementen müssen Tasks zugewiesen werden, z. B. das Anzeigen von Formularen, Symbolleisten und anderen Menüsystemen. Für den Zugriff auf das Menüsystem sollten Sie Zugriffstasten festlegen. Zur weiteren Steuerung können Sie auch Shortcuts und Menüelemente aktivieren und deaktivieren.

Zuweisen von Zugriffstasten

Gut gestaltete Menüs enthalten Zugriffstasten, die über die Tastatur schnellen Zugriff auf die Funktionen des Menüs ermöglichen. Eine Zugriffstaste wird durch den unterstrichenen Buchstaben im Menünamen oder Menüelement dargestellt. Das Visual FoxPro-Menü **Datei** zum Beispiel verwendet das „D" als Zugriffstaste.

Wenn Sie einem Menünamen oder Menüelement keine Zugriffstaste zuweisen, weist ihm Visual FoxPro automatisch den ersten Buchstaben als Zugriffstaste zu. Beispielsweise enthielt das vorher erstellte Menü **Kunde** keine definierte Zugriffstaste. Entsprechend hat ihm Visual FoxPro den ersten Buchstaben (K) als Zugriffstaste zugewiesen.

Menüs mit Zugriffstasten

▶ **So legen Sie die Zugriffstaste für ein Menü oder Menüelement fest**

- Geben Sie vor dem als Zugriffstaste vorgesehenen Buchstaben \< ein.

    Wenn Sie zum Beispiel im Menünamen **Kunde** das „u" als Zugriffstaste festlegen möchten, ersetzen Sie in der Spalte **Bezeichnung** das Wort **Kunde** durch **K\<unde**.

Fehlerbehebung: Falls eine Zugriffstaste für Ihr Menüsystem nicht funktioniert, suchen Sie nach doppelt zugewiesenen Zugriffstasten.

Zuweisen von Shortcuts

Außer dem Zuweisen von Zugriffstasten haben Sie die Möglichkeit, Shortcuts für Menüs oder Menüelemente festzulegen. Genauso wie mit Zugriffstasten können Sie mit Shortcuts ein Menü oder Menüelement wählen, indem Sie eine Taste gedrückt halten und zusätzlich eine andere Taste drücken. Der Unterschied zwischen Zugriffstasten und Shortcuts besteht darin, daß Sie mit Hilfe eines Shortcuts ein Menüelement wählen können, ohne zuerst dessen Menü anzeigen zu müssen.

Die Shortcuts für Visual FoxPro-Menüelemente sind Kombinationen aus der STRG- oder der ALT-Taste und einer anderen Taste. Beispielsweise können Sie eine neue Datei in Visual FoxPro erstellen, indem Sie STRG+N drücken.

▶ **So legen Sie einen Shortcut für ein Menü oder Menüelement fest**

1. Klicken Sie in der Spalte **Bezeichnung** auf den entsprechenden Menünamen oder das entsprechende Menüelement.

2. Wählen Sie in der Spalte **Optionen** die Schaltfläche, um das Dialogfeld **Optionen zur Bezeichnung** anzuzeigen.

3. Drücken Sie im Feld **Tastenname** eine Tastenkombination, um einen Shortcut zu erstellen.

   Wenn für ein Menüelement kein Shortcut existiert, zeigt Visual FoxPro im Feld **Tastenname** „(Taste drücken)" an.

4. Fügen Sie im Feld **Tastentext** den Text hinzu, der hinter dem Menüelement stehen soll.

   Standardmäßig wiederholt Visual FoxPro im Feld **Tastentext** den Shortcut aus dem Feld **Tastenname**. Wenn Sie in Ihrer Anwendung einen abweichenden Text anzeigen möchten, können Sie diesen im Feld **Tastentext** ändern. Wenn sowohl im Feld **Tastenname** als auch im Feld **Tastentext** STRG+R steht, können Sie den Wert im Feld **Tastentext** zu ^R ändern.

   Hinweis: Der Shortcut STRG+J ist ungültig, da mit diesem Shortcut in Visual FoxPro bestimmte Dialogfelder geschlossen werden.

Aktivieren und Deaktivieren von Menüelementen

Sie können ein Menü oder Menüelement auf der Basis einer logischen Bedingung aktivieren oder deaktivieren.

▶ **So aktivieren oder deaktivieren Sie ein Menü oder Menüelement**

1. Klicken Sie in der Spalte **Bezeichnung** auf den entsprechenden Menünamen oder das entsprechende Menüelement.

2. Wählen Sie in der Spalte **Optionen** die Schaltfläche, um das Dialogfeld **Optionen zur Bezeichnung** anzuzeigen.

3. Aktivieren Sie **Deaktivieren**.

   Das Dialogfeld **Ausdruck erstellen** wird angezeigt.

Dialogfeld „Ausdruck erstellen"

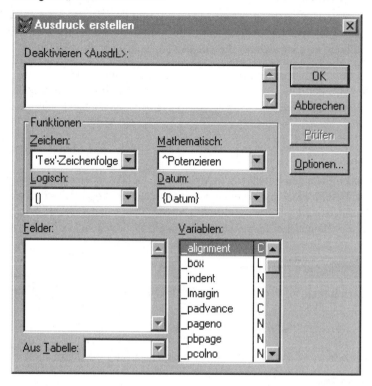

4. Geben Sie im Feld **Deaktivieren** den Ausdruck ein, der festlegt, ob das Menü oder Menüelement aktiviert oder deaktiviert ist.

   Wenn der Ausdruck als .F. (falsch) ausgewertet wird, ist das Menü oder Menüelement aktiviert. Wird der Ausdruck als .T. (wahr) ausgewertet, ist das Menü oder Menüelement deaktiviert und kann nicht gewählt werden. Einzelheiten finden Sie in der Hilfe unter „DEFINE BAR" und „DEFINE PAD".

   Hinweis: Nachdem das Menüsystem angezeigt wurde, können Sie Menüs und Menüelemente mit dem Befehl SET SKIP OF aktivieren und deaktivieren. Näheres hierzu finden Sie in der Hilfe.

Kennzeichnen des Status eines Menüelements

In einem Menü weist ein Häkchen vor einem Menüelement darauf hin, daß dieses aktiv ist. Wenn Sie zum Beispiel im vorher erstellten Menü **Kunde** ein Häkchen vor das Element Kreditkarte setzen, ist dieses Element aktiv.

Während der Laufzeit können Sie mit dem Befehl SET MARK OF ein Häkchen vor ein Menüelement setzen. Näheres hierzu finden Sie in der Hilfe.

Wenn Sie sich ein Beispiel für das Aktivieren und Deaktivieren von Menüelementen ansehen möchten, führen Sie **Solution.app** im Verzeichnis **Visual Studio ...\Samples\Vfp98\Solution** aus.

Zuweisen von Tasks zu Menüs oder Menüelementen

Wenn ein Menü oder Menüelement gewählt ist, führt es einen Task aus, zum Beispiel das Anzeigen eines Formulars, einer Symbolleiste oder eines anderen Menüsystems. Hierzu muß ein Menü oder Menüelement einen Visual FoxPro-Befehl ausführen. Es kann sich bei diesem aber auch um einen Prozeduraufruf handeln.

Tip: Wenn Sie eine Gruppe von Befehlen wahrscheinlich an mehreren Stellen verwenden werden, schreiben Sie eine Prozedur. Die Prozedur muß explizit angegeben und entweder im Abschluß-Code des Menüs eingefügt werden oder an einer anderen Stelle, wo sie von einem beliebigen Objekt oder Menü aus aufgerufen werden kann.

Ausführen von Tasks mit Befehlen

Um einen Task auszuführen, können Sie einen Befehl einem Menü oder einem Menüelement zuweisen. Dies kann jeder gültige Visual FoxPro-Befehl sein, einschließlich dem Aufrufen eines Programms in Ihrem Pfad oder einer in der Option **Abschlußprozedur** des Dialogfelds Allgemeine Optionen definierten Prozedur. Näheres hierzu finden Sie unter „Erstellen einer Standardprozedur für ein Menüsystem" weiter unten in diesem Kapitel.

▶ **So weisen Sie einem Menü oder Menüelement einen Befehl zu**

1. Klicken Sie in der Spalte **Bezeichnung** auf den entsprechenden Menünamen oder das entsprechende Menüelement.
2. Wählen Sie im Feld **Ergebnis** die Option **Befehl** aus.
3. Geben Sie in dem Feld rechts neben dem Feld **Ergebnis** den entsprechenden Befehl ein:

Zuweisen eines Befehls zu einem Menü

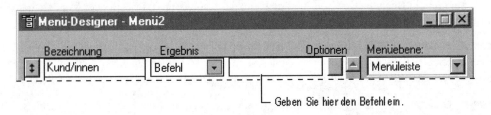

Geben Sie hier den Befehl ein.

Wenn der Befehl eine Prozedur im Abschluß-Code des Menüs aufruft, verwenden Sie den Befehl DO mit der folgenden Syntax:

DO *Prozname* IN *Menüname*

In dieser Syntax gibt *Menüname* die Position der Prozedur an. Dies ist der Name der Menüdatei. Er muß die Erweiterung .mpr haben. Falls Sie keine Position mittels Menüname angeben, müssen Sie diese mit dem Befehl SET PROCEDURE TO *Menüname*.mpr angeben, wenn sich die Prozedur im Abschluß-Code des Menüs befindet. Weitere Informationen über diese Befehle finden Sie in der Hilfe.

Anzeigen von Formularen und Dialogfeldern

Aus einem Menü oder Menüelement können Sie ein kompiliertes Formular oder Dialogfeld anzeigen, indem Sie es mit einem Befehl oder einer Prozedur aufrufen. Wenn Sie beispielsweise das Formular **Orders** anzeigen möchten, verwenden Sie den folgenden Befehl:

```
DO FORM Orders
```

Tip: Wenn Sie ein Menü oder Menüelement erstellen, das ein Formular oder ein Dialogfeld anzeigt, fügen Sie am Ende der Bezeichnung drei Punkte hinzu.

Drei Punkte hinter einem Menüelement zeigen, daß eine Benutzereingabe erforderlich ist

Anzeigen von Symbolleisten

Wenn Sie eine benutzerdefinierte Symbolleiste für eine Anwendung erstellen, können Sie diese anzeigen, indem Sie sie aus einem Menü oder Menüelement aufrufen. Näheres hierzu finden Sie unter „Erstellen von benutzerdefinierten Symbolleisten" weiter unten in diesem Kapitel.

Ausführen von Tasks mit Prozeduren

Sie können einem Menü oder Menüelement eine Prozedur zuweisen. Das hierfür erforderliche Verfahren hängt davon ab, ob das Menü oder Menüelement Untermenüs enthält oder nicht.

▶ **So weisen Sie einem Menü oder Menüelement ohne Untermenüs eine Prozedur zu**

1. Klicken Sie in der Spalte **Bezeichnung** auf den entsprechenden Menünamen oder das entsprechende Menüelement.

2. Wählen Sie im Feld **Ergebnis** die Option **Prozedur** aus.

    Rechts neben der Liste wird eine Schaltfläche **Erstellen** eingeblendet. Wenn bereits eine Prozedur definiert wurde, wird statt dessen eine Schaltfläche **Bearbeiten** eingeblendet.

3. Wählen Sie **Erstellen** oder **Bearbeiten**.

Zuweisen einer Prozedur zu einem Menü ohne Untermenüs

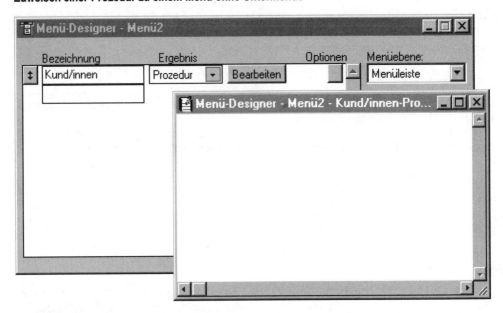

4. Geben Sie den entsprechenden Code im Fenster ein.

   Hinweis: Sie brauchen nicht den Befehl PROCEDURE im Prozedurbearbeitungsfenster einzugeben, da Visual FoxPro diese Anweisung automatisch generiert. Die Anweisung PROCEDURE benötigen Sie lediglich im Abschluß-Code.

▶ **So weisen Sie einem Menü oder Menüelement mit Untermenüs eine Prozedur zu**

1. Wählen Sie im Feld **Menüebene** die Ebene aus, die das entsprechende Menü oder Menüelement enthält. Angenommen, Ihr Menüsystem enthält das vorher erstellte Menü **Kunde**. Wenn Sie diesem Menü eine Prozedur zuweisen möchten, wählen Sie im Feld **Menüebene** die Ebene „Menüleiste" aus. Möchten Sie eine Prozedur jedoch einem Element im Menü **Kunde** zuweisen, wählen Sie in der Liste die Ebene „Kunde" aus.

2. Wählen Sie aus dem Menü **Ansicht** den Befehl **Menüoptionen**.

   Visual FoxPro zeigt das Dialogfeld **Menüoptionen** an.

Zuweisen einer Prozedur zu einem Menü mit Untermenüs

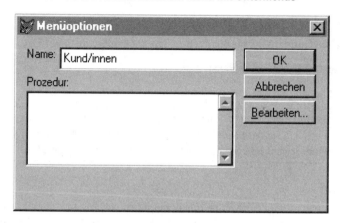

3. Weisen Sie die Prozedur zu, indem Sie eine der folgenden Anweisungen ausführen:

- Schreiben Sie eine Prozedur im Feld **Prozedur**, oder rufen Sie sie dort auf.

– oder –

- Klicken Sie erst auf die Schaltfläche **Bearbeiten** und dann auf **OK**, um ein weiteres Bearbeitungsfenster zu öffnen und dort eine Prozedur zu schreiben oder aufzurufen.

Hinzufügen von Initialisierungs-Code zu Menüsystemen

Sie können ein Menüsystem anpassen, indem Sie diesem Initialisierungs-Code hinzufügen. Initialisierungs-Code kann Code zum Erstellen der Umgebung, Definieren von Speichervariablen, Öffnen erforderlicher Dateien sowie Speichern oder Wiederherstellen von Menüsystemen mit den Befehlen PUSH MENU und POP MENU enthalten. Einzelheiten finden Sie in der Hilfe unter „PUSH MENU (Befehl)" und „POP MENU (Befehl)".

So fügen Sie einem Menüsystem Initialisierungs-Code hinzu

1. Wählen Sie aus dem Menü **Ansicht** den Befehl **Allgemeine Optionen**.

2. Aktivieren Sie unter **Menü-Code** die Option **Initialisierungsprozedur** und klicken Sie dann auf **OK**.

3. Geben Sie im Initialisierungscode-Fenster den entsprechenden Initialisierungs-Code ein.

Wenn Sie den Menü-Designer schließen, werden Ihre Änderungen gespeichert.

Hinzufügen von Abschluß-Code zu einem Menüsystem

Sie können Ihr Menüsystem individuell anpassen, indem Sie diesem Abschluß-Code hinzufügen. Abschluß-Code enthält normalerweise Code, der Menüs und Menüelemente zunächst aktiviert oder deaktiviert. Wenn Sie das Menüprogramm generieren und ausführen, wird der Initialisierungs-Code und der Menü-Code vor dem Abschluß-Code ausgeführt.

▶ **So fügen Sie einem Menüsystem Abschluß-Code hinzu**

1. Wählen Sie aus dem Menü **Ansicht** den Befehl **Allgemeine Optionen**.
2. Aktivieren Sie unter **Menü-Code** die Option **Abschlußprozedur** und klicken Sie dann auf **OK**.
3. Geben Sie bei Bedarf Initialisierungs-Code im Code-Fenster ein.

   Wenn Sie den **Menü-Designer** schließen, werden Ihre Änderungen gespeichert.

Tip: Wenn Ihr Menü das Hauptprogramm in einer Anwendung ist, beziehen Sie in den Abschluß-Code einen READ EVENTS-Befehl ein, und weisen Sie dem Menübefehl zum Beenden des Menüsystems einen CLEAR EVENTS-Befehl zu. Dies verhindert, daß Ihre Anwendung zur Laufzeit vorzeitig geschlossen wird.

Steuern von Menüs während der Laufzeit

Jedes Visual FoxPro-Menü hat zwei Namen, und jedes Menüelement hat einen Namen und eine Nummer. Visual FoxPro verwendet einen Namen in der Benutzeroberfläche und den anderen Namen oder die Nummer im generierten Menüprogramm (.mpr). Diese Namen und Nummern können Sie verwenden, um Menüs und Menüelemente zur Laufzeit anzusprechen und zu steuern. Wenn Sie beim Erstellen von Menüs und Menüelementen nicht einen Namen oder eine Nummer angeben, wird der Name bzw. die Nummer von Visual FoxPro erstellt, wenn Sie das Menüprogramm generieren.

Ein Beispiel für das Hinzufügen und Entfernen von Menüelementen zur Laufzeit finden Sie in der Anwendung **Solution.app** im Verzeichnis **Visual Studio…\Samples\Vfp98\Solution**.

Vorsicht: Verwenden Sie in Code möglichst keine von Visual FoxPro generierten Namen und Nummern, da sich diese bei jedem Generieren des Menüprogramms ändern. Wenn Sie dann auf einen generierten Namen oder eine generierte Nummer Bezug nehmen, wird Ihr Code eventuell nicht ausgeführt.

Die Spalte „Bezeichnung" im Menü-Designer zeigt die in der Benutzeroberfläche verwendeten Namen, und die Spalte rechts neben dem Feld „Ergebnis" zeigt die im generierten Programm verwendeten Namen und Nummern.

Verwenden von „Menüblockname" als Referenz für einen Menünamen im generierten Menüprogramm

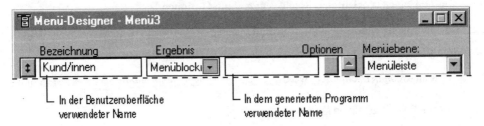

Verwenden von „Leistennummer" als Referenz für ein Menüelement im generierten Menüprogramm

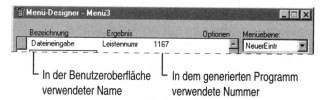

In der Benutzeroberfläche verwendeter Name

In dem generierten Programm verwendete Nummer

▶ So legen Sie einen Namen für einen Menüblock fest

1. Klicken Sie in der Spalte **Bezeichnung** auf den entsprechenden Menünamen.

   Hinweis: In der Spalte **Ergebnis** muß **Befehl**, **Untermenü** oder **Prozedur** (nicht **Menüblockname**) stehen.

2. Wählen Sie in der Spalte **Optionen** die Schaltfläche, um das Dialogfeld **Optionen zur Bezeichnung** anzuzeigen.

3. Geben Sie im Feld **Menüblockname** den Menüblocknamen Ihrer Wahl ein.

4. Klicken Sie auf **OK**, um zum **Menü-Designer** zurückzukehren.

▶ So legen Sie eine Nummer für ein Menüelement fest

1. Klicken Sie in der Spalte **Bezeichnung** auf das entsprechende Menüelement.

   Hinweis: In der Spalte **Ergebnis** muß **Befehl**, **Untermenü** oder **Prozedur** (nicht **Leistennummer**) stehen.

2. Wählen Sie in der Spalte **Optionen** die Schaltfläche, um das Dialogfeld **Optionen zur Bezeichnung** anzuzeigen.

3. Geben Sie im Feld **Leistennummer** die Nummer Ihrer Wahl ein.

4. Klicken Sie auf **OK**, um zum **Menü-Designer** zurückzukehren.

Tip: Wenn Sie das Standardmenü verwenden, dürfen Sie die von Visual FoxPro für die Menüs oder Menüelemente vergebenen Namen und Nummern nicht ändern, da Sie andernfalls beim Ausführen des generierten Menüprogramms unvorhersehbare Ergebnisse erzielen könnten.

Eine Liste der Befehle und Funktionen zum Steuern von Menüs zur Laufzeit finden Sie in der Hilfe unter „Menüs und Menüleisten".

Erstellen von benutzerdefinierten Symbolleisten

Wenn in Ihrer Anwendung bestimmte Aufgaben häufig ausgeführt werden müssen, können Sie diese Aufgaben vereinfachen und beschleunigen, indem Sie benutzerdefinierte Symbolleisten hinzufügen. Wenn Benutzer z. B. zum Drucken eines Berichts normalerweise einen Menübefehl verwenden, können Sie dies durch eine Symbolleiste mit einer Schaltfläche **Drucken** vereinfachen.

In den folgenden Abschnitten wird beschrieben, wie Sie für Ihre Anwendung benutzerdefinierte Symbolleisten erstellen können. Näheres zum Anpassen der Symbolleisten von Visual FoxPro finden Sie in der Hilfe unter „Dialogfeld Symbolleiste anpassen".

Definieren einer Symbolleistenklasse

Wenn Sie eine Symbolleiste erstellen möchten, in der bestimmte Schaltflächen noch nicht in den vorhandenen Symbolleisten enthalten sind, definieren Sie eine benutzerdefinierte Symbolleisten-Klasse. In Visual FoxPro steht Ihnen eine Symbolleisten-Basisklasse zur Verfügung, die Sie als Ausgangspunkt für eigene Klassen verwenden können.

Nach dem Definieren der Symbolleisten-Klasse können Sie zu dieser Objekte hinzufügen und danach für die benutzerdefinierte Symbolleiste Eigenschaften, Ereignisse und Methoden festlegen. Zum Schluß fügen Sie die Symbolleiste zu einem Formularsatz hinzu.

▶ **So definieren Sie eine benutzerdefinierte Symbolleisten-Klasse**

1. Wählen Sie im Projekt-Manager die Registerkarte **Klassen** und dann die Schaltfläche **Neu**.

2. Geben Sie im Feld **Klassenname** den Namen der Klasse ein.

3. Wenn Sie die Symbolleisten-Basisklasse verwenden möchten, wählen Sie im Feld **Basierend auf** den Eintrag **Toolbar**.

    – oder –

    Wenn Sie eine andere Symbolleisten-Klasse verwenden möchten, klicken Sie auf die nebenstehende Dialogschaltfläche.

4. Geben Sie im Feld **Speichern in** den Namen der Bibliothek ein, in der Sie die neue Klasse speichern möchten.

    – oder –

    Klicken Sie auf die nebenstehende Dialogschaltfläche, um eine vorhandene Bibliothek auszuwählen.

5. Fügen Sie zu der neuen Symbolleisten-Klasse Objekte hinzu.

Sie können z. B. die auf der Symbolleisten-Basisklasse basierende Klasse „Printing" zur Bibliothek „Printing" hinzufügen.

Erstellen einer neuen Klasse im Dialogfeld „Neue Klasse"

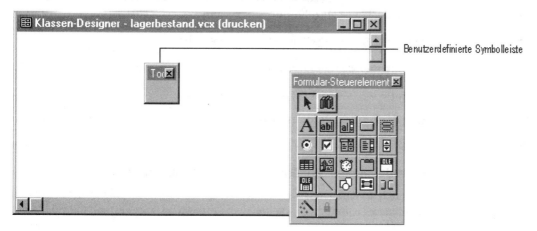

Wenn Sie die Eingaben im Dialogfeld Neue Klasse bestätigen, wird der Klassen-Designer angezeigt.

Eine neue benutzerdefinierte Symbolleiste im Klassen-Designer

Symbolleisten-Klassen können außerdem mit den folgenden Verfahren definiert werden:

- Aus dem Menü **Datei** den Befehl **Neu** und dann **Klasse** wählen.
- Verwenden des Befehls CREATE CLASS oder MODIFY CLASS.
- Programmgesteuerte Definition der Klasse mit dem Befehl DEFINE CLASS.

Näheres hierzu finden Sie unter CREATE CLASS, DEFINE CLASS und MODIFY CLASS in der Hilfe.

Hinzufügen von Objekten zu einer benutzerdefinierten Symbolleistenklasse

Wenn Sie eine benutzerdefinierte Symbolleistenklasse erstellt haben, können Sie zu dieser Klasse Objekte hinzufügen; unter anderen auch alle von Visual FoxPro unterstützten Objekte. Sie können z. B. Objekte aus der Steuerelemente-Symbolleiste hinzufügen.

▶ So fügen Sie Objekte zu Ihrer Symbolleistenklasse hinzu

1. Öffnen Sie die Klassenbibliothek, in der sich die benutzerdefinierte Symbolleiste befindet, und öffnen Sie anschließend die Klasse.
2. Wählen Sie in der Symbolleiste für Formular-Steuerelemente das Objekt, das Sie hinzufügen möchten.
3. Stellen Sie das Objekt in die benutzerdefinierte Symbolleiste, indem Sie diese anklicken.
4. Wiederholen Sie die Schritte 2 und 3, bis die benutzerdefinierte Symbolleiste fertig ist.
5. Ordnen Sie die Objekte in der Symbolleiste in der gewünschten Reihenfolge an.

   Sie können z. B. die Größe der Objekte verändern, sie durch Ziehen verschieben, mit DEL löschen oder durch Einfügen von Zwischenraum-Objekten aus der Symbolleiste für Formular-Steuerelemente zwischen den Objekten Zwischenräume hinzufügen.

   Hinweis: Sie können jeweils nur ein Objekt gleichzeitig verschieben.

6. Stellen Sie im **Eigenschaftenfenster** die Eigenschaften der Symbolleiste ein.
7. Speichern Sie die Klasse für die benutzerdefinierte Symbolleiste.

Tip: Durch die Einstellung der Eigenschaft Picture kann ein Symbol auf der Symbolleiste auch mit einem Bitmap oder einem Symbol belegt werden.

Hinzufügen von benutzerdefinierten Symbolleisten zu Formularsätzen

Wenn Sie eine Symbolleistenklasse definiert haben, können Sie davon ausgehend eine Symbolleiste erstellen. Symbolleisten und Formulare lassen sich sowohl mit dem Formulardesigner als auch mit Code koordinieren.

Koordinieren von Symbolleisten und Formlaren im Formulardesigner

Sie können eine Symbolleiste zu einem Formularsatz hinzufügen und erreichen dadurch, daß die Symbolleiste zusammen mit den im Formularsatz enthaltenen Formularen geöffnet wird. Es ist allerdings nicht möglich, eine Symbolleiste zu einem Formular direkt hinzuzufügen.

▶ So fügen Sie mit dem Formulardesigner eine Symbolleiste zu einem Formularsatz hinzu

1. Registrieren Sie die Bibliothek mit der Symbolleistenklasse und wählen Sie sie aus.
2. Öffnen Sie den Formularsatz, in dem Sie die Symbolleistenklasse verwenden möchten, wählen Sie in de **Symbolleiste für Formular-Steuerelemente** auf die Schaltfläche **Klassen anzeigen** und danach in der angezeigten Liste auf die Symbolleiste.
3. Auf der **Symbolleiste für Formular-Steuerelemente** wählen Sie Symbolleistenklasse.

4. Um die Symbolleiste hinzuzufügen, klicken Sie auf den **Formulardesigner** und ziehen dann die Symbolleiste an die gewünschte Stelle.

   Visual FoxPro fügt die Symbolleiste dem Formularsatz hinzu. Wenn noch kein Formularsatz geöffnet ist, werden Sie aufgefordert, einen Formularsatz anzugeben.

5. Definieren Sie die Aktionen der Symbolleiste und ihrer Schaltflächen (siehe Definieren von Symbolleisten-Aktionen später in diesem Kapitel).

   Tip: Um festzustellen, zu welcher Klasse ein Objekt gehört, können Sie in der Symbolleiste für Formular-Steuerelemente das entsprechende QuickInfo-Feld anzeigen.

Weitere Informationen darüber, wie Sie die Bibliothek mit der Symbolleistenklasse registrieren und auswählen, finden Sie unter „Hinzufügen von Klassen zu Formularen, Formularsätzen und Symbolleisten" in Kapitel 3, „Objektorientierte Programmierung".

Koordinieren von Symbolleisten und Formularen mit Code

Symbolleisten können nicht nur mit dem Formulardesigner, sondern auch durch die Verwendung von Code zu einem Formularsatz hinzugefügt werden.

So fügen Sie mit Code eine Symbolleiste zu einem Formularsatz hinzu

- Verwenden Sie im Init-Ereignis des Formularsatzes den Befehl SET CLASSLIB, um die Bibliothek mit der Symbolleistenklasse anzugeben, und erstellen Sie danach im Formularsatz ausgehend von dieser Klasse eine Symbolleiste.

Um z. B. die Symbolleiste tbrPrint, die auf der Klasse printing in der Bibliothek inventory basiert, hinzuzufügen und anzuzeigen, geben Sie im Init-Ereignis des Formularsatzes den folgenden Code ein:

```
SET CLASSLIB TO inventory
THIS.AddObject("tbrPrint","printing")
THIS.tbrPrint.Show
```

Hinweis: Wenn in der Symbolleistenklasse die Aktionen der Symbolleiste und ihrer Schaltflächen nicht definiert sind, müssen Sie die Aktionen in den entsprechenden Ereignisprozeduren der Symbolleiste und ihrer Schaltflächen definieren. Näheres hierzu finden Sie weiter hinten in diesem Kapitel unter Definieren von Symbolleisten-Aktionen.

Beispiel: Erstellen einer benutzerdefinierten Symbolleiste

Alle Aspekte einer Symbolleiste lassen sich auch mit Code festlegen. Mit den folgenden Codezeilen im Init-Ereignis des Formularsatzes können Sie beispielsweise die im Code angegebene Symbolleiste beim Laden des Formularsatzes erstellen und anzeigen. Diese Symbolleiste enthält zwei Schaltflächen:

Symbolleiste mit zwei Schaltflächen:

Diese Schaltflächen ändern nach dem Anklicken die Schriftart-Attribute des im Formularsatz enthaltenen Formulars `frmForm1`.

Init-Ereigniscode des Formularsatzes

Code	Kommentare
`THIS.AddObject("tbrTool1","mytoolbar")` `THIS.tbrTool1.Show`	Fügt zum aktuellen Formularsatz eine Symbolleiste der Klasse `mytoolbar` hinzu und macht die Symbolleiste sichtbar. Dieser Code befindet sich im Init-Ereignis des Formularsatzes.

Klassendefinitions-Code

Code	Kommentare
`DEFINE CLASS myToolBar AS TOOLBAR`	Beginn der Klassendefinition: Eine Symbolleiste mit einer Befehlsschaltfläche, einem Zwischenraum und einer weiteren Befehlsschaltfläche.

`ADD OBJECT cmdBold AS COMMANDBUTTON`
`ADD OBJECT sep1    AS SEPARATOR`
`ADD OBJECT cmdItalic AS COMMANDBUTTON`	

`Left = 1`
`Top  = 1`
`Width = 25`
`Caption = "Form Attributes"`
	Stellt die Eigenschaften des Symbolleisten-Objekts ein.

`cmdBold.Caption = "B"`
`cmdBold.Height = 1.7`
`cmdBold.Width = 10`
 	
`cmdItalic.Caption = "I"`
`cmdItalic.Height = 1.7`
`cmdItalic.Width = 10`
`cmdItalic.FontBold = .F.`
	Stellt die Eigenschaften der Steuerelemente ein. Bei Schaltflächen in einer Symbolleiste können die Eigenschaften **Top** und **Left** nicht eingestellt werden. Die Steuerelemente in einer Symbolleiste werden in der Reihenfolge, in der sie hinzugefügt werden, automatisch angeordnet.
	
	Die FontBold-Eigenschaft von `cmdItalic` wird auf .F. (falsch) eingestellt, weil FontBold standardmäßig auf .T. (wahr) eingestellt ist.

(Fortsetzung)

Code	Kommentare

`PROCEDURE Activate`
`  THIS.cmdBold.FontBold = ;`
`    THISFORMSET.frmForm1.FontBold`
`  THIS.cmdItalic.FontItalic = ;`
`    THISFORMSET.frmForm1.FontItalic`
`ENDPROC`
	Wenn die Symbolleiste aktiviert wird, werden die Schriftart-Attribute der beiden Befehlsschaltflächen so eingestellt, daß sie den Schriftarteinstellungen für Fett und Kursiv des Formulars `frmForm1` entsprechen.

`PROCEDURE cmdBold.CLICK`
`  THISFORMSET.frmForm1.FontBold = ;`
`    !THISFORMSET.frmForm1.FontBold`
`  THIS.FontBold = ;`
`    THISFORMSET.frmForm1.FontBold`
`ENDPROC`
	Wenn der Benutzer auf `cmdBold` klickt, wird die FontBold-Einstellung des Formulars `frmForm1` umgeschaltet und die FontBold-Einstellung von `cmdBold` entsprechend angeglichen.

`PROCEDURE cmdItalic.CLICK`
`  THISFORMSET.frmForm1.FontItalic = ;`
`    !THISFORMSET.frmForm1.FontItalic`
`  THIS.FontItalic = ;`
`    THISFORMSET.frmForm1.FontItalic`
`ENDPROC`
	Wenn der Benutzer auf `cmdItalic` klickt, wird die FontItalic-Einstellung des Formulars `frmForm1` umgeschaltet und die FontItalic-Einstellung von `cmdItalic` entsprechend angeglichen.

`ENDDEFINE`	Ende der Klassendefinition.

Einstellen der Eigenschaften von benutzerdefinierten Symbolleisten

Eigenschaften der Symbolleiste können zur Entwurfszeit eingestellt werden. So können Sie z. B. die Movable-Eigenschaft einstellen, wenn die Benutzer die Möglichkeit haben sollen, die Symbolleiste zu verschieben.

Darüber hinaus können Sie zur Steuerung von Symbolleisten Methoden und Ereignisse einsetzen. Sie können die Symbolleiste z. B. mit der Dock-Methode verankern oder verschieben. Mit dem BeforeDock-und dem AfterDock-Ereignis bestimmen Sie, was vor und nach dem Verankern einer Symbolleiste geschehen soll. Näheres zu diesen Eigenschaften, Ereignissen und Methoden finden Sie in der Hilfe.

Definieren von Symbolleisten-Aktionen

Nachdem Sie eine Symbolleiste erstellt haben, müssen Sie die Aktionen definieren, die mit der Symbolleiste und den dazugehörenden Objekten verbunden sind. Sie müssen z. B. festlegen, was geschehen soll, wenn die Benutzer auf die Symbolleiste oder auf eine ihrer Schaltflächen klicken.

So definieren Sie eine Symbolleisten-Aktion

1. Wählen Sie das Objekt, für das Sie eine Aktion definieren möchten: d.h. die Symbolleiste selbst oder eine ihrer Schaltflächen.

2. Wählen Sie im Eigenschaftenfenster die Registerkarte **Methoden**.

3. Bearbeiten Sie das entsprechende Ereignis.
4. Fügen Sie den Code hinzu, mit dem die Aktion angegeben wird.

Außerdem können Sie die Eigenschaften und Methoden der Symbolleiste und ihrer Objekte einstellen. Weitere Informationen hierzu finden Sie in der Hilfe.

Koordinieren von Menüs und benutzerdefinierten Symbolleisten

Wenn Sie eine Symbolleiste erstellen, müssen Sie deren Schaltflächen mit den entsprechenden Menübefehlen synchronisieren. Aktivieren Sie beispielsweise eine Schaltfläche, müssen Sie den entsprechenden Menübefehl ebenfalls aktivieren.

Beim Entwerfen und Erstellen Ihrer Anwendung sollten Sie auf folgende Dinge achten:

- Führen Sie die gleiche Aktion aus, wenn die Benutzer die Schaltfläche auf der Symbolleiste oder den entsprechenden Menübefehl wählen.
- Koordinieren Sie die Aktivierung bzw. Deaktivierung der Schaltflächen auf der Symbolleiste mit den entsprechenden Menüelementen.

Bei der Koordinierung der Menüelemente mit den Schaltflächen auf der Symbolleiste gehen Sie im allgemeinen folgendermaßen vor:

1. Erstellen Sie eine Symbolleiste, indem Sie eine Symbolleisten-Klasse definieren, fügen Sie Befehlsschaltflächen hinzu und fügen Sie den Arbeits-Code in Methoden ein, die mit den Click-Ereignissen der Befehlsschaltflächen verbunden sind.
2. Erstellen Sie ein hierauf abgestimmtes Menü.
3. Fügen Sie in einem Formularsatz die Symbolleiste und das Menü hinzu.

Erstellen des koordinierten Menüs

Wenn Sie ein Menü und eine Symbolleiste miteinander koordinieren, werden mit den Menüelementen dieselben Tasks ausgeführt wie mit den entsprechenden Schaltflächen auf der Symbolleiste. Ein Menüelement wird außerdem automatisch deaktiviert, wenn die entsprechende Schaltfläche auf der Symbolleiste deaktiviert wird.

▶ **So erstellen Sie ein auf die Symbolleiste abgestimmtes Menü**

1. Erstellen Sie im Menü-Designer für jede Schaltfläche der Symbolleiste ein Untermenü mit einer treffenden Bezeichnung.
2. Wählen Sie bei jedem Untermenü in der Spalte Aktion die Option **Befehl**.
3. Rufen Sie bei jedem Untermenü den Code auf, der mit dem Click-Ereignis der entsprechenden Schaltfläche der Symbolleiste verbunden ist.

   Wenn z. B. die Schaltfläche auf der Symbolleiste den Namen cmdA hat, fügen Sie im Bearbeitungsfeld als Befehl des Untermenüeintrags die folgende Codezeile ein:

   ```
   Formset.toolbar.cmdA.Click
   ```

4. Wählen Sie in der Spalte **Optionen** die Schaltfläche, um das Dialogfeld **Optionen zur Bezeichnung** anzuzeigen, und wählen Sie **Deaktivieren**.

5. Geben Sie im Ausdruckseditor einen Ausdruck ein, mit dem angegeben wird, daß diese Menüoption deaktiviert werden soll, wenn die Schaltfläche auf der Symbolleiste deaktiviert ist.

   Wenn z. B. die Schaltfläche auf der Symbolleiste den Namen cmdA hat, geben Sie im Feld **Deaktivieren** den folgenden Ausdruck ein:

   ```
   NOT formset.toolbar.cmdA.Enabled
   ```

6. Generieren Sie das Menü.

7. Fügen Sie das Menü zu dem Formularsatz mit der Symbolleiste hinzu und führen Sie den Formularsatz aus.

Wenn die Benutzer das Menü öffnen, wertet Visual FoxPro die Bedingung für die Deaktivierung aus und deaktiviert das Menüelement, wenn die entsprechende Schaltfläche auf der Symbolleiste deaktiviert ist. Wenn die Benutzer einen Menübefehl wählen, wird der Code ausgeführt, der sich auf das Click-Ereignis der entsprechenden Schaltfläche der Symbolleiste bezieht.

Hinzufügen der koordinierten Symbolleiste und des Menüs zu einem Formularsatz

Nachdem Sie eine Symbolleisten-Klasse und ein Menü erstellt haben, die aufeinander abgestimmt sind, können diese einfach in einen Formularsatz integriert werden.

So integrieren Sie die Symbolleiste und das darauf abgestimmte Menü in einem Formularsatz

1. Beim Hinzufügen der Symbolleiste zu einem Formularsatz können Sie eine der drei folgenden Vorgehensweisen wählen:

   - Ziehen Sie die Symbolleisten-Klasse aus dem Projektmanager in den Formulardesigner.

   - Registrieren Sie die Bibliothek der Symbolleisten-Klasse und fügen Sie mit der Steuerelemente-Symbolleiste die Symbolleiste zu dem Formularsatz hinzu.

   - Fügen Sie im Init-Ereignis des Formularsatzes Code mit der AddObject-Methode ein, um die Symbolleiste hinzuzufügen.

2. Im Load-Ereignis des Formularsatzes speichern Sie das vorhandene Menü und führen das Menüprogramm aus.

   Wenn das Menüzum Beispiel den Namen mymenu hat, fügen Sie folgende Codezeilen mit einem PUSH MENU- und einem DO-Befehl ein:

   ```
   PUSH MENU _MSYSMENU
   DO mymenu.mpr
   ```

3. Stellen Sie im Unload-Ereignis des Formularsatzes das vorherige Menü mit dem POP MENU-Befehl wieder her:

   ```
   POP MENU _MSYSMENU
   ```

Wenn einige Menübefehle mehr als andere verwendet werden, können Sie benutzerdefinierte Symbolleisten mit Schaltflächen für diese Befehle erstellen. Die Benutzer klicken dann einfach auf diese Schaltflächen, wenn sie die Befehle verwenden möchten. Wenn Sie eine solche Symbolleiste erstellen, sollten Sie deren Schaltflächen jedoch mit den entsprechenden Menübefehlen synchronisieren. Aktivieren Sie beispielsweise einen Befehl, sollten Sie die entsprechende Schaltfläche ebenfalls aktivieren.

Testen eines Menüsystems und Beseitigen von Fehlern

Sie können sich ein Menüsystem entweder in der Seitenansicht ansehen, während Sie es entwerfen, oder Sie können es testen und Fehler darin beseitigen, nachdem Sie das Menüprogramm generiert haben.

▶ **So lassen Sie sich ein Menüsystem in der Seitenansicht anzeigen, während Sie es entwerfen**

- Wählen Sie im Menü-Designer die Option **Vorschau**.

Wenn Sie **Vorschau** wählen, wird das von Ihnen definierte Menüsystem oben im Bildschirm eingeblendet. Außerdem zeigt das Dialogfeld **Vorschau** den Dateinamen (oder einen temporären Dateinamen) des Menüsystems an.

Anzeigen eines Menüsystems in der Seitenansicht

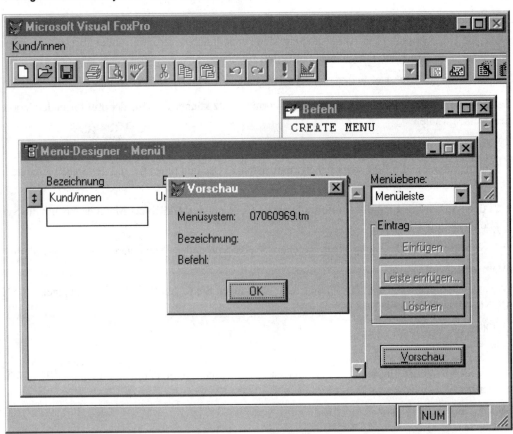

Wenn Sie einen Menünamen oder ein Menüelement wählen, wird dieser, ggf. zusammen mit dem ihm zugewiesenen Befehl, ebenfalls im Dialogfeld **Vorschau** angezeigt.

▶ **So testen Sie ein Menüsystem**

1. Wählen Sie aus dem Menü Menü den Befehl **Generieren**.

   Wenn Sie das Menü geändert haben, fordert Sie Visual FoxPro auf, diese Änderungen zu speichern.

2. Geben Sie im Dialogfeld **Menü generieren** einen Namen für das generierte Menüprogramm an, indem Sie diesen entweder in das Feld **Ausgabedatei** eingeben oder indem Sie die Dialogschaltfläche wählen.

3. Wählen Sie die Schaltfläche **Generieren**, um eine Menüprogrammdatei mit der Erweiterung .mpr zu erstellen.

4. Wählen Sie aus dem Menü **Programm** den Befehl **Ausführen**, um das Programm auszuführen.

   Vorsicht: Bei einer Änderung des generierten Menüprogramms (.mpr-Datei) gehen Ihre Änderungen verloren, wenn Sie erst das Menü mit Hilfe des Menü-Designers ändern und anschließend das Menüprogramm neu generieren.

Wenn das Menüprogramm nicht erwartungsgemäß funktioniert, verwenden Sie die mit Visual FoxPro gelieferten Diagnose-Tools. Weitere Informationen finden Sie in Kapitel 14, „Testen von Anwendungen und Fehlerbeseitigung".

Fehlerbehebung: Wenn Sie eine Anwendung (.exe-Datei) ausführen, bei der das Hauptprogramm ein Menü ist und die Anwendung gleich nach dem Anzeigen des Menüs beendet wird, müssen Sie im Abschluß-Code den Befehl READ EVENTS einfügen. Sie müssen außerdem dem Menübefehl, der den Benutzern das Beenden des Menüsystems ermöglicht, einen CLEAR EVENTS-Befehl zuweisen. Einzelheiten über READ EVENTS und CLEAR EVENTS finden Sie in der Hilfe.

Anpassen eines Menüsystems

Nachdem Sie ein grundlegendes Menüsystem erstellt haben, können Sie es anpassen. So können Sie z. B. Meldungen für die Statusleiste erstellen, Menüpositionen definieren oder Standardprozeduren erstellen.

Anzeigen von Meldungen in der Statusleiste

Wenn ein Menü oder Menüelement gewählt ist, können Sie eine Meldung mit der entsprechenden Beschreibung in der Statusleiste anzeigen. Damit erhalten die Benutzer hilfreiche Informationen.

▶ **So zeigen Sie eine Meldung an, wenn ein Menü oder Menüelement gewählt ist**

1. Klicken Sie in der Spalte **Bezeichnung** auf den entsprechenden Menünamen oder das entsprechende Menüelement.

2. Wählen Sie in der Spalte **Optionen** die Schaltfläche, um das Dialogfeld **Optionen zur Bezeichnung** anzuzeigen.

3. Wählen Sie **Meldung**.

   Das Dialogfeld **Ausdruck erstellen** wird angezeigt.

4. Geben Sie im Feld **Meldung** die entsprechende Meldung ein.

Tip: Setzen Sie Zeichenfolgen in Anführungszeichen.

Definieren der Position von Menünamen

Sie können die Position von benutzerdefinierten Menünamen in Ihren Anwendungen anpassen. Indem Sie im Dialogfeld Allgemeine Optionen die gewünschten Optionen auswählen, können Sie die Position relativ zum aktiven Menüsystem anpassen. Außerdem können Sie die Position von Menütiteln festlegen, wenn die Benutzer ein Objekt visuell bearbeitet.

▶ **So legen Sie eine relative Position für benutzerdefinierte Menünamen fest**

1. Wählen Sie aus dem Menü **Ansicht** den Befehl **Allgemeine Optionen**.

2. Wählen Sie unter **Position** die entsprechende Option aus: **Ersetzen**, **Anfügen**, **Vor** oder **Nach**.

Visual FoxPro positioniert alle von Ihnen definierten Menünamen neu. Wenn Sie nur einige (nicht alle) Menünamen neu positionieren möchten, ziehen Sie die Verschiebesymbole neben den entsprechenden Namen im Menü-Designer.

Darüber hinaus können Sie die Position von Menünamen festlegen, für den Fall, daß die Benutzer ein Objekt in Ihrer Anwendung bearbeiten. Falls Sie ein Objekt einbeziehen und die Benutzer dieses aktivieren, werden Ihre Menünamen nur dann in die resultierende Menüleiste aufgenommen, wenn Sie zuvor festlegen, daß sie dort stehen sollen.

▶ **So steuern Sie die Position des Menünamens während der visuellen Bearbeitung des Objekts**

1. Klicken Sie in der Spalte **Bezeichnung** auf den entsprechenden Menünamen.

2. Wählen Sie in der Spalte **Optionen** die Schaltfläche, um das Dialogfeld **Optionen zur Bezeichnung** anzuzeigen.

3. Aktivieren Sie das Kontrollkästchen **OLE-Position**.

4. Wählen Sie eine der folgenden Optionen aus:

   - **Keine** fügt den Menünamen in der Menüleiste nicht ein. Das Wählen von **Keine** entspricht dem Nichtwählen dieser Option.
   - **Links** fügt den Menünamen in der linken Gruppe von Namen in der Menüleiste ein.
   - **Mitte** fügt den Menünamen in der mittleren Gruppe von Namen in der Menüleiste ein.
   - **Rechts** fügt den Menünamen in der rechten Gruppe von Namen in der Menüleiste ein.

Falls Sie keine der Optionen „Links", „Mitte" oder „Rechts" auswählen, wird der Menüname in der Menüleiste nicht angezeigt, solange die Benutzer ein Objekt bearbeiten. Weitere Informationen über das visuelle Bearbeiten von Objekten finden Sie in Kapitel 16, „Hinzufügen von OLE".

Speichern und Wiederherstellen von Menüs

Sie können Menüs im Stapelspeicher mit den Befehlen PUSH MENU und POP MENU speichern und wiederherstellen. Dieses Ablegen und Wiederherstellen ist zweckmäßig, wenn Sie ein Menü vorübergehend entfernen, es durch ein anderes Menü ersetzen und später das ursprüngliche Menü wiederherstellen möchten. Einzelheiten finden Sie in der Hilfe unter „PUSH MENU" und „POP MENU".

Die Anzahl der im Arbeitsspeicher gespeicherten Menüs wird nur durch die Größe des verfügbaren Speichers begrenzt.

Tip: Überprüfen Sie den verfügbaren Arbeitsspeicher mit der Funktion SYS(1016). Um beispielsweise zu überprüfen, wieviel Arbeitsspeicher Ihr Menüsystem belegt, rufen Sie SYS(1016) auf, legen das Menü im Stapelspeicher ab und rufen dann SYS(1016) erneut auf.

Erstellen einer Standardprozedur für ein Menüsystem

Sie können eine globale Prozedur erstellen, die für Ihr gesamtes Menüsystem gilt. Eine solche Prozedur wird immer dann ausgeführt, wenn ein Menü ohne eine zugewiesene Prozedur gewählt wird.

Angenommen beispielsweise, Sie entwickeln eine Anwendung, bei der einige Menüs noch keine Untermenüs, Prozeduren usw. enthalten. Für diese Menüs können Sie eine Prozedurschablone erstellen, die ausgeführt wird, wenn die Menüs gewählt werden. So können Sie eine allgemeine Prozedur erstellen, die die folgende Funktion enthält:

```
MESSAGEBOX("Merkmal nicht verfügbar")
```

▶ **So erstellen Sie eine Standardprozedur**

1. Öffnen Sie das Menüsystem, das Sie gerade entwerfen.

2. Wählen Sie aus dem Menü **Ansicht** den Befehl **Allgemeine Optionen**.

3. Weisen Sie die Prozedur zu, indem Sie eine der folgenden Anweisungen ausführen:

    - Schreiben Sie eine Prozedur im Feld **Prozedur**, oder rufen Sie sie dort auf.

    – oder –

    - Wählen Sie erst **Bearbeiten** und dann **OK**, um ein weiteres Bearbeitungsfenster zu öffnen und dort eine Prozedur zu schreiben oder aufzurufen.

Festlegen des Systemmenüs

Menüs, die das Visual FoxPro-Menüsystem verwenden, können Sie mit dem Befehl SET SYSMENU bearbeiten. Mit **SET SYSMENU** können Sie Ihre Menüs deaktivieren, Elemente hinzufügen und entfernen, die Visual FoxPro-Standardmenüs wiederherstellen sowie den Zugriff auf Ihre Menüs während der Programmausführung steuern. Weitere Informationen hierzu finden Sie in der Hilfe unter „SET SYSMENU".

TEIL 4

Zusammensetzen der Teile

Nun können Sie Ihre Anwendung fertigstellen und deren Funktionalität testen. Fügen Sie Abfragen und Berichte hinzu, die den Benutzern alle benötigten Informationen verschaffen. Führen Sie dann die Anwendung aus, und suchen Sie nach Bereichen, die noch optimiert werden können

Kapitel 12 Hinzufügen von Abfragen und Berichten 373
Nachdem Sie die Daten und die Benutzeroberfläche Ihrer Anwendung erstellt haben, können Sie mit Abfragen und Berichten, die den Benutzern wichtige Informationen liefern, die Fähigkeiten und Verwendungsmöglichkeiten verbessern.

Kapitel 13 Kompilieren einer Anwendung 407
Erstellen Sie Ihre Anwendungen stückweise, und verifizieren Sie dabei jede einzelne Komponente. Sind alle Ihre Komponenten bereit, ist es einfach, diese zu einer Anwendung zu kompilieren.

Kapitel 14 Testen von Anwendungen und Beseitigung von Fehlern 419
Beim Entwickeln einer Anwendung müssen Sie sowohl die einzelnen Komponenten als auch die Interaktion zwischen diesen auf Fehler überprüfen. Visual FoxPro stellt Ihnen Debugging-Tools zur Verfügung, die Sie beim Suchen und Beseitigen von Fehlern in Ihren Anwendungen unterstützen.

Kapitel 15 Optimieren von Anwendungen 439
Ist Ihre Anwendung erst einmal stabil ausführbar, können Sie sich überlegen, wie Sie sie optimieren können, indem Sie sie kleiner und schneller gestalten.

KAPITEL 12
Hinzufügen von Abfragen und Berichten

Nachdem Sie Tabellen und Formulare für die Anwendung erstellt haben, können Sie Abfragen und Berichte hinzufügen, mit denen sich die Daten effizient auswählen und anzeigen lassen. Die Ergebnisse der Abfragen können an eine Vielzahl von Zielen gesendet werden und stehen so in anderen Komponenten der Anwendung zur Verfügung. Darüber hinaus können Sie Berichte separat ausführen, d.h. ohne Verwendung einer Abfrage. In diesem Kapitel werden einige Möglichkeiten erläutert, Abfragen einzusetzen, Berichte hinzuzufügen und die Abfragen und Berichte den Benutzern zur Verfügung zu stellen.

Ein Bericht oder eine Ansicht in einer Anwendung ist eigentlich eine SELECT – SQL-Anweisung. In diesem Kapitel wird beschrieben, wie Sie in einer Anwendung eine SELECT – SQL-Anweisung einsetzen, und zwar unabhängig davon, wie Sie die Anweisung erstellen, ob über eine mit dem Abfrage-Designer definierte Abfrage, eine mit dem Ansichts-Designer definierte Ansicht oder mit Code, der für ein Ereignis oder eine Prozedur geschrieben wurde. Weitere Informationen zu Ansichten finden Sie im *Online-Benutzerhandbuch* in Teil 2, „Suchen von Daten".

Dieses Kapitel behandelt folgende Themen:

- Hinzufügen von Abfragen
- Hinzufügen von Berichten und Etiketten
- Integrieren von Abfragen und Berichten

Hinzufügen von Abfragen

Die Verwendung von Abfragen in einer Anwendung ermöglicht es Ihnen, eine Vielzahl von Datenquellen zu kombinieren, präzise Filter zur Auswahl von Datensätzen zu definieren, Daten zu bearbeiten und die Ergebnisse zu sortieren. Alle diese Funktionen stehen über die SELECT – SQL-Anweisung zur Verfügung. Die SQL-Anweisung ermöglicht Ihnen also die vollständige Kontrolle über die Ergebnisse von Abfragen und darüber, wo die Ergebnisse gespeichert werden.

Eine Abfrage ist eine SELECT – SQL-Anweisung

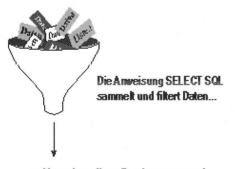

Die Anweisung SELECT SQL sammelt und filtert Daten...

... und legt sie an ihren Bestimmungsort ab.

Sie können SELECT – SQL-Anweisungen zu Prozeduren oder zu Ereignis-Code hinzufügen. Weitere Informationen über Ereignisse finden Sie in Kapitel 4, „Zum besseren Verständnis des Ereignismodells".

Erstellen von SELECT – SQL-Anweisungen

▶ **So erstellen Sie eine SELECT – SQL-Anweisung**

- Erstellen Sie die Anweisung mit dem Abfrage-Designer oder dem Ansichts-Designer, und kopieren Sie den Inhalt des SQL-Fensters in ein Code-Fenster.

– oder –

- Geben Sie die SELECT – SQL-Anweisung in ein Code-Fenster ein.

So können Sie z. B. alle Datensätze der Tabelle Customer der Datenbank TasTrade auswählen, bei denen das Feld country den Wert „Kanada" enthält:

```
SELECT * ;
   FROM tastrade!customer ;
   WHERE customer.country = 'Kanada'
```

Wenn der Befehl sofort ausgeführt werden soll, geben Sie die Anweisung in das Befehlsfenster ein. Wenn in dem Fenster jede Klausel in einer eigenen Zeile angezeigt werden soll, fügen Sie am Ende jeder Zeile, mit Ausnahme der letzten, ein Semikolon ein. Damit weisen Sie Visual FoxPro an, den Befehl erst zu verarbeiten, nachdem die letzte Zeile eingegeben wurde.

Auswählen einer Anzahl oder eines prozentualen Anteils von Datensätzen

Wenn Sie nur eine bestimmte Anzahl oder einen prozentualen Anteil der Datensätze benötigen, die die Anfrage ergeben würde, können Sie im Abfrage- oder Ansichts-Designer die Eigenschaft **Oben** der Registerkarte **Verschiedenes** verwenden oder der SELECT – SQL-Anweisung eine TOP-Klausel hinzufügen. In einer TOP-Klausel können Sie einen Wert zwischen 1 und 32767 angeben. Prozentangaben können zwischen 0,01 und 99,99 liegen.

Wenn Sie beispielsweise die 10 Kunden mit den höchsten Bestellsummen auswählen möchten, können Sie mittels GROUP BY auf CUST_ID einen Aggregat-Datensatz für jeden Kunden anzeigen und diese mit der ORDER BY-Klausel nach ORDER_AMT sortieren. Um wirklich die „Top Ten" zu erhalten, müssen Sie ORDER_AMT in absteigender Folge sortieren, damit die Datensätze mit den höchsten Bestellsummen als erste in den Ergebnissen auftreten. Verwenden Sie eine aufsteigende Folge, so werden die Ergebnisdatensätze mit zunehmender Bestellsumme sortiert. Die aus der Ergebnismenge ausgewählten ersten Datensätze hätten dann die niedrigsten Werte.

```
SELECT TOP 10 *;
FROM  testdata!customer INNER JOIN testdata!orders ;
ON  Customer.cust_id = Orders.cust_id;
GROUP BY Customer.cust_id;
ORDER BY Orders.order_amt DESC
```

Festlegen von Zielen für die Ergebnisse von Abfragen

Mit Hilfe von Klauseln der SELECT – SQL-Anweisung können Sie verschiedene Ziele angeben, um die Ergebnisse der Abfragen zu speichern.

Ziel	Klausel
Separate Tabelle	INTO TABLE mytable
Datenfeld	INTO ARRAY aMyArray
Temporäre Tabelle	INTO CURSOR mycursor
Aktives Fenster	TO SCREEN
Datenblattfenster	Standard, sofern kein anderes Ziel angegeben wird.

Nachdem die Ergebnisse gespeichert wurden, stehen Ihnen weitere Befehle zur Verfügung, mit denen Sie steuern können, wie die gespeicherten Ergebnisse zum Anzeigen und Drucken integriert werden können. Weitere Informationen zur Syntax der SELECT – SQL-Anweisung finden Sie in der Hilfe.

Speichern von Ergebnissen in einer Tabelle, einem Datenfeld oder einem Cursor

Sie können die Abfrageergebnisse in einer Tabelle, einem Datenfeld oder einem Cursor speichern und sie so später für andere Zwecke verwenden, wie z. B. das Eingeben von Daten in Formularen und das Drucken von Berichten und Etiketten. Wenn Sie die Ergebnisse nur vorübergehend speichern möchten, senden Sie sie in ein Datenfeld oder einen Cursor. Sollen die Ergebnisse dagegen langfristig gespeichert werden, senden Sie sie in eine Tabelle.

So geben Sie eine Tabelle als Abfrageziel an

- Geben Sie mit der INTO-Klausel der SELECT – SQL-Anweisung ein Abfrageziel an.

Das folgende Beispiel zeigt, wie Sie mit einer INTO-Klausel eine Tabelle als Ziel angeben:

```
SELECT * ;
   FROM tastrade!customer ;
   WHERE customer.country = "Kanada" ;
   INTO TABLE mytable
```

So geben Sie ein Datenfeld als Abfrageziel an

- Geben Sie mit der INTO-Klausel der SELECT – SQL-Anweisung ein Abfrageziel an.

Das folgende Beispiel zeigt, wie Sie mit einer INTO-Klausel ein Datenfeld als Ziel angeben:

```
SELECT * ;
   FROM tastrade!customer ;
   WHERE customer.country = "Kanada" ;
   INTO ARRAY aMyArray
```

▶ **So geben Sie einen Cursor als Abfrageziel an**

- Geben Sie mit der INTO-Klausel der SELECT – SQL-Anweisung ein Abfrageziel an.

Das folgende Beispiel zeigt, wie Sie mit einer INTO-Klausel einen Cursor namens mycursor als Ziel angeben:

```
SELECT * ;
  FROM tastrade!customer ;
  WHERE customer.country = "Kanada" ;
  INTO CURSOR mycursor
```

Wenn Sie eine Tabelle oder ein Datenfeld erstellen, können Sie diese wie jede andere Tabelle und jedes andere Datenfeld in Visual FoxPro verwenden. Wenn Sie so einen Cursor erstellen, können Sie dessen Inhalt durchblättern. Der Cursor wird in dem Arbeitsbereich mit der niedrigsten verfügbaren Nummer geöffnet. Für den Zugriff auf den Cursor verwenden Sie den Namen, den Sie diesem in der SELECT – SQL-Anweisung gegeben haben.

In den folgenden zwei Verfahren werden zwei gängige Möglichkeiten beschrieben, die in Tabellen und Cursor gespeicherten Abfrageergebnisse in eine Anwendung zu integrieren.

Übernahme von Daten in ein Formular-Steuerelement

Wenn die Abfrageergebnisse in einem Formular angezeigt werden sollen, können Sie ein Datenblatt, ein Listenfeld oder ein Kombinationsfeld mit einer Tabelle, einem Datenfeld oder einem Cursor füllen.

▶ **So übernehmen Sie Daten aus einer Tabelle oder einem Cursor in ein Listenfeld- oder Kombinationsfeld-Steuerelement**

1. Bearbeiten Sie das Formular, das das zu füllende Steuerelement enthält, im Formular-Designer.

2. Setzen Sie die Eigenschaft RowSourceType auf **3 – SQL Statement**.

3. Fügen Sie in die Eigenschaft RowSource des Steuerelements eine SELECT – SQL-Anweisung mit einer INTO TABLE- oder INTO CURSOR-Klausel ein.

▶ **So füllen Sie ein Steuerelement eines Rasters mit einer Tabelle oder einem Cursor**

1. Bearbeiten Sie das Formular, das das zu füllende Steuerelement enthält, im Formular-Designer.

2. Fügen Sie in das Ereignis **Load** des Formulars eine SELECT – SQL-Anweisung mit einer INTO TABLE- oder INTO CURSOR-Klausel ein.

3. Setzen Sie die Eigenschaft RecordSource des Rasters auf den Namen der/des in Schritt 2 erstellten Tabelle oder Cursors.

4. Setzen Sie die Eigenschaft RecordSourceType des Rasters auf **0 – Tabelle** (bei einer Tabelle) oder auf **1 – Alias** (bei einem Cursor).

Drucken von Ergebnissen in Berichten oder auf Etiketten

Wenn der Bericht oder die Etiketten in Gruppen unterteilt sind oder Sie die Daten anders sortieren müssen, lassen sich mit Hilfe der verschiedenen Klauseln der SELECT – SQL-Anweisung genau die gewünschten Ergebnisse erzielen.

▶ **So senden Sie Ergebnisse an vorhandene Berichte oder Etiketten**

- Verwenden Sie die SELECT – SQL-Anweisung mit einem REPORT- oder LABEL-Befehl.

    Im folgenden Beispiel werden die GROUP BY- und die ORDER BY-Klauseln sowie der Befehl REPORT FORM verwendet:

    ```
    SELECT * ;
       FROM tastrade!customer ;
       WHERE customer.country = "Kanada" ;
       GROUP BY customer.region ;
       ORDER BY customer.postal_code, customer.company_name ;
       INTO CURSOR MyCursor
    REPORT FORM MYREPORT.FRX
    ```

    Im folgenden Beispiel wird ein LABEL FORM-Befehl verwendet:

    ```
    SELECT * ;
       FROM tastrade!customer ;
       WHERE customer.country = "Kanada" ;
       GROUP BY customer.region ;
       ORDER BY customer.postal_code, customer.company_name ;
       INTO CURSOR mycursor
    LABEL FORM MYLABEL.LBX
    ```

Die SELECT – SQL-Anweisung ist zwar das flexibelste Verfahren, um Berichte oder Etiketten mit Daten zu füllen, jedoch nicht das einzige. Weitere Informationen zum Definieren der Datenquellen von Berichten finden Sie im Abschnitt „Steuern von Datenquellen" weiter unten in diesem Kapitel. Weitere Informationen über das Integrieren von Berichtszielen in Anwendungen finden Sie im Abschnitt „Integrieren von Abfragen und Berichten" weiter unten in diesem Kapitel.

Anzeigen von Ergebnissen in einem Fenster

Wenn Sie die Ergebnisse der SELECT – SQL-Anweisung anzeigen möchten, können Sie sie an ein Fenster senden. Das Datenblattfenster ist das Standardziel für Abfrageergebnisse, und es ist nicht erforderlich, eine Klausel zur Angabe des Ziels einzugeben, wenn Sie das Standardziel verwenden. Sie können die Ergebnisse auch in das Visual FoxPro-Hauptfenster oder ein anderes aktives Fenster senden.

▶ **So zeigen Sie Ergebnisse im Visual FoxPro-Hauptfenster an**

- Verwenden Sie die TO SCREEN-Klausel einer SELECT – SQL-Anweisung.

▶ **So zeigen Sie Ergebnisse in einem anderen aktiven Fenster an**

- Definieren Sie ein Fenster, und zeigen Sie es an, um es aktiv zu machen. Rufen Sie dann eine SQL-Abfrage oder einen anderen Befehl auf, der Ergebnisse in einem Fenster anzeigt.

Dieses Code-Beispiel zeigt, wie ein temporäres Fenster mit dem Titel **Hauptkunden** definiert wird, in dem die Namen der Unternehmen angezeigt werden, die innerhalb eines Jahres Bestellungen im Gesamtwert von mehr als DM 5.000 aufgegeben haben.

Anzeigen von Abfrageergebnissen in einem Fenster

Code	Beschreibung
| ```
frmMyForm=createobj("form")
frmMyForm.Left = 1
frmMyForm.Top = 1
frmMyForm.Width = 130
frmMyForm.Height = 25
frmMyForm.Caption = "Top Customers"
frmMyForm.Show
``` | Erstellen und Starten eines temporären Fensterobjekts |
| ```
SELECT customer.company_name, ;
    SUM(orders.freight) ;
  FROM tastrade!customer, ;
    tastrade!orders ;
  WHERE customer.customer_id = ;
    orders.customer_id ;
  GROUP BY customer.company_name ;
  HAVING SUM(orders.freight) > 5000 ;
  ORDER BY 2 DESC
``` | Eingeben einer SELECT – SQL-Anweisung |

Hinzufügen von Berichten und Etiketten

Haben Sie Daten erhoben und organisiert, können Sie der Anwendung Berichte und Etiketten hinzufügen, um Daten zu drucken oder auf dem Bildschirm anzuzeigen. Welche Daten in einem Bericht berücksichtigt werden, steuern Sie durch die Auswahl der Datenquellen. Die Rohdaten können Sie mit Berichtsvariablen manipulieren und kombinieren. In *Berichtsvariablen* werden Werte gespeichert und berechnet, die in einem Bericht verwendet werden.

Steuern von Datenquellen

Zum Steuern der Datenquellen eines Berichts können Sie eine Datenumgebung definieren, die mit dem Bericht gespeichert wird. Alternativ können Sie bei jedem Aufruf eines Berichts mittels Code spezifische Datenquellen aktivieren. Weitere Informationen über die Verwendung des Datenumgebungs-Designers finden Sie in Kapitel 9, „Erstellen von Formularen".

Aufgabe	Möglichkeit zur Datenauswahl
Immer die gleichen Datenquellen verwenden.	Tabellen oder Ansichten zur Datenumgebung des Berichts.
	Do *Abfrage* oder SELECT – SQL zum Ereignis Init der Datenumgebung des Berichts.
Separate Datenquellen verwenden.	USE *Tabelle*, **USE** *Ansicht*, **DO** *Abfrage* oder SELECT – SQL dem Ereignis Click oder anderem Code, der einem REPORT- oder LABEL-Befehl vorangeht.

Wenn Sie eine Tabelle als Datenquelle verwenden, sollten Sie für die Felder im Bericht nur dann Aliasnamen verwenden, wenn Sie nicht vorhaben, den Bericht mit anderen Datenquellen als eben dieser Tabelle zu verwenden. Wenn Sie eine Ansicht oder Abfrage als Datenquelle verwenden und in den Steuerelementen des Berichts Aliasnamen angegeben sind, wird in dem Bericht möglicherweise derselbe Datensatz mehrmals auf der Berichtsseite angezeigt.

Steuern der Reihenfolge der Datensätze

Mit Hilfe der vom Bericht verwendeten Datenquellen können Sie die Reihenfolge steuern, in der die Datensätze in dem Bericht gedruckt werden. Die Datensätze werden in der Reihenfolge bearbeitet und gedruckt, in der sie in der Tabelle, Ansicht oder Abfrage auftreten. Um die Datensätze einer Tabelle anzuordnen, können Sie im Code oder als Bestandteil der Datenumgebung des Berichts einen Index festlegen. Für eine Abfrage, eine Ansicht oder SELECT – SQL-Code können Sie die ORDER BY-Klausel verwenden. Wenn Sie die Datensätze nicht mit Hilfe der Datenquellen sortieren, können Sie diese im Bericht nur mittels der Eigenschaft **ORDER** eines Cursors in der Datenumgebung anordnen.

Steuern der Auswahl der Datensätze

Zusätzlich zur Reihenfolge der Datensätze im Bericht können Sie mit Hilfe der Datenquelle, der Druckoptionen des Berichts oder beidem festlegen, welche Datensätze gedruckt werden.

Verwendung	Hinzufügen
Ansicht oder Abfrage	Bedingungen auf der Registerkarte Filter
SELECT – SQL	WHERE- oder HAVING-Klausel
Berichts-Designer	Einstellung im Dialogfeld Druckoptionen
Befehl REPORT	Bereichs-, FOR- oder WHILE-Ausdrücke
Tabelle	Gefilterter Index

Schützen der Datenquellen eines Berichts

Um zu verhindern, daß aufgrund von Änderungen, die an anderen Designern vorgenommen wurden, die Datensitzung für einen Bericht von der globalen Datensitzung beeinflußt wird, können Sie eine private Datensitzung einrichten.

▶ **So richten Sie eine private Datensitzung ein**

- Wählen Sie aus dem Menü **Bericht** den Befehl **Private Datensitzung**.

Weitere Informationen über das Arbeiten mit dem Datenumgebungs-Designer finden Sie in Kapitel 9, „Erstellen von Formularen". Weitere Informationen über Datensitzungen finden Sie in Kapitel 17, „Programmieren für gemeinsamen Zugriff".

Zum Anzeigen der Abfrageergebnisse in einem Diagramm können Sie den Diagramm-Assistenten, den Abfrage-Designer oder einen SELECT – SQL-Befehl verwenden. Zur Verwendung des Abfrage-Designers oder eines SELECT – SQL-Befehls folgen Sie den im folgenden aufgeführten Schritten. Zum Erstellen eines Diagramms muß die Ergebnismenge mindestens ein numerisches Feld enthalten. Nach der Durchführung der Abfrage stehen Ihnen sechs verschiedene Diagrammtypen mit jeweils zwei Variationen zur Verfügung.

▶ **So ändern Sie das Diagramm**

1. Durchsuchen Sie die das Diagramm enthaltende Tabelle.
2. Doppelklicken Sie auf das Objektfeld, um das Diagramm anzuzeigen.
3. Doppelklicken Sie auf das Diagramm, um Microsoft Graph aufzurufen und die Symbolleiste von Microsoft Graph anzuzeigen.
4. Ändern Sie das Diagramm in Microsoft Graph.

Verbessern des Seitenlayouts

Sie können das Layout der Seiten des Berichts verbessern, indem Sie mehrere Spalten verwenden und durch Ändern der Höhe einzelner Bereiche den für diese reservierten Platz auf der Seite ändern.

Definieren von mehreren Spalten auf einer Seite

Zum Erstellen von Telefonverzeichnissen, Versandetiketten oder anderen Listen können Sie auf einer Seite mehrere Spalten definieren.

▶ **So definieren Sie einen Bericht mit mehreren Spalten**

1. Wählen Sie aus dem Menü **Datei** den Befehl **Seite einrichten**.

Dialogfeld „Seite einrichten" mit definierten Spalten

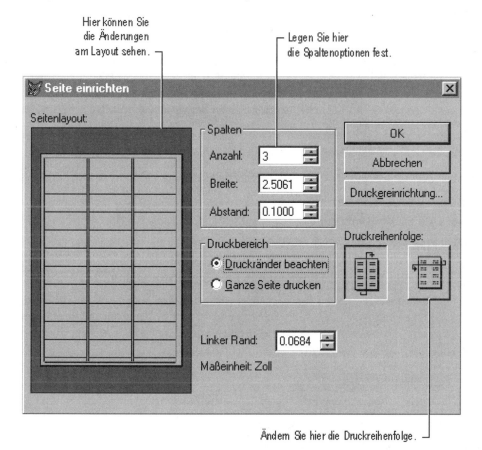

2. Geben Sie im Bereich **Spalten** die Anzahl der Spalten für die Seite ein. Diese Zahl ist identisch mit der Anzahl der Datensätze, die nebeneinander gedruckt werden sollen.

3. Geben Sie im Feld **Breite** die Spaltenbreite ein.

4. Geben Sie im Feld **Abstand** die Größe des Abstands zwischen den Spalten ein.

   Tip: Verwenden Sie nicht die Option **Druckreihenfolge**, wenn Sie Gruppen drucken, die auf einer neuen Seite beginnen sollen.

5. Klicken Sie auf **OK**.

   Die Änderungen werden im Berichts-Designer wiedergegeben.

Wenn das Layout im Detailbereich bereits Berichts-Steuerelemente enthielt, müssen Sie diese vielleicht verschieben oder in der Größe ändern, damit sie in die neuen Begrenzungen der Spalte passen.

Festlegen der Berichtsbereichshöhe

Beim Entwerfen des Berichts können Sie die Höhe eines Berichtsbereichs ändern. Die Höhe eines Berichtsbereichs legt den Platz fest, den ein Berichtsbereich innerhalb der Ränder der Seite einnimmt. Wenn die Höhe des Titelbereichs beispielsweise auf 1 cm gesetzt ist, wird der Titel im ersten Zentimeter unterhalb des oberen Rands angezeigt. Der Platz, der jedem gedruckten Datensatz zur Verfügung steht, wird im Detailbereich angezeigt. Die folgenden Informationen gelten für alle Berichtsbereiche. Sie können für Kopfzeilen- und Fußzeilenbereiche zusätzliche Parameter festlegen. Weitere Informationen zu Gruppenbereichen finden Sie im *Online-Benutzerhandbuch* in Kapitel 7, „Entwerfen von Berichten und Etiketten", im Abschnitt „Gruppieren von Daten im Layout".

▶ **So legen Sie eine exakte Bereichshöhe fest**

1. Doppelklicken Sie auf die Leiste für den entsprechenden Bereich.

   Ein Dialogfeld für den Bereich wird angezeigt.

2. Geben Sie im Feld **Höhe** einen Wert für die Höhe ein.

3. Klicken Sie auf **OK**.

Verwendung von Ausdrücken und Funktionen in Feld-Steuerelementen

Sie können in den Bericht oder das Etikett Feld-Steuerelemente aufnehmen, um die Werte verschiedenster Ausdrücke anzuzeigen, einschließlich Felder aus Tabellen und Ansichten, Variablen und Berechnungen. Die folgenden Abschnitte beschreiben einige der gebräuchlicheren Ausdrücke und Funktionen, wie multiple Felder, Datumsinformationen und Seitennummern.

Hinzufügen von Feld-Steuerelementen

Es bestehen verschiedene Möglichkeiten, Feld-Steuerelemente hinzuzufügen.

▶ **So fügen Sie Tabellenfelder über die Datenumgebung hinzu**

1. Öffnen Sie die Datenumgebung des Berichts.

2. Wählen Sie eine Tabelle oder Ansicht aus.

3. Ziehen Sie Felder in das Layout.

▶ **So fügen Sie Tabellenfelder über die Symbolleiste hinzu**

1. Fügen Sie über die Symbolleiste für Berichts-Steuerelemente ein Feld-Steuerelement ein.

2. Wählen Sie im Dialogfeld Berichtsausdruck die Schaltfläche hinter dem Feld **Ausdruck**.

3. Doppelklicken Sie im Feld **Felder** auf den Namen des gewünschten Feldes.

   Tabellenname und Feldname werden im Feld **Feldausdruck im Bericht** angezeigt.

> **Anmerkung:** Wenn das Feld **Felder** leer ist, fügen Sie der Datenumgebung eine Tabelle oder Ansicht hinzu.
>
> Sie müssen den Aliasnamen der Tabelle nicht im Ausdruck belassen. Sie können ihn entweder löschen oder die Optionen für den Ausruckseditor deaktivieren. Weitere Informationen finden Sie in der Hilfe unter „Ausruckseditor".

4. Klicken Sie auf **OK**.
5. Wählen Sie im Dialogfeld **Berichtsausdruck** die Schaltfläche **OK**.

Nach dem Eingeben des Ausdrucks können Sie das Format ändern und Optionen für Druck, Position oder Vergrößerung setzen. Weitere Informationen hierzu finden Sie im *Online-Benutzerhandbuch* in Kapitel 7, „Entwerfen von Berichten und Etiketten", unter „Hinzufügen eines Kommentars zu einem Steuerelement" und unter „Setzen der Druckoptionen für ein Steuerelement" weiter unten in diesem Kapitel.

Einfügen von verketteten Feld-Steuerelementen

Nach dem Hinzufügen der Tabellenfelder werden Sie vielleicht feststellen, daß diese nicht so auf der Seite gedruckt werden, wie Sie es möchten. Beispielsweise entstehen beim separaten Drucken der Feld-Steuerelemente für Stadt, Region und Postleitzahl unerwünschte Zwischenräume zwischen den Werten. Sie können die Leerzeichen abtrennen oder die Tabellenfelder zu einem Feldausdruck verketten. Der von jedem Wert dieses Steuerelements beanspruchte Platz kann unterschiedlich ausfallen. Sie können das Steuerelement so einstellen, daß es die Werte anpaßt.

▶ **So fassen Sie mehrere Tabellenfelder zu einem Ausdruck zusammen**

1. Fügen Sie über die Symbolleiste für Berichts-Steuerelemente ein Feld-Steuerelement ein.

> **Tip:** Verkleinern Sie das Feld so weit, daß der Ausdruck gerade Platz darin findet. Wenn mehr Platz benötigt wird, können Sie das Steuerelement so einstellen, daß es bei größeren Werten vergrößert wird. Sie können es jedoch nicht so einstellen, daß es verkleinert wird, wenn weniger Platz benötigt wird.

2. Wählen Sie im Dialogfeld Berichtsausdruck die Schaltfläche hinter dem Feld **Ausdruck**.
3. Wählen Sie im Feld **Zeichen** des Ausdruckseditors die Option ALLTRIM(AusdrZ).

   Die Zeichenfunktion wird im Feld **Ausdruck** angezeigt, wobei AusdrZ ausgewählt ist.
4. Doppelklicken Sie auf den ersten Feldnamen, der im Steuerelement angezeigt werden soll.

   Der Feldname ersetzt AusdrZ.
5. Geben Sie hinter dem Feldnamen ein Pluszeichen ein, oder wählen Sie im Feld **Zeichen** die Funktion **+** aus.
6. Geben Sie Text ein, oder wählen Sie in der Funktionsliste „Zeichen" die Option **Text-Zeichenfolge** aus, und geben Sie anschließend ein Komma ein.
7. Wiederholen Sie die Schritte 3 und 4 für zusätzliche Felder, um den Ausdruck zu vervollständigen, und wählen Sie anschließend **OK**.

8. Wählen Sie im Dialogfeld **Berichtsausdruck** die Option **Bei Überlauf vergrößern**.

   Wenn das Steuerelement gefüllt wird, wird der dem Steuerelement zugeordnete Platz nach unten angepaßt, so daß der Wert für den Ausdruck darin Platz findet. Weitere Informationen zur Option **Bei Überlauf vergrößern** finden Sie unter „Drucken von Steuerelementen mit Werten variabler Länge" weiter unten in diesem Kapitel.

Um mehrere Felder in einem Ausdruck zusammenzufassen, plazieren Sie vor jedem Feldnamen eine ALLTRIM( )-Funktion, setzen die Interpunktion zwischen Anführungszeichen und geben zwischen den Elementen des Ausdrucks ein Pluszeichen an. Wenn die Länge der Feldwerte nicht unterschiedlich ist, wie z. B. bei Postleitzahlen oder Abkürzungen, können Sie wie im folgenden Beispiel nur den Feldnamen angeben:

```
ALLTRIM(city)+", "+region+" "+postal_code
```

Beachten Sie, daß die Leerzeichen anstelle eines Kommas zwischen Anführungszeichen gesetzt sind, um Region und Postleitzahl zu trennen.

Weitere Beispiele finden Sie im Bericht **Invoice.frx** im Verzeichnis **Visual Studio ...\Sample\Vfp98\Solution\Reports**.

Abtrennen und Verketten von Zeichenausdrücken

Zum schnellen und einfachen Abtrennen und Verketten von Zeichenausdrücken im Ausdruckseditor können Sie Kommas zwischen Zeichenausdrücke stellen. Der Wert des Ausdrucks vor dem Komma wird verkürzt. Sie können den Ausdruck mit Hilfe eines Semikolons auch in einer neuen Zeile plazieren, vorausgesetzt, die Länge des verkürzten Wertes ist größer 0. Das folgende Beispiel zeigt Zeichenausdrücke für Felder einer Adreßliste:

```
contact_name; address; city, region, postal_code
```

Anmerkung: Verwenden Sie diese Methode, wenn der Wert keine Interpunktion enthalten soll.

Wenn Sie diese Methoden verwenden, müssen Sie sicherstellen, daß das Feld auf **Bei Überlauf vergrößern** gesetzt ist. Weitere Informationen finden Sie unter „Drucken von Steuerelementen mit Werten variabler Länge" weiter unten in diesem Kapitel.

Einfügen des aktuellen Datums

Sie können ein Feld-Steuerelement einfügen, das das aktuelle Datum druckt.

▶ **So fügen Sie das aktuelle Datum ein**

1. Fügen Sie über die Symbolleiste für Berichts-Steuerelemente ein Feld-Steuerelement ein.
2. Wählen Sie im Dialogfeld Berichtsausdruck die Schaltfläche hinter dem Feld **Ausdruck**.
3. Wählen Sie im Ausdruckseditor in der Liste „Datum" die Option **DATE( )**.
4. Klicken Sie auf **OK**.
5. Wählen Sie im Dialogfeld **Berichtsausdruck** die Schaltfläche **OK**.

Einfügen einer Seitennummer

Der Seitenkopf- bzw. Fußzeilenbereich enthält normalerweise eine Seitennummer. Wenn Sie einen Assistenten oder Standardbericht verwenden, wird im Seitenfußzeilen-Bereich eine Seitennummer eingefügt.

▶ **So fügen Sie eine Seitennummer ein**

1. Fügen Sie über die Symbolleiste für Berichts-Steuerelemente ein Feld-Steuerelement ein.
2. Wählen Sie im Dialogfeld Berichtsausdruck die Schaltfläche hinter dem Feld **Ausdruck**.
3. Wählen Sie im Ausdruckseditor in der Liste „Variablen" die Option **_pageno**.
4. Klicken Sie auf **OK**.
5. Wählen Sie im Dialogfeld **Berichtsausdruck** die Schaltfläche **OK**.

Tip: Sie können mit Hilfe dieser Prozedur jede Systemvariable der Liste „Variablen" in den Bericht einfügen.

Definieren von Berichtsvariablen

Wenn es möglich sein soll, in einem Bericht Daten zu bearbeiten und berechnete Werte anzuzeigen, verwenden Sie Berichtsvariablen. Mit Hilfe von Berichtsvariablen können Sie Werte berechnen und anhand dieser Werte weitere Werte berechnen.

▶ **So definieren Sie eine Berichtsvariable**

1. Öffnen oder erstellen Sie einen Bericht.
2. Wählen Sie aus dem Menü **Bericht** den Befehl **Variablen**.
3. Wählen Sie im Dialogfeld Berichtsvariablen das Listenfeld **Variablen**, und geben Sie den Namen der Variablen ein.
4. Geben Sie in das Feld **Wertzuweisung** einen Feldnamen oder einen anderen Ausdruck ein.
5. Sofern gewünscht, wählen Sie eine Berechnungsoption.
6. Sofern gewünscht, geben Sie in das Feld **Initialisierungswert** einen Ausdruck ein, um den Wert festzulegen, mit dem die Variable initialisiert wird.
7. Klicken Sie auf **OK**.

Sie können die Variable in jedem Ausdruck verwenden, den Sie in den Bericht eingeben.

Wenn Sie in der Tabelle „Company" alle Datensätze zählen möchten, bei denen das Feld **Country** den Wert „Kanada" enthält, verwenden Sie den folgenden Ausdruck, und wählen Sie die Berechnungsoption **Anzahl**.

```
IIF(country="Kanada",1,0)
```

Das folgende Beispiel zeigt drei Variablen für einen einfachen Arbeitszeitnachweis:

Wert	Variable	Ausdruck
Arbeitsbeginn	TArrive	hour_in + (min_in / 60)
Arbeitsende	TLeave	hour_out + (min_out / 60)
Anwesenheitsdauer	TDayTotal	tLeave - tArrive

Sie können die Variable tDayTotal in einer Vielzahl von weiteren Berechnungen einsetzen, so z. B. beim Berechnen der geleisteten Arbeitsstunden in einer Woche, einem Monat oder einem Jahr sowie der Anzahl der durchschnittlich pro Tag geleisteten Arbeitsstunden usw.

Weitere Beispiele für Berichtsvariablen finden Sie in den **Percent.frx** und **Invoice.frx** im Verzeichnis **Visual Studio ...\Samples\Vfp98\Solution\Reports**.

Neuordnen von Berichtsvariablen

Berichtsvariablen werden in der Reihenfolge ausgewertet, in der sie in der Liste des Dialogfelds **Berichtsvariablen** angezeigt werden. Wird beispielsweise der Wert der Variablen 2 durch Variable 1 definiert, so muß Variable 1 vor Variable 2 angezeigt werden. In dem obigen Beispiel müssen somit tArrive und tLeave vor tDayTotal angezeigt werden.

▶ **So ändern Sie die Reihenfolge von Berichtsvariablen**

1. Wählen Sie aus dem Menü **Bericht** den Befehl **Variablen**.

2. Ziehen Sie im Listenfeld **Variablen** die Schaltfläche links neben der Variablen, um die Variable in der Liste an die gewünschte Position zu bewegen und so die Auswertungsreihenfolge zu ändern.

3. Klicken Sie auf **OK**.

Einstellen des Initialisierungswerts einer Variablen

Wenn Sie eine Variable in Berechnungen verwenden, müssen Sie diese Variable mit einem Wert ungleich 0 initialisieren, um Fehler durch Division durch Null zu vermeiden. Wenn Sie keinen Wert angeben, weist Visual FoxPro einen Standardwert (0) zu.

▶ So stellen Sie den Initialisierungswert einer Variablen ein

1. Wählen Sie aus dem Menü **Bericht** den Befehl **Variablen**.
2. Wählen Sie im Listenfeld **Variablen** die Variable, deren Wert Sie einstellen möchten.
3. Geben Sie im Feld **Initialisierungswert** den Wert ein
4. Klicken Sie auf **OK**.

Wenn Sie die Anordnung von Gruppen in einem Bericht ändern, werden die Berichtsvariablen möglicherweise nicht auf dem richtigen Feld zurückgesetzt. Wenn der Bericht z. B. zwei Gruppen enthält, wobei in der ersten Gruppe die Datensätze nach Ländernamen und in der zweiten nach Datum gruppiert werden, und Sie die Anordnung der Gruppen ändern, werden die Variablen weiterhin gemäß der ursprünglichen Position der Gruppen zurückgesetzt.

Sie können den durch eine Berechnung erzielten Wert ändern, indem Sie angeben, wann die Variable zurückgesetzt werden soll. Standardmäßig setzt Visual FoxPro die Berichtsvariablen am Ende des Berichts zurück.

▶ So setzen Sie eine Variable am Ende eines Berichts, einer Seite oder einer Spalte zurück

1. Wählen Sie aus dem Menü **Bericht** den Befehl **Variablen**.
2. Wählen Sie im Listenfeld **Zurücksetzen am** die gewünschte Option.
3. Klicken Sie auf **OK**.

▶ So setzen Sie eine Variable bei Eintritt in einen Bereich oder bei Austritt aus einem Bereich zurück

1. Öffnen Sie den Bericht im Berichts-Designer.
2. Doppelklicken Sie auf die Bereichstrennleiste des gewünschten Berichtsbereichs.
3. Wählen Sie im Dialogfeld des Bereichs unter **Ausdruck auswerten** die Schaltfläche rechts neben dem Feld **Bei Start** oder **Bei Ende**.
4. Geben Sie einen Ausdruck ein, anhand dessen die Variable jedesmal beim Eintritt in den Bereich bzw. beim Austritt aus dem Bereich zurückgesetzt wird.

Formatieren von Feld-Steuerelementen

Nach dem Einfügen eines Feld-Steuerelements können Sie den Datentyp und das Druckformat des Steuerelements ändern. Der Datentyp kann „Zeichen", „Numerisch" oder „Datum" sein. Jeder Datentyp verfügt über eigene Formatoptionen, einschließlich der Option zum Erstellen einer eigenen Formatvorlage. Das Format legt fest, wie das Feld beim Drucken des Berichts oder Etiketts angezeigt wird.

Formatfunktionen können Sie entweder in das Feld **Ausdruck** des Dialogfelds Berichtsausdruck eingeben oder als Optionen aus dem Dialogfeld **Format** auswählen.

So könnten Sie beispielsweise normalerweise alle ausgegebenen alphabetischen Zeichen in Großbuchstaben umwandeln, bei der Ausgabe numerischer Zeichen Kommas oder Dezimalzeichen einfügen, die Ausgabe numerischer Zeichen im Währungsformat anzeigen oder ein Datumsformat in ein anderes umwandeln.

Formatoptionen für Berichts-Steuerelemente

Bei Feld-Steuerelementen können Sie für jeden Datentyp zahlreiche Formatoptionen setzen.

▶ **So formatieren Sie ein Feld-Steuerelement**

1. Markieren Sie das Feld-Steuerelement.
2. Wählen Sie im Dialogfeld Berichtsausdruck die Schaltfläche hinter dem Feld **Format**.
3. Wählen Sie im Dialogfeld **Format** den Datentyp für das Feld aus: **Zeichen**, **Numerisch** oder **Datum**.

   Im Bereich **Bearbeitungsoptionen** werden die für den Datentyp verfügbaren Formatierungsoptionen angezeigt.

   Anmerkung: Dieser Datentyp gilt nur für das Berichts-Steuerelement. Er gibt den Datentyp des Ausdrucks wieder und ändert nicht den Datentyp des Feldes in der Tabelle.

4. Wählen Sie die gewünschten Ausrichtungs- und Formatoptionen aus.

Abhängig vom ausgewählten Datentyp werden im Dialogfeld **Format** verschiedene Optionen angezeigt. Sie können eine Formatvorlage auch erstellen, indem Sie im Feld **Format** Zeichen eingeben.

Ausrichten von Text in einem Feld

Sie können den Inhalt eines Feldes im Steuerelement auf zwei Arten ausrichten. Diese Einstellung verändert nicht die Position des Steuerelements auf dem Bericht, sondern nur den Inhalt im Bereich des Steuerelements.

▶ **So richten Sie Text in einem Feld-Steuerelement aus**

1. Wählen Sie die Steuerelemente aus, die Sie ändern möchten.
2. Wählen Sie aus dem Menü **Format** den Befehl **Textausrichtung**.
3. Wählen Sie aus dem Untermenü den entsprechenden Befehl.

▶ **So richten Sie Text in einem Feld aus**

1. Markieren Sie das Feld-Steuerelement.
2. Wählen Sie im Dialogfeld Berichtsausdruck die Schaltfläche hinter dem Feld **Format**.

Dialogfeld „Format" für einen numerischen Ausdruck

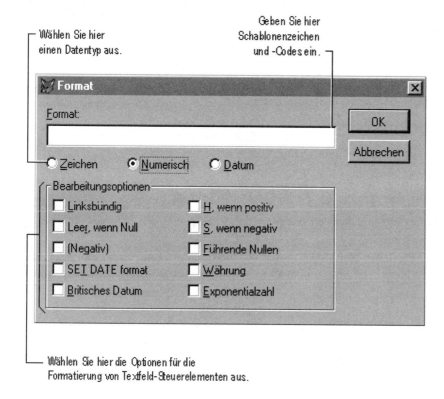

Wählen Sie hier einen Datentyp aus.

Geben Sie hier Schablonenzeichen und -Codes ein.

Wählen Sie hier die Optionen für die Formatierung von Textfeld-Steuerelementen aus.

3. Wählen Sie im Dialogfeld **Format** den Datentyp für das Feld aus: **Zeichen**, **Numerisch** oder **Datum**.
4. Wählen Sie die gewünschten Ausrichtungs- und Formatoptionen aus.

Definieren von Feldformatvorlagen

Mit Hilfe einer Formatvorlage können Sie das Format des Feldes anpassen. Durch Eingeben einer Kombination aus Zeichen und Codes in das Feld **Format** des Dialogfelds Berichtsausdruck oder in das Dialogfeld **Format** können Sie zahlreiche Druckformate erstellen. Die eingegebenen Zeichen werden zusammen mit dem Feldwert als Literaltext angezeigt. Die eingegebenen Codes legen das Aussehen der Feldausgabe fest. Wenn Sie die folgende Formatvorlage beispielsweise für ein zehnstelliges numerisches Feld verwenden, werden die Zeichen (Klammern, Leerstellen und Bindestriche) zusammen mit den numerischen Daten gedruckt.

Formatvorlage	Druckausgabe
(999) 999-9999	(123) 456-7890

Ändern von Schriftarten

Sie können die Schriftart und den Schriftgrad für den Text in jedem Feld- oder Beschriftungs-Steuerelement oder die Standardschriftart für den Bericht ändern.

▶ **So ändern Sie in einem Bericht Schriftart und -grad**

1. Wählen Sie das Steuerelement aus.
2. Wählen Sie aus dem Menü **Format** den Befehl **Schriftart**.

   Das Dialogfeld **Schriftart** wird angezeigt.
3. Wählen Sie die entsprechende Schriftart und Punktgröße aus, und wählen Sie anschließend **OK**.

▶ **So ändern Sie die Standardschriftart**

1. Wählen Sie aus dem Menü **Bericht** den Befehl **Standardschriftart**.
2. Wählen Sie im Dialogfeld **Schriftart** die entsprechende Standardschriftart und -punktgröße aus, und wählen Sie anschließend **OK**.

   Die neuen Schriftarteinstellungen werden nur von den Steuerelementen übernommen, die Sie nach dem Ändern der Standardschriftart einfügen. Zum Ändern vorhandener Objekte markieren Sie diese und ändern dann die Schriftart mit Hilfe der Option **Schriftart** des Menüs **Format**.

Zuschneiden eines Bildes oder eines OLE-Objekts

Das eingefügte Bild oder OLE-Objekt paßt vielleicht nicht in den Rahmen, den Sie beim Erstellen gezeichnet haben. Standardmäßig behält das Bild oder Objekt seine Originalgröße. Sie können es aber beschneiden oder vergrößern, damit es in den Rahmen paßt.

Wenn das Bild oder OLE-Objekt größer ist als der im Berichts-Designer erstellte Rahmen, wird im Rahmen nur ein Teil des originalen Bildes oder Objekts angezeigt. Das Bild ist an der oberen und linken Seite des Rahmens verankert. Der rechte untere Teil, der über den Rahmen hinausreicht, wird nicht angezeigt.

▶ **So passen Sie ein Bild in den Rahmen ein**

1. Erstellen Sie im Berichts-Designer ein Bild/Gebundenes OLE-Steuerelement.
2. Wählen Sie im Dialogfeld Berichtsbild die Option **Bild skalieren – Form beibehalten**.

Das gesamte Bild wird angezeigt und füllt den Rahmen so vollständig wie möglich aus, wobei die relativen Proportionen beibehalten werden. Dadurch wird das Bild vor vertikaler oder horizontaler Verzerrung geschützt.

▶ **So füllen Sie den Rahmen mit dem Bild aus**

1. Erstellen Sie im Berichts-Designer ein Bild/Gebundenes OLE-Steuerelement.
2. Wählen Sie im Dialogfeld **Berichtsbild** die Option **Bild skalieren – Rahmen ausfüllen**.

Das gesamte Bild wird so in der Größe geändert, daß es den Rahmen ausfüllt. Falls erforderlich, wird das Bild dazu vertikal oder horizontal gedehnt.

Ein Beispiel für einen Bericht mit Bildern finden Sie im Bericht **Wrapping.frx** im Verzeichnis **Visual Studio ...\Sample\Vfp98\Solution**.

Zentrieren eines OLE-Objekts

Die in einem Objektfeld enthaltenen OLE-Objekte können in Form und Größe variieren. Wenn das Objekt im Feld kleiner ist als der Rahmen, wird es in der linken oberen Ecke des Rahmens angezeigt. Sie können das Objekt zentrieren, um sicherzustellen, daß alle Objekte, die kleiner sind als der Rahmen, im Rahmen des Berichts oder Etiketts zentriert werden. Dateibilder müssen nicht zentriert werden, da diese nicht variieren.

So zentrieren Sie OLE-Objekte in Objektfeldern

1. Erstellen Sie im Berichts-Designer ein Bild/Gebundenes OLE-Steuerelement.
2. Wählen Sie im Dialogfeld Berichtsbild die Option **Bild zentrieren**.

Die gedruckten OLE-Objekte werden in dem Bereich zentriert, wenn der Bericht gedruckt oder in der Seitenansicht angezeigt wird.

Ändern der Farbe von Berichts-Steuerelementen

Sie können die Farbe von Feldern, Beschriftungen, Linien oder Rechtecken ändern.

So ändern Sie Farben

1. Wählen Sie die zu ändernden Steuerelemente aus.
2. Wählen Sie in der Symbolleiste für die Farbpalette **Vordergrundfarbe** oder **Hintergrundfarbe**.
3. Wählen Sie die gewünschte Farbe aus.

Speichern eines Berichts als HTML

Benutzen Sie die aus dem Menü **Datei** den Befehl **Als HTML speichern**, wenn Sie einen Bericht erstellen, um den Inhalt des Formulars als HTML-Datei (Hypertext Markup Language) zu speichern.

So speichern Sie einen Bericht als HTML

1. Öffnen Sie den Bericht.
2. Wählen Sie aus dem Menü **Datei** den Befehl **Als HTML speichern**. (Wenn Sie Änderungen an dem Bericht vorgenommen haben, werden Sie gefragt, ob Sie den Bericht speichern möchten.)
3. Geben Sie den Namen der zu erstellenden HTML-Datei ein und wählen Sie **Speichern**.

Einstellen der Druckoptionen für Steuerelemente

Das allgemeine Layout und die Bereichsposition der Steuerelemente legen fest, wann und wo diese gedruckt werden. Außerdem können Sie für jedes Steuerelement genau festgelegte Druckoptionen bestimmen. Jedes Steuerelement besitzt eine Standardgröße, die entweder auf seinem Wert (Felder und Bezeichnungen) oder auf der von Ihnen erstellten Größe (Linien, Rechtecke und Bilder) basiert. Die Länge der Steuerelemente auf dem Layout legt die Anzeigebreite des Steuerelements fest.

Da der Wert einiger Steuerelemente von Datensatz zu Datensatz variiert, können Sie die Höhe des Steuerelements so setzen, daß es nach unten vergrößert wird, um den gesamten Wert anzuzeigen. Andernfalls wird der Wert in der Anzeigebreite abgeschnitten. Mit Ausnahme der Bezeichnungs-Steuerelemente können Sie alle Steuerelemente in der Größe ändern.

Drucken von Steuerelementen mit Werten variabler Länge

Wenn ein Steuerelement nur den Platz verwenden soll, der von seinem Wert benötigt wird, können Sie dieses so einstellen, daß es vergrößert wird. Beispielsweise können die Werte in einem Ausdruck von Datensatz zu Datensatz variieren. Anstatt in dem Bericht dem Steuerelement einen Platz mit fester Größe für den längsten Wert zuzuweisen, können Sie das Steuerelement so einstellen, daß es nach unten vergrößert wird, um den gesamten Wert anzuzeigen. Steuerelemente unterhalb des vergrößerten Steuerelements können Sie so einstellen, daß sie auf der Seite relativ zum vergrößerten Steuerelement nach unten verschoben werden.

Beispiele für Steuerelemente, die vergrößert und verschoben werden können

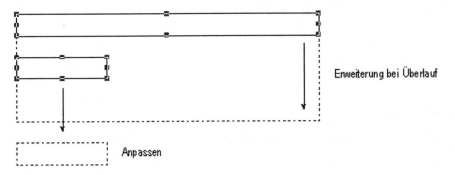

Die Option zum Vergrößern steht für Felder, vertikale Linien, Rechtecke und abgerundete Rechtecke zur Verfügung.

Ein Beispiel für vergrößer- und verschiebbare Steuerelemente finden Sie im Bericht **Wrapping.frx** im Verzeichnis **Visual Studio ...\Sample\Vfp98\Solution\Reports**.

▶ **So stellen Sie ein Feld so ein, daß es mit seinem Wert vergrößert wird**

1. Doppelklicken Sie auf das Feld-Steuerelement, um das zugehörige Dialogfeld anzuzeigen.

2. Wählen Sie **Bei Überlauf vergrößern**.

Relativ zu vergrößerbaren Steuerelementen plazierte Steuerelemente müssen verschiebbar sein, andernfalls werden sie überschrieben.

▶ **So stellen Sie ein Feld ein, um es verschiebbar zu machen**

1. Doppelklicken Sie auf das Steuerelement, um das zugehörige Dialogfeld anzuzeigen.

2. Wählen Sie im Dialogfeld des Steuerelements **Frei anordnen**.

Vorsicht: Beim Drucken kann unter folgenden Umständen ein Teil der Daten überschrieben werden: (1) wenn Sie ein Feld relativ zum unteren Rand des Bereichs positionieren und unterhalb dieses Feldes ein anderes Feld einfügen, das relativ zum oberen Rand des Bereichs positioniert ist und vergrößert werden kann, oder (2) wenn Sie ein Feld relativ zum oberen Rand des Bereichs positionieren und oberhalb dieses Feldes ein anderes Feld einfügen, das relativ zum unteren Rand des Bereichs positioniert ist und vergrößert werden kann.

Sie können auch Linien, Rechtecke und abgerundete Rechtecke so einstellen, daß sie vergrößert werden. Diese können relativ zum Bereich oder, wenn sie zu einer Gruppe von Steuerelementen gehören, relativ zum größten Steuerelement in der Gruppe vergrößert werden.

▶ **So stellen Sie Linien und Rechtecke so ein, daß diese vergrößert werden können**

1. Doppelklicken Sie auf das Steuerelement, um das zugehörige Dialogfeld anzuzeigen.
2. Wählen Sie im Bereich **Nach unten vergrößern** eine Option aus.

▶ **So drucken Sie einen Rahmen um ein vergrößerbares Steuerelement**

1. Ziehen Sie ein Rechteck um die vergrößerbaren Steuerelemente.
2. Doppelklicken Sie auf das Rechteck, um das Dialogfeld Rechteck / Linie anzuzeigen.
3. Wählen Sie im Bereich **Nach unten vergrößern** die Option **Relativ zu größtem Objekt in der Gruppe vergrößern**.
4. Klicken Sie auf **OK**.
5. Ziehen Sie ein Auswahlfeld um das Rechteck.
6. Wählen Sie aus dem Menü **Format** den Befehl **Gruppieren**.

   An den Ecken des Rechtecks werden Auswahlziehpunkte angezeigt. Von nun an können Sie alle Steuerelemente als eine Einheit behandeln. Das Rechteck wird zusammen mit dem vergrößerbaren Feld vergrößert. Unabhängig davon, wie weit sich der Wert im Feld nach unten erstreckt, behält das Rechteck seinen Rahmen um das Feld bei. Sie können zwei dieser Gruppen im Layout nebeneinander plazieren, ohne daß eine durch das Vergrößern der anderen beeinflußt wird.

▶ **So drucken Sie vergrößerbare Steuerelemente untereinander**

1. Fügen Sie die beiden Steuerelemente im Layout untereinander ein.
2. Doppelklicken Sie auf das obere Steuerelement, um das zugehörige Dialogfeld anzuzeigen.
3. Wählen Sie im Bereich **Feldposition** die Option **Relativ zu oberem Bereichsrand ausrichten**, und wählen Sie anschließend **OK**.
4. Doppelklicken Sie auf das untere Steuerelement, um das zugehörige Dialogfeld anzuzeigen.
5. Wählen Sie im Bereich **Feldposition** die Option **Frei anordnen**, und wählen Sie anschließend **OK**.

Die beiden Datensatzwerte werden vollständig gedruckt und überschreiben sich nicht gegenseitig.

Setzen der Druckoptionen für ein Steuerelement

Sie können steuern, wann und wie oft jedes Berichts-Steuerelement in dem Bericht gedruckt wird. Weitere Informationen zu den Druckoptionen eines Steuerelements finden Sie in der Hilfe unter „Dialogfeld Objekt drucken".

Unterdrücken sich wiederholender Werte

Bei Feld-Steuerelementen können Sie in aufeinanderfolgenden Datensätzen wiederholte Werte unterdrücken, so daß der Wert nur einmal für den ersten Datensatz gedruckt wird und so lange nicht in nachfolgenden Datensätzen angezeigt wird, bis er sich ändert. Wenn Sie beispielsweise eine Rechnung drucken und eines der Felder das Datum der Transaktion enthält, wird das Datum für Transaktionen, die zu demselben Datum stattgefunden haben, nur einmal gedruckt.

▶ **So unterdrücken Sie wiederholte Werte**

1. Doppelklicken Sie auf das Steuerelement, um das zugehörige Dialogfeld anzuzeigen.
2. Wählen Sie **Objekt drucken**, um das Dialogfeld **Objekt drucken** anzuzeigen.

   Dialogfeld „Objekt drucken"

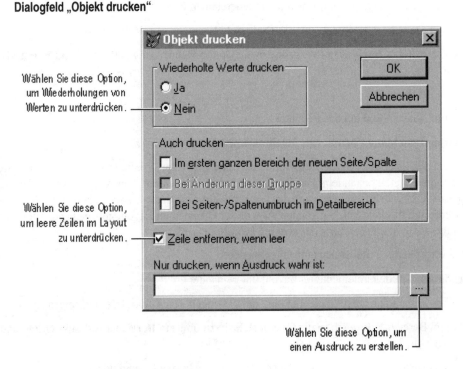

3. Wählen Sie im Bereich **Wiederholte Werte drucken** die Option **Nein**, und wählen Sie anschließend **OK**.

▶ **So wiederholen Sie den Druck nur auf einer neuen Seite oder in einer neuen Spalte**

1. Doppelklicken Sie auf das Steuerelement.
2. Wählen Sie **Objekt drucken**.
3. Wählen Sie im Bereich **Wiederholte Werte drucken** die Option **Nein**.
4. Wählen Sie im Bereich **Auch drucken** die Option **Im ersten ganzen Bereich der neuen Seite/Spalte** und anschließend **OK**.

▶ **So wiederholen Sie den Druck, wenn der Detailbereich auf eine neue Seite oder in eine neue Spalte umbrochen wird**

1. Doppelklicken Sie auf das Steuerelement.
2. Wählen Sie **Objekt drucken**.
3. Wählen Sie im Bereich **Auch drucken** die Option **Bei Seiten-/Spaltenumbruch im Detailbereich**, und wählen Sie dann **OK**.

Erstellen von Druckausdrücken

Sie können einem Steuerelement Ausdrücke hinzufügen, die vor dem Drucken des Feldes ausgewertet werden. Wenn der Ausdruck mit Falsch (.F.) ausgewertet wird, wird das Feld nicht gedruckt. Wenn Sie einen Ausdruck hinzufügen, werden alle Optionen im Dialogfeld **Objekt drucken** mit Ausnahme von **Zeile entfernen, wenn leer** deaktiviert.

Weitere Beispiele für bedingtes Drucken finden Sie in den Berichten **Colors.frx** und **Ledger.frx** im Verzeichnis **Visual Studio ...\Sample\Vfp98\Solution\Reports**.

▶ **So fügen Sie einen Druckausdruck hinzu**

1. Doppelklicken Sie auf das Steuerelement.
2. Wählen Sie **Objekt drucken**.
3. Geben Sie im Feld **Nur Drucken, wenn Ausdruck wahr ist** einen Ausdruck ein.

    – oder –

    Klicken Sie auf die Dialogschaltfläche, um mit Hilfe des Ausdruckseditors einen Ausdruck zu erstellen.

Unterdrücken von Leerzeilen

Der Bericht enthält vielleicht Datensätze, die nicht für jedes Feld-Steuerelement Werte enthalten. Standardmäßig läßt Visual FoxPro den Bereich für dieses Feld leer. Sie können jedoch diese leeren Bereiche entfernen, um die Daten übersichtlicher und zusammenhängender anzuzeigen.

▶ **So unterdrücken Sie Leerzeilen**

1. Doppelklicken Sie auf das Steuerelement, das vermutlich im Bericht Leerzeilen verursacht.
2. Wählen Sie **Objekt drucken**.

3. Wählen Sie **Zeile entfernen, wenn leer**.

Visual FoxPro entfernt die Zeile aus dem Bericht, wenn sie sich als leer erweist. Wenn das Feld nicht gedruckt wird oder das Tabellenfeld leer ist, sucht Visual FoxPro in der Zeile nach anderen Steuerelementen. Wenn keine Steuerelemente gefunden werden, wird die Zeile entfernt. Wenn Sie diese Option nicht auswählen und sich in derselben Zeile keine anderen Steuerelemente befinden, wird eine leere Zeile gedruckt.

Einstellen der Druckoptionen für Gruppen

Sie können steuern, wie Gruppen in einem Bericht gedruckt werden. Mitunter möchten Sie vielleicht, daß jede Gruppe auf einer neuen Seite anfängt, oder Sie möchten steuern, wann Gruppenüberschriften gedruckt werden.

Einstellung von Seitenumbrüchen für Gruppen

Neben der Auswahl des zu gruppierenden Feldes oder Ausdrucks können Sie im Dialogfeld **Datengruppierung** Seitenumbruchoptionen für Gruppen angeben.

Auswählen einer Gruppen-Kopfzeilenoption

Vielleicht möchten Sie, daß die Gruppen bei Berichten mit mehreren Spalten in der nächsten Spalte angezeigt werden, oder bei Formularen auf einer neuen Seite oder auf einer mit „1" numerierten neuen Seite. Das Dialogfeld Datengruppierung bietet hierzu vier Möglichkeiten:

- Starten jeder Gruppe in einer neuen Spalte
- Starten jeder Gruppe auf einer neuen Seite
- Zurücksetzen der Seitennummer auf „1" für jede Gruppe
- Erneutes Drucken der Gruppenkopfzeile auf jeder Seite

Nach dem Eingeben eines Ausdrucks können Sie im Bereich **Gruppeneigenschaften** diese Optionen auswählen.

Vermeiden von alleinstehenden Gruppenkopfzeilen

Gelegentlich wird ein Teil einer Gruppe auf der einen und der andere Teil auf der nächsten Seite gedruckt. Um zu verhindern, daß die Gruppenkopfzeile am unteren Rand der Seite und die Mehrheit der Datensätze auf der nächsten Seite gedruckt wird, können Sie den Mindestabstand angeben, mit dem eine Gruppenkopfzeile zum unteren Rand gedruckt wird. Wenn die Kopfzeile näher zum unteren Rand der Seite positioniert werden würde, als der in Zoll oder Zentimetern eingegebene Abstand beträgt, druckt Visual FoxPro die Kopfzeile auf einer neuen Seite.

▶ **So verhindern Sie alleinstehende Gruppenkopfzeilen**

1. Wählen Sie aus dem Menü **Bericht** den Befehl **Datengruppierung**.
2. Wählen Sie im Feld **Gruppe auf neuer Seite beginnen, wenn weniger als** des Dialogfelds Datengruppierung einen Wert aus, oder geben Sie einen Wert ein.

> **Tip:** Addieren Sie die Höhe der Gruppenkopfzeile mit dem ein- bis dreifachen Wert der Detailhöhe, um einen passenden Wert für die Steuerung alleinstehender Kopfzeilen zu bestimmen.

Drucken unterdrückter Werte beim Gruppenwechsel

Wenn wiederholte Werte unterdrückt werden, möchten Sie diese vielleicht drucken, wenn sich eine bestimmte Gruppe ändert.

So drucken Sie wiederholte Werte, wenn sich die Gruppe ändert

1. Doppelklicken Sie auf das Steuerelement, um das zugehörige Dialogfeld anzuzeigen.
2. Wählen Sie die Schaltfläche **Objekt drucken**, um das Dialogfeld **Objekt drucken** anzuzeigen.
3. Wählen Sie **Bei Änderung dieser Gruppe**.

   Die für den Bericht definierten Gruppen werden im Feld angezeigt.
4. Wählen Sie im Feld eine Gruppe aus, und wählen Sie anschließend **OK**.

Wiederholen von Gruppenkopfzeilen

Wenn eine Gruppe auf der nächsten Seite fortgesetzt wird, haben Sie die Möglichkeit, die Gruppenkopfzeile zu Beginn der fortgesetzten Daten zu wiederholen. Wenn sich in dem Bericht mehrere Datengruppen befinden, stammt die Kopfzeile der folgenden Seiten aus der letzten Gruppe in der Gruppenliste. Plazieren Sie alle in der Gruppenkopfzeile zu druckenden Steuerelemente im Kopfzeilenbereich der letzten Gruppe in der Liste.

So wiederholen Sie die Gruppenkopfzeile auf der nächsten Seite

- Wählen Sie im Dialogfeld Datengruppierung die zu wiederholende Gruppe aus, und aktivieren Sie anschließend das Kontrollkästchen **Gruppenkopf auf jeder Seite drucken**.

  Deaktivieren Sie dieses Kontrollkästchen, wenn Sie die Gruppenkopfzeile nicht wiederholen möchten.

Steuern der Berichts- und Etikettenausgabe

Sie können steuern, wohin Berichts- und Etikettenausgaben gesendet werden, indem Sie eines der folgenden Schlüsselwörter zusammen mit einem der Befehle REPORT oder LABEL verwenden:

- PRINT
- PREVIEW
- FILE

Wenn Sie keines dieser Schlüsselwörter angeben, wird der Bericht auf dem Bildschirm oder im aktiven Fenster ausgegeben.

Auswählen von Datensätzen zum Drucken

Wenn Sie einen Bericht drucken, können Sie die Anzahl der im Bericht angezeigten Datensätze begrenzen, indem Sie Auswahlkriterien angeben. Dabei haben Sie folgende Möglichkeiten:

- Wählen Sie einen Datensatzbereich aus, indem Sie eine Menge oder einen Bereich angeben.
- Schreiben Sie einen FOR-Ausdruck, der die Datensätze auswählt, die eine bestimmte Bedingung erfüllen.
- Schreiben Sie einen WHILE-Ausdruck, der solange Datensätze auswählt, bis ein Datensatz gefunden wird, der eine bestimmte Bedingung nicht erfüllt.

Sie können beliebige Kombinationen dieser Optionen verwenden. Der WHILE-Ausdruck setzt die anderen Kriterien außer Kraft.

Drucken einer Menge oder eines Bereichs von Datensätzen

Eine Möglichkeit, die Zahl der Datensätze zu begrenzen, besteht darin, eine Menge oder einen Bereich von Datensätzen anzugeben. Mit Hilfe der Option **Bereich** können Sie einen einzelnen Datensatz oder eine Gruppe von Datensätzen, die sequentiell in der Datei gespeichert sind, auswählen.

Anmerkung: Der aktive Index und der aktuelle Datensatzzeiger beeinflussen die Ergebnisse der Bereichsoptionen **Nächste** und **Rest**. So ist beispielsweise der nächste Datensatz in einer nach dem Familiennamen indizierten Tabelle ein anderer als der in einer nach dem Bundesstaat indizierten Tabelle. Dies betrifft jedoch nicht die Option **Datensatz Nr.**, weil sich die Nummer eines Datensatzes nicht ändert, wenn die Tabelle indiziert wird.

▶ **So wählen Sie eine begrenzte Zahl von Datensätzen aus**

1. Wählen Sie aus dem Menü **Datei** den Befehl **Drucken**.
2. Wählen Sie im Dialogfeld **Drucken** den Befehl **Optionen**.
3. Wählen Sie im Dialogfeld **Druckoptionen** den Befehl **Optionen**.

   Dialogfeld „Druckoptionen für Berichte und Etiketten"

   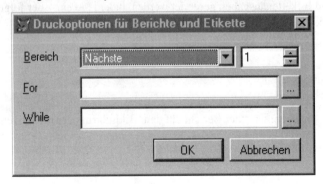

4. Wählen Sie im Dialogfeld **Druckoptionen für Berichte und Etiketten** die Option **Bereich**.

5. Wählen Sie die entsprechende Bereichsoption aus.

Bereich	Bereichsoption
Jeder Datensatz der Quelldatei	ALLE
Ein mit dem ersten Datensatz beginnender Bereich von Datensätzen	NÄCHSTE
Ein durch seine Nummer spezifizierter Datensatz	DATENSATZ NR.:
Der aktuelle Datensatz sowie alle bis zum Ende der Datei folgenden Datensätze	REST

Visual FoxPro druckt den Bericht mit den Daten aus den Datensätzen, die im ausgewählten Bereich liegen.

Drucken von Datensätzen, die eine Bedingung erfüllen

Wenn sich die auszuwählenden Datensätze in der Tabelle nicht hintereinander befinden, können Sie einen logischen Ausdruck erstellen, der Auswahlkriterien angibt, die ein Datensatz erfüllen muß, um gedruckt zu werden. Sie können beispielsweise auswählen, daß alle Datensätze gedruckt werden sollen, die in einem Feld einen bestimmten Wert besitzen.

▶ **So geben Sie Kriterien für die Auswahl von Datensätzen ein**

1. Wählen Sie aus dem Menü **Datei** den Befehl **Drucken**.
2. Wählen Sie im Dialogfeld **Drucken** den Befehl **Optionen**.
3. Wählen Sie im Dialogfeld **Druckoptionen** den Befehl **Optionen**.
4. Wählen Sie im Dialogfeld **Druckoptionen für Berichte und Etiketten** die Option **Bereich**.
5. Geben Sie im Feld **FOR** einen FOR-Ausdruck ein.

   – oder –

   Vergewissern Sie sich, daß die vom Bericht verwendeten Quellen geöffnet sind, und klicken Sie dann auf **For**, um den Ausdruckseditor zu verwenden.

   Anmerkung: Sie müssen den FOR-Befehl nicht eingeben, weil dieser implizit ist. Sie können beispielsweise **country = "Kanada"** eingeben, um nur Daten zu Kanada anzuzeigen.

Visual FoxPro wertet alle Datensätze aus und druckt den Bericht mit den Datensätzen, die die Bedingung im Ausdruck erfüllen.

Steuern der Auswahl von Datensätzen zum Drucken

Beim Drucken können Sie eine Bedingung angeben, die erfüllt sein muß, damit das Auswerten und Auswählen von Datensätzen fortgesetzt wird. Diese Bedingung geben Sie als WHILE-Ausdruck ein. Solange sich der WHILE-Ausdruck als wahr erweist, wird die Datenquelle von Visual FoxPro verarbeitet. Wenn ein Datensatz gefunden wird, der die Bedingung nicht erfüllt, beendet Visual FoxPro die Auswertung und druckt die ausgewählten Datensätze. Mit Hilfe dieser Option wählen Sie Datensätze auf der Grundlage von Daten außerhalb der in den Feldern enthaltenen Werte aus.

> **Tip:** Wenn Sie einen WHILE-Ausdruck in einer nichtindizierten Datei verwenden, endet der Auswahlprozeß möglicherweise, bevor alle geeigneten Datensätze ausgewertet wurden. Stellen Sie daher vor dem Drucken des Berichts sicher, daß in der Quelltabelle der entsprechende Index für den zu verwendenden WHILE-Ausdruck aktiv ist.

▶ **So geben Sie Kriterien für die Beendigung der Datensatzauswahl ein**

1. Wählen Sie aus dem Menü **Datei** den Befehl **Drucken**.
2. Wählen Sie im Dialogfeld **Drucken** den Befehl **Optionen**.
3. Wählen Sie im Dialogfeld **Druckoptionen** den Befehl **Optionen**.
4. Wählen Sie im Dialogfeld **Druckoptionen für Berichte und Etiketten** die Option **Bereich**.
5. Geben Sie im Feld **While** einen WHILE-Ausdruck ein.

   – oder –

   Wählen Sie die Schaltfläche **While**, um den Ausdruckseditor zu verwenden.

   > **Anmerkung:** Sie müssen den WHILE-Befehl nicht in die Anweisung aufnehmen. Geben Sie beispielsweise **sales > 1000** ein, um nur Verkäufe über 1000 DM anzuzeigen.

Visual FoxPro druckt den Bericht mit den Datensätzen, die ausgewertet werden, solange der Ausdruck wahr ist.

Drucken von Berichten und Etiketten

Wenn Sie den Bericht an den Drucker senden möchten, können Sie dies entweder direkt tun oder zunächst das Dialogfeld **Druckereinrichtung** anzeigen.

▶ **So senden Sie einen Bericht an den Drucker**

- Verwenden Sie die Klausel TO PRINTER des Befehls REPORT oder LABEL.

Mit dem folgenden Code wird der Bericht MyReport an den Standarddrucker gesendet, und die Ausgabe auf dem Bildschirm wird unterdrückt:

```
REPORT FORM MYREPORT.FRX TO PRINTER NOCONSOLE
```

▶ So zeigen Sie das Dialogfeld „Druckereinrichtung" an, bevor der Bericht an den Drucker gesendet wird

- Verwenden Sie die Klausel TO PRINTER PROMPT des Befehls REPORT oder LABEL.

Der folgende Code zeigt beispielsweise das Dialogfeld **Druckereinrichtung** an und sendet dann den Bericht MyReport zum Standarddrucker; dabei wird die Ausgabe des Berichts im aktiven Fenster unterdrückt.

```
REPORT FORM MYREPORT.FRX TO PRINTER PROMPT NOCONSOLE
```

Anzeigen von Berichten und Etiketten

Wenn Sie einen Bericht in der Seitenansicht anzeigen möchten, können Sie ihn in das Seitenansichtsfenster des Berichts-Designers senden.

▶ So zeigen Sie einen Bericht an

- Verwenden Sie das Schlüsselwort PREVIEW des Befehls REPORT.

Mit dem folgenden Code wird der Bericht z. B. in einem modalen Fenster angezeigt.

```
REPORT FORM MYREPORT.FRX PREVIEW
```

Standardmäßig ist das Seitenansichtsfenster modal, erlaubt jedoch den Zugriff auf die Seitenansicht-Symbolleiste. Soll die Seitenansicht nicht modal sein, fügen Sie das Schlüsselwort NOWAIT dem Befehl **REPORT** hinzu.

Mit dem folgenden Code wird der Bericht beispielsweise in einem nichtmodalen Fenster angezeigt.

```
REPORT FORM MYREPORT.FRX PREVIEW NOWAIT
```

Wenn Sie die Ergebnisse in einem bestimmten Fenster anzeigen möchten, können Sie mit Hilfe der Klausel WINDOW ein mittels **DEFINE WINDOW** generiertes Fenster angeben.

```
REPORT FORM MYREPORT.FRX PREVIEW WINDOW MYWINDOW
```

Drucken von Berichten in eine Datei

Wenn Sie eine elektronisch gespeicherte Version des Berichts erstellen möchten, können Sie ihn in eine für Ihren Drucker formatierte Datei oder eine ASCII-Datei senden. Wenn Sie Berichte in Dateien senden, können Sie sie später im Batch-Modus ausdrucken.

Wenn Sie eine ASCII-Datei erstellen, können Sie eine Datei erstellen, die nur den Text sowie Gedankenstriche und Pluszeichen zur Darstellung von Linien und Figuren enthält. Schrift- und Farbattribute werden dabei nicht berücksichtigt. Außerdem können Sie die Anzahl der Zeichen pro Zeile und die Anzahl der Zeilen pro Seite angeben. Weitere Informationen über den Befehl **REPORT** finden Sie in der Hilfe.

So drucken Sie einen Bericht in eine ASCII-Datei

- Verwenden Sie die Schlüsselwörter FILE und ASCII des Befehls REPORT.

Das folgende Beispiel definiert die Variablen für die ASCII-Seite und druckt anschließend den Bericht mit dem Namen **Myreport.frx** in eine ASCII-Datei mit dem Namen **Myfile.txt**.

Drucken in eine ASCII-Datei

Code	Beschreibung
`_asciirows = nLines`	Anzahl der Zeilen je Seite festlegen.
`_asciicols = nChars`	Anzahl der Zeichen je Zeile festlegen.
`REPORT FORM MYREPORT.FRX TO FILE MYFILE.TXT ASCII`	Bericht ausführen.

Speichern eines Berichts als HTML-Datei

Beim Erstellen oder Ändern eines Berichts können Sie aus dem Menü **Datei** den Befehl **Als HTML speichern** verwenden, um den Inhalt des Berichts als HTML-Datei (HTML = Hypertext Markup Language) zu speichern.

So speichern Sie einen Bericht als HTML-Datei

1. Öffnen Sie den Bericht.

2. Klicken Sie im Menü **Datei** auf **Als HTML speichern**. Diese Option ist nur verfügbar, wenn der Bericht auf der Festplatte gespeichert wurde.

3. Geben Sie den Namen der zu erstellenden HTML-Datei ein, und klicken Sie auf **Speichern**.

Integrieren von Abfragen und Berichten

Nachdem Sie die einzelnen Komponenten der Anwendung erstellt haben, müssen Sie diese Komponenten integrieren. Die folgende Abbildung zeigt einige Möglichkeiten, Abfragen und Berichte zu einer Anwendung hinzuzufügen.

Einige Möglichkeiten, Abfragen und Berichte zu integrieren

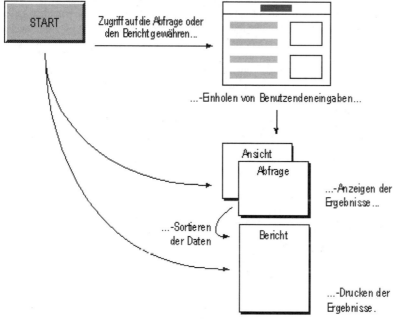

Code, der eine Abfrage oder einen Bericht ausführt, können Sie zu den folgenden Objekten einer Anwendung hinzufügen:

- Eine Schaltfläche in einem Formular. Weitere Informationen über Formulare und Schaltflächen finden Sie in Kapitel 9, „Erstellen von Formularen".
- Ein Menübefehl oder eine Schaltfläche einer Symbolleiste. Weitere Informationen dazu finden Sie in Kapitel 11, „Entwerfen von Menüs und Symbolleisten".

▶ **So fügen Sie eine Abfrage, eine Ansicht oder ein Programm hinzu**

- Fügen Sie einen DO- oder USE-Befehl in den Code hinter einer Befehlsschaltfläche eines Formulars, einer Schaltfläche einer Symbolleiste oder einem Menübefehl ein.

    Fügen Sie dazu Code-Zeilen wie die folgenden ein:

```
DO MYQUERY.QPR
DO MYPROGRAM.PRG
USE myview
```

Sie haben mehrere Möglichkeiten, Berichte in eine Anwendung zu integrieren.

- Wenn der Benutzer lediglich die Berichtsausführung starten und den Ausdruck abholen soll, können Sie den Befehl **REPORT** zu einem Steuerelement eines Formulars, einem Befehl eines Menüs oder einer Schaltfläche einer Symbolleiste hinzufügen.

- Wenn Sie es dem Benutzer ermöglichen möchten, einige der in dem Bericht verwendeten Variablen einzugeben, können Sie den Benutzer wie bei Abfragen dazu auffordern, die Werte einzugeben. So kann der Benutzer z. B. einen bestimmten Datumsbereich angeben, auf den sich der Bericht beziehen soll. Weitere Informationen finden Sie im Abschnitt „Abrufen von Benutzereingaben bei Abfragen" weiter unten in diesem Kapitel.

- Wenn der Benutzer eigene Berichte erstellen soll, können Sie ihm die Möglichkeit geben, mit dem Berichts-Designer neue Berichte zu erstellen oder bereits vorhandene Berichte zu bearbeiten.

▶ So führen Sie Berichte und Etiketten aus

- Verwenden Sie einen der Befehle REPORT oder LABEL.

    Verwenden Sie z. B. Code-Zeilen wie die folgenden:

    ```
    REPORT FORM MYREPORT.FRX
    LABEL FORM MYLABEL.LBX
    ```

▶ So bearbeiten Sie Berichte und Etiketten

- Verwenden Sie einen der Befehle MODIFY REPORT oder MODIFY LABEL.

    Fügen Sie dazu Code-Zeilen wie die folgenden ein:

    ```
    MODIFY REPORT MYREPORT.FRX
    MODIFY LABEL MYLABEL.LBX
    ```

▶ So erstellen Sie Berichte und Etiketten

- Verwenden Sie einen der Befehle CREATE REPORT oder CREATE LABEL

    Verwenden Sie z. B. Code-Zeilen wie die folgenden:

    ```
    CREATE REPORT MYREPORT.FRX
    CREATE LABEL MYLABEL.LBX
    ```

Weitere Informationen über die Befehle **MODIFY** und **CREATE** finden Sie in der Hilfe.

Abrufen von Benutzereingaben bei Abfragen

Wenn Sie Werte aus einem Formular abrufen möchten, können Sie in SELECT – SQL-Anweisungen Variablen verwenden und diese entweder sofort in der Anweisung verwenden oder die Anweisung später ausführen.

Zum Abrufen von Variablen zur sofortigen Verwendung können Sie in SELECT – SQL-Anweisungen das Formular entweder explizit benennen oder einen Verweis auf das Formular verwenden. In diesem Beispiel enthält die WHERE-Klausel einen Verweis.

Abrufen von Werten in einer SELECT – SQL-Anweisung mittels Verweisen

Code	Beschreibung
| ```
SELECT * ;
  FROM tastrade!customer ;
  WHERE customer.country = ;
    THISFORM.ControlName1.Value ;
  AND customer.region =
THISFORM.ControlName2.Value ;
  GROUP BY customer.postal_code ;
  ORDER BY customer.postal_code,
customer.company_name
``` | THISFORM wird als Verweis auf das aktuelle Formular verwendet, ControlName1 und ControlName2 werden durch die Namen von Steuerelementen substituiert. |

Wenn Sie keine Verweise auf Steuerelemente verwenden möchten, können Sie im Code Variablen definieren. Verwenden Sie Code-Variablen, wenn Sie die Werte eines Formulars speichern möchten, aber diese u.U. erst dann verwenden möchten, wenn das Formular nicht mehr aktiv ist.

Abrufen von Werten für spätere Verwendung

Code	Beschreibung
`cValue = THISFORM.ControlName.Value`	Definieren der Variablen.
| ```
SELECT * ;
  FROM tastrade!customer ;
  WHERE customer.country = cValue ;
  GROUP BY customer.postal_code ;
  ORDER BY customer.postal_code, ;
    customer.company_name
``` | Verwenden der definierten Variable in der SELECT – SQL-Anweisung. |

Wenn Sie vor der Ausführung der Abfrage die Variable nicht definieren, wird eine Fehlermeldung angezeigt, welche besagt, daß die Variable nicht gefunden werden kann. Wird die Variable im Code nicht definiert, geht Visual FoxPro davon aus, daß diese vorinitialisiert ist.

KAPITEL 13

Kompilieren einer Anwendung

Sie können problemlos die Komponenten einer ereignisgesteuerten, objektorientierten Anwendung erstellen. Dieser modulare Ansatz ermöglicht es Ihnen, die Funktionstüchtigkeit der einzelnen Komponenten zu überprüfen, während Sie sie erstellen. Sobald Sie alle Komponenten erstellt haben, können Sie sie zu einer Anwendung kompilieren, in welcher die ausführbaren Komponenten des Projekts, wie Formulare, Berichte, Menüs, Programme usw., in einer einzigen Datei vereint sind. Diese können Sie zusammen mit den Daten an die Kunden weitergeben.

Mit Hilfe des Anwendungs-Assistenten können Sie schnell ein ganzes Projekt mit einer Anwendungsgrundstruktur erstellen. Nach dem Erstellen des Projekts öffnet sich der neue Anwendungsassistent, so daß Sie eine Datenbank, Tabellen, Berichte und Formulare hinzufügen können.

In diesem Kapitel wird beschrieben, wie Sie eine typische Visual FoxPro-Anwendung erstellen. Weitere Informationen zur Entwicklung von Visual FoxPro-Anwendungen finden Sie in Kapitel 2, „Entwickeln einer Anwendung", und in Kapitel 14, „Testen von Anwendungen und Fehlerbeseitigung". Wenn Sie beabsichtigen, die Anwendung zu vertreiben, lesen Sie Teil 8, „Vertrieb von Anwendungen".

Die Anwendungserstellung umfaßt die folgenden Schritte:

- Strukturieren einer Anwendung
- Hinzufügen von Dateien zu einem Projekt
- Erstellen einer Anwendung aus einem Projekt

Strukturieren einer Anwendung

Eine Datenbankanwendung besteht normalerweise aus Datenstrukturen, einer Benutzeroberfläche, Abfrageoptionen und Berichtsfunktionen. Beim Entwerfen der Struktur einer Anwendung ist die Funktion jeder einzelnen Komponente und ihre Beziehung zu anderen Komponenten in Betracht zu ziehen.

Eine assemblierte Visual FoxPro-Anwendung bietet dem Benutzer normalerweise ein Menü und ein oder mehrere Formulare für das Eingeben und Anzeigen von Daten. Wenn Sie Funktionen zur Verfügung stellen und die Datenintegrität und -sicherheit gewährleisten möchten, können Sie für bestimmte Ereignisse Code schreiben. Abfragen und Berichte ermöglichen es den Benutzern, Informationen aus der Datenbank abzurufen.

Struktur einer typischen Visual FoxPro-Anwendung

Beim Strukturieren einer Anwendung müssen Sie folgendermaßen vorgehen:

- Festlegen des Ausgangspunkts der Anwendung.
- Initialisieren der Umgebung.
- Anzeigen der Benutzeroberfläche.
- Kontrollieren der Ereignisschleife.
- Wiederherstellen der ursprünglichen Umgebung, wenn die Anwendung beendet wird.

Die folgenden Abschnitte bieten detaillierte Angaben zu diesen einzelnen Aufgaben. Normalerweise erstellen Sie zur Durchführung dieser Aufgaben ein Anwendungsobjekt; ein Beispiel für die Nutzung dieser Technik ist das Beispiel Tasmanische Handelsgesellschaft im Verzeichnis **Visual Studio …\Samples\ Vfp98\Tastrade**. Wenn Sie den Anwendungs-Assistenten zum Kompilieren der Anwendung einsetzen, erstellt auch dieser ein Anwendungsobjekt. Wenn Sie möchten, können Sie auch ein Programm als Hauptdatei einsetzen, das diese Aufgaben übernimmt. Weitere Informationen finden Sie unter „Strukturieren eines Programms als Hauptdatei" weiter unten in diesem Kapitel.

Festlegen des Ausgangspunkts

Sie verknüpfen die einzelnen Komponenten und bestimmen mit Hilfe einer Hauptdatei den Ausgangspunkt Ihrer Anwendung. Die Hauptdatei dient als Ausführungsausgangspunkt und kann aus einem Programm oder einem Formular bestehen. Beim Aufruf der Anwendung startet Visual FoxPro die Hauptdatei der Anwendung, welche je nach Bedarf die anderen Komponenten aufruft. Alle Anwendungen müssen eine Hauptdatei enthalten. Normalerweise ist es am besten, in der Anwendung ein Hauptprogramm zu erstellen. Sie können jedoch die Funktionalität des Hauptprogramms und der ursprünglichen Benutzeroberfläche kombinieren, indem Sie ein Formular als Hauptprogramm verwenden.

Wenn Sie den Anwendungs-Assistenten zum Erstellen der Anwendung verwenden, können Sie dem Assistenten gestatten, für Sie eine Hauptdatei zu erstellen. Sie müssen selbst keine Hauptdatei spezifizieren, es sei denn, Sie möchten nach Beendigung des Assistenten die Hauptdatei wechseln.

▶ **So legen Sie den Ausgangspunkt für eine Anwendung fest**

1. Wählen Sie im Projekt-Manager die Datei aus.
2. Wählen Sie aus dem Menü **Projekt** den Befehl **Hauptprogramm**.

   Anmerkung:: Die von Ihnen festgelegte Hauptdatei wird automatisch als Einbezogen markiert, so daß sie nach dem Kompilieren der Anwendung schreibgeschützt ist.

Es kann nur eine Datei des Projekts als Hauptdatei festgelegt werden. Die Hauptdatei wird, wie in der folgenden Abbildung zu sehen ist, durch Fettdruck gekennzeichnet.

Festlegen einer Hauptdatei im Projekt-Manager

Die Hauptdatei der Anwendung wird in Fettschrift angezeigt.

Initialisieren der Umgebung

Die erste von einer Hauptdatei oder einem Anwendungsobjekt zu bewältigende Aufgabe ist das Einrichten der Anwendungsumgebung. Die Standard-Entwicklungsumgebung von Visual FoxPro richtet beim Starten von Visual FoxPro verschiedene Werte von SET-Befehlen und Systemvariablen ein. Diese Einstellungen sind jedoch möglicherweise nicht optimal für die Anwendung.

Tip: Zum Anzeigen der Standardwerte der Visual FoxPro-Entwicklungsumgebung starten Sie Visual FoxPro mittels **VFP -C** ohne Konfigurationsdatei und verwenden dann den Befehl DISPLAY STATUS.

Sie sollten die ursprünglichen Einstellungen der Umgebung speichern und im Initialisierungcode eine spezifische Umgebung für die Anwendung einrichten.

▶ **So kopieren Sie Befehle aus der aktuellen Umgebung**

1. Wählen Sie aus dem Menü **Extras** den Befehl **Optionen**.
2. Drücken Sie die UMSCHALTTASTE und wählen Sie **OK**, um im Befehlsfenster die SET-Befehle der Umgebung anzuzeigen.
3. Kopieren Sie die Befehle im Befehlsfenster, und fügen Sie diese in das Programm ein.

Eine für die Anwendung spezifische Umgebung sollte Code für die folgenden Aufgaben enthalten:

- Initialisieren von Variablen.
- Einrichten eines Standardpfads.
- Öffnen benötigter Datenbanken, freier Tabellen und Indizes. Benötigt die Anwendung Zugriff auf Remote-Daten, kann die Initialisierungsroutine die Benutzer auch zum Eingeben der notwendigen Anmeldeinformationen auffordern.
- Verweise auf externe Bibliothek- und Prozedurdateien.

Um beispielsweise in der Anwendung den Standardwert des Befehls SET TALK zu prüfen, diesen Wert zu speichern und TALK auf OFF zu setzen, könnte die Setup-Prozedur folgenden Code enthalten:

```
IF SET('TALK') = "ON"
    SET TALK OFF
    cTalkVal = "ON"
ELSE
    cTalkVal = "OFF"
ENDIF
```

Es empfiehlt sich normalerweise, die Standardeinstellungen in globalen Variablen, einer benutzerdefinierten Klasse oder als Eigenschaften eines Anwendungsobjekts zu speichern, damit Sie diese Werte beim Beenden der Anwendung wiederherstellen können.

```
SET TALK &cTalkVal
```

Anzeigen der ursprünglichen Oberfläche

Die ursprüngliche Benutzeroberfläche kann ein Menü, ein Formular oder eine andere Benutzerkomponente sein. Oftmals zeigt eine Anwendung einen Startbildschirm oder ein Anmeldedialogfeld an, bevor das Menü oder Formular geöffnet wird.

Sie können die Benutzeroberfläche initiieren, indem Sie im Hauptprogramm mit einem Befehl DO ein Menü oder mit einem Befehl DO FORM ein Formular ausführen. Weitere Informationen zu diesen Befehlen finden Sie in der Hilfe.

Kontrollieren der Ereignisschleife

Sobald die Umgebung eingestellt und die ursprüngliche Benutzeroberfläche angezeigt wird, können Sie eine Ereignisschleife einrichten, um auf interaktive Benutzereingaben zu warten.

▶ **So steuern Sie die Ereignisschleife**

- Rufen Sie den Befehl READ EVENTS auf; dieser veranlaßt Visual FoxPro, mit der Verarbeitung von Benutzerereignissen wie Mausklicks und Tastatureingaben zu beginnen.

Die korrekte Plazierung des Befehls **READ EVENTS** in der Hauptdatei ist von großer Bedeutung, da nach Ausführung dieses Befehls in der Hauptdatei keine weitere Verarbeitung stattfindet, bis der Befehl **CLEAR EVENTS** aufgerufen wird. So könnten Sie beispielsweise **READ EVENTS** als letzten Befehl der Initialisierungsprozedur aufrufen, der nach der Initialisierung der Umgebung und dem Anzeigen der Benutzeroberfläche ausgeführt wird. Wenn Sie den Befehl **READ EVENTS** nicht verwenden, kehrt die Anwendung nach dem Ablauf wieder zum Betriebssystem zurück.

Wurde die Ereignisschleife gestartet, steht die Anwendung unter der Kontrolle des zuletzt angezeigten Elements der Benutzeroberfläche. Werden beispielsweise in der Hauptdatei die beiden folgenden Befehle aufgerufen, so zeigt die Anwendung das Formular **Startup.scx** an:

```
DO FORM STARTUP.SCX
READ EVENTS
```

Enthält die Hauptdatei keinen Befehl in der Art von **READ EVENTS**, so läuft die Anwendung innerhalb der Entwicklungsumgebung vom Befehlsfenster aus. Wenn Sie sie jedoch vom Menü oder Hauptfenster aus aufrufen, wird die Anwendung kurz angezeigt und dann wieder geschlossen.

Außerdem muß die Anwendung eine Möglichkeit besitzen, die Ereignisschleife zu beenden.

▶ **So beenden Sie die Ereignisschleife**

- Rufen Sie den Befehl CLEAR EVENTS auf.

Normalerweise rufen Sie den Befehl **CLEAR EVENTS** von einem Menü oder einer Schaltfläche in einem Formular aus auf. Der Befehl **CLEAR EVENTS** beendet die Bearbeitung von Ereignissen durch Visual FoxPro und gibt die Kontrolle wieder an das Programm zurück, das die Ereignisschleife durch Aufruf des Befehls **READ EVENTS** startete.

Ein einfaches Programmbeispiel finden Sie unter „Strukturieren eines Programms als Hauptdatei" weiter unten in diesem Kapitel.

Vorsicht: Sie müssen eine Möglichkeit einrichten, die Ereignisschleife zu beenden, bevor Sie die Schleife starten. Achten Sie also darauf, daß die Benutzeroberfläche über einen Mechanismus (Schaltfläche oder Menübefehl **Beenden**) zum Ausführen des Befehls **CLEAR EVENTS** verfügt.

Wiederherstellen der ursprünglichen Umgebung

Zum Wiederherstellen der ursprünglichen Werte von gespeicherten Variablen können Sie diese mit Hilfe der Makrosubstitution in die ursprünglichen SET-Befehle einsetzen. Wenn Sie z. B. die **SET TALK**-Einstellung in der globalen Variable cTalkVal haben, geben Sie den folgenden Befehl ein:

```
SET TALK &cTalkval
```

Anmerkung: In der Makrosubstitution verwendete Variablennamen dürfen nicht das Präfix „m." enthalten, da dann aufgrund des Punktes eine Variablenverkettung angenommen wird.

Achten Sie darauf, daß Sie auf die gespeicherten Werte zugreifen können, wenn Sie die Umgebung in einem anderen Programm initialisiert haben als dem, in dem Sie diese wiederherstellen. Dies ist beispielsweise dann der Fall, wenn Sie die Initialisierung durch Aufrufen einer Prozedur und Wiederherstellen durch den Aufruf einer anderen Prozedur realisieren. Speichern Sie die wiederherzustellenden Werte beispielsweise in globalen Variablen, benutzerdefinierten Klassen oder als Eigenschaften eines Anwendungsobjekts.

Strukturieren eines Programms als Hauptdatei

Wenn Sie in der Anwendung als Hauptdatei eine Programmdatei (.prg) verwenden, müssen Sie sicherstellen, daß diese Befehle enthält, die die Hauptaufgaben einer Anwendung abdecken. Die Hauptdatei muß nicht selbst alle Befehle aufrufen, die für die jeweiligen Aufgaben benötigt werden. So rufen Sie beispielsweise im allgemeinen für verschiedene Aufgaben wie das Initialisieren oder Wiederherstellen der Umgebung eine Prozedur oder Funktion auf.

Anmerkung: Wenn Sie mit Hilfe des Anwendungs-Assistenten eine Programmdatei **Main.prg** erstellt haben, können Sie das von dem Assistenten erstellte Programm ändern, anstatt ein neues Programm zu erstellen. Die Assistenten verwenden für die Definition eines Anwendungsobjekts eine spezielle Klasse. Das Hauptprogramm enthält Abschnitte für die Instantiierung und Konfiguration des Objekts.

▶ **So erstellen Sie ein einfaches Hauptprogramm**

1. Initialisieren Sie die Umgebung durch Öffnen von Datenbanken, Deklarieren von Variablen usw.
2. Richten Sie durch Aufruf eines Menüs oder Formulars die ursprüngliche Benutzeroberfläche ein.
3. Richten Sie die Ereignisschleife durch einen Aufruf des Befehls READ EVENTS ein.
4. Rufen Sie den Befehl CLEAR EVENTS von einem Menü (z. B. als Befehl **Beenden**) oder einer Schaltfläche (z. B. als Befehlsschaltfläche **Beenden**) aus auf. Das Hauptprogramm sollte diesen Befehl nicht aufrufen.
5. Stellen Sie Umgebung wieder her, wenn der Benutzer die Anwendung beendet.

Das Hauptprogramm könnte z. B. folgendermaßen aussehen:

Code	Kommentare
DO SETUP.PRG	Programmaufruf zum Einrichten der Umgebung (Speichern von Werten in globalen Variablen)

(Fortsetzung)

Code	Kommentare
DO MAINMENU.MPR	Menü als ursprüngliche Benutzerschnittstelle anzeigen
READ EVENTS	Ereignisschleife einrichten. Ein anderes Programm (z. B. **Mainmenu.mpr**) muß den Befehl **CLEAR EVENTS** aufrufen.
DO CLEANUP.PRG	Umgebung vor dem Beenden wiederherstellen

Hinzufügen von Dateien zu einem Projekt

Ein Visual FoxPro-Projekt besteht aus separaten Komponenten, die als einzelne Dateien gespeichert sind. So kann ein einfaches Projekt beispielsweise aus Formularen (.scx), Berichten (.frx) und Programmen (.prg und .fxp) bestehen. Weiterhin enthält ein Projekt meist noch eine oder mehrere Datenbanken (.dbc), Tabellen (.dbf und .fpt) und Indizes (.cdx und .idx). Um eine Datei in eine Anwendung einzubeziehen, muß die Datei dem Projekt hinzugefügt werden. So kann Visual FoxPro beim Kompilieren der Anwendung die Dateien für diese Komponente dem fertigen Produkt hinzufügen.

Dateien können leicht und auf mehrere Arten einem Projekt hinzugefügt werden:

- Zum Erstellen eines Projekts und Hinzufügen vorhandener Dateien verwenden Sie den Anwendungs-Assistenten.

- Um einem Projekt automatisch neue Dateien hinzuzufügen, öffnen Sie das Projekt und erstellen die neuen Dateien innerhalb des Projekt-Managers.

- Um einem Projekt vorhandene Dateien hinzuzufügen, öffnen Sie das Projekt und fügen die Dateien mit Hilfe des Projekt-Managers hinzu.

Wenn Sie mit Hilfe des Anwendungs-Assistenten oder Projekt-Managers Dateien erstellen, müssen Sie in der Regel keine weitere Schritte durchführen: Die Dateien werden in diesem Fall automatisch in das Projekt einbezogen. Eine Ausnahme besteht jedoch dann, wenn die Anwendung eine vom Benutzer zu modifizierende Datei enthält. Da einbezogene Dateien schreibgeschützt sind, müssen Sie diese Datei als ausgeschlossen markieren. Weitere Informationen hierzu finden Sie unter „Referenzieren modifizierbarer Dateien" weiter unten in diesem Kapitel

Tip: Eine Liste mit den Visual FoxPro-Dateitypen und -erweiterungen finden Sie in der Hilfe unter „Dateierweiterungen und Dateitypen".

Ist eine existierende Datei noch nicht Bestandteil des Projekts, können Sie diese manuell hinzufügen.

▶ **So fügen Sie eine Datei manuell zu einem Projekt hinzu**

1. Wählen Sie im Projekt-Manager den Typ der hinzuzufügenden Komponente, indem Sie diesen in der Hierarchie auswählen, und klicken Sie dann auf **Hinzufügen**.

2. Wählen Sie im Dialogfeld **Öffnen** die hinzuzufügende Datei aus.

Visual FoxPro fügt dem Projekt auch dann Dateien hinzu, wenn Sie in einem Programm oder einem Formular auf diese verweisen. Enthält ein Programm des Projekts beispielsweise die folgende Zeile, so fügt Visual FoxPro die Datei **Orders.scx** dem Projekt hinzu:

```
DO FORM ORDERS.SCX
```

So wird auf eine Datei verwiesen, sie ist nicht sofort in das Projekt einbezogen. Wenn Sie später das Projekt erstellen, löst Visual FoxPro alle Verweise auf Dateien auf und bezieht diese automatisch in das Projekt ein. Wird über benutzerdefinierten Code innerhalb der neuen Datei eine weitere Datei angesprochen, wird dieser Verweis beim Erstellen des Projekts ebenfalls aufgelöst, und die Datei wird in das Projekt einbezogen. Wenn Sie das Projekt später erneut anzeigen, werden alle angesprochenen Dateien im Projekt-Manager angezeigt.

Wichtig: Je nachdem, wie diese im Code verwendet werden, kann Visual FoxPro u.U. Verweise auf Bilddateien (.bmp und .msk) nicht auflösen. Daher sollten Sie Ihren Dateien Bilder manuell hinzufügen. Des weiteren kann Visual FoxPro Dateien nicht automatisch einbeziehen, auf die mittels Makrosubstitution verwiesen wird, da der Name der Datei erst beim Ausführen der Anwendung bekannt ist. Wenn die Anwendung mittels Makrosubstitution auf Dateien verweist, müssen Sie diese Datei manuell einbeziehen.

Referenzieren modifizierbarer Dateien

Wenn Sie ein Projekt zu einer Anwendung kompilieren, werden die in das Projekt einbezogenen Dateien zu einer einzigen Anwendungsdatei zusammengestellt. Nach dem Erstellen des Projekts werden die in diesem Projekt als Einbezogen markierten Dateien schreibgeschützt.

Oftmals sollen jedoch zu dem Projekt gehörende Dateien durch die Benutzer geändert werden. In diesen Fällen sollten Sie die Dateien dem Projekt hinzufügen, sie jedoch als ausgeschlossen markieren. Ausgeschlossene Dateien sind nach wie vor Bestandteil der Anwendung, so daß Visual FoxPro diese als Teile des Projekts behandelt. Sie werden jedoch nicht in die Anwendungsdatei kompiliert, damit die Benutzer sie modifizieren können.

Anmerkung: Tabellen sind standardmäßig als ausgeschlossen markiert, da Visual FoxPro davon ausgeht, daß Tabellen in einer Anwendung modifizierbar sein sollen.

Es gilt die folgende Faustregel: Dateien mit ausführbaren Programmen (Formulare, Berichte, Abfragen, Menüs und Programme) sollten in die Anwendungsdatei einbezogen werden, Datendateien hingegen nicht. Sie sollten jedoch auf jeden Fall anhand der Anforderungen der Anwendung festlegen, welche Dateien einzubeziehen und welche auszuschließen sind. So können beispielsweise Dateien mit empfindlichen Systeminformationen oder nur zum Nachschlagen gedachte Tabellen in die Anwendungsdatei einbezogen werden, um diese vor ungewünschten Änderungen zu schützen. Andererseits können Sie eine Berichtsdatei (.frx) ausschließen, wenn die Anwendung den Benutzern das dynamische Ändern dieser Datei gestattet.

Wenn Sie eine Datei ausschließen, müssen Sie sicherstellen, daß Visual FoxPro diese Datei finden kann, wenn die Anwendung ausgeführt wird. Verweist ein Formular beispielsweise auf eine Bibliothek visueller Klassen, so enthält das Formular einen relativen Pfad zu dieser Bibliothek. Wenn Sie die Bibliothek in das Projekt einbeziehen, wird diese zum Bestandteil der Anwendungsdatei; das Formular ist dann jederzeit in der Lage, die Bibliothek zu finden.

Wenn Sie die Bibliothek jedoch ausschließen, muß das Formular die Bibliothek anhand des relativen Pfades oder des mit Hilfe des Befehls SET PATH gesetzten Suchpfads von Visual FoxPro suchen. Findet sich die Bibliothek nicht am erwarteten Ort, weil Sie beispielsweise die Bibliothek nach Erstellen des Formulars verschoben haben, so zeigt Visual FoxPro ein Dialogfeld an und fordert den Benutzer auf, die Bibliothek zu suchen. Vermutlich wünschen Sie nicht, daß den Benutzern dieses Dialogfeld angezeigt wird. Sicherheitshalber sollten Sie alle Dateien einbeziehen, die nicht von den Benutzern geändert werden sollen.

Anmerkung: Anwendungsdateien (.app) können Sie nicht einbeziehen, und auch Bibliotheksdateien (.ocx, .fll und .dll) sollten Sie ausschließen.

▶ **So schließen Sie modifizierbare Dateien aus**

1. Wählen Sie im Projekt-Manager die modifizierbare Datei aus.

2. Wählen Sie aus dem Menü **Projekt** den Befehl **Ausschließen**.

   Der Befehl **Ausschließen** steht nicht zu Verfügung, wenn die Datei bereits ausgeschlossen ist; statt dessen wird dann der Befehl **Einbeziehen** angeboten.

Links neben den Namen ausgeschlossener Dateien wird das Symbol ⌀ angezeigt.

Anmerkung: Als Hauptdateien markierte Dateien können nicht als ausgeschlossen markiert werden. Weitere Informationen zu Hauptdateien finden Sie unter „Festlegen des Ausgangspunkts" weiter oben in diesem Kapitel.

In einem Projekt als ausgeschlossen markierte Tabellen

> **Tip:** Wenn Sie alle Projektdateien auf einmal anzeigen möchten, wählen Sie aus dem Menü **Projekt** den Befehl **Projektinfo** und dann die Registerkarte **Dateien**.

Erstellen einer Anwendung aus einem Projekt

Der letzte Schritt beim Kompilieren eines Projekts besteht darin, die Anwendung zu erstellen. Das Endergebnis dieses Prozesses ist eine einzige Anwendungsdatei, die alle Dateien (außer den als ausgeschlossen markierten) enthält, auf die in dem Projekt verwiesen wird. Sie können die Anwendungsdatei gemeinsam mit den Datendateien (und allen anderen aus dem Projekt ausgeschlossenen Dateien) an Benutzer weitergeben, welche dann zum Starten der Anwendung diese Datei aufrufen.

Beim Erstellen einer Anwendung aus dem Projekt werden folgende Schritte durchlaufen:

- Testen des Projekts.
- Erstellen einer Anwendungsdatei aus dem Projekt.

Testen eines Projekts

Sie können das Projekt testen, um die Verweise zu verifizieren und zu überprüfen, ob alle Komponenten verfügbar sind. Dazu erstellen Sie das Projekt neu und veranlassen Visual FoxPro so, die Dateiverweise aufzulösen und überholte Dateien neu zu kompilieren.

▶ **So testen Sie ein Projekt**

1. Klicken Sie im Projekt-Manager auf **Erstellen**.
2. Wählen Sie **Projekt neu erstellen** im Dialogfeld Erstellungsoptionen.
3. Wählen Sie weitere gewünschte Optionen aus, und wählen Sie **OK**.

   – oder –

- Verwenden Sie den Befehl BUILD PROJECT.

Wenn Sie z. B. ein Projekt mit dem Namen **Myproj.pjx** erstellen möchten, geben Sie folgendes ein:

```
BUILD PROJECT myproj
```

Weitere Informationen zum Befehl **BUILD PROJECT** finden Sie in der Hilfe.

Treten beim Erstellen Fehler auf, so werden diese in einer Datei des aktuellen Verzeichnisses gespeichert. Diese Datei hat den Namen des Projekts und die Erweiterung .err. Die Anzahl der beim Kompilieren aufgetretenen Fehler wird auf der Statusleiste angezeigt. Sie können die Fehlerdatei auch sofort anzeigen.

▶ **So zeigen Sie die Fehlerdatei sofort an**

- Aktivieren Sie das Kontrollkästchen **Fehler anzeigen**.

Wurde das Projekt erfolgreich neu erstellt, so sollten Sie versuchen, es auszuführen, bevor Sie eine Anwendung erstellen.

▶ **So führen Sie eine Anwendung aus**

- Markieren Sie im Projekt-Manager das Hauptprogramm, und wählen Sie dann **Ausführen**.

– oder –

- Geben Sie im Befehlsfenster den Befehl **DO** ein, gefolgt vom Namen des Hauptprogramms.

```
DO MAINPROG.PRG
```

Wird das Programm einwandfrei ausgeführt, so können Sie eine Anwendungsdatei erstellen, die alle in das Projekt einbezogenen Dateien enthält.

Sie sollten diese Schritte des Neuerstellens und Ausführens des Projekts wiederholen, wenn Sie dem Projekt neue Komponenten hinzufügen. Sofern Sie nicht im Dialogfeld **Erstellungsoptionen** die Option **Alle Dateien nochmals kompilieren** wählen, werden nur die Dateien erneut kompiliert, die seit dem letzten Kompilieren geändert wurden.

Erstellen einer Anwendungsdatei aus dem Projekt

Zum Erstellen einer endgültigen Datei aus dem Projekt erstellen Sie eine Anwendungsdatei. Eine Anwendungsdatei hat die Endung .app. Zum Ausführen der Anwendung startet der Benutzer zunächst Visual FoxPro und lädt dann die .app-Datei.

Sie können aus dem Projekt entweder eine Anwendungsdatei (.app) oder eine ausführbare Datei (.exe) erstellen. .app-Dateien können nur von Benutzern ausgeführt werden, die bereits über Visual FoxPro verfügen. Alternativ können Sie eine .exe-Datei erstellen. .exe-Dateien arbeiten mit zwei .dll-Dateien (**Vfp500.dll** und **Vfpxxx.dll**) zusammen, die Sie mit der Anwendung ausliefern, um eine vollständige Laufzeitumgebung für Visual FoxPro bereitzustellen. Die zweite Datei ist spezifisch für die Region der Welt, in der die Anwendung eingesetzt werden soll. Weitere Informationen finden Sie in Teil 8, „Vertrieb von Anwendungen".

▶ **So erstellen Sie eine Anwendung**

1. Klicken Sie im Projekt-Manager auf **Erstellen**.

2. Wählen Sie **Anwendung erstellen** im Dialogfeld Erstellungsoptionen, um eine .app-Datei zu erstellen, oder wählen Sie **.exe-Datei erstellen**, um eine .exe-Datei zu erstellen.

3. Wählen Sie weitere gewünschte Optionen aus, und wählen Sie dann **OK**.

– oder –

- Verwenden Sie den Befehl BUILD APP oder den Befehl BUILD EXE.

Wenn Sie z. B. aus einem Projekt mit dem Namen **Myproj.pjx** eine Anwendung mit dem Namen **Myapp.app** erstellen möchten, können Sie den folgenden Befehl eingeben:

```
BUILD APP myapp FROM myproj
```

Wenn Sie aus einem Projekt mit dem Namen **Myproj.pjx** eine Anwendung mit dem Namen **Myapp.app** erstellen möchten, können Sie den folgenden Befehl eingeben:

```
BUILD EXE myapp FROM myproj
```

Weitere Informationen zu den Befehlen **BUILD APP** und **BUILD EXE** finden Sie in der Hilfe.

> **Anmerkung:** Sie können mit Hilfe des Dialogfelds **Erstellungsoptionen** aus der Visual FoxPro-Anwendung auch einen Automatisierungsserver erstellen. Weitere Informationen hierzu finden Sie in Kapitel 16, „Hinzufügen von OLE", unter „Erstellen von Automatisierungsservern".

Nachdem Sie für das Projekt eine endgültige Anwendungsdatei erstellt haben, können Sie und die Benutzer diese aufrufen.

▶ So starten Sie eine Anwendung als .app-Datei

- Wählen Sie in Visual FoxPro aus dem Menü **Programm** den Befehl **Ausführen**, und wählen Sie dann die Anwendungsdatei aus.

    – oder –

- Geben Sie im Befehlsfenster DO und den Namen der Anwendungsdatei ein.

    Wenn Sie z. B. eine Anwendung mit dem Namen MYAPP ausführen möchten, geben Sie folgendes ein:

    ```
    DO myapp.app
    ```

Weitere Informationen zum Befehl **DO** finden Sie in der Hilfe.

Wenn Sie aus der Anwendung eine .exe-Datei erstellt haben, kann diese auf eine Vielzahl verschiedener Arten aufgerufen werden.

▶ So starten Sie eine Anwendung als .exe-Datei

- Wählen Sie in Visual FoxPro aus dem Menü **Programm** den Befehl **Ausführen**, und wählen Sie dann die Anwendungsdatei aus, oder geben Sie im Befehlsfenster DO und den Namen der Anwendungsdatei ein.

    Wenn Sie z. B. eine .exe-Datei mit dem Namen **Myapp.exe** ausführen möchten, geben Sie folgendes ein:

    ```
    DO myapp.exe
    ```

    – oder –

- Doppelklicken Sie in Windows auf das Symbol der .exe-Datei.

> **Anmerkung:** Mit Hilfe des Setup-Assistenten können Sie eine Installationsroutine zum Installieren der entsprechenden Dateien erstellen.

KAPITEL 14

Testen von Anwendungen und Fehlerbeseitigung

Testen beinhaltet die Suche nach Problemen im Programm-Code, Fehlerbeseitigung das Isolieren und Beheben dieser Probleme. Test und Fehlerbeseitigung sind notwendige Schritte im Entwicklungszyklus, und am besten möglichst früh in diesem Zyklus anzusiedeln. Fehlerbeseitigung in Komponenten durch gründliches Testen erleichtern den Test und die Fehlerbeseitigung in integrierten Anwendungen enorm.

Weitere Informationen über das Erstellen von Anwendungen finden Sie in Kapitel 2, „Entwickeln einer Anwendung", und in Kapitel 13, „Kompilieren einer Anwendung".

Dieses Kapitel behandelt folgende Themen:

- Planung von Test und Fehlerbeseitigung
- Fehlerbeseitigung vor dem Auftreten von Fehlern
- Isolieren von Problemen
- Anzeigen von Ausgaben
- Protokollieren des Code-Ablaufs
- Behandlung von Laufzeitfehlern

Planung von Test und Fehlerbeseitigung

Normalerweise streben Entwickler beim Testen von und der Fehlerbeseitigung in ihren Anwendungen abgestufte Stabilitätsgrade an:

1. Ausführung ohne Systemabstürze oder Fehlermeldungen.
2. Korrekter Ablauf im allgemeinen.
3. Korrekter Ablauf oder entsprechende Fehlermeldungen in einer Vielzahl von Szenarien.
4. Geschickter Umgang mit unerwarteten Anwenderaktivitäten.

Visual FoxPro stellt Ihnen einen umfangreichen Satz an Tools zur Verfügung, die Sie beim Isolieren und Identifizieren von Problemen im Programm-Code und somit beim effektiven Beheben unterstützen. Eine der besten Vorgehensweisen zum Erstellen stabiler Anwendungen ist jedoch, potentielle Probleme aufzuspüren, bevor diese auftreten.

Fehlerbeseitigung vor dem Auftreten von Fehlern

Untersuchungen haben gezeigt, daß gute Codier-Praktiken (Einrücken, Kommentare, Benennungskonventionen usw.) automatisch die Anzahl von Fehlern im Code verringern. Weiterhin gibt es einige Vorkehrungen, die bereits früh im Entwicklungsprozeß getroffen werden können, um das spätere Testen und Beseitigen von Fehlern zu vereinfachen. Zu diesen zählen:

- Erstellen einer Testumgebung
- Festlegen von Zusicherungen
- Überwachen von Ereignisfolgen

Erstellen einer Testumgebung

Die Systemumgebung, in der eine Anwendung ausgeführt werden soll, ist genauso wichtig wie die Datenumgebung, die Sie für die Anwendung selbst eingerichtet haben. Um die Portierbarkeit zu gewährleisten und einen angemessenen Kontext für das Testen und die Fehlerbeseitigung herzustellen, sind folgende Dinge zu berücksichtigen:

- Hardware und Software
- Systempfade und Eigenschaften von Dateien
- Verzeichnisstruktur und Speicherorte von Dateien

Hardware und Software

Um höchstmögliche Portierbarkeit zu gewährleisten, sollten Sie Anwendungen auf der niedrigsten Plattform entwickeln, auf der die Anwendung ausgeführt werden soll. Eine solche Grundplattform richten Sie folgendermaßen ein:

- Entwickeln Sie Ihre Anwendungen mit dem niedrigsten Videomodus, den die Anwendung unterstützen soll.
- Legen Sie die Grundvoraussetzungen hinsichtlich des RAM-Speichers und des Datenträger-Speicherplatzes, einschließlich aller erforderlichen Treiber oder gleichzeitig ausgeführter Software, fest.
- Berücksichtigen Sie die Unterschiede, die sich bei Speicherverwaltung, Dateizugriff und beim Sperren von Datensätzen zwischen Netzwerkversionen und lokal zu verwendenden Versionen einer Anwendung ergeben.

Systempfade und Eigenschaften von Dateien

Um sicherzustellen, daß alle erforderlichen Programmdateien auf allen Computern, auf denen die Anwendung ausgeführt werden soll, zur Verfügung stehen, sollten Sie u.U. eine Grunddateikonfiguration definieren. Die folgenden Fragen geben einen Hinweis darauf, was beim Definieren einer Grundkonfiguration zu beachten ist:

- Sind für die Anwendung gemeinsam genutzte Systempfade erforderlich?
- Haben Sie die Eigenschaften der Dateien hinsichtlich des Dateizugriffs richtig eingestellt?

- Sind die Zugriffsberechtigungen im Netzwerk für alle Benutzer richtig eingestellt?

Verzeichnisstruktur und Speicherorte von Dateien

Enthält der Quellcode Verweise auf absolute Pfad- oder Dateinamen, müssen genau diese Pfade und Dateien vorhanden sein, wenn die Anwendung auf einem anderen Computer installiert wird. Dieses Problem vermeiden Sie mit Hilfe von:

- Visual FoxPro-Konfigurationsdateien. Weitere Informationen zum Arbeiten mit Konfigurationsdateien finden Sie im *Installationshandbuch* in Kapitel 3, „Konfigurieren von Visual FoxPro".

- Erstellen Sie ein eigenes Verzeichnis oder eine eigene Verzeichnisstruktur, um die Quelldateien getrennt von den generierten Anwendungsdateien speichern zu können. So können Sie die Verweise der fertigen Anwendung testen und ermitteln, welche Dateien als Teil der Anwendung mitgeliefert werden.

- Verwenden Sie relative Pfadangaben.

Festlegen von Zusicherungen

Sie können in den Code Zusicherungen aufnehmen, um Ihre Annahmen über die Laufzeitumgebung des Codes zu überprüfen.

So legen Sie eine Zusicherung fest

- Identifizieren Sie mit Hilfe des Befehls ASSERT Zusicherungen im Programm.

    Wenn die im Befehl **ASSERT** festgelegte Bedingung den Wert Falsch (.F.) hat, wird ein Zusicherungsmeldungsfeld angezeigt und in das Debug-Ausgabefenster geschrieben.

So könnten Sie beispielsweise eine Funktion schreiben, die einen Parameterwert ungleich null erstellt. Die folgende Code-Zeile bewirkt eine Meldung, wenn der Wert des Parameters 0 ist:

```
ASSERT nParm != 0 MESSAGE "Parameter ist 0"
```

Mit Hilfe des Befehls SET ASSERTS können Sie festlegen, ob Zusicherungsmeldungen angezeigt werden oder nicht. Standardmäßig werden Zusicherungsmeldungen nicht angezeigt.

Überwachen von Ereignisfolgen

Wenn Sie das Auftreten von Ereignissen in Relation zu anderen Ereignissen setzen, können Sie einen optimalen Platz für den Code bestimmen.

So überwachen Sie Ereignisse

- Wählen Sie aus dem Menü **Extras** im Debugger-Fenster den Befehl **Ereignisüberwachung**.

    -oder-

- Verwenden Sie den Befehl SET EVENTTRACKING.

Das Dialogfeld **Ereignisüberwachung** ermöglicht Ihnen die Auswahl der zu überwachenden Ereignisse.

Dialogfeld „Ereignisüberwachung"

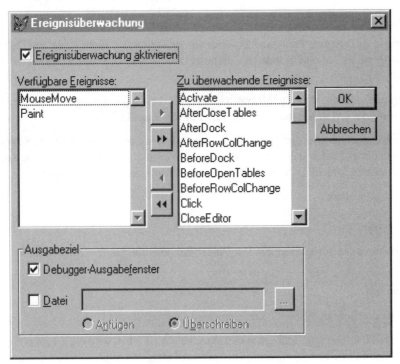

Anmerkung: In diesem Beispiel wurden aus der Liste „Zu überwachende Ereignisse" die Ereignisse **MouseMove** und **Paint** entfernt. Diese Ereignisse treten derartig häufig auf, daß sie die Überwachung der anderen Ereignisfolgen erschweren.

Bei aktivierter Ereignisüberwachung wird bei jedem Auftreten eines Systemereignisses aus der Liste „Zu überwachende Ereignisse" der Name dieses Ereignisses im Debug-Fenster angezeigt oder in eine Datei geschrieben. Wenn Sie sich die Ereignisse im Debug-Fenster anzeigen lassen, können Sie diese trotzdem noch, wie weiter unten in diesem Kapitel unter „Anzeigen von Ausgaben" beschrieben, in einer Datei speichern.

Anmerkung: Ist das Debug-AusgabeFenster nicht geöffnet, so werden keine Ereignisse aufgelistet, selbst wenn das Kontrollkästchen **Debugger-Ausgabefenster** aktiviert ist.

Isolieren von Problemen

Haben sich beim Test Probleme gezeigt, so können Sie diese mit Hilfe der Visual FoxPro-Debugging-Umgebung auf folgende Weisen isolieren:

- Starten einer Debugging-Sitzung
- Verfolgen des Codes

Kapitel 14 Testen von Anwendungen und Fehlerbeseitigung

- Unterbrechen der Programmausführung
- Anzeigen von gespeicherten Werten
- Anzeigen von Ausgaben

Starten einer Debugging-Sitzung

Sie starten eine Debugging-Sitzung, indem Sie die Debugging-Umgebung öffnen.

So öffnen Sie den Debugger

- Wählen Sie aus dem Menü **Extras** den Befehl **Debugger**.

  Anmerkung: Wenn Sie in der Visual FoxPro-Umgebung Fehler beseitigen möchten, wählen Sie aus dem Menü **Extras** das gewünschte Fehlerbeseitigungs-Tool.

Sie können den Debugger auch mit einem der folgenden Befehle öffnen:

DEBUG

SET STEP ON

SET ECHO ON

Der Debugger wird automatisch gestartet, wenn eine Haltepunktbedingung erfüllt ist.

Verfolgen des Codes

Eine der nützlichsten verfügbaren Debugging-Strategien ist die Möglichkeit, den Code zu verfolgen, jede Code-Zeile bei der Ausführung zu beobachten und den Wert aller Variablen, Eigenschaften und Umgebungseinstellungen überprüfen zu können.

Code im Programmverfolgungsfenster

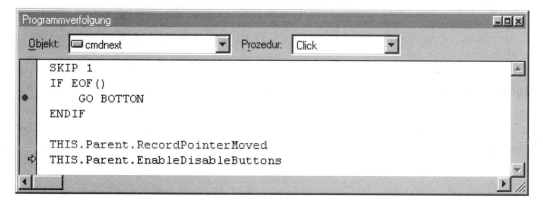

So verfolgen Sie den Programm-Code

1. Starten Sie eine Debugging-Sitzung.

2. Ist im Programmverfolgungsfenster kein Programm geöffnet, so wählen Sie aus dem Menü **Debug** den Befehl **Ausführen**.

3. Wählen Sie aus dem Menü **Debug** den Befehl **Hineinspringen**, oder klicken Sie auf die Symbolleisten-Schaltfläche **Hineinspringen**.

Ein Pfeil im grauen Bereich links des Codes weist auf die nächste auszuführende Zeile hin.

Tips: Beachten Sie die folgenden Tips:

- Verwenden Sie Haltepunkte, um den zu verfolgenden Code einzugrenzen.
- Sie können eine Code-Zeile, die bekanntermaßen einen Fehler verursacht, überspringen, indem Sie den Cursor auf der auf die problematische Zeile folgende Zeile positionieren und aus dem Menü **Debug** den Befehl **Nächste Befehlszeile setzen** wählen.
- Wenn viel Programm-Code mit Timer-Ereignissen verbunden ist, können Sie das Verfolgen dieses Codes verhindern, indem Sie auf der Registerkarte **Debug**, im Dialogfeld **Optionen**, das Kontrollkästchen **Zeitgeber-Ereignisse anzeigen** deaktivieren.

Wenn Sie bei der Fehlersuche in einem Programm oder im Objekt-Code auf ein Problem stoßen, können Sie dieses sofort beheben.

▶ **So beheben Sie bei der Programmverfolgung gefundene Probleme**

- Wählen Sie aus dem Menü **Debug** den Befehl **Korrigieren**.

Beim Aufrufen dieses Befehls wird die Programmausführung unterbrochen und der Code-Editor an der Position des Cursors im Programmverfolgungsfenster geöffnet.

Unterbrechen der Programmausführung

Haltepunkte ermöglichen die Unterbrechung der Programmausführung. Nach dem Unterbrechen der Programmausführung können Sie die Werte von Variablen und Eigenschaften prüfen, Umgebungsvariablen einsehen und Code-Abschnitte zeilenweise überprüfen, ohne den gesamten Code schrittweise abzuarbeiten.

Tip: Sie können die Ausführung eines im Programmverfolgungsfenster angezeigten Programms auch unterbrechen, indem Sie ESC drücken.

Unterbrechen der Ausführung bei einer Code-Zeile

Es gibt verschiedene Möglichkeiten, Haltepunkte in den Code aufzunehmen, um die Programmausführung zu unterbrechen. Wenn Sie bereits wissen, wo Sie die Programmausführung unterbrechen möchten, können Sie direkt in dieser Code-Zeile einen Haltepunkt setzen.

▶ **So setzen Sie einen Haltepunkt in einer bestimmten Code-Zeile**

Suchen Sie im Programmverfolgungsfenster die gewünschte Code-Zeile und führen Sie eine der folgenden Aktionen durch:

1. Positionieren Sie den Cursor in der Code-Zeile.

2. Drücken Sie F9 oder klicken Sie in der Debugger-Symbolleiste auf die Schaltfläche **Haltepunkte ein/aus**.

– oder –

- Doppelklicken Sie in den grauen Bereich links der Code-Zeile.

Im grauen Bereich links der Code-Zeile wird ein Punkt angezeigt, der darauf hinweist, daß auf diese Zeile ein Haltepunkt gesetzt wurde.

Tip: Wenn Sie in Objekten nach Fehlern suchen, können Sie im Verfolgungsfenster bestimmte Code-Zeilen suchen, indem Sie das Objekt aus der Liste „Objekt" und die Methode oder das Ereignis aus der Liste „Prozedur" auswählen.

Sie können auch Haltepunkte setzen, indem Sie im Dialogfeld **Haltepunkte** Position und Datei angeben.

Halten an einer Position

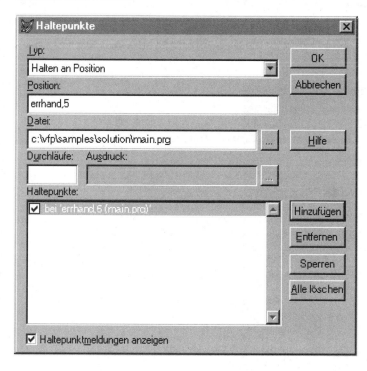

Beispiele für Positionen und Dateien für Haltepunkte

Position	Datei	Unterbrechen der Ausführung
ErrHandler	**C:\Myapp\Main.prg**	Die erste ausführbare Zeile einer Prozedur namens ErrHandler in **Main.prg**.
Main,10	**C:\Myapp\Main.prg**	Die zehnte Zeile im Programm namens Main.

(Fortsetzung)

Position	Datei	Unterbrechen der Ausführung
`Click`	**C:\Myapp\Form.scx**	Die erste ausführbare Zeile einer Prozedur, Funktion, Methode oder eines Ereignisses namens `Click` in **Form.scx**.
`cmdNext.Click`	**C:\Myapp\Form.scx**	Die erste mit dem Ereignis **Click** von `cmdNext` in **Form.scx** assoziierte ausführbare Zeile.
`cmdNext::Click`		Die erste ausführbare Zeile im Ereignis **Click** eines beliebigen Steuerelements in einer beliebigen Datei, dessen übergeordnete Klasse `cmdNext` heißt.

Unterbrechen der Ausführung bei Veränderungen von Werten

Wenn Sie wissen wollen, wann sich der Wert einer Variablen oder Eigenschaft oder die Laufzeitbedingungen ändern, können Sie einen Haltepunkt bei einem Ausdruck setzen.

Halten, wenn ein Ausdruck sich ändert

▶ **So unterbrechen Sie die Programmausführung, wenn sich der Wert eines Ausdrucks ändert**

1. Wählen Sie im Debugger-Fenster aus dem Menü **Extras** den Befehl **Haltepunkte**, um das Dialogfeld Haltepunkte zu öffnen.

2. Wählen Sie **Halten, wenn Ausdruck verändert wurde** aus der Liste „Typ".

3. Geben Sie im Feld **Ausdruck** den Ausdruck ein.

Beispiele für Haltepunktausdrücke

Ausdruck	Verwenden Sie diesen Befehl/diese Funktion
RECNO( )	Die Ausführung wird unterbrochen, wenn der Datensatzzeiger verschoben wird.
PROGRAM( )	Die Ausführung wird in der ersten Zeile eines/r neuen Programms, Prozedur, Methode oder Ereignisses unterbrochen.
myform.Text1.Value	Die Ausführung wird jedesmal unterbrochen, wenn der Wert dieser Eigenschaft interaktiv oder programmgesteuert geändert wird.

Bedingtes Unterbrechen der Ausführung

Oftmals wünschen Sie die Programmunterbrechung nicht bei einer bestimmten Zeile, sondern beim Eintreten einer bestimmten Bedingung.

Halten, wenn Ausdruck wahr ist

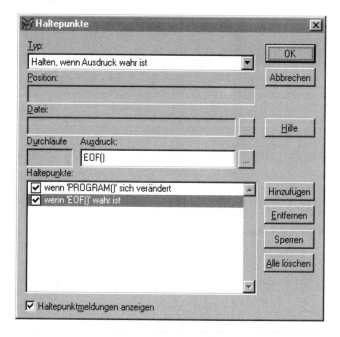

▶ **So unterbrechen Sie die Programmausführung, wenn ein Ausdruck wahr wird**

1. Wählen Sie im Debugger-Fenster aus dem Menü **Extras** den Befehl **Haltepunkte**, um das Dialogfeld Haltepunkte zu öffnen.
2. Wählen Sie **Halten, wenn Ausdruck wahr ist** aus der Liste „Typ".
3. Geben Sie im Feld **Ausdruck** den Ausdruck ein.

4. Wählen Sie **Hinzufügen**, um den Haltepunkt der Liste „Haltepunkte" hinzuzufügen.

Beispiele für Haltepunktausdrücke

Ausdruck	Verwendung
EOF( )	Unterbricht die Ausführung, wenn der Datensatzzeiger hinter den letzten Datensatz der Tabelle verschoben wurde.
'CLICK'$PROGRAM( )	Unterbricht die Ausführung bei der ersten mit einem Click- oder DblClick-Ereignis assoziierten Code-Zeile.
nReturnValue = 6	Wird der Rückgabewert eines Dialogfelds in nReturnValue gespeichert, so wird die Ausführung unterbrochen, wenn der Benutzer im Dialogfeld **Ja** gewählt hat.

Bedingtes Unterbrechen der Ausführung bei einer Code-Zeile

Sie können festlegen, daß die Ausführung bei einer bestimmten Code-Zeile nur dann unterbrochen wird, wenn eine bestimmte Bedingung zutrifft.

Halten an Position, wenn Ausdruck wahr ist

▶ **So unterbrechen Sie die Programmausführung an einer bestimmten Code-Zeile, wenn ein Ausdruck wahr ist**

1. Wählen Sie im Debugger-Fenster aus dem Menü **Extras** den Befehl **Haltepunkte**, um das Dialogfeld Haltepunkte zu öffnen.

2. Wählen Sie **Halten an Position, wenn Ausdruck wahr ist** aus der Liste „Typ".

3. Geben Sie im Feld **Position** die Position ein.
4. Geben Sie im Feld **Ausdruck** den Ausdruck ein.
5. Wählen Sie **Hinzufügen**, um den Haltepunkt der Liste „Haltepunkte" hinzuzufügen.
6. Klicken Sie auf **OK**.

> **Tip:** Mitunter ist es einfacher, die Code-Zeile im Programmverfolgungsfenster zu suchen, einen Haltepunkt zu setzen und diesen dann im Dialogfeld **Haltepunkte** zu bearbeiten. Ändern Sie dazu den Typ von **Halten an Position** nach **Halten an Position, wenn Ausdruck wahr ist**, und fügen Sie dann den Ausdruck hinzu.

Entfernen von Haltepunkten

Sie können im Dialogfeld **Haltepunkte** Haltepunkte deaktivieren, ohne diese zu entfernen. Im Programmverfolgungsfenster können Sie Haltepunkte des Typs **Halten an Position** löschen.

So entfernen Sie einen Haltepunkt aus einer bestimmten Code-Zeile

Suchen Sie im Programmverfolgungsfenster den Haltepunkt und führen Sie eine der folgenden Aktionen durch:

- Positionieren Sie den Cursor in der Code-Zeile und wählen Sie aus der Debugger-Symbolleiste die Schaltfläche **Haltepunkte ein/aus**.

    -Oder-

- Doppelklicken Sie in den grauen Bereich links der Code-Zeile.

Anzeigen von gespeicherten Werten

Im Debugger-Fenster können Sie in den folgenden Fenstern die Laufzeitwerte von Variablen, Array-Elementen, Eigenschaften und Ausdrücken anzeigen:

- Fenster **Aktuelle Variablen**
- Überwachungsfenster
- Testfenster

Anzeigen von gespeicherten Werten im Fenster „Aktuelle Variablen"

Das Fenster **Aktuelle Variablen** zeigt alle Variablen, Arrays, Objekte und Unterobjekte an, die in einem/r beliebigen Programm, Prozedur oder Methode im Aufruf-Stack sichtbar sind. Standardmäßig werden im Fenster **Aktuelle Variablen** die Werte des derzeit ausgeführten Programms angezeigt. Sie können die Werte anderer Programme und Prozeduren im Aufruf-Stack anzeigen, indem Sie das Programm oder die Prozedur aus der Liste „Aktuelle Variablen" auswählen.

Fenster „Aktuelle Variablen"

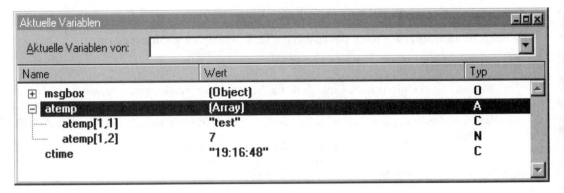

Sie können Arrays und Objekte im Detail untersuchen, in dem Sie in einem der Fenster **Aktuelle Variablen** oder **Überwachung** auf das Pluszeichen (+) neben dem Namen des Arrays oder Objekts klicken. In der detaillierten Ansicht können Sie die Werte aller Elemente eines Arrays und alle Einstellungen der Eigenschaften von Objekten anzeigen lassen.

Sie können in den Fenstern **Aktuelle Variablen** oder **Überwachung** sogar die Werte von Variablen, Array-Elementen und Eigenschaften ändern, indem Sie die Variable, das Array-Element oder die Eigenschaft auswählen, in die Spalte „Wert" klicken und einen neuen Wert eingeben.

Anzeigen von gespeicherten Werten im Überwachungsfenster

Geben Sie im Feld **Überwachung** des Überwachungsfensters einen gültigen Visual FoxPro-Ausdruck ein und drücken Sie die EINGABETASTE. In der Überwachungsfensterliste werden Typ und Wert des Ausdrucks angezeigt.

Überwachungsfenster

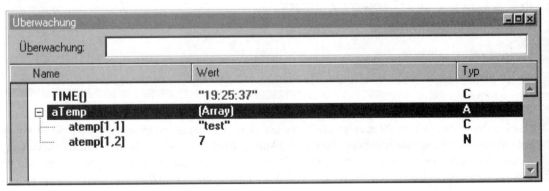

Anmerkung: Sie können im Überwachungsfenster keine objekterstellenden Ausdrücke eingeben.

Sie können auch im Fenster **Programmverfolgung** oder einem beliebigen anderen Debugger-Fenster Variablen oder Ausdrücke markieren und diese in das Überwachungsfenster ziehen.

Geänderte Werte werden im Überwachungsfenster rot angezeigt.

▶ **So entfernen Sie einen Eintrag aus der Überwachungsfensterliste**

Markieren Sie den Eintrag und führen Sie eine der folgenden Aktionen durch:

- Drücken Sie die Taste ENTF.

  -Oder-

- Wählen Sie aus dem Kontextmenü den Befehl **Überwachungsfenster ausblenden**.

▶ **So bearbeiten Sie einen Überwachungsausdruck**

- Doppelklicken Sie im Überwachungsfenster auf den Überwachungsausdruck und bearbeiten Sie diesen dort.

Anzeigen von gespeicherten Werten im Programmverfolgungsfenster

Positionieren Sie im Programmverfolgungsfenster den Cursor auf einer beliebigen Variable, Array-Element oder Eigenschaft, um den aktuellen Wert in einem Wertfenster anzuzeigen.

Wertfenster im Programmverfolgungsfenster

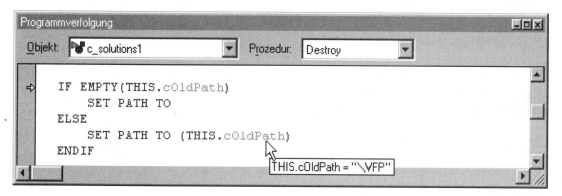

Anzeigen von Ausgaben

Der Befehl DEBUGOUT ermöglicht es Ihnen, die Werte im Debug-Fenster in eine Textdatei zu schreiben. Alternativ können Sie den Befehl SET DEBUGOUT TO oder im Dialogfeld **Optionen** die Registerkarte Debug verwenden.

Wenn Sie DEBUGOUT-Befehle nicht in eine Textdatei schreiben, muß das Debug-Fenster geöffnet sein, damit die DEBUGOUT-Werte geschrieben werden können. Die folgende Code-Zeile gibt im Debug-Fenster die Zeit an, zu der sie ausgeführt wird:

```
DEBUGOUT DATETIME( )
```

Außerdem können Sie die bereits weiter oben in diesem Kapitel beschriebene Ereignisverfolgung aktivieren und den Namen und die Parameter jedes auftretenden Ereignisses im Debug-Fenster anzeigen lassen.

Protokollieren des Codeablaufs

Später im Entwicklungsprozeß sollten Sie den Code in Hinsicht auf die Leistungsfähigkeit optimieren und durch Protokollieren des Ablaufs sicherstellen, daß Sie diesen angemessen getestet haben.

Das Protokollieren des Code-Ablaufs liefert Ihnen Informationen darüber, welche Zeilen des Codes in welcher Zeit ausgeführt wurden. Diese Informationen helfen Ihnen dabei, sowohl nicht ausgeführte und damit auch nicht getestete als auch weiter optimierbare Code-Bereiche aufzuspüren.

Sie können das Protokollieren des Code-Ablaufs aktivieren und deaktivieren, indem Sie im Debugger-Fenster auf die Schaltfläche **Ereignisprotokollierung** klicken. Wenn Sie das Protokollieren des Code-Ablaufs aktivieren, wird das Dialogfeld Erfassungsprotokoll angezeigt, damit Sie eine Datei angeben können, in der die Informationen gespeichert werden.

Dialogfeld „Erfassungsprotokoll"

Sie können das Protokollieren des Code-Ablaufs auch programmgesteuert mit Hilfe des Befehls SET COVERAGE TO aktivieren oder deaktivieren. So können Sie beispielsweise vor einem zu untersuchenden Code-Abschnitt den folgenden Befehl in die Anwendung aufnehmen:

```
SET COVERAGE TO mylog.log
```

Nach dem zu protokollierenden Code-Segment deaktivieren Sie mit dem folgenden Befehl das Protokollieren des Code-Ablaufs:

```
SET COVERAGE TO
```

Nachdem Sie eine Datei für die Protokollinformation angegeben haben, wechseln Sie zum Hauptfenster von Visual FoxPro und rufen das Programm, das Formular oder die Anwendung auf. Für jede ausgeführte Code-Zeile wird die folgende Information in die Protokolldatei geschrieben:

- Wie lange (in Sekunden) das Ausführen der Zeile dauerte.
- Die Klasse, zu der der Code gehört (sofern zutreffend).
- Die Methode oder Prozedur, zu der die Code-Zeile gehört.

- Die Zeilennummer des Codes.
- Die Datei, in der sich der Code befindet.

Informationen lassen sich am einfachsten aus der Protokolldatei extrahieren, indem Sie diese in eine Tabelle umwandeln, für die Sie Filter setzen, Abfragen, Berichte und Befehle aufrufen und die Sie in vielerlei Hinsicht bearbeiten können.

Die Erfassungsanalyseanwendung erstellt aus den Daten, die beim Protokollieren des Code-Ablaufs erzeugt wurden, einen Cursor und verwendet diesen in einem Fenster, in dem die Daten einfach analysiert werden können. Weitere Informationen über die Erfassungsanalyseanwendung finden Sie in Kapitel 32, „Anwendungsentwicklung und Entwicklungsproduktivität".

Das folgende Programm wandelt die beim Protokollieren des Code-Ablaufs erstellte Textdatei in eine Tabelle um:

```
cFileName = GETFILE('DBF')
IF EMPTY(cFileName)
RETURN
ENDIF

CREATE TABLE (cFileName) ;
(duration n(7,3), ;
   class c(30), ;
   procedure c(60), ;
   line i, ;
   file c(100))

APPEND FROM GETFILE('log') TYPE DELIMITED
```

Behandeln von Laufzeitfehlern

Laufzeitfehler treten nach dem Aufrufen einer Anwendung auf. Die folgenden Aktionen (bzw. der Versuch, diese Aktionen auszuführen) rufen Laufzeitfehler hervor: Schreiben in eine nicht vorhandene Datei, Öffnen einer bereits geöffneten Datei, Auswahl einer bereits geschlossenen Tabelle, Herbeiführen eines Datenkonflikts, Division durch Null usw.

Die folgenden Befehle und Funktionen eignen sich für das Vorauskalkulieren und das Behandeln von Laufzeitfehlern.

Aufgabe	Verwenden Sie diesen Befehl/diese Funktion
Füllen eines Arrays mit Fehlerinformationen	AERROR()
Öffnen des Debugger- oder Programmverfolgungsfensters	DEBUG oder SET STEP ON
Hervorrufen eines bestimmten Fehlers zum Testen der Fehlerbehandlung	ERROR
Rückgabe einer Fehlernummer	ERROR()

(Fortsetzung)

Aufgabe	Verwenden Sie diesen Befehl/diese Funktion
Rückgabe der Zeilennummer eines ausgeführten Programms	LINENO( )
Rückgabe einer Zeichenfolge für eine Fehlermeldung	MESSAGE( )
Ausführen eines Befehls beim Auftreten eines Fehlers	ON ERROR
Zurückgeben des Befehls, der beim Auftreten eines Fehlers ausgeführt wird	ON( )
Rückgabe des Namens des derzeit ausgeführten Programms	PROGRAM( ) oder SYS(16)
Erneutes Ausführen des letzten Befehls	RETRY
Rückgabe eines beliebigen aktuellen Fehlermeldungsparameters	SYS(2018)

Eine vollständige Beschreibung dieser Befehle und Funktionen sowie Beispiele finden Sie in der Hilfe.

Vorauskalkulieren von Fehlern

Der beste Schutz gegen Laufzeitfehler ist es, diese vorauszukalkulieren und durch einen entsprechenden Code zu verhindern. So verschiebt beispielsweise der folgende Code den Datensatzzeiger auf den nächsten Datensatz der Tabelle.

```
SKIP
```

Das funktioniert, solange der Datensatzzeiger nicht bereits hinter den letzten Datensatz der Tabelle verschoben wurde. In diesem Fall tritt ein Fehler auf.

Die folgenden Code-Zeilen berücksichtigen diese Fehlermöglichkeit und vermeiden sie:

```
IF !EOF()
SKIP
    IF EOF()
        GO BOTTOM
    ENDIF
ENDIF
```

Ein weiteres Beispiel: Die folgende Code-Zeile öffnet das Dialogfeld **Öffnen**, damit der Benutzer in einem neuen Arbeitsbereich eine Tabelle öffnen kann:

```
USE GETFILE('DBF') IN 0
```

Hier könnte das Problem auftreten, daß der Benutzer auf **Abbrechen** klicken oder den Namen einer nicht existierenden Datei eingeben könnte. Der folgende Code berücksichtigt diese Fehlermöglichkeiten und überprüft vor dem Verwenden der Datei, ob diese existiert:

```
cNewTable = GETFILE('DBF')
IF FILE(cNewTable)
   USE (cNewTable) IN 0
ENDIF
```

Der Endbenutzer kann auch den Namen einer Datei eingeben, welche keine Visual FoxPro-Tabelle ist. Zur Vermeidung dieser Fehlermöglichkeit könnten Sie die Datei mit einfachen E/A-Funktionen öffnen und den binären Header überprüfen, um festzustellen, ob es sich bei der Datei wirklich um eine gültige Tabelle handelt. Das verursacht jedoch einen gewissen Aufwand und könnte die Anwendung spürbar verlangsamen. Besser wäre es, diese Situation beim Ausführen zu behandeln und eine Fehlermeldung wie „Dies ist keine Tabelle. Bitte öffnen Sie eine andere Datei!" auszugeben, wenn Fehler 15 („Keine Tabelle") auftritt.

Sie können nicht alle Fehler vorauskalkulieren (und möchten es wahrscheinlich auch nicht). Daher können Sie einige von diesen abfangen, indem Sie einen Programm-Code erstellen, der beim Auftreten eines Laufzeitfehlers ausgeführt wird.

Behandeln prozeduraler Fehler

Tritt in einem prozeduralem Code ein Fehler auf, so sucht Visual FoxPro nach mit einer ON ERROR Routine verknüpftem Code zur Fehlerbehandlung. Wenn keine ON ERROR-Routine existiert, zeigt Visual FoxPro die Standardfehlermeldung an. Eine vollständige Liste der Fehlermeldungen und -nummern von Visual FoxPro finden Sie in der Hilfe.

Erstellen von ON ERROR-Routinen

Sie können nach ON ERROR jeden gültigen Visual FoxPro-Befehl oder -Ausdruck angeben, aber normalerweise rufen Sie dort eine Prozedur oder ein Programm zur Fehlerbehandlung auf.

Zum Veranschaulichen der Funktionsweise von ON ERROR können Sie im Befehlsfenster einmal einen unverständlichen Befehl eingeben:

```
qxy
```

Das Standard-Fehlermeldungsdialogfeld von Visual FoxPro mit der Meldung „Unbekannter Befehl" wird angezeigt. Wenn Sie jedoch zuvor die folgende Code-Zeile ausgeführt haben, wird nicht das Fehlerdialogfeld aufgerufen, sondern im aktiven Ausgabefenster die Fehlernummer (16) ausgegeben.

```
ON ERROR ?ERROR()
qxy
```

Die Angabe von ON ERROR ohne weitere Angaben reaktiviert die Standard-Fehlermeldungen von Visual FoxPro:

```
ON ERROR
```

Der folgende Code enthält das Gerüst einer ON ERROR-Fehlerbehandlungsroutine:

```
LOCAL lcOldOnError
```

```
* Ursprüngliche Fehlerbehandlungsroutine speichern
lcOldOnError = ON("ERROR")

* ON ERROR mit dem Namen einer Routine aufrufen
ON ERROR DO errhandler WITH ERROR(), MESSAGE()

* Der Code, für den die Fehlerbehandlungsroutine zutrifft

* Ursprüngliche Fehlerbehandlungsroutine wiederherstellen
ON ERROR &lcOldOnError

PROCEDURE errhandler
LOCAL aErrInfo[1]
AERROR(aErrInfo)
DO CASE
    CASE aErrInfo[1] = 1 && Datei nicht vorhanden
        * Entsprechende Meldung ausgeben
        * und das Problem irgendwie beheben.
    OTHERWISE
        * Eine generische Nachricht anzeigen, ggf. eine
        * Nachricht an einen Administrator versenden
ENDPROC
```

Behandeln von Fehlern in Klassen und Objekten

Tritt im Code einer Methode ein Fehler auf, so sucht Visual FoxPro nach mit dem Error-Ereignis des Objekts verknüpften Code zur Fehlerbehandlung. Wurde für das Error-Ereignis dieses Objekts kein Code erstellt, so wird der von der übergeordneten Klasse (die u.U. diesen Code ebenfalls von einer in der Klassenhierarchie höher angeordneten Klasse geerbt hat) geerbte Code für das Error-Ereignis ausgeführt. Wurde in der Klassenhierarchie kein Code für das Error-Ereignis erstellt, so sucht Visual FoxPro nach einer ON ERROR-Routine. Wenn keine ON ERROR-Routine existiert, zeigt Visual FoxPro die Standardfehlermeldung an.

Der große Vorteil von Klassen ist darin zu sehen, daß alle von einem Steuerelement benötigten Komponenten einschließlich der Fehlerbehandlung zusammengefaßt (oder besser: zusammengeschnürt) werden können, so daß das Steuerelement in einer Vielzahl möglicher Umgebungen eingesetzt werden kann. Wenn Sie zu einem späteren Zeitpunkt auf eine weitere Fehlermöglichkeit des Steuerelements stoßen, können Sie der Klasse eine Fehlerbehandlung für diesen Fehler hinzufügen. Diese Fehlerbehandlung wird dann automatisch von allen auf dieser Klasse basierenden Objekten geerbt.

So basiert beispielsweise die Klasse vcr in der Klassenbibliothek **Buttons.vcx**, die sich im Verzeichnis **Visual Studio...\Samples\Vfp98\Classes** befindet, auf der Container-Klasse von Visual FoxPro.

Die vier Befehlsschaltflächen im Container steuern die Tabellennavigation, indem sie den Datensatzzeiger in der Tabelle mit Hilfe der folgenden Befehle verschieben:

```
GO TOP
SKIP - 1
SKIP 1
GO BOTTOM
```

Verwendet der Benutzer eine der Schaltflächen, wenn keine Tabelle geöffnet ist, so tritt ein Fehler auf. Visual FoxPro versucht beim Verschieben des Datensatzzeigers, zwischengespeicherte Werte in die Tabelle zurückzuschreiben. Somit könnte auch dann ein Fehler auftreten, wenn bei aktivierter optimistischer Zeilenpufferung ein anderer Benutzer zwischenzeitlich einen Wert im zwischengespeicherten Datensatz geändert hat.

Da diese Fehler bei jeder der vier Befehlsschaltflächen auftreten können, ist es nicht sinnvoll, vier verschiedene Fehlerbehandlungsmethoden einzusetzen. Der folgende, mit dem Error-Ereignis der Schaltflächen verknüpfte Code übergibt die Fehlerinformation an die Fehlerbehandlungsroutine der Klasse:

```
LPARAMETERS nError, cMethod, nLine
THIS.Parent.Error(nError, cMethod, nLine)
```

Der folgende Code ist mit dem Error-Ereignis der vcr-Klasse verbunden. Der tatsächliche Code unterscheidet sich allerdings aufgrund der Lokalisierung von diesem.

```
Parameters nError, cMethod, nLine
DO CASE
CASE nError = 13 && Alias nicht gefunden
   cNewTable = GETFILE('DBF')
   IF FILE(cNewTable)
SELECT 0
     USE (cNewTable)
     This.SkipTable = ALIAS()
   ELSE
     This.SkipTable = ""
   ENDIF
CASE nError = 1585 && Datenkonflikt
* Aktualisierungskonflikt durch eine Datenüberprüfungsklasse behandeln
nConflictStatus = ;
     THIS.DataChecker1.CheckConflicts()
   IF nConflictStatus = 2
     MESSAGEBOX "Kann Datenkonflikt nicht beheben."
   ENDIF
OTHERWISE
* Informationen zu anderen Fehlern anzeigen

  cMsg="Fehler:" + ALLTRIM(STR(nError)) + CHR(13) ;
    + MESSAGE()+CHR(13)+"Programm:"+PROGRAM()
```

```
       nAnswer = MESSAGEBOX(cMsg, 2+48+512, "Fehler")
DO CASE
    CASE nAnswer = 3      && Abbrechen
        CANCEL
    CASE nAnswer = 4      && Wiederholen
        RETRY
    OTHERWISE             && Ignorieren
        RETURN
    ENDCASE
ENDCASE
```

Sie sollten sicherstellen, daß auch für nicht behandelte Fehler Informationen ausgegeben werden. Andernfalls würde der Code des Error-Ereignisses ausgeführt, ohne Aktionen vorzunehmen; die Standard-Fehlermeldung von Visual FoxPro wird nicht angezeigt. Weder Sie noch die Benutzer wüßten, was passiert ist.

Je nach Benutzergruppe könnten Sie für zusätzliche Informationen, z. B. für nicht behandelte Fehler, eine Telefon-Hotline einrichten.

Rückkehr vom Fehlerbehandlungs-Code

Nach dem Ausführen des Fehlerbehandlungs-Codes wird die Code-Zeile ausgeführt, die der den Fehler verursachenden Code-Zeile folgt. Mit Hilfe des Befehls RETRY können Sie die fehlerverursachende Code-Zeile erneut ausführen, nachdem Sie die Situation, die den Fehler verursacht hat, behoben haben.

Anmerkung: Das Error-Ereignis kann auch dann aufgerufen werden, wenn der aufgetretene Fehler mit dem Code in keinem Zusammenhang steht. Wenn Sie beispielsweise die Methode **CloseTables** einer Datenumgebung aufrufen, **AutoCloseTables** auf Wahr (.T.) gesetzt ist und Sie dann das Formular freigeben, wird ein interner Fehler generiert, wenn Visual FoxPro versucht, die Tabellen erneut zu schließen. Sie können diesen Fehler zwar abfangen, aber es gibt keine Code-Zeile, die Sie mittels **RETRY** erneut ausführen können.

KAPITEL 15

Optimieren von Anwendungen

Wenn Sie mit Visual FoxPro Anwendungen entwerfen und verwenden, erwarten Sie vom Betriebssystem, von Visual FoxPro und von Ihrer Anwendung eine optimale Leistung.

Informationen zum Optimieren des Computers und des Betriebssystems finden Sie im *Installationshandbuch* in Kapitel 4, „Optimieren des Systems".

Dieses Kapitel beschreibt folgendes:

- Optimieren von Tabellen und Indizes
- Einsatz von Rushmore zum Beschleunigen des Datenzugriffs
- Optimieren von Formularen und Steuerelementen
- Optimieren von Programmen
- Optimieren von ActiveX-Steuerelementen
- Optimieren von Anwendungen in einer Mehrbenutzerumgebung
- Optimieren des Zugriffs auf Remote-Daten
- Optimieren internationaler Anwendungen

Optimieren von Tabellen und Indizes

Mittels Indizes und durch effiziente Zwischenspeicherung können Sie den Zugriff auf Daten in Tabellen beschleunigen. Weiterhin können Sie mit Hilfe der Rushmore-Technologie Abfragen optimieren.

Verwenden von Indizes

Zum Beschleunigen des Zugriffs auf Daten in einer Tabelle verwenden Sie Indizes. Wenn Sie einer Tabelle einen Index hinzufügen, werden Suchvorgänge insbesondere dann beschleunigt, wenn Sie die Suche mittels Rushmore-Technologie optimieren können. Durch Indizieren können Sie die Daten auch in einer bestimmten Reihenfolge bearbeiten; z. B. können Sie eine Kundentabelle nach Nachnamen sortiert anzeigen.

Haben die Datensätze einer Tabelle eindeutige Schlüssel, so erstellen Sie für dieses Feld einen Primärindex oder einen potentiellen Index. Mit diesen Indextypen kann Visual FoxPro eine Low-Level-Überprüfung des Schlüssels vornehmen, wodurch optimale Leistung erreicht wird.

Außer den für Such- und Sortiervorgänge verwendeten Feldern sollten Sie auch die Felder indizieren, die für eine Verknüpfung verwendet werden. Wenn Sie zwei Tabellen mittels nicht indizierter Felder verknüpfen, kann der Verknüpfungsvorgang mehr als hundertmal solange dauern.

Ein bedeutendes Feature von Visual FoxPro ist, daß Sie Indizes auf beliebigen Ausdrücken erstellen können. (Bei manchen Datenbankprodukten können Sie nur anhand der Felder indizieren.) Diese Fähigkeit ermöglicht es Ihnen, zum Optimieren des Suchens, Sortierens und Verknüpfens Indizes auf einer Kombination von Feldern oder mittels Feldern gebildeter Ausdrücke zu bilden. So können Sie beispielsweise ein Namensfeld gemäß einem Ausdruck indizieren, der die Funktion SOUNDEX( ) verwendet. So kann die Anwendung extrem schnellen Zugriff auf ähnlich klingende Namen bieten.

Beim Hinzufügen von Indizes zu Tabellen müssen Sie den Vorteil der höheren Zugriffsgeschwindigkeit gegen den Nachteil des Leistungsverlustes beim Aktualisieren der Tabelle abwägen. Je mehr Indizes Sie einer Tabelle hinzufügen, desto langsamer werden Aktualisierungen und Einfügungen in die Tabelle, da Visual FoxPro dabei jeden einzelnen Index aktualisieren muß.

Außerdem sollten Sie keine Indizes für Felder verwenden, die nur einige diskrete Werte (z. B. Boolesche Werte) enthalten können. In diesen Fällen enthielte der Index nur wenige Einträge, und der Aufwand zur Verwaltung des Indexes wäre wesentlich höher als der bei einer Suche gewonnene Vorteil.

Weitere Informationen zum effizienten Indizieren mittels Rushmore-Technologie finden Sie unter „Verwenden von Rushmore zum Beschleunigen des Datenzugriffs" weiter unten in diesem Kapitel.

Optimieren von Verknüpfungen

Beim Erstellen von Verknüpfungen mittels SELECT – SQL kann in folgenden Fällen die Leistung reduziert werden bzw. können unerwartete Resultate auftreten:

- Verknüpfen von Tabellen anhand von Daten, die in einer der Tabellen keine Primärschlüssel oder eindeutige Schlüssel sind.

- Verknüpfen von Tabellen mit leeren Feldern.

Um diese Fälle zu vermeiden, sollten Sie nur Verknüpfungen erstellen, die auf einer Verbindung zwischen Primärschlüsseln in der einen und Fremdschlüsseln in der anderen Tabelle basieren. Wenn Sie eine Verknüpfung erstellen, die nicht auf eindeutigen Daten basiert, kann sich das Endergebnis als das Produkt (im mathematischen Sinne) zweier Tabellen herausstellen. Die folgende SELECT – SQL-Anweisung führt beispielsweise zu einer Verknüpfung mit einem vermutlich sehr großen Ergebnis:

```
SELECT *;
  FROM tastrade!customer INNER JOIN tastrade!orders ;
    ON Customer.postal_code = Orders.ship_to_postal_code
```

In diesem Beispiel identifiziert die Postleitzahl zwar eindeutig einen Zustellbezirk, jedoch hat diese Angabe wenig Wert, wenn Sie Kunden mit Bestellungen verknüpfen möchten. Postleitzahlen können im Normalfall weder Kunden noch Bestellungen eindeutig identifizieren. Statt dessen sollten Sie eine Verknüpfung mit einer Anweisung wie der folgenden erstellen:

```
SELECT *;
  FROM tastrade!customer INNER JOIN tastrade!orders ;
    ON Customer.customer_id = Orders.customer_id
```

In diesem Beispiel identifiziert das Feld customer_id eindeutig einen Kunden sowie die zu diesem gehörenden Bestellungen; in der Menge werden daher die Kundenzeilen mit den Bestellungszeilen verknüpft.

Des weiteren ist beim Verknüpfen von Tabellen mit leeren Feldern Vorsicht geboten, da Visual FoxPro auch leere Felder miteinander verknüpft. Visual FoxPro verknüpft jedoch keine Felder miteinander, die Null enthalten. Beim Erstellen einer Verknüpfung sollten Sie die in der Verknüpfungsbedingung verwendeten Ausdrücke dahingehend qualifizieren, daß diese auf eine leere Zeichenkette prüfen.

Wenn Sie beispielsweise nicht ausschließen können, daß das Feld customer_id der Tabelle „Orders" leer ist, können Sie mit einer Anweisung wie der folgenden Bestellungsdatensätze ohne Kundennummer ausfiltern:

```
SELECT *;
 FROM  tastrade!customer INNER JOIN tastrade!orders ;
   ON  Customer.customer_id = Orders.customer_id;
 WHERE orders.customer_id <> " "
```

Tip: Sie können auch mit Hilfe der Funktion EMPTY( ) auf eine leere Zeichenkette überprüfen, aber der Aufruf einer Funktion im Filterausdruck ist langsamer als der Vergleich mit einem konstanten Wert.

Verwenden des Projekt-Managers

Mit Hilfe des Projekt-Managers können Sie eine unbeschränkte Zahl von Programmen und Prozeduren zu einer einzigen .app- oder .exe-Datei kombinieren. Dies bewirkt aus einer Vielzahl von Gründen eine signifikante Erhöhung der Ausführungsgeschwindigkeit des Programms.

Zunächst einmal öffnet Visual FoxPro eine Programmdatei und läßt diese geöffnet. Wenn Sie später einen Befehl DO mit einem in dieser Datei enthaltenen Programm ausführen, muß Visual FoxPro keine zusätzliche Datei öffnen.

Weiterhin reduziert eine nur aus einer oder zwei Dateien bestehende Anwendung die Zahl der im Arbeitsverzeichnis benötigten Dateien. Die Geschwindigkeit aller Dateioperationen nimmt zu, da das Betriebssystem beim Öffnen, Umbenennen und Löschen von Dateien weniger Verzeichniseinträge untersuchen muß.

Weitere Informationen über die Verwendung des Projekt-Managers bei der Erstellung von Anwendungen finden Sie in Kapitel 13, „Kompilieren einer Anwendung".

Allgemeine Tips zur Optimierung von Tabellen und Indizes

Beachten Sie die folgenden Empfehlungen, um schnellstmögliche Tabellen und Indizes zu erstellen.

- Sofern keine Zwischenspeicherung für Datensätze oder Tabellen aktiviert ist, sollten Sie anstatt **APPEND BLANK** mit einem nachfolgenden **REPLACE** den Befehl INSERT – SQL verwenden, da dabei die Indizes nur einmal aktualisiert werden müssen. Dies gilt insbesondere bei indizierten Tabellen in einer Mehrbenutzerumgebung.

- Wenn Sie einer indizierten Tabelle viele Datensätze hinzufügen möchten, kann es möglicherweise schneller sein, den Index zu entfernen, die Datensätze anzufügen und dann den Index neu zu erstellen.

- In SQL-Anweisungen (insbesondere in solchen, die mehr als einen Datensatz zurückgeben) sollten Sie nach Möglichkeit Funktionsaufrufe vermeiden, da die Anweisung für jeden Datensatz neu ausgewertet werden muß (und damit die Funktion erneut aufgerufen werden muß). Wenn Sie eine SQL-Anweisung mit variablen Daten erstellen, sollten Sie der Verwendung von Namensausdrücken und der Makrosubstitution den Vorzug vor der Funktion EVALUATE( ) geben. Eine noch bessere Strategie ist es, die ganze Anweisung und nicht nur einzelne Klauseln dynamisch zu konstruieren. Weitere Informationen finden Sie in der Hilfe unter „Verwenden von Makros" und „Erstellen von Namensausdrücken".

- Wenn Sie normalerweise eine bestimmte Indexreihenfolge verwenden, können Sie die Leistung verbessern, indem Sie die Tabelle regelmäßig nach dieser Reihenfolge sortieren.

- In Mehrbenutzerumgebungen sollten Sie .cdx- statt .idx-Dateien verwenden, da Sie eine .cdx-Datei schneller aktualisieren können als mehrere .idx-Dateien.

Einsatz von Rushmore zum Beschleunigen des Datenzugriffs

Um Sie bei der Optimierung der Leistung Ihrer Anwendungen zu unterstützen, enthält Visual FoxPro die Rushmore-Technologie für den Datenzugriff. Mit Rushmore können Sie bestimmte komplexe Tabellenoperationen hundert- oder tausendmal schneller durchführen als ohne.

Zum besseren Verständnis der Rushmore-Technologie

Bei der Rushmore-Technologie handelt es sich um eine Datenzugriffstechnik, die den Datenzugriff mit Visual FoxPro Standard-Indizes beschleunigt. Sie können Rushmore mit jedem beliebigen Visual FoxPro-Index (einschließlich FoxPro 1.x-Indizes (.idx), komprimierten Indizes (.idx) und Mehrfachindizes (.cdx)) einsetzen.

Sowohl .cdx- als auch komprimierte .idx-Indizes verwenden eine Kompressionstechnik, die Indizes erstellt, die nur bis zu einem Sechstel des Umfangs unkomprimierter Indizes des alten Formats haben. Visual FoxPro kann einen komprimierten Index schneller verarbeiten, da dieser weniger Plattenzugriffe benötigt und da ein größerer Teil des Indexes im Arbeitsspeicher zwischengespeichert werden kann. Obwohl Rushmore wie auch andere Techniken für den Dateizugriff die Vorteile der geringeren Größe komprimierter Indizes nutzen können, funktioniert es auch mit Indizes des alten Formats sehr gut.

Wenn Visual FoxPro sehr große Tabellen auf Computern mit nur wenig Arbeitsspeicher bearbeitet, hat Rushmore möglicherweise nicht genügend Arbeitsspeicher. In diesem Fall zeigt Visual FoxPro eine Warnmeldung an („Ungenügender Arbeitsspeicher für Optimierung"). Zwar arbeitet das Programm auch in diesem Fall korrekt und ohne Datenverlust, es kann jedoch für die Abfrage keine Vorteile aus der Rushmore-Optimierung ziehen.

In seiner einfachsten Form erhöht Rushmore die Leistung von Einzeltabellenbefehlen mit FOR-Klauseln, die Datensatzmengen anhand vorhandener Indizes spezifizieren. Weiterhin beschleunigt Rushmore die Operation bestimmter Befehle wie LOCATE und INDEX. Eine vollständige Liste optimierbarer Befehle finden Sie im nächsten Abschnitt: „Verwenden von Rushmore mit Tabellen".

Die SQL-Befehle von Visual FoxPro verwenden Rushmore als grundlegendes Tool bei der Optimierung von Mehrtabellenabfragen; dabei werden vorhandene Indizes eingesetzt und bei Bedarf sogar neue „Ad-Hoc"-Indizes zur Beschleunigung von Abfragen erstellt.

Verwenden von Rushmore mit Tabellen

Die Verwendung von Rushmore zur Optimierung des Datenzugriffs hängt von der Anzahl betroffener Tabellen ab. Wenn Sie auf einzelne Tabellen zugreifen, können Sie Rushmore überall da nutzen, wo eine FOR-Klausel eingesetzt wird. Beim Zugriff auf mehrere Tabellen sind SELECT – SQL-Abfragen effizienter als alle Rushmore-Optimierungen. Bei SQL-Befehlen entscheidet Visual FoxPro selbst über die notwendige Optimierung und erledigt die Arbeit für Sie. Sie müssen keine Tabellen oder Indizes öffnen. Ist SQL der Meinung, daß es Indizes benötigt, so erstellt es für seine eigenen Zwecke temporäre Indizes.

▶ **So verwenden Sie Rushmore**

Wählen Sie eine der folgenden Optionen:

- Zum Zugriff auf Daten einer einzelnen Tabelle verwenden Sie eine FOR-Klausel in einem Befehl wie AVERAGE, BROWSE oder LOCATE; alternativ können Sie zum Aktualisieren von Tabellen auch SQL-Befehle verwenden. In der folgenden Tabelle finden Sie eine vollständige Liste der Befehle, die eine FOR-Klausel verwenden.

  – Oder –

- Zum Zugriff auf Daten aus mehr als einer Tabelle verwenden Sie einen der Befehle SELECT – SQL, DELETE – SQL oder UPDATE – SQL.

Die folgende Tabelle führt Befehle mit einer FOR-Klausel auf. Die Geschwindigkeit von Rushmore steigt proportional mit der Anzahl der abgerufenen Datensätze.

Potentiell optimierbare Befehle mit FOR-Klauseln

AVERAGE	BLANK
BROWSE	CALCULATE
CHANGE	COPY TO
COPY TO ARRAY	COUNT
DELETE	DISPLAY
EDIT	EXPORT TO
INDEX	JOIN WITH
LABEL	LIST
LOCATE	RECALL
REPLACE	REPLACE FROM ARRAY
REPORT	SCAN
SET DELETED	SET FILTER
SORT TO	SUM
TOTAL TO	

Um die Vorteile von Rushmore nutzen zu können, muß eine zusätzlich zu einer optimierbaren FOR-Klausel verwendete Bereichsklausel auf ALL oder REST gesetzt werden. Die Bereichsklauseln NEXT und RECORD deaktivieren Rushmore. Rushmore funktioniert, wenn Sie keine Bereichsklausel verwenden, da der Standardbereich für die meisten Befehle ALL ist.

Außer gefilterten und eindeutigen Indizes kann Rushmore alle geöffneten Indizes verwenden.

Anmerkung: Für optimale Leistung stellen Sie keine Reihenfolge für die Tabelle ein.

Die Reihenfolge wird automatisch eingestellt, wenn ein Index oder ein Indexname erstellt wird. Wenn Sie mit einer großen Datenmenge, die in einer bestimmten Reihenfolge sein muß, den größtmöglichen Nutzen aus Rushmore ziehen möchten, geben Sie den Befehl SET ORDER TO zum Deaktivieren der Indexsteuerung ein, und verwenden Sie dann den Befehl SORT.

Effektive Indizierung für Rushmore

Rushmore kann nicht aus allen Indizes Nutzen ziehen. Wenn Sie im Befehl INDEX eine FOR-Klausel verwenden, kann Rushmore den Index zur Optimierung nicht verwenden. Die folgende Anweisung kann beispielsweise nicht optimiert werden, da sie eine FOR-Klausel enthält:

```
INDEX ON ORDNUM FOR DISCOUNT > 10 TAG ORDDISC
```

So kann Rushmore keinen Index verwenden, der mit einer NOT-*condition* erstellt wurde. Beispielsweise kann der folgende Ausdruck optimiert werden:

```
INDEX ON DELETED() TAG DEL
```

Dieser Ausdruck hingegen kann nicht optimiert werden:

```
INDEX ON NOT DELETED() TAG NOTDEL
```

Wenn Sie beispielsweise gelöschte Datensätze aus einer Abfrage ausschließen möchten, würde ein Index wie der ersterwähnte die Operationen beschleunigen, wenn Sie **SET DELETED** auf ON gesetzt haben.

Betrieb ohne Rushmore

In folgenden Fällen gehen Datenabfrageoperationen ohne Rushmore-Optimierung vonstatten:

- Wenn Rushmore in einem potentiell optimierbaren Befehl den FOR-Klauselausdruck nicht optimieren kann. Weitere Informationen über das Erstellen optimierbarer FOR-Ausdrücke finden Sie im Abschnitt „Kombinieren von einfachen optimierbaren Ausdrücken".
- Wenn ein Befehl, der von Rushmore profitieren könnte, eine WHILE-Klausel enthält.
- Wenn wenig Hauptspeicher zur Verfügung steht. Der Datenabruf wird fortgesetzt, jedoch nicht optimiert.

Deaktivieren von Rushmore

Sie können Rushmore deaktivieren, obwohl dies selten erforderlich ist. Wenn Sie einen Befehl ausführen, der Rushmore verwendet, bestimmt Visual FoxPro sofort, welche Datensätze mit dem FOR-Kriterium übereinstimmen. Diese Datensätze werden dann durch den Befehl manipuliert.

Modifiziert ein potentiell optimierbarer Befehl den Indexschlüssel der FOR-Klausel, kann die Datensatzmenge, mit der Rushmore arbeitet, überholt sein. In diesem Fall können Sie die Rushmore-Optimierung deaktivieren, um sicherzustellen, daß Sie über die aktuellsten Daten der Tabelle verfügen.

▶ **So deaktivieren Sie Rushmore für einen individuellen Befehl**

- Verwenden Sie die Klausel NOOPTIMIZE.

    Dieser Befehl LOCATE wird beispielsweise nicht optimiert:

    ```
    LOCATE FOR DueDate < {01.01.98} NOOPTIMIZE
    ```

Mit Hilfe des Befehls SET OPTIMIZE können Sie Rushmore global für alle Befehle, die von Rushmore profitieren, deaktivieren oder aktivieren.

▶ **So deaktivieren Sie Rushmore global**

- Verwenden Sie folgenden Code:

    ```
    SET OPTIMIZE OFF
    ```

▶ **So aktivieren Sie Rushmore global**

- Verwenden Sie folgenden Code:

    ```
    SET OPTIMIZE ON
    ```

Die Standardeinstellung für die Rushmore-Optimierung ist ON.

Weitere Informationen finden Sie in der Hilfe unter „SET OPTIMIZE".

Optimieren von Rushmore-Ausdrücken

Die Rushmore-Technologie basiert auf der Anwesenheit eines *einfachen optimierbaren Ausdrucks* in einer FOR-Klausel oder einer SQL WHERE-Klausel. Ein einfacher optimierbarer Ausdruck kann einen kompletten Ausdruck bilden oder Teil eines solchen sein. Sie können auch einfache optimierbare Ausdrücke zu komplexen optimierbaren Ausdrücken kombinieren.

Erstellen einfacher optimierbarer Ausdrücke

Ein einfacher optimierbarer Ausdruck hat eine der beiden folgenden Formen:

eIndex relOp eExp

– Oder –

eExpr relOp eIndex

Ein einfacher optimierbarer Ausdruck wird folgendermaßen charakterisiert:

- *eIndex* entspricht exakt dem Ausdruck, mit dem der Index erstellt wurde.
- *eExpr* ist ein beliebiger Ausdruck, der Variablen und Felder anderer, unbeteiligter Tabellen enthalten kann.
- *relOp* ist einer der folgenden relationalen Operatoren: <, >, =, <=, >=, <>, #, == oder !=. Außerdem können Sie die Funktionen ISNULL( ), BETWEEN( ) und INLIST( ) (bzw. deren SQL-Äquivalente wie IS NULL usw.) verwenden.

BETWEEN( ) und INLIST( ) können Sie in den beiden folgenden Formaten verwenden:

eIndex BETWEEN(*eIndex, eExpr, eExpr*)*eIndex* BETWEEN(*eIndex, eExpr, eExpr*)

– Oder –

eExpr INLIST(*eIndex, eExpr*)*eExpr* INLIST(*eIndex, eExpr*)

Anmerkung: ISBLANK( ) und EMPTY( ) können von Rushmore nicht optimiert werden.

Beispielsweise ist jeder der folgenden Ausdrücke optimierbar, wenn Sie die Indizes firstname, custno, UPPER(lastname) und hiredate erstellt haben:

```
firstname = "Fred"
custno >= 1000
UPPER(lastname) = "SMITH"
hiredate < {30.12.97}
```

Ein optimierbarer Ausdruck kann Variablen und Funktionen enthalten, die zu einem bestimmten Wert ausgewertet werden. Wenn Sie beispielsweise bei Verwendung des Indexes addr den Befehl STORE "WASHINGTON AVENUE" TO cVar absetzen, handelt es sich bei den folgenden Ausdrücken um einfache optimierbare Ausdrücke:

```
ADDR = cVar
ADDR = SUBSTR(cVar,8,3)
```

Optimierung von Abfragen

Es ist wichtig, zu erkennen, wann Abfragen optimiert werden sollten. Visual FoxPro optimiert Suchbedingungen, indem es nach einer exakten Übereinstimmung zwischen der linken Seite eines Filterausdrucks und einem Indexausdruck sucht. Rushmore kann daher einen Ausdruck nur dann optimieren, wenn Sie exakt nach dem in einem Index verwendeten Ausdruck suchen.

Nehmen wir beispielsweise an, daß Sie gerade eine Tabelle erstellt haben und dieser mit dem folgenden Befehl den ersten Index hinzufügen:

```
USE CUSTOMERS
INDEX ON UPPER(cu_name) TAG name
```

Der folgende Befehl ist nicht optimierbar, da die Suchbedingung nur auf dem Feld cu_name und nicht auf einem im Index verwendeten Ausdruck basiert.

```
SELECT * FROM customers WHERE cu_name ="ACME"
```

Sie sollten statt dessen wie im folgenden Befehl einen optimierbaren Ausdruck verwenden, in dem der gesuchte Ausdruck exakt einem Indexausdruck entspricht:

```
SELECT * FROM customers WHERE UPPER(cu_name) = "ACME"
```

Tip: Durch einen Aufruf von SYS(3054) können Sie den Optimierungsgrad von Rushmore feststellen.

Kombinieren einfacher optimierbarer Ausdrücke

Sie können auf einer FOR- oder WHERE-Klausel basierende einfache oder komplexe Ausdrücke kombinieren, wenn die FOR-Ausdrücke die Charakteristik einfacher optimierbarer Ausdrücke aufweisen.

Einfache Ausdrücke können optimierbar sein. Sie können mit Hilfe der logischen Operatoren AND, OR und NOT einfache Ausdrücke zu komplexen FOR-Klausel-Ausdrücken kombinieren, die wiederum optimierbar sein können. Ein aus einfachen optimierbaren Ausdrücken gebildeter Ausdruck ist selbst vollständig optimierbar. Sind ein oder mehrere der einfachen Ausdrücke nicht optimierbar, kann der kombinierte komplexe Ausdruck teilweise oder auch gar nicht optimierbar sein.

Es gibt eine Regelmenge dafür, ob ein aus einfachen optimierbaren oder nicht optimierbaren Ausdrücken gebildeter Ausdruck vollständig, teilweise oder nicht optimierbar ist. Die folgende Tabelle faßt die Rushmore-Optimierungsregeln für Abfragen zusammen.

Kombinieren einfacher Ausdrücke

Einfacher Ausdruck	Operator	Einfacher Ausdruck	Abfrageergebnis
Optimierbar	AND	Optimierbar	Vollständig optimierbar
Optimierbar	OR	Optimierbar	Vollständig optimierbar
Optimierbar	AND	Nicht optimierbar	Teilweise optimierbar
Optimierbar	OR	Nicht optimierbar	Nicht optimierbar
Nicht optimierbar	AND	Nicht optimierbar	Nicht optimierbar
Nicht optimierbar	OR	Nicht optimierbar	Nicht optimierbar
-	NOT	Optimierbar	Vollständig optimierbar
-	NOT	Nicht optimierbar	Nicht optimierbar

Mit Hilfe des AND-Operators können Sie zwei optimierbare Ausdrücke zu einem vollständig optimierbaren Ausdruck kombinieren.

```
FIRSTNAME = "FRED" AND HIREDATE < {30.12.97}    && Optimierbar
```

In diesem Beispiel kombiniert der OR-Operator einen einfachen optimierbaren Ausdruck mit einem nicht optimierbaren Ausdruck zu einem nicht optimierbaren Ausdruck.

```
FIRSTNAME = "FRED" OR "S" $ LASTNAME    && Nicht optimierbar
```

Die Anwendung des NOT-Operators auf einen optimierbaren Ausdruck führt zu einem vollständig optimierbaren Ausdruck.

```
NOT FIRSTNAME = "FRED"    && Vollständig optimierbar
```

Sie können auch Kombinationen einfacher Ausdrücke mit Klammern gruppieren.

Kombinieren komplexer Ausdrücke

Wie bei der Kombination einfacher Ausdrücke können Sie auch komplexe Ausdrücke zu noch komplexeren, vollständig, teilweise oder nicht optimierbaren Ausdrücken kombinieren. Sie können dann diese komplexeren Ausdrücke wiederum zu vollständig, teilweise oder nicht optimierbaren Ausdrücken kombinieren. Die folgende Tabelle beschreibt das Ergebnis der Kombination komplexer Ausdrücke. Diese Regeln gelten auch für mittels Klammern gruppierte Ausdrücke.

Kombinieren komplexer Ausdrücke

Ausdruck	Operator	Ausdruck	Ergebnis
Vollständig optimierbar	AND	Vollständig optimierbar	Vollständig optimierbar
Vollständig optimierbar	OR	Vollständig optimierbar	Vollständig optimierbar
Vollständig optimierbar	AND	Teilweise optimierbar	Teilweise optimierbar
Vollständig optimierbar	OR	Teilweise optimierbar	Teilweise optimierbar
Vollständig optimierbar	AND	Nicht optimierbar	Teilweise optimierbar
Vollständig optimierbar	OR	Nicht optimierbar	Nicht optimierbar
-	NOT	Vollständig optimierbar	Vollständig optimierbar
Teilweise optimierbar	AND	Teilweise optimierbar	Teilweise optimierbar
Teilweise optimierbar	OR	Teilweise optimierbar	Teilweise optimierbar
Teilweise optimierbar	AND	Nicht optimierbar	Teilweise optimierbar
Teilweise optimierbar	OR	Nicht optimierbar	Nicht optimierbar
-	NOT	Teilweise optimierbar	Nicht optimierbar
Nicht optimierbar	AND	Nicht optimierbar	Nicht optimierbar
Nicht optimierbar	OR	Nicht optimierbar	Nicht optimierbar
-	NOT	Nicht optimierbar	Nicht optimierbar

Mit Hilfe des OR-Operators können Sie vollständige optimierbare Ausdrücke zu einem ebenfalls vollständig optimierbaren Ausdruck kombinieren.

```
* Vollständig optimierbarer Ausdruck
(FIRSTNAME = "FRED" AND HIREDATE < {30.12.97}) ;
  OR (LASTNAME = "" AND HIREDATE > {30.12.97})
```

Wenn Sie einen vollständig optimierbaren Ausdruck mit einem nicht optimierbaren Ausdruck kombinieren, erhalten Sie einen teilweise optimierbaren Ausdruck. Im folgenden Beispiel werden die Ausdrücke mit Hilfe des AND-Operators kombiniert:

```
* Teilweise optimierbarer Ausdruck
(FIRSTNAME = "FRED" AND HIREDATE < {30.12.97}) ;
  AND "S" $ LASTNAME
```

Teilweise optimierbare Ausdrücke können zu ebenfalls teilweise optimierbaren Ausdrücken kombiniert werden:

```
* Teilweise optimierbarer Ausdruck
(FIRSTNAME = "FRED" AND "S" $ LASTNAME) ;
  OR (FIRSTNAME = "DAVE" AND "T" $ LASTNAME)
```

Die Kombination nicht optimierbarer Ausdrücke liefert einen nicht optimierbaren Ausdruck.

```
* Nicht optimierbarer Ausdruck
("FRED" $ FIRSTNAME OR "S" $ LASTNAME) ;
  OR ("MAIN" $ STREET OR "AVE" $ STREET)
```

Optimieren von Formularen und Steuerelementen

Die Formulare und Steuerelemente der Anwendung bieten viele Ansatzmöglichkeiten für Verbesserungen.

Tip: Informationen über das effektive Setzen und Abfragen von Eigenschaften finden Sie unter „Effizienter Verweis auf Objekteigenschaften" weiter unten in diesem Kapitel.

Verwendung der Datenumgebung

Wenn Sie die Datenumgebung des Formular- oder Berichts-Designers verwenden, werden Tabellen wesentlich schneller geöffnet, als wenn Sie im Load-Ereignis des Formulars einen der Befehle USE, SET ORDER oder SET RELATION aufrufen. Bei Verwendung der Datenumgebung verwendet Visual FoxPro Low-Level-Aufrufe zum Öffnen von Tabellen und Einrichten von Indizes und Beziehungen.

Beschränken der Anzahl der Formulare in einem Formularsatz

Sie sollten Formularsätze nur dann einsetzen, wenn eine Anzahl von Formularen die gleiche private Datensitzung gemeinsam nutzen soll. Bei der Verwendung von Formularsätzen erstellt Visual FoxPro Instanzen aller Formulare und aller Steuerelemente aller Formulare des Formularsatzes, selbst wenn nur das erste Formular des Formularsatzes angezeigt werden soll. Dies kann sehr zeitaufwendig sein und ist völlig unnötig, wenn die Formulare keine private Datensitzung gemeinsam nutzen müssen. Statt dessen sollten Sie für andere Formulare DO FORM aufrufen, sobald diese benötigt werden.

Wenn Sie andererseits Formularsätze verwenden, werden Sie beim Zugriff auf die Formulare des Formularsatzes eine Leistungsverbesserung feststellen, da diese Formulare bereits unsichtbar geladen sind.

Dynamisches Laden von Seiten-Steuerelementen in Seitenrahmen

Seitenrahmen laden wie Formularsätze die Steuerelemente aller Seiten, wenn der Seitenrahmen geladen wird, wodurch eine deutliche Verzögerung auftritt. Um dies zu verhindern, können Sie Seiten-Steuerelemente bei Bedarf dynamisch laden, indem Sie aus den Steuerelementen einer Seite eine Klasse erstellen und diese beim Aktivieren der Seite laden.

▶ **So laden Sie Seiten-Steuerelemente dynamisch**

1. Entwerfen Sie das Formular einschließlich aller Steuerelemente auf den Seiten wie gewohnt.

2. Wenn Sie mit dem Entwurf fertig sind, gehen Sie zur zweiten Seite des Seitenrahmens und speichern die dortigen Steuerelemente als eine Klasse.

3. Öffnen Sie die erstellte Klasse und vergewissern Sie sich, daß Größe, Position und Eigenschaften der Steuerelemente noch stimmen.

4. Wiederholen Sie die Schritte 2 und 3 für alle folgenden Seiten des Seitenrahmens.

5. Fügen Sie dem Ereignis Activate der zweiten und aller folgenden Seiten des Seitenrahmens Objekte hinzu und machen Sie diese sichtbar.

   Haben Sie beispielsweise die Steuerelementklasse cnrpage1 benannt, könnten Sie folgenden Code hinzufügen:

```
IF THIS.ControlCount = 0
   THIS.AddObject("cnrpage1","cnrpage1")
   THIS.cnrpage1.Visible = .T.
ENDIF
```

Dynamische Bindung von Steuerelementen an Daten

Sie können die Ladezeit für ein Formular mit vielen an Daten gebundene Steuerelemente verkürzen, wenn Sie die Bindung dieser Steuerelemente solange hinauszögern, bis diese benötigt werden.

▶ **So binden Sie Steuerelemente dynamisch an Daten**

1. Holen Sie die Tabellen und Ansichten des Formulars in die Datenumgebung, damit diese beim Laden des Formulars geöffnet werden.

2. Fügen Sie dem Ereignis GotFocus jedes gebundenen Steuerelements Code hinzu, der das Steuerelement an den Datenwert bindet. Beispielsweise bindet der folgende Code ein Kombinationsfeld-Steuerelement an das Feld customer.company:

```
* Überprüfung, ob das Steuerelement bereits gebunden wurde
IF THIS.RecordSource = ""
    * Datensatzquelle auf den richtigen Wert setzen,
    * Typ der Datensatzquelle auf "fields" setzen
    THIS.RecordSource = "customer.company"
    THIS.RecordSourceType = 6
    THIS.Refresh
ENDIF
```

Hinauszögern der Bildschirmaktualisierung

Wenn Sie am Bildschirm mehrere Änderungen auf einmal vornehmen (beispielsweise gleichzeitig die Werte mehrerer Steuerelemente ändern), können Sie die Gesamtzeit zur Aktualisierung des Bildschirms reduzieren, indem Sie die Aktualisierung solange hinauszögern, bis alle Änderungen vollzogen sind. Wenn Sie beispielsweise Steuerelemente aktivieren oder deaktivieren, ihre Farben ändern oder in gebundenen Steuerelementen Datensätze verschieben, ist es wesentlich effizienter, das Zeichnen dieser Steuerelemente bis zum Abschluß aller Änderungen hinauszuzögern.

So zögern Sie die Bildschirmaktualisierung hinaus

1. Setzen Sie die Eigenschaft LockScreen des Formulars auf Wahr (.T.).

2. Aktualisieren Sie die Steuerelemente nach Bedarf.

3. Rufen Sie die Methode Refresh des Formulars auf.

4. Setzen Sie die Eigenschaft **LockScreen** des Formulars auf Falsch (.F.).

Das folgende Beispiel ändert die Anzeigeeigenschaften mehrerer Steuerelemente auf einmal, verschiebt den Datensatzzeiger auf einen neuen Datensatz und aktualisiert erst dann den Bildschirm mit den neuen Informationen. Wäre **LockScreen** nicht auf Wahr gesetzt, würde jede dieser Operationen das betreffende Steuerelement neu zeichnen und die Gesamtzeit für die Aktualisierung drastisch verlängern.

```
THISFORM.LockScreen = .T.
THISFORM.MyButton.Caption = "Save"
THISFORM.MyGrid.BackColor = RGB (255, 0, 0)   && Rot
SKIP IN customers
SKIP IN orders
THISFORM.Refresh
THISFORM.LockScreen = .F.
```

> **Tip:** Diese Technik bietet keine Vorteile, wenn Sie nur ein einzelnes Steuerelement aktualisieren.

Reduzieren von Code in häufig verwendeten Methoden

Da die Methode Refresh und das Ereignis Paint häufig aufgerufen werden, können Sie die Leistung eines Formulars erhöhen, indem Sie den Code in diesen Methoden reduzieren. Analog können Sie zur Reduktion der Ladezeit von Formularen Code aus dem Ereignis **Init** in seltener verwendete Ereignisse wie Activate, Click oder GotFocus verschieben. Sie können dann eine Eigenschaft des Steuerelements (z. B. Tag oder eine benutzerdefinierte Eigenschaft) verwenden, um festzuhalten, ob das Steuerelement nur einmal benötigten Code bereits ausgeführt hat oder nicht.

Optimieren von Programmen

Durch sorgfältige Programmierung können Sie Programme erstellen, die sehr schnell ausgeführt werden können. In Visual FoxPro gibt es mehrere Möglichkeiten zur Verbesserung der Leistung eines Programms:

- Befolgen der folgenden allgemeinen Tips zur leistungsfähigen Programmierung.
- Verwenden von Namensausdrücken anstelle Makrosubstitution.
- Effizienter Verweis auf Objekteigenschaften.

Allgemeine Tips zur leistungsfähigen Programmierung

Beachten Sie die folgenden Empfehlungen, um leistungsfähige Programme zu erstellen.

- Wählen Sie für Ihre Daten den angemessenen Datentyp. Verwenden Sie insbesondere nach Möglichkeit für numerische Daten den Typ „Integer", da dieser am effizientesten verarbeitet wird. Verwenden Sie nach Möglichkeit für Primär- und Fremdschlüsselwerte den Datentyp „Integer", da dieser zu kleineren Datendateien, kleineren (und daher schnelleren) Indizes und schnelleren Verknüpfungen führt.

  > **Anmerkung:** Ein Beispiel zur Erstellung eines kleineren (und damit schnelleren) Indexes finden Sie in **Solution.app** im Verzeichnis **...\SAMPLES\Vfp98\Solution** von Visual Studio. Klicken Sie auf **Beispiele in gefilterter Liste anzeigen**, wählen Sie aus der Dropdown-Liste **Indizes**, und wählen Sie aus der dann angezeigten Liste **Erstellen kleiner Indizes mit BinToC()** aus.

- Vermeiden Sie das erneute Öffnen von Dateien, da dadurch die Leistung beeinträchtigt wird. Weisen Sie die Dateien statt dessen beim Öffnen Arbeitsbereichen zu, und verwenden Sie dann den Befehl SELECT, um nach Bedarf bestimmte Arbeitsbereiche auszuwählen.

- Verwenden Sie nach Möglichkeit FOR … ENDFOR-Schleifen statt DO WHILE … ENDDO-Schleifen, da diese schneller sind.

- Beim Kopieren von Daten aus mehreren Feldern ist SCATTER TO ARRAY schneller als SCATTER MEMVAR.

- Zur effizienten Ausnutzung des Arbeitsspeichers sollten Sie Objekte erst dann erstellen, wenn Sie diese benötigen, und diese nach der Verwendung sofort wieder löschen.

> **Tip:** Durch Aufruf der Funktion SYS(1016) können Sie feststellen, wieviel Arbeitsspeicher jedes Objekt belegt.

- Schicken Sie Ausgaben nach Möglichkeit zum obersten Fenster, da die Aktualisierung von Fenstern unter dem obersten Fenster deutlich langsamer ist. Die durchlaufende Ausgabe hinter einem Fenster gehört zu den ungünstigsten Ereignissen.

- Deaktivieren sie mit Hilfe des Befehls SET TALK OFF die Statusanzeige, wodurch weniger Bildschirmaktualisierungen benötigt werden.

- Setzen Sie den Befehl SET DOHISTORY auf OFF, damit das Befehlsfenster nicht bei jedem Aufruf des Programms aktualisiert wird.

Verwenden von Namensausdrücken anstelle Makrosubstitution

Die Programmleistung kann signifikant verbessert werden, wenn Sie statt Makrosubstitution Namensausdrücke verwenden. Wenn Sie beispielsweise der Variablen cFile einen Wert zuweisen, ist ein mittels cFile erstellter Namensausdruck schneller als eine Makrosubstitution.

```
cFile = "CUST"
use &cFile       && Makrosubstitution, langsam
use (cFile)      && Namensausdruck: schneller, bevorzugt
```

Effizienter Verweis auf Objekteigenschaften

Das Verständnis des Umgangs von Visual FoxPro mit Eigenschaften und Objekten ermöglicht es Ihnen, Ihre Anwendung noch effizienter zu gestalten.

Optimieren wiederholter Verweise auf eine Eigenschaft

Wenn Sie mit der Syntax *object.property* auf eine Objekteigenschaft verweisen, muß Visual FoxPro das Objekt suchen, bevor es auf die Eigenschaft zugreifen kann. Wenn Sie wiederholt auf diese Eigenschaft zugreifen, kann durch die Suchstrategie die Leistung reduziert werden.

Zur Vermeidung des wiederholten Zugriffs auf eine Eigenschaft (z. B. in einer Schleife) können Sie den Wert der Eigenschaft einer Variable zuweisen, Änderungen vornehmen und nach Abschluß der Zugriffe der Eigenschaft den Wert der Variable zuweisen. Beispielsweise setzt der folgende Code ein Eigenschafts-Array, indem das Array zunächst im Arbeitsspeicher erstellt, gefüllt und abschließend nur einmal der Eigenschaft zugewiesen wird:

```
* Zeichenkette in eine lokale Variable kopieren
lcChar = THISFORM.cCharString
LOCAL laCharArray[256]   && Lokales Array erstellen
FOR nCounter = 1 to 256
   laCharArray[x] = SUBSTR(laChar,x,1)
ENDFOR
* Lokales Array in das Eigenschafts-Array kopieren
ACOPY(laCharArray,THISFORM.aCharArray)
```

Effizientes Verweisen auf mehrere Objekteigenschaften

Wenn Sie nicht nur eine Eigenschaft eines Objekts aktualisieren, muß Visual FoxPro das Objekt mehrmals suchen, wodurch die Leistung beeinträchtigt werden kann. Im folgenden Beispiel muß Visual FoxPro durch vier Objekte (THISFORM, pgfCstInfo, pgCstName und txtName) suchen, um die zu setzenden Eigenschaften zu finden. Da dieser Code zwei Eigenschaften setzt, muß diese vierfache Suche zweimal durchgeführt werden:

```
THISFORM.pgfCstInfo.pgCstName.txtName.Value = ;
    "Fred Smith"
THISFORM.pgfCstInfo.pgCstName.txtName.BackColor = ;
    RGB (0,0,0)   & Dunkelrot
```

Zur Vermeidung dieses überflüssigen Aufwands können Sie den Befehl WITH ... ENDWITH einsetzen. Bei dieser Methode wird Visual FoxPro nur einmal dazu veranlaßt, das Objekt zu suchen. Das folgende Beispiel führt dieselbe Aktion aus wie das vorhergehende, jedoch schneller.

```
WITH THISFORM.pgfCstInfo.pgCstName.txtName
    .Value = "Fred Smith"
    .BackColor = RGB (0,0,0)   & Dunkelrot
ENDWITH
```

Sie können auch einen Verweis auf ein Objekt in einer Variable speichern und diese Variable anstelle des Objektverweises verwenden:

```
oControl = THISFORM.pgfCstInfo.pgCstName.txtName
oControl.Value = "Fred Smith"
oControl.BackColor = RGB (0,0,0)   & Dunkelrot
```

Optimieren von ActiveX-Steuerelementen

Wenn Sie in Ihren Anwendungen Automation oder ActiveX-Steuerelemente verwenden, können Sie die Anwendung dahingehend optimieren, daß Automatisierung und ActiveX-Steuerelemente die optimale Leistung bringen.

Effizienter Einsatz von ActiveX-Steuerelementen

Beachten Sie die folgenden Anregungen, um die ActiveX-Steuerelemente in den Formularen optimal zu nutzen:

- Starten Sie Automatisierungsserver vorab. An Objektfelder gebundene Steuerelemente funktionieren für gewöhnlich besser und schneller, wenn die den Datentypen entsprechenden Anwendungen (z. B. Microsoft Excel oder Word) auf dem Client-Computer bereits ausgeführt werden.

- Fügen Sie Objekte „Als Symbol" ein. Wenn Sie ein ActiveX-Steuerelement in ein Feld einfügen, fügen Sie nicht das gesamte Objekt ein, sondern nur ein Symbol oder einen Platzhalter. Dadurch wird der Speicherbedarf reduziert, da Visual FoxPro gemeinsam mit dem Objekt ein Präsentationsbild speichert, das u.U. viel Speicher benötigt. Wenn Sie ein Objekt als Symbol einfügen, wird es auch schneller gezeichnet.

- Verwenden Sie Bild-Steuerelemente. Wenn Sie Bitmaps (z. B. Firmenzeichen) anzeigen möchten, sind Bild-Steuerelemente wesentlich schneller als gebundene OLE-Steuerelemente.

- Verwenden Sie nach Möglichkeit manuelle Verknüpfungen. Manuelle Verknüpfungen mit Objekten sind schneller, da diese die bei automatischen Verknüpfungen erforderliche Benachrichtigungszeit nicht benötigen und da zum Zeichnen des Objekts der Server nicht gestartet sein muß. Verwenden Sie manuelle Verknüpfungen, wenn Sie ein Objekt nicht häufig aktualisieren möchten.

Optimieren der Automatisierungsleistung

Wenn Ihre Anwendung mit anderen Anwendungen zusammenarbeitet, erhalten Sie bei Einsatz der folgenden Techniken optimale Ergebnisse.

Vermeiden mehrerer Instanzen des Servers

In manchen Fällen starten Automatisierungsserver (wie Microsoft Excel) immer eine neue Instanz, selbst wenn bereits eine Instanz läuft. Verwenden Sie die Funktion GetObject( ) statt der Funktion CreateObject( ), um dieses Verhalten zu vermeiden und so die Leistung zu verbessern. Der folgende Aufruf verwendet beispielsweise immer (soweit vorhanden) eine existierende Instanz:

```
x = GetObject(,"excel.Application")
```

Im Gegensatz dazu erstellt der folgende Aufruf eine neue Instanz:

```
x = CreateObject("excel.Application")
```

Wenn Sie **GetObject( )** aufrufen, ohne daß der Server bereits läuft, erhalten Sie den Fehler 1426. Sie können diesen Fehler abfangen und ggf. **CreateObject( )** aufrufen.

```
ON ERROR DO oleErr WITH ERROR()
x = GetObject(,"excel.application")
ON ERROR   && Erneutes Laden der System-Fehlerbehandlungsroutine

PROCEDURE oleErr
PARAMETER mError
IF mError = 1426 then
   x = CreateObject("excel.application")
ENDIF
```

Effizienter Verweis auf Objekte

Die Ausführung von Ausdrücken, die Objekte in Automatisierungsservern verwenden, kann sehr aufwendig sein, insbesondere dann, wenn derartige Ausdrücke mehrfach ausgeführt werden. Sehr viel schneller ist es, Verweise auf die Objekte in Variablen zu speichern. Weitere Informationen hierzu finden Sie im Abschnitt „Optimieren wiederholter Verweise auf eine Eigenschaft" weiter oben in diesem Kapitel.

Optimieren von Anwendungen in einer Mehrbenutzerumgebung

Wenn Sie Anwendungen für eine Mehrbenutzerumgebung erstellen, ist Leistung besonders wichtig, da sich Ineffizienz dort vervielfältigt. Außerdem müssen beim Zugriff durch mehrere Benutzer Aspekte nebenwirkender Umstände und der Netzwerkzugriff beachtet werden.

Zur Behandlung dieser Aspekte stehen Ihnen folgende Möglichkeiten zu Verfügung:

- Anpassen des Intervalls für Sperrversuche.
- Effizienter Einsatz der Transaktionsverarbeitung.

Außerdem könnten Ihnen die Vorschläge zum Umgang mit auf einem Remote-Server gespeicherten Daten nutzen. Weitere Informationen hierzu finden Sie unter „Optimieren des Zugriffs auf Remote-Daten" weiter unten in diesem Kapitel.

Anpassen des Intervalls für Sperrversuche

Sie können Visual FoxPro veranlassen, eine Sperrung nach einer kurzen Pause erneut zu versuchen, wenn die Anwendung erfolglos versucht, einen Datensatz oder eine Tabelle zu sperren. Jeder Sperrversuch verursacht jedoch Netzwerkverkehr. Ist das Netzwerk bereits stark belastet, führen wiederholte Sperrversuche zu zusätzlicher Belastung und somit zu einer allgemeinen Verlangsamung für alle Benutzer.

Um dieser Situation zu begegnen, können Sie das zwischen zwei Sperrversuchen abzuwartende Intervall anpassen. Wenn Sie ein größeres Intervall verwenden (und dadurch in einer Zeiteinheit weniger Sperrversuche absetzen), wird der Netzwerkverkehr reduziert und die Leistung angehoben.

▶ **So passen Sie das Intervall für Sperrversuche an**

- Rufen Sie die Funktion SYS(3051) auf, und übergeben Sie dieser das zwischen zwei Sperrversuchen abzuwartende Intervall in Millisekunden als Parameter.

Effizienter Einsatz der Transaktionsverarbeitung

Bei Verwendung der Transaktionsverarbeitung müssen Sie die Transaktionen so entwerfen, daß diese möglichst geringe Auswirkungen auf andere Benutzer haben. Alle in einer Transaktion gesetzten Sperren bleibe aktiv, bis die Transaktion abgeschlossen oder zurückgesetzt wurde. Selbst wenn Sie explizit UNLOCK aufrufen, bleiben die Sperren bis zum Aufruf von END TRANSACTION oder ROLLBACK aktiv.

Des weiteren sperrt Visual FoxPro den Tabellenvorspann, wenn Sie einer Tabelle Datensätze hinzufügen. Der Vorspann bleibt während der gesamten Transaktion gesperrt, so daß andere Benutzer keine Datensätze hinzufügen können.

Um die Auswirkungen von Transaktionen so gering wie möglich zu halten, sollten Beginn und Ende einer Transaktion möglichst nahe bei der tatsächlichen Aktualisierung der Daten stattfinden; eine ideale Transaktion besteht nur aus Anweisungen zur Aktualisierung von Daten.

Wenn Sie in einem Formular vorgenommene Aktualisierungen um Transaktionen erweitern, sollten Sie nicht so vorgehen, daß Sie die Transaktion beginnen, das Formular ausführen und erst beim Schließen des Formulars die Transaktion abschließen. Statt dessen sollten Sie die Anweisungen für die Transaktionsverarbeitung beispielsweise in den Ereignis-Code für die Schaltfläche **Speichern** aufnehmen.

```
* Save-Methode der Befehlsschaltfläche cmdSave
BEGIN TRANSACTION
UPDATE PRODUCTS SET reorder_amt = 0 WHERE discontinued = .T.
END TRANSACTION
```

Optimieren des Zugriffs auf Remote-Daten

Der Zugriff auf Daten in einer Remote-Datenbank ist immer aufwendig. Beim Abruf von Daten aus einer Server-Datenbank werden die folgenden Schritte durchlaufen:

1. Der Client setzt die Abfrage an die Remote-Datenbank ab.
2. Der Server analysiert und kompiliert die Abfrage.
3. Der Server generiert die Ergebnismenge.
4. Der Server benachrichtigt den Client, daß das Ergebnis vollständig ist.
5. Der Client holt die Daten über das Netzwerk vom Server ab. Dies kann in einem Schritt stattfinden, jedoch kann der Client auch fordern, daß die Daten auf Aufforderung stückweise geliefert werden.

Mit einer Anzahl von Techniken kann das Abrufen (oder Aktualisieren) von Daten beschleunigt werden. Diese Strategien werden im folgenden Abschnitt beschrieben:

- Abrufen nur benötigter Daten
- Effiziente Aktualisierung von Remote-Tabellen
- Versenden von Anweisungen als Batch
- Einstellen der Paketgröße
- Verzögerter Abruf von Memo- und Binärdaten
- Lokales Speichern von Nachschlagedaten
- Erstellen lokaler Regeln

Abrufen nur benötigter Daten

In den meisten Anwendungen, die Remote-Daten verwenden, müssen Formulare und Berichte nicht auf einmal auf alle Daten einer Tabelle zugreifen. Sie können daher die Leistung erhöhen, indem Sie Remote-Ansichten erstellen, die nur die gewünschten Felder und/oder Datensätze holen oder aktualisieren. Dadurch müssen weniger Daten über das Netzwerk übertragen werden.

Befolgen Sie beim Erstellen von Abfragen, die den Datenabruf von Remote-Quellen optimieren, die folgenden Ratschläge:

- Spezifizieren Sie nur die benötigten Felder. Verwenden Sie beispielsweise die Anweisung SELECT * FROM customers nur dann, wenn Sie alle Felder der Tabelle benötigen.

- Fügen Sie eine WHERE-Klausel ein, um die Anzahl der abgerufenen Datensätze zu beschränken. Je spezifischer die WHERE-Klausel ist, desto weniger Datensätze werden zu Ihrem Computer übertragen und desto schneller ist die Abfrage abgearbeitet.
- Verwenden Sie Parameter in der Klausel, wenn Sie beim Entwurf noch nicht wissen, welche Werte Sie in einer WHERE-Klausel verwenden werden. Beim Ausführen der Abfrage verwendet Visual FoxPro den Wert einer Parametervariable oder fragt den Benutzer nach dem Suchwert. Die folgende Abfrage ermöglicht es der Anwendung oder dem Benutzer, die Region zur Laufzeit einzutragen.

  ```
  SELECT cust_id, company, contact, address ;
      FROM customers ;
      WHERE region = ?pcRegion
  ```

- Stellen Sie die Eigenschaft NoDataOnLoad des zugehörigen Datenumgebungs-Cursorobjekts auf Wahr (.T.) ein. Diese Technik wird häufig unter Verwendung von Ansichten mit Parametern eingesetzt, bei denen die Daten für die Parameter dem Wert eines Steuerelements auf dem Formular entsprechen.

Effiziente Aktualisierung von Remote-Tabellen

Wenn Sie eine Tabelle einer Remote-Datenquelle mit Hilfe einer Ansicht aktualisieren, muß Visual FoxPro zunächst überprüfen, ob die von Ihnen aktualisierten Datensätze zwischenzeitlich geändert wurden. Dazu muß Visual FoxPro die Daten auf dem Server untersuchen und mit den Daten auf Ihrem Computer vergleichen. In manchen Fällen kann dies ein zeitaufwendiger Vorgang sein.

Zur Optimierung der Aktualisierung von Daten in Remote-Datenquellen können Sie festlegen, wie Visual FoxPro nach geänderten Datensätzen sucht. Dazu legen Sie die WHERE-Klausel fest, die Visual FoxPro bei Durchführung der Aktualisierung erstellen soll.

Nehmen wir beispielsweise an, daß Sie eine auf einer Kundentabelle in einer Remote-Datenquelle basierende Ansicht verwenden. Erstellt haben Sie diese Ansicht mit einer Anweisung SELECT – SQL wie der folgenden:

```
SELECT cust_id, company, address, contact ;
    FROM customers ;
    WHERE region = ?vpRegion
```

Sie möchten nun außer dem Schlüsselfeld (cust_id) alle in der Ansicht spezifizierten Felder aktualisieren können. Die folgende Tabelle illustriert für die verschiedenen in der SQL-WHERE-Klausel möglichen Optionen, welche WHERE-Klausel Visual FoxPro erstellt.

Anmerkung: Die Funktion OLDVAL( ) gibt den ursprünglichen Wert der von Ihnen modifizierten Felder zurück, die Funktion CURVAL( ) den aktuellen in der Remote-Datenquelle gespeicherten Wert. Durch Vergleich dieser Werte kann Visual FoxPro feststellen, ob der Datensatz in der Remote-Datenquelle geändert wurde, nachdem Sie diesen auf Ihren Computer abgerufen haben.

Einstellung	WHERE-Klausel
Nur Schlüsselfelder	WHERE OLDVAL(cust_id) = CURVAL(cust_id)
Schlüssel und aktualisierbare Felder (Standardeinstellung)	WHERE OLDVAL(cust_id) = CURVAL(cust_id) AND OLDVAL(<mod_fld1>) = CURVAL(<mod_fld2>) AND OLDVAL(<mod_fld2>) = CURVAL(<mod_fld2>) AND ...
Schlüssel und veränderte Felder	WHERE OLDVAL(cust_id) = CURVAL(cust_id) AND OLDVAL(company) = CURVAL(company) AND OLDVAL(contact) = CURVAL(contact) AND OLDVAL(address) = CURVAL(address)
Schlüssel und Zeitstempel	WHERE OLDVAL(cust_id) = CURVAL(cust_id) AND OLDVAL(timestamp) = CURVAL(timestamp)

Generell gilt für die Auswahl der Option für die SQL-WHERE-Klausel folgende Vorzugsreihenfolge:

1. **Schlüssel und Zeitstempel**, wenn die Remote-Datenbank Zeitstempelfelder unterstützt. Dies ist die schnellste Möglichkeit, um festzustellen, ob ein Datensatz geändert wurde.

2. **Schlüssel und veränderte Felder**, da es sich bei den zu aktualisierenden Feldern meist nur um eine Teilmenge der aktualisierbaren Felder handelt.

3. **Schlüssel und aktualisierbare Felder**.

4. **Nur Schlüsselfelder**. Bei dieser Einstellung fügt der Remote-Server anhand des geänderten Schlüsselwerts einen komplett neuen Datensatz ein und löscht dann den alten Datensatz.

Versenden von Anweisungen als Batch

Manche Server (z. B. der Microsoft SQL-Server) erlauben es, einen Stapel von SQL-Anweisungen gesammelt (im Batch) abzusetzen. Dies erhöht die Leistung, da dadurch der Netzwerkverkehr reduziert wird und der Server mehrere Anweisungen auf einmal kompilieren kann.

Wenn Sie beispielsweise die Batch-Größe mit 4 angegeben haben und dann 10 Datensätze in der Datenbank aktualisieren, sendet Visual FoxPro 4 Anweisungen wie die folgenden als einen Batch:

```
UPDATE customer SET contact = "John Jones" ;
   WHERE cust_id = 1;
UPDATE customer SET contact = "Sally Park" ;
   WHERE cust_id = 2;
UPDATE customer SET company = "John Jones" ;
   WHERE cust_id = 3;
UPDATE customer SET contact = "John Jones" ;
   WHERE cust_id = 4
```

So versenden Sie Anweisungen im Batch

- Wählen Sie im Dialogfeld **Optionen** die Registerkarte **Remote-Daten** und geben Sie unter **Datensätze für Batch-Aktualisierung** die Anzahl der in einem Batch zu versendenden Datensätze an.

    – Oder –

- Rufen Sie eine der Funktionen DBSETPROP( ) oder CURSORSETPROP( ) zum Setzen dieser Eigenschaften auf:
    - Setzen Sie **Transaction** auf 2.
    - Setzen Sie **BatchUpdateCount** auf die Anzahl der in einem Batch zu versendenden Anweisungen.

– Oder –

5. Klicken Sie im Menü **Abfrage** des Ansichts-Designers auf **Erweiterte Optionen**, um das Dialogfeld **Erweiterte Optionen** aufzurufen.
6. Geben Sie im Bereich **Leistung** neben **Anzahl der Datensätze für Batch-Aktualisierung** die Anzahl der Datensätze ein, die in einem Batch versandt werden sollen.

Anmerkung: Sie sollten mit verschiedenen Werten für diese sowie die Eigenschaft **PacketSize** experimentieren, um die Aktualisierungen zu optimieren.

Einstellen der Paketgröße

Sie können den Zugriff auf Remote-Server optimieren, indem Sie die Größe der Netzwerkpakete fein einstellen, die zur Remote-Datenbank versandt und von dieser erhalten werden. Wenn das Netzwerk beispielsweise große Paketgrößen unterstützt (größer als 4096 Byte), können Sie die Paketgröße in Visual FoxPro erhöhen, um bei jedem Netzwerkzugriff mehr Daten zu senden oder zu empfangen.

▶ **So setzen Sie die Paketgröße**

- Rufen Sie eine der Funktionen DBSETPROP( ) oder CURSORSETPROP( ) auf, und setzen Sie die Eigenschaft **PacketSize** auf einen positiven ganzzahligen Wert. Standardmäßig beträgt dieser Wert 4096.

Anmerkung: Diese Eigenschaft wird von den verschiedenen Netzwerkanbietern unterschiedlich behandelt, daher sollten Sie die Netzwerkdokumentation zu Rate ziehen. So hat beispielsweise Novell NetWare eine maximale Paketgröße von 512 Byte, so daß es nichts nutzt, **PacketSize** auf einen höheren Wert zu setzen.

Verzögerter Abruf von Memo- und Binärdaten

Wenn Sie auf einem Remote-Server Memo- oder Binärdaten speichern, können Sie die Leistung erhöhen, indem Sie den Abruf dieser Daten solange hinauszögern, bis die Anwendung diese wirklich benötigt.

▶ **So verzögern Sie den Abruf von Memo- und Binärdaten**

- Wählen Sie im Dialogfeld **Optionen** die Registerkarte **Remote-Daten**, und deaktivieren Sie unter **Standardeinstellungen für Remote-Ansichten** das Kontrollkästchen **Memofeld abrufen**.

– Oder –

- Rufen Sie zum Setzen der Eigenschaft **FetchMemo** eine der Funktionen DBSETPROP( ) oder CURSORSETPROP( ) auf.

Lokales Speichern von Nachschlagedaten

Viele Anwendungen verwenden statische Nachschlagedaten wie Postleitzahlen, Vorwahlen oder Anreden. Enthält Ihre Anwendung derartige Daten und ist die Tabelle nicht zu umfangreich, so können Sie die Anwendung beschleunigen, indem Sie Kopien dieser Informationen auf den Computern der Benutzer halten, da die Nachschlagedaten dann keinen Netzwerkverkehr verursachen.

Diese Technik eignet sich insbesondere für Daten, die sich nur selten oder nie ändern. Ändern sich diese Daten gelegentlich, müssen Sie sich eine Strategie dafür ausdenken, wie neue Kopien der Nachschlagetabelle auf die Computer der Benutzer übertragen werden.

Erstellen lokaler Regeln

Sie können Ihre Anwendung weiter beschleunigen, indem Sie bereits in Visual FoxPro lokale feld- oder datensatzbasierte Regeln erstellen, anstatt sich auf die im Server definierten Regeln zu verlassen. So kann verhindert werden, daß nicht den Daten- oder Geschäftsregeln entsprechende Daten in die Datenbank gelangen.

Durch die Definition von Regeln in Visual FoxPro können Sie ungültige Daten abfangen, bevor diese über das Netzwerk geschickt werden. Diese Methode ist schneller und gibt Ihnen eine bessere Kontrolle über die Behandlung von Fehlerbedingungen. Wenn Sie lokale Regeln verwenden, müssen Sie diese jedoch mit den Regeln des Remote-Servers koordinieren. Gibt es beispielsweise Änderungen an den Regeln des Servers, müssen Sie ggf. auch Ihre lokalen Regeln entsprechend ändern.

Weitere Informationen zum Erstellen lokaler Regeln finden Sie in Kapitel 8, „Erstellen von Ansichten", im Abschnitt „Aktualisieren von Daten mit Hilfe von Ansichten".

Optimieren internationaler Anwendungen

Wenn Sie internationale Anwendungen entwickeln, müssen Sie zum Erzielen optimaler Leistung möglicherweise die Sortierfolge der Daten verwalten. Dieser Abschnitt behandelt folgende Themen:

- Effizienter Einsatz der Sortierfolge.
- Einsatz von SELECT – SQL mit mehreren Sortierfolgen.

Effizienter Einsatz der Sortierfolge

Sofern die Daten keine diakritischen Zeichen wie Umlaute enthalten, können Sie aus folgenden Gründen durch Verwendung der Computer-Sortierfolge die Leistung erhöhen:

- Andere Indizes sind doppelt so groß, da diese diakritische Informationen enthalten.
- Andere Sortierfolgen benötigen zum Indizieren von Zeichen spezielle Regeln, um korrekte Ergebnisse zu liefern.

Da die Computer-Sortierfolge schneller ist, wird diese üblicherweise für Verknüpfungen und Suchvorgänge verwendet, wogegen zum Sortieren von Datensätzen andere Sortierfolgen eingesetzt werden.

Beim Erstellen von Indizes verwendet Visual FoxPro die aktuelle Einstellung von SET COLLATE. Zum Erstellen zweier Indizes mit zwei Sortierfolgen können Sie somit eine Folge von Anweisungen wie die folgenden verwenden:

```
SET COLLATE TO "MACHINE"
INDEX ON lastname TAG _lastname   && Index für Verknüpfungen und Suchvorgänge
SET COLLATE TO "GENERAL"
INDEX ON lastname TAG lastname    && Sortierindex
```

Wenn Sie anhand des Feldes lastname suchen, auswählen oder verknüpfen möchten, setzen Sie vor Ausführung der jeweiligen Operation den Befehl **SET COLLATE TO "MACHINE"** ab. Rushmore verwendet dann den mit der Computer-Sortierfolge erstellten Index, wodurch sich der Suchvorgang sehr schnell gestaltet.

Einsatz von SELECT – SQL mit mehreren Sortierfolgen

Wenn Sie einen Befehl SELECT – SQL absetzen, verwendet Visual FoxPro für die Suche und die ORDER BY- und GROUP BY-Klauseln die aktuelle Sortierfolge. Wenn Sie anhand anderer Sortierfolgen suchen oder sortieren möchten, können Sie Ihre SQL-Befehle folgendermaßen in zwei Schritte unterteilen:

```
* Auswahl der Datensätze gemäß der einen Sortierfolge
SET COLLATE TO "MACHINE"
SELECT * FROM table INTO CURSOR temp1 ;
    WHERE lastname = "Müller"
* Sortieren der Datensätze gemäß einer anderen Sortierfolge
SET COLLATE TO "GENERAL"
SELECT * FROM temp1 INTO TABLE output ORDER BY lastname
```

TEIL 5

Erweitern der Funktionalität von Anwendungen

Sie können eine einfache Visual FoxPro-Anwendung erweitern, indem Sie sie mehrbenutzerfähig machen, die Vorteile von ActiveX-Steuerelementen und automatisierungsfähigen Anwendungen nutzbar machen und sie auch international einsatzfähig gestalten.

Kapitel 16 Hinzufügen von OLE   465
Verwenden Sie in Ihrer Anwendung ActiveX-Steuerelemente und die Fähigkeit zum Verknüpfen und Einbetten von Objekten, um die Verbindung zu Daten aus anderen Anwendungen herzustellen und von den Stärken anderer Anwendungen zu profitieren.

Kapitel 17 Programmieren für gemeinsamen Zugriff   499
Wird Ihre Anwendung auf einem Netzwerk ausgeführt oder enthält sie Formulare, die auf gemeinsam genutzte Daten zugreifen, muß die Anwendung in der Lage sein, den Zugriff auf diese Daten effizient zu verwalten, um maximale Produktivität sicherzustellen.

Kapitel 18 Entwickeln internationaler Anwendungen   537
Hier erfahren Sie, wie Sie Ihre Anwendungen für den Vertrieb auf dem Weltmarkt nutzbar machen, indem Sie bereits beim Entwurf einen effektiven internationalen Einsatz im Auge behalten.

KAPITEL 16
Hinzufügen von OLE

Sie können die Leistungsfähigkeit Ihrer Visual FoxPro-Anwendungen weiter steigern, indem Sie sich die Vorteile anderer automatisierungsfähiger Anwendungen oder ActiveX-Steuerelemente zunutze machen. In den Formularen oder Feldern vom Typ „Objekt" Ihrer Anwendungen können Sie spezielle Funktionalität oder Daten wie Text, Ton, Bilder und Video aus anderen Anwendungen einbeziehen. Diese Daten können Sie anzeigen oder sichtbar mit der Anwendung bearbeiten, mit der sie erstellt wurden. Sie können die Daten aber auch nicht sichtbar und automatisch bearbeiten, indem Sie die Anwendung programmgesteuert per Automatisierung steuern.

Auch andere Anwendungen können über die Automatisierung von der Leistungsfähigkeit von Visual FoxPro profitieren. Sie können in Visual FoxPro sogar Automatisierungsserver (COM-Komponenten) erstellen, auf die Ihre Anwendungen oder auch Fremdanwendungen lokal oder per Remote-Zugriff zugreifen können.

Dieses Kapitel behandelt folgende Themen:

- Entwerfen einer OLE-Anwendung
- Hinzufügen von OLE-Objekten zu Ihren Anwendungen
- Arbeiten mit ActiveX-Steuerelementen
- Verwalten und Bearbeiten von Objekten per Automatisierung
- Bilden von Unterklassen für Objekte
- Steuern von Visual FoxPro durch andere Anwendungen
- Erstellen von Automatisierungsservern
- Arbeiten mit Remote-Automatisierung

Entwerfen einer OLE-Anwendung

Automatisierungsfähige Anwendungen und COM-Komponenten können als Automatisierungsserver, als Clients oder beides eingesetzt werden. Komponenten, die als Server fungieren, stellen anderen Anwendungen Objekte zur Verfügung; Komponenten, die als Clients arbeiten, können Objekte erstellen.

Sie können die Leistungsfähigkeit und Flexibilität von Anwendungen, wie beispielsweise Microsoft Excel und Word, leicht in Ihre Visual FoxPro-Anwendungen einbinden. Da Visual FoxPro auch als Server fungiert, können Sie hiermit auch Funktionalität zur Verfügung stellen, die in problemlösungsbezogene Software-Pakete integriert werden kann, die wiederum Microsoft Office oder andere COM-Komponenten als Grundlage verwenden.

Einfügbare OLE-Objekte stammen aus OLE-fähigen Anwendungen wie Excel und Word. Solche Objekte enthalten auch Word-Dokumente und Excel-Tabellenblätter. Auf Formularen können Sie diese Objekte mit Hilfe des OLE-Container-Steuerelements verknüpfen oder einbetten, und Sie haben auch die Möglichkeit, einfügbare OLE-Objekte in Feldern vom Typ „Objekt" einer Tabelle zu speichern und sie in Ihren Formularen mit dem gebundenen OLE-Steuerelement anzuzeigen.

In einer Visual FoxPro-Anwendung können Sie OLE und die ActiveX-Technologie vielseitig einsetzen. Denken Sie daher an die verschiedenen Verwendungsmöglichkeiten, bevor Sie eine Anwendung erstellen.

Verknüpfen oder Einbetten von OLE-Objekten

Sie können Dateien aus anderen Windows-Anwendungen in Ihre Tabellen und Formulare einbetten oder sie mit diesen verknüpfen. So können Sie beispielsweise ein Word-Dokument in ein Feld vom Typ „Objekt" in eine Tabelle einbetten und eine Excel-Kalkulationstabelle in ein Formular einbetten oder die Tabelle mit dem Formular verknüpfen.

Der Unterschied zwischen Einbetten und Verknüpfen besteht darin, daß die Daten an verschiedenen Orten gespeichert werden: Beim Einbetten werden die Daten in der Tabelle oder dem Formular gespeichert, beim Verknüpfen hingegen nicht. Wenn Sie zum Beispiel eine Excel-Kalkulationstabelle in ein Formular einbetten, enthält das Formular eine Kopie des Tabellenblatts. Beim Verknüpfen jedoch enthält das Formular nur einen Verweis auf das Tabellenblatt und nicht das Tabellenblatt selbst.

Einbetten und Verknüpfen von Daten

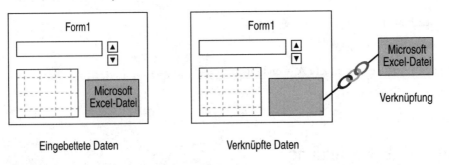

Sowohl eingebettete als auch verknüpfte Daten bestehen anfangs aus dem Originalinhalt der Server-Datei, wie die nachstehende Abbildung zeigt:

Eine mit einem Formular verknüpfte und eingebettete Kalkulationstabelle

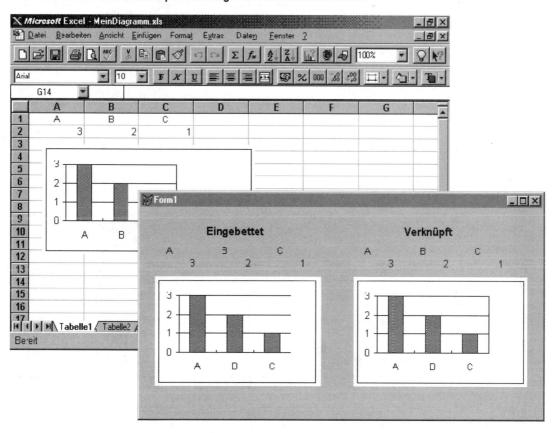

Ändern sich jedoch die Daten in der Originaldatei, wird der Inhalt der verknüpften Tabelle automatisch aktualisiert, und die Änderungen werden übernommen, der Inhalt der eingebetteten Tabelle hingegen nicht:

Verknüpfte Daten werden im Formular aktualisiert

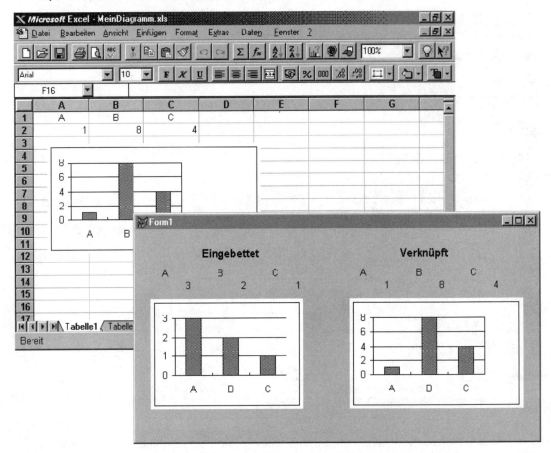

Auch eingebettete Daten müssen jedoch nicht unbedingt statisch sein. Sowohl eingebettete als auch verknüpfte Daten können in Visual FoxPro interaktiv und programmgesteuert angezeigt, geändert und bearbeitet werden.

Hinzufügen von gebundenen oder ungebundenen OLE-Objekten

In einem Formular oder einem Bericht können Sie Objekte erstellen, die an Felder vom Typ „Objekt" in Tabellen gebunden sind. Solche Objekte werden als *gebundene OLE-Objekte* bezeichnet und zum Anzeigen des Inhalts von OLE-Objekten in Feldern vom Typ „Objekt" verwendet. Gebundene OLE-Objekte erstellen Sie mit Hilfe des gebundenen OLE-Steuerelements in der Symbolleiste für Formular-Steuerelemente. Alternativ können Sie auch *ungebundene OLE-Objekte* mit Hilfe des OLE-Container-Steuerelements erstellen. Ein ungebundenes OLE-Objekt ist nicht mit einem Feld vom Typ „Objekt" in einer Tabelle verbunden.

Hinzufügen von OLE-Objekten zu Ihren Anwendungen

Sie können OLE-Objekte in Tabellen und Formularen entweder interaktiv oder programmgesteuert hinzufügen.

Hinzufügen von OLE-Objekten zu Tabellen

Überlegen Sie sich während des Entwurfs von Tabellen für Ihre Anwendung, ob die Tabellen OLE-Objekte enthalten müssen. Angenommen, Sie erstellen eine Produkttabelle und möchten dieser Word-Dokumente hinzufügen, die ansprechend formatierte Produktbeschreibungen enthalten, um diese an potentielle Kunden zu senden. Um Word-Dokumente integrieren zu können, müssen Sie in der Tabelle ein Feld vom Typ „Objekt" definieren. Anschließend fügen Sie die Dokumente der Tabelle hinzu, indem Sie sie durch Verknüpfen oder Einbetten in dieses Feld einbeziehen.

So fügen Sie einer Tabelle ein OLE-Objekt hinzu

1. Erstellen Sie mit Hilfe des Tabellen-Designers eine Tabelle mit einem Feld vom Typ „Objekt".
2. Öffnen Sie das Objektfeldfenster eines solchen Feldes, indem Sie im Datenblattmodus auf das in Frage kommende Feld doppelklicken oder indem Sie den Befehl MODIFY GENERAL verwenden.
3. Klicken Sie im Menü **Bearbeiten** auf **Objekt einfügen**.

   – Oder –

- Verwenden Sie den Befehl APPEND GENERAL.

Weitere Informationen über das Hinzufügen von OLE-Objekten mit dem Tabellen-Designer finden Sie im *Online-Benutzerhandbuch*, Kapitel 10, „Verwenden von Daten zusammen mit anderen Anwendungen".

Anfügen von OLE-Objekten an Tabellen

Sie können OLE-Objekte programmgesteuert mit dem Befehl APPEND GENERAL zu Tabellen hinzufügen. Mit diesem Befehl können Sie ein OLE-Objekt aus einer Datei importieren und in ein Feld vom Typ „Objekt" einfügen. Falls das Feld bereits ein Objekt enthält, wird dieses durch das neue Objekt ersetzt.

Anmerkung: Im Gegensatz zu **APPEND** und **APPEND BLANK** fügt **APPEND GENERAL** der Tabelle keinen neuen Datensatz hinzu.

Mit Hilfe von **APPEND GENERAL** können Sie OLE-Objekte einbetten oder eine Verknüpfung mit OLE-Objekten herstellen, die mit anderen Anwendungen, wie Microsoft Excel und Word, erstellt wurden. Diese Anwendungen unterstützen sowohl Verknüpfen als auch Einbetten. Einige Anwendungen, wie z. B. Microsoft Graph, unterstützen jedoch nur das Einbetten.

Angenommen, Sie möchten Word für Windows-Dateien in einer Visual FoxPro-Tabelle speichern. Wenn die Tabelle ein Feld vom Typ „Objekt" mit Namen WordDoc enthält, können Sie die Dokumente mit dem folgenden Code einbetten:

```
CREATE TABLE oletable (name c(24), worddoc g)
CD GETDIR()

nFiles = ADIR(aWordFiles, "*.doc")
IF nFiles > 0
   FOR i = 1 to nFiles
      APPEND BLANK
      REPLACE Oletable.Name WITH aWordFiles(i,1)
      APPEND GENERAL WordDoc FROM aWordFiles(i,1)
   ENDFOR
ELSE
   MESSAGEBOX("Keine Word-Dateien gefunden.")
ENDIF
```

Anmerkung: Der Code im vorstehenden Beispiel sucht nur nach Dateien, die mit .doc, der Standarderweiterung für Word-Dateien, enden. Weil dies von Microsoft Word und OLE erkannt wird, werden die Dateien bei **APPEND GENERAL** automatisch mit dem Word-Server verbunden.

Falls Sie eine andere als die vom Server erwartete Erweiterung angeben, müssen Sie die Klasse des Servers mit der Klausel CLASS deklarieren. Wenn Sie also dem oben stehenden Beispiel die Klasse für Word hinzufügen, lautet der neue Code:

```
APPEND GENERAL WordDoc FROM wordfiles(i,1) CLASS "Word.Document.6"
```

Falls Sie über Dateien mit allgemeinen Erweiterungen (zum Beispiel .bmp) verfügen, die eventuell von anderen Servern verwendet werden, können Sie mit der Klausel CLASS den Server festlegen, den Sie für diese Dateien verwenden möchten. Wenn Sie Objekte jedoch lieber verknüpfen als einbetten möchten, verwenden Sie das Schlüsselwort LINK.

```
APPEND GENERAL WordDoc FROM wordfiles(i,1) LINK CLASS "Word.Document.6"
```

Darüber hinaus können Sie Dateien in einem Objekt ersetzen, indem Sie das Schlüsselwort DATA von APPEND GENERAL verwenden, wie im nachstehenden Beispiel anhand von Microsoft Graph erläutert wird.

Aktualisieren von Microsoft Graph-Objekten

Microsoft Graph-Objekte können eingebettet werden. Die Werte in einem mit Microsoft Graph erstellten Diagramm basieren auf den Werten des Microsoft Graph-Datenblattes.

Microsoft Graph-Objekt in einem Objektfeld

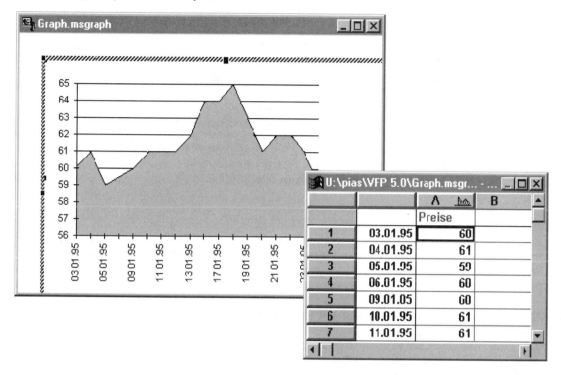

Um nun die Daten in einem Microsoft Graph-Diagramm programmgesteuert zu ändern, müssen Sie eine Zeichenfolge erstellen, die die neuen Daten einschließlich Tabulatoren, Absatzschaltungen und Zeilenvorschüben enthält, und diese Zeichenfolge dann mit der Klausel DATA des Befehls APPEND GENERAL an das Microsoft Graph-Objekt übergeben.

Im folgenden Beispiel wird von einer Tabelle mit der Bezeichnung stock ausgegangen, die u.a. die Felder data und close für das Datum und den Preis bei Börsenschluß enthält. Das Microsoft Graph-Objekt ist im Objektfeld msgraph einer Tabelle namens graph gespeichert. Im Beispiel wird ein Diagramm im Hinblick auf die Aktienpreise bei Börsenschluß der letzten 30 Tage aktualisiert.

Code	Kommentare

`#DEFINE CRLF CHR(13)+CHR(10)`
`#DEFINE TAB CHR(9)`
`LOCAL lcData`
	Definiert Zeichen für Absatzschaltungen und Tabulatoren.

(Fortsetzung)

Code	Kommentare
| ```
SELECT date, close;
  FROM Stock WHERE BETWEEN(date, ;
    DATE(),DATE() - 30) ;
  ORDER BY date INTO CURSOR wtemp
``` | Wählt die Werte, mit denen das Diagramm aktualisiert werden soll, in diesem Fall das Datum und die Aktienpreise bei Börsenschluß der letzten 30 Tage. |
| ```
SELECT wtemp
lcData = " " + ;
   TAB + "Closing Price" + CRLF
SCAN
  lcData = lcData + DTOC(date)
  lcData = lcData + TAB
  lcData = lcData + ;
     ALLTRIM(STR(close)) + CRLF
ENDSCAN
``` | Erstellt eine Zeichenfolge lcData von Daten aus dem Cursor zum Aktualisieren des Diagramms.<br><br>„Preis bei Börsenschluß" als Spaltenbeschriftung ist der Text, der standardmäßig in der Legende des Diagramms angezeigt wird. |
| ```
SELECT graph
APPEND GENERAL msgraph DATA lcData
``` | Sendet die neuen Werte mit Hilfe der Klausel DATA des Befehls **APPEND GENERAL** an das Diagramm. |
| ```
USE IN wtemp
``` | Schließt den Cursor. |

Weitere Informationen über den Befehl **APPEND GENERAL**, einschließlich einer ausführlichen Beschreibung seiner Syntax, finden Sie in der Hilfe.

Anmerkung: Sie können OLE-Objekte aus Feldern vom Typ „Objekt" auch in Ihren Berichten anzeigen. Einzelheiten über das Anzeigen von OLE-Objekten in Berichten finden Sie in Kapitel 7, „Entwerfen von Berichten und Etiketten" im *Online-Benutzerhandbuch*.

Hinzufügen von OLE-Objekten zu Formularen

Im Formular-Designer können Sie mit Hilfe des OLE-Container-Steuerelements Formularen einfügbare OLE-Objekte hinzufügen. Außerdem können Sie OLE-Objekte aus Feldern vom Typ „Objekt" mit Hilfe des gebundenen OLE-Steuerelements anzeigen.

Kapitel 16 Hinzufügen von OLE

▶ **So fügen Sie einem Formular ein OLE-Objekt hinzu**

1. Fügen Sie Ihrem Formular im Formular-Designer ein OLE-Container-Steuerelement hinzu. Das Dialogfeld Objekt einfügen wird angezeigt.

2. Klicken Sie im Dialogfeld **Objekt einfügen** auf **Neu erstellen** oder auf **Aus Datei erstellen**.

   Dialogfeld „Objekt einfügen"

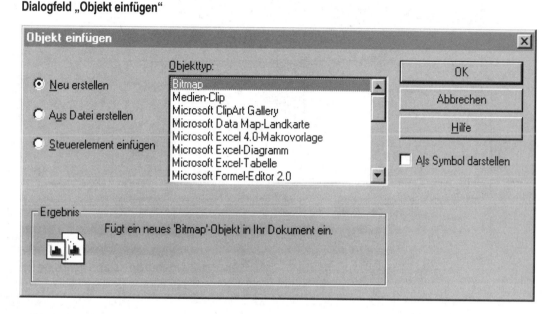

3. Wählen Sie das in Frage kommende OLE-Objekt aus der Liste „Objekttyp" aus.

Sie können darüber hinaus die Symbolleiste für Formular-Steuerelemente so anpassen, daß Sie bestimmte OLE-Objekte direkt einfügen können.

▶ **So fügen Sie OLE-Objekte über die Symbolleiste für Formular-Steuerelemente hinzu**

1. Wählen Sie aus dem Menü **Extras** den Befehl **Optionen**.

2. Wählen Sie im Dialogfeld **Optionen** auf der Registerkarte Steuerelemente die Option **ActiveX-Steuerelemente**.

Registerkarte „Steuerelemente" im Dialogfeld „Optionen"

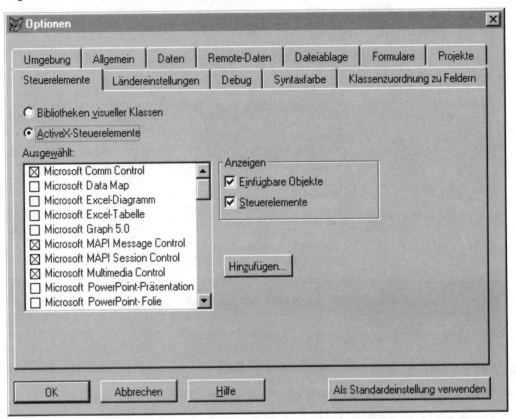

3. Markieren Sie in der Liste „Ausgewählt" die OLE-Objekte und ActiveX-Steuerelemente, die in der Symbolleiste für Formular-Steuerelemente verfügbar sein sollen.

4. Klicken Sie auf **Als Standardeinstellung verwenden**, und klicken Sie anschließend auf **OK**.

5. Klicken Sie in der Symbolleiste für Formular-Steuerelemente auf **Klassen anzeigen**, und wählen Sie anschließend **ActiveX-Steuerelemente**.

Weitere Infomationen zum Dialogfeld **Optionen** finden Sie in der Hilfe.

▶ **So zeigen Sie ein OLE-Objekt aus einem Feld vom Typ „Objekt" an**

1. Fügen Sie im Formular-Designer Ihrem Formular ein gebundenes OLE-Steuerelement hinzu.

2. Legen Sie das Feld vom Typ „Objekt" mit den gewünschten Daten fest, indem Sie die Eigenschaft ControlSource des Objekts einstellen.

   Wenn beispielsweise der Tabellenname Inventory und der Name des Feldes Current lautet, stellen Sie die Eigenschaft **ControlSource** auf Inventory.Current ein.

Sie können ein OLE-Objekt aus einem Feld vom Typ „Objekt" auch programmgesteuert anzeigen.

Code	Kommentare
`frm1 = CREATEOBJECT("form")`	Erstellt das Formular.
`frm1.ADDOBJECT("olb1", "oleboundcontrol")`	Fügt das Steuerelement hinzu.
`frm1.olb1.ControlSource = "Inventory.Current"`	Verbindet die Daten mit dem Steuerelement.
`frm1.olb1.Visible = .T.` `frm1.Visible = .T.`	Macht Steuerelement und Formular sichtbar.

Interaktives Arbeiten mit OLE-Objekten

Wenn Sie einem Formular oder einem Feld vom Typ „Objekt" ein OLE-Objekt hinzufügen, können Sie die Daten und die Anzeigecharakteristika des Objekts zur Laufzeit oder zur Entwurfszeit ändern.

Anmerkung: Sie können die Daten eines OLE-Objekts in einem gebundenen OLE-Steuerelement nicht zur Entwurfszeit bearbeiten.

Einige OLE-Objekte unterstützen die direkte Bearbeitung, so daß Sie das Objekt in dem von Ihrer Anwendung verwendeten Fenster bearbeiten können. Doppelklicken Sie zum Beispiel auf ein Microsoft Excel-Tabellenblatt in einem Feld vom Typ „Objekt", anstatt eine Kopie von Microsoft Excel in einem anderen Fenster zu starten, ändern sich die Menütitel und beziehen die Microsoft Excel-Menüstruktur ein und die standardmäßigen Microsoft Excel-Symbolleisten werden angezeigt. Auf diese Weise können Sie oder der Benutzer Ihrer Anwendung das Microsoft Excel-Objekt bearbeiten, ohne die Anwendung verlassen zu müssen.

Anmerkung: Sie können nur eingebettete Objekte direkt bearbeiten, jedoch keine verknüpften Objekte.

Sie können den Automatisierungsserver auch in einem anderen Fenster öffnen und die Daten oder Anzeigecharakteristika hier ändern; die neuen Werte werden in Ihrer Anwendung angezeigt, wenn Sie wieder dorthin zurückkehren.

So können Sie ein OLE-Objekt in einem Objektfeldfenster direkt bearbeiten

- Wählen Sie aus dem Menü **Bearbeiten** den gewünschten Objekttyp aus, und klicken Sie im Untermenü auf **Bearbeiten**.

  Handelt es sich beispielsweise um ein Word Dokument, wählen Sie **Word Dokument**; möchten Sie ein Microsoft Graph-Objekt bearbeiten, wählen Sie **Excel Diagramm**.

  – Oder –

- Doppelklicken Sie auf das Objekt.

So öffnen Sie die Anwendung für ein OLE-Objekt in einem Objektfeldfenster

- Wählen Sie aus dem Menü **Bearbeiten** den gewünschten Objekttyp, und klicken Sie im Untermenü auf **Öffnen**.

Wenn Sie dem Formular ein OLE-Objekt in einem OLE-Container-Steuerelement oder in einem gebundenen OLE-Steuerelement hinzufügen, bieten sich Ihnen mehr Steuermöglichkeiten für das Öffnen und Bearbeiten des Objekts.

Durch Einstellen der Eigenschaft **AutoActivate** eines gebundenen OLE-Steuerelements oder eines OLE-Container-Steuerelements können Sie festlegen, ob das OLE-Objekt geöffnet oder bearbeitet werden soll, wenn das Steuerelement den Fokus erhält oder wenn der Benutzer auf das Steuerelement doppelklickt. Mit der Eigenschaft **AutoVerbMenu** wird festgelegt, ob der Benutzer das OLE-Objekt über das Kontextmenü des ActiveX-Steuerelements öffnen oder bearbeiten kann.

Wenn Sie den Zugriff auf das OLE-Objekt so einschränken möchten, daß es nur programmgesteuert mit der Methode DoVerb geöffnet oder bearbeitet werden kann, setzen Sie AutoActivate auf 0 – Manual und AutoVerbMenu auf Falsch (.F.). Weitere Informationen finden Sie in der Hilfe.

Steuern von Menüs

Wenn ein Benutzer ein OLE-Objekt direkt bearbeitet, werden in der Menüleiste die Menüs des OLE-Objekts angezeigt, nicht die Menüs Ihrer Anwendung. Wenn Sie einen Menünamen erstellen und möchten, daß dieser auch dann angezeigt wird, wenn der Benutzer ein OLE-Objekt bearbeitet, wählen Sie im Dialogfeld **Optionen zur Bezeichnung** des Menü-Designers eine entsprechende OLE-Position. Weitere Informationen finden Sie in Kapitel 11, „Entwerfen von Menüs und Symbolleisten", oder in der Hilfe unter DEFINE PAD im Abschnitt „NEGOTIATE-Klausel".

Arbeiten mit ActiveX-Steuerelementen

ActiveX-Steuerelemente sind Objekte mit einer eingekapselten Funktionalität und nach außen hin sichtbaren Eigenschaften, Ereignissen und Methoden. ActiveX-Steuerelemente bieten eine breite Funktionspalette, die Sie leicht nutzen können. Die mit Visual FoxPro gelieferten ActiveX-Steuerelemente umfassen:

- Windows 95-Steuerelemente, wie die RichText- und TreeView-Steuerelemente.

- Systemsteuerelemente wie die Kommunikations- und MAPI-Steuerelemente.

ActiveX-Steuerelemente sind vielseitig, weil auf deren Basis neue Unterklassen gebildet werden können, um andere Steuerelemente zu erstellen, und weil sie über mit den Steuerelementen verbundene Ereignisse, Methoden und Eigenschaften verfügen, mit denen sie gesteuert werden können. Sie können mit Visual FoxPro selbst keine ActiveX-Steuerelemente erstellen: Sie können hierzu jedoch das *Microsoft OLE Custom Control Developer's Kit* einsetzen, das bei Microsoft Visual C++® 4.0 und bei Microsoft Visual Basic® Control Creation Edition, Version 5.0, im Lieferumfang enthalten ist.

Weitere Informationen über den Zugriff auf ActiveX-Steuerelemente finden Sie in Kapitel 27, „Erweitern von Visual FoxPro mit externen Bibliotheken". Weitere Informationen über das Erstellen von ActiveX-Steuerelementen, die sich speziell auf Visual FoxPro beziehen, finden Sie in Kapitel 28, „Zugriff auf das Visual FoxPro API".

Hinzufügen von ActiveX-Steuerelementen zu einem Formular

ActiveX-Steuerelemente in Visual FoxPro müssen sich in einem OLE-Container-Steuerelement befinden (die Basisklasse ist OLEControl). Wenn Sie einem Formular ein OLE-Container-Steuerelement hinzufügen, können Sie auch das ActiveX-Steuerelement wählen, das dem Formular hinzugefügt werden soll.

▶ **So fügen Sie einem Formular ein ActiveX-Steuerelement hinzu**

1. Wählen Sie in der Symbolleiste für Formular-Steuerelemente die Schaltfläche OLE-Container-Steuerelement, und ziehen Sie das Steuerelement auf dem Formular mit der Maus auf die gewünschte Größe.

2. Wählen Sie im Dialogfeld Objekt einfügen den Eintrag **Steuerelement einfügen**.

   Dialogfeld „Objekt einfügen"

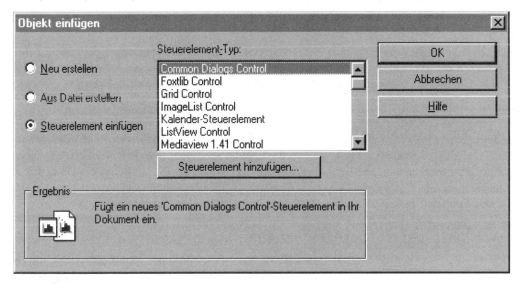

3. Wählen Sie aus der Liste „Steuerelement-Typ" das gewünschte ActiveX-Steuerelement aus.
4. Klicken Sie auf **OK**.

Verwalten von gebundenen ActiveX-Steuerelementen

Sofern das ActiveX-Steuerelement die einfache Datenbindung unterstützt, ruft Visual FoxPro eine Eigenschaft **ControlSource** für das Steuerelement auf. Sie müssen jetzt lediglich die Eigenschaft **ControlSource** auf ein Tabellenfeld einstellen, und der Wert, der im ActiveX-Steuerelement angezeigt wird, entspricht dem Wert des zugrundeliegenden Feldes. Werden an dem Wert im Steuerelement Änderungen vorgenommen, werden diese Änderungen im Feld gespeichert.

Für Beispiele zur Verwendung von ActiveX-Steuerelementen führen Sie **Solution.app** im Verzeichnis **...Samples\Vfp98\Solution** von Visual Studio aus.

> **Anmerkung:** Damit sichergestellt ist, daß alle mit dem ActiveX-Steuerelement verbundenen Ereignisse verarbeitet werden, setzen Sie die Eigenschaft AutoYield des Visual FoxPro-Anwendungsobjekts auf Falsch (.F.).
>
> Weitere Informationen über die OLE-Ereignisverarbeitung finden Sie in der Hilfe unter „AutoYield-Eigenschaft" und „DOEVENTS-Befehl".

Bearbeiten von Objekten per Automatisierung

OLE-Objekte in Formularen oder Programmen oder ActiveX-Steuerelemente innerhalb von OLE-Container-Steuerelementen können mit Hilfe von Code auf die gleiche Weise bearbeitet werden, wie Sie systemeigene Visual FoxPro-Objekte programmieren können.

Bearbeiten von Basis-Objekteigenschaften

Im Code können Sie ein Objekt unter Verwendung seiner Eigenschaften bearbeiten. Wie Sie auf eine Eigenschaft verweisen, ist abhängig davon, ob das Objekt eigenständig oder Teil eines Containers ist, wie beispielsweise ein OLE-Container-Steuerelement oder ein gebundenes OLE-Steuerelement.

> **Anmerkung:** ActiveX-Steuerelemente sind immer Teil eines OLE-Container-Steuerelements.

Ein Objekt in einem Container besteht aus zwei Teilen: dem Objekt selbst und einem das Objekt umschließenden Container. Sowohl das Objekt als auch der Container verfügen über Eigenschaften, die manchmal sogar die gleichen Namen haben. Um sicherzustellen, daß Sie auf die Eigenschaften des Objekts verweisen, sollten Sie immer die Eigenschaft Object des Containers an den Namen des Objekts anhängen. Mit dem folgenden Code wird beispielsweise auf die Eigenschaft **Left** des Objekts verwiesen.

```
frm1.olecontrol1.Object.Left = 25   && Eigenschaft Left des Objekts
```

Wenn Sie die Objekteigenschaft weglassen, verweisen Sie statt dessen auf die Eigenschaft **Left** des Containers.

```
frm1.olecontrol1.Left= 25   && Eigenschaft Left des Containers
```

Sie haben beispielsweise eine Anwendung, die eine Mail sendet, wenn der Benutzer auf eine Befehlsschaltfläche zum Verfassen von Nachrichten klickt. Wenn Sie einem Formular ein Microsoft MAPI-Nachrichten-Steuerelement als olecontrol hinzugefügt haben, könnte der mit dem Ereignis **Click** verbundene Code folgendermaßen aussehen:

```
THISFORM.olecontrol1.Object.Compose
THISFORM.olecontrol1.Object.Send(.T.)
```

Neben dem Verweis auf die Eigenschaften des im Container befindlichen Objekts über die Eigenschaft **Object** können Sie auch die anderen Eigenschaften des Container-Steuerelements verwenden. So können Sie beispielsweise die schreibgeschützte Eigenschaft OLEClass zur Kennzeichnung des Typs des im Container befindlichen Objekts verwenden, und die Eigenschaft Sizable, um zu verhindern, daß die Größe des Objekts benutzerseitig geändert werden kann. Weitere Informationen zu den Eigenschaften von Container-Steuerelementen finden Sie in der Hilfe unter „OLE-Container-Steuerelemente".

Im Formular- und im Klassen-Designer werden die Eigenschaften von ActiveX-Steuerelementen im Visual FoxPro-Eigenschaftenfenster angezeigt, die meisten ActiveX-Steuerelemente verfügen jedoch auch über eine eigene Schnittstelle zum Einstellen der allgemeinen Eigenschaften. Diese Eigenschaftenschnittstelle wird angezeigt, wenn Sie die Option **Eigenschaften** objektspezifisch aus dem Kontextmenü des ActiveX-Steuerelements wählen. Um beispielsweise das Dialogfeld **Eigenschaften** für ein RichText-Steuerelement zu öffnen, wählen Sie „**Microsoft Rich Textbox Control Properties**" aus dem Kontextmenü.

Öffnen des Dialogfelds „Eigenschaften" für ein RichText-Steuerelement

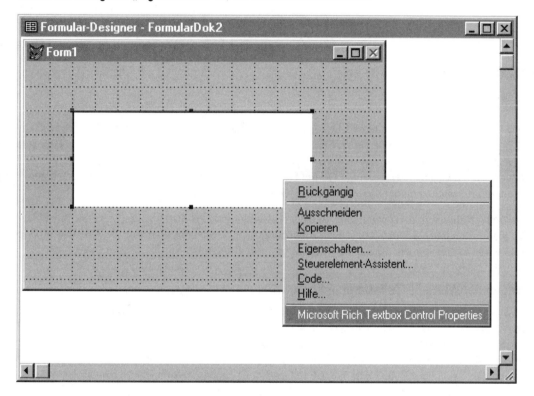

Verwenden von Basis-Objektmethoden

Neben dem Einstellen und Auslesen der Eigenschaften von Objekten können Sie ein Objekt auch mit Hilfe der von diesem Objekt unterstützten Methoden bearbeiten. So können Sie beispielsweise die Methode **Add** eines Microsoft Excel-Auflistungsobjekts zum Erstellen einer neuen Microsoft Excel-Arbeitsmappe verwenden.

Im folgenden Automatisierungsbeispiel wird die Methode **Add** zum Erstellen einer Excel-Arbeitsmappe, die Methode **Save** zum Speichern der Arbeitsmappe und die Methode **Quit** zum Beenden von Excel verwendet.

Code	Kommentare
`oleApp = CREATEOBJECT("Excel.Application")`	Startet Excel.
`OleApp.Visible=.T.`	Zeigt Excel an.
`oleApp.Workbooks.Add`	Erstellt eine Arbeitsmappe.
`oleApp.Cells(1,1).Value=7`	Legt den Wert einer Zelle fest.
`OleApp.ActiveWorkbook.SaveAs("C:\TEMP.XLS")`	Speichert die Arbeitsmappe.
`OleApp.Quit`	Beendet Excel.

Wenn Sie ein Objekt mit Hilfe eines OLE-Container-Steuerelements oder gebundenen OLE-Steuerelements erstellen, können Sie die Methode DoVerb des Steuerelements zum Ausführen eines Verbs am Objekt verwenden. Mit **DoVerb(0)** führen Sie beispielsweise das Standard-Verb aus, mit **DoVerb(-1)** aktivieren Sie das Objekt für die visuelle Bearbeitung, und mit **DoVerb(-2)** öffnen Sie das Objekt in einem separaten Fenster. Weitere Informationen über die Methode **DoVerb** finden Sie in der Hilfe.

Anmerkung: Näheres zu den jeweiligen von einer Anwendung unterstützten Automatisierungsbefehlen finden Sie im Handbuch der entsprechenden Anwendung. So stehen beispielsweise die Add-In-Komponenten von Microsoft Excel nicht für die Automatisierung zur Verfügung.

Festlegen der Werte für Zeitüberschreitung

Wenn Sie eine Anforderung an ein OLE-Objekt übergeben, wird diese vom Automatisierungsserver verarbeitet. Sie haben zwar nicht viele Steuermöglichkeiten über die Server-Verarbeitung, können jedoch festlegen, wie lange die Wartezeit bis zur Beendigung der Verarbeitung sein darf, indem Sie die Eigenschaften OLERequestPendingTimeout und OLEServerBusyTimeout einstellen. Sie können festlegen, was geschehen soll, wenn die angegebene Zeit verstrichen ist, indem Sie die Eigenschaft OLEServerBusyRaiseError einstellen. Weitere Informationen über diese Eigenschaften finden Sie in der Hilfe.

Zugreifen auf Objektsammlungen

Ein Objekttyp kann ein einzelnes Objekt oder eine Sammlung von miteinander verbundenen Objekten sein. Ein Microsoft Excel Workbook-Objekt repräsentiert beispielsweise eine einzelne Arbeitsmappe, wohingegen das Objekt **Workbooks** alle aktuell geladenen Arbeitsmappen umfaßt. Da das Objekt **Workbooks** eine Sammlung von Objekten repräsentiert, wird es auch als Auflistungsobjekt bezeichnet.

Im Code stellt eine Auflistung eine ungeordnete Liste dar, in der sich die Position eines Objekts jederzeit ändern kann, wenn der Auflistung Objekte hinzugefügt oder Objekte aus ihr gelöscht werden. Sie greifen auf ein Objekt in einer Auflistung zu, indem Sie über die Objekte der Auflistung mit Hilfe ihrer Eigenschaft **Count** iterieren. Die Eigenschaft **Count** gibt die Anzahl der Elemente in der Auflistung zurück. Sie können auch mit Hilfe der Methode **Item** ein Element in eine Auflistung zurückgeben lassen.

Um beispielsweise die Namen aller Arbeitsblätter in einer Microsoft Excel-Arbeitsmappe anzuzeigen, verwenden Sie folgenden Code:

```
oleApp = CREATEOBJECT("Excel.Application")
oleApp.Workbooks.Add
FOR EACH x IN oleApp.Workbooks
   ? x.Name
ENDFOR
```

Sie können auch auf eine Auflistung innerhalb einer Auflistung zugreifen. Sie können beispielsweise auf eine Zellauflistung innerhalb eines Bereichs zugreifen, indem Sie folgenden Code einsetzen:

```
oleApp = CREATEOBJECT("Excel.sheet")

oleApp.Range(oleApp.Cells(1,1),oleApp.Cells(10,10)).Value=100
oleApp.Visible=.T.
```

Verwenden von Objektdatenfeldern

Sie können Datenfelder an Methoden übergeben, und Sie können Datenfelder zurückgeben lassen. Sie müssen Datenfelder per Verweis übergeben, indem Sie dem Datenfeldnamen ein @-Zeichen voranstellen.

Um beispielsweise ein Visual FoxPro-Datenfeld an Microsoft Excel zu übergeben, bietet sich folgender Code an. Dieser Code erstellt in Visual FoxPro ein Datenfeld, weist dem Datenfeld einige Werte zu, startet Microsoft Excel und erstellt eine Arbeitsmappe. Anschließend stellt dieser Code die erste Zelle eines Arbeitsblattes auf einen Wert ein und kopiert dann diesen Wert auf die anderen Blätter im Datenfeld:

```
DIMENSION aV(3)
aV(1) = "Tabelle1"
aV(2) = "Tabelle2"
aV(3) = "Tabelle3"
oleApp=CREATEOBJECT("Excel.Application")
oleApp.Workbooks.Add
oleI=oleApp.Workbooks.Item(1)
oleI.Sheets.Item(1).Cells(1,1).Value = 83
oleI.Sheets(@aV).;
 FillAcrossSheets(oleI.Worksheets("Tabelle1").Cells(1,1))

oleApp.Visible = .T.
```

Alternativ gibt der Code im folgenden Beispiel ein Datenfeld an Visual FoxPro zurück und zeigt den Inhalt des Datenfeldes an:

```
oleApp = CREATEOBJECT("Excel.Application")
aOleArray = oleApp.GetCustomListContents(3)
FOR nIndex = 1 to ALEN(aOleArray)
    ? aOleArray(nIndex)
ENDFOR
```

Anmerkung: Mit Visual FoxPro können Sie keine Datenfelder an OLE-Objekte übergeben, die größer als zweidimensional sind. Weitere Informationen über das Arbeiten mit Datenfeldern in Visual FoxPro finden Sie in Kapitel 3, „Objektorientierte Programmierung", oder schlagen Sie in der Hilfe unter „Arbeiten mit Datenfeldern" nach.

Freigeben von Basis-Objekten

Ein Automatisierungsserver wird automatisch freigegeben, wenn er nicht sichtbar ist und wenn keine Variablen im Geltungsbereich auf das Objekt verweisen. Sie können den Befehl RELEASE verwenden, um die mit dem Objekt verbundene Variable freizugeben. Ist der Server sichtbar, verwenden Sie die Methode Quit, um ihn freizugeben.

Sie können benutzerdefinierte Objekte erstellen, indem Sie auf Basis der mit Visual FoxPro gelieferten Basisklassen eigene Unterklassen bilden. Beispielsweise bildet der folgende Code eine Unterklasse auf der Basis des mit Visual FoxPro gelieferten Hierarchie-Steuerelements:

Bilden einer Unterklasse für das Hierarchie-Steuerelement

Code	Kommentare
`PUBLIC frmMyForm, cFilename` `SET SAFETY OFF`	Deklariert und initialisiert Variablen.

`frmMyForm = CREATEOBJECT("form")`
`frmMyForm.Width = 100`
`frmMyForm.ADDOBJECT("oleOutl","myoutline")`
`DIMENSION aSection(3)`
`aSection(1) = "Table"`
`aSection(2) = "Field"`
`aSection(3) = "Index"`
	Erstellt ein Formular, fügt das benutzerdefinierte Hierarchie-Steuerelement dem Formular hinzu und erstellt anschließend ein Datenfeld für die im Steuerelement aufgeführten Elemente.

`cFilename = GETFILE("dbc","Select a DBC")`
`USE (cFilename)`
`INDEX ON objecttype FOR (objecttype = "Table" ;`
`    OR objecttype = "Field" ;`
`    OR objecttype = "Index" ) ;`
`    TAG fname`
	Fordert zur Angabe der Datenbank auf, die die Informationen erhält, die vom Steuerelement aufgelistet werden sollen.

(Fortsetzung)

Code	Kommentare
| ```
FOR nIndex = 1 TO 3 STEP 1
   frmMyForm.oleOutl.AddItem(aSection(nIndex))
   frmMyForm.oleOutl.Indent;
      ((frmMyForm.oleOutl.ListCount-1)) = 1
   SCAN
      IF objecttype = aSection(nIndex)
         frmMyForm.oleOutl.Additem(objectname)
         frmMyForm.oleOutl.Indent;
            ((frmMyForm.oleOutl.ListCount-1)) = 2
      ENDIF
   ENDSCAN
   GO TOP
ENDFOR
``` | Trägt Informationen aus der Datenbank zusammen und fügt diese dann dem Steuerelement hinzu. |
| ```
frmMyForm.oleOutl.Visible = .T.
frmMyForm.Show
``` | Macht das Steuerelement sichtbar und zeigt anschließend das Formular an. |
| ```
DEFINE CLASS myoutline AS olecontrol
   OleClass = "msoutl.outline"
   Top = 5
   Left = 5
   Height = 200
   Width = 100
ENDDEFINE
``` | Definiert eine Unterklasse des OLE-Container-Steuerelements und fügt das Hierarchie-Steuerelement hinzu, indem die Eigenschaft **OleClass** des Containers gesetzt wird und anschließend die anderen benutzerdefinierten Einstellungen angegeben werden. |

Wenn Sie Ihre Anwendungen in den Vertrieb bringen möchten, sind einige zusätzliche Aspekte zu beachten. Weitere Informationen finden Sie in Kapitel 25, „Erstellen einer Anwendung zum Vertrieb".

Steuern von Visual FoxPro von anderen Anwendungen aus

Da Visual FoxPro sowohl als Server (mit Ebene 2-Entsprechung) als auch als Client arbeitet, können Anwendungen, die Automatisierung unterstützen, Instanzen von Visual FoxPro erstellen, Visual FoxPro-Befehle ausführen und auf Visual FoxPro-Objekte zugreifen.

Sie können in Visual FoxPro auch von Anwendungen aus arbeiten, die keine Automatisierung unterstützen, indem Sie Fpole.dll einbinden. Weitere Informationen finden Sie in der Hilfe unter „Fpole.dll".

Sie steuern Visual FoxPro von anderen Anwendungen aus, indem Sie das Visual FoxPro-Anwendungsobjekt verwenden. Ein Anwendungsobjekt wird immer dann automatisch erstellt, wenn Visual FoxPro, entweder direkt über DDE oder per Automatisierung, gestartet wird.
```

Beispielsweise können Sie mit den folgenden Codezeilen in Visual Basic® oder in einem Microsoft Excel-Modul einen Verweis auf ein Visual FoxPro-Anwendungsobjekt erstellen.

```
Dim oFox as Object
Set oFox = CreateObject("VisualFoxPro.Application")
```

Nachdem der Verweis auf das Visual FoxPro-Anwendungsobjekt besteht, können Sie Methoden aufrufen, die mit dem Anwendungsobjekt verbunden sind, und über die Collection-Eigenschaften des Anwendungsobjekts auf andere Objekte zugreifen.

Methoden des Anwendungsobjekts

DataToClip	Help
DoCmd	Quit
Eval	RequestData

Im folgenden Beispiel wird mit Code, der in Visual Basic für Applikationen geschrieben wurde, in einem Excel-Modul ein Visual FoxPro-Anwendungsobjekt erstellt, eine Visual FoxPro-Tabelle geöffnet und schließlich die Ergebnisse einer Abfrage dem aktiven Tabellenblatt hinzugefügt:

```
Sub FoxTest()
Dim oFox as Object
Set oFox = CreateObject("VisualFoxPro.Application")

oFox.DoCmd "USE customer"
oFox.DoCmd "SELECT contact, phone FROM customer
   WHERE country = " + Chr$(39) + USA+ Chr$(39) + " INTO CURSOR cust"
oFox.DataToClip "cust",,3
Range("A1:B1").Select
ActiveSheet.Paste
End Sub
```

Das Visual FoxPro-Anwendungsobjektmodell

Ein Anwendungsobjekt wird immer dann automatisch erstellt, wenn Visual FoxPro, entweder direkt über DDE oder per Automatisierung, gestartet wird. Dieses Anwendungsobjekt ermöglicht Ihnen über die Collection-Eigenschaften Zugriff auf alle anderen während einer Visual FoxPro-Sitzung erstellten Objekte.

Visual FoxPro-Anwendungsobjektmodell

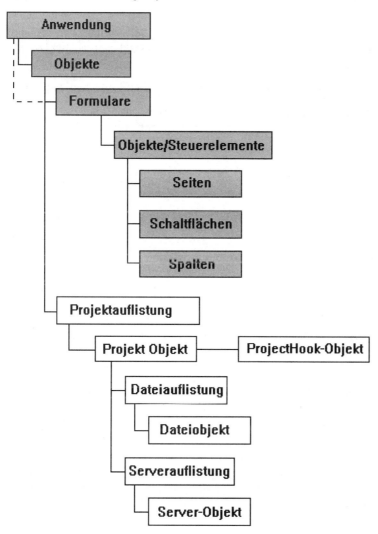

Zugreifen auf Objekte über die Collection-Eigenschaften

Dem Visual FoxPro-Anwendungsobjekt und allen Container-Objekten in Visual FoxPro ist eine Eigenschaft **Count** und **Collection** zugeordnet. Die Eigenschaft **Collection** ist ein Datenfeld, das auf jedes Objekt im Container verweist. Die Eigenschaft **Count** ist eine numerische Eigenschaft, die die Anzahl der Objekte in einem Container angibt.

Die folgende Tabelle enthält die Objekte und die entsprechenden **Eigenschaften Collection** und **Count**.

Objekt	Eigenschaft Collection	Eigenschaft Count
Application	Objects Forms	Count FormCount
FormSet	Forms	FormCount
Form	Objects Controls	Count ControlCount
PageFrame	Pages	PageCount
Page	Controls	ControlCount
Grid	Columns	ColumnCount
CommandGroup	Buttons	ButtonCount
OptionGroup	Buttons	ButtonCount
Column	Controls	ControlCount
ToolBar	Controls	ControlCount
Container	Controls	ControlCount
Control	Controls	ControlCount

Mit Hilfe dieser Eigenschaften können Sie eine Schleife verwenden, um alle oder bestimmte Objekte im Container programmgesteuert zu verändern. Beispielsweise stellt der folgende Code die Eigenschaft **Visible** aller Formulare auf Wahr (.T.) ein.

```
FOR EACH Form IN Application.Forms
   Form.Visible = .T.
ENDFOR
```

Erstellen von Automatisierungsservern

Mit Visual FoxPro können Sie Automatisierungsserver erstellen (COM-Komponenten), die Code zusammenfassen, um Aufgaben zu erledigen, die viele Anwendungen gemeinsam haben, oder die komplexe datenbezogene Regeln implementieren. Diese Aufgaben und Regeln stehen dann auch anderen Programmierern in Ihrem Unternehmen sowie den Benutzern von Tools zur Verfügung, die Automatisierung unterstützen.

So könnten Sie beispielsweise eine oder mehrere Klassen erstellen, um unternehmensweite datenbezogene Regeln zu bearbeiten. Eine Client-Anwendung, die die Objekte der datenbezogenen Regeln verwendet, würde Eingabeparameter in einem Methodenaufruf übergeben, und der Automatisierungsserver könnte dann einen großen Teil der Arbeit erledigen, wie z. B. Daten aus verschiedenen Quellen abrufen und komplexe Berechnungen durchführen, bevor die Antwort zurückgegeben wird.

Beispiele für Automatisierungsserver finden Sie im Visual Studio-Verzeichnis **...\Samples\Vfp98\Servers**.

Erstellen des Servers

Alles, was Sie zum Erstellen eines Automatisierungsservers in Visual FoxPro benötigen, ist ein Projekt, das als OLEPUBLIC definierte Klassen enthält. In einem Projekt können beliebig viele Klassen OLEPUBLIC vorhanden sein, und diese können in Programmdateien (.prg) oder Klassenbibliotheken (.vcx) definiert sein.

So erstellt beispielsweise die folgende Klassendefinition in einer Programmdatei eine benutzerdefinierte OLEPUBLIC-Klasse:

```
DEFINE CLASS person AS CUSTOM OLEPUBLIC
   FirstName = SPACE(30)
   LastName = SPACE(45)

   PROCEDURE GetName
      RETURN THIS.FirstName + " " + THIS.LastName
   ENDPROC
ENDDEFINE
```

Wenn Sie im Klassen-Designer eine Klasse entwerfen, wählen Sie im Dialogfeld Klasseninfo die Option **OLE Public**, um die Klasse als OLEPUBLIC festzulegen.

Dialogfeld „Klasseninfo"

Wählen Sie OLE Public, um OLE-Server zu erstellen.

(Dialogfeld „Klasseninfo" mit Registerkarten *Klasse* und *Elemente*; Felder: Symbol für Symbolleiste, Symbol für Container, Kontrollkästchen ☑ OLE Public, Beschreibung; Klassenname: meineklasse, Übergeordnete Klasse: form, Klassenbibliothek:; Schaltflächen OK, Abbrechen, Hilfe)

Kompilieren des Servers

In Visual FoxPro können Sie entweder einen Out-of-Process- oder einen In-Process-Automatisierungsserver erstellen. Eine *Out-of-Process*-Komponente ist eine ausführbare Datei (.exe), die innerhalb eines eigenen Prozesses abläuft. Die Kommunikation zwischen Client-Anwendung und Out-of-Process-Server wird daher als *Cross-Process*-Kommunikation bezeichnet. Bei einer *In-Process*-Komponente handelt es sich um eine Dynamic-Link Library (DLL), die im gleichen Prozeß-Adreßraum ausgeführt wird wie der Client, von dem sie aufgerufen wurde.

Beide Methoden haben ihre Vorteile. Ein In-Process-Server ist schneller, da der bei der Kommunikation zwischen den Prozessen entstehende Overhead entfällt. Andererseits kann ein Out-of-Process-Server im Gegensatz zu einem In-Process-Server auch im Remote-Betrieb eingesetzt werden. Darüber hinaus beendet ein schwerer Fehler in der DLL auch den Client, da sich In-Process-Server und Client den gleichen Prozeß-Adreßraum teilen, wohingegen ein Fehler in der ausführbaren Datei des Out-of-Process-Servers lediglich den Server beendet.

Wenn Sie mit globalen OLE-Klassen eine ausführbare Datei erstellen, büßen Sie keine der normalen .exe-Fähigkeiten ein. Sie können die ausführbare Datei noch immer ausführen, eine Benutzeroberfläche sowie die gesamte normale Funktionalität zur Verfügung stellen, die auch eine einfache Anwendung umfassen würde. Sie erhöhen jedoch die Erweiterbarkeit Ihrer Anwendung, indem Sie zulassen, daß andere Anwendungen von der spezifischen Funktionalität profitieren, die Sie zur Verfügung stellen.

Anmerkung: Greifen mehrere Benutzende auf den Automatisierungsserver zu, kann es zu Konflikten kommen. Haben Sie einen Zugriff auf Ihre Funktionen sowohl über Automatisierung als auch über eine Benutzeroberfläche ermöglicht, empfiehlt sich für die Oberfläche eine zusätzliche Schicht der Konsistenzprüfung, um sicherzustellen, daß die Umgebung nicht geändert wurde.

So kompilieren Sie einen Automatisierungsserver

1. Wählen Sie im Projekt-Manager die Schaltfläche **Erstellen**.
2. Klicken Sie im Dialogfeld Erstellungsoptionen auf **EXE-Datei erstellen** oder auf **OLE-DLL erstellen**.

Dialogfeld „Erstellungsoptionen"

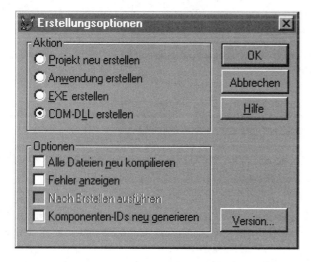

3. Klicken Sie auf **OK**.

– Oder –

- Verwenden Sie die Befehle BUILD DLL oder BUILD EXE.

Nachdem Sie das Projekt erstellt haben, werden die Server-Klassen im Dialogfeld Projektinformation angezeigt. Hier können Sie auch für jede Klasse eine Hilfedatei sowie eine Kontextnummer für das jeweilige Hilfethema angeben. Diese Hilfedatei kann von den meisten generischen Objektkatalogen aus geöffnet werden.

Dialogfeld „Projektinformation"

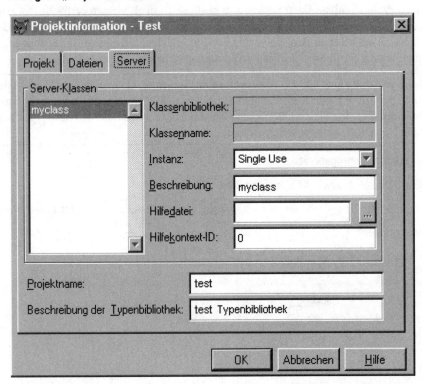

Im Dialogfeld **Projektinformation** können Sie klassenspezifische Instantiierungswerte wählen. Die Instantiierungsoptionen sind:

- **Kann nicht erstellt werden:** Obwohl die Klasse als „OLE Public" markiert ist, steht sie für andere Anwendungen nicht zur Verfügung. Beispielsweise könnten Sie über eine Standardbibliothek mit globalen OLE-Klassen verfügen, die in mehreren Anwendungen verwendet wird, und die Automatisierung einer oder mehreren Klassen für eine einzelne Anwendung deaktivieren.

- **Einfache Verwendung:** Jede Client-Anwendung, die auf Ihren Server zugreift, erstellt eine separate Instanz der Server-Klasse. Jede Instanz verfügt über einen eigenen Thread. Separate Instanzen machen zwar mehr Speicher erforderlich, sie ermöglichen aber dem Betriebssystem durch Auswahl von „Einfache Verwendung" mit preemptivem Multitasking zu arbeiten.

- **Mehrfache Verwendung:** Nachdem der Server erstellt wurde, können andere Anwendungen die gleiche Instanz verwenden.

Anmerkung: Wenn Sie auf der Registerkarte **Server** des Dialogfelds **Projektinformation** Änderungen vornehmen, müssen Sie die .dll- oder .exe-Datei neu erstellen, damit die geänderten Einstellungen wirksam werden können.

Beim Erstellen eines Projekts mit globalen OLE-Klassen werden drei Dateien erstellt:

- Die .dll- oder .exe-Datei
- Eine Datei mit der Typbibliothek (.tlb)
- Eine Registrierungsdatei (.vbr)

Bei der Typbibliothek handelt es sich um eine Binärdatei, in der alle von Ihrem Automatisierungsserver zur Verfügung gestellten Klassen zusammen mit deren Eigenschaften, Methoden und Ereignissen aufgelistet sind. Diese Informationen werden von den OLE-Objektkatalogen gelesen und in einer lesbaren Schnittstelle dargestellt.

In der Registrierungsdatei werden die globalen eindeutigen Kennungen (global unique IDs – GUID) für die Klassen in Ihrem Server aufgelistet.

Anmerkung: Eine Registrierungsdatei mit der Dateinamenerweiterung .vbr ist das gleiche wie eine Registrierungsdatei mit der Erweiterung .reg, außer daß die .vbr-Datei keine absoluten Pfade enthält.

Eine .vbr-Datei mit GUIDs für jede öffentliche OLE-Klasse in einem Projekt

```
test.vbr                                                             _ □ ×
REGEDIT

HKEY_CLASSES_ROOT\test.myclass = myclass
HKEY_CLASSES_ROOT\test.myclass\NotInsertable
HKEY_CLASSES_ROOT\test.myclass\CLSID = {3607DFE0-B166-11CF-8611-00AA0038BB65}
HKEY_CLASSES_ROOT\CLSID\{3607DFE0-B166-11CF-8611-00AA0038BB65} = myclass
HKEY_CLASSES_ROOT\CLSID\{3607DFE0-B166-11CF-8611-00AA0038BB65}\ProgId = test.myclass
HKEY_CLASSES_ROOT\CLSID\{3607DFE0-B166-11CF-8611-00AA0038BB65}\VersionIndependentProgId =
test.myclass
HKEY_CLASSES_ROOT\CLSID\{3607DFE0-B166-11CF-8611-00AA0038BB65}\InProcServer32 =
c:\vfp4\testing\test.dll
HKEY_CLASSES_ROOT\CLSID\{3607DFE0-B166-11CF-8611-00AA0038BB65}\TypeLib =
{3607DFE1-B166-11CF-8611-00AA0038BB65}

; TypeLibrary registration
HKEY_CLASSES_ROOT\TypeLib\{3607DFE1-B166-11CF-8611-00AA0038BB65}
HKEY_CLASSES_ROOT\TypeLib\{3607DFE1-B166-11CF-8611-00AA0038BB65}\1.0 = test Type Library
HKEY_CLASSES_ROOT\TypeLib\{3607DFE1-B166-11CF-8611-00AA0038BB65}\1.0\0\win32 =
c:\vfp4\testing\test.tlb
```

Registrieren eines Automatisierungsservers

Ihre Automatisierungsserver stehen auch für andere Anwendungen zur Verfügung, sobald die Server der Windows-Registrierung hinzugefügt wurden. Wenn Sie einen Automatisierungsserver erstellen, wird dieser automatisch auf dem Computer registriert, auf dem er erstellt wurde. Sie können Ihre Server auch auf anderen Computern registrieren.

Wenn Sie die Installationsdisketten mit Hilfe des Visual FoxPro Setup-Assistenten erstellen, registriert das Setup-Programm die Server auf den Computern Ihrer Kunden. Sie können Server auch manuell der Registrierung hinzufügen.

▶ So registrieren Sie eine .exe-Komponente

- Führen Sie die .exe-Datei mit dem Parameter **/regserver** aus.

  Damit beispielsweise die Datei **Myserver.exe** registriert wird, geben Sie den folgenden Befehl ein:

  ```
  myserver /regserver
  ```

▶ So entfernen Sie eine eingetragene .exe-Komponente aus der Registrierung

- Führen Sie die .exe-Datei mit dem Parameter **/unregserver** aus.

  Um beispielsweise die Datei **Myserver.exe** aus der Registrierung zu entfernen, geben Sie den folgenden Befehl ein:

  ```
  myserver /unregserver
  ```

▶ So registrieren Sie eine .dll-Komponente

- Führen Sie REGSVR32 mit dem Namen des Servers aus.

  Damit beispielsweise die Datei **Myserver.dll** registriert wird, geben Sie den folgenden Befehl ein:

  ```
  REGSVR32 myserver.dll
  ```

▶ So entfernen Sie eine eingetragene .dll-Komponente aus der Registrierung

- Führen Sie REGSVR32 mit dem Namen des Servers und dem Parameter **/u** aus.

  Damit beispielsweise die Datei **Myserver.dll** aus der Registrierung gelöscht wird, geben Sie den folgenden Befehl ein:

  ```
  REGSVR32 /u myserver.dll
  ```

> **Anmerkung:** Die Registrierung enthält den vollständigen Pfadnamen für die Datei; wenn Sie die Datei also verschieben, müssen Sie sie erneut registrieren.

Verwenden des Automatisierungsservers

Jede Anwendung, in der Automatisierungsobjekte erstellt werden können, kann Objekte basierend auf Ihrem Automatisierungsserver erstellen, Eigenschaften festlegen, die nicht als HIDDEN oder PROTECT deklariert sind, und Methoden aufrufen. Wenn Ihr Server z. B. den Namen foxole trägt und eine Klasse mit Namen person mit einer Methode **GetName** enthält, dann könnte in Visual FoxPro 5.0 folgender Code ausgeführt werden:

```
oTest = CREATEOBJECT("foxole.person")
cName = oTest.GetName()
```

Ein ähnlicher Code könnte in Microsoft Excel oder Visual Basic ausgeführt werden:

```
Set oTest = CreateObject("foxole.person")
cName$ = oTest.GetName()
```

Aktivieren oder Zurückgeben von Fehlermeldungen von Automatisierungsservern

Die einzig mögliche Kommunikation mit den von einem Automatisierungsserver (COM-Komponente) zur Verfügung gestellten Objekten erfolgt über die Methoden und Eigenschaften der nach außen hin sichtbaren Klassen. Ruft eine Client-Anwendung eine Methode eines Objekts auf, und tritt im Automatisierungsserver ein Fehler auf, gibt die Methode entweder einen Fehlerwert zurück oder aktiviert eine Fehlermeldung in der Client-Anwendung.

Die Client-Anwendung entscheidet, ob der Benutzer gewarnt wird oder ob mit einem anderen Ausführungspfad fortgefahren werden soll. Der Automatisierungserver selbst kommuniziert nie mit dem Benutzer. Hierdurch wird erreicht, daß die Position des Automatisierungsservers für die Client-Anwendung transparent sein kann. Der Automatisierungsserver kann lokal vorliegen, d.h. auf dem Computer des Benutzers ausgeführt werden, oder Sie können den Automatisierungsserver mit Hilfe der Remote-Automatisierung von Visual FoxPro auf einem Netzwerkserver ausführen.

Verwenden von Remote-Automatisierung

In Standard-Automatisierungs-Szenarien befinden sich sowohl Client als auch Server auf einem einzigen Computer und greifen gemeinsam auf die gleichen Ressourcen wie beispielsweise Speicher und Prozessor zu.

Automatisierung auf einem einzelnen Computer

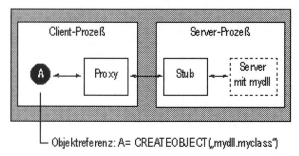

Wenn Sie lokale Server zu Automatisierungszwecken erstellen, können Sie diese auch im Remote-Betrieb einsetzen. Die Remote-Automatisierung ermöglicht Ihnen die gleiche Flexibilität, Erweiterbarkeit und Leistungsfähigkeit wie bei der lokalen Automatisierung, lediglich innerhalb eines Netzwerks. Die Remote-Automatisierung ermöglicht

- Servern, separate Ressourcen zu nutzen und
- mehreren Benutzenden, auf den gleichen Server zuzugreifen.

Sie können Server und lokalen Computer mit Hilfe des Remote Automation Connection Manager konfigurieren, der dann die Einstellungen in der Registrierung speichert. Der Automatisierungs-Manager des Server-Computers verwaltet die Automatisierung, so daß mit dem gleichen Code sowohl ein lokales als auch ein Remote-Objekt bearbeitet werden kann.

Remote-Automatisierung

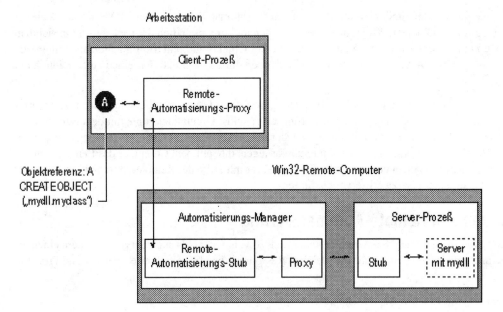

Konfigurieren des Servers

Der erste Schritt beim Aktivieren der Remote-Automatisierung besteht darin, im Remote Automation Connection Manager den Server-Computer für den Client-Zugriff zu konfigurieren.

▶ **So konfigurieren Sie den Remote-Automatisierungsserver**

1. Kopieren Sie die ausführbare Automatisierungsserver-Datei (.exe) auf den Server, und führen Sie sie einmal zum Registrieren in der Windows-Registrierung aus.

2. Führen Sie auf dem Server-Computer die Datei **Racmgr32.exe**, den Remote Automation Connection Manager, aus.

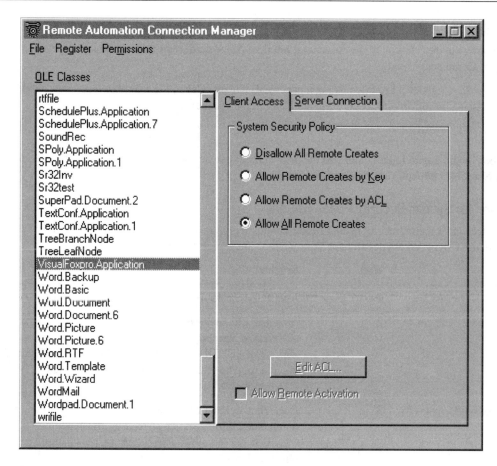

3. Wählen Sie in der Liste „COM Classes" die gewünschte Klasse aus.

4. Wählen Sie **Allow Remote Creates by Key** auf der Registerkarte **Client Access**.

5. Stellen Sie auf der Registerkarte **Client Access** sicher, daß Sie Option **Allow Remote Activation** gewählt ist. Die Optionen hierfür werden an späterer Stelle in diesem Kapitel erläutert.

Nachdem Sie den Client-Zugriff im Remote Automation Connection Manager aktiviert haben, führen Sie den Automation Manager (**Autmgr32.exe**) auf dem Server-Computer aus. **Autmgr32.exe** wird unter Windows 95 im Ordner **System** und unter Windows NT im Ordner **System32** installiert. Hierdurch werden Remote-Automatisierungs-Verbindungen von anderen Computern aktiviert.

Konfigurieren des Clients

Nach dem Einrichten des Server-Computers können Sie den lokalen Client-Computer konfigurieren.

▶ **So konfigurieren Sie den lokalen Computer für Remote-Automatisierung**

1. Kopieren Sie die .vbr-Datei, die zusammen mit dem Automatisierungsserver erstellt wurde, auf den Client-Computer.

2. Führen Sie **CLIREG32** mit dem Namen der .vbr-Datei aus. Geben Sie z. B. den folgenden Befehl an der Befehlseingabeaufforderung ein, wenn die Datei **Myserver.vbr** heißt:

   ```
   CLIREG32 MYSERVER.VBR
   ```

3. Geben Sie im angezeigten Dialogfeld die Netzwerkadresse des Server-Computers ein, und wählen Sie ein Netzwerkprotokoll (normalerweise TCP/IP).

Optionen für System Security Policy Options

In der folgenden Tabelle finden Sie eine Beschreibung der Optionen im Bereich **System Security Policy** der Registerkarte **Client Access** des Remote Automation Connection Managers.

Name	Wert[1]	Beschreibung
	0	Verhindert das Erstellen von Objekten.
Allow Remote Creates by Key	2	Ein Objekt kann nur erstellt werden, wenn das Kontrollkästchen **Allow Remote Activation** aktiviert wurde. Hierdurch wird dessen CLSID in der Windows-Registrierung geändert, die nun folgende Subschlüssel-Einstellung enthält: AllowRemoteActivation = Y
Allow Remote Creates by ACL	3	Ein Benutzer kann nur dann ein Objekt erstellen, wenn er durch einen Eintrag in der Liste „Zugriffssteuerung" für die CLSID in der Windows-Registrierung hierzu autorisiert ist. Nur Windows NT.
Allow All Remote Creates	1	Ermöglicht das Erstellen von Objekten. Außerhalb der Entwicklungsumgebung nicht empfehlenswert.

[1] In der Spalte „Wert" finden Sie die Voreinstellung für RemoteActivationPolicy des Automatisierungs-Managers in der Windows-Registrierung.

Verwenden von Authentifizierung in der Remote-Automatisierung

Für Remote Automatisierungsserver, die unter einem beliebigen Windows-Betriebssystem laufen, bietet die Remote-Procedure-Call (RPC) die folgenden Authentifizierungsebenen.

Name	Wert	Beschreibung
Default	0	Verwendet den Netzwerkstandard.
None	1	Keine Authentifizierung.
Connect	2	Verbindung zum Server wurde authentifiziert.

(Fortsetzung)

Name	Wert	Beschreibung
Call	3	Eine Authentifizierung erfolgt nur zu Beginn jedes Remote-Prozeduraufrufs, wenn die Anforderung beim Server eingeht. Trifft nicht auf verbindungsorientierte Protokollsequenzen zu (die mit dem Präfix „ncacn" beginnen).
Packet	4	Prüft, ob alle Daten vom erwarteten Client erhalten wurden.
Packet Integrity	5	Prüft, daß keine der zwischen Client und Server übertragenen Daten geändert wurden.
Packet Privacy	6	Prüft alle vorherigen Ebenen und verschlüsselt die Argumentwerte jedes Remote-Prozeduraufrufs.

Die Notwendigkeit von RPC-Authentifizierung sollte sorgfältig geprüft werden, da sich eine Steigerung der RPC-Authentifizierungsebene negativ auf die Systemleistung auswirkt. Sie können für jede Klasse in Ihrem Automatisierungsserver eine Authentifizierungsebene festlegen, so daß leistungsmindernde Ebenen wie Verschlüsselung nicht auf die gesamte Komponente angewendet werden müssen.

So könnte beispielsweise ein als Remote Automatisierungsserver implementierter Datendienst eine Logon-Klasse haben, die zur Übertragung der Benutzer- und Kennwortinformationen verwendet wird. Für diese Klasse könnte eine Paket-Privacy-Authentifizierung erforderlich sein. Andere vom Server verwendete Klassen kommen möglicherweise mit einer wesentlich niedrigeren Authentifizierungsebene aus.

Fehlerbehebung bei der Remote-Automatisierung

Nachstehend einige Lösungsmöglichkeiten, falls Probleme auftreten sollten:

Problem	Maßnahme
OLE error code 0x800706d9: Es sind keine weiteren Endpunkte vom Endpunkt-Manager verfügbar.	Vergewissern Sie sich, daß der Automatisierungs-Manager auf dem Server-Computer ausgeführt wird, und daß der Name des Server-Computers im Feld **Network Address** des Remote Automation Connection Managers korrekt eingegeben wurde.
Die Visual FoxPro: Anwendung wird nicht in der Remote Automation Manager OLE-Klassen-Liste angezeigt.	4. Führen Sie **Regedit.exe** aus, um die Registrierung zu öffnen. 5. Löschen Sie alle Verweise auf Microsoft Visual FoxPro. 6. Führen Sie Visual FoxPro mit dem Befehlszeilenparameter **-r** aus: `vfp6.exe -r`

KAPITEL 17

Programmieren für gemeinsamen Zugriff

Wenn Sie eine Anwendung erstellen, die auf verschiedenen Computern in einer Netzwerkumgebung ausgeführt werden soll, oder wenn verschiedene Instanzen eines Formulars auf die gleichen Daten zugreifen sollen, müssen Sie Ihre Programmierungsstrategie speziell auf den gemeinsamen Zugriff ausrichten. Gemeinsamer Zugriff bedeutet, daß sowohl effiziente Wege für die Verwendung von Daten und den gemeinsamen Zugriff darauf durch mehrere Benutzer wie auch erforderlichenfalls Möglichkeiten zur Einschränkung des Zugriffs zur Verfügung stehen.

Visual FoxPro unterstützt sowohl den gemeinsamen als auch den exklusiven Zugriff auf Daten, Sperroptionen, Datensitzungen, Datensatz- und Tabellenpufferung sowie Transaktionen. Diese Leistungsmerkmale erweisen sich zwar speziell in Mehrbenutzerumgebungen als äußerst nützlich, können jedoch auch in Einbenutzerumgebungen erfolgreich eingesetzt werden.

Dieses Kapitel behandelt folgende Themen:

- Steuern des Zugriffs auf Daten
- Aktualisieren von Daten
- Der Umgang mit Konflikten

Steuern des Zugriffs auf Daten

Da auf in Dateien befindliche Datenbestände zugegriffen wird, beginnt eine effiziente Datenorganisation mit der Steuerung der Umgebung dieser Dateien. Sie müssen wählen, wie auf die Daten zugegriffen werden soll, und wie und wann dieser Zugriff eingeschränkt werden muß.

Zugreifen auf Daten

In einer Mehrbenutzerumgebung können Sie auf zwei Weisen auf Daten zugreifen: auf Daten in exklusiven Dateien oder auf Daten in gemeinsam genutzten Dateien. Wenn Sie eine Tabelle für den gemeinsamen Zugriff öffnen, können andere Benutzer ebenfalls auf diese Datei zugreifen. Öffnen Sie jedoch eine Tabelle für den exklusiven Zugriff, kann kein anderer Benutzer diese Datei lesen oder in diese Datei schreiben. Da bei exklusiver Nutzung viele der Vorteile des gemeinsamen Datenzugriffs im Netzwerk nicht verfügbar sind, sollte diese Möglichkeit nur sparsam eingesetzt werden.

Verwenden einer Tabelle mit exklusivem Zugriff

Die am meisten einschränkende Möglichkeit zum Öffnen einer Datei besteht darin, sie exklusiv zu öffnen. Wenn Sie eine Tabelle über die Oberfläche öffnen, wird sie standardmäßig für den exklusiven Zugriff geöffnet. Sie können eine Tabelle jedoch auch explizit für den exklusiven Zugriff öffnen, indem Sie die entsprechenden Visual FoxPro-Befehle verwenden.

So öffnen Sie eine Tabelle für den exklusiven Zugriff

- Geben Sie die folgenden Befehle in das Befehlsfenster ein:

  ```
  SET EXCLUSIVE ON
  USE MyTable
  ```

  – Oder –

- Geben Sie den folgenden Befehl in das Befehlsfenster ein:

  ```
  USE MyTable EXCLUSIVE
  ```

Bei den folgenden Befehlen wird vorausgesetzt, daß Sie eine Tabelle für den exklusiven Zugriff öffnen:

- ALTER TABLE
- INDEX, wenn ein Mehrfachindexschlüssel erstellt, hinzugefügt oder gelöscht werden soll.
- INSERT [BLANK]
- MODIFY STRUCTURE Damit Sie diesen Befehl zum Ändern der Tabellenstruktur verwenden können, müssen Sie die Tabelle exklusiv öffnen. Sie können diesen Befehl jedoch auch im Schreibschutzmodus verwenden, wenn Sie die Tabelle für den gemeinsamen Zugriff öffnen.
- PACK
- REINDEX
- ZAP

Visual FoxPro gibt die Fehlermeldung „Datei muß exklusiv geöffnet sein" zurück, wenn Sie versuchen, eine für den gemeinsamen Zugriff geöffnete Tabelle mit einem der vorstehenden Befehle zu bearbeiten.

Sie können den Zugriff auf eine Tabelle mit Hilfe der Funktion FLOCK( ) einschränken. Wenn Sie eine Tabelle mit Hilfe von FLOCK( ) sperren, können andere Benutzer die Tabelle zwar lesen, jedoch nicht in diese Tabelle schreiben.

Weitere Informationen zu diesen Befehlen finden Sie in der Hilfe.

Verwenden einer Tabelle mit gemeinsamem Zugriff

Wenn Sie eine Tabelle für den gemeinsamen Zugriff öffnen, kann die gleiche Tabelle gleichzeitig von mehr als einer Arbeitsstation aus verwendet werden. Wenn Sie eine Tabelle über die Oberfläche öffnen, können Sie die standardmäßige Einstellung ON für SET EXCLUSIVE außer Kraft setzen. Sie können eine Tabelle auch explizit für den gemeinsamen Zugriff öffnen, indem Sie die entsprechenden Visual FoxPro-Befehle verwenden.

▶ **So öffnen Sie eine Tabelle für den gemeinsamen Zugriff**

- Geben Sie die folgenden Befehle in das Befehlsfenster ein:
  ```
  SET EXCLUSIVE OFF
  USE MyTable
  ```

  – Oder –

- Geben Sie den folgenden Befehl in das Befehlsfenster ein:
  ```
  USE MyTable SHARED
  ```

Wenn Sie in einer für den gemeinsamen Zugriff geöffneten Tabelle Daten hinzufügen oder ändern möchten, müssen Sie den entsprechenden Datensatz oder die gesamte Tabelle erst sperren. Sie können einen Datensatz oder eine Tabelle, die für den gemeinsamen Zugriff geöffnet ist, auf eine der folgenden Weisen sperren:

- Verwenden Sie einen Befehl, der den Datensatz oder die Tabelle automatisch sperrt. Siehe hierzu die Tabelle der Befehle zum automatischen Sperren im Abschnitt „Automatisches oder manuelles Sperren".
- Sperren Sie einen oder mehrere Datensätze oder die gesamte Tabelle manuell mit den Funktionen zum Sperren von Datensätzen und Tabellen.
- Initiieren Sie mit Hilfe der Funktion CURSORSETPROP( ) eine Zwischenspeicherung.

Dazugehörige Memo- und Indexdateien werden immer mit dem gleichen Zugriffsstatus geöffnet wie die entsprechende Tabelle.

Wenn Ihre Anwendung nur zum Zwecke des Nachschlagens auf eine Tabelle zugreift und alle Benutzer der Anwendung hierauf zugreifen, können Sie die Leistung steigern, indem Sie die Tabelle als schreibgeschützt kennzeichnen.

Sperren von Daten

Wenn Sie den gemeinsamen Zugriff auf Dateien zulassen, müssen Sie auch den Zugriff auf Daten regeln, indem Sie Tabellen und Datensätze sperren. Sperren bieten, im Gegensatz zu Zugriffsberechtigungen, sowohl langfristige als auch kurzfristige Kontrollmöglichkeiten über die Daten. Visual FoxPro bietet automatische wie auch manuelle Sperrmöglichkeiten.

Sperren von Datensätzen im Vergleich zum Sperren von Tabellen

Durch das automatische oder manuelle Sperren eines Datensatzes wird verhindert, daß ein Benutzer in einen Datensatz schreibt, der aktuell von einem anderen Benutzer bearbeitet wird. Wird hingegen eine gesamte Tabelle gesperrt, so können andere Benutzer zwar nicht in diese Tabelle schreiben, haben jedoch Lesezugriff auf die Tabelle. Da mit dem Sperren von Tabellen verhindert wird, daß andere Benutzer die hierin befindlichen Datensätze aktualisieren können, sollte diese Funktion nur selten eingesetzt werden.

Automatisches Sperren im Vergleich zum manuellen Sperren

Neben dem Sperren von Datensätzen oder gesamten Tabellen müssen Sie auch entscheiden, ob die Sperrung automatisch oder manuell erfolgen soll. Bei vielen Visual FoxPro-Befehlen wird automatisch versucht, einen Datensatz oder eine Tabelle zu sperren, bevor der Befehl ausgeführt wird. Wurde der Datensatz oder die Tabelle erfolgreich gesperrt, wird der Befehl ausgeführt und die Sperre wieder aufgehoben.

Befehle, die Datensätze und Tabellen automatisch sperren

Befehl	Gesperrter Bereich
ALTER TABLE	Gesamte Tabelle
APPEND	Tabellenvorspann
APPEND BLANK	Tabellenvorspann
APPEND FROM	Tabellenvorspann
APPEND FROM ARRAY	Tabellenvorspann
APPEND MEMO	Aktueller Datensatz
BLANK	Aktueller Datensatz
BROWSE, CHANGE und EDIT	Aktueller Datensatz und alle Datensätze aus mit einem Alias versehenen Feldern in verbundenen Tabellen, nachdem die Bearbeitung eines Feldes begonnen hat
CURSORSETPROP( )	Abhängig von Parametern
DELETE	Aktueller Datensatz
DELETE NEXT 1	Aktueller Datensatz
DELETE RECORD n	Datensatz *n*
DELETE Löschen von mehr als einem Datensatz	Gesamte Tabelle
DELETE – SQL	Aktueller Datensatz
GATHER	Aktueller Datensatz
INSERT	Gesamte Tabelle
INSERT – SQL	Tabellenvorspann
MODIFY MEMO	Aktueller Datensatz bei Beginn der Bearbeitung
READ	Aktueller Datensatz und alle Datensätze aus mit Alias versehenen Feldern
RECALL	Aktueller Datensatz
RECALL NEXT 1	Aktueller Datensatz

(Fortsetzung)

Befehl	Gesperrter Bereich
RECALL RECORD *n*	Datensatz *n*
RECALL Löschen von mehr als einem Datensatz rückgängig machen	Gesamte Tabelle
REPLACE	Aktueller Datensatz und alle Datensätze aus Alias-Feldern
REPLACE NEXT 1	Aktueller Datensatz und alle Datensätze aus Alias-Feldern
REPLACE RECORD *n*	Datensatz *n* und alle Datensätze aus Alias-Feldern
REPLACE Ersetzen von mehr als einem Datensatz	Gesamte Tabelle und alle Dateien aus Alias-Feldern
SHOW GETS	Aktueller Datensatz und alle Datensätze auf die von Alias-Feldern verwiesen wird
TABLEUPDATE( )	Abhängig von Zwischenspeicherung
UPDATE	Gesamte Tabelle
UPDATE – SQL	Gesamte Tabelle

Weitere Informationen zu diesen Befehlen finden Sie in der Hilfe.

Merkmale der Datensatzsperrung

Befehle, die versuchen, Datensätze zu sperren, sind weniger restriktiv als Befehle, die Tabellen sperren. Wenn Sie einen Datensatz sperren, können andere Benutzer immer noch Datensätze hinzufügen oder löschen. Wurde ein Datensatz oder eine Tabelle bereits von einem anderen Benutzer gesperrt, schlägt der Versuch, einen Datensatz oder eine Tabelle zu sperren, fehl. Befehle, die versuchen, den aktuellen Datensatz zu sperren, geben die Fehlermeldung „Datensatz wird von einem anderen Benutzer benutzt" zurück, wenn der Datensatz nicht gesperrt werden kann.

Bei den Befehlen BROWSE, CHANGE, EDIT und MODIFY MEMO wird ein Datensatz erst dann gesperrt, wenn er tatsächlich bearbeitet wird. Wenn Sie Felder von Datensätzen in verknüpften Tabellen bearbeiten, werden die Sekundärdatensätze gesperrt, sofern möglich. Der Sperrversuch schlägt fehl, falls der aktuelle Datensatz oder einer der Sekundärdatensätze bereits von einem anderen Benutzer gesperrt wurde. Bei einem erfolgreichen Sperrversuch können Sie den Datensatz bearbeiten; die Sperre wird aufgehoben, wenn Sie zu einem anderen Datensatz wechseln oder ein anderes Fenster aktivieren.

Merkmale der Vorspann- und Tabellensperrung

Mit einigen Visual FoxPro-Befehlen wird die gesamte Tabelle gesperrt, wohingegen andere nur den Tabellenvorspann sperren. Befehle, die die gesamte Tabelle sperren, sind weitreichender in ihrer Wirksamkeit als Befehle, die nur den Tabellenvorspann sperren. Wenn Sie den Tabellenvorspann sperren, können andere Benutzer zwar keine Datensätze hinzufügen, sie können jedoch weiterhin die in den Feldern befindlichen Daten ändern.

Benutzer können gemeinsam auf die Tabelle zugreifen, ohne daß dies einen Konflikt verursacht, wenn Sie den Befehl APPEND BLANK ausgeben, es kann jedoch ein Fehler auftreten, wenn ein anderer Benutzer ebenfalls gerade einen LEEREN Datensatz an die Tabelle anfügt. Sie können die Fehlermeldung „Datei wird von einem anderen Benutzer benutzt" abfangen, die zurückgegeben wird, wenn zwei oder mehr Benutzer den Befehl **APPEND BLANK** gleichzeitig ausführen. Befehle, die eine gesamte Tabelle sperren, geben die Fehlermeldung „Datei wird von einem anderen Benutzer benutzt" zurück, wenn die Tabelle nicht gesperrt werden kann. Um den Sperrversuch abzubrechen, drücken Sie ESC.

Beispiel: Automatische Sperrung

Im folgenden Beispiel sperrt der Benutzer automatisch den Tabellenvorspann, indem er Datensätze aus einer anderen Tabelle anhängt, obwohl customer als gemeinsam genutzte Datei geöffnet wurde.

```
SET EXCLUSIVE OFF
USE customer
APPEND FROM supplier FOR contact_title= "Sales Representative"
```

Manuelles Sperren

Sie können einen Datensatz oder eine Tabelle mit Hilfe der Sperrfunktionen manuell sperren.

▶ **So sperren Sie einen Datensatz oder eine Tabelle manuell**

- Verwenden Sie einen der folgenden Befehle:

  ```
  RLOCK()
  LOCK()
  FLOCK()
  ```

RLOCK( ) und LOCK( ) sind identisch und dienen zum Sperren von einem oder mehreren Datensätzen. FLOCK( ) dient zum Sperren einer Datei. Die Funktionen LOCK( ) und RLOCK( ) können auf einen Tabellenvorspann angewendet werden. Geben Sie 0 als den mit LOCK( ) oder RLOCK( ) zu sperrenden Datensatz an, und es stellt sich beim Test heraus, daß der Vorspann nicht gesperrt ist, sperrt die Funktion den Vorspann und gibt Wahr (.T.) zurück.

Wenn Sie einen Datensatz oder eine Tabelle gesperrt haben, sollten Sie die Sperre mit dem Befehl UNLOCK sobald als möglich wieder aufheben, um auch anderen Benutzern den Zugriff wieder zu ermöglichen.

Mit diesen manuellen Sperrfunktionen werden die folgenden Aktionen ausgeführt:

- Prüfen des Sperrstatus eines Datensatzes oder einer Tabelle.
- Ergibt die Prüfung, daß der Datensatz nicht gesperrt ist, so wird der Datensatz oder die Tabelle gesperrt, und es wird Wahr (.T.) zurückgegeben.
- Kann der Datensatz oder die Tabelle nicht gesperrt werden, erfolgt ein erneuter Versuch zum Sperren des Datensatzes oder der Tabelle, und zwar abhängig von der aktuellen Einstellung von SET REPROCESS.
- Gibt Wahr (.T.) oder Falsch (.F.) zurück, um anzuzeigen, ob der Sperrversuch erfolgreich war.

> **Tip** Wenn Sie den Sperrstatus eines Datensatzes im Verlauf einer Sitzung prüfen möchten, ohne den Datensatz zu sperren, verwenden Sie die Funktion ISRLOCKED( ) oder ISFLOCKED( ).

Schlägt der Versuch zum Sperren eines Datensatzes oder einer Tabelle fehl, kann mit Hilfe des Befehls SET REPROCESS und der aktuellen Fehlerroutine ermittelt werden, ob ein erneuter Sperrversuch unternommen wird. **SET REPROCESS** beeinflußt das Ergebnis eines nicht erfolgreichen Sperrversuchs. Sie können mit **SET REPROCESS** die Anzahl der Sperrversuche festlegen oder über die Zeit steuern, für wie lange ein Sperrversuch unternommen wird.

Weitere Informationen finden Sie in der Hilfe unter „SET REPROCESS".

Manuelle Sperrung (Beispiel)

Im folgenden Beispiel wird die Tabelle customer für den gemeinsamen Zugriff geöffnet und mit FLOCK( ) der Versuch zum Sperren der Tabelle unternommen. Nach erfolgreicher Sperrung der Tabelle wird mit **REPLACE ALL** jeder Datensatz in der Tabelle aktualisiert. Mit **UNLOCK** wird die Dateisperrung aufgehoben. Kann keine Sperrung erfolgen, weil die Datei oder ein darin befindlicher Datensatz bereits von einem anderen Benutzer gesperrt wurde, wird eine Meldung angezeigt.

```
SET EXCLUSIVE OFF
SET REPROCESS TO 0
USE customer     && Tabelle für gemeinsamen Zugriff öffnen
IF FLOCK()
   REPLACE ALL contact_name ;    && Ersetzen und Sperrung aufheben
      WITH UPPER(contact_name)
   UNLOCK
ELSE    && Meldung ausgeben
   WAIT "Datei von anderen Benutzer benutzt." WINDOW NOWAIT
ENDIF
```

Aufheben von Datensperren

Nachdem Sie in einer Mehrbenutzerumgebung einen Datensatz oder eine Datei gesperrt und die gewünschte Datenoperation erfolgreich durchgeführt haben, sollten Sie die Sperrung so schnell wie möglich wieder aufheben. Sperrungen können auf verschiedene Weisen wieder aufgehoben werden. In einigen Fällen wird die Sperrung bereits aufgehoben, wenn Sie einfach zum nächsten Datensatz wechseln. In anderen Fällen müssen explizite Befehle gegeben werden.

Um die Sperrung eines Datensatzes aufzuheben, der automatisch gesperrt wurde, müssen Sie lediglich den Datensatzzeiger verschieben, auch wenn **MULTILOCKS** auf ON gesetzt wurde. Haben Sie einen Datensatz jedoch manuell gesperrt, müssen Sie die Sperrung auch explizit wieder aufheben; hierbei reicht ein Verschieben des Datensatzzeigers nicht aus.

Die Auswirkungen, die die einzelnen Befehle auf manuell und automatisch gesperrte Datensätze und Tabellen haben, werden in der folgenden Tabelle beschrieben.

Befehl	Wirkung
UNLOCK	Hebt die Sperrung von Datensätzen und Dateien im aktuellen Arbeitsbereich auf.
UNLOCK ALL	Hebt alle Sperrungen in allen Arbeitsbereichen für die aktuelle Sitzung auf.
SET MULTILOCKS OFF	Aktiviert die automatische Aufhebung der aktuellen Sperrung, sobald eine neue Sperrung vorgenommen wird.
FLOCK( )	Hebt alle Datensatzsperrungen in der entsprechenden Datei auf, bevor die Datei als solches gesperrt wird.
CLEAR ALL, CLOSE ALL, USE, QUIT	Hebt alle Datensatz- und Dateisperrungen auf.
END TRANSACTION	Hebt alle automatischen Sperrungen auf.
TABLEUPDATE( )	Hebt alle Sperrungen auf, nachdem die Tabelle aktualisiert wurde.

Vorsicht Wurde ein Datensatz mit einer benutzerdefinierten Funktion automatisch gesperrt und verschieben Sie den Datensatzzeiger aus dem Datensatz und anschließend wieder zurück auf den Datensatz, wird die Sperrung aufgehoben. Sie umgehen dieses Problem, indem Sie mit Tabellenpufferung (Zwischenspeicherung) arbeiten.

Verwenden von Datensitzungen

Um sicherzustellen, daß jeder Benutzer in einer Mehrbenutzerumgebung über ein stabiles und exaktes Duplikat der Arbeitsumgebung verfügt, und um weiterhin sicherzustellen, daß mehrere Instanzen eines Formulars unabhängig voneinander verwendet werden können, ermöglicht Visual FoxPro das Arbeiten mit Datensitzungen.

Eine Datensitzung ist ein Abbild der aktuellen, dynamischen Arbeitsumgebung. Sie können sich eine Datensitzung wie eine miniaturisierte Datenumgebung vorstellen, die im Inneren der einen offenen Visual FoxPro-Sitzung auf dem einen Computer ausgeführt wird. Jede Datensitzung umfaßt:

- Eine Kopie der Elemente in der Datenumgebung des Formulars.
- Cursor, die die offenen Tabellen, ihre Indizes und Beziehungen repräsentieren.

Das Konzept einer Datensitzung ist einfach zu verstehen, wenn Sie sich vorstellen, was passiert, wenn das gleiche Formular zur gleichen Zeit auf verschiedenen Arbeitsstationen in einer Mehrbenutzeranwendung geöffnet wird. In diesem Fall wird auf jeder Arbeitsstation eine separate Visual FoxPro-Sitzung ausgeführt, und daher verfügt auch jede Arbeitsstation über ihre eigene Gruppe von Arbeitsbereichen: Cursor, die offene Basistabellen, Indizes und Beziehungen repräsentieren.

Wenn Sie jedoch mehrere Instanzen des gleichen Formulars in einem einzigen Projekt auf einem Computer innerhalb der gleichen Visual FoxPro-Sitzung öffnen, greifen diese Formulare gemeinsam auf die Standard-Datensitzung zu und stellen so eine einzige, dynamische Arbeitsumgebung dar. Jede Instanz des in der gleichen Visual FoxPro-Sitzung geöffneten Formulars verwendet die gleiche Gruppe von Arbeitsbereichen und Aktionen in einer Instanz des Formulars, bei denen der Datensatzzeiger in einem Arbeitsbereich bewegt wird, wirkt sich automatisch auch auf die anderen Instanzen dieses Formulars aus.

Verwenden von privaten Datensitzungen

Wenn Sie mehr Steuerungsmöglichkeiten über Mehrfachinstanzen eines Formulars haben möchten, können Sie private Datensitzungen implementieren. Verwendet das Formular private Datensitzungen, erstellt Visual FoxPro für jede Instanz des von Ihrer Anwendung erstellten Formulars, des Formularsatzes oder des Symbolleisten-Steuerelements (Toolbar) eine neue Datensitzung. Jede private Datensitzung umfaßt:

- Eine separate Kopie jeder Tabelle, jedes Indexes und jeder Beziehung in der Datenumgebung des Formulars.
- Eine unbegrenzte Anzahl an Arbeitsbereichen.
- Datensatzzeiger für jede Kopie jeder Tabelle, die von den Basistabellen des Formulars unabhängig sind.

Die Anzahl der verfügbaren Datensitzungen ist lediglich durch den verfügbaren Arbeitsspeicher und den Speicherplatz begrenzt.

Sie implementieren private Datensitzungen, indem Sie die Eigenschaft **DataSessions** des Formulars einstellen. Die Eigenschaft **DataSession** verfügt über zwei Einstellungen:

- 1 – Default Data Session (die Standardeinstellung)
- 2 – Private Data Session

Standardmäßig ist die Eigenschaft DataSession eines Formulars auf 1 gesetzt.

So aktivieren Sie private Datensitzungen

Wählen Sie eine der folgenden Optionen:

- Setzen Sie die Eigenschaft **DataSession** des Formulars im Formular-Designer auf 2 – Private Data Session.

  – Oder –

- Setzen Sie die Eigenschaft DataSession im Code auf 2.

  Geben Sie beispielsweise ein:

  ```
  frmFormName.DataSession = 2
  ```

> **Anmerkung** Sie können die Eigenschaft **DataSession** nur zur Entwurfszeit festlegen. Zur Laufzeit ist die Eigenschaft **DataSession** schreibgeschützt.

Arbeitet ein Formular mit privaten Datensitzungen, verwendet jede Instanz des auf einem einzelnen Computer während einer einzelnen Visual FoxPro-Sitzung geöffneten Formulars seine eigene Datenumgebung. Das Verwenden privater Datensitzungen ist mit dem gleichzeitigen Ausführen des gleichen Formulars auf verschiedenen Arbeitsstationen vergleichbar.

Mehrere äquivalente Datensitzungen

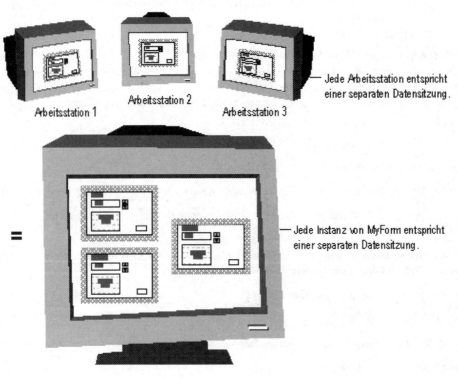

Identifizieren von Datensitzungen

Jede private Datensitzung wird separat identifiziert. Sie können den Inhalt jeder Datensitzung im Fenster Datensitzung betrachten. Sie können die Beschreibung der Datensitzung auch über Befehle im Load-Ereigniscode ändern.

Und Sie können die Kennung jeder Datensitzung anzeigen, indem Sie die Laufzeiteigenschaft DataSessionID verwenden. Im folgenden Beispiel wird die Eigenschaft **DataSessionID** eines Formulars mit Namen frmMyForm angezeigt:

```
DO FORM frmMyForm
? frmMyForm.DataSessionID
```

Wenn Sie das Formular mit Hilfe der Klausel NAME aktivieren, können Sie den Namen des Formulars verwenden, um auf die Eigenschaft **DataSessionID** zuzugreifen, wie in nachstehendem Code gezeigt:

```
DO FORM MyForm NAME one
? one.DataSessionID
```

Die Eigenschaft **DataSessionID** wird nur zur Identifikation einer bestimmten Datensitzung benötigt. Sie sollten jedoch die DataSessionID der Instanz eines Formulars möglichst nicht ändern, da datengebundene Steuerelemente ihre Datenquellen verlieren, wenn Sie die **DataSessionID** ändern.

Aktualisieren von Daten mit Hilfe von Mehrfachinstanzen eines Formulars

Während private Datensitzungen separate Arbeitsbereiche erzeugen, die wiederum separate Kopien der offenen Tabellen, Indizes und Beziehungen eines Formulars enthalten, verweist jede Kopie eines Formulars auf die gleichen zugrundeliegenden Basistabellen und Basisindexdateien. Aktualisiert ein Benutzer einen Datensatz in einer Instanz eines Formulars, wird auch die Basistabelle, auf die das Formular verweist, aktualisiert. Sie sehen die Änderungen, die von anderen Instanzen des Formulars aus vorgenommen wurden, wenn Sie sich zu dem geänderten Datensatz bewegen.

Sperrungen, die an Datensätzen oder Tabellen in einer privaten Datensitzung vorgenommen wurden, werden von anderen privaten Datensitzungen respektiert. Hat beispielsweise der Benutzer von Datensitzung 1 einen Datensatz bereits gesperrt, kann der Benutzer in Datensitzung 2 diesen Datensatz nicht noch einmal sperren. Hat der Benutzer in Sitzung 1 eine Tabelle exklusiv geöffnet, kann der Benutzer in Datensitzung 2 diese Tabelle nicht öffnen. Indem die Sperrungen, die seitens anderer Datensitzungen vorgenommen wurden, respektiert werden, schützt Visual FoxPro die Integrität von Aktualisierungen an zugrundeliegenden Basistabellen.

Anpassen der Umgebung einer Datensitzung

Da Datensitzungen den Gültigkeitsbereich bestimmter SET-Befehle steuern, können Sie private Datensitzungen verwenden, um benutzerdefinierte SET-Befehlseinstellungen innerhalb einer einzelnen Visual FoxPro-Sitzung einzurichten.

So ist beispielsweise der Befehl SET EXACT, der die Regeln für den Vergleich von Zeichenfolgen unterschiedlicher Länge vorgibt, in seiner Gültigkeit auf die aktuelle Datensitzung beschränkt. Die Standardeinstellung für **SET EXACT** ist OFF, womit festgelegt wird, daß sich Ausdrücke, um als gleichwertig zu gelten, Zeichen für Zeichen entsprechen müssen, bis das Ende der Ausdrücke auf der rechten Seite erreicht ist. Vielleicht möchten Sie generell „unscharfe" oder Äquivalenz-Suchläufe ermöglichen, indem Sie **SET EXACT** für die Standard-Datensitzung in der Einstellung OFF belassen, Ihre Anwendung enthält jedoch ein bestimmtes Formular, bei dem exakte Entsprechungen unbedingt erforderlich sind. Sie könnten nun die Eigenschaft **DataSession** für das Formular, bei dem exakte Entsprechungen erforderlich sind, auf **2** setzen, um private Datensitzungen zu ermöglichen, und anschließend **SET EXACT** für dieses Formular auf ON setzen. Indem Sie nun den Befehl **SET** lediglich für das Formular ausgeben, das private Datensitzungen verwendet, behalten Sie die globalen Visual FoxPro-Sitzungseinstellungen bei und ermöglichen gleichzeitig benutzerdefinierte Sitzungseinstellungen für ein bestimmtes Formular.

Weitere Informationen zu den SET-Befehlen, die für eine private Datensitzung angepaßt werden können, finden Sie in der Hilfe unter „Befehle, die nur für eine Datensitzung gelten".

Außer Kraft setzen der automatischen Zuweisung von privaten Datensitzungen

Wenn für ein Formular private Datensitzungen verwendet werden, werden Änderungen, die Sie in einem Formular an den Daten vornehmen, nicht automatisch in anderen Instanzen des gleichen Formulars wiedergegeben. Wenn Sie möchten, daß alle Instanzen eines Formulars auf die gleichen Daten zugreifen und daß Änderungen an allgemeinen Daten sofort widergespiegelt werden, können Sie die automatische Zuweisung von Datensitzungen außer Kraft setzen.

▶ **So setzen Sie die automatische Zuweisung von Datensitzungen außer Kraft**

- Verwenden Sie einen der folgenden Befehle:

   ```
   SET DATASESSION TO 1
   ```

   – Oder –

   ```
   SET DATASESSION TO
   ```

Beide Befehle ermöglichen, daß die Standard-Datensitzung über das Befehlsfenster und den Projekt-Manager gesteuert werden können.

Zwischenspeichern von Daten

Verwenden Sie Zwischenspeicher, wenn Sie Daten während ihrer Aktualisierungen schützen möchten. Die Visual FoxPro Datensatz- und Tabellenpufferung hilft Ihnen, Ihre Daten zu schützen, wenn an einzelnen oder mehreren Datensätzen in Mehrbenutzerumgebungen Datenaktualisierungs- und Datenpflegeoperationen vorgenommen werden. Mit Zwischenspeichern lassen sich Datensätze oder Tabellen automatisch testen, sperren und freigeben.

Außerdem ermöglichen es Zwischenspeicher, Konflikte bei Datenaktualisierungsoperationen einfach zu erkennen und zu lösen: der aktuelle Datensatz wird in einen bestimmten Arbeitsspeicherbereich oder an eine bestimmte Position auf der Festplatte kopiert, die beide von Visual FoxPro verwaltet werden. Andere Benutzer können jedoch weiterhin simultan auf den Originaldatensatz zugreifen. Wenn Sie den Datensatzzeiger aus dem Datensatz verschieben oder versuchen, den Datensatz programmgesteuert zu aktualisieren, versucht Visual FoxPro, den Datensatz zu sperren und prüft, daß seitens der anderen Benutzern keine Änderungen vorgenommen wurden, und trägt dann die Änderungen ein. Nach einem Versuch zum Aktualisieren der Daten müssen Sie möglicherweise die Konflikte auflösen, die verhindern, daß die Änderungen in die Originaltabelle geschrieben werden.

Auswählen einer Zwischenspeicher-Methode

Bevor Sie die Zwischenspeicherung aktivieren, sollten Sie die Datenumgebung bewerten, um so die Zwischenspeicher-Methode und Sperroptionen zu wählen, die am besten geeignet sind; zu beachten sind die Bearbeitungsanforderungen Ihrer Anwendung, die Datensatz- und Tabellentypen und -größen, wie die Daten eingesetzt und aktualisiert werden und andere Faktoren. Nachdem Sie die Zwischenspeicherung aktiviert haben, bleibt diese wirksam, bis Sie sie wieder deaktivieren oder die Tabelle schließen.

Visual FoxPro unterstützt zwei Zwischenspeicherungstypen: Datensatz und Tabelle.

Visual FoxPro-Datensatz- und Tabellenpufferung

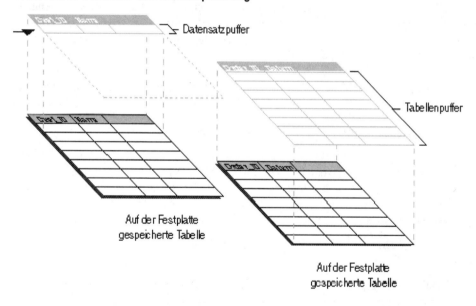

- Wenn Sie auf jeweils einen Datensatz zugreifen, ihn bearbeiten und schreiben möchten, verwenden Sie die Datensatzpufferung.

  Die Datensatzpufferung bietet eine geeignete, prozeßbezogene Gültigkeitsprüfung mit minimalen Auswirkungen auf die Datenaktualisierungsoperationen anderer Benutzer in einer Mehrbenutzerumgebung.

- Wenn Sie die Aktualisierungen für mehrere Datensätze zwischenspeichern möchten, verwenden Sie die Tabellenpufferung.

  Die Tabellenpufferung bietet die effizienteste Möglichkeit zum Bearbeiten von mehreren Datensätzen in einer Tabelle oder von Detail-Datensätzen in einer 1:n-Beziehung.

- Für einen maximalen Schutz des vorhandenen Datenbestands empfiehlt sich die Verwendung von Visual FoxPro-Transaktionen.

  Sie können Transaktionen als solche einsetzen, gewinnen jedoch zusätzlich an Effizienz, wenn Sie Transaktionen als Hüllen für Datensatz- oder Tabellenpufferbefehle verwenden. Weitere Einzelheiten hierzu finden Sie weiter unten in diesem Kapitel im Abschnitt „Verwalten von Aktualisierungen mit Transaktionen".

Auswählen eines Sperrmodus

Visual FoxPro unterstützt die Zwischenspeicherung in zwei Sperrmodi: pessimistisch und optimistisch. Der gewählte Sperrmodus bestimmt, wann ein oder mehrere Datensätze gesperrt werden und wie und wann die Sperrung aufgehoben wird.

Pessimistische Zwischenspeicherung

Die pessimistische Zwischenspeicherung verhindert, daß andere Benutzer in einer Netzwerkumgebung auf einen bestimmten Datensatz oder eine bestimmte Tabelle zugreifen, während der Datensatz oder die Tabelle gerade von Ihnen geändert wird. Eine pessimistische Sperrung bietet die sicherste Umgebung für das Ändern einzelner Datensätze, kann jedoch die Geschwindigkeit verringern, mit der Operationen der Benutzer ausgeführt werden. Dieser Zwischenspeicherungsmodus ist dem standardmäßigen Sperrmechanismus vorangegangener FoxPro-Versionen vergleichbar, verfügt aber nun über den Vorteil der integrierten Datenzwischenspeicherung.

Optimistische Zwischenspeicherung

Die optimistische Zwischenspeicherung ist ein effizientes Verfahren zum Aktualisieren von Datensätzen, da Sperrungen nur eingerichtet werden, wenn in einen Datensatz geschrieben wird, wodurch die Zeitdauer minimiert wird, in der ein einzelner Benutzer innerhalb einer Mehrbenutzerumgebung das System für sich in Anspruch nimmt. Wenn Sie die Datensatz- oder Tabellenpufferung bei Ansichten einsetzen, arbeitet Visual FoxPro mit optimistischer Sperrung.

Der Wert der Eigenschaft **Buffering**, der mit der Funktion CURSORSETPROP( ) gesetzt wird, bestimmt die Zwischenspeicherungs- und Sperrmethoden.

In der folgenden Tabelle werden die gültigen Werte für die Eigenschaft **Buffering** zusammengefaßt.

Aktivieren von	Wert
Keine Zwischenspeicherung. Standardwert.	1
Pessimistische Datensatzsperren mit sofortiger Datensatzsperre, Aktualisierung beim Verschieben des Datensatzzeigers oder bei Ausführung von TABLEUPDATE( ).	2

(Fortsetzung)

Aktivieren von	Wert
Optimistische Datensatzsperren mit Warten auf Verschieben des Datensatzzeigers, dann Sperrung und Aktualisierung.	3
Pessimistische Datensatzsperren mit sofortiger Datensatzsperre und späterer Aktualisierung bei Ausführung von TABLEUPDATE( ).	4
Optimistische Tabellensperrung mit Warten auf TABLEUPDATE( ), dann Sperrung und Aktualisierung der bearbeiteten Datensätze.	5

Der Standardwert für „Buffering" ist 1 für Tabellen und 3 für Ansichten. Wenn Sie die Zwischenspeicherung verwenden, um auf Remote-Daten zuzugreifen, ist die Eigenschaft **Buffering** entweder auf 3, optimistische Zeilenpufferung, oder auf 5, optimistische Tabellenpufferung, eingestellt. Weitere Informationen über den Zugriff auf Daten in Remote-Tabellen finden Sie im *Online-Benutzerhandbuch* in Kapitel 6, „Abfragen und Aktualisieren mehrerer Tabellen".

Anmerkung Setzen Sie **MULTILOCKS** auf ON für alle Zwischenspeichermodi über 1.

Aktivieren der Datensatzpufferung

Sie aktivieren die Datensatzpufferung mit der Funktion CURSORSETPROP( ).

▶ **So aktivieren Sie die pessimistische Datensatzsperrung im aktuellen Arbeitsbereich**

- Verwenden Sie die nachstehende Funktion und den nachstehenden Wert:

```
CURSORSETPROP("Buffering", 2)
```

Visual FoxPro versucht, den Datensatz an der Datensatzzeiger-Position zu sperren. Ist die Sperrung erfolgreich, plaziert Visual FoxPro den Datensatz in einem Zwischenspeicher und erlaubt eine Bearbeitung. Wenn Sie den Datensatzzeiger verschieben oder den Befehl TABLEUPDATE( ) ausführen, schreibt Visual FoxPro den zwischengespeicherten Datensatz in die Originaltabelle.

▶ **So aktivieren Sie die optimistische Datensatzsperrung im aktuellen Arbeitsbereich**

- Verwenden Sie die nachstehende Funktion und den nachstehenden Wert:

```
CURSORSETPROP("Buffering", 3)
```

Visual FoxPro schreibt den Datensatz, in dem sich aktuell der Datensatzzeiger befindet, in einen Zwischenspeicher und erlaubt dessen Bearbeitung. Wenn Sie den Datensatzzeiger verschieben oder den Befehl TABLEUPDATE( ) ausführen, versucht Visual FoxPro, den Datensatz zu sperren. Ist die Sperrung erfolgreich, vergleicht Visual FoxPro den aktuellen Wert des Datensatzes auf der Festplatte mit dem Wert des Originals im Zwischenspeicher. Sind diese Werte gleich, werden die Bearbeitungen in die Originaltabelle geschrieben; sind die Werte unterschiedlich, erzeugt Visual FoxPro eine Fehlermeldung.

Aktivieren der Tabellenpufferung

Sie aktivieren die Tabellenpufferung mit der Funktion CURSORSETPROP( ).

▶ **So aktivieren Sie die pessimistische Sperrung mehrerer Datensätze im aktuellen Arbeitsbereich**

- Verwenden Sie die nachstehende Funktion und den nachstehenden Wert:

    CURSORSETPROP("Buffering", 4)

Visual FoxPro versucht, den Datensatz an der Datensatzzeiger-Position zu sperren. Ist die Sperrung erfolgreich, plaziert Visual FoxPro den Datensatz in einem Zwischenspeicher und erlaubt seine Bearbeitung. Verwenden Sie den Befehl TABLEUPDATE( ), um die Datensätze aus dem Zwischenspeicher in die Originaltabelle zu schreiben.

▶ **So aktivieren Sie die optimistische Sperrung mehrerer Datensätze im aktuellen Arbeitsbereich**

- Verwenden Sie die nachstehende Funktion und den nachstehenden Wert:

    CURSORSETPROP("Buffering", 5)

Visual FoxPro schreibt die Datensätze in einen Zwischenspeicher und gestattet deren Bearbeitung, bis Sie den Befehl TABLEUPDATE( ) ausführen. Visual FoxPro führt anschließend folgende Aktionssequenz für jeden Datensatz im Zwischenspeicher aus:

- Versuch einer Sperrung jedes bearbeiteten Datensatzes.
- Ist die Sperrung erfolgreich, Vergleich des aktuellen Wertes jedes Datensatzes auf der Festplatte mit dem Wert des Originals im Zwischenspeicher.
- Schreiben der Änderungen in die Originaltabelle, wenn der Vergleich ergibt, daß die Werte übereinstimmen.
- Erzeugen einer Fehlermeldung, wenn sich die Werte unterscheiden.

Ist die Tabellenpufferung aktiviert, versucht Visual FoxPro nur nach Ausführung des Befehls **TABLEUPDATE( )**, zu aktualisieren.

Anhängen und Löschen von Datensätzen in Tabellenpuffern

Sie können Datensätze anhängen und löschen, während die Tabellenpufferung aktiviert ist: anzuhängende Datensätze werden am Ende des Zwischenspeichers hinzugefügt. Um Zugriff auf alle, also auch auf angehängte Datensätze im Zwischenspeicher zu erhalten, verwenden Sie die Funktion RECNO( ). Die Funktion RECNO( ) gibt sequentielle negative Zahlen für die Datensätze zurück, die Sie an eine Tabelle im Zwischenspeicher anhängen. Wenn Sie beispielsweise die Tabellenpufferung initiieren, die Datensätze 7, 8 und 9 bearbeiten und anschließend drei Datensätze anhängen, enthält der Zwischenspeicher die RECNO( )-Werte 7, 8, 9, -1, -2 und -3.

Zwischenspeicher nach dem Bearbeiten und Anhängen von Datensätzen

TABELLENPUFFER	
7	Datensatz bearbeiten
8	Datensatz bearbeiten
9	Datensatz bearbeiten
-1	Datensatz anhängen
-2	Datensatz anhängen
-3	Datensatz anhängen

Sie können angehängte Datensätze nur mit Hilfe des Befehls TABLEREVERT( ) aus dem Zwischenspeicher entfernen. Für jeden angehängten Datensatz löschen sowohl der Befehl **TABLEUPDATE( )** als auch **TABLEREVERT( )** den negativen RECNO( )-Wert dieses Datensatz, während die Reihenfolge beibehalten wird.

Weitere Information zu den Funktionen CURSORSETPROP( ), TABLEUPDATE( ) und TABLEREVERT( ) finden Sie in der Hilfe.

Zwischenspeicher nach dem Bearbeiten von Datensätzen, dem Löschen eines angehängten Datensatzes und dem Anhängen eines weiteren Datensatzes

TABELLENPUFFER	
7	Datensatz bearbeiten
8	Datensatz bearbeiten
9	Datensatz bearbeiten
-1	Datensatz anhängen
-2	Datensatz löschen
-3	Datensatz anhängen
-4	Datensatz anhängen

Während der Tabellenpufferung können Sie den Befehl **GO** zusammen mit dem negativen RECNO( )-Wert verwenden, um auf einen bestimmten angehängten Datensatz zuzugreifen. Bezogen auf das vorstehende Beispiel könnten Sie beispielsweise folgendes eingeben:

```
GO 7     && wechselt zum ersten zwischengespeicherten Datensatz
GO -3    && wechselt zum sechsten zwischengespeicherten Datensatz
         && (dem dritten angehängten Datensatz)
```

▶ **So hängen Sie Datensätze an eine im Zwischenspeicher befindliche Tabelle an**

- Verwenden Sie den Befehl APPEND oder APPEND BLANK, nachdem Sie die Tabellenpufferung aktiviert haben.

Angehängte Datensätze haben sequentiell aufsteigende, negative RECNO( )-Nummern.

▶ **So entfernen Sie einen angehängten Datensatz aus einer im Zwischenspeicher befindlichen Tabelle**

1. Verwenden Sie den Befehl GO zusammen mit dem negativen RECNO( )-Wert, um den Datensatzzeiger in dem zu löschenden Datensatz zu positionieren.
2. Mit dem Befehl DELETE markieren Sie den Datensatz zum Löschen.
3. Mit Hilfe der Funktion TABLEREVERT( ) entfernen Sie den Datensatz aus dem Zwischenspeicher.

Anmerkung Die Funktion TABLEREVERT( ) wirkt sich auch auf den Status gelöschter oder geänderter Zeilen aus.

▶ **So entfernen Sie alle angehängten Datensätze aus einer im Zwischenspeicher befindlichen Tabelle**

- Verwenden Sie die Funktion TABLEREVERT( ) zusammen mit dem Wert Wahr (.T.).

TABLEREVERT( ) entfernt angehängte Datensätze aus dem Tabellenpuffer, ohne die Datensätze in die Tabelle zu schreiben. TABLEUPDATE( ) schreibt alle aktuell zwischengespeicherten Datensätze in eine Tabelle, auch wenn diese im Vorfeld für das Löschen markiert worden sind.

Aktualisieren von Daten

Zum Aktualisieren von Daten können Sie Zwischenspeicher, Transaktionen oder Ansichten verwenden.

Aktualisieren mit Hilfe der Zwischenspeicherfunktion

Nach Auswahl der gewünschten Zwischenspeicher-Methode und des Sperrungstyps können Sie die Datensatz- oder Tabellenpufferung aktivieren.

▶ **So aktivieren Sie die Zwischenspeicherung**

Wählen Sie eine der folgenden Optionen:

- Setzen Sie im Formular-Designer die Eigenschaft **BufferModeOverride** des Cursors in der Datenumgebung des Formulars.

  – Oder –

- Setzen Sie die Eigenschaft **Buffering**, wenn Sie mit Code arbeiten.

  Sie können beispielsweise die pessimistische Zeilenpufferung aktivieren, indem Sie den folgenden Code in die Init-Prozedur eines Formulars einbinden:

```
CURSORSETPROP('Buffering', 2)
```

Anschließend binden Sie den Code für die Aktualisierungsoperationen in den entsprechenden Methoden-Code Ihrer Steuerelemente ein.

Um Bearbeitungen in die Originaltabelle zu schreiben, verwenden Sie TABLEUPDATE( ). Um Bearbeitungen nach einer fehlgeschlagenen Aktualisierungsoperation in einer von Gültigkeitsregeln beschränkten Tabelle abzubrechen, verwenden Sie TABLEREVERT( ). TABLEREVERT( ) ist auch dann gültig, wenn die explizite Tabellenpufferung nicht aktiviert ist.

Im folgenden Beispiel wird demonstriert, wie Datensätze aktualisiert werden, wenn die pessimistische Datensatzpufferung aktiviert ist.

Beispiel für das Aktualisieren unter Verwendung von Datensatz- und Tabellenpuffern

Code	Kommentar
``OPEN DATABASE testdata
USE customer
CURSORSETPROP('Buffering', 2)```	Öffnet als Bestandteil des Init-Codes des Formulars die Tabelle und aktiviert die pessimistische Datensatzpufferung.
``lModified = .F.
FOR nFieldNum = 1 TO FCOUNT()
IF GETFLDSTATE(nFieldNum) = 2
lModified = .T.
EXIT
ENDIF
ENDFOR```	Prüft, ob Felder geändert wurden. **Anmerkung:** Dieser Code könnte in das Ereignis **Click** der Befehlsschaltfläche **Speichern** oder **Aktualisieren** eingebunden sein.
``IF lModified
nResult = MESSAGEBOX;
("Datensatz wurde geändert.Speichern?";
4+32+256, "Datenänderung")
IF nResult = 7
TABLEREVERT (.F.)
ENDIF
ENDIF
SKIP
IF EOF( )
MESSAGEBOX("Letzter Datensatz erreicht")
SKIP -1
ENDIF
THISFORM.Refresh```	Sucht den nächsten geänderten Datensatz. Präsentiert den aktuellen Wert und gibt dem Benutzer die Möglichkeit, die Änderung im aktuellen Feld rückgängig zu machen. SKIP gewährleistet, daß die letzte Änderung geschrieben wird.

Verwalten von Aktualisierungen mit Transaktionen

Auch bei der Zwischenspeicherung verläuft nicht immer alles problemlos. Wenn Sie Aktualisierungsoperationen schützen und die Auswirkungen eines gesamten Codeabschnitts als Einheit rückgängig machten möchten, sollten Sie Transaktionen verwenden.

Das Hinzufügen von Transaktionen zu Ihrer Anwendung bietet Schutz über die Visual FoxPro-Datensatz- und -Tabellenpufferung hinaus, indem ein gesamter Codeabschnitt in einer geschützten, wiederherstellbaren Einheit plaziert wird. Sie können Transaktionen verschachteln und diese zum Schutz von zwischengespeicherten Aktualisierungen verwenden. Visual FoxPro-Transaktionen stehen nur im Zusammenhang mit Tabellen und Ansichten zur Verfügung, die in einer Datenbank enthalten sind.

Zusammenfassen von Code-Segmenten zu einer Einheit

Eine Transaktion dient als eine Hülle, in der Datenaktualisierungsoperationen im Arbeitsspeicher oder auf der Festplatte zwischengespeichert werden, anstatt diese direkt an die Datenbank weiterzugeben. Die tatsächliche Datenbankaktualisierung wird erst am Ende der Transaktion vorgenommen. Sollte das System aus irgendeinem Grund die Aktualisierungsoperation an der Datenbank nicht durchführen können, können Sie die gesamte Transaktion rückgängig machen, und es werden keine Aktualisierungen durchgeführt.

Anmerkung   Zwischengespeicherte Aktualisierungsoperationen, die außerhalb einer Transaktion vorgenommen wurden, werden innerhalb einer Transaktion im Verlauf der gleichen Datensitzung ignoriert.

Befehle zum Steuern von Transaktionen

Visual FoxPro unterstützt drei Befehle und eine Funktion zum Verwalten einer Transaktion.

Maßnahme	Befehl/Funktion
Initiieren einer Transaktion	BEGIN TRANSACTION
Bestimmen der aktuellen Transaktionsebene	TXNLEVEL( )
Rückgängigmachen aller seit der jüngsten BEGIN TRANSACTION-Anweisung vorgenommenen Änderungen	ROLLBACK
Sperren der Datensätze, Übergeben aller seit der jüngsten BEGIN TRANSACTION-Anweisung vorgenommenen Änderungen an Tabellen in der Datenbank und Freigeben der Datensätze	END TRANSACTION

Sie können mit Transaktionen Änderungen an Tabellen, strukturellen .CDX-Dateien und Memodateien, die mit Tabellen in einer Datenbank verbunden sind, umhüllen. Von Operationen, die Variablen oder andere Objekte involvieren, werden Transaktionen nicht berücksichtigt; daher können Sie solche Operationen weder rückgängig machen noch übergeben.

Anmerkung   Bei Verwendung von Daten, die in Remote-Tabellen gespeichert sind, steuern die Transaktionsbefehle nur die Aktualisierung der Daten in der lokalen Kopie des Cursors der Ansicht; Aktualisierungen an Remote-Basistabellen werden nicht beeinflußt. Um manuelle Transaktionen an Remote-Tabellen zu ermöglichen, verwenden Sie SQLSETPROP( ), und steuern Sie nun die Transaktion mit SQLCOMMIT( ) und SQLROLLBACK( ).

Weitere Informationen zu diesen Befehlen finden Sie in der Hilfe.

Im allgemeinen sollten Sie Transaktionen eher mit Datensatzpuffern als mit Tabellenpuffern verwenden, es sei denn, Sie möchten TABLEUPDATE( )-Aufrufe umhüllen. Wenn Sie den Befehl TABLEUPDATE( ) in einer Transaktion verwenden, können Sie eine fehlgeschlagene Aktualisierung rückgängig machen, den Grund für den Fehlschlag ausfindig machen und den Befehl **TABLEUPDATE( )** wiederholen, ohne daß es zu einem Datenverlust kommt. Hiermit wird sichergestellt, daß eine Aktualisierung als eine „Alles-Oder-Nichts"-Operation vorgenommen wird.

Obwohl die einfache Transaktionsverarbeitung normalerweise ausreichend Sicherheit bei Aktualisierungsoperationen bietet, kann hiermit kein allumfassender Schutz gegen Systemausfälle gewährleistet werden. Bei einem Stromausfall oder wenn es während der Verarbeitung des Befehls END TRANSACTION zu einer anderen Art der Systemunterbrechung kommt, kann die Datenaktualisierung immer noch fehlschlagen.

Verwenden Sie die folgende Code-Vorlage für Transaktionen:

```
BEGIN TRANSACTION
* Datensätze aktualisieren
IF lSuccess = .F.   && es tritt ein Fehler auf
    ROLLBACK
ELSE    && Änderungen übergeben
  * Daten prüfen
  IF    && es tritt ein Fehler auf
     ROLLBACK
  ELSE
     END TRANSACTION
  ENDIF
ENDIF
```

Einsetzen von Transaktionen

Bei Transaktionen gelten die folgenden Regeln:

- Eine Transaktion beginnt mit dem Befehl BEGIN TRANSACTION und endet mit dem Befehl END TRANSACTION oder ROLLBACK. Eine Anweisung END TRANSACTION ohne vorangegangene Anweisung BEGIN TRANSACTION führt zur Erzeugung einer Fehlermeldung.

- Eine Anweisung ROLLBACK ohne vorangegangene Anweisung BEGIN TRANSACTION führt zur Erzeugung einer Fehlermeldung.

- Eine einmal begonnene Transaktion bleibt so lange wirksam, bis die entsprechende Anweisung END TRANSACTION beginnt (oder ein Befehl **ROLLBACK** ausgeführt wird) – sogar über Programme und Funktionen hinaus – es sei denn, die Anwendung wird beendet, wodurch ein Zurücksetzen verursacht wird.

- Visual FoxPro verwendet für die Abfrage von Daten, die in Transaktionen involviert sind, zunächst die im Transaktionspuffer gespeicherten Daten bevor auf Daten der Festplatte zugegriffen wird. Hiermit wird sichergestellt, daß immer die aktuellsten Daten verwendet werden.

- Wird die Anwendung während einer Transaktion beendet, werden alle Operationen zurückgesetzt.

- Eine Transaktion kann nur in einem Datenbank-Container stattfinden.

- Sie können den Befehl INDEX nicht verwenden, wenn hierdurch eine bestehende Indexdatei überschrieben würde oder wenn eine beliebige .cdx-Indexdatei geöffnet ist.
- Transaktionen sind in ihrer Gültigkeit auf Datensitzungen beschränkt.

Transaktionen zeigen beim Sperren die folgenden Verhaltensweisen:

- Innerhalb einer Transaktion setzt Visual FoxPro zu dem Zeitpunkt eine Sperrung, zu dem ein Befehl direkt oder indirekt dazu auffordert. Alle vom System oder dem Benutzer initiierten direkten oder indirekten Befehle zum Aufheben der Sperrung werden zwischengespeichert, bis die Transaktion mit dem Befehl **ROLLBACK** oder **END TRANSACTION** beendet wird.
- Wenn Sie innerhalb einer Transaktion einen Sperrbefehl wie FLOCK( ) oder RLOCK( ) verwenden, wird die Sperrung mit der Anweisung END TRANSACTION nicht aufgehoben. In einem solchen Fall müssen Sie alle Sperrungen, die innerhalb einer Transaktion vorgenommen wurden, explizit aufheben. Darüber hinaus sollten Sie Transaktionen, die einen der Befehle **FLOCK**( ) oder **RLOCK**( ) enthalten, so kurz wie möglich halten; andernfalls könnten andere Benutzer für lange Zeit vom Zugriff auf Datensätze ausgeschlossen sein.

Verschachteln von Transaktionen

Mit verschachtelten Transaktionen erhalten Sie logische Gruppen von Tabellenaktualisierungsoperationen, die so von gleichzeitig ablaufenden Prozessen isoliert sind. BEGIN TRANSACTION...END TRANSACTION-Paare müssen sich nicht in der gleichen Funktion oder Prozedur befinden. Bei verschachtelten Transaktionen gelten die folgenden Regeln:

- Sie können bis zu fünf BEGIN TRANSACTION...END TRANSACTION-Paare verschachteln.
- Aktualisierungen, die in einer verschachtelten Transaktion vorgenommen werden, werden erst übergeben, nachdem die am weitesten außen befindliche Anweisung END TRANSACTION aufgerufen wurde.
- In verschachtelten Transaktionen wirkt eine Anweisung END TRANSACTION nur auf die von der zuletzt ausgegebenen Anweisung BEGIN TRANSACTION initiierten Transaktion.
- In verschachtelten Transaktionen wirkt eine Anweisung ROLLBACK nur auf die von der zuletzt ausgegebenen Anweisung BEGIN TRANSACTION initiierten Transaktion.
- Die in einer Gruppe von verschachtelten, die gleichen Daten betreffenden Transaktionen am weitesten innen befindliche Aktualisierung hat Vorrang vor allen anderen in der gleichen Gruppe verschachtelter Transaktionen.

Beachten Sie im nachstehenden Beispiel, daß aufgrund der Tatsache, daß Änderungen in einer verschachtelten Transaktion nicht auf die Festplatte, sondern in den Transaktionspuffer geschrieben werden, die innere Transaktion die Änderungen überschreibt, die an den gleichen Feldern mit Namen **STATUS** in früheren Transaktionen vorgenommen wurden:

```
BEGIN TRANSACTION    && Transaktion 1
   UPDATE EMPLOYEE ;   && erste Änderung
      SET STATUS = "Contract" ;
      WHERE EMPID BETWEEN 9001 AND 10000
```

```
BEGIN TRANSACTION     && Transaktion 2
    UPDATE EMPLOYEE ;
      SET STATUS = "Exempt" ;
      WHERE HIRE_DATE > {^1/1/98}  && überschreibt
  END TRANSACTION     && Transaktion 2
END TRANSACTION       && Transaktion 1
```

Im folgenden Beispiel für eine verschachtelte Transaktion werden ein Kundendatensatz sowie alle hiermit zusammenhängenden Rechnungen gelöscht. Die Transaktion wird zurückgesetzt, wenn bei der Abarbeitung des Befehls DELETE Fehler auftreten. Diese Beispiel demonstriert das Gruppieren von Tabellenaktualisierungsoperationen zum Schutz der Aktualisierungen vor partieller Beendigung und zum Vermeiden von Konflikten mit gleichzeitig ablaufenden Prozessen.

Beispiel für das Modifizieren von Datensätzen in verschachtelten Transaktionen

Code	Kommentare

`DO WHILE TXNLEVEL( ) > 0`
`  ROLLBACK`
`ENDDO`
	Abschlußprozedur von anderen Transaktionen.

`CLOSE ALL`
`SET MULTILOCKS ON`
`SET EXCLUSIVE OFF`
`OPEN DATABASE test`
`USE mrgtest1`
`CURSORSETPROP('buffering',5)`
`GO TOP`
	Richtet die Umgebung für Zwischenspeicherung ein.
	
	Aktiviert die optimistische Tabellenpufferung.

`REPLACE fld1 WITH "changed"` `SKIP`	Ändert einen Datensatz.

`REPLACE fld1 WITH "another change"`
`MESSAGEBOX("Ändern des 1. Feldes in" + ;`
`"beiden Datensätzen auf anderem Computer")`
	Ändert einen weiteren Datensatz.

`BEGIN TRANSACTION` `lSuccess = TABLEUPDATE(.T.,.F.)`	Startet Transaktion 1 und versucht, alle geänderten Datensätze zu aktualisieren, ohne dies zu erzwingen.

`IF lSuccess = .F.`
`  ROLLBACK`
`  AERROR(aErrors)`
`  DO CASE`
`    CASE aErrors[1,1] = 1539`
`    ...`
`    CASE aErrors[1,1] = 1581`
`    ...`
`    CASE aErrors[1,1] = 1582`
	Falls Aktualisierung fehlschlägt, wird die Transaktion rückgängig gemacht.
	Auslesen des Fehlers aus AERROR( ).
	Ermittelt die Fehlerursache.
	Falls ein Trigger fehlgeschlagen ist, Fehlerbehandlung aktivieren.
	
	Falls ein Feld keine Null-Werte akzeptiert, Fehlerbehandlung aktivieren.
	Falls eine Feldregel verletzt wurde, Fehlerbehandlung aktivieren.

(Fortsetzung)

Code	Kommentare

``
CASE aErrors[1,1] = 1585
   nNextModified = getnextmodified(0)
   DO WHILE nNextModified <> 0
      GO nNextModified
      RLOCK()
      FOR nField = 1 to FCOUNT()
         cField = FIELD(nField)
``
	Falls der Datensatz bereits von einem anderen Benutzer geändert wurde, ersten geänderten Datensatz suchen.
	Schleifendurchlauf durch alle geänderten Datensätze, und zwar beginnend beim ersten Datensatz.
	Jeden Datensatz sperren, um sicherzustellen, daß aktualisiert werden kann.
	Alle Felder auf Änderungen prüfen.

``` if OLDVAL(cField) <> CURVAL(cField) ```	Zwischengespeicherten Wert mit dem Wert auf Festplatte vergleichen und anschließend ein Dialogfeld für den Benutzer aufrufen.

``
            nResult = MESSAGEBOX;
            ("Daten wurde von einem " + ;
            "anderen Benutzer geändert"+ ;
            "Änderungen beibehalten?",4+48,;
            "Geänderter Datensatz")
               IF nResult = 7
                  TABLEREVERT(.F.)
                  UNLOCK record nNextModified
               ENDIF
               EXIT
            ENDIF
      ENDFOR
   ENDDO
``
	Falls Benutzer mit „Nein" antwortet, diesen Datensatz zurücksetzen und freigeben.
	
	FOR nField...-Schleife unterbrechen.
	
	Den nächsten geänderten Datensatz auslesen.

``
   BEGIN TRANSACTION
   TABLEUPDATE(.T.,.T.)
   END TRANSACTION
   UNLOCK
``
	Startet Transaktion 2 und erzwingt die Aktualisierung aller nicht zurückgesetzter Datensätze.
	Beendet Transaktion 2.
	Hebt die Sperre auf.

``` CASE aErrors[1,1] = 109 ... CASE aErrors[1,1] = 1583 ... CASE aErrors[1,1] = 1884 ... ```	Falls Datensatz aktuell von anderem Benutzer verwendet wird, Fehlerbehandlung aktivieren. Falls eine Zeilenregel verletzt wurde, Fehlerbehandlung aktivieren. Falls ein eindeutiger Index verletzt wurde, Fehlerbehandlung aktivieren.

``
OTHERWISE
   MESSAGEBOX("Unbekannter Fehler "+;
   "Meldung: " + STR(aErrors[1,1]))
ENDCASE
``
	Andernfalls wird ein Dialogfeld für den Benutzer aufgerufen.

(Fortsetzung)

Code	Kommentare

ELSE
   END TRANSACTION
ENDIF
	Ende von Transaktion 1.

Schützen von Remote-Aktualisierungen

Transaktionen können als Schutz vor vom System erzeugten Fehlern bei der Datenaktualisierung in Remote-Tabellen dienen. Im folgenden Beispiel wird eine Transaktion zum Umhüllen einer Datenschreiboperation in eine Remote-Tabelle verwendet.

Beispiel für eine Transaktion betreffend eine Remote-Tabelle

Code	Kommentar
hConnect = CURSORGETPROP('connecthandle') SQLSETPROP(hConnect, 'transmode', ; DB_TRANSMANUAL)	Ermittelt das Verbindungs-Handle und ermöglicht manuelle Transaktionen.
BEGIN TRANSACTION	Startet die manuelle Transaktion.

lSuccess = TABLEUPDATE(.T.,.F.)
IF lSuccess = .F.
   SQLROLLBACK (hConnect)
   ROLLBACK
	Versucht, alle Datensätze zu aktualisieren, ohne dies zu erzwingen.
	Falls die Aktualisierung fehlschlägt, wird die Transaktion über die Verbindung für den Cursor zurückgesetzt.

AERROR(aErrors) DO CASE	Auslesen des Fehlers aus AERROR( ).
CASE aErrors[1,1] = 1539 ...	Falls ein Trigger fehlgeschlagen ist, Fehlerbehandlung aktivieren.
CASE aErrors[1,1] = 1581 ...	Falls ein Feld keine Null-Werte akzeptiert, Fehlerbehandlung aktivieren.
CASE aErrors[1,1] = 1582 ...	Falls eine Feldregel verletzt wurde, Fehlerbehandlung aktivieren.

CASE aErrors[1,1] = 1585
     nNextModified = GETNEXTMODIFIED(0)
     DO WHILE nNextModified <> 0
        GO nNextModified
	Falls der Datensatz bereits von einem anderen Benutzer geändert wurde, Fehlerbehandlung aktivieren.
	
	Schleifendurchlauf durch alle geänderten Datensätze, und zwar beginnend beim ersten Datensatz.

(Fortsetzung)

Code	Kommentar

``foxpro
        FOR nField = 1 to FCOUNT()
          cField = FIELD(nField)
          IF OLDVAL(cField) <> CURVAL(cField)
            nResult = MESSAGEBOX;
            ("Daten wurde bereits von ;
            anderem Benutzer geändert. ;
            Änderungen beibehalten?",4+48,;
            "Geänderter Datensatz")
``
	Alle Felder auf Änderungen prüfen.
	
	Zwischengespeicherte Werte mit dem Wert auf Festplatte vergleichen und anschließend ein Dialogfeld für den Benutzer aufrufen.

``foxpro
            IF nResult = 7
              TABLEREVERT(.F.)
            ENDIF
``
	Falls der Benutzer mit „Nein" antwortet, diesen einen Datensatz zurücksetzen.

``foxpro
            EXIT
          ENDIF
        ENDFOR
        nNextModified = ;
        GETNEXTMODIFIED(nNextModified)
      ENDDO
``
	FOR nField...-Schleife unterbrechen.
	
	Den nächsten geänderten Datensatz auslesen.

``foxpro
      TABLEUPDATE(.T.,,.T.)
      SQLCOMMIT(hConnect)
``
	Erzwingt die Aktualisierung aller nicht zurückgesetzter Datensätze und veranlaßt eine Übergabe.

``foxpro
    CASE aErrors[1,1] = 109
      * Fehler bearbeiten
``
	Fehler 109 zeigt an, daß der Datensatz aktuell von einem anderen Benutzer verwendet wird.

``foxpro
    CASE aErrors[1,1] = 1583
      * Fehler bearbeiten
``
	Fehler 1583 zeigt an, daß eine Zeilenregel verletzt wurde.

``foxpro
    CASE aErrors[1,1] = 1884
      * Fehler bearbeiten
``
	Fehler 1884 zeigt an, daß die Eindeutigkeit eines Index verletzt wurde.

``foxpro
    OTHERWISE
      * Generische Fehler bearbeiten.
      MESSAGEBOX("Unbekannte Fehlermeldung:" ;
        + STR(aErrors[1,1]))
``
	Ruft ein Dialogfeld für den Benutzer auf.

``foxpro
    ENDCASE
``
	Ende der Fehlerbehandlung.

``foxpro
  ELSE
    SQLCOMMIT(hConnect)
    END TRANSACTION
  ENDIF
``
	Falls alle Fehler behandelt wurden und die gesamte Transaktion erfolgreich abgeschlossen ist, Übergabe veranlassen und Transaktion beenden.

Verwalten der Leistung

Nachdem Sie eine funktionsfähige Mehrbenutzeranwendung erstellt haben, können Sie folgende Vorschläge in Betracht ziehen, um so die Leistung zu steigern.

- Speichern Sie temporäre Dateien auf einem lokalen Laufwerk.
- Differenzieren Sie zwischen Sortierungs- und Indizierungsdateien.
- Erstellen Sie einen Zeitplan für den exklusiven Zugriff auf Dateien.
- Unterwerfen Sie das Sperren von Dateien einer Zeitbeschränkung.

Speichern temporärer Dateien auf einem lokalen Laufwerk

Visual FoxPro erzeugt seine temporären Dateien im standardmäßigen Windows-Verzeichnis **Temp**. Bei Textbearbeitungssitzungen kann temporär ebenfalls eine Sicherungskopie der zu bearbeitenden Datei erstellt werden (eine Datei mit der Erweiterung *.bak).

Falls die lokalen Arbeitsstationen über eigene Festplatten verfügen, auf denen noch ausreichend freier Speicher zur Verfügung steht, können Sie die Leistung Ihrer Anwendung steigern, indem Sie diese temporären Arbeitsdateien auf dem lokalen Laufwerk oder in einem RAM-Laufwerk speichern. Durch das Umleiten dieser Dateien auf ein lokales Laufwerk oder auf ein RAM-Laufwerk wird die Leistung erhöht, da die Zahl der Zugriffe auf das Netzlaufwerk reduziert wird.

Sie können eine alternative Speicherposition für diese Dateien festlegen, indem Sie die Anweisungen EDITWORK, SORTWORK, PROGWORK und TMPFILES in Ihre Konfigurationsdatei **Config.fpw** einbeziehen. Weitere Informationen über das Verwalten von Dateien finden Sie im *Installationshandbuch* in Kapitel 4, „Optimieren des Systems".

Differenzieren zwischen Sortierungs- und Indizierungsdateien

Wenn es sich bei den Daten in einer Tabelle um relativ statische Daten handelt, können Sie die Leistung Ihrer Anwendung steigern, indem Sie sortierte Tabellen sequentiell ohne festgelegte Reihenfolge verarbeiten. Dies bedeutet nicht, daß sortierte Tabellen die Vorteile von Indexdateien nicht nutzen können oder sollten; der Befehl SEEK, für den ein Index erforderlich ist, ist für eine schnelle Suche nach Datensätzen unverzichtbar. Haben Sie jedoch einen Datensatz mit Hilfe von **SEEK** gefunden, können Sie die Sortierung ausschalten.

Erstellen eines Zeitplans für den exklusiven Zugriff auf Dateien

Befehle, die ausgeführt werden, wenn kein anderer Benutzer auf die Daten zugreifen muß, wie beispielsweise Aktualisierungen, die über Nacht laufen, profitieren davon, wenn Datendateien für die exklusive Nutzung geöffnet werden. Wenn Dateien für die exklusive Nutzung geöffnet werden, steigert dies die Leistung, da Visual FoxPro nun nicht den Status von Datensatz- oder Dateisperrungen prüfen muß.

Sperren von Dateien mit Zeitbeschränkung

Um die Konkurrenz zwischen den Benutzern im Hinblick auf Schreibzugriffe auf Tabellen oder Datensätze zu verringern, sollten Sie die Zeitdauer verkürzen, für die ein Datensatz oder eine Tabelle gesperrt sein kann. Sie erreichen dies, indem Sie den Datensatz statt während der Bearbeitung erst nach dem Bearbeiten sperren. Die optimistische Zeilenpufferung ermöglicht hierbei die kürzesten Sperrzeiten.

Weitere Informationen über das Steigern der Leistung Ihrer Anwendung finden Sie im *Installationshandbuch und Gesamtindex* in Kapitel 4, „Optimieren des Systems". Daneben hält auch das Kapitel 22 des vorliegenden Handbuchs, „Optimieren des Client-Server-Leistungsverhaltens", Informationen über das Steigern der Leistung in Client-Server-Anwendungen für Sie bereit.

Verwalten von Aktualisierungen mit Ansichten

Sie können die Technologie zum Verwalten von Aktualisierungskonflikten, die in Visual FoxPro-Ansichten integriert ist, zum Bearbeiten von Mehrbenutzerzugriffen auf Daten verwenden. Mit Ansichten wird gesteuert, was an die der Ansicht zugrundeliegenden Basistabellen gesendet wird, und zwar mit Hilfe der Eigenschaft **WhereType**. Sie können diese Eigenschaft sowohl für lokale als auch für Remote-Ansichten einstellen. Die Eigenschaft **WhereType** bietet vier Einstellmöglichkeiten:

- DB_KEY
- DB_KEYANDUPDATABLE
- DB_KEYANDMODIFIED (die Standardeinstellung)
- DB_KEYANDTIMESTAMP

Indem Sie eine dieser vier Einstellungen wählen, steuern Sie, wie Visual FoxPro die WHERE-Klausel für die SQL-Aktualisierungsanweisung erstellt, die an die Basistabellen der Ansichten gesendet wird. Sie können die gewünschte Einstellung auf der Registerkarte Aktualisierungskriterien des Ansichts-Designers auswählen oder Sie können mit Hilfe von DBSETPROP( ) die Eigenschaft **WhereType** für eine Ansichtsdefinition festlegen. Zum Ändern der Einstellung „WhereType" für den Cursor einer aktiven Ansicht verwenden Sie CURSORSETPROP( ).

Angenommen, Sie haben eine einfache Remote-Ansicht, die auf der sieben Felder umfassenden Tabelle `Customer` basiert: `cust_id`, `company`, `phone`, `fax`, `contact`, `title` und `timestamp`. Der Primärschlüssel für Ihre Ansicht ist `cust_id`.

Auf der Registerkarte „Aktualisierungskriterien" werden die aktualisierbaren Felder Ihrer Ansicht angezeigt

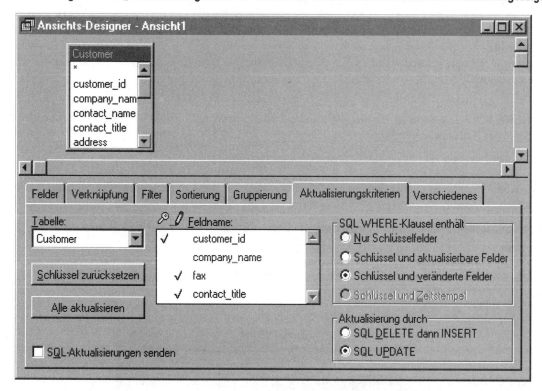

Sie haben nur zwei Felder aktualisierbar gemacht: contact_name und contact_title. Sie möchten den Benutzer in die Lage versetzen, den Namen des Ansprechpartners im Unternehmen und dessen jeweiligen Titel von der Ansicht aus zu aktualisieren. Wenn sich jedoch andere Daten zu einem Unternehmen ändern, wie beispielsweise die Anschrift, dann sollen diese Änderungen über einen Koordinator vorgenommen werden, der die Auswirkungen der Änderungen für Ihr Unternehmen beurteilt, also beispielsweise, ob der Kunde dadurch in einen anderen Vertriebsbereich fällt. Nachdem Sie nun die Ansicht zum Senden von Aktualisierungen eingerichtet haben, können Sie die Eigenschaft **WhereType** Ihren Vorstellungen entsprechend wählen.

Einmal angenommen, Sie ändern nun den Namen im Feld contact eines Kundendatensatzes, Sie ändern jedoch nicht den Wert in dem anderen aktualisierbaren Feld, dem Feld title. Ausgehend von diesem Beispiel erläutert der folgende Abschnitt, wie die Einstellung der Eigenschaft **WhereType** sich auf die WHERE-Klausel auswirkt, die Visual FoxPro erstellt, um den neuen Namen des Ansprechpartners an die Basistabellen zu senden.

Nur das Schlüsselfeld vergleichen

Bei der am wenigstens restriktiven Aktualisierung verwenden Sie die Einstellung DB_KEY. Die WHERE-Klausel zum Aktualisieren von Remote-Tabellen besteht nur aus dem mit der Eigenschaft **KeyField** oder **KeyFieldList** angegebenen Primärschlüsselfeld. Sofern der Wert im Primärschlüsselfeld in der Basistabelle nicht geändert oder gelöscht wurde, seit Sie den Datensatz abgerufen haben, läuft die Aktualisierung problemlos durch.

Im Falle des vorstehenden Beispiels würde Visual FoxPro eine Aktualisierungsanweisung mit einer WHERE-Klausel vorbereiten, die den Wert im Feld cust_id mit dem im Feld cust_id der entsprechenden Zeile in der Basistabelle vergleichen:

```
WHERE OLDVAL(customer.cust_id) = CURVAL(customer_remote_view.cust_id)
```

Wird die Aktualisierungsanweisung nun an die Basistabelle gesendet, dann wird nur das Schlüsselfeld der Basistabelle geprüft.

Das Schlüsselfeld in Ihrer Ansicht wird mit seinem Gegenstück in der Basistabelle verglichen

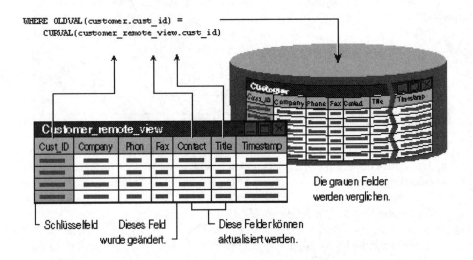

Vergleichen des Schlüsselfeldes und der in der Ansicht geänderten Felder

Die Einstellung DB_KEYANDMODIFIED, die Standardeinstellung, ist ein wenig restriktiver als DB_KEY. Mit DB_KEYANDMODIFIED werden nur das Schlüsselfeld und alle aktualisierbaren Felder, die in der Ansicht geändert wurden, mit ihrem jeweiligen Gegenstück in der Basistabelle verglichen. Falls Sie in der Ansicht einen Feldwert ändern, dieses Feld jedoch nicht aktualisierbar ist, werden die Felder nicht mit den Daten in der Basistabelle verglichen.

Die WHERE-Klausel zum Aktualisieren von Basistabellen besteht aus den mit der Eigenschaft **KeyField-List** angegebenen Schlüsselfeldern und allen anderen Feldern, die in der Ansicht aktualisiert werden. Im Falle des vorstehenden Beispiels würde Visual FoxPro eine Aktualisierungsanweisung vorbereiten, mit der die Werte im Feld cust_id verglichen werden, da dies das Schlüsselfeld ist, und die Werte im Feld contact, da der Name im Feld contact geändert wurde. Obwohl auch das Feld title aktualisierbar ist, wird title nicht in die Aktualisierungsanweisung aufgenommen, da der hierin befindliche Wert nicht geändert wurde.

Das Schlüsselfeld und die geänderten Felder in Ihrer Ansicht werden mit ihrem jeweiligen Gegenstück in der Basistabelle verglichen

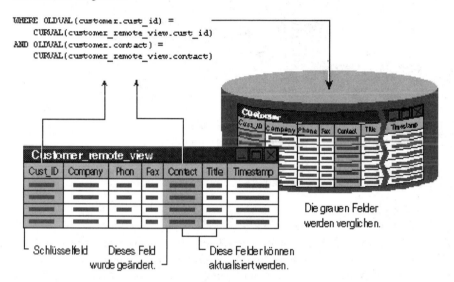

Vergleichen der Schlüsselfelder und aller aktualisierbaren Felder

Mit der Einstellung DB_KEYANDUPDATABLE werden das Schlüsselfeld und alle aktualisierbaren Felder (ungeachtet, ob sie geändert wurden) in Ihrer Ansicht mit ihrem jeweiligen Gegenstück in der Basistabelle verglichen. Ist das Feld aktualisierbar und hat jemand dieses Feld in der Basistabelle geändert, so schlägt die Aktualisierung fehl, auch wenn Sie das Feld in der Ansicht nicht geändert haben.

Die WHERE-Klausel zum Aktualisieren von Basistabellen besteht aus den mit der Eigenschaft **KeyField** oder **KeyFieldList** angegebenen Schlüsselfeldern und allen anderen Feldern, die aktualisierbar sind. Im Falle des vorstehenden Beispiels würde Visual FoxPro eine Aktualisierungsanweisung vorbereiten, die den Wert in den Feldern cust_id, contact und title mit dem der gleichen Felder in der entsprechenden Zeile der Basistabelle vergleicht:

Alle aktualisierbaren Felder in Ihrer Ansicht werden mit ihrem jeweiligen Gegenstück in der Basistabelle verglichen

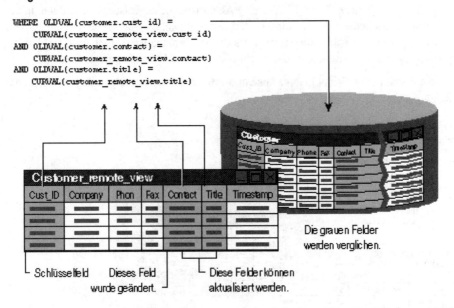

Vergleichen des Zeitstempels für alle Felder im Datensatz der Basistabelle

Die Einstellung DB_KEYANDTIMSTAMP ist die restriktivste Art der Aktualisierung und nur verfügbar, wenn die Basistabelle über eine Zeitstempelspalte verfügt. Visual FoxPro vergleicht den aktuellen Zeitstempel des Datensatzes in der Basistabelle mit dem Zeitstempel, der zu der Zeit gültig war, als die Daten in die Ansicht eingelesen wurden. Hierbei schlägt die Aktualisierung fehl, wenn ein beliebiges Feld im Datensatz der Basistabelle zwischenzeitlich geändert wurde, auch wenn es sich hierbei nicht um ein Feld handelt, das Sie zu aktualisieren versuchen, und sogar dann, wenn sich ein nicht in Ihrer Ansicht vorhandenes Feld geändert hat.

Im Falle des vorstehenden Beispiels bereitet Visual FoxPro eine Aktualisierungsanweisung vor, die den Wert im Feld cust_id und den Wert im Feld timestamp mit dem der gleichen Felder in der entsprechenden Zeile der Basistabelle vergleicht.

Der Zeitstempel des in der Ansicht befindlichen Datensatzes wird mit dem des Datensatzes in der Basistabelle verglichen

```
WHERE OLDVAL(customer.cust_id) =
    CURVAL(customer_remote_view.cust_id)
AND OLDVAL(customer.timestamp) =
    CURVAL(customer_remote_view.timestamp)
```

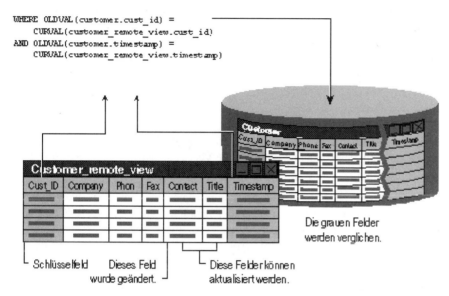

Um Daten in einer Ansicht mit mehreren Tabellen erfolgreich mit der Einstellung DB_KEYANDTIMESTAMP aktualisieren zu können, müssen Sie das Feld timestamp für jede aktualisierbare Tabelle in Ihre Ansicht übernehmen. Befinden sich in einer Ansicht beispielsweise drei Tabellen, von denen Sie jedoch nur zwei aktualisieren möchten, und wählen Sie die Einstellung DB_KEYANDTIMESTAMP, müssen Sie die Timestamp-Felder der beiden zu aktualisierenden Tabellen nach unten in Ihre Ergebnismenge ziehen. Sie können auch die logischen Werte der Eigenschaft **CompareMemo** verwenden, um zu ermitteln, ob Memofelder in die Konflikterkennung mit einbezogen werden.

Der Umgang mit Konflikten

Ob Sie sich beim Aktualisieren nun für die Zwischenspeicherung, für Transaktionen oder für Ansichten entscheiden, Sie müssen bei Konflikten im Aktualisierungsprozeß handlungsfähig sein.

Konflikte bei der Zwischenspeicherung

Sie können die Effizienz von Datenaktualisierungsoperationen erhöhen, indem Sie sorgfältig entscheiden, wie und wann Datenbestände in einer Mehrbenutzerumgebung geöffnet, zwischengespeichert und gesperrt werden. Sie sollten in jedem Fall die Zeit beschränken, für die ein Datensatz oder eine Tabelle zum Gegenstand von Zugriffskonflikten werden kann. Trotzdem müssen Sie die in einer Mehrbenutzerumgebung unvermeidlichen Konflikte voraussehen und Vorkehrungen treffen. Ein *Konflikt* tritt auf, wenn ein Benutzer versucht, einen Datensatz oder eine Tabelle zu sperren, der bzw. die zur Zeit von einem anderen Benutzer gesperrt ist. Es können nicht zwei Benutzer denselben Datensatz oder dieselbe Tabelle gleichzeitig sperren.

Ihre Anwendung sollte also über eine Routine verfügen, mit der derartige Konflikte gelöst werden können. Falls Ihre Anwendung nicht über eine solche Konfliktroutine verfügt, kann es sein, daß das System gesperrt wird. Eine *Blockierung (Deadlock)* tritt auf, wenn ein Benutzer einen Datensatz oder eine Tabelle gesperrt hat und versucht, einen weiteren Datensatz zu sperren, der aber von einem zweiten Benutzer gesperrt wurde, der wiederum versucht, den Datensatz zu sperren, der vom ersten Benutzer bereits gesperrt wurde. Diese Situation tritt zwar selten auf, doch je länger ein Datensatz oder eine Tabelle gesperrt ist, desto größer ist die Wahrscheinlichkeit einer Blockierung.

Abfangen von Fehlern

Für den Entwurf einer Mehrbenutzeranwendung oder beim Hinzufügen von Netzwerkfähigkeit zu einem Einzelbenutzersystem ist es erforderlich, daß Sie sich mit derartigen Kollisionen auseinandersetzen und mögliche Fehler abfangen. Ein Teil dieser Arbeit wird durch die Verwendung der Visual FoxPro-Datensatz- und Tabellenpufferung vereinfacht.

Wenn Sie versuchen, einen Datensatz oder eine Tabelle zu sperren, die bereits von einem anderen Benutzer gesperrt wurde, gibt Visual FoxPro eine Fehlermeldung zurück. Sie können nun SET REPROCESS verwenden, um derartige erfolglose Sperrversuche automatisch bearbeiten zu lassen. Dieser Befehl, in Kombination mit einer ON ERROR-Routine und dem Befehl RETRY, ermöglicht es Ihnen, mit dem Sperrversuch fortzufahren oder diesen abzubrechen.

Im folgenden Beispiel wird die automatische Wiederverarbeitung einer fehlgeschlagenen Operation mit Hilfe des Befehls **SET REPROCESS** dargestellt.

Verwenden von SET REPROCESS und ON ERROR zur Bearbeitung von Benutzerkonflikten

Code	Kommentar
`ON ERROR DO err_fix WITH ERROR(),MESSAGE()`	Diese Routine wird ausgeführt, wenn ein Fehler auftritt.
`SET EXCLUSIVE OFF`	Öffnet die Dateien nichtexklusiv.
`SET REPROCESS TO AUTOMATIC`	Die Wiederverarbeitung eines erfolglosen Sperrversuchs erfolgt automatisch.
`USE customer`	Öffnet die Tabelle.

`IF !FILE('cus_copy.dbf')`
`   COPY TO cus_copy`
`ENDIF`
	Erstellt erforderlichenfalls die Tabelle APPEND FROM.

`DO app_blank`	Start der Hauptroutine.

`DO rep_next`
`DO rep_all`
`DO rep_curr`
`DO add_recs`
	Diese Befehle sind Beispiele für Code, der im Verlauf Ihres Programms ausgeführt werden könnte.

`ON ERROR`	Ende der Hauptroutine.

`PROCEDURE app_blank`
`   APPEND BLANK`
`RETURN`
`ENDPROC`
	Routine zum Anhängen eines leeren Datensatzes.

(Fortsetzung)

Code	Kommentar

`PROCEDURE rep_next`
`  REPLACE NEXT 1 contact_name WITH ;`
`    PROPER(contact_name)`
`RETURN`
`ENDPROC`
	Routine zum Ersetzen von Daten im aktuellen Datensatz.

`PROCEDURE rep_all`
`  REPLACE ALL contact_name WITH ;`
`    PROPER(contact_name)`
`  GO TOP`
`RETURN`
`ENDPROC`
	Routine zum Ersetzen von Daten in allen Datensätzen.

`PROCEDURE rep_curr`
`  REPLACE contact_name WITH PROPER(contact_name)`
`RETURN`
`ENDPROC`
	Routine zum Ersetzen von Daten im aktuellen Datensatz.

`PROCEDURE add_recs`
`  APPEND FROM cus_copy`
`RETURN`
`ENDPROC`
	Routine zum Anhängen von Datensätzen aus einer anderen Datei.

Das folgende Beispiel enthält eine Fehlerprozedur, die gestartet wird, wenn der Benutzer ESC drückt.

Fehlerbehandlung unter Verwendung von ESC

Code	Kommentar
`PROCEDURE err_fix` `  PARAMETERS errnum, msg`	Dieses Programm wird aufgerufen, wenn ein Fehler auftritt und der Benutzer den Warteprozeß durch Drücken von ESC beendet.
`DO CASE`	Ermittelt, was für eine Art Fehler aufgetreten ist.

`  CASE errnum = 108`
`    line1 = "Kann Datei nicht sperren."`
`    Line2 = "Später nochmals versuchen"`
	Handelt es sich um „Datei wird von einem anderen Benutzer benutzt?"

`  CASE errnum = 109 .OR. errnum = 130`
`    line1 = "Kann Datensatz nicht sperren."`
`    Line2 = "Später nochmals versuchen."`
	Oder handelt es sich um „Datensatz wird von einem anderen Benutzer benutzt?"

`  OTHERWISE`
`    line1 = msg + " "`
`    line2 = "Nehmen Sie Kontakt zu Ihrem" +;`
`      "Systemadministrator auf."`
`ENDCASE`
	Oder ist es ein unbekannter Fehler?

`MESSAGEBOX( line1 + line2, 48, "Fehler!" )` `RETURN`	Zeigt eine Fehlermeldung in einem Dialogfeld mit Ausrufungszeichen und der Schaltfläche **OK** an.

Ermitteln und Lösen von Konflikten

Bei Datenaktualisierungsoperationen, speziell in Mehrbenutzerumgebungen, möchten Sie möglicherweise herausfinden, welche Felder geändert wurden, oder welches die originalen bzw. die aktuellen Werte in den geänderten Feldern sind. Die Visual FoxPro-Zwischenspeicherung sowie die Funktionen GETFLDSTATE( ), GETNEXTMODIFIED( ), OLDVAL( ) und CURVAL( ) ermöglichen Ihnen herauszufinden, welche Felder geändert wurden, und helfen, die geänderten Daten zu finden und die aktuellen, ursprünglichen und bearbeiteten Werte zu vergleichen, so daß Sie entscheiden können, wie ein Fehler oder ein Konflikt zu behandeln ist.

▶ **So ermitteln Sie eine Änderung in einem Feld**

- Verwenden Sie nach einer Aktualisierungsoperation die Funktion GETFLDSTATE( ).

GETFLDSTATE( ) wird bei nicht zwischengespeicherten Daten eingesetzt; trotzdem kann diese Funktion um so wirksamer verwendet werden, wenn Sie die Datensatzpufferung aktiviert haben. Verwenden Sie GETFLDSTATE( ) beispielsweise im Code der Schaltfläche **Überspringen** auf einem Formular. Wenn Sie den Datensatzzeiger verschieben, prüft Visual FoxPro den Status aller Felder im Datensatz, wie im nachfolgenden Beispiel erläutert:

```
lModified = .F.
FOR nFieldNum = 1 TO FCOUNT( )    && Alle Felder überprüfen
   if GETFLDSTATE(nFieldNum) = 2  && Geändert
      lModified = .T.
      EXIT     && Routine für Aktualisierung/Speichern hier einfügen.
   ENDIF      && Siehe folgendes Beispiel
ENDFOR
```

▶ **So ermitteln und suchen Sie einen geänderten Datensatz in im Zwischenspeicher befindlichen Daten**

- Verwenden Sie die Funktion GETNEXTMODIFIED( ).

GETNEXTMODIFIED( ), mit Null als Parameter, findet den ersten geänderten Datensatz. Wenn ein anderer Benutzer Änderungen an einer zwischengespeicherten Tabelle vornimmt, verursachen alle Änderungen, die mit Hilfe des Befehls TABLEUPDATE( ) im Zwischenspeicher entdeckt werden, einen Konflikt. Sie können die den Konflikt verursachenden Werte auswerten und den Konflikt auflösen, indem Sie die Funktionen CURVAL( ), OLDVAL( ) und MESSAGEBOX( ) verwenden. CURVAL( ) gibt den aktuellen Wert des auf der Festplatte befindlichen Werts zurück, wohingegen OLDVAL( ) den Wert im Datensatz zur Zeit der Zwischenspeicherung ausgibt.

▶ **So ermitteln Sie den Originalwert eines Feldes im Zwischenspeicher**

- Verwenden Sie die Funktion OLDVAL( ).

OLDVAL( ) gibt den Wert des Feldes im Zwischenspeicher zurück.

Kapitel 17 Programmieren für gemeinsamen Zugriff

▶ **So ermitteln Sie den aktuellen, auf der Festplatte befindlichen Wert eines Feldes im Zwischenspeicher**

- Verwenden Sie die Funktion CURVAL( ).

CURVAL( ) gibt den aktuellen, auf der Festplatte befindlichen Wert eines Feldes im Zwischenspeicher vor allen Änderungen zurück.

Sie können nun eine Fehlerbehandlungsprozedur erstellen, bei der die aktuellen und ursprünglichen Werte verglichen werden, wodurch Sie feststellen können, ob die aktuelle Änderung übergeben werden soll, oder ob in einer Mehrbenutzerumgebung eine frühere Änderung an den Daten akzeptiert werden soll.

Weitere Informationen über diese Funktionen finden Sie in der Hilfe.

Im folgenden Beispiel werden die Funktionen GETNEXTMODIFIED( ), CURVAL( ) und OLDVAL( ) verwendet, um den Benutzer während einer Aktualisierungsoperation zu informieren und ihm eine Wahlmöglichkeit zu bieten. Dieses Beispiel setzt bei der Entdeckung des ersten geänderten Datensatzes ein und könnte beispielsweise in den Code der Schaltfläche **Aktualisieren** oder **Speichern** auf einem Formular eingebunden werden.

Click-Ereigniscode für die Schaltfläche „Aktualisieren" oder „Speichern"

Code	Kommentar
| ```
DO WHILE GETNEXTMODIFIED(nCurRec) <> 0
    GO nCurRec
    RLOCK( )
``` | Schleifendurchlauf im Zwischenspeicher.<br><br>Sperrt den geänderten Datensatz. |
| ```
    FOR nField = 1 TO FCOUNT(cAlias)
        cField = FIELD(nField)
``` | Sucht nach Konflikten. |
| ```
        IF OLDVAL(cField) <> CURVAL(cField)
            nResult = MESSAGEBOX("Daten wurden ;
                von einem anderen Benutzer geändert.;
                Änderungen beibehalten?", 4+48+0, ;
"Geänderter Datensatz")
``` | Vergleicht den ursprünglichen Wert mit dem aktuellen Wert auf der Festplatte und fragt dann beim Benutzer eine Konfliktbehandlungs-Methode ab. |
| ```
            IF nResult = 7
                TABLEREVERT(.F.)
                UNLOCK RECORD nCurRec
            ENDIF
        ENDIF
    ENDFOR
    nCurRec = GETNEXTMODIFIED(nCurRec)
ENDDO
``` | Entscheidet sich der Benutzer für „Nein", wird dieser Datensatz zurückgesetzt und dann die Sperrung entfernt.<br><br><br><br>Sucht den nächsten geänderten Datensatz. |
| ```
TABLEUPDATE(.T., .T.)
``` | Erzwingt eine Aktualisierung aller Datensätze. |
```

Ermitteln von Konflikten mit Hilfe von Memofeldern

Sie können die Eigenschaft **CompareMemo** verwenden, um zu steuern, wann Memofelder zur Ermittlung von Aktualisierungskonflikten eingesetzt werden. Diese Ansichten- und Cursor-Eigenschaft legt fest, ob Memofelder (Typ M oder G) in die WHERE-Klausel der Aktualisierung einbezogen werden. In der Standardeinstellung, Wahr (.T.), werden Memofelder in die WHERE-Klausel einbezogen. Setzen Sie diese Eigenschaft auf Falsch (.F.), werden Memofelder nicht in die WHERE-Klausel der Aktualisierung einbezogen, und zwar ungeachtet der Einstellungen von **UpdateType**.

Die optimistische Konfliktermittlung in Memofelder ist deaktiviert, wenn die Eigenschaft **CompareMemo** auf Falsch (.F.) gesetzt wird. Für eine Konfliktermittlung bei Werten in Memofeldern müssen Sie also **CompareMemo** auf Wahr (.T.) setzen.

Regeln für den Umgang mit Konflikten

Der Umgang mit Konflikten, wie sie in Mehrbenutzerumgebungen auftreten, kann das Schreiben von umfangreichem und repetitivem Code erforderlich machen. Eine umfassende Konfliktlösungsroutine erledigt folgende Aufgaben:

- Ermitteln des Konflikts
- Identifizieren der Art und Position des Konflikts
- Verfügbarmachen von ausreichenden Informationen, so daß der Benutzer den Konflikt auf intelligente Weise lösen kann

Ein Beispiel für eine Konfliktlösungsroutine finden Sie in der Klasse „datachecker" in **Samples.vcx** im Visual Studio-Verzeichnis Samples\Vfp98\Classes. Fügen Sie die Klasse einfach einem Formular hinzu, und rufen Sie die Methode **CheckConflicts** vor jeder anderen Operation auf, bei der zwischengespeicherte Daten in die Tabelle geschrieben werden, beispielsweise vor dem Verschieben des Datensatzzeigers, wenn Sie mit Zeilenpufferung arbeiten, vor dem Schließen einer Tabelle oder vor dem Ausgeben von TABLEUPDATE( ).

KAPITEL 18

Entwickeln internationaler Anwendungen

Wenn Sie Ihre Visual FoxPro-Anwendungen weltweit anbieten möchten, müssen Sie sie so entwerfen, daß sie im In- und Ausland gleichermaßen eingesetzt werden können. In diesem Kapitel wird erläutert, wie die internationalen Funktionen von Visual FoxPro zum Erstellen von Anwendungen für ausgewählte Gebietsschemata eingesetzt werden können. Ein Gebietsschema ist ein geografischer Bereich, der über seine Kultur, Sprache und Konventionen definiert wird.

Dieses Kapitel behandelt folgende Themen:

- Planen einer internationalen Anwendung
- Entwerfen der Benutzeroberfläche
- Eingeben der internationalen Daten
- Arbeiten mit Codeseiten
- Sortieren von Daten in internationalen Anwendungen
- Arbeiten mit Doppelbyte-Zeichensätzen
- Erstellen oder Ändern von Programmen
- Verwalten von Dateien in einer internationalen Anwendung

Planen einer internationalen Anwendung

Die Vorbereitung einer internationalen Anwendung besteht normalerweise aus drei Schritten: Erstellen von Daten, Schreiben von Code und Entwerfen einer Benutzeroberfläche. Bevor Sie jedoch mit diesen Schritten beginnen, müssen Sie folgende Fragen erwägen:

- Welche Daten sind akzeptabel?
- Wie wird der Code für eine internationale Anwendung geschrieben?
- Was sollte beim Entwerfen der Benutzeroberfläche beachtet werden?

In den folgenden Abschnitten werden diese Fragen beantwortet und weitere besprochen, die Sie vor der Vorbereitung Ihrer Anwendung in Erwägung ziehen sollten.

Tip: Sie können die Kosten für die Entwicklung einer internationalen Anwendung senken und diese schneller auf den Markt bringen, indem Sie sie von Anfang an als internationale Anwendung konzipieren, statt sie erst später für den internationalen Gebrauch anzupassen.

Vorbereiten der internationalen Daten

Internationale Daten, die Sie für eine Anwendung erstellen möchten, können Sie manuell eingeben, aus anderen Anwendungen importieren oder an vorhandene Dateien und Memofelder anfügen. Einzelheiten über das Importieren und Anfügen von Daten finden Sie im *Online-Benutzerhandbuch*, Kapitel 9, „Importieren und Exportieren von Daten".

Welche Daten sind akzeptabel?

Um zu entscheiden, welche Daten akzeptabel sind, berücksichtigen Sie zunächst die Gebietsschemata, in denen die Anwendung eingesetzt werden soll. Die Gebietsschemata bestimmen den kulturellen Inhalt der Daten sowie die Sprachen, in denen die Daten vorbereitet werden.

Darüber hinaus entscheiden die Sprachen über die jeweilige Codeseite, mit der die Daten vorbereitet werden. Eine Codeseite ist ein Zeichensatz, den der Computer für die korrekte Anzeige der Daten verwendet und der oftmals für das Arbeiten mit *internationalen Zeichen* unabdingbar ist. Internationale Zeichen umfassen Buchstaben mit diakritischen Zeichen. Diakritische Zeichen sind über, unter oder quer durch Buchstaben hindurch angeordnet und weisen auf Lautänderungen gegenüber der Form ohne ein solches Zeichen hin. Die bekanntesten diakritischen Zeichen sind der Accent grave (`, wie in à), der Accent aigu (´, wie in á), der Zirkumflex (^, wie in â), die Tilde (~, wie in ã), der Umlaut (¨, wie in ä), der Ring (°, wie in å) und der Schrägstrich (/, wie in ø). Alle diese Zeichen werden in Verbindung mit Vokalen verwendet.

Im Normalfall werden die Daten bei der Bearbeitung automatisch mit der entsprechenden Codeseite markiert. Wenn Sie jedoch einer Tabelle manuell eine Codeseite zuweisen oder wenn Sie auf andere Weise bewirken, daß sich die Codeseite ändert, sind einige Zeichen oder der gesamte angezeigte Datenbestand für den Benutzer möglicherweise nicht mehr lesbar. Einzelheiten über Codeseiten finden Sie im Abschnitt „Arbeiten mit Codeseiten" weiter unten in diesem Kapitel.

Bei einigen Sprachen, wie beispielsweise dem Chinesischen, Koreanischen und Japanischen, werden *DBCS* (Doppelbyte-Zeichensätze) für die Datenpräsentation verwendet. Soll Ihre Anwendung in diesen Gebietsschemata ausführbar sein, benötigen Sie möglicherweise spezielle Funktionen zum Bearbeiten von Zeichenfolgen sowie spezielle Sortierreihenfolgen, damit die Anwendung ordnungsgemäß arbeiten kann. Einzelheiten über das Arbeiten in DBCS-Umgebungen finden Sie im Abschnitt „Arbeiten mit Doppelbyte-Zeichensätzen" weiter unten in diesem Kapitel.

Wie wird Code geschrieben?

Eine Anwendung besteht aus einer Benutzeroberflächenkomponente und einer Anwendungskomponente. Die Benutzeroberflächenkomponente enthält Grafiken, Textzeichenfolgen und mit verschiedenen Gebietsschemata verbundene Einstellungen, wie Datumsangaben, Währungen, numerische Werte und Trennzeichen. Die Anwendungskomponente enthält den für alle Gebietsschemata ausgeführten Code, einschließlich Code, der die in der Benutzeroberfläche verwendeten Zeichenfolgen und Grafiken verarbeitet.

Komponenten einer Anwendung

Achten Sie beim Entwerfen Ihrer Anwendung darauf, daß Anwendungs- und Benutzeroberflächenkomponente getrennt bleiben, da unabhängige Komponenten das Lokalisieren und Verwalten der Anwendung erleichtern. So brauchen Sie bei getrennten Komponenten beispielsweise nicht den Quellcode zu durchsuchen, um Elemente der Benutzeroberfläche zu lokalisieren. Weitere Informationen über das Schreiben von Code finden Sie im Abschnitt „Erstellen oder Ändern von Programmen" weiter unten in diesem Kapitel.

Wie wird eine Benutzeroberfläche entworfen?

Die in der Benutzeroberfläche verwendeten Menüs, Formulare, Steuerelemente und Bitmaps müssen den Gebietsschemata entsprechen, für die Sie die Anwendung entwerfen. Wenn Sie die Anwendung beispielsweise für Benutzer in Italien und Frankreich entwerfen, müssen die verwendeten Dialogfelder so groß sein, daß in Italienisch und Französisch lokalisierte Anweisungen einwandfrei angezeigt werden. Außerdem müssen die in Symbolen und Bitmaps verwendeten Abbildungen in kultureller Hinsicht korrekt sein, damit sie in den Zielgebietsschemata auch verstanden werden. Weitere Informationen über das Entwerfen von Benutzeroberflächen finden Sie im Abschnitt „Entwerfen der Benutzeroberfläche" weiter unten in diesem Kapitel.

Testen der Anwendung

Zum Testen einer internationalen Anwendung müssen Sie die Landes- und Sprachabhängigkeiten des Gebietsschemas überprüfen, für das die Anwendung entworfen wird. Hierzu gehört auch das Überprüfen der Daten und der Benutzeroberfläche der Anwendung, um sicherzustellen, daß diese in bezug auf Datum und Uhrzeit, numerische Werte, Währung, Listentrennzeichen und Maßeinheiten den Standards des Gebietsschemas entsprechen.

Entwerfen der Benutzeroberfläche

Da Text beim Lokalisieren einer Anwendung meistens länger wird, empfiehlt es sich, besonders aufmerksam beim Entwerfen der folgenden Benutzeroberflächenkomponenten zu sein:

- Meldungen der Anwendung
- Menüs und Formulare
- Symbole und Bitmaps

Erstellen von Meldungen der Anwendung

Wenn Sie in Ihrer Anwendung Meldungen erstellen, sind die englischen Textzeichenfolgen normalerweise kürzer als die entsprechenden Textzeichenfolgen in anderen Sprachen. Die folgende Tabelle enthält die Werte für das zusätzliche durchschnittliche Wachstum von Zeichenfolgen, basierend auf der Ausgangslänge.

Länge Englisch (in Zeichen)	Zusätzliche Verlängerung der lokalisierten Zeichenfolgen
1 bis 4	100%
5 bis 10	80%
11 bis 20	60%
21 bis 30	40%
31 bis 50	20%
über 50	10%

Entwerfen von Menüs und Formularen

Genauso wie bei Meldungen kann der Text in den Menüs und Formularen einer lokalisierten Anwendung länger werden. Schauen Sie sich hierzu die folgenden Formulare an, die zur Beispielanwendung „Geldautomat" gehören. Die erste Abbildung zeigt das englische Formular und die zweite Abbildung die deutsche Entsprechung. Wie Sie sehen können, wurde im Formular zusätzlicher Platz für mehr Text reserviert.

Tip: Wenn Sie in einer Benutzeroberfläche von vornherein ausreichend Platz für mehr Text reservieren, benötigen Lokalisierende weniger Zeit zum Ändern der Größe von Steuerelementen und Neuentwerfen der Oberfläche.

Lokalisierter Text benötigt mehr Platz

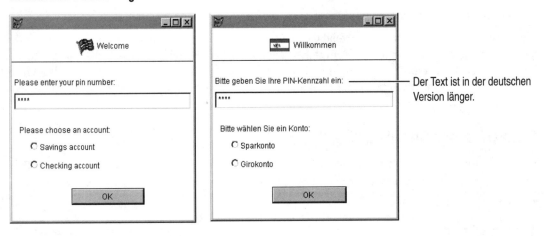

Vermeiden Sie es in Menüs und Formularen, in den Statusleisten zu viele Informationen anzuzeigen. Verzichten Sie außerdem auf Abkürzungen, da es diese in anderen Sprachen möglicherweise nicht gibt.

Verwenden von Symbolen und Bitmaps

Wenn Symbole und Bitmaps richtig verwendet werden, können sie ein wichtiger Bestandteil einer Benutzeroberfläche sein. Allerdings kann die Bedeutung von Symbolen und Bitmaps unklarer als die Bedeutung von Wörtern sein. Beachten Sie deshalb bei der Verwendung von Symbolen und Bitmaps die folgenden Richtlinien:

- Verwenden Sie Abbildungen, die universell erkannt werden. Verwenden Sie beispielsweise einen Briefumschlag, um Postsendungen darzustellen, verwenden Sie jedoch keinen Briefkasten, da dies kein universelles Symbol ist.

- Verwenden Sie Abbildungen, die Rücksicht auf kulturelle Gegebenheiten nehmen. Vermeiden Sie beispielsweise Abbildungen mit religiösen Symbolen oder Tieren.

- Verwenden Sie in Bitmaps nach Möglichkeit keinen Text, da sich dessen Länge genau wie in anderen Teilen der Benutzeroberfläche ändern und damit zu einem Problem werden kann.

- Vermeiden Sie Jargon, Umgangssprache, Witze, übertriebene Sprache sowie ethnische Klischees.

- Verwenden Sie zum Erklären von Symbolen QuickInfos, da diese zusätzlich den Vorteil haben, daß sie sich größenmäßig automatisch an den anzuzeigenden Text anpassen.

- Achten Sie bei den Darstellungen von Männern und Frauen darauf, daß ihre geschlechtsspezifischen Rollen angemessen dargestellt werden und daß Gesten und Abbildungen des menschlichen Körpers für die Zielkultur zutreffen.

- Verwenden Sie geeignete Farben. Vermeiden Sie zum Beispiel Farbkombinationen, die mit Nationalflaggen oder politischen Bewegungen verbunden sind.

Wenn Sie nicht sicher sind, ob ein Symbol oder Bitmap geeignet ist, fragen Sie eine sachkundige Person aus dem Gebietsschema, für das Sie die Anwendung entwerfen.

Eingeben der internationalen Daten

Ein wichtiger Aspekt beim Einwickeln internationaler Anwendungen ist die Kenntnis darüber, wie Daten in die Anwendung eingegeben werden. Daten können auf zwei Wegen in die Anwendung aufgenommen werden:

- Der Benutzer gibt die Daten ein.

- Sie oder die Benutzern importieren Daten aus bereits vorhandenen Dateien.

In den folgenden Abschnitten werden diese beiden Methoden erläutert.

Eingeben internationaler Zeichen

Sie können internationale Zeichen über die Tastatur in Visual FoxPro eingeben. Die exakt zu verwendende Methode ist von der Sprache abhängig, mit der Sie arbeiten. In Umgebungen mit Ein-Byte-Zeichen können Sie die Zeichen direkt eingeben oder eine Kombination aus Tasten der Tastatur verwenden. In DBCS-Umgebungen wird jedoch oftmals ein Input Method Editor (IME – Eingabemethoden-Editor) verwendet, eine Anwendung, die als Hilfe bei der Eingabe von Zeichen dient.

Eingeben von Zeichen über die Tastatur

Bei einer internationalen Tastatur können Sie internationale Zeichen anzeigen, indem Sie einfach die diesen Zeichen zugeordneten Tasten drücken. Wenn Ihre Tastatur keine Tasten für internationale Zeichen enthält, können Sie solche Zeichen entweder mit Hilfe der unter Windows vorgesehenen Zeichentabelle eingeben oder indem Sie ALT zusammen mit Tasten der Zehnertastatur drücken.

Am einfachsten geben Sie ein internationales Zeichen ein, indem Sie es aus der Zeichentabelle kopieren. In Windows 95 finden Sie die Zeichentabelle im Ordner **Zubehör**.

Alternativ können Sie ein internationales Zeichen eingeben, indem Sie ALT gedrückt halten, während Sie auf der Zehnertastatur eine vierstellige Zahl (0 als erste Ziffer) eingeben.

Hinweis: In FoxFont ist jedoch keine Eingabe von internationalen Zeichen möglich. Wenn Sie beispielsweise das Befehlsfenster öffnen, zu FoxFont wechseln und dann eine zugeordnete Taste drücken, erhalten Sie als Ergebnis nicht das auf der Taste dargestellte Zeichen. Beste Ergebnisse erzielen Sie, wenn Sie in internationalen Anwendungen auf FoxFont verzichten.

▶ **So erstellen Sie ein internationales Zeichen**

- Kopieren Sie das Zeichen aus der Zeichentabelle, und fügen Sie es in Ihr Dokument ein.

    – Oder –

- Halten Sie ALT gedrückt, und geben Sie dann eine Null, gefolgt von dem entsprechenden dreistelligen ASCII-Code, ein.

Tip: Die Statusleiste in der Zeichentabelle zeigt die jeweilige Tastenkombination für ein in der Tabelle ausgewähltes Zeichen an.

Um beispielsweise ein ö (ANSI-Code 246) einzugeben, drücken Sie NUM LOCK auf der Zehnertastatur, dann ALT und geben gleichzeitig 0246 über die Zehnertastatur ein. Vergewissern Sie sich, daß Sie mit einer der standardmäßigen Windows-Schriftarten und nicht mit FoxFont oder FoxPrint arbeiten.

Fehlerbehebung: Wenn Zeichen nicht korrekt portiert werden, sehen Sie nach, ob Sie FoxFont verwenden. FoxFont ist zum Beispiel die Standardschriftart für benutzerdefinierte Fenster, die mit DEFINE WINDOW (ohne die Klausel FONT) erstellt werden. Vergessen Sie daher beim Erstellen von benutzerdefinierten Fenstern nicht, mit der Klausel FONT eine andere Schriftart als die Windows-Standardschriftart anzugeben, damit internationale Zeichen korrekt dargestellt werden können.

Eingeben von Zeichen unter Verwendung eines IME

Wenn Sie in einer IME-Umgebung arbeiten, können Sie einen Input Method Editor (Eingabemethoden-Editor) verwenden, um Zeichen in Visual FoxPro einzugeben. Der IME ist eine zu Ihrer Umgebung gehörende Anwendung, die es Ihnen ermöglicht, über die Tastatur Zeichen einzugeben, um ein Auswahl internationaler Zeichen anzuzeigen, aus der Sie anschließend das gewünschte Zeichen auswählen können. Ein IME für Chinesisch könnte es Ihnen beispielsweise ermöglichen, die Darstellung eines chinesischen Wortes in Pinyin einzugeben und anschließend eine Liste der Zeichen anzuzeigen, die dieser Darstellung entsprechen. Wenn Sie dann das gewünschte Zeichen markieren, fügt der IME dieses in Visual FoxPro ein.

Sie können steuern, wann Visual FoxPro einen IME anzeigt, indem Sie die Eigenschaft IMEMode einstellen oder indem Sie die Funktion IMESTATUS( ) aufrufen. Wenn Sie das IME-Fenster aktivieren, zeigt Visual FoxPro automatisch den IME an, wenn Sie in einem Systemfenster, wie beispielsweise dem Datenblatt- oder dem Bearbeitungsfenster, Bearbeitungen vornehmen. Wenn Sie das IME-Fenster deaktivieren, können Sie den IME aufrufen, indem Sie die entsprechenden Tasten auf der Tastatur drücken.

Anfügen und Kopieren internationaler Daten

Wenn Sie Daten aus Dateien mit Trennzeichen (DELIMITED-Dateien) mit Hilfe der Befehle APPEND FROM oder COPY TO importieren oder kopieren, können Sie festlegen, welches Zeichen in der Datei als Feldtrennzeichen verwendet wird. So wird beispielsweise in vielen europäischen Ländern das Semikolon (;) als Feldtrennzeichen verwendet, wohingegen in den Vereinigten Staaten Komma (,), Tabulator oder Leerzeichen als Trennzeichen üblich sind.

Wenn Sie also Dateien importieren oder kopieren und ein Trennzeichen angeben möchten, fügen Sie den Befehlen **APPEND FROM** oder **COPY TO** die Klausel DELIMITED WITH CHARACTER hinzu.

```
COPY TO mytxt.txt DELIMITED WITH _ WITH CHARACTER ";"
```

Weitere Einzelheiten hierzu finden Sie unter „APPEND FROM" und „COPY TO" in der Hilfe.

Arbeiten mit Codeseiten

In Visual FoxPro gespeicherte Daten sind oftmals mit einer *Codeseite* markiert, einer Tabelle mit Zeichen und den entsprechenden Nummern im Arbeitsspeicher, die Windows zur korrekten Anzeige der Daten benötigt. Wenn Sie beispielsweise den Buchstaben C in eine .dbf-Datei eingeben, wird dieser auf Ihrer Festplatte mit dem Wert 67 gespeichert. Wenn Sie die Datei öffnen, bestimmt Visual FoxPro ihre Codeseite, durchsucht die Codeseite nach dem Buchstaben, der dem Wert 67 entspricht, und zeigt dann den Buchstaben (C) auf Ihrem Bildschirm an.

Codeseiten entsprechen, grob gesagt, den unterschiedlichen Alphabeten. Windows bietet beispielsweise Codeseiten für Englisch, Deutsch, die skandinavischen Sprachen usw. Durch die Verwendung der entsprechenden Codeseite sind Anwendungen in der Lage, die Zeichen der unterschiedlichen Alphabete korrekt darzustellen.

Codeseiten in Visual FoxPro

Visual FoxPro zeigt Daten basierend auf einer Codeseite an. Standardmäßig ist dies die aktuell von Windows verwendete Codeseite. Sie können die Windows-Codeseite jedoch außer Kraft setzen, indem Sie in Ihrer Konfigurationsdatei eine alternative Codeseite angeben (hierbei muß es sich um eine gültige Codeseite handeln).

Tabellen in Visual FoxPro sind immer mit der Codeseite markiert, die aktuell bei der Erstellung der Tabelle verwendet wurde. Wenn Sie die Tabelle nun öffnen, prüft Visual FoxPro die Codeseite der Tabelle gegenüber der aktuellen Codeseite. Entsprechen sich die Codeseiten, zeigt Visual FoxPro die Daten so an, wie sie vorliegen. Ist der Tabelle keine Codeseite zugewiesen (weil die Tabelle beispielsweise in einer früheren Version von FoxPro erstellt wurde), fordert Visual FoxPro Sie auf, eine Codeseite anzugeben, und markiert dann die Datei mit dieser Codeseite.

Entspricht die Codeseite nicht der aktuell vom System verwendeten Codeseite, versucht Visual FoxPro, die Zeichen der Codeseite der Tabelle in die der aktuellen umzuwandeln. Wenn Sie also gerade mit Visual FoxPro arbeiten und die englische Codeseite ist aktuell die System-Codeseite, dann entspricht das Zeichen ü dem ANSI-Wert 252. Liegt der Tabelle jedoch eine Codeseite zugrunde, bei der das Zeichen ü dem ANSI-Wert 219 entspricht, wandelt Visual FoxPro alle Vorkommen des ANSI-Wertes 219 in ANSI 252 um, damit das Zeichen ü korrekt dargestellt wird.

Die Codeseitenumwandlung arbeitet nicht in allen Fällen perfekt, da Codeseiten für gewöhnlich Zeichen enthalten, für die es in anderen Codeseiten keine 1:1-Entsprechungen gibt. Beispielsweise können Sie in Windows keine Daten abbilden, die die MS-DOS®-Zeichen zum Zeichnen von Linien enthalten, da die Windows-Codeseiten keine derartigen Zeichen enthalten. Ebenso können Sie keine mit der russischen Codeseite erstellten Daten für eine englische Codeseite umsetzen, da es keine 1:1-Entsprechung zwischen den Alphabeten dieser beiden Sprachen gibt. Schließlich kann es auch sein, daß Visual FoxPro nicht über die Zeichenumsetzungstabelle für eine bestimmte Codeseite verfügt. In diesem Fall werden die Daten ohne Codeseitenumwandlung angezeigt. (Visual FoxPro gibt jedoch keine Fehlermeldung aus, um anzuzeigen, daß keine Codeseitenumwandlung erfolgt.) Jede dieser Situationen kann dazu führen, daß einige Zeichen nicht korrekt dargestellt werden.

Wenn Sie eine Anwendung für ein bestimmtes Gebietsschema erstellen möchten, können Sie Probleme mit der Codeseitenumwandlung vermeiden, indem Sie die beim Erstellen der Anwendungskomponenten die für das Gebietsschema und die Umgebung vorgesehene Codeseite verwenden. Wenn Sie beispielsweise eine Anwendung erstellen, die in Rußland verwendet werden soll, müssen Sie für Benutzer in der Windows- oder MS-DOS-Umgebung die Codeseite 1251 bzw. 866 verwenden. Eine vollständige Liste finden Sie unter dem Thema „Von Visual FoxPro unterstützte Codeseiten" in der Hilfe.

Wenn Sie Zeichen eingeben müssen, für die es auf Ihrer Tastatur keine Tasten gibt, können Sie diese Zeichen eingeben, indem Sie zuerst ALT drücken und dann die entsprechende Tastenkombination auf der Zehnertastatur eingeben. Denken Sie jedoch daran, daß die gleiche Tastenkombination in verschiedenen Umgebungen oft zu unterschiedlichen Anzeigeergebnissen führt. Wenn Sie beispielsweise ALT+0182 für die Codeseite 1252 in Visual FoxPro eingeben, wird ein Paragraphenzeichen (§) angezeigt. Wenn Sie dagegen ALT+1082 für die Codeseite 437 in FoxPro für MS-DOS eingeben, wird ein Grafikzeichen angezeigt, das aus zwei vertikalen Linien besteht, die von einer horizontalen Linie gekreuzt werden.

Obwohl Visual FoxPro viele Codeseiten unterstützt, werden nur einige wenige häufig verwendet. Für Visual FoxPro für Windows benutzen englischsprachige Benutzer normalerweise Codeseite 1252. In FoxPro für MS-DOS verwenden englischsprachige Benutzer jedoch meist Codeseite 437.

Beim Arbeiten mit Codeseiten sollten Sie sich in jedem Fall vergewissern, daß Benutzeroberfläche und Daten korrekt angezeigt werden, indem auf die für ein bestimmtes Gebietsschema vorgesehene Codeseite zugegriffen wird. Werden auf dem Bildschirm unerwartete Zeichen angezeigt, überprüfen Sie die zugrundeliegende Codeseite.

Angeben der Codeseite einer .dbf-Datei

Wenn Sie .dbf-Dateien erstellen, weist ihnen Visual FoxPro automatisch Codeseitenmarkierungen zu. Verwenden Sie jedoch .dbf-Dateien aus früheren FoxPro-Versionen, enthalten diese möglicherweise keine Codeseitenmarkierungen.

Sie können feststellen, ob eine .dbf-Datei eine Codeseitenmarkierung enthält, indem Sie entweder nach dem Öffnen der Datei die Funktion CPDBF( ) verwenden oder indem Sie Visual FoxPro diese Prüfung beim Öffnen der Datei automatisch durchführen lassen.

▶ **So überprüfen Sie automatisch auf Codeseitenmarkierungen**

1. Wählen Sie aus dem Menü Extras den Befehl Optionen.
2. Wählen Sie die Registerkarte DatencmdData_Tab_Options_Dialog_Box aus.
3. Aktivieren Sie das Kontrollkästchen Zur Eingabe der Codeseite auffordern, sofern es noch nicht aktiviert ist.

   Wenn Sie diese Einstellung für künftige Visual FoxPro-Sitzungen speichern möchten, wählen Sie **Als Standardeinstellung verwenden**.

   Tip: Statt das Kontrollkästchen **Zur Eingabe der Codeseite auffordern** zu aktivieren, können Sie eine DBF-Datei auch mit dem Befehl SET CPDIALOG auf Codeseiten überprüfen. Einzelheiten hierzu finden Sie in der Hilfe unter „SET CPDIALOG".

Wenn eine Datei keine Codeseitenmarkierung enthält, müssen Sie eine Markierung entsprechend der Beschreibung im folgenden Abschnitt hinzufügen.

Hinzufügen von Codeseitenmarkierungen

Wenn Sie eine .dbf-Datei aus einer früheren FoxPro-Version verwenden, verfügt diese Datei möglicherweise nicht über eine Codeseitenmarkierung, daher kann es sein, daß die Datei nicht korrekt angezeigt wird. Wenn die automatische Codeseitenprüfung aktiviert ist, sehen Sie nach dem Öffnen der Datei, ob diese eine Codeseitenmarkierung enthält. Ist keine Markierung vorhanden, können Sie eine hinzufügen.

▶ **So fügen Sie manuell einer .dbf-Datei eine Codeseitenmarkierung hinzu**

1. Stellen Sie sicher, daß die automatische Codeseitenprüfung aktiviert ist (siehe vorhergehende Verfahrensbeschreibung).
2. Öffnen Sie die Datei.

   Falls die Datei keine Codeseitenmarkierung enthält, wird das Dialogfeld Codeseite angezeigt.

Dialogfeld „Codeseite"

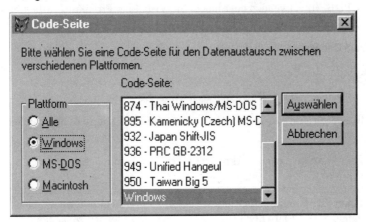

3. Wählen Sie die passende Codeseite aus.
4. Sehen Sie sich in der Datei an, ob Sie die richtige Codeseite zugewiesen haben.

   Wenn einige Daten nicht angezeigt werden oder nicht erkannt werden können, wurde die falsche Codeseite zugewiesen.

5. Ist es die falsche Codeseite, entfernen Sie die Codeseitenmarkierung mit dem Programm CPZERO, das Sie im Visual FoxPro-Verzeichnis **Tools\Cpzero** finden. Einzelheiten hierzu finden Sie im Abschnitt „Entfernen von Codeseitenmarkierungen" weiter unten in diesem Kapitel.

6. Wiederholen Sie diesen Vorgang, bis die richtige Codeseite zugewiesen ist.

> **Hinweis:** Textdateien, wie Programm- (.prg) und Abfragedateien (.qpr), enthalten keine Codeseitenmarkierungen. Daher können Sie nicht sehen, welche Codeseiten die Dateien verwenden. Wenn Sie solche Dateien jedoch in ein Projekt einbinden, behält das Projekt ein Protokoll der verwendeten Codeseiten bei. Einzelheiten hierzu finden Sie im Abschnitt „Angeben der Codeseite einer Textdatei" weiter unten in diesem Kapitel.

Entfernen von Codeseitenmarkierungen

Wenn eine .dbf-Datei nicht korrekt angezeigt wird, enthält sie möglicherweise die falsche Codeseitenmarkierung. In einem solchen Fall können Sie die Codeseitenmarkierung mit dem im Visual FoxPro-Verzeichnis **Tools\Cpzero** gespeicherten Programm **CPZERO** entfernen. Durch das Ausführen von **CPZERO** wird für die Codeseite 0 („Keine") festgelegt. Einzelheiten hierzu finden Sie in der Hilfe unter „CPZERO".

So entfernen Sie eine Codeseitenmarkierung

- Führen Sie CPZERO mit folgender Syntax aus:

  DO CPZERO WITH „*filename*", 0

> **Hinweis:** Wenn Sie die Codeseitenmarkierung einer .dbf-Datei entfernen, bleiben die Daten in der Datei unverändert erhalten. Zum Ändern der Codeseite für die Daten müssen Sie die Datei mit der passenden Codeseite markieren. Einzelheiten hierzu finden Sie im Abschnitt „Hinzufügen von Codeseitenmarkierungen" weiter oben in diesem Kapitel.

Ändern von Codeseitenmarkierungen

Sie können die Codeseite einer .dbf-Datei ändern, indem Sie deren Markierung entfernen und dann eine neue hinzufügen, indem Sie die Datei in eine andere Datei kopieren, oder indem Sie das Programm **CPZERO** ausführen.

So ändern Sie die Codeseite einer .dbf-Datei durch Kopieren der Datei

- Verwenden Sie den Befehl COPY TO, und geben Sie die gewünschte Codeseite mit der Klausel AS an. (Wenn Sie die aktuelle System-Codeseite festlegen möchten, lassen Sie die Klausel AS weg.)

  Wenn Sie zum Beispiel **Test.dbf** in **Test866.dbf** kopieren und dabei die Codeseite auf 866 ändern möchten, geben Sie die folgenden Befehle ein:

  ```
  USE TEST.DBF
  COPY TO TEST866.DBF AS 866
  ```

  Nach der Beendigung von **COPY TO** enthalten die Daten in der Zieldatei die neue Codeseite. Einzelheiten hierzu finden Sie in der Hilfe unter „COPY TO".

So ändern Sie die Codeseitenmarkierung mit „CPZERO"

- Führen Sie CPZERO mit folgender Syntax aus:

  DO CPZERO WITH „filename", *newCodepage*

> **Hinweis:** Einige Zeichen können bei der Codeseitenumwandlung nicht erfolgreich umgesetzt werden. Darüber hinaus werden auch einige Codeseitenumwandlungen nicht von Visual FoxPro unterstützt. Sie sollten daher die Ergebnisse einer Codeseitenänderung immer prüfen, um sicherzugehen, daß die Daten korrekt umgewandelt wurden.

Angeben der Codeseite einer Textdatei

Wenn Sie die Codeseite einer Textdatei vergessen haben, die nicht in ein Projekt eingebunden ist, so können Sie die Codeseite nicht festlegen, da eine Textdatei im Gegensatz zu .dbf-Dateien keine Codeseitenmarkierung enthält. Am besten merken Sie sich die Codeseite einer Textdatei, indem Sie die Datei einem Projekt hinzufügen.

▶ **So geben Sie die Codeseite einer Textdatei an**

1. Öffnen Sie den Projekt-Manager.
2. Wählen Sie die Textdatei aus, deren Codeseite Sie angeben möchten.
3. Wählen Sie aus dem Menü **Projekt** den Befehl **Projektinfo**.
4. Klicken Sie im Dialogfeld Projektinformation auf die Registerkarte **Dateien**.
5. Klicken Sie mit der rechten Maustaste auf den Dateinamen.
6. Wählen Sie aus dem Kontextmenü den Befehl **Codeseite**.

   Visual FoxPro zeigt das Dialogfeld Codeseite an.

7. Wählen Sie die passende Codeseite aus.

   Visual FoxPro zeigt die verfügbaren Codeseiten an

Wenn Sie die Codeseite einer Textdatei kennen, können Sie sie mit der Klausel AS des entsprechenden Visual FoxPro-Befehls angeben. Für Dateien, die Sie importieren oder anfügen möchten, können Sie die Codeseite in den Befehlen IMPORT oder APPEND angeben. Für Abfrage-, Programm- oder andere Textdateien, die auf Ihrem Computer bereits vorhanden sind, können Sie die Codeseite mit den Befehlen MODIFY QUERY, MODIFY COMMAND bzw. MODIFY FILE ändern. Einzelheiten über diese Befehle finden Sie unter den entsprechenden Themen der Hilfe.

Wenn Sie nicht sicher sind, welche Codeseite zuzuweisen ist, ersetzen Sie die Codeseitennummer im Befehl durch die Funktion GETCP( ). GETCP( ) zeigt das Dialogfeld **Codeseite** an und ermöglicht es Ihnen, die passende Codeseite auszuwählen. Einzelheiten finden Sie in der Hilfe unter GETCP( ) und SET CPDIALOG.

Hinweis: Einige Zeichen können bei der Codeseitenumwandlung nicht erfolgreich umgesetzt werden. Darüber hinaus werden auch einige Codeseitenumwandlungen nicht von Visual FoxPro unterstützt. Sie sollten daher die Ergebnisse einer Codeseitenänderung immer prüfen, um sicherzugehen, daß die Daten korrekt umgewandelt wurden.

Ermitteln der Codeseite einer Projektdatei

Nachdem Sie eine Datei einem Projekt hinzugefügt haben, können Sie deren Codeseite ermitteln. Die zu verwendende Methode ist abhängig davon, ob es sich um eine Tabelle (.dbf-Datei) oder eine Textdatei handelt.

▶ So ermitteln Sie die Codeseite einer Textdatei

1. Öffnen Sie den Projekt-Manager.
2. Wählen Sie unter **Andere** die Textdatei aus, deren Codeseite Sie ermitteln möchten.
3. Wählen Sie aus dem Menü **Projekt** den Befehl **Projektinfo**.

▶ So ermitteln Sie die Codeseite einer Tabelle

- Verwenden Sie die Funktion CPDBF( ).

Wenn Sie eine Anwendung aus einem Projekt erstellen, bindet der Projekt-Manager die Dateien automatisch in das Projekt ein, unabhängig davon, wie viele verschiedene Codeseiten sie enthalten. Die daraus entstehende Anwendung enthält die aktuelle Codeseite.

Hinweis: Wenn Sie einem Projekt eine .dbf-Datei hinzufügen, brauchen Sie keine Codeseite für die Datei anzugeben, da Visual FoxPro die Codeseite automatisch anhand der Codeseitenmarkierung der Datei ermittelt. Fügen Sie einem Projekt jedoch eine Textdatei hinzu, müssen Sie eine Codeseite für die Datei angeben, da Visual FoxPro die Codeseite nicht automatisch feststellen kann.

Um ein Programm für die Verwendung mit einer anderen Codeseite vorzubereiten, geben Sie die ursprüngliche Codeseite an, wenn Sie es auf der neuen Plattform speichern oder kompilieren. Möchten Sie beispielsweise ein mit FoxPro für MS-DOS erstelltes Programm für die Verwendung mit Visual FoxPro vorbereiten, geben Sie die passende MS-DOS-Codeseite an, wenn Sie das Programm mit Visual FoxPro speichern oder kompilieren. Falls Sie den Befehl COMPILE verwenden, geben Sie die Codeseite mit der Klausel AS an. Alternativ geben Sie die Codeseite mit SET CPCOMPILE an, bevor Sie das Programm kompilieren. Einzelheiten hierzu finden Sie unter COMPILE und SET COMPILE in der Hilfe.

Festlegen von Codeseiten für Variablen

Möglicherweise möchten Sie internationale Daten auf eine bestimmte Art und Weise verändern: zum Beispiel die Daten in einer Variablen in eine andere Codeseite übersetzen oder aber die Übersetzung von Daten in einem Zeichen- oder Memofeld verhindern.

Übersetzen von Daten in Variablen

Wenn der Code in Ihrer Anwendung eine Variable mit Daten aus einer anderen Codeseite enthält, können Sie die Daten mit der Funktion CPCONVERT( ) in die richtige Codeseite übersetzen. Nehmen Sie beispielsweise an, die Variable x enthält Daten, die mit der Macintosh®-Codeseite (10000) erstellt wurden. Zum Übersetzen dieser Daten in die Windows-Codeseite (1252) geben Sie folgenden Befehl ein:

```
cConvert=CPCONVERT(10000,1252,x)
```

In Windows sehen die konvertierten Daten genauso wie auf dem Macintosh aus. So sieht z. B. das Zeichen „ä" auf dem Macintosh und in Windows gleich aus.

Verhindern der Übersetzung von Daten in Zeichen- oder Memofeldern

In bestimmten Fällen soll keine automatische Codeseitenübersetzung erfolgen. Wenn ein Zeichenfeld beispielsweise ein verschlüsseltes Kennwort enthält, soll Visual FoxPro das Kennwort nicht automatisch übersetzen, da es auf diese Weise geändert würde.

▶ **So verhindern Sie die Übersetzung von Daten in einem Zeichen- oder Memofeld**

1. Öffnen Sie das Projekt mit der Tabelle.
2. Markieren Sie die Tabelle.
3. Wählen Sie die Schaltfläche **Ändern**.

    Der Tabellen-Designer wird angezeigt.

4. Markieren Sie das Feld, dessen Daten Sie schützen möchten.
5. Wählen Sie aus der Liste **Typ** die Option **Zeichen (Binär)** für ein Zeichenfeld bzw. **Memo (Binär)** für ein Memofeld aus.
6. Klicken Sie auf **OK**, und klicken Sie dann auf die Schaltfläche **Ja**, damit die Änderungen unwiderruflich sind.
7. Prüfen Sie die Änderungen, indem Sie die Struktur der Tabelle mit dem Befehl **DISPLAY STRUCTURE** anzeigen.

    Alternativ schützen Sie die entsprechenden Felder mit dem Befehl MODIFY STRUCTURE. Einzelheiten finden Sie in der Hilfe unter MODIFY STRUCTURE.

Sie können die Übersetzung von bestimmten Zeichen in Textdateien auch mit der Funktion CHR( ) verhindern. Einzelheiten hierzu finden Sie in der Hilfe unter CHR( ).

Von Visual FoxPro unterstützte Codeseiten

Eine Codeseite ist ein bestimmter Zeichensatz für eine Sprache oder für eine Hardwareplattform. Bei verschiedenen Codeseiten oder Hardwareplattformen werden Akzentzeichen nicht durch dieselben Werte dargestellt. Außerdem können manche Zeichen, die in einer Codeseite vorhanden sind, in einer anderen Codeseite fehlen.

Codeseite	Plattform	Codeseitenkennung
437	U.S.-amerikanisches MS-DOS	x01
620 *	Mazovia-MS-DOS (polnisch)	x69
737 *	Griechisches MS-DOS (437G)	x6A
850	Internationales MS-DOS	x02
852	Osteuropäisches MS-DOS	x64
861	Isländisches MS-DOS	x67

(Fortsetzung)

Codeseite	Plattform	Codeseitenkennung
865	Nordisches MS-DOS	x66
866	Russisches MS-DOS	x65
895 *	Kamenicky-MS-DOS (tschechisch)	x68
857	Türkisches MS-DOS	x6B
1250	Osteuropäisches Windows	xC8
1251	Russisches Windows	xC9
1252	Windows ANSI	x03
1253	Griechisches Windows	XCB
1254	Türkisches Windows	XCA
10000	Standard-Macintosh	x04
10006	Griechischer Macintosh	x98
10007 *	Russischer Macintosh	x96
10029	Macintosh EE	x97

* Wird nicht erkannt, wenn Sie in der Konfigurationsdatei den Befehl CODEPAGE=AUTO eintragen.

Sortieren von Daten in internationalen Anwendungen

Nachdem Sie eine Tabelle mit internationalen Daten erstellt haben, prüfen Sie, ob Ihre Anwendung die Daten korrekt sortiert. Die Sortierweise der Daten hängt von der mit der Tabelle verbundenen Codeseite ab, da diese die verfügbaren Sortierreihenfolgen angibt. Weitere Informationen über die von Codeseiten unterstützten Sortierreihenfolgen finden Sie in der Hilfe unter „Sortierreihenfolgen".

Arbeiten mit Sortierreihenfolgen

Sortierreihenfolgen enthalten die Sortierregeln verschiedener Gebietsschemata und ermöglichen es Ihnen so, Daten in diesen Sprachen korrekt zu sortieren. In Visual FoxPro legt die aktuelle Sortierreihenfolge die Ergebnisse von Vergleichsoperationen auf Zeichenausdrücken sowie die Reihenfolge fest, in der Datensätze in indizierten oder sortierten Tabellen angezeigt werden.

Hinweis: In Umgebungen mit Doppelbyte-Zeichen (DBCS) wird die Sortierung anders durchgeführt. Einzelheiten hierzu finden Sie unter „Sortieren von DBCS-Daten" weiter unten in diesem Kapitel.

Verwenden Sie die geeignete Sortierreihenfolge, da unterschiedliche Sortierreihenfolgen zu unterschiedlichen Ergebnissen führen, wie die folgende Tabelle zeigt.

Unsortiert	„Machine"	„General"	Spanisch
!@#$	Leerzeichen	Leerzeichen	Leerzeichen
1234	!@#$	!@#$	!@#$
Leerzeichen	1234	1234	1234
Caesar	Caesar	Äa	äa
Cæsar	Car	Ab	ab
Strasse	Char	Äb	äb
Straße	Czech	Caesar	Caesar
Car	Strasse	Cæsar	cæsar
Char	Ab	Car	Car
Czech	cæsar	Çar	Çar
ab	Straße	Char	Czech
Çar	Çar	Czech	Char
äa	Äa	Strasse	Strasse
äb	Äb	Straße	straße

Richtlinien für die Sortierreihenfolge

Für die Auswahl einer Sortierreihenfolge gelten die folgenden Richtlinien:

- Wenn Sie internationale Zeichen richtig sortieren möchten, vermeiden Sie die Sortierreihenfolge „Machine", da diese die Zeichen in ASCII-Reihenfolge sortiert. So folgt beispielsweise Çar auf straße.

- Buchstaben mit diakritischen Zeichen werden anders als Buchstaben ohne diakritische Zeichen sortiert. In den Sortierreihenfolgen „General" und „Spanisch" wird äa vor ab, doch ab vor äb sortiert.

- Ligaturen, wie ß, werden genauso wie ihre entsprechenden Zeichenerweiterungen sortiert. Zum Beispiel wird straße genauso wie Strasse sortiert und c*sar genauso wie Caesar.

- In einigen Sprachen werden zwei Zeichen als ein Zeichen sortiert. Im Spanischen beispielsweise wird das Ch in Char als ein Zeichen zwischen C und D sortiert.

Die folgenden Abschnitte beschreiben, wie Sie Sortierreihenfolgen angeben, die aktuelle Sortierreihenfolge überprüfen und die Wirkung von Sortierreihenfolgen erkennen.

Angeben von Sortierreihenfolgen

Sie können eine Sortierreihenfolge für Zeichenfelder angeben, die in den anschließenden Indizier- und Sortieroperationen verwendet wird.

So geben Sie eine Sortierreihenfolge an

1. Wählen Sie aus dem Menü **Extras** den Befehl **Optionen**.
2. Wählen Sie die Registerkarte Daten aus.
3. Wählen Sie im Feld **Sortierfolge** die geeignete Sortierreihenfolge aus.

   Wenn Sie diese Einstellung für künftige Visual FoxPro-Sitzungen speichern möchten, wählen Sie **Als Standardeinstellung verwenden**.

   > **Tip:** Sie können auch mit dem Befehl SET COLLATE TO oder der Anweisung COLLATE eine Sortierreihenfolge in Ihre Konfigurationsdatei **Config.fpw** einbinden. Einzelheiten über die Datei **Config.fpw** finden Sie im *Installationshandbuch* in Kapitel 3, „Konfigurieren von Visual FoxPro".

Die aktuelle Sortierreihenfolge hat zwar keinen Einfluß auf vorher erstellte Indizes, beeinflußt jedoch die Ergebnisse von Vergleichen und Befehlen wie beispielsweise **SEEK** und **SELECT – SQL**. Einzelheiten hierzu finden Sie im Abschnitt „Erkennen der Wirkung von Sortierreihenfolgen" weiter unten in diesem Kapitel.

Sie können die Sortierreihenfolge jederzeit ändern. So können Sie beispielsweise nach dem Öffnen einer Kundentabelle Indexschlüssel zur Darstellung von unterschiedlichen Sortierreihenfolgen erstellen, wie die folgenden Programmzeilen zeigen. Anschließend können Sie die Sortierreihenfolge ändern, indem Sie einfach einen anderen Schlüssel verwenden:

```
USE customer
SET COLLATE TO "GENERAL"
INDEX ON company TAG mygeneral ADDITIVE
SET COLLATE TO "MACHINE"
INDEX ON cust_id TAG mymachine ADDITIVE
SET COLLATE TO "DUTCH"
INDEX ON contact TAG mydutch ADDITIVE
```

> **Hinweis:** Die Sortierreihenfolge für einen Index hat Vorrang vor der aktuellen Sortierreihenfolge.

Die aktuelle Codeseite legt fest, welche Sortierreihenfolgen verfügbar sind. Wenn Sie mit SET COLLATE eine Sortierreihenfolge angeben, die von der aktuellen Codeseite nicht unterstützt wird, gibt Visual FoxPro eine Fehlermeldung aus. Wenn Sie darüber hinaus eine von der aktuellen Codeseite nicht unterstützte Sortierreihenfolge in **Config.fpw** angeben, wird für die Sortierreihenfolge die Standardeinstellung „Machine" ausgewählt.

Überprüfen von Sortierreihenfolgen

Sie können die aktuelle Sortierreihenfolge mit der Funktion SET ('COLLATE') bestimmen. So können Sie beispielsweise die aktuelle Sortierreihenfolge speichern, die Sortierreihenfolge dann als „Machine" festlegen, die von Ihnen beabsichtigten Arbeiten durchführen und schließlich die ursprüngliche Sortierreihenfolge wiederherstellen.

```
cCurrentOrder=SET('COLLATE')
SET COLLATE TO "MACHINE"
*
* Code, der die Sortierreihenfolge "Machine" erfordert
*
SET COLLATE TO cCurrentOrder   && zur vorherigen Sortierreihenfolge
                               && zurückkehren
```

Außerdem können Sie mit der Funktion IDXCOLLATE( ) die Sortierreihenfolge eines Indexes oder eines Indexschlüssels bestimmen. Einzelheiten hierzu finden Sie in der Hilfe unter IDXCOLLATE( ).

Erkennen der Wirkung von Sortierreihenfolgen

Die Sortierreihenfolge wirkt sich auf die Ergebnisse von Zeichenfolgenvergleichen, SEEK und SELECT – SQL, wie im folgenden beschrieben, aus.

Vergleichen von Zeichenfolgen

Bei allen Sortierreihenfolgen außer „Machine" und „Unique Weight" wird die Groß- und Kleinschreibung ignoriert. Aus diesem Grund brauchen Sie in Ihren Indexausdrücken UPPER( ) nicht zu verwenden.

Die aktuelle Sortierreihenfolge wirkt sich auf Zeichenfolgenvergleiche aus. Wenn Sie beispielsweise für die Sortierreihenfolge „General" festlegen, geben die folgenden Anweisungen Wahr (.T.) zurück:

```
?"A" = "a"
?"Straße"="Strasse"
?"*" = "ae"
```

Verwenden Sie hingegen die Sortierreihenfolge „Machine", geben alle diese Anweisungen Falsch (.F.) zurück, da die Zeichenfolgen Byte für Byte exakt verglichen werden.

Der Zeichenfolgen-Vergleichsoperator (= =) gibt dasselbe Ergebnis zurück wie bei Vergleichen nach Wert oder bei Vergleichen mit Hilfe der Sortierreihenfolge „Machine", d.h., die Zeichenfolgen werden Byte für Byte verglichen. Zum Beispiel gibt die folgende Anweisung .F. (falsch) zurück:

```
? "Straße" == "Strasse"
```

Hinweis: Wenn Sie den Zeichenfolgen-Vergleichsoperator (= =) verwenden, ignoriert Visual FoxPro **SET EXACT**.

Verwenden von SEEK

Visual FoxPro ignoriert bei einer *Teil-Schnellsuche* diakritische Zeichen. Eine Teil-Schnellsuche wird ausgeführt, wenn der Ausdruck kürzer als der Schlüssel ist. Falls diakritische Zeichen wichtig sind, sollten Sie deshalb SCAN FOR...ENDSCAN oder LOCATE FOR...CONTINUE statt SEEK verwenden.

Die Verwendung von SCAN und LOCATE anstelle von **SEEK** bietet folgende Vorteile:

- SCAN und LOCATE berücksichtigen diakritische Zeichen.
- Visual FoxPro optimiert die Ergebnisse von SCAN oder LOCATE voll, wenn als aktuelle Sortierreihenfolge „Machine" oder „Unique Weight" ausgewählt wurde.
- SCAN und LOCATE „merken" sich die Bedingung für ihren Aufruf und ermöglichen es Ihnen so, sie zum Durchlaufen von Schleifen mit einer Bedingung zu verwenden. Im Gegensatz dazu legt **SEEK** den Beginn der Suche an einer beliebigen Stelle im Index fest, und SKIP läuft ab dieser Stelle im Index nach unten. Entsprechend liefert **SEEK** bei internationalen Daten möglicherweise nicht die gewünschten Ergebnisse.

Verwenden von SELECT – SQL

Der Befehl SELECT – SQL verwendet die aktuelle Sortierreihenfolge. Wenn beispielsweise ein Indexschlüssel auf der Sortierreihenfolge „General" basiert und die (von SET ('COLLATE') zurückgegebene) aktuelle Sortierreihenfolge „Machine" ist, basiert das Ergebnis von **SELECT – SQL** auf „Machine".

Verwenden Sie für die aktuelle Sortierreihenfolge mit **SELECT – SQL** die Klausel ORDER BY. Einzelheiten hierzu finden Sie in der Hilfe unter SELECT – SQL.

Verwenden von Indizes

Sortierreihenfolgen legen die Reihenfolge von Datensätzen in indizierten Tabellen fest. Beachten Sie die folgenden Richtlinien zur Verwendung von Indizes bei Sortierreihenfolgen:

- Wenn Indizes, die in früheren FoxPro-Versionen erstellt wurden, eine andere Sortierreihenfolge als „Machine" verwenden sollen, erstellen Sie die Indizes neu.
- Erstellen Sie dBASE-Indizes neu, damit sie die Visual FoxPro-Sortierreihenfolgen nutzen können.
- Erstellen Sie einen Index neu mit dem Befehl REINDEX, da **REINDEX** die Sortierreihenfolge unverändert beibehält.

Arbeiten mit Doppelbyte-Zeichensätzen

Visual FoxPro unterstützt DBCS (Doppelbyte-Zeichensätze), Zeichensätze also, bei denen mehr als ein Byte zur Darstellung eines Zeichens benötigt wird. Beispiele für Sprachen, bei denen Doppelbyte-Zeichensätze benötigt werden, sind Vereinfachtes Chinesisch, Traditionelles Chinesisch, Japanisch und Koreanisch.

Visual FoxPro DBCS ermöglicht Ihnen die Erstellung von internationalen Anwendungen. So können Sie beispielsweise eine für Japan bestimmte Anwendung mit der US-Version von Visual FoxPro erstellen, wenn Sie mit der japanischen Windows-Version arbeiten. Die DBCS-Funktionen von Visual FoxPro arbeiten ordnungsgemäß mit dem japanischen Zeichensatz, und die japanische Sortierreihenfolge wird unterstützt.

Hinweis: Visual FoxPro bietet spezielle Programmierungsfunktionen für die Arbeit mit Zeichenfolgen in DBCS-Umgebungen. Einzelheiten hierzu finden Sie im Abschnitt „Arbeiten mit Strings in DBCS-Umgebungen" weiter unten in diesem Kapitel.

Verwenden von DBCS-Zeichen beim Benennen von Objekten

Visual FoxPro unterstützt die Verwendung von DBCS-Zeichen beim Benennen von Elementen einer Anwendung. Wie auch allgemein in Visual FoxPro üblich, können Elementnamen:

- Bis zu 254 Zeichen lang sein und eine Kombination aus Doppelbyte- und Ein-Byte-Zeichen enthalten. Wenn Sie beispielsweise nur Doppelbyte-Zeichen verwenden, dürfen die verwendeten Namen nur 127 Zeichen lang sein.
- Mit einem Buchstaben, einer Zahl, einem Unterstrich oder einer vorangestellten/nachgestellten Byte-Kombination beginnen.
- Nur aus Buchstaben, Zahlen, Unterstrichen oder DBCS-Zeichen bestehen.

Diese Regeln beziehen sich auf Variablen-, Objekt- (Fenster, Menüs usw.), Funktions- und Prozedurnamen, Klassen- und Unterklassennamen, Aliasbezeichnungen und Konstantennamen. Sie können Doppelbyte-Zeichen auch in Dateinamen verwenden. Um die Möglichkeit auszuschließen, daß Zeichen in Dateinamen unbeabsichtigt als Trennzeichen behandelt werden, ist es am sichersten, die Dateinamen immer in Anführungszeichen einzuschließen.

Hinweis: Die angegebenen Längenbegrenzungen von Visual FoxPro beziehen sich immer auf Ein-Byte-Zeichen. Wenn also in Feldnamen, Indexausdrücken, Variablennamen, Fensternamen usw. Doppelbyte-Zeichen verwendet werden, verkürzt dies die maximal mögliche Länge des Namens. Wenn beispielsweise ein Feldname in einer freien Tabelle bis zu 10 Byte lang sein darf, können Sie entweder 10 Ein-Byte-Zeichen oder nur 5 Doppelbyte-Zeichen verwenden. Weitere Informationen über die Kapazität von Visual FoxPro-Systemkomponenten finden Sie in der Hilfe unter „Kapazität der Systemkomponenten".

Sortieren von DBCS-Daten

Um Ihnen beim Sortieren von Daten in DBCS-Umgebungen behilflich zu sein, unterstützt Visual FoxPro Sortierreihenfolgen für Vereinfachtes Chinesisch, Traditionelles Chinesisch, Japanisch und Koreanisch. Sortierreihenfolgen ermöglichen Ihnen, Zeichenfelder in Tabellen für jede Sprache korrekt zu sortieren.

Die folgende Tabelle enthält eine Liste der Optionen für die Visual FoxPro-Sortierreihenfolgen und die entsprechenden Sprachen.

Optionen	Sprache
JAPANESE	Japanisch
KOREAN	Koreanisch
PINYIN	Vereinfachtes Chinesisch
STROKE	Vereinfachtes und Traditionelles Chinesisch

Weitere Informationen über das Festlegen von Sortierreihenfolgen finden Sie im Abschnitt „Angeben von Sortierreihenfolgen" weiter vorne in diesem Kapitel.

Erstellen oder Ändern von Programmen

Sie können Probleme, die bei der Lokalisierung von Code auftreten können, verhindern, wenn Sie die in den folgenden Abschnitten beschriebenen Richtlinien beachten.

Testen für internationale Versionen

Wenn es für Ihre Anwendung wichtig ist, ermitteln zu können, in welcher Sprache Visual FoxPro ausgeführt wird, können Sie die Funktion VERSION( ) aufrufen. Die Kenntnis der Sprachumgebung kann hilfreich sein, um festzulegen, welcher Text angezeigt wird, wie Daten formatiert werden usw. Der folgende Code ermittelt beispielsweise die Sprachumgebung, in der Visual FoxPro ausgeführt wird, und ruft dann ein sprachspezifisches Formular auf:

```
IF VERSION(3) = 34 THEN
    * Wird in Spanisch ausgeführt - spanisches Formular anzeigen
    DO FORM CST_SPN.SCX
ELSE
    * Englisches Formular anzeigen.
    DO FORM CST_ENU.SCX
ENDIF
```

Hinweis: Die Unterstützung von Doppelbyte-Zeichenfolgen steht in Visual FoxPro erst seit Version 3.0b zur Verfügung. Basiert Ihre Anwendung auf der Verfügbarkeit der DBCS-Funktionen, sollten Sie daher auch die Funktion VERSION(1) aufrufen, um die Versionsnummer von Visual FoxPro zu überprüfen.

Verwenden von Zeichenfolgen

Vermeiden Sie es, Zeichenfolgen direkt in Code einzubeziehen, da diese die Lokalisierung erschweren. Beziehen Sie beispielsweise keine Datumsangaben und Währungen als Zeichenfolgen in Code ein. Schreiben Sie Ihren Code möglichst so, daß er Zeichenfolgen aus vom Programm getrennten Dateien oder Tabellen einbindet.

Hinweis: Wenn Sie alle Zeichenfolgen aus Ihrem Programm entfernen, verringert sich möglicherweise dessen Geschwindigkeit. Dies kann zum Beispiel der Fall sein, wenn das Programm innerhalb einer Schleife nach Zeichenfolgen sucht.

Eine Möglichkeit, in einer Anwendung, die übersetzt werden soll, mit Zeichenfolgen zu arbeiten, besteht darin, konsequent Zeichenfolgenkonstanten zu verwenden. Hierbei können Sie den Text für diese Konstanten in einer separaten Textdatei definieren, auf die sich dann Ihre Programme mit Hilfe der #INCLUDE-Präprozessoranweisung beziehen. Anstatt also beispielsweise die Fehlermeldung „Datei nicht gefunden" einzubetten, können Sie die Konstante ERR_FILE_NOT_FOUND verwenden. Der Text für diese Konstante könnte sich in einer Datei mit Namen **ERR_TEXT.H** befinden. Und so sähe beispielsweise ein Programm aus, das mit dieser Technik arbeitet:

```
#INCLUDE ERR_TEXT.H

* Programmcode
```

```
IF ERR THEN
   MESSAGEBOX( ERR_FILE_NOT_FOUND )
ENDIF
```

Beim Lokalisieren der Anwendung kann der Übersetzer eine gebietsspezifische Version der Fehlertextdatei erstellen und die Anwendung neu kompilieren.

Arbeiten mit Zeichenfolgen in DBCS-Umgebungen

Visual FoxPro enthält Funktionen für das Bearbeiten von Zeichenausdrücken, die eine beliebige Kombination aus Ein- und Doppelbyte-Zeichen enthalten. Mit Hilfe der DBCS-Zeichenfolgenfunktionen können Sie Anwendungen entwickeln, ohne zusätzlichen Code schreiben zu müssen, der beim Zählen, Suchen, Einfügen oder Entfernen von Zeichen in einer Zeichenfolge speziell das Vorhandensein von Doppelbyte-Zeichen abprüft.

Die meisten DBCS-Funktionen entsprechen ihren Ein-Byte-Gegenstücken, mit dem Unterschied, daß deren Name zwecks besserer Unterscheidungsmöglichkeit meist mit dem Suffix C versehen ist. Sie können diese Funktionen mit Ein-Byte- und mit Doppelbyte-Daten verwenden; die DBCS-Funktionen geben, wenn Ein-Byte-Daten an sie übergeben werden, exakt den gleichen Wert zurück wie ihre Ein-Byte-Gegenstücke. Einige wenige andere Funktionen unterstützen Sie bei der Arbeit mit Zeichenfolgen speziell in Doppelbyte-Umgebungen.

DBCS-Zeichenfolgenfunktionen	Beschreibung
AT_C( )	Gibt die Position einer Zeichenfolge innerhalb einer anderen zurück (Groß-/Kleinschreibung beachtend), und zwar beginnend auf der linken Seite.
ATCC( )	Gibt die Position einer Zeichenfolge innerhalb einer anderen zurück (ohne Berücksichtigung der Groß-/Kleinschreibung).
CHRTRANC( )	Ersetzt Zeichen in einer Zeichenfolge.
IMESTATUS( )	Schaltet im Datenblattfenster zur Doppelbyte-Bearbeitung um.
ISLEADBYTE( )	Prüft, ob ein Zeichen ein DBCS-Zeichen ist.
LEFTC( )	Gibt das am weitesten links befindliche Zeichen einer Zeichenfolge zurück.
LENC( )	Gibt die Anzahl der Zeichen einer Zeichenfolge zurück.
LIKEC( )	Prüft, ob sich zwei Zeichenfolgen entsprechen.
RATC( )	Gibt die Position einer Zeichenfolge innerhalb einer anderen zurück (Groß-/Kleinschreibung beachtend), beginnend auf der rechten Seite.
RIGHTC( )	Gibt das am weitesten rechts befindliche Zeichen einer Zeichenfolge zurück.

(Fortsetzung)

DBCS-Zeichenfolgenfunktionen	Beschreibung
STRCONV( )	Wandelt Zeichen von Ein-Byte-Darstellung in Doppelbyte-Darstellung um.
STUFFC( )	Ersetzt Zeichen in einer Zeichenfolge durch eine andere Zeichenfolge.
SUBSTRC( )	Gibt eine untergeordnete Zeichenfolge zurück.

Denken Sie bei der Arbeit mit Doppelbyte-Zeichen daran, daß die maximal mögliche Länge für Variablen, Namen usw. hierbei effektiv auf die Hälfte beschränkt ist. Weitere Informationen über die Kapazität von Visual FoxPro-Systemkomponenten finden Sie in der Hilfe unter „Kapazität der Systemkomponenten".

Hinweis: Die DBCS-Funktionen von Visual FoxPro werden in früheren Versionen von Visual FoxPro nicht unterstützt, und deren Aufruf kann zu unvorhersehbaren Ergebnissen führen. Falls Sie in Ihrer Anwendung DBCS-Funktionen verwenden, prüfen Sie mit Hilfe der Funktion VERSION(1), ob Sie mit einer neueren Visual FoxPro-Version als 3.0 arbeiten.

Arbeiten mit Datums-, Uhrzeit- und Währungsformaten

Damit Datumsangaben, Uhrzeiten und Währungen so formatiert werden, wie es die Benutzer Ihrer Anwendungen gewöhnt sind, stehen Ihnen eine Vielzahl von Formatierungstechniken zur Verfügung. Sie haben folgende Möglichkeiten:

- Gestatten Sie Visual FoxPro, mit den Einstellungen zu arbeiten, die in der Systemsteuerung vorgegeben sind.

- Geben Sie im Dialogfeld **Optionen** von Visual FoxPro eine Sprache oder das spezifische Format an, die bzw. das Sie verwenden möchten.

- Formatieren Sie Datums-, Uhrzeit- und Währungsdaten in Code.

So legen Sie ein Format für Datum, Uhrzeit und Währung fest

1. Klicken Sie im Menü **Extras** auf **Optionen**, und klicken Sie anschließend auf die Registerkarte Ländereinstellungen.

2. Um mit den in der Windows-Systemsteuerung festgelegten Einstellungen zu arbeiten, klicken Sie auf **Systemeinstellungen verwenden**.

   – Oder –

   Wählen Sie eine Sprache oder ein Format für Datumsangaben und Uhrzeiten, und wählen Sie anschließend die Optionen zum Formatieren von Währung und Zahlen. Wenn Sie eines der Formate **Kurz** oder **Lang** für das Datumsformat wählen, können Sie hierfür keine weiteren Optionen festlegen; und es werden die Einstellungen aus der Windows-Systemsteuerung übernommen.

3. Klicken Sie auf **OK**, um die Optionen für die aktuelle Sitzung zu übernehmen, oder klicken Sie auf **Als Standardeinstellung verwenden**, um die Änderungen als Standardeinstellungen für die vorliegende Visual FoxPro-Kopie zu übernehmen.

Sie können diese Einstellungen auch mit Hilfe der Befehle SET SYSFORMATS und SET DATE vornehmen. In der Regel geben Sie diesen Befehl während der Initialisierung Ihrer Anwendung (beispielsweise in der Konfigurationsdatei) aus. Standardmäßig ist **SET SYSFORMATS** auf OFF eingestellt, daher müssen Sie diesen Befehl beim Starten der Anwendung explizit auf ON setzen.

Weitere Informationen zu diesen Befehlen finden Sie in der Hilfe.

Sie können in einzelnen Textfeldern eine Datengültigkeitsprüfung initiieren, indem Sie die Eigenschaft Format des Textfeldes einstellen. Da die Textfeldformatierung jedoch Vorrang vor der systemübergreifenden Formatierung hat, wird hierdurch die Lokalisierung Ihrer Anwendung für eine Umgebung, in der unterschiedliche Formate für Datum, Währung usw. verwendet werden, möglicherweise erschwert.

Verwenden von Präprozessoranweisungen

Mit Hilfe von Präprozessoranweisungen können Sie Anwendungsvarianten für unterschiedliche Gebietsschemata erstellen. Diese Anweisungen steuern die Kompilierung von Code in der Anwendung und umfassen die Konstruktionen #INCLUDE, #DEFINE, #UNDEF und #IF...ENDIF.

Mit Präprozessoranweisungen können Anwendungsvarianten zwar schnell erstellt werden, es sind jedoch auch folgende Nachteile zu bedenken:

- Bei Verwendung von Präprozessoranweisungen wird der Code zusätzlich geklammert, wodurch seine Komplexität erhöht wird.
- Kompilierzeit-Konstanten sind nur im Quellprogramm verfügbar.

Verwalten von Dateien in einer internationalen Anwendung

Der Projekt-Manager hilft Ihnen beim Organisieren einer internationalen Anwendung. In einem Projekt können Sie die einzelnen Bestandteile einer Anwendung, wie Formulare, Menüs, Programme und Berichte, zusammenfassen. Wenn Sie dann die Anwendung für den vorgesehenen Zielmarkt erstellen, garantiert das Projekt, daß alle Bestandteile aktuell sind.

Im Gegensatz zu .dbf-Dateien enthalten Textdateien, wie Abfrage- und Programmdateien, keine Codeseitenmarkierungen. Sie müssen sich daher die von Textdateien verwendeten Codeseiten merken, so daß Sie die Dateien korrekt verwenden können. Der Projekt-Manager hilft Ihnen, sich die von einer Textdatei verwendete Codeseite zu merken. Einzelheiten hierzu finden Sie im Abschnitt „Angeben der Codeseite einer Textdatei" weiter oben in diesem Kapitel.

Vertreiben von gebietsspezifischen Laufzeitdateien

Wenn Sie Ihre Anwendung zusammen mit der Laufzeitversion von Visual FoxPro vertreiben, müssen Sie möglicherweise eine gebietsspezifische *Ressourcendatei* mitliefern. Diese Datei enthält die Dialogfelder und andere Elemente der Benutzeroberfläche, auf die Visual FoxPro bei der Interaktion mit dem Benutzer zurückgreift. Für jede Sprache, in der Visual FoxPro verfügbar ist, steht eine andere Laufzeit-Ressourcendatei zur Auswahl.

Im Normalfall müßten Sie sich nur dann um eine gebietsspezifische Laufzeit-Ressource kümmern, wenn alle nachstehenden Bedingungen zuträfen:

- Sie fügen Ihrer Anwendung die Laufzeitversion von Visual FoxPro hinzu.

- Sie vertreiben Ihre Anwendung an Benutzer, die eine andere Sprache sprechen als die, in der Sie die Anwendung entwickelt haben. Wenn Sie beispielsweise in Englisch für einen englischsprachigen Benutzerstamm entwickeln, müssen Sie sich über das Hinzufügen einer gebietsspezifischen Ressourcendatei keine Gedanken machen. Wenn Sie jedoch die englische Version von Visual FoxPro zum Entwickeln verwenden, die Laufzeitversion der Anwendung jedoch in einem französischsprachigen Land vertreiben, sollten Sie das Beilegen der Laufzeit-Ressourcendatei in Betracht ziehen.

- Ihre Anwendung zeigt Visual FoxPro-Dialogfelder, -Menüs oder -Fehlermeldungen an. Da Sie im Normalfall Ihre eigenen Versionen dieser Oberflächenkomponenten entworfen und lokalisiert haben, müssen Sie die gebietsspezifische Ressourcendatei nicht mitliefern.

Informationen über das Vertreiben von Laufzeitdateien mit Anwendungen finden Sie in Kapitel 25, „Erstellen einer Anwendung zum Vertrieb" und in Kapitel 26, „Erstellen von Vertriebsdisketten".

Laufzeit-Ressourcendateien erhalten Namen im Format Vfp5aaa.dll, wobei „aaa" für einen dreibuchstabigen Code steht, der die Sprache repräsentiert. So steht beispielsweise der Code ENU für US-amerikanisches Englisch, der Code DEU für Deutsch, der Code FRA für Französisch. Die Laufzeit-Ressourcendateien für diese Sprachen tragen daher die Namen **Vfp5enu.dll**, **Vfp5deu.dll** bzw. **Vfp5fra.dll**.

Sie müssen immer wenigstens eine Laufzeit-Ressourcendatei mitliefern, auch dann, wenn Sie keine der von Visual FoxPro zur Verfügung gestellten Komponenten der Benutzeroberfläche als Teil Ihrer Anwendung verwenden möchten. Standardmäßig fügt Visual FoxPro die Ressourcendatei bei, die zu Ihrer Kopie des Programms gehört. Entwickeln Sie beispielsweise eine Anwendung mit der amerikanischen Version von Visual FoxPro, fügt Visual FoxPro automatisch die Datei **Vfp5enu.dll** hinzu, wenn Sie Laufzeitdateien in Ihre Anwendung einschließen. Wenn Sie keine Veranlassung haben, eine gebietsspezifische Ressourcendatei zu verwenden, können Sie einfach die standardmäßige Ressourcendatei als Teil Ihrer Anwendung mitliefern.

Nach der Installation der Anwendung kann der Benutzer die Laufzeit-Ressourcendatei mit einem Eintrag in der Windows-Systemregistrierungsdatei oder mit Hilfe eines Befehlszeilenparameters festlegen.

▶ So geben Sie eine Laufzeit-Ressourcendatei an

- Fügen Sie der Befehlszeile, mit der die Anwendung gestartet wird, den Parameter L und den Namen der Ressourcendatei hinzu, die verwendet werden soll (einschließlich des Pfads, falls erforderlich). Parameter und Dateiname werden nicht durch Leerzeichen getrennt.

  Mit dem folgenden Befehl wird beispielsweise die Datei **Vfp5deu.dll** als Ressourcendatei festgelegt:

  ```
  C:\Program Files\Microsoft Visual ;
  Studio\Vfp98\MYAPP.EXE -LC:\Myapp\VFfpdeu.dll
  ```

  – Oder –

- Stellen Sie die Windows-Registrierung auf dem Computer des Benutzers (mit Hilfe von Code oder einer Anwendung wie beispielsweise **Regedit.exe**) so ein, daß auf die zu verwendende Ressourcendatei verwiesen wird. Der Registrierungseintrag, der den Namen der Laufzeit-Ressourcendatei enthält, ist:

  HKEY_CLASSES_ROOT\VisualFoxProRuntime.5\RuntimeResource.5

Beim Starten der Laufzeitanwendung sucht Visual FoxPro zuerst nach einer dem Parameter L entsprechenden Ressourcendatei und dann nach einer dem Eintrag in der Registrierung entsprechenden. Wird mit keiner dieser Einstellungen eine gebietsspezifische Ressourcendatei festgelegt, verwendet Visual FoxPro das aktuelle System-Gebietsschema (Windows), um dynamisch einen DLL-Dateinamen zu konstruieren. Daher müssen Sie den Namen der Ressourcendatei nicht explizit angeben, wenn die gebietsspezifische Ressourcendatei Ihrer Anwendung dem Systemgebietsschema der Windows-Version des Benutzers entspricht. Am sichersten ist jedoch, sich nicht auf den Systemstandard zu verlassen, wenn Sie gewährleisten möchten, daß die richtige Datei geladen wird.

TEIL 6

Erstellen von Client-Server-Lösungen

Client-Server-Anwendungen verbinden die Funktionalität von Visual FoxPro auf Ihrem lokalen Computer mit den Vorteilen in bezug auf Speicherung und Sicherheit, die ein Remote-Server bietet. Sie können lokal einen Prototyp Ihrer Anwendung erstellen und anschließend mit dem Upsizing-Assistenten die Anwendung für eine Client-Server-Umgebung umwandeln.

Kapitel 19 Entwerfen von Client-Server-Anwendungen 565
Anhand von Mehrbenutzer-Entwicklungstechniken lernen Sie, wie Sie leistungsfähige Client-Server-Anwendungen entwerfen können.

Kapitel 20 Übertragen lokaler Visual FoxPro-Datenbanken in Client-Server-Datenbanken (Upsizing) 577
Das Erstellen lokaler Prototypen Ihres Entwurfs kann Zeitaufwand und Kosten der Entwicklung verringern. Mit einem getesteten lokalen Prototyp können Sie Ihre Anwendung einfach und effizient erweitern, so daß Sie die Vorteile der vom Remote-Server bereitgestellten Leistungsmerkmale nutzen können.

Kapitel 21 Implementieren von Client-Server-Anwendungen 601
Sie können die SQL Pass Through-Technologie verwenden, um die übertragene Anwendung zu erweitern. Während Remote-Ansichten den Zugriff zu Server-Daten bereitstellen, können Sie mit der SQL Pass Through-Technik unter Verwendung der systemeigenen Server-Syntax Befehle direkt an den Server senden und damit Steuerungsmöglichkeiten und Flexibilität erhöhen.

Kapitel 22 Optimieren des Client-Server-Leistungsverhaltens 639
Nach dem Erweitern können Sie weitere Schritte zur Optimierung des Leistungsverhaltens Ihrer Anwendungen ausführen. Informieren Sie sich über Ihre Möglichkeiten zur Optimierung Ihrer Client-Server-Anwendungen in Visual FoxPro und auf dem Remote-Server.

KAPITEL 19

Entwerfen von Client-Server-Anwendungen

Visual FoxPro stellt Ihnen die Tools zum Erstellen leistungsfähiger Client-Server-Anwendungen zur Verfügung. Eine Visual FoxPro-Client-Server-Anwendung kombiniert die Leistungsfähigkeit, Geschwindigkeit und grafische Benutzeroberfläche sowie intelligente Abfragen, Berichte und Verarbeitungsweisen von Visual FoxPro mit dem durchgängigen Mehrbenutzerzugriff, der Speicherung großer Datenmengen, den integrierten Sicherheitsmechanismen, der robusten Transaktionsverarbeitung, der Protokollierung und der systemeigenen Server-Syntax einer ODBC-Datenquelle oder eines ODBC-Servers. Aus dem Zusammenwirken der Stärken von Visual FoxPro und denjenigen des Servers resultiert eine leistungsfähige Client-Server-Lösung.

Der wichtigste Schritt beim Entwickeln einer erfolgreichen Client-Server-Anwendung ist das Erstellen des Entwurfs. Dieses Kapitel baut auf den Informationen zur Entwicklung von Mehrbenutzeranwendungen der vorangegangenen Kapitel auf. Ausgehend von dieser Grundlage wird eine Methodik zum Entwickeln von Client-Server-Anwendungen definiert.

Informationen über das Erstellen eines lokalen Prototyps und über das Übertragen eines lokalen in einen Client-Server-Prototyp finden Sie in Kapitel 20, „Übertragen lokaler Visual FoxPro-Datenbanken in Client-Server-Datenbanken (Upsizing)" Informationen über die Verwendung der SQL Pass-Through-Technologie finden Sie in Kapitel 21, „Implementieren von Client-Server-Anwendungen". Informationen über das Beschleunigen des Datenabrufs und der Datenverarbeitung finden Sie in Kapitel 22, „Optimieren des Client-Server-Leistungsverhaltens".

Dieses Kapitel behandelt folgende Themen:

- Ziele des Client-Server-Entwurfs
- Ein Entwurf für hohe Leistungsfähigkeit
- Schnelles Entwickeln von Anwendungen
- Integrieren von Datengenauigkeit und Datenintegrität

Ziele des Client-Server-Entwurfs

Wenn Sie eine Client-Server-Anwendung entwerfen, sollten Sie eine ganze Reihe von Anforderungen gegeneinander abwägen. Sie möchten sicherlich eine äußerst schnelle und produktive Anwendung erstellen. Darüber hinaus möchten Sie die Integrität der Anwendungsdaten gewährleisten, die vorhandene Hardware optimal nutzen und die Skalierbarkeit für die zukünftige Verwendung integrieren. Für die Visual FoxPro-Entwicklung soll außerdem der Entwicklungsprozeß so einfach und kostengünstig wie möglich gestaltet werden.

Sie werden den Anforderungen am besten gerecht, wenn Sie beim Entwerfen Ihrer Anwendung diese Ziele berücksichtigen. Um das umzusetzen, ist es sinnvoll, sich einen Überblick über die Techniken zu verschaffen, die eine optimale Client-Server-Leistung zur Verfügung stellen.

Ein Entwurf für hohe Leistungsfähigkeit

Das Erstellen einer schnellen, leistungsfähigen Client-Server-Anwendung mit Visual FoxPro umfaßt die Ausnutzung der hohen Geschwindigkeit der Visual FoxPro-Engine. Sie erreichen dies mit neuen Techniken, wie z. B. der Verwendung des mengenbasierten Datenzugriffs anstelle der herkömmlichen lokalen Navigation, der Erstellung von Abfragen mit Parametern zum Laden der gewünschten Daten, dem Ablegen von Tabellen auf der jeweils optimalen Plattform und mit der Nutzung sowohl gespeicherter Prozeduren in Visual FoxPro als auch gespeicherter Prozeduren auf Remote-Servern.

Bevor Sie diese neuen Techniken nutzen können, müssen Sie die Systeme, die Sie verwenden möchten, analysieren. Wenn Sie eine lokale Anwendung oder eine Datei-Server-Anwendung entwerfen, legen Sie die Abfragen, Formulare, Menüs und Berichte fest, die von der Anwendung verwendet oder erstellt werden. Wenn Sie eine Client-Server-Anwendung entwerfen, führen Sie ebenso die üblichen Systemanalysen durch sowie zusätzliche Analysen, die sich speziell auf Client-Server-Anwendungen beziehen. Sie müssen sich überlegen, wo sich die Daten, die von Abfragen, Formularen, Menüs und Berichten verwendet werden, befinden sollen und wie Sie darauf zugreifen können. Stellen Sie sich beispielsweise folgende Fragen:

- Welche Tabellen werden auf dem Remote-Server gespeichert, wenn die Anwendung implementiert ist?
- Welche Tabellen lassen sich effizienter als lokale Prüftabellen speichern?
- Welche Ansichten werden für den Zugriff auf Remote-Daten benötigt?
- Welche datenbezogenen Regeln werden vom Server durchgesetzt, und wie setzt sich die Anwendung mit diesen Regeln auseinander?

Sobald Sie die grundlegenden Komponenten für Ihre Client-Server-Anwendung festgelegt haben, können Sie damit beginnen, den Datenzugriff und die Datenaktualisierung der Anwendung zu entwerfen.

Laden der benötigten Daten

Einer der wichtigsten Faktoren beim Erstellen einer schnellen, effizienten Client-Server-Anwendung ist das Einschränken der Datenmenge, die vom Server abgerufen wird. Da Client-Server-Anwendungen in der Lage sind, ggf. auf große Datenmengen auf einem Remote-Server zuzugreifen, kann die Verwendung der herkömmlichen lokalen Navigationstechniken dazu führen, daß die Client-Server-Anwendung langsam wird. Verwenden Sie zur Verbesserung der Leistung die Techniken des mengenbasierten Datenzugriffs, um die zu ladende Datenmenge zu filtern.

Effizienter Zugriff auf mengenbasierte Daten

Remote-Daten sind mengenbasiert; Sie können auf Remote-Daten zugreifen, indem Sie aus einem großen Datenspeicher unter Verwendung von SELECT – SQL-Anweisungen eine bestimmte *Datenmenge* auswählen. Das Erstellen einer Client-Server-Anwendung unterscheidet sich vom Erstellen einer herkömmlichen lokalen Anwendung durch die Verwendung der Techniken des mengenbasierten Zugriffs auf Server-Daten im Gegensatz zur Verwendung der herkömmlichen Visual FoxPro-Navigationstechniken.

Verwenden herkömmlicher Navigationstechniken

Bei der herkömmlichen lokalen Datenbankprogrammierung können Sie auf einzelne und meist große Datenmengen zugreifen, indem Sie den Befehl **GOTO BOTTOM** verwenden, anhand dessen dann die entsprechende Abfrage ausgeführt wird. Sie können sich durch Daten bewegen, indem Sie zunächst den Befehl SET RELATION zum Erstellen einer temporären Beziehung zwischen zwei Tabellen eingeben und dann den Befehl SKIP, um sich durch die verknüpften Datensätze zu bewegen.

Obwohl Sie diese Vorgehensweise auch zum Bewegen in Datensätzen für Remote-Daten verwenden können, kann sie für große Remote-Datenspeicherungen unter Umständen nicht geeignet sein. Wenn Sie z. B. eine Remote-Ansicht erstellen, die auf eine große Tabelle einer Remote-Datenquelle zugreift, und dann den Befehl GOTO BOTTOM eingeben, müssen Sie warten, bis alle Daten der Ansicht aus der Datenquelle abgerufen, über das Netzwerk übertragen und in den Cursor Ihrer lokalen Systemansicht geladen wurden.

Verwenden parametrisierter Abfragen

Ein effizienteres Verfahren für den Zugriff auf Remote-Daten besteht darin, nur die Daten zu laden, die benötigt werden, und dann durch erneutes Abfragen bestimmte zusätzliche oder neue Datensätze abzurufen. Verwenden Sie eine auf einem Parameter basierende SELECT-Anweisung, um eine bestimmte kleine Datenmenge zu laden, und greifen Sie dann auf neue Datensätze zu, indem Sie mit der Funktion REQUERY( ) eine neue Datenmenge anfordern.

Geben Sie den Befehl **GOTO BOTTOM** nicht für Daten auf einem Remote-Server ein, da dies folgende Auswirkungen hätte:

- Unnötige Belastung der Netzwerkressourcen durch das Herunterladen großer Datenmengen.
- Reduzierte Leistung Ihrer Anwendung durch die Verarbeitung nicht benötigter Daten.
- Eine möglicherweise eingeschränkte Genauigkeit der Daten im lokalen Cursor, da Änderungen an Remote-Daten erst auf die Daten des lokalen Cursors übertragen werden, wenn die entsprechende Abfrage erneut ausgeführt wird.

Wenn Sie z. B. eine Client-Server-Anwendung erstellen möchten, die auf die Bestellungen eines bestimmten Kunden zugreift, erstellen Sie eine Remote-Ansicht für den Zugriff auf die Kundentabelle. Erstellen Sie eine zweite Remote-Ansicht, die auf die Tabelle „Orders" zugreift, aber parametrisieren Sie die Ansicht basierend auf dem Feld cust_id. Verwenden Sie dann den aktuellen Kundendatensatz als Parameter für die Ansicht der Tabelle „Orders".

Sie können mit dem Parameter den gewünschten Umfang der heruntergeladenen Daten festlegen. Wenn Sie zu wenige Daten anfordern, kann die Leistung nachlassen, da Sie das Abrufen der Daten vom Remote-Server häufiger durchführen müssen. Wenn Sie zu viele Daten anfordern, wenden Sie möglicherweise zu viel Zeit auf, um nicht benötigte Daten vom Server herunterzuladen.

Auswählen des besten Client-Server-Entwurfs

Die folgenden Beispiele verdeutlichen, wie Sie die Vorteile der Client-Server-Technologie nutzen und eine ineffiziente Programmiertechnik vermeiden können. Die erste Methode verwendet die herkömmlichen Programmierpraktiken, um die gesamten Daten einer Remote-Datenquelle abzurufen und in lokale Cursor zu leiten, zwischen denen dann mit Hilfe des Befehls SET RELATION Beziehungen hergestellt werden. Die Methoden zwei bis vier übernehmen nach und nach intelligentere Techniken für das Abrufen von Daten, wobei die zu ladende Datenmenge effektiv eingeschränkt wird, und zwar mit einer Just-In-Time-Methodik, die die aktuellsten Daten bereitstellt und über die schnellsten Antwortzeiten in einem Netzwerk verfügt.

Verwenden einer nicht optimierten Client-Server-Strategie

Eine einfache, nicht optimierte Client-Server-Anwendung verwendet lokale Datennavigationstechniken für Remote-Daten. Wenn Sie z. B. über eine Remote-Datenquelle mit 10 Millionen Kundendatensätzen und 100 Millionen Datensätzen mit Bestellungen verfügen, könnten Sie eine ineffiziente Anwendung erstellen, die sämtliche Datensätze bezüglich Kunden und Bestellungen in lokale Cursor lädt. Sie könnten dann die 100 Millionen Bestelldatensätze indizieren, eine temporäre Beziehung zwischen den Tabellen „Customers" und „Orders" in dem lokalen Cursor herstellen und sich mit dem Befehl **SKIP** durch die Datensätze bewegen.

Dieses Verfahren ist nicht optimal in bezug auf die Leistung, kann aber nützlich sein, wenn es auf eine Beziehung mit einer lokalen 1-Seite und einer entfernten n-Seite angewendet wird.

Filtern der n-Seite

Bei einer etwas verbesserten Client-Server-Anwendung werden die Daten auf der n-Seite der Beziehung begrenzt, aber alle Daten der 1-Seite abgerufen, so daß Sie sich durch die Datensätze bewegen können. In diesem Fall können Sie eine Remote-Ansicht der n-Seite der Beziehung, nämlich der Tabelle „Orders", mit der Kundennummer als Parameter erstellen und dann die gesamte Tabelle „Customer" laden.

Obwohl das Erstellen einer Ansicht mit Parametern der Tabelle „Orders" eine Verbesserung gegenüber dem Laden aller Bestellungen ist, werden durch das Laden der gesamten Tabelle „Customer" immer noch unnötige Daten abgerufen. Die Tabelle „Customer" verliert darüber hinaus mehr und mehr an Aktualität, da von anderen Benutzern auf Ihrem System Änderungen vorgenommen werden können. Dieses Verfahren kann dann vorteilhaft sein, wenn die 1-Seite der Beziehung eine kleine Datenmenge enthält.

Filtern der 1-Seite

Eine effizientere Client-Server-Programmiertechnik erstellt Remote-Ansichten für alle Remote-Daten. Dabei wird die Anzahl der Kundendatensätze, die in die Remote-Ansicht der Tabelle „Customer" geladen werden, eingeschränkt, indem die Anweisung SELECT in der Ansicht verwendet wird, um nur die Kunden für eine bestimmte Region auszuwählen. Anschließend können Sie eine Remote-Ansicht für die n-Seite der Beziehung, die Tabelle „Orders", mit der Kundennummer als Parameter erstellen.

In diesem Fall wird eine kleinere Gruppe von Datensätzen abgerufen. Mit Hilfe des Befehls SKIP können Sie sich innerhalb der 1-Seite der Beziehung (der Ansicht **Customer**) bewegen. Verwenden Sie die Funktion REQUERY( ), um auf neue Daten auf der n-Seite (Orders) zuzugreifen.

In diesem Beispiel wird sowohl die 1-Seite als auch die n-Seite der Beziehung eingeschränkt bzw. gefiltert. Dennoch können Sie sich mit dem Befehl **SKIP** durch die gefilterten Daten bewegen. Dieses Verfahren wird empfohlen, wenn die 1-Seite der Beziehung auch noch nach dem Filtern genügend Daten zum erfolgreichen Durchführen von Abfragen zur Verfügung stellt, bevor Sie den Remote-Server erneut abfragen.

Verwenden des Primärschlüssels für den Zugriff auf die 1:n-Beziehung

Die effizienteste Client-Server-Programmiertechnik gibt die Verwendung des aufwendigen Befehls SKIP auf und erstellt ein Formular, das die Eingabe oder Auswahl der Kundennummer fordert, die dann als Parameter für eine Remote-Ansicht der Tabelle „Customer" verwendet wird. Dieser Parameter wird auch für eine Remote-Ansicht der Tabelle „Orders" verwendet.

Sie können z. B. ein 1:n-Formular erstellen, in dem die Kundendaten die 1-Seite und ein Datenblatt-Steuerelement die n-Seite der Beziehung darstellen. Das Datenblatt-Steuerelement kann an die Kundennummer gebunden werden, die auf der 1-Seite des Formulars ausgewählt wurde. Anschließend können Sie die Eigenschaft **MaxRecords** von CURSORSETPROP( ) auf 1 einstellen und unter Verwendung des folgenden Codes die 1-Seite des Formulars füllen:

```
SELECT * FROM customer WHERE customer.cust_id = ?cCust_id
```

Wenn ein anderer Kundendatensatz angezeigt werden soll, können Sie eine neue Kundennummer eingeben oder auswählen. Das Formular ermittelt daraufhin aus der Datenquelle die Bestellungen für die neue Kundennummer und aktualisiert das Datenblatt-Steuerelement mit den Daten der neuen Bestellung.

Wenn Sie diese Techniken verwenden, lädt Ihre Anwendung nur die Daten, die zu einem bestimmten Zeitpunkt auch wirklich benötigt werden. Die Antwortzeit bei Abfragen über das Netzwerk wird durch das Einschränken der zu ladenden Datenmenge verkürzt, und Sie können aktuellere Daten bereitstellen, da die Datenquelle erst unmittelbar vor dem Anzeigen der angeforderten Daten abgefragt wird.

Dieses Verfahren wird empfohlen, wenn Sie auf die 1:n-Beziehung zufällig und unter Verwendung eines beliebigen Primärschlüsselwertes zugreifen möchten. Sie können die Primärschlüssel beim Öffnen des Formulars in ein Steuerelement, wie z. B. eine Dropdown-Liste, laden und dann ein Steuerelement zur Verfügung stellen, das die Benutzer betätigen können, um die Liste der Primärschlüsselwerte bei Bedarf zu aktualisieren.

Verwenden der Datenumgebung in Client-Server-Anwendungen

Wenn Sie in einem Formular mit Remote-Daten arbeiten, fügen Sie der Datenumgebung des Formulars die Ansichten hinzu. Sie können die Eigenschaft **AutoOpenTables** der Datenumgebung auf Falsch (.F.) einstellen, so daß Sie angeben können, wann die Anwendung die Ansichten mit den Remote-Daten aktualisieren soll. Stellen Sie die Eigenschaft **ControlSource** für die Textfelder oder andere datengebundene Steuerelemente ein, nachdem Sie die Methode **OpenTables** der Datenumgebung, die im Code normalerweise mit dem Ereignis **Init** des Formulars verknüpft ist, aufgerufen haben. Weitere Informationen zum Einstellen von Formulareigenschaften finden Sie in Kapitel 9, „Erstellen von Formularen".

Ablegen von Daten auf der jeweils optimalen Plattform

Sie erzielen die maximale Leistung, wenn Sie Daten und andere Attribute Ihrer Datenbank auf der jeweils am besten geeigneten Plattform speichern. Welche Plattform für ein Element die optimale ist, hängt von der Zugriffs- und der Aktualisierungsweise des Elements ab. So können Sie beispielsweise eine lokale Kopie einer Server-Tabelle (z. B. ein Postleitzahlenverzeichnis), die als Prüftabelle verwendet wird, speichern und nur dann aktualisieren, wenn die Back-End-Tabelle sich ändert.

Die folgende Tabelle enthält einige allgemeine Anwendungselemente sowie Angaben darüber, bei welcher Positionierung die jeweils optimale Leistung erzielt wird.

Ablegen von Elementen nach Plattform

Element	Position	Typ	Anmerkungen
Tabellen	Lokal	Lokale Kopien von Server-Prüftabellen; kleine, sich selten ändernde Tabellen	Verwenden Sie einen Zeitstempel (falls von Ihrem Remote-Server unterstützt) zum Vergleichen und ggf. Aktualisieren der lokalen Tabelle, damit alle Änderungen an der Back-End-Quelltabelle berücksichtigt werden.
	Remote	Große oder sich häufig ändernde Tabellen	
Regeln	Lokal	Regeln in Remote-Ansichten	Mit DBSETPROP( ) können Sie Regeln auf der Feld- und Datensatzebene einer Remote-Ansicht speichern. Ihre Anwendung kann diese lokalen Regeln zum Überprüfen der Gültigkeit von Daten verwenden, bevor die Daten als Aktualisierungen von Remote-Tabellen an das Back-End gesendet werden.
	Remote	Regeln auf der Zeilen- und Spaltenebene von Remote-Basistabellen	
Gespeicherte Prozeduren	Lokal	Gespeicherte Prozeduren in Visual FoxPro	
	Remote	Gespeicherte Prozeduren auf einem Back-End-Server	Verwenden Sie die SQL Pass-Through-Funktion SQLEXEC( ) zum Aufrufen von gespeicherten Prozeduren auf einem Server.

(Fortsetzung)

Element	Position	Typ	Anmerkungen
Transaktionen	Lokal	Visual FoxPro-Transaktionen	
	Remote	Server-Transaktionen	
Trigger	Lokale Ansichten	Keine Trigger in Ansichten	
	Remote	Server-Trigger	

Um die Netzwerkbelastung während des Nachschlagens in Prüftabellen zu reduzieren, sollten Sie nicht nur die selten zu ändernden Prüftabellen, sondern auch diejenigen mit häufigen Änderungen lokal speichern. Sie können z. B. die Kundenliste Ihrer Firma laden und nur dann aktualisieren, wenn sich Kundendaten ändern.

Programmieren Sie Ihre Anwendung hierfür so, daß der Zeitstempel der lokalen Kopie der Tabelle mit dem Zeitstempel der Back-End-Daten verglichen wird (vorausgesetzt, Ihr Remote-Server unterstützt Zeitstempel), und aktualisieren Sie die lokale Kopie nur dann, wenn sich die Server-Tabelle geändert hat. Sie können Ihrem Formular auch eine Befehlsschaltfläche hinzufügen, die ein unmittelbares Laden der Tabelle erzwingt. So ermöglichen Sie das Aktualisieren der Kopie der lokalen Tabelle auch bei Bedarf.

Auswählen der geeigneten Methoden

Sie können Remote-Ansichten und/oder SQL Pass-Through verwenden, um eine Client-Server-Anwendung zu erstellen. Die Kombination beider Verfahren führt zu leistungsfähigen Ergebnissen: Verwenden Sie Ansichten für den überwiegenden Teil Ihrer Datenverwaltungsaufgaben und SQL Pass-Through zur Leistungssteigerung Ihrer Anwendung.

Verwenden von Ansichten

Sie können Ansichten als Hauptmethode zum Entwickeln von stabilen Client-Server-Anwendungen nutzen. Remote-Ansichten stellen eine leistungsfähige Technologie dar. Sie wurden entwickelt, um die Datenauswahl von einem Server auf diejenigen Daten beschränken zu können, die tatsächlich benötigt werden. Die Daten werden dabei in einen lokalen Visual FoxPro-Cursor übertragen, der dann zum Anzeigen und Aktualisieren der Remote-Daten verwendet werden kann. Grundsätzlich stellt eine Ansicht die Ergebnismenge einer SQL SELECT-Anweisung dar.

Ansichten sind persistent: Die Definition einer Ansicht ist in einer Datenbank gespeichert. Sie können für die Definitionen einer Ansicht Eigenschaften einstellen und diese dann für den aktiven Cursor einer Ansicht weiter anpassen. Ansichten sind die besten Hilfsmittel zur Datendefinition einer aktualisierbaren Ergebnismenge.

Sie können mit Hilfe lokaler Ansichten einen lokalen Prototyp erstellen und anschließend mit einem Upsizing-Assistenten die lokalen Ansichten in Remote-Ansichten umwandeln. Informationen zur Verwendung der Upsizing-Assistenten finden Sie in Kapitel 20, „Übertragen lokaler Visual FoxPro-Datenbanken in Client-Server-Datenbanken (Upsizing)".

Wenn die Benutzer Ihrer Anwendung mit den Daten mobil arbeiten möchten, können Sie Offline-Ansichten einsetzen. Offline-Ansichten machen Daten portabel; sie ermöglichen es Personen, die mit einem Laptop oder einem anderen portablen Computer arbeiten möchten, eine gespeicherte Kopie der Ausgangsdaten zu verwenden, die sie auch unterwegs aktualisieren können. Wenn die Benutzer die Verbindung zum Server wiederherstellen, kann Ihre Anwendung problemlos Offline-Änderungen in die Quelltabellen übertragen.

Sie können die Offline-Ansichten-Technologie auch verwenden, um lokalen Benutzern zu ermöglichen, offline mit Daten zu arbeiten und die Aktualisierungen zu einem späteren Zeitpunkt zu übertragen. Informationen über das Arbeiten mit Offline-Daten finden Sie in Kapitel 8, „Erstellen von Ansichten".

Einsetzen von SQL Pass-Through

Die SQL Pass-Through-Technologie stellt Ihnen mit den SQL Pass-Through-Funktionen von Visual FoxPro den direkten Zugriff zu einem Remote-Server zur Verfügung. Diese Funktionen bieten effizienteren Server-Zugriff und mehr Steuerungsmöglichkeiten als Ansichten. So können Sie z. B. Datendefinitionen auf dem Remote-Server durchführen, Server-Eigenschaften einstellen und auf gespeicherte Prozeduren auf dem Server zugreifen.

SQL Pass-Through ist das optimale Hilfsmittel zum Erstellen schreibgeschützter Ergebnismengen und Verwenden von beliebiger anderer systemeigener SQL-Syntax. Im Gegensatz zu einer Ansicht, die eine Ergebnismenge einer SQL SELECT-Anweisung darstellt, ermöglicht Ihnen SQL Pass-Through, unter Verwendung der Funktion SQLEXEC( ) beliebige Befehle an den Server zu senden. In der folgenden Tabelle sind die SQL Pass-Through-Funktionen von Visual FoxPro aufgeführt.

SQL Pass-Through-Funktionen

SQLCANCEL( )	SQLCOLUMNS( )	SQLCOMMIT( )
SQLCONNECT( )	SQLDISCONNECT( )	SQLEXEC( )
SQLGETPROP( )	SQLMORERESULTS( )	SQLPREPARE( )
SQLROLLBACK( )	SQLSETPROP( )	SQLSTRINGCONNECT( )
SQLTABLES( )		

Mit Hilfe der SQL Pass-Through-Technologie können Sie eigene Cursor erstellen. SQL Pass-Through bietet Ihnen zwar mehr direkte Zugriffsmöglichkeiten zum Server, der Zugriff ist jedoch weniger persistent als bei Ansichten. Im Gegensatz zu Ansichten, deren Definitionen in einer Datenbank permanent gespeichert sind, bestehen Cursor, die mit SQL Pass-Through erstellt wurden, nur für den Zeitraum der aktuellen Sitzung. Weitere Informationen zur Verwendung der SQL Pass-Through-Technologie finden Sie in Kapitel 21, „Implementieren einer Client-Server-Anwendung". Weitere Informationen zu den einzelnen Funktionen finden Sie in der Hilfe.

Kombinieren von Ansichten und SQL Pass-Through

Die leistungsfähigste Vorgehensweise zum Erstellen einer Client-Server-Anwendung in Visual FoxPro kombiniert die Ansichten- mit der SQL Pass-Through-Technologie. Da Ansichten leicht zu erstellen sind und eine automatische Zwischenspeicherung und Aktualisierungsmöglichkeiten bieten, sollten Sie sie für den überwiegenden Teil Ihrer Datenverwaltungsaufgaben verwenden. Verwenden Sie SQL Pass-Through, um spezielle Aufgaben auf dem Remote-Server auszuführen, wie z. B. Datendefinitionen und die Erstellung und Ausführung gespeicherter Prozeduren auf dem Server.

Schnelles Entwickeln von Anwendungen

Unabhängig von der gewählten Programmiermethode benötigen Sie eine gute Strategie, um das Entwickeln von Client-Server-Anwendungen schnell und effizient durchzuführen. Da Visual FoxPro die schnelle und einfache Erstellung von Prototypen und Anwendungen ermöglicht, können Sie für Ihre Anwendung einen lokalen Prototyp entwerfen und erstellen, diesen anschließend in einen Client-Server-Prototyp übertragen und dann schrittweise für eine Remote-Datenquelle implementieren. Wenn Sie während der Entwicklung über einen Zugriff auf eine Remote-Datenquelle verfügen, können Sie für Ihre Anwendung mit Hilfe von Remote-Ansichten einen Prototyp für eine Remote-Datenquelle erstellen.

Erstellen eines Prototyps mit Hilfe von Ansichten

Im ersten Schritt beim Entwickeln einer Client-Server-Anwendung in Visual FoxPro kann das Erstellen eines Prototyps enthalten sein. Wenn Sie für Ihre Anwendung einen Prototyp, ggf. modulweise, erstellen, können Sie noch früh im Entwicklungsprozeß nötige Änderungen oder Erweiterungen am Entwurf der Anwendung vornehmen. Sie können den Entwurf dann anhand weniger Beispieldaten optimieren, bevor Sie weitere komplexe Schichten hinzufügen, die mit der Verwendung umfangreicher, heterogener Remote-Daten einhergehen. Informationen über das Erstellen eines Prototyps finden Sie in Kapitel 20, „Übertragen lokaler Visual FoxPro-Datenbanken in Client-Server-Datenbanken (Upsizing)".

Erstellen eines lokalen Prototyps mit lokalen Ansichten

Ein lokaler Prototyp für eine Client-Server-Anwendung ist eine funktionierende Visual FoxPro-Anwendung, die lokale Ansichten für den Zugriff auf lokale Tabellen verwendet. Im Client-Server-Prototyp werden Ansichten verwendet, da die fertige Client-Server-Anwendung mit Hilfe von Remote-Ansichten auf Remote-Daten zugreift. Das Erstellen eines Prototyps für Ihre Anwendung mittels lokaler Ansichten bringt Sie auf dem Weg zur fertigen Anwendung einen Schritt weiter.

Das Erstellen eines lokalen Prototyps ist besonders dann sinnvoll, wenn Sie während der Entwicklung nicht über einen konstanten Zugriff zu einer Remote-Datenquelle verfügen, oder wenn Sie keine Remote-Daten verwenden möchten. Lokale Ansichten haben Zugriff zu lokalen Visual FoxPro-Tabellen, aber nicht zu Tabellen von Remote-Datenquellen. Sie können jedoch lokale Daten erstellen, um die Struktur der Server-Daten zu simulieren. Das Verwenden lokaler Daten zum Darstellen von Remote-Daten ist ein Verfahren, um den Basisentwurf der Anwendung schnell zu entwickeln und zu testen. Sie können die Entwicklung auch noch beschleunigen, indem Sie die für die Ansichten ausgewählte Datenmenge einschränken. Weitere Informationen zum Erstellen von lokalen und Remote-Ansichten finden Sie in Kapitel 8, „Erstellen von Ansichten".

Planen des Upsizing

Upsizing ist der Vorgang des Erstellens einer Datenbank auf dem Remote-Server mit den gleichen Tabellenstrukturen, Daten und ggf. einer Reihe anderer Attribute der ursprünglichen Visual FoxPro-Datenbank. Dabei wird eine bestehende Visual FoxPro-Anwendung in eine Client-Server-Anwendung übertragen. Weitere Informationen zum Upsizing finden Sie in Kapitel 20, „Übertragen lokaler Visual FoxPro-Datenbanken in Client-Server-Datenbanken (Upsizing)".

Wenn Sie eine Anwendung erstellen, die Sie möglicherweise übertragen möchten, sollten Sie bezüglich des Entwurfs der Anwendungsarchitektur und des Programmiermodells basierend auf der für eine Remote-Datenquelle erzielbaren maximalen Leistung einige Entscheidungen treffen. Informationen zu diesen Entscheidungen finden Sie unter „Ein Entwurf für hohe Leistungsfähigkeit" weiter oben in diesem Kapitel.

Erstellen eines Prototyps mit Hilfe von Remote-Ansichten

Wenn Sie über einen Zugriff zu einer Remote-Datenquelle verfügen und direkt beim Entwickeln der Client-Server-Anwendung Remote-Daten verwenden möchten, können Sie den Prototyp mit Hilfe von Remote-Ansichten erstellen. In diesem Fall können Sie das Upsizing auslassen, da sich Ihre Daten bereits auf einem Remote-Server befinden und Sie schon Remote-Ansichten für den Zugriff auf diese Daten besitzen.

Implementieren der Client-Server-Anwendung

Indem Sie die Anwendung, für die Sie einen Prototyp erstellt haben, schrittweise implementieren, können Sie das Testen der Anwendung und die Fehlerbeseitigung vereinfachen. Bei dieser schrittweisen Implementierung fügen Sie Erweiterungen für den Mehrbenutzerbereich hinzu, übertragen Daten in die Remote-Datenquelle, testen die Anwendung und beseitigen ggf. Fehler, wobei Sie modulweise und systematisch vorgehen.

Beim Implementieren der Anwendung können Sie mit Hilfe der SQL Pass-Through-Technologie die systemeigene Server-Syntax verwenden und auf Server-Funktionen, wie z. B. gespeicherte Prozeduren, zugreifen. Informationen zur SQL Pass-Through-Technologie finden Sie in Kapitel 21, „Implementieren von Client-Server-Anwendungen".

Optimieren der Anwendung

Sobald Sie die Anwendung vollständig mit Remote-Daten implementiert und die Phase des Testens und der Fehlerbeseitigung abgeschlossen haben, können Sie die Geschwindigkeit und Leistung der gesamten Anwendung optimieren. Weitere Informationen zu Verbesserungen, die Sie an der implementierten Anwendung vornehmen können, finden Sie in Kapitel 22, „Optimieren des Client-Server-Leistungsverhaltens".

Integrieren von Datengenauigkeit und Datenintegrität

Sie können die Leistungsfähigkeit der Datengültigkeitsregeln und der gespeicherten Prozeduren in Visual FoxPro mit denjenigen der Datenquelle verbinden, um Client-Server-Anwendungen zu erstellen, die Datenintegrität gewährleisten.

Gewährleisten der Datenintegrität

Sie können lokale Versionen von Gültigkeitsregeln für Remote-Server erstellen, um informelle Meldungen anzuzeigen, z. B. bezüglich Aktualisierungen, die für das Senden an den Remote-Server nicht zugelassen wären, da die eingegebenen Daten die Integrität auf dem Server oder Datengültigkeitsregeln verletzen würden.

Verwenden von Visual FoxPro-Regeln in einer Remote- oder Offline-Ansicht

Sie können für Remote- und Offline-Ansichten Regeln auf Feld- und Datensatzebene erstellen, um Daten, die lokal eingegeben werden, zu überprüfen, bevor sie an die Remote-Datenquelle gesendet werden. Da der Zweck dieser Regeln darin besteht, das Senden derjenigen Daten an die Datenquelle zu verhindern, die von den Datenintegritätsregeln des Servers zurückgewiesen werden, können Sie die Regeln der Datenquelle in die Regeln für Ihre Remote-Ansicht aufnehmen. Verwenden Sie die Funktion DBSETPROP( ), um Regeln für Ansichten zu erstellen.

Tip: Sie können in einer Remote-Ansicht eine lokale Gültigkeitsregel erstellen, die eine gespeicherte Prozedur auf einem Remote-Server aufruft und den zu überprüfenden Wert als Parameter an den Server sendet. Die Verwendung einer gespeicherten Prozedur auf einem Remote-Server benötigt jedoch zusätzliche Verarbeitungszeit während der Dateneingabe.

Verwenden von Server-Regeln

Sie können sich aber auch ausschließlich auf die Regeln zur Datengültigkeitsprüfung auf dem Server verlassen. Tritt ein Fehler auf, kann die Fehlerbehandlungsroutine die Funktion AERROR( ) aufrufen, um Informationen wie die Fehlermeldungsnummer, den Text der Remote-Fehlermeldung sowie die entsprechende Verbindungskennung zu erhalten. Weitere Informationen zu AERROR( ) finden Sie in der Hilfe.

Verwenden von Server-Triggern

Visual FoxPro-Trigger können zwar für lokale Tabellen, nicht aber für Ansichten erstellt werden. Sie können Trigger jedoch für Remote-Datenquellen verwenden. Mit Server-Triggern können Sie sekundäre Datenaktualisierungen durchführen, wie z. B. Aktualisierungs- und Löschweitergaben. Diese Vorgehensweise ist effizienter als das Senden mehrerer Befehle aus Ihrer Visual FoxPro-Anwendung an den Remote-Server.

Schutz vor Datenverlust

Sowohl Visual FoxPro als auch die meisten Remote-Datenquellen bieten Möglichkeiten zum Protokollieren von Transaktionen, um Datenverlusten vorzubeugen. Weitere Informationen zur Verwendung von Visual FoxPro-Transaktionen finden Sie in Kapitel 17, „Programmieren für gemeinsamen Zugriff".

Sie können Visual FoxPro-Transaktionen für lokale Prototypen und zur Verarbeitung lokaler Daten verwenden. Verwenden Sie Server-Transaktionen zum Aktualisieren, Einfügen und Löschen von Remote-Daten. Weitere Informationen zum Verwenden von Remote-Transaktionen finden Sie in Kapitel 22, „Optimieren des Client-Server-Leistungsverhaltens".

KAPITEL 20

Übertragen lokaler Visual FoxPro-Datenbanken in Client-Server-Datenbanken (Upsizing)

Nachdem Sie Ihre Client-Server-Anwendung entworfen haben, können Sie einen lokalen Prototypen erstellen und diesen anschließend in einen Client-Server-Prototyp übertragen. Ein lokaler Prototyp ist ein Arbeitsmodell Ihrer Anwendung, das Visual FoxPro-Tabellen, -Ansichten und -Datenbanken verwendet, um Daten darzustellen, auf die möglicherweise auf einem Remote-Server zugegriffen wird. Setzen Sie den Upsizing-Assistenten ein, um Datenbanken, Tabellen und Ansichten von Ihrem System auf einen entfernten SQL Server- oder Oracle®-Server zu exportieren.

Dieses Kapitel behandelt folgende Themen:

- Die Ziele von Prototypen
- Erstellen eines lokalen Prototyps einer Anwendung
- Arbeiten mit den Upsizing-Assistenten
- Übertragen lokaler Datenbanken in Client-Server-Datenbanken in SQL Server
- Übertragen lokaler Datenbanken in Client-Server-Datenbanken in Oracle

Die Ziele von Prototypen

Wenn Sie mit Visual FoxPro einen Prototypen für Ihre Anwendung erstellen, können Sie die Leistungsfähigkeit von visuellen Formularen, Assistenten, Steuerelement-Assistenten, Designern und des Projekt-Managers nutzen, um schnell eine Arbeitsanwendung zu entwickeln. Ohne daß Sie Ihr eigentliches Ziel, Ihre Anwendung für Client-Server-Plattformen zu implementieren, aus dem Auge verlieren, wird es sich für Sie als sehr vorteilhaft erweisen, einen fundierten Prototypen zu erstellen.

Verkürzen der Entwicklungszeit

Durch das Erstellen eines schnellen Prototyps können Sie den Entwurf und die lokale Architektur Ihrer Anwendung schnell und problemlos verfeinern, ohne daß Sie auf den Remote-Server zugreifen müssen, um Server-Tabellen und -Datenbanken neu zu erstellen. Sie können die Formulare Ihrer Anwendung mit kleineren Datenbeständen testen und Fehler unmittelbar beseitigen. Somit sind Sie in der Lage, die Benutzeroberfläche Ihrer Anwendung schneller zu verbessern und zu erweitern. Da das Erstellen der Architektur mit geringem Aufwand verbunden ist, benötigen Sie weniger Entwicklungszeit für das wiederholte Erstellen und Indizieren von Remote-Daten sowie das Wiederherstellen von Verbindungen zu Remote-Daten, nur um den Prototypen zu testen.

Niedrigere Entwicklungskosten und gleichzeitig größere Kundenzufriedenheit

Da der lokale Prototyp auf Ihrem Computer selbständig arbeitet, können Sie den Benutzenden Ihrer Anwendung bereits zu einem frühen Zeitpunkt des Entwicklungsprozesses sehr einfach ein Arbeitsmodell der Anwendung vorführen. Kunden können somit den Fortschritt der Anwendung verfolgen und sich von der Leistungsfähigkeit der Lösung überzeugen. Darüber hinaus haben Sie die Möglichkeit, Kundenrückmeldungen zur Benutzeroberfläche und zu Berichten zu erhalten, noch bevor Sie Ressourcen für das Implementieren auf einem Remote-Server einsetzen.

Während Benutzende Ihre Anwendung anzeigen und mit dieser umgehen, können sie nicht nur Bereiche benennen, die geändert werden sollen, sondern auch feststellen, welche weiteren Funktionen die Anwendung enthalten soll. Nachdem Sie die Änderungen eingebaut haben, stellen Sie Ihre Anwendung den Kunden erneut vor und wiederholen diese Schritte solange, bis sowohl der Kunde als auch Sie mit Entwurf und Arbeitsweise der als Prototyp vorliegenden Anwendung zufrieden sind. Der Prototyp dient dann als Arbeitsgrundlage für die fertige, implementierte Client-Server-Anwendung.

Beitragen zu einer erfolgreichen Implementierung

Sie können den Benutzenden den Prototypen ggf. zum Experimentieren zur Verfügung stellen, während Sie an der Implementierung der Anwendung arbeiten. Die gewonnenen Erfahrungen im Umgang mit dem Prototypen wirken sich positiv auf die Zusammenarbeit mit Ihnen beim Verfeinern und Optimieren der Anwendung aus. Außerdem werden die Benutzenden in die Lage versetzt, produktiver und ohne Vorbehalte mit der fertigen Anwendung zu arbeiten, da sie die Grundzüge der Anwendung bereits kennen.

Wenn ein Arbeitsmodell vorliegt, verkürzt sich für den Benutzer der Anwendung die Vorlaufzeit, die er benötigt, um sich mit der Anwendung vertraut zu machen. Ein weiterer Vorteil eines Arbeitsmodells besteht darin, daß es Beschäftigten Ihrer Firma oder Beschäftigten des Kunden als Basis dienen kann, Schulungsunterlagen für die Anwendung zu erstellen. Sie können sogar noch vor Auslieferung der fertigen Anwendung mit Hilfe des Prototyps Schulungen für die Benutzenden der Anwendung durchführen, was erheblich zur erfolgreichen Installation der fertigen, implementierten Anwendung beiträgt.

Erstellen eines lokalen Prototyps einer Anwendung

Wenn Sie für Ihre Anwendung einen lokalen Prototypen erstellen möchten, können Sie damit bei Null beginnen oder auch eine bestehende Visual FoxPro-Anwendung in eine Client-Server-Anwendung konvertieren. Der Hauptunterschied zwischen dem Erstellen eines lokalen Prototyps einer Client-Server-Anwendung und dem Entwickeln einer beliebigen anderen Visual FoxPro-Anwendung besteht in der Verwendung lokaler Ansichten und Tabellen zur Darstellung von Daten, die ggf. übertragen werden.

▶ **So können Sie einen lokalen Prototypen erstellen und ihn in eine Client-Server-Anwendung übertragen**

1. Erstellen Sie Ihre Anwendung mit lokalen Ansichten und Tabellen, die die Daten enthalten, die Sie auf einen Remote-Server exportieren (verschieben) möchten.

2. Verwenden Sie für Formulare und Berichte in der Datenumgebung Ihrer Anwendung lokale Ansichten.

3. Übertragen Sie die lokalen Ansichten und Tabellen mit Hilfe des SQL Server-Upsizing-Assistenten oder des Oracle Upsizing-Assistenten in Remote-Ansichten und -Tabellen:

   - Wählen Sie im Schritt **Auswählen der Exportoptionen (Upsizing Options)** im Bereich **Changes to Make Locally** die Option **Redirect Views to Remote Data** aus.

   Wenn Sie diese Option auswählen, kopiert der Upsizing-Assistent die ausgewählten lokalen Tabellen auf den Remote Server und leitet die lokalen Ansichten so um, daß sie nach Möglichkeit Remote-Daten verwenden.

Weitere Informationen über das Erstellen von Ansichten finden Sie in Kapitel 8, „Erstellen von Ansichten". Informationen über das Erstellen von Formularen und Verwenden einer Datenumgebung finden Sie in Kapitel 9, „Erstellen von Formularen". Informationen über das Entwickeln einer Anwendung finden Sie in Kapitel 2, „Entwickeln einer Anwendung".

Arbeiten mit den Upsizing-Assistenten

Visual FoxPro stellt zwei Upsizing-Assistenten zur Verfügung: den SQL Server-Upsizing-Assistenten und den Oracle Upsizing-Assistenten. Diese Assistenten erstellen SQL Server- bzw. Oracle-Datenbanken, die, soweit dies möglich ist, die Funktionalität der Tabellen einer Visual FoxPro-Datenbank übernehmen. Sie können auch Visual FoxPro-Ansichten so umleiten, daß sie nicht länger lokale Daten, sondern die neu erstellten Remote-Daten verwenden. Mit den Upsizing-Assistenten können Sie folgende Schritte ausführen:

- Exportieren (Verschieben) lokaler Daten auf einen Remote Server.
- Umwandeln lokaler Tabellen und darauf basierender Ansichten in Remote-Tabellen und -Ansichten.
- Übertragen einer lokalen Anwendung in eine Client-Server-Anwendung.

Anmerkung: Obgleich die Upsizing-Assistenten auf SQL Server- bzw. Oracle-Server zugreifen, können Sie für jede Remote-ODBC-Datenquelle eine Client-Server-Anwendung schreiben. Für Server, die nicht unter SQL Server oder Oracle laufen, können Sie SQL Pass-Through-Funktionen einsetzen, um Remote-Tabellen zu erstellen. Verwenden Sie dann Visual FoxPro, um Remote-Ansichten zu erstellen, die auf Server-Tabellen zugreifen. Weitere Informationen über die Verwendung der SQL Pass-Through-Funktionen finden Sie in Kapitel 21, „Implementieren einer Client-Server-Anwendung". Weitere Informationen über das Erstellen von Remote-Ansichten finden Sie in Kapitel 8, „Erstellen von Ansichten".

Übertragen lokaler Datenbanken in Client-Server-Datenbanken in SQL-Server

Bevor Sie den SQL Server-Upsizing-Assistenten ausführen, müssen Sie sowohl auf der Client- als auch auf der Server-Seite entsprechende Vorkehrungen treffen.

Vorbereiten des SQL Servers

Bevor Sie mit dem Übertragen beginnen, sollten Sie sicherstellen, daß Sie über die entsprechenden Berechtigungen auf dem Server verfügen. Des weiteren sollten Sie die Größe Ihrer Datenbank abschätzen und überprüfen, ob auf dem Server genügend Speicherplatz vorhanden ist. Zusätzliche Vorkehrungen müssen getroffen werden, wenn Sie beim Exportieren mehrere Datenträger oder Medien verwenden.

Prüfen, wieviel Speicherplatz verfügbar ist

Sie müssen prüfen, ob auf dem Server genügend Speicherplatz verfügbar ist.

Vorsicht: Wenn für den SQL Server-Upsizing-Assistenten nicht genügend Speicherplatz auf dem Server zur Verfügung steht, wird der Assistent gestoppt, wobei auf dem Server eine nur teilweise angelegte Datenbank und die bereits erstellten Medien bestehen bleiben. Medien, Datenbanken und Tabellen können Sie mit dem Administrationsprogramm von SQL Server löschen.

Erforderliche Berechtigungen für SQL Server-Datenbanken

Um den SQL Server-Upsizing-Assistenten auszuführen, müssen Sie bestimmte Berechtigungen auf dem SQL Server, auf den die Übertragung erfolgt, besitzen. Welche Berechtigungen Sie benötigen, hängt davon ab, welche Vorgänge Sie ausführen möchten.

- Um eine bestehende Datenbank übertragen zu können, benötigen Sie die Berechtigung, Tabellen erstellen zu dürfen (**CREATE TABLE** und **CREATE DEFAULT**).

- Um eine neue Datenbank erstellen zu können, benötigen Sie für die Systemtabellen der Master-Datenbank die Berechtigungen, Datenbanken anlegen (**CREATE DATABASE**) und Daten abrufen (**SELECT**) zu dürfen.

- Um Medien anlegen zu können, müssen Sie Systemadministrator sein.

Informationen über das Erteilen von Server-Berechtigungen finden Sie in der SQL Server-Dokumentation.

Schätzen der SQL Server-Datenbank- sowie der Mediengröße

Wenn Sie eine Datenbank anlegen, fordert der SQL Server-Upsizing-Assistent Sie auf, Medien für Ihre Datenbank und Protokolldatei (Log) anzugeben. Außerdem fordert der Assistent Sie auf, die Größe der Datenbank sowie die Größen der Medien festzulegen.

Schätzen der Größe der SQL Server-Datenbank

In dem Moment, in dem Microsoft SQL Server eine Datenbank anlegt, reserviert es in einem oder mehreren Medien einen Speicherbereich fester Größe. Das heißt nicht, daß die konkrete Datenbank diesen Speicherbereich vollständig belegt, sondern diese Größe legt lediglich fest, wie groß die Datenbank maximal werden kann, bevor kein Speicherplatz mehr für sie verfügbar ist.

Anmerkung: Sie können eine bestehende SQL Server-Datenbank vergrößern. Weitere Informationen finden Sie in der SQL Server-Dokumentation unter dem Befehl „ALTER DATABASE".

Um abzuschätzen, wieviel Speicherplatz Ihre Datenbank benötigt, berechnen Sie für die zu exportierenden Tabellen die Größe der .dbf-Dateien in Visual FoxPro einschließlich der zu erwartenden Wachstumsrate für die neue SQL Server-Datenbank. Üblicherweise sind für Visual FoxPro-Daten von jeweils 1 MB auf einem SQL Server mindestens 1,3 bis 1,5 MB erforderlich.

Steht auf Ihrem Server reichlich Speicherplatz zur Verfügung, sollten Sie die Größen Ihrer Visual FoxPro-Tabellen mit 2 multiplizieren. Dadurch ist sichergestellt, daß der SQL Server-Upsizing-Assistent genügend Platz findet, um Ihre lokale in eine Client-Server-Datenbank zu übertragen und daß diese noch größer werden kann. Wenn Sie die Absicht haben, viele Daten zu der Datenbank hinzuzufügen, müssen Sie den Speicherplatz entsprechend um ein Vielfaches vergrößern.

Schätzen der Größen der SQL Server-Medien

Alle SQL Server-Datenbanken und -Protokolldateien werden in Medien plaziert. Ein Medium ist sowohl ein logischer Standort für Datenbanken und Protokolldateien als auch eine physische Datei. In dem Moment, in dem ein Medium angelegt wird, erstellt SQL Server eine Datei und reserviert damit eine bestimmte Speichergröße zur eigenen Verwendung.

Der SQL Server-Upsizing-Assistent zeigt an, wieviel Speicherplatz in den bestehenden SQL Server-Medien verfügbar ist. Sie sollten ein Medium wählen, das über mindestens soviel Speicherplatz verfügt, wie Sie als Größe Ihrer Datenbank geschätzt haben.

Hat keines der bestehenden Medien genügend verfügbaren Speicherplatz, können Sie mit dem SQL Server-Upsizing-Assistenten ein neues Medium anlegen. Dieses wiederum muß mindestens so groß sein wie die geschätzte Größe Ihrer Datenbank. Dies ermöglicht es Ihnen, die Datenbank später zu vergrößern oder andere Datenbanken oder Protokolldateien auf demselben Medium abzulegen.

Wichtig: Die Größe eines Mediums kann nicht geändert werden. Daher sollten Sie Medien erstellen, die ausreichend groß sind.

Einsetzen mehrerer SQL Server-Datenträger oder -Medien

In den meisten Fällen reichen die Funktionen des SQL Server-Upsizing-Assistenten völlig aus, um SQL Server-Medien zu verwalten. Wenn der Server jedoch mehrere Datenträger hat oder wenn Sie eine Datenbank oder Protokolldatei in mehreren Medien ablegen möchten, können Sie vor dem Ausführen des SQL Server-Upsizing-Assistenten entsprechende Medien erstellen.

Server mit mehreren physischen Datenträgern (Festplatten)

Wenn der jeweilige Server mehrere Festplatten hat, bietet es sich an, daß Sie Ihre Datenbank auf einer Festplatte und die Datenbank-Protokolldatei auf einer anderen Festplatte ablegen. Sollte es zu einem Festplattenausfall kommen, können Sie Ihre Datenbank mit sehr viel größerer Wahrscheinlichkeit wiederherstellen, wenn die Protokolldatei und die Datenbank auf unterschiedlichen Festplatten gespeichert sind.

Mit dem SQL Server-Upsizing-Assistenten können Sie zwar neue Medien anlegen, allerdings nur auf dem physischen Datenträger, auf dem sich auch das Medium der Master-Datenbank befindet.

Um eine Datenbank und die Protokolldatei auf getrennten Festplatten abzulegen, stellen Sie sicher, daß die Medien beider Festplatten groß genug sind bzw. daß Sie bei Bedarf neue Medien erstellen können. Starten Sie dann den SQL Server-Upsizing-Assistenten.

Anlegen von Datenbanken oder Protokolldateien in mehreren Medien

SQL Server gestattet es Datenbanken und Protokolldateien, sich über mehrere Medien zu erstrecken. Im SQL Server-Upsizing-Assistenten können Sie dagegen sowohl für Ihre Datenbank als auch für Ihre Protokolldatei nur je ein Medium angeben.

Möchten Sie für eine Datenbank oder Protokolldatei mehrere Medien angeben, müssen Sie genau diese Medien als die Standardmedien anmelden. Wenn Sie dann den Upsizing-Assistenten für SQL ausführen, müssen Sie für das Medium der Datenbank oder Protokolldatei den Eintrag **Standard** auswählen.

Anmerkung: Ist die jeweilige neue SQL Server-Datenbank oder -Protokolldatei nicht so groß, daß sie alle Standardmedien beansprucht, verwendet SQL Server nur so viele Medien, wie aufgrund der Größe der Datenbank oder Protokolldatei erforderlich sind.

Vorbereiten des Clients

Bevor Sie mit dem Übertragen beginnen, müssen Sie auf einen SQL Server über eine ODBC-Datenquelle oder eine benannte Verbindung zugreifen können. Außerdem müssen Sie über eine Visual FoxPro-Datenbank verfügen, von der Sie vor dem Starten des SQL Server-Upsizing-Assistenten eine Sicherungskopie erstellen sollten.

Erstellen einer ODBC-Datenquelle oder benannten Verbindung

Wenn Sie eine neue Remote-Datenbank erstellen, müssen Sie in Ihrer Visual FoxPro-Datenbank eine ODBC-Datenquelle oder benannte Verbindung auswählen, die auf den SQL Server zugreift, über den Sie die lokale Datenbank in eine Client-Server-Datenbank übertragen möchten. Da der Upsizing-Assistent das Auswählen einer benannten Verbindung bzw. einer Datenquelle verlangt, sollten Sie diese vor dem Starten des Übertragungsvorgangs erstellen.

Informationen über das Erstellen einer benannten Verbindung finden Sie in Kapitel 8, „Erstellen von Ansichten". Falls Sie eine ODBC-Datenquelle erstellen möchten, rufen Sie den **ODBC-Administrator** auf. Informationen über die Einrichtung von ODBC-Datenquellen finden Sie im *Installationshandbuch* in Kapitel 1, „Installieren von Visual FoxPro".

Sichern Ihrer Datenbank

Es empfiehlt sich, eine lokale Datenbank (.dbc-, .dct- und .dcx-Dateien) erst dann in eine Client-Server-Datenbank zu übertragen, wenn Sie eine Sicherungskopie der lokalen Datenbank erstellt haben. Der SQL Server-Upsizing-Assistent nimmt zwar keine Änderungen an .dbf-Dateien vor, verwendet aber die .dbc-Datei direkt, indem er sie von Zeit zu Zeit als Tabelle öffnet, und indirekt, indem er Tabellen und Ansichten umbenennt, wenn er Remote-Ansichten erstellt. Wenn Sie eine Sicherungskopie von Ihrer Datenbank erstellen, haben Sie die Möglichkeit, sie auf den Stand vor der Übertragung zurücksetzen, indem Sie die Dateien mit den Erweiterungen .dbc, .dct und .dcx mit den Sicherungskopien überschreiben. Dadurch wird das Umbenennen und Erstellen von Ansichten rückgängig macht.

Schließen von Tabellen

Der SQL Server-Upsizing-Assistent versucht, alle Tabellen der zu übertragenden Datenbanken exklusiv zu öffnen. Falls es Tabellen gibt, die bereits geöffnet und für die gemeinsame Nutzung freigegeben sind, werden sie geschlossen und erneut exklusiv geöffnet. Dadurch, daß die Tabellen vor dem Exportieren (Upsizing) im exklusiven Modus geöffnet werden, sind andere Benutzende nicht mehr in der Lage, während des Datenexports Datensätze der Tabellen zu ändern. Falls es Tabellen gibt, die nicht exklusiv geöffnet werden können, zeigt der SQL Server-Upsizing-Assistent eine Meldung an; diese Tabellen sind dann für den Übertragungsprozeß nicht verfügbar.

Starten des SQL Server-Upsizing-Assistenten

Sobald Sie eine ODBC-Datenquelle erstellt und sowohl auf dem Client als auch auf dem Server die notwendigen Vorbereitungen getroffen haben, können Sie die lokale Datenbank in eine Client-Server-Datenbank übertragen.

So starten Sie den SQL Server-Upsizing-Assistenten

1. Klicken Sie im Menü **Extras** auf **Assistenten** und dann auf **Upsizing**.

2. Wählen Sie im Dialogfeld **Assistent auswählen** den Assistenten **SQL Server-Upsizing-Assistent** aus.

3. Folgen Sie den Anleitungen des Assistenten wie im folgenden Abschnitt beschrieben.

   Sie können jederzeit auf **Cancel** klicken, um den Assistenten zu beenden. Der Assistent führt keine Aktionen durch, solange Sie nicht auf **Finish** geklickt haben.

4. Wenn Sie alles vorbereitet haben, um die lokale Datenbank in eine Client-Server-Datenbank zu übertragen, klicken Sie auf **Finish**.

Sobald Sie auf **Finish** geklickt haben, beginnt der SQL Server-Upsizing-Assistent damit, die Datenbank auf den Server zu exportieren.

Die Schaltfläche **Finish** steht erst zur Verfügung, wenn Sie die Informationen bereitgestellt haben, die mindestens erforderlich sind, um eine lokale in eine Client-Server-Datenbank zu übertragen. Wenn Sie auf **Finish** klicken, bevor Sie alle Schritte des Assistenten ausgeführt haben, verwendet der SQL Server-Upsizing-Assistent für die restlichen Schritte die Standardwerte.

Die Funktionsweise des SQL Server-Upsizing-Assistenten

Der SQL Server-Upsizing-Assistent macht das Übertragen einer Visual FoxPro-Datenbank in eine SQL Server-Datenbank zu einer einfach durchschaubaren Angelegenheit. In diesem Abschnitt ist erläutert, welche Vorgänge ausgelöst werden, nachdem Sie auf **Finish** geklickt haben, d. h., wie der SQL Server-Upsizing-Assistent Daten exportiert und Visual FoxPro-Objekte auf SQL Server-Objekte abbildet.

Die Methoden für den Datenexport

Der Upsizing-Assistent für SQL kennt für den Export von Daten zwei Methoden. Bei der ersten Methode wird eine gespeicherte Prozedur erstellt, die wiederholt Zeilen einfügt. Diese Methode kann sehr schnell sein, da gespeicherte Prozeduren vorkompiliert sind und sehr schnell ausgeführt werden.

Gespeicherte Prozeduren gestatten aber keine binären Variablen veränderlicher Länge als Parameter. Der SQL Server-Upsizing-Assistent verwendet daher eine andere Exportmethode, wenn Sie entweder Daten exportieren, die unter einem der SQL-Datentypen „Text" oder „Image" in SQL Server-Tabellen gespeichert werden müssen, oder Tabellen exportieren, die mehr als 250 Felder haben. Bei dieser zweiten Methode wird für jede Zeile der jeweiligen Tabelle ein INSERT-Befehl (SQL) erstellt und ausgeführt.

Entdeckt der Upsizing-Assistent für SQL Fehler, während er Daten mit einem INSERT-Befehl (SQL) exportiert, und ist die Anzahl der Fehler größer als 10 Prozent der Anzahl der Tabellendatensätze oder größer als 100 (je nachdem, welcher Wert größer ist), bricht der Assistent den Export dieser Tabelle ab und speichert die Anzahl der Exportfehler im Fehlerbericht. Die auf den Server exportierte Tabelle wird nicht gelöscht, und alle Datensätze, die erfolgreich exportiert wurden, verbleiben in der Server-Tabelle.

Ein Überblick, wie Objekte abgebildet werden

Wenn der SQL Server-Upsizing-Assistent eine Visual FoxPro-Datenbank in eine Client-Server-Datenbank überträgt, erstellt er Server-Objekte, die sich, soweit das möglich ist, so verhalten wie die Visual FoxPro-Datenbank. Viele Visual FoxPro-Objekte werden unmittelbar auf Server-Objekte abgebildet: Visual FoxPro-Datenbanken, -Tabellen, -Felder, -Standardwerte und -Indizes werden direkt eins-zu-eins auf SQL Server-Datenbanken, -Tabellen, -Felder, -Standardwerte und -Indizes abgebildet.

Es können nicht alle lokalen Objekte direkt auf Server-Objekte abgebildet werden. Gültigkeitsregeln und Bedingungen für referentielle Integrität sind in Visual FoxPro Bestandteile des Datenwörterbuchs (Data Dictionary) und werden von Visual FoxPro automatisch gewährleistet. In SQL Server sind Gültigkeitsregeln und referentielle Integrität kein Bestandteil des Datenwörterbuchs (Data Dictionary) und werden über Code durchgesetzt, der mit einer Tabelle verknüpft ist. Sowohl diese Unterschiede als auch die vom SQL Server-Upsizing-Assistenten getroffenen Entscheidungen bezüglich des Entwurfs machen deutlich, daß ein großer Teil des Datenwörterbuchs (Data Dictionary) nicht direkt auf SQL Server-Konstrukte abgebildet werden kann.

Die folgende Tabelle faßt zusammen, wie Visual FoxPro-Objekte auf SQL Server-Objekte abgebildet werden:

Visual FoxPro-Objekte	SQL Server-Objekte
Datenbank	Datenbank
Tabelle	Tabelle
Indizes	Indizes
Feld	Feld
Standardwert	Standardwerte
Gültigkeitsregel für eine Tabelle	Gespeicherte Prozeduren in SQL Server, die von UPDATE- und INSERT-Triggern aufgerufen werden
Gültigkeitsregel für ein Feld	Gespeicherte Prozeduren in SQL Server, die von UPDATE- und INSERT-Triggern aufgerufen werden
Persistente Beziehungen (als Bedingungen für referentielle Integrität)	Update-, Insert- und Delete-Trigger oder Tabellenbeschränkungen

Kapitel 20 Übertragen lokaler Visual FoxPro-Datenbanken in Client-Server-Datenbanken (Upsizing)

In den folgenden Abschnitten ist zu jedem Visual FoxPro-Objekt das SQL Server-Objekt (bzw. die Objekte) beschrieben, auf das es abgebildet wird.

Die Regeln, nach denen exportierte Objekte benannt werden

Beim Exportieren von Objekten in eine Datenquelle erstellt der SQL Server-Upsizing-Assistent benannte Objekte auf dem Server. Es gibt Objekte, denen neue Namen zugewiesen werden müssen, da sie in Visual FoxPro nicht als eigenständige Objekte existieren (z. B. Standardwertausdrücke und Gültigkeitsregeln). Auf ein Präfix folgt ein Tabellenname und gegebenenfalls ein Feldname. Nach diesen Benennungskonventionen erhalten gleichartige Objekte das gleiche Präfix und bilden beim Anzeigen mit einem Administrationsprogramm der Datenquelle eine Gruppe. Gleiches gilt für Objekte, die auf derselben Tabelle basieren.

Datenbanken und Tabellen

Eine Visual FoxPro-Datenbank wird direkt auf eine SQL Server-Datenbank abgebildet. Eine Visual FoxPro-Tabelle wird mit Ausnahme eines Teils ihres Datenwörterbuchs (Data Dictionary) auf eine SQL Server-Tabelle abgebildet.

Datenbank-, Tabellen-, Index- und Feldnamen werden beim Übertragen einer lokalen in eine Client-Server-Datenbank umbenannt, wenn sie nicht den SQL Server-Benennungsvereinbarungen entsprechen. SQL Server Namen dürfen bis zu 30 Zeichen lang sein; das erste Zeichen muß ein Buchstabe oder das Zeichen „@" sein; die anderen Zeichen können Ziffern, Buchstaben oder die Zeichen „$", „#" bzw. „_" sein; Leerzeichen sind nicht erlaubt. Der SQL Server-Upsizing-Assistent ersetzt alle unzulässigen Zeichen durch das Zeichen „_".

Namen, die mit reservierten Wörtern von SQL Server identisch sind, erhalten das Suffix „_". So werden FROM und GROUP z. B. zu FROM_ und GROUP_. Außerdem setzt der SQL Server-Upsizing-Assistent das Zeichen „_" vor alle Objektnamen, die mit einer Ziffer beginnen.

Tabellen

Der SQL Server-Upsizing-Assistent gibt jeder exportierten Tabelle denselben Namen wie die lokale Tabelle, es sei denn, der Tabellenname enthält Leerzeichen oder stimmt mit einem Schlüsselwort der Datenquelle überein.

Ansichten neuer Server-Tabellen

Wenn Sie **Create Remote Views On Tables** auswählen, erstellt der SQL Server-Upsizing-Assistent entsprechende Remote-Ansichten und übernimmt viele der Eigenschaften der Felder aus der ursprünglichen lokalen Tabelle.

Abbilden von Visual FoxPro-Namen und -Datentypen auf entsprechende SQL Server-Objekte

Feldnamen und Datentypen werden automatisch in SQL Server-Felder umgewandelt, wenn der SQL Server-Upsizing-Assistent eine Visual FoxPro-Tabelle exportiert.

Visual FoxPro-Datentypen werden folgendermaßen auf SQL Server-Datentypen abgebildet:

Abkürzung	Visual FoxPro-Datentyp	SQL Server-Datentyp
C	Zeichen	char
Y	Währung	money
D	Datum	datetime
T	DatumZeit	datetime
B	Double	float
F	Gleitkomma	float
G	Objekt	image
I	Integer	int
L	Logisch	bit
M	Memo	text
M (binär)	Memo (binär)	image
C (binär)	Zeichen (binär)	binary
N	Numerisch	float

Zeitstempel- und Identitätsspalten

Sie können Zeitstempelspalten unter Verwendung des Transact-SQL-Zeitstempel-Datentyps erstellen. Wenn Sie in Schritt 4, **Map Field Data Types**, das Kontrollkästchen der Spalte **Timestamp** für eine bestimmte Tabelle aktivieren, erstellt der SQL Server-Upsizing-Assistent ein Zeitstempelfeld für diese Tabelle.

Wenn eine Tabelle ein oder mehrere Memofelder (M) oder Felder vom Typ „Bild" (P) enthält, aktiviert der SQL Server-Upsizing-Assistent standardmäßig das Kontrollkästchen der Spalte **Timestamp** und erstellt in der Client-Server-Version der Tabelle ein Zeitstempelfeld.

Identitätsspalten können unter Verwendung von Transact-SQL IDENTITY-Eigenschaftsfeldern erstellt werden.

Indizes

SQL Server- und Visual FoxPro-Indizes sind sich sehr ähnlich. Der folgenden Tabelle können Sie entnehmen, welcher Visual FoxPro-Indextyp welchem SQL Server-Indextyp entspricht:

Konvertierung von Indextypen

Visual FoxPro-Indextyp	SQL Server-Indextyp
Primär	Clustered Unique
Potentiell	Unique
Eindeutig, Einfach	Non-unique

Der SQL Server-Upsizing-Assistent verwendet die Visual FoxPro-Indexnamen für die Namen der Indizes unter SQL Server. Hat ein Index einen Namen, der auf dem Server ein reserviertes Wort ist, ändert der Assistent den Namen, indem er einen Unterstrich (_) anfügt.

Anmerkung: SQL Server unterstützt weder aufsteigende bzw. absteigende Indizes noch Ausdrücke innerhalb von Server-Indizes. Während des Übertragens löscht der SQL Server-Upsizing-Assistent Visual FoxPro-Ausdrücke aus Index-Ausdrücken; lediglich Feldnamen werden an den Server übergeben.

SQL Server-Standardwertausdrücke (Defaults)

Ein Visual FoxPro-Standardwertausdruck wird direkt auf einen SQL Server-Standardwert abgebildet. Der SQL Server-Upsizing-Assistent versucht, einen SQL Server-Standardwert basierend auf dem Standardwertausdruck eines Visual FoxPro-Feldes zu erstellen. Kann der jeweilige Standardwertausdruck erfolgreich erstellt werden, wird er vom Assistenten mit dem entsprechenden SQL Server-Feld verknüpft. Im Upsizing-Bericht (Bericht zur Übertragung einer lokalen in eine Client-Server-Datenbank) wird festgehalten, ob es dem SQL Server-Upsizing-Assistenten gelungen ist, den jeweiligen Visual FoxPro-Ausdruck in SQL Server Transact-SQL umzuwandeln. Ausführlichere Informationen über diese Umwandlungen finden Sie weiter unten in diesem Kapitel unter „Abbilden von Ausdrücken".

Obwohl sich SQL Server- und Visual FoxPro-Standardwertausdrücke sehr ähnlich sind, gibt es doch einige Unterschiede in der Erstellung und im Verhalten der Standardwertausdrücke im jeweiligen Produkt. SQL Server-Standardwertausdrücke sind eigenständige Objekte, die unabhängig sind von einem bestimmten Feld oder einer bestimmten Tabelle. Sobald ein Standardwertausdruck (Default) erstellt ist, kann er für beliebig viele Felder verwendet werden.

Die Regeln, nach denen Standardwertausdrücke (Defaults) benannt werden

Der SQL Server-Upsizing-Assistent erstellt den Namen eines Standardwertausdrucks aus dem Präfix Dflt_ sowie dem Namen einer Tabelle und dem Namen eines Feldes. So könnte z. B. der Standardwertausdruck des Feldes max_order_amt der Tabelle Customer auf dem Server den Namen Dflt_Customer_max_order_amt haben. Ergibt sich für den Standardwertausdruck aus der Kombination des Präfixes mit einem Tabellen- und einem Feldnamen ein Name, der aus mehr als 30 Zeichen besteht, trennt Visual FoxPro die überzähligen Zeichen ab.

Felder, die den Standardwert 0 haben, werden mit einem Standardwertausdruck namens UW_ZeroDefault verknüpft. Haben zwei oder mehr Felder denselben Standardwertausdruck ungleich 0, erstellt der SQL Server-Upsizing-Assistent zwei Standardwertausdrücke mit unterschiedlichen Namen, wobei sich diese beiden Ausdrücke bezüglich ihrer Funktion nicht unterscheiden.

Standardwerte für logische Visual FoxPro-Felder

Logische Felder in SQL Server lassen keine Nullwerte zu; in Visual FoxPro dagegen sind Nullwerte in logischen Feldern erlaubt. Um diesen Unterschied aufzulösen, verknüpft der SQL Server-Upsizing-Assistent jedes exportierte logische Feld automatisch mit einem Standardwertausdruck namens UW_ZeroDefault. Dieser Standardwertausdruck bewirkt, daß ein logisches SQL Server-Feld für den Fall, daß Sie keinen Wert bereitstellen, auf 0 festgelegt wird (oder Falsch (.F.), wenn Sie das Feld in Visual FoxPro anzeigen).

Enthält die lokale Visual FoxPro-Tabelle für ein logisches Feld einen Standardwertausdruck, der das Feld auf Wahr (.T.) festlegt, verknüpft der SQL Server-Upsizing-Assistent die Server-Tabelle nicht mit dem Standardwert UW_ZeroDefault. Statt dessen erstellt der Assistent einen Standardwertausdruck, der das Feld auf 1 festlegt, und erteilt diesem einen Namen entsprechend der weiter oben in diesem Kapitel erläuterten Benennungskonventionen.

SQL Server-Standardwertausdrücke werden anders ausgewertet als Visual FoxPro-Standardwertausdrücke. Weitere Informationen finden Sie weiter unten in diesem Kapitel unter „Standardwerte".

SQL Server Trigger

Ein SQL Server Trigger besteht aus einer Reihe von Transact-SQL-Anweisungen, die mit einer bestimmten SQL Server-Tabelle verknüpft sind. Wenn Sie in Schritt 8 festgelegt haben, daß Gültigkeitsregeln (Validation Rules) und Beziehungen (Relations) exportiert werden sollen, wandelt der SQL Server-Upsizing-Assistent alle in Visual FoxPro formulierten Gültigkeitsregeln (feld- und datensatzbezogene) und persistente Tabellenbeziehungen in gespeicherte Prozeduren um, die von SQL Server Triggern aufgerufen werden. Jeder auf dem Server befindliche Trigger kann Programmzeilen enthalten, die die Vorgaben verschiedener Gültigkeitsregeln sowie die Regeln für referentielle Integrität emulieren.

Anmerkung: Der SQL Server-Upsizing-Assistent exportiert keine Visual FoxPro-Trigger.

Eine Server-Tabelle kann drei Trigger haben, nämlich je einen für jeden der Befehle, mit denen die in einer Tabelle gespeicherten Daten geändert werden können: UPDATE, INSERT und DELETE. Der jeweilige Trigger wird automatisch aufgerufen, wenn ein entsprechender Befehl ausgeführt wird.

In der folgenden Tabelle sind die Trigger zusammengestellt, die der SQL Server-Upsizing-Assistent erstellt. Jeder Trigger kann Programmzeilen enthalten, die einige oder alle der aufgeführten Visual FoxPro-Elemente emulieren.

Trigger	Emulierte Visual FoxPro-Elemente
UPDATE	Gültigkeitsregeln (feld- und datensatzbezogene)
	Referentielle Integrität
INSERT	Gültigkeitsregeln (feld- und datensatzbezogene)
	Referentielle Integrität (nur Detailtabellen-Trigger)
DELETE (nur Master-Tabelle)	Referentielle Integrität

Kapitel 20 Übertragen lokaler Visual FoxPro-Datenbanken in Client-Server-Datenbanken (Upsizing)

Die Regeln, nach denen Trigger benannt werden

Der SQL Server-Upsizing-Assistent benennt Server Trigger, indem er vor den Namen der SQL Server-Tabelle, zu der der Trigger gehört, ein Präfix setzt, das den Typ des zu erstellenden Triggers angibt. Das Präfix („TrigU_" für UPDATE-Trigger, „TrigD_" für DELETE-Trigger und „TrigI_" für INSERT-Trigger) wird dem Tabellennamen vorangestellt. Beispielsweise könnte der UPDATE-Trigger der Tabelle „Customer" TrigU_Customer heißen.

Gültigkeitsregeln

Der SQL Server-Upsizing-Assistent kann Visual FoxPro-Gültigkeitsregeln (feld- und datensatzbezogene) exportieren, wobei er die Regeln in gespeicherte Prozeduren umwandelt. Der Assistent benennt Gültigkeitsregeln auf Feldebene, indem er das Präfix „vrf" (für „validation rule, field" = „Gültigkeitsregel, feldbezogen") mit den Tabellen- und Feldnamen kombiniert, z. B. vrf_customer_company. Der Name einer tabellenbezogenen Gültigkeitsregel ergibt sich aus dem Präfix „vrt" (für „validation rule, table" = „Gültigkeitsregel, tabellenbezogen") und dem Namen der Tabelle, z. B. vrt_customer.

Der SQL Server-Upsizing-Assistent verwendet zur Durchführung der Gültigkeitsprüfung auf Feldebene Trigger, die gespeicherte Prozeduren aufrufen, anstelle von SQL Server-Regeln, da diese eine programmgesteuerte Anzeige von Fehlermeldungen nicht zulassen. Weitere Informationen über SQL Server-Regeln finden Sie in der SQL Server-Dokumentation unter dem Befehl „CREATE RULE".

Referentielle Integrität

Ihre Visual FoxPro-Anwendung unterstützt die referentielle Integrität über Trigger für UPDATE-, DELETE- und INSERT-Ereignisse von persistenten Tabellenbeziehungen, die auf Datenbankebene gewährleistet werden. Es stehen Ihnen in SQL Server zwei Methoden zur Verfügung, um Bedingungen für referentielle Integrität zu implementieren:

- Trigger-basierte referentielle Integrität

    – Oder –

- Deklarative referentielle Integrität

Wenn Sie die trigger-basierte referentielle Integrität verwenden, erstellt der SQL Server-Upsizing-Assistent Trigger, die den Transact-SQL-Code enthalten, der für die Duplizierung der Visual FoxPro-Bedingungen für referentielle Integrität erforderlich ist. Wenn Sie die deklarative referentielle Integrität implementieren, erstellt der SQL Server-Upsizing-Assistent unter Verwendung des Befehls **ALTER TABLE** und des Schlüsselwortes CONSTRAINT SQL Server-Bedingungen.

Trigger-basierte referentielle Integrität

Wenn Sie die trigger-basierte Methode einsetzen, wird die referentielle Integrität in SQL Server durch Verwenden von Transact-SQL-Code in Triggern durchgesetzt. Sie können Trigger verwenden, um Einschränkungen in UPDATE-, DELETE- und INSERT-Anweisungen bereitzustellen und die mittels DELETE- und INSERT-Anweisungen durchgeführten Änderungen weiterzugeben.

Der SQL Server-Upsizing-Assistent erstellt SQL Server Trigger, indem die Visual FoxPro-Trigger, mit denen die referentielle Integrität für persistente Beziehungen in Ihrer Visual FoxPro-Datenbank durchgesetzt wird, ausgewertet werden. Die folgende Tabelle enthält die Umsetzung der Visual FoxPro-Bedingungen für referentielle Integrität in SQL Server Trigger, die vom SQL Server-Upsizing-Assistenten erzeugt werden.

Visual FoxPro-Bedingung für referentielle Integrität		SQL Server Trigger
UPDATE	Weitergeben	Cascade UPDATE-Trigger
	Einschränken	Restrict UPDATE-Trigger
	Ignorieren	Es wird kein Trigger erzeugt
DELETE	Weitergeben	Cascade DELETE-Trigger
	Einschränken	Restrict DELETE-Trigger
	Ignorieren	Es wird kein Trigger erzeugt
INSERT	Einschränken	Restrict INSERT-Trigger
	Ignorieren	Es wird kein Trigger erzeugt

Eine persistente Visual FoxPro-Beziehung, die in einer Bedingung für referentielle Integrität verwendet wird, kann in einer SQL Server-Datenquelle in bis zu vier Trigger umgesetzt werden: zwei für die Master-Tabelle und zwei für die Detailtabelle.

Anmerkung: Wird nur eine der Tabellen einer Beziehung exportiert oder wird in Visual FoxPro nicht auf referentielle Integrität hin geprüft, wird die jeweilige Beziehung nicht exportiert.

Master-Tabelle

Der SQL Server-Upsizing-Assistent erstellt einen UPDATE-Trigger, der abhängig vom Typ der in Visual FoxPro definierten Beziehung wie folgt arbeitet: Entweder hindert er den Benutzer daran, den Primärschlüssel der Master-Tabelle zu ändern, oder er nimmt die jeweilige Änderung auch an der Detailtabelle (Sekundärtabelle) vor.

Ebenfalls abhängig davon, von welchem Typ die Beziehung zwischen zwei Tabellen in Visual FoxPro ist, erstellt der Assistent einen DELETE-Trigger, der wie folgt arbeitet: Entweder verhindert er das Löschen eines Datensatzes, der mit Detail-Datensätzen verknüpft ist, oder er löscht die Detail-Datensätze.

Detailtabelle

Der SQL Server-Upsizing-Assistent erstellt einen UPDATE-Trigger, der verhindert, daß der Fremdschlüssel so geändert wird, daß der jeweilige Datensatz „verwaist". Ganz entsprechend wird ein INSERT-Trigger erstellt, der den Benutzer daran hindert, einen Datensatz hinzuzufügen, für den es in der Master-Tabelle kein passendes Gegenstück gibt.

Benutzerdefinierte Fehlerwerte

Wenn die referentielle Integrität, die von den Triggern überwacht wird, die der SQL Server-Upsizing-Assistent erstellt hat, zur Laufzeit verletzt wird, schreibt der Assistent einen von ihm definierten Fehlerwert in die Variable @@ERROR. Mögliche Fehlerwerte werden vom Assistenten als Bestandteil des Trigger-Codes definiert. Welcher Fehlerwert zur Laufzeit zurückgegeben wird, hängt davon ab, welche Aktion gerade durchgeführt werden sollte: Aktualisieren (UPDATE), Einfügen (INSERT) oder Löschen (DELETE).

In der folgenden Tabelle sind die Fehlernummern für die einzelnen Aktionen aufgelistet:

Aktion	SQL Server-Fehler
Verletzte Gültigkeitsregel	44444
Löschversuch	44445
Aktualisierungsversuch	44446
Einfügeversuch	44447
Eine Aktualisierungs- oder Löschanweisung wirkte sich auf mehr als eine Zeile aus; die Anweisung wird automatisch zurückgesetzt.	44448

Deklarative referentielle Integrität

Wenn Sie die deklarative referentielle Integrität implementieren, erstellt der SQL Server-Upsizing-Assistent unter Verwendung des Befehls **ALTER TABLE** und des Schlüsselwortes CONSTRAINT SQL Server-Bedingungen. Die Bedingung für die Master-Tabelle verwendet das Schlüsselwort PRIMARY KEY. Die Bedingung für die Detailtabelle verwendet die Schlüsselwörter FOREIGN KEY und REFERENCES. Die deklarative referentielle Integrität wird auf der RESTRICT-Ebene und der RESTRICT-Ebene für Aktualisierungen und Löschvorgänge unterstützt.

Sie können die SQL Server-Bedingungen verwenden, um Einschränkungen in UPDATE-, DELETE- und INSERT-Anweisungen zur Verfügung zu stellen.

Abbilden von Ausdrücken

Visual FoxPro und Transact-SQL verfügen zwar über einige gemeinsame Funktionen, aber viele Visual FoxPro-Funktionen werden nicht von SQL Server unterstützt. Der SQL Server-Upsizing-Assistent versucht mit Hilfe der folgenden Umsetzungstabelle für Ausdrücke, Visual FoxPro-Ausdrücke in Gültigkeitsregeln auf Feld- und Datensatzebene und Standardwerte in Transact-SQL zu konvertieren.

Visual FoxPro-Ausdruck	SQL Server-Ausdruck
Wahr (.T.)	1
Falsch (.F.)	0
#	<>
.AND.	AND

(Fortsetzung)

Visual FoxPro-Ausdruck	SQL Server-Ausdruck
.NOT.	NOT
.NULL.	NULL
.OR.	OR
=<	<=
=>	>=
ASC( )	ASCII( )
AT( )	CHARINDEX( )
CDOW( )	DATENAME(dw, ...)
CHR( )	CHAR( )
CMONTH( )	DATENAME(mm, ...)
CTOD( )	CONVERT(datetime, ...)
CTOT( )	CONVERT(datetime, ...)
DATE( )	GETDATE( )
DATETIME( )	GETDATE( )
DAY( )	DATEPART(dd, ...)
DOW( )	DATEPART(dw, ...)
DTOC( )	CONVERT(varchar, ...)
DTOR( )	RADIANS( )
DTOT( )	CONVERT(datetime, ...)
HOUR( )	DATEPART(hh, ...)
LIKE( )	PATINDEX( )
MINUTE( )	DATEPART(mi, ...)
MONTH( )	DATEPART(mm, ...)
MTON( )	CONVERT(money, ...)
NTOM( )	CONVERT(float, ...)
RTOD( )	DEGREES( )
SUBSTR( )	SUBSTRING( )

(Fortsetzung)

Visual FoxPro-Ausdruck	SQL Server-Ausdruck
TTOC( )	CONVERT(char, ...)
TTOD( )	CONVERT(datetime, ...)
YEAR( )	DATEPART(yy, ...)

Die folgenden Ausdrücke (Funktionen) sind in Visual FoxPro und SQL Server identisch.

Ausdrücke, die direkt aus Visual FoxPro auf SQL Server abgebildet werden

CEILING( )	LOG( )	LOWER( )
LTRIM( )	RIGHT( )	RTRIM( )
SOUNDEX( )	SPACE( )	STR( )
STUFF( )	UPPER( )	

Dateien, die vom SQL Server-Upsizing-Assistenten erstellt werden

Der SQL Server-Upsizing-Assistent erstellt, während er eine lokale in eine Client-Server-Datenbank überträgt, Tabellen für den eigenen Gebrauch. Diese Tabellen (Dateien) werden von der Festplatte gelöscht, sofern nicht eine der folgenden Bedingungen zutrifft:

- Sie veranlassen, daß ein Upsizing-Bericht (Bericht zur Erweiterung einer Client-Server-Datenbank) erstellt wird.
- Sie haben angegeben, daß der erzeugte SQL-Code gespeichert werden soll.
- Es treten Fehler während des Übertragens der lokalen in eine Client-Server-Datenbank auf, und Sie speichern die Fehlerinformationen.

Trifft eine dieser Bedingungen zu, erstellt der SQL Server-Upsizing-Assistent ein Projekt (namens Report, Report1, Report2 usw.) sowie eine Datenbank (namens Upsize, Upsize1 usw.) und legt die zugehörigen Dateien in einem Unterverzeichnis namens **UPSIZE** ab. **UPSIZE** ist ein Unterverzeichnis des Verzeichnisses, das per SET DEFAULT-Befehl für Ihre Visual FoxPro-Arbeitssitzung definiert ist. Der Assistent fügt der Datenbank die Tabellen hinzu, aus denen der Upsizing-Bericht erstellt wird, eine Tabelle, in der der erzeugte SQL-Code gespeichert wird sowie die Fehlertabellen. In der folgenden Tabelle sind die Dateien aufgeführt, die gegebenenfalls während des Übertragens erstellt werden.

Lokale Tabellen, die während des Übertragens erstellt werden

Tabellenart	Tabellenname	Inhalt
Berichtstabellen	Errors_uw	Informationen über die Fehler, die während des Übertragens aufgetreten sind
	Fields_uw	Informationen über alle exportierten Tabellen

(Fortsetzung)

Tabellenart	Tabellenname	Inhalt
Berichtstabellen	Indexes_uw	Informationen über alle exportierten Indizes
	Misc_uw	Verschiedene Informationen zum Übertragungsvorgang
	Relations_uw	Informationen über alle in der Visual FoxPro-Datenbank gespeicherten Bedingungen für referentielle Integrität
	Tables_uw	Informationen über die Tabellen der Datenbank, die exportiert werden sollen
	Views_uw	Informationen über die lokalen Ansichten, die umgeleitet werden, um auf Remote-Daten zuzugreifen.
Skripttabelle	SQL_uw	Ein Memofeld, das den gesamten SQL-Code enthält, der vom SQL Server-Upsizing-Assistenten erzeugt wurde.
Tabellen für Datenexportfehler	ExportErrors_*table_name*	Der SQL Server-Upsizing-Assistent erzeugt für jede Tabelle, für die beim Exportieren ein Datenexportfehler auftritt, eine Tabelle mit den Datensätzen, die nicht erfolgreich exportiert wurden.

Wird der Assistent während der Verarbeitung abgebrochen oder stoppt der Assistent infolge eines Fehlers, werden alle hier aufgeführten Tabellen von Ihrer Festplatte gelöscht.

Einsetzen von erstelltem SQL-Code

Die auf der Festplatte gespeicherte Skripttabelle enthält den gesamten SQL-Code, den der SQL Server-Upsizing-Assistent erzeugt hat, unabhängig davon, ob Fehler aufgetreten sind. Wenn Sie den erzeugten SQL-Code verwenden möchten, kopieren Sie die gewünschten Code-Teile, und führen Sie sie aus. Wiederholen Sie diesen Vorgang so oft, bis Sie das gewünschte Ergebnis erreicht haben. Sie können jedoch nicht das gesamte SQL-Skript stellvertretend für den SQL Server-Upsizing-Assistenten ausführen, da der Assistent noch zusätzliche Schritte durchführt, die im erzeugten SQL-Code nicht berücksichtigt sind.

Abschließen des Übertragungsvorgangs nach SQL Server

Sie können jetzt noch einige weitere Schritte sowohl auf Ihrem Server als auch in Ihrer Visual FoxPro-Anwendung durchführen, um zu gewährleisten, daß Anwendung und Daten stabil sind und korrekt funktionieren.

Die Informationen dieses Abschnitts sind auch dann hilfreich, wenn Sie eine Anwendung anhand von Remote-Ansichten erstellen. Unabhängig davon, wie Sie die jeweiligen Remote-Tabellen erstellt haben, sorgen Sie mit bestimmten Schritten dafür, daß der Server und der Client darauf vorbereitet sind, in Ihrer Client-Server-Anwendung zusammenzuarbeiten.

Abschließende Schritte in SQL Server

Sie schließen das Übertragen Ihrer lokalen Anwendung in eine Client-Server-Anwendung ab, indem Sie auf dem Server folgende Schritte ausführen:

- Stellen Sie sicher, daß alle Tabellen, die Sie aus Visual FoxPro bearbeiten möchten, aktualisierbar sind.
- Stellen Sie die Berechtigungen für die Datenbank so ein, daß die Benutzenden auf die Objekte zugreifen können, die sie benötigen.
- Schützen Sie Ihre Arbeit, indem Sie die neue Datenbank wiederherstellbar machen für den Fall, daß sie beschädigt oder gelöscht wird.

Hinzufügen eindeutiger Indizes wegen Aktualisierbarkeit

Eine Remote-Tabelle sollte, damit sie mit Visual FoxPro aktualisiert werden kann, einen eindeutigen Index haben. Der SQL Server-Upsizing-Assistent kann einen bestehenden eindeutigen Index zwar exportieren, er erstellt aber keinen Index, wenn noch keiner besteht. Stellen Sie sicher, daß alle Tabellen, die Sie aus Visual FoxPro bearbeiten möchten, aktualisierbar sind.

Festlegen der Berechtigungen

Die neue SQL Server-Datenbank und deren Objekte erhalten von SQL Server eine Reihe von Standardberechtigungen. Stellen Sie die Berechtigungen für die Remote-Datenbank so ein, daß die Benutzenden auf die Objekte zugreifen können, die sie benötigen.

Datenbank-Anmeldeberechtigungen

Die Standardberechtigungen einer neuen Datenbank bewirken, daß lediglich Systemadministratoren und der Besitzer der Datenbank auf sie zugreifen dürfen.

Mit dem SQL Server Security Manager sowie den Systemprozeduren `sp_adduser` und `sp_addgroup` können Sie weitere Benutzende und Benutzergruppen hinzufügen.

Weitere Informationen über das Hinzufügen von Benutzenden und Gruppen finden Sie in der Hilfe des SQL Server Security Managers und im *Microsoft SQL Server Transact-SQL-Referenzhandbuch* in der Beschreibung der Systemprozeduren `sp_adduser` und `sp_addgroup`.

Objektbezogene Berechtigungen

Alle vom SQL Server-Upsizing-Assistenten erstellten Objekte, also auch Tabellen, Trigger und Standardwertausdrücke, stehen zunächst nur dem Datenbankeigentümer sowie der Systemadministration zur Verfügung. Dies gilt unabhängig davon, ob Sie die lokale Datenbank in eine neue oder eine bestehende Datenbank übertragen haben. Wenn Sie bestehende Objekte überschreiben, werden auch alle objektbezogenen Berechtigungen überschrieben.

Mit dem SQL Enterprise Manager bzw. den Befehlen **GRANT** und **REVOKE** können Sie Berechtigungen für Tabellen erteilen. Weitere Informationen über das Festlegen objektbezogener Berechtigungen, finden Sie im *Microsoft SQL Server Administrator's Companion* unter „Verwalten von Objektberechtigungen" sowie im *Microsoft SQL Server Transact-SQL-Referenzhandbuch* in den Beschreibungen der Befehle **GRANT** und **REVOKE**.

Gewährleisten der Wiederherstellbarkeit

Schützen Sie Ihre Arbeit, indem Sie die neue Datenbank wiederherstellbar machen für den Fall, daß sie beschädigt oder gelöscht wird.

Sichern der Master-Datenbank mit einem DUMP DATABASE-Befehl

Wenn auf einem SQL Server eine Datenbank erstellt wird, werden zu den Systemtabellen der Master-Datenbank Datensätze hinzugefügt. Wenn Sie die Master-Datenbank mit einem DUMP DATABASE-Befehl sichern, erhalten Sie auch eine Sicherungskopie, die sämtliche zuletzt vorgenommenen Änderungen enthält. Weitere Informationen über das Sichern der Master-Datenbank mit einem DUMP DATABASE-Befehl finden Sie im Handbuch *Microsoft SQL Server Administrator's Companion* unter „Erstellen einer Sicherungskopie der Master-Datenbank" sowie im *Microsoft SQL Server Transact-SQL-Referenzhandbuch* unter der DUMP-Anweisung und unter „Sichern der Master-Datenbank mit einem DUMP DATABASE-Befehl".

Planen von Sicherungskopien

Sie sollten Ihre Datenbank regelmäßig sichern, damit Sie die Datenbank für den Fall, daß ein ernstes Problem auftritt, anhand der Sicherungskopie wiederherstellen können. Weitere Informationen über das Erstellen von Sicherungskopien von SQL Server-Datenbanken finden Sie im Handbuch *Was ist neu in SQL Server 6.5* unter „Datenbankwartungsplan-Assistent" und „Sichern und Wiederherstellen" sowie im *Microsoft SQL Server Transact-SQL-Referenzhandbuch* unter „Datenbankentwurfs- und Sicherungsstrategie".

Mediumspiegelung

Wird ein Medium gespiegelt, werden die auf diesem Medium befindlichen Informationen ständig auf ein anderes SQL Server-Medium kopiert. Für den Fall, daß ein Medium ausfällt, befindet sich auf dem anderen Medium eine aktuelle Kopie aller Transaktionen.

Das Spiegeln eines Mediums sollten Sie dann in Betracht ziehen, wenn Sie davon ausgehen müssen, daß zwischen zwei Sicherungskopien viele Änderungen vorgenommen werden, die auf keinen Fall verlorengehen dürfen. Eine Mediumspiegelung ist dann am effektivsten, wenn sich die beiden Medien auf unterschiedlichen Datenträgern befinden, da eventuell beide Medien verlorengehen, wenn sie sich auf demselben Datenträger befinden und dieser ausfällt.

Weitere Informationen über die Spiegelung von Medien finden Sie im Handbuch *Microsoft SQL Server Administrator's Companion* unter „Spiegeln eines Datenbankmediums", „SQL Server-Mediumspiegelung" und „Verwenden der SQL Server-Spiegelung".

Abschließende Schritte für den Visual FoxPro-Client

Nachdem Sie Objekte aus Visual FoxPro auf einen SQL Server übertragen haben, müssen Sie wahrscheinlich einige Änderungen am Code der ursprünglichen Visual FoxPro-Datenbank vornehmen, damit sie fehlerfrei mit der neuen SQL Server-Datenbank zusammenarbeitet.

Optimieren von Ansichten

Ansichten, die der SQL Server-Upsizing-Assistent erstellt hat, sind nicht parametrisiert und daher nicht optimiert. Die effektivste Verarbeitung erreichen Sie, indem Sie Parameter zu den Ansichten hinzufügen, die der SQL Server-Upsizing-Assistent erstellt hat, so daß nur die Daten vom Server abgerufen werden, die tatsächlich benötigt werden. Informationen über das Hinzufügen eines Parameters zu einer Ansicht finden Sie in Kapitel 8, „Erstellen von Ansichten".

Einige Visual FoxPro-Funktionen werden von SQL Server nicht unterstützt. Werden in der Remote-Ansicht, die der SQL Server-Upsizing-Assistent erstellt hat, Funktionen verwendet, die nicht auf Transact-SQL-Funktionen abgebildet werden konnten, ist die Ansicht nicht funktionsfähig. Weitere Informationen über das Abbilden von Visual FoxPro-Ausdrücken auf Transact-SQL-Ausdrücke finden Sie weiter oben in diesem Kapitel unter „Abbilden von Ausdrücken".

Erstellen von gespeicherten Prozeduren und Triggern

Der SQL Server-Upsizing-Assistent exportiert weder gespeicherte Visual FoxPro-Prozeduren noch Visual FoxPro-Trigger. Wenn Sie gespeicherte SQL Server-Prozeduren oder SQL Server Trigger erstellen möchten, können Sie auf einem Server Transact-SQL oder in Visual FoxPro SQL Pass-Through einsetzen. Weitere Informationen über die Verwendung von Transact-SQL finden Sie in der SQL Server-Dokumentation. Informationen über die Verwendung von SQL Pass-Through finden Sie in Kapitel 21, „Implementieren von Client-Server-Anwendungen".

Vergleichen der Ereignisreihenfolge

In Visual FoxPro treten einige Ereignisse abhängig davon, ob Ihre Anwendung SQL Server-Daten oder Visual FoxPro-Daten verwendet, in unterschiedlicher Reihenfolge auf. Diese Unterschiede bedingen eventuell Änderungen an Ihren Programmen.

Standardwerte

In Visual FoxPro werden die Standardwerte von Feldern angezeigt, sobald Sie damit begonnen haben, einen neuen Datensatz zu bearbeiten. Dagegen werden Standardwerte, die von entsprechenden SQL Server-Ausdrücken erstellt wurden, erst angezeigt, nachdem ein Datensatz eingefügt wurde. Sie müssen alle Programmzeilen ändern, für die Werte benötigt werden, bevor der jeweilige Datensatz übergeben wird; wie z. B. den Code für Verweise.

Gültigkeitsregeln

In Visual FoxPro wird eine feldbezogene Gültigkeitsregel ausgewertet, sobald zu einem anderen Feld gewechselt werden soll. Wenn Sie SQL Server-Daten in eingebundenen Tabellen bearbeiten, werden Trigger und Gültigkeitsregeln erst beim Verlassen des Datensatzes aktiv. Eventuell müssen Sie die datensatzbezogenen Gültigkeitsregeln, die auf feldbezogenen Gültigkeitsregeln basieren, ändern. Feldbezogene Gültigkeitsregeln werden immer dann ausgewertet, wenn ein Feld verlassen wird.

Handhaben nichtumgewandelter Ausdrücke

Im Upsizing-Bericht ist festgehalten, welche Visual FoxPro-Gültigkeitsregeln (datensatz- und feldbezogene) sowie -Standardwertausdrücke erfolgreich umgewandelt (abgebildet) wurden. Alle nichtumgewandelten Standardwertausdrücke und Gültigkeitsregeln müssen Sie in Transact-SQL formulieren.

In Visual FoxPro können Sie Gültigkeitsprüfungen auch auf Formularebene vornehmen. Werden aber die auf dem Server befindlichen Daten ohne das entsprechende Formular bearbeitet, unterbleibt die Gültigkeitsprüfung, so daß eventuell unzulässige Daten eingegeben werden.

Weitere Informationen über das Umwandeln von Ausdrücken finden Sie weiter oben in diesem Kapitel unter „Abbilden von Ausdrücken". Weitere Informationen über Transact-SQL-Funktionen finden Sie in der SQL Server-Dokumentation.

Sperren von Datensätzen

Visual FoxPro arbeitet intern mit optimistischem Sperren, wenn es auf Tabellen zugreift, die sich auf einem SQL Server befinden. Optimistisches Sperren bedeutet, daß die jeweilige Zeile nur dann gesperrt ist, wenn der bearbeitete Wert übergeben und der Aktualisierungsvorgang ausgeführt wird, was normalerweise innerhalb eines sehr kurzen Zeitraums geschieht.

Für SQL Server wird nicht mit pessimistischem, sondern mit optimistischem Sperren gearbeitet, da pessimistisches Sperren unter SQL Server durch seitenweises Sperren umgesetzt wird. Damit werden andere Benutzende nicht nur daran gehindert, den Datensatz zu ändern, den Sie momentan bearbeiten, sondern können eventuell auch auf viele andere Datensätze nicht zugreifen, die zu derselben (gesperrten) Seite gehören. Optimistisches Sperren ermöglicht für eine Visual FoxPro Client-Server-Anwendung das bestmögliche Zugriffsverhalten für mehrere Benutzende.

Die SQL-Eigenschaft **WhereType** ermöglicht es Ihnen, Aktualisierungsvorgänge zu optimieren sowie festzulegen, wie auf Aktualisierungskonflikte reagiert werden soll. Weitere Informationen über das Steuern von Aktualisierungskonflikten finden Sie in Kapitel 8, „Erstellen von Ansichten".

Übertragen lokaler Datenbanken in Client-Server-Datenbanken in Oracle

Die Arbeitsweise des Oracle Upsizing-Assistenten ist vergleichbar mit der des SQL Server-Upsizing-Assistenten. sowie in der Hilfe unter „Oracle Upsizing-Assistent". Speziellere Informationen über Oracle-Server finden Sie in Ihrer Oracle-Dokumentation.

Aufrufen des Oracle Upsizing-Assistenten

Sobald Sie eine benannte Verbindung oder ODBC-Datenquelle zum Herstellen einer Verbindung mit einem Oracle-Server erstellt und sowohl auf dem Client als auch auf dem Server die notwendigen Vorbereitungen getroffen haben, können Sie mit dem Übertragen der lokalen Datenbank in eine Client-Server-Datenbank beginnen.

▶ **So rufen Sie den Oracle Upsizing-Assistenten auf**

1. Klicken Sie im Menü **Extras** auf **Assistenten** und dann auf **Upsizing**.

2. Wählen Sie im Dialogfeld **Assistent auswählen** den Assistenten **Oracle Upsizing-Assistent** aus.

3. Folgen Sie den Anleitungen des Assistenten.

    Sie können jederzeit auf **Cancel** klicken, um den Assistenten zu beenden. Der Assistent führt keine Aktionen durch, solange Sie nicht auf **Finish** geklickt haben.

4. Wenn Sie alles vorbereitet haben, um die lokale Datenbank in eine Client-Server-Datenbank zu übertragen, klicken Sie auf **Finish**.

    Die Schaltfläche **Finish** steht erst zur Verfügung, wenn Sie die Informationen bereitgestellt haben, die mindestens erforderlich sind, um eine lokale in eine Client-Server-Datenbank zu übertragen. Wenn Sie auf **Finish** klicken, bevor Sie alle Schritte des Assistenten ausgeführt haben, verwendet der Oracle Upsizing-Assistent für die restlichen Schritte die Standardwerte.

Sobald Sie auf **Finish** geklickt haben, beginnt der Oracle Upsizing-Assistent damit, die Datenbank auf den Server zu exportieren.

KAPITEL 21

Implementieren von Client-Server-Anwendungen

Wenn Sie einen lokalen Prototyp erstellt und in eine Client-Server-Anwendung übertragen haben, oder wenn Sie mit Hilfe von Remote-Ansichten eine Anwendung für Remote-Daten entwickelt haben, verfügen Sie über einen Zugriff auf die meist großen Datenbestände einer Server-Datenbank. Darüber hinaus können Sie sich die Sicherheitsmechanismen sowie die Transaktionsverarbeitungsfähigkeiten eines Remote-Servers zunutze machen. Während die Hauptaufgaben der Datenverwaltung mitHilfe der Remote-Ansichten erledigt werden, können Sie Ihre Anwendung weiter verbessern, indem Sie die SQL Pass-Through-Technologie (SPT-Technologie) verwenden, um Objekte auf dem Server zu erstellen, Prozeduren auszuführen, die auf dem Server gespeichert sind, sowie Befehle unter Verwendung der für den Server verwendeten Syntax auszuführen.

In diesem Kapitel wird erläutert, wie Client-Server-Technologie in eine Anwendung implementiert wird, die Remote-Ansichten verwendet. Informationen über das Entwerfen und Erstellen einer Client-Server-Anwendung finden Sie in Kapitel 19, „Entwerfen von Client-Server-Anwendungen", und in Kapitel 20, „Übertragen lokaler Visual FoxPro-Datenbanken in Client-Server-Datenbanken (Upsizing)". Weitere Informationen über das Erstellen von Remote-Ansichten finden Sie in Kapitel 8, „Erstellen von Ansichten".

Dieses Kapitel behandelt folgende Themen:

- Verwenden der SQL Pass-Through-Technologie
- Arbeiten mit Remote-Daten unter Verwendung von SQL Pass-Through
- Umgehen mit SQL Pass-Through-Fehlern

Verwenden der SQL Pass-Through-Technologie

Man unterscheidet zwei Methoden für den Zugriff von Client-Server-Anwendungen auf Server-Daten:

- Remote-Ansichten
- SQL Pass-Through

Remote-Ansichten stellen die gebräuchlichste und einfachste Methode dar, um auf Remote-Daten zuzugreifen und diese zu aktualisieren. Während des Übertragens einer lokalenDatenbank in eine Client Server-Datenbank erstellt ein Upsizing-Assistent automatisch Remote-Ansichten in Ihrer Datenbank, oder Sie können nach dem Übertragen mit Hilfe von Visual FoxPro Remote-Ansichten erstellen. Weitere Informationen zu Remote-Ansichten finden Sie in Kapitel 8, „Erstellen von Ansichten".

Die SQL Pass-Through-Technologie ermöglicht Ihnen, SQL-Anweisungen direkt an einen Server zu senden. SQL Pass-Through-Anweisungen eignen sich besonders zur Verbesserung des Leistungsverhaltens Ihrer Client-Server-Anwendung, da sie auf dem Back-End-Server ausgeführt werden. Die folgende Tabelle stellt einen Vergleich zwischen Remote-Ansichten und SQL Pass-Through dar.

Vergleich zwischen der Remote-Ansichten- und der SQL Pass-Through-Technologie

Remote-Ansicht	SQL Pass-Through
Basiert auf einer SQL-Anweisung SELECT.	Basiert auf einer beliebigen serverspezifischen SQL-Anweisung, die Datendefinitionsanweisungen aufruft oder die Ausführung gespeicherter Prozeduren auf einem Server aktiviert.
Kann während des Entwurfs als Datenquelle für Steuerelemente verwendet werden.	Kann nicht als Datenquelle für Steuerelemente verwendet werden.
Bietet keine Möglichkeit, DDL-Befehle auf einer Datenquelle auszuführen.	Stellt ein Verfahren zur Verwendung von DDL-Befehlen auf einer Datenquelle zur Verfügung.
Ruft nur eine Ergebnismenge ab.	Ruft eine oder mehrere Ergebnismengen ab.
Stellt eine integrierte Verwaltung von Verbindungen zur Verfügung.	Erfordert eine explizite Verwaltung von Verbindungen.
Stellt integrierte Standardaktualisierungsinformationen für Aktualisierungs-, Einfüge- und Löschvorgänge zur Verfügung.	Stellt keine Standardaktualisierungsinformationen zur Verfügung.
Stellt implizite SQL-Ausführung und Datenabruf zur Verfügung.	Stellt explizite SQL-Ausführung und Steuerung des Abrufs von Ergebnissen zur Verfügung.
Stellt keine Transaktionsverwaltung zur Verfügung.	Stellt eine explizite Transaktionsverwaltung zur Verfügung.
Speichert Eigenschaften permanent in Datenbanken.	Stellt temporäre Eigenschaften für einen SQL Pass-Through-Cursor basierend auf den Eigenschaften der Arbeitssitzung zur Verfügung.
Setzt beim Ausführen von SQL-Code das asynchrone, kontinuierliche Lesen ein.	Unterstützt das asynchrone, programmgesteuerte Lesen.

Gegenüber Remote-Ansichten hat die SQL Pass-Through-Technnologie folgende Vorteile:

- Sie können serverspezifische Elemente verwenden, wie z. B. gespeicherte Prozeduren sowie Funktionen, die nur der Server bereitstellt.
- Sie können neben den SQL-Erweiterungen, die der Server unterstützt, auch die Datendefinitions-, Serververwaltungs- und Sicherheitsbefehle verwenden.
- Sie verfügen über mehr Möglichkeiten zur Steuerung der Aktualisierungs-, Lösch- und Einfügebefehle von SQL Pass-Through.

- Sie verfügen über mehr Möglichkeiten zur Steuerung von Remote-Transaktionen.

    Tip: Visual FoxPro ist in der Lage, SQL Pass-Through-Abfragen zu verwalten, die mehrere Ergebnismengen zurückgeben. Weitere Informationen finden Sie weiter unten in diesem Kapitel unter „Verarbeiten mehrerer Ergebnismengen".

SQL Pass-Through-Abfragen haben jedoch auch einige Nachteile:

- Eine SQL Pass-Through-Abfrage gibt standardmäßig einen nichtaktualisierbaren Snapshot aus Remote-Daten zurück, die in dem Cursor einer aktiven Ansicht gespeichert werden. Dazu müssen Sie mitHilfe der Funktion CURSORSETPROP( ) einige Eigenschaften festlegen. Bei einer aktualisierbaren Remote-Ansicht ist es dagegen nicht erforderlich, Eigenschaften einzustellen bevor Sie die Remote-Daten aktualisieren können, da die Einstellungen für die Eigenschaften zusammen mit der Definition der Ansicht in der Datenbank gespeichert sind.
- Sie können nicht den Ansichts-Designer verwenden, sondern müssen SQL-Befehle direkt in das Befehlsfenster oder in ein Programm eingeben.
- Sie stellen die Verbindung zu der jeweiligen Datenquelle her und verwalten sie.

Remote-Daten können Sie mitHilfe von Remote-Ansichten oder unter Verwendung von SQL Pass-Through-Funktionen abfragen und aktualisieren. In vielen Anwendungen werden Sie sowohl Remote-Ansichten als auch SQL Pass-Through verwenden.

Verwenden von SQL Pass-Through-Funktionen

Damit Sie mit SQL Pass-Through verwenden können, um eine Verbindung zu einer Remote-ODBC-Datenquelle herzustellen, rufen Sie zunächst die Visual FoxPro-Funktion SQLCONNECT( ) auf. Danach können Sie unter Verwendung der Visual FoxPro SQL Pass-Through-Funktionen Befehle an die Remote-Datenquelle senden, damit die Befehle dort ausgeführt werden.

▶ **So können Sie Visual FoxPro SQL Pass-Through-Funktionen verwenden**

1. Prüfen Sie, ob Ihr System in der Lage ist, eine Verbindung zwischen Ihrem Computer und der gewünschten Datenquelle herzustellen. Für ODBC können Sie z. B. das Dienstprogramm **ODBC Test** verwenden.

2. Stellen Sie mitHilfe einer der Funktionen SQLCONNECT( ) oder SQLSTRINGCONNECT( ) eine Verbindung zu der gewünschten Datenquelle her.

    Sie können z. B. mit Hilfe des folgenden Befehls eine Verbindung zwischen Visual FoxPro und der SQL-Serverdatenquelle sqlremote herstellen, wobei Sie sich als Mitglied der Systemadministration (Benutzername sa) mit dem Kennwort secret anmelden:

    ```
    nConnectionHandle = SQLCONNECT('sqlremote','sa','secret')
    ```

    Anmerkung: Sie können auch die Funktion SQLCONNECT( ) verwenden, um eine benannte Verbindung herzustellen.

3. Verwenden Sie Visual FoxPro SQL Pass-Through-Funktionen, um Daten abzurufen, die Sie in Visual FoxPro-Cursor speichern. Anschließend können Sie die abgerufenen Daten mitHilfe von Visual FoxPro-Standardbefehlen und -funktionen verarbeiten.

   Beispielsweise können Sie unter Verwendung des folgenden Befehls die Tabelle authors abfragen und den sich ergebenden Cursor durchsuchen:

   ```
   ? SQLEXEC(nConnectionHandle,"select * from authors","mycursorname")
   BROWSE
   ```

4. Verwenden Sie die Funktion SQLDISCONNECT( ), um die Verbindung zu der Datenquelle zu trennen.

Visual FoxPro SQL Pass-Through-Funktionen

In der folgenden Tabelle sind die Visual FoxPro SQL-Funktionen zusammengestellt, die das Arbeiten mit Remote-Datenquellen unterstützen.

Aufgabe	Funktion	Zweck
Verwaltung von Verbindungen	SQLCONNECT( )	Stellt eine Verbindung zu einer Datenquelle für SQL Pass-Through-Operationen her.
	SQLSTRINGCONNECT( )	Stellt eine Verbindung zu einer Datenquelle unter Verwendung der Syntax für Verbindungszeichenfolgen her.
	SQLDISCONNECT( )	Hebt eine Verbindung zu einer ODBC-Datenquelle auf, so daß die angegebene Verbindungskennung überflüssig wird.
Ausführung und Steuerung von SQL-Anweisungen	SQLCANCEL( )	Bricht eine SQL-Abfrage ab, die asynchron über eine aktive Verbindung ausgeführt wird.
	SQLEXEC( )	Führt eine SQL Pass-Through-Abfrage über eine aktive Verbindung aus; gibt die Anzahl der erstellten Ergebnismengen zurück oder 0, wenn die Ausführung von SQLEXEC ( ) noch andauert (asynchrone Verarbeitung).
	SQLMORERESULTS( )	Legt eine weitere Ergebnismenge in einem Cursor ab. Gibt 0 zurück, wenn die Ausführung der Anweisung, welche die Ergebnismenge erstellt, noch andauert.

(Fortsetzung)

Aufgabe	Funktion	Zweck
	SQLPREPARE( )	Kompiliert die SQL-Anweisung in der Datenquelle vor und bindet die Visual FoxPro-Parameter. Dies bedeutet, daß die aktuellen Parameterausdrücke für alle Parameter in der SQL-Anweisung gespeichert werden.
	SQLCOMMIT( )	Fordert die Übergabe einer Transaktion an.
	SQLROLLBACK( )	Fordert das Zurücksetzen einer Transaktion an.
Datenquelleninformationen	SQLCOLUMNS( )	Speichert eine Liste mit Spaltennamen und zugehörigen Informationen in einem Cursor. Gibt 1 bei erfolgreicher Ausführung der Funktion zurück oder 0, wenn die Ausführung noch andauert.
	SQLTABLES( )	Speichert die Namen von Tabellen der Datenquelle in einem Cursor. Gibt 1 bei erfolgreicher Ausführung der Funktion zurück oder 0, wenn die Ausführung noch andauert.
Verschiedene Steuerungsmöglichkeiten	SQLGETPROP( )	Erhält eine Verbindungseigenschaft von einer aktiven Verbindung.
	SQLSETPROP( )	Legt eine Eigenschaft einer aktiven Verbindung fest.

Die Anweisungen SQLEXEC( ), SQLMORERESULTS( ), SQLTABLES( ) und SQLCOLUMNS( ) können im Synchronmodus durch Drücken von ESC unterbrochen werden, sofern **SET ESCAPE** auf ON festgelegt ist. Im Asynchronmodus können Sie diese Anweisungen jederzeit unterbrechen, indem Sie SQLCANCEL( ) ausgeben. Alle anderen SQL Pass-Through-Anweisungen arbeiten im Synchronmodus und können nicht unterbrochen werden.

Weitere Informationen über die SQL Pass-Through-Funktionen finden Sie in der Hilfe.

Erstellen von Ergebnismengen

Wenn Sie Daten mitHilfe einer der SQL Pass-Through-Funktionen SQLEXEC( ) oder SQLMORE-RESULTS( ) abrufen, gibt Visual FoxPro Ihnen die Daten in entsprechend vielen Ergebnismengen zurück. Ergebnismengen stammen aus den Cursorn der jeweiligen Server-Datenquelle und werden zu Cursorn in Visual FoxPro. Der Standardname einer Ergebnismenge lautet SQLRESULT.

Zugriff auf gespeicherte Prozeduren auf Servern mit Hilfe von SQL Pass-Through-Funktionen

Mit Hilfe der SQL Pass-Through-Technologie in Visual FoxPro können Sie auf einem Remote-Server gespeicherte Prozeduren erstellen und ausführen. Gespeicherte Prozeduren können die Leistungsfähigkeit, Effektivität und Flexibilität von SQL erheblich steigern und die Leistung von SQL-Anweisungen und -Batch-Verarbeitung beträchtlich erhöhen. Viele Server stellen gespeicherte Prozeduren für die Definition und Bearbeitung von Server-Datenbankobjekten und für die Durchführung der Server-System- und Benutzer-Verwaltung zur Verfügung.

Anmerkung: Sofern nichts anderes angegeben ist, verwenden die Beispiele dieses Kapitels Microsoft SQL-Serversyntax.

▶ So rufen Sie eine auf einem Server gespeicherte Prozedur auf

- Verwenden Sie die Funktion SQLEXEC( ) mit dem Namen der gespeicherten Prozedur.

So zeigen beispielsweise die folgenden Codezeilen die Resultate des Aufrufs der auf dem SQL-Server gespeicherten Prozedur sp_who mit Hilfe einer aktiven Verbindung zur Datenquelle sqlremote an:

```
nConnectionHandle = SQLCONNECT('sqlremote')
? SQLEXEC(nConnectionHandle, 'use pubs')
? SQLEXEC(nConnectionHandle, 'sp_who')
BROWSE
```

Weitere Informationen über das Erstellen und Ausführen von Prozeduren, die auf einem Server gespeichert sind, finden Sie in Ihrer Server-Dokumentation.

Wiedergeben mehrerer Ergebnismengen

Wenn Sie eine gespeicherte Prozedur ausführen, diedie Anweisungen SELECT der systemeigenen Serversyntax enthält, wird jede Ergebnismenge an einen gesonderten Visual FoxPro-Cursor zurückgegeben. Mit Hilfe dieser Cursor können Sie Werte oder Parameter von einer auf dem Server gespeicherten Prozedur an den Visual FoxPro-Client zurückgeben.

▶ So geben Sie mehrere Ergebnismengen zurück

- Wählen Sie unter Verwendung der Funktion SQLEXEC( ) mehrere Ergebnismengen aus, und verwenden Sie dabei die systemeigene Serversyntax.

Zum Beispiel wird durch nachfolgendem Code eine auf einem Server gespeicherte Prozedur my_procedure erstellt und ausgeführt, die drei Visual FoxPro-Cursor zurückgibt: sqlresult, sqlresult1 und sqlresult2:

```
=SQLEXEC(nConnectionHandle,'create procedure my_procedure as ;
    select * from sales; select * from authors;
```

```
         SELECT * FROM titles')
=SQLEXEC(nConnectionHandle,'execute my_procedure')
```

So verarbeitet der Server Ergebnismengen und Fehler

Da der Server jede gespeicherte Prozedur kompiliert, wenn Sie sie erstellen, werden Ihnen alle Server-Syntaxfehler während der Erstellung gemeldet. Wenn Sie die gespeicherte Prozedur ausführen, führt der Server die kompilierten SQL-Anweisungen (wie in einem Visual FoxPro-Programm) sequentiell aus, und Visual FoxPro ruft jede Ergebnismenge jeder SQL-Anweisung der gespeicherten Prozedur getrennt, in der Reihenfolge wie sie ausgeführt werden, ab.

Ergebnismengen und Fehler werden in der Reihenfolge zurückgegeben, in der sie empfangen wurden, und die Verarbeitung wird beendet, wenn ein Fehler festgestellt wird. Wenn beispielsweise ein Laufzeitfehler auftritt, während der Server die dritte Anweisung in einer gespeicherten Prozedur mit vier Anweisungen ausführt, erhalten Sie die ersten beiden Ergebnismengen und dann den Fehler, der während der Verarbeitung der dritten Ergebnismenge auftrat. Die Ausführung wird beendet, sobald der Fehler zurückgegeben wurde; die vierte Ergebnismenge wird nicht mehr abgerufen. Mit Hilfe der Funktion AERROR( ) erhalten Sie Informationen über den zuletzt aufgetretenen Fehler.

Anmerkung: Auf Servern gespeicherte Prozeduren können Sie in Visual FoxPro nur mit Hilfe von Visual FoxPro SQL Pass-Through-Funktionen ausführen. Ansichten unterstützen auf Servern gespeicherte Prozeduren nicht, weil jede Ansicht eine explizite SQL-Anweisung SELECT in ihrer SQL-Definition enthält.

Übergeben einer SQL-Anweisung an eine Datenquelle

MitHilfe der Funktion SQLEXEC( ) können Sie eine SQL-Anweisung an eine Datenquelle senden, ohne daß die SQL-Anweisung von Visual FoxPro ausgewertet wird. Im einfachsten Fall wird jede Zeichenfolge, die Sie in den zweiten Parameter der Funktion SQLEXEC( ) einfügen, an die jeweilige Datenquelle gesendet, ohne vorher interpretiert zu werden. Damit können Sie jede beliebige Anweisung ausführen, die in der SQL-Syntax Ihrer Datenquelle vorliegt.

Außerdem können die Funktion SQLEXEC( ) verwenden, um eine parametrisierte Abfrage zu erstellen oder ODBC-Erweiterungen für SQL an eine Datenquelle zu übergeben.

Erstellen einer parametrisierten Abfrage

Auf die gleiche Art und Weise, wie Sie parametrisierte Ansichten unter Verwendung des Ansichts-Designers oder der Programmiersprache erstellen, können Sie auch parametrisierte SQL Pass-Through-Abfragen erstellen.

▶ **So erstellen Sie eine parametrisierte Abfrage mit SQL Pass-Through**

- Geben Sie vor einem Visual FoxPro-Parameter ein Fragezeichen (?) ein, und fügen Sie den Parameter dann in die SQL-Zeichenfolge ein, die Sie mitHilfe von SQLEXEC( ) an den Server senden.

    Der von Ihnen angegebene Parameter wird als Visual FoxPro-Ausdruck ausgewertet, dessen Wert als Bestandteil der SQL-Anweisung der Ansicht gesendet wird. Schlägt die Auswertung fehl, fordert Visual FoxPro zur Eingabe des Parameterwerts auf.

> **Tip:** Handelt es sich bei dem Parameter um einen Ausdruck, schließen Sie den Parameterausdruck in Klammern ein. Dadurch ist gewährleistet, daß der vollständige Ausdruck als Teil des Parameters ausgewertet wird.

Befindet sich z. B. die Tabelle „customer" der Datenbank **Testdata** auf einem Remote-Server, erstellt der folgende Code eine parametrisierte Abfrage, bei der nur die Kunden aus dem Land berücksichtigt werden, das dem für den Parameter ?cCountry angegebenen Wert entspricht.

```
? SQLEXEC(1,'SELECT * FROM customer WHERE customer.country = ?cCountry')
```

Wenn Sie den Benutzer dazu auffordern möchten, einen Wert einzugeben, müssen Sie den als Parameter verwendeten Ausdruck in Anführungszeichen setzen. Weitere Informationen über das Auffordern zur Eingabe eines Parameterwertes finden Sie in Kapitel 8, „Erstellen von Ansichten".

An den folgenden Stellen akzeptiert eine ODBC-Datenquelle keine Parameter:

- In einer Feld- oder Tabellenliste einer Anweisung SELECT.
- Für beide Ausdrücke eines Vergleichsprädikats.
- Für beide Operanden eines binären Operators.

An den folgenden Stellen innerhalb der WHERE- oder HAVING-Klauseln einer Anweisung SELECT akzeptiert eine ODBC-Datenquelle ebenfalls keine Parameter:

- Sowohl für den ersten als auch für den zweiten Operanden eines BETWEEN-Prädikats.
- Sowohl für den ersten als auch für den dritten Operanden eines BETWEEN-Prädikats.
- Sowohl für den Ausdruck als auch für den ersten Wert eines IN-Prädikats.
- Für den Operanden eines monadischen Additions- oder Subtraktionsoperators (+ oder -).
- Für das Argument einer SET-Funktion.

Weitere Informationen über die Funktion SQLEXEC( ) finden Sie in der Hilfe.

Verwenden von SQL-Server-Ein-/Ausgabeparametern

Mit Hilfe von Ein-/Ausgabeparametern können Sie zwischen Visual FoxPro und SQL-Server Werte übergeben. Ein-/Ausgabeparameter sind nur über SQL Pass-Through verfügbar; sie können nicht in Ansichten verwendet werden.

Die folgende Tabelle enthält ein Beispiel, das Ein-/Ausgabeparameter zur Übergabe von Werten von Visual FoxPro in eine gespeicherte Prozedur von SQL-Server verwendet, wobei das Ergebnis an eine Visual FoxPro-Variable zurückgegeben wird.

Verwenden von Ein-/Ausgabeparametern bei einer gespeicherten Prozedur in SQL-Server

Code	Anmerkungen

`resultCode = SQLExec(connHand,;`
`  "CREATE PROCEDURE sp_test;`
`     @mult1 int, @mult2 int, @result int;`
`  OUTPUT AS SELECT ;`
`     @result = @mult1 * @mult2")`
	Erstellt eine gespeicherte Prozedur, **sp_test**, die zwei Variablen (`mult1` und `mult2`) multipliziert und dann das Ergebnis in der Variablen `result` speichert.

`outParam = 0`	Erstellt eine Visual FoxPro-Variable, die den Wert des Ausgabeparameters erhält, wenn dieser von SQL-Server an Visual FoxPro übergeben wird.
`resultCode = SQLExec(connHand, ;` `  "{CALL sp_test (2, 4, ?@outParam)}")`	Führt die gespeicherte Prozedur in SQL-Server aus, wobei die Werte 2 und 4 zum Multiplizieren in der gespeicherten Prozedur übergeben werden.
`? "outParam =", outParam && Wert ist 8`	Zeigt den Wert des Ausgabeparameters an.

Definieren von Parametern

Die Syntax für Ausgabeparameter lautet:

?@parameter_name?@parameter_name

Wenn Sie Ein-/Ausgabeparameter implementieren, sollten Sie die Visual FoxPro-Variablen, die Sie in den SQL Pass-Through-Befehl einfügen möchten, zunächst definieren, bevor Sie sie in der SQL-Anweisung verwenden. Damit das Senden und Empfangen von Informationen mit Hilfe von Ein-/Ausgabeparametern gelingt, müssen Sie folgende Parameter definieren:

- Einen Parameter für eine gespeicherte Prozedur mit einem Ausgabedatentyp, die einen Wert zurückgibt.

   Sie müssen dem Parameter Ihrer gespeicherten Prozedur, z. B. `@result`, sowohl einen Ausgabetyp, z. B. `int`, als auch einen Wert zuweisen.

- Einen Ausdruck als Ausgabeparameter (*@parameter_name*), der ausgewertet und einer vorhandenen Visual FoxPro-Variable zugewiesen wird.

   Wenn der Ausdruck für Ihren Ausgabeparameter `?@outParam` lautet, muß Ihre Anwendung die Visual FoxPro-Variable als `outParam` definiert haben.

Anmerkung: Wenn Sie weder in Visual FoxPro noch in der gespeicherten Prozedur einen Ausgabeparameter verwenden, und wenn Sie keine Visual FoxPro-Variable für den Rückgabewert definieren, wird sich der Wert des Visual FoxPro-Parameters nicht ändern.

Umwandeln von Datentypen

Visual FoxPro wandelt zurückgegebene Variablenwerte nach folgenden Regeln um:

- Variablen vom Datentyp „Gleitkomma" (N, F, B) werden in N umgewandelt.

- Die Anzeigegröße wird auf 20 festgelegt.
- Die Dezimaleinstellung wird auf die Einstellung der aktuellen Arbeitssitzung festgelegt. Die Dezimaleinstellung wirkt sich nur auf das Standardanzeigeformat aus, nicht auf die Dezimalgenauigkeit.
- Datums- und Zeitvariablen (D, T) werden in Zeitvariablen (T) umgewandelt.

Sie können in Ein-/Ausgabeparametern nicht die Datentypen „Memo", „Objekt", „Bild" oder „Null" verwenden.

Wenn Ihre Anwendung Cursor-Felder als Parameter verwendet, versucht Visual FoxPro, das Ergebnis wieder in den ursprünglichen Felddatentyp umzuwandeln.

Zurückgeben von Parameterwerten

Ein-/Ausgabeparameter sind erst verfügbar, nachdem die letzte Ergebnismenge einer Anweisung abgerufen wurde. Das bedeutet, daß Ein-/Ausgabewerte nur nach folgenden Anweisungen nach Visual FoxPro zurückgegeben werden:

- SQLEXEC( ) gibt (1) im Batch-Modus zurück.

    – Oder –

- SQLMORERESULTS( ) gibt (2) im Nicht-Batch-Modus zurück.

Wenn die Anweisung SQLEXEC( ) mehrere Ergebnismengen abruft, sind die Ausgabeparameter nur nach dem Abrufen der letzten Ergebnismenge von der Datenquelle mit Sicherheit verfügbar.

Erstellen von Inklusionsverknüpfungen mit Remote-Daten

Mit Hilfe von SQL Pass-Through-Abfragen können Sie Inklusionsverknüpfungen mit Remote-Daten erstellen, indem Sie die systemeigene Serversyntax verwenden, wenn Ihr Server Inklusionsverknüpfungen unterstützt. Eine Inklusionsverknüpfung kombiniert Daten aus einer oder mehreren Tabellen unabhängig davon, ob übereinstimmende Zeilen gefunden wurden.

▶ **So führen Sie eine Inklusionsverknüpfung auf einem Server durch**

- Verwenden Sie die Funktion SQLEXEC( ) zusammen mit der Syntax des Servers für Inklusionsverknüpfungen.

Der folgende Code verwendet beispielsweise die Funktion SQLEXEC( ) (eine Visual FoxPro SQL Pass-Through-Abfrage), um die Ergebnisse einer Inklusionsverknüpfung auf den SQL-Server mit Hilfe der aktiv benannten Verbindung sqlremote anzeigen zu lassen:

```
? SQLEXEC(sqlremote, 'select au_fname, au_lname, pub_name ;
            from authors, publishers ;
            where authors.city *= publishers.city')
BROWSE
```

Weitere Informationen über die Syntax für und die Arten von Inklusionsverknüpfungen finden Sie in Ihrer Server-Dokumentation. Informationen über das Erstellen einer benannten Verbindung finden Sie in Kapitel 8, „Erstellen von Ansichten", unter „Definieren einer Verbindung".

Verwenden der ODBC-Erweiterungen für SQL

Sie können unter Verwendung von SQLEXEC( ) die ODBC-Erweiterungen für SQL ausführen, indem Sie die SQL-Anweisung in die standardmäßige oder erweiterte Escape-Syntax der SQL Access Group einbetten. Weitere Informationen über die ODBC-Erweiterungen für SQL finden Sie in Ihrer ODBC-Dokumentation in dem Anhang, der sich mit der SQL-Syntax beschäftigt.

Erstellen von Inklusionsverknüpfungen mit der ODBC-Escape-Klausel

Mit Hilfe von SQL Pass-Through-Abfragen können Sie Inklusionsverknüpfungen mit Remote-Daten erstellen, indem Sie die ODBC-Escape-Syntax verwenden, wenn Ihr Server Inklusionsverknüpfungen unterstützt. Eine Inklusionsverknüpfung kombiniert Daten aus einer oder mehreren Tabellen unabhängig davon, ob übereinstimmende Zeilen gefunden wurden.

Die Syntax für Inklusionsverknüpfungen, die die ODBC-Escape-Klausel verwenden, lautet:

{oj *outer-join expression*}{oj *outer-join expression*}

Im folgenden Beispiel wird eine Ergebnismenge mit den Namen und Abteilungen der Beschäftigten des Projekts 544 erstellt:

```
SELECT employee.name, dept.deptname;
   FROM {oj employee LEFT OUTER JOIN dept;
         ON employee.deptid = dept.deptid};
   WHERE employee.projid = 544
```

Weitere Informationen über die Syntax für und die Arten von Inklusionsverknüpfungen finden Sie in Ihrer Server-Dokumentation. Informationen über das Erstellen einer benannten Verbindung finden Sie in Kapitel 8, „Erstellen von Ansichten", unter „Definieren einer Verbindung".

Verwalten von Verbindungen mittels SQL Pass-Through

Beim Erstellen einer Remote-Ansicht können Sie einen ODBC-Datenquellennamen oder einen Verbindungsnamen auswählen, der dann beim Aktivieren der Ansicht das Bindeglied zum Remote-Server darstellt. Wenn Sie mit SQL Pass-Through-Funktionen direkt auf Remote-Daten zugreifen möchten, muß Ihnen die Kennung einer aktiven Verbindung zur Verfügung stehen. Eine Kennung ist ein Wert, der auf ein Objekt verweist; in diesem Fall verweist die Kennung auf eine Verbindung zu einer Datenquelle. Sie erhalten eine Kennung, indem Sie mit einer der Funktionen SQLCONNECT( ) oder SQLSTRINGCONNECT( ) eine Verbindung zu der gewünschten Datenquelle herstellen. Kann die Verbindung fehlerfrei hergestellt werden, empfängt Ihre Anwendung eine Verbindungskennung, die in späteren Visual FoxPro-Aufrufen verwendet werden kann.

Ihre Anwendung kann für eine Datenquelle mehrere Verbindungen anfordern. Sie können auch mit mehreren ODBC-Datenquellen arbeiten, indem Sie für jede Datenquelle, auf die Sie zugreifen möchten, eine Verbindung anfordern. Wenn Sie die Anzahl der eingesetzten Verbindungen einschränken möchten, können Sie Remote-Ansichten konfigurieren, um eine Verbindung zur gemeinsamen Nutzung freizugeben. Mit der Funktion SQLDISCONNECT( ) können Sie die Verbindung zu einer Datenquelle trennen.

> **Tip:** Visual FoxPro stellt eine Verbindung zu einer ODBC-Datenquelle anhand der Datenquellendefinition her, die in der Windows-Datei **Odbc.ini** oder in der Registrierung von Windows NT gespeichert ist. Wenn Sie den Namen oder die Anmeldeinformationen einer Datenquelle ändern, müssen Sie bedenken, daß diese Änderungen sich darauf auswirken können, ob eine Anwendung, die auf diese Datenquelle zugreift, eine Verbindung zu dem gewünschten Remote-Server herstellen kann oder nicht.

Festlegen der Umgebungs- und der Verbindungseigenschaften

Die Client-Server-Umgebung wird jedesmal eingerichtet, wenn Sie Visual FoxPro starten. Die Umgebung existiert für diese Arbeitssitzung von Visual FoxPro und wird gelöscht, sobald Sie Visual FoxPro beendet haben. Eine Client-Server-Umgebung enthält folgende Elemente:

- Globale Eigenschaften, die als Muster für neue Verbindungen dienen.

- Fehlerwerte für Fehler, die außerhalb einer bestimmten Verbindung auftreten.

Wenn Sie 0 als Kennung angeben (die Umgebungskennung), haben Sie Zugang zu den Einstellungen der globalen Eigenschaften. Mit der Funktion SQLSETPROP( ) können Sie sowohl die Standardeinstellungen der Verbindungsumgebung als auch die Eigenschaften einzelner Verbindungen festlegen. Die Regeln, die für die Eingabe von SQLSETPROP( )-Werten gelten, sind für die Umgebungseigenschaften sowie die Eigenschaften einzelner Verbindungen gleich:

- Bei Eigenschaften, für die es nur zwei Werte gibt, kann für *eExpression* ein logischer Wert (.F. oder .T.) verwendet werden.

- Der Name einer Eigenschaft kann bis auf die Mindestlänge gekürzt werden, bis zu der er noch unverwechselbar ist. So können Sie für die Eigenschaft **Asnchronous** z. B. „Asynchronous", „Asynch" oder „A" angeben. Bei Eigenschaftennamen müssen Sie die Groß-/Kleinschreibung nicht beachten.

Wenn Sie eine Verbindung herstellen, erbt die Verbindung die Standardwerte der Verbindungseigenschaften. Mit SQLSETPROP( ) können Sie diese Werte ändern.

Festlegen der Eigenschaften einer Verbindung

Die aktuellen Einstellungen der Eigenschaften einer Verbindung können Sie abrufen, indem Sie eine SQLGETPROP( )-Funktion mit der Kennung der Verbindung ausgeben. In der folgenden Tabelle sind die Verbindungseigenschaften zusammengestellt, die Sie mit SQLGETPROP( ) abrufen können.

Visual FoxPro-Verbindungseigenschaften

Aufgabe	Eigenschaft	Bedeutung
Anzeigen der Informationen über das Erstellen der aktiven Verbindung	ConnectString	Die Verbindungszeichenfolge für den Anmeldevorgang
	DataSource	Der mittels ODBC definierte Name der Datenquelle
	Password	Das Verbindungskennwort

(Fortsetzung)

Aufgabe	Eigenschaft	Bedeutung
	UserID	Die Benutzer-ID
Arbeiten mit gemeinsam genutzten Verbindungen	ConnectBusy	Wenn mit einer gemeinsam genutzten Verbindung gerade gearbeitet wird, ist die Eigenschaft auf Wahr (.T.), ansonsten auf Falsch (.F.) festgelegt.
Steuern der Anzeige der Schnittstelle	DispLogin	Steuert, wann das ODBC-Anmeldedialogfeld angezeigt wird.
	DispWarnings	Steuert, ob Warnungen mit geringer Bedeutung angezeigt werden.
Steuern von Zeitintervallen	ConnectTimeout	Gibt den Zeitraum (in Sekunden) an, der vergeht, bevor ein Zeitüberschreitungsfehler für Verbindungen zurückgegeben wird.
	IdleTimeout	Gibt das Zeitüberschreitungsintervall für die Leerlaufzeit (in Sekunden) an. Entsprechende aktive Verbindungen werden nach dem angegebenen Zeitintervall aktiviert.[1]
	WaitTime	Steuert das Zeitintervall (in Millisekunden), das vergeht, bevor Visual FoxPro prüft, ob die SQL-Anweisung vollständig ausgeführt wurde.
	QueryTimeout	Steuert den Zeitraum (in Sekunden), der vergeht, bevor ein allgemeiner Zeitüberschreitungsfehler zurückgegeben wird.
Verwalten von Transaktionen	Transactions	Legt fest, wie die Verbindung Transaktionen in der Remote-Tabelle verwaltet.
Steuern des Abrufens von Ergebnismengen und Ablegen in den Cursorn von Ansichten	Asynchronous	Gibt an, ob Ergebnismengen synchron (Standard) oder asynchron zurückgegeben werden.
	BatchMode	Gibt an, ob SQLEXEC( ) Ergebnismengen gleichzeitig (Standard) oder einzeln mit SQLMORERESULTS( ) zurückgibt.
	PacketSize	Gibt die Größe des von der Verbindung verwendeten Netzwerkpakets an.

(Fortsetzung)

Aufgabe	Eigenschaft	Bedeutung
Anzeigen interner ODBC-Kennungen	ODBChdbc[2]	Die interne ODBC-Verbindungskennung, die von externen Bibliotheksdateien (.fll-Dateien) verwendet werden kann, um die ODBC-API-Funktionen aufzurufen.
	ODBChstmt[2]	Die interne ODBC-Kennung für Anweisungen, die von externen Bibliotheksdateien (.fll-Dateien) verwendet werden kann, um die ODBC-API-Funktionen aufzurufen.

[1] Wenn Sie sich im Modus „Manuelle Transaktionen" befinden, wird die Verbindung nicht deaktiviert.

[2] Ist eine Verbindung deaktiviert, sind die Werte für **ODBChdbc** und **ODBChstmt** nicht mehr gültig. Diese Werte dürfen in einer Benutzerbibliothek nicht freigegeben oder gelöscht werden.

Weitere Informationen über Verbindungseigenschaften sowie deren Standardeinstellungen finden Sie in der Hilfe unter „SQLSETPROP( )".

Einstellen der Umgebungseigenschaften

Die Werte, die Sie in der Visual FoxPro-Umgebung bei Angabe der Kennung 0 festlegen, werden für jede spätere Verbindung oder Anlage als Muster bzw. Standardwerte verwendet.

▶ **So zeigen Sie die aktuelle Einstellung von Umgebungseigenschaften an**

- Verwenden Sie SQLGETPROP( ) mit 0 als Wert für die Kennung.

Die im folgenden Beispiel angegebene Funktion zeigt die aktuelle Einstellung der Umgebungseigenschaft **WaitTime** an:

```
? SQLGETPROP(0, "WaitTime")
```

Wenn Sie die Eigenschaft **DispWarnings** auf Wahr (.T.) festlegen, zeigt Visual FoxPro ab diesem Zeitpunkt alle umgebungsbezogenen Fehler an und legt die DispWarnings-Eigenschaft jeder neu hergestellten Verbindung auf Wahr (.T.) fest.

Obwohl die Werte, die Sie für die Kennung 0 angegeben haben, als Musterwerte der einzelnen Verbindungen verwendet werden, können Sie auch benutzerdefinierte Eigenschaften für eine Verbindung festlegen, indem Sie für die entsprechende Verbindungskennung SQLSETPROP( ) angeben. Ausnahmen bilden dabei die Eigenschaften **ConnectTimeout**, **PacketSize** und **DispLogin**. Deren Einstellungen erbt die Verbindung während des Verbindungsvorgangs. Wenn Sie die Einstellung der Eigenschaften **ConnectTimeout**, **PacketSize** oder **DispLogin** ändern, wird die neue Einstellung erst wirksam, nachdem Sie die Verbindung erneut hergestellt haben.

Steuern von Verbindungs- und Ansichts-Objekten

Sie können Verbindungen und Ansichten steuern, indem Sie für die Verbindung bzw. das Ansichts-Objekt Eigenschaften festlegen. Eigenschaften, die Datenbanken, Tabellen, Tabellenfelder, Ansichtsdefinitionen, Ansichtsfelder, benannte bzw. aktive Verbindungen oder Cursor aktiver Ansichten steuern, werden *Engine-Eigenschaften* genannt. Mit den folgenden Visual FoxPro-Funktionen können Sie Engine-Eigenschaften anzeigen oder festlegen:

Funktionen zum Anzeigen von Engine-Eigenschaften	Funktionen zum Festlegen von Engine-Eigenschaften
CURSORGETPROP( )	CURSORSETPROP( )
DBGETPROP( )	DBSETPROP( )
SQLGETPROP( )	SQLSETPROP( )

Welche Funktion die jeweils geeignete ist, hängt davon ab, ob Sie Eigenschaften für das Objekt 0 (Verbindung 0 und Cursor 0), die Objektdefinition in einer Datenbank (benannte Verbindung oder Ansichts-Definition) oder für das aktive Objekt (aktive Verbindung oder Cursor einer aktiven Ansicht) festlegen möchten. Die folgende Tabelle enthält die Objekte sowie die Funktionen, mit denen Sie Eigenschaften für das jeweilige Objekt festlegen können:

Objekt, für das Sie Eigenschaften festlegen möchten	Verbindung	Ansicht
Objekt 0	SQLSETPROP( )	CURSORSETPROP( )
Objektdefinition in einer Datenbank	DBSETPROP( )	DBSETPROP( )
Aktives Objekt	SQLSETPROP( )	CURSORSETPROP( )

Engine-Eigenschaften

In der folgenden Tabelle sind die Engine-Eigenschaften in alphabetischer Reihenfolge aufgeführt sowie die Objekte, für die diese Eigenschaften festgelegt werden können.

LEGEND
○ schreibgeschützt
◑ lokal: schreibgeschützt remote: Schreib-Lesezugriff
● Schreib-/Lesezugriff

Eigenschaften	Datenbank	Tabelle	Tabellenfeld	Ansichtsdefinition	Ansichtsfeld	Verbindungsdefinition	Aktive Verbindung	Aktiver Cursor
Asynchronous						●	●	
BatchMode						●	●	
BatchUpdateCount				●				●
Buffering								●
Caption			●		●			
Comment	●	●	●	●	●	●		
CompareMemo				●				●
ConnectBusy							○	
ConnectHandle								○
ConnectName				●			○	○
ConnectString						●	○	
ConnectTimeout						●	●	
Database								○
DataSource						●	○	
DataType				◑				
DefaultValue			○	●				
DeleteTrigger		○						
DispLogin						●	●	
DispWarnings						●	●	
FetchAsNeeded				●				●
FetchMemo				●				○
FetchSize				●				
IdleTimeout						●	●	
InsertTrigger		○						
KeyField					●			
KeyFieldList								●
MaxRecords				●				●
ODBChdbc							○	
ODBChstmt							○	
Offline				○				○
PacketSize						●	●	
ParameterList				●				●
Password						●	○	
Path		○						
Prepared				●				●
PrimaryKey		○						
QueryTimeout						●	●	
RuleExpression		○	○	●	●			
RuleText		○	○	●	●			
SendUpdates				●				●
ShareConnection				●				○
SourceName								○
SourceType				○				○
SQL				○				○
Tables				●				●
Transactions						●	●	
Updatable					●			
UpdatableFieldList								●
UpdateName					●			
UpdateNameList								●
UpdateTrigger		○						
UpdateType				●				●
UseMemoSize				●				○
UserID						●	○	
Version	○							
WaitTime						●	●	
WhereType				●				●

Vollständige Informationen über die einzelnen Eigenschaften, einschließlich des Eigenschaftentyps, einer Beschreibung und der Zugriffsberechtigung (Lesen/Schreiben oder nur Lesen), finden Sie in der Hilfe unter dem entsprechenden Funktionsnamen.

Engine-Eigenschaft	Gilt für
Asynchronous	Verbindungsdefinitionen: siehe DBSETPROP( ) Aktive Verbindungen: siehe SQLSETPROP( )
BatchMode	Verbindungsdefinitionen: siehe DBSETPROP( ) Aktive Verbindungen: siehe SQLSETPROP( )
BatchUpdateCount[1]	Ansichtsdefinitionen: siehe DBSETPROP( ) Cursor aktiver Ansichten: siehe CURSORSETPROP( )
Buffering	Cursor aktiver Ansichten: siehe CURSORSETPROP( )
Caption	Tabellenfelder, Felder in Ansichtsdefinitionen: siehe DBSETPROP( )
Comment	Datenbanken, Tabellen, Tabellenfelder, Ansichtsdefinitionen, Felder in Ansichtsdefinitionen, Verbindungsdefinitionen: siehe DBSETPROP( )
CompareMemo	Ansichtsdefinitionen: siehe DBSETPROP( ) Cursor aktiver Ansichten: siehe CURSORSETPROP( )
ConnectBusy	Aktive Verbindungen: siehe SQLGETPROP( )
ConnectHandle	Cursor aktiver Ansichten: siehe CURSORGETPROP( )
ConnectName[1]	Ansichtsdefinitionen: siehe DBSETPROP( ) Aktive Verbindungen: siehe SQLGETPROP( ) Cursor aktiver Ansichten: siehe CURSORGETPROP( )
ConnectString	Verbindungsdefinitionen: siehe DBSETPROP( ) Aktive Verbindungen: siehe SQLGETPROP( )
ConnectTimeout	Verbindungsdefinitionen: siehe DBSETPROP( ) Aktive Verbindungen: siehe SQLSETPROP( )
Database	Cursor aktiver Ansichten: siehe CURSORGETPROP( )
DataSource	Verbindungsdefinitionen: siehe DBSETPROP( ) Aktive Verbindungen: siehe SQLGETPROP( )
DataType	Felder in Ansichtsdefinitionen: siehe DBSETPROP( )
DefaultValue	Tabellenfelder, Felder in Ansichtsdefinitionen: siehe DBSETPROP( )
DeleteTrigger	Tabellen: siehe DBGETPROP( )
DispLogin	Verbindungsdefinitionen: siehe DBSETPROP( ) Aktive Verbindungen: siehe SQLSETPROP( )

(Fortsetzung)

Engine-Eigenschaft	Gilt für
DispWarnings	Verbindungsdefinitionen: siehe DBSETPROP( ) Aktive Verbindungen: siehe SQLSETPROP( )
FetchAsNeeded	Ansichtsdefinitionen: siehe DBSETPROP( ) Cursor aktiver Ansichten: siehe CURSORGETPROP( )
FetchMemo[1]	Ansichtsdefinitionen: siehe DBSETPROP( ) Cursor aktiver Ansichten: siehe CURSORGETPROP( )
FetchSize[1]	Ansichtsdefinitionen: siehe DBSETPROP( ) Cursor aktiver Ansichten: siehe CURSORSETPROP( )
IdleTimeout	Verbindungsdefinitionen: siehe DBSETPROP( ) Aktive Verbindungen: siehe SQLSETPROP( )
InsertTrigger	Tabellen: siehe DBGETPROP( )
KeyField	Felder in Ansichtsdefinitionen: siehe DBSETPROP( )
KeyFieldList[2]	Cursor aktiver Ansichten: siehe CURSORSETPROP( )
MaxRecords[1]	Ansichtsdefinitionen: siehe DBSETPROP( ) Cursor aktiver Ansichten: siehe CURSORSETPROP( )
ODBCHdbc	Aktive Verbindungen: siehe SQLGETPROP( )
ODBCHstmt	Aktive Verbindungen: siehe SQLGETPROP( )
Offline	Ansichtsdefinitionen: siehe DBGETPROP( )
PacketSize	Verbindungsdefinitionen: siehe DBSETPROP( ) Aktive Verbindungen: siehe SQLSETPROP( )
ParameterList	Ansichtsdefinitionen: siehe DBSETPROP( ) Cursor aktiver Ansichten: siehe CURSORSETPROP( )
Password	Verbindungsdefinitionen: siehe DBSETPROP( ) Aktive Verbindungen: siehe SQLGETPROP( )
Path	Tabellen: siehe DBGETPROP( )
Prepared	Ansichtsdefinitionen: siehe DBSETPROP( )
PrimaryKey	Tabellen: siehe DBGETPROP( )
QueryTimeOut	Verbindungsdefinitionen: siehe DBSETPROP( ) Aktive Verbindungen: siehe SQLSETPROP( )

(Fortsetzung)

Engine-Eigenschaft	Gilt für
RuleExpression	Tabellen, Tabellenfelder, Ansichtsdefinitionen, Felder in Ansichtsdefinitionen: siehe DBSETPROP( )
RuleText	Tabellen, Tabellenfelder, Ansichtsdefinitionen, Felder in Ansichtsdefinitionen: siehe DBSETPROP( )
SendUpdates[2]	Ansichtsdefinitionen: siehe DBSETPROP( ) Cursor aktiver Ansichten: siehe CURSORSETPROP( )
ShareConnection	Ansichtsdefinitionen: siehe DBSETPROP( ) Cursor aktiver Ansichten: siehe CURSORGETPROP( )
SourceName	Cursor aktiver Ansichten: siehe CURSORGETPROP( )
SourceType	Ansichtsdefinitionen: siehe DBGETPROP( ) Cursor aktiver Ansichten: siehe CURSORGETPROP( )
SQL	Ansichtsdefinitionen: siehe DBGETPROP( ) Cursor aktiver Ansichten: siehe CURSORGETPROP( )
Tables[2]	Ansichtsdefinitionen: siehe DBSETPROP( ) Cursor aktiver Ansichten: siehe CURSORSETPROP( )
Transactions	Verbindungsdefinitionen: siehe DBSETPROP( ) Aktive Verbindungen: siehe SQLSETPROP( )
Updatable	Felder in Ansichtsdefinitionen: siehe DBSETPROP( )
UpdatableFieldList[2]	Cursor aktiver Ansichten: siehe CURSORSETPROP( )
UpdateName	Felder in Ansichtsdefinitionen: siehe DBSETPROP( )
UpdateNameList[2]	Cursor aktiver Ansichten: siehe CURSORSETPROP( )
UpdateTrigger	Tabellen: siehe DBGETPROP( )
UpdateType	Ansichtsdefinitionen: siehe DBSETPROP( ) Cursor aktiver Ansichten: siehe CURSORSETPROP( )
UseMemoSize[1]	Ansichtsdefinitionen: siehe DBSETPROP( ) Cursor aktiver Ansichten: siehe CURSORGETPROP( )
UserID	Verbindungsdefinitionen: siehe DBSETPROP( ) Aktive Verbindungen: siehe SQLGETPROP( )
Version	Datenbanken: siehe DBGETPROP( )

(Fortsetzung)

Engine-Eigenschaft	Gilt für
WaitTime	Verbindungsdefinitionen: siehe DBSETPROP( )
	Aktive Verbindungen: siehe SQLSETPROP( )
WhereType	Ansichtsdefinitionen: siehe DBSETPROP( )
	Cursor aktiver Ansichten: siehe CURSORSETPROP( )

[1.] Diese Eigenschaft eignet sich hauptsächlich für Remote-Ansichten; die Einstellung hat keine Auswirkungen auf das Leistungsverhalten lokaler Ansichten. Sie können diese Eigenschaft für lokale Ansichten im Rahmen einer Voreinstellung festlegen, und die lokale Ansicht später in eine Remote-Ansicht übertragen.

[2.] Diese Eigenschaft muß für Aktualisierungen festgelegt werden, die an eine Remote-Datenquelle gesendet werden.

Einsetzen von Transaktionen mit Remote-Daten

Sie können Aktualisierungs-, Lösch- und Einfügevorgänge auf zwei Arten in Transaktionen einbetten:

- Modus „Automatische Transaktionen"
- Modus „Manuelle Transaktionen"

Der ausgewählte Transaktionsmodus legt fest, wie Visual FoxPro auf Ihrem lokalen Computer Transaktionen verwaltet.

Arbeiten im Modus „Automatische Transaktionen"

Standardmäßig bettet Visual FoxPro jeden transaktionsfähigen Befehl, der an einen Remote-Server gesendet wird, automatisch in eine Transaktion ein. Diese standardmäßige, automatische Transaktionsverwaltung wird bereitgestellt, wenn die Eigenschaft **Transaction** auf 1 oder DB_TRANSAUTO festgelegt ist.

▶ **So arbeiten Sie im Modus „Automatische Transaktionen"**

- Verwenden Sie die Funktion DBSETPROP( ), um die Eigenschaft **Transactions** für die Verbindung auf 1 oder DB_TRANSAUTO einzustellen.

   – Oder –

- Verwenden Sie die Funktion SQLSETPROP( ), um die Eigenschaft **Transactions** für die aktive Verbindung auf 1 oder DB_TRANSAUTO einzustellen.

Die Transaktionsausführung für die Remote-Tabelle wird automatisch verwaltet.

Anmerkung: Die Visual FoxPro-Befehle BEGIN TRANSACTION und END TRANSACTION erstellen eine Transaktion nur für den lokalen Visual FoxPro-Cursor. Sie erweitern die Transaktion nicht bis auf den Remote-Server.

Manuelles Steuern von Transaktionen

Wenn Sie Transaktionen manuell steuern möchten, können Sie die Eigenschaft **Transactions** auf 2 oder DB_TRANSMANUAL festlegen. Bei der manuellen Transaktionsverwaltung startet Visual FoxPro automatisch eine Transaktion, sobald Sie die erste transaktionsfähige SQL-Anweisung eingegeben haben. Zum Beenden der Transaktion müssen Sie jedoch die Visual FoxPro-Funktionen SQLCOMMIT( ) oder SQLROLLBACK( ) eingeben.

▶ **So arbeiten Sie im Modus „Manuelle Transaktionen"**

- Verwenden Sie den Befehl DBSETPROP( ), um die Eigenschaft **Transactions** für die Verbindung auf 2 oder DB_TRANSMANUAL einzustellen.

  – Oder –

- Verwenden Sie den Befehl SQLSETPROP( ), um die Eigenschaft **Transactions** für die aktive Verbindung auf 2 oder DB_TRANSMANUAL einzustellen.

Die Transaktionsverarbeitung wird manuell über SQLCOMMIT( ) und SQLROLLBACK( ) verwaltet.

Nachdem Sie eine Transaktion übergeben (commit) oder zurückgesetzt (roll back) haben, startet Visual FoxPro automatisch eine neue Transaktion, sobald Sie die nächste transaktionsfähige SQL-Anweisung ausgegeben haben. Weitere Informationen über Transaktionen finden Sie in Kapitel 17, „Programmieren für gemeinsamen Zugriff". Ausführliche Informationen über DBSETPROP( ) sowie über Transaktionsbefehle finden Sie in der Hilfe.

Verschachtelte Transaktionen

Visual FoxPro unterstützt Transaktionen, die für lokale Daten eine Verschachtelungstiefe von bis zu fünf Ebenen besitzen können. In SQL Pass-Through wird eine Transaktionsebene unterstützt.

Für den Fall, daß Ihr Server mehrere Transaktionsebenen unterstützt, können Sie die Transaktionsebenen explizit mit SQL Pass-Through verwalten. Die explizite Transaktionsverwaltung ist jedoch komplex, da es schwierig sein kann, das Zusammenspiel zwischen der integrierten Transaktion und dem Zeitverhalten der Transaktionen des Remote-Server zu steuern. Weitere Informationen über die explizite Verwaltung von Transaktionen finden Sie in Ihrer ODBC-Dokumentation.

Arbeiten mit Remote-Daten bei Einsatz von SQL Pass-Through

Nachdem Sie unter Verwendung von SQL Pass-Through eine Ergebnismenge abgerufen haben, können Sie die Eigenschaften des Cursors Ihrer Ergebnismenge mit den Visual FoxPro-Funktionen CURSORGETPROP( ) und CURSORSETPROP( ) anzeigen bzw. festlegen. Dies sind dieselben Funktionen, mit denen Sie die Eigenschaften des Cursors einer aktiven Ansicht festlegen.

Anmerkung: Cursor sind keine Objekte und nicht an das Objektmodell gebunden. Trotzdem können Sie die Eigenschaften (oder Attribute) eines Cursors mit CURSORGETPROP( ) abrufen bzw. mit CURSORSETPROP( ) festlegen.

Ausführlichere Informationen über diese Funktionen finden Sie in der Hilfe unter „CURSORGETPROP( )" bzw. „CURSORSETPROP( )".

Festlegen von Cursor-Eigenschaften für Remote-Daten

In der folgenden Tabelle sind die Visual FoxPro-Cursor-Eigenschaften zusammengestellt, die das Arbeiten mit Ansichten und zugeordneten Ergebnismengen unterstützen.

Visual FoxPro-Cursor-Eigenschaften

Aufgabe	Eigenschaft	Bedeutung
Anzeigen der Definition eines Cursors	SQL	Enthält die SQL-Anweisung, mit der der Cursor erstellt wurde.
Steuern des Dialogs zwischen Visual FoxPro und ODBC	ConnectHandle	Kennung für eine Remote-Verbindung, die vom Cursor verwendet wird
	ConnectName	Der vom Cursor verwendete Verbindungsname
	Prepare	Gibt an, ob die Abfrage für die Ansicht vor der Ausführung vorbereitet wird.
	FetchAsNeeded	Gibt an, ob Zeilen automatisch während der Leerlaufschleife oder nur bei Bedarf abgerufen werden.
	CompareMemo	Gibt an, ob Memo- und Objektfelder unabhängig von der Einstellung der Eigenschaft **UpdateType** in die WHERE-Klausel einer UPDATE-Anweisung einbezogen werden.
	FetchMemo	Gibt an, ob Memo- und Objektfelder automatisch mit den Ergebnismengen abgerufen werden, oder später bei Bedarf, wenn das Memo- oder Objektfeld geöffnet wird.
	UseMemoSize	Gibt die minimale Spaltengröße (1 bis 255) in Ergebnismengen an, bei der Spalten in Memofeldern zurückgegeben werden.
	FetchSize	Gibt die Anzahl der Zeilen an, die gleichzeitig von der Remote-Ergebnismenge abgerufen werden.
	MaxRecords	Gibt die maximale Anzahl der Zeilen an, die abgerufen werden, wenn die Ergebnismengen zurückgegeben werden.

(Fortsetzung)

Aufgabe	Eigenschaft	Bedeutung
Aktualisieren von Daten	SendUpdates*	Gibt an, ob Aktualisierungen des Cursors an die Tabellen gesendet werden, die dem Cursor zugrunde liegen.
	BatchUpdateCount	Gibt die Anzahl der UPDATE-Anweisungen an, die für gepufferte Tabellen an den Back-End-Server gesendet werden.
	Tables*	Eine durch Komma getrennte Liste mit Tabellennamen in der Datenquelle zum Definieren des Bereichs der Eigenschaften **UpdateNameList** und **UpdatableFieldsList**
	KeyFieldList*	Eine durch Komma getrennte Liste mit Visual FoxPro-Feldern, die den Primärschlüssel der Ergebnismenge darstellt, die für Aktualisierungen verwendet wird.
	UpdateNameList*	Eine durch Komma getrennte Liste, in der die Visual FoxPro-Felder des Cursors und die Tabellen- und Spaltennamen der Felder, für die Sie Aktualisierungen vornehmen möchten, paarweise angeordnet sind.
	UpdatableFieldList*	Eine durch Komma getrennte Liste mit den Visual FoxPro-Feldern, für die Aktualisierungen vorgenommen werden.
	Buffering	Gibt den Pufferungstyp für den Cursor an.
	UpdateType	Gibt an, ob Aktualisierungen mit UPDATE- oder mit DELETE- und INSERT-Befehlen vorgenommen werden sollen.
	WhereType	Gibt an, was die WHERE-Klausel für Aktualisierungen an Tabellendaten enthalten soll.

* Eigenschaften, die festgelegt werden müssen, bevor Sie Daten aktualisieren können.

Sie können diese Eigenschaften verwenden, um zu steuern, wie Ihre Anwendung mit Remote-Daten arbeitet. So können Sie z. B. festlegen, wie viele Zeilen während des kontinuierlichen Lesens abgerufen werden, mit welcher Pufferung gearbeitet werden soll und wie Remote-Daten aktualisiert werden sollen.

Verwenden der Registerkarte „Remote-Daten" im Dialogfeld „Optionen"

Einige Cursor-Eigenschaften erben ihre Anfangswerte von der Umgebung; andere Eigenschaften sind nur auf Cursor-Ebene verfügbar. Einige Eigenschaften stehen für Cursor zur Verfügung, die Remote-Ansichten und Tabellen entsprechen, zu denen über ODBC oder SQL Pass-Through eine Verbindung besteht.

Sie können einige Cursor- und Verbindungseigenschaften im Dialogfeld **Optionen** auf der Registerkarte **Remote-Daten** festlegen. Wenn Sie die Registerkarte **Remote-Daten** anzeigen, entsprechen die angezeigten Werte den Cursor-Einstellungen der aktuellen Arbeitssitzung sowie den globalen Visual FoxPro-Standardeinstellungen für Verbindungen. Wenn Sie Werte in der Registerkarte Remote-Daten ändern und **OK** wählen, werden die neuen Werte in den Einstellungen der aktuellen Arbeitssitzung des Cursors sowie in den globalen Standardeinstellungen für Verbindungen gespeichert. Wenn Sie die Schaltfläche **Als Standardeinstellung verwenden** wählen, werden die Werte auf Ihrem Computer in die konfigurierbaren Systemeinstellungen geschrieben. Das folgende Bild verdeutlicht diese Vorgehensweise.

Globale und Sitzungseinstellungen mit dem Dialogfeld „Optionen" anzeigen und festlegen

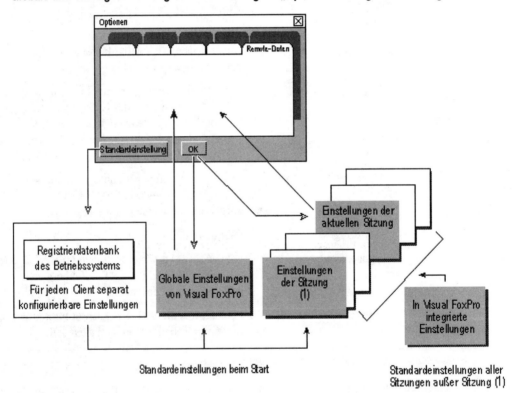

Festlegen von Eigenschaften mit SQL Pass-Through

Wenn Sie einen Cursor erstellen, erbt dieser die Einstellungen von Eigenschaften, wie z. B. **UpdateType** oder **UseMemoSize**, vom Umgebungs-Cursor oder vom Cursor 0 der aktuellen Arbeitssitzung. Sie können diese Standardeinstellungen der Eigenschaften ändern, indem Sie die Funktion CURSORSETPROP( ) mit 0 als Cursornummer aufrufen.

Nachdem Sie mit einer SQL Pass-Through-Funktion den Cursor einer Ansicht erstellt haben, können Sie die Eigenschafteneinstellungen des aktiven Cursors ändern, indem Sie für den Cursor der Ansicht die Funktion CURSORSETPROP( ) verwenden. Änderungen, die Sie mit CURSORSETPROP( ) vornehmen, sind temporär: die temporären Einstellungen der aktiven Ansicht verschwinden, sobald Sie die Ansicht geschlossen haben, und die temporären Einstellungen des Cursors 0 verschwinden, wenn Sie die Visual FoxPro-Arbeitssitzung beenden.

Verbindungen erben Eigenschaften auf ähnliche Weise. Wenn Sie eine benannte Verbindung in einer Datenbank erstellen und speichern, erbt diese die Standardeigenschaften der Verbindung 0. Sie können diese Standardeinstellungen für die Eigenschaften der Verbindung 0 mit Hilfe der Funktion SQLSETPROP( ) ändern.

Nachdem die Verbindung erstellt und in einer Datenbank gespeichert wurde, können Sie die Verbindungseigenschaften mit der Funktion DBSETPROP( ) ändern. Wenn Sie eine Verbindung einsetzen, werden die Eigenschafteneinstellungen, die für die Verbindung in der Datenbank gespeichert sind, von der aktiven Verbindung geerbt. Sie können die Einstellungen der Eigenschaften der aktiven Verbindung mit der Funktion SQLSETPROP( ) ändern, indem Sie diese mit der Kennung der Verbindung aufrufen.

Sowohl der SQL Pass-Through-Cursor einer Ansicht als auch eine benannte Verbindung kann eine benannte ODBC-Datenquelle verwenden. Wenn Sie für den SQL Pass-Through-Cursor einer Ansicht eine ODBC-Datenquelle verwenden, erbt die Verbindung die Eigenschaften von den Standardeinstellungen der Arbeitssitzung. Weitere Informationen über CURSORSETPROP( ), DBSETPROP( ) und SQLSETPROP( ) finden Sie in der Hilfe.

Das folgende Bild verdeutlicht für Cursor und Verbindungen, die mit SQL Pass-Through-Funktionen erstellt wurden, wie die Einstellungen von Eigenschaften vererbt werden. Die grauen Linien zeigen, von wo nach wo die Eigenschaften vererbt werden; die schwarzen Linien entsprechen Visual FoxPro-Befehlen.

Vererbung von Verbindungs- und Cursoreigenschaften unter Verwendung von SQL Pass-Through (SPT)

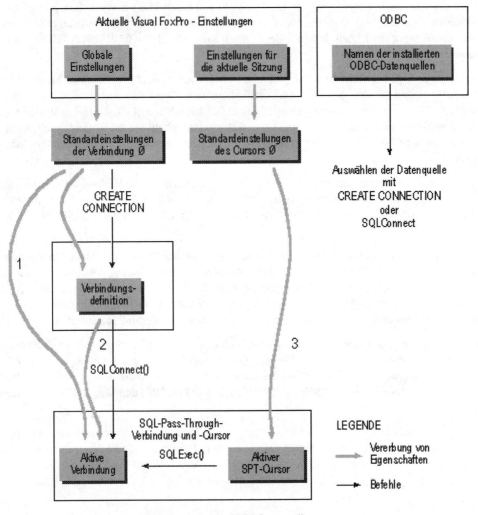

[1] Beruht die aktive Verbindung auf einer ODBC-Datenquelle, werden ihre Eigenschaften von Verbindung 0 abgeleitet.

[2] Beruht die aktive Verbindung auf einer Datenbankverbindung, werden ihre Eigenschaften aus der Verbindungsdefinition der Datenbank abgeleitet..

[3] Die Eigenschaften des aktiven SQL-Pass-Through-Cursors werden von den Standardeinstellungen des Cursors 0 abgeleitet.

Aktualisieren von Remote-Daten mit Hilfe von SQL Pass-Through

Wenn Sie SQL Pass-Through-Funktionen einsetzen, um Daten auf einem Remote-Server zu aktualisieren, stellen Sie Eigenschaften des Cursors der Ergebnismenge ein, um sowohl festzulegen, ob Daten aktualisiert werden, als auch bestimmte Einzelheiten vorzugeben, wie die Aktualisierungen erfolgen sollen. Wenn eine Aktualisierungsabfrage angefordert wird, prüft Visual FoxPro zunächst diese Eigenschaften, bevor es die Aktualisierungsabfrage übergibt.

Damit Remote-Daten aktualisiert werden können, müssen Sie 5 Eigenschaften festlegen: **Tables**, **KeyFieldList**, **UpdateNameList**, **UpdatableFieldList** und **SendUpdates**. Um den Anforderungen Ihrer Anwendung optimal gerecht zu werden, können Sie weitere Eigenschaften festlegen, so z. B. **Buffering**, **UpdateType** und **WhereType**.

▶ **So ermöglichen Sie Aktualisierungen über den Cursor einer aktiven Ansicht**

- Legen Sie mit der Funktion CURSORSETPROP( ) die Aktualisierungseigenschaften des Cursors der Ansicht fest: **Tables**, **KeyFieldList**, **UpdateNameList**, **UpdatableFieldList** und **SendUpdates**.

    Tip: Der SQL Pass-Through-Cursor einer Ansicht wird erst aktualisierbar, nachdem Sie Aktualisierungseigenschaften für den Cursor festgelegt haben. Wenn Sie die Einstellungen von Aktualisierungseigenschaften dauerhaft speichern möchten, müssen Sie eine Ansichtsdefinition erstellen. Visual FoxPro stellt Standardwerte bereit, die eine Ansicht in dem Moment, in dem sie mit dem Ansichts-Designer oder mit der Visual FoxPro-Syntax erstellt wird, so initialisieren, daß sie aktualisierbar ist. Mit der Funktion CURSORSETPROP( ) können Sie weitere Informationen hinzufügen, um die Standardwerte zu ergänzen oder anzupassen.

Die Aktualisierungseigenschaften, die Sie für den Cursor der aktiven Ansicht festlegen, haben etwas andere Namen als ihre DBSETPROP( )-Gegenstücke. In der folgenden Tabelle sind die Eigenschaftennamen gegenübergestellt, die für Ansichtsdefinitionen bzw. aktive Cursor zu verwenden sind.

Aktualisierungseigenschaften für Ansichten und Cursor

Zweck	Eigenschaften für Ansichtsdefinitionen[1]	Eigenschaften für aktive Cursor[2]
Zulassen einer Remote-Tabelle zum Aktualisieren	Tables	Tables
Angeben der Remote-Namen der Felder einer Ansicht	UpdateName (Eigenschaft auf Feldebene)	UpdateNameList
Angeben der Felder einer Ansicht, die Sie als Schlüssel verwenden möchten	KeyField (Eigenschaft auf Feldebene)	KeyFieldList

(Fortsetzung)

Zweck	Eigenschaften für Ansichtsdefinitionen[1]	Eigenschaften für aktive Cursor[2]
Angeben der aktualisierbaren Felder einer Ansicht	Updatable (Eigenschaft auf Feldebene)	UpdatableFieldList
Aktivieren von Aktualisierungen	SendUpdates	SendUpdates

[1.] Wird mit DBSETPROP( ) festgelegt.
[2.] Wird mit CURSORSETPROP( ) festgelegt.

Weitere Informationen über das Festlegen von Aktualisierungseigenschaften finden Sie in Kapitel 8, „Erstellen von Ansichten" oder in der Hilfe unter „DBSETPROP( )" bzw. „CURSORSETPROP( )".

Puffern von Aktualisierungen der Remote-Daten

Über die Buffering-Eigenschaft eines Cursors legen Sie fest, wie Aktualisierungen der jeweiligen Remote-Daten gepuffert werden. Von den 5 Werten, die eine Buffering-Eigenschaft annehmen kann, sind nur 2 für Remote-Ansichten zulässig:

- 3 oder DB_BUFOPTROW (Standardeinstellung); die jeweilige Zeile wird optimistisch gesperrt.
- 5 oder DB_BUFOPTTABLE; die jeweilige Tabelle wird optimistisch gesperrt.

Visual FoxPro unterstützt für Remote-Cursor nur optimistisches Sperren.

Anmerkung: Die Einstellungen für pessimistische Zeilen- und Tabellenpufferung, 2 und 4, gelten nicht für Remote-Ansichten, da Visual FoxPro die Serverdaten nicht sperrt. Die Einstellung 1 der Eigenschaft **Buffering** gilt nicht für Remote-Ansichten, da Ansichten immer gepuffert werden.

Arbeiten mit optimistischer Zeilenpufferung

Ist **Buffering** auf den Standardwert (DB_BUFOPTROW) festgelegt, werden Remote-Daten zeilenweise optimistisch gesperrt. Zum Beispiel müßten Sie die Eigenschaft **Buffering** auf 3 festlegen, wenn Änderungen der Tabelle Titel zeilenweise übergeben werden sollen, wie dies der Fall ist, wenn mit dem Befehl **SKIP** gearbeitet wird:

```
CURSORSETPROP('buffering', 3, 'titles')
```

Wenn die Eigenschaft **Buffering** so festgelegt ist, daß zeilenweise gepuffert wird, können Sie Aktualisierungsabfragen auf zwei Arten an den Remote-Server senden: Dabei haben Sie folgende Möglichkeiten:

- Durch Aufrufen der TABLEUPDATE( )-Funktion.
- Durch Einsetzen eines Befehls, der den Datensatzzeiger auf einen anderen Datensatz verschiebt, wie z. B. SKIP oder GO BOTTOM.

Die TABLEUPDATE( )-Funktion aktualisiert die auf einem Server befindlichen Daten, ohne den Datensatzzeiger zu verschieben. Befehle, die den Datensatzzeiger verschieben, senden Aktualisierungsabfragen automatisch in dem Moment an den Remote-Server, in dem sie den Datensatzzeiger verschieben.

Wenn Sie mit Zeilenpufferung arbeiten und in der Lage sein möchten, an Zeilen vorgenommene Änderungen rückgängig zu machen, müssen Sie die Änderungen mit entsprechenden SQL Pass-Through-Funktionen in manuelle Transaktionen einbetten.

Arbeiten mit optimistischer Tabellenpufferung

Sollen Änderungen einer Tabelle nicht zeilenweise, sondern als ein Block (Batch) übergeben werden, wie dies z. B. der Fall ist, wenn ein Benutzer auf die Schaltflächen **Speichern** oder **OK** eines Formulars geklickt hat, müssen Sie die Eigenschaft **Buffering** auf 5 bzw. DB_BUFOPTTABLE festlegen. Damit die Aktualisierungsabfrage an den Server gesendet wird, müssen Sie die TABLEUPDATE( )-Funktion aufrufen.

Im folgenden Beispiel wird die Eigenschaft **Buffering** im Initialisierungscode des Formulars festgelegt, und die Änderungen werden dann im Speicherungscode vorgenommen.

Code	Kommentare
`CURSORSETPROP('buffering', 5, 'sqltitles')`	Festlegen im Initialisierungscode

`* Batch-Aktualisierung vornehmen;`
`* Sonstige vorgenommene Änderungen ignorieren`
`TABLEUPDATE(.T., .T., 'titles')`
	Festlegen im Save-Code

Wenn Sie für eine Tabelle deren ursprüngliche Werte wiederherstellen sowie verhindern möchten, daß Aktualisierungsabfragen an den Remote-Server gesendet werden, müssen Sie die TABLEREVERT( )-Funktion aufrufen. Durch Kombinieren der Buffering-Eigenschaft des jeweiligen Cursors mit der TABLEREVERT( )-Funktion können Sie festlegen, ob nur eine Zeile oder ob alle Zeilen in den alten Zustand zurückversetzt werden. Im folgenden Beispiel wird nur die aktuelle Zeile in den alten Zustand zurückversetzt. Eine solche Programmzeile kann beispielsweise ausgeführt werden, wenn ein Benutzer auf die Schaltfläche **Abbrechen** eines Formulars klickt:

`= TABLEREVERT(.F., 'titles')    && Setzt die aktuelle Zeile zurück`

Wenn Sie alle Zeilen in den alten Zustand zurücksetzen möchten, wie dies der Fall ist, wenn Sie zum Verlassen eines Formulars ESC drücken, können Sie das gleiche Beispiel, jedoch mit geänderten Einstellungen der Eigenschaft **Buffering** und des Befehls **TABLEREVERT( )**, verwenden, um alle Zeilen zurückzusetzen, wobei die gesamte Tabelle gepuffert wird:

`- TABLEREVERT(.T., 'titles')    && Setzt alle Zeilen zurück`

Weitere Informationen über das Puffern von Daten finden Sie in Kapitel 17, „Programmieren für gemeinsamen Zugriff". Weitere Information zu den Funktionen TABLEUPDATE( ) und TABLEREVERT( ) finden Sie in der Hilfe.

Entdecken von Änderungen anderer Benutzer

In Mehrbenutzeranwendungen werden Konflikte, die sich infolge von Änderungen anderer Benutzer ergeben, von der SQL-Aktualisierungsabfrage entdeckt, die erstellt wird, wenn lokal ein Schreibvorgang ausgelöst wird. Bis zu welchem Umfang Konflikte entdeckt werden, hängt davon ab, auf welchen Wert die Eigenschaft **WhereType** festgelegt wurde. Weitere Informationen über das Festlegen der Eigenschaft **WhereType** finden Sie in Kapitel 8, „Erstellen von Ansichten".

Erzwingen von Aktualisierungen

Sie können in der TABLEUPDATE( )-Funktion festlegen, ob Änderungen, die ein anderer Benutzer des Netzwerks an einer Tabelle oder an einem Cursor vorgenommen hat, überschrieben werden, wenn Sie Ihre Aktualisierungen senden. Unter der Voraussetzung, daß Sie den Parameter „Force" der Funktion TABLEUPDATE( ) auf den Wert Wahr (.T.) festgelegt haben und die CURSORSETPROP( )-Eigenschaft **UpdateType** auf den Wert 1 (Standardwert) festgelegt ist, werden die momentan vorhandenen Daten durch die von Ihnen gesendeten neuen Daten aktualisiert, sofern sich in der Remote-Tabelle der Wert des Schlüsselfelds des jeweiligen Datensatzes nicht geändert hat. Ist letzteres der Fall oder ist die Eigenschaft **UpdateType** auf 2 festgelegt, sendet Visual FoxPro zunächst eine DELETE- und dann eine INSERT-Anweisung an die Remote-Tabelle.

Fehlerbehebung Aktualisierungsbezogener Fehlermeldungen

In der folgenden Tabelle sind Visual FoxPro- und ODBC-Fehlermeldungen aufgeführt, die sich insbesondere auf Remote-Aktualisierungen beziehen. Die Spalte „Vorgehensweise" gibt an, wie Sie die Fehlerbedingung auflösen können.

Fehlermeldung	Bedeutung	Vorgehensweise
Es wurde(n) keine Quelltabelle(n) angegeben. Verwenden Sie die Cursor-Eigenschaft **Tables**.	Die Cursor-Eigenschaft **Tables** enthält keine Namen von Remote-Tabellen. Mindestens eine Tabelle ist erforderlich, um Aktualisierungen auf dem Remote-Server durchzuführen.	Geben Sie mit Hilfe der Eigenschaft **Tables** mindestens eine Tabelle für den Cursor an.
Es wurde(n) keine Spalte(n) für die Quelltabelle *table_name* angegeben. Verwenden Sie die Cursor-Eigenschaft **KeyFieldList**.	Der Primärschlüssel für die Remote-Tabelle, auf die in der Fehlermeldung verwiesen wird, ist nicht für die Eigenschaft **KeyFieldList** des Cursors angegeben worden; für jede zu aktualisierende Tabelle ist ein Primärschlüssel erforderlich.	Geben Sie den Primärschlüssel für die Remote-Tabelle mit Hilfe der Eigenschaft **KeyFieldList** an.
Es wurde keine gültige Quelltabelle für die Spalte *column_name* angegeben. Verwenden Sie die Cursor-Eigenschaften **UpdateNameList** und **Tables**.	Die Eigenschaft **UpdateName** der Spalte *column_name* enthält eine ungültige Tabellenangabe.	Geben Sie die entsprechende Tabelle als Einstellung der Eigenschaft **UpdateNameList** und/oder der Eigenschaft **Tables** an.

(Fortsetzung)

Fehlermeldung	Bedeutung	Vorgehensweise
Die Cursor-Eigenschaft **KeyFieldList** definiert keinen eindeutigen Schlüssel.	Es gibt mehrere Remote-Datensätze mit demselben Schlüssel.	Definieren Sie mit Hilfe der Eigenschaft **KeyFieldList** einen eindeutigen Schlüssel für die Remote-Tabelle.
Von ODBC: Ungültiges ODBC-Objekt	ODBC kann die Remote-Tabelle oder -Spalte nicht unter dem angegebenen Namen finden. Visual FoxPro-Namen werden von Visual FoxPro auf ihre Gültigkeit überprüft, Remote-Tabellen und -Spalten nur vom Remote-Server.	Überprüfen Sie den Objektnamen.

Weitere Informationen zur Fehlerbehandlung finden Sie unter „Umgehen mit SQL Pass-Through-Fehlern" weiter unten in diesem Kapitel.

Wählen eines effizienten SQL Pass-Through-Verarbeitungsmodus

Für das Lesen und Aktualisieren von Remote-Daten mittels SQL Pass-Through-Funktionen kennt Visual FoxPro zwei Verarbeitungsmodi: den Synchron- und den Asynchronmodus. Wenn Sie mit SQL Pass-Through-Funktionen arbeiten, können Sie den von Ihnen bevorzugten Modus wählen. Für Remote-Ansichten müssen Sie keinen Modus wählen; Visual FoxPro arbeitet automatisch mit kontinuierlichem Lesen und verwaltet die Verarbeitungsmodi der Remote-Ansichten selbständig.

Vorteile des Synchronmodus

Standardmäßig werden Visual FoxPro SQL-Funktionen synchron verarbeitet: Visual FoxPro gibt die Kontrolle erst dann an eine Anwendung zurück, wenn eine aufgerufene Funktion beendet ist. Synchrone Verarbeitung empfiehlt sich, wenn Sie interaktiv mit Visual FoxPro arbeiten.

Vorteile des Asynchronmodus

Die asynchrone Verarbeitung bietet eine größere Flexibilität als die synchrone Verarbeitung. Wenn Ihre Anwendung z. B. eine Funktion asynchron verarbeitet, kann sie eine Verlaufsanzeige erstellen, die den Fortgang der momentan ausgeführten Anweisung anzeigt, die Bewegungen des Mauszeigers anzeigen, Schleifen erstellen und Zeitgeber festlegen, damit eine Verarbeitung, die zu lange dauert, unterbrochen werden kann.

Verwenden von SQL Pass-Through-Funktionen im Asynchronmodus

Ihre Anwendung kann asynchrone Verarbeitung anfordern für die 4 Funktionen, die Anforderungen an eine Datenquelle senden sowie Daten abrufen: SQLEXEC( ), SQLMORERESULTS( ), SQLTABLES( ), und SQLCOLUMNS( ). Sie aktivieren die asynchrone Verarbeitung, indem Sie mit der Funktion SQLSETPROP( ) die Eigenschaft **Asynchronous** der jeweiligen Verbindung entsprechend festlegen. Ist für eine Verbindung der Asynchronmodus aktiviert, arbeiten alle 4 Funktionen im Asynchronmodus.

So prüfen Sie die Einstellung der Eigenschaft „Asynchronous"

- Verwenden Sie die Funktion SQLGETPROP( ), um die Einstellung der Eigenschaft **Asynchronous** anzuzeigen. Im folgenden Beispiel entspricht nConnectionHandle der Kennummer Ihrer aktiven Verbindung:

```
? SQLGETPROP(nConnectionHandle,'Asynchronous')
```

So aktivieren Sie asynchrone Verarbeitung

- Legen Sie die Eigenschaft **Asynchronous** mit der Funktion SQLSETPROP( ) entsprechend fest:

```
? SQLSETPROP(nConnectionHandle,'Asynchronous', .T.)
```

Im Asynchronmodus müssen Sie jede Funktion solange wiederholt aufrufen, bis sie einen Wert ungleich 0 (wird noch ausgeführt) zurückgibt. Solange eine Funktion ausgeführt wird, können Sie deren Verarbeitung abbrechen, indem Sie ESC drücken. Dies setzt jedoch voraus, daß **SET ESCAPE** auf ON festgelegt ist.

Solange eine Funktion noch ausgeführt wird, kann die Anwendung eine Verbindungskennung nur für SQLCANCEL( ) oder für die im Asynchronmodus arbeitende Funktion (SQLEXEC( ), SQLMORE-RESULTS( ), SQLTABLES( ) oder SQLCOLUMNS( )) einsetzen, die ursprünglich mit der Kennung verknüpft wurde. Die jeweils drei anderen Funktionen oder SQLDISCONNECT( ) können Sie erst wieder mit dieser Verbindungskennung aufrufen, nachdem die Funktion beendet wurde.

Verarbeiten mehrerer Ergebnismengen

Ihre Anwendung ruft mehrere Ergebnismengen ab, wenn Sie mit einer SQLEXEC( )-Funktion mehrere SQL-Anweisungen SELECT ausgeben oder eine gespeicherte Prozedur ausführen, die mehrere Anweisungen SELECT ausgibt. Für jede SQL-Anweisung SELECT wird die zugehörige Ergebnismenge in einem eigenen Visual FoxPro-Cursor zurückgegeben.

Für den jeweils ersten Cursor wird der Standardname SQLRESULT verwendet; jeder weitere Cursor erhält seinen eindeutigen Namen dadurch, daß der Standardname mit einem Index versehen wird. So lauten z. B. die Standardnamen für Cursor, die von einer SQLEXEC( )-Anweisung zurückgegeben werden, welche drei Ergebnismengen abruft, „Sqlresult", „Sqlresult1" und „Sqlresult2".

Wenn eine Funktion im Batch-Modus mehrere Ergebnismengen zurückgibt, erhalten die Cursor-Namen in Visual FoxPro jeweils einen eindeutigen Suffix und können aus maximal 255 Zeichen bestehen. Im folgenden Beispiel wird für die Eigenschaft **BatchMode** der Batch-Modus festgelegt. Anschließend wird eine SQLEXEC( )-Funktion aufgerufen, die 4 SQL-Anweisungen SELECT enthält, so daß 4 Ergebnismengen erstellt werden:

```
? SQLSETPROP(nConnectionHandle,'BatchMode', .T.)
? SQLEXEC(nConnectionHandle,'select * from authors ;
            select * from titles ;
            select * from roysched ;
            select * from titleauthor','ITEM')
```

Sobald die Verarbeitung dieser Funktion abgeschlossen ist, gibt Visual FoxPro die 4 Ergebnismengen als die Visual FoxPro-Cursor Item, Item1, Item2 und Item3 zurück.

Sie können den Standardnamen ändern, indem Sie bei einer der Funktionen SQLEXEC( ) oder SQLMORERESULTS( ) den Parameter *cCursorname* mit einem entsprechenden Wert belegen. Wurde der Name, den Sie für eine Ergebnismenge angeben, bereits verwendet, wird der bestehende Cursor mit der neuen Ergebnismenge überschrieben.

Wenn Ihre Anwendung mehrere Ergebnismengen abruft, haben Sie die Wahl zwischen asynchroner oder synchroner Verarbeitung sowie zwischen Batch- oder Nicht-Batch-Modus.

Verarbeiten im Batch-Modus

Mit der Eigenschaft **BatchMode** (wird mit SQLSETPROP( ), festgelegt) wird gesteuert, wie eine SQLEXEC( )-Funktion mehrere Ergebnismengen zurückgibt. Die Standardeinstellung lautet .T. (Batch-Modus). Verarbeiten im Batch-Modus bedeutet, daß Visual FoxPro solange keines der Ergebnisse einer SQLEXEC( )-Funktion zurückgibt, die noch ausgeführt wird, bis alle Ergebnismengen vollständig abgerufen sind.

Verarbeiten im Nicht-Batch-Modus

Wenn Sie die Eigenschaft **BatchMode** mitHilfe von SQLSETPROP( ) auf .F. festgelegt haben (Nicht-Batch-Modus), wird jede Ergebnismenge einzeln zurückgegeben. Die erste Ergebnismenge wird von dem SQLEXEC( )-Funktionsaufruf zurückgegeben. Danach muß Ihre Anwendung solange wiederholt die Funktion SQLMORERESULTS( ) aufrufen, bis durch Rückgabe des Wertes 2 mitgeteilt wird, daß keine weiteren Ergebnismengen verfügbar sind.

Im Nicht-Batch-Modus kann jede weitere SQLMORERESULTS( )-Funktion mit einem anderen Cursornamen aufgerufen werden. Ist im vorangegangenen Beispiel in der Funktion SQLEXEC( ) als Cursorname „Item" angegeben und wird der Parameter *cCursorname* beim zweiten Aufruf der Funktion SQLMORERESULTS( ) in „Otheritem" geändert, erhalten die sich ergebenden Cursor die Namen „Item", „Item1", „Otheritem" und „Otheritem1".

Im nächsten Abschnitt sind die möglichen Verarbeitungsmodi beschrieben, die sich aus den Kombinationen von Batch-Modus oder Nicht-Batch-Modus und Synchronmodus oder Asynchronmodus ergeben. Die folgende Abbildung verdeutlicht die 4 möglichen Verarbeitungskombinationen. Die Zahlen 0, 1 und 2 entsprechen den Werten, die von den jeweils aufgerufenen Funktionen zurückgegeben werden.

Die Visual FoxPro-Modi Synchrone und Asynchrone Verarbeitung

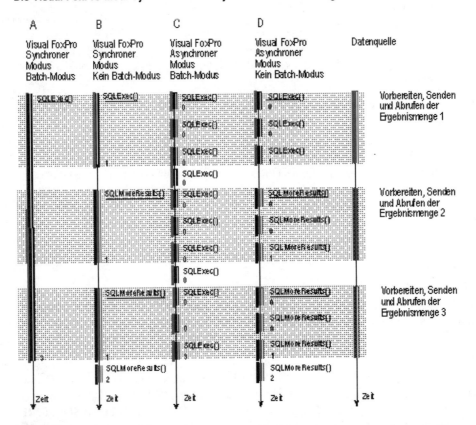

Nachstehend ist beschrieben, wie sich die unterschiedlich kombinierten Modi auf die Verarbeitung auswirken: die Buchstaben A, B, C und D verweisen auf die obige Abbildung. Für alle Beschreibungen gilt als Voraussetzung, daß eine Anweisung ausgeführt wird, die drei Ergebnismengen zurückgibt, die in der Abbildung durch die drei horizontal angeordneten Bereiche gekennzeichnet sind.

Verarbeiten im Synchronmodus

Im Synchronmodus erhält Ihre Anwendung die Kontrolle erst zurück, nachdem eine Funktion vollständig ausgeführt ist.

A: Die Kombination Synchronmodus/Batch-Modus

Wenn Sie eine SQL Pass-Through-Anweisung synchron im Batch-Modus ausführen, erhält Ihre Anwendung die Kontrolle erst zurück, nachdem alle Ergebnismengen abgerufen sind. Den Namen des ersten Cursors geben Sie in der Ausgangsfunktion im Parameter *cCursorname* an. Existiert bereits ein Cursor unter dem von Ihnen angegebenen Namen, wird dieser Cursor mit der neuen Ergebnismenge überschrieben. Wenn Sie bei der Kombination Synchronmodus/Batch-Modus mehrere Ergebnisgruppen anfordern, bildet Visual FoxPro die Namen der weiteren Cursor, indem es den Namen des ersten Cursors mit eindeutigen Indizes versieht.

B: Die Kombination Synchronmodus/Nicht-Batch-Modus

Wenn Sie eine SQL Pass-Through-Anweisung synchron im Nicht-Batch-Modus ausführen, ruft die erste Anweisung die erste Ergebnismenge ab und gibt eine 1 zurück. Danach müssen Sie wiederholt die Funktion SQLMORERESULTS( ) aufrufen sowie gegebenenfalls einen anderen Namen für den Cursor angeben. Wenn Sie keinen anderen Namen für den Cursor angeben, erhält jede mit SQLMORERESULTS( ) abgerufene Ergebnismenge einen eindeutigen Namen, der aus dem Basisnamen und einem fortlaufenden Index besteht. Sobald SQLMORERESULTS( ) den Wert 2 zurückgibt, sind keine weiteren Ergebnismengen mehr verfügbar.

Verarbeiten im Asynchronmodus

Im Asynchronmodus muß Ihre Anwendung eine SQL Pass-Through-Funktion solange wiederholt aufrufen, bis die Funktion einen Wert ungleich 0 (wird noch ausgeführt) zurückgibt. Der Standardname für Ergebnismengen (Sqlresult) kann geändert werden, indem Sie beim ersten Aufruf der Funktion im Parameter *cCursorname* den gewünschten Namen angeben. Wurde der Name, den Sie für eine Ergebnismenge angeben, bereits verwendet, werden die im vorhandenen Cursor stehenden Informationen mit der neuen Ergebnismenge überschrieben.

C: Die Kombination Asynchronmodus/Batch-Modus

Wenn Sie eine SQL Pass-Through-Funktion asynchron im Batch-Modus ausführen, gibt die Funktion nach jedem Aufruf solange eine 0 (wird noch ausgeführt) zurück, bis alle Ergebnismengen in die angegebenen Cursor abgerufen sind. Sobald alle Ergebnismengen abgerufen sind, gibt die Funktion entweder die Anzahl der Cursor oder eine negative Zahl zurück, wobei letztere anzeigt, daß ein Fehler aufgetreten ist.

D: Die Kombination Asynchronmodus/Nicht-Batch-Modus

Erfolgt die Verarbeitung asynchron im Nicht-Batch-Modus, gibt eine SQLEXEC( )-Funktion den Wert 1 zurück, sobald sie eine Ergebnismenge vollständig abgerufen hat. Danach muß Ihre Anwendung solange wiederholt die Funktion SQLMORERESULTS( ) aufrufen, bis durch Rückgabe des Wertes 2 mitgeteilt wird, daß keine weiteren Ergebnismengen verfügbar sind.

Tip: Eine Remote-Ergebnismenge wird in zwei Schritten abgerufen. Zunächst wird die Ergebnismenge auf dem Server vorbereitet, anschließend wird sie in einen lokalen Visual FoxPro-Server abgerufen. Im Asynchronmodus können Sie die Funktion USED( ) aufrufen, um zu überprüfen, ob Visual FoxPro bereits mit dem Lesen des angeforderten Cursors begonnen hat.

Festlegen der Datentypumwandlungen

Wenn Sie Daten zwischen einem Remote-Server und Visual FoxPro übertragen, stoßen Sie meist auf das Problem, daß auf dem Server bzw. in Visual FoxPro unterschiedliche Datentypen zur Verfügung stehen. Nur in Ausnahmefällen gibt es eine Eins-zu-eins-Beziehung zwischen den Datentypen einer Remote-Datenquelle und denen von Visual FoxPro. Um dieses Problem zu lösen, verwendet Visual FoxPro die ODBC-Datentypen, um Remote-Datentypen auf lokale Visual FoxPro-Datentypen abzubilden. Sobald Sie wissen, wie Datentypen zwischen ODBC und Visual FoxPro abgebildet werden, können Sie vorhersagen, wie die von einem Server bereitgestellten Remote-Daten in Ihrer Visual FoxPro-Anwendung behandelt werden.

Bei Bedarf können Sie auch die Datentypen festlegen, die auf Ihrem Server oder in Ihrer Anwendung verwendet werden. Der Standarddatentyp eines Visual FoxPro-Feldes kann außer Kraft gesetzt werden, indem Sie für die Remote-Daten eine Ansicht erstellen und danach in der Datenbank die DataType-Eigenschaft des Feldes der Ansicht entsprechend festlegen. Dazu weisen Sie der DataType-Eigenschaft dieses Feldes der Remote-Ansicht eine Zeichenfolge zu, die den gewünschten Datentyp angibt. Weitere Informationen über die Eigenschaft **DataType** finden Sie in der Hilfe unter „DBSETPROP( )".

Herunterladen oder Hochladen von Daten über eine Remote-Ansicht

Wenn Sie Daten von einer Remote-ODBC-Datenquelle abrufen, wandelt Visual FoxPro den Datentyp der einzelnen ODBC-Felder im Cursor der Ergebnismenge in einen entsprechenden Visual FoxPro-Datentyp um. Die folgende Tabelle stellt den auf ODBC-Datenquellen verfügbaren Datentypen die entsprechenden Visual FoxPro-Datentypen gegenüber.

ODBC-Datentyp eines Remote-Feldes	Felddatentyp in einem Visual FoxPro-Cursor
SQL_CHAR SQL_VARCHAR SQL_LONGVARCHAR	Zeichen oder Memo[1]
SQL_BINARY SQL_VARBINARY SQL_LONGVARBINARY	Memo
SQL_DECIMAL SQL_NUMERIC	Numerisch oder Währung[2]
SQL_BIT	Logisch
SQL_TINYINT SQL_SMALLINT SQL_INTEGER	Integer
SQL_BIGINT	Zeichen
SQL_REAL SQL_FLOAT SQL_DOUBLE	Double; die Anzahl der Dezimalstellen wird in Visual FoxPro durch den SET DECIMAL-Wert angegeben.

(Fortsetzung)

ODBC-Datentyp eines Remote-Feldes	Felddatentyp in einem Visual FoxPro-Cursor
SQL_DATE	Datum
SQL_TIME	DatumZeit[3]
SQL_TIMESTAMP	DatumZeit[4]

[1.] Wenn die Breite des ODBC-Feldes geringer ist als der Wert der Cursor-Eigenschaft **UseMemoSize**, wird das Feld im Visual FoxPro-Cursor zu einem Zeichenfeld; andernfalls wird es zu einem Memofeld. Weitere Informationen über **UseMemoSize** finden Sie in derHilfe.

[2.] Hat das Feld auf dem Server den Datentyp „Währung" (money), erhält es in VisualFoxPro den Datentyp „Währung".

[3.] Standardwert für den Tag ist 1.1.1900.

[4.] Enthält der Wert eines SQL_TIMESTAMP-Feldes Sekundenbruchteile, werden diese Bruchteile abgetrennt, wenn der Wert in den Visual FoxPro-Datentyp „DatumZeit" umgewandelt wird.

Anmerkung: Nullwerte, die in Feldern einer ODBC-Datenquelle stehen, werden als Nullwerte in den jeweiligen Visual FoxPro-Cursor übernommen, und zwar unabhängig davon, wie SET NULL in dem Moment in Visual FoxPro festgelegt war, in dem Ihre Anwendung die Remote-Daten abgerufen hat.

Umwandeln von Visual FoxPro-Parametern in Datentypen einer Remote-Ansicht

Enthält ein Cursor Visual FoxPro-Daten, die aus Remote-Daten hervorgegangen sind, erhalten diese Daten wieder ihren ursprünglichen ODBC-Datentyp, wenn sie an den Remote-Server gesendet werden. Wenn Sie mit SQL Pass-Through-Funktionen Daten an den Remote-Server senden, die aus Visual FoxPro stammen, werden die Datentypen wie folgt umgewandelt.

Visual FoxPro-Datentyp	ODBC-Datentyp
Zeichen	SQL_CHAR oder SQL_LONGVARCHAR[1]
Währung	SQL_DECIMAL
Datum	SQL_DATE oder SQL_TIMESTAMP[2]
DatumZeit	SQL_TIMESTAMP
Double	SQL_DOUBLE
Integer	SQL_INTEGER
Objekt	SQL_LONGVARBINARY
Logisch	SQL_BIT

(Fortsetzung)

Visual FoxPro-Datentyp	ODBC-Datentyp
Memo	SQL_LONGVARCHAR
Numerisch	SQL_DOUBLE

[1.] Erzeugt die Visual FoxPro-Speichervariable, die auf einen Parameter abgebildet wird, einen Wert, der weniger als 255 Zeichen breit ist, erhält das entsprechende Feld in der ODBC-Datenquelle den Datentyp SQL_CHAR; andernfalls erhält es den SQL_LONGVARCHAR

[2.] Visual FoxPro-Daten vom Typ „Datum" werden für alle ODBC-Datenquellen in SQL_DATE umgewandelt. Die einzige Ausnahme bildet SQL-Server, wo diese Daten den Typ „SQL_TIMESTAMP" erhalten.

Abbilden eines Visual FoxPro-Parameters auf einen Remote-Datentyp

Sie können den Wert eines Visual FoxPro-Parameters auf einen bestimmten Remote-Datentyp abbilden, indem Sie den Parameter als Zeichenausdruck formatieren, der in der Syntax des gewünschten Remote-Datentyps vorliegt. Wenn Ihr Server beispielsweise den Datentyp „DatumZeit" (DateTime) bereitstellt, können Sie einen Visual FoxPro-Parameter als Zeichenausdruck erstellen, der das Format hat, in dem auf Ihrem Server DatumZeit-Daten dargestellt werden. Wenn der Server den Wert des Parameters empfängt, versucht er, die formatierten Daten auf den Datentyp „DatumZeit" (DateTime) abzubilden.

Anmerkung: Wenn Sie einen Parameter an einen Remote-Server senden, muß sichergestellt sein, daß der Datentyp in der WHERE-Klausel zu dem Datentyp paßt, der für den Parameterausdruck verwendet wird.

Umgehen mit SQL Pass-Through-Fehlern

Wenn eine SQL Pass-Through-Funktion einen Fehler meldet, speichert Visual FoxPro die Fehlermeldung in einem Datenfeld (Array). Über die Funktion AERROR( ) erhalten Sie Zugang zu den Informationen über die Fehler, die von einer der beteiligten Komponenten entdeckt wurden: Visual FoxPro, die ODBC-Datenquelle oder der Remote-Server. Durch Auswerten der von der Funktion AERROR( ) zurückgegebenen Werte können Sie zum einen ermitteln, welcher Fehler auf dem Server aufgetreten ist, und zum anderen den Text der zugehörigen Fehlermeldung einsehen. Weitere Informationen über AERROR( ) finden Sie in der Hilfe.

Wichtig: Sie müssen AERROR( ) aufrufen, unmittelbar nachdem ein Fehler aufgetreten ist. Sollten Sie irgendeinen anderen Fehler auslösen, bevor Sie AERROR( ) aufgerufen haben, stehen die Informationen des ersten Fehlers nicht mehr zur Verfügung.

KAPITEL 22
Optimieren des Client-Server-Leistungsverhaltens

Nachdem Sie Ihre Client-Server-Anwendung implementiert haben, werden Sie wahrscheinlich Punkte finden, an denen Sie das Leistungsverhalten verbessern möchten. Um die beste Leistung für Ihre Anwendung zu erzielen, können Sie sie optimieren, indem Sie z. B. die Verarbeitung von Formularen und Abfragen beschleunigen sowie den Datendurchsatz erhöhen.

In diesem Kapitel ist erläutert, wie das Leistungsverhalten einer Anwendung unter Berücksichtigung der Komponenten Client, Netzwerk und Server optimiert werden kann. Weitere Informationen zum Implementieren von Client-Server-Anwendungen finden Sie in den vorangegangenen Kapiteln in diesem Buch.

Dieses Kapitel behandelt folgende Themen:

- Optimieren des Umgangs mit Verbindungen
- Beschleunigen des Abrufens von Daten
- Beschleunigen der Verarbeitung von Abfragen und Ansichten
- Beschleunigen der Verarbeitung von Formularen
- Beschleunigen von Lösch- und Aktualisierungsvorgängen

Optimieren des Umgangs mit Verbindungen

Das Einrichten einer Verbindung erfordert sowohl auf Client- als auch auf Server-Seite Zeit und Arbeitsspeicher. Wenn Sie Verbindungen optimieren, heißt das, einen Mittelweg zu finden zwischen Ihrem Wunsch nach höchster Leistung und den von Ihrer Anwendung gestellten Ressourcenanforderungen.

Wie viele Verbindungen Visual FoxPro nutzt, hängt zum einen davon ab, ob Sie dafür sorgen, daß unbenutzte Verbindungen geschlossen werden, und zum anderen, auf welchen Wert Sie die Zeitüberschreitung für Leerlauf eingestellt haben.

Einsetzen gemeinsam genutzter Verbindungen

Sie können eine Verbindung exklusiv einsetzen oder zur gemeinsamen Nutzung freigeben. Jede Methode hat ihre Vorteile. Wenn Sie eine Verbindung exklusiv nutzen, muß Ihre Anwendung nicht mit anderen Anwendungen um die Verbindungsressourcen konkurrieren, nachdem die Verbindung hergestellt ist. Wenn für jede Ergebnismenge eine exklusive Verbindung genutzt wird, können Sie außerdem asynchrone Verarbeitung für mehrere Ergebnismengen parallel ausführen.

Wenn Sie mit einer gemeinsam genutzten Verbindung arbeiten, gibt es nur eine Verbindung für mehrere Ergebnismengen. Dadurch sind Sie gezwungen, für die Ergebnismengen, für die dieselbe Verbindung genutzt wird, alle datenbezogenen Verarbeitungsvorgänge der Reihe nach vorzunehmen und die Anwendung so zu programmieren, daß sie die Verbindung immer dann bezüglich der Auslastung prüft, wenn Konflikte auftreten könnten. Informationen darüber, wie Sie eine Verbindung zur gemeinsamen Nutzung freigeben, finden Sie in Kapitel 8, „Erstellen von Ansichten".

Festlegen des Verbindungszeitlimits

Wenn Ihre Anwendung über einen längeren Zeitraum keinen Vorgang auslöst, läßt sich die Zahl der Verbindungen reduzieren, indem Sie die Eigenschaft **IdleTimeout** der jeweiligen Verbindung entsprechend einstellen. Mit der Eigenschaft **IdleTimeout** einer Verbindung legen Sie fest, wie lange die Verbindung im Leerlauf aufrechterhalten bleibt, bevor sie von Visual FoxPro getrennt wird. Standardmäßig warten Verbindungen unbegrenzt lange und werden erst dann deaktiviert, wenn ein Benutzer die jeweilige Verbindung trennt.

Sie können die Leerlaufzeit für eine Verbindungsdefinition mit der Eigenschaft **IdleTimeout** der Funktion DBSETPROP( ) einstellen; die Eigenschaft **IdleTimeout** einer aktiven Verbindung läßt sich mit der Funktion SQLSETPROP( ) einstellen. Weitere Informationen finden Sie in der Hilfe unter „DBSETPROP( )" und „SQLSETPROP( )".

Visual FoxPro trennt Verbindungen auch dann, wenn Datenblattfenster und Formulare, die Remote-Daten anzeigen, geöffnet sind, und stellt die Verbindung wieder her, sobald sie benötigt wird. Trifft aber eine der folgenden Bedingungen zu, kann Visual FoxPro eine Verbindung nicht trennen:

- Die Ergebnisse einer an den Server gerichteten Abfrage wurden noch nicht abgerufen.
- Die Verbindung arbeitet im Modus „Manuelle Transaktionen". Damit die Verbindung getrennt werden kann, müssen Sie die Transaktion übergeben (commit) oder zurücksetzen (roll back) und in den Modus „Automatische Transaktionen" wechseln.

Sie können den Transaktionsmodus für eine Verbindungsdefinition mit der Eigenschaft **Transactions** der Funktion DBSETPROP( ) einstellen; den Transaktionsmodus für eine aktive Verbindung können Sie mit der Funktion SQLSETPROP( ) festlegen.

Trennen von Verbindungen

Sie können das Leistungsverhalten verbessern, indem Sie die Verbindungen trennen, die Ihre Anwendung nicht mehr benötigt. Sobald Sie eine Ansicht geschlossen haben, wird die zugehörige Verbindung automatisch getrennt. Wird eine Verbindung von mehreren Ansichten genutzt, trennt Visual FoxPro diese Verbindung, unmittelbar nachdem Sie die letzte noch geöffnete Ansicht geschlossen haben.

Wenn Sie die in einem Cursor befindlichen Daten nicht aktualisieren möchten, können Sie die Verbindung, die für die zugehörige Abfrage genutzt wird, manuell festlegen. Kopieren Sie die benötigten Daten mit einer SQL Pass-Through-Abfrage in einen lokalen Cursor, und trennen Sie danach die Verbindung.

Beschleunigen des Abrufens von Daten

Sie können den Datenabruf beschleunigen, indem Sie die Anzahl der Datensätze bestimmen, die beim kontinuierlichen Lesen abgerufen werden, den Leseumfang festlegen und mit verzögertem Lesen von Memofeldern arbeiten.

Sie können auch die Ansichtseigenschaft **UseMemoSize** verwenden, um Zeichenfelder als Memofelder zurückzugeben, und dann **FetchMemo** so einstellen, daß Ihre Anwendung die in Memofelder konvertierten Zeichenfelder einzeln abrufen kann.

Einsetzen des kontinuierlichen Lesens

Wenn Sie eine Remote-Datenquelle abfragen, ruft Visual FoxPro vollständige Datensätze ab und erstellt einen Visual FoxPro-Cursor. Damit das Abrufen von Remote-Daten möglichst schnell erfolgt, arbeitet Visual FoxPro mit kontinuierlichem Lesen für Cursor von Ansichten oder Cursor, die asynchron über SQL Pass-Through erstellt werden. Sie oder Ihre Anwendung müssen nicht warten, bis eine Ergebnismenge komplett abgerufen ist, sondern Visual FoxPro führt eine Abfrage aus und liest nur einen Teil der gesamten Ergebnismenge in den lokalen Cursor. Eine solche Teilmenge umfaßt standardmäßig 100 Datensätze (Zeilen).

Anmerkung: Synchrone SQL Pass-Through-Anweisungen arbeiten nicht mit kontinuierlichem Lesen. Ihre Anwendung erhält die Kontrolle erst zurück, nachdem die gesamte Ergebnismenge abgerufen ist, die eine mit SQLEXEC( ) gesendete SQL-Anweisung angefordert hat.

Visual FoxPro ruft nach und nach weitere Datensätze ab, so daß der jeweilige lokale Cursor stufenweise eine größere Teilmenge der abzurufenden Daten enthält. Da nicht alle Datensätze auf einmal bei der Datenquelle abgerufen werden, sind die Inhalte der Datensätze nicht automatisch aktuell. Arbeitet Ihre Verbindung im Asynchronmodus, gibt Visual FoxPro die Kontrolle an Sie bzw. Ihr Programm zurück, sobald es die erste Teilmenge der Daten gelesen hat. Danach liest Visual FoxPro die verbliebenen Datensätze der Ergebnismenge als Teilmenge im Hintergrund in den lokalen Cursor. Diese Vorgehensweise ermöglicht es Ihnen, mit den bereits in den Cursor gelesenen Daten zu arbeiten, ohne auf die weiteren Daten warten zu müssen.

Anmerkung: Durch das Erhöhen der Anzahl der Datensätze, die abgerufen werden, wird zwar die Leistung optimiert, das Antwortverhalten der Benutzeroberfläche verschlechtert sich jedoch. Das Verringern der Anzahl der abzurufenden Datensätze bewirkt das Gegenteil.

Abrufen von Daten bei Bedarf

Sie haben die Möglichkeit, das kontinuierliche Lesen zu deaktivieren und statt dessen Datensätze je nach Bedarf abzurufen, indem Sie die Eigenschaft **FetchAsNeeded** für Datenbanken oder Cursor von Ansichten einstellen. Dies kann bewirken, daß der Datenabruf für Remote-Ansichten oder Ansichten, die sehr große Ergebnismengen abrufen, effizienter wird.

Die Eigenschaft **FetchAsNeeded** ist standardmäßig auf Falsch (.F.) eingestellt, was bedeutet, daß standardmäßig das kontinuierliche Lesen verwendet wird. Wenn Sie die Eigenschaft **FetchAsNeeded** auf Wahr (.T.) einstellen, werden Datensätze nur abgerufen, wenn sie tatsächlich benötigt werden. Wenn die Eigenschaft **FetchAsNeeded** auf Wahr(.T.) eingestellt ist, können Sie erst dann eine Aktualisierung durchführen, wenn Sie entweder den Datenabruf beendet, die Funktion SQLCANCEL( ) für die aktuelle Verbindungskennung aufgerufen oder die Ansicht geschlossen haben.

Um sich die Auswirkungen der Eigenschaft **FetchAsNeeded** zu verdeutlichen, stellen Sie sie für eine Ansicht, die eine große Ergebnismenge abruft, auf Wahr (.T.) ein. Öffnen Sie anschließend ein Datenblattfenster für die Ansicht und führen Sie einen Bildlauf durch. Während des Bildlaufs durch das Datenblattfenster wird in der Statusleiste stets die aktuelle Anzahl der abgerufenen Datensätze angezeigt.

Festlegen, wie Cursor gelesen werden

Wenn Sie den gesamten Cursor lesen möchten, können Sie den Befehl GOTO BOTTOM oder einen anderen Befehl angeben, der Zugriff auf die gesamte Ergebnismenge erfordert.

Tip: Zwar können Sie mit dem Befehl **GOTO BOTTOM** einen gesamten Cursor lesen, meist ist es aber effizienter, eine parametrisierte Ansicht zu erstellen, die nur jeweils einen Datensatz liest und erneut abfragt, sobald der Benutzer den Datensatz gewechselt hat. Weitere Informationen zum Erstellen sehr leistungsfähiger Ansichten finden Sie in Kapitel 8, „Erstellen von Ansichten".

Programme stellen keine Schleifenverarbeitung im Leerlauf zur Verfügung. Soll der Cursor einer Ansicht programmgesteuert gelesen werden, müssen Sie einen der Befehle **GO** *nRecordNumber* oder **GOTO BOTTOM** ausgeben. Wenn Sie einen Cursor lesen möchten, der über SQL Pass-Through im Asynchronmodus erstellt wurde, müssen Sie die asynchrone SQL Pass-Through-Funktion jeweils für jede Teilmenge der Datensätze aufrufen.

Abbrechen einer mit SQLEXEC( ) gesendeten Anweisung

Sie können eine mit SQLEXEC( ) gesendete SQL-Anweisung oder eine Ansicht jederzeit mit einer SQLCANCEL( )-Funktion abbrechen. Für den Fall, daß der Server die Remote-Ergebnismenge vollständig erstellt und Visual FoxPro damit begonnen hat, die Remote-Ergebnismenge in den lokalen Cursor zu lesen, bricht SQLCANCEL( ) zwar die mit SQLEXEC( ) gesendete SQL-Anweisung ab, löscht aber nicht den lokalen Cursor. Wenn Sie den lokalen Cursor löschen möchten, geben Sie den Befehl USE ein, der den Cursor schließt und den Datenabruf abbricht.

Ein USE-Befehl bricht eine mit SQLEXEC( ) gesendete SQL-Anweisung dann nicht ab, wenn die Anweisung noch keinen lokalen Cursor erstellt hat. Mit einer USED( )-Funktion können Sie ermitteln, ob Visual FoxPro einen lokalen Cursor erstellt hat.

Festlegen des Leseumfangs

Mit der Eigenschaft **FetchSize** einer Ansicht legen Sie fest, wie viele Datensätze Ihre Anwendung pro Lesevorgang von einem Remote-Server in einen lokalen Cursor liest. Die Eigenschaft **FetchSize** gibt an, wie viele Datensätze pro Lesevorgang mittels kontinuierlichem Lesen oder Aufrufen asynchroner SQL Pass-Through-Funktionen vom Remote-Server in den lokalen Cursor gelesen werden. Der Standardwert ist 100 Datensätze.

▶ **So legen Sie fest, wie viele Datensätze pro Lesevorgang in eine Ansicht gelesen werden**

- Klicken Sie im Ansichts-Designer im Menü **Abfrage** auf **Erweiterte Optionen**. Legen Sie im Bereich **Datenabruf** des Dialogfeldes Weitere Optionen mit Hilfe des Drehfeldes einen Wert für **Anzahl der auf einmal abzurufenden Datensätze** fest.

– Oder –

- Definieren Sie den Leseumfang der Ansicht, indem Sie deren Eigenschaft **FetchSize** mit der Funktion DBSETPROP( ) einstellen.

– Oder –

- Legen Sie den Leseumfang des Cursors der aktuellen Ansicht fest, indem Sie dessen Eigenschaft **FetchSize** mit CURSORSETPROP( ) einstellen.

Die folgende Funktion stellt z. B. die Ansicht Customer_remote_view so ein, daß sie kontinuierlich jeweils 50 Datensätze pro Lesevorgang liest:

```
? DBSETPROP('Customer_remote_view', 'View', 'FetchSize', 50)
```

Verzögertes Lesen von Memofeldern

Eine gut gestaltete Anwendung arbeitet häufig mit verzögertem Lesen von Memofeldern, um das Herunterladen solcher Ergebnismengen zu beschleunigen, die Memo- oder Objektfelder enthalten. Beim verzögerten Lesen von Memofeldern wird der Inhalt von Memo- bzw. Objektfeldern nicht automatisch zusammen mit einer Ergebnismenge heruntergeladen. Statt dessen werden zunächst die anderen Felder des Datensatzes heruntergeladen, und der Inhalt eines Memo- bzw. Objektfeldes wird erst dann abgerufen, wenn Sie dies durch das Öffnen des Memo- oder Objektfeldes veranlassen. Verzögertes Lesen von Memofeldern ermöglicht das schnellste Herunterladen von Datensätzen, denn selbst wenn die Inhalte von Memo- oder Objektfeldern umfangreich sind, werden diese nur gelesen, wenn der Benutzer sie tatsächlich benötigt.

Beispielsweise könnte Ihr Formular ein Objektfeld enthalten, das ein Bild anzeigt. Um die Leistung zu verbessern, können Sie mittels verzögertem Lesen von Memofeldern dafür sorgen, daß das Bild erst dann heruntergeladen wird, wenn der Benutzer im Formular auf eine Schaltfläche **Vorschau** klickt. Die Programmzeilen, die sich hinter dieser Schaltfläche verbergen, lesen dann den Inhalt des Objektfeldes und zeigen ihn auf dem Formular an.

Sie können das verzögerte Lesen von Memofeldern mit Hilfe der Eigenschaft **FetchMemo** Ihrer Ansicht oder Ihres Cursors steuern. Die Eigenschaft **FetchMemo** gibt an, ob die Inhalte der Memo- bzw. Objektfelder gelesen werden, wenn ein Datensatz heruntergeladen wird. Der Standardwert ist Wahr (.T.), d.h., daß Memo- und Objektfelder automatisch heruntergeladen werden. Umfassen die jeweiligen Daten große Mengen an Memo- oder Objektdaten, erhalten Sie wahrscheinlich ein deutlich besseres Leistungsverhalten, nachdem Sie die Eigenschaft **FetchMemo** auf Falsch (.F.) eingestellt haben.

Anmerkung: Die Ansicht muß aktualisierbar sein, damit Sie das verzögerte Lesen von Memofeldern verwenden können. Dies liegt daran, daß Visual FoxPro beim Abrufen eines Memo- oder Objektfelds die von den Aktualisierungseigenschaften erstellten Schlüsselfeldwerte dazu verwendet, auf dem Server nach dem Quelldatensatz zu suchen. Informationen darüber, wie eine Ansicht als aktualisierbare Ansicht definiert wird, finden Sie in Kapitel 8, „Erstellen von Ansichten".

Mit DBSETPROP( ) stellen Sie die Eigenschaft **FetchMemo** für eine Ansicht und mit CURSORSETPROP( ) für einen Cursor ein.

Optimieren des Abrufens von Daten

Sie können die folgenden Empfehlungen für das Einstellen von Verbindungs- und Ansichtseigenschaften verwenden, um den Datenabruf zu optimieren. Dabei hat die Verbindungseigenschaft **PacketSize** den größten Einfluß auf das Leistungsverhalten. Sie können den Datenabruf außerdem durch die Verwendung von synchronen Verbindungen optimieren.

Objekt	Eigenschaft	Einstellung
Verbindung	PacketSize	4 KB bis 12 KB[1]
Verbindung	Asynchronous[2]	.F.
Ansicht	FetchSize[3]	Maximum

[1.] Legen Sie für umfangreichere Datensätze einen höheren Wert fest; durch Experimentieren finden Sie den besten Wert heraus.

[2.] Verwenden Sie synchrone Verbindungen, um die Leistung um bis zu 50 % zu verbessern, es sei denn, Sie möchten in der Lage sein, SQL-Anweisungen während der Ausführung auf dem Server abzubrechen.

[3.] Der Einfluß von FetchSize ist sehr stark von der Datensatzgröße der abgerufenen Ergebnismenge abhängig. Im Asynchronmodus wird die Leistung durch die Eigenschaft FetchSize nicht wesentlich verbessert. Stellen Sie sie gegebenenfalls für das kontinuierliche Lesen asynchroner SQL Pass-Through-Verarbeitungsansichten ein. Wenn Sie für FetchSize einen niedrigeren Wert angeben, verbessert sich das Antwortverhalten während des kontinuierlichen Lesens erheblich, das Abrufen von Daten wird jedoch langsamer. Geben Sie einen höheren Wert ein, wird die Leistung beim Abrufen von Ansichten verbessert.

Das tatsächliche Leistungsverhalten hängt stark von der Konfiguration Ihres Systems sowie von den Anforderungen Ihrer Anwendung ab. Diese Empfehlungen gelten für einen Client-Computer, der unter Windows NT, Version 3.5, mit ODBC, Version 2.10 und einem SQL Server-ODBC-Treiber, Version 2.05, läuft sowie für einen Server, der unter Windows NT, Version 3.5, mit SQL Server, Version 4.21 bzw. Version 6.0, läuft.

Beschleunigen der Verarbeitung von Abfragen und Ansichten

Sie können das Leistungsverhalten von Abfragen und Ansichten verbessern, indem Sie Indizes hinzufügen sowie neben der lokalen und der Remote-Verarbeitung auch die Parameterausdrücke optimieren.

Hinzufügen von Indizes zu Remote-Tabellen

Remote-Indizes können bewirken, daß Abfragen erheblich schneller verarbeitet werden. Abfragen, die sich über mehrere Tabellen erstrecken, werden schneller ausgeführt, wenn die beteiligten Tabellen nach den Verknüpfungsfeldern indiziert sind. Das Leistungsverhalten kann weiter verbessert werden, wenn die Felder indiziert sind, die in der WHERE-Klausel einer Abfrage angegeben sind.

Die besten Ergebnisse in bezug auf die Leistung werden mit gruppierten Indizes erzielt. In SQL Server kann jede Tabelle einen gruppierten Index haben. Der SQL Server Upsizing-Assistent erstellt für eine Tabelle, die in Visual FoxPro einen Primärschlüssel hat, automatisch einen gruppierten Index.

Tip: Abfragen, die auf indizierten Tabellenfeldern basieren, werden meist schneller verarbeitet. Bei indizierten Ergebnismengen dagegen kann sich die Verarbeitung verlangsamen. Setzen Sie daher Indizes in Ergebnismengen mit Vorsicht ein.

Optimieren der lokalen und der Remote-Verarbeitung

Wenn Sie gleichzeitig lokale und Remote-Daten verarbeiten müssen, sollten Sie eine Remote-Ansicht erstellen, in der alle Remote-Daten zusammengefaßt sind. Sie können die Remote-Ansicht dann in einer lokalen Ansicht mit den lokalen Daten verknüpfen. Da Visual FoxPro beide Ansichten vollständig abruft, bevor die Ansicht mit den zusammengefaßten Daten verknüpft und gefiltert wird, ist es wichtig, die Ergebnismenge der Ansicht einzuschränken.

Sie erzielen die optimale Geschwindigkeit für die Remote-Verarbeitung, indem Sie die Remote-Ergebnismenge auf die Datenmenge reduzieren, die tatsächlich von Ihrer Anwendung benötigt wird. Wenn Sie weniger Daten in eine Remote-Ergebnismenge abrufen, verkürzen Sie die Zeit, die erforderlich ist, die Remote-Daten in Ihre lokale Abfrage oder Ihren lokalen Cursor herunterzuladen.

Optimieren parametrisierter Ansichten

Sie können den Datenabruf von REQUERY( )-Operationen auf einer geöffneten, parametrisierten Ansicht beschleunigen, indem Sie die Ansicht vor dem Ausführen kompilieren. Um eine Vorkompilierung einer Ansicht durchzuführen, stellen Sie die Eigenschaft **Prepared** der Ansicht auf Wahr (.T.) ein. Weitere Informationen zur Eigenschaft **Prepared** finden Sie in der Hilfe.

Optimieren von Parameterausdrücken

Sowohl die Parameter einer Ansicht als auch SQL Pass-Through-Parameter sind Visual FoxPro-Ausdrücke, die von Visual FoxPro ausgewertet werden, bevor sie an den Remote-Server gesendet werden. Die zur Auswertung dieser Ausdrücke erforderliche Zeit ist zu berücksichtigen, da sie die Verarbeitungszeit der jeweiligen Abfrage verlängert.

Beschleunigen der Verarbeitung von Formularen

Wenn Sie ein Formular entwerfen, das hauptsächlich auf Server-Daten basiert, sollten Sie eine Vorgehensweise wählen, die möglichst wenig Aufwand verursacht, um maximale Leistungsfähigkeit zu erreichen. Ermitteln Sie, welche Daten und Elemente benötigt werden, und senden Sie die zugehörigen Anweisungen erst an den Server, wenn der Benutzer dazu auffordert.

Jedes Abrufen von Daten vom Server erfordert Verarbeitungszeit und verursacht Netzverkehr. Mit folgenden Maßnahmen erreichen Sie, daß Ihre Formulare möglichst wenig Daten abrufen:

- Rufen Sie so wenig Datensätze ab wie möglich. Verwenden Sie z. B. einen Filter oder eine Abfrage, um die Anzahl der abzurufenden Datensätze zu verringern. Sie sollten sich allerdings vergewissern, ob der Server alle von Ihnen formulierten Beschränkungen verarbeiten kann.
- Verwenden Sie in Ansichten, die Ihren Formularen zugrunde liegen, möglichst wenige Remote-Felder.
- Verwenden Sie in einem Formularsatz möglichst wenige Formulare, die auf Remote-Ansichten zugreifen. Wenn Sie einen Formularsatz öffnen, werden alle Formulare des Formularsatzes geöffnet und, sofern möglich, mit Daten ausgefüllt. Verkürzen Sie die Zeit, die ein Formularsatz zum Laden benötigt, indem Sie die Anzahl der Formulare im Formularsatz einschränken. Dies gilt insbesondere für Formulare, die eine Verbindung zu einem Server herstellen und Remote-Daten abrufen müssen.
- Verwenden Sie möglichst wenige gebundene Steuerelemente, die auf Remote-Daten zugreifen. Jedes Kombinationsfeld, Listenfeld und Datenblatt, das an eine Remote-Tabelle oder -Abfrage gebunden ist, löst eine eigene Abfrage an den Server aus, wenn das Formular geöffnet wird. Sie sollten weder Steuerelemente einsetzen, die Gesamtsummen enthalten, noch Listenfelder oder Kombinationsfelder, deren Elemente aus vielen Datensätzen stammen.
- Müssen Benutzer mehrere Datenmengen miteinander vergleichen, sollten Sie in Erwägung ziehen, die vom Server zurückgegebenen Daten in temporären lokalen Tabellen zu speichern. Stellen Sie ein Formular bereit, mit dem ein Benutzer Zugang zu den zuvor gespeicherten Daten hat oder eine weitere Abfrage ausführen kann.

Lokales Speichern von Nachschlagetabellen

Häufig enthält eine Anwendung mehrere Formulare, die auf dieselbe Remote-Tabelle zugreifen. Wenn sich die in der Tabelle befindlichen Daten nur selten ändern, können Sie den Ladevorgang des Formulars beschleunigen und die Server-Belastung verringern, indem Sie eine der folgenden Vorgehensweisen wählen:

- Speichern Sie Tabellen, deren Inhalte sich nicht ändern und die nicht sehr umfangreich sind (z. B. die Namen und Abkürzungen der Länder Ihres Staates) in der lokalen Visual FoxPro-Datenbank. Wird eine solche Tabelle in Abfragen oder Ansichten mit Remote-Tabellen verknüpft, sollten Sie dafür sorgen, daß auch auf dem Server eine Kopie dieser Tabelle vorliegt. Dadurch vermeiden Sie das Verknüpfen von lokalen und Remote-Daten.
- Speichern Sie Tabellen, deren Inhalte sich nur selten ändern (z. B. eine Liste der Firmenfahrzeuge), sowohl auf dem Server als auch in der lokalen Datenbank. Ermöglichen Sie es dem Benutzer, die Tabelle herunterzuladen, wenn sich die Daten geändert haben.
- Speichern Sie Tabellen, deren Inhalte sich zwar nicht täglich, aber relativ häufig ändern (z. B. die Liste der Mitarbeiter einer kleinen Firma oder Abteilung), sowohl auf dem Server als auch in der lokalen Datenbank. Ihre Anwendung sollte jedesmal, wenn sie gestartet wird, die lokalen Versionen der Tabellen aktualisieren. Zwar dauert ein Startvorgang der Anwendung dann länger, aber die Abfragen werden schneller verarbeitet, wenn die Anwendung ausgeführt wird.

Anzeigen von Feldern nur auf Anforderung

Felder, die viel Zeit benötigen, Daten vom Server abzurufen (z. B. Memo- oder Objektfelder), sollten Sie nur anzeigen, wenn sie angefordert werden. Sie können dazu wie folgt vorgehen:

- Basiert Ihr Formular auf einer Ansicht, können Sie Memo- oder Objektfelder auf einer anderen Formularseite anordnen, die zunächst nicht angezeigt wird. Mit einem Hinweis (z. B. „Drücken Sie BILD-AB, um die Hinweise und Bilder anzuzeigen") können Sie dem Benutzer mitteilen, wie er bewirken kann, daß die Informationen der Memo- oder Objektfelder angezeigt werden. Stellen Sie die Eigenschaft **FetchMemo** der Ansicht oder des Cursors auf Falsch (.F.) ein, damit Visual FoxPro die Inhalte der Memo- oder Objektfelder erst abruft, wenn sie auf dem Bildschirm angezeigt werden sollen.

- Stellen Sie die Visible-Eigenschaften der Steuerelemente, die an Memo- oder Objektfelder gebunden sind, auf Falsch (.F.) ein. Fügen Sie eine Umschaltfläche oder Befehlsschaltfläche hinzu, mit der der Benutzer die Eigenschaft auf Wahr (.T.) einstellen kann, um die Inhalte der Steuerelemente anzuzeigen.

- Zeigen Sie die wichtigsten Felder in einem übergeordneten Formular an. Ordnen Sie auf diesem Formular eine Schaltfläche an, die z. B. mit „Weitere Informationen" beschriftet ist und ein anderes Formular öffnet, das weitere Felder enthält. Formulieren Sie für das zweite Formular eine Ansicht, die über das Primärschlüsselfeld des übergeordneten Formulars parametrisiert ist. Angenommen, Sie haben ein übergeordnetes Formular, das auf einer Ansicht basiert, deren SQL-Anweisung **SELECT** wie folgt aussieht:

```
SELECT cust_id, company_name, address, city, region, country ;
FROM customers
```

In dem übergeordneten Formular sei `cust_id` an `thisform.txtCust_id` gebunden. Sie können für das zweite Formular die folgende Ansicht formulieren, die nur dann verwendet wird, wenn der Benutzer auf die Schaltfläche **Weitere Informationen** klickt.

```
SELECT orders.order_id, orders.order_date, orders.shipper_id, ;
    employee.emp_id, employee.last_name, employee.first_name ;
FROM orders, employee ;
WHERE orders.cust_id = ?THISFORM.txtCust_id ;
AND orders.employee_id = employees.emp_id
```

Beschleunigen von Lösch- und Aktualisierungsvorgängen

Sie können UPDATE- und DELETE-Anweisungen durch folgende Maßnahmen beschleunigen:

- Hinzufügen von Zeitstempeln zu den Remote-Tabellen
- Verwenden der Eigenschaft **CompareMemo**
- Verwenden des Modus „Manuelle Transaktionen"
- Verwenden der auf einem Server gespeicherten Prozeduren
- Zusammenfassen von Aktualisierungsanweisungen zu einer Gruppe

Hinzufügen von Zeitstempeln

Wenn Ihr Server den Feldtyp „Zeitstempel" (Timestamp) bereitstellt, können Sie die für eine Remote-Tabelle erforderlichen Aktualisierungs-, Einfüge- und Löschvorgänge beschleunigen, indem Sie ein Zeitstempelfeld zu der Tabelle hinzufügen.

Verfügt eine Remote-Tabelle über ein Zeitstempelfeld, können Sie für die Visual FoxPro-SQL-Eigenschaft **WhereType** die Option DB_KEYANDTIMESTAMP verwenden. Dadurch wird die Verarbeitung beschleunigt, da Visual FoxPro nur zwei Felder Ihrer Ansicht, nämlich das Schlüsselfeld und das Zeitstempelfeld, gegen die Remote-Tabelle abgleichen muß, um Aktualisierungskonflikte zu ermitteln. Dadurch, daß nur zwei Felder verglichen werden müssen und nicht alle aktualisierbaren Felder (bei der Option DB_KEYANDUPDATABLE) bzw. alle geänderten Felder (bei der Option DB_KEYANDMODIFIED), bewirkt die Option DB_KEYANDTIMESTAMP, daß weniger Zeit erforderlich ist, um die Remote-Daten zu aktualisieren. Weitere Informationen zu den Optionen von **WhereType** finden Sie in Kapitel 8, „Erstellen von Ansichten".

Anmerkung: Die Option DB_KEYANDTIMESTAMP vergleicht die Schlüssel- und Zeitstempelfelder nur dann, wenn Ihre Remote-Tabelle ein Zeitstempelfeld enthält. Wenn Sie DB_KEYANDTIMESTAMP für eine Remote-Tabelle verwenden, die kein Zeitstempelfeld enthält, vergleicht Visual FoxPro lediglich die Schlüsselfelder.

Der Upsizing-Assistent kann zu Tabellen, die Sie exportieren, automatisch Zeitstempelfelder (Timestamp-Felder) hinzufügen. Weitere Informationen finden Sie in Kapitel 20, „Übertragen lokaler Visual FoxPro-Datenbanken in Client-Server-Datenbanken (Upsizing)", unter „Zeitstempelspalten".

Tip: Wenn Sie die Struktur der Basistabelle einer Ansicht auf irgendeine Weise ändern, z. B. durch Hinzufügen eines Zeitstempelfelds, müssen Sie die Ansicht eventuell neu erstellen. Alle Änderungen, die Sie an den Basistabellen einer Ansicht vornehmen, nachdem die Ansicht verwendet wurde, werden so lange nicht in der Definition der Ansicht berücksichtigt, bis Sie diese neu erstellt haben.

Ausschließen von Memofeldern aus der WHERE-Klausel für Aktualisierungen

Sie können Aktualisierungsvorgänge beschleunigen, indem Sie nach Möglichkeit verhindern, daß Memofelder in Ansichten (Felder vom Typ „Memo", „Objekt" oder „Bild") mit den entsprechenden Feldern der Basistabelle verglichen werden. Die Eigenschaft **CompareMemo** ist standardmäßig auf Wahr (.T.) eingestellt. Das bedeutet, daß Memofelder automatisch in der SQL WHERE-Klausel, die beim Erstellen einer aktualisierbaren Ansicht erzeugt wird, berücksichtigt werden. Um Memofelder aus der SQL WHERE-Klausel auszuschließen, stellen Sie **CompareMemo** auf Falsch (.F.) ein.

Einsetzen von Transaktionen

Das beste Leistungsverhalten erzielen Sie, wenn Sie mit dem Modus „Manuelle Transaktionen" arbeiten und die Transaktionen selbst verwalten. Im Modus „Manuelle Transaktionen" können Sie bestimmen, wann eine Gruppe von Transaktionen übergeben wird, die dafür sorgt, daß der Server mehr Anweisungen in einem kürzeren Zeitraum verarbeiten kann.

Der Modus „Automatische Transaktionen" ist zeitaufwendiger, da jede Aktualisierungsanweisung standardmäßig in eine eigene Transaktion eingebettet wird. Dieser Modus bietet zwar die größtmögliche Kontrolle über jede Aktualisierungsanweisung, erhöht aber auch den Verwaltungsaufwand.

Im Modus „Automatische Transaktionen" können Sie das Leistungsverhalten verbessern, indem Sie die Eigenschaft **BatchUpdateCount** der Ansicht bzw. des Cursors auf einen größeren Wert einstellen. Dies hat zur Folge, daß mehrere Aktualisierungsanweisungen zu einer Aktualisierungsanweisung zusammengefaßt werden, die dann in eine Transaktion eingebettet wird. Zu beachten ist allerdings, daß alle Aktualisierungsanweisungen zurückgesetzt werden, wenn irgendeine der gruppierten Aktualisierungsanweisungen fehlschlägt.

Tip: Die Eigenschaft **BatchUpdateCount** wird von einigen Servern nicht unterstützt; Sie sollten diese Eigenschaft auf dem jeweiligen Remote-Server testen, bevor Sie sie in Ihrer Anwendung einsetzen.

Verwenden der auf einem Server gespeicherten Prozeduren

Sie können gespeicherte Prozeduren auf dem Server erstellen, die vorkompiliert sind und daher sehr schnell ausgeführt werden. Entsprechend den Anforderungen Ihres Programms können Sie gespeicherte Prozeduren aufrufen, über SQL Pass-Through Parameter senden und weitere Verarbeitungsschritte auf den Server verlagern.

Beispielsweise könnten Sie die Eingaben des Benutzers lokal sammeln und dann eine SQL Pass-Through-Abfrage ausführen, um die Daten an den Server zu senden und die entsprechende gespeicherte Prozedur aufzurufen. Erstellen Sie hierfür ein Formular für einen lokalen Cursor oder ein Datenfeld, in dem die Daten gesammelt werden. Danach schreiben Sie eine Prozedur, die eine SQLEXEC( )-Anweisung erstellt, die den Namen der auf dem Server gespeicherten Prozedur sowie die erforderlichen Parameter umfaßt. Diese Prozedur weisen Sie dem Ereignis **Click** einer Befehlsschaltfläche zu, auf der **OK** oder **Übergeben** steht. Sobald der Benutzer die Schaltfläche gewählt hat, wird die SQL-Anweisung erstellt und von der Funktion SQLEXEC( ) an den Server gesendet. Der Einsatz von auf dem Server gespeicherten Prozeduren kann sehr viel effizienter sein, da gespeicherte Prozeduren auf dem Server kompiliert sind.

Zusammenfassen von Aktualisierungsanweisungen zu einer Gruppe

Wenn Ihre Anwendung viele Datensätze aktualisieren muß, kann es vorteilhaft sein, die Aktualisierungsanweisungen zu einer Gruppe zusammenzufassen, damit sie vom Netzwerk und vom Server effizienter verwaltet werden können. Ob und wie viele Aktualisierungs- (UPDATE-) oder Einfügeanweisungen (INSERT-Anweisungen) zu einer Gruppe zusammengefaßt werden, hängt davon ab, auf welchen Wert die Eigenschaft **BatchUpdateCount** der Ansicht eingestellt ist. Die Voreinstellung ist 1, d.h., jeder Datensatz wird mit einer Aktualisierungsanweisung an den Server gesendet. Sie können den Netzverkehr verringern, indem Sie der Eigenschaft einen größeren Wert zuweisen, so daß mehrere Aktualisierungsanweisungen zu einer Anweisung zusammengefaßt werden.

Tip: Die Eigenschaft **BatchUpdateCount** wird von einigen Servern nicht unterstützt; Sie sollten diese Eigenschaft auf dem jeweiligen Remote-Server testen, bevor Sie sie in Ihrer Anwendung einsetzen.

Um diese Vorgehensweise effizient zu nutzen, sollte für die Verbindung der Ansicht mit optimistischer Tabellenpufferung (Buffering-Eigenschaft gleich 5) gearbeitet werden, und sollten Änderungen idealerweise in jeder Zeile des Cursors auf dieselben Felder beschränkt sein. Die Eigenschaft **BatchUpdateCount** einer Ansicht können Sie mit DBSETPROP( ) festlegen. Die Eigenschaft **BatchUpdateCount** des Cursors einer aktiven Ansicht läßt sich mit CURSORSETPROP( ) einstellen.

Beschleunigen von Lösch- und Aktualisierungsvorgängen

Mit Hilfe der folgenden Richtlinien zum Einstellen von Ansichts- und Verbindungseigenschaften können Sie Aktualisierungs- und Löschvorgänge beschleunigen. Die Ansichtseigenschaft **BatchSize** hat den größten Einfluß auf das Leistungsverhalten.

Objekt	Eigenschaft	Einstellung	Anmerkungen
Ansicht	BatchUpdateCount	10 – 30 Zeilen	Geben Sie einen höheren Wert für Aktualisierungen kleinerer Datenmengen an.[1] Die Leistung verbessert sich um bis zu 50%. Der Standardwert beträgt 1.
Verbindung	Asynchronous	(.F.)	Verwenden Sie synchrone Verbindungen, um die Leistung um bis zu 50% zu verbessern, es sei denn, Sie möchten in der Lage sein, SQL-Anweisungen während der Ausführung auf dem Server abzubrechen. Die Standardeinstellung lautet „synchron".
Verbindung	WaitTime	N/A	Um die Leistung im Asynchronmodus zu erhöhen, geben Sie eine kürzere Wartezeit an. Zum Reduzieren der Netzbelastung legen Sie eine längere Wartezeit fest.
Verbindung	PacketSize	4 KB bis 12 KB	Diese Eigenschaft hat wenig Auswirkungen auf das Leistungsverhalten.

[1] Der optimale Wert hängt auch von der Geschwindigkeit Ihres Servers ab.

Das tatsächliche Leistungsverhalten hängt stark von der Konfiguration Ihres Systems sowie von den Anforderungen Ihrer Anwendung ab. Experimentieren Sie mit den aufgeführten Werten, um die für Ihre Konfiguration am besten geeigneten Einstellungen herauszufinden. Die oben angegebenen Empfehlungen sind optimal für einen Client-Computer, der unter Windows NT, Version 3.5, mit ODBC, Version 2.10, und einem SQL Server-Treiber 2.05, läuft sowie für einen Server, der unter Windows NT, Version 3.5, mit Microsoft SQL Server, Version 4.21 bzw. Version 6.0, läuft.

TEIL 7

Erstellen von Hilfedateien

Hilfedateien sind eine wertvolle Informationsquelle für Benutzer Ihrer Anwendung. Mit Visual FoxPro können Sie wahlweise Winhelp, HTML-Hilfe oder Hilfe im .DBF-Format erstellen.

Kapitel 23   Erstellen einer grafikorientierten Hilfe   653

Bei graphischer Hilfe kann es sich um Winhelp mit einem Windows-ähnlichen Aussehen und Verhalten oder um HTML-Hilfe mit einem Web-ähnlichen Aussehen und Verhalten handeln.

Kapitel 24   Erstellen von Hilfe im .DBF-Format   671

Hilfe im .DBF-Format ist zeichenbasiert und bietet Ihnen die Flexibilität, Ihre Hilfedatei auf andere Plattformen zu übertragen. Dieser Hilfetyp läßt sich einfach erstellen, da er auf einer Visual FoxPro-Tabelle basiert.

KAPITEL 23

Erstellen einer grafikorientierten Hilfe

Um Ihrer Anwendung den letzten Schliff zu geben, können Sie eine grafikorientierte Hilfe im HTML-Format oder als WinHelp-Datei erstellen. Die grafikorientierte Hilfe kann Grafiken und formatierten Text beinhalten. Im Gegensatz dazu können in der Hilfe im DBF-Format keine Grafiken verwendet werden, und es ist nur eine einzige Schriftart möglich. Näheres zur Erstellung einer Hilfe im DBF-Format finden Sie in Kapitel 24, „Erstellen von Hilfe im .DBF-Format".

Hinweis: Microsoft Visual Studio 6.0 enthält den Microsoft HTML Help Workshop (**Hhw.exe**) zum Erstellen von Hilfedateien im HTML-Format. Der Microsoft Help Workshop 4.0 (**Hcw.exe**) zum Erstellen von Winhelp-Dateien ist nicht mehr enthalten. Vorgängerversionen von Microsoft Visual FoxPro beinhalten dagegen auch den Microsoft Help Workshop 4.0.

In diesem Kapitel werden folgende Themen behandelt:

- HTML-Hilfe
- WinHelp 4.0

HTML-Hilfe

Die Hilfe im HTML-Format beinhaltet viele der Merkmale von Winhelp und stellt zusätzlich folgende Merkmale zur Verfügung:

- Unterstützung von HTML.
- Unterstützung von ActiveX®, Java™ und Skriptsprachen (Javascript und Microsoft® Visual Basic® Script).
- Unterstützung von HTML-Bildformaten (.jpg, .gif, .png).
- Die Möglichkeit, von einem Hilfethema zu einer Internet-URL zu springen.
- Die Möglichkeit, den HTML-Quellcode für ein Hilfethema anzuzeigen.

Die HTML-Hilfe wird mit dem Microsoft HTML Help Workshop erstellt, der in Visual Studio und in der Einzelplatzversion von Visual FoxPro enthalten ist. Der HTML Help Workshop bietet ein vollständiges Autorensystem zur Erstellung einer HTML-Hilfe und ist zudem abwärtskompatibel, so daß HTML-Hilfedateien auch aus bestehenden Winhelp-Projekten erstellt werden können. Wenn Sie für Ihre Anwendung HTML-Hilfedateien erzeugen möchten, können Sie weitere Informationen aus der Hilfe für den HTML Help Workshop entnehmen.

Ein Beispiel für ein HTML-Hilfeprojekt befindet sich als Teil des Beispiels „Solutions" im Verzeichnis **...\Samples\Vfp98\Solution\Help**. Das Projekt umfaßt die folgenden Dateien:

Datei	Beschreibung
Solution.chm	Kompilierte Hilfedatei.
Solution.hhp	Projektdatei – eine Textdatei, in der alle Elemente eines Hilfeprojekts zusammengefaßt werden und in der festgelegt wird, wie eine kompilierte Hilfe angezeigt wird.
Solution.hhk	Indexdatei – enthält die Indexeinträge (Schlüsselwörter) für den Index.
Solution.hhc	Inhaltsverzeichnis-Datei.
Solution.ali	Aliasdatei zur Unterstützung der kontextbezogenen Hilfe. In dieser Datei werden Produktnummern bestimmten Hilfethemen zugeordnet.
Solution.hh	Header-Datei zur Unterstützung der kontextbezogenen Hilfe. Enthält die Produktnummern.
Solution.chi	Eine Indexdatei, die verwendet wird, wenn Sie .chm-Dateien ausliefern, die wahrscheinlich nicht auf der Festplatte installiert werden, wie z. B. die MSDN-Bibliothek. Um den Zugriff zu beschleunigen, werden in einer .chi-Datei bestimmte Navigationsinformationen lokal auf einer Festplatte installiert, während der eigentliche Inhalt auf der CD verbleibt. Eine .chi-Datei sollte nur bei CDs verwendet werden. Wenn keine .chi-Datei verwendet wird, werden alle Informationen aus der .chm-Datei abgerufen.
MSDN_ie3.css	Cascading Style Sheet.
MSDN_ie4.css	Cascading Style Sheet.
FileName.htm	Quelltextdateien.
FileName.gif	Quellgrafikdateien.

Zugriffsmöglichkeiten auf die HTML-Hilfe

Zusätzlich zum Erstellen der HTML-Hilfedatei, die die eigentlichen Informationen enthält, müssen Sie dem Benutzer Möglichkeiten bieten, diese Hilfeinformationen abzurufen. Hierzu gibt es drei Verfahren:

- Das Hilfemenü – ein Menü, das auf der Hauptmenüleiste der Anwendung erscheint.

- Die kontextbezogene Hilfe – Hilfeinformationen werden angezeigt, wenn der Benutzer die F1-Taste (oder eine andere von Ihnen festgelegte Taste) drückt, während ein bestimmtes Objekt, ein bestimmtes Steuerelement oder ein bestimmter Menübefehl ausgewählt ist.

- Direkthilfe – Hilfeinformationen werden angezeigt, wenn ein Benutzer Hilfe über ein bestimmtes Objekt oder Steuerelement abruft.

Beim Implementieren der HTML-Hilfe wird ähnlich vorgegangen wie bei WinHelp. In den folgenden Abschnitten wird beschrieben, wie Sie eine HTML-Hilfe für Ihre Anwendung realisieren können.

Planen eines Hilfemenüs

Ein Hilfemenü enthält normalerweise Befehle, mit denen auf die Themen des Hilfesystems zugegriffen werden kann. Es wird empfohlen, im Hilfemenü einen Befehl vorzusehen, mit dem das HTML-Hilfesystem geöffnet wird. Darüber hinaus können Sie in das Hilfemenü weitere Befehle einfügen, mit denen Systeminformationen oder Copyright- und Versionsinformationen zu Ihrer Anwendung aufgerufen werden können.

Kontextbezüge herstellen

Die kontextbezogene Hilfe ermöglicht einem Benutzer, auf einfache Weise Hilfethemen anzuzeigen, die sich darauf beziehen, was der Benutzer zum gegenwärtigen Zeitpunkt innerhalb der Anwendung sieht bzw. macht. Wenn der Benutzer beispielsweise ein Eingabeformular anzeigt, könnte die kontextbezogene Hilfe ein Hilfethema aufrufen, das sich auf dieses bestimmte Eingabeformular bezieht.

Wie detailliert die kontextbezogene Hilfe in Ihrer Anwendung realisiert wird, liegt in Ihrem eigenen Ermessen. Sie können z. B. ein kontextbezogenes Hilfethema pauschal einem Formular zuweisen oder detaillierter für jedes im Formular enthaltene Steuerelement oder Feld.

Die kontextbezogene Hilfe wird normalerweise durch Drücken der F1-Taste aufgerufen. Sie können jedoch mit ON KEY LABEL eine beliebige andere Taste festlegen.

Verwenden der kontextbezogenen Hilfe innerhalb eines Formulars

Um eine kontextbezogene Hilfe zu implementieren, müssen Sie zunächst eine Hilfedatei für Ihre Anwendung angeben und dann einzelne Hilfethemen den verschiedenen Objekten der Anwendung zuweisen.

▶ **Hinzufügen einer kontextbezogenen Hilfe**

1. Geben Sie eine Hilfedatei für Ihre Anwendung an.
2. Ordnen Sie ein Hilfethema jedem Objekt zu, zu dem eine kontextbezogene Hilfe angezeigt werden soll.

Angeben einer Hilfedatei

Mit dem Befehl SET HELP TO Datei können Sie festlegen, auf welche Hilfedatei in Ihrer Anwendung zugegriffen werden soll. *Datei* steht hierbei für den Namen der Hilfedatei. Wenn die Hilfe z. B. den Namen **Myhelp.chm** hat, können Sie den folgenden Befehl verwenden:

```
SET HELP TO MYHELP.CHM
```

Dieser Befehl wird normalerweise in den Initialisierungscode für das Hauptprogramm der Anwendung eingefügt.

Zuordnen von Hilfethemen

Hilfethemen lassen sich bestimmten Objekten innerhalb der Visual FoxPro-Anwendung zuordnen.

▶ **Zuordnen eines Hilfethemas zu einem Objekt**

1. Öffnen Sie das Objekt, dem Sie eine kontextbezogene Hilfe zuweisen möchten, im Entwurfsmodus. Bei diesem Objekt kann es sich z. B. um ein Formular, ein Steuerelement oder eine Symbolleiste handeln.

2. Zeigen Sie Eigenschaften des Objekts an.

3. Geben Sie als Wert für die HelpContextID-Eigenschaft die Nummer ein, die auf das entsprechende Hilfethema in Ihrer HTML-Hilfedatei verweist.

Nähere Informationen über das Zuordnen von HTML-Hilfethemen zu Kontextnummern finden Sie in der Hilfe für den HTML Help Workshop.

Hinweis: Um ein Hilfethema einem Menünamen oder einem Menübefehl zuzuordnen, müssen Sie in der Prozedur des entsprechenden Menünamens bzw. Menübefehls den Befehl SET TOPIC TO einfügen. Näheres hierzu finden Sie in der Hilfe unter SET TOPIC.

Implementieren der Direkthilfe

Die Direkthilfe ähnelt der kontextbezogenen Hilfe insofern, als daß sie ebenfalls Hilfeinformationen für ein bestimmtes Objekt oder Steuerelement liefert, das gerade den Fokus besitzt.

Bei WinHelp wird nicht die Hilfedatei aufgerufen und das Hilfethema in einem vollständigen Hilfefenster mit Standardgröße angezeigt, sondern die Direkthilfe erscheint in einem kleinen Popup-Fenster, das wieder ausgeblendet wird, sobald der Benutzer auf eine andere Stelle des Bildschirms klickt. Die Direkthilfe eignet sich vor allem für kurze Erläuterungen oder Definitionen zu bestimmten Steuerelementen.

Im Unterschied zu WinHelp wird in der HTML-Direkthilfe das Hilfethema in einem vollständigen Hilfefenster in der Standardgröße angezeigt.

Um die Direkthilfe einem bestimmten Formular, einem Formular-Steuerelement oder einer Symbolleiste zuzuordnen, geben Sie als Wert für die WhatsThisHelpID-Eigenschaft die Nummer ein, die auf das entsprechende Hilfethema in der Hilfedatei verweist.

Für die Implementierung der Direkthilfe können Sie die folgenden Eigenschaften und Methoden verwenden:

Eigenschaft	Beschreibung
WhatsThisHelp	Setzen Sie diese Eigenschaft des Formulars auf Wahr (.T.), um die Direkthilfe für das Formular selbst und alle Steuerelemente des Formulars zu aktivieren.
WhatsThisButton	Setzen Sie diese Eigenschaft auf Wahr (.T.), wenn die Direkthilfe-Schaltfläche in der Titelleiste des Formulars erscheinen soll.
WhatsThisHelpID	Geben Sie bei einem Formular, einem Steuerelement oder einer Symbolleiste als Wert für diese Eigenschaft die Kontextnummer ein, die einem Hilfethema in Ihrer HTML-Hilfedatei entspricht.

(Fortsetzung)

Eigenschaft	Beschreibung
WhatsThisMode	Verwenden Sie diese Methode, um den Direkthilfe-Mauszeiger mit dem Fragezeichen anzuzeigen und den Direkthilfe-Modus zu aktivieren. Wenn ein Objekt angeklickt wird, wird das Direkthilfethema angezeigt, das durch die Eigenschaft **WhatsThisHelpID** des Objekts festgelegt ist.

▶ **Implementieren der Direkthilfe**

1. Öffnen Sie das Formular im Entwurfsmodus, bei dem Sie die Direkthilfe aktivieren möchten.
2. Setzen Sie die WhatsThisHelp-Eigenschaft des Formulars auf Wahr (.T.).
3. Um die Direkthilfe-Schaltfläche in der Titelleiste des Formulars anzuzeigen, setzen Sie die WhatsThis-Button-Eigenschaft des Formulars auf Wahr (.T.).
4. Um dem Formular ein Direkthilfethema zuzuordnen, geben Sie für die WhatsThisHelpID-Eigenschaft des Formulars eine Kontextnummer ein, die einem Thema in Ihrer HTML-Hilfedatei entspricht.
5. Um einem bestimmten Steuerelement des Formulars ein Direkthilfethema zuzuordnen, wählen Sie das Steuerelement und geben als Wert für dessen WhatsThisHelpID-Eigenschaft eine Kontextnummer ein, die einem Thema in Ihrer HTML-Hilfedatei entspricht.

Programmieren von Hilfefunktionen

Sie können Ihre Anwendung so programmieren, das Benutzer die Möglichkeit haben, auf Ihr HTML-Hilfesystem zuzugreifen. Ein HTML-Hilfesystem kann aus einer oder mehreren Dateien bestehen. Dem Benutzer erscheint das Hilfesystem jedoch als Teil Ihrer Anwendung.

Mit den Befehlen SET HELP TO und SET TOPIC TO können Sie in Ihre Visual FoxPro-Anwendung eine grafikorientierte Hilfe bzw. eine Hilfe im DBF-Format integrieren. SET HELP TO gibt hierbei den Namen der benutzerdefinierten Hilfedatei für die Anwendung an. SET TOPIC TO legt das kennzeichnende Schlüsselwort für ein Thema in der benutzerdefinierten Hilfedatei fest.

Reservieren der F1-Taste

Wenn der Benutzer in Ihrer Anwendung die F1-Taste drückt, kann Visual FoxPro ein kontextbezogenes Hilfethema anzeigen. Hierzu weisen Sie einer Hilfekontextnummer ein Thema in Ihrer Hilfetabelle zu und geben diese Nummer als Wert für die HelpContextID-Eigenschaft des Formulars bzw. des Steuerelements ein. Wenn das Formular oder das Steuerelement den Fokus besitzt und der Benutzer die F1-Taste drückt, zeigt Visual FoxPro das entsprechende Hilfethema an.

Hinweis: Standardmäßig ist die F1-Taste für die kontextbezogene Hilfe aktiviert. Da es sich hierbei um einen anerkannten Standard für die Hilfe handelt, wird empfohlen, diese Tastenzuordnung nicht zu verändern.

Einfügen von Hilfe-Schaltflächen in Formularen

Wenn Sie in Ihren Formularen eine Schaltfläche für die Hilfe vorsehen, wird der Zugriff auf die Hilfe noch weiter vereinfacht. Dies ist insbesondere dann sinnvoll, wenn es sich bei den Benutzern um Neueinsteiger handelt.

▶ **Festlegen eines Kontextbezugs und Hinzufügen einer Hilfe-Schaltfläche**

1. Geben Sie im Init-Ereignis des Formulars als HelpContextID-Eigenschaft für alle Formularobjekte den gleichen Wert ein, den Sie dem Hilfethema zugewiesen haben. Wenn diese Nummer z. B. den Wert 7 hat, können Sie den folgenden Befehl verwenden:

   ```
   THIS.SetAll("HelpContextID", 7)
   ```

2. Fügen Sie in Ihr Formular eine Befehlsschaltfläche ein.

3. Geben Sie für die Caption-Eigenschaft der Schaltfläche „Hilfe" ein.

4. Fügen Sie im Click-Ereignis der Befehlsschaltfläche den folgenden Befehl ein:

   ```
   HELP ID THIS.HelpContextID
   ```

Tip: Speichern Sie die Hilfe-Schaltfläche als Klasse, um sie später in anderen Formularen wiederverwenden zu können. Weitere Informationen über das Speichern von Objekten als Klassen finden in Kapitel 9, „Erstellen von Formularen".

Vertreiben eines kompilierten HTML-Hilfesystems

Zusätzlich zu der .chm-Datei, die Sie für Ihr HTML-Hilfesystem erstellen, können Sie ein frei verfügbares Setup-Programm, **Hhupd.exe**, verwenden, mit dem die unten aufgeführten Laufzeitkomponenten der HTML-Hilfe installiert und registriert werden. Voraussetzung hierfür ist, daß auf dem Computer des Benutzers der Internet Explorer oder das Internet Explorer-Laufzeitmodul installiert ist.

Komponentenname	Beschreibung
Hhctrl.ocx	HTML-Hilfe ActiveX-Steuerelement
Itss.dll	DLL für die Handhabung der kompilierten HTML-Datei
Itircl.dll	DLL für die Volltextsuche
Hh.exe	HTML-Hilfe Anzeigemodul

Dieses Setup-Programm finden Sie im Unterverzeichnis **Redist**, das sich im Installationsverzeichnis des HTML Help Workshops befindet. Dieses Setup-Programm kann von anderen Setup-Programmen aufgerufen werden und in einem 'transparenten' Modus laufen, so daß es nicht mit einem bereits erstellten Setup-Programm kollidiert. Eine vollständige Liste der Befehlszeilenparameter erhalten Sie mit dem Befehl **Hhupd.exe/?**.

WinHelp 4.0

Mit dem Microsoft Help Workshop, der in den Vorgängerversionen von Visual FoxPro enthalten ist, können Sie Winhelp-Dateien erstellen. Der Microsoft Help Workshop beinhaltet ein Handbuch für Hilfeautoren. Dieses Handbuch (**Hcw.hlp**) ist eine grafikorientierte Hilfedatei, in der Sie viele Informationen finden, die Sie zum Erstellen eines stabilen Hilfesystems benötigen.

Auswählen von Hilfemerkmalen

WinHelp-Systeme können folgende Funktionsmerkmale beinhalten:

- Eine Inhaltsseite mit einer hierarchisch gegliederten Übersicht über die Themen des Hilfesystems.
- Einen auf der Grundlage der von Ihnen angegebenen Schlüsselwörter gebildeten Index, der den Benutzer auf die entsprechenden Themen verweist.
- Eine Volltext-Suchfunktion, mit der der Benutzer die Hilfe nach bestimmten Wörtern oder Wortfolgen durchsuchen kann.
- Text mit verschiedenen Schriftarten, -größen und -farben.
- Grafiken einschließlich Bitmaps in mehreren Auflösungen.
- Makros zur Automatisierung bzw. zur Erweiterung der Funktionalität des Hilfesystems.
- Hotspots – von Ihnen festgelegte Bereiche, in denen sich der Mauszeiger ändert, und die die Möglichkeiten bieten, zu verknüpften Themen zu springen, zusätzlichen Text in Popup-Fenstern anzuzeigen oder Makros zu starten, mit denen Sie das Hilfesystem erweitert haben.
- Segmentierte Hypergrafiken: Grafiken mit einem oder mehreren Hotspots.
- Sekundärfenster.
- Benutzerdefinierte Menüs.
- Grafiken im Windows Metafile-Format.
- .DLLs.

Zugriffsmöglichkeiten auf die Online-Hilfe

Zusätzlich zum Erstellen der WinHelp-Hilfedatei, die die eigentlichen Informationen enthält, müssen Sie dem Benutzer Möglichkeiten bieten, diese Hilfeinformationen abzurufen. Hierzu gibt es drei Verfahren:

- Das Hilfemenü – ein Menü, das auf der Hauptmenüleiste der Anwendung erscheint.
- Die kontextbezogene Hilfe – Hilfeinformationen werden angezeigt, wenn der Benutzer die F1-Taste (oder eine andere von Ihnen festgelegte Taste) drückt, während ein bestimmtes Objekt, ein bestimmtes Steuerelement oder ein bestimmter Menübefehl ausgewählt ist.
- Direkthilfe – Hilfeinformationen werden in kleinen Popup-Fenster angezeigt, wenn ein Benutzer Hilfe über ein bestimmtes Objekt oder Steuerelement abruft.

Planen eines Hilfemenüs

Ein Hilfemenü enthält normalerweise Befehle, mit denen auf die Themen des Hilfesystems zugegriffen werden kann. WinHelp 4.0 beinhaltet ein Hilfe-Suchfenster, das aus einem einzigen Dialogfeld besteht, in dem der Benutzer der Inhalt, der Index und die Volltextsuche zur Verfügung steht.

Das Help Finder-Fenster

In Ihrem Hilfemenü sollten Sie unbedingt einen Menübefehl vorsehen, mit dem das Hilfe-Suchfenster geöffnet wird. Darüber hinaus können Sie in das Hilfemenü weitere Befehle einfügen, mit denen Systeminformationen oder Copyright- und Versionsinformationen zu Ihrer Anwendung aufgerufen werden können.

Sie können das Hilfe-Suchfenster auch via Code durch Aufrufen der WinHelp-Funktion mit dem Parameter HELP FINDER anzeigen. Nähere Informationen hierzu finden Sie unter der Überschrift „Verwenden der WinHelp-Funktion" weiter unten in diesem Kapitel und unter dem Thema „WinHelp" im Handbuch für Hilfeautoren.

Kontextbezüge herstellen

Die kontextbezogene Hilfe ermöglicht einem Benutzer, auf einfache Weise Hilfethemen anzuzeigen, die sich darauf beziehen, was der Benutzer zum gegenwärtigen Zeitpunkt innerhalb der Anwendung sieht bzw. macht. Wenn der Benutzer beispielsweise ein Eingabeformular anzeigt, könnte die kontextbezogene Hilfe ein Hilfethema aufrufen, das sich auf dieses bestimmte Eingabeformular bezieht.

Wie detailliert die kontextbezogene Hilfe in Ihrer Anwendung realisiert wird, liegt in Ihrem eigenen Ermessen. Sie können z. B. ein kontextbezogenes Hilfethema pauschal einem Formular zuweisen oder detaillierter für jedes im Formular enthaltene Steuerelement oder Feld.

Die kontextbezogene Hilfe wird normalerweise durch Drücken der F1-Taste aufgerufen. Sie können jedoch mit ON KEY LABEL eine beliebige andere Taste festlegen.

Verwenden der kontextbezogenen Windows-Hilfe innerhalb eines Formulars

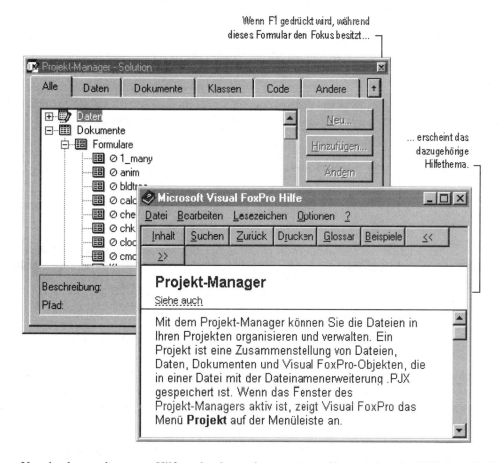

Um eine kontextbezogene Hilfe zu implementieren, müssen Sie zunächst eine Hilfedatei für Ihre Anwendung angeben und dann einzelne Hilfethemen den verschiedenen Objekten der Anwendung zuweisen.

▶ **Hinzufügen einer kontextbezogenen Hilfe**

1. Geben Sie eine Hilfedatei für Ihre Anwendung an.

2. Ordnen Sie ein Hilfethema jedem Objekt zu, zu dem eine kontextbezogene Hilfe angezeigt werden soll.

Angeben einer Hilfedatei

Mit dem Befehl SET HELP TO Datei können Sie festlegen, auf welche Hilfedatei in Ihrer Anwendung zugegriffen werden soll. *Datei* steht hierbei für den Namen der Hilfedatei. Wenn die Hilfe z. B. den Namen **Myhelp.hlp** hat, können Sie den folgenden Befehl verwenden:

SET HELP TO MYHELP.HLP

Dieser Befehl wird normalerweise in den Initialisierungscode für das Hauptprogramm der Anwendung eingefügt.

Zuordnen von Hilfethemen

Hilfethemen lassen sich bestimmten Objekten innerhalb der Visual FoxPro-Anwendung zuordnen.

▶ **Zuordnen eines Hilfethemas zu einem Objekt**

1. Öffnen Sie das Objekt, dem Sie eine kontextbezogene Hilfe zuweisen möchten, im Entwurfsmodus. Bei diesem Objekt kann es sich z. B. um ein Formular, ein Steuerelement oder eine Symbolleiste handeln.

2. Zeigen Sie Eigenschaften des Objekts an.

3. Geben Sie als Wert für die HelpContextID-Eigenschaft die Nummer ein, die auf das entsprechende Hilfethema in Ihrer Hilfedatei verweist.

Nähere Informationen über das Zuordnen von Hilfethemen zu Kontextnummern finden Sie im Handbuch für Hilfeautoren.

Hinweis: Um ein Hilfethema einem Menünamen oder einem Menübefehl zuzuordnen, müssen Sie in der Prozedur des entsprechenden Menünamens bzw. Menübefehls den Befehl SET TOPIC TO einfügen. Näheres hierzu finden Sie in der Hilfe unter SET TOPIC.

Implementieren der Direkthilfe

Die Direkthilfe ähnelt der kontextbezogenen Hilfe insofern, als daß sie ebenfalls Hilfeinformationen für ein bestimmtes Objekt oder Steuerelement liefert, das gerade den Fokus besitzt. Es wird allerdings nicht die Hilfedatei aufgerufen und das Hilfethema in einem vollständigen Hilfefenster mit Standardgröße angezeigt, sondern die Direkthilfe erscheint in einem kleinen Popup-Fenster, das wieder ausgeblendet wird, sobald der Benutzer auf eine andere Stelle des Bildschirms klickt. Die Direkthilfe eignet sich vor allem für kurze Erläuterungen oder Definitionen zu bestimmten Steuerelementen.

Tip: Formulieren Sie Ihre Direkthilfethemen so knapp wie möglich, damit das Popup-Fenster nicht zu groß ausfällt und das beschriebene Funktionsmerkmal nicht verdeckt.

Direkthilfe

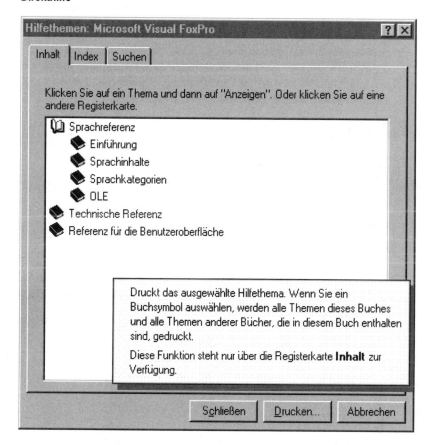

Um die Direkthilfe einem bestimmten Formular, einem Formular-Steuerelement oder einer Symbolleiste zuzuordnen, geben Sie als Wert für die WhatsThisHelpID-Eigenschaft die Nummer ein, die auf das entsprechende Hilfethema in der Hilfedatei verweist.

Für die Implementierung der Direkthilfe können Sie die folgenden Eigenschaften und Methoden verwenden:

Eigenschaft	Beschreibung
WhatsThisHelp	Setzen Sie diese Eigenschaft des Formulars auf Wahr (.T.), um die Direkthilfe für das Formular selbst und alle Steuerelemente des Formulars zu aktivieren.
WhatsThisButton	Setzen Sie diese Eigenschaft auf Wahr (.T.), wenn die Direkthilfe-Schaltfläche in der Titelleiste des Formulars erscheinen soll.
WhatsThisHelpID	Geben Sie bei einem Formular, einem Steuerelement oder einer Symbolleiste als Wert für diese Eigenschaft die Kontextnummer ein, die einem Hilfethema in Ihrer Hilfedatei entspricht.

(Fortsetzung)

Eigenschaft	Beschreibung
WhatsThisMode	Verwenden Sie diese Methode, um den Direkthilfe-Mauszeiger mit dem Fragezeichen anzuzeigen und den Direkthilfe-Modus zu aktivieren. Wenn ein Objekt angeklickt wird, wird das Direkthilfethema angezeigt, das durch die Eigenschaft **WhatsThisHelpID** des Objekts festgelegt ist.

Verwenden einer Direkthilfe-Schaltfläche

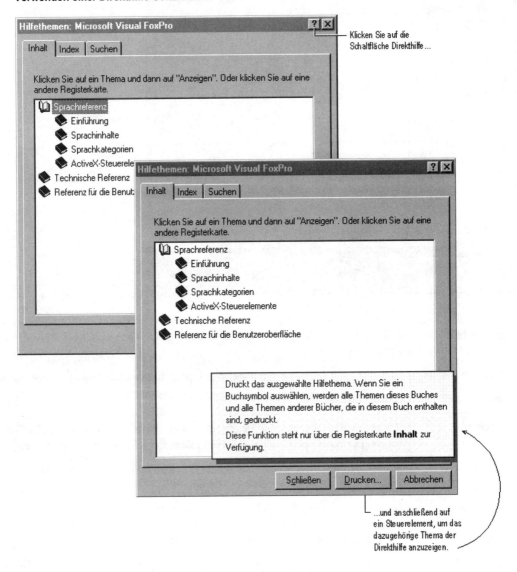

▶ **Implementieren der Direkthilfe**

1. Öffnen Sie das Formular im Entwurfsmodus, bei dem Sie die Direkthilfe aktivieren möchten.
2. Setzen Sie die WhatsThisHelp-Eigenschaft des Formulars auf Wahr (.T.).
3. Um die Direkthilfe-Schaltfläche in der Titelleiste des Formulars anzuzeigen, setzen Sie die WhatsThis-Button-Eigenschaft des Formulars auf Wahr (.T.).
4. Um dem Formular ein Direkthilfethema zuzuordnen, geben Sie für die WhatsThisHelpID-Eigenschaft des Formulars eine Kontextnummer ein, die einem Thema in Ihrer Hilfedatei entspricht.
5. Um einem bestimmten Steuerelement des Formulars ein Direkthilfethema zuzuordnen, wählen Sie das Steuerelement und geben Sie als Wert für dessen WhatsThisHelpID-Eigenschaft eine Kontextnummer ein, die einem Thema in Ihrer Hilfedatei entspricht.

Programmieren von Hilfefunktionen

Sie können Ihre Anwendung so programmieren, daß Benutzer die Möglichkeit haben, auf Ihr Hilfesystem in der Microsoft-Hilfe zuzugreifen. Ein Hilfesystem kann aus einer oder mehreren Dateien bestehen. Dem Benutzer erscheint das Hilfesystem jedoch als Teil Ihrer Anwendung.

Mit den Befehlen SET HELP TO und SET TOPIC TO oder mit der WinHelp-Funktion, die in diesem Kapitel im folgenden beschrieben wird, können Sie in Ihre Visual FoxPro-Anwendung eine grafikorientierte Hilfe bzw. eine Hilfe im DBF-Format integrieren. SET HELP TO gibt hierbei den Namen der benutzerdefinierten Hilfedatei für die Anwendung an. SET TOPIC TO legt das kennzeichnende Schlüsselwort für ein Thema in der benutzerdefinierten Hilfedatei fest.

Verwenden der WinHelp-Funktion

Eine andere Möglichkeit, innerhalb Ihrer Anwendung auf die Hilfe zuzugreifen, ist durch die WinHelp-Funktion gegeben. Die WinHelp-Funktion gehört zur Windows API (Application Programming Interface) und steht nur auf der Windows-Plattform zur Verfügung.

Die WinHelp-Funktion kann zusätzlich zur HelpContextID-Eigenschaft eingesetzt werden, z. B., um eine zweite Hilfedatei aufzurufen.

Tip: Wenn Sie SET HELP TO, HELP ID und SET TOPIC TO verwenden, braucht die WinHelp-Funktion nicht benutzt zu werden.

▶ **Verwenden der WinHelp-Funktion**

1. Definieren Sie die zu übergebenden Befehlsparameter in Ihrer Anwendung.

    Eine Beschreibung dieser Parameter finden Sie weiter unten in diesem Kapitel unter der Überschrift „Der wCmd-Parameter".

2. Legen Sie die Bibliothek mit SET LIBRARY TO fest und definieren Sie die verwendeten Variablen. Dies erfolgt normalerweise im Initialisierungscode für die Hauptdatei der Anwendung.

```
SET LIBRARY TO SYS(2004) + "FOXTOOLS.FLL" ADDITIVE
Help = RegFn("Help", "LCIC", "I")
```

Als Bibliothek muß **Foxtools.fll** festgelegt werden. SYS(2004) gibt das Visual FoxPro-Stammverzeichnis zurück, in dem sich die Datei **Foxtools.fll** befindet.

Wenn Sie ein Hilfethema durch Senden des entsprechenden K-Schlüsselworts aufrufen möchten, definieren Sie mit **RegFn**( ) eine Variable wie die Variable **Help** im obengenannten Beispiel. Wenn Sie ein Hilfethema anhand der zugewiesenen Nummer öffnen möchten, definieren Sie mit RegFn eine Variable wie die Variable HelpI im obengenannten Beispiel und verwenden für *dwData* statt einer Zeichenfolge eine Nummer. Wenn Sie Nummern übergeben, müssen Sie diese im Abschnitt [MAP] der. hpj-Datei den eindeutigen Kontextzeichenfolgen zuordnen, die mit den Rauten-Fußnoten (#) festgelegt werden.

3. Verwenden Sie **CallFn**( ) zum Aufrufen der Funktion.

Wenn Ihre Hilfedatei z. B. den Namen **Myhelpfile.hlp** hat, können Sie ein Hilfethema in **Myhelpfile.hlp** über das entsprechende K-Schlüsselwort aufrufen:

```
#define HELP_KEY 0x0101
wCmd = HELP_KEY
cFilename = Myhelpfile.hlp"
dwData = "Add Menu Items at Run Time"
CallFn(Help, MainHWND(), cFileName, wCmd, dwData)
```

SET LIBRARY TO und SYS(2004) finden Sie im *Sprachverzeichnis*. Näheres zu den FoxTools-Funktionen finden Sie in **Foxtools.chm** im Verzeichnis **Vfp98\Tools**.

Festlegen von WinHelp-Parametern

Mit den folgenden Parametern werden Optionen für die WinHelp-Funktion festgelegt.

Der hWnd-Parameter

Der *hWnd*-Parameter kennzeichnet das Fenster, das die Hilfe anfordert. Die Hilfe verwendet diesen Bezeichner, um rückverfolgen zu können, von welchen Anwendungen die Hilfe angefordert wurde. In Visual FoxPro verwenden Sie für den *hWnd-P*arameter die MainHWND( )-Funktion, die in der Bibliothek **Foxtools.fll** enthalten ist.

Das lpzFileName-Argument

Das *lpzFileName*-Argument ist eine Zeichenfolge, mit der ein gültiger Pfad und ein Dateiname für die Hilfedatei angegeben wird, die das gewünschte Thema enthält. Die Zeichenfolge wird als Wert übergeben.

Der wCmd-Parameter

Der *wCmd*-Parameter legt entweder die Art der Suche fest oder zeigt an, daß die Anwendung die Hilfe nicht länger benötigt. Für den Parameter können die folgenden Werte gesetzt werden.

Konstante	Wert	Bedeutung
HELP_FINDER	0x000B	Zeigt das Hilfe-Suchfenster an.
HELP_CONTEXT	0x0001	Ruft die Hilfe mit einem bestimmten Thema auf, das mit über die Kontextnummer angegeben wird.
HELP_HELPONHELP	0x0004	Lädt **Help.hlp** und zeigt das Thema „Hilfe verwenden" an.
HELP_INDEX	0x0003	Zeigt den im Abschnitt [OPTIONS] der Hilfeprojektdatei (.hpj) festgelegten Hauptindex.
HELP_KEY	0x0101	Zeigt das erste in der Schlüsselwortliste gefundene Hilfethema an, das mit dem durch den *dwData*-Parameter übergebenen Schlüsselwort übereinstimmt.
HELP_QUIT	0x0002	Zeigt der Hilfe-Anwendung an, daß die Hilfe nicht mehr benötigt wird. Wenn keine anderen Anwendungen Hilfe angefordert haben, wird die Hilfe-Anwendung von Windows geschlossen.
HELP_SETINDEX	0x0005	Legt ein bestimmtes Thema als Inhaltsthema fest.

Der dwData-Parameter

Mit dem *dwData*-Parameter wird das Thema übergeben, für das die Anwendung Hilfe anfordert. Inhalt und Format dieses Parameters sind von dem Wert für *wCmd* abhängig, der beim Aufruf der WinHelp-Funktion von der Anwendung übergeben wird.

In den meisten Fällen wird das Argument *dwData* als Wert übergeben. In Visual FoxPro ist dies die Standardeinstellung.

Je nach den gegebenen Umständen kann *dwData* in der vorhergehenden Zeile entweder eine Zeichenfolge mit einem zu suchenden Schlüsselwort oder einen numerischen Wert mit einer Kontextnummer für ein bestimmtes Thema beinhalten.

In der folgenden Liste wird für alle Werte von *wCmd* das entsprechende Format für *dwData* angegeben.

WCmd-Wert	DwData-Format
HELP_CONTEXT	Ein numerischer Wert mit der Kontextnummer für das Thema. Statt HELP_INDEX, HELP_CONTEXT können Sie den Wert –1 verwenden.
HELP_HELPONHELP	Wird ignoriert.

(Fortsetzung)

WCmd-Wert	DwData-Format
HELP_INDEX	Wird ignoriert.
HELP_KEY	Ein Zeiger mit dem Datentyp „Long", der auf eine Zeichenfolge mit einem Schlüsselwort für das gesuchte Thema verweist.
HELP_QUIT	Wird ignoriert.
HELP_SETINDEX	Ein numerischer Wert mit der Kontextnummer für das Thema, das im Index angezeigt werden soll.

Da mit der WinHelp-Funktion entweder eine Kontextnummer oder ein Schlüsselwert angegeben werden kann, unterstützt diese Funktion sowohl kontextbezogene Hilfe als auch Suchläufe nach Themen in der Hilfedatei.

Hinweis: Wenn eine Hilfedatei zwei oder mehr Indizes enthält, muß die Anwendung einen Index als Standardindex festlegen. Um zu gewährleisten, daß der korrekte Index eingestellt bleibt, sollte die Anwendung die Hilfe mit dem *wCmd*-Parameter, auf HELP_SETINDEX gesetzt, aufrufen (wobei *dwData* den entsprechenden Kontextbezeichner angibt). Nach jedem Aufruf der Hilfe sollte ein Befehl mit der Parametereinstellung HELP_CONTEXT folgen. Verwenden Sie auf keinen Fall HELP_INDEX mit HELP_SETINDEX.

Reservieren der F1-Taste für die Hilfe

Wenn der Benutzer in Ihrer Anwendung die F1-Taste drückt, kann Visual FoxPro ein kontextbezogenes Hilfethema anzeigen. Hierzu müssen Sie eine Hilfe-Kontextnummer zu einem Thema in Ihrer Hilfetabelle zuweisen und die HelpContextID-Eigenschaft des Formulars oder Steuerelements auf diesen Wert setzen. Wenn das Formular bzw. das Steuerelement den Fokus besitzt und der Benutzer die F1-Taste drückt, zeigt Visual FoxPro das entsprechende Thema an.

Hinweis: Die F1-Taste ist standardmäßig für die kontextbezogene Hilfe reserviert. Da es sich hierbei um einen anerkannten Standard für die Hilfe handelt, wird davon abgeraten, die Belegung dieser Taste zu ändern.

Einfügen von Hilfe-Schaltflächen in Formulare

Wenn Sie in Ihren Formularen eine Schaltfläche für die Hilfe vorsehen, wird der Zugriff auf die Hilfe noch weiter vereinfacht. Dies ist insbesondere dann sinnvoll, wenn es sich bei den Benutzern um Neueinsteiger handelt.

▶ **Festlegen eines Kontextbezugs und Hinzufügen einer Hilfe-Schaltfläche**

1. Geben Sie im Init-Ereignis des Formulars als HelpContextID-Eigenschaft für alle Formularobjekte den gleichen Wert ein, den Sie dem Hilfethema zugewiesen haben. Wenn diese Nummer z. B. den Wert 7 hat, können Sie den folgenden Befehl verwenden:

   ```
   THIS.SetAll("HelpContextID", 7)
   ```

2. Fügen Sie in Ihr Formular eine Befehlsschaltfläche ein.
3. Geben Sie für die Caption-Eigenschaft der Schaltfläche „Hilfe" ein.
4. Fügen Sie im Click-Ereignis der Befehlsschaltfläche den folgenden Befehl ein:

   HELP ID THIS.HelpContextID

Tip: Speichern Sie die Hilfe-Schaltfläche als Klasse, um sie später in anderen Formularen wiederverwenden zu können. Weitere Informationen über das Speichern von Objekten als Klassen finden Sie in Kapitel 9, „Erstellen von Formularen".

Verlassen der Hilfe

Bei der Hilfe-Anwendung handelt es sich um eine gemeinsam genutzte Ressource, die allen Windows-Anwendungen zur Verfügung steht. Da die Hilfe auch eine eigenständige Anwendung darstellt, kann der Benutzer sie auch wie jede andere Anwendung ausführen. Ihre Anwendung hat demzufolge nur eine beschränkte Kontrolle über die Hilfe-Anwendung.

Zwar kann Ihre Anwendung das Hilfe-Anwendungsfenster nicht direkt schließen, sie kann aber der Hilfe Anwendung anzeigen, daß die Hilfe nicht länger benötigt wird. Vor dem Schließen des Hauptfensters sollte Ihre Anwendung daher die Hilfe mit dem *wCmd*-Parameter HELP_QUIT aufrufen. Hiermit wird der Hilfe angezeigt, daß Ihre Anwendung sie nicht mehr benötigt.

Eine Anwendung, die im Verlauf ihrer Ausführung die Hilfe aufgerufen hat, muß vor dem Beenden der Anwendung die Hilfe mit dem *wCmd*-Parameter HELP_QUIT aufrufen.

Wenn eine Anwendung mehr als eine Hilfedatei öffnet, muß zum Verlassen der Hilfe-Anwendung die Win-Help-Funktion für jede dieser Dateien aufgerufen werden.

Wenn eine Anwendung oder eine DLL (Dynamic-Link Library) eine Hilfedatei geöffnet hat, die entsprechende Instanz der Hilfe-Anwendung aber nicht länger aktiv sein soll, muß die Anwendung oder DLL die Hilfe mit den *wCmd*-Parameter HELP_QUIT aufrufen, um diese Instanz der Hilfe-Anwendung zu beenden.

Hinweis: Vor dem Schließen sollte eine Anwendung oder DLL immer die Hilfe für alle geöffneten Hilfedateien aufrufen. Eine Hilfedatei ist dann geöffnet, wenn die Hilfe zuvor mit dem entsprechenden Namen der Hilfedatei aufgerufen wurde.

Die Hilfe-Anwendung bleibt so lange geöffnet, bis alle Fenster, die bis dahin die Hilfe aufgerufen haben, die Hilfe mit dem *wCmd*-Parameter HELP_QUIT beenden. Wenn eine Anwendung nicht alle Hilfe-Instanzen beendet, bleibt die Hilfe-Anwendung auch dann geöffnet, wenn alle Anwendungen, die bis dahin Hilfe angefordert haben, beendet worden sind.

KAPITEL 24

Erstellen von Hilfe im .DBF-Format

Für diese Form der Hilfe werden normale Visual FoxPro-Tabellen verwendet, die problemlos auf andere Visual FoxPro-Plattformen übertragen werden können. Die Hilfe im .DBF-Format bietet eine einfache Lösung zum Bereitstellen von Hilfe, ist plattformübergreifend verwendbar und gewährleistet Abwärtskompatibilität der Hilfedatei.

Dieses Kapitel behandelt folgende Themen:

- Entwerfen von Hilfe im .DBF-Format
- Anzeigen der Beispieldatei der Hilfe im .DBF-Format
- Verwenden von Hilfe im .DBF-Format
- Anpassen von Hilfe im .DBF-Format

Entwerfen von Hilfe im .DBF-Format

Dateien mit Hilfe im .DBF-Format (Hilfetabellen) sind freie Tabellen, die im Hilfefenster angezeigt werden. Diese Form der Hilfe versetzt Benutzer in die Lage, folgendes zu tun:

- Benutzer können für das aktuelle Dialogfeld, für den aktuellen Menübefehl oder für das aktuelle Objekt Hilfe abrufen, indem sie F1 drücken.
- Sie können innerhalb der Hilfedatei zu verwandten Themen springen, indem Sie jeweils ein Thema aus der Dropdown-Liste „Siehe auch" wählen.
- Sie können im jeweiligen Thema ein Schlüsselwort oder einen Ausdruck auswählen und anschließend zu diesem springen, indem sie auf die Schaltfläche **Nachschlagen** klicken.
- Sie können den jeweils in der Hilfe ausgewählten Text in die Zwischenablage kopieren.

Visual FoxPro enthält eine Beispieldatei (**Ttrade.dbf**) zur Hilfe im .DBF-Format, die sich im Verzeichnis **Visual Studio...\Samples\Vfp98\Tastrade\Help** befindet. Die folgenden Abschnitte beziehen sich auf die Beispieldatei **Ttrade.dbf**, um das Entwerfen einer Hilfe im .DBF-Format sowie das Navigieren innerhalb dieser Hilfe zu beschreiben.

Anzeigen der Beispieldatei der Hilfe im .DBF-Format

▶ **So zeigen Sie die Beispielhilfedatei „Ttrade.dbf" an**

- Stellen Sie sicher, daß das eingestellte Standardverzeichnis die Datei **Ttrade.dbf** enthält, und geben Sie im Fenster **Befehl** folgendes ein:

```
SET HELP TO TTRADE.DBF
HELP
```

Visual FoxPro zeigt die Hilfedatei **Ttrade** im .DBF-Format in einem eigenen Fenster an.

Das .DBF-Hilfefenster kennt zwei Modi: Themen und Einzelheiten. Im Modus Themen wird eine Liste aller Themen angezeigt, die in der Hilfedatei beschrieben sind. Die Schrift für das .DBF-Hilfefenster ist MS Sans Serif, die Schrift kann nicht geändert werden.

.DBF-Hilfefenster im Modus Themen

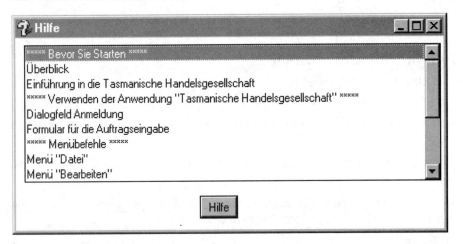

Wenn Sie auf ein Thema doppelklicken, werden die zu diesem Thema vorhandenen Informationen im Modus Einzelheiten angezeigt.

Kapitel 24 Erstellen von Hilfe im .DBF-Format

.DBF-Hilfefenster im Modus Einzelheiten

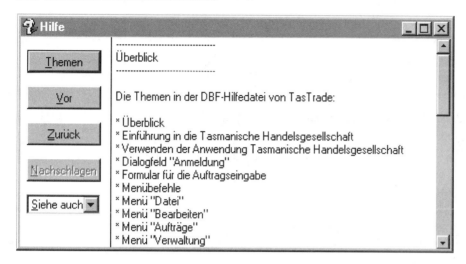

Anforderungen der Hilfetabelle

Eine Hilfetabelle kann maximal 32.767 Datensätze enthalten und muß mindestens zwei Felder haben. Soll kontextbezogene Hilfe bereitgestellt werden, kann ein entsprechendes optionales Feld als erstes Feld in die jeweilige Tabelle eingefügt werden. Dem folgenden Beispiel können Sie den Aufbau einer typischen Hilfetabelle entnehmen:

Die Tabelle „Ttrade" im Datenblattmodus

Bezüglich der Feldnamen gibt es keine speziellen Anforderungen. Die Felder müssen in der angegebenen Reihenfolge die folgenden Datentypen haben:

Numerisch: Wenn dieses Feld vorhanden ist, enthält es die Hilfe-Kontext-ID, die für kontextbezogene Hilfe verwendet wird.

Zeichen: Dieses Feld enthält die Themennamen, die im Hilfefenster erscheinen, wenn dieses im Modus Themen angezeigt wird.

Memo: In diesem Feld stehen die Informationen, die im Hilfefenster erscheinen, wenn dieses im Modus Einzelheiten angezeigt wird.

Über diese Erfordernisse hinaus können Sie beliebig viele Felder hinzufügen.

Beschreibung der Datei „Ttrade.dbf"

Ttrade.dbf ist ein kleines Beispiel für eine Hilfedatei im .DBF-Format. Sie können Ihre Hilfedateien sowohl gemäß der Tabelle Ttrade.dbf als auch nach eigenen Gesichtspunkten gestalten. Da eine Hilfedatei eine Tabelle ist, können Sie eine eigene Hilfedatei erstellen, indem Sie eine neue Tabelle anlegen oder eine bereits vorhandene Tabelle kopieren und entsprechend ändern.

Wenn Sie die Tabelle Ttrade.dbf anzeigen oder bearbeiten möchten, können Sie diese wie jede andere Tabelle öffnen und durchblättern. Für den Fall, daß Sie zuvor den Befehl **SET HELP TO TTRADE.DBF** ausgeführt haben, müssen Sie zunächst den Befehl SET HELP OFF eingeben, bevor Sie die Tabelle Ttrade.dbf öffnen können.

TTRADE-Themen

Die Tabelle TTRADE enthält mehrere Themen:

- Schritt-für-Schritt-Anleitungen
- Themen der Benutzeroberfläche für kontextbezogene Hilfe (einschließlich Menübefehlen und Dialogfeldern)
- Allgemeine Informationen

Sie können sowohl diese als auch andere Kategorien in Ihre eigenen Hilfedateien einbeziehen.

TTRADE-Einzelheiten

Sobald ein Benutzer im Modus Themen ein Thema ausgewählt hat, wird im Hilfefenster der Inhalt des Memofelds **Details** angezeigt.

Querverweise in TTRADE

Für die meisten Hilfethemen befinden sich Siehe auch-Querverweise am Ende der im Feld **Details** enthaltenen Informationen. Diese Querverweise werden automatisch im Feld **Siehe auch** angezeigt und dienen als direkte Verknüpfungen zu den verwandten Themen.

▶ **So erstellen Sie einen Siehe auch-Querverweis**

1. Geben Sie am Ende des jeweiligen Memofelds zunächst **Siehe auch** und danach einen Doppelpunkt sowie optionale Leerzeichen ein.

2. Geben Sie in dieselbe Zeile eine Liste der gewünschten Themen ein, wobei Sie die Themen jeweils durch Kommas voneinander trennen.

3. Geben Sie ein Wagenrücklaufzeichen (CR) ein, um das Ende der Liste anzuzeigen.

Die Groß-/Kleinschreibung ist in der Liste „Siehe auch" nicht von Bedeutung. Außerdem entfernt Visual FoxPro von jedem Themennamen die vorangestellten sowie die nachgestellten Leerzeichen. In der nächsten Abbildung finden Sie z. B. die Querverweise, die zum Thema „Overview" gehören.

Teile des Inhalts, der im Memofeld des Themas „Overview" steht

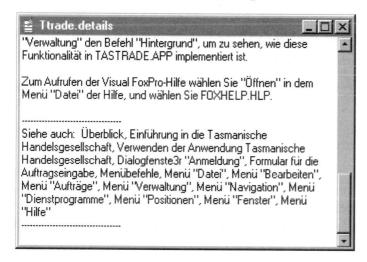

Tip: Fügen Sie über und unter einem am Themenende befindlichen Siehe auch-Abschnitt Zeilen ein, um den Abschnitt optisch vom Inhalt des Themas zu trennen.

Sobald der Benutzer aus dem Listenfeld **Siehe auch** ein Thema ausgewählt hat, sucht Visual FoxPro nach dem ersten Hilfethema, das aus derselben Zeichenfolge besteht oder mit derselben Zeichenfolge beginnt wie das vom Benutzer ausgewählte Thema. Kann Visual FoxPro keine Übereinstimmung entdecken, zeigt es in der Statusleiste die Meldung „Keine Hilfe zum Thema *Themaname* gefunden" an.

Verwenden von Hilfe im .DBF-Format

Ein Benutzer kann sehr einfach auf die jeweilige Hilfe zugreifen, wenn Sie in Ihr Hilfemenü den Befehl **Inhalt** einfügen, der den Befehl **HELP** verwendet. Sobald ein Benutzer den Befehl **Inhalt** gewählt hat, erscheint das Hilfefenster im Modus Themen. Der Benutzer kann entweder die Liste durchlaufen, um das gewünschte Thema zu finden, oder er kann einen Buchstaben eingeben, um das erste Thema auszuwählen, das mit diesem Buchstaben beginnt. Sobald ein Thema ausgewählt ist, gibt es drei Möglichkeiten, die zu diesem Thema vorhandenen Informationen anzuzeigen:

- Durch Doppelklicken auf das in der Liste markierte Thema
- Durch Klicken auf die Schaltfläche **Hilfe**
- Durch Drücken der EINGABETASTE.

Anpassen von Hilfe im .DBF-Format

In den Programmzeilen Ihrer Anwendung legen Sie neben anderen optionalen Einstellungen fest, welche Hilfedatei verwendet und welche Themen wann angezeigt werden sollen. Wenn Sie eine kontextbezogene Hilfe einfügen, können Benutzer sie bei Bedarf sehr einfach zu den Dialogfeldern sowie Menübefehlen Ihrer Anwendung abrufen.

Angeben einer Hilfetabelle

Geben Sie die gewünschte Hilfetabelle durch Eingabe des Befehls SET HELP **TO** *dateiname* an. Dadurch wird die aktuell geöffnete Hilfedatei geschlossen und die Datei *dateiname* als neue Hilfedatei geöffnet.

In dem initialisierenden Teil des Programms speichern Sie zunächst den Namen der aktuellen Hilfedatei in einer Variablen und aktivieren anschließend die programmeigene Hilfe:

```
cUserHlp = SET("HELP", 1)
SET HELP TO MYHELP.DBF
```

Bevor die Anwendung beendet wird, können Sie wieder die ursprüngliche Hilfedatei aktivieren:

```
SET HELP TO (cUserHlp)
```

Anzeigen von Themen im Hilfefenster

Nachdem Sie eine Hilfetabelle aktiviert haben, können Sie auf folgende Arten angeben, welche Themen angezeigt werden sollen:

- Soll ein Thema über seinen Namen ausgewählt werden, verwenden Sie einen der Befehle HELP Topic oder SET TOPIC TO cHelpTopicName.
- Verwenden Sie die Eigenschaft HelpContextID für kontextbezogene Themen.
- Verwenden Sie für die Anzeige einer Untermenge von Themen den Befehl SET HELPFILTER.

Weitere Informationen zu diesen Befehlen finden Sie in der Hilfe.

Auswählen von Themen über ihre Namen

Sollen Themen über ihre Namen ausgewählt werden, müssen Sie den Befehl HELP Topic verwenden. Wenn Sie einen solchen Befehl einsetzen, sucht Visual FoxPro in der Hilfetabelle nach einem Datensatz, bei dem der Inhalt des Themenfelds mit *Topic* übereinstimmt. Bei der Suche wird nicht nach Groß- und Kleinbuchstaben unterschieden.

Wenn Visual FoxPro eine Übereinstimmung findet, zeigt es im Modus Einzelheiten im Hilfefenster den Inhalt des Memofelds **Details** an. Findet Visual FoxPro keine Übereinstimmung, zeigt es im Dialogfeld **Hilfe** in einer Liste alle Themennamen an, wobei der Name markiert ist, der am ehesten mit dem gesuchten Namen übereinstimmt.

Aktivieren von kontextbezogener Hilfe

Sie können Ihre Anwendung so gestalten, daß Benutzer eine kontextbezogene Hilfe auf zwei Arten abrufen können:

- Jederzeit durch Drücken von F1.
- Durch Klicken auf die Schaltfläche **Hilfe** in einem Formular oder Dialogfeld

Reservieren von F1

Wenn Ihre Anwendung läuft und ein Benutzer F1 drückt, kann Visual FoxPro ein kontextbezogenes Hilfethema anzeigen. Damit dies funktioniert, müssen Sie dem Thema innerhalb Ihrer Hilfetabelle eine Hilfe-Kontext-ID und der Eigenschaft HelpContextID des jeweiligen Formulars oder Steuerelements denselben Wert zuweisen. Wenn das Formular oder Steuerelement später den Fokus hat und Benutzer F1 drücken, zeigt Visual FoxPro das zugehörige Thema an.

Anmerkung: F1 ist standardmäßig für kontextbezogene Hilfe aktiviert. Da dies gemeinhin als Standard für Hilfesysteme anerkannt ist, empfiehlt es sich nicht, diese Taste umzudefinieren.

Einfügen von Hilfe-Schaltflächen in Formulare

Wenn Sie Hilfe-Schaltflächen zu Ihren Formularen hinzufügen, können Benutzer wesentlich einfacher auf die jeweilige Hilfe zugreifen. Das Hinzufügen von Hilfe-Schaltflächen sollten Sie besonders dann in Betracht ziehen, wenn die Benutzer nur geringe Vorkenntnisse haben.

▶ **So erstellen Sie ein kontextbezogenes Hilfethema**

1. Geben Sie in das erste Feld eines Datensatzes Ihrer Hilfetabelle einen numerischen Wert ein.
2. Geben Sie den gewünschten Text in die Felder **Topic** und **Details** ein.

Jetzt können Sie das Hilfethema dem entsprechenden Formular zuweisen. Meist empfiehlt es sich, die jeweilige Schaltfläche **Hilfe**, das Formular sowie dessen Objekte demselben Hilfethema zuzuweisen.

▶ **So stellen Sie die Kontextbezogenheit ein und fügen eine Schaltfläche „Hilfe" hinzu**

1. Stellen Sie die Eigenschaft HelpContextID aller Objekte des Formulars für dessen Ereignis Init auf den Wert ein, den Sie dem Hilfethema zugewiesen haben. Ist dieser Wert beispielsweise gleich 7, können Sie den folgenden Befehl verwenden:

   ```
   THIS.SetAll("HelpContextID", 7)
   ```

2. Fügen Sie zu Ihrem Formular eine Befehlsschaltfläche hinzu.
3. Stellen Sie die Eigenschaft Caption der Schaltfläche auf Hilfe ein.

4. Fügen Sie für das Ereignis Click der Befehlsschaltfläche den folgenden Befehl hinzu:

```
HELP ID THIS.HelpContextID
```

> **Tip:** Speichern Sie die Schaltfläche **Hilfe** als Klasse, damit Sie sie schnell in andere Formulare einfügen können. Wählen Sie im Formular-Designer aus dem Menü **Datei** den Befehl **Als Klasse speichern**. Weitere Informationen darüber, wie Objekte als Klassen gespeichert werden, finden Sie in Kapitel 9, „Erstellen von Formularen "

Festlegen der Position des Hilfefensters

Wenn Sie die Position für die von Ihnen bereitgestellte Hilfe festlegen möchten, müssen Sie mit dem Befehl DEFINE WINDOW ein eigenes Fenster erstellen. Sie können diesen Befehl zu den Initialisierungszeilen Ihrer Anwendung hinzufügen, um sowohl die Größe als auch die Position des Fensters festzulegen. Öffnen Sie anschließend das Fenster, indem Sie es aktivieren oder anzeigen.

Beispielsweise wird mit den folgenden Befehlen ein Fenster namens **Test** definiert und anschließend innerhalb dieses Fensters die aktuelle Hilfetabelle angezeigt:

```
DEFINE WINDOW test FROM 1,1 TO 35,60 SYSTEM
ACTIVATE WINDOW test
HELP IN WINDOW test
```

Abstimmen der Hilfe auf Ihre Anwendung

Da Sie beliebig viele Felder in eine Hilfetabelle einfügen und jeden beliebigen logischen Ausdruck zum Auswählen von Hilfethemen verwenden können, können Sie bei der Entwicklung des Hilfesystems alle Ihre Vorstellungen verwirklichen.

Sie können z. B.:

- Programmvariablen definieren, die das Verhalten Ihres Hilfesystems steuern, und diesen Variablen abhängig vom Arbeitsmodus Ihres Programms Werte zuweisen.

- In Hilfedateien, die für unerfahrene Benutzer vorgesehen sind, umfangreichere Informationen bereitstellen als in Hilfedateien für erfahrene Benutzer.

- Benutzern nur dann Zugriff auf die Hilfe gestatten, wenn sie ein entsprechendes Kennwort eingeben.

TEIL 8

Vertrieb von Anwendungen

Wenn Sie die Entwicklung einer Anwendung abgeschlossen haben, können Sie diese für den Vertrieb vorbereiten, indem Sie alle erforderlichen Dateien zusammenstellen und Vertriebsdisketten herstellen.

Kapitel 25 Erstellen einer Anwendung zum Vertrieb 681

Bevor Sie eine ausführbare, für den Vertrieb vorgesehene Datei erstellen, sollten Sie wissen, wie Sie Ihre Anwendung anpassen können und wie Sie sicherstellen können, daß die Anwendung alle notwendigen Dateien und Ressourcen umfaßt.

Kapitel 26 Erstellen von Vertriebsdisketten 699

Mit dem Setup-Assistenten von Visual FoxPro ist es kein Problem, Disketten sowie eine Setup-Routine für die Benutzenden Ihrer Anwendung zu erstellen.

KAPITEL 25

Erstellen einer Anwendung zum Vertrieb

Es besteht nur ein geringer Unterschied zwischen dem Erstellen einer für den Vertrieb vorgesehenen Anwendung (Endbenutzeranwendung) und dem Entwickeln einer normalen Visual FoxPro-Anwendung. Zunächst arbeiten Sie wie gewohnt in der Visual FoxPro-Entwicklungsumgebung. Erst zum Schluß erstellen Sie eine ausführbare Datei oder einen Automatisierungsserver (eine COM-Komponente), die bzw. den Sie innerhalb der Laufzeitumgebung testen. Danach können Sie Ihre fertige Anwendung sowie alle zugehörigen Dateien an Ihre Kunden liefern.

In diesem Kapitel sind zum einen die Änderungen beschrieben, die vorgenommen werden müssen, um eine Anwendung so vorzubereiten, daß sie vertrieben werden kann. Zum anderen sind auch einige empfehlenswerte Änderungen erläutert, die einer Endbenutzeranwendung ein unverwechselbares Erscheinungsbild verleihen.

In diesem Kapitel sind die folgenden Themen erläutert:

- Die Schritte bis zur vertriebsfähigen Anwendung
- Vorbereiten einer vertriebsfähigen Anwendung
- Anpassen einer vertriebsfähigen Anwendung
- Die Schritte bis zu den fertigen Vertriebsdisketten

Die Schritte bis zur vertriebsfähigen Anwendung

Nachstehend sind die Schritte zusammengestellt, die erforderlich sind, um eine vertriebsfähige Visual FoxPro-Anwendung zu erstellen.

- Erstellen und Testen der Anwendung mit der Visual FoxPro-Entwicklungsumgebung.
- Vorbereiten und Anpassen der Anwendung an die Laufzeitumgebung. Weitere Informationen finden Sie unter „Anpassen einer vertriebsfähigen Anwendung" sowie unter „Vorbereiten einer vertriebsfähigen Anwendung" weiter unten in diesem Kapitel.

> **Wichtig:** Einige Elemente der Entwicklungsumgebung stehen in der Laufzeitumgebung nicht zur Verfügung und müssen daher aus der jeweiligen Anwendung entfernt werden. Diese Elemente werden unter „Entfernen eingeschränkt nutzbarer Visual FoxPro-Elemente und -Dateien" weiter unten in diesem Kapitel erläutert.

- Erstellen der Dokumentation sowie der Hilfe. Weitere Informationen über die Erstellung der Hilfe für eine Anwendung finden Sie im Teil 7, „Erstellen von Hilfedateien".
- Erstellen einer Anwendung oder einer ausführbaren Datei. Weitere Informationen über die Erstellung einer ausführbaren Anwendung finden Sie im *Entwicklerhandbuch* in Kapitel 13, „Kompilieren einer Anwendung".

- Anlegen des sogenannten Vertriebsverzeichnisses (Verzeichnis für die Endbenutzeranwendung), das alle Dateien enthält, die ein Benutzer benötigt, um die Anwendung auszuführen.

- Erstellen der Vertriebsdisketten sowie einer Installationsroutine mit dem Setup-Assistenten. Weitere Informationen finden Sie in Kapitel 26, „Erstellen von Vertriebsdisketten".

- Verpacken und Vertreiben der Disketten und der in gedruckter Form vorliegenden Handbücher der Anwendung.

Vorbereiten einer vertriebsfähigen Anwendung

In den folgenden Abschnitten sind die Schritte beschrieben, die eventuell erforderlich sind, um eine Anwendung für die Laufzeitumgebung vorzubereiten. Diese Schritte sind:

- Wählen des Typs der ausführbaren Datei
- Berücksichtigen der Gegebenheiten der Benutzerumgebung
- Sicherstellen eines korrekten Laufzeitverhaltens
- Einbinden von Ressourcen in die Anwendung
- Entfernen eingeschränkt verwendbarer Elemente und Dateien
- Anpassen der Anwendung

Wählen des Typs der ausführbaren Datei

Sie können Ihre Anwendung erst vertreiben, nachdem Sie entweder eine Anwendungsdatei (Erweiterung .app) oder eine ausführbare Datei (Erweiterung .exe) erstellt haben. In der folgenden Tabelle sind die Unterschiede beschrieben, die es zwischen diesen beiden Typen (ausführbare Dateien) gibt.

Typ der ausführbaren Datei	Merkmale
Anwendungsdatei (.app-Datei)	10 KB bis 15 KB kleiner als eine .exe-Datei. Ein Benutzer muß im Besitz einer Visual FoxPro-Lizenz sein.
Ausführbare Datei (.exe-Datei)	Die Anwendung umfaßt das Visual FoxPro-Ladeprogramm (Loader), so daß Benutzer keine eigene Visual FoxPro-Lizenz besitzen müssen. Sie müssen die beiden Support-Dateien Vfp6r.dll und Vfp6renu.dll (EN steht für die englische Version) mitliefern. Diese Dateien müssen im selben Verzeichnis wie die ausführbare Datei abgelegt werden oder in einem Verzeichnis, das mit dem Path-Befehl unter MS-DOS angegeben wurde. Nähere Informationen zum Erstellen und Vertreiben von ausführbaren Dateien finden Sie unter BUILD EXE.

(Fortsetzung)

Typ der ausführbaren Datei	Merkmale
OLE-DLL	Wird verwendet, um eine Datei zu erstellen, die von anderen Anwendungen aufgerufen werden kann. Weitere Informationen über die Verwendung der Option für das Erstellen einer ausführbaren Datei finden Sie in Kapitel 16, „Hinzufügen von OLE".

Bei der Wahl des Typs der ausführbaren Datei sollten Sie sowohl die Größe der fertigen Anwendung berücksichtigen als auch die Frage, ob die jeweiligen Anwender Visual FoxPro besitzen.

Berücksichtigen der Hardware-, Arbeitsspeicher- und Netzwerkgegebenheiten

Sie sollten die Mindestanforderungen ermitteln, die Ihre Anwendung bezüglich der Umgebung stellt, wozu auch der auf der Festplatte benötigte Speicherplatz und der erforderliche Arbeitsspeicher gehören. Anhand der von Ihnen ermittelten Ergebnisse sowie weiterer Randbedingungen, die in diesem Kapitel beschrieben sind, können Sie festlegen, welchen Typ die ausführbare Datei haben soll, welche Dateien Ihre Anwendung enthalten muß und welche Struktur Ihr Vertriebsverzeichnis haben sollte.

Die Anwendungen, die Sie erstellen, haben dieselben Hardware-, Arbeitsspeicher- und Netzwerkanforderungen wie Visual FoxPro. Weitere Informationen zu diesen Anforderungen finden Sie im *Installationshandbuch* in Kapitel 1, „Installieren von Visual FoxPro", unter „Systemanforderungen". Weitere Informationen über die Erstellung von Anwendungen für Mehrbenutzerumgebungen finden Sie in Kapitel 17, „Programmieren für gemeinsamen Zugriff".

Eine als ausführbare Datei (.EXE-Datei) erstellte Anwendung prüft immer, ob die Visual FoxPro-Laufzeitbibliothek, **Vfp6r.dll**, vorhanden ist. Wenn Sie eine als .exe-Datei vorliegende Anwendung mit der Entwicklungsversion von Visual FoxPro ausführen möchten, stellen Sie die Anwendung so ein, daß sie statt dessen die .exe-Datei von Visual FoxPro verwendet.

▶ **So führen Sie eine als .EXE-Datei vorliegende Anwendung in Visual FoxPro aus**

- Starten Sie Visual FoxPro, und klicken Sie anschließend im Menü **Projekt** auf **Ausführen**. Wählen Sie im Dialogfeld Programm ausführen den .EXE-Dateinamen Ihrer Anwendung aus.

  – Oder –

- Geben Sie in das Befehlsfenster den Befehl DO ein, gefolgt vom .EXE-Dateinamen Ihrer Anwendung.

  – Oder –

- Geben Sie in der Befehlszeile, mit der Visual FoxPro gestartet wird, den Parameter E an. Wenn Ihre Anwendung z. B. ANWEND heißt, können Sie diese mit der folgenden Befehlszeile starten:

ANWEND.EXE -E

Der Befehlszeilenparameter -E zwingt die Anwendung dazu, die ausführbare Datei **Vfp6.exe** zu verwenden. Damit dieser Parameter ausgeführt werden kann, muß sich **Vfp6.exe** im Suchpfad befinden.

Sicherstellen eines korrekten Laufzeitverhaltens

Eine Anwendung, die ausschließlich aus nichtmodalen Formularen besteht, wird innerhalb einer Laufzeitumgebung nur dann korrekt ausgeführt, wenn Sie einen READ EVENTS-Befehl bereitstellen. Um sicherzustellen, daß die Anwendung einwandfrei ausgeführt wird, können Sie ein aufrufendes Programm hinzufügen oder die Eigenschaft **WindowType** einstellen.

▶ **So führen Sie ein Formular innerhalb einer Laufzeitumgebung aus**

- Führen Sie das Formular mit einem Programm aus, das einen READ EVENTS-Befehl enthält.

    – Oder –

- Stellen Sie die Eigenschaft WindowType des Formulars auf **Modal** ein.

Manche Visual FoxPro-Anwendungen nutzen die Visual FoxPro-Systemmenüs ausgiebig. Daher wird eine menügesteuerte Anwendung, wenn keine entsprechenden Vorkehrungen für einen READ EVENTS-Befehl getroffen wurden, genauso schnell beendet, wie sie gestartet wurde. Im folgenden Abschnitt sind die Menüs aufgeführt, die Sie in Ihre jeweilige Anwendung einbeziehen können.

Weitere Information über die Strukturierung einer Anwendung, die den Befehl **READ EVENTS** enthält, finden Sie in Kapitel 13, „Kompilieren einer Anwendung", unter „Steuern der Ereignisschleife" sowie unter „Beispiele, wie eine Anwendung strukturiert werden muß".

Menüs und Befehle

Wenn Sie das Visual FoxPro-Systemmenü verwenden, enthält Ihre Anwendungsdatei nur die folgenden Standardmenüs und -befehle.

Menü	Menüelemente
Datei	Schließen, Speichern, Speichern unter, Beenden
Bearbeiten	Rückgängig, Wiederholen, Ausschneiden, Kopieren, Einfügen, Inhalte einfügen, Alles markieren, Suchen, Ersetzen
Fenster	Alle anordnen, Ausblenden, Alle ausblenden, Alle einblenden, Löschen, Nächstes Fenster, Alle geöffneten Fenster
Hilfe	Inhalt, Suchen, Software Service, Info

Innerhalb einer Laufzeitanwendung können Sie sowohl jedes Standardmenü und jeden Standardmenübefehl deaktivieren oder löschen als auch eigene Menüs und Menübefehle hinzufügen.

Fehlerbehebung: Für den Fall, daß Ihr Menüsystem zwar innerhalb der Entwicklungsumgebung funktioniert, innerhalb Ihrer Anwendung aber vorzeitig geschlossen wird, sollten Sie prüfen, ob ein READ EVENTS-Befehl aktiv ist, während das Menüsystem ausgeführt wird. Außerdem sollten Sie sicher stellen, daß ein CLEAR EVENTS-Befehl ausgeführt wird, sobald das Menüsystem beendet wurde.

Weitere Informationen über die Anpassung von Menüs finden Sie in Kapitel 11, „Entwerfen von Menüs und Symbolleisten".

Einbinden von Ressourcen in die Anwendung

Visual FoxPro stellt mehrere Ressourcendateien zur Verfügung, die die grundlegende Funktionalität Ihrer jeweiligen Anwendung erweitern. Zu diesen Ressourcendateien zählen die FOXUSER-Ressourcendateien, die API-Bibliotheken sowie die ActiveX-Steuerelemente. Damit Sie diese Dateien einsetzen können, binden Sie die Dateien in Ihr Projekt oder in Ihr Vertriebsverzeichnis ein.

Einbinden von FOXUSER-Ressourcendateien

In Visual FoxPro-Ressourcendateien werden Informationen gespeichert, die für Ihre Anwendung nützlich sind, so z. B. die Positionen von Fenstern, die Konfigurationen von Datenblattfenstern sowie Etikettendefinitionen. Wenn Ihre Anwendung für einige dieser Ressourcenelemente bestimmte Einstellungen erwartet, müssen zusätzlich zu der Anwendung auch entweder die FOXUSER-Datenbank und -Memodatei oder die Ressourcendateien geliefert werden, die Sie speziell für Ihre Anwendung erstellt haben. Diese Ressourcendateien bestehen aus einer Visual FoxPro-Tabelle sowie einer zugehörigen Memodatei und heißen üblicherweise **Foxuser.dbf** bzw. **Foxuser.fpt**.

Anmerkung: Die FOXUSER-Ressourcendatei ist nicht mit der gebietsschemaspezifischen Ressourcendatei identisch, die Dialogfelder und Fehlermeldungen enthält. In der FOXUSER-Ressourcendatei werden zur Anwendung gehörende Informationen gespeichert, wie z. B. die von Ihnen definierten Makros. In der gebietsschemaspezifischen Ressourcendatei werden für das System benötigte Textzeichenfolgen gespeichert. Weitere Informationen finden Sie im Abschnitt „Einbinden einer gebietsschemaspezifischen Ressourcendatei" weiter unten in diesem Kapitel.

Einbinden von externen Bibliotheksdateien

Wenn Ihre Anwendung externe Bibliotheksdateien enthält, wie z. B. ActiveX-Steuerelemente (.ocx-Dateien) oder Visual FoxPro API-Bibliotheken (.fll-Dateien), sollten Sie den Setup-Assistenten verwenden, damit sichergestellt ist, daß diese Dateien im richtigen Verzeichnis abgelegt werden. Es steht Ihnen frei, zusammen mit Ihren Anwendungen die zu Visual FoxPro gehörende API-Bibliothek **Foxtools.fll** zu liefern. Weitere Informationen über das Erstellen von externen Bibliotheken für den Zugriff auf das Visual FoxPro-API finden Sie im Teil 9, „Zugreifen auf APIs".

Einbinden von COM-Komponenten

Wenn Ihre Anwendung ActiveX-Steuerelemente enthält oder wenn Sie einen Automatisierungsserver (eine COM-Komponente) als Teil Ihrer Anwendung erstellt haben, müssen die entsprechenden .ocx-Dateien in Ihr Projekt eingebunden werden, und es muß sichergestellt werden, daß die benötigten Unterstützungsdateien auf dem Computer des Benutzers im Windows-Unterverzeichnis **System** installiert werden. Sie können allerdings nur solche ActiveX-Steuerelemente vertreiben, für die Sie eine Lizenz besitzen. Bei einem Automatisierungsserver müssen auch die entsprechenden Registrierungsdateien, wie z. B. Typbibliotheken (.tlb-Dateien) und Dateien für die Registrierung (.vbr-Dateien), in Ihre Anwendung einbezogen werden.

Wenn Sie die Vertriebsdisketten mit dem Setup-Assistenten erstellen, können Sie diese Dateien automatisch einbinden. Stellen Sie dazu in Schritt 6 sicher, daß die Spalte „ActiveX" für alle ActiveX-Steuerelemente, die Sie vertreiben möchten, ein Häkchen enthält. Wenn Sie so vorgehen, wird durch das vom Setup-Assistenten erstellte Setup-Programm sichergestellt, daß die COM-Komponenten auf dem Computer des Benutzers korrekt registriert werden, wenn die Anwendung installiert wird. Weitere Informationen zum Setup-Assistenten finden Sie in Kapitel 26, „Erstellen von Vertriebsdisketten" sowie in der Hilfe.

Alle Benutzer können Formulare ausführen, die ActiveX-Steuerelemente enthalten. Zu beachten ist allerdings, daß Ihre Anwendung bestimmte Aufgaben nicht ausführen kann, wenn sie unter der Laufzeitversion von Visual FoxPro ausgeführt wird. Es gelten folgende Richtlinien:

- Ihre Anwendung muß unter einer Vollversion von Visual FoxPro ausgeführt werden, um Änderungen an Formularen, Klassen oder Unterklassen vornehmen zu können, die ActiveX-Steuerelemente enthalten.

- Ihre Anwendung muß unter einer Vollversion von Visual FoxPro ausgeführt werden, um ActiveX-Steuerelemente während der Laufzeit zu einem Formular hinzufügen zu können. Zum Beispiel ist die Vollversion von Visual FoxPro erforderlich, damit der folgende Code ausgeführt werden kann, um ein Hierarchie-Steuerelement zu einem Formular hinzuzufügen:

```
PUBLIC frmOleNewForm
frmOleNewForm = CREATEOBJECT("form")
frmOleNewForm.Show
frmOleNewForm.ScaleMode = 3
frmOleNewForm.Addobject("NewOutline","OLEControl",;
    "MSOutl.Outline")
```

Anmerkung: Steuerelemente, die während der Laufzeit hinzugefügt wurden, werden nicht gespeichert, wenn ein Formular geschlossen wird.

- ActiveX-Steuerelemente, die als Unterklassen vorliegen, kann Ihre Anwendung während der Laufzeit zu einem Formular hinzufügen, wobei es keine Rolle spielt, ob die Anwendung unter der Laufzeit- oder unter der Vollversion von Visual FoxPro ausgeführt wird. Zum Beispiel können Sie aus der Klasse Outline die Unterklasse RedOutline definieren und diese Unterklasse in der Datei **Olelib.vcx** liefern. Alle Benutzer können dann ein RedOutline-Steuerelement zu einem Formular hinzufügen, indem sie folgenden Code ausführen:

```
PUBLIC frmOleNewForm
frmOleNewForm = CREATEOBJECT("form")
frmOleNewForm.Show
frmOleNewForm.ScaleMode = 3
SET CLASSLIB TO CURR() + OLELIB.VCX
frmOleNewForm.Addobject("NewOutline","RedOutline")
```

Einbinden einer Konfigurationsdatei

Mit Hilfe der Konfigurationsdatei (**Config.fpw**) können viele Visual FoxPro-Standardeinstellungen festgelegt werden. Zum Beispiel können Sie den Text der Visual FoxPro-Titelleiste, die Hintergrundfarbe sowie die Möglichkeit ändern, wie sich ein Benutzer per Tastatur durch die Benutzeroberfläche bewegt.

Soll die Konfigurationsdatei schreibgeschützt sein, muß die Datei in Ihr Projekt eingefügt und als **Einbezogen** markiert werden. Soll sie veränderbar sein, muß die Datei als **Nicht einbezogen** markiert werden. Dann muß die Konfigurationsdatei als eigenständige Datei zusammen mit Ihrer Anwendung oder ausführbaren Datei geliefert werden. Standardmäßig sucht Visual FoxPro nach einer Konfigurationsdatei namens **Config.fpw**. Wenn Sie für den Start von Visual FoxPro den Befehlszeilenparameter -C verwenden, können Sie den Namen einer anderen Konfigurationsdatei angeben.

Weitere Informationen über die Optionen, die Sie in der Konfigurationsdatei einstellen können, finden Sie im *Installationshandbuch* in Kapitel 3, „Konfigurieren von Visual FoxPro".

Einbinden einer gebietsschemaspezifischen Ressourcendatei

Für den Fall, daß Sie Ihre Anwendung zusammen mit der Laufzeitversion von Visual FoxPro vertreiben, muß möglicherweise eine gebietsschemaspezifische *Ressourcendatei* eingebunden werden. Diese Datei enthält die Dialogfenster und sonstigen Elemente der Benutzeroberfläche, über die Visual FoxPro und der Benutzer kommunizieren. Für jede Sprache, in der Visual FoxPro verfügbar ist, gibt es eine andere Ressourcendatei, die während der Laufzeit verwendet wird.

Weitere Informationen über die gebietsschemaspezifischen Laufzeitdateien finden Sie in Kapitel 18, „Entwickeln internationaler Anwendungen".

Anmerkung: Eine gebietsschemaspezifische Ressourcendatei ist nicht mit der FOXUSER-Ressourcendatei identisch, in der anwendungspezifische Informationen gespeichert sind, wie z. B. die von Ihnen definierten Makros. In einer gebietsschemaspezifischen Ressourcendatei sind Textzeichenfolgen des Systems gespeichert. Weitere Informationen hierzu finden Sie unter „Einbinden der FOXUSER-Ressourcendateien" weiter oben in diesem Kapitel.

Einbinden der von Ihnen erstellten Dateien

Eine ganze Reihe von Visual FoxPro-Dateien, -Grafiken und -Programmen dürfen Sie lizenzfrei zusammen mit den von Ihnen erstellten Anwendungen vertreiben. Weitere Informationen hierzu finden Sie weiter unten in diesem Kapitel unter „Entfernen von beschränkt nutzbaren Visual FoxPro-Funktionen und -Dateien".

Bevor Sie Ihre Anwendung erstellen, muß überprüft werden, ob Ihr Projekt alle benötigten Dateien umfaßt, also sowohl alle Dateien, die für Ihre Anwendung erforderlich sind, als auch alle zusätzlichen Ressourcendateien, wie z. B. Grafikdateien oder Vorlagen.

In der folgenden Tabelle sind Dateien aufgeführt, die Sie zu Ihrem Projekt hinzufügen können.

Aktion	Hinzuzufügende Dateien
Wenn Sie für Ihre Anwendung eine benutzerdefinierte Konfiguration verwenden	**Config.fpw**
Wenn Sie für Ihre Anwendung benutzerdefinierte Einstellungen verwenden	**Foxuser.dbf** und **Foxuser.fpt**
Wenn Sie eine Datei vertreiben, die Hilfe im .dbf-Format enthält	Die Hilfedatei im .dbf-Format

▶ **So fügen Sie Dateien zu Ihrer Anwendung hinzu**

- Binden Sie die Dateien in Ihr Projekt ein.

  Soll es nicht möglich sein, in der Endbenutzeranwendung Änderungen an diesen Dateien vorzunehmen, müssen die Dateien in Ihr Projekt eingefügt und als **Einbezogen** markiert werden. Die Dateien sind dann schreibgeschützt und können nicht geändert werden.

  – Oder –

- Fügen Sie die Dateien zu dem Verzeichnis Ihrer Anwendung hinzu. Weitere Informationen finden Sie in Kapitel 26, „Erstellen von Vertriebsdisketten".

  Soll es möglich sein, Änderungen an den Dateien vornehmen zu können, müssen diese in Ihr Projekt eingefügt und als **Nicht einbezogen** angemeldet werden (d.h., die Option **Einbezogen** darf nicht aktiviert sein). Die Dateien liefern Sie anschließend als separate Dateien zusammen mit Ihrer Anwendung.

Weitere Informationen über die Erstellung von Projekten und über die Einbeziehung oder den Ausschluß von Dateien in ein Projekt finden Sie in Kapitel 13, „Kompilieren einer Anwendung".

Entfernen eingeschränkt nutzbarer Visual FoxPro-Elemente und -Dateien

Die Entwicklungsumgebung von Visual FoxPro enthält viele Elemente und Dateien, die nur von Ihnen eingesetzt werden dürfen, da für diese Elemente und Dateien eine Lizenz erforderlich ist. Sollte Ihre Anwendung einige dieser Elemente oder Dateien einsetzen, entfernen Sie diese.

Eingeschränkt nutzbare Visual FoxPro-Elemente

Die folgenden Visual FoxPro-Menüs mit den zugehörigen Menübefehlen können Sie nicht in einer für den Vertrieb vorgesehenen ausführbaren Datei verwenden.

Eingeschränkt nutzbare Menüs

Datenbank	Projekt
Formular	Abfrage
Menü	Tabelle
Programm	

Wenn Ihre Anwendung einen der nachstehend aufgeführten Befehle enthält, tritt der Fehler „Option nicht verfügbar" auf. Sie dürfen zwar keine Befehle einbeziehen, die Menüs, Formulare oder Abfragen erstellen bzw. ändern, können aber trotzdem in Ihrer Anwendung kompilierte Menü-, Formular- oder Abfrageprogramme ausführen.

Befehle, die nicht verfügbar sind

BUILD APP	MODIFY FORM
BUILD EXE	MODIFY MENU

(Fortsetzung)

Befehle, die nicht verfügbar sind

BUILD PROJECT	MODIFY PROCEDURE
COMPILE	MODIFY PROJECT
CREATE FORM	MODIFY QUERY
CREATE MENU	MODIFY SCREEN
CREATE QUERY	MODIFY STRUCTURE
CREATE SCREEN	MODIFY VIEW
CREATE VIEW	SUSPEND
MODIFY CONNECTION	SET STEP
MODIFY DATABASE	

Die folgenden Befehle werden ignoriert, wenn sie Bestandteil einer für Endbenutzer vorgesehenen Anwendung sind.

Befehle, die ignoriert werden

SET DEBUG	SET DOHISTORY
SET DEVELOPMENT	SET ECHO

Eingeschränkt nutzbare Visual FoxPro-Dateien

Visual FoxPro installiert Dateien auf Ihrem Computer, die nur eingeschränkt genutzt und weder vervielfältigt noch vertrieben werden dürfen. Dazu gehören:

- Dateien, die Assistenten enthalten
- TrueType®-Schriftarten
- Dateien, die zur Rechtschreibprüfung gehören
- Hilfedateien

Sie dürfen zwar keine Visual FoxPro-Beispielanwendungen zusammen mit Ihren Anwendungen vertreiben, es steht Ihnen aber frei, Programmzeilen der Beispielanwendungen als Muster für die Erstellung Ihrer eigenen Anwendungen zu verwenden. Die Klassenbibliothek der Assistenten (**Wizstyle.vcx**) sowie die als Beispiele dienenden Klassenbibliotheken dürfen Sie in Ihre Anwendungen einbeziehen.

Lizenz.txt

Visual FoxPro enthält viele Dateien, die gemäß den Lizenzvereinbarungen nur Sie persönlich für Entwicklungs- und Testzwecke verwenden dürfen. In der Datei License.txt, die sich in Ihrem Visual FoxPro-Verzeichnis befindet, finden Sie eine Liste der beschränkt nutzbaren Dateien.

Wenn Ihre Anwendung beschränkt nutzbare Dateien enthalten sollte, müssen Sie diese entfernen. Gemäß den Lizenzvereinbarungen von Microsoft, die Sie mit diesem Produkt erhalten haben, sind Sie nicht berechtigt, diese Dateien in Ihrer Anwendung oder in Dateien zu versenden.

Vertriebsfähige Dateien

Abgesehen von den beschränkt nutzbaren Dateien dürfen Sie alle Visual FoxPro-Dateien vertreiben. Gemäß den Lizenzvereinbarungen von Microsoft, die Sie mit diesem Produkt erhalten haben, müssen die Dateien zusammen mit einer entsprechenden Anwendung vertrieben werden. Für die vertriebsfähigen Dateien gelten die folgenden Richtlinien.

Setup-Assistent

Der Setup-Assistent führt eine Prüfung auf beschränkt nutzbare Dateien durch und entfernt diese aus der Liste der Dateien für den Vertriebsdiskettensatz. Sie sollten daher auch keinen dieser Dateinamen für Dateien verwenden, die für den Vertrieb bestimmt sind. Dateien, deren Namen mit einem der beschränkt nutzbaren Dateien übereinstimmen, werden vom Setup-Assistenten nicht in den Vertriebsdiskettensatz übernommen.

Dagegen dürfen alle Dateien in den Verzeichnissen Distrib.src und SETUP von Visual FoxPro vertrieben werden, die für die Unterstützung der entsprechenden Anwendung erforderlich sind. Wenn Sie den Setup-Assistenten zum Erstellen von Vertriebsdisketten verwenden, werden die benötigten Dateien aus diesen Verzeichnissen automatisch in komprimierter Form auf die Vertriebsdisketten kopiert. Nach der Installation werden diese Dateien dekomprimiert und nacheinander in den entsprechenden Verzeichnissen auf dem Computer des Benutzers installiert. Es ist nicht erforderlich, diese Dateien eigens in das Vertriebsverzeichnis zu kopieren.

Beispiele

Dateien, die sich Visual Studio-Verzeichnissen ...\Samples\Vfp98 und Vfp98\Api\Samples befinden, sind als Lernbeispiele bzw. als Vorlagen gedacht. Visual FoxPro-Beispielanwendungen dürfen nicht unverändert vertrieben werden. Sie dürfen jedoch Teile des Codes der Beispielanwendung als Grundlage für die Entwicklung Ihrer eigenen Anwendungen verwenden.

Wenn Sie Dateien in diesen Verzeichnissen verwenden (einschließlich aller .bmp-, .ico- und .cur-Dateien), müssen Sie diese in Ihr Projekt und in die Anwendungserstellung aufnehmen. Die Namen dieser Dateien müssen nicht auf den Vertriebsdisketten genannt werden. Die Dateien dürfen auch unabhängig von Ihren Anwendungen vertrieben werden.

Klassenbibliotheken

In Ihren Anwendungen dürfen Sie alle .vcx-Dateien, einschließlich der Dateien in den Verzeichnissen Vfp98\Ffc und Vfp98\Gallery, unverändert benutzen. Diese Bibliotheken müssen in das Projekt und in die Anwendungserstellung aufgenommen werden.

ODBC-Dateien

Die besonderen Beschränkungen in Bezug auf die Weiterverbreitung von ODBC-Dateien können Sie in den Lizenzvereinbarungen von Microsoft nachlesen, die Sie mit diesem Produkt erhalten haben.

ActiveX-Steuerelemente

Visual FoxPro beinhaltet eine Reihe von ActiveX-Steuerelementen (.ocx-Dateien), die Sie zu Ihren Anwendungen hinzufügen und mit diesen vertreiben dürfen.

Anpassen einer vertriebsfähigen Anwendung

Die standardmäßige Visual FoxPro-Laufzeitumgebung sieht so wie die Entwicklungsumgebung aus: Sie zeigt die Visual FoxPro-Symbole und -Menüs an. Um Ihrer Anwendung ein eigenes Erscheinungsbild zu geben, möchten Sie eventuell einige ihrer Features wie folgt anpassen:

- Schützen und Dokumentieren Ihres Quellcodes
- Aufrufen von Fehlerbehandlungs- und Beendigungsroutinen
- Ändern der standardmäßigen Visual FoxPro-Menüs und -Menübefehle
- Einbeziehen einer Konfigurationsdatei, um individuelle Einstellungen für die Titel, die Symbole, die Tastatur und die Hilfe festzulegen
- Ändern des Visual FoxPro-Hauptfensters
- Hinzufügen von Hilfe zu Ihrer Anwendung

Schützen und Dokumentieren Ihres Quellcodes

Damit Benutzer den Quellcode Ihrer Anwendung weder anzeigen noch ändern können, muß der Quellcode verschlüsselt sowie die Debug-Informationen gelöscht werden.

Tip: Sie sollten Ihren Quellcode immer erst sichern, bevor Sie ihn verschlüsseln.

▶ **So schützen Sie Ihren Quellcode**

1. Öffnen Sie das Projekt Ihrer Anwendung.
2. Klicken Sie im Menü **Projekt** auf **Projektinfo**.
3. Nehmen Sie im Dialogfeld Projektinformation folgende Einstellungen vor: Aktivieren Sie das Kontrollkästchen **Verschlüsselt**, und deaktivieren Sie das Kontrollkästchen **Debug-Info**.
4. Klicken Sie im Projekt-Manager auf **Erstellen**.
5. Aktivieren Sie im Dialogfeld Erstellungsoptionen das Kontrollkästchen **Alle Dateien nochmals kompilieren**. Klicken Sie anschließend auf **OK**.
6. Fügen Sie in den Teil Ihrer Anwendung, in dem diese initialisiert wird, den Befehl SET DEBUG OFF ein.

Sofern Sie dies nicht bereits getan haben, können Sie vor der Erstellung der Vertriebsdisketten die Programmzeilen Ihrer Anwendung so kommentieren und formatieren, daß sie einheitlich aussehen und leichter zu warten sind. Über den Befehl Formatieren im Menü **Extras** sowie mit dem Dokumentierungs-Assistenten gibt es verschiedene Möglichkeiten, die Dokumentation Ihrer Anwendung an Ihre Bedürfnisse anzupassen:

- Festlegen der Schreibweise (Groß-/Kleinschreibung) der Schlüsselwörter und Variablen.
- Festlegen, wie der Quellcode eingerückt werden soll.
- Hinzufügen von Überschriften zu Dateien, Prozeduren und Methoden.

▶ **So rufen Sie den Dokumentierungs-Assistenten auf**

1. Klicken Sie im Menü **Extras** auf **Assistenten**.
2. Klicken Sie im Untermenü auf **Dokumentierung**.

Sie können den Dokumentierungs-Assistenten auch einsetzen, um Querverweise für die Symbole, die Sie in Ihrer Anwendung verwendet haben, sowie eine analytische Zusammenfassung Ihres Projekts zu erstellen. Weitere Informationen hierzu finden Sie in der Hilfe unter „Dokumentierungs-Assistent".

Aufrufen von Fehlerbehandlungs- und Beendigungsroutinen

Gelegentlich werden Fehler auftreten, wenn Benutzer Ihre Anwendung ausführen. Über den entsprechenden Befehl ON ERROR können Sie eigene Fehlerbehandlungsroutinen aufrufen. Dies geschieht meist, indem der Befehl **ON ERROR** einen DO-Befehl enthält, der eine Routine aufruft, in der auf den jeweiligen Fehler reagiert wird. Beispiel:

```
ON ERROR DO Fehler1
```

Tritt ein Fehler auf und enthält Ihre Anwendung keine Fehlerbehandlungsroutinen, wird die Anwendung unterbrochen, und Visual FoxPro zeigt eine Fehlermeldung an, für die folgende Optionen verfügbar sind:

- **Abbrechen:** Wenn ein Benutzer auf **Abbrechen** klickt, geschieht folgendes: Visual FoxPro bricht die Ausführung des Programms sofort ab und gibt die Kontrolle an das System zurück.
- **Ignorieren:** Wenn ein Benutzer auf **Ignorieren** klickt, geschieht folgendes: Visual FoxPro ignoriert die Zeile, die den Fehler verursacht hat, und setzt das Programm mit der nächsten Programmzeile fort.

Weitere Informationen über die Fehlerbehandlung finden Sie in Kapitel 14, „Testen und Fehlerbeseitigung", unter „Behandeln von Laufzeitfehlern" und in der Hilfe unter „ON ERROR".

Eine vollständige Liste der Visual FoxPro-Fehlermeldungen mit den dazugehörigen Erläuterungen finden Sie in der Hilfe unter „Fehlermeldungen".

Tip: Sie sollten den Benutzern Ihrer Anwendung eine Dokumentation zur Verfügung stellen, in der die möglichen Fehler beschrieben sind und Maßnahmen vorgeschlagen werden, wie die Fehler behoben werden können.

Wenn Sie eine eigene Beendigungsroutine aufrufen möchten, fügen Sie einen entsprechenden ON SHUTDOWN-Befehl in Ihr Programm ein. Dies geschieht üblicherweise, indem Sie in dem Befehl **ON SHUTDOWN** einen DO-Befehl angeben, der eine Routine aufruft, sobald versucht wurde, die Anwendung zu beenden.

```
ON SHUTDOWN DO Beenden1
```

Eine solche Routine blendet häufig ein Dialogfeld ein, mit dem der jeweilige Benutzer gefragt wird, ob er die aktuelle Anwendung tatsächlich beenden möchte. Ist letzteres der Fall, kann die Routine alle geöffneten Dateien schließen, die Umgebung „aufräumen" undden Befehl QUIT ausgeben. Wenn der Benutzer die aktuelle Anwendung nicht beenden will, kann die Routine die Kontrolle an die Anwendung zurückgeben.

Weitere Informationen über die Erstellung einer Beendigungsroutine finden Sie in der Hilfe unter „ON SHUTDOWN".

Hinzufügen von Hilfe zu Ihrer Anwendung

Sie können kontextbezogene Hilfe in Ihre Anwendung integrieren, so daß ein Benutzer F1 drücken oder in einem Menü auf **Hilfe** klicken kann, um unterstützende Informationen zu Ihrer Anwendung zu erhalten. Die Hilfe, die Sie für Ihre Anwendung zur Verfügung stellen, hat dieselben Leistungsmerkmale wie die Hilfe in Visual FoxPro. Weitere Informationen hierzu finden Sie im Teil 7, „Erstellen von Hilfedateien".

Wenn Sie für Ihre Anwendung grafikorientierte Hilfe erstellen, legen Sie die entsprechende .hlp-Datei in dem Vertriebsverzeichnis Ihrer Anwendung ab, damit der Setup-Assistent die Hilfedatei für Ihre Vertriebsdisketten berücksichtigt.

Anmerkung: Sie dürfen weder **Winhelp.exe** noch die Hilfedateien vertreiben, die mit Visual FoxPro geliefert wurden. Weitere Informationen hierzu finden Sieweiter unten in diesem Kapitel unter „Entfernen von beschränkt nutzbaren Visual FoxPro-Funktionen und -Dateien".

Ändern des Erscheinungsbildes Ihrer Anwendung

Sie können, ohne Änderungen am Code Ihrer Anwendung vorzunehmen, das Erscheinungsbild Ihrer Anwendung durch folgende Aktionen abwandeln:

- Ändern des Standardmenüsystems.
- Ändern des Standardtitels.
- Wechseln des Standardsymbols der Anwendung.
- Festlegen plattformspezifischer Bewegungstasten.

Ändern der Visual FoxPro-Standardmenüs

Mit dem Menü-Designer können Sie zu einer Endbenutzeranwendung eigene Menüs und Menübefehle hinzufügen. Wenn Sie keine eigenen Menüs einfügen, zeigt die Laufzeitumgebung die entsprechenden Visual FoxPro-Standardmenüs an.

Weitere Informationen zu den Standardmenüs finden Sie unter „Sicherstellen eines richtigen Laufzeitverhaltens" weiter oben in diesem Kapitel. Weitere Informationen zu dem Menü-Designer finden Sie in Kapitel 11, „Entwerfen von Menüs und Symbolleisten".

Ändern des Standardtitels

Ihre Anwendung wird im Visual FoxPro-Hauptfenster ausgeführt. Standardmäßig wird in der Titelleiste der Text „Microsoft Visual FoxPro" angezeigt.

▶ **So ändern Sie den Titeltext des Visual FoxPro-Hauptfensters**

- Fügen Sie die folgende Anweisung in Ihre Konfigurationsdatei ein.

    ```
    TITLE = zGewünschterTitel
    ```

    Ersetzen Sie zGewünschterTitel durch den Titel des Hauptfensters Ihrer Anwendung.

Wie das folgende Beispiel verdeutlicht, können Sie die Eigenschaft Caption des Hauptfensters verwenden, um eine Visual FoxPro-Funktion als Teil des Titels anzugeben.

```
COMMAND=_SCREEN.Caption=;
"Visual FoxPro " + SUBSTR(VERSION(),25,3)
```

Wechseln des Standardsymbols einer Anwendung

Nachdem Ihre Anwendung kompiliert ist, wird im Windows-Explorer oder im Startmenü als Symbol der Anwendung das Visual FoxPro-Standardsymbol angezeigt. Sie können sowohl das von Visual FoxPro bereitgestellte generische Symbol als auch ein selbstentworfenes Symbol verwenden.

Wenn Sie Ihr eigenes Symbol anzeigen möchten, erstellen Sie eine Symboldatei (.ico-Datei), die zwei Bilder enthält: ein kleines Bild (16 mal 16) und ein Standardbild (32 mal 32). Erstellen Sie beide Bilder als 16farbige Symbole.

Sie können das Visual FoxPro-Standardsymbol im Dialogfeld **Projektinformation** wechseln (zu öffnen über das Menü **Projekt**). Wenn Sie die Vertriebsdisketten Ihrer Anwendung mit dem Setup-Assistenten erstellen, können Sie das Symbol der Anwendung auch dort angeben.

▶ **So wechseln Sie das Standardsymbol einer Anwendung mit dem Projekt-Manager**

1. Wählen Sie im Projekt-Manager die Hauptdatei Ihres Projekts aus.
2. Klicken Sie im Menü **Projekt** auf **Projektinfo**, und klicken Sie anschließend auf die Registerkarte **Projekt**.
3. Aktivieren Sie das Kontrollkästchen **Symbol hinzufügen**.
4. Klicken Sie auf **Symbol**, und wählen Sie die Symboldatei (.ico-Datei) aus, die Sie Ihrem Projekt zuweisen möchten.

Sichern Ihres Quellcodes

Bevor Sie aus den von Ihnen geschriebenen Programmen Anwendungen erstellen, empfiehlt es sich, die Programmdateien zu sichern. Sie sollten die Sicherungskopien getrennt von den kompilierten Anwendungen aufbewahren.

Wichtig: Sie sollten darauf achten, daß Ihre im Quellcode vorliegenden Programme für spätere Änderungen als eigenständige Kopien vorhanden sind. Es ist nicht möglich, aus einem kompilierten Programm wieder dessen Quellcode zu erstellen.

Erstellen Ihrer Anwendung

Sobald das Projekt Ihrer jeweiligen Anwendung alle erforderlichen Dateien enthält, können Sie eine vertriebsfähige Datei erstellen. Sie können aus Ihrem Projekt sowohl eine nicht eigenständig ausführbare als auch eine eigenständig ausführbare Anwendung erstellen. Während erstere nur ausgeführt wird, wenn Visual FoxPro vorhanden ist, ist letztere auch ohne Visual FoxPro ausführbar.

Anmerkung: Sie können Ihre Anwendung auch als Automatisierungsserver erstellen. Weitere Informationen hierzu finden Sie in Kapitel 16, „Hinzufügen von OLE", unter „Erstellen von Automatisierungsservern".

Erstellen einer nicht eigenständig ausführbaren Anwendung

Eine nicht eigenständig ausführbare Visual FoxPro-Anwendung (.APP-Datei) können Sie entweder mit dem Projekt-Manager oder mit dem Befehl **BUILD APP** erstellen. Wenn Sie aber eine Anwendung mit Hilfe des Projekt-Managers erstellen, stehen Ihnen für den Erstellungsvorgang weitaus mehr Optionen zur Verfügung.

▶ **So erstellen Sie eine nicht eigenständig ausführbare Anwendung**

- Klicken Sie im Projekt-Manager auf **Erstellen**, und aktivieren Sie anschließend im Dialogfeld Erstellungsoptionen das Optionsfeld **Anwendung erstellen**.

  – Oder –

- Verwenden Sie den Befehl BUILD APP.

Erstellen einer eigenständig ausführbaren Datei

Eine eigenständig ausführbare Visual FoxPro-Anwendung (.exe-Datei) können Sie sowohl mit dem Projekt-Manager als auch mit dem Befehl **BUILD EXE** erstellen.

▶ **So erstellen Sie eine eigenständig ausführbare Datei**

- Klicken Sie im Projekt-Manager auf **Erstellen**, und aktivieren Sie anschließend im Dialogfeld Erstellungsoptionen das Optionsfeld **EXE-Datei erstellen**.

  – Oder –

- Verwenden Sie den Befehl BUILD EXE.

  Wenn Sie in einem BUILD EXE-Befehl eine der Klauseln STANDALONE oder EXTENDED angeben, zeigt Visual FoxPro die Fehlermeldung „Option nicht verfügbar" an.

Sie können auch einen Automatisierungsserver als DLL-Datei erstellen, die aus anderen Windows-Programmen aufgerufen werden kann.

▶ **So kompilieren Sie einen Automatisierungsserver**

- Klicken Sie im Projekt-Manager auf **Erstellen**, und aktivieren Sie anschließend im Dialogfeld Erstellungsoptionen das Optionsfeld **OLE-DLL erstellen**.

  – Oder –

- Verwenden Sie den Befehl BUILD DLL.

Die Schritte bis zu den fertigen Vertriebsdisketten

Nachdem Sie alle Randbedingungen sowie die von Visual FoxPro bereitgestellten Optionen berücksichtigt und aus Ihren Dateien eine ausführbare Anwendung erstellt haben, führen Sie die folgenden Schritte aus:

- Erstellen Sie ein Vertriebsverzeichnis.
- Kopieren Sie alle Dateien Ihrer Anwendung, die Bestandteil des Projekts sind, an die entsprechenden Stellen des Vertriebsverzeichnisses.
- Erstellen Sie Vertriebsdisketten.

Erstellen eines Vertriebsverzeichnisses

Ein Vertriebsverzeichnis enthält Kopien aller Dateien, die zu Ihrer jeweiligen Anwendung gehören. Die Struktur dieses *Vertriebsverzeichnisses* spiegelt die Verzeichnisstruktur wider, gemäß der die Installationsroutine, die mit dem Setup-Assistenten erstellt wurde, die Dateien auf dem Computer eines Benutzers installiert.

Zuordnen der zum Projekt gehörenden Dateien zum Vertriebsverzeichnis

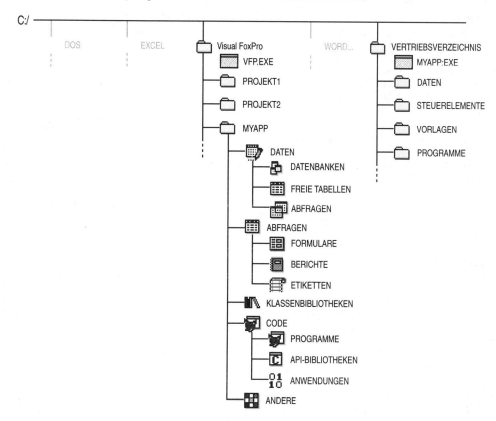

▶ **So erstellen Sie das Vertriebsverzeichnis**

1. Erstellen Sie ein Verzeichnis unter dem Namen, den das Verzeichnis Ihrer Anwendung auf dem Computer eines Benutzers haben soll.

2. Legen Sie im Vertriebsverzeichnis alle Unterverzeichnisse an, die für Ihre Anwendung benötigt werden.

3. Kopieren Sie alle im Projekt angegebenen Dateien der Anwendung in das Vertriebsverzeichnis.

Mit Hilfe dieses Verzeichnisses können Sie Ihre Anwendung innerhalb der Laufzeitumgebung testen. Unter Umständen sollten Sie dazu die Einstellungen Ihrer Entwicklungscomputer so ändern, daß sie der Minimalausstattung eines Benutzercomputers entsprechen. Sobald alles fehlerfrei ausgeführt wird, können Sie mit dem Setup-Assistenten Diskettenabbilder erstellen, die die korrekte Umgebung reproduzieren, wenn ein Benutzer eine Kopie Ihrer Anwendung installiert.

Erstellen von Vertriebsdisketten

Vertriebsdisketten können Sie mit dem Setup-Assistenten erstellen. Der Setup-Assistent komprimiert die Dateien, die sich im Vertriebsverzeichnis befinden, und kopiert diese komprimierten Dateien in das Diskettenabbildverzeichnis. Dabei legt er alle Dateien, die sich jeweils zusammen auf einer Diskette befinden werden, in einem eigenen Unterverzeichnis ab. Nachdem Sie mit dem Setup-Assistenten Abbilder der Disketten Ihrer Anwendung erstellt haben, kopieren Sie den Inhalt jedes einzelnen Verzeichnisses der Diskettenabbilder auf eine eigene Diskette.

Ein Benutzer, der Ihre Anwendung erworben hat, kann diese dann installieren, indem er das auf der Diskette 1 befindliche Programm **Setup.exe** ausführt.

Weitere Informationen über das Arbeiten mit dem Setup-Assistenten finden Sie in Kapitel 26, „Erstellen von Vertriebsdisketten".

KAPITEL 26

Erstellen von Vertriebsdisketten

Nachdem Sie Ihre Anwendung entwickelt und getestet haben, können Sie mit dem Setup-Assistenten eine Setup-Routine sowie Vertriebsdisketten für die Anwendung erstellen. Wenn Sie Ihre Anwendung auf Disketten unterschiedlicher Formate vertreiben möchten, erstellt der Setup-Assistent Routinen und Diskettenabbildungen für alle von Ihnen angegebenen Formate.

Weitere Informationen über das Vorbereiten von Anwendungen zum Vertrieb finden Sie in Kapitel 25, „Erstellen einer Anwendung zum Vertrieb". Weitere Informationen über das Erstellen einer Anwendung finden Sie in Kapitel 13, „Kompilieren einer Anwendung".

In diesem Kapitel ist die Erstellung von Vertriebsdisketten skizziert. Folgende Themen sind erläutert:

- Die Schritte bis zu den fertigen Vertriebsdisketten
- Arbeiten mit dem Setup-Assistenten

Die Schritte bis zu den fertigen Vertriebsdisketten

Damit Sie eine Anwendung vertreiben können, kopieren Sie alle Dateien, die unmittelbar zur Anwendung gehören, sowie alle Unterstützungsdateien auf ein Vertriebsmedium (meist CDs oder Disketten). Außerdem sollten Sie eine Methode bereitstellen, mit der Benutzer Ihre Anwendung auf ihren Computern installieren können. Da es sehr schwierig sein kann, die richtigen Dateien zu kopieren und zu installieren, sollten Sie die dazu erforderlichen Vorgänge rationalisieren, indem Sie den Projekt-Manager und den Setup-Assistenten verwenden.

Mit Hilfe des Projekt-Managers erstellen und verwalten Sie die Dateien, die zu Ihrer Anwendung gehören, und kennzeichnen die Dateien, die Sie vertreiben möchten.

Mit dem Setup-Assistenten können Sie einen oder mehrere Sätze Disketten erstellen, die vertrieben werden können, auf denen sich auch die Setup-Routine Ihrer Anwendung befindet. Um das Erstellen einer Setup-Routine zu vereinfachen, stellt Ihnen der Setup-Assistent eine Reihe von Fragen zu Ihrer Anwendung sowie dazu, wie die Setup-Routine aussehen soll. Nachdem Sie die Fragen beantwortet haben, erstellt der Setup-Assistent für Sie eine entsprechend angepaßte Setup-Routine.

Jedesmal, wenn Sie den Setup-Assistenten ausführen, zeichnet dieser die Optionen auf, die Sie für das entsprechende Vertriebsverzeichnis ausgewählt haben. Auf diese Weise wird der Vorgang noch einfacher, wenn Sie den Setup-Assistenten das nächste Mal ausführen.

Anmerkung: Wenn Sie einen Installationsvorgang so gestalten, daß die zu Ihrer Anwendung gehörenden Dateien lediglich auf den Computer eines Benutzers kopiert werden, kann es sein, daß Ihre Anwendung nicht einwandfrei ausgeführt wird. Windows-Setup-Routinen, wie sie z. B. der Setup-Assistent erstellt, erfordern, daß die Versionsnummern bestimmter DLL- und ActiveX-Dateien geprüft und daß diese DLL- und ActiveX-Dateien registriert werden. Damit eine fehlerfreie Installation garantiert ist, sollten Sie den Setup-Assistenten verwenden. Weitere Informationen finden Sie unter „Setup-Assistent" weiter unten in diesem Kapitel.

Das Vertriebsverzeichnis

Bevor Sie mit dem Setup-Assistenten Vertriebsdisketten erstellen können, müssen Sie ein sogenanntes Vertriebsverzeichnis anlegen. Dieses Verzeichnis muß die Struktur haben und die Dateien enthalten, die auf die Festplatte eines Benutzers kopiert werden sollen. Kopieren Sie alle Dateien, die sich auf den Vertriebsdisketten befinden sollen, in dieses Vertriebsverzeichnis.

Projizieren eines Vertriebsverzeichnisses auf die zugehörigen Diskettenabbildungen

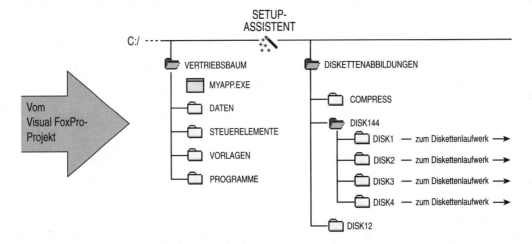

Ein Vertriebsverzeichnis kann fast jede beliebige Struktur haben. Einzige Bedingung ist, daß sich die von Ihnen entwickelte Anwendung (.app-Datei) bzw. eigenständig ausführbare Datei (.exe-Datei) im Stammverzeichnis der Verzeichnisstruktur befindet.

Für viele Visual FoxPro-Anwendungen sind weitere Ressourcendateien erforderlich. So könnten Sie z. B. eine Konfigurations- oder eine Hilfedatei hinzufügen. Wenn Sie eine Ressourcendatei hinzufügen, die Sie nicht in Ihr Projekt eingebunden haben, müssen Sie diese Datei in der Verzeichnisstruktur Ihrer Anwendung ablegen.

In der folgenden Tabelle sind einige typische Dateien aufgeführt, die im Verzeichnis der Anwendung abgelegt sind.

Aktion	Hinzuzufügende Dateien
Für Ihre Anwendung eine benutzerdefinierte Konfiguration verwenden	**Config.fpw** oder sonstige Konfigurationsdatei
Für Ihre Anwendung benutzerdefinierte Einstellungen verwenden	**Foxuser.dbf** und **Foxuser.fpt**
Visual FoxPro-Schriftarten vertreiben	**Foxfont** **Foxprint**

(Fortsetzung)

Aktion	Hinzuzufügende Dateien
Eine Support-Bibliothek vertreiben	*Bibliotheksname*.ocx oder *Bibliotheksname*.fll
Eine gebietsschemaspezifische Ressourcendatei verwenden	Vfp6raaa.dll, wobei „aaa" der aus drei Buchstaben bestehende Sprachencode ist.

Wenn Sie den Setup-Assistenten ausführen, erstellt dieser ein separates Verzeichnis für jedes Diskettenformat, das Sie angeben. Diese Verzeichnisse enthalten alle für Ihre Diskettenabbildungen erforderlichen Dateien.

Wenn Sie z. B. angeben, daß sowohl für 1,44-Disketten als auch für das Netsetup Abbildungen erstellt werden sollen, legt der Setup-Assistent zwei Unterverzeichnisse namens **DISK144** und **NETSETUP** an. Sind für Ihre Anwendung 4 Vertriebsdisketten erforderlich, legt der Setup-Assistent im Verzeichnis **DISK144** vier Unterverzeichnisse **DISK1**, **DISK2**, **DISK3** und **DISK4** an.

Wichtig: Da der Setup-Assistent mindestens zwei neue Unterverzeichnisse auf Ihrer Festplatte anlegt, sollten Sie dafür sorgen, daß auf der Festplatte soviel Speicherplatz verfügbar ist, daß drei unkomprimierte Kopien Ihrer Anwendung Platz finden.

Der Setup-Assistent

Der Setup-Assistent erstellt eine Setup-Routine für Ihre Anwendung, die die Datei **Setup.exe**, einige Informationsdateien sowie die komprimierten bzw. unkomprimierten Dateien (gespeichert unter .cab-Dateien) der Anwendung enthält. Als Ergebnis liegen dann mehrere Dateien vor, die auf Disketten, einem Netzwerk oder einer Webseite abgelegt werden können. Benutzer können Ihre Anwendung dann so installieren wie jede Windows-Anwendung. Bei der Installation Ihrer Anwendung werden den Benutzern die Optionen angezeigt, die Sie angeben, wenn Sie mit dem Setup-Assistenten arbeiten.

Sobald Sie ein entsprechendes Vertriebsverzeichnis angelegt haben, können Sie mit dem Setup-Assistenten die Unterverzeichnisse für die Diskettenabbildungen erstellen, die alle Dateien enthalten, die für die Installation Ihrer Anwendung benötigt werden. Die in diesen Unterverzeichnissen befindlichen Dateien können Sie dann kopieren, um die Vertriebsdisketten Ihrer Anwendung zu erstellen.

Der Setup-Assistent führt die folgenden Schritte aus:

1. Er erstellt eine Datei namens **Wzsetup.ini**. In dieser Datei speichert der Setup-Assistent alle Einstellungen, die Sie im Verlauf seiner Schritte für das zugehörige Vertriebsverzeichnis ausgewählt haben.

2. Er prüft, ob alle erforderlichen Dateien vorhanden sind, damit die Benutzer die von Ihnen vertriebene Anwendung ausführen können.

3. Er kopiert die komprimierten Dateien in Unterverzeichnisse, die er in dem Verzeichnis angelegt hat, das die Kopien der Vertriebsdisketten enthält.

4. Er erstelltInstallationsdateien in den angegebenen Abbildungsverzeichnissen, unter anderem **Setup.inf** und **Setup.stf**. Diese Dateien enthalten Installationsparameter für die Setup-Routine.

5. Er erstellt in Ihrem Vertriebsverzeichnis die beiden Dateien **Dkcontrl.dbf** und **Dkcontrl.cdx**. Diese Dateien enthalten statistische Informationen darüber, wie die Dateien komprimiert und den Disketten-Unterverzeichnissen zugeordnet wurden.

Arbeiten mit dem Setup-Assistenten

Mit dem Setup-Assistenten können Sie aus den Dateien, die sich in Ihrem Vertriebsverzeichnis befinden, Vertriebsdisketten erstellen. Der Setup-Assistent ermöglicht es Ihnen, neue Setup-Routinen zu erstellen oder Informationen, die sich im Vertriebsverzeichnis befinden, als Standardeinstellungen zu verwenden.

Der Setup-Assistent benötigt ein Arbeitsverzeichnis namens **Distrib.src**. In folgenden Fällen wird eine Meldung angezeigt, die Ihnen mitteilt, daß dieses Verzeichnis nicht gefunden wurde: Sie arbeiten das erste Mal mit dem Setup-Assistenten, oder das Verzeichnis **Distrib.src** befindet sich nicht an der Stelle, an der es vom Setup-Assistenten gesucht wird.

▶ **So erstellen Sie eine Setup-Routine sowie ein Vertriebsverzeichnis**

1. Klicken Sie im Menü **Extras** auf **Assistenten**.

2. Klicken Sie im Untermenü **Assistenten** auf **Setup**.

3. Wenn der Setup-Assistent Sie auffordert, das Verzeichnis **Distrib.src** zu erstellen oder dessen Position anzugeben, gehen Sie wie folgt vor: Befolgen Sie die Anweisungen der Meldung, wenn Sie das Verzeichnis erstellen möchten, oder klicken Sie auf **Verzeichnis suchen**, um die Position des Verzeichnisses anzugeben.

Wenn Sie ausführlichere Informationen zu den Optionen eines Fensters des Setup-Assistenten wünschen, klicken Sie auf die Schaltfläche **Hilfe** des jeweiligen Fensters, oder drücken Sie F1.

Angeben des Vertriebsverzeichnisses

Das Vertriebsverzeichnis geben Sie in Schritt 1 des Setup-Assistenten an. Sie sollten das Vertriebsverzeichnis angeben, das Sie erstellt haben, um eine vom Benutzer durchgeführte Installation Ihres Programms zu simulieren.

Der Setup-Assistent erwartet, daß das angegebene Verzeichnis alle Unterverzeichnisse und Dateien enthält, die auf dem Computer des Benutzers erstellt werden sollen. Der Setup-Assistent sucht in diesem Verzeichnis nach den Dateien, die er in komprimierter Form im Diskettenabbildverzeichnis ablegt.

Der Setup-Assistent speichert für jedes Vertriebsverzeichnis die von Ihnen vorgenommenen Einstellungen der Optionen und verwendet diese Einstellungen als Standardwerte, wenn Sie auf Basis dieses Vertriebsverzeichnisses erneut eine Setup-Routine erstellen.

Auswählen optionaler Bestandteile

In Schritt 2 des Setup-Assistenten geben Sie die optionalen Bestandteile an, die Ihre Anwendung einsetzt oder unterstützt. Wenn Ihre Anwendung z. B. die Laufzeitversion von Visual FoxPro erfordert, aktivieren Sie das Kontrollkästchen **Visual FoxPro Runtime**, damit der Setup-Assistent die Laufzeit-Support-Bibliothek (**Vfp500.dll**) einbezieht. Wenn Sie Ihre Anwendung als Automatisierungsserver vertreiben möchten, aktivieren Sie das dafür vorgesehene Kontrollkästchen.

Anmerkung: Wenn Ihre Anwendung einen Automatisierungsserver umfaßt, wird dieser vom Setup-Programm automatisch auf dem Computer des Benutzers registriert, wenn der Benutzer die Anwendung installiert.

Angeben der Diskettenabbildungen

In Schritt 3 des Setup-Assistenten geben Sie die Diskettenformate an, auf denen Ihre Anwendung vertrieben wird.

Der Setup-Assistent fordert Sie auf, die Typen der Disketten anzugeben, auf denen Ihre Anwendung vertrieben werden soll. Sie können die folgenden Optionen in beliebiger Kombination aktivieren:

- 1,44-MB-Disketten (3,5 Zoll)
- Komprimiertes Wetsetup
- Unkomprimiertes Netsetup

Der Setup-Assistent fordert Sie außerdem auf, den Namen eines Diskettenabbildungsverzeichnisses anzugeben, das für jeden von Ihnen angegebenen Diskettentyp eine Diskettenabbildung enthält. Sie können das Diskettenabbildungsverzeichnis erstellen, bevor sie den Setup-Assistenten starten, oder Sie können es dem Setup-Assistenten überlassen, das Verzeichnis für Sie anzulegen.

Wenn Sie die eine der **Netsetup**-Optionen aktivieren, erstellt der Setup-Assistent ein Verzeichnis, das alle Dateien enthält.

Anpassen der Dialogfelder des Installationsprogramms

In Schritt 4 des Setup-Assistenten können Sie die Dialogfelder der Installation Ihrer Anwendung entsprechend eigener Anforderungen anpassen.

Der Setup-Assistent fordert Sie auf, für die Setup-Routine die Titel der Dialogfelder sowie die Copyrightmitteilung anzugeben.

Der Setup-Assistent erstellt Installationsdialogfelder, die den von Ihnen angegebenen Titel haben.

Angeben einer nach Setup auszuführenden Datei

In Schritt 4 des Setup-Assistenten können Sie ein Programm oder einen Vorgang angeben, das bzw. der von **Setup** ausgeführt werden soll, sobald die Installation abgeschlossen ist. Ein solcher Vorgang besteht häufig darin, eine Info-Datei anzuzeigen oder den Installationsvorgang für ein zugehöriges Produkt zu starten.

Der Setup-Assistent fordert Sie auf, den Namen der auszuführenden Datei anzugeben. Geben Sie die vollständige Befehlszeile ein, die erforderlich ist, um die auszuführende Datei zu starten. Dazu gehören der komplette Pfad der auszuführenden Datei, alle Dateinamen, die an das Programm übergeben werden, sowie alle Befehlszeilenparameter.

Anmerkung: Das von Ihnen angegebene Programm muß auf dem Computer des Benutzers vorhanden sein. Andernfalls tritt ein Fehler auf.

Festlegen von Zielverzeichnis und Programmgruppe

In Schritt 5 des Setup-Assistenten legen Sie das Standard-Zielverzeichnis der zu Ihrer Anwendung gehörenden Dateien fest.

Der Setup-Assistent fordert Sie auf, folgendes anzugeben:

- Den Standardnamen des Verzeichnisses, in dem das Installationsprogramm Ihre Anwendung auf dem Computer eines Benutzers ablegt.
- Die Programmgruppe, in der das Symbol Ihrer Anwendung auf dem Computer eines Benutzers standardmäßig plaziert werden soll.

Die Setup-Routine legt Ihre Anwendung in dem von Ihnen angegebenen Verzeichnis ab und plaziert das Standardsymbol der Anwendung (oder das von Ihnen festgelegte Symbol) in der benannten Programmgruppe.

Sie können festlegen, ob es den Benutzern, nachdem die Setup-Routine beendet wurde, gestattet sein soll, Änderungen bezüglich der standardmäßigen Programmgruppe bzw. bezüglich des standardmäßigen Zielverzeichnisses und der Programmgruppe vornehmen zu können.

Betrachten der Zusammenfassung

In Schritt 6 des Setup-Assistenten werden die Ergebnisse der von Ihnen vorgenommenen Einstellungen angezeigt.

Der Setup-Assistent zeigt eine Zusammenfassung zu Ihren Dateien sowie zu den Ergebnissen der von Ihnen vorgenommenen Einstellungen an und ermöglicht es Ihnen, Änderungen bezüglich der Dateinamen, der Dateipositionen (Zielverzeichnis und Programmgruppe) sowie weiterer Angaben vorzunehmen.

Abschließen des Setup-Assistenten

Damit die Setup-Routine Ihrer Anwendung erstellt wird, klicken Sie in Schritt 7 des Setup-Assistenten auf **Fertigstellen**. Bei diesem Arbeitsschritt können Sie außerdem eine Abhängigkeitsdatei (.dep-Datei) erstellen. Diese Datei ermöglicht es Ihnen, andere Setup-Dienstprogramme für die Installation von Anwendungen zu verwenden.

Sobald Sie auf **Fertigstellen** geklickt haben, führt der Setup-Assistent die folgenden Schritte aus:

- Er speichert die aktuelle Konfiguration, um auf diese zurückgreifen zu können, wenn Sie das nächste mal Vertriebsdisketten aus diesem Vertriebsverzeichnis erstellen.
- Er beginnt damit, die Diskettenabbildungen der Anwendung zu erstellen.

Nachdem der Setup-Assistent die von Ihnen festgelegten Diskettenabbildungen erstellt hat, können Sie diese Abbildungen auf Master-Disketten kopieren, mit diesen dann die eigentlichen Vertriebsdisketten erstellen und letztere zusammen mit den anderen Bestandteilen Ihres Software-Paketes vertreiben. Sobald Sie einen Satz von Master-Disketten erstellt haben, können Sie die als Diskettenabbildungen dienenden Unterverzeichnisse löschen.

TEIL 9

Zugreifen auf APIs

Wenn Ihre Anwendung Anforderungen stellt, die nicht bereits durch die in Visual FoxPro integrierten Leistungsmerkmale abgedeckt sind, können Sie das Programm erweitern, indem Sie externe Bibliotheken nutzen: ActiveX-Steuerelemente oder Dynamic-Link Libraries (DLLs). Mit Hilfe von externen Bibliotheken können Sie zum einen Objekte zu Ihrer Anwendung hinzufügen (beliebige Elemente, von erweiterten Textfeldern bis zu Kalendern sowie weiteren kompletten Anwendungen) und zum anderen die Funktionalität nutzen, die von anderen Programmen (einschließlich Windows selbst) über deren APIs (Application Programming Interfaces) bereitgestellt wird.

Kapitel 27 Erweitern von Visual FoxPro mit externen Bibliotheken   707

Sie können sehr einfach ActiveX-Steuerelemente (.ocx-Dateien) zu Ihren Anwendungen hinzufügen. Diese Steuerelemente stellen Ihnen neue Objekte bereit, die Sie in Formularen verwenden, aus denen Sie Unterklassen bilden und mit denen Sie die Art und Weise steuern können, in der Sie mit den Visual FoxPro-eigenen Steuerelementen arbeiten. Darüber hinaus können Sie eine Verbindung zu einer externen Bibliothek (z. B. eine DLL-Datei) herstellen und aus Ihren Programmen heraus die Funktionen der Bibliothek aufrufen. Wenn Sie bereits externe Visual FoxPro-Bibliotheken (.fll-Dateien) besitzen, können Sie auch zu diesen eine Verbindung herstellen und deren Funktionen aufrufen.

Kapitel 28 Zugreifen auf die Visual FoxPro-API   715

Wenn es keine externe Bibliothek gibt, die Ihren Anforderungen entspricht, können Sie eigene ActiveX-Steuerelemente oder Visual FoxPro-spezifische Dynamic-Link Libraries (.fll-Dateien) schreiben. Indem Sie Funktionen aufrufen, die von der Visual FoxPro-API bereitgestellt werden, können Sie Steuerelemente oder Bibliotheken erstellen, die nahtlos in Visual FoxPro integriert und für den Einsatz in Visual FoxPro optimiert sind.

KAPITEL 27

Erweitern von Visual FoxPro mit externen Bibliotheken

Sie können die Fähigkeiten von Visual FoxPro erweitern, indem Sie die Möglichkeiten nutzen, die ActiveX-Steuerelemente (.ocx-Dateien), ActiveX-Objekte sowie Dynamic-Link Libraries (DLLs) bieten. Mit Hilfe externer Bibliotheken können Sie nicht nur auf die Fähigkeiten anderer Programme, sondern sogar auf die Fähigkeiten von Windows selbst zugreifen. Zum Beispiel können Sie ein ActiveX-Steuerelement verwenden, um die Windows-Registrierung direkt zu lesen und zu aktualisieren, oder um systembezogene Funktionen aufzurufen, indem Sie eine der DLLs von Windows einbinden.

Wenn Sie Funktionen benötigen, die in keiner externen Bibliothek verfügbar sind, können Sie ein eigenes ActiveX-Steuerelement in C++ schreiben (mit einem 32-Bit-Compiler, wie z. B. Microsoft Visual C++®, Version 4.0 oder höher oder mit der Microsoft Visual Basic® Control Creation Edition Version 5.0). Weitere Informationen hierzu finden Sie in Kapitel 28, „Zugreifen auf das Visual FoxPro-API".

Dieses Kapitel behandelt folgende Themen:

- Verwenden von externen Bibliotheken
- Zugreifen auf ActiveX-Steuerelemente
- Zugreifen auf Dynamic-Link Libraries (DLLs)
- Zugreifen auf eine Visual FoxPro-Bibliothek

Verwenden von externen Bibliotheken

In den meisten Fällen stellt Visual FoxPro alle Werkzeuge bereit, die Sie benötigen, um Ihre Anwendung vollständig zu erstellen. Gelegentlich werden Sie aber feststellen, daß für eine Anwendung Funktionen erforderlich sind, die nicht von Visual FoxPro bereitgestellt werden. In solchen Fällen können Sie die Fähigkeiten von Visual FoxPro erweitern, indem Sie die Möglichkeiten externer Bibliotheken nutzen.

Aus Visual FoxPro können Sie auf folgende Typen externer Bibliotheken zugreifen:

- **ActiveX-Steuerelemente (.ocx-Dateien) und Objekte.** ActiveX-Steuerelemente und -Objekte sind Programme, die Objekte enthalten, die zur Erledigung bestimmter Aufgaben entwickelt wurden. Die meisten ActiveX-Steuerelemente fügen neue Objekte zu Visual FoxPro hinzu, wie z. B. eine neue Variante eines Textfeldes, eines Taschenrechners oder eines anderen komplexen Objekts. Einige ActiveX-Steuerelemente und -Objekte integrieren andere Systemkomponenten, indem sie z. B. Zugriff auf Ihr E-Mail-System oder auf die Kommunikationsanschlüsse Ihres Computers ermöglichen. Nachdem Sie ein ActiveX-Steuerelement oder -Objekt in Visual FoxPro integriert haben, gilt grundsätzlich, daß Sie die darin enthaltenen Objekte so einsetzen können wie jede Visual FoxPro-Basisklasse.

- **Dynamic-Link Libraries (.dll-Dateien)**. Eine .dll-Datei ist eine Bibliothek mit Funktionen, die Sie genau so aus Visual FoxPro-Programmen aufrufen können wie benutzerdefinierte Funktionen, die in Visual FoxPro geschrieben sind. Viele Windows-Programme und auch Windows selbst stellen ihre Funktionen über .dll-Dateien zur Verfügung. Sie können z. B. auf die Farbeinstellungen von Windows zugreifen, indem Sie eine .dll-Systemdatei einbinden und die entsprechenden Funktionen in dieser Datei aufrufen.

- **Externe Visual FoxPro-Bibliotheken (.fll-Dateien)**. Eine .fll-Datei unterscheidet sich von einer .dll-Datei dadurch, daß für sie ein spezielles Protokoll verwendet wird, um Daten gemeinsam mit Visual FoxPro zu nutzen, und daß in ihr häufig interne Visual FoxPro-Funktionen aufgerufen werden. Daraus folgt, daß .fll-Dateien im Gegensatz zu .dll-Dateien, die aus jedem Windows-Programm aufgerufen werden können, Visual FoxPro-spezifisch sind. Die Funktionen einer .fll-Datei können Sie so aufrufen wie jede benutzerdefinierte Funktion, die in Visual FoxPro geschrieben ist.

Bevor Sie eine Bibliothek verwenden, müssen Sie die Regeln kennen, nach denen auf die Steuerelemente oder Funktionen der Bibliothek zugegriffen wird. Wenn Sie z. B. ein ActiveX-Steuerelement auf einem Formular anordnen möchten, müssen Sie wissen, welche Eigenschaften, Ereignisse und Methoden Sie verwenden können, um das Steuerelement zu verwalten. Bei einem ActiveX-Steuerelement können Sie auch den Visual FoxPro-Klassenkatalog verwenden, um festzustellen, welche Eigenschaften, Ereignisse und Methoden benutzt werden können. Ähnliches gilt, wenn Sie eine Funktion einer .dll-Datei aufrufen möchten, denn Sie müssen den Namen der Funktion, die Anzahl und die Datentypen ihrer erforderlichen Parameter sowie den Datentyp ihres Rückgabewerts wissen. Üblicherweise finden Sie diese Informationen in der Dokumentation, die als Buch oder Hilfesystem zusammen mit der jeweiligen Bibliothek geliefert wird. Informationen zu den .dll-Systemdateien für Windows finden Sie in dem Software Development Kit (SDK), das für Ihre Version von Windows geeignet ist.

Zugreifen auf ActiveX-Steuerelemente und -Objekte

Sie können jedes ActiveX-Steuerelement verwenden, das auf Ihrem Computer vorhanden ist. Sie verwenden ein ActiveX-Steuerelement, indem Sie es zu einem Formular hinzufügen, seine Eigenschaften einstellen und Behandlungsroutinen für seine Ereignisse schreiben oder seine Methoden aufrufen. Ein ActiveX-Steuerelement können Sie folgendermaßen zu einem Formular hinzufügen: mit der Symbolleiste für Formular-Steuerelemente, mit einem OLE-Container-Steuerelement oder mit Code. Weitere Informationen über das Hinzufügen eines ActiveX-Steuerelements in einen Formular-Designer finden Sie in Kapitel 16, „Hinzufügen von OLE".

In Code können Sie ein ActiveX-Steuerelement weitgehend so erstellen wie jedes andere Visual FoxPro-Steuerelement. Bevor Sie das Steuerelement erstellen, müssen Sie allerdings den Namen der Klassenbibliothek des Steuerelements kennen. Dieser Name ist in der Windows-Registrierung gespeichert. Wenn Sie keine andere Möglichkeit haben, den Namen der Klassenbibliothek zu ermitteln, können Sie wie folgt vorgehen: Erstellen Sie das Steuerelement mit dem Formular-Designer (wie im vorherigen Abschnitt beschrieben), und zeigen Sie die Eigenschaft **OLEClass** des Steuerelements an.

ActiveX-Objekte können direkt mit **CREATEOBJECT( )** erstellt werden und benötigen keine Instanz eines Formulars.

▶ **So erstellen Sie ein ActiveX-Steuerelement in Code**

1. Rufen Sie CREATEOBJECT( ) auf, um ein Formular zu erstellen.
2. Fügen Sie das Steuerelement hinzu, indem Sie die Methode AddObject des neuen Formulars aufrufen. Geben Sie als Klasse olecontrol an. Im dritten Parameter der Methode **AddObject** müssen Sie den Namen der Klassenbibliothek des Steuerelements übergeben.

Das folgende Programm erstellt z. B. ein neues Formular und fügt zu diesem ein Hierarchie-Steuerelement hinzu:

```
oMyForm = CREATEOBJECT("form")
oMyForm.AddObject("oleOutline","olecontrol", ;
    "MSOutl.Outline")
```

Nachdem Sie das Formular und das Steuerelement erstellt haben, können Sie das Formular anzeigen, indem Sie dessen Methode Show aufrufen, und das Steuerelement, indem Sie dessen Eigenschaft Visible auf **Wahr** (.T.) einstellen.

```
oMyForm.oleOutline.Visible = .T.
oMyForm.Show
```

Einige ActiveX-Steuerelemente sind nicht dafür vorgesehen, von Benutzern interaktiv verwendet zu werden. Zum Beispiel unterstützt ein Zeitgeber-Steuerelement keine Methoden zur Benutzerinteraktion. Aber selbst dann können Sie das Steuerelement auf einem Formular anordnen, da das Steuerelement normalerweise eine sichtbare Standardkomponente, z. B. ein Symbol, zur Verfügung stellt. Häufig ist es aber nicht möglich, das Symbol zu wechseln oder dessen Größe zu ändern.

Wenn Sie nicht möchten, daß Ihre Anwendung das Symbol eines nichtinteraktiven Steuerelements anzeigt, können Sie das Steuerelement ausblenden, indem Sie entweder die Eigenschaft Visible seines OLE-Container-Steuerelements auf **Falsch** (.F.) oder seine Eigenschaft Left auf einen negativen Wert (z. B. -100) einstellen. Letzteres bewirkt, daß das Steuerelement aus dem sichtbaren Teil des Fensters herausgeschoben wird. Eine weitere Möglichkeit besteht darin, daß Sie das Steuerelement auf einem Formular anordnen, das niemals angezeigt wird (dessen Methode **Show** also niemals aufgerufen wird). In allen Fällen können Sie die Methoden des Steuerelements so aufrufen, als würde das Steuerelement angezeigt.

Zugreifen auf Dynamic-Link Libraries (DLLs)

Stehen die von Ihnen benötigten Funktionen in einer DLL zur Verfügung, können Sie diese Bibliothek einbinden und deren Funktionen aufrufen. Bevor Sie eine .DLL-Funktion aufrufen, müssen Sie deren Aufrufprotokoll kennen. Dazu gehören der Name der Funktion, die Anzahl und die Datentypen ihrer Parameter sowie der Datentyp ihres Rückgabewerts.

In Visual FoxPro können Sie nur solche DLLs verwenden, die für eine 32-Bit-Umgebung geschrieben wurden. Für den Fall, daß Sie auf eine 16-Bit-DLL zugreifen müssen, können Sie auf dies über Funktionen zugreifen, die in **Foxtools.fll** verfügbar sind. Weitere Informationen hierzu finden Sie in der Hilfe von „**Foxtools**" (**Foxtools.chm**).

▶ **So rufen Sie eine .DLL-Funktion auf**

1. Registrieren Sie die .DLL-Funktion mit dem Befehl DECLARE – DLL. Für den Namen einer Funktion wird die Groß-/Kleinschreibung beachtet.

   Anmerkung: Wenn Sie als Bibliotheksnamen **WIN32API** angeben, sucht Visual FoxPro die 32-Bit-Windows-DLL-Funktion in **Kernel32.dll**, **Gdi32.dll**, **User32.dll**, **Mpr.dll** und **Advapi32.dll**.

2. Rufen Sie die Funktion so wie jede normale Visual FoxPro-Funktion auf.

Im folgenden Programm wird z. B. die Funktion **GetActiveWindow( )** registriert, die zu der Windows-System-DLL **USER32.DLL** gehört und hier die Kennung (das Handle) des Visual FoxPro-Hauptfensters zurückgibt. Die Funktion **GetActiveWindow( )** hat keine Parameter und gibt eine ganze Zahl zurück:

```
DECLARE INTEGER GetActiveWindow IN win32api
MESSAGEBOX(STR( GetActiveWindow() ) )
```

Die DLL, zu der die Funktion gehört, die Sie registrieren möchten, muß sich an einer der folgenden Stellen befinden: im Standardverzeichnis, im Verzeichnis von Windows, in Windows-Unterverzeichnis **System** oder entlang des DOS-Pfades.

Hat die Funktion, die Sie aufrufen möchten, denselben Namen wie eine andere Funktion, die bereits in Visual FoxPro verfügbar ist (entweder als eingebaute Funktion oder als schon deklarierte .DLL-Funktion), können Sie der ersten einen Aliasnamen zuweisen und die Funktion mit diesem aufrufen.

```
DECLARE INTEGER GetActiveWindow IN win32api AS GetWinHndl
MESSAGEBOX(STR( GetWinHndl() ) )
```

Da eine eingebundene .DLL-Funktion solange verfügbar bleibt, bis Sie Visual FoxPro beenden, brauchen Sie die jeweilige Funktion nur einmal pro Sitzung zu deklarieren. Wenn Sie keine der Funktionen einer DLL erneut aufrufen möchten, können Sie den Befehl **CLEAR DLLS** ausgeben, um die DLL aus dem Arbeitsspeicher zu löschen und Ressourcen freizugeben.

Anmerkung: Wenn Sie CLEAR DLLS ausgeben, werden alle deklarierten .DLL-Funktionen aus dem Arbeitsspeicher gelöscht.

Übergeben von Parametern an eine DLL

Wenn Sie eine .DLL-Funktion registrieren, müssen Sie die entsprechende Anzahl sowie die Datentypen ihrer Parameter angeben. Die Daten werden standardmäßig als Wert übergeben. Sie können einen Parameter als Referenz übergeben, indem Sie ein @-Zeichen vor seinen Namen setzen.

Meist gelten für .DLL-Funktionen die Datentypvereinbarungen, die in C verwendet werden. Diese Vereinbarungen stimmen nicht mit denen von Visual FoxPro überein. Zum Beispiel unterstützen .DLL-Funktionen keinen Datentyp, der speziell für Datums- oder Währungswerte vorgesehen ist. Liegen die Daten, die Sie an eine .DLL-Funktion übergeben, in einem Datentyp vor, der nicht unterstützt wird, müssen Sie die Daten vor der Übergabe in einen geeigneten Datentyp umwandeln. Zum Beispiel können Sie folgende Befehle verwenden, um ein Datum in ein numerisches Julianisches Format umzuwandeln:

```
cDate = sys(11, date())
nDate = val( cDate )
```

Für einige .DLL-Funktionen sind komplexere Parameter, z. B. Strukturen oder Arrays, erforderlich. Wenn für die jeweilige Funktion ein Zeiger auf eine Struktur erforderlich ist, gehen Sie wie folgt vor: Klären Sie, wie die Struktur aufgebaut ist, und emulieren Sie die Struktur dann in Visual FoxPro mit einer Zeichenfolge, bevor Sie die Struktur an die .DLL-Funktion übergeben oder von dieser entgegennehmen. Zum Beispiel erwartet die Windows-Systemfunktion **GetSystemTime( )** einen Zeiger auf eine Struktur, die aus acht Werten des Datentyps „**word**" oder „**unsigned int**" besteht, die das Jahr, den Monat, den Tag usw. angeben. Die Struktur ist folgendermaßen definiert:

```
typedef struct _SYSTEMTIME {
WORD wYear ;
   WORD wMonth ;
   WORD wDayOfWeek ;
   WORD wDay ,
   WORD wHour ;
   WORD wMinute ;
   WORD wSecond ;
   WORD wMilliseconds ;
} SYSTEMTIME
```

Um Daten zwischen Visual FoxPro und der Funktion **GetSystemTime( )** zu übergeben, erstellen Sie eine als Puffer dienende 40 Byte lange Zeichenfolge (die zunächst aus Leerzeichen besteht) und übergeben die Adresse dieser Zeichenfolge an die Funktion. Die von der Funktion zurückgegebene Zeichenfolge müssen Sie in 2-Byte-Intervallen auswerten, um die einzelnen Felder der Struktur zu extrahieren. Der folgende Programmausschnitt veranschaulicht für drei Felder der Struktur, wie Sie diese extrahieren können.

```
DECLARE INTEGER GetSystemTime IN win32api STRING @
cBuff=SPACE(40)
=GetSystemTime(@cBuff)

tYear = ALLTRIM(STR(ASC(SUBSTR(cBuff,2)) * ;
   256 + ASC(SUBSTR(cBuff,1))))
tMonth = ALLTRIM(STR(ASC(SUBSTR(cBuff,4)) * ;
   256 + ASC(SUBSTR(cBuff,3))))
tDOW = ALLTRIM(STR(ASC(SUBSTR(cBuff,6)) * ;
   256 + ASC(SUBSTR(cBuff,5))))
```

Weitere Informationen finden Sie im Beispielformular **Systime.scx** im Verzeichnis **Visual Studio…\ Samples\Vfp98\Solution\Winapi**. Weitere Beispiele, wie Parameter an .DLL-Funktionen übergeben werden, finden Sie im Programm **Registry.prg**, das sich im Verzeichnis **Visual Studio…\Samples\ Vfp98\Classes** befindet.

Wenn die Daten, mit denen Sie in Visual FoxPro arbeiten, in einem Array vorliegen, müssen Sie diesen Array in einer Schleife durchlaufen und die Daten zu einer Zeichenfolge verketten, die einem Array im C-Format entspricht. Erst danach können Sie die Daten an die .DLL-Funktion übergeben. Erwartet die Windows-Funktion 16-Bit- oder 32-Bit-Werte, müssen Sie die Werte in ihre Hex-Entsprechungen umwandeln, bevor Sie sie zu einer Zeichenfolge verketten. Wenn Sie die Zeichenfolge übergeben, die die Array-Daten enthält, übergibt Visual FoxPro die Adresse der Zeichenfolgenvariable an die .DLL-Funktion, die die Zeichenfolge dann als Array verarbeiten kann. Ein Beispiel hierzu finden Sie im Beispielformular **Syscolor.scx**, das sich im Verzeichnis **Visual Studio…\Samples\Vfp98\Solution\Winapi** befindet.

Zugreifen auf eine Visual FoxPro-Bibliothek

Ähnlich wie eine DLL enthält auch eine Visual FoxPro-Bibliothek (.fll-Datei) Funktionen, die Sie so wie jede andere Funktion aufrufen können. Da .fll-Dateien speziell so erstellt wurden, daß sie aus Visual FoxPro heraus aufgerufen werden, ist die Übergabe von Parametern an oder aus .fll-Funktionen grundsätzlich einfacher.

Wenn Sie eine Visual FoxPro-Bibliothek verwenden möchten, geben Sie den Namen der .fll-Datei an und rufen die Funktion danach ganz normal auf. Anders als bei der Registrierung von .dll-Funktionen brauchen Sie weder jede einzelne Funktion der .fll-Datei zu registrieren noch Informationen zu den Parametern oder Datentypen der Funktionen anzugeben.

Anmerkung: Wenn Sie eine .fll-Bibliothek verwenden möchten, die zu einer früheren Version von Visual FoxPro gehört, muß diese Bibliothek neu kompiliert werden, damit sie mit Visual FoxPro, Version 5.0, funktioniert.

▶ **So rufen Sie eine .fll-Funktion auf**

1. Registrieren Sie die Bibliothek, die die .fll-Funktion enthält, indem Sie den Befehl SET LIBRARY ausgeben.

2. Rufen Sie jede Funktion der Bibliothek so auf wie eine beliebige andere Funktion.

Im folgenden Programm wird z. B. eine Funktion der Bibliothek **Foxtools.fll** aufgerufen, die den Typ des Laufwerks C: ermittelt:

```
SET LIBRARY TO "C:\Program Files\Microsoft ;
Visual Studio\Vfp98\Foxtools.fll"
? DriveType("C:")
```

Wenn Sie mehrere .fll-Dateien registrieren möchten, geben Sie im Befehl **SET LIBRARY** das Schlüsselwort **ADDITIVE** an. Wenn Sie dies nicht tun, wird die momentan registrierte .fll-Datei gelöscht und durch die neu zu registrierende .fll-Datei ersetzt.

Gibt es einen Konflikt zwischen dem Namen einer Funktion und dem Namen eineranderen, bereits in Visual FoxPro verfügbaren Funktion, hat die zuletzt definierte Funktion Vorrang. Hat eine Funktion, die zu einer eingebundenen Bibliothek gehört, denselben Namen wie eine eingebaute Visual FoxPro-Funktion, hat die Visual FoxPro-Funktion Vorrang.

Da die Funktionen einer .fll-Datei so lange verfügbar bleiben, bis Sie Visual FoxPro beenden, brauchen Sie die .fll-Datei nur einmal pro Sitzung zu registrieren. Wenn Sie die Funktionen einer .fll-Datei nicht mehr benötigen, können Sie einen der Befehle RELEASE LIBRARY, RELEASE ALL oder SET LIBRARY TO ausgeben, um die .fll-Datei aus dem Arbeitsspeicher zu löschen und Ressourcen freizugeben.

Weitere Informationen zu diesen Befehlen finden Sie in der Hilfe.

KAPITEL 28

Zugreifen auf die Visual FoxPro-API

Wenn Sie für Ihre Anwendung Funktionen benötigen, die Visual FoxPro nicht bereitstellt, können Sie deren Fähigkeiten erweitern, indem Sie mit einem 32-Bit-Compiler, wie z. B. Microsoft Visual C++®, Version 4.0 oder höher, ein ActiveX-Steuerelement (.ocx-Datei) oder eine Visual FoxPro-spezifische Bibliothek (.fll-Datei) erstellen. Die Informationen in diesem Kapitel beziehen sich auf beide Programmtypen.

Anmerkung: Für den Fall, daß Sie ein ActiveX-Steuerelement mit Visual C++, Version 2.x, entwickeln, benötigen Sie das Control Development Kit. Für die Vorgehensweisen, die in diesem Kapitel beschrieben sind, wird Visual C++, Version 4.0, vorausgesetzt.

Informationen über die Verwendung von ActiveX-Steuerelementen oder .FLLs finden Sie in Kapitel 27, „Erweitern von Visual FoxPro mit externen Bibliotheken".

Dieses Kapitel behandelt folgende Themen:

- Erstellen einer Bibliothek oder eines ActiveX-Steuerelements
- Hinzufügen von Visual FoxPro API-Objekten
- Übergeben und Empfangen von Parametern
- Zurückgeben eines Wertes an Visual FoxPro
- Übergeben von Parametern an Visual FoxPro API-Funktionen
- Zugreifen auf Visual FoxPro-Variablen und -Felder
- Verwalten des Arbeitsspeichers
- Erstellen und Debuggen von Bibliotheken und ActiveX-Steuerelementen

Erstellen einer Bibliothek oder eines ActiveX-Objekts

Sie können die Fähigkeiten von Visual FoxPro erweitern, indem Sie Programme in C oder C++ schreiben, die Aufgaben erledigen, die für Ihre Anwendung erforderlich sind. Wenn Ihre Anwendung z. B. direkten Zugriff auf Windows-Informationen benötigt, können Sie ein C- oder C++ Programm schreiben, das die entsprechenden Windows API-Funktionen aufruft und die Informationen an Visual FoxPro zurückgibt.

Auf die Visual FoxPro-API können Sie mit Programmen der drei folgenden Typen zugreifen.

- Ein ActiveX-Steuerelement (.ocx-Datei).
- Ein COM-Objekt.
- Eine Visual FoxPro-spezifische .DLL. Da eine solche .DLL nur aus Visual FoxPro heraus aufgerufen werden kann, ist es üblich, ihr die Dateinamenerweiterung .fll zu geben.

Alle drei Programmtypen haben ihre jeweiligen Vorteile. Die Vorteile von einem ActiveX-Steuerelement sind:

- Es kann mit den normalen objektorientierten Techniken auf das Steuerelement zugegriffen werden, wie z. B. durch Einstellen seiner Eigenschaften und Aufrufen seiner Methoden.
- Aus dem Steuerelement können Unterklassen gebildet werden, und seine Methoden können außer Kraft gesetzt werden.
- Es ist gekapselt und kann mehrfach aufgerufen (instantiiert) werden, ohne daß eine aufwendige Verwaltung der Umgebung erforderlich ist, um die Benutzerzustände zu erhalten.
- Ermöglicht eine einfachere Parameterübergabe.
- Kann auch aus anderen Windows-Programmen heraus aufgerufen werden, wenn Sie es entsprechend programmieren.

Die Vorteile von COM-Objekten sind:

- Darauf läßt mit den standardmäßigen objektorientierten Techniken zugreifen, wie etwa dem Setzen von deren Eigenschaften und dem Aufruf von deren Methoden,.
- Deren Methoden lassen sich überschreiben.
- Es ist gekapselt und läßt sich mehrfach aufrufen (instantiieren), ohne daß eine aufwendige Umgebungsverwaltung zum Erhalten der Benutzerzustände erforderlich ist.
- Ermöglicht eine einfachere Parameterübergabe.
- Läßt sich auch aus anderen Windows-Programmen heraus aufrufen, wenn Sie es entsprechend programmieren.

Auf der anderen Seite hat eine .fll-Bibliothek folgende Vorteile:

- Ist Ihnen vielleicht vertrauter, wenn Sie bereits mit früheren Versionen von Visual FoxPro gearbeitet haben.

Anmerkung: Wenn Sie eine .fll-Bibliothek verwenden möchten, die zu einer Version von Visual FoxPro vor 5.0 gehört, muß diese Bibliothek neu kompiliert werden, damit sie mit Visual FoxPro 6.0 funktioniert.

Erstellen eines ActiveX-Objekts

Sie können COM-Objekte mit Hilfe der ActiveX-Vorlagenbibliothek erstellen, die mit Microsoft Visual C++ 5.0 geliefert wird. Weitere Informationen zum Erstellen von COM-Objekten mit Visual C++ 5.0 finden Sie in der MSDN-Bibliothek mit dem Suchbegriff „ATL".

Ein ActiveX-Steuerelement, das speziell für Visual FoxPro vorgesehen ist, erstellen Sie so wie jedes vergleichbare Steuerelement. Mit den meisten C++ Compilern können Sie ein Gerüst des jeweiligen Steuerelements erstellen. Außerdem ist dies mit Hilfe der Microsoft Visual Basic® Control Creation Edition, Version 5.0, möglich.

Die folgenden Abschnitte beschreiben die Schritte zum Erstellen eines ActiveX-Steuerelements mit Microsoft Visual C++ zur Verwendung in Visual FoxPro.

▶ **So erstellen Sie ein Projekt für das ActiveX-Steuerelement**

1. Starten Sie Microsoft Visual C++.
2. Klicken Sie im Menü **File** auf **New**.
3. Klicken Sie im Dialogfeld **New** auf **Project Workspace**.
4. Geben Sie im Dialogfeld **New Project Workspace** einen Projektnamen an.
5. Wählen Sie in der Liste „Type" den Eintrag **OLE ControlWizard** aus.
6. Klicken Sie auf **Create**, und führen Sie die Schritte des Assistenten aus.

Sobald der Assistent seine Arbeit beendet hat, können Sie das ActiveX-Steuerelement erstellen. Allerdings müssen Sie für das Steuerelement auch Eigenschaften und Methoden definieren.

▶ **So fügen Sie Eigenschaften und Methoden zum ActiveX-Steuerelement hinzu**

1. Klicken Sie im Menü **View** auf **ClassWizard**.
2. Klicken Sie auf die Registerkarte **OLEAutomation**.
3. Klicken Sie auf **Add Method** oder **Add Property**.
4. Geben Sie den Namen, die Parameter und sonstigen Informationen ein, die für das Element erforderlich sind, das Sie erstellen. Klicken Sie danach auf **OK**.
5. Klicken Sie auf **Edit Code**, damit der Editor angezeigt wird, und geben Sie den Code ein, der die Eigenschaft oder Methode definiert, die Sie erstellen möchten.

Wenn Sie z. B. eine Eigenschaft namens **Version** erstellen möchten, die die Versionsnummer der .ocx-Datei als ganze Zahl (z. B. 101) zurückgibt, erstellen Sie die Eigenschaft so, daß sie einen Wert des Datentyps long zurückgibt, und fügen Code hinzu, der in etwa wie folgt aussieht:

```
#define VERSION 101

long CPyCtrl::GetVersion()
{
    // Die Versionsnummer einstellen.
    return VERSION;
}
```

Da die Versionsnummer üblicherweise schreibgeschützt ist, müssen Sie keine Funktion (z. B. **SetVersion( )**) erstellen, mit der die Versionsnummer eingestellt werden kann.

Erstellen einer .FLL-Bibliothek

Da eine .FLL-Bibliothek im wesentlichen eine .DLL ist, aus der die Visual FoxPro-API aufgerufen wird, erstellen Sie eine .FLL-Bibliothek, indem Sie in Ihrer Entwicklungsumgebung die Schritte ausführen, mit denen eine .DLL erstellt wird.

▶ **So erstellen Sie ein Projekt für die .FLL-Bibliothek**

1. Starten Sie Microsoft Visual C/C++.
2. Klicken Sie im Menü **File** auf **New**.
3. Klicken Sie im Dialogfeld **New** auf **Project Workspace**.
4. Geben Sie im Dialogfeld **New Project Workspace** einen Projektnamen an.
5. Wählen Sie in der Liste „Type" den Eintrag „Dynamic-Link Library" aus.

Nachdem Sie die Grundstruktur der .DLL erstellt haben, fügen Sie die Funktionen hinzu, die Sie aus Visual FoxPro aufrufen können möchten. In den folgenden Abschnitten sind sowohl für C als auch C++ die Gerüste beschrieben, entsprechend denen Funktionen erstellt werden können.

Einrichten einer Bibliotheksvorlage

Jede Funktionsbibliothek, die Sie anlegen, hat die gleiche Grundstruktur. Wenn Sie eine Vorlage für die Struktur verwenden, müssen Sie nur noch die Leerstellen ausfüllen, die sich auf Ihre spezifische Bibliotheksroutine beziehen.

Eine Bibliotheksvorlage in Visual FoxPro hat folgende fünf Elemente:

1. Die Anweisung #include
2. Die Definition der Funktion
3. Den Code der Funktion
4. Die Struktur „FoxInfo"
5. Die Struktur „FoxTable"

Eine C-Beispielvorlage

Anhand der nachstehenden Vorlage können Sie Bibliotheken in C erstellen:

```
#include <Pro_ext.h>

void Interner_Name(ParamBlk *parm)
{
// Die Programmzeilen der Funktion.
}

FoxInfo myFoxInfo[] = {
    {"FUNK_NAME", (FPFI) Interner_Name, 0, ""},
};
```

```
FoxTable _FoxTable = {
  (FoxTable *)0, sizeof(myFoxInfo)/sizeof(FoxInfo), myFoxInfo
};
```

Eine C++-Beispielvorlage

Sie können die nachstehende Vorlage für C++-Routinen verwenden. Diese Vorlage unterscheidet sich von der C-Vorlage insofern, als sie die Struktur FoxTable als extern deklariert:

```
#include <Pro_ext.h>

void Interner_Name(ParamBlk *parm)
{
// Die Programmzeilen der Funktion.
}

    FoxInfo myFoxInfo[] = {
        {"FUNK_NAME", (FPFI) Interner_Name, 0, ""},
    };
extern "C" {
    FoxTable _FoxTable = {
        (FoxTable *)0, sizeof(myFoxInfo)/sizeof(FoxInfo), myFoxInfo
    };
}
```

Verwenden der Vorlage

Um die Header-Datei verwenden und eine kompilierte Bibliothek erstellen zu können, benötigen Sie:

- Die Header-Datei **Pro_ext.h**. Sie können diese Datei drucken, wenn Sie die in der Visual FoxPro-API verwendeten Funktionsdeklarationen, Typdefinitionen (typedef) und Strukturen (struct) einsehen möchten.

- Die Datei **Winapims.lib**.

Beide Dateien werden im Unterverzeichnis **API** installiert, wenn Sie Visual FoxPro installieren.

Die Funktionsdefinition gibt void zurück und erwartet den folgenden Parameter: ParamBlk *parm. Die Struktur ParamBlk ist weiter unten in diesem Kapitel unter „Übergeben und Empfangen von Parametern" erläutert.

Abgesehen von den beiden oben aufgeführten Dateien sind die Strukturen „FoxInfo" und „FoxTable" die beiden einzigen notwendigen Elemente einer Visual FoxPro-Bibliothek.

Verwenden der Strukturen „FoxInfo" und „FoxTable"

Ihre Bibliotheksfunktionen kommunizieren mit Visual FoxPro über die jeweilige FoxInfo-Struktur. Anhand dieser Struktur ermittelt Visual FoxPro den Funktionsnamen sowie Anzahl und Typ der Parameter. Die Struktur FoxTable ist eine verknüpfte Liste, die Informationen über die FoxInfo-Strukturen verwaltet. In der Datei **Pro_ext.h**, die im Visual FoxPro-Verzeichnis **API** abgelegt ist, finden Sie die Definitionen der Strukturen FoxInfo und FoxTable.

Die Struktur FoxInfo

Die Struktur „FoxInfo" ist das Vehikel für die Übermittlung von Funktionsnamen und Parameterbeschreibungen zwischen Visual FoxPro und Ihrer Bibliothek. Eine allgemeine FoxInfo-Struktur sieht wie folgt aus:

FoxInfo *Datenfeldname*[ ] = {
    {*FunkName1*, FPFI *Funktion1*, *ParmAnzahl1*, *ParmTypen1*}
    {*FunkName2*, FPFI *Funktion2*, *ParmAnzahl2*, *ParmTypen2*}
    ...
    {*FunkNameN*, FPFI *FunktionN*, *ParmAnzahlN*, *ParmTypenN*}
};

Hierbei sind die Platzhalter wie folgt definiert:

Datenfeldname
    Eine Variable des Typs „FoxInfo". Beachten Sie, daß Sie mehrere FoxInfo-Strukturzeilen in diesem Datenfeld (Array) unterbringen können.

FunkName
    Enthält den Namen (in Großbuchstaben und mit höchstens 10 Zeichen), den ein Visual FoxPro-Anwender zum Aufruf Ihrer Funktion verwendet.

Funktion
    Die Adresse Ihrer C-Routine. Hierbei handelt es sich um den exakten Namen (unter Berücksichtigung von Groß- und Kleinschreibung), den Sie zur Definition Ihrer Funktion verwenden.

ParmAnzahl
    Gibt die Anzahl der in der Zeichenfolge *ParmTypen* beschriebenen Parameter oder einen der folgenden Attributwerte an:

Wert	Beschreibung
INTERNAL	Gibt an, daß die Funktion nicht direkt aus Visual FoxPro heraus aufgerufen werden kann.
CALLONLOAD	Gibt an, daß die Funktion aufgerufen werden muß, wenn die Bibliothek geladen wird. CALLONUNLOAD kann keine Funktion aufrufen, die Ergebnisse an Visual FoxPro zurückgibt.

(Fortsetzung)

Wert	Beschreibung
CALLONUNLOAD	Gibt an, daß die Funktion aufgerufen werden muß, wenn die Bibliothek aus dem Arbeitsspeicher gelöscht oder wenn der Visual FoxPro-Befehl **QUIT** ausgegeben wird. CALLONUNLOAD kann keine Funktion aufrufen, die Ergebnisse an Visual FoxPro zurückgibt.

ParmTypen
Beschreibt den Datentyp jedes Parameters. Die folgende Tabelle enthält eine Liste der gültigen Werte für *ParmTypen*.

Wert	Beschreibung
`""`	Kein Parameter
`"?"`	Es kann jeder Typ übergeben werden. Im Hauptteil der Funktion müssen Sie den Typ des übergebenen Parameters ermitteln.
`"C"`	Parameter des Typs „Zeichen" (Character)
`"D"`	Parameter des Typs „Datum" (Date)
`"I"`	Parameter des Typs „Integer"
`"L"`	Parameter des Typs „Logisch" (Logical)
`"N"`	Parameter des Typs „Numerisch" (Numeric)
`"R"`	Verweis (Reference)
`"T"`	Parameter des Typs „DatumZeit" (DateTime)
`"Y"`	Parameter des Typs „Währung" (Currency)
`"O"`	Parameter des Typs „Objekt" (Object)

Geben Sie für jeden Parameter, den Sie an die Bibliothek übergeben, einen Typ an. Wenn Sie beispielsweise eine Funktion erstellen, die einen Zeichen- und einen numerischen Parameter akzeptiert, ersetzen Sie *ParmTyp* durch „CN".

Anmerkung: Wenn ein Parameter optional ist, zeigen Sie es an, indem Sie dem Parameter einen Punkt voranstellen. Nur nachgestellte Parameter können fehlen.

Die folgende `FoxInfo`-Struktur definiert eine Bibliothek mit einer Funktion (interner Name `datum` und externer Name `DATUM`), die einen Parameter des Typs „Zeichen" akzeptiert:

```
FoxInfo myFoxInfo[] = {
   { "DATUM", (FPFI) datum, 1, "C" }
};
```

Wenn Sie die Bibliothek mit dieser FoxInfo-Struktur kompiliert und mit dem Befehl SET LIBRARY TO in Visual FoxPro geladen haben, können Sie diese Funktion in Visual FoxPro mit der folgenden Programmzeile aufrufen:

```
=DATUM("01.01.1995")
```

Die Struktur „FoxTable"

Die Struktur „FoxTable" ist eine verknüpfte Liste, die alle FoxInfo-Strukturen verfolgt, die für eine bestimmte Bibliothek vorhanden sind:

FoxTable _FoxTable = {*NächsteBibliothek, InfoAnzahl,InfoZgr*};

Hierbei sind die Platzhalter wie folgt definiert:

NächsteBibliothek
    Ein von Visual FoxPro intern verwendeter Zeiger, der mit 0 initialisiert werden sollte.

InfoAnzahl
    Die Anzahl der externen Visual FoxPro-Funktionen, die in dieser Bibliothek definiert sind.

InfoZgr
    Die Adresse des ersten Elements eines Datenfelds aus FoxInfo-Strukturen. Dieser Name muß mit dem Datenfeldnamen übereinstimmen, der in der FoxInfo-Anweisung angegeben ist.

Nachfolgend ein Beispiel für eine FoxTable-Anweisung. Wenn Ihr FoxInfo-Datenfeldname gleich `myFoxInfo` ist, brauchen Sie diese Anweisung nie zu ändern:

```
FoxTable _FoxTable = {
   (FoxTable *) 0,
   sizeof( myFoxInfo ) / sizeof( FoxInfo ),
   myFoxInfo
};
```

Hinzufügen von Visual FoxPro API-Aufrufen

Um Ihr Programm in Visual FoxPro zu integrieren, können Sie Visual FoxPro API-Routinen aufrufen. Diese API-Routinen sind Funktionen, die Sie aus jedem C- oder C++-Programm (auch aus einer .ocx- oder .fll-Datei) aufrufen können. Mit diesen Funktionen können Sie auf Variablen zugreifen, Datenbankvorgänge steuern sowie viele andere Visual FoxPro-spezifische Aufgaben erledigen.

In der folgenden Tabelle sind die in Visual FoxPro verfügbaren API-Aufrufe entsprechend ihrer allgemeinen Kategorien zusammengestellt. Weitere Informationen über die einzelnen API-Funktionen finden Sie in der Hilfe unter „API-Bibliotheksroutinen". Diese Routinen sind in der Hilfe sowohl in alphabetischer Reihenfolge als auch nach Kategorien aufgeführt.

Damit Sie die Visual FoxPro API-Routinen verwenden können, müssen Sie die Datei **Pro_ext.h** einbinden, die Sie im Visual FoxPro-Unterverzeichnis **API** finden. Diese Datei enthält die Prototypen der Funktionen und Strukturen, die es Ihnen ermöglichen, Informationen mit Visual FoxPro auszutauschen.

Wenn Sie ein ActiveX-Steuerelement schreiben, müssen Sie außerdem Aufrufe hinzufügen, über die die API initialisiert bzw. deaktiviert wird.

▶ **So fügen Sie Visual FoxPro API-Routinen zu Ihrem ActiveX-Objekt hinzu**

1. Verwenden Sie #INCLUDE, um die Datei **Pro_ext.h** sowie alle weiteren erforderlichen Header-Dateien einzubinden.
2. Rufen Sie im Konstruktor (Methode **Init**) des Steuerelements die Funktion _OCXAPI( ) auf, um die Schnittstelle zu Visual FoxPro mit folgendem Code zu initialisieren:

    _OCXAPI(AfxGetInstanceHandle(),DLL_PROCESS_ATTACH);

3. Fügen Sie die Aufrufe der Visual FoxPro API-Routinen ein, die für Ihr Objekt erforderlich sind.
4. Rufen Sie im Destruktor (Methode **Destroy**) des Objekts erneut _OCXAPI( ) auf, um den Prozeß, den der Constructor erstellt hat, mit dem folgenden Code wieder freizugeben:

    _OCXAPI(AfxGetInstanceHandle(),DLL_PROCESS_DETACH);

Als Beispiel für eine .ocx-Datei, aus der Visual FoxPro API-Routinen aufgerufen werden, können Sie die Datei „Foxtlib.ocx" in der Hilfe anzeigen. Als Beispiele für eine .FLL-Bibliothek, aus der Visual FoxPro API-Routinen aufgerufen werden, können Sie die Beispielprogramme in **Vfp98\Api\Samples** anzeigen, die die Erweiterung C haben: **EVENT.C, HELLO.C** usw.

Wenn Sie in Ihrem ActiveX-Steuerelement, Ihrem COM-Objekt oder Ihrer .fll-Bibliothek Visual FoxPro API-Aufrufe verwenden, ist der Code, der die Aufrufe enthält, inkompatibel mit anderen Anwendungen. Daher empfiehlt es sich, an bestimmten Stellen des Programms zu prüfen, ob das Objekt aus Visual FoxPro aufgerufen wird.

Wenn Sie ein ActiveX-Steuerelement unter Verwendung der Microsoft Foundation Classes erstellen, können Sie den Constructor Code des Steuerelements z. B. so ändern, daß er einen Test enthält und den Benutzer gegebenenfalls darauf hinweist, daß das Steuerelement nicht aus Visual FoxPro, sondern aus einem anderen Programm aufgerufen wurde:

```
if (!_OCXAPI(AfxGetInstanceHandle(),DLL_PROCESS_ATTACH))
{
    ::MessageBox(0,"Dieses OCX kann nur in Visual FoxPro verwendet werden.","",0);
    //Hier können Sie irgendwas machen, wenn der Host nicht VFP ist:
    // Sie möchten vielleicht das Laden zurückweisen oder
    // eine Eigenschaft setzen, die besagt,
    // daß der Host nicht VFP ist und das Steuerlement
    // zum Erreichen des Zwecks ein anderes Mittel verwendet.
}
```

Wenn Sie ein ActiveX-Steuerelement unter Verwendung der Microsoft ActiveX Template Library erstellen, benutzen Sie den folgenden Code:

```
if (!_OCXAPI(_Module.GetModuleInstance(),DLL_PROCESS_ATTACH))
{
   ::MessageBox(0,"Dieses OCX kann nur in Visual FoxPro verwendet werden ","",0);
      //Hier können Sie irgendwas machen, wenn der Host nicht VFP ist:
      // Sie möchten vielleicht das Laden zurückweisen oder
      // eine Eigenschaft setzen, die besagt,
      // daß der Host nicht VFP ist und das Steuerelement
      // zum Erreichen des Zwecks ein anderes Mittel verwendet.
}
```

In diesem Beispiel wird das Steuerelement nicht beendet, sondern es läuft weiter, nachdem der Benutzer die Meldung bestätigt hat. Die von Ihnen gewählte Strategie hängt vom erwarteten Einsatzfall des Steuerelements ab. Wenn Sie z. B. feststellen, daß das Steuerelement außerhalb von Visual FoxPro verwendet wird, können Sie ein Kennzeichen einstellen, das Sie an jedem Punkt des Steuerelements testen, an dem eine Visual FoxPro API-Routine aufgerufen wird. Wenn das Kennzeichen angibt, daß sich das Steuerelement außerhalb von Visual FoxPro befindet, können Sie den API-Aufruf umgehen und den alternativen Code ausführen, der dieselbe Aufgabe erledigt.

Übergeben und Empfangen von Parametern

Wenn Ihr Programm aus Visual FoxPro aufgerufen wird, kann es Parameter empfangen. Ein ActiveX-Steuerelement kann z. B. Parameter empfangen, wenn eine seiner Methoden aufgerufen wurde. Ganz ähnlich kann ein Visual FoxPro-Programm eine Funktion Ihrer .FLL-Bibliothek aufrufen und Parameter an diese übergeben.

Visual FoxPro kann Parameter an Ihr Programm als Wert oder als Referenz übergeben. Standardmäßig wird für Parameter die Einstellung beachtet, die mit **SET UDFPARMS** vorgenommen wurde. Andere Parameter (z. B. Datenfelder oder Felder) sowie Ausdrücke werden als Wert übergeben.

Wenn Sie die Übergabe eines Parameters als Referenz erzwingen möchten, dann stellen Sie der Parameterreferenz den @-Operator voran. Wenn Sie die Übergabe eines Parameters als Wert erzwingen möchten, dann geben Sie ihn in runden Klammern an.

Anmerkung: In Visual FoxPro werden einzelne Elemente eines Datenfeldes (Arrays) immer als Wert übergeben. Wenn **SET UDFPARMS** auf VALUE eingestellt und kein Datenfeldelement angegeben ist, verweist der Datenfeldname selbst auf das erste Element des Datenfeldes (sofern er nicht das Präfix @ hat).

Da ActiveX-Steuerelemente und COM-Objekte Windows-Standardprogramme sind, ist kein spezieller Mechanismus erforderlich, um Parameter aus Visual FoxPro sowie aus Ihrem Programm zu übergeben. Sie können das Programm so schreiben, als würde es Parameter von einem beliebigen C- oder C++-Programm empfangen.

Im Gegensatz dazu verwenden die Funktionen einer .FLL-Bibliothek die Struktur „FoxInfo", um Daten von Visual FoxPro zu empfangen. In der Struktur „FoxInfo" sind Ihre Bibliotheksfunktionen sowie die Anzahl und Typen der Parameter aufgelistet, die diese erwarten. Die folgende FoxInfo-Struktur gehört beispielsweise zu einer Bibliothek mit einer Funktion, die intern den Namen datum hat und einen Parameter des Typs „Zeichen" entgegennimmt:

```
FoxInfo myFoxInfo[] = {
   { "DATUM", (FPFI) datum, 1, "C" }
};
```

Eine Funktion, die Sie in Ihrer Bibliothek definieren, empfängt tatsächlich nur einen Parameter: einen Zeiger auf den Parameterblock. Dieser Parameterblock, der in der Struktur ParamBlk definiert ist, enthält alle Informationen über die Parameter, die von dem jeweiligen Visual FoxPro-Funktionsaufruf übergeben wurden. Ihre Funktionsdeklaration muß dem folgenden Format entsprechen:

void *Funktionsname*(ParamBlk *parm)

Die Funktionsdefinition für datum lautet beispielsweise:

```
void datum(ParamBlk *parm)
```

Die Struktur ParamBlk besteht aus einer ganzen Zahl, die die Anzahl der Parameter repräsentiert, gefolgt von einem Datenfeld aus Parameterverbunden (Unions). Die Strukturdefinition ist in **Pro_ext.h** enthalten:

```
/* Eine Parameterliste für eine Bibliotheksfunktion.      */
typedef struct {
   short int pCount;    /* Anzahl der übergebenen Parameter */
   Parameter p[1];      /* pCount Parameter */
} ParamBlk;
```

Die Typdefinition (typedef) Parameter, die Teil der Struktur ParamBlk ist, ist ein Verbund (union) aus einer Value- und einer Locator-Struktur. Aufrufe mit Wertübergabe werden von einer Value-Struktur verwaltet, Aufrufe mit Referenzübergabe von einer Locator-Struktur. Mit diesen Strukturen greifen Sie auf die Parameter zu, die an Ihre Funktion übergeben werden, wenn die Funktion in Visual FoxPro aufgerufen wird.

Die folgenden Informationen sind der Datei Pro_ext.h entnommen und zeigen die Definition des Typs Parameter:

```
/* Ein Parameter für eine Bibliotheksfunktion.            */
typedef union {
   Value val;
   Locator loc;
} Parameter;
```

Die Definition der Struktur „Value"

Wird ein Parameter als Wert an Ihre Funktion übergeben, greifen Sie mit der Struktur „Value" darauf zu. Die folgende Value-Strukturdefinition ist der Datei **Pro_ext.h** entnommen.

```
// Der Wert eines Ausdrucks.
Typedef struct {
Char         ev_type;
   Char         ev_padding;
   Short        ev_width;
   Unsigned     ev_length;
   Long         ev_long;
   Double       ev_real;
   CCY          ev_currency;
   MHANDLE      ev_handle;
   ULONG        ev_object;
} Value;
```

Die Felder der Struktur „Value"

Die folgende Tabelle bietet eine Übersicht über die Werte, die Sie für unterschiedliche Datentypen in der Struktur „Value" übergeben bzw. empfangen können. Für die aufgeführten Datentypen werden nur jeweils die Felder der Struktur verwendet, die bei dem jeweiligen Datentyp angegeben sind.

Inhalt der Struktur „Value" bei unterschiedlichen Datentypen

Datentyp	Feld der Struktur	Wert
Zeichen (Character)	ev_type	'C'
	ev_length	Länge der Zeichenfolge
	ev_handle	MHANDLE für Zeichenfolge
Numerisch (Numeric)	ev_type	'N'
	ev_width	Anzeigebreite
	ev_length	Dezimalstellen
	ev_real	Doppelte Genauigkeit (double)
Integer	ev_type	'I'
	ev_width	Anzeigebreite
	ev_long	Lange Ganzzahl (long)
Datum (Date)	ev_type	'D'
	ev_real	Datum[1]

(Fortsetzung)

Datentyp	Feld der Struktur	Wert
DatumZeit (DateTime)	ev_type	'T'
	ev_real	Datum + (Sekunden/86400.0)
Währung (Currency)	ev_type	'Y'
	ev_width	Anzeigebreite
	ev_currency	Währungswert[2]
Logisch (Logical)	ev_type	'L'
	ev_length	0 oder 1
Memo	ev_type	'M'
	ev_wdith	FCHAN
	ev_long	Länge des Memofeldes
	ev_real	Versatz (Offset) des Memofeldes
Objekt (General)	ev_type	'G'
	ev_wdith	FCHAN
	ev_long	Länge des Objektfeldes
	ev_real	Versatz (Offset) des Objektfeldes
Objekt (Object)	ev_type	'O'
	ev_object	Objektbezeichner
Null	ev_type	'0' (Null)
	ev_long	Datentyp

[1] Das Datum ist als Julianische Tageszahl formuliert, die eine doppeltgenaue Gleitkommazahl (double) ist und mit dem Algorithmus 199 aus Collected Algorithms des ACM berechnet wurde.

[2] Ein Währungswert ist eine lange Ganzzahl (long) mit einem impliziten Dezimalkomma vor den letzten vier Ziffern.

Anmerkung: ev_length ist der einzige echte Indikator für die Länge einer Zeichenfolge. Die Zeichenfolge darf nicht mit einem Nullzeichen abgeschlossen sein, da sie eingebettete Nullzeichen enthalten kann.

Die Definition der Struktur „Locator"

Mit der Struktur „Locator" verwalten Sie Parameter, die als Referenz übergeben werden. Die folgende Definition der Struktur Locator ist der Datei **Pro_ext.h** entnommen.

```
typedef struct {
  char l_type;
  short l_where, /* Datenbanknummer oder -1 für Arbeitsspeicher */
        l_NTI,    /* Tabellenindex für Variablennamen*/
        l_offset, /* Index für die Datenbank*/
        l_subs,   /* Anzahl der Indizes: 0 <= x <= 2 */
        l_sub1, l_sub2; /* Grenzen der Indizes */
} Locator;
```

Die Felder der Struktur „Locator"

Die nachstehende Tabelle ist ein Wegweiser für die Felder der Struktur „Locator".

Locator-Feld	Verwendung des Feldes
l_type	'R'
l_where	Die Nummer der Tabelle, die dieses Feld enthält, oder -1 für eine Variable.
l_NTI	Namenstabellenindex. Visual FoxPro-interne Verwendung.
l_offset	Feldnummer innerhalb der Tabelle. Visual FoxPro-interne Verwendung.
l_subs	Nur für Variablen: die Anzahl der Indizes (0-2).
l_sub1	Nur für Variablen: der erste Index, wenn l_subs ungleich 0 ist.
l_sub2	Nur für Variablen: der zweite Index, wenn l_subs gleich 2 ist.

Anmerkung: Es ist ein guter Programmierstil, den Parametertyp in ev_type zu überprüfen, um entscheiden zu können, auf welche Felder der Struktur „Value" zugegriffen werden soll.

Ein Beispiel für den Zugriff auf Parameter einer .FLL-Bibliothek

Im folgenden Beispiel wird mit _StrCpy( ) ein Zeichentyp an Visual FoxPro zurückgegeben, der die Verkettung der beiden Zeichen-Parameter der Funktion ist. Obwohl die Kennung der Value-Struktur jedes Parameters als Arbeitsspeicher für die Verkettung verwendet wird, wirken sich Änderungen dieser Speicherzuweisung nicht auf das Visual FoxPro-Argument aus, das als Wert übergeben wurde.

Ein Beispiel, wie mit der Struktur „Locator" ein als Referenz übergebener Parameter verwaltet wird, finden Sie unter „Zurückgeben eines Wertes aus einer .FLL-Bibliothek" weiter unten in diesem Kapitel.

```
#include <Pro_ext.h>

Example(ParamBlk *parm)
{
// Erleichterung der Verwaltung der paramBlk-Struktur
```

```
// durch Verwendung von #define-Shortcuts.
#define p0 (parm->p[0].val)
#define p1 (parm->p[1].val)

// Prüfen, ob genügend Speicher zur Verfügung steht.
if (!_SetHandSize(p0.ev_handle, p0.ev_length + p1.ev_length))
    _Error(182); // "Nicht genügend Arbeitsspeicher"

// Kennungen sperren
_HLock(p0.ev_handle);
_HLock(p1.ev_handle);

// Kennungen in Zeiger umwandeln und darauf achten,
// daß die Zeichenfolgen mit Nullwerten abgeschlossen werden.
((char *)_HandToPtr(p0.ev_handle))[p0.ev_length] = '\0';
((char *)_HandToPtr(p1.ev_handle))[p1.ev_length] = '\0';

// Zeichenfolgen mit der API-Funktion _StrCpy verketten.
StrCpy((char *)_HandToPtr(p0.cv_handle) + p0.ev_length,
_HandToPtr(p1.ev_handle));

// Verkettete Zeichenfolge an Visual FoxPro zurückgeben.
_RetChar(_HandToPtr(p0.ev_handle));

// Kennungen wieder freigeben.
_HUnLock(p0.ev_handle);
_HUnLock(p1.ev_handle);
}

FoxInfo myFoxInfo[] = {
    {"STRCAT", Example, 2, "CC"},
};

FoxTable _FoxTable = {
    (FoxTable *) 0, sizeof(myFoxInfo)/sizeof(FoxInfo), myFoxInfo
};
```

Zurückgeben eines Wertes an Visual FoxPro

Welche Methode Sie verwenden, um einen Wert aus Ihrem Programm an Visual FoxPro zurückzugeben, hängt davon ab, ob Sie ein ActiveX-Steuerelement oder eine .FLL-Bibliothek erstellen.

Zurückgeben eines Wertes aus einem ActiveX-Steuerelement

Verwenden Sie in dem ActiveX-Steuerelement eine RETURN-Anweisung, um einen Wert aus dem Steuerelement an Visual FoxPro zurückzugeben. Wie das folgende Beispiel verdeutlicht, wird auf diese Weise genau ein Wert übergeben:

```
#define VERSION 101

// Sonstiger Code

long CPyCtrl::GetVersion()
{
   // Einstellen der Versionsnummer in der Variablen fVersion
   return VERSION;
}
```

Zurückgeben eines Wertes aus einer .FLL-Bibliothek

Wenn Sie Werte aus einer .FLL-Bibliothek zurückgeben, sollten Sie keine C- oder C++-Befehle, sondern API-Funktionen verwenden. Mit den folgenden Funktionen können Sie Werte an Visual FoxPro zurückgeben.

Anmerkung: Die nachstehend erläuterten API-Funktionen dürfen Sie nicht verwenden, um Werte aus einer .ocx-Datei zurückzugeben. Verwenden Sie dort die Anweisung RETURN. Die API-Rückgabefunktionen sollten nur in .FLL-Bibliotheken verwendet werden.

Funktion	Beschreibung
_RetChar(char *zeichenfolge)	Stellt den Rückgabewert der Funktion auf eine Zeichenfolge ein, die durch einen Nullwert abgeschlossen ist.
_RetCurrency(CCY wwert, int breite)	Stellt den Rückgabewert der Funktion auf einen Währungswert ein.
_RetDateStr(char *zeichenfolge)	Stellt den Rückgabewert der Funktion auf ein Datum ein. Das Datum hat folgendes Format: mm/tt/jj[jj].
_RetDateTimeStr(char *zeichenfolge)	Stellt den Rückgabewert der Funktion auf ein Datum und eine Zeit ein. Der Wert hat folgendes Format: mm/tt/jj[jj] hh:mm:ss
_RetFloat(double flt, int breite, int dez)	Stellt den Rückgabewert der Funktion auf einen Gleitkommawert ein.
_RetInt(long iwert, int breite)	Stellt den Rückgabewert der Funktion auf einen numerischen Wert ein.
_RetLogical(int flag)	Stellt den Rückgabewert der Funktion auf einen logischen Wert ein. 0 wird als Falsch (.F.) angesehen. Jeder Wert ungleich 0 wird als Wahr (.T.) angesehen.

(Fortsetzung)

Funktion	Beschreibung
_RetVal(Value *wert)	Übergibt eine vollständige Visual FoxPro Value-Struktur; jeder Visual FoxPro-Datentyp, mit Ausnahme von „Memo", kann zurückgegeben werden. Sie müssen **_RetVal( )** aufrufen, wenn Sie eine Zeichenfolge, die eingebettete Nullzeichen enthält, oder den Wert .NULL. zurückgeben möchten.

Anmerkung: Wenn Sie einen Wert zurückgeben müssen, der den Datentyp eines Objekts hat, verwenden Sie die Funktion **_RetVal()** und belegen das Feld ev_object der jeweiligen Value-Struktur.

Das folgende Beispiel, Sum, nimmt eine Referenz auf ein numerisches Feld einer Tabelle entgegen und gibt mit _RetFloat die Summe der Werte zurück, die in dem Feld abgelegt sind:

```
#include <Pro_ext.h>

Sum(ParamBlk *parm)
{
// Variablen deklarieren
double tot = 0, rec_cnt;
int i = 0, workarea = -1; // -1 ist aktueller Arbeitsbereich
Value val;

// Zum ersten Datensatz (GO TOP)
_DBRewind(workarea);

// Anzahl der Datensätze ermitteln [RECCOUNT( )]
rec_cnt = _DBRecCount(workarea);

// Die Tabelle in einer Schleife durchlaufen
for(i = 0; i < rec_cnt; i++)
{
   //Ablegen des Feldwerts in der Value-Struktur
   _Load(&parm->p[0].loc, &val);

   // Wert zur bisherigen Gesamtsumme addieren
   tot += val.ev_real;

   // Nächster Datensatz im Arbeitsbereich (SKIP 1)
   _DBSkip(workarea, 1);
}

// Rückgabe der Summe an Visual FoxPro
_RetFloat(tot, 10, 4);
}
```

```
// Die Funktion Sum empfängt einen Parameter als Referenz.
FoxInfo myFoxInfo[] = {
   {"SUM", Sum, 1,"R"}
};
FoxTable _FoxTable = {
   (FoxTable *) 0, sizeof(myFoxInfo)/sizeof(FoxInfo), myFoxInfo
};
```

Wenn die aktuell geöffnete Tabelle ein numerisches Feld namens amount enthält, ruft die folgende Visual FoxPro-Programmzeile die Funktion auf:

`? SUM(@amount)`

Übergeben von Parametern an Visual FoxPro API-Funktionen

Vielfach verlangen die Visual FoxPro API-Routinen Parameter einer bestimmten Visual FoxPro-Datenstruktur. Die folgenden Abschnitte enthalten eine Liste von Visual FoxPro-Datentypen und zusätzlichen Datenstrukturen. Die tatsächlichen Typ- und Strukturdefinitionen finden Sie in der Datei **Pro_ext.h**.

Visual FoxPro API-Datentypen

Die folgenden Datentypen werden in Visual FoxPro API-Routinen verwendet.

Datentyp	Beschreibung
EDLINE	Die Nummer, die eine Zeile einer geöffneten Datei im jeweiligen Bearbeitungsfenster hat. Die erste Zeile hat die Nummer 1.
EDPOS	Die Versatzposition, die ein Zeichen einer geöffneten Datei im jeweiligen Bearbeitungsfenster einnimmt. Die Versatzposition des ersten Zeichens einer Datei oder eines Memofeldes ist 0.
FCHAN	Dateikanal (file channel). Jeder Datei, die von Visual FoxPro oder über die API mit _FCreate( ) bzw. _FOpen( ) geöffnet wird, wird ein FCHAN zugeordnet.
FPFI	Ein 32-Bit-Zeiger auf eine Funktion, die eine ganze Zahl zurückgibt.
ITEMID	Eine eindeutige Kennung, die einem Befehl eines Menüs zugeordnet ist.
MENUID	Eine eindeutige Kennung, die einem Menü zugeordnet ist.
MHANDLE	Eine eindeutige Kennung, die jedem Arbeitsspeicherblock zugeordnet ist, der entweder von Visual FoxPro oder mit _AllocHand( ) über die API reserviert wurde. Diese Kennung kann mit _HandToPtr( ) auf ihren Zeiger zurückgeführt werden.
NTI	Namenstabellenindex. Für jede Variable sowie jeden Namen eines Tabellenfeldes gibt es einen Eintrag in dieser Tabelle.

(Fortsetzung)

Datentyp	Beschreibung
WHANDLE	Fensterkennung (Fenster-Handle) Eine eindeutige Kennung, die jedem Fenster zugeordnet ist, das entweder von Visual FoxPro oder mit _WOpen( ) über die API geöffnet wurde.

Anmerkung: Da FAR-Zeiger für 32-Bit-Compiler ungeeignet sind, gibt es in **Pro_ext.h** #define-Anweisungen, die FAR, _far und __far als Null-Werte definieren.

Visual FoxPro API-Datenstrukturen

In der folgenden Tabelle sind die wichtigsten der Datenstrukturen aufgeführt, die in der Visual FoxPro API-Bibliothek verwendet werden.

Struktur	Beschreibung
EventRec	Eine Struktur, mit der beschrieben wird, was das System zu einem bestimmten Zeitpunkt ausführt.
FoxInfo	Wird in .FLL-Bibliotheken verwendet, um Daten zwischen Visual FoxPro und Ihrem Programm auszutauschen; wird nicht in .ocx-Dateien verwendet. Diese Struktur ist unter „Verwenden der Strukturen FoxInfo und FoxTable" weiter oben in diesem Kapitel erläutert.
FoxTable	Wird in .FLL-Bibliotheken verwendet, um Daten zwischen Visual FoxPro und Ihrem Programm auszutauschen; wird nicht in .ocx-Dateien verwendet. Diese Struktur ist unter „Verwenden der Strukturen FoxInfo und FoxTable" weiter oben in diesem Kapitel erläutert.
Locator	Eine Struktur, mit der auf Parameterwerte (.FLL) oder Visual FoxPro-Variablen bzw. -Felder (.FLL und .ocx) zugegriffen wird.
ParamBlk	Wird in .FLL-Bibliotheken verwendet, um Daten zwischen Visual FoxPro und Ihrem Programm auszutauschen; wird nicht in .ocx-Dateien verwendet. Diese Struktur ist unter „Verwenden der Strukturen FoxInfo und FoxTable" weiter oben in diesem Kapitel erläutert.
Parameter	Wird in .FLL-Bibliotheken verwendet, um Daten zwischen Visual FoxPro und Ihrem Programm auszutauschen; wird nicht in .ocx-Dateien verwendet. Diese Struktur ist unter „Verwenden der Strukturen FoxInfo und FoxTable" weiter oben in diesem Kapitel erläutert.
Point	Eine Struktur, die die horizontale und die vertikale Koordinate eines Bildschirmpunkts definiert. Koordinaten werden in Zeilen und Spalten angegeben.

(Fortsetzung)

Struktur	Beschreibung
Rect	Eine Struktur, die die Koordinaten eines auf dem Bildschirm befindlichen Rechtecks definiert. Die obere linke Ecke ist durch (*top*,*left*) definiert, und die untere rechte Ecke ist durch (*bottom*-1,*right*-1) definiert. Koordinaten werden in Zeilen und Spalten angegeben.
Value	Eine Struktur, mit der auf Parameterwerte (.FLL) oder Visual FoxPro-Variablen bzw. -Felder (.FLL und .OCX) zugegriffen wird.

Zugreifen auf Visual FoxPro-Variablen und -Felder

Sie können aus Ihrem ActiveX-Steuerelement oder Ihrer .FLL-Funktion auf Visual FoxPro-Variablen oder -Felder zugreifen, um diese entweder zu lesen oder einzustellen. Außerdem können Sie neue Variablen erstellen, auf die aus Visual FoxPro heraus zugegriffen werden kann.

Variablen und Felder werden in Visual FoxPro in einer Namenstabelle zur Verfügung gestellt, die ein Datenfeld (Array) ist, das die Namen aller momentan definierten Variablen und Felder enthält. Auf ein bestimmtes Element des Datenfeldes können Sie mit dem Namenstabellenindex (NTI) zugreifen. Die API-Funktion _NameTableIndex( ) gibt anhand des von Ihnen angegebenen Namens den Index der zugehörigen Variablen oder des zugehörigen Feldes zurück. Nachdem Sie den NTI einer Variablen ermittelt haben, können Sie deren Wert mit der API-Funktion _LOAD( ) lesen oder mit der API-Funktion _STORE( ) einstellen. Wenn Sie eine neue Variable erstellen möchten, rufen Sie die API-Funktion _NewVar( ) auf.

Um auf Visual FoxPro-Variablen oder -Felder zuzugreifen, verwenden Sie die Strukturen „Value" und „Locator", die in **Pro_ext.h** definiert sind. Wenn Sie eine .FLL-Bibliothek erstellen, können Sie dieselben Vorgehensweisen verwenden, mit denen Sie auf Parameter zugreifen, die an Ihre Funktionen übergeben werden. Weitere Informationen zu den Strukturen „Value" und „Locator" finden Sie unter „Übergeben und Empfangen von Parametern" weiter oben in diesem Kapitel.

Das folgende Beispiel stammt aus dem Programm **Foxtlibctl.cpp**, das Sie im Verzeichnis **Vfp98\Api\Samples\Foxtlib** finden. Dieses Beispiel verdeutlicht, wie Sie die Strukturen „Value" und „Locator" in einem ActiveX-Steuerelement verwenden können, um auf Visual FoxPro-Variablen zuzugreifen:

```
long CFoxtlibCtrl::TLGetTypeAttr(long pTypeInfo, LPCTSTR szArrName)
{
  int nResult = 1;
  TYPEATTR *lpTypeAttr;
  Locator loc;
  Value val;
  OLECHAR szGuid[128];
  char *szBuff;
  _try {
```

```
        if (_FindVar(_NameTableIndex(( char *)szArrName),-1,&loc)) {
            ((ITypeInfo *)pTypeInfo)->GetTypeAttr(&lpTypeAttr);
            if (_ALen(loc.l_NTI, AL_ELEMENTS) < 16) {
                _Error(631); //Array argument not of proper size.
            }

            //1 = Guid
            StringFromGUID2(lpTypeAttr->guid, (LPOLESTR )&szGuid,sizeof(szGuid));
            OLEOleToAnsiString(szGuid,&szBuff);
            val.ev_type = 'C';
            val.ev_length = strlen(szBuff);
            val.ev_handle = _AllocHand(val.ev_length);
            _HLock(val.ev_handle);
            _MemMove((char *) _HandToPtr( val.ev_handle ), szBuff, val.ev_length);
            OLEFreeString((void **)&szBuff);
            _HUnLock(val.ev_handle);
            loc.l_sub1 = 1;
            _Store(&loc,&val);
            _FreeHand(val.ev_handle);

            //2 = LCID
            loc.l_sub1 = 2;
            val.ev_type = 'I';
            val.ev_long = lpTypeAttr->lcid;
                _Store(&loc,&val);

            // code for values 3 - 16 here
            ((ITypeInfo *)pTypeInfo) -> ReleaseTypeAttr(lpTypeAttr);
        }
    } __except (EXCEPTION_EXECUTE_HANDLER) {
        nResult = 0;
    }
return nResult;
```

Verwalten des Arbeitsspeichers

Die API von Visual FoxPro bietet direkten Zugriff auf den dynamischen Speichermanager von Visual FoxPro. Für API-Routinen, die Speicherzuweisungen erfordern, wird ein Speicherbezeichnet oder -Handle zurückgegeben. Die Segmentladearchitektur von Visual FoxPro verwendet Kennungen anstelle von Zeigern, damit der Speicher effizienter verwaltet werden kann.

Anmerkung: Die in diesem Abschnitt beschriebenen Techniken zur Verwaltung von Arbeitsspeicher mit der Visual FoxPro-API gelten sowohl für ActiveX-Steuerelemente als auch für .FLL-Bibliotheken.

Verwenden von Kennungen (Handles)

Der Begriff *Kennung (Handle)* bezieht sich auf eine Speicherkennung, die im wesentlichen ein Index für ein Datenfeld aus Zeigern ist. Die Zeiger zeigen auf Speicherblöcke, die Visual FoxPro kennt. In der API erfolgen fast alle Verweise auf Arbeitsspeicher über Kennungen, nicht über die herkömmlichen C-Zeiger.

▶ **So reservieren und verwenden Sie Arbeitsspeicher in Ihrer Bibliothek**

1. Reservieren Sie mit _AllocHand( ) eine Kennung.
2. Sperren Sie die Kennung mit _HLock( ).
3. Wandeln Sie die Kennung mit _HandToPtr( ) in einen Zeiger um.
4. Verweisen Sie mit dem Zeiger auf den Speicherbereich.
5. Heben Sie die Sperre der Kennung mit _HUnLock( ) wieder auf.

> **Anmerkung:** Schreiben Sie nicht in eine Memodatei, bevor Sie _AllocMemo( ) aufrufen, um eine Beschädigung der Memodatei zu vermeiden.

Zur Adressierung des zugeteilten Speichers müssen Ihre API-Routinen durch Aufrufen der Routine _HandToPtr( ) die Kennung in einen Zeiger umwandeln. Auch wenn der Speichermanager von Visual FoxPro den Speicher neu organisieren muß, um mehr zusammenhängenden Arbeitsspeicher für spätere Speicheranforderungen zu erhalten, bleibt die Kennung dieselbe. Zusätzlich werden Routinen bereitgestellt, die zugeteilten Arbeitsspeicher vergrößern, verkleinern, freigeben bzw. sperren können.

Wenn Sie externe Routinen erstellen, sollten Sie versuchen, jeweils möglichst wenig Arbeitsspeicher zu verwenden. Wenn Sie eine externe Routine schreiben, die den Speicher dynamisch zuteilt, sollten Sie versuchen, mit möglichst wenig Speicher auszukommen. Besondere Vorsicht ist angebracht, wenn Sie große Speicherzuteilungen langfristig sperren. Denken Sie daran, Speicherkennungen mit _HUnLock( ) freizugeben, wenn sie nicht mehr gesperrt sein müssen, da die Leistungsfähigkeit von Visual FoxPro durch gesperrte Speicherkennungen beeinträchtigt werden kann.

> **Vorsicht:** Wenn Sie sehr viel dynamischen Speicher verwenden, steht für Visual FoxPro entsprechend weniger Arbeitsspeicher für Puffer, Fenster, Menüs usw. zur Verfügung. Außerdem wird das Leistungsverhalten von Visual FoxPro beeinträchtigt, da der Arbeitsspeicher, der für Anforderungen von API-Routinen verwendet wird, vom Speichermanager von Visual FoxPro verwaltet wird. Die Zuteilung und Aufrechterhaltung umfangreicher Kennungen kann dazu führen, daß Visual FoxPro nicht mehr über ausreichend Arbeitsspeicher verfügt und abstürzt.

In der Visual FoxPro-Umgebung gibt es keinen Arbeitsspeicherschutz. Die externe API-Routine kann nicht alle Gültigkeitsprüfungen durchführen, die in einem standardmäßigen Visual FoxPro-Programm enthalten sind. Wenn Sie den Speicher beschädigen, erhalten Sie Meldungen wie „Transgressed handle", „Internal consistency error" und „Transgressed node during compaction".

Anhand der folgenden Funktion einer .FLL-Bibliothek wird die Reservierung von Arbeitsspeicher verdeutlicht. Im Beispiel wird mit _RetDateStr( ) ein Wert des Visual FoxPro-Datentyps „Datum" zurückgegeben, wobei angenommen wird, daß der Parameter des Typs „Zeichen" ein korrektes Datum enthält:

```
#include <Pro_ext.h>

void datum(ParamBlk *parm)
{
   MHANDLE mh;
   char *instring;

   if ((mh = _AllocHand(parm->p[0].val.ev_length + 1)) == 0) {
      _Error(182); // "Nicht genügend Arbeitsspeicher"
   }
   _HLock(parm->p[0].val.ev_handle);
   instring = _HandToPtr(parm->p[0].val.ev_handle);
   instring[parm->p[0].val.ev_length] = '\0';
   _RetDateStr(instring);
   _HUnLock(parm->p[0].val.ev_handle);
}
FoxInfo myFoxInfo[] = {
   {"DATUM", (FPFI) datum, 1, "C"}
};
FoxTable _FoxTable = {
   (FoxTable *) 0, sizeof(myFoxInfo)/sizeof(FoxInfo), myFoxInfo
};
```

Stapelspeicher (Stacks)

Das Steuerelement oder die Bibliothek, das bzw. die Sie erstellen, hat keinen eigenen Stapelspeicher. Statt dessen nutzt das Steuerelement oder die Bibliothek den Stapelspeicher des aufrufenden Programms, in diesem Fall also den Visual FoxPro-Stapelspeicher. Sie können die Größe des Stapelspeichers von Visual FoxPro weder steuern noch die Größe des für ein ActiveX-Steuerelement oder eine .fll-Datei verfügbaren Stapelspeicherplatzes beeinflussen.

Unter Normalbedingungen ist diese Unterscheidung nicht von Bedeutung. Der Stapelspeicher von Visual FoxPro ist in der Regel groß genug, um die automatischen Variablen zu fassen, die Sie in einem Steuerelement oder einer Bibliothek möglicherweise reservieren müssen. Wenn der Stapelspeicherplatz knapp wird, können Sie immer noch dynamisch zusätzlichen Speicher aus dem Heap zuteilen.

Befolgen von Kennungsregeln

Die folgenden Regeln gelten für den Besitz von Kennungen und die Verantwortung für deren Freigabe:

- Die Anwender müssen alle Kennungen freigeben, die sie zuteilen, und zwar einschließlich Kennungen, die von Funktionen wie _Load() zugeteilt werden.

- _Load() erstellt nur dann eine Kennung (Handle), wenn die Speichervariable, die Sie gerade laden, eine Zeichenfolge ist (d.h. ev_type = 'C'). Alle anderen Datentypen speichern ihre Werte in der Value-Struktur selbst, während das Laden einer Zeichenfolge eine Kennung (MHANDLE) in das Feld ev_handle der Value-Struktur legt.

- Bei einer .FLL-Bibliothek übernimmt Visual FoxPro die Freigabe aller mit _RetVal( ) zurückgegebenen Kennungen. Benutzende dürfen diese Kennungen nicht freigeben, und zwar auch dann nicht, wenn sie sie zuteilen.

- Benutzende dürfen Kennungen nicht freigeben, die ihnen in ihrem ParamBlk übergeben wurden.

Vorsicht: Wenn Sie eine externe Routine schreiben, die Funktionsaufrufe enthält, sollten Sie unbedingt alle obigen Regeln beachten und die Rückgabewerte prüfen. Ein fehlerhafter Zeiger oder Kennungsverweis könnte die internen Datenstrukturen von Visual FoxPro beschädigen und dadurch einen sofortigen Programmabbruch oder spätere Probleme verursachen, wodurch wiederum Datenverluste entstehen können.

Erstellen und Debuggen von Bibliotheken und ActiveX-Steuerelementen

Nachdem Sie ein Projekt erstellt haben, können Sie es kompilieren und verknüpfen (linken) und anschließend debuggen.

Kompilieren und Verknüpfen des Projekts

Vor dem Kompilieren und Verknüpfen müssen Sie die Projekteinstellungen festlegen. Einige der Einstellungen, die Sie vornehmen müssen, hängen davon ab, ob Sie eine Debug- oder eine Release-Version des Steuerelements oder der Bibliothek erstellen möchten. Die übliche Vorgehensweise ist, daß Sie so lange Debug-Versionen Ihres Programms erstellen, bis das Programm fehlerfrei funktioniert, und dann eine Release-Version erstellen.

▶ **So geben Sie an, ob eine Debug- oder eine Release-Version erstellt werden soll**

1. Klicken Sie im Menü **Build** auf **Set Default Configuration**.

2. Wählen Sie aus, ob Sie eine Debug- oder eine Release-Version des Steuerelements erstellen möchten.

3. Klicken Sie auf **OK**.

▶ **So legen Sie die Projekteinstellungen fest**

1. Klicken Sie im Menü **Build** auf **Settings**.

2. Wählen Sie unter **Settings For** aus, ob Sie eine Debug- oder eine Release-Version des Programms erstellen möchten.

3. Klicken Sie auf die Registerkarte **C/C++**, und nehmen Sie folgende Einstellungen vor:

    - Wählen Sie in der Liste „Category" den Eintrag **Code Generation** aus.

    - Wählen Sie in der Liste „Calling Convention" den Eintrag **_fastcall** aus.

    - Wählen Sie in der Liste „Use run-time library" den Eintrag **Multithreaded DLL** aus.

4. Klicken Sie auf die Registerkarte **Link**, und geben Sie im Textfeld **Object/Library Modules** eine der folgenden Bibliotheken an:

   - Wenn Sie eine .ocx-Datei erstellen möchten, geben Sie die Bibliothek OCXAPI.LIB an, die Sie im Visual FoxPro-Unterverzeichnis **API** finden.

   - Wenn Sie eine .fll-Datei erstellen möchten, geben Sie die Bibliothek WINAPIMS.LIB an, die Sie im Visual FoxPro-Unterverzeichnis **API** finden.

5. Deaktvieren Sie **Ignore all default libraries**.
6. Klicken Sie auf **OK**.

▶ **So stellen Sie sicher, daß der Compiler die erforderlichen Dateien finden kann**

1. Klicken Sie im Menü **Tools** auf **Options**.
2. Klicken Sie auf die Registerkarte **Directories**.
3. Wählen Sie in der Liste „Show directories for" den Eintrag **Include files** aus.
4. Klicken Sie in der Symbolleiste **Directories** auf die Schaltfläche **Add**.
5. Fügen Sie das Verzeichnis hinzu, in dem sich **Pro_ext.h** befindet.
6. Wählen Sie in der Liste „Show directories for" den Eintrag **Library files** aus.
7. Klicken Sie in der Symbolleiste **Directories** auf die Schaltfläche **Add**.
8. Fügen Sie, wenn Sie ein Steuerelement erstellen, die Bibliothek **Ocxapi.lib** oder, wenn Sie eine .FLL-Bibliothek erstellen, die Bibliothek **Winapims.lib** hinzu. Beide Bibliotheken finden Sie im Visual FoxPro-Unterverzeichnis **API**.
9. Klicken Sie im Dialogfeld **Options** auf **OK**.

Nachdem Sie die Einstellungen angegeben haben, können Sie Ihr Programm kompilieren und verknüpfen.

▶ **So kompilieren und verknüpfen (linken) Sie eine .ocx-Datei**

- Klicken Sie im Menü **Build** auf **Build** *projname*.**ocx**.

Sobald Sie die .ocx-Datei kompiliert und verknüpft haben, registriert Visual C++ das Steuerelement automatisch auf Ihrem Computer. Sollten Sie das Steuerelement aus irgendeinem Grund manuell registrieren müssen, können Sie wie folgt vorgehen.

▶ **So registrieren Sie das ActiveX-Steuerelement**

- Klicken Sie im Visual C++ Developer Studio im Menü **Tools** auf **Register Control**.

  – oder –

- Deklarieren Sie in Ihrem Programm die Funktion **DLLRegisterServer( )**, und rufen sie diese Funktion aus Ihrem Programm auf.

Debuggen eines ActiveX-Steuerelements oder einer .FLL-Bibliothek

Das Debuggen des Steuerelements oder der Bibliothek im Zusammenhang einer kompletten Visual FoxPro-Anwendung ist schwieriger als das Debuggen des Steuerelements oder der Bibliothek unabhängig von der Anwendung. Es ist ratsam, ein einfaches Testprogramm zu schreiben, um die Funktionsfähigkeit Ihres Steuerelements oder Ihrer Bibliothek zu testen.

Debuggen mit Microsoft Visual C++

Microsoft Visual C++, Version 4.0 und höher, bietet eine integrierte Debug-Umgebung, die das Setzen von Haltepunkten und das schrittweise Durcharbeiten Ihres Codes erheblich erleichtert. Sie können sogar Visual FoxPro aus Visual C++ ausführen.

▶ **So starten Sie das Debuggen mit Microsoft Visual C**

1. Klicken Sie im Menü **Build** auf **Settings**.
2. Klicken Sie im Dialogfeld **Project Settings** auf die Registerkarte **Debug**.
3. Geben Sie in das Textfeld **Executable for debug session** den Pfad gefolgt von **Vfp6.exe** ein.

   Geben Sie z. B. **C:\Program Files\Microsoft Visual Studio\Vfp\Vfp6.exe** ein.
4. Klicken Sie auf **OK**.
5. Setzen Sie einen Haltepunkt in Ihrer Bibliothek.
6. Klicken Sie im Menü **Build** auf **Debug**. Klicken Sie im Untermenü auf **Go**.
7. Wenn das Developer Studio eine Meldung anzeigt, die „Vfp6.exe doesn't contain debugging information" lautet, klicken Sie auf **Yes**, um fortzufahren.

Weitere Informationen über das Debuggen in Visual C++ finden Sie in der Dokumentation zu Visual C++.

Debuggen mit anderen Debuggern

Sie sollten ein Steuerelement oder eine Bibliothek mit jedem Debugger debuggen können, der eine INT 3-Anweisung (_BreakPoint( )) korrekt verarbeiten kann, die in Ihr Programm eingebettetet ist. Sie können jeden Debugger für symbolisches Debuggen verwenden, so lange der Debugger folgendes leistet:

- Erstellen einer Symboltabelle aus einer Map-Datei.
- Laden der Symboltabelle unabhängig vom Programm.
- Anordnen der Symbole an einer neuen Adresse.

▶ **So debuggen Sie eine Bibliothek**

1. Fügen Sie an der Position, an der das Debuggen beginnen soll, einen _BreakPoint( )-Aufruf zu der Routine hinzu.
2. Kompilieren und verknüpfen (linken) Sie das Steuerelement oder die Bibliothek.
3. Rufen Sie Ihren Debugger auf.

4. Wenn Ihr Debugger Symbole unterstützt, laden Sie die Symboltabelle für Ihre Bibliothek.
5. Starten Sie Visual FoxPro.
6. Rufen Sie Ihre Bibliotheksroutine aus Visual FoxPro auf.
7. Passen Sie, sobald der Haltepunkt erreicht ist, die Symbolbasis so an, daß Ihre Symbole an die Position gelangen, an die die Bibliothek geladen wurde.
8. Erhöhen Sie den Befehlszeiger (IP, instruction pointer) um 1, um die INT 3-Anweisung zu überspringen.
9. Fahren Sie mit dem Debuggen so fort wie mit einem normalen Programm.

Anmerkung: Haltepunkte, die Sie für Ihren Debugger gesetzt haben, sollten Sie immer löschen, bevor Sie Ihr Produkt für den Vertrieb freigeben.

TEIL 10

Erstellen von Unternehmenslösungen

Durch die Nutzung der Leistungsmerkmale von Visual FoxPro werden Ihre Entwicklungsmöglichkeiten so erweitert, daß Sie komplexe, facettenreiche Anwendungen erstellen können. Sie können Ihre Anwendungen mit einem Team aus Entwicklern erstellen, wodurch es Ihnen möglich wird, schneller zu arbeiten und Anwendungen zu entwickeln, die ein einzelner Entwickler nur unter großen Schwierigkeiten erstellen könnte. Darüber hinaus können Sie das Leistungsangebot von Visual FoxPro mit dem anderer Programme kombinieren, um entsprechend den an Ihre Anwendung gestellten Anforderungen hervorragende unternehmensweite Lösungen zu erstellen.

Kapitel 29   Entwickeln in Teams   745

Damit Entwickler als Team erfolgreich arbeiten können, müssen sie ihre Arbeit koordinieren und verhindern, daß sie bestimmte Arbeiten doppelt erledigen oder sich die Arbeit gegenseitig überschreiben. Um die Teamentwicklung besser verwalten zu können, ermöglicht Visual FoxPro es Ihnen, Quellcodekontroll-Software in den Projekt-Manager zu integrieren, so daß Sie Visual FoxPro-Dateien aus- und einchecken, Änderungen zusammenschließen, Unterschiede anzeigen und vieles mehr ausführen können. Sie können auch gleichzeitig mit derselben Datenbanbk arbeiten.

Kapitel 30   Visual FoxPro-Unternehmenslösungen   769

Neben dem vollständigen Erstellen Ihrer Anwendungen in Visual FoxPro ist es auch möglich, Visual FoxPro so zu erweitern, daß Sie es als Front-End für andere Datenquellen verwenden können. Sie können Visual FoxPro aber auch als Datenquelle für andere Windows-Programme nutzen. Darüber hinaus können Sie Visual FoxPro auf andere innovative Weise verwenden, wie z.B. als Suchmaschine für das World Wide Web oder als Tool zum Verwalten von Datenmagazinen.

KAPITEL 29

Entwickeln in Teams

Sie können komplexe Anwendungen schnell erstellen, indem Sie ein Team aus Entwicklern zusammenstellen. Das Entwickeln im Team erfordert allerdings einiges an zusätzlicher Koordinierung, damit die Entwicklungsarbeit reibungslos vonstatten geht. Eine Strategie besteht darin, eine Quellcodekontroll-Software, wie z. B. Microsoft Visual SourceSafe™, zu verwenden, um die Dateien eines Projekts zu verwalten.

In diesem Kapitel sind Vorgehensweisen beschrieben, mit denen Sie eine Team-Entwicklung erfolgreich abwickeln können. Dabei wird davon ausgegangen, daß Sie den Inhalt der vorherigen Kapitel dieses Buches kennen und daher wissen, wie eine Visual FoxPro-Anwendung erstellt wird.

In diesem Kapitel finden Sie Informationen zu:

- Rahmenbedingungen für eine Team-Entwicklung
- Arbeiten mit einer Quellcodekontroll-Software in Visual FoxPro
- Verwalten von Visual FoxPro-Projekten unter Quellcodekontrolle
- Verwalten von Dateien eines quellcodekontrollierten Projekts
- Entwickeln und Ändern von Datenbanken in Teams
- Entwickeln von Klassenbibliotheken in Teams

Rahmenbedingungen für eine Teamentwicklung

Indem Sie mit einem Team aus Entwicklern arbeiten, können Sie zum einen Anwendungen schneller erstellen und zum anderen komplexere Anwendungen entwickeln. Sie können die Fähigkeiten mehrerer Entwickler zusammenfassen, um Anwendungen zu erstellen, die ein einzelner Entwickler nur unter großen Schwierigkeiten oder unter Umständen gar nicht erstellen könnte.

Allerdings erfordert eine Team-Entwicklung zusätzlichen Aufwand während des Entwicklungsprozesses. Eine erfolgreiche Team-Entwicklung hängt von folgenden Faktoren ab:

- Ermöglichen, daß mehrere Entwickler gleichzeitig mit denselben Projekten und Datenbanken arbeiten können.

- Koordinieren der Änderungen, die an denselben Programmen, Formularen oder sonstigen Elementen der Anwendung vorgenommen werden, so daß die Änderungen eines Entwicklers nicht von den Änderungen eines anderen Entwicklers überschrieben werden.

- Ermöglichen, daß Entwickler vorhandene Anwendungselemente (zum Beispiel Programme oder Klassenbibliotheken) erweitern können, ohne daß davon die Arbeit anderer Entwickler betroffen ist, die diese Elemente verwenden.

Stellen Sie sich z. B. vor, Ihr Team entwickelt eine komplexe Anwendung. Da die Anwendung sehr umfangreich ist, muß Visual FoxPro es ermöglichen, daß mehrere Entwickler gleichzeitig unterschiedliche Komponenten der Anwendung bearbeiten. Andererseits möchten Sie sicherstellen, daß jeweils nur ein Entwickler an einem bestimmten Element, z. B. einem Formular, arbeitet, so daß ein Entwickler nicht die Änderungen überschreibt, die ein anderer Entwickler vorgenommen hat.

Darüber hinaus möchten Sie, daß dieser Entwickler ein Formular programmieren, testen und debuggen kann, ohne daß sich das auf die Arbeit der anderen Entwickler (und Benutzer) auswirkt, die weiterhin mit einer früheren Version des Formulars arbeiten. Sobald der erste Entwickler das neue Formular fertiggestellt hat, können die Erweiterungen in die Anwendung integriert werden.

Sie können für die Koordinierung der Arbeit mehrerer Entwickler nach den Methoden vorgehen, die in diesem Kapitel empfohlen werden. Zum Beispiel enthält dieses Kapitel Informationen, wie Projekte und Klassenbibliotheken in einer Multi-Entwicklerumgebung bearbeitet werden können. Weitere Informationen finden Sie unter „Integrieren von Quellcodekontrolle in Visual FoxPro-Projekte" sowie unter „Entwickeln von Klassenbibliotheken in Teams" weiter unten in diesem Kapitel.

Grundsätzliches zur Quellcodekontrolle

Visual FoxPro stellt eine Reihe von Merkmalen bereit, die die Team-Entwicklung unterstützen. Ein wichtiges Merkmal für die Team-Entwicklung ist der Einsatz eines Quellcodekontroll-Systems, um zu koordinieren, wer auf welche Dateien eines Projekts zugreifen und diese ändern kann.

Quellcodekontrolle ist der allgemeine Begriff für Tools, die Dateien in einer Multi-Entwicklerumgebung verwalten. Die meisten Quellcodekontroll-Tools arbeiten ähnlich wie eine normale öffentliche Bibliothek: Sie verwalten einen zentralen Dateienbestand (Dokumente, Programme oder sonstige Dateien) an einem Ort, auf den alle Entwickler Zugriff haben. Außerdem sind Quellcodekontroll-Tools in der Lage, die Änderungen, die von den Entwicklern an den Dateien vorgenommenen werden, zu protokollieren sowie bei Bedarf zu früheren Versionen zurückzukehren.

Grundsätzlich bietet ein Quellcodekontroll-Tool einige oder sogar alle der folgenden Merkmale:

- **Auschecken, Einchecken:** Ein Entwickler checkt eine Datei aus, indem er eine Kopie aus dem zentralen Bestand auf seinen Computer herunterlädt, bevor er Änderungen an der Datei vornimmt. Während eine Datei ausgecheckt ist, gilt folgendes: Andere Entwickler können die Datei weder auschecken noch ändern, können diese aber normalerweise anzeigen, indem sie die Datei synchronisieren oder eine schreibgeschützte Kopie der Datei abrufen. (Wenn die Datei eine Textdatei ist, wie z. B. Programmquellcode, können mehrere Entwickler dieselbe Datei auschecken und dann die Änderungen, die die anderen Entwickler vorgenommen haben, mit ihrer jeweiligen lokalen Kopie zusammenführen.) Wenn die Entwickler eine Datei fertiggestellt haben, können sie ihre Änderungen einchecken, indem sie ihre lokale Kopie in den zentralen Bestand einchecken (oder hochladen). Als Teil des Eincheckvorgangs einer Datei fordern die meisten Quellcodekontroll-Tools den jeweiligen Entwickler auf, Kommentare zu den Änderungen einzugeben, die er an den Dateien vorgenommen hat.

- **Zusammenschließen:** Damit mehrere Entwickler gleichzeitig dieselbe Datei bearbeiten können, ermöglicht es die Quellcodekontroll-Software mehreren Entwicklern, die Datei gleichzeitig auszuchecken. (Das ist üblicherweise nur für Textdateien möglich, z. B. für Programmquellcode.) Wenn ein anderer Entwickler die Datei geändert hat, kann das Quellcodekontroll-System diese Änderungen in Ihre Version der Datei übernehmen.

- **Projektverwaltung:** Entwickler können die Dateien in Projekten oder gemäß anderen arbeitsspezifischen Kategorien zusammenstellen. Häufig können Dateien gleichzeitig in mehreren Projekten verwendet werden.

- **Änderungsprotokollierung:** Die meisten Quellcodekontroll-Systeme protokollieren die an einer Datei vorgenommenen Änderungen, wenn die Datei eingecheckt wird. Das ermöglicht es den Entwicklern, ältere Versionen der Datei wiederherzustellen, wodurch sich frühere Arbeitsergebnisse reproduzieren lassen.

- **Unterschiedsprüfung:** Quellcodekontroll-Software ermöglicht es den beteiligten Entwicklern, Versionen einer Datei zu vergleichen und die zwischen den Versionen bestehenden Unterschiede zu erkennen.

- **History:** Entwickler können die Eincheck-History jeder Datei auswerten. Dazu gehören auch die Kommentare, die jeder Entwickler beim Einchecken der Datei eingegeben hat.

Tip: Wenn Ihre Quellcodekontroll-Software Kommentare unterstützt, sollten Sie diese Möglichkeit ausgiebig nutzen. Kommentare sind eine große Hilfe beim Nachvollziehen von Änderungen und bieten nützliche Informationen zum Werdegang (History) einer Anwendungsentwicklung.

Um mit Quellcodekontrolle zu arbeiten, müssen Benutzende sich einem quellcodekontrollierten Projekt anschließen (das wird manchmal als „für ein Projekt einschreiben" bezeichnet). Nachdem sich ein Benutzer einem Projekt angeschlossen hat, kann er die zu dem Projekt gehörenden Dateien ein- und auschecken.

Anmerkung: Damit mehrere Entwickler gleichzeitig an einem Projekt arbeiten können, müssen Sie die Option des Quellcodekontroll-Systems aktivieren, die es ermöglicht, dieselbe Datei mehrmals auszuchecken. Weitere Informationen finden Sie in der Dokumentation Ihrer Quellcodekontroll-Software.

Arbeiten mit einer Quellcodekontroll-Software in Visual FoxPro

Einer der wichtigsten Aspekte beim Entwickeln in Teams ist die Fähigkeit festzulegen, wer berechtigt ist, Dateien zu ändern. Wenn es z. B. keine Kontrolle für die Dateien gibt und mehrere Entwickler ein Programm gleichzeitig ändern, ist es sehr wahrscheinlich, daß einige Änderungen überschrieben oder verworfen werden, wodurch Zeit und Arbeitsleistung verschwendet werden.

Visual FoxPro unterstützt Ihr Team bei der Verwaltung der Dateien Ihres Projekts, indem es Ihnen ermöglicht, ein Quellcodekontroll-System in den Visual FoxPro-Projektmanager zu integrieren. Dadurch können Sie Projektdateien in einer Team-Entwicklungsumgebung verwalten und sicherstellen, daß die Entwicklungsarbeiten reibungslos vorangehen.

Integrieren von Quellcodekontrolle in Visual FoxPro-Projekte

Visual FoxPro unterstützt Quellcodekontroll-Tools, indem es Ihnen ermöglicht, kommerziell verfügbare Quellcodekontroll-Software direkt in Ihre Projekte zu integrieren. Sie können viele der momentan verfügbaren Versionskontrollsysteme verwenden. (Fragen Sie bei Ihrem Softwarehändler nach, ob die jeweilige Software in die Entwicklungs-Tools von Microsoft integriert werden kann.) Wenn Ihr Entwicklungsteam z. B. bereits mit Microsoft Visual SourceSafe arbeitet, können Sie dieses Produkt als diejenige Quellcodekontroll-Software angeben, die mit Visual FoxPro verwendet werden soll.

In Visual FoxPro wird die gesamte Quellcodekontrolle vom Projekt-Manager verwaltet. Wenn Sie in Visual FoxPro ein Projekt einrichten, haben Sie die Möglichkeit, ein entsprechendes Quellcodekontroll-Projekt zu erstellen. Dieser Vorgang wird als „Projekt unter Quellcodekontrolle stellen" bezeichnet. Nachdem Sie ein Projekt unter Quellcodekontrolle gestellt haben, unterstützt Visual FoxPro Sie dabei, die Dateien des quellcodekontrollierten Projekts zu verwalten. Wenn Sie Änderungen an einer Datei vornehmen möchten (indem Sie z. B. ein Programm bearbeiten oder ein Formular ändern), fordert Visual FoxPro Sie auf, diese Datei auszuchecken.

In Visual FoxPro werden mit der Quellcodekontrolle Dateien aller Typen verwaltet, nicht nur .prg-Dateien, sondern auch .scx-, .frx-, .lbx-, .mnx- und .vcx-Dateien sowie andere Dateien. Obwohl einzelne Dateien in unterschiedlichen Visual FoxPro-Projekten gleichzeitig verwendet werden können, werden alle Vorgänge, die die Quellcodekontrolle betreffen, für die Dateien im Zusammenhang eines bestimmten Projekts ausgeführt.

Anmerkung: Wenn Sie eine Datentabelle, z. B. eine .dbf- oder .dbc-Datei, erstellen, fordert Visual FoxPro Sie nicht auf, diese Tabelle unter Quellcodekontrolle zu stellen. Sie können die Tabelle aber manuell zu ihrem quellcodekontrollierten Projekt hinzufügen.

Wenn Sie im Projekt-Manager mit einem Projekt arbeiten, das unter Quellcodekontrolle steht, zeigt Visual FoxPro neben den Namen der Dateien, die unter Quellcodekontrolle stehen, Symbole an, die den Status der Dateien kennzeichnen.

Projekt-Manager, in dem Symbole der Quellcodekontrolle angezeigt werden

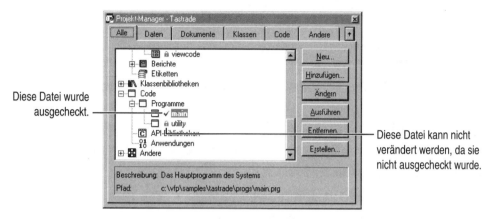

Diese Datei wurde ausgecheckt.

Diese Datei kann nicht verändert werden, da sie nicht ausgecheckt wurde.

In der folgenden Tabelle sind die Symbole zusammengestellt, mit denen der Projekt-Manager den Status der Quellcodekontrolle kennzeichnet.

Symbol	Bedeutung
✓	Sie haben die Datei ausgecheckt.
✓	Sie und mindestens ein anderer Entwickler haben die Datei ausgecheckt.
♟	Ein anderer Entwickler hat die Datei ausgecheckt.
🔒	Die Datei ist nicht ausgecheckt. Sie können die Datei erst bearbeiten, nachdem Sie sie ausgecheckt haben.
⬆	Die Datei wurde zusammengeführt. Nachdem Sie die Änderungen geprüft haben, können Sie die Datei einchecken.
⬆	Die Datei wurde zusammengeführt, aber es gibt Konflikte, die gelöst werden müssen.
?	Visual FoxPro kann den Quellcode-Kontrollstatus der Datei nicht ermitteln.

Neben dem Namen einer Datei, die nicht unter Quellcodekontrolle steht, wird kein Symbol angezeigt.

Anmerkung: Ausführlichere Informationen zum Zusammenführen von Dateien sowie zu Konflikten beim Zusammenführen finden Sie unter „Einchecken von Textdateien" weiter unten in diesem Kapitel.

Aktivieren der Quellcodekontrolle

Um die Quellcodekontrolle zu aktivieren, installieren Sie zunächst das Quellcodekontroll-Programm entsprechend der zu dem Programm gehörenden Dokumentation. Dabei installieren Sie meist eine Administratorversion auf einem Server, auf dem der Quellcode verwaltet wird, und installieren dann die Client-Version des Produkts auf den lokalen Computern.

Anmerkung: Alle an einem Projekt beteiligten Entwickler müssen mit derselben Quellcodekontroll-Software arbeiten.

Nachdem die Quellcodekontroll-Software installiert ist, können Sie die entsprechenden Optionen einstellen, damit Visual FoxPro die Software erkennt und die Standardeinstellungen für Ihre Projekte festgelegt sind.

▶ **So aktivieren Sie in Visual FoxPro die Quellcodekontrolle**

1. Klicken Sie im Menü **Extras** auf **Optionen**.

2. Klicken Sie im Dialogfeld Optionen auf die Registerkarte **Projekte**.

3. Wählen Sie im Bereich **Quellcode-Kontrolloptionen** in der Liste **Aktive Quellcode-Kontrollbereitstellung** den Namen Ihres Quellcodekontroll-Programms aus.

4. Wenn Sie möchten, daß Visual FoxPro Sie auffordert, neue Projekte zur Quellcodekontrolle hinzuzufügen, müssen Sie das Kontrollkästchen **Automatisch neue Projekte der Quellcode-Kontrolle hinzufügen** aktivieren.

Jedesmal, wenn Sie Visual FoxPro starten, prüft es, ob eine Quellcode-Kontrollbereitstellung vorhanden ist. Wenn eine gefunden wird, können Sie Projekte unter Quellcodekontrolle stellen bzw. verwalten.

Verwalten von Visual FoxPro-Projekten unter Quellcodekontrolle

Wenn Sie in Visual FoxPro eine Quellcodekontroll-Software verwenden möchten, stellen Sie Ihre Projekte unter Quellcodekontrolle, fügen Dateien zu Ihren quellcodekontrollierten Projekten hinzu und aktualisieren die Projektliste jedes Projekts.

Arbeiten mit der Projektdatei und der Projektlistendatei

In Visual FoxPro werden die jeweiligen Projektinformationen in einer Tabellen- und in einer Memodatei verwaltet, die die Dateinamenerweiterungen .pjx und .pjt haben. Wenn Sie z. B. ein Projekt namens Projekt1 erstellt haben, werden die Informationen zu dem Projekt in den beiden Dateien **Projekt1.pjx** und **Projekt1.pjt** gespeichert. Zu diesen Informationen gehören u.a. die Liste der Dateien, deren Positionen und Informationen darüber, ob die Dateien in die Anwendungsdatei (.app- oder .exe-Datei) kompiliert werden.

In einer Team-Entwicklungsumgebung arbeiten die Entwickler nicht mit denselben Projektdateien (.pjx- und .pjt-Dateien). Statt dessen hat jeder Entwickler eigene lokale Kopien der .pjx- und .pjt-Dateien.

Um die Änderungen koordinieren zu können, die einzelne Entwickler in einem Projekt vornehmen, das unter der Quellcodekontrolle steht, verwaltet Visual FoxPro eine Projektdateienliste (oder .pjm-Datei als Kurzform für „Projektmetadatei"). In der Datei, die die Projektdateienliste enthält, werden dieselben Informationen gespeichert wie in den .pjx- und .pjt-Dateien, so z. B., welche Dateien momentan zu dem Projekt gehören.

Die Quellcodekontroll-Software verwaltet eine Datei, die die Projektdateienliste enthält und zusammen mit anderen Dateien im zentralen Bestand gespeichert ist. Darüber hinaus hat jeder Entwickler eine lokale Kopie der Projektdateienliste ausgecheckt, die seine aktuelle Version des Projekt widerspiegelt.

Angenommen, Sie arbeiten an einem Projekt und fügen ein neues Programm (.prg-Datei) hinzu. Sobald Sie die neue Datei hinzugefügt haben (und vorausgesetzt, daß Sie diese Datei unter Quellcodekontrolle gestellt haben), aktualisiert Visual FoxPro Ihre lokale Kopie des Projekts und zeigt die Datei an, wenn Sie auf Ihrem Computer mit dem Projekt-Manager arbeiten. Andere Entwickler wissen zunächst nichts von Ihrer Änderung, und deren lokalen Kopien des Projekts zeigen die von Ihnen hinzugefügte Datei nicht an. Obwohl Sie die Projektdateienliste nicht aktualisiert haben, können Sie die neue Datei aus Sicherheitsgründen einchecken und bei Bedarf wieder auschecken.

Nachdem Sie die neue Datei fertiggestellt haben (z. B. nachdem Sie Ihr neues Programm ausgetestet haben), können Sie die Projektdateienliste aktualisieren. Bei dieser Aktualisierung schließt Visual FoxPro die Informationen in Ihrer lokalen Projektdateienliste mit den Informationen in der zentralen Projektdateienliste zusammen.

Visual FoxPro selbst aktualisiert wiederum Ihre lokale Projektdateienliste entsprechend der Änderungen, die es in der zentralen Projektdateienliste findet. Wenn andere Entwickler Dateien zu dem Projekt hinzugefügt haben, wird Ihre lokale Projektdateienliste aktualisiert, werden lokale Kopien der neuen Dateien auf Ihrem Computer abgelegt, aktualisiert Visual FoxPro Ihr Projekt (.pjx- und .pjt-Datei) und zeigt der Projekt-Manager die hinzugefügten Dateien an, so daß Sie mit diesen arbeiten können.

Verwalten der Projektdateien mit Hilfe der Projektliste

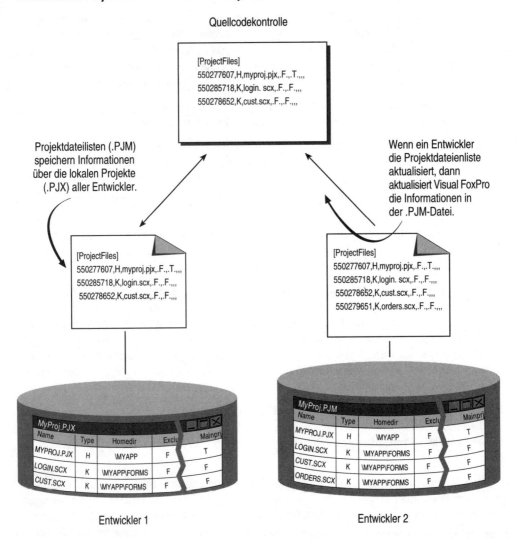

Anmerkung: In der Projektdateienliste werden nur die Projektdateien festgehalten, die unter Quellcodekontrolle stehen. Enthält Ihr Projekt Dateien, die nicht unter Quellcodekontrolle stehen, werden diese weder in der Projektdateienliste angezeigt, noch fügt Visual FoxPro diese Dateien zu den Projekten anderer Entwickler hinzu, wenn diese ihre eigenen Projektlisten aktualisieren.

Projekte unter Quellcodekontrolle stellen

Damit Sie Ihre Quellcodekontroll-Software nutzen können, müssen Sie angeben, daß ein Visual FoxPro-Projekt quellcodekontrolliert sein soll. Dazu müssen Sie ein Projekt zu Ihrem Quellcodekontroll-System hinzufügen.

Wenn die Quellcodekontroll-Software aktiviert ist, können Sie angeben, daß jedes von Ihnen neu erstellte Projekt automatisch unter Quellcodekontrolle gestellt werden soll.

▶ **So erstellen Sie ein neues quellcodekontrolliertes Projekt**

1. Klicken Sie im Dialogfeld Optionen auf die Registerkarte **Projekte**, und wählen Sie anschließend, sofern Sie dies noch nicht getan haben, die gewünschten Quellcode-Kontrollbereitstellungen aus.

2. Aktivieren Sie das Kontrollkästchen **Automatisch neue Projekte der Quellcodekontrolle hinzufügen**, und klicken Sie auf **OK**. Soll diese Einstellung zur Standardeinstellung werden, klicken Sie zunächst auf **Als Standardeinstellung verwenden** und erst dann auf **OK**.

3. Klicken Sie im Menü **Datei** auf **Neu**, und beginnen Sie mit einem neuen Visual FoxPro-Projekt.

   Nachdem Sie den Namen des neuen Projekts eingegeben haben, fordert Visual FoxPro Sie auf, das neue quellcodekontrollierte Projekt zu erstellen. Der Standardname des neuen Projekts ist mit dem Namen des Visual FoxPro-Projekts identisch.

Sobald Sie das neue quellcodekontrollierte Projekt erstellt haben, schließt Visual FoxPro das Erstellen des Visual FoxPro-Projekts ab. Andere Entwickler können diese Datei erst nutzen, nachdem sie sich in das Projekt eingeschrieben haben. Weitere Informationen finden Sie unter „Sich einem vorhandenen quellcodekontrollierten Projekt anschließen" weiter unten in diesem Kapitel.

Wenn Sie an einem bereits vorhandenen Projekt arbeiten, das noch nicht unter Quellcodekontrolle steht, können Sie für dieses Projekt ein neues, quellcodekontrolliertes Projekt erstellen und dann dessen Dateien unter Quellcodekontrolle stellen.

▶ **So stellen Sie ein vorhandenes Projekt unter Quellcodekontrolle**

1. Öffnen Sie Ihr Visual FoxPro-Projekt im Projekt-Manager.

2. Klicken Sie im Menü **Projekt** auf **Projekt der Quellcodekontrolle hinzufügen**.

   Visual FoxPro zeigt das Dialogfeld Ihres Quellcodekontroll-Systems an, in dem Sie ein neues Projekt erstellen können. Der Name des quellcodekontrollierten Projekts ist standardmäßig mit dem Namen des Visual FoxPro-Projekts identisch.

3. Erstellen Sie das quellcodekontrollierte Projekt so, wie dies von Ihrer Quellcodekontroll-Software vorgesehen ist.

Wenn Sie ein vorhandenes Projekt zur Quellcodekontrolle hinzufügen, fordert Visual FoxPro Sie auf, die Dateien des Projekts zu dem quellcodekontrollierten Projekt hinzuzufügen. Weitere Informationen finden Sie unter „Hinzufügen von Dateien zu einem quellcodekontrollierten Projekt" im nächsten Abschnitt.

Hinzufügen von Dateien zu einem quellcodekontrollierten Projekt

Nachdem Sie ein Visual FoxPro-Projekt unter Quellcodekontrolle gestellt haben, können Sie einzelne Dateien zu dem quellcodekontrollierten Projekt hinzufügen. Enthält das Visual FoxPro-Projekt bereits Dateien, wenn Sie es unter Quellcodekontrolle stellen, können Sie diese Dateien zu dem quellcodekontrollierten Projekt hinzufügen.

Anmerkung: Sofern die Quellcodekontroll-Software dies unterstützt, ermöglicht Visual FoxPro es Ihnen, eine Datei ausgecheckt zu lassen, wenn Sie die Datei zu dem quellcodekontrollierten Projekt hinzufügen. Wenn die Software das nicht unterstützt, wird die Datei eingecheckt, und Sie müssen die Datei wieder auschecken, um mit ihr arbeiten zu können. Weitere Informationen, wie Dateien aus- und eingecheckt werden, nachdem sie zu einem Projekt hinzugefügt wurden, finden Sie unter „Verwalten von Dateien eines quellcodekontrollierten Projekts" weiter unten in diesem Kapitel.

▶ **So fügen Sie vorhandene Dateien zu einem quellcodekontrollierten Projekt hinzu**

1. Klicken Sie im Menü **Projekt** auf **Quellcodekontrolle**, und klicken Sie dann auf **Dateien zur Quellcodekontrolle hinzufügen**.

2. Wählen Sie im Dialogfeld Dateien der Quellcodekontrolle hinzufügen die Dateien aus, die Sie hinzufügen möchten.

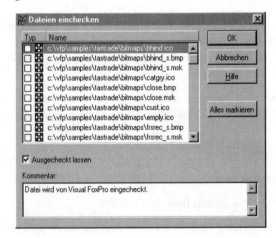

Anmerkung: **Ausgecheckt lassen** und **Kommentar** werden nur angezeigt, wenn Ihre Quellcodekontroll-Software diese Optionen unterstützt.

3. Klicken Sie auf **OK**.

   Visual FoxPro erstellt die Kontrolldateien, die für die Quellcodekontroll-Software erforderlich sind, und fügt die Dateien zu dem Projekt hinzu. Wenn Sie viele Dateien ausgewählt haben, kann dieser Vorgang etwas länger dauern.

Sie können Visual FoxPro so einrichten, daß es Sie immer dann, wenn Sie eine Datei zu einem Projekt hinzufügen, dazu auffordert, die Datei unter Quellcodekontrolle zu stellen.

▶ **So geben Sie an, daß Visual FoxPro Sie auffordert, eine neue Datei unter Quellcodekontrolle zu stellen**

- Aktivieren Sie im Dialogfeld Optionen auf der Registerkarte **Projekte** das Kontrollkästchen **Automatisch neue Projekte der Quellcodekontrolle hinzufügen**, und klicken Sie dann auf **OK**.

Soll diese Einstellung zur Standardeinstellung werden, klicken Sie zunächst auf **Als Standardeinstellung verwenden** und erst dann auf **OK**.

Nachdem Sie Dateien zu einem Projekt hinzugefügt haben, müssen Sie die Projektliste aktualisieren, damit andere Entwickler mit den neuen Dateien arbeiten können. Weitere Informationen finden Sie unter „Aktualisieren der Projektliste" weiter unten in diesem Kapitel.

Sich einem vorhandenen quellcodekontrollierten Projekt anschließen

Wenn Sie als neuer Entwickler in ein Projekt einsteigen, das bereits unter Quellcodekontrolle steht, müssen Sie sich dem Projekt anschließen, bevor Sie Dateien aus- und einchecken können. In dem Moment, in dem Sie sich einem Projekt anschließen, erstellt Visual FoxPro für Sie eine lokale Projektlistendatei sowie eine aktuelle Projektdatei (.pjx-Datei).

▶ **So schließen Sie sich einem vorhandenen Projekt an**

1. Klicken Sie im Menü **Datei** auf **Mit Quellcodekontroll-Projekt verbinden**.

2. Wählen Sie im Dialogfeld **Projekt öffnen** den Server und das Verzeichnis aus, das die Datei des Visual FoxPro-Projekts enthält, dem Sie sich anschließen möchten.

3. Legen Sie das Arbeitsverzeichnis für Ihren lokalen Computer fest. Dadurch ist angegeben, wo das Quellcodekontroll-System Dateien ablegt, die Sie auschecken, und wo es die Dateien sucht, die Sie wieder einchecken. Wenn Sie z. B. Visual SourceSafe als Ihren Quellcode-Kontrollbereitsteller verwenden, klicken Sie im Bereich **Verzeichnis** auf **Durchsuchen** und wählen ein vorhandenes Verzeichnis aus, oder Sie geben den Namen eines neuen Verzeichnisses ein.

> **Tip:** Alle an einem Projekt beteiligten Entwickler müssen für die Dateien des Projekts dieselbe Verzeichnisstruktur verwenden. Die Namen einzelner Unterverzeichnisse können dagegen unterschiedlich sein.

Aktualisieren der Projektliste

Selbst wenn Dateien zu einem quellcodekontrollierten Projekt hinzugefügt wurden, können andere Entwickler noch nicht mit diesen Dateien arbeiten. Ein Entwickler kann diese Dateien bei Bedarf mit seinem Quellcodekontroll-System manuell aus- und einchecken, aber die hinzugefügten Dateien werden ausschließlich im Projekt Manager des Entwicklers angezeigt, der diese Dateien hinzugefügt hat. Damit die Dateien auch anderen Entwicklern zur Verfügung stehen, müssen Sie die Projektliste aktualisieren.

Wenn Sie Ihre Projektliste aktualisieren, führt Visual FoxPro folgende Schritte aus:

- Erstellen einer neuen lokalen Projektdateienliste (.pjm-Datei)

- Einchecken der neuen Projektdateienliste (wobei die Option aktiviert ist, daß die Datei ausgecheckt bleibt).

- Zusammenführen der lokalen und der zentralen Projektdateienliste, sofern diese sich unterscheiden. Für den Fall, daß sich beim Zusammenführen ein Konflikt ergibt, zeigt Visual FoxPro ein Dialogfeld an, das Sie dabei unterstützt, den Konflikt zu lösen.

- Aktualisieren der lokalen Projektdatei (.pjx-Datei) anhand der zusammengeführten Projektdateienliste.

- Abrufen lokaler Kopien der Dateien, die von anderen Entwicklern zu dem Projekt hinzugefügt wurden.

- Aufforderung an Sie, die neuesten Versionen der Projektdateien abzurufen.

- Aktualisieren der Anzeige des Projekt-Managers, damit die Änderungen sichtbar werden.

▶ **So aktualisieren Sie die Projektliste**

- Klicken Sie im Menü **Projekt** auf **Quellcodekontrolle**, und klicken Sie dann auf **Projektliste aktualisieren**.

Während der Aktualisierungsschritte fordert Visual FoxPro Sie auf, die neuesten Versionen der Dateien abzurufen. Wenn Sie eine Datei bereits ausgecheckt haben, können Sie davon ausgehen, daß Sie nicht die neueste Version abrufen, da Ihre Version mit Sicherheit aktueller ist als diejenige im Netzwerk.

Wenn Sie die neueste Version einer Textdatei (z. B. eines Programms) abrufen, kann die Quellcodekontroll-Software versuchen, die letzten Änderungen mit Ihrer Version zusammenzuführen. Weitere Informationen über das Zusammenschließen von Textdateien finden Sie unter „Einchecken von Dateien" weiter unten in diesem Kapitel.

Nachdem Sie die Projektliste aktualisiert haben, sollten auch die anderen Entwickler ihre jeweilige Projektliste (auf die gleiche Weise) aktualisieren, um mit den Dateien arbeiten zu können, die Sie hinzugefügt haben.

Herausnehmen eines Projekts aus der Quellcodekontrolle

Wenn Sie die Dateien eines Projekts nicht mehr kontrollieren möchten, können Sie das Projekt aus der Quellcodekontrolle herausnehmen. Dabei bleiben die Dateien im Quellcodekontroll-Projekt, so daß andere Entwickler weiter mit diesen Dateien arbeiten können und Sie deren Werdegang verfolgen oder die Dateien in anderen Projekten verwenden können.

Befinden sich auf Ihrem Computer Projektdateien, die als schreibgeschützt gekennzeichnet sind (d.h., Sie besitzen Kopien der Dateien, diese sind aber nicht ausgecheckt), können Sie deren Schreibschutz aufheben, sobald das Projekt aus der Quellcodekontrolle herausgenommen ist.

Anmerkung: Wenn Sie ein Projekt aus der Quellcodekontrolle herausnehmen, trennen Sie die Verbindung zwischen Ihren lokalen Projektdateien und dem quellcodekontrollierten Projekt, und Ihre lokalen Dateien erhalten den Status Lesen/Schreiben. Nachdem Sie das Projekt aus der Quellcodekontrolle herausgenommen haben, sollten Sie eine manuelle Versionskontrolle einrichten, da bei der Arbeit mit Dateien, die nicht unter Quellcodekontrolle stehen, Probleme auftreten können.

▶ **So nehmen Sie ein Projekt aus der Quellcodekontrolle heraus**

1. Checken Sie alle Dateien ein, die unter Quellcodekontrolle stehen.
2. Klicken Sie im Menü **Projekt** auf **Projekt aus der Quellcodekontrolle herausnehmen**.

Entfernen von Dateien aus einem quellcodekontrollierten Projekt

Sie können einzelne Dateien aus der Quellcodekontrolle entfernen, wenn diese nicht mehr zu Ihrem quellcodekontrollierten Projekt gehören sollen. Dies kann z. B. der Fall sein, wenn ein Programm oder ein Formular überflüssig geworden ist und daher nicht mehr zum Projekt gehören muß.

▶ **So entfernen Sie eine Datei aus der Quellcodekontrolle**

1. Wählen Sie im Projekt-Manager die Datei aus, die entfernt werden soll.
2. Klicken Sie im Menü **Projekt** auf **Quellcodekontrolle**, und klicken Sie dann auf **Dateien aus Quellcodekontrolle entfernen**.
3. Wählen Sie im Dialogfeld Dateien aus Quellcodekontrolle entfernen die Dateien aus, die entfernt werden sollen, und klicken Sie dann auf **OK**.

Wenn Sie eine Datei aus einem Visual FoxPro-Projekt entfernen, das unter Quellcodekontrolle steht, fragt Visual FoxPro Sie, ob Sie die Datei nur aus dem Projekt entfernen oder ob Sie die Datei vom Datenträger löschen möchten. Eine Einstellung im Dialogfeld **Optionen** bestimmt, ob Visual FoxPro Sie auch fragt, ob die Datei aus dem quellcodekontrollierten Projekt entfernt werden soll.

- Wenn **Dateien beim Entfernen aus dem Projekt auch aus der Quellcodekontrolle entfernen** aktiviert ist, fragt Visual FoxPro Sie, ob Sie die Datei auch aus dem quellcodekontrollierten Projekt entfernen möchten.

- Ist **Dateien beim Entfernen aus dem Projekt auch aus der Quellcodekontrolle entfernen** nicht aktiviert, werden Sie nicht gefragt, und die Datei bleibt unter Quellcodekontrolle.

Nachdem eine Datei aus der Quellcodekontrolle entfernt wurde, können auf den Computern anderer Entwickler weiterhin Kopien dieser Datei existieren. Wenn dies der Fall ist, wird die Datei als lokale Datei nur für diese Entwickler behandelt.

Gemeinsames Nutzen von Dateien in quellcodekontrollierten Projekten

Sie können eine Datei so einrichten, daß sie gleichzeitig zu mehreren Projekten gehört. Dies ist hilfreich, wenn Sie gemeinsame Dateien, wie z. B. Standardprogramme, -bibliotheken oder -dialogfelder, in mehreren Projekten verwenden. Wenn Sie eine Datei in mehreren Projekten gemeinsam nutzen, werden Änderungen, die Sie an der Datei vornehmen, für alle Projekte übernommen, zu denen diese Datei gehört.

Die jeweilige Methode, wie Dateien in quellcodekontrollierten Projekten gemeinsam genutzt werden, hängt von Ihrer Quellcodekontroll-Software ab. Wenn Ihre Quellcode-Kontrollbereitstellung keine Optionen für gemeinsames Nutzen von Dateien unterstützt, fehlen die entsprechenden Befehle in Ihrem Menü.

Der erste Schritt der folgenden Vorgehensweise gilt für alle Quellcodekontroll-Systeme, die gemeinsames Nutzen von Dateien unterstützen. Die weiteren Schritte können je nach Ihrer Quellcodekontroll-Software unterschiedlich sein.

▶ **So nutzen Sie Dateien in kontrollierten Projekten gemeinsam**

1. Klicken Sie im Menü **Projekt** auf **Quellcodekontrolle**, und klicken Sie dann auf **Gemeinsam nutzen**.
2. Geben Sie in dem angezeigten Dialogfeld sowohl die Dateien an, die Sie in Ihrem aktuellen Projekt verwenden möchten, als auch die Projekte, zu denen diese Dateien momentan gehören.

Die jeweiligen Optionen, die über diesen Menübefehl bereitgestellt werden, hängen von Ihrem Quellcodekontroll-System ab. Weitere Informationen hierzu finden Sie im Dialogfeld **Gemeinsame Nutzung mit** unter **Hilfe**, oder in der Dokumentation Ihres Quellcodekontroll-Systems.

> **Tip:** In Microsoft Visual SourceSafe können Sie sehen, zu welchen Projekten eine Datei gehört, indem Sie auf den Befehl **Eigenschaften** und dann auf die Registerkarte **Verknüpfungen** klicken.

Verwalten von Dateien eines quellcodekontrollierten Projekts

Nachdem Sie ein Visual FoxPro-Projekt unter Quellcodekontrolle gestellt haben, können Sie mit einzelnen Dateien arbeiten oder das Projekt als Ganzes verwalten.

Arbeiten mit Mehrdateienkomponenten

In Visual FoxPro bestehen einige Projektkomponenten aus mehreren Dateien: Aus einer Hauptdatei und mehreren impliziten Dateien. Wenn Sie ein Formular erstellen, erstellt Visual FoxPro z. B. eine .scx-Datei (die Hauptdatei) und eine .sct-Datei (die implizite Datei). Die folgenden Komponenten bestehen aus mehreren Dateien:

Komponente	Typ der Hauptdatei	Typ(en) der impliziten Datei(en)
Formular	.scx	.sct
Bericht	.frx	.frt
Etikett	.lbx	.lbt
Klassenbibliothek	.vcx	.vct
Menü	.mnx	.mnt
Tabelle	.dbf	.fpt, .cdx, .idx
Datenbank	.dbc	.dct, .dcx

Wenn ein Entwickler eine Komponentendatei, z. B. ein Formular, auscheckt, verwaltet Visual FoxPro auch die entsprechenden impliziten Dateien. Auch wenn eine Datei wieder eingecheckt oder eine neue Datei hinzugefügt wird, verwaltet Visual FoxPro die impliziten Dateien automatisch.

Anmerkung: Wenn Sie ein Menü erstellen und kompilieren, werden auch eine lokale .mpr- und .mpx-Datei erstellt. Diese Dateien stehen zunächst nicht unter Quellcodekontrolle, Sie können sie aber als Dateien zu Ihrem Projekt hinzufügen und dann wie jede andere Datei unter Quellcodekontrolle stellen.

Auschecken von Dateien

Wenn Sie an einem quellcodekontrollierten Projekt mitarbeiten, kann Visual FoxPro Sie auffordern, eine Datei auszuchecken, wenn Sie diese Datei durch Öffnen des entsprechenden Editors ändern. Wenn Sie z. B. ein Formular auswählen und auf **Ändern** klicken, um den Formular-Designer zu öffnen, kann Visual FoxPro Sie vorher auffordern, die Dateien des Formulars auszuchecken. (Wenn Sie die Dateien nicht auschecken, wird das Formular zwar im Formular-Designer angezeigt, ist aber schreibgeschützt.)

Sie können eine Datei aber auch manuell auschecken. Dies bietet sich dann an, wenn Sie exklusiven Zugriff auf die Datei haben, den Editor für diese Datei aber momentan nicht öffnen möchten. Eine solche Situation ist z. B. gegeben, wenn Sie eine Datei außerhalb des Arbeitsplatzes bearbeiten möchten.

▶ **So geben Sie an, daß Visual FoxPro Sie auffordert, Dateien auszuchecken, die geändert werden sollen**

- Aktivieren Sie im Dialogfeld Optionen auf der Registerkarte **Projekte** das Kontrollkästchen **Dateien nach Veränderung auschecken**, und klicken Sie dann auf **OK**.

  Soll diese Einstellung zur Standardeinstellung werden, klicken Sie zunächst auf **Als Standardeinstellung verwenden** und erst dann auf **OK**.

▶ **So checken Sie eine Datei manuell aus**

1. Wählen Sie im Projekt-Manager die Datei aus, die Sie bearbeiten möchten.
2. Klicken Sie im Menü **Projekt** auf **Quellcodekontrolle**, und klicken Sie dann auf **Auschecken**.
3. Wählen Sie im Dialogfeld Dateien auschecken die Dateien aus, die Sie bearbeiten möchten, und klicken Sie dann auf **OK**.

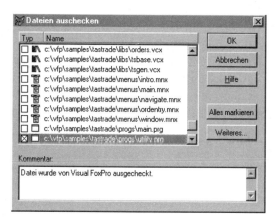

Einchecken von Dateien

Sie müssen Dateien immer manuell einchecken. Visual FoxPro checkt eine Datei nicht automatisch ein. Zum Beispiel checkt Visual FoxPro ein Formular nicht ein, wenn Sie den Formular-Designer schließen. Statt dessen läßt es die Datei ausgecheckt, so daß Sie die Datei weiter bearbeiten, zu einem anderen Ort mitnehmen oder auf sonstige Weise mit ihr arbeiten können.

Das genaue Ergebnis eines Eincheckvorgangs hängt sowohl von der Datei ab, die Sie einchecken, als auch von Ihrer Quellcodekontroll-Software. Bei Formularen, Menüs, Etiketten, Klassenbibliotheken sowie Dateien anderer Typen wird die jeweilige Datei als Binärdatei behandelt, und die Quellcodekontroll-Software überführt Ihre neue Version der Datei in die aktuelle Version, die andere Entwickler auschecken können.

Tip: Sie sollten immer daran denken, Dateien einzuchecken, sobald Sie deren Bearbeitung abgeschlossen haben. Wenn Sie Dateien über einen langen Zeitraum ausgecheckt lassen, können andere Entwickler eventuell nicht mit diesen Dateien arbeiten und kann es passieren, daß die neusten Versionen der Dateien während einer Netzwerksicherung nicht berücksichtigt werden.

▶ So checken Sie eine Datei ein

1. Wählen Sie im Projekt-Manager die Datei aus, die Sie bearbeiten möchten.
2. Klicken Sie im Menü **Projekt** auf **Quellcodekontrolle**, und klicken Sie dann auf **Einchecken**.
3. Geben Sie einen Kommentar ein, der die von Ihnen vorgenommenen Änderungen beschreibt.
4. Wählen Sie im Dialogfeld Dateien einchecken die Dateien aus, die eingecheckt werden sollen, und klicken Sie dann auf **OK**.

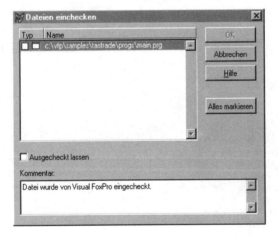

Einchecken von Textdateien

Wenn Sie eine Textdatei, z. B. eine .prg-Datei, einchecken und wenn mehrere Versionen der Datei ausgecheckt sind, überschreibt die Quellcodekontroll-Software nicht einfach die zentrale Version der Datei. Statt dessen prüft die Software, ob seit dem Zeitpunkt, zu dem Sie die Datei ausgecheckt haben, Änderungen an der Datei vorgenommen wurden. Ist dies der Fall, versucht die Software, diese Änderungen mit Ihrer Datei zusammenzuführen. Dazu bearbeitet sie Ihre Kopie der Datei, indem sie Zeilen hinzufügt, löscht oder ändert.

Nachdem die Zusammenführung beendet ist, ermöglicht es Ihnen die Quellcodekontroll-Software eventuell, Ihre Datei einzuchecken. Sie sollten die Datei nicht sofort einchecken, sondern Ihre Anwendung zunächst mit der neuesten Version der Datei testen, die sowohl Ihre Änderungen als auch die der anderen Entwickler enthält. Sie sollten die Datei erst einchecken, nachdem Sie festgestellt haben, daß die Anwendung einwandfrei funktioniert. Für den Fall, daß andere Entwickler weitere Änderungen an der gleichen Datei vorgenommen haben, müssen Sie das Zusammenführen, Testen und Prüfen eventuell wiederholen.

Gelegentlich kann die Quellcodekontroll-Software einen Zusammenführungskonflikt melden. Dies zeigt an, daß die Software Änderungen, die Sie vorgenommen haben, und Änderungen, die andere Entwickler vorgenommen haben, nicht in Einklang bringen kann. Dies kann z. B. passieren, wenn Sie und ein anderer Entwickler dieselbe Zeile desselben Programms geändert haben. Wenn die Quellcodekontroll-Software die Dateien nicht erfolgreich zusammenführen kann, erstellt sie eine Version der Datei, die den ursprünglichen Text sowie Ihre Änderungen enthält, markiert die Konfliktstellen und schreibt diese Datei auf Ihren Computer. (Wie genau die Konfliktstellen markiert werden, hängt von der Quellcodekontroll-Software ab, mit der Sie arbeiten.) Die Datei erscheint dann im Projekt-Manager mit dem Symbol für Zusammenführungskonflikte:

↟

Um die Zusammenführungskonflikte aufzulösen, müssen Sie die Datei erneut bearbeiten, Ihre Änderungen vornehmen und die Markierungen der Zusammenführungskonflikte löschen. Nachdem Sie die Bearbeitung beendet haben, fordert Visual FoxPro Sie auf zu bestätigen, daß Sie alle Konflikte aufgelöst haben. Die Datei ist dann im Projekt-Manager mit dem Symbol für Zusammenführung markiert:

↟

Testen Sie Ihre Anwendung, um sicher zu sein, daß die Änderungen einwandfrei funktionieren. Danach können Sie erneut versuchen, die Datei einzuchecken. Wenn keine Zusammenführungskonflikte mehr auftreten, wird Ihre Datei zur aktuellen Version.

Verwerfen von Änderungen

Wenn Sie eine Datei ausgecheckt haben, sich dann aber entschließen, alle von Ihnen vorgenommenen Änderungen zu verwerfen, können Sie das Auschecken rückgängig machen. Dies wirkt sich so aus, daß die Datei wieder eingecheckt, aber nicht entsprechend der Änderungen aktualisiert wird. Andere Benutzer können die Datei dann auschecken. Wenn Sie z. B. eine Datei versehentlich ausgecheckt haben, statt lediglich die neueste Version abzurufen, können Sie das Auschecken rückgängig machen, statt die Datei wieder einzuchecken. Dadurch ist das Quellcodekontroll-System nicht gezwungen, eine andere Version der Datei zu erstellen, wodurch Zeit und Speicherplatz gespart werden.

> **Tip:** Wenn Sie eine Datei einsehen möchten, ohne sie auszuchecken, können Sie die neueste Version der Datei abrufen. Weitere Informationen finden Sie unter „Abrufen der neuesten Version einer Datei" im nächsten Abschnitt.

▶ **So machen Sie einen Auscheckvorgang rückgängig**

1. Wählen Sie im Projekt-Manager die Datei aus, die Sie bearbeiten möchten.
2. Klicken Sie im Menü **Projekt** auf **Quellcodekontrolle**, und klicken Sie dann auf **Auschecken rückgängig**.
3. Wählen Sie im Dialogfeld Auschecken der Dateien rückgängig machen die gewünschte Datei aus, und klicken Sie dann auf **OK**.

Abrufen der neuesten Version einer Datei

Wenn Sie die neueste Version einer Datei anzeigen möchten, können Sie die Datei auschecken. Wenn die Datei allerdings bereits ausgecheckt ist oder wenn Sie die Datei nur einsehen (nicht ändern) möchten, können Sie die neueste Version der Datei abrufen. Sofern Sie dies tun, kopiert Visual FoxPro die aktuellste eingecheckte Version der Datei auf Ihren Computer, kennzeichnet diese Datei aber als schreibgeschützt. Die neueste Version einer Datei können Sie selbst dann abrufen, wenn die Datei momentan ausgecheckt ist.

Ist die Datei, die Sie abrufen, eine Textdatei, überschreibt die Quellcodekontroll-Software nicht einfach Ihre Version der Datei mit der aktuellsten eingecheckten Version, sondern führt die beiden Versionen zusammen.

> **Anmerkung:** Damit Dateien zusammengeführt werden, wenn Sie die neueste Version abrufen, kann es erforderlich sein, daß Sie in Ihrer Quellcodekontroll-Software eine entsprechende Option aktivieren. Weitere Informationen hierzu finden Sie in der Dokumentation Ihrer Quellcodekontroll-Software.

▶ **So rufen Sie die neueste Version einer Datei ab**

1. Wählen Sie im Projekt-Manager die Datei aus, deren neueste Version Sie abrufen möchten.
2. Klicken Sie im Menü **Projekt** auf **Quellcodekontrolle**, und klicken Sie dann auf **Neueste Version abrufen**. Wenn die Datei momentan ausgecheckt ist, werden Sie aufgefordert, Ihre ausgecheckte Version durch die aktuelle Version des Quellcodekontroll-Projekts zu ersetzen oder mit dieser zusammenzuführen.

> **Wichtig:** Wenn Sie die Datei bereits ausgecheckt haben, fordert Visual FoxPro Sie auf, die Datei zu überschreiben. Wenn Sie Änderungen an der Datei vorgenommen haben, seitdem Sie diese ausgecheckt haben, sollten Sie auf **Nein** klicken, wenn Sie aufgefordert werden, die Datei zu ersetzen.

Vergleichen von Dateien oder Projekten

Bei der Arbeit mit Dateien und mit einem Projekt kann es vorkommen, daß Sie die momentan in Ihrem Arbeitsverzeichnis befindlichen Kopien mit den aktuellen Master-Kopien des quellcodekontrollierten Projekts vergleichen möchten. Auf diese Weise können Sie feststellen, ob ein anderer Benutzer eine Datei geändert hat, oder nachvollziehen, an welchen Stellen Sie Änderungen vorgenommen haben, seitdem Sie die Datei ausgecheckt haben.

Die meisten Quellcodekontroll-Systeme können nur Dateien vergleichen und die gefundenen Änderungen anzeigen, wenn die Dateien im Textformat vorliegen. Wenn Visual FoxPro Formulare, Berichte, Menüs, Etiketten oder Klassenbibliotheken vergleicht, verwendet es die Textversionen der entsprechenden Dateien. Weitere Informationen finden Sie unter „Prüfen auf Unterschiede in Formularen, Berichten und anderen Tabellendateien" im nächsten Abschnitt.

Anmerkung: Wenn Ihre Quellcode-Kontrollbereitstellung keine Optionen für Vergleiche unterstützt, fehlen die entsprechenden Befehle in Ihrem Menü.

▶ **So zeigen Sie die Unterschiede zwischen Projekten an**

- Klicken Sie im Menü **Projekt** auf **Quellcodekontrolle**, und klicken Sie dann auf **Projektunterschiede anzeigen**.

    Der zugehörige Bericht wird von Ihrer Quellcodekontroll-Software erstellt, so daß die jeweils bereitgestellten Informationen unterschiedlich sein können. Meist zeigt das Quellcodekontroll-System ein Fenster mit zwei Ausschnitten an und hebt die Unterschiede zwischen der lokalen Kopie und der Master-Kopie der Datei hervor oder markiert diese Unterschiede auf andere Weise.

▶ **So zeigen Sie die Unterschiede zwischen Dateien oder der Projektliste an**

1. Wenn Sie die Unterschiede für nur eine Datei anzeigen möchten, wählen Sie den Namen dieser Datei im Projekt-Manager aus.

2. Klicken Sie bei einereinzelnen Datei im Menü **Projekt** auf **Quellcodekontrolle**, und klicken Sie anschließend auf **Unterschiede anzeigen**. Klicken Sie bei einer Projektliste im Menü **Projekt** auf **Quellcodekontrolle**, und klicken Sie anschließend auf **Unterschiede der Projektliste anzeigen**.

    Der zugehörige Bericht wird von Ihrer Quellcodekontroll-Software erstellt, so daß die jeweils bereitgestellten Informationen unterschiedlich sein können. Meist zeigt das Quellcodekontroll-System die beiden Versionen nebeneinander an und hebt neue, gelöschte oder geänderte Zeilen hervor oder markiert diese auf andere Weise.

Prüfen auf Unterschiede in Formularen, Berichten und anderen Tabellendateien

Für Visual FoxPro werden von der Quellcodekontroll-Software nur wenige Typen von Dateien als Textdateien behandelt. Dazu gehören Dateien mit Programmquellcode (.prg-Dateien) sowie die jeweilige Projektdateienliste (.pjm-Datei). Formulare, Berichte und sonstige Typen von Dateien werden als Tabellen mit Informationen über ihre Komponenten gespeichert. Zum Beispiel ist die .scx-Datei eines Formulars eine Tabelle der Steuerelemente des Formulars zusammen mit Informationen über das Formular selbst. In Dateien mit Tabellen werden Informationen über Formulare (.scx-Dateien), Berichte (.frx-Dateien), Menüs (.mnx-Dateien), Etiketten (.lbx-Dateien) oder Klassenbibliotheken (.vcx-Dateien) gespeichert.

Da diese Dateien als Visual FoxPro-Tabellen gespeichert sind, können sie von Quellcode-Kontrollsystemen nicht als Textdateien behandelt werden (ein Quellcode-Kontrollsystem behandelt sie als „binäre" Dateien). Daher können weder Tools zum Anzeigen der Unterschiede zwischen Versionen die Unterschiede dieser Dateien aufzeigen noch haben Sie die Möglichkeit, den Werdegang (History) der Änderungen zu sehen.

Damit Sie mit Quellcodekontrolle die Unterschiede zwischen Formularen, Berichten sowie ähnlichen Dateien anzeigen können, erstellt Visual FoxPro Textversionen dieser Dateien. Wenn Sie dann eine dieser Dateien unter Quellcodekontrolle stellen, erstellt Visual FoxPro eine Textversion der Datei und verwaltet diese Datei automatisch, während Sie Änderungen vornehmen.

Die Textversion einer Visual FoxPro-Datei

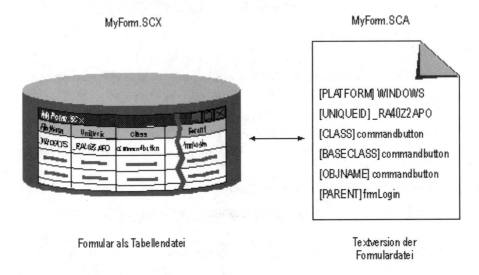

Formular als Tabellendatei   Textversion der Formulardatei

Damit für eine Datei, die eine Tabelle enthält, eine Textversion erstellt werden kann, gehört zu Visual FoxPro das Dienstprogramm **Scctext.prg**. Sie können aber auch ein anderes Programm verwenden, das Sie von einem anderen Anbieter bezogen oder selbst geschrieben haben.

▶ **So geben Sie ein Dienstprogramm zur Textumwandlung an**

1. Klicken Sie im Dialogfeld Optionen auf die Registerkarte **Projekte**.
2. Geben Sie den Namen des Umwandlungsprogramms in das Feld **Textgenerierung** ein.
3. Klicken Sie auf **Als Standardeinstellung verwenden**, und klicken Sie anschließend auf **OK**.

Visual FoxPro ruft dieses Textumwandlungsprogramm immer dann automatisch auf, wenn Sie ein Formular, einen Bericht, ein Menü, ein Etikett oder eine Datei visueller Klassen zu einem quellcodekontrollierten Projekt hinzugefügt haben. Das Dienstprogramm erstellt eine Textdatei, die denselben Namen wie die Hauptdatei hat, deren letzter Buchstabe der Dateinamenerweiterung aber ein „A" ist. Für ein Formular namens **Formular.scx** erstellt das Dienstprogramm z. B. eine Textdatei namens **Formular.sca**. Wenn Sie das Formular (oder eine andere Datei) einchecken, nachdem Sie es geändert haben, wird die Textdatei von der Quellcodekontroll-Software automatisch erstellt und eingecheckt.

Für den Fall, daß Sie ein Textumwandlungsprogramm angeben und bereits Formulare, Berichte sowie ähnliche Dateien in Ihrem quellcodekontrollierten Projekt haben, müssen Sie diese Dateien temporär aus dem Projekt entfernen und dann bei aktivierter Textgenerierung wieder hinzufügen.

▶ **So erstellen Sie Textversionen für vorhandene Dateien eines Projekts**

1. Sichern Sie alle Dateien, die betroffen sind: Formulare, Berichte, Menüs, Etiketten und Klassenbibliotheken.
2. Prüfen Sie, ob die Dateien nicht bereits ausgecheckt sind.
3. Klicken Sie im Menü **Projekt** auf **Quellcodekontrolle**, und klicken Sie dann auf **Dateien aus Quellcodekontrolle entfernen**.
4. Wählen Sie die Dateien aus, die aus dem Projekt entfernt werden sollen, und klicken Sie dann auf **OK**.
5. Aktivieren Sie die Textgenerierung, indem Sie die weiter oben beschriebenen Schritte ausführen.
6. Klicken Sie im Menü **Projekt** auf **Quellcodekontrolle**, und klicken Sie dann auf **Dateien zur Quellcodekontrolle hinzufügen**.
7. Wählen Sie die Dateien aus, die zu dem Projekt hinzugefügt werden sollen, und klicken Sie dann auf **OK**.

Für jede Datei, die Visual FoxPro unter Quellcodekontrolle stellt, erstellt es automatisch auch die zugehörige Textversion der Datei.

Anzeigen von Datei- und Projektinformationen

Sie können sowohl Informationen zu einzelnen Dateien als auch Informationen zu einem ganzen Projekt anzeigen. Zum Beispiel können Sie die Auscheck-History für eine einzelne Datei oder für die Projektlistendatei anzeigen. Üblicherweise sind folgende Informationen verfügbar:

- Die Versionsnummer, die angibt, wie oft eine neue Version der Datei oder Projektliste eingecheckt wurde.
- Wer die Datei oder Projektdatei jedesmal eingecheckt hat.
- Das Datum und die Uhrzeit, zu der die Datei eingecheckt wurde.
- Welche Kommentare der Entwickler beim Einchecken der Datei oder Projektliste hinzugefügt hat.

▶ **So zeigen Sie die Auscheck-History einer Datei oder der Projektliste an**

1. Wenn Sie die History nur einer Datei anzeigen möchten, wählen Sie den Namen dieser Datei im Projekt-Manager aus.
2. Klicken Sie bei einer Datei im Menü **Projekt** auf **Quellcodekontrolle** und dann auf **History anzeigen**. Klicken Sie bei einer Projektliste im Menü **Projekt** auf **Quellcodekontrolle** und dann auf **History der Projektliste anzeigen**.

Die jeweiligen Optionen, die über diesen Menübefehl bereitgestellt werden, hängen von Ihrem Quellcodekontroll-System ab. Weitere Informationen hierzu finden Sie im angezeigten Dialogfeld unter **Hilfe** oder in der Dokumentation Ihres Quellcodekontroll-Systems.

Sie können auch die Informationen zu einer einzelnen Datei oder zu einem Projekt anzeigen, das von dem Quellcode-Kontrollsystem verwaltet wird. Diese Informationen umfassen normalerweise den Auscheckstatus der Datei oder Projektliste, ob die Datei eine Textdatei oder binäre Datei ist (wodurch festgelegt ist, ob Sie Ihre Änderungen mit der zentral gespeicherten Datei zusammenführen können), usw.

▶ **So zeigen Sie die Quellcodekontroll-Informationen einer Datei oder der Projektliste an**

1. Wenn Sie die Quellcodekontroll-Informationen nur einer Datei anzeigen möchten, wählen Sie den Namen dieser Datei im Projekt-Manager aus.

2. Klicken Sie bei einer Datei im Menü **Projekt** auf **Quellcodekontrolle**, und klicken Sie anschließend auf **Eigenschaften der Quellcodekontrolle**. Klicken Sie bei einer Projektliste im Menü **Projekt** auf **Quellcodekontrolle**, und klicken Sie anschließend auf **Projekteigenschaften**.

   Die jeweiligen Optionen, die über diesen Menübefehl bereitgestellt werden, sind abhängig von Ihrem Quellcodekontroll-System. Weitere Informationen finden Sie im angezeigten Dialogfeld unter **Hilfe** oder in der Dokumentation Ihres Quellcode-Kontrollsystems.

Entwickeln und Ändern von Datenbanken in Teams

Die Entwickler Ihres Teams müssen nicht nur Projekte und Projektdateien zusammen bearbeiten können, sondern auch in der Lage sein, Informationen gemeinsam zu nutzen, die in Datenbanken gespeichert sind. Wenn ein Team mit Datenbanken arbeitet, sind nicht nur die Probleme zu beachten, die sich aus dem normalen gemeinsamen Zugriff auf die Daten in Tabellen ergeben, sondern es muß auch möglich sein, die Informationen zur Datenbankverwaltung gemeinsam zu nutzen.

Damit mehrere Entwickler gleichzeitig mit derselben Datenbank arbeiten können, müssen sie in der Lage sein, die Datenbankdatei (.dbc-Datei) gemeinsam zu nutzen. In Visual FoxPro kann eine .dbc-Datei von Entwicklern als normale Datentabelle gemeinsam genutzt werden. Daher muß die .dbc-Datei zusammen mit den Tabellen, die die Datenbank bilden, zentral gespeichert sein. Entwickler sollten keine lokale Kopien der .dbc-Datei besitzen, da Änderungen, die sie an der Datenbank vornehmen, nicht in die Dateiversionen anderer Entwickler übernommen werden.

Wenn Sie die .dbc-Datei ändern müssen, gelten folgende Einschränkungen:

- Mehrere Entwickler können nicht gleichzeitig dasselbe Datenbankelement (z. B. eine Tabellenstruktur, eine Ansicht oder eine Verbindung) ändern. Wenn ein Entwickler ein Datenbankelement ändert, sperrt Visual FoxPro dessen Eintrag in der .dbc-Datei. Andere Benutzende können den Eintrag zwar lesen (d.h., sie können einen USE-Befehl ausgeben), können ihn aber nicht ändern (**MODIFY STRUCTURE**).

- Wenn ein Datenbankelement verwendet wird, können Sie dessen Struktur nicht ändern. Wenn z. B. ein Entwickler eine Tabelle geöffnet hat, kann kein anderer Entwickler deren Struktur ändern.

- Wenn Sie die Funktion DBSETPROP( ) aufrufen, um die Eigenschaften einer Datenbank zu ändern, legt die Funktion eine Schreibsperre auf das Objekt, das aktualisiert werden soll. Für den Fall, daß ein Sperrkonflikt auftritt, folgt DBSETPROP( ) den Vorgaben, die mit SET REPROCESS festgelegt wurden.

Arbeiten mit Ansichten und Verbindungen

Bei Ansichten und Verbindungen verhält es sich etwas anders als bei Tabellen. Wenn Sie eine Ansicht das erstemal definieren, verwendet Visual FoxPro zwar die entsprechenden Tabellen der Datenbank, sperrt diese Tabellen aber nicht. Da die Tabellen aber verwendet werden, kann kein anderer Entwickler deren Strukturen ändern.

Ab dem Zeitpunkt, zu dem Sie die Definition einer neuen Ansicht oder Verbindung das erstemal speichern, sperrt Visual FoxPro diese exklusiv so lange, bis Sie den Ansichts- oder Verbindungs-Designer schließen. Mit anderen Worten, eine Ansicht oder Verbindung ist so lange exklusiv gesperrt, bis Sie sie in einem Designer geöffnet haben. Während eine Ansicht gesperrt ist, kann sie von niemandem sonst geändert werden.

Wenn Sie mit einer Ansicht arbeiten, wird deren Struktur lokal zwischengespeichert. Dadurch ist sichergestellt, daß Ihr Formular oder Bericht auch dann noch korrekt ausgeführt wird, wenn die Ansicht geändert wird, während Sie mit dieser Ansicht arbeiten (indem Sie z. B. REFRESH( ) oder REQUERY( ) aufrufen).

Entwickeln von Klassenbibliotheken in Teams

Da Klassenbibliotheken (.vcx-Dateien) unverzichtbarer Bestandteil der meisten Visual FoxPro-Anwendungen sind, muß ein Team deren Entwicklung koordinieren können. Das Bearbeiten von Klassenbibliotheken in einem Team birgt viele Koordinierungsprobleme, die bei allen Komponenten einer Anwendung auftreten können. Es birgt aber auch Probleme, die nur bei Klassen auftreten können:

- Eine Änderung einer Klasse wird nicht nur an die Anwendungen weitergegeben, die diese Klasse verwenden, sondern an alle Unterklassen, die aus dieser Klasse abgeleitet wurden.

- Häufig sind mehrere Klassen in einer einzigen Bibliotheksdatei gespeichert. Das ist die kleinste Einheit, die von einem Quellcode-Kontrollsystem verwaltet werden kann.

Wie bei komplexen Formularen und Programmen, hat es sich bewährt, die Entwicklung einer Klassenbibliothek so zu isolieren, daß ein Entwickler Änderungen an der Bibliothek vornehmen kann, ohne daß die Arbeit der anderen Entwickler davon betroffen ist. Idealerweise können die Entwickler eines Teams mit einer Klassenbibliothek arbeiten, während diese von einem anderen Entwickler erweitert wird, ohne sich Gedanken darüber machen zu müssen, ob die an der Bibliothek vorgenommenen Änderungen in der Anwendung Probleme verursachen.

Wenn mit einer Klasse gearbeitet wird, speichert Visual FoxPro diese auf dem Computer des Benutzers zwischen, und zwar selbst dann noch, wenn das Formular, für das die Klasse verwendet wurde, geschlossen wurde. Sie müssen die Klasse explizit schließen, damit Visual FoxPro erkennt, daß sie nicht mehr verwendet wird. Wenn Sie während der aktuellen Sitzung eine Klasse verwendet haben (und diese folglich zwischengespeichert ist), aber die neue Version der Klasse laden möchten, müssen Sie die Klasse erst schließen, um Visual FoxPro zu zwingen, die Klasse wieder aus der geänderten Bibliothek zu laden.

Klassenbibliotheken unter Quellcodekontrolle stellen

Wenn Sie eine Klassenbibliothek unter Quellcodekontrolle stellen, kann immer nur ein Entwickler die Bibliothek auschecken. Für die anderen Entwickler ist die Bibliothek schreibgeschützt. Grundsätzlich wird die Entwicklung einer Anwendung dadurch nicht behindert, da Entwickler eine Bibliothek auch dann verwenden oder Unterklassen aus dieser erstellen können, wenn sie schreibgeschützt ist. Während die Anwendungsentwickler mit der schreibgeschützten Version der Bibliothek arbeiten, kann der Bibliotheksentwickler alle Klassen der Bibliothek bearbeiten.

Wenn Sie so vorgehen, sollte der Entwickler, der die Bibliothek aktualisiert, die Datei erst einchecken, nachdem sie fertiggestellt und getestet ist. Andernfalls erhalten andere Entwickler die unvollständige Version der Datei, wenn sie ihre Projektdateilisten aktualisieren oder die neuesten Versionen der Dateien abrufen.

Ist die Bibliothek sehr komplex, sollten Sie in Betracht ziehen, die Bibliothek für die Entwicklung in kleinere Bibliotheken aufzuteilen. Diese Vorgehensweise hat außerdem den Vorteil, daß kleinere Bibliotheksdateien schneller geladen werden. Dies bedeutet andererseits, daß verschiedene Klassen zu unterschiedlichen Zeitpunkten fertig und verfügbar sind.

Da jede Vorgehensweise ihre Vorteile hat, sollten Sie die Anforderungen Ihres Entwicklungs-Teams feststellen und die Strategie wählen, die für Ihre Arbeit am besten geeignet ist.

KAPITEL 30

Visual FoxPro-Unternehmenslösungen

Sie können Visual FoxPro nicht nur zum Erstellen von Einzelplatzanwendungen verwenden, sondern auch zu einem Bestandteil einer umfangreicheren, unternehmensweiten Lösung machen. Dadurch können Sie die Features von Visual FoxPro mit anderen Windows-Anwendungen kombinieren, um eine umfassende, leistungsfähige Lösung für Ihre Anwendungsbedürfnisse zu erstellen.

Dieses Kapitel enthält eine Übersicht, wo und wie Sie Visual FoxPro als Teil Ihrer unternehmensweiten Entwicklungsanstrengungen verwenden können. Es enthält keine Informationen zu den Vorgehensweisen, wie bestimmte Aufgaben gelöst werden können. Statt dessen ist dieses Kapitel eine Anleitung, in der die Merkmale von Visual FoxPro umrissen sind, die dafür sorgen, daß Visual FoxPro so hervorragend für Unternehmenslösungen geeignet ist.

In diesem Kapitel finden Sie Informationen zu:

- Entwickeln für das Unternehmen
- Verwenden von Visual FoxPro als Anwendungs-Front-End
- Verwenden von Visual FoxPro als Datenquelle

Entwickeln für das Unternehmen

Viele Anwendungen, die Sie mit Visual FoxPro erstellen, sind unabhängige Lösungen für eine bestimmte Unternehmensaufgabe. Zum Beispiel könnten Sie eine Visual FoxPro-Anwendung erstellen, mit der Sie Ihre Kunden verwalten, wozu nicht nur Datenbankinformationen über die Kunden, sondern auch Tools zum Annehmen von Aufträgen, zum Schreiben von Rechnungen usw. gehören. Sie können eine Anwendung mit den geforderten Merkmalen erstellen, indem Sie das Leistungsangebot von Visual FoxPro nutzen, einschließlich seines Datenbankmoduls, seiner visuellen Design-Tools sowie seiner Berichtsmöglichkeiten.

Sie können Visual FoxPro aber auch als Teil einer umfangreicheren Anwendung verwenden, für die zwei oder mehr Entwicklungs-Tools zum Einsatz kommen. Wenn Sie Visual FoxPro so verwenden (dies wird als „Unternehmensentwicklung" bezeichnet), können Sie die Vorteile der speziellen Fähigkeiten jedes Produkts nutzen. Unternehmensentwicklung kann aus relativ einfachen Lösungen bestehen, z. B. Warten einer Kundendatenbank in Visual FoxPro und Erstellen eines Serienbriefs in Microsoft Word, kann aber auch bedeuten, eine komplexe Anwendung mit Client-Server-Datenbanken, Automatisierungsservern, E-Mail und mehr zu erstellen.

Visual FoxPro ist ein ideales Tool zur Erstellung unternehmensweiter Lösungen, da es sich durch folgende Merkmale auszeichnet:

- leistungsfähige, einfach verwendbare Tools zur Anwendungsentwicklung, so z. B. ein Formular-Designer und Assistenten
- ein schnelles Datenbankmodul

- hervorragende Verbindungsmöglichkeiten mit anderen Produkten, z. B. mit den Windows-Programmen Microsoft Excel und Word, oder Client-Server-Systemen, z. B. Microsoft SQL Server
- integrierte Quellcodekontrolle sowie andere Tools für die Team-Entwicklung

Diese Merkmale erlauben es Ihnen, mit Visual FoxPro in unterschiedlichen Rollen in einer unternehmensweiten Anwendung zu entwickeln. Sie können Visual FoxPro für folgende Zwecke verwenden:

- Als Front-End für andere Anwendungen. In diesem Szenario arbeiten Sie hauptsächlich mit Visual FoxPro, indem Sie z. B. die Benutzeroberfläche der Anwendung mit Visual FoxPro erstellen. Sie können dann auf andere Anwendungen zugreifen, die entweder Daten enthalten, die für die Anwendung erforderlich sind, oder Dienste bereitstellen, die diejenigen Dienste erweitern, die bereits in Visual FoxPro verfügbar sind. Sie können Ihre Visual FoxPro-Daten auch in Client-Server-Daten übertragen (Upsizing) oder auf eine andere Plattform verschieben.
- Als Datenquelle für andere Anwendungen. Dazu erstellen Sie die Benutzeroberfläche der Anwendung mit einem anderen Programm und greifen dann auf Visual FoxPro-Daten zu.

Welche Strategie Sie wählen, hängt davon ab, wie die Ziele Ihrer Anwendung lauten und welche Programme Sie verwenden möchten.

Die folgenden Abschnitte enthalten Ideen und Szenarien, die verdeutlichen, wie Sie Visual FoxPro auf die oben beschriebenen Arten verwenden können. Dabei sind die hier vorgestellten Anwendungen natürlich nicht die einzigen Anwendungstypen, die Sie erstellen können – die hier vorgestellten Ideen sind als eine Art „Sprungbrett" für das Entwickeln und Gestalten Ihrer eigenen Unternehmenslösungen gedacht.

Verwenden von Visual FoxPro als Anwendungs-Front-End

Als Visual FoxPro-Entwickler finden Sie es wahrscheinlich normal, Ihre Anwendungen in Anlehnung an die visuellen Design-Tools des Programms zu entwerfen. Zum Beispiel stellen Sie sich die Benutzeroberfläche Ihrer Anwendung vermutlich in Form von Visual FoxPro-Formularen, -Menüs und -Berichten vor. Wenn Sie Anwendungen in Visual FoxPro entwickeln, ist es außerdem wahrscheinlich, daß Sie die Daten der Anwendung in Visual FoxPro-Tabellen speichern möchten.

Eine Möglichkeit, Visual FoxPro in eine unternehmensweite Anwendung zu integrieren, besteht darin, in Visual FoxPro die visuellen Design-Tools zu verwenden, diese aber mit den Fähigkeiten anderer Produkte zu erweitern. Eine andere Möglichkeit besteht darin, die Benutzeroberfläche Ihrer Anwendung mit Visual FoxPro zu erstellen, die Datenspeicherung Ihrer Anwendung aber dadurch zu erweitern, daß Sie die Fähigkeiten anderer Programme oder von Nicht-Visual FoxPro-Datenspeicheroptionen nutzen. Sie können Ihre Visual FoxPro-Daten auch in Client-Server-Daten übertragen, indem Sie sie auf einen Datenbank-Server verschieben.

Erweitern der visuellen Design-Tools in Visual FoxPro

Die Standardklassen der Visual FoxPro-Steuerelemente wurden so gestaltet, daß sie die überwiegende Zahl der an die Benutzeroberfläche einer Anwendung gestellten Anforderungen abdecken. Visual FoxPro stellt alle Standardsteuerelemente und Benutzeroberflächenelemente bereit, die erforderlich sind, um eine Windows-Standardanwendung zu erstellen. Häufig werden Sie aber feststellen, daß Ihre Anwendung Objekte oder Steuerelemente erfordert, die noch leistungsfähiger sind als diejenigen, die in den Visual FoxPro-Standardklassen bereitgestellt werden. Wenn dies der Fall ist, können Sie die visuellen Design-Tools erweitern, indem Sie Unterklassen erstellen und ActiveX-Steuerelemente verwenden.

Erstellen von Unterklassen

Ein besonders leistungsfähiges Merkmal von Visual FoxPro ist die Fähigkeit, Unterklassen der Standardsteuerelemente zu erstellen. Indem Sie eine oder mehrere Unterklassen erstellen, können Sie die Visual FoxPro-Standardsteuerelemente normalerweise so anpassen, daß sie für Ihre Anwendungen geeignet sind. Diese Fähigkeit geht soweit, daß Sie neue Objekte oder Steuerelemente erstellen können, in denen die Merkmale anderer Steuerelemente kombiniert sind. Ein Raster-Steuerelement in Visual FoxPro enthält z. B. nicht nur seinen eigenen Container sowie seine eigenen Eigenschaften und Methoden, sondern auch diejenigen der Objekte, die auf dem Raster angezeigt werden (etwa Schaltflächen, Textfelder usw.).

Sie können die Fähigkeiten von Visual FoxPro erweitern, indem Sie aus Standardsteuerelementen Unterklassen bilden und so Objekte erstellen, die neue Merkmale zu den vorhandenen Basisklassen hinzufügen oder in denen die Möglichkeiten verschiedener Objekte kombiniert sind. Sie können z. B. optische Merkmale, etwa Rahmen oder dreidimensionale Effekte, zu einem Textfeld hinzufügen. Oder Sie können ein Abbildungs-Steuerelement, Schaltflächen und ein Textfeld zu einem Bitmap-Anzeige-Steuerelement kombinieren, mit dem ein Benutzer sich durch mehrere .bmp-Dateien bewegen kann. Wenn Sie so selbstdefinierte Klassen erstellen, ergibt sich eine Hilfe bei der unternehmensweiten Entwicklung, indem Sie standardisierte Steuerelemente erstellen können, die in allen Ihren Anwendungen zum Einsatz kommen. Weitere Informationen über das Erstellen von Unterklassen finden Sie in Kapitel 3, „Objektorientierte Programmierung".

Verwenden von ActiveX-Steuerelementen

Statt in Visual FoxPro mit Hilfe von Unterklassen ein neues Steuerelement zu erstellen, kann alternativ ein ActiveX-Steuerelement (.ocx-Datei) verwendet werden. Diese Steuerelemente werden unabhängig von Visual FoxPro erstellt und können nicht nur in Visual FoxPro, sondern auch in viele andere Windows-Anwendungen integriert werden.

Letztlich sind ActiveX-Steuerelemente Standardkomponenten, die Sie nahtlos in Ihre Anwendungen integrieren können. Der Einsatz von ActiveX-Steuerelementen bietet mehrere Vorteile:

- Er erspart Ihnen Zeit und Arbeitsaufwand, die erforderlich sind, um ein Visual FoxPro-spezifisches Steuerelement zu erstellen, zu testen und zu warten, das dieselben Aufgaben erledigt. Je mehr das ActiveX-Steuerelement kann, desto mehr Zeit sparen Sie.

- Es gibt bereits viele kommerziell vertriebene ActiveX-Steuerelemente, die übliche Anforderungen von Anwendungen erledigen. Wenn es für Ihre Anwendung z. B. erforderlich ist, einen Kalender anzuzeigen und es einem Benutzer zu ermöglichen, Tagesdaten dieses Kalenders auszuwählen, finden Sie ein ActiveX-Steuerelement (oder mehrere), das diese Aufgabe bewältigt.

- Dasselbe Steuerelement kann in mehreren Programmen verwendet werden. Sie können z. B. dasselbe ActiveX-Steuerelement in Visual FoxPro und in Visual Basic verwenden. In jedem Fall werden dieselben Eigenschaften und Methoden verwendet, um das Steuerelement zu verwalten, und das Steuerelement hat in allen Programmen dasselbe Erscheinungsbild, wodurch den Benutzenden die Arbeit mit dem Steuerelement erleichtert wird.

- ActiveX-Steuerelemente ermöglichen häufig Zugriff auf Windows-Funktionalität, die sich nur schwierig oder unter großem Zeitaufwand einfügen läßt, wenn ausschließlich Visual FoxPro-Tools verwendet werden. Es gibt z. B. ActiveX-Steuerelemente, mit denen auf E-Mail (mit Hilfe von Windows MAPI-Funktionen), auf elementare Windows-Grafikfunktionen usw. zugegriffen werden kann. Durch Einbinden eines ActiveX-Steuerelements können Sie diese Merkmale zu Ihrer Anwendung so hinzufügen, daß sie sich mit den Eigenschaften, Methoden und Ereignissen des Steuerelements einfach steuern läßt.

Kurz gesagt, ActiveX-Steuerelemente ermöglichen es Ihnen, Ihre Anwendungen nicht nur dadurch zu erweitern, daß Sie Windows-Funktionalität integrieren, sondern auch dadurch, daß Sie zu Ihrer Anwendung eine gleichartige Bedienerführung („Look-and-Feel") hinzufügen, wie sie für andere Anwendungen desselben Unternehmens üblich ist. Weitere Informationen über das Verwenden von ActiveX-Steuerelementen finden Sie in Kapitel 13, „Hinzufügen von OLE". Informationen über das Erstellen von eigenen ActiveX-Steuerelementen finden Sie in Kapitel 28, „Zugreifen auf die Visual FoxPro-API".

Integrieren von Funktionalität anderer Programme

Beim Entwickeln einer Anwendung stellen Sie eventuell fest, daß andere Programme bestens geeignet sind, bestimmte Aufgaben zu erledigen. Microsoft Word hat z. B. unübertroffene Serienbrieffähigkeiten, während Microsoft Excel optimiert ist, um komplexe Formeln zu berechnen und aus diesen problemlos Diagramme und Grafiken zu erstellen.

Statt diese Fähigkeiten in Visual FoxPro zu emulieren, können Sie Ihre Anwendung zu einer unternehmensweiten Lösung machen, indem Sie diese Fähigkeiten in Ihre Anwendung integrieren. So können Sie die an Ihre Anwendung gestellten Anforderungen mit dem Tool erledigen, das jeweils am besten geeignet ist.

Die Funktionalität einer anderen Anwendung können Sie auf folgende Arten in Visual FoxPro integrieren:

- Ausführen eines Visual FoxPro-Assistenten, der Visual FoxPro-Daten so zur Verfügung stellt, daß sie von einer anderen Anwendung genutzt werden können.

- Schreiben eines Visual FoxPro-Programms, in dem Automatisierung verwendet wird, um mit anderen Windows-Programmen zu kommunizieren, diese zu steuern und Daten mit ihnen auszutauschen.

In den folgenden Abschnitten finden Sie weitere Informationen zu diesen Methoden, mit denen die Fähigkeiten von Visual FoxPro erweitert werden können.

Verwenden von Assistenten

Eine Reihe von Visual FoxPro-Assistenten ermöglicht es Ihnen, Visual FoxPro-Daten mit der Funktionalität anderer Windows-Programme zu kombinieren. So können Sie z. B. Serienbriefe an Ihre Kunden senden, indem Sie mit dem Serienbrief-Assistenten arbeiten. Wenn Sie den Assistenten ausführen, können Sie eine Tabelle oder Ansicht angeben, die die zu verwendenden Visual FoxPro-Daten enthält, und dann entweder diese Daten in einem geeigneten Format exportieren (z. B. durch Kommas getrennt) oder angeben, daß Ihr Textverarbeitungsprogramm über den Visual FoxPro ODBC-Treiber auf die Daten zugreifen soll. Wenn Sie mit Microsoft Word arbeiten, startet der Assistent sogar das Textverarbeitungsprogramm, erstellt ein leeres Serienbriefdokument und zeigt die Seriendruck-Symbolleiste an, damit Sie Felder mit Ihren Visual FoxPro-Daten verknüpfen können.

Auf ähnliche Weise können Sie Microsoft Excel und Microsoft Query verwenden, um Ihre Daten mit einer Pivot-Tabelle zu analysieren, in der die Daten spaltenweise zusammengefaßt werden und die es Ihnen ermöglicht, die Tabelle umzuordnen, um sie nach unterschiedlichen Kriterien anzuzeigen. Wenn Sie in Visual FoxPro den Pivot-Tabellen-Assistenten verwenden, können Sie die Daten Ihrer Anwendung als Quelldaten für Microsoft Excel bereitstellen und die Pivot-Tabelle in Excel erstellen.

Weitere Informationen über das Ausführen von Serienbrief-Assistenten und der Pivot-Tabellen-Assistenten finden Sie in der Hilfe.

Verwenden von Automatisierung

Eine leistungsfähigere Möglichkeit der Zusammenarbeit mit anderen Anwendungen ist der Einsatz von Automatisierung. Aus einem Visual FoxPro-Programm können Sie auf die Objekte zugreifen, die von anderen Anwendungen bereitgestellt werden, und diese Objekte steuern, indem Sie deren Eigenschaften einstellen und deren Methoden aufrufen. Zum Beispiel stellt Microsoft Excel sowohl ein Anwendungs-Objekt als auch innerhalb des Anwendungs-Objekts Tabellenblätter, Spalten, Zeilen und Zellen zur Verfügung. Sie können jedes dieser Objekte direkt verwalten, wozu auch das Abrufen oder Einstellen der Daten des jeweiligen Objekts gehört. Außerdem können Sie normalerweise das Anwendungs-Objekt steuern, indem Sie die im Programm selbst verfügbaren Befehle verwenden. Sie können z. B., indem Sie das Anwendungs-Objekt in Microsoft Excel verwalten, Tabellenblätter öffnen, speichern oder drucken, den Excel-Diagramm-Assistenten aufrufen usw.

Automatisierung ist aus folgenden Gründen eine besonders attraktive und leistungsfähige Art, Windows-Programme miteinander zu verbinden:

- Sie haben direkten Zugriff auf das jeweils andere Programm samt seiner Objekte und Befehle.

- Sie können Daten direkt mit dem anderen Programm gemeinsam nutzen, ohne die Daten exportieren oder in ein anderes Format umwandeln zu müssen.

- Sie können das andere Programm mit dem vertrauten Eigenschaften- und Methodenmodell steuern.

- Der Benutzer muß das andere Programm nicht unbedingt sehen, wenn Sie es aufrufen. Zum Beispiel können Sie Microsoft Excel aufrufen, einige Daten in Zellen schreiben, mit den Daten eine komplizierte Berechnung ausführen, das Ergebnis lesen und dann in Visual FoxPro anzeigen, ohne daß Microsoft Excel irgendwann angezeigt wird. Der Benutzer würde weiterhin ausschließlich Visual FoxPro sehen, es sei denn, Sie möchten ausdrücklich, daß Microsoft Excel angezeigt wird.

- Die Befehle (Methoden und Eigenschaften), mit denen das andere Programm gesteuert wird, sind in vertraute Visual FoxPro-Programme eingebettet. Sie müssen keine andere Programmiersprache lernen, um das andere Programm steuern zu können.

Automatisierung ist besonders leistungsfähig, da sie eine unbeschränkte Methode ist, um mit anderen Programmen zu arbeiten. Im wesentlichen macht Automatisierung Ihnen die Daten und Befehle anderer Anwendungen zugänglich, damit Sie diese auf eine Weise verwenden können, die für Ihre Anwendung am geeignetsten ist.

Anhand eines Beispielszenarios wird verdeutlicht, wie Sie mehrere Windows-Programme integrieren können. Stellen Sie sich vor, Sie speichern Kunden- und Verkaufsdaten mit Visual FoxPro und möchten einen Verkaufsbericht erstellen, in dem die Verkaufszahlen eines Quartals zusammengestellt sind.

Eine Lösung könnte darin bestehen, die Visual FoxPro-Verkaufsdaten mit Automatisierung in Zellen eines Microsoft Excel-Tabellenblatts zu kopieren. Danach könnten Sie den Diagramm-Assistenten von Microsoft Excel aufrufen, um aus den Daten ein Diagramm zu erstellen, das Sie anschließend in die Windows-Zwischenablage kopieren. Ebenfalls mit Automatisierung könnten Sie Microsoft Word aufrufen und ein Verkaufsberichtsdokument erstellen oder öffnen (wenn Sie es als neues Dokument erstellen, könnten Sie einen Standardtext einfügen, der in Visual FoxPro gespeichert ist) und anschließend das Diagramm einfügen, das Sie mit Microsoft Excel erstellt haben.

Dies ist nur eine Möglichkeit, wie Sie Visual FoxPro mit Hilfe von Automatisierung zu einem Teil einer unternehmensweiten Lösung machen können. Je vertrauter Sie mit den Objekten und Methoden werden, die in den Programmen verfügbar sind, mit denen Sie normalerweise arbeiten, desto mehr Möglichkeiten werden Ihnen einfallen, wie Sie mit einem Programm die Fähigkeiten der anderen erweitern können. Weitere Informationen zur Automatisierung finden Sie in Kapitel 16, „Hinzufügen von OLE", unter „Bearbeiten von Objekten per Automatisierung".

Erweitern der Datenspeicherfähigkeiten von Visual FoxPro

Die Visual FoxPro-Fähigkeiten bezüglich Datentabellen und Indizierung sind normalerweise mehr als ausreichend für die Anforderungen einer Anwendung, sowohl was die Geschwindigkeit als auch was die Datenbankgröße angeht. Gelegentlich kann es aber vorkommen, daß Sie Visual FoxPro erweitern möchten, indem Sie Daten verwenden, die in einem anderen Format gespeichert sind. Dies kann z. B. der Fall sein, wenn folgendes zutrifft:

- Ihre Anwendung muß auf verwandte Daten zugreifen, die von einer vorhandenen Anwendung erstellt und verwaltet werden. Nehmen Sie z. B. an, daß Sie als Teil Ihrer Verkaufsanwendung auf Daten zugreifen müssen, die von einer Buchhaltungsanwendung verwaltet werden, die mit einem anderen Programm oder vielleicht sogar auf einer anderen Plattform geschrieben wurde.

- Sie möchten den Datenzugriff optimieren, indem Sie einen Datenbank-Server verwenden, wodurch sich der Datenzugriff, insbesondere bei großen Datenbanken, erheblich beschleunigen läßt.

- Sie möchten Daten mit anderen Programmen gemeinsam nutzen und möchten die Daten daher in einem Format speichern, mit dem alle Programme umgehen können.

- Die Daten sind am besten für das Format eines bestimmten Programms geeignet (z. B. eine Tabellenkalkulation). Dies ist z. B. der Fall, wenn Ihre Anwendung nur gelegentlich auf Daten zugreifen muß, die ansonsten von dem anderen Programm verwaltet werden.

Wenn die von Ihnen benötigten Daten im Format einer Tabellenkalkulation, einer Textverarbeitung oder eines anderen Windows-Programms vorliegen, können Sie mit Automatisierung auf diese Daten zugreifen. So könnten Sie z. B. vorgehen, wenn für Ihre Anwendung mehrere Serienbriefe erforderlich sind. In diesem Fall könnten die Briefe als Microsoft Word-Dokumente gespeichert sein, und Ihre Anwendung würde mit Automatisierung Word aufrufen, den jeweils gewünschten Brief öffnen und je nach Bedarf Text einfügen oder ersetzen.

Eine üblichere Vorgehensweise, um Nicht-Visual FoxPro-Daten zu verwenden, besteht darin, mit ODBC auf die Daten zuzugreifen. ODBC-Treiber ermöglichen es Ihnen, eine Verbindung zu Daten herzustellen, die im Format eines anderen Programms vorliegen (meist ein anderes Datenbankprogramm), und diese Daten mit Hilfe von Standard-SQL-Befehlen abzufragen oder zu bearbeiten.

Sie haben z. B. festgelegt, daß Sicherheitsaspekte sowie Fähigkeiten zur Transaktionsverarbeitung unverzichtbare Bestandteile Ihrer Anwendung sein sollen, und möchten die Daten daher mit Microsoft SQL Server speichern. Um auf die Daten zuzugreifen, definieren Sie eine Verbindung zu der SQL Server-Datenbank, für die Sie den entsprechenden ODBC-Treiber verwenden. Danach können Sie normale Abfragen (und andere SQL-Befehle) so ausführen, als lägen die Daten im Visual FoxPro-Format vor.

Andere Anwendungen können auf dieselben Daten zugreifen und dieselben Merkmale nutzen. Zum Beispiel können die Daten eines Microsoft Excel-Tabellenblatts aus derselben SQL Server-Datenbank stammen. Für das Tabellenblatt ergeben sich nicht nur dieselben Leistungsvorteile wie für Ihre Anwendung, sondern es kommt auch in den Genuß der Sicherheits- und Transaktionsverarbeitungs-Merkmale, die ansonsten für ein Excel-Tabellenblatt nicht zur Verfügung stehen.

In einigen Fällen müssen Sie vielleicht sogar noch weiter gehen und SQL-Befehle verwenden, die speziell für die Datenquelle gelten, auf die Sie über ODBC zugreifen. Microsoft SQL Server ermöglicht es Ihnen z. B., gespeicherte Prozeduren zu erstellen und auszuführen, Daten auf Ihrem Server bearbeiten (statt in Ihrer Anwendung). Um gespeicherte Prozeduren zu nutzen, können Sie systemspezifische SQL-Anweisungen an den Datenbank-Server senden. Auch mit SQL Pass-Through-Befehlen können Sie auf dem Server Aufgaben der Systemverwaltung ausführen. Diese Befehle werden außerdem unter gewissen Umständen schneller ausgeführt als vergleichbare SQL-Anweisungen, die in Visual FoxPro ausgeführt werden.

Weitere Informationen über das Erweitern von Datenspeicherfähigkeiten in Visual FoxPro finden Sie in den Kapiteln, die in der folgenden Tabelle aufgeführt sind.

Informationen über	Finden Sie unter
Automatisierung	Kapitel 16, „Hinzufügen von OLE", unter „Bearbeiten von Objekten per Automatisierung".
Verwenden von ODBC, um auf Daten zuzugreifen	Kapitel 8, „Erstellen von Ansichten", unter „Zugreifen auf Remote-Daten".

(Fortsetzung)

Informationen über	Finden Sie unter
Verwenden von Visual FoxPro in einer Client-Server-Umgebung	Kapitel 19, „Entwerfen von Client-Server-Anwendungen".

Übertragen lokaler Visual FoxPro-Daten in Client-Server-Daten (Upsizing)

Sie haben die Wahl, Ihre Daten in Visual FoxPro-Tabellen oder auf einer anderen Plattform, z. B. auf einem Datenbank-Server, zu speichern. Sie können aber auch beides tun: Ihre Daten in Visual FoxPro-Tabellen speichern, während Sie entwickeln oder bis Ihre Datenbank sehr umfangreich wird, und die Daten dann auf eine andere Plattform verschieben (oder *in Client-Server-Daten übertragen*).

Zum Beispiel können Sie einen Prototyp Ihrer Anwendung testen, indem Sie alle Daten in lokalen Visual FoxPro-Tabellen speichern. Damit können Sie Ihre Tabellen, Ansichten und Indizes während des Entwickelns der Anwendung flexibel ändern, ohne die Schwierigkeiten beachten zu müssen, die das Verwalten von Tabellen auf einem Datenbank-Server bereitet. Sie können Beispieldaten in den lokalen Tabellen speichern und mit diesen Ihre Formulare, Berichte und anderen Programme testen. Sobald die Datenbankstruktur fertiggestellt ist, können Sie Ihre Daten auf einen Datenbank-Server übertragen und die Anwendung zum Einsatz bringen.

Eine andere mögliche Arbeitsweise besteht darin, Ihre Daten nur so lange in Visual FoxPro-Tabellen zu speichern, wie sich dies als praktisch erweist. Wenn die Datenbank sehr umfangreich wird, können Sie sie auf einen Datenbank-Server übertragen und von dessen optimiertem Leistungsverhalten profitieren. An welchem Punkt genau es sinnvoll ist, Ihre Datenbank auf einen Datenbank-Server zu übertragen, hängt von vielen Faktoren ab, so z. B. von der Komplexität der Datenbank, dem Leistungsverhalten Ihres lokalen Computers oder Netzwerks sowie den Anforderungen Ihrer Anwendung.

Schließlich können Sie einen Prototyp Ihrer Datenbank mit Visual FoxPro testen und die Datenbank dann in eine Server-Datenbank übertragen, um die Daten mit anderen Anwendungen gemeinsam zu nutzen, die ebenfalls Zugriff auf den Datenbank-Server haben. Oder Sie können die Datenbank in eine Server-Datenbank übertragen, um von den Fähigkeiten des Datenbank-Servers zu profitieren, die dieser bezüglich der Sicherheit und der Transaktionsverarbeitung hat.

Weitere Informationen über das Übertragen einer Datenbank in eine Server-Datenbank finden Sie in Kapitel 20, „Übertragen lokaler Visual FoxPro-Datenbanken in Client-Server-Datenbanken (Upsizing)".

Verwenden von Visual FoxPro als Datenquelle

Eine andere Möglichkeit, Visual FoxPro in eine Unternehmenslösung zu integrieren, besteht darin, es lediglich als eine Komponente, nicht notwendigerweise als Hauptanwendung zu verwenden. In diesem Fall dient Visual FoxPro als Back-End für eine Anwendung, die mit einem anderen Produkt geschrieben wurde. Dies bedeutet, daß der Benutzer Visual FoxPro nicht direkt sieht. Statt dessen wurde die Benutzeroberfläche der Anwendung mit Tools des anderen Produkts geschrieben, und die Anwendung kommuniziert im Hintergrund mit Visual FoxPro, um Daten abzurufen oder zu bearbeiten.

Auch in dieser Rolle arbeitet Visual FoxPro hervorragend, da es sein Datenbankmodul zur Verfügung stellen kann, das anderen Anwendungen schnellen Datenzugriff ermöglicht. Darüber hinaus kann Visual FoxPro anderen Anwendungen seine Objekte und Befehle zur Verfügung stellen, auch die benutzerdefinierten Objekte, die Sie erstellt haben.

Visual FoxPro-Daten anderen Programmen zur Verfügung stellen

Eine Möglichkeit, wie eine unternehmensweite Anwendung von Visual FoxPro profitieren kann, besteht darin, das Visual FoxPro-Datenbankmodul zum Speichern und Verwalten von Daten zu verwenden. Dadurch werden anderen Anwendungen die hochentwickelten Speicher- und Abfragefähigkeiten zugänglich gemacht.

Programme können über den Visual FoxPro ODBC-Treiber eine Verbindung zu Visual FoxPro-Daten herstellen. Dieser Treiber macht das Visual FoxPro-Datenbankmodul für Standard-SQL-Befehle zugänglich.

Zum Beispiel könnte eine Anwendung Microsoft Excel als Berechnungstool für komplizierte Datenauswertungen verwenden. Wenn die zu verarbeitenden Daten ständig wechseln, kann es sinnvoll sein, sie nicht in einem Tabellenblatt, sondern in einer Datenbank zu speichern. Das Tabellenblatt könnte dann so gestaltet werden, daß über den Visual FoxPro ODBC-Treiber eine Verbindung zu der Datenbank hergestellt wird, anschließend die jeweils benötigten Daten gelesen und dann zur weiteren Verarbeitung auf dem Tabellenblatt angezeigt werden.

Ein weiteres Beispiel könnte eine Kioskanwendung sein, wie z. B. ein Informationsstand in einem Flughafen oder Tagungszentrum. Sie könnten die Informationsanzeige mit einem Programm zum Schreiben von Multimediaanwendungen erstellen. Allerdings wäre es sehr mühsam, die Seiten der Präsentation anzupassen, wenn sich einige der für die Anwendung erforderlichen Daten häufig ändern. Statt dessen könnte das Präsentationsprogramm über den ODBC-Treiber eine Verbindung zu einer Visual FoxPro-Datenbank herstellen und die Daten dann während der Laufzeit lesen.

Weitere Informationen finden Sie in der Hilfe zu dem Visual FoxPro ODBC-Treiber (**Drvvfp.hlp**), die im Verzeichnis **...\Vfp98\Distrib\Src\System** installiert ist. Diese Hilfe steht auch über die Programmgruppe ODBC zur Verfügung, wenn Sie bei der Installation von Visual FoxPro auch ODBC installiert haben.

Visual FoxPro-Objekte und -Befehle anderen Programmen zur Verfügung stellen

Über die Möglichkeit hinaus, Visual FoxPro-Daten als Teil einer Unternehmenslösung anderen Programmen zur Verfügung zu stellen, können Sie Visual FoxPro-Objekte und -Befehle zugänglich machen. Andere Anwendungen können die Methoden von Visual FoxPro-Objekten aufrufen sowie deren Eigenschaften einstellen, wobei dies nicht nur für die Basisobjekte, sondern auch für Objekte gilt, die in von Ihnen erstellten Klassen definiert sind.

Zum Beispiel können Sie mit Microsoft Excel eine Anwendung erstellen, die Daten in einer Visual FoxPro-Datenbank speichert. Statt die Daten lediglich zu lesen und zu schreiben, kann Excel Visual FoxPro-Befehle aufrufen, um ein Formular als Dialogfeld anzuzeigen. Ein Einsatzfall könnte sein, Daten für eine Ansicht mit Parametern anzufordern.

Visual FoxPro-Objekte können aber auch bereitgestellt werden, indem ein Automatisierungsserver erstellt wird. Dies ermöglicht es Ihnen, anwendungsspezifische Objekte zu erstellen, die nahezu jede Funktion ausführen können, für die Sie mit Visual FoxPro eine Lösung programmieren können (mit dem weiteren Vorteil, daß Sie den Server vertreiben können).

Ein Einsatzfall eines benutzerdefinierten Servers besteht darin, ein Objekt zu erstellen, das eine Reihe von Regeln enthält, die die Integrität von Daten sicherstellen, die eine andere Anwendung an das Objekt übergibt. Sie können z. B. mit Visual FoxPro ein Objekt zum Speichern von Personalinformationen erstellen, das nicht nur prüft, ob die andere Anwendung gültige Personalinformationen übergeben hat, sondern auch die Zugriffsberechtigung des Benutzers prüft, damit sichergestellt ist, daß der Benutzer berechtigt ist, die Personaländerungen vorzunehmen.

Ein benutzerdefinierter Server kann auch ein Objekt bereitstellen, das komplizierte logische Prüfungen für das Aktualisieren oder Lesen von Informationen enthält. Zum Beispiel könnte ein Bestellungseingabeobjekt so gestaltet sein, daß es nicht nur eine Bestellung speichern kann, sondern auch die Protokolldatei der Bestellungen aktualisiert, den Lagerbestand aktualisiert, die Verkaufsprovision ausrechnet usw.

Dieser Typ von Automatisierungsserver ist ideal, um die „mittlere Ebene" einer dreistufigen Unternehmensanwendung zu erstellen. Bei diesem Modell bilden die Daten die unterste Ebene und die Anwendung die oberste Ebene. Die Funktionalität ist in der Mitte angesiedelt und bietet eine bestimmte, anwendungsunabhängige Ansicht der Daten, die Regeln (oder andere Datenverarbeitungsfähigkeiten) enthält, die nicht eindeutig nur zu den Daten oder zu der Anwendung gehören.

Informationen über das Erstellen von benutzerdefinierten Automatisierungsservern finden Sie in Kapitel 16, „Hinzufügen von OLE", unter „Erstellen von Automatisierungsservern".

Erstellen eines Datenlagers mit Visual FoxPro

Sie können mit Visual FoxPro nicht nur Ihre Anwendung erstellen, sondern das Programm auch verwenden, um ein Datenlager oder eine Version Ihrer Daten zu erstellen und zu verwalten, die für die Erstellung von Berichten optimiert ist. Sie erstellen ein Datenlager, indem Sie die für die Berichterstellung erforderlichen Daten kopieren und die Kopie den Benutzenden zugänglich machen, die die Daten benötigen. Indem Sie diese Daten getrennt von Ihren beweglichen Daten verwalten, können Sie:

- Die Daten so strukturieren, daß die Berichterstellung einfacher oder schneller geht, als dies der Fall wäre, wenn die Benutzenden Berichte aus den beweglichen Daten erstellen müßten.

- Die Daten für Berichte an einem von den beweglichen Daten getrennten Ort ablegen. Dadurch gibt es weniger „Streit" um die Daten, das Leistungsverhalten wird verbessert und die Daten können Benutzenden zur Verfügung gestellt werden, die aus Sicherheitsgründen nicht auf die beweglichen Daten zugreifen dürfen.

Ein Datenlager ist ein „Schnappschuß" der Daten zu dem Zeitpunkt, an dem Sie den Schnappschuß erstellt haben. Sie aktualisieren das Datenlager in periodischen Abständen, deren Planung sich nach den Anforderungen richtet, die Ihre Anwendung bezüglich der Berichterstellung stellt.

Stellen Sie sich z. B. vor, Sie erstellen eine Anwendung, mit der eine Bibliothek verwaltet werden soll (einschließlich der Materialbestände). Während des Tages wird das System ständig genutzt, da Bibliotheksnutzer Materialien zurückgeben oder ausleihen und das System abfragen, um nach Büchern zu suchen oder Bücher zu reservieren. Neben dem Verwalten dieser einzelnen Vorgänge möchten die Bibliotheksangestellte bestimmte Auswertungen erstellen können, um z. B. festzustellen, welche Materialien am beliebtesten sind, welche Bücher überfällig sind usw.

Als Unterstützung für diese Auswertungen kann die Anwendung aus den Vorgangsinformationen ein Datenlager erstellen. Die Anwendung kann die Daten periodisch (z. B. jede Nacht) in das Datenlager schreiben, und die Bibliotheksangestellten können während des Tages Abfragen erstellen und ausführen, ohne daß sich dies auf das Leistungsverhalten des Systems auswirkt. Außerdem können bestimmte Informationen zu den Nutzenden der Bibliothek aus dem Datenlager ausgeschlossen sein, denn diese Informationen sind für die Auswertungen nicht erforderlich und könnten als vertrauliche Informationen angesehen werden.

Ein Datenlager bringt dann den größten Nutzen, wenn Sie es auf einem Server erstellen, auf dem sich nicht die beweglichen Daten befinden. Befinden sich die beweglichen Daten und das Datenlager auf demselben Server, ändert dies nichts an dem Vorteil, daß Sie im Datenlager optimierte Daten haben. Allerdings ist zu beachten, daß Benutzende sehr viel Netzverkehr auslösen können, wenn Sie Abfragen an das Datenlager richten, und daß dieser Netzverkehr sich nachteilig auf das Leistungsverhalten des beweglichen Datensystems auswirken kann.

Wenn Sie das Datenlager erstellen, können Sie die Dateien mit den beweglichen Daten einfach in parallele Dateien des Datenlagers kopieren. Sie können die Daten des Datenlagers aber auch umstrukturieren, um sie für die Berichterstellung zu optimieren. Zum Beispiel könnten Sie für Magazindaten Indizes erstellen, die den Vorlauf bei der Berichterstellung verringern.

Ein weiteres Beispiel ergibt sich daraus, daß die beweglichen Daten normalisiert sein sollten, damit Datenwiederholungen vermieden werden. Für die Daten des Datenlagers könnte es dagegen sinnvoll sein, Tabellen zu kombinieren, die ansonsten getrennt sind. Dadurch ist es nicht mehr notwendig, Tabellen zu vereinigen, wodurch es für weniger erfahrene Benutzer einfacher wird, Berichte zu erstellen.

Darüber hinaus können Sie den Detaillierungsgrad der Magazindaten an die Anforderungen anpassen, die Ihre Anwendung bezüglich der Berichterstellung stellt. Die größte Flexibilität erreichen Sie, wenn Sie die Magazindaten mit demselben Detaillierungsgrad speichern wie die beweglichen Daten. Wenn die Benutzer dagegen nur Sammelberichte (wie z. B. Tabellenblätter oder Diagramme) erstellen möchten, können Sie die Detaildaten aus der Anwendung zusammenfassen und nur die Sammeldaten im Datenlager speichern.

Arbeiten mit Visual FoxPro als World Wide Web-Suchmaschine

Wenn es für Ihre Unternehmenslösung erforderlich ist, einen World Wide Web-Server für das Internet zu erstellen, können Sie Visual FoxPro als Suchmaschine in die Anwendung einbinden. Dadurch können Sie Ihre Visual FoxPro-Datenbank jedem zugänglich machen, der entweder über das Internet oder über das Unternehmensnetz (Intranet) auf Ihren Web-Server zugreifen kann.

Stellen Sie sich z. B. vor, daß Sie als Teil Ihres unternehmensweiten Intranets ein Verzeichnis mit Personalinformationen zur Verfügung stellen möchten. Angestellte könnten ihre Browser auf eine Seite „Personalinformationen abrufen" zeigen lassen, wodurch eine Seite angezeigt wird, die wie ein Visual FoxPro-Formular aussieht und Textfelder enthält, in die Kriterien eingegeben werden können. Um einen Suchvorgang auszuführen, würde ein Benutzer den Namen, die unternehmensinterne Telefonnummer, die Abteilung, die Position sowie sonstige zu einem Angestellten verfügbare Informationen eingeben und dann auf die Schaltfläche **Suchvorgang starten** klicken. Einen kurzen Augenblick später erhielte der Benutzer eine Liste, in der die Angestellten aufgeführt sind, die den Suchkriterien entsprechen. Diese Liste könnte der Benutzer dann als Textdatei speichern und in ein anderes Programm, z. B. eine Textverarbeitung, importieren.

Grundsätzliches zu Visual FoxPro als World Wide Web-Suchmaschine

Damit Visual FoxPro als Informations-Server für das Web verwendet werden kann, benötigen Sie grundsätzlich folgende Komponenten:

- Einen Web-Server mit HTTP-Dienst, der auf dem Betriebssystem Microsoft Windows NT läuft.
- Eine Visual FoxPro-Anwendung, die als Automatisierungsserver aufgerufen werden kann. Diese Anwendung kann auf jedem Server ausgeführt werden, auf den der Web-Server zugreifen kann.
- Ein Hilfsmittel, das die Suchergebnisse anzeigt. Dies ist meist eine Web-Seitenvorlage (Page Template), in die Sie Daten einfügen können.

Bei einer Visual FoxPro-Suche im Web treten üblicherweise die folgenden Ereignisse in der aufgeführten Reihenfolge auf:

1. Der Benutzer zeigt die Suchseite Ihrer Anwendung an, indem er einen Web-Browser auf die Seite zeigen läßt. Die Suchseite enthält alle von Ihnen gewünschten Texte und Grafiken sowie Textfelder, in die der Benutzer Suchtext eingeben kann.

2. Der Benutzer klickt auf die Schaltfläche **Suchvorgang starten**. Die in das Formular eingegebenen Daten werden zusammen mit dem Namen Ihrer Suchanwendung für Web-Seiten an den Web-Server gesendet und dort verarbeitet.

3. Der Web-Server ruft Ihre Anwendung mit dem ISAPI-Protokoll (Internet Server API-Protokoll) auf und übergibt ihr einen Parameter, der die Suchinformationen enthält.

4. Ihre Anwendung sucht nach der Datenbank. Nachdem sie die Ergebnisse abgerufen hat, fügt sie diese in die Webseitenvorlage ein und sendet die Webseite als Datenstrom aus Zeichen zurück an den Server.

5. Der Web-Server sendet die Ergebnisseite an den Browser, der den Suchvorgang ausgelöst hat.

6. Der Browser zeigt dem Benutzer die Ergebnisseite an.

Wenn Sie bereits Webseiten erstellt haben, sind Ihnen die meisten der obigen Schritte wahrscheinlich vertraut. Sie wissen eventuell bereits, wie Webseiten erstellt werden. Selbst wenn Sie nicht mit dem Entwerfen von Webseiten vertraut sind, werden Sie das Erstellen solcher Seiten vermutlich als recht einfach empfinden.

Ein Beispiel, wie Visual FoxPro als Web-Suchmaschine verwendet werden kann, finden Sie in der Datei **Foxisapi.dll**, die Sie im Visual Studio-Unterverzeichnis ...**\Samples\Vfp98\Servers\Foxisapi** finden. Dieses Verzeichnis enthält die Datei **Readme.txt**, der Sie entnehmen können, wie das Beispiel ausgeführt werden kann.

TEIL 11

Neue Features in Visual FoxPro

Im folgenden Kapitel werden die neuen Features in Visual FoxPro 6.0 beschrieben. Durch diese neuen Features lassen sich Visual FoxPro-Anwendungen noch einfacher und schneller erstellen und sie ermöglichen außerdem das Erstellen von Anwendungen für das Internet oder für ein Intranet.

Kapitel 31　Interoperabilität und das Internet　783
　　Mit Hilfe von OLE-DragDrop-Funktionen können Sie Anwendungen entwickeln, mit denen Sie Daten zwischen verschiedenen Windows-Anwendungen und innerhalb einer Visual FoxPro-Anwendung austauschen können. Darüber hinaus können Sie Anwendungen und Visual FoxPro-Server für den Internet-Einsatz entwickeln.

Kapitel 32　Anwendungsentwicklung und Entwicklerproduktivität　807
　　Komponentengalerie und Basisklassen, Erfassungsprotokollanalyse und Projektmanagersteuerung sowie Assistenten.

Kapitel 33　Programmierverbesserungen　849
　　Zur Steigerung der Entwicklerproduktivität sind neue programmiertechnische Merkmale hinzugekommen: die Methoden Access und Assign, die Unterstützung von weiteren Grafikdateiformaten und neue Sprachelemente zur Vereinfachung der Programmierung. Außerdem wurden in Visual FoxPro jetzt viele der in Foxtools.fll enthaltenen Funktionen für die Manipulation von Dateinamen und eine Visual FoxPro API-Bibliothek integriert.

KAPITEL 31

Interoperabilität und das Internet

Microsoft Visual FoxPro 6.0 unterstützt OLE-Drag & Drop, womit Sie Daten zwischen Visual FoxPro und anderen Anwendungen sowie innerhalb von Visual FoxPro-Anwendungen verschieben können.

Visual FoxPro 6.0 sorgt auch für einfache Erstellung von Anwendungen zur Verwendung mit dem Internet und anderen Windows-basierten Anwendungen wie etwa Microsoft Excel und Microsoft Visual Basic. Mit Hilfe von Visual FoxPro 6.0 können Sie Aktive Dokumente erstellen, die von Hosts aktiver Dokumente, wie etwa Internet-Browsern, aufgenommen werden können.

Die Visual FoxPro 6.0-Features ermöglichen eine bessere Zusammenarbeit von Automatisierungsservern mit Internet, Microsoft Transaction Server und dem Active Desktop.

Dieses Kapitel behandelt:

- OLE-Drag & Drop
- Aktive Dokumente
- Server-Verbesserungen

OLE-Drag & Drop

Visual FoxPro unterstützt OLE-Drag & Drop, ein mächtiges und nützliches Tool, das Ihnen das Verschieben von Daten zwischen anderen Anwendungen, die OLE-Drag & Drop unterstützen (wie etwa Visual FoxPro, Visual Basic, Windows-Explorer, Microsoft Word und Excel usw.), ermöglicht. In einer verteilten Visual FoxPro-Anwendung können Sie Daten zwischen Steuerelementen in der Anwendung oder zwischen Steuerelementen und anderen Windows-Anwendungen, die OLE-Drag & Drop unterstützen, verschieben.

Beachten Sie, daß vorherige Versionen von Visual FoxPro eine programmgesteuerte Drag & Drop-Funktion für Steuerelemente hatten, mit deren Hilfe Sie Steuerelemente auf einem Formular verschieben konnten. Diese Form des Drag & Drop wird auch in Visual FoxPro 6.0 unterstützt. Wenn Sie es allerdings vorziehen, in Ihren Anwendungen Drag & Drop zu implementieren, sollten Sie entweder nur programmgesteuertes Drag & Drop oder nur OLE-Drag & Drop verwenden; vermischen Sie nicht die beiden Arten der Drag & Drop-Unterstützung.

Ein Verständnis der Grundlagen von OLE-Drag & Drop-Anwendungen vereinfacht die volle Ausnutzung der Vorteile dieser Funktionen.

Ziehen und Ablegen von Daten

Die Maus wird dazu verwendet, Daten zwischen Anwendungen und Steuerelementen zu ziehen und abzulegen. Beispielsweise können Sie im Windows-Explorer mehrere Dateien gleichzeitig auswählen. Sie können dann die Maustaste betätigen und gedrückt halten, während Sie die Dateien ziehen, und dann die Maustaste freigeben, um die Dateien auf dem Visual FoxPro-Projekt-Manager abzulegen; oder Sie können Text in einem Word-Dokument auswählen und den Text in einem Textfeld auf einem Visual FoxPro-Formular ablegen. Während der OLE-Drag & Drop-Operation ändert sich der Mauszeiger, um anzuzeigen, daß eine OLE-Drag & Drop-Operation im Gange ist.

Drag-Quelle

Die Anwendung oder das Steuerelement, aus dem die Daten verschoben werden, wird als Drag-Quelle bezeichnet.

Eigenschaften, Ereignisse und Methoden von Drag-Quellen

Die folgende Tabelle zeigt eine Liste der für eine OLE-Drag-Quelle verfügbaren Eigenschaften, Ereignisse und Methoden an.

Eigenschaft, Ereignis oder Methode	Beschreibung
OLECompleteDrag-Ereignis	Tritt auf, wenn Daten auf dem Drop-Ziel abgelegt werden oder die OLE-Drag & Drop-Operation abgebrochen worden ist.
OLEDrag-Methode	Startet eine OLE-Drag & Drop-Operation.
OLEDragPicture-Eigenschaft	Spezifiziert das unter dem Mauszeiger während einer OLE-Drag & Drop-Operation angezeigte Bild. Sie können eine Bilddatei vom Typ .bmp, .dib, .jpg, .gif, .ani, .cur und .ico angeben.
OLEDragMode-Eigenschaft	Gibt an, wie eine Drag-Quelle OLE-Drag-Operationen verwaltet.
OLEGiveFeedBack-Ereignis	Tritt nach jedem OLEDragOver-Ereignis auf. Ermöglicht der Drag-Quelle die Angabe des Typs der OLE-Drag & Drop-Operation sowie einer visuellen Rückmeldung.
OLESetData-Ereignis	Tritt auf, wenn ein Drop-Ziel die Methode **GetData** aufruft und es noch keine Daten in einem bestimmten Format auf dem OLE-Drag & Drop-Datenobjekt gibt.
OLEStartDrag-Ereignis	Tritt auf, wenn die Methode **OLEDrag** aufgerufen wird.

Drop-Ziel

Die Anwendung oder das Steuerelement, auf die/das die Daten geschoben werden, wird als *Drop-Ziel* bezeichnet.

Eigenschaften und Ereignisse von Drop-Zielen

Die folgende Tabelle zeigt eine Liste der für ein OLE-Drop-Ziel verfügbaren Eigenschaften, Ereignisse und Methoden an.

Eigenschaft oder Ereignis	Beschreibung
OLEDragDrop-Ereignis	Tritt auf, wenn Daten auf ein Drop-Ziel abgelegt werden und die Eigenschaft **OLEDropMode** des Drop-Ziels auf 1 (aktiviert) gesetzt ist.
OLEDragOver-Ereignis	Tritt auf, wenn Daten über ein Drop-Ziel gezogen werden und die Eigenschaft **OLEDropMode** des Drop-Ziels auf 1 (aktiviert) gesetzt ist.
OLEDropEffects-Eigenschaft	Gibt den Typ von Drop-Operationen an, die ein OLE-Drop-Ziel unterstützen.
OLEDropHasData-Eigenschaft	Gibt an, wie eine Drop-Operation verwaltet wird.
OLEDropMode-Eigenschaft	Gibt an, wie ein Drop-Ziel die OLE-Drop-Operationen verwaltet.

Verschieben von Daten

Um eine Drag & Drop-Operation zum Verschieben von Daten mit Hilfe der Standardmaustaste (links) auszuführen, wählen Sie in der Drag-Quelle die zu verschiebenden Daten aus. Nach Auswahl der Daten betätigen Sie die Maustaste und halten sie gedrückt, während Sie den Mauszeiger zum Drop-Ziel verschieben. Geben Sie die Maustaste frei, um die Daten auf dem Drop-Ziel abzulegen. Während der OLE-Drag & Drop-Operation ändert sich der Mauszeiger, um anzuzeigen, daß eine OLE-Drag & Drop-Operation im Gange ist.

Sie können auch mit der nicht standardmäßigen (rechten) Maustaste auf die Daten in einer Drag-Quelle klicken und die Daten auf ein Drop-Ziel ziehen. In Abhängigkeit vom Drop-Ziel kann ein Kontextmenü angezeigt werden, wenn Sie die Daten auf dem Drop-Ziel ablegen. Das Kontextmenü enthält eine Menge von Optionen, mit deren Hilfe Sie auswählen können, wie die Daten vom Drop-Ziel verarbeitet werden.

Kopieren von Daten

Außerdem können Sie Daten aus einer Drag-Quelle kopieren und sie in ein Drop-Ziel einfügen. Drücken Sie die Strg-Taste, wenn Sie mit der Maus auf die in der Drag-Quelle ausgewählten Daten klicken. Während des Verschiebens zeigt der Mauszeiger ein Pluszeichen (+) an, um anzuzeigen, daß eine Kopieroperation im Gange ist.

Ziele und Quellen, die OLE-Drag & Drop nicht unterstützen

Sie können Daten nur von Drag-Quellen verschieben oder kopieren, die OLE-Drag & Drop unterstützten, und das Drop-Ziel muß ebenfalls OLE-Drag & Drop unterstützen. Beachten Sie, daß ein Drop-Ziel, auch wenn es OLE-Drag & Drop unterstützt, die Daten, die Sie auf ihm abzulegen versuchen, nicht akzeptieren muß. Beispielsweise können die von Ihnen verschobenen oder kopierten Daten ein Format haben, die das Drop-Ziel nicht unterstützt. Während einer Drag & Drop-Operation ändert sich der Mauszeiger in ein „Nicht ablegen"-Symbol (ein durchgestrichener Kreis), um anzuzeigen, daß der Mauszeiger sich über einem Bereich einer Anwendung oder eines Steuerelements befindet, auf dem keine Daten abgelegt werden können.

Abbrechen einer Operation

Zum Abbrechen einer OLE-Drag & Drop-Operation drücken Sie während der Operation die ESC-Taste.

OLE-Drag & Drop-Unterstützung zur Entwurfszeit

OLE-Drag & Drop-Unterstützung zur Entwurfszeit in Visual FoxPro beschleunigt die Anwendungsentwicklung noch einmal gegenüber den Vorgängerversionen. OLE-Drag & Drop vereinfacht das Ablegen von Dateien im Projekt-Manager und in den Visual FoxPro-Designern von Windows-Explorer. Text läßt sich einfach aus anderen Anwendungen in das Befehlsfenster, die Visual FoxPro-Texteditoren und das Eigenschaftenfenster verschieben oder kopieren.

Die folgende Tabelle zeigt eine Liste der Visual FoxPro-Funktionen zur Entwurfszeit, die OLE-Drag & Drop unterstützen, zusammen mit einer Beschreibung der Unterstützung.

Schnittstellenelement	Beschreibung
Befehlsfenster	Drop-Ziel für Dateien, Drag-Quelle und Drop-Ziel für Text.
	Wenn eine in Visual FoxPro erstellte Datei auf dem Befehlsfenster abgelegt wird, wird die Datei mit dem passenden Visual FoxPro-Befehl geöffnet. Wenn beispielsweise eine Datenbank auf dem Befehlsfenster abgelegt wird, startet Visual FoxPro die Befehle OPEN DATABASE und MODIFY DATABASE zum Öffnen der Datei für Modifizierung. Wenn eine Tabelle im Befehlsfenster abgelegt wird, wird die Tabelle mit den Befehlen USE ... AGAIN und BROWSE geöffnet. Wenn SET EXCLUSIVE eingeschaltet ist, wird die Tabelle für exklusive Benutzung geöffnet. Wenn SET EXCLUSIVE ausgeschaltet ist, wird die Tabelle für gemeinsame Benutzung geöffnet.
	Andere Visual FoxPro-Dateien werden mit dem passenden MODIFY-Befehl geöffnet – Formulare mit MODIFY FORM, Abfragen mit MODIFY QUERY, Text- und Header-Dateien (.H) mit MODIFY FILE usw.
	Wenn eine in einer anderen Anwendung erstellte Datei auf dem Befehlsfenster abgelegt wird, wird die Datei in der Anwendung geöffnet, mit der sie assoziiert ist. Beispielsweise führt das Ablegen einer Microsoft Excel-Kalkulationstabelle auf dem Befehlsfenster zum Starten von Excel und dem Öffnen der Kalkulationstabelle.

(Fortsetzung)

Schnittstellenelement	Beschreibung
Projekt-Manager	Drop-Ziel für Dateien.
	Dateien werden basierend auf ihren Dateinamenerweiterungen zu den passenden Kategorien des Projekt-Managers hinzugefügt. Wenn eine Datei mit einer nicht von Visual FoxPro erkannten Erweiterung auf dem Projekt-Manager abgelegt wird, wird die Datei der Kategorie **Andere** hinzugefügt.
	Wenn eine in einer Datenbank enthaltene Tabelle auf dem Projekt-Manager abgelegt wird, wird die Datenbank zur Datenbank-Kategorie des Datenelements hinzugefügt und als „Excluded" markiert. Wenn eine freie Tabelle auf dem Projekt-Manager abgelegt wird, wird die Tabelle zur Kategorie der freien Tabellen des Datenelements hinzugefügt und als „Excluded" markiert. Wenn eine Datenbank auf dem Projekt-Manager abgelegt wird, wird die Datenbank zur Datenbank-Kategorie des Datenelements hinzugefügt und als „Excluded" markiert.
	OLE-Drag & Drop erleichtert zwar das Hinzufügen von Dateien zum Projekt-Manager, aber Sie sollten bedenken, daß der Projekt-Manager beim Erstellen des Projekts automatisch alle Dateien, auf die verwiesen wird, zum Projekt hinzufügt. Wenn beispielsweise ein von Ihnen zum Projekt hinzugefügtes Programm ein zweites Programm ausführt, wird das zweite Programm beim Erstellen des Projekts automatisch zum Projekt hinzugefügt. Es ist nicht nötig, das zweite Programm manuell zum Projekt hinzuzufügen.
Texteditoren	Drag-Quelle und Drop-Ziel für Text.
	Texteditoren enthalten mit MODIFY COMMAND, MODIFY FILE und MODIFY MEMO geöffnete Bearbeitungsfenster, das Befehlsfenster, Fragmente von Bearbeitungsfenstern in den Formular-, Klassen-, Menü- und Datenumgebungs-Designern sowie den Editor für gespeicherte Prozeduren im Datenbank-Designer.
Debugger	Drag-Quelle und Drop-Ziel für Text.
	Das Textfeld und die Namensliste des Überwachungsfensters sind Drag-Quellen und Drop-Ziele für Text. Das Programmverfolgungsfenster und das Debug-Ausgabefenster sind Drag-Quellen für Text.
Datenbank-Designer	Drop-Ziel für Dateien.
	Das Ablegen einer Tabelle auf dem Datenbank-Designer fügt die Tabelle zur aktuellen Datenbank hinzu.

(Fortsetzung)

Schnittstellenelement	Beschreibung
Klassen-Designer	Drop-Ziel für Text und Dateien.
	Standardmäßig führt das Ablegen von Text auf einem Container-Objekt im Klassen-Designer zum Erstellen einer Beschriftung mit dem Text, der der Wert der Eigenschaft **Caption** ist. Sie können das Standardsteuerelement, das beim Ablegen von Text auf dem Formular-Designer erstellt wird, auf der Registerkarte **Klassenzuordnung zu Feldern** des Dialogfelds **Optionen** ändern.
	Wenn Sie Text auf einem von Containern verschiedenen Steuerelement (ein Kontrollkästchen- (CheckBox), Befehlsschaltflächen- (CommandButton), Vorspann- (Header), Beschriftungs- (Label) oder Optionsschaltflächen-Steuerelement (OptionButton)) ablegen, wird die Eigenschaft **Caption** des Steuerelements auf den Text gesetzt.
	Das Ablegen einer Grafikdatei (.ani, .bmp, .cur, .gif, .ico oder .jpg) auf dem Klassen-Designer führt zum Erstellen eines Bild-Steuerelements (Image), wobei die Eigenschaft **Picture** auf den Namen der Grafikdatei gesetzt wird.
Datenumgebungs-Designer	Drop-Ziel für Dateien.
	Durch das Ablegen einer Tabelle auf dem Datenumgebungs-Designer wird die Tabelle zur Datenumgebung hinzugefügt. Beim Ablegen einer Datenbank auf dem Datenumgebungs-Designer wird das Dialogfeld **Tabelle oder Ansicht hinzufügen** angezeigt, womit Sie die Tabelle oder Ansicht zu der Datenumgebung hinzufügen können.
Abfrage-Designer	Drop-Ziel für Dateien.
	Das Ablegen einer Tabelle auf dem Abfrage-Designer fügt die Tabelle der Abfrage hinzu. Beim Ablegen einer Datenbank auf dem Abfrage-Designer wird das Dialogfeld **Tabelle oder Ansicht hinzufügen** angezeigt, womit Sie die Tabelle oder Ansicht zu einer Abfrage hinzufügen können.
Ansichts-Designer	Drop-Ziel für Dateien.
	Das Ablegen einer Tabelle auf dem Ansichts-Designer fügt die Tabelle der Ansicht hinzu. Beim Ablegen einer Datenbank auf dem Abfrage-Designer wird das Dialogfeld **Tabelle oder Ansicht hinzufügen** angezeigt, womit Sie die Tabelle oder Ansicht zu einer Ansicht hinzufügen können.
Eigenschaftenfenster	Drop-Ziel für Text.
	Sie können Text von einem Textfeld, das bei Auswahl einer Entwurfszeit-Eigenschaft oben im Eigenschaftenfenster erscheint, auf einem solchen ablegen.

(Fortsetzung)

Schnittstellenelement	Beschreibung
Komponentengalerie	Drag-Quelle und Drop-Ziel für Dateien. Sie können Objekte aus der Komponentengalerie ziehen und diese auf dem Formular-Designer ablegen. Außerdem können Sie Dateien aus der Komponentengalerie ziehen und sie auf dem Projekt-Manager ablegen. Dateien lassen sich auf der Komponentengalerie ablegen.

OLE-Drag & Drop-Unterstützung zur Laufzeit

OLE-Drag & Drop-Unterstützung ist zur Laufzeit für Visual FoxPro-Steuerelemente und den Texteditor verfügbar. Die Steuerelemente und der Texteditor unterstützen OLE-Drag & Drop zur Laufzeit interaktiv, und die Steuerelemente bieten zur Laufzeit programmgesteuerte Unterstützung. Das DataObject-Objekt bietet programmgesteuerte OLE-Drag & Drop-Unterstützung für die Steuerelemente.

Für Visual FoxPro-Steuerelemente sind zwei OLE-Drag & Drop-Modi verfügbar: der eingebaute und der manuelle Modus. Im eingebauten Modus handhabt Visual FoxPro OLE-Drag & Drop-Operationen intern. Im manuellen Modus werden OLE-Drag & Drop-Operationen programmgesteuert gehandhabt. Die auftretenden Ereignisse sind durch den OLE-Drag & Drop-Modus bestimmt. Weitere Informationen finden Sie im Abschnitt „Eingebauter und manueller OLE-Drag & Drop-Modus".

Drag & Drop in vorherigen Versionen von Visual FoxPro

Vorherige Versionen von Visual FoxPro unterstützten programmgesteuertes Drag & Drop für Steuerelemente, was Ihnen das Verschieben von Steuerelementen auf ein Formular ermöglichte. Diese Art des Drag & Drop wird weiterhin unterstützt. Wenn Sie die Standardeinstellungen für die Eigenschaften **OLEDragMode** und **OLEDropMode** verwenden, funktionieren die vorhandenen Anwendungen ohne Änderungen wie zuvor.

Das DataObject-Objekt

Das DataObject-Objekt ist ein Container für Daten, die von einer OLE-Drag-Quelle zu einem OLE-Drop-Ziel übertragen werden. Es existiert nur für die Dauer einer OLE-Drag & Drop-Operation. Das DataObject-Objekt läßt sich nicht programmgesteuert erstellen, und Verweise auf dasselbe werden ungültig, sobald die OLE-Drag & Drop-Operation abgeschlossen ist. Das DataObject wird als Parameter **oDataObject** in den Ereignissen **OLEStartDrag**, **OLEDragOver**, **OLEDragDrop** und **OLESetData** übergeben.

Das DataObject kann mehrere Datenmengen speichern, jede in einem anderen Format. Das Vorhandensein eines bestimmten Formats im **DataObject** läßt sich mit Hilfe der Methode **GetFormat** bestimmen. Eine Liste der vom **DataObject** unterstützten Formate finden Sie unter GetFormat-Methode.

Methoden des DataObject-Objekts

Das DataObject-Objekt hat Methoden, mit deren Hilfe Sie programmgesteuert gezogene und abgelegte Daten bearbeiten können. Die folgende Tabelle zeigt eine Liste der Methoden, die zur Laufzeit für **DataObject** verfügbar sind.

Methode	Beschreibung
ClearData	Löscht alle Daten und Datenformate des OLE-Drag & Drop-DataObject-Objekts.
GetData	Ermittelt Daten des OLE-Drag & Drop-DataObject-Objekts.
GetFormat	Bestimmt, ob Daten eines bestimmten Formats auf dem OLE-Drag & Drop-DataObject verfügbar sind.
SetData	Plaziert Daten und deren Format auf dem OLE-Drag & Drop-DataObject.
SetFormat	Plaziert ein Datenformat ohne Daten auf dem OLE-Drag & Drop-DataObject.

Eingebauter und manueller OLE-Drag & Drop-Modus

Visual FoxPro unterstützt zwei OLE-Drag & Drop-Modi für Steuerelemente: eingebaut und manuell. Im eingebauten Modus werden OLE-Drag & Drop-Operationen intern von Visual FoxPro gehandhabt. Im manuellen Modus sind die OLE-Drag & Drop-Operationen unter programmgesteuerter Kontrolle.

Eingebauter OLE-Drag & Drop-Modus

Der eingebaute OLE-Drag & Drop-Modus läßt sich in einer Anwendung implementieren, um standardmäßige OLE-Drag & Drop-Unterstützung ohne zusätzliche Programmierung bereitzustellen.

▶ **So implementieren Sie eingebaute OLE-Drag & Drop-Unterstützung für ein Steuerelement**

1. Setzen Sie dessen Eigenschaft **OLEDragMode** auf **1** (automatisch), wodurch das Steuerelement als eine OLE-Drag-Quelle agieren kann.

2. Setzen Sie die Eigenschaft **OLEDropMode** des Steuerelements auf **1** (aktiviert), damit das Steuerelement als ein OLE-Drop-Ziel agieren kann.

Für eingebaute OLE-Drag & Drop-Operationen bestimmt Visual FoxPro, ob das Drop-Ziel das Format der darauf abgelegten Daten unterstützt. Wenn das Drop-Ziel das Format unterstützt, findet das Ablegen statt; sonst ist das Ablegen nicht erlaubt.

Die folgende Tabelle zeigt eine Liste der Visual FoxPro-Steuerelemente und der von ihnen als Drag-Quellen im eingebauten Modus unterstützten Datenformate. Beachten Sie, daß CF_TEXT Text ist wie der, den Sie in ein Textfeld eingeben; CFSTR_VFPSOURCEOBJECT ist ein Objekttypverweis auf ein Visual FoxPro-Steuerelement oder -Objekt. Für die untenstehenden Steuerelemente, die das Datenformat CF_TEXT unterstützen, können Sie Text aus dem Textteil des Steuerelements ziehen.

Datenformate der Drag-Quelle

Steuerelement	Datenformat (in Foxpro.h definiert)
Container, Bild (Image), Linie, Seitenrahmen (PageFrame) und Figur (Shape)	CFSTR_VFPSOURCEOBJECT
Befehlsschaltfläche (CommandButton) und Beschriftung (Label)	CFSTR_VFPSOURCEOBJECT und CF_TEXT
Kontrollkästchen (CheckBox), Kombinationsfeld (ComboBox), Bearbeitungsfeld (EditBox), Listenfeld (ListBox), Drehfeld (Spinner) und Textfeld	CFSTR_VFPSOURCEOBJECT, CF_TEXT und CFSTR_OLEVARIANT

Die Visual FoxPro-Steuerelemente und die von ihnen als Drop-Ziele im eingebauten Modus unterstützten Datenformate sind in der folgenden Tabelle aufgeführt. Für die in dieser Tabelle aufgeführten Steuerelemente können Sie Text auf dem Textteil des Steuerelements ablegen. Der Text wird am Einfügepunkt eingefügt.

Datenformate des Drop-Ziels

Steuerelement	Datenformat
Bearbeitungsfeld (EditBox) und Kombinationsfeld (ComboBox) (wenn die Eigenschaft **Kombinationsfeldstil** auf 0 – Dropdown-Kombinationsfeld – gesetzt ist)	CF_TEXT
Drehfeld (Spinner) und Textfeld	CFSTR_OLEVARIANT

Manueller OLE-Drag & Drop-Modus

Es gibt viele Fälle, in denen Sie den Typ der auf einem Drop-Ziel ablegbaren Daten kontrollieren oder zusätzliche Funktionalität für eine Drag & Drop-Operation bereitstellen möchten. Beispielsweise können Sie die Daten in ein vom Drop-Ziel unterstütztes Format umwandeln oder ein Dialogfeld anzeigen, das Benutzende danach fragt, ob sie sicher sind, die Daten auf dem Drop-Ziel ablegen zu wollen. In Fällen wie diesen überschreiben Sie die eingebaute OLE-Drag & Drop-Unterstützung, um bessere Kontrolle über die Drag & Drop-Operationen bereitzustellen.

Zum Implementieren manueller OLE-Drag & Drop-Unterstützung für ein Steuerelement überschreiben Sie die Drag- oder Drop-Ereignisse oder -Methoden, die Sie kontrollieren möchten, indem Sie eigenen Ereignis- oder Methodencode schreiben. Binden Sie das Schlüsselwort NODEFAULT in den Ereignis- oder Methodencode ein, damit das eingebaute Visual FoxPro-Drag & Drop-Verhalten überschrieben wird.

Abwärtskompatibilität (keine OLE-Drag-Unterstützung) wird für vorhandene Anwendungen geboten, wenn **OLEDragMode** auf **0** (der Standard) gesetzt ist und Sie keinen zusätzlichen OLE-Drag & Drop-Code hinzunehmen.

Aktive Dokumente

Visual FoxPro 6.0 ermöglicht Ihnen die Erstellung aktiver Dokumente. Mit Hilfe von aktiven Dokumenten können Sie sich Nicht-HTML-Dokumente in einem Web-Browser-Host wie etwa dem Microsoft Internet Explorer ansehen. Die Technologie der aktiven Dokumente ermöglicht es Ihnen, sich mehrere Typen von Dokumenten verschiedenster Quellen in einem einzigen Host aktiver Dokumente anzusehen.

Ein aktives Dokument ist ein spezieller Typ eines OLE-einbettbaren Dokuments. Es wird im gesamten Client-Bereich eines Hosts aktiver Dokumente angezeigt und führt Menüzusammenführung mit dem Host durch. Das aktive Dokument ist im ganzen Rahmen und immer für direkte Bearbeitung aktiv.

Folgendes sind einige der Fähigkeiten, die aktive Dokumente bieten:

- Aktive Dokumente sind immer für direkte Bearbeitung aktiv.
- Befehle des Menüs für aktive Dokumente und Symbolleistenbefehle lassen sich zum Host aktiver Dokumente weiterleiten.
- Aktive Dokumente bieten beim Ansehen in Internet Explorer nahtlose Integration in andere Web-Seiten.
- Aktive Dokumente bieten einen evolutionären Schritt auf dem Wege der Entwicklung von reinen Visual FoxPro-Client-Anwendungen hin zu Active Platform-Anwendungen, die eine auf HTML basierende Client-Schnittstelle verwenden.

Erstellen eines aktiven Dokuments

Aktive Visual FoxPro-Dokumente sind einfach zu erstellen. Ein aktives Visual FoxPro-Dokument kann wie jede andere Visual FoxPro-Anwendung Daten bearbeiten, Formulare, Berichte und Beschriftungen ausführen, Klassen instantiieren und Code ausführen.

Ein aktives Visual FoxPro-Dokument ist eine von einem Visual FoxPro-Projekt erstellte Anwendung (.app). Frühere Versionen von Visual FoxPro ermöglichten Ihnen die Erstellung von Anwendungen, so daß Sie vielleicht bereits damit vertraut sind. Weitere Informationen über das Erstellen von Anwendungen finden Sie in Kapitel 13, „Kompilieren einer Anwendung", im *Programmierhandbuch*.

Jede Anwendung kann in Internet Explorer ausgeführt werden. Allerdings unterstützen nur Anwendungen, die auf der im folgenden beschriebenen Basisklasse **ActiveDoc** basieren, Eigenschaften, Ereignisse und Methoden zur Kommunikation mit Hosts aktiver Dokumente.

Die Basisklasse „ActiveDoc"

Aktive Visual FoxPro-Dokumente unterscheiden sich etwas von anderen Anwendungen (.app). Der bemerkenswerteste Unterschied ist, daß die „Hauptdatei" für ein aktives Dokument auf eine Klasse gesetzt sein muß, die auf der Basisklasse **ActiveDoc** basiert. Andere Anwendungstypen verlangen, daß die Hauptdatei ein Programm oder ein Formular ist.

Eine auf der Basisklasse **ActiveDoc** basierende Klasse wird mit dem Klassen-Designer erstellt und dient als Basis für alle aktiven Visual FoxPro-Dokumente. Die Basisklasse **ActiveDoc** stellt Eigenschaften, Ereignisse und Methoden für ein aktives Dokument bereit und bietet Kommunikation mit dem Host aktiver Dokumente. Beispielsweise tritt das Ereignis **ContainerRelease** auf, wenn ein aktives Dokument von seinem Host freigegeben wird. Sie können im Ereignis **ContainerRelease** Code unterbringen, um Dateien zu schließen, Transaktionen abzuschließen und andere Aufräumarbeiten zu erledigen, bevor das aktive Dokument freigegeben wird.

▶ **So setzen Sie die Hauptdatei auf eine auf der Basisklasse „ActiveDoc" basierende Klasse**

1. Fügen Sie die Bibliothek visueller Klassen (.vcx), die die auf der Basisklasse **ActiveDoc** basierende Klasse enthält, dem Projekt hinzu.

2. Erweitern Sie die Bibliothekshierarchie der visuellen Klassen (.vcx) durch Klicken auf das Pluskästchen (+) links des Bibliotheksnamens oder klicken Sie mit der rechten Maustaste auf die Bibliothek, und wählen Sie **Alle expandieren** aus dem Kontextmenü.

3. Wählen Sie die auf der Basisklasse **ActiveDoc** basierende Klasse aus. Klicken Sie mit der rechten Maustaste auf die Klasse, und wählen Sie **Hauptprogramm** aus dem Kontextmenü.

Das ActiveDoc-Objekt

Wenn ein aktives Visual FoxPro-Dokument in Internet Explorer ausgeführt wird, wird ein ActiveDoc-Objekt aus der Basisklasse **ActiveDoc** erstellt. Das ActiveDoc-Objekt antwortet auf Ereignis- und Methodenaufrufe für die ActiveDoc-Basisklasse.

Eigenschaften, Ereignisse und Methoden des ActiveDoc-Objekts

Die folgende Tabelle zeigt eine Liste der vom ActiveDoc-Objekt unterstützten Eigenschaften, Ereignisse und Methoden.

Eigenschaften

BaseClass	Caption	Class
ClassLibrary	Comment	ContainerReleaseType
Name	Parent	ParentClass
Tag		

Ereignisse

CommandTargetExec	CommandTargetQuery	ContainerRelease
Destroy	Error	HideDoc
Init	Run	ShowDoc

Methoden

AddProperty	ReadExpression	ReadMethod
ResetToDefault	SaveAsClass	WriteExpression

Ereignisfolgen aktiver Dokumente

Wenn eine Anwendung aktiver Dokumente in Internet Explorer geöffnet wird, wird das aktive Dokument ausgeführt, und das Init-Ereignis des aktiven Dokuments tritt auf. Dann tritt das ShowDoc-Ereignis des aktiven Dokuments auf. Wenn Internet Explorer erfolgreich das aktive Dokument aufnimmt, tritt das Run-Ereignis des aktiven Dokuments auf. Im allgemeinen sollte der Programmcode des aktiven Dokuments in diesem Ereignis untergebracht werden. Typischerweise enthält das Run-Ereignis Code, der den Menü-Code und das Hauptformular der Anwendung ausführt und READ EVENTS zum Starten der Ereignisbearbeitung enthält, ganz wie eine standardmäßige Visual FoxPro-Anwendung.

Sie können im Init-Ereignis des aktiven Dokuments Installations-Code unterbringen, aber wenn der Code für seine Ausführung zu lange braucht, erzeugt der Container des aktiven Dokuments unter Umständen einen Zeitüberschreitungsfehler. Wenn Sie im Init-Ereignis Installations-Code unterbringen, sollte dieser weder Benutzerinteraktion noch eine Benutzerschnittstelle verlangen.

Das HideDoc-Ereignis tritt auf, wenn Sie von einem aktiven Dokument aus navigieren, das ShowDoc-Ereignis tritt auf, wenn Sie zum aktiven Dokument zurück navigieren.

Falls Internet Explorer beim Schließen des aktiven Dokuments geschlossen wird, tritt erst das HideDoc-Ereignis und dann das ContainerRelease-Ereignis auf. Das ContainerRelease-Ereignis tritt auch auf, falls das aktive Dokument aus dem Zwischenspeicher von Internet Explorer 3.0 entfernt wird.

Wenn das ContainerRelease-Ereignis auftritt, kann der Programmcode im Ereignis folgendes tun:

- Dateien schließen, aufräumen und ein QUIT absetzen, um das aktive Dokument zu schließen.

- Die Eigenschaft ContainerReleaseType auf **0** (den Standard) setzen, wodurch das aktive Dokument in der Visual FoxPro-Laufzeitunterstützung geöffnet wird. Das aktive Dokument fährt mit der Ausführung im Hauptfenster der Visual FoxPro-Laufzeitunterstützung fort.

Anmerkung: Das CommandTargetExec-Ereignis tritt auf, wenn Internet Explorer 4.0 dabei ist, das aktive Dokument zu schließen oder vom aktiven Dokument aus zu navigieren. In diesem Fall wird der Parameter *nCommandID* des CommandTargetExec-Ereignisses auf 37 gesetzt, und Sie können den Parameter *eArgOut* auf Falsch (.F.) setzen, um zu verhindern, daß das aktive Dokument von Internet Explorer geschlossen wird. Internet Explorer 3.0 unterstützt das CommandTargetExec-Ereignis nicht.

Neue Funktionen für aktive Dokumente

Zwei neue Funktionen, nämlich GETHOST( ) und ISHOSTED( ), sind zu Visual FoxPro hinzugefügt worden, um Informationen über den Host eines aktiven Dokuments zu liefern. GETHOST( ) gibt einen Objektverweis auf den Host eines aktiven Dokuments zurück. ISHOSTED( ) gibt einen logischen Wert zurück, der angibt, ob sich ein aktives Dokument in einem Host befindet.

Änderungen am Formular-Objekt

Die Benutzerschnittstelle in einem aktiven Visual FoxPro-Dokument ist durch ihren Programmcode definiert. Im allgemeinen sollte ein Visual FoxPro-Formular als anfängliche Benutzerschnittstelle angezeigt werden. Die folgenden Formular-Eigenschaften, -Ereignisse und -Methoden sind zu Visual FoxPro hinzugefügt worden, damit Formulare in aktiven Dokumenten gut funktionieren.

Eigenschaften

AlwaysOnBottom	ContinuousScroll	HscrollSmallChange
Scrollbars	TitleBar	ViewPortHeight
ViewPortLeft	ViewPortTop	ViewPortWidth
VScrollSmallChange		

Ereignisse

Scrolled

Methoden

SetViewPort

Formulare in aktiven Dokumenten

Formulare in einem aktiven Dokument werden in dem von Internet Explorer zur Verfügung gestellten Client-Bereich angezeigt. Damit ein Formular vollständig im Client-Bereich von Internet Explorer angezeigt wird, müssen Sie die folgenden Formular-Eigenschaften auf diese Werte setzen:

BorderStyle = 0 (kein Rand)
TitleBar = 0 (aus)
WindowState = 2 (maximiert)

Für den Fall, daß Bildlaufleisten anzuzeigen sind, wenn der Client-Bereich von Internet Explorer kleiner als der Viewport (der durch ein Rechteck bestimmte Bereich, das alle Steuerelemente auf dem Formular einschließt) des aktiven Dokuments ist, sollte die Eigenschaft **Scrollbars** auf den folgenden Wert gesetzt werden:

ScrollBars = 3 (sowohl horizontale als auch vertikale Bildlaufleisten)

Menüs in aktiven Dokumenten

Wenn in einem aktiven Visual FoxPro-Dokument Menü-Code ausgeführt wird, werden die Menüs mit denen von Internet Explorer zusammengeführt, wobei bestimmte Regeln für die Menüzusammenführung beachtet werden. Sobald die Menüs des aktiven Dokuments mit denen von Internet Explorer zusammengeführt sind, erscheinen die Menüs des aktiven Dokuments so wie in einer traditionellen Visual FoxPro-Anwendung.

Menüverwaltung

In Visual FoxPro 6.0 und früheren Versionen können Sie das Menüverwaltungsverhalten für Menüs bestimmen, wenn OLE Visuelle Bearbeitung für ein in einem Visual FoxPro-Formular enthaltenes ActiveX-Steuerelement stattfindet. In Visual FoxPro 6.0 wurde die Menüverwaltung verbessert, um Kontrolle darüber zu ermöglichen, wo die in einem aktiven Dokument enthaltenen Menüs in Internet Explorer erscheinen.

Wenn ein aktives Dokument in Internet Explorer geöffnet ist, verwendet es den Menüspeicherplatz gemeinsam mit Internet Explorer, und die Menüs werden zusammengeführt. Die Menüs von Internet Explorer werden mit den Menüs des aktiven Dokuments zusammengeführt. Die zusammengeführten Menüs fallen unter sechs Gruppen, und jede Gruppe ist im Besitz von Internet Explorer, des aktiven Dokuments oder von beiden.

Gruppe	Besitzer
Dateigruppe	Internet Explorer
Bearbeitungsgruppe	Aktives Dokument
Container-Gruppe	Internet Explorer
Objektgruppe	Aktives Dokument
Fenstergruppe	Internet Explorer
Hilfsgruppe	Aktives Dokument oder Internet Explorer

Zusammenführen des Hilfemenüs

Das aktive Dokument verwendet sein Hilfemenü gemeinsam mit Internet Explorer. Wenn Internet Explorer ein Hilfemenü hat, kann das aktive Dokument sein Hilfemenü an das Ende des Hilfemenüs von Internet Explorer hinzufügen.

Sprachverbesserungen für Menüverwaltung

Die Klausel DEFINE PAD NEGOTIATE wurde verbessert, damit Sie angeben können, wie die Menüverwaltung für Menüs im aktiven Dokument arbeitet. Eine neue zweite Option, nämlich *cObjectPosition*, gibt die Position eines Menütitels in der Menüleiste von Internet Explorer an.

Weitere Informationen finden Sie unter „DEFINE PAD" im *Sprachverzeichnis*.

Menüverwaltung und der Menü-Designer

Das Dialogfeld Optionen zur Bezeichnung im Menü-Designer wurde verbessert, wodurch Sie die Möglichkeit erhalten, die Menüverwaltung für Menüs anzugeben, die im Menü-Designer erstellt und in aktive Dokumente eingebunden worden sind. Ein Dropdown-Menü **Objekt** wurde hinzugefügt; dieses Dropdown-Menü gibt an, wie der Menütitel ausgehandelt wird, wenn ein aktives Visual FoxPro-Dokument in Internet Explorer aufgenommen wird.

Informationen über die Menüverwaltung

Die Informationen über die Menüverwaltung sind im Location-Feld der .mnx-Datei des Menüs gespeichert. Die folgende Tabelle zeigt die Werte dieses Feldes und den Typ der Menüverwaltung für den jeweiligen Wert. Weitere Informationen über *cContainerPosition* und *cObjectPosition* finden Sie unter „DEFINE PAD".

Wert	cContainerPosition	cObjectPosition
0	Keine	Keine
1	Links	Keine
2	Mitte	Keine
3	Rechts	Keine
4	Keine	Links
5	Links	Links
6	Mitte	Links
7	Rechts	Links
8	Keine	Mitte
9	Links	Mitte
10	Mitte	Mitte
11	Rechts	Mitte
12	Keine	Rechts
13	Links	Rechts
14	Mitte	Rechts
15	Rechts	Rechts

Beachten Sie, daß in Visual FoxPro 6.0 die Größe des Location-Felds von einer Ziffer auf zwei Ziffern erhöht wurde. Dies ist die einzige in Visual FoxPro 6.0 an den Strukturen der Tabellen vorgenommene Änderung, einschließlich Datenbank- (.dbc), Formular- (.scx), Beschriftungs- (.lbx), Projekt- (.pjx) und Berichtstabellen (.frx) sowie Tabellen von Bibliotheken visueller Klassen (.vcx).

CommandTargetExec- und CommandTargetQuery-Ereignisse

Zwei Ereignisse aktiver Dokumente, nämlich **CommandTargetExec** und **CommandTargetQuery**, ermöglichen Ihnen die Verwaltung der Internet Explorer-Menüauswahlen (und anderer Internet Explorer-Ereignisse) von einem aktiven Dokument aus. Das Ereignis **CommandTargetExec** tritt auf, wenn Internet Explorer ein aktives Dokument hinsichtlich eines auszuführenden Befehls (einschließlich eines Menübefehls) benachrichtigt.

Das Ereignis **CommandTargetQuery** tritt auf, wenn Internet Explorer seine Benutzerschnittstelle aktualisiert. Weitere Informationen zu den Ereignissen finden Sie unter „CommandTargetExec-Ereignis" und „CommandTargetQuery-Ereignis" im *Sprachverzeichnis*.

Ausführen aktiver Dokumente

Aktive Visual FoxPro-Dokumente benötigen für die Ausführung **Vfp6.exe** und **Vfp6run.exe** bzw. **Vfp6run.exe**, **Vfp6r.dll** und **Vfp6renu.dll** („enu" bezeichnet die englische Version). Diese Dateien müssen installiert und auf dem Computer registriert sein, auf dem Internet Explorer installiert ist. Wenn Visual FoxPro installiert ist, ist **Vfp6.exe** im Visual FoxPro-Verzeichnis installiert, und die verbleibenden Dateien sind im Windows 95-Verzeichnis **Windows\System** oder im Windows NT-Verzeichnis **WinNT\System32** installiert.

Ausführen aktiver Dokumente vom Menü „Extras" aus

Das Visual FoxPro-Menü **Extras** enthält einen Befehl **Aktives Dokument ausführen**, den Sie auswählen können, um das Dialogfeld **Aktives Dokument ausführen** anzuzeigen. In diesem Dialogfeld können Sie angeben, wie ein aktives Dokument auszuführen ist. Die folgenden Optionen sind verfügbar:

Option	Beschreibung
Im Browser (Standard)	Das aktive Dokument wird in Internet Explorer unter Verwendung der Visual FoxPro-Laufzeitunterstützung ausgeführt.
Eigenständig	Das aktive Dokument wird als eigenständige Anwendung mit der Visual FoxPro-Laufzeitunterstützung ausgeführt.
Im Browser (Fehlerbeseitigung)	Das aktive Dokument wird in Internet Explorer unter Verwendung der ausführbaren Visual FoxPro-Datei (**Vfp6.exe**) ausgeführt. Fehlerbeseitigungsfähigkeiten, das Befehlsfenster und alle Funktionen der Visual FoxPro-Entwicklungsumgebung sind verfügbar.
Eigenständig (Fehlerbeseitigung)	Das aktive Dokument wird als eigenständige Anwendung mit der ausführbaren Visual FoxPro-Datei (**Vfp6.exe**) ausgeführt, wobei Fehlerbeseitigungsfähigkeiten, das Befehlsfenster und alle Funktionen der Visual FoxPro-Entwicklungsumgebung geboten werden.
	Die Auswahl dieser Option ist identisch mit der Verwendung von DO <Name des aktiven Dok> im Befehlsfenster.

Außerdem können Sie ein aktives Dokument ausführen, indem Sie das aktive Dokument in Internet Explorer vom Dialogfenster **Datei öffnen** aus öffnen, oder indem Sie von einer anderen Web-Seite aus mit einem Hyperlink zum aktiven Dokument navigieren.

Die Visual FoxPro-Laufzeitunterstützung und aktive Dokumente

Von Visual FoxPro aus können Sie ein aktives Dokument ausführen, indem Sie auf das Symbol des aktiven Dokuments im Windows-Explorer doppelklicken. Sie können ein aktives Dokument aber auch von einer Visual FoxPro-Laufzeitanwendung aus starten. Die Visual FoxPro-Laufzeitunterstützung besteht aus zwei Dateien, nämlich **Vfp6run.exe** und **Vfp6r.dll**. Beide müssen installiert und registriert sein, um aktive Dokumente auszuführen. Die Laufzeitunterstützung kann auch zur Ausführung anderer vertriebsfähiger Visual FoxPro-Dateien, wie etwa kompilierter Visual FoxPro-Programme (.fxp-Dateien), verwendet werden.

Sobald **Vfp6run.exe** registriert ist, kann es direkt zum Ausführen aktiver Dokumente (und anderer vertriebsfähiger Visual FoxPro-Dateien) verwendet werden.

Syntax für „Vfp6run.exe"

VFP6RUN [/embedding] [/regserver] [/unregserver] [/security] [/s] [/version] [*FileName*]

Argumente

/embedding
   Lädt **Vfp6run.exe** als einen aktiven Dokument-Server. In diesem Modus ist **Vfp6run.exe** als COM-Server registriert, der fähig ist, ein aktives Visual FoxPro-Dokumentobjekt („Visual.FoxPro.Application.6") zu erstellen. Ohne dieses Argument verhält sich **Vfp6run.exe** nicht wie ein COM-Server.

/regserver
   Registriert **Vfp6run.exe**.

/unregserver
   Deregistriert **Vfp6run.exe**.

/security
   Zeigt das Dialogfeld **Sicherheitseinstellungen der Anwendung** an, mit Hilfe dessen Sie die Sicherheitseinstellungen für aktive Dokumente und andere Anwendungsdateien (.app) angeben können. Weitere Informationen finden Sie im nächsten Abschnitt, „Sicherheit aktiver Dokumente".

/s
   Automatikmodus. Gibt an, daß ein Fehler hervorgerufen wird, wenn **Vfp6run.exe** nicht zum Laden der Laufzeitkomponente **Vfp6r.dll** in der Lage ist.

/version
   Zeigt **Vfp6run.exe** und die **Vfp6r.dll**-Versionsinformationen an.

FileName
   Gibt die auszuführende Visual FoxPro-Datei an.

Vfp6run.exe verlangt, daß die Dynamic Link Library **Vfp6r.dll** mit der Laufzeitunterstützung installiert und registriert ist. Zum Registrieren von **Vfp6r.dll** führen Sie **Regsvr32** mit dem Namen der Laufzeitunterstützung aus:

```
Regsvr32 Vfp6r.dll
```

Sicherheit aktiver Dokumente

Die Option **/security** für die Visual FoxPro-Laufzeitunterstützung in **Vfp6run.exe** ermöglicht Ihnen das Setzen von Sicherheitsebenen für aktive Dokumente und andere Anwendungsdateien (.app). Die Ausführung von Vfp6run.exe /security zeigt das Dialogfeld **Sicherheitseinstellungen der Anwendung** an, worin Sie die Sicherheitsebenen für aktive Dokumente und andere .app-Dateien festlegen können.

Die folgenden Optionen sind im Dialogfeld **Sicherheitseinstellungen der Anwendung** verfügbar:

Hosted
Wählen Sie diese Einstellung für den Anwendungsmodus, um eine Sicherheitsebene für ein aktives Dokument oder eine Anwendung (.app) anzugeben, die von einem Container aktiver Dokumente (wie dem Internet Explorer) aus ausgeführt wird.

Nicht-hosted
Wählen Sie diese Einstellung für den Anwendungsmodus, um eine Sicherheitsebene für ein aktives Dokument oder eine Anwendung (.app) anzugeben, die vom Windows-Explorer aus durch Doppelklicken auf das Symbol oder mit der Visual FoxPro-**Vfp6run.exe**-Laufzeitumgebung ausgeführt wird.

Hoch (am sichersten)
Wählen Sie diese Einstellung, um ein aktives Dokument oder eine Anwendung (.app) von der Ausführung abzuhalten.

Mittel (sicherer)
Wählen Sie diese Einstellung, um eine Warnung anzuzeigen, bevor ein aktives Dokument oder eine Anwendung (.app) ausgeführt wird. **Mittel** ist die Standardeinstellung für nicht-hosted aktive Dokumente und Anwendungen.

Niedrig (keine Sicherheit)
Wählen Sie diese Einstellung, um ein aktives Dokument oder eine Anwendung (.app) ohne Anzeige einer Warnung auszuführen. **Niedrig** ist die Standardeinstellung für hosted aktive Dokumente und Anwendungen.

Zurücksetzen
Stellt die standardmäßige Sicherheitsebene für den aktuell ausgewählten Anwendungsmodus wieder her (hosted oder nicht-hosted).

OK
Speichert die von Ihnen im Dialogfeld gewählten Einstellungen.

Anmerkungen zum Internet Explorer

Zum Steigern der Leistungsfähigkeit speichert Internet Explorer 3.0 mindestens die vier zuletzt besuchten Seiten zwischen. Dies bedeutet, daß ein aktives Dokument aus dem Zwischenspeicher von Internet Explorer 3.0 herausfallen kann, wodurch das ContainerRelease-Ereignis auftritt. Internet Explorer 4.0 hat keine Seitenzwischenspeicherung, so daß das ContainerRelease-Ereignis sofort auftritt, sobald Sie von einem aktiven Dokument aus navigieren.

Beispiel eines aktiven Dokuments

Die Beispiellösungen-Anwendung von Visual FoxPro enthält ein Beispiel namens „Aktive Dokumente für das Web erstellen", das viele andere Fähigkeiten des aktiven Dokuments demonstriert.

▶ **So führen Sie die Beispiellösungen-Anwendung aus**

- Geben Sie folgendes in das Befehlsfenster ein:

  ```
  DO (HOME(2) + 'solution\solution')
  ```

  – Oder –

1. Wählen Sie **Do** im Menü **Programm** aus.
2. Wählen Sie den Ordner ...**\Samples\Vfp98\Solution**.
3. Doppelklicken Sie auf **Solution.app**.

▶ **So führen Sie das Beispiel „Erstellen aktiver Dokumente für das Web" aus**

1. Nach dem Starten von **Solution.app** doppelklicken Sie auf **Neue Funktionen für Visual FoxPro 6.0**.
2. Klicken Sie auf **Erstellen aktiver Dokumente für das Web** und dann auf die Schaltfläche **Beispiel ausführen**.

Das Beispiel „Erstellen aktiver Dokumente für das Web" ermöglicht Ihnen das Öffnen eines Projekts, das alle Dateien enthält, die zum Erstellen eines aktiven Dokuments aus dem Projekt nötig sind. Wenn das Projekt geöffnet ist, können Sie den Code in der Actdoc-Klasse untersuchen, um zu sehen, wie Ereignisse aktiver Dokumente verwaltet und wie Formulare ausgeführt werden. Beachten Sie, daß **Actdoc** (eine auf der Basisklasse **ActiveDoc** basierende Klasse) als Hauptdatei im Projekt gesetzt ist. Ein aktives Dokument muß eine auf der Basisklasse **ActiveDoc** basierende Klasse als Hauptdatei besitzen.

Außerdem können Sie ein aktives Dokument aus einem Projekt erstellen, indem Sie im Projekt-Manager **Erstellen** wählen. Nach dem Erstellen des aktiven Dokuments wählen Sie **Aktives Dokument ausführen** aus dem Menü **Extras**, um das aktive Dokument auszuführen.

Verbesserungen des Automatisierungsservers

Dieser Abschnitt beschreibt Verbesserungen, die an den Visual FoxPro 6.0-Automatisierungsservern vorgenommen wurden und beinhaltet Diskussionen darüber, wie Visual FoxPro-Automatisierungsserver mit Produkten und Technologien, wie etwa Microsoft Transaction Server und Microsoft Visual Basic, zusammenarbeiten.

Visual FoxPro ermöglicht Ihnen das Erstellen von Automatisierungsservern. Ein Automatisierungsserver ist eine Komponentenanwendung, die Funktionalität bereitstellt, die mittels Automatisierung von anderen Anwendungen verwendet und erneut verwendet werden kann. Beispielsweise können Sie unter Verwendung von Visual FoxPro einen Automatisierungsserver erstellen, der wiederverwendbare Formulare (in einer außerprozeßlichen .exe) anzeigt oder eine komplexe Routine in eine einfache, von anderen Programmierern verwendbare Komponente packt. Darüber hinaus können Sie etwa eine oder mehrere Klassen zur Handhabung von firmenweit gültigen datenbezogenen Regeln erstellen. Eine Client-Anwendung, die Objekte mit datenbezogenen Regeln verwendet, kann die Eingabeparameter in einem Methodenaufruf übergeben, und der Automatisierungsserver kann dann einen großen Teil der Arbeit übernehmen, indem er Daten von verschiedensten Quellen ermittelt und speichert und komplexe Berechnungen durchführt, bevor er die Antwort zurückgibt.

In Visual FoxPro können Sie entweder einen außerprozeßlichen oder einen innerprozeßlichen Automatisierungsserver erstellen. Eine *außerprozeßliche* Komponente ist eine ausführbare Datei (.exe), die in ihrem eigenen Prozeß ausgeführt wird. Die Kommunikation zwischen einer Client-Anwendung und einem außerprozeßlichen Server wird daher als *prozeßübergreifende* Kommunikation bezeichnet. Eine *innerprozeßliche* Komponente ist eine .dll-Datei (Dynamic Link Library), die in demselben Prozeßadreßraum wie der Client, der sie aufruft, oder in einem Microsoft Transaction Server-Prozeß ausgeführt wird.

Weitere Informationen über das Erstellen von Visual FoxPro-Automatisierungsservern finden Sie unter „Erstellen von Automatisierungsservern", in Kapitel 16 des *Programmierhandbuchs*.

Verbesserungen der Visual FoxPro 6.0-Automatisierungsserver

Die folgenden Themen beschreiben die neuen und verbesserten Fähigkeiten der Visual FoxPro 6.0-Automatisierungsserver.

Apartmentmodell-Threading

Visual FoxPro-Automatisierungsserver unterstützten jetzt Apartmentmodell-Threading. Der Microsoft Transaction Server nutzt die Vorteile von Servern, die für Apartment-Threading markiert sind, und bietet besseren Thread-Schutz und Skalierbarkeit.

Jedes Apartmentmodell-Objekt (wie etwa ein Visual FoxPro-Automatisierungsserver) kann nur von einem Thread betreten werden, und zwar von dem Thread, der das Objekt erstellt hat (also beispielsweise **CoCreateInstance** in Microsoft Visual C++ aufgerufen hat). Allerdings kann ein Objekt-Server (wie etwa Microsoft Transaction Server) mehrere Objekte unterstützen, von denen jedes gleichzeitig von mehreren Threads betreten werden kann. Gewöhnliche, vom Objekt-Server gehaltene Daten müssen vor Thread-Kollisionen geschützt werden. Der Objekt-Server erstellt ein Apartmentmodell-Objekt in demselben Thread, der **CoCreateInstance** aufgerufen hat. Aufrufe für das Objekt vom Apartment-Thread aus werden nicht eingeordnet.

Weitere Informationen über Apartmentmodell-Threading finden Sie unter „Apartmentmodell-Threading in Visual Basic" in der MSDN-Bibliothek.

Benutzerschnittstellen und innerprozeßliche Server

Die neue Unterstützung von Apartmentmodell-Threading verlangt, daß innerprozeßliche .dll-Automatisierungsserver keine Benutzerschnittstelle haben. In Visual FoxPro 5.0 ließ sich ein innerprozeßlicher .dll-Automatisierungsserver erstellen (wenn dies auch nicht zu empfehlen war), der eine Benutzerschnittstelle, wie etwa ein Formular, hatte. Das Formular ließ sich nur zur Anzeige verwenden, da keine Formular-Ereignisse unterstützt wurden. In Visual FoxPro 6.0 führen jegliche Versuche, in einem innerprozeßlichen .dll-Automatisierungsserver eine Benutzerschnittstelle zu erstellen, zu einem Fehler.

Ein außerprozeßlicher .exe-Automatisierungsserver kann eine Benutzerschnittstelle haben. Es wurde eine neue Visual FoxPro 6.0-Funktion, nämlich SYS(2335), hinzugefügt, mit deren Hilfe Sie die modalen Ereignisse eines außerprozeßlichen .exe-Automatisierungsservers deaktivieren können, die ohne Einflußmöglichkeit von seiten des Benutzers remote verteilt sein können. Modale Ereignisse werden von benutzerdefinierten modalen Formularen, Systemdialogen, der MESSAGEBOX( )-Funktion, dem WAIT-Befehl usw. erstellt.

Frühe Bindung (vtable)

Visual FoxPro 6.0 unterstützt nun sowohl frühe Bindung (vtable) als auch die vorhandene Idispatch Schnittstelle (zusammen als Dual-Schnittstellen-Unterstützung bezeichnet). Frühe Bindung (vtable) bietet günstigere Leistungsfähigkeit für Automatisierungs-Controller, wie etwa Visual Basic und Microsoft Transaction Server, die frühe Bindung (vtable) unterstützen.

Die Visual FoxPro-Laufzeitunterstützung „Vfp6r.dll"

Eine einzige Visual FoxPro 6.0-Laufzeitunterstützung **Vfp6r.dll** bedient nicht länger mehrere innerprozeßliche .dll-Automatisierungsserver. Jede einzelne innerprozeßliche .dll verwendet nun eine eigene Instanz der **Vfp6r.dll**-Laufzeitunterstützung. Die folgenden Regeln bestimmen, wie innerprozeßliche .dlls die **Vfp6r.dll**-Laufzeitunterstützung verwenden:

- Die zuerst aufgerufene innerprozeßliche .dll verwendet die **Vfp6r.dll**-Laufzeitbibliothek exklusiv. (Diese ist typischerweise im Systemordner des Windows 95-Systems oder im System32-Ordner von Windows NT installiert.)

- Wenn bereits eine innerprozeßliche .dll die **Vfp6r.dll**-Laufzeitunterstützung exklusiv verwendet, wird auf der Festplatte eine umbenannte Kopie von **Vfp6r.dll** erstellt und für jede aufgerufene innerprozeßliche .dll in den Speicher geladen. Die **Vfp6r.dll**-Laufzeitunterstützung bekommt einen Namen zugewiesen, der auf der innerprozeßlichen .dll basiert. Wird beispielsweise eine innerprozeßliche .dll mit dem Namen **Myserver.dll** aufgerufen, so wird eine Kopie von **Vfp6r.dll** in **Myserverr.dll** umbenannt (beachten Sie das an den Namen angehängte „r") und für die innerprozeßliche .dll in den Speicher geladen.

- Die Visual FoxPro-Laufzeitunterstützungen werden nur für innerprozeßliche .dlls umbenannt, die in demselben Prozeß ausgeführt werden. Dies bedeutet, daß zwei separate Clients, die jeweils in ihrem eigenen Prozeß ausgeführt werden, zwei unterschiedliche innerprozeßliche Visual FoxPro-.dlls laden können, ohne daß die Laufzeitunterstützung umbenannt wird. In diesem Fall verwenden beide innerprozeßlichen Visual FoxPro-.dlls **Vfp6r.dll**, da die Clients in separate Prozesse geladen worden sind.

- Mehrere Automatisierungsserver (mit OLEPUBLIC in DEFINE CLASS erstellt) in einer einzigen innerprozeßlichen .dll verwenden gemeinsam dieselbe **Vfp6r.dll**-Laufzeitunterstützung. In diesem Fall ist eine gegenseitige Beeinflussung der Automatisierungsserver möglich, da diese gemeinsam öffentliche Speichervariablen verwenden, dieselben SET-Befehle festlegen usw. Achten Sie darauf, daß mehrere Automatisierungsserver in einer einzigen innerprozeßlichen .dll sich nicht gegenseitig beeinträchtigen.

Typbibliotheken

Visual FoxPro 6.0 unterstützt jetzt eingebaute (Visual FoxPro-) Eigenschaften, Ereignisse und Methoden in einer Typbibliothek des Automatisierungsservers. Nur Eigenschaften, die als global deklariert sind, werden in die Typbibliothek aufgenommen; geschützte und verborgene Eigenschaften erscheinen in der Typbibliothek nicht. Beachten Sie, daß die Visual FoxPro-Methode **Release** nicht in die Typbibliothek aufgenommen wird, da sie bereits als COM-Methode vorhanden ist.

Sowohl PUBLIC, angepaßte, benutzerdefinierte Eigenschaften als auch Methoden erscheinen in der Visual FoxPro-Typbibliothek, solange sie nur als Public markiert sind. Bei Methoden fügt Visual FoxPro außerdem einen Typ für den Rückgabewert (Variante) und eine Liste von Parametern (Varianten), die aus der ursprünglichen Methodendefinition extrahiert wurden, hinzu.

Beachten Sie, daß in Visual FoxPro 6.0 für eine Typbibliothek eine Hilfedatei angegeben werden kann.

Ausnahmebehandlung

Visual FoxPro-Automatisierungsserver sind nunmehr robuster, so daß sie ordentlicher terminieren können, wenn eine Ausnahme auftritt. Wenn in einem Visual FoxPro 6.0-Automatisierungsserver eine Ausnahme auftritt, setzt der Automatisierungsserver das COM-ErrorInfo-Objekt (mittels **IErrorInfo**) und bricht die aktuelle Methode ab. Der Automatisierungs-Client kann den Visual FoxPro-Automatisierungsserver freigeben oder die Ausnahme auf der Grundlage der Informationen aus dem COM-ErrorInfo-Objekt behandeln. (Der Client hat Zugriff auf das COM-ErrorInfo-Objekt.)

Die neue Funktion COMRETURNERROR( ) wurde zu Visual FoxPro 6.0 hinzugefügt, um die in einem Automatisierungsserver auftretenden Fehler zu behandeln. COMRETURNERROR( ) läßt sich in der Error-Methode verwenden und versorgt die COM-Ausnahmestruktur mit Informationen, die Automatisierungs-Clients dazu verwenden können, die Ursache der Fehler im Automatisierungsserver zu bestimmen. Weitere Informationen finden Sie unter „COMRETURNERROR( )" in der *Sprachreferenz*.

Übergabe von Arrays

Visual FoxPro 5.0 übergibt Arrays als Wert an COM-Objekte (wie etwa in Visual FoxPro, Visual Basic oder Visual C erstellte Automatisierungsserver); die Array-Elemente sind nach einem Methodenaufruf unverändert, da die vom COM-Objekt vorgenommenen Änderungen nicht an die Elemente des Clients weitergegeben werden. Diese Beschränkung vermeidet die Übergabe riesiger Datenmengen in beide Richtungen zwischen Visual FoxPro 5.0 und den COM-Objekten.

Darüber hinaus wird davon ausgegangen, daß das an das COM-Objekt übergebene Array auf 1 basiert, d. h., auf das erste Element in Zeile und Spalte im Array wird mit 1 zugegriffen (beispielsweise Myarray[1]). Allerdings verlangen einige COM-Objekte, daß das übergebene Array auf 0 basiert (d. h., auf das erste Element in Spalte und Zeile wird mit 0 zugegriffen; beispielsweise Myarray[0]).

Mit Hilfe der neuen Visual FoxPro 6.0-Funktion COMARRAY( ) können Sie angeben, wie ein Array an ein COM-Objekt übergeben wird, und ob das Array auf 0 oder 1 basiert. Weitere Informationen finden Sie unter „COMARRAY( )" in der *Sprachreferenz*.

Beachten Sie, daß COMARRAY( ) nur dann verwendet wird, wenn Arrays mit Hilfe der folgenden Syntax an COM-Objekte übergeben werden:

```
oComObject.Method(@MyArray)
```

Wird das @-Token weggelassen, wird nur das erste Element des Arrays an das COM-Objekt übergeben, und COMARRAY( ) hat keine Wirkung. Dieses Verhalten ist dasselbe wie in früheren Versionen von Visual FoxPro.

Erstellen von .dlls und .exes aus Projekten

Da innerprozeßliche .dll- und außerprozeßliche .exe-Automatisierungsserver nicht über Klasseninstantiierungen aufgerufen werden, ist es nicht nötig, für sie eine Hauptdatei anzugeben. In Visual FoxPro 6.0 können Sie nun einen innerprozeßlichen .dll- oder einen außerprozeßlichen .exe-Automatisierungsserver erstellen, ohne zuerst im Projekt-Manager eine Hauptdatei anzugeben.

Sprache

Die folgende Tabelle zeigt eine Liste der zu Visual FoxPro 6.0 hinzugefügten Eigenschaften und Funktionen, die die Verwaltung von Automatisierungs-Clients und -Servern vereinfachen. Weitere Informationen finden Sie unter den einzelnen Themen.

Neue Sprachelemente für Server-Verbesserungen	Beschreibung
COMARRAY( )-Funktion	Gibt an, wie Arrays an COM-Objekte übergeben werden.
COMCLASSINFO( )-Funktion	Gibt Registrierungsinformationen über ein COM-Objekt, wie etwa einen Visual FoxPro-Automatisierungsserver, zurück.
CREATEOBJECTEX( )-Funktion	Erstellt eine Instanz eines registrierten COM-Objekts (wie etwa eines Visual FoxPro-Automatisierungsservers) auf einem Remote-Computer. Für eine innerprozeßliche Visual FoxPro-.dll können Sie Microsoft Transaction Server verwenden, um eine Instanz der .dll auf einem Remote-Computer zu erstellen.
COMRETURNERROR( )-Funktion	Füllt die COM-Ausnahmestruktur mit Informationen, die Automatisierungs-Clients zur Bestimmung der Ursache von Fehlern in Automatisierungsservern verwenden können.
ServerName-Eigenschaft	Enthält den vollständigen Pfad und Dateinamen für einen Automatisierungsserver. Die Eigenschaft **ServerName** ist eine Eigenschaft des Anwendungsobjekts.

(Fortsetzung)

Neue Sprachelemente für Server-Verbesserungen	Beschreibung
StartMode-Eigenschaft	Enthält einen numerischen Wert, der angibt, wie die Instanz von Visual FoxPro gestartet wurde.
SYS(2334) – Aufrufmodus des Automatisierungsservers	Gibt einen Wert zurück, der angibt, wie eine Methode eines Visual FoxPro-Automatisierungsservers aufgerufen wurde.
SYS(2335) – Unbewachter Server-Modus	Aktiviert oder deaktiviert die Unterstützung modaler Zustände in vertriebsfähigen Visual FoxPro-.exe-Automatisierungsservern.

Programmieranmerkungen zu Automatisierungsservern

Der folgende Abschnitt bietet zusätzliche Programmierinformationen zu Automatisierungsservern.

Das Anwendungsobjekt

Das Anwendungsobjekt wird nicht in der Typbibliothek eines Automatisierungsservers veröffentlicht. Dadurch wird der Zugriff auf die Methoden DoCmd und Eval des Anwendungsobjekts verhindert, die möglicherweise Zugriff auf die gesamte Visual FoxPro-Sprache bieten. Sie können das Anwendungsobjekt bereitstellen, indem Sie eine angepaßte Eigenschaft erstellen und deren Wert auf das Anwendungsobjekt setzen, oder indem Sie eine Methode bereitstellen, die auf das Anwendungsobjekt zugreift.

Beispiele für Automatisierungsserver

Visual FoxPro 6.0 enthält zwei Beispiele für ISAPI-Automatisierungsserver, nämlich FoxWeb und FoxIS. Diese Beispiele verwalten das Senden ausgewählter Datensätze von Visual FoxPro-Daten als HTML zurück zu einem Internet-Browser. Weitere Informationen über diese Beispiele finden Sie unter „FoxISAPI: An OLE Server Sample" in der Hilfe.

KAPITEL 32

Anwendungsentwicklung und Entwicklerproduktivität

Microsoft FoxPro hat bereits in früheren Versionen Entwickler-Tools für die Entwicklung von Anwendungen im Rahmen der FoxPro-Anwendung und der XBase-Sprache bereitgestellt. Visual FoxPro fügte diesem die objektorientierte Sprache und das objektorientierte Verhalten hinzu. Diese Version von Visual FoxPro enthält nun eine erweiterte Anwendungs-Grundstruktur sowie Tools zur Erstellung und Verwaltung von Objekten, die für die Unterstützung der schnellen Anwendungsentwicklung und die Perfektionierung Ihrer Wartungsaufgaben entworfen wurden.

In diesem Kapitel wird folgendes behandelt:

Komponentengalerie

Erfassungsprotokoll-Profiler

Projekt-Manager-Hooks

Neue und erweiterte Assistenten

Erweiterte Anwendungs-Grundstruktur

Komponentengalerie

Die Komponentengalerie ist ein Container für Kataloge mit Softwareobjekten wie z. B. Klassenbibliotheken, Formulare, Schaltflächen usw. Die Komponentengalerie beinhaltet außerdem die neuen Visual FoxPro-Klassen. Mit der Komponentengalerie können Sie Komponenten nach Objekten, Projekten, Anwendungen oder anderen Kategorien ordnen. Diese visuellen Gruppierungen sind dynamisch veränderbar, so daß die Komponenten kategorieübergreifend innerhalb der Komponentengalerie genutzt, dupliziert oder neu geordnet werden können. Sie können von jeder Stelle innerhalb der Komponentengalerie auf ein bestimmtes Element zugreifen, wenn Sie an dieser Stelle einen Verweis auf die entsprechende Komponente setzen. Darüber hinaus können Sie auch mehrere Verweise in verschiedenen Katalogen oder Ordnern setzen, die sich auf ein einziges Objekt beziehen. Eine Schaltfläche kann beispielsweise in einer oder mehreren Projektkategorien der Komponentengalerie (dargestellt als Ordner) erscheinen, sie könnte aber auch in die Kategorie „Tools" aufgenommen werden, in der Sie die Verweise auf alle von Ihnen verwendeten Schaltflächen zusammenfassen.

Sie können die Komponentengalerie ebenfalls für alle Funktionen verwenden, die im Projekt-Manager, im Klassenbrowser und in der Symbolleiste für Steuerelemente enthalten sind. Diese anderen Visual FoxPro-Komponenten bieten jedoch nur eine sehr spezifische Sicht auf die Projekte oder Klassen, die durch die besondere Umgebung dieser Projektdatei bzw. Klassenbibliothek gegeben ist. Die Komponentengalerie dagegen ermöglicht es, die Beziehungen zwischen den Komponenten und viele Verhaltensmerkmale dieser Komponenten entweder von einem abstrakten Entwurfsstandpunkt aus oder aus der eher detailorientierten Perspektive des Entwicklers darzustellen.

Sie können Komponenten in die Komponentengalerie mit Drag & Drop übernehmen und diese auch aus der Komponentengalerie in Projekte oder Formulare ablegen. Darüber hinaus können Sie die Eigenschaften von Objekten oder Klassen auch innerhalb der Komponentengalerie ändern.

Die Komponentengalerie kann jedes beliebige Visual FoxPro-Element beinhalten, darunter auch lokale und entfernte Dokumente, Dateien oder Ordner, Automatisierungsserver, wie Microsoft Excel und Word, sowie HTML-Speicherorte und -dateien. Außerdem können .prg-Dateien mit Programmcodeteilen sowie Klassen, Assistenten, Generatoren oder Grafiken enthalten sein.

▶ **Öffnen der Komponentengalerie**

- Wählen Sie aus dem Menü **Extras** den Befehl **Komponentengalerie**.

    – Oder –

- Geben Sie im **Befehlsfenster DO (_GALLERY)** ein.

Verwalten von Projekten mit der Komponentengalerie

Mit der Komponentengalerie können Sie Projekte und Anwendungen erstellen und den Verlauf ihrer Entwicklung verwalten. Sie können auch die Komponenten innerhalb der Komponentengalerie neu ordnen oder die in der Komponentengalerie enthaltenen Vorlagen, Generatoren und Assistenten zum Erstellen eines Projekts oder einer Anwendung verwenden.

▶ **Erstellen eines Projekts oder einer Anwendung aus der Komponentengalerie**

- Verwenden Sie den Anwendungs-Assistenten oder die Vorlage **Neue Anwendung** im Ordner **Anwendungen** des **Visual FoxPro**-Katalogs.

Bei Katalogen und Ordnern wählen Sie die Registerkarten und Optionen für die gewünschten Änderungen. Weitere Informationen finden Sie unter dem Thema Dialogfeld Komponentengalerie in der Hilfe.

Verschieben und Anzeigen von Komponenten in der Komponentengalerie

Die Elemente im rechten Fensterbereich (Objekt) der Komponentengalerie können Sie auf den Desktop oder in ein geöffnetes Projekt oder Formular verschieben. Der Projekt-Manager erkennt das durch das Komponentengalerie-Element referenzierte Element und fügt es an der richtigen Stelle im Projekt-Manager ein. Elemente der Komponentengalerie, die auf dem Desktop abgelegt werden, haben dagegen keine Funktion. Für Datenbank-, Ordner- und Galerie-Elemente existieren keine Desktopsymbole.

▶ **Verschieben von Elementen aus der Komponentengalerie**

1. Klicken Sie im rechten Fensterbereich auf das Element, das Sie verschieben möchten.

    Abhängig vom gewählten Element ändert sich das Symbol Verschieben in der oberen linken Ecke des **Komponentengalerie**-Fensters.

2. Ziehen Sie das Symbol **Verschieben** auf den Bildschirm oder ein geöffnetes Projekt bzw. Formular.

Wenn die Komponentengalerie das ursprüngliche Element, das durch das Element der Komponentengalerie dargestellt ist, nicht findet, wird das Dialogfeld **Suchen** geöffnet, in dem Sie eine Suche nach dem Element starten können.

In der folgenden Tabelle sind die in in Visual FoxPro enthaltenen Galerieelemente und ihre Standard-Verhaltensmerkmale aufgeführt.

Elementtyp der Komponentengalerie	Drag & Drop-Ziele			
	Projekt	Formular	Bildschirm	Steuerelemente
Klasse (_ClassItem)			6	
Datei (_FileItem)				
URL (_UrlItem)		1		
Formular (_FormItem)		9	11	
Bericht (_ReportItem)		9	11	
Programm (_ProgramItem)			11	
Menü (_MenuItem)		10	11	
Bild (_ImageItem)		2	7	2
Sound (_SoundItem)		3		
Video (_VideoItem)		3		
ActiveX (_ActiveXItem)				
Daten (_DataItem)		4		
Vorlage (_TemplateItem)	5			
Katalog (_CatalogItem)			8	
Beispiel (_SampleItem)				
Projekt (_ProjectItem)			11	

1 – Hyperlink-Klasse hinzufügen
2 – Bild-Klasse hinzufügen oder Picture-Eigenschaft setzen
3 – Multimedia-Klasse hinzufügen
4 – Datenraster-Klasse hinzufügen
5 – Erstellt je nach Typ (z. B. Formular) eine neue Datei und fügt diese dem Projekt hinzu
6 – Erstellt eine neue Instanz im Formular
7 – Stellt das Visual FoxPro-Hintergrundbild ein
8 – Zeigt ein neues Galeriefenster mit diesem Katalog an
9 – Fügt eine Schaltflächenklasse zum Starten eines Formulars/Berichts hinzu
10 – Fügt ein Kontextmenü zu einem Formular hinzu
11 – Öffnet (ändert) in einem Designer

Verwenden von Kontextmenüs in der Komponentengalerie

Wenn Sie mit der rechten Maustaste auf ein Element (Objekt) im rechten Fensterbereich klicken, erscheint ein Element-Kontextmenü mit allen bei diesem Element möglichen Aktionen, einschließlich der Aktionen **Zum Projekt hinzufügen** oder **Zum Formular hinzufügen**. Mit dem Kontextmenü können Sie Galerie-Elemente ändern und in einigen Fällen auch starten. Der Inhalt der Kontextmenüs ist hierbei vom Typ des gewählten Galerie-Elements abhängig. Sie können einige Eigenschaften des gewählten Elements ändern, indem Sie im Kontextmenü den Befehl **Eigenschaften** wählen, um das Dialogfeld Elementeigenschaften zu öffnen.

Zuweisen von Visual FoxPro- oder Windows-Komponenten zu benutzerdefinierten Gruppen

Die Ordner der Komponentengalerie stellen eine willkürlich gewählte Klassifikation von Galerie-Elementen dar. Sie können die Galerie-Elemente durch Verschieben neu ordnen oder auch in andere Ordner kopieren. Zudem können Ordner kopiert oder umbenannt und die darin enthaltenen Elemente neu angeordnet werden. Bei der Verwendung, Änderung oder Erstellung von Katalogen oder Ordnern sind Ihnen fast keine Grenzen gesetzt.

Anzeigen und Ändern von Klassen

Da es sich bei den Elementen der Komponentengalerie um real existierende Elemente handelt, die entweder Objekte oder Klassen sein können, haben Sie die Möglichkeit, diese Klassen anzuzeigen oder zu ändern, indem Sie über die Komponentengalerie auf die ursprünglichen Objekte zugreifen.

▶ **Anzeigen einer Klasse**

1. Klicken Sie in der Komponentengalerie mit der rechten Maustaste auf eine Klasse.
2. Wählen Sie im Kontextmenü den Befehl **Im Katalog anzeigen**.

    Hiermit öffnen Sie den Klassenkatalog, so daß Sie die Eigenschaften und Methoden der gewählten Klasse anzeigen können.

▶ **Ändern einer Klasse**

1. Klicken Sie in der Komponentengalerie mit der rechten Maustaste auf eine Klasse.
2. Wählen Sie im Kontextmenü den Befehl **Ändern**.

    Hiermit öffnen Sie die Klasse im **Klassen-Designer**.

Erstellen und Ändern von Formularen

Mit der Komponentengalerie können Sie Formulare duplizieren und ändern sowie Formulare und andere Galerie-Elemente zu einem Projekt hinzufügen.

▶ **Erstellen eines Formulars in der Komponentengalerie**

- Doppelklicken Sie auf eine beliebige Vorlage, oder wählen Sie im Kontextmenü bei einem beliebigen Formular im Ordner **Formulare** der Komponentengalerie den Befehl **Neues Formular**.

    – Oder –

- Doppelklicken Sie auf den **Formular-Assistent** im Ordner Formulare der Komponentengalerie.

   – Oder –

- Wählen Sie im Kontextmenü der Galerie-Elemente im Ordner **Formulare** der Komponentengalerie den Befehl **Formular erstellen**.

Erweiterte Bearbeitungsfunktionen in der Komponentengalerie

Anhand der Standardeinstellungen für Kataloge und Ordner haben Sie die Möglichkeit, einfache Anzeige- und Verwaltungsarbeiten bei Galerie-Elementen durchzuführen. Wenn Sie die Merkmale von Katalogen oder Ordnern ändern möchten oder wenn Sie auf weitere Galerieeigenschaften zugreifen möchten, wählen Sie im Dialogfeld Komponentengalerieoptionen die Option **Erweiterte Bearbeitung aktiviert**.

Kataloge der Komponentengalerie

Wenn Sie die Komponentengalerie öffnen, wird im linken Fensterbereich (Katalog) der mit der Komponentengalerie mitgelieferte Standardkatalog angezeigt. Ein Katalog ist eine visuelle Darstellung von Elementen, die entweder zu Visual FoxPro gehören oder vom Benutzer definiert wurden. Innerhalb eines Katalogs können Sie Ordner erstellen, um die Elemente in weitere Untergruppen zu untergliedern. Die Elemente können hierbei Formulare, Abfragen, Programme, Vorlagen, Grafikdateien, Sounddateien oder andere Objekte sein. Der Standardkatalog der Visual FoxPro-Komponentengalerie beinhaltet Elemente, die in mehrere Kategorien untergliedert sind, z. B. Formulare, Steuerelemente, usw. Der Standardkatalog enthält außerdem einen leeren Ordner mit dem Namen Favoriten, in dem Sie Galerie-Elemente erstellen oder kopieren können. Sie können den Standardkatalog auch umbenennen und kopieren oder Ihre eigenen Kataloge erstellen.

Mit den Optionen für einen Katalog in der Komponentengalerie wird der Kataloginhalt und das Öffnungsverhalten festgelegt. *Globale* Kataloge können beliebige Typen von Komponentengalerie-Elementen beinhalten. *Standard*kataloge werden automatisch beim Starten der Komponentengalerie geöffnet. Weitere Informationen finden Sie in der Hilfe unter dem Thema Registerkarte Kataloge des Dialogfelds **Komponentengalerieoptionen**.

Die Komponentengalerie beinhaltet die folgenden Kataloge.

Katalog	Beschreibung
VFPGLRY	Enthält Komponenten, die von anderen in der Galerie enthaltenen Komponenten verwendet werden. Beinhaltet alle mit Visual FoxPro gelieferten Kataloge. Standard- und globaler Katalog.
Visual FoxPro	Beinhaltet die Visual FoxPro-Basisklasssen. Standardkatalog.
Favoriten	Ein leerer Ordner. Globaler Katalog.
Meine Basisklassen	Enthält Unterklassen zu den Visual FoxPro-Basisklassen. Standardkatalog.

(Fortsetzung)

Katalog	Beschreibung
ActiveX	Ein dynamischer Katalog, der entweder eine Liste aller registrierten ActiveX-Steuerelemente enthält oder eine Liste aller Visual FoxPro ActiveX-Steuerelemente. Standardkatalog.
World Wide Web	Eine Auflistung der Web-Site URLs.
Multimedia	Verschiedene Bild-, Sound- und Videoelemente, die Sie in Ihren Anwendungen verwenden können.
Samples	Verweise auf die Beispiele Solutions, Tastrade, ActiveX Servers und Client/Server.

Wenn Sie in der Listenansicht auf einen Katalog klicken, zeigt der rechte Fensterbereich (Objekt) den Inhalt dieses Katalogs an. Sie können andere Kataloge öffnen, indem Sie in einem der Fensterbereiche doppelklicken. Im Ordner **Gallery** sind verschiedene Kataloge enthalten.

Anpassen der Komponentengalerie

Sie können die Komponentengalerie anpassen, indem Sie das Standardverhalten von Katalogen, Ordnern und Galerie-Elementen in den entsprechenden Eigenschaftendialogfeldern ändern.

▶ **Erstellen eines Katalogs in der Komponentengalerie**

1. Wählen Sie in der Symbolleiste Komponentengalerie die Schaltfläche **Optionen**.

2. Wählen Sie die Registerkarte Kataloge im Dialogfeld **Komponentengalerieoptionen**.

3. Klicken Sie auf **Neu**, und benennen Sie den neuen Katalog im Dialogfeld **Öffnen**.

4. Klicken Sie auf **OK**.

5. Die **Komponentengalerie** fügt den Katalog in die Baumstruktur ein, so daß Sie ihn wie jeden anderen vorhandenen Katalog verwenden können.

▶ **Ändern einer Katalog- oder Ordnerkonfiguration**

1. Klicken Sie mit der rechten Maustaste auf den Katalog bzw. den Ordner.

2. Wählen Sie im Kontextmenü den Befehl **Eigenschaften**.

3. Wählen Sie in einem der Dialogfelder Katalogeigenschaften oder Ordnereigenschaften die Registerkarte mit den Optionen, die Sie konfigurieren möchten.

Die im Komponentengaleriefenster **Katalogbereich** angezeigten Galeriekataloge und -ordner können URLs, Ordner oder Dateien auf Ihrer Festplatte repräsentieren. Sie können einen Galerieordner als **Web-Ansicht** oder als **Explorer-Ansicht** darstellen; dies hängt davon ab, auf welche Weise Sie den Namen in der Registerkarte **Allgemein** des Dialogfelds **Ordnereigenschaften** spezifizieren.

Web-Ansichten

Als Galeriekataloge oder -elemente können Sie URLs oder Dateien spezifizieren. Wenn Sie ein Element als Galerieordner konfigurieren, öffnet sich dieses im **Objektbereich** (rechts) automatisch als Web-Ansicht, wenn Sie es im **Katalogbereich** auswählen.

▶ **So konfigurieren Sie einen Galeriekatalog oder -ordner als Web-Ansicht**

1. Wählen Sie im Dialogfeld Ordnereigenschaften die Registerkarte **Knoten**.
2. Spezifizieren Sie im Feld **Dynamischer Ordner** die Web-Seite oder den Dateinamen wie in den folgenden Beispielen:

   http:\\www.microsoft.com\

   file:\\c:\my documents\testpage.htm

   file:\\c:\my documents\Wordfile.doc

Wenn Sie im **Katalogbereich** das Symbol Web-Ansicht markieren, ändert sich die Symbolleiste dergestalt, daß sie nunmehr die Web-Navigationsschaltflächen enthält. Die Web-Ansicht spiegelt die Einstellungen Ihres Windows-Explorers wider.

Explorer-Ansichten

Sie können ein Verzeichnis als Galerieordner oder -katalog spezifizieren, der Charakteristiken des Windows-Explorers aufweist.

▶ **So konfigurieren Sie einen Galeriekatalog oder -ordner als Explorer-Ansicht**

1. Wählen Sie im Dialogfeld Ordnereigenschaften die Registerkarte **Knoten**.
2. Spezifizieren Sie im Feld **Dynamischer Ordner** einen Ordner oder einen Dateinamen, und fügen Sie wie im folgenden Beispiel einen umgekehrten Schrägstrich (\) an:

   C:\My Documents\

> **Anmerkung:** Bei dieser Spezifizierung wird anders als bei anderen Komponentengalerieansichten eine Ansicht real existierender Dateien erzeugt. In dieser Ansicht *können* Sie Dateien von Ihrem Datenträger löschen.
>
> Um eine Explorer-Ansicht zu erzeugen, in der die dargestellten Dateien geschützt sind, spezifizieren Sie wie im folgenden Beispiel das Ziel mit Platzhalterzeichen:
>
> C:\My Documents*.*

Sofern Sie nicht über eine schnelle Maschine mit sehr viel Hauptspeicher (RAM) verfügen, sollten Sie bei der Erstellung dynamischer Ordner keine Platzhalterzeichen verwenden, wenn mehr als 512 Einträge zu erwarten sind.

Objektelemente der Komponentengalerie

Die Komponentengalerie besteht aus einer Schnittstelle, deren Klassen in der Datei Vfpglry.vcx enthalten sind, und Elementen, die auf die folgenden Visual FoxPro-Grundklassen verweisen.

Objekt	Beschreibung	Klassenbibliothek
About Dialog	Stellt ein einfaches Info-Dialogfeld für benutzerdefinierte Anwendungen bereit.	_dialogs.vcx
ActiveX Calendar	Ein Kalender-Steuerelement, das mit einem Datumsfeld verknüpft werden kann.	_datetime.vcx
Array Handler	Bietet Methoden zur Behandlung verschiedener Datenfeldoperationen, die über die primären Datenfeldfunktionen von Visual FoxPro hinausgehen.	_utility.vcx
Cancel Button	Gibt ein Formular frei und verwirft alle ausstehenden gepufferten Daten.	_miscbtns.vcx
Clock	Ein einfaches Uhr-Steuerelement für ein Formular oder einen Container.	_datetime.vcx
Conflict Catcher	Ein Dialogfeld, das bei Bearbeitung unter optimistischer Pufferung Zeilenkonflikte auflöst.	_dataquery.vcx
Cookies Class	Einfache Web-Klasse zur Verwaltung von Cookies.	_internet.vcx
Cross Tab	Erzeugt eine Kreuztabelle.	_utility.vcx
Data Edit Buttons	Ein vollständiger Satz von Bearbeitungsschaltflächen (wie von den Formular-Assistenten verwendet).	Wizbtns.vcx
Data Navigation Buttons	Eine Gruppe von Navigationsschaltflächen mit den Schaltflächen **Oben**, **Zurück**, **Vor** und **Unten** sowie der Klasse DataChecker, um bei der Navigation zwischen Datensätzen auf Konflikte zu prüfen.	_datanav.vcx
Data Navigation Object	Ein nicht-visuelles Navigationsobjekt, das von anderen Klassen benutzt werden kann.	_table.vcx
Data Session Manager	Dient zur Verwaltung von Datensitzungen und zur Handhabung der Datenaktualisierung.	_app.vcx

(Fortsetzung)

Objekt	Beschreibung	Klassenbibliothek
Data Validation	Überwacht gepufferte Daten auf Datenkonflikte.	_datanav.vcx
DBF -> HTML	Konvertiert einen Visual FoxPro-Cursor (.DBF) nach HTML.	_internet.vcx
Distinct Values Combo	Schlägt im Feld ControlSource nach eindeutigen Werten nach, um ein Kombinationsfeld aufzufüllen.	_dataquery.vcx
Error Object	Eine generische Fehlerbehandlungsroutine, die sowohl für Objekt- als auch für prozeduralen Code arbeitet.	_app.vcx
Field Mover	Ein Supermover-Listenfeld, welches automatisch Felder aus der aktuellen Datenquelle lädt.	_movers.vcx
File Registry	Stellt einen Satz von Registrierungsfunktionen bereit, die anwendungsspezifische Informationen zurückgegeben.	Registry.vcx
File Version	Ermittelt Informationen von der Versions-Ressource einer Datei.	_utility.vcx
Filter Button	Zeigt ein Dialogfeld an, um einen Filter für ein bestimmtes Feld zu spezifizieren.	_table2.vcx
Filter Dialog	Ein Dialogfeld, das Ihnen die Angabe von Filterbedingungen für Daten ermöglicht.	_table.vcx
Filter Expression Dialog	Erstellt ein fortgeschrittenes Filterausdrucksdialogfeld.	_table.vcx
Find (Findnext) Buttons	Ein generischer Suchen/Weitersuchen-Schaltflächensatz.	_table.vcx
Find Button	Findet basierend auf bestimmten Kriterien einen Datensatz.	_table.vcx
Find Dialog	Ein **Suchen**-Dialogfeld mit einfachen Optionen wie Feldauswahl.	_table.vcx
Find Files/Text	Verwendet das COM-Objekt FILER.DLL, um nach Dateien zu suchen.	_utility.vcx

(Fortsetzung)

Objekt	Beschreibung	Klassenbibliothek
Find Object	Erstellt ein generisches Objekt, das basierend auf den spezifizierten Kriterien einen Datensatz findet.	_table.vcx
Font Combobox	Ein Kombinationsfeld, das alle verfügbaren Schriftarten aufführt. Es wird außerdem von den Klassen tbrEditing und rtfControls verwendet.	_format.vcx
Fontsize Combobox	Ein Kombinationsfeld, das alle verfügbaren Schriftgrade aufführt. Es wird außerdem von den Klassen tbrEditing und rtfControls verwendet.	_format.vcx
Format Toolbar	Stellt eine Symbolleiste für die Zeichensatzformatierung des Textes im aktiven Steuerelement bereit.	_format.vcx
FRX -> HTML	Konvertiert einen Visual FoxPro-Bericht (.FRX) nach HTML.	_internet.vcx
GetFile and Directory	Bestimmt einen Datei- und einen Ordnernamen.	_controls.vcx
Goto Dialog Button	Erstellt eine Schaltfläche, die ein Dialogfeld **Gehe zu Datensatz** anzeigt.	_table2.vcx
Goto Dialog	Erstellt ein **Dialogfeld Gehe zu Datensatz**.	_table.vcx
Graph By Record Object	Eine Gruppe von Navigationsschaltflächen, die Ihnen die dynamische Aktualisierung eines Graphen auf Datensatzebene gestattet.	_utility.vcx
Graph Object	Generiert unter Verwendung des Kernmoduls des Graphik-Assistenten ein Diagramm.	Autgraph.vcx
Help Button	Zeigt die Hilfedatei an, wenn die Suche nach dem angegebenen HelpContextID beginnt.	_miscbtns.vcx
Hyperlink Button	Ruft von einer Schaltfläche aus einen Web-Browser auf.	_hyperlink.vcx
Hyperlink Image	Ruft von einem Bild aus einen Web-Browser auf.	_hyperlink.vcx
Hyperlink Label	Ruft von einer Beschriftung aus einen Web-Browser auf.	_hyperlink.vcx

(Fortsetzung)

Objekt	Beschreibung	Klassenbibliothek
INI Access	Ein Satz von Registrierungsfunktionen, die auf Dateieinstellungen im alten INI-Stil zugreifen.	Registry.vcx
Item Locator	Stellt ein Dialogfeld **Datei suchen** bereit.	_dialogs.vcx
Keywords Dialog	Erstellt ein Dialogfeld wie das im Schlüsselwort-Dialogfeld der Komponentengalerie.	_dialogs.vcx
Launch Button	Startet eine Anwendung, optional mit einem Dokument.	_miscbtns.vcx
Locate Button	Zeigt ein Dialogfeld zur Suche nach einem Datensatz an.	_table2.vcx
Lookup Combobox	Schlägt in einem Feld Werte nach, um ein Kombinationsfeld aufzufüllen.	_dataquery.vcx
Mail Merge Object	Generiert unter Verwendung des Serienbrief-Assistenten-Moduls ein Microsoft Word-Serienbriefdokument.	Mailmerge.vcx
Messagebox Handler	Eine einfache Hülle der Funktion Message-Box.	_dialogs.vcx
MouseOver Effects	Hebt ein Steuerelement hervor, wenn die Maus über dieses gezogen wird.	_ui.vcx
Mover	Stellt eine einfache Mover-Listenfeldklasse mit Schaltflächen **Verschieben** und **Entfernen** bereit.	_movers.vcx
Navigation Shortcut Menu	Ein Kontextmenü mit Elementen für die allgemeine Daten-Navigation sowie Sortier-, Filter- und Such-Optionen.	_table2.vcx
Navigation Toolbar	Eine Symbolleiste mit einem Satz Daten-Navigationsschaltflächen.	_table2.vcx
Object State	Bestimmt den Status eines Objekts und speichert die Eigenschaftseinstellungen eines Objekts oder stellt diese wieder her.	_app.vcx
ODBC Registry	Ein Satz von Registrierungsfunktionen, die ODBC-spezifische Informationen liefern.	Registry.vcx

(Fortsetzung)

Objekt	Beschreibung	Klassenbibliothek
Offline Switch	Bietet eine Ansicht von Online-Daten für die Offline-Nutzung.	_dataquery.vcx
OK Button	Führt eine einfache Formularfreigabe durch.	_miscbtns.vcx
Output Control	Zeigt ein komplexes Dialogfeld an, das vom Benutzer Berichtsausgabeoptionen abfragt.	_reports.vcx
Output Dialog	Zeigt ein Dialogfeld an, das vom Benutzer Berichtsausgabeoptionen abfragt.	_reports.vcx
Output Object	Verschiedene Berichtsausgabeoptionen.	_reports.vcx
Password Dialog	Ein einfaches Kennwortdialogfeld für benutzerdefinierte Anwendungen.	_dialogs.vcx
Pivot Table	Generiert unter Verwendung des Pivot-Tabellen-Assistenten eine Microsoft Excel-Pivot-Tabelle.	Pivtable.vcx
Preview Report	Eine generische Schaltfläche zum Ausführen eines Berichts.	_miscbtns.vcx
QBF	Stellt einen Schaltflächensatz für QBF-Abfragen (Query-by-Form) bereit.	_dataquery.vcx
Registry Access	Bietet die Möglichkeit des Zugriffs auf die Windows-Registrierung.	registry.vcx
Resize Object	Bewirkt, daß Objekte des Formulars mit dem Resize-Ereignis des Formulars ebenfalls die Größe ändern und verschoben werden.	_controls.vcx
RTF Controls	Stellt Steuerelemente für die Zeichensatzformatierung des Textes im aktiven Steuerelement bereit.	_format.vcx
Run Form Button	Eine Schaltfläche zum Ausführen eines Formulars.	_miscbtns.vcx
SCX -> HTML	Konvertiert ein .scx-Formular nach HTML.	_internet.vcx
SendMail Buttons	Verwendet das ActiveX MAPI-Steuerelement zum Versenden einer Mail-Nachricht aus dem Formular.	_miscbtns.vcx

(Fortsetzung)

Objekt	Beschreibung	Klassenbibliothek
Shell Execute	Startet aus der aktuellen Anwendung heraus eine Anwendung oder ein Dokument samt der assoziierten Anwendung.	_environ.vcx
Shortcut Menu Class	Diese Hüllklasse erzeugt dynamisch Popup-Kontextmenüs.	_menu.vcx
Simple Edit Buttons	Stellt einfache Symbolschaltflächen **Hinzufügen**, **Bearbeiten**, **Löschen**, **Duplizieren**, **Speichern** und **Abbrechen** (wie die in den Formular-Assistenten verwendeten) bereit.	Wizbtns.vcx
Simple Navigation Buttons	Stellt ein einfaches Paar Navigationsschaltflächen Vor und Zurück bereit.	_table.vcx
Simple Picture Navigation Buttons	Stellt ein einfaches Paar Symbol-Navigationsschaltflächen.	_table2.vcx
Sort Button	Zeigt ein Dialogfeld an, das es Ihnen erlaubt, Daten nach einem bestimmten Feld in auf- oder absteigender Reihenfolge zu sortieren.	_table2.vcx
Sort Dialog	Erlaubt es Ihnen, Daten nach einem bestimmten Feld in auf- oder absteigender Reihenfolge zu sortieren.	_table2.vcx
Sort Mover	Diese Unterklasse der Supermover-Listenfeldklasse sorgt automatisch für die Sortierung von Daten.	_movers.vcx
Sort Object	Führt die Sortierung einer Datenquelle durch.	_table.vcx
Sort Selector	Führt basierend auf dem aktuellen Steuerelement einen auf- oder absteigenden Sortiervorgang durch.	_table2.vcx
Sound Player	Diese Klasse lädt eine Sound-Datei und spielt sie ab.	_multimedia.vcx
Splash Screen	Stellt für benutzerdefinierte Anwendungen einen einfachen Eröffnungsbildschirm bereit.	_dialogs.vcx
SQL Pass Through	Stellt SQL Pass Through bereit und ermöglicht Ihnen die Ausführung gespeicherter Prozeduren auf einer Host-Datenbank.	_dataquery.vcx

(Fortsetzung)

Objekt	Beschreibung	Klassenbibliothek
Stop Watch	Stellt ein Stoppuhr-Steuerelement für ein Formular oder einen Container bereit.	_datetime.vcx
String Library	Führt verschiedene Zeichenfolgenkonversionen durch.	_utility.vcx
Super Mover	Stellt Schaltflächen **Verschieben** und **Entfernen**, **Alle verschieben** und **Alle entfernen** bereit.	_movers.vcx
System Toolbars	Eine Manager-Klasse, die System-Symbolleisten handhabt und verwaltet.	_app.vcx
Table Mover	Diese Unterklasse der Supermover-Listenfeldklasse lädt automatisch Tabellen und Felder aus der aktuellen Datenquelle.	_movers.vcx
Text Preview	Stellt ein Ansichtsfenster für Ausgabetext bereit.	_reports.vcx
Thermometer	Stellt eine Standard-Verlaufsanzeigen-Klasse bereit.	_controls.vcx
Trace Aware Timer	Ein Anwendungs-Hilfsprogramm, das feststellt, ob das Protokollfenster geöffnet ist.	_app.vcx
Type Library	Die Hauptroutine ExportTypeLib erstellt eine Textdatei mit Typenbibliotheksausgaben.	_utility.vcx
URL Combo	Erstellt ein Kombinationsfeld zur Eingabe eines Web-URLs. Dieses startet den Microsoft Internet Explorer und navigiert zu der angegebenen Site.	_internet.vcx
URL Open Dialog	Stellt ein Dialogfeld zur Erstellung einer Dropdownliste bereit, die die URL-Verlaufsliste speichert.	_internet.vcx
VCR Buttons	Gruppe von Navigationsschaltflächen **Oben**, **Weiter**, **Zurück** und **Unten**.	_table.vcx
VCR Picture Navigation Buttons	Ein Satz von Navigationsschaltflächen mit Videorekorder-Symbolen.	_table2.vcx
Video Player	Lädt mittels MCI-Befehlen eine Video-Datei und spielt diese ab.	_multimedia.vcx

(Fortsetzung)

Objekt	Beschreibung	Klassenbibliothek
Web Browser control	Eine Unterklasse des Internet Explorer 4.0 Browser-Steuerelements, die Hooks für Visual FoxPro-Code bietet.	_webview.vcx
Window Handler	Führt verschiedene für Anwendungen gebräuchliche Fensteroperationen aus.	_ui.vcx

Vollständige Details zu diesen Klassenbibliotheken finden Sie in der Hilfe unter dem Thema „Visual FoxPro-Grundklassen". Informationen zur Verwendung dieser Grundklassen finden Sie in der Hilfe unter „Richtlinien zur Verwendung der Visual FoxPro-Grundklassen".

Komponentengalerie-Klassenbibliothek (Vpfgallery.vcx)

Die Komponentengalerie-Klassenbibliothek Vpfgallery.vcx stellt die Elementtypen als Klassen zur Verfügung.

Elementtyp	Beschreibung
Class (_ClassItem)	Der generische Elementtyp für alle Visual FoxPro-Klassen. Dieser kann aus .vcx- oder aus .prg-Dateien stammen.
File (_FileItem)	Beliebige Datei. Visual FoxPro untersucht die Registrierung auf Shell-Funktionen und fügt diese dem Menü hinzu. Die Galerie enthält eine Nachschlageroutine, die auf spezifische Erweiterungen hin prüft und den Elementtyp umleitet.
	Die Galerie unterstützt die UNC-Benennungskonventionen für die Entwicklung im Team (gemeinsame Nutzung von Katalogen im Netzwerk).
ActiveX (_ActiveXItem)	Ein ActiveX-Steuerelement oder -Server, z. B. eine von Visual Basic CCE erzeugte .ocx-Datei oder eine von Visual FoxPro erzeugte .exe- oder .dll-Datei.
Data (_DataItem)	Eine Visual FoxPro-Datenquelle (.dbc, .dbf, Ansicht usw.).
Image (_ImageItem)	Dateielementtyp, dessen Datei eine für Bilder typische Erweiterung wie .bmp, .jpg, .gif, .ico, .cur, .ani usw. hat.
Sound (_SoundItem)	Dateielementtyp, dessen Datei die Erweiterung .wav oder .rmi hat.
Video(_VideoItem)	Dateielementtyp, dessen Datei die Erweiterung .avi hat.
URL (_UrlItem)	Web-Elementtyp. Zu diesen zählen lokale und Web-Dokumente wie HTML-Dateien oder Visual FoxPro Active-Dokumente.

(Fortsetzung)

Elementtyp	Beschreibung
Sample (_SampleItem)	Dateielementtyp für Dateien, die unter Visual FoxPro ausführbar oder ausführbare Visual FoxPro-Dateien sein können (z. B. .app-, .exe-, .prg-, .scx- und .frx-Dateien).
Template (_TemplateItem)	Skriptelementtyp, der einen Generator für das durch den Typ des markierten Elements repräsentierte Visual FoxPro-Element (einschließlich Formulare und Berichte) öffnet.
Catalog (_CatalogItem)	Komponentengalerie-Elementtyp, der Ihnen das Hinzufügen und Öffnen von Visual FoxPro-Katalogen ermöglicht.
Form(_FormItem)	Elementtyp für Visual FoxPro-Formulare (.scx).
Report (_ReportItem)	Elementtyp für Visual FoxPro-Berichte (.frx).
Menu (_MenuItem)	Elementtyp für Visual FoxPro-Menüs (.mnx).
Program (_ProgramItem)	Elementtyp für Visual FoxPro-Programme (.prg).
Project (_ProjectItem)	Elementtyp für Visual FoxPro-Projekte (.pjx).

Mit Hilfe des Klassenkatalogs können Sie die Details dieser Klassen untersuchen.

Details zu anderen in der Komponentengalerie verwendeten Klassen finden Sie in der Hilfe unter dem Thema Visual FoxPro-Grundklassen. Sie können auch unter Verwendung des Klassenkatalogs die Dateien im Ordner Ffc untersuchen.

Tabellenstruktur der Komponentengalerie

Die Visual FoxPro-Komponentengalerie wird durch die folgende Tabellenstruktur beschrieben.

Feld	Feldname	Typ	Feldbreite	Index
1	TYPE	Zeichen	12	Nein
2	ID	Zeichen	12	Nein
3	PARENT	Memo	4	Nein
4	LINK	Memo	4	Nein
5	TEXT	Memo	4	Nein
6	TYPEDESC	Memo	4	Nein
7	DESC	Memo	4	Nein
8	PROPERTIES	Memo	4	Nein
9	FILENAME	Memo	4	Nein

(Fortsetzung)

Feld	Feldname	Typ	Feldbreite	Index
10	CLASS	Memo	4	Nein
11	PICTURE	Memo	4	Nein
12	FOLDERPICT	Memo	4	Nein
13	SCRIPT	Memo	4	Nein
14	CLASSLIB	Memo	4	Nein
15	CLASSNAME	Memo	4	Nein
16	ITEMCLASS	Memo	4	Nein
17	ITEMTPDESC	Memo	4	Nein
18	VIEWS	Memo	4	Nein
19	KEYWORDS	Memo	4	Nein
20	SRCALIAS	Memo	4	Nein
21	SRCRECNO	Numerisch	6	Nein
22	UPDATED	Datum/Zeit	8	Nein
23	COMMENT	Memo	4	Nein
24	USER	Memo	4	Nein

Erfassungsprotokoll-Profiler

Ein Erfassungsprotokoll sammelt Informationen darüber, welche Code-Zeilen in einer Datei ausgeführt wurden. Ein Profiler bietet Informationen darüber, welche Code-Zeilen tatsächlich ausgeführt wurden, wie oft sie ausgeführt wurden, wie lange die Ausführung dauerte usw. Erfassungsprotokoll und Profilerstellung geben dem Entwickler die Möglichkeit, Problembereiche in einer Anwendung zu identifizieren, insbesondere nicht ausgeführten Code und Leistungsengpässe.

Der Visual FoxPro-Erfassungsprotokoll-Profiler besteht aus zwei Komponenten – einer anpaßbaren Erfassungs-Engine und einer Mehrfachfenster-Anwendung für die Analyse von Programmen und Projekten.

Der Erfassungsprotokoll-Profiler bietet verschiedene Möglichkeiten zur Ansicht der von der Erfassungs-Engine erhobenen Daten. Coverage.app ist eine Unterklasse der Erfassungs-Engine. Sie können die Erfassung automatisieren oder die Benutzeroberfläche gemäß Ihren Anforderungen anpassen, den Erfassungsprotokoll-Profiler im unbeaufsichtigten Modus laufen lassen und das Anwendungsfenster nicht anzeigen oder verschiedene Funktionen der Engine ohne Benutzung der Benutzerschnittstelle verwenden.

Beim Start unterbricht der Erfassungsprotokoll-Profiler das mit dem Befehl SET COVERAGE TO aktivierte Erfassungsprotokoll. Wenn Sie das Erfassungsprotokoll-Objekt freigeben, bietet Ihnen der Profiler die Möglichkeit, die Einstellung von SET COVERAGE wiederherzustellen.

Erfassungsprotokolldatei

Der Erfassungsprotokoll-Profiler verwendet die von Visual FoxPro bei Verwendung der Option **Erfassungsprotokoll** im Debugger-Menü **Extras** oder des Befehls SET COVERAGE TO (siehe folgendes Beispiel) erstellte Datei.

```
SET COVERAGE TO cCoverage.log
```

Wenn Sie diesen Befehl benutzen, können Sie mit Hilfe der Klausel ADDITIVE das Überschreiben einer vorhandenen Protokolldatei verhindern. Dieser Befehl startet die laufende Ausgabe und öffnet die Datei *cCoverage*.log. Dabei handelt es sich um eine Textdatei, welche den Strom von Details zu der von Ihnen untersuchten Datei oder Anwendung aufnimmt.

Eine Protokolldatei besteht aus Datensätzen in durch Kommata unterteilten Zeilen. Die folgende Liste beschreibt die Struktur der Datensätze.

Element	Beschreibung
1	Ausführungszeit
2	Die den Code ausführende Klasse
3	Objekt, Methode oder Prozedur, in dem/der der Code gefunden oder aufgerufen wurde
4	Zeilennummer innerhalb der Methode oder Prozedur
5	Vollständiger Dateiname
6	Ebene des Aufruf-Stacks (nur Visual FoxPro 6.0)

Führen Sie nach Angabe des Namens der Protokolldatei das/die zu untersuchende Programm/Anwendung aus. Wenn Sie das Programm beenden, können Sie mit Hilfe des Befehls SET COVERAGE TO die laufende Ausgabe in die Protokolldatei stoppen.

Sie können die Protokolldatei einsehen, indem Sie den Erfassungsprotokoll-Profiler aus dem Menü **Extras** aufrufen oder ihn mittels eines DO wie im folgenden Befehl aktivieren:

```
DO (_COVERAGE) [WITH cCoverage]
```

Wenn Sie keine Protokolldatei angeben, fragt Visual FoxPro Sie nach dem Namen. Die Systemvariable _COVERAGE verweist in Visual FoxPro 6.0 standardmäßig auf den Erfassungsprotokoll-Profiler-Anwendung Coverage.app.

Untersuchen des Erfassungsprotokolls

Zur effektiven Nutzung des Erfassungsprotokoll-Profilers müssen Sie Ihre Anwendung und Ihre Umgebung sorgfältig präparieren. Wenn Sie die folgenden Richtlinien beachten, bietet Ihnen der Erfassungsprotokoll-Profiler genaue und nützliche Informationen über Ihr Projekt oder Ihre Anwendung.

▶ **So verwenden Sie den Erfassungsprotokoll-Profiler zur Untersuchung des Erfassungsprotokolls der Anwendung**

1. Verwenden Sie die Option **Erfassungsprotokoll** des Debugger-Menüs **Extras** oder den Befehl SET COVERAGE, um die laufende Erfassung zu starten und die Protokolldatei zu öffnen.

2. Starten Sie das Programm oder die Anwendung, dessen/deren Erfassungsprotokoll Sie untersuchen möchten.

3. Rufen Sie den Erfassungsprotokoll-Profiler aus dem Menü **Extras** auf, oder verwenden Sie im Befehlsfenster den Befehl DO (_COVERAGE).

   Der Erfassungsprotokoll-Profiler startet standardmäßig im **Erfassungsmodus**.

▶ **So benutzen Sie den Erfassungsprotokoll-Profiler, um das Laufzeitprofil Ihrer Anwendung zu untersuchen**

1. Verwenden Sie den Befehl SET COVERAGE, um die laufende Erfassung zu starten und die Protokolldatei zu öffnen.

2. Starten Sie das Programm oder die Anwendung, dessen/deren Laufzeitverhalten Sie untersuchen möchten.

3. Rufen Sie den Erfassungsprotokoll-Profiler aus dem Menü **Extras** auf, oder verwenden Sie im Befehlsfenster den Befehl DO (_COVERAGE).

4. Klicken Sie im Dialogfeld **Erfassungsprotokoll-Profiler** auf die Schaltfläche **Profilmodus**.

   Sollten Sie häufiger an einer Untersuchung des Profils interessiert sein, so können Sie im Dialogfeld Erfassungsprotokoll-Profiler-Optionen die Standardeinstellung auf Profilmodus ändern.

▶ **So benutzen Sie den Erfassungsprotokoll-Profiler mit einer bestimmten Protokolldatei**

Rufen Sie wie im folgenden Beispiel den Erfassungsprotokoll-Profiler unter Angabe des Protokolldateinamens mit der WITH-Option auf:

```
DO (_COVERAGE) WITH "Mylog.LOG"
```

Dieses Beispiel verwendet die Protokolldatei Mylog.log; es öffnet das Fenster des Erfassungsprotokoll-Profilers, um die Ergebnisse anzuzeigen. Wenn Sie keinen Dateinamen angeben, verwendet der Erfassungsprotokoll-Profiler die im aktuellen SET COVERAGE TO-Befehl angegebene Protokolldatei oder zeigt – falls die Protokollerfassung deaktiviert ist – das Dialogfeld **Öffnen** an.

▶ **Sie verwenden Sie den Erfassungsprotokoll-Profiler ohne die Benutzerschnittstelle**

Rufen Sie den Erfassungsprotokoll-Profiler ohne WITH-Option auf, und spezifizieren Sie wie im folgenden Beispiel Wahr (.T.) für den unbeaufsichtigten Betrieb:

```
DO (_COVERAGE) WITH "Mylog.LOG",.T.
```

In diesem Beispiel verwendet der Erfassungsprotokoll-Profiler die Protokolldatei Mylog.log; er läuft ohne Anzeige der Erfassungsprotokoll-Profiler-Fensters ab.

▶ **So verwenden Sie den Erfassungsprotokoll-Profiler mit einer bestimmten Add-in-Datei**

Rufen Sie wie im folgenden Beispiel den Erfassungsprotokoll-Profiler unter Angabe des Add-In-Dateinamens mit der WITH-Option auf:

```
DO (_COVERAGE) WITH "Mylog.LOG",, "add_ui.prg"
```

Dieses Beispiel verwendet die Protokolldatei Mylog.log; es öffnet das Fenster des Erfassungsprotokoll-Profilers, um die Ergebnisse anzuzeigen, und führt dann das Add-In-Programm ADD_UI.PRG aus. Bei dem zweiten, nicht spezifizierten Parameter handelt es sich um einen logischen Wert, der angibt, ob die Erfassungs-Engine im unbeaufsichtigten Modus arbeitet. In der Standardeinstellung Falsch (.F.) wird das Erfassungsprotokoll-Profiler-Fenster angezeigt.

Neben der Ansicht der Profiler-Information können Sie auch Kommentare und Markierungen einfügen und die Information zur späteren Verwendung in einer Datei speichern.

Modifizieren des Erfassungsprotokoll-Profilers

Standardmäßig läuft der Erfassungsprotokoll-Profiler in einem separaten Fenster. Sie können ihn jedoch durch Änderung der Umgebungsoption so umkonfigurieren, daß er innerhalb des Hauptfensters von Visual FoxPro läuft. Ändern Sie dazu im Dialogfeld Erfassungsprotokoll-Profiler-Optionen den Eintrag **Umgebung** von **Erfassungsprotokoll-Rahmen** nach **FoxPro-Rahmen**, und starten Sie dann den Erfassungsprotokoll-Profiler neu.

Im Dialogfeld **Erfassungsprotokoll-Profiler-Optionen** können Sie auch die folgenden Eigenschaften des Erfassungsprotokoll-Profilers ändern:

Eigenschaft	Beschreibung
Add-Ins	Spezifiziert, ob Add-Ins bei Verwendung im Erfassungsprotokoll-Profiler registriert werden. Weitere Informationen finden Sie im Abschnitt „Erfassungsprotokoll-Profiler-Add-Ins"
Coverage Marks	Spezifiziert, ob der Erfassungsprotokoll-Profiler ausgeführten oder nicht ausgeführten Code markiert, mit welchen(m) Zeichen und wann der Code markiert wird.
Fonts	Spezifiziert die im Erfassungsprotokoll-Profiler für Code und in Anzeigen verwendeten Zeichensätze.

(Fortsetzung)

Eigenschaft	Beschreibung
Smart Pathing	Spezifiziert, ob der Erfassungsprotokoll-Profiler Dateien automatisch an den zuvor spezifizierten Stellen sucht.
Start Mode	Spezifiziert, ob der Erfassungsprotokoll-Profiler im Erfassungsmodus oder im Profilmodus startet.

Sicherstellen der Aussagekraft im Erfassungsprotokoll-Profiler

So stellen Sie sicher, daß der Erfassungsprotokoll-Profiler die richtigen Dateien verarbeitet:

- Setzen Sie vor dem Start der Erfassung Ihr Projektverzeichnis als Standardverzeichnis, damit die Dateiverweise relativ sind.
- Vermeiden Sie die dynamische Umbenennung von Objekten. Der Erfassungsprotokoll-Profiler kann Objekte nicht finden, wenn Sie diese zur Laufzeit umbenennen.
- Vermeiden Sie die Verwendung von Quelldateien mit identischem Stammnamen, selbst wenn diese unterschiedliche Erweiterungen haben. Der Erfassungsprotokoll-Profiler kann intern zwischen diesen nicht unterscheiden.
- Achten Sie darauf, daß Ihr Projekt bei häufig geänderten Dateien nur die korrekte Version enthält.
- Achten Sie darauf, daß Ihr Projekt nicht in verschiedenen Unterverzeichnissen mehrfache Kopien einer Datei enthält.
- Kompilieren Sie für den Erfassungslauf neu:
  - Achten Sie darauf, daß Ihre Anwendung Debug-Informationen enthält.
  - Deaktivieren Sie die Verschlüsselung.
  - Erzwingen Sie mittels RECOMPILE oder Alles erstellen eine Neukompilierung des gesamten Quellcodes.
  - Führen Sie die Kompilierung unmittelbar vor dem Erfassungslauf durch, damit Sie sicher sein können, daß der Quellcode exakt dem Objektcode entspricht.

Verschiedene Code-Zeilen (z. B. Kommentare sowie DEFINE CLASS- und ELSE-Anweisungen) sowie Zeilen in TEXT ... ENDTEXT-Gruppen werden in Erfassungsprotokollen nicht aufgeführt, da sie nicht ausführbar sind. Außerdem werden durch Fortsetzungszeichen (Semikolon) unterbrochene Zeilen als eine Code-Zeile behandelt und nur die letzte Zeile markiert.

Erfassungsprotokoll-Profiler-Add-Ins

Add-Ins sind Code-Dateien (üblicherweise .prg oder .scx), die Ihnen auf einfache Weise die Anpassung des Erfassungsprotokoll-Profilers ermöglichen. Die aus der Benutzerschnittstelle von Coverage.app bestehende Unterklasse cov_standard der Erfassungs-Engine zeigt nur einen kleinen Teil dessen, was Ihnen mit der Engine möglich ist. Die Engine analysiert das Erfassungsprotokoll; cov_standard zeigt nur die Ergebnisse auf eine von vielen verschiedenen Arten an.

Sie könnten eine andere Unterklasse von cov_engine mit einer völlig anderen Anzeige erzeugen. So könnte Ihre Unterklasse beispielsweise ein Dialogfeld anzeigen, das Abfragen auf den von der Engine erhobenen Erfassungsstatistiken ermöglicht. Als Anzeigeoptionen wäre z. B. eine Ansicht des markierten Codes für einen gefilterten Satz Protokolleinträge oder nur eine graphische Darstellung der Profiler-Ergebnisse denkbar.

Sie müssen nicht notwendigerweise mit einer Unterklasse von cov_engine eine komplett neue Benutzerschnittstelle erstellen, da die Klasse cov_engine dies auf einfachere Weise ermöglicht. Mittels Add-Ins können Sie cov_standard oder jede beliebige Unterklasse von cov_engine um Funktionen erweitern. Wenn Sie in einer Instanz von cov_standard wie beispielsweise dem Erfassungsprotokoll-Profiler ein Add-In ausführen, kann dieses die Möglichkeiten von cov_engine, den Erfassungsprotokolldateien und sogar von cov_standard manipulieren. Mittels Add-Ins können Sie sogar die visuelle Schnittstelle von cov_standard um weitere Dialoge und Features erweitern.

Erstellen von Add-Ins

Zur Erweiterung der Standardschnittstelle können Sie Add-Ins erstellen oder durch Erstellung einer Unterklasse von cov_standard Ihre eigene vollständig neue Schnittstelle schaffen.

Erweitern des Standard-Profilers

In der folgenden Liste finden Sie Features, die Sie über Add-Ins bereitstellen können:

- Hinzufügen eines sichtbaren Features zum Hauptdialogfeld.
- Hinzufügen eines Dialogfelds zum Formularsatz der Erfassungs-Engine (Beachten Sie die folgenden Beschränkungen, um sicherzustellen, daß Ihr Dialogfeld an der richtigen Stelle dargestellt wird).
- Darstellung eines separaten Dialogfelds zum Zugriff auf Funktionen der Erfassungs-Engine (Beachten Sie die folgenden Beschränkungen, um sicherzustellen, daß Ihr Dialogfeld an der richtigen Stelle dargestellt wird).
- Bereitstellung einer Abfrageschnittstelle, die unter Verwendung der Tabelle Source eine Liste aller Ihren Kriterien entsprechenden Zeilen präsentiert und das Ergebnis filtert oder sortiert.

Anmerkung: Sie können die Adjust-Methoden (AdjustCoverageFilenameCursor( ), AdjustSourceCursor( ) und AdjustTargetCursor( )) der Engine verwenden, um den Tabellen Source und Target bei deren Erstellung durch die Engine Felder hinzuzufügen und diese Felder in Ihren Add-Ins benutzen.

- Hinzufügen von Dateinamen zum Cursor IgnoredFiles, um diese Dateien von Analysen auszunehmen. Dies kann zu einer Zeiteinsparung bei der Analyse führen.

- Verwendung des speziellen Init-Hooks für Add-Ins.
- Registrierung von Add-Ins für den späteren Abruf und den leichten Zugriff auf eine Liste von Add-Ins.

  Die modale Dialogfeldklasse cov_AddInDialog in der Standard-Erfassungs-Engine-Unterklasse bietet in einer Dropdown-Liste zuvor registrierte Dialogfelder an. Wenn Sie die Option lRegisterAdd-In der Erfassungs-Engine aktivieren, so werden die vollständigen Pfadnamen erfolgreich ausgeführter Add-Ins der Windows-Registrierung hinzugefügt, damit Sie diese Add-Ins leicht erneut ausführen können. Die Standard-Benutzerschnittstellenklasse ermöglicht es Ihnen auch, diese Eigenschaft im Dialogfeld Erfassungsprotokoll-Profiler-Optionen zu setzen.

  Das Erfassungs-Engine-Objekt unterhält in der Eigenschaft aAddIns eine Liste aller registrierten Add-Ins.

- Verwendung der endgültigen Feldinformationen in coverage.log (callstack), um Ihre eigene Schnittstelle oder Ihre eigene Ansicht des Erfassungsprotokolls zu entwerfen.

Beim Erstellen von Add-Ins gilt es, die folgenden Informationen zu beachten:

- Sie können für Add-Ins einen beliebigen der unterstützten Dateitypen verwenden. Diese sind .qpr, .qpx, .mpr, .mpx, .app, .exe, .scx, .fxp, .prg und .procedures (sofern diese bereits in einer geöffneten Prozedurenbibliothek verfügbar sind).

- Der Formularsatz der Erfassungs-Engine verfügt über eine „unsichtbare" Symbolleiste. Sofern Ihr Add-In nicht-visuell ist, können Sie diese Symbolleiste benutzen, um es unterzubringen. Handelt es sich bei Ihrem Add-In um ein sichtbares Steuerelement, ist der Element-Container .Cov_tools der Standard-Unterklasse des Hauptdialogfelds vermutlich der geeignetste Ort für seine Unterbringung. Auf diese Weise werden seine Position und Größe automatisch mit dem Rest des Dialogfelds synchronisiert, wenn sich dessen Größe ändert.

- Alle die Tabellen Source und Target verwendenden Methoden der Engine akzeptieren optionale Argumente, die es Ihnen gestatten, mit diesen Methoden auf die entsprechenden Aliase zu zielen, während Sie mit diesen arbeiten. Sie können auch den aktuellen Inhalt der Eigenschaften cSourceAlias und cTargetAlias ändern, damit diese dem Sie interessierenden Cursor-Paar entsprechen. Dies ermöglicht es Ihnen, innerhalb einer Schnittstelle verschiedene Erfassungsprotokolle miteinander zu vergleichen.

- Beschränkungen:
    - Add-Ins müssen einen Parameter akzeptieren (die Erfassungs-Engine übergibt einen Verweis auf sich selbst).
    - Add-Ins müssen von einem der oben aufgeführten Dateitypen sein.
    - Von Ihnen als Add-In verwendete Prozeduren müssen in einer bereits geladenen Prozedurenbibliothek verfügbar sein (siehe SET PROCEDURE) in der Hilfe. Die Engine verwendet die Syntax IN *FileName* nicht und ruft auch keine Prozeduren oder .prg-Datei auf und gibt deren Werte mittels RETURN zurück. Außerdem verwendet sie im Befehl DO FORM keines der Schlüsselwörter NAME oder LINK; Sie können den Verweis entweder selbst verwalten oder der Engine gestatten, ein Formular für Sie zu definieren, indem sie Ihr Formular zu einem Element des Formularsatzes der Engine macht.

- Wenn Sie beim Start ein Add-In ausführen, müssen Sie einen Verweis verwenden, da die globale Variable _oCoverage noch nicht verfügbar ist. Zu einem späteren Zeitpunkt können Sie nach Belieben die globale Verweisvariable in Ihrem Code verwenden.

- Wenn Sie ein Add-In als Formular erstellen, das Formular als ShowWindow = 1 erstellen und die Erfassung in ihrem eigenen Rahmen ausführen, sollten Ihre Add-In-Formulare im Rahmen der Erfassung angezeigt werden.

- Wenn Sie im Befehlsfenster .RunAddIn verwenden, so achten Sie darauf, daß der Erfassungs-Rahmen der aktuelle MDI-Rahmen ist, bevor Sie Ihre Formulare instantiieren.

Unterklassen von Cov_Standard

Sie können entweder eine Unterklasse der Erfassungs-Engine oder ihrer Standard-Unterklasse erstellen. Die folgende Liste beschreibt die Struktur der Quelldateien des Projekts COVERAGE.

Datei	Beschreibung
Coverage.prg	Eine Hülle für das Erfassungsobjekt, welche das Objekt instantiiert.
Coverage.vcx, Coverage.vct	Alle Klassen für die Engine und ihre Standard-Unterklasse.
Cov_short.mnx, Cov_short.mnt	Kontextmenü.
Cov_pjx.frx, Cov_pjx.frt	Standardmechanismus für Ergebnisse auf Projektebene.
Coverage.h	Header-Datei für den gesamten COVERAGE-Code; enthält die folgenden Elemente:
	*– Zeichenkonstanten für das Protokoll und die Analyse:
	`#INCLUDE COV_CHAR.H`
	*– Lokalisierte Zeichenfolgen (kann einige der Protokoll- und Analysekonstanten verwenden):
	`#INCLUDE COV_LOCS.H`
	*– Allgemeine Konstanten für Dialogbox-Komponenten:
	`#INCLUDE COV_DLGS.H`
	*– Spezifikationen und Anforderungen:
	`#INCLUDE COV_SPEC.H`
	*– Konstanten für das Registrierungsobjekt:
	`#INCLUDE COV_REGS.H`
	*– Einstellbare Optionen:
	`#INCLUDE COV_TUNE.H`

Der Quelldateisatz für das Projekt COVERAGE enthält außerdem verschiedene .ico-, .bmp- und .msk-Dateien.

Mittels der Datei COV_TUNE.H (welche entsprechende Kommentar und Erläuterungen enthält) können Sie sich mit den ohne Erstellung von Code verfügbaren Optionen vertraut machen.

Da die Verwendung von Add-Ins von der Überklasse der Erfassungs-Engine reglementiert wird, kann jede von Ihnen erstellte Erfassungs-Unterklasse Add-Ins auf die gleiche Weise verwenden wie die Standard-Unterklasse.

Die von der Standardanwendung Coverage.app instantiierte Erfasssungs-Engine-Unterklasse vergrößert die Erfassungs-Engine-Methode RunAddIn( ) auf keinste Weise. Sie ruft jedoch ein modales Dialogfeld auf, das dem Benutzer die Auswahl eines Add-Ins gestattet, bevor sie die Erfassungs-Engine-Methode RunAddIn( ) aufruft. Das modale Dialogfeld erhält einen Verweis auf das Erfassungsobjekt und setzt die Eigenschaft cAddIn der Erfassungs-Engine.

Wenn Sie Ihre eigene Erfassungs-Engine-Unterklasse schreiben, stellen Sie sicher, daß Ihre Unterklasse dieselbe modale Dialogfeldklasse (cov_AddInDialog) zur Handhabung von Add-Ins benutzen kann wie die Standard-Erfassungsanwendung; das Dialogfeld hängt von keinerlei Features der Standard-Unterklasse ab.

Sie können ein anderes modales Dialogfeld aufrufen, den Namen der cAddIn-Datei direkt in der Eigenschaft cAddIn setzen oder den Inhalt der Eigenschaft cAddIn durch Übergeben des Namens der gewünschten Add-In-Datei an die Methode RunAddIn( ) überschreiben.

Unabhängig von der Art des Aufrufs eines Add-Ins in Ihrer Unterklasse können Sie die Liste der für Coverage.app registrierten Add-Ins untersuchen, indem Sie die Dateinamen in der Erfassungs-Engine-Eigenschaft aAddIns überprüfen.

Details zu den Eigenschaften, Ereignissen und Methoden der Erfassungs-Engine finden Sie in der Hilfe unter „Erfassungs-Engine-Objekt".

Projekt-Manager-Hooks

In früheren Versionen von Visual FoxPro bestand die einzige Möglichkeit des Zugriffs auf ein Projekt in der direkten Manipulation der Tabelle der .pjx-Datei des Projekts. Bei Visual FoxPro 6.0 besteht die Möglichkeit des programmgesteuerten Zugriffs auf ein Projekt, wobei Sie ein Projekt wie ein Objekt manipulieren können. Das Projekt kann während des Entwurfs (während das Projekt im Projekt-Manager geöffnet ist) ebenso wie (ohne sichtbaren Projekt-Manager) während des Entwurfs und zur Laufzeit manipuliert werden.

Unter anderem sind die folgenden Aktionen programmgesteuert möglich:

- Hinzufügen und Löschen von Dateien zu/aus einem Projekt.
- Hinzufügen von Dateien eines Projekts zu Quellcodeverwaltungen (z. B. Microsoft® Visual SourceSafe®) sowie Ein- und Auschecken von Dateien aus der Quellcodeverwaltung.
- Bestimmung von Anzahl und Typ der Dateien eines Projekts.
- Öffnen und Modifizieren von Dateien des Projekts.
- Ändern von Eigenschaften des Projekts.

- Ändern von Eigenschaften von Dateien des Projekts.
- Ändern von Eigenschaften von aus dem Projekt erstellten Automatisierungsservern (dynamische Bindebibliotheken .dll oder ausführbare Dateien .exe).
- Ausführen von Code, wenn im Projekt bestimmte Ereignisse auftreten.
- Neuerstellung des Projekts oder Erstellung von .app-, .exe- oder .dll-Dateien aus dem Projekt.

Mit diesen neuen Projekt-Manager-Hooks werden fortgeschrittene Entwickler in die Lage versetzt, ihre eigenen Projekt-Manager mit auf einzigartige Weise angepaßten Benutzerschnittstellen zu erstellen.

Die Objekthierarchie des Projekts

Die Objekthierarchie eines Projekts besteht aus dem Projekt, einem Projektobjekt und dem zugehörigen ProjectHook-Objekt. Ein Projektobjekt enthält eine Anzahl von Dateien (die zu dem Projekt gehörenden Dateien) und eine Anzahl von Servern (die aus dem Projekt erstellten Automatisierungsserver). Das folgende Diagramm illustriert die Objekthierarchie des Projekts innerhalb des Objektmodells von Visual FoxPro:

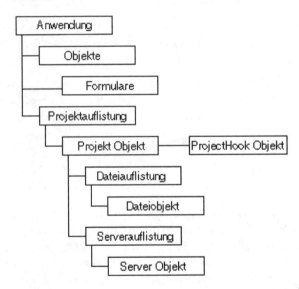

Projektauflistung

Die Projektauflistung bietet direkten Zugriff auf ein Projektobjekt; sie gestattet Ihnen die Manipulation des Projekts und der in diesem enthaltenen Dateien und Server. Jedesmal, wenn ein Projekt erzeugt oder geöffnet wird oder eine .app-, .dll- oder .exe-Datei aus dem Projekt erstellt wird, wird der Projektauflistung ein Projektobjekt hinzugefügt.

Wie bei anderen OLE-Auflistungen können Sie der Projektauflistung Informationen über ein Projekt entnehmen. So verwendet beispielsweise der folgende Code die Eigenschaften **Count** und **Item** der Projektauflistung, um die Namen aller Projekte der Projektauflistung anzuzeigen; anschließend wird die gleiche Information mit Hilfe des Befehls FOR EACH angezeigt:

```
nProjectCount = Application.Projects.Count

FOR nCount = 1 TO nProjectCount
   ? Application.Projects.Item(nCount).Name
NEXT

FOR EACH oProj IN Application.Projects
   ? oProj.Name
ENDFOR
```

Die folgende Code-Zeile verwendet die Eigenschaft **ActiveProject**, um dem derzeit aktiven Projekt ein Programm (Main.prg) hinzuzufügen:

```
Application.ActiveProject.Files.Add('Main.prg')
```

Die folgende Code-Zeile fügt Main.prg zu dem ersten der Projektauflistung hinzugefügten Projekt:

```
Application.Projects[1].Files.Add('Main.prg')
```

Eine Projektauflistung verfügt über die folgende Eigenschaft und Methode:

Eigenschaft

Count

Methode

Item

Projektobjekt

Das Projektobjekt wird immer dann instantiiert, wenn ein Projekt aus dem Menü **Datei** oder durch einen der Befehle CREATE PROJECT, MODIFY PROJECT, BUILD APP, BUILD DLL, BUILD EXE oder BUILD PROJECT geöffnet wird. Das Projektobjekt ermöglicht Ihnen die programmgesteuerte Manipulation des Projekts; der Zugriff auf das Programmobjekt erfolgt durch das Visual FoxPro-Anwendungsobjekt. Beachten Sie, daß das Anwendungsobjekt die neue Eigenschaft ActiveProject unterstützt, welche einen Projektobjektverweis auf das im derzeit aktiven Projekt-Manager geöffnete Projekt bereitstellt.

Ein Projektobjekt verfügt über die folgenden Eigenschaften und Methoden:

Eigenschaften

Application	AutoIncrement
BaseClass	BuildDateTime
Debug	Encrypted
HomeDir	Icon
MainClass	MainFile
Name	Parent
ProjectHook	ProjectHookClass
ProjectHookLibrary	SCCProvider
ServerHelpFile	ServerProject
TypeLibCLSID	TypeLibDesc
TypeLibName	VersionComments
VersionCompany	VersionCopyright
VersionDescription	VersionLanguage
VersionNumber	VersionProduct
VersionTrademarks	Visible

Methoden

Build	CleanUp
Refresh	SetMain

Das ProjectHook-Objekt

Bei einem ProjectHook-Objekt handelt es sich um eine Visual FoxPro-Basisklasse, die standardmäßig instantiiert wird, wenn ein diesem ProjektHook-Objekt zugewiesenes Projekt geöffnet wird. (Sie können den Befehlen CREATE PROJECT und MODIFY PROJECT die Klausel NOPROJECTHOOK hinzufügen, um die Instantiierung eines ProjectHook-Objekts für das Projekt zu verhindern.)

Das ProjectHook-Objekt ermöglicht Ihnen den programmgesteuerten Zugriff auf in einem Projekt auftretende Ereignisse. So können Sie beispielsweise die Ausführung von Code veranlassen, wenn dem Projekt eine Datei hinzugefügt wird.

Für neue Projekte können Sie auf der Registerkarte Projekte des Dialogfelds **Optionen** eine Standard-ProjectHook-Klasse spezifizieren. Wird auf dieser Registerkarte keine Standard-ProjectHook-Klasse spezifiziert, so wird neuen Projekten keine ProjectHook-Klasse zugewiesen. Im Dialogfeld Projektinformation können Sie für ein individuelles Projekt durch Überschreiben der Standard-ProjectHook-Klasse eine ProjectHook-Klasse spezifizieren. Zur Laufzeit können Sie mit Hilfe der Eigenschaft **ProjectHook** eine ProjectHook-Klasse für ein Projekt spezifizieren. Wenn Sie die ProjectHook-Klasse eines Projektes ändern, wird die neue ProjectHook-Klasse erst dann gültig und aktiv, wenn das Projekt geschlossen und wieder neu geöffnet wurde.

Ein ProjectHook-Objekt verfügt über die folgenden Eigenschaften, Ereignisse und Methoden:

Eigenschaften

BaseClass	Class
ClassLibrary	Comment
Name	OLEDropEffects
OLEDropHasData	OLEDropMode
Parent	ParentClass
Tag	

Ereignisse

AfterBuild	BeforeBuild
Destroy	Error
Init	OLEDragDrop
OLEDragOver	OLEGiveFeedBack
QueryAddFile	QueryModifyFile
QueryRemoveFile	QueryRunFile

Methoden

AddProperty	ReadExpression
ReadMethod	ResetToDefault
SaveAsClass	WriteExpression

Interaktion zwischen Projektobjekt und ProjectHook-Objekt

Wenn sie den Projekt-Manager aus dem Menü **Datei** oder durch einen der Befehle CREATE PROJECT oder MODIFY PROJECT öffnen, wird das Projekt-Manager-Fenster angezeigt und ein Projektobjekt samt dem zugehörigen ProjectHook-Objekt instantiiert. Projekterstellungsbefehle (BUILD PROJECT, BUILD APP, BUILD DLL und BUILD EXE) instantiieren ebenfalls Projekt- und ProjectHook-Objekt.

Tritt in einem Projekt ein Ereignis auf, so gibt das Projektobjekt das Ereignis an das ProjectHook-Objekt weiter. Der Benutzer-Code für das Ereignis im ProjectHook-Objekt wird ausgeführt und die Steuerung wieder zurück an das Projektobjekt übertragen. Der dem Projektobjekt vom ProjectHook-Objekt zurückgegebene Wert bestimmt, ob das Projektobjekt die Ausführung beendet. Enthält der Ereigniscode NODEFAULT, so verhindert dies die Ausführung der Standardaktion. Enthält beispielsweise das QueryAddFile-Ereignis NODEFAULT, so verhindert dies das erfolgreiche Hinzufügen einer Datei zu einem Projekt.

Dateiauflistung

Die Dateiauflistung bietet direkten Zugriff auf ein Dateiobjekt; sie gestattet Ihnen die Manipulation von Dateiobjekten eines offenen Projekts. Wie bei anderen OLE-Auflistungen können Sie der Dateiauflistung Informationen über eine Datei in einem Projekt entnehmen. So verwendet beispielsweise der folgende Code die Eigenschaften **Count** und **Item** der Dateiauflistung, um die Namen aller Dateien der Dateiauflistung anzuzeigen; anschließend wird die gleiche Information mit Hilfe des Befehls FOR EACH angezeigt:

```
nFileCount = Application.ActiveProject.Files.Count

FOR nCount = 1 TO nFileCount
   ? Application.ActiveProject.Files.Item(nCount).Name
NEXT

FOR EACH oProj IN Application.ActiveProject.Files
   ? oProj.Name
ENDFOR
```

Die folgende Code-Zeile verwendet die Eigenschaft **ActiveProject**, um dem derzeit aktiven Projekt ein Programm (Main.prg) hinzuzufügen:

```
Application.ActiveProject.Files.Add('Main.prg')
```

Die folgende Code-Zeile fügt Main.prg zu dem ersten der Projektauflistung hinzugefügten Projekt:

```
Application.Projects[1].Files.Add('Main.prg')
```

Die Dateiauflistung verfügt über die folgenden Eigenschaften und Methoden:

Eigenschaften

Count

Methoden

Add

Item

Dateiobjekt

Das Dateiobjekt erlaubt Ihnen die Manipulation individueller Dateien in einem Projekt.

Ein Dateiobjekt verfügt über die folgenden Eigenschaften und Methoden:

Eigenschaften

CodePage	Description
Exclude	FileClass
FileClassLibrary	LastModified
Name	ReadOnly
SCCStatus	Type

Methoden

AddToSCC	CheckIn
CheckOut	GetLatestVersion
Modify	Remove
RemoveFromSCC	Run
UndoCheckOut	

Serverauflistung

Die Serverauflistung bietet direkten Zugriff auf ein Serverobjekt; sie gestattet Ihnen die Manipulation der in einem Projekt enthaltenen Server. Jedesmal, wenn eine .dll- oder .exe-Datei mit einem Automatisierungsserver aus dem Projekt erzeugt wird, wird der Serverauflistung ein Serverobjekt hinzugefügt. Weitere Informationen über die Erstellung von Automatisierungsservern finden Sie unter Erstellen von Automatisierungsservern in Kapitel 16, „Hinzufügen von OLE", des *Programmierhandbuchs*.

Eine Serverauflistung verfügt über die folgende Eigenschaft und Methode:

Eigenschaft

Count

Method

Item

Serverobjekt

Das Serverprojekt ermöglicht Ihnen das Bestimmen von Informationen (einschließlich Typenbibliotheksinformationen) über die in einem Projekt enthaltenen Automatisierungsserver. Diese Informationen sind ebenfalls auf der Registerkarte Server des Dialogfelds **Projektinformationen** verfügbar. Beachten Sie, daß ein Serverobjekt erst dann erstellt wird, wenn das die Klasse OLEPUBLIC (durch den Befehl DEFINE CLASS spezifiziert) enthaltende Projekt erstellt wird.

Ein Serverobjekt verfügt über die folgenden Eigenschaften:

Eigenschaften

CLSID	Description
HelpContextID	Instancing
ProgID	ServerClass
ServerClassLibrary	

Architektur des Projektobjekts

Ein Visual FoxPro-Projektobjekt bietet eine IDispatch-Schnittstelle, so daß Automatisierungsclients, ActiveX-Steuerelemente und andere COM-Objekte das Programmobjekt mittels OLE-Standardschnittstellen ansprechen können. Aufgrund der IDispatch-Schnittstelle sind die bei der Manipulation von Projekten möglicherweise auftretenden Fehler OLE-Fehler.

Spracherweiterungen

Die beiden Befehle CREATE PROJECT und MODIFY PROJECT wurden um zwei Klauseln erweitert. Die erste Klausel (NOPROJECTHOOK) verhindert die Instantiierung eines ProjectHook-Objekts für ein Projekt. Die zweite Klausel (NOSHOW) öffnet ein Projekt, ohne es im Projekt-Manager anzuzeigen, und erlaubt Ihnen so die „unsichtbare" programmgesteuerte Manipulation des Projekts. Zu einem späteren Zeitpunkt können Sie mit Hilfe der Eigenschaft **Visible** den Projekt-Manager anzeigen. Weitere Informationen über diese beiden Klauseln finden Sie unter CREATE PROJECT und MODIFY PROJECT.

Projektereignisse

Die folgenden Abschnitte beschreiben Ereignisse und die Reihenfolge, in der diese beim Erzeugen, Modifizieren, Schließen, Erstellen usw. von Projekten eintreten.

Erzeugen eines Projekts

Wenn Sie CREATE PROJECT ausführen, aus dem Menü **Datei** ein neues Projekt erzeugen oder die Symbolleistenschaltfläche **Neu** klicken und die Erzeugung eines neuen Projekts spezifizieren, treten die folgenden Ereignisse ein:

1. Das Projektobjekt wird erzeugt.
2. Das ProjectHook-Objekt wird instantiiert.

3. Das Init-Ereignis für das ProjectHook-Objekt tritt ein. Gibt das Init-Ereignis den Standardwert Wahr (.T.) zurück, so wird das Objekt erzeugt und das Projekt im Projekt-Manager angezeigt.

   Gibt das Init-Ereignis den Wert Falsch (.F.) zurück, so wird das Projekt nicht erzeugt, das Projekt- und das ProjectHook-Objekt werden freigegeben und der Projekt-Manager wird nicht angezeigt.

Modifizieren eines existierenden Projekts

Wenn Sie MODIFY PROJECT ausführen, aus dem Menü **Datei** ein Projekt modifizieren oder die Symbolleistenschaltfläche **Öffnen** klicken und ein existierendes oder neues Projekt spezifizieren, treten die folgenden Ereignisse ein:

1. Das Projektobjekt wird erzeugt. Es erhält seine Werte aus der .pjx-Datei des Projekts.
2. Das ProjectHook-Objekt wird instantiiert.
3. Das Init-Ereignis für das ProjectHook-Objekt tritt ein. Gibt das Init-Ereignis den Standardwert Wahr (.T.) zurück, so wird das Projekt im Projekt-Manager zur Modifikation geöffnet.

   Gibt das Init-Ereignis den Wert Falsch (.F.) zurück, so wird das Projekt nicht zur Modifikation geöffnet, das Projekt und das ProjectHook-Objekt werden freigegeben und der Projekt-Manager wird nicht angezeigt.

Schließen eines Projekts

Beim Schließen eines Projekt treten die folgenden Ereignisse ein:

1. Das ProjectHook-Ereignis Destroy tritt ein und das ProjectHook-Objekt wird freigegeben.
2. Das Projektobjekt wird freigegeben.

Aufruf von BUILD APP, BUILD DLL oder BUILD EXE

Beim Aufruf von BUILD APP, BUILD DLL oder BUILD EXE treten die folgenden Ereignisse ein:

1. Das Projektobjekt wird erzeugt. Es erhält seine Werte aus der .pjx-Datei des Projekts.
2. Das ProjectHook-Objekt wird instantiiert.
3. Das Init-Ereignis für das ProjectHook-Objekt tritt ein. Gibt das Init-Ereignis den Standardwert Wahr (.T.) zurück, so tritt das ProjectHook-Ereignis BeforeBuild ein. Enthält das BeforeBuild-Ereignis NODEFAULT, so wird die .app-, .dll- bzw. .exe-Datei nicht erstellt. Andernfalls schreitet der Erstellungsprozeß fort.

   Werden dem Projekt während des Erstellungsprozesses Dateien hinzugefügt, so tritt vor dem Hinzufügen jeder einzelnen Datei das ProjectHook-Ereignis QueryAddFile ein. Enthält das QueryAddFile-Ereignis NODEFAULT, so wird die Datei dem Projekt nicht hinzugefügt. Wurde die .app-, .dll- bzw. .exe-Datei erfolgreich erstellt, so tritt zunächst das AfterBuild-Ereignis und dann das Destroy-Ereignis des ProjectHook-Objekts ein.

   Gibt das Init-Ereignis den Wert Falsch (.F.) zurück, so wird die .app-, .dll- bzw. .exe-Datei nicht erstellt und das Projekt- und das ProjectHook-Objekt werden freigegeben.

Aufruf von BUILD PROJECT

Beim Aufruf von BUILD PROJECT mit der Klausel FROM treten die folgenden Ereignisse ein. Wird die Klausel FROM weggelassen, so treten die Ereignisse in der oben beim Aufruf von BUILD APP, BUILD DLL oder BUILD EXE beschriebenen Reihenfolge ein.

1. Das Projektobjekt wird erzeugt. Es erhält seine Werte aus der .pjx-Datei des Projekts.
2. Das ProjectHook-Objekt wird instantiiert.
3. Das Init-Ereignis für das ProjectHook-Objekt tritt ein. Gibt das Init-Ereignis den Standardwert Wahr (.T.) zurück so werden die in der FROM-Klausel spezifizierten Dateien dem Projekt einzeln hinzugefügt. Vor dem Hinzufügen jeder einzelnen Datei tritt das ProjectHook-Ereignis QueryAddFile ein. Enthält das QueryAddFile-Ereignis NODEFAULT, so wird die Datei dem Projekt nicht hinzugefügt. Andernfalls wird die Datei dem Projekt hinzugefügt.

   Anschließend tritt das ProjectHook-Ereignis BeforeBuild ein. Enthält das BeforeBuild-Ereignis NODEFAULT, so wird das Projekt nicht erstellt. Andernfalls wird das Projekt erstellt. Nach Abschluß der Projekterstellung tritt zunächst das AfterBuild-Ereignis und dann das Destroy-Ereignis des ProjectHook-Objekts ein.

   Gibt das ProjectHook-Ereignis Init den Wert Falsch (.F.) zurück, so wird das Projekt nicht erstellt. Das Projekt- und das ProjectHook-Objekt werden freigegeben, und es wird keine neue .pjx-Datei erzeugt.

Verwenden von Drag&Drop Operationen

Wenn Sie eine oder mehrere Dateien über den Gliederungsbereich (Baumstruktur) des Projekt-Managers ziehen, treten die folgenden Ereignisse ein:

1. Wenn der Mauszeiger über den Gliederungsbereich des Projekt-Managers positioniert wird, tritt das ProjectHook-Ereignis OLEDragOver ein. Dabei hat der Parameter *nState* den Wert 0 (DRAG_ENTER in Foxpro.h). Das Ereignis OLEDragOver tritt dann wiederholt mit *nState* = 2 (DRAG_OVER in Foxpro.h) auf. Verläßt der Mauszeiger den Gliederungsbereich des Projekt-Managers, so tritt das Ereignis OLEDragOver mit *nState* =1 (DRAG_LEAVE in Foxpro.h) auf.
2. Wenn Sie die Maustaste loslassen, während der Mauszeiger über dem Gliederungsbereich des Projekt-Managers positioniert ist, tritt das ProjectHook-Ereignis OLEDragDrop ein. Standardmäßig fügt Visual FoxPro im Projekt-Manager alle abgelegten Dateien dem Projekt hinzu. Vor dem Hinzufügen jeder einzelnen Datei tritt das ProjectHook-Ereignis QueryAddFile ein.

Hinzufügen einer Datei mittels der Schaltfläche „Hinzufügen"

Wenn Sie durch Klicken auf die Projekt-Manager-Schaltfläche **Hinzufügen** eine Datei einem Projekt hinzufügen, treten die folgenden Ereignisse ein:

1. Das Dialogfeld **Öffnen** wird angezeigt.
2. Wenn Sie eine Datei auswählen und auf **OK** klicken, wird für die ausgewählte Datei ein Dateiobjekt erzeugt.

3. Das ProjectHook-Ereignis QueryAddFile tritt ein, und ihm wird der Name des Dateiobjekts übergeben. Enthält das QueryAddFile-Ereignis NODEFAULT, so wird die Datei dem Projekt nicht hinzugefügt. Andernfalls wird die Datei dem Projekt hinzugefügt.

Hinzufügen einer Datei mittels der Schaltfläche „Neu"

Wenn Sie durch Klicken auf die Projekt-Manager-Schaltfläche **Neu** eine neue Datei einem Projekt hinzufügen, treten die folgenden Ereignisse ein:

1. Der entsprechende Designer oder Editor für die Datei wird angezeigt.
2. Wenn die neue Datei gespeichert wird, wird das Dialogfeld **Speichern unter** angezeigt. Beim Klicken von **Speichern** wird für die neue Datei ein Dateiobjekt erzeugt.
3. Das ProjectHook-Ereignis QueryAddFile tritt ein und ihm wird der Name des Dateiobjekts übergeben. Enthält das QueryAddFile-Ereignis NODEFAULT, so wird die Datei dem Projekt nicht hinzugefügt. Andernfalls wird die Datei dem Projekt hinzugefügt.

Modifizieren einer Datei mittels der Schaltfläche „Modifizieren"

Wenn Sie durch Klicken der Projekt-Manager-Schaltfläche **Modifizieren** eine Datei eines Projekts modifizieren, treten die folgenden Ereignisse ein:

1. Das ProjectHook-Ereignis QueryModifyFile tritt ein, bevor der entsprechende Designer oder Editor für die Datei angezeigt wird.
2. Das Dateiobjekt der Datei wird dem QueryModifyFile-Ereignis als Parameter übergeben. Enthält das QueryModifyFile-Ereignis NODEFAULT, so wird der entsprechende Designer oder Editor für die Datei nicht angezeigt und die Datei nicht modifiziert. Andernfalls wird die Datei zwecks Modifizierung im entsprechenden Designer oder Editor geöffnet.

Entfernen einer Datei mittels der Schaltfläche „Entfernen"

Wenn Sie durch Klicken auf die Projekt-Manager-Schaltfläche **Entfernen** eine Datei eines Projekts entfernen, treten die folgenden Ereignisse ein:

1. Das ProjectHook-Ereignis QueryRemoveFile tritt ein.
2. Das Dateiobjekt der zu entfernenden Datei wird dem QueryRemoveFile-Ereignis als Parameter übergeben. Enthält das QueryRemoveFile-Ereignis NODEFAULT, so wird die Datei nicht aus dem Projekt entfernt. Andernfalls wird die Datei aus dem Projekt entfernt.

Ausführen einer Datei mittels der Schaltfläche „Ausführen"

Wenn Sie durch Klicken auf die Projekt-Manager-Schaltfläche **Ausführen** eine Datei eines Projekts ausführen, treten die folgenden Ereignisse ein:

1. Das ProjectHook-Ereignis QueryRunFile tritt ein.
2. Das Dateiobjekt der auszuführenden Datei wird dem QueryRunFile-Ereignis als Parameter übergeben. Enthält das QueryRunFile-Ereignis NODEFAULT, so wird die Datei nicht ausgeführt. Andernfalls wird die Datei ausgeführt.

Neuerstellen eines Projekts oder Erstellung einer Datei mittels der Schaltfläche Erstellen

Wenn Sie durch Klicken auf die Projekt-Manager-Schaltfläche **Erstellen** ein Projekt neu erstellen oder aus einem Projekt eine .app-, .dll- oder .exe-Datei erstellen, treten die folgenden Ereignisse ein:

1. Das Dialogfeld **Erstellungsoptionen** wird angezeigt.

2. Hier haben Sie die Auswahl zwischen **Projekt neu erstellen**, **Anwendung erstellen**, **Ausführbare Datei erstellen** und **COM-DLL erstellen** und können zusätzliche Erstellungsoptionen spezifizieren. Wenn Sie auf **Abbrechen** klicken, findet keine Erstellung statt.

3. Wenn Sie **OK** klicken, tritt das ProjectHook-Ereignis BeforeBuild ein und der Erstellungsprozeß startet.

4. Nach vollendeter Erstellung tritt das ProjectHook-Ereignis AfterBuild ein.

Beispiel für Projekt-Manager-Hooks

Die Visual FoxPro-Anwendung Solutions Sample enthält ein Beispiel namens „Projektaktivitäten verfolgen", das viele der neuen Projekt-Manager-Hooks demonstriert.

▶ **So führen Sie die Anwendung Solutions Sample aus**

- Geben Sie im **Befehlsfenster** folgendes ein:

   ```
   DO (HOME(2) + 'solution\solution')
   ```

   – Oder –

1. Wählen Sie aus dem Menü **Programm** den Eintrag **Do**.

2. Wählen Sie den Ordner ...**\Samples\Vfp98\Solution**.

3. Doppelklicken Sie auf **Solution.app**.

▶ **So führen Sie das Beispiel „Projektaktivitäten verfolgen" aus**

1. Doppelklicken Sie nach dem Start von Solution.app auf **Neue Features für Visual FoxPro 6.0**.

2. Klicken Sie auf **Projektaktivitäten verfolgen** und dann die Schaltfläche **Beispiel ausführen**.

Das Beispiel „Projektaktivitäten verfolgen" erlaubt es Ihnen, ein Projekt zu öffnen und dieses auf jegliche denkbare Weise zu manipulieren. Sämtliche von Ihnen an dem Projekt durchgeführten Änderungen werden in einer Tabelle gespeichert. Wenn Sie das Projekt schließen, können Sie sich die an dem Projekt vorgenommenen Änderungen in einem Datenblattfenster ansehen.

Um weitere Informationen über die Arbeitsweise des Beispiels „Projektaktivitäten verfolgen" zu erhalten und den Code hinter dem Beispiel genauer zu betrachten, können Sie das zur Erzeugung des Beispiels verwendete Formular öffnen.

▶ **So öffnen Sie das Formular „Projektaktivitäten verfolgen"**

1. Doppelklicken Sie nach dem Start von Solution.app auf **Neue Features für Visual FoxPro 6.0**.

2. Klicken Sie auf **Projektaktivitäten verfolgen** und dann auf die Schaltfläche **Code einsehen**.

Das zur Erzeugung des Beispiels „Projektaktivitäten verfolgen" verwendete Formular Acttrack.scx wird nun im Formulardesigner geöffnet.

Sie sollten auch die ProjectHook-Klassenbibliothek Project_hook.vcx näher betrachten, die dem in dem Beispiel „Projektaktivitäten verfolgen" geöffneten Projekt zugewiesen ist. Der größte Teil des Codes, der beim Eintreten von Projektereignissen ausgeführt wird, befindet sich in den Ereignisprozeduren dieser Klassenbibliothek. Project_hook.vcx befindet sich im Verzeichnis ...\Samples\Vfp98\Solution\Tahoe.

Neue und erweiterte Assistenten und Generatoren

Die folgenden Assistenten und Generatoren sind entweder neu oder wurden erweitert.

Anwendungs-Assistent   Neu

Der Anwendungs-Assistent für Visual FoxPro 6.0 bietet Unterstützung für die erweiterte Anwendungs-Grundstruktur und den neuen Anwendungsgenerator. Sie können den Anwendungs-Assistenten aus der Komponentengalerie oder aus dem Visual FoxPro-Menü **Extras** (klicken Sie auf **Assistenten**, dann auf **Anwendung**) aufrufen.

> **Anmerkung** Aus Gründen der Abwärtskompatibilität ist der Anwendungs-Assistent (5.0) von Visual FoxPro 5.0 im Dialogfeld Assistentenauswahl verfügbar.

Verbindungs-Assistenten   Neu

Zu den Verbindungs-Assistenten zählen der Codeerzeugungs-Assistent und der Reverse Engineering-Assistent. Diese Assistenten ermöglichen auf einfache Weise den Übergang zwischen Visual FoxPro-Klassenbibliotheken und Microsoft Visual Modeler-Modellen.

Datenbank-Assistent   Neu

Der Visual FoxPro-Datenbank-Assistent erstellt unter Verwendung von Vorlagen Datenbanken und Tabellen. Mit Hilfe des Assistenten können Sie auch Indizes und Beziehungen zwischen Tabellen einer neuen Datenbank erzeugen.

Dokumentatations-Assistent   Erweitert

Der Visual FoxPro-Dokumentatations-Assistent bietet nun eine Option, bei der Erzeugung der Dokumentation den Codeanalysator zu benutzen.

Formular-Assistent   Erweitert

Der aktualisierte Visual FoxPro-Formular-Assistent bietet Eingabemasken, Formatierung und eine Klasse für die Klassenzuordnung zu Feldern für spezifische in einer Datenbank gespeicherte Felder. Des weiteren bietet der Assistent Formularstiloptionen (einschließlich Formulare mit Bildlauf).

Diagramm-Assistent   Erweitert

Der Visual FoxPro-Diagramm-Assistent erzeugt mittels Microsoft Graph aus einer Visual FoxPro-Tabelle ein Diagramm. Dieser aktualisierte Assistent unterstützt die Graph 8.0-Komponente von Microsoft Office 97 (einschließlich der Automatisierung der Tabelle und der Option Serien nach Zeilen/Spalten).

Import-Assistent *Erweitert*

Der aktualisierte Visual FoxPro-Import-Assistent unterstützt Office 97 und die Multisheet-Behandlung von Microsoft Excel. Er bietet außerdem die Option, eine Tabelle in eine Datenbank zu impportieren.

Etiketten-Assistent *Erweitert*

Der Visual FoxPro-Etiketten-Assistent hat nun eine umfassendere Kontrolle über die Etikettenschriftarten sowie direkten Zugang zum Add Label wizard.

Serienbrief-Assistent *Erweitert*

Der Visual FoxPro-Serienbrief-Assistent erzeugt eine Datenquelle für ein zusammengefügtes Microsoft Word-Dokument oder eine von einer beliebigen Textverabeitung verwendbare Textdatei. Dieser aktualisierte Assistent unterstützt die Microsoft Word 8.0-Komponente von Office 97 sowie echte VBA-Automatisierung mit Unterstützung des Anwendungsobjekts und der Auflistungen.

Pivot-Tabellen-Assistent *Erweitert*

Der Visual FoxPro-Pivot-Tabellen-Assistent hilft Ihnen bei der Erzeugung interaktiver Arbeitsblatt-Tabellen, welche Daten von zwei oder mehr Feldern einer Tabelle zusammenfassen und analysieren. Dieser aktualisierte Assistent unterstützt die Microsoft Excel 8.0-Komponente von Office 97. Sie können eine Pivot-Tabelle entweder direkt in Excel speichern oder einem Formular als Objekt hinzufügen.

Berichts-Assistent *Erweitert*

Der Visual FoxPro-Berichts-Assistent bietet nun eine erweiterte Gruppierungs- und Zusammenfassungsfunktionalität, so daß Sie Ihre Berichte nur unter Verwendung dieses Assistenten leichter anpassen können. Außerdem bietet er nun mehr Berichtsstile an.

Assistent für Remote-Ansichten *Erweitert*

Der Visual FoxPro-Assistent für Remote-Ansichten bietet nun Zugriff aus Systemtabellen, so daß Sie die Funktionalität von ODBC-Treiber verwenden können, die diese Tabellen unterstützen.

Beispiels-Assistent *Neu*

Der Visual FoxPro-Beispiels-Assistent ermöglicht Ihnen mit einfachen Schritte die Erzeugung Ihres eigenen Assistenten. Die Ausgabe ist eine HTML-Datei, die aus den Datensätzen der von Ihnen spezifizierten Datenquelle erzeugt wird.

Setup-Assistent *Erweitert*

Der Visual FoxPro-Setup-Assistent bietet nun erweiterte Unterstützung für ActiveX-Steuerelemente und überschreibt die Dateizahlbeschränkung von Windows bei NT-Setups. Außerdem ermöglicht er das Hinzufügen externer DLL-Dateien zu Ihrer Anwendung während des Setups und das Erzeugen Web-basierter Installationen.

Tabellen-Assistent *Erweitert*

Der Visual FoxPro-Tabellen-Assistent bietet nun neue Tabellenvorlagen, optionale Stileinstellungen, Unterstützung für binäre Zeichen- und Memodatentypen und Zugang zu Datenbanken. Sie können Ihre Tabelle zu einer Datenbank hinzufügen und die Einstellungen der Datenbank zur Bestimmung des Formats der zu Ihrer Tabelle hinzugefügten Felder heranziehen. Außerdem können Sie Beziehungen zwischen den Tabellen der Datenbank herstellen.

Web-Publishing-Assistent *Neu*

Der Visual FoxPro-Web-Publishing-Assistent erzeugt aus Datensätzen der von Ihnen spezifizierten Datenquelle eine HTML-Datei.

Erweiterte Anwendungs-Grundstruktur

Die Visual FoxPro 6.0-Anwendungs-Grundstruktur wurde in Hinblick auf die Vereinfachung der Entwicklung von Visual FoxPro-Anwendungen entworfen. Sie können mittels des Anwendungs-Assistenten oder des Elements **Neue Anwendung** der Komponentengalerie auf die erweiterte Anwendungs-Grundstruktur zugreifen. Diese erweiterte Grundstruktur unterstützt die Visual FoxPro 5.0-Grundstruktur, welche die folgenden Elemente aufweist:

- Eine Projekt-Datei (.pjx).
- Eine Datei für das Hauptprogramm (Main.prg) für globale und Umgebungseinstellungen, welche ggf. einen Einführungsbildschirm aufruft oder andere spezifische Aufrufe durchführt und ggf. ein Schnellstartformular aufruft.
- Ein Hauptmenü.
- Das Visual FoxPro Grundstruktur-Anwendungsobjekt für die Ausführung des Hauptmenüs und der Formularsymbolleisten sowie für die Verwaltung und Behandlung von Berichten, Fehlern und Datensitzungen.

Die Visual FoxPro 6-Grundstruktur verwendet ein erweitertes Anwendungsobjekt und bietet die folgenden Elemente:

- Eine Haupt-Include-Datei mit dem Wert APP_GLOBAL zur Vereinfachung der Lokalisierung zur Verwendung durch Kompententen mit Einstellungen und Zeichenfolgen.
- Für bestimmte Anwendungstypen eine optionale Konfigurationsdatei (Config.fpw).
- Verwendung der Klasse ProjectHook zur Steuerung von projektrelevanten Ereignissen.
- Eine Anwendungs-Metatabelle zur Speicherung von Informationen, die von der ProjectHook-Klasse benötigt werden, sowie Anwendungsgeneratoren zum Erzeugen von Formularen in einem neuen Projekt.
- Verwendung des Anwendungsgenerators, um das Hinzufügen von Komponenten zum Projekt zu vereinfachen.

Aufruf des Anwendungsgenerators

Sie können den Anwendungsgenerator aus dem Visual FoxPro-Menü **Extras** oder aus der **Komponentengalerie** starten.

▶ **So starten Sie den Anwendungsgenerator aus dem Menü „Extras"**

1. Klicken Sie auf **Assistenten** und dann auf **Alle**.
2. Klicken Sie im Dialogfeld **Assistentenauswahl** auf **Anwendungsgenerator**.

▶ **So starten Sie den Anwendungsgenerator aus der Komponentengalerie**

- Doppelklicken Sie auf den Eintrag **Neue Anwendung**.

   Wenn Sie **OK** klicken, schließt sich der Generator und wendet die Eigenschaftseinstellungen aller Registerkarten an.

Sie können den Anwendungsgenerator auch durch Klicken mit der rechten Maustaste im Projekt-Manager-Fenster starten. Wenn Sie ihn jedoch auf diese Weise starten, erzeugt der Anwendungsgenerator nur Metabellen für Ihre Anwendung – Sie werden im Anwendungsgenerator nur drei Registerkarten sehen. Der einzige Weg, Ihrer Anwendung die vollständige erweiterte Anwendungs-Grundstruktur zur Verfügung zu stellen, besteht im Aufruf des Anwendungsgenerator durch den Anwendungs-Assistenten oder den Eintrag „Neue Anwendung" der Komponentengalerie.

Details zum Inhalt und zur Verwendung der erweiterten Anwendungs-Grundstruktur und des Anwendungs-Assistenten finden Sie im Kapitel „Entwicklung von Anwendungen mittels der Anwendungs-Grundstruktur" in der Hilfe.

Dateien

Haupt-Include-Datei
   Diese allgemeine #INCLUDE-Datei wird von Komponenten mit Einstellungen und Zeichenfolgen verwendet. Diese Datei enthält auch den Wert APP_GLOBAL, dem von Komponenten für Verweise verwendeten Namen.

Konfigurationsdatei
   Die optionale Datei Config.fpw wird für Anwendungen wie Formulare der obersten Ebene verwendet, um Einstellungen wie SCREEN=OFF zu implementieren.

ProjectHook-Klasse
   Steuert projektrelevante Ereignisse, wie das Hinzufügen neuer Dateien. Sie kann auch auf den Anwendungsgenerator zugreifen, um Aktionen und Eigenschaften für die Interaktion von Dateien in der Anwendung zu setzen.

Anwendungs-Metatabelle
   Enthält Informationen, wie die von dem Anwendungsgenerator und den Projekt-Hooks erstellten oder benutzten Projekteinstellungen.

Anwendungsgenerator
Erleichtert das Hinzufügen von Komponenten zum Projekt und das Einstellen von Eigenschaften wie den Navigationsoptionen.

Eine Anwendungs-Grundstruktur besteht aus der Projektdatei und einer Start-Klassenbibliothek, welche eine Unterklasse der Visual FoxPro-Basisklassen ist; diese ist bereit, mit neuen oder existierenden Tabellen und Dokumenten aufgefüllt zu werden.

Die Grundstruktur erlaubt Ihnen die Angabe, ob eine vollständige Anwendung oder nur eine Anwendungs-Grundstruktur erzeugt werden soll. Wenn Sie sich für die Erzeugung einer vollständigen Anwendung entscheiden, können Sie in dieser Anwendung bereits von Ihnen erstellte Datenbanken, Formulare und Berichte verwenden oder unter Verwendung einer Datenbankvorlage eine komplett neue Anwendung erstellen. Wenn Sie sich für die Erzeugung einer Grundstruktur entscheiden, können Sie später zurückkehren und der Grundstruktur Komponenten hinzufügen.

Erzeugen einer Grundstruktur

Sie können mit Hilfe des Anwendungs-Assistenten oder des Elements Neue Anwendung der Komponentengalerie eine Anwendungs-Grundstruktur erzeugen. Wenn Sie die Komponentengalerie verwenden, wird Ihrem Favoriten-Ordner ein neues Projektordnerelement hinzugefügt.

Unabhängig von der gewählten Methode zeigt Visual FoxPro einen Anwendungsgenerator an, damit Sie in der Metatabelle zu speichernde Informationen hinzufügen können.

▶ **So erzeugen Sie eine Anwendung**

1. Klicken Sie im Menü **Extras** auf **Assistenten** und dann auf **Anwendung**.

    – Oder –

2. Doppelklicken Sie im Ordner **Kataloge** der **Komponentengalerie** auf den Eintrag **Neue Anwendung**.

3. Im Dialogfeld **Projektnamen eingeben**:

    - Spezifizieren Sie den Namen des Projekts.

    - Akzeptieren oder suchen Sie die Projektdatei.

    - Wählen sie Ihre Optionen ... **Verzeichnisstruktur für das Projekt erstellen** (Standard) und **Dem Favoritenkatalog hinzufügen** (Standard)

Details zum Inhalt und der Verwendung der erweiterten Anwendungs-Grundstruktur und des Anwendungs-Assistenten finden Sie im Kapitel „Entwicklung von Anwendungen mittels der Anwendungs-Grundstruktur" in der Hilfe.

Auch mit Hilfe der Komponentengalerie können Sie Ihrer neuen Anwendungs-Grundstruktur Formulare, Berichte, Daten und Service-Objekte hinzufügen; den Formularen können Sie Steuerelemente hinzufügen.

Wenn Sie mit Hilfe der Komponentengalerie einer Anwendung ein Formular hinzufügen, können Sie ein neues Formular oder eine Unterklasse einer existierenden Klasse erzeugen.

KAPITEL 33

Programmierverbesserungen

Microsoft Visual FoxPro enthält nun neue Programmierfunktionen, die zwecks Verbesserung der Entwicklerproduktivität entworfen wurden. Zu diesen Funktionen gehören die Access- und Assign-Methoden, mit deren Hilfe Sie Code ausführen können, wenn der Wert einer Eigenschaft abgefragt wird oder wenn Sie versuchen, den Wert einer Eigenschaft zu ändern, sowie die Unterstützung weiterer Grafikdateiformate und neue Sprachkomponenten zur Vereinfachung der Programmieraufgaben zu erhalten. Außerdem wurden viele der in **Foxtools.fll**, einer Visual FoxPro-API-Bibliothek, zur Verfügung stehenden Funktionen zur Bearbeitung von Dateinamen zu Visual FoxPro hinzugefügt.

Dieses Kapitel enthält folgendes:

- Access- und Assign-Methoden
- GIF- und JPEG-Grafikunterstützung
- Neue und verbesserte Sprache
- Datumsunterstützung für das Jahr 2000

Access- und Assign-Methoden

In Visual FoxPro ist die Unterstützung der Access- und Assign-Methoden erweitert worden. Mit Hilfe dieser benutzerfreundlichen Methoden können Sie Code ausführen, wenn der Wert einer Eigenschaft abgefragt wird, oder wenn Sie versuchen, den Wert einer Eigenschaft zu ändern.

Der Code in einer Access-Methode wird beim Abfragen des Wertes einer Eigenschaft ausgeführt, und zwar typischerweise durch Verwendung der Eigenschaft in einem Objektverweis, wobei der Wert der Eigenschaft in einer Variablen gespeichert oder mit einem Fragezeichen (?) angezeigt wird.

Der Code in einer Assign-Methode wird beim Ändern des Wertes einer Eigenschaft ausgeführt, und zwar typischerweise durch Verwenden des Befehls STORE oder des Befehls =, mit dem einer Eigenschaft ein neuer Wert zugewiesen wird.

Access- und Assign-Methoden werden ausgeführt, wenn zur Laufzeit Werte von Eigenschaften abgefragt oder geändert werden. Das Abfragen oder Ändern von Eigenschaftswerten zur Entwurfszeit führt nicht zur Ausführung der Access- und Assign-Methoden.

Anmerkung: Da der Wert, den Sie der Eigenschaft zuzuweisen versuchen, an die Assign-Methode übergeben wird, müssen Sie eine PARAMETERS- oder LPARAMETERS-Anweisung zur Assign-Methode hinzunehmen, um den Wert entgegenzunehmen.

Access- und Assign-Methoden lassen sich unabhängig voneinander erstellen – Sie können eine Access-Methode ohne eine Assign-Methode oder eine Assign-Methode ohne eine Access-Methode erstellen.

Access- und Assign-Methoden lassen sich für Eigenschaften erstellen, die programmgesteuert in einer DEFINE CLASS-Anweisung oder interaktiv für ein Formular oder eine Klasse mit dem Formular- bzw. Klassen-Designer erstellt worden sind.

Anmerkung: Access- und Assign-Methoden lassen sich außerdem für alle systemeigenen Visual FoxPro-Eigenschaften erstellen. Beispielsweise können Sie eine Access-Methode für die Eigenschaft **Left** auf einem Formular erstellen, um immer dann Code auszuführen, wenn die Eigenschaft **Left** des Formulars abgefragt wird. Sie können eine Assign-Methode für eine systemeigene Visual FoxPro-Eigenschaft erstellen, die nur lesbar ist (beispielsweise die Eigenschaft **ParentClass**), aber diese Methode wird dann nie ausgeführt.

Vorteile der Access- und Assign-Methoden

Access- und Assign-Methoden bieten die folgenden Vorteile:

- Sie können eine globale Schnittstelle für eine Klasse oder ein Objekt erstellen, die die Schnittstelle von der Implementierung abteilt.
- Sie können auf einfache Weise eine Validierung von Eigenschaften implementieren.
- Sie können auf einfache Weise Eigenschaften in untergeordneten ActiveX-Steuerelementen schützen.

Erstellen von Access- und Assign-Methoden

Mit Hilfe von Verbesserungen am DEFINE CLASS-Befehl und den Formular- und Klassen-Designern können Sie Access- und Assign-Methoden sowohl programmgesteuert als auch interaktiv erstellen.

Neue DEFINE CLASS-Suffixe

Zwei Suffixe, nämlich _ACCESS und _ASSIGN, wurden dem DEFINE CLASS-Befehl zugefügt, um Access- und Assign-Methoden zu erstellen. Das Anhängen eines dieser Schlüsselwörter an einen Funktions- oder Prozedurnamen erstellt eine Access- bzw. Assign-Methode für eine Eigenschaft, die denselben Namen wie die Funktion oder Prozedur trägt.

Beispielsweise verwendet das folgende Code-Beispiel DEFINE CLASS, um eine angepaßte Klasse namens **MyClass** zu erstellen. Für diese Klasse wird eine benutzerdefinierte Eigenschaft namens **MyProperty** erstellt. Mit der PROCEDURE-Anweisung wird dann eine Access-Methode für **MyProperty** erstellt.

Wird der Wert der Eigenschaft abgefragt, so wird der Code in der Prozedur (WAIT WINDOW 'Dies ist die Access-Methode') ausgeführt. Außerdem wird eine Assign-Methode für **MyProperty** erstellt, wiederum mit einer PROCEDURE-Anweisung. Bei einem Versuch, den Eigenschaftswert zu ändern, wird der Code in der Prozedur (WAIT WINDOW 'Dies ist die Assign-Methode') ausgeführt.

Beachten Sie die Verwendung einer LPARAMETERS-Anweisung zur Entgegennahme des an die Assign-Methode übergebenen Wertes. Dieses Beispiel demonstriert außerdem, wie Sie nur lesbare Eigenschaften erstellen können.

```
DEFINE CLASS MyClass AS Custom
   MyProperty = 100  && Eine benutzerdefinierte Eigenschaft
```

```
PROCEDURE MyProperty_ACCESS   && Access-Methode
   WAIT WINDOW 'Dies ist die Access-Methode';
      + ' ' + PROGRAM( )
   RETURN THIS.MyProperty
ENDPROC

PROCEDURE MyProperty_ASSIGN   && Assign-Methode
   LPARAMETERS tAssign   && nötig zur Entgegennahme des Wertes
   WAIT WINDOW 'Dies ist die Assign-Methode';
      + ' ' + PROGRAM( )
ENDPROC
ENDDEFINE
```

Das nächste Beispiel demonstriert, wie Sie eine Assign-Methode für eine systemeigene Visual FoxPro-Eigenschaft hinzufügen und eine einfache Validierung des Eigenschaftswertes, den Sie zu setzen versuchen, durchführen können. Beachten Sie, daß in diesem Beispiel eine Assign-Methode ohne eine zugehörige Access-Methode erstellt wird.

DEFINE CLASS wird zur Erstellung einer Formularklasse namens **frmMyForm** verwendet. Mit einer PROCEDURE-Anweisung wird eine Assign-Methode namens **Left_ASSIGN** erstellt. Der Code in der Assign-Methode wird bei jedem Versuch ausgeführt, einen Wert an die Eigenschaft **Left** des Formulars zuzuweisen.

Wenn Sie versuchen, den Wert der Eigenschaft **Left** in einen negativen Wert zu ändern, wird eine Meldung angezeigt und die Eigenschaft **Left** bleibt unverändert. Wenn Sie versuchen, den Wert der Eigenschaft **Left** auf einen nicht negativen Wert zu setzen, wird die Eigenschaft **Left** des Formulars auf diesen Wert gesetzt.

```
DEFINE CLASS frmMyForm AS Form

   PROCEDURE Left_ASSIGN   && Assign-Methode
      LPARAMETERS tAssign   && nötig zur Entgegennahme des Wertes

      DO CASE
         CASE tAssign < 0   && negativer Left-Wert
            WAIT WINDOW 'Wert muß größer als 0 sein'
         OTHERWISE   && nicht negativer Left-Wert
            THIS.Left = tAssign
      ENDCASE
   ENDPROC
ENDDEFINE
```

Weitere Informationen über die zum Erstellen von Access- und Assign-Methoden verwendete Syntax finden Sie unter DEFINE CLASS.

Der Formular- und der Klassen-Designer

So erstellen Sie eine Access- oder Assign-Methode im Formular-Designer

1. Wählen Sie **Neue Eigenschaft** aus dem Menü **Formular**.

   Das Dialogfeld **Neue Eigenschaft** wird angezeigt.

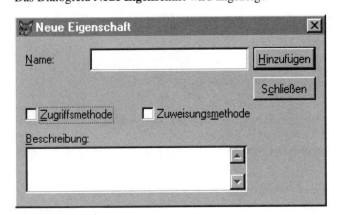

2. Geben Sie den Namen der zu erstellenden Eigenschaft in das Textfeld **Name** ein, und markieren Sie das Kontrollkästchen **Access-Methode** oder das Kontrollkästchen **Assign-Methode** (oder beide).

3. Wählen Sie **Hinzufügen**, um eine Eigenschaft für das Formular und Access- oder Assign-Methoden für die Eigenschaft zu erstellen.

So erzeugen Sie im Formular-Designer eine Access- oder Assign-Methode für eine interne Visual FoxPro Eigenschaft

1. Wählen Sie **Neue Methode** aus dem Menü **Formular**.

   Das Dialogfeld **Neue Methode** wird angezeigt.

2. Geben Sie den Namen der internen Eigenschaft gefolgt von _Access oder _Assign in das Textfeld **Name** ein. Um beispielsweise eine Access-Methode für die Left-Eigenschaft zu erzeugen, geben Sie Left_Access in das Textfeld **Name** ein.

3. Wählen Sie **Hinzufügen**, um eine Access- oder Assign-Methode für die interne Eigenschaft zu erzeugen.

Anmerkung: Im Formular-Designer können Sie Eigenschaften mit Access- und Assign-Methoden nur für ein Formular oder einen Formularsatz erstellen. Zum Erstellen von Eigenschaften mit Access- und Assign-Methoden für ein Steuerelement oder Objekt verwenden Sie den Klassen-Designer, mit dem Sie die Steuerelement- oder Objektklasse erstellen. Im Klassen-Designer fügen Sie zum Steuerelement oder Objekt Eigenschaften mit Access- und Assign-Methoden hinzu; dann fügen Sie die Steuerelement- oder Objektklasse im Formular-Designer zum Formular hinzu.

So erstellen Sie eine Access- oder Assign-Methode für eine Klasse im Klassen-Designer

1. Wählen Sie **Neue Eigenschaft** aus dem Menü **Klasse**.

   Das Dialogfeld **Neue Eigenschaft** wird angezeigt.

2. Geben Sie den Namen der zu erstellenden Eigenschaft in das Textfeld **Name** ein, und markieren Sie das Kontrollkästchen **Access-Methode** oder das Kontrollkästchen **Assign-Methode** (oder beide).

3. Wählen Sie **Hinzufügen**, um eine Eigenschaft für die Klasse und dann Access- oder Assign-Methoden für die Eigenschaft zu erstellen.

Weitere Informationen über das Erstellen von Access- oder Assign-Methoden finden Sie unter dem Thema Dialogfeld Neue Eigenschaft.

Methode THIS_ACCESS

Zu Visual FoxPro 6.0 ist eine neue globale Klassenmethode namens THIS_ACCESS hinzugefügt worden. Der Code in einer THIS_ACCESS-Methode wird immer dann ausgeführt, wenn Sie versuchen, den Wert eines Elements eines Objektes zu ändern oder ein solches abzufragen.

Eine THIS_ACCESS-Methode wird im Code innerhalb eines DEFINE CLASS-Befehls erstellt oder in der Methode **New** oder in den Dialogfeldern **Eigenschaften bearbeiten** für .vcx-Bibliotheken visueller Klassen. Eine THIS_ACCESS-Methode muß immer einen Objektverweis zurückgeben; sonst wird ein Fehler erzeugt. Typischerweise wird der THIS-Objektverweis zurückgegeben. Eine THIS_ACCESS-Methode muß außerdem einen Parameter enthalten, der den Namen des zu ändernden oder abgefragten Elements des Objekts aufnimmt.

Das folgende einfache Beispiel demonstriert, wie eine THIS_ACCESS-Methode im Code innerhalb eines DEFINE CLASS-Befehls zu erstellen ist. Wenn dieses Beispiel als Programm ausgeführt wird, wird zweimal 'Titel' angezeigt: zum ersten Mal, wenn die **Caption**-Eigenschaft einen Wert zugewiesen erhält, und erneut, wenn der Wert der Eigenschaft **Caption** abgefragt wird. Der Wert der Eigenschaft **Caption** ('abc') wird dann angezeigt.

```
CLEAR
oTempObj = CREATEOBJECT('MyForm') && Instantiieren des Formulars
oTempObj.Caption = 'abc' && Zuweisung eines Werts, aktiviert THIS_ACCESS
? oTempObj.Caption && Abfragen eines Werts, aktiviert THIS_ACCESS

DEFINE CLASS MyForm AS Form
   PROCEDURE THIS_ACCESS
      LPARAMETER cMemberName && Name des Objektelements

      IF cMemberName = 'Titel'
         ? cMemberName && Zeigt den Namen des Objektelements an
      ENDIF
      RETURN THIS
   ENDPROC
ENDDEFINE
```

Beachten Sie, daß THIS_ACCESS nicht als globaler Ersatz für Access- und Assign-Methoden gedacht ist, sondern lediglich Informationen darüber liefert, auf welches Objektelement zugegriffen bzw. welches abgefragt wird. Im Unterschied zu einer Access- oder Assign-Methode bietet THIS_ACCESS keine Kontrolle über die an bestimmte Objektelemente zurückgegebenen Werte.

Programmieranmerkungen zu Access und Assign

Die folgenden Abschnitte beschreiben Programmierinformationen für Access- und Assign-Methoden.

Gültigkeitsbereich

Access- und Assign-Methoden sind standardmäßig geschützt. Sie können von außerhalb der Klasse, in der die Access- oder Assign-Methode erstellt worden ist, weder auf eine Access- oder Assign-Methode zugreifen, noch Änderungen an derselben vornehmen.

Fügen Sie beim Erstellen einer Access- oder Assign-Methode das Schlüsselwort HIDDEN hinzu, um Zugriff auf oder Änderungen an den Eigenschaften von außerhalb der Klassendefinition zu verhindern. Nur Methoden und Eigenschaften der Klassendefinition können auf die verborgenen Eigenschaften zugreifen. Während untergeordnete Klassen der Klassendefinition auf geschützte Eigenschaften zugreifen können, sind verborgene Eigenschaften nur von innerhalb der Klassendefinition aus zugreifbar.

Anmerkung: Wenn Sie das Schlüsselwort HIDDEN nicht hinzunehmen, können Sie Unterklassen für die Access- und Assign-Methoden erstellen.

Debugging

Sie können sich den Code für Access- und Assign-Methoden im Testfenster des Debugger-Fensters ansehen. Allerdings lassen sich Access- und Assign-Methoden weder vom Überwachungsfenster noch vom Fenster **Aktuelle Variablen** des Debugger-Fensters aus ausführen.

Übergeben von Arrays an Assign-Methoden

Arrays werden an Access- und Assign-Methoden auf dieselbe Weise übergeben wie bei standardmäßigen Visual FoxPro-Prozeduren.

Wenn Sie SET UDFPARMS TO REFERENCE setzen oder dem Array-Namen einen @ voranstellen, wird das gesamte Array an eine Access- oder Assign-Methode übergeben. Wenn Sie SET UDFPARMS TO VALUE setzen oder den Array-Namen in Klammern setzen, wird das erste Array-Element als Wert übergeben. Array-Elemente werden immer als Wert übergeben. Weitere Informationen zur Übergabe von Werten und Arrays finden Sie unter SET UDFPARMS.

ActiveX-Steuerelemente

Access- und Assign-Methoden werden für die systemeigenen Eigenschaften, Ereignisse oder Methoden eines ActiveX-Steuerelements nicht unterstützt. Allerdings werden Access- und Assign-Methoden für Eigenschaften, Ereignisse und Methoden für den Visual FoxPro-OLE-Container, in dem das ActiveX-Steuerelement enthalten ist, unterstützt.

ResetToDefault-Methode

Das Ausführen der Methode **ResetToDefault** für eine Access- oder Assign-Methode ändert den in der Access- oder Assign-Methode enthaltenen Code in den Standardteil. Das Ergebnis ist, daß der geerbte Methoden-Code, falls vorhanden, nicht ausgeführt wird. Die Technik, die dafür sorgt, daß der von der übergeordneten Klasse geerbte Code ausgeführt wird, variiert in Abhängigkeit vom Methodentyp.

Plazieren Sie den folgenden Code in die Unterklasse einer Access-Methode, um den Code in der übergeordneten Klasse auszuführen:

```
RETURN DODEFAULT( )
```

Plazieren Sie den folgenden Code in die Unterklasse einer Assign-Methode, um den Code in der übergeordneten Klasse auszuführen:

```
LPARAMETERS vnewval
DODEFAULT(vnewval)
THIS.<property name> = vnewval
```

Plazieren Sie den folgenden Code in die Unterklasse einer THIS_ACCESS-Methode, um den Code in der übergeordneten Klasse auszuführen:

```
LPARAMETERS cmember
RETURN DODEFAULT(cmember)
```

GIF- und JPEG-Grafikunterstützung

Visual FoxPro wurde verbessert und unterstützt nun die Grafikdateiformate GIF (Graphics Interchange Format) und JPEG (Joint Photographic Electronic Group), die im Internet weit verbreitet sind.

In allgemeinen gilt, daß Bereiche, die in früheren Versionen von Visual FoxPro .bmp-Formate (Bitmap) unterstützten, nunmehr auch die folgenden Grafikdateiformate unterstützen.

Grafikformat	Dateinamenerweiterung
Bitmap	.bmp
Geräteunabhängige Bitmap (Device Independent Bitmap)	.dib
GIF (Graphics Interchange Format)	.gif
JPEG (Joint Photographic Electronic Group)	.jpg
Cursor	.cur
Animierter Cursor	.ani
Symbol (Icon)	.ico

Anmerkung: In Visual FoxPro können Cursor-, animierte Cursor- und Symboldateien als Grafikdateien verwendet werden. Sie können beispielsweise eine animierte Cursordatei für die **Picture**-Eigenschaft für das Bild-Steuerelement angeben. (Allerdings zeigt das Bild-Steuerelement die statische Darstellung des Cursor an.)

Grafikunterstützung wird in Visual FoxPro in drei Bereichen geboten: Sprache, Steuerelemente und Objekte sowie die Schnittstelle.

Die Visual FoxPro-Sprache

Die folgenden Befehle und Funktionen wurden verbessert, um die neuen Grafikdateiformate zu unterstützen.

GETPICT( )

Das nach Absetzen der GETPICT( )-Funktion angezeigte Dialogfeld **Öffnen** im Befehlsfenster wurde verbessert, so daß schnell alle in Visual FoxPro unterstützten Grafikdateien zu finden sind. Das Dropdown-Listenfeld **Dateityp** enthält nun folgende Elemente:

Element	Dateispezifikationen
Alle Dateien	*.*
Alle Grafikdateien	*.bmp, *.dib, *.jpg, *.gif, *.ani, *.cur, *.ico
Bitmap	*.bmp, *.dib
Cursor	*.cur
Animierter Cursor	*.ani
Symbol (Icon)	*.ico
JPEG	*.jpg
GIF	*.gif

Markieren Sie das Kontrollkästchen **Seitenansicht**, um die aktuell markierte Grafikdatei anzuzeigen. In früheren Versionen von Visual FoxPro war es nötig, für jede neu ausgewählte Grafikdatei die Schaltfläche **Seitenansicht** zu wählen. Außerdem wurde der **Bild**-Bereich vergrößert.

CLEAR RESOURCES

Der CLEAR RESOURCES-Befehl in Visual FoxPro entfernt nun alle zwischengespeicherten Grafikdateien einschließlich aller .gif- und .jpg-Dateien.

Visual FoxPro-Steuerelemente und Objekte

Die folgende Tabelle zeigt eine Liste der Visual FoxPro-Steuerelemente und -Objekte mit Eigenschaften, für die Sie Grafikdateien angeben können. Sie können nun zusätzlich zu den in früheren Visual FoxPro-Versionen unterstützten .bmp- und .dib-Grafikdateien für diese Eigenschaften .gif-, .jpg-, Cursor-, animierte Cursor- und Symbolgrafikdateien angeben.

Steuerelement oder Objekt	Eigenschaften
Kontrollkästchen-Steuerelement (CheckBox)	DisabledPicture DownPicture Picture
Befehlsschaltflächen-Container	DisabledPicture DownPicture Picture
Container-Objekt	Picture
Steuerelement-Objekt	Picture
Benutzerdefiniertes Objekt	Picture
Formular-Objekt	Picture
Bild-Steuerelement	Picture
Optionsfeld-Steuerelement	DisabledPicture DownPicture Picture
Seiten-Objekt	Picture
_Screen-Objekt	Picture

Die Visual FoxPro-Schnittstelle

Diverse der Visual FoxPro-Designer ermöglichen Ihnen die Angabe von Grafikdateien im Dialogfeld **Öffnen**. Das Dialogfeld **Öffnen** wurde im Hinblick auf die neuen Grafikdateiformate in den folgenden Designern verbessert.

Formular-Designer und Klassen-Designer

Im Eigenschaftenfenster können Sie durch Doppelklick auf die Eigenschaft oder Auswahl der Dialogschaltfläche der Eigenschaft das Dialogfeld **Öffnen** für eine Eigenschaft, die Grafikdateien unterstützt, anzeigen.

Projekt-Manager

Sie können auf den Registerkarten **Alle** und **Andere** des Projekt-Managers zu einem Projekt Grafikdateien hinzufügen. Wenn die Registerkarte **Alle** oder **Andere** ausgewählt worden ist, wählen Sie das Element **Andere Dateien** und dann **Hinzufügen**. Das Dialogfeld **Öffnen** wird angezeigt, und Sie können zum Projekt eine Grafikdatei hinzufügen.

Berichts-Designer

Die Symbolleiste **Bericht-Steuerelemente** enthält die Schaltfläche **Bild/Gebundenes OLE-Steuerelement**. Klicken Sie auf diese Schaltfläche, und ziehen Sie den Cursor über einen Bereich im Berichts-Designer, um das Dialogfeld **Berichtsbild** anzuzeigen. Zum Anzeigen des Dialogfelds **Öffnen** wählen Sie die Dialogschaltfläche **Datei**.

Neue und verbesserte Sprachelemente

Viele neue und verbesserte Elemente sind zu Visual FoxPro hinzugefügt worden. Zu den neuen in diesem Abschnitt aufgeführten Sprachelementen gehören Aktive Dokumente, Projekt-Manager-Hooks, OLE-Drag & Drop, Server-Verbesserungen und weitere Sprachelemente.

Die verbesserten Elemente werden auf aufgeführt.

Darüber hinaus sind viele der in **Foxtools.fll**, einer Visual FoxPro-API-Bibliothek, verfügbaren Funktionen zur Bearbeitung von Dateinamen zu Visual FoxPro hinzugefügt worden. Es ist nicht mehr länger nötig, SET LIBRARY TO FOXTOOLS.FLL zu verwenden, um diese Foxtools-Funktionen aufzurufen; sie können Sie in Ihren Visual FoxPro-Programmen direkt aufrufen.

Dieser Abschnitt beschreibt auch Verbesserungen hinsichtlich der Leistungsfähigkeit, Robustheit und Benutzbarkeit von Visual FoxPro.

Neue Sprachelemente für Aktive Dokumente	Beschreibung
ActiveDoc-Objekt	Erstellt ein aktives Dokument, das in einen Container aktiver Dokumente wie etwa Microsoft Internet Explorer aufgenommen werden kann.
AlwaysOnBottom-Eigenschaft	Verhindert, daß andere Fenster von einem Formularfenster verdeckt werden.
CommandTargetExec-Ereignis	Tritt auf, wenn der Benutzer auf einen Menüeintrag oder Symbolleistenelement klickt, das zum Container aktiver Dokumente gehört.
CommandTargetQuery-Ereignis	Tritt auf, wenn der Host des aktiven Dokuments herausfinden muß, ob das aktive Dokument verschiedene Host-Menü- und/oder Symbolleistenbefehle unterstützt, so daß er die entsprechenden Menüeinträge und/oder Symbolleisten-Schaltflächen aktivieren bzw. deaktivieren kann.
ContainerRelease-Ereignis	Tritt auf, wenn ein aktives Dokument von seinem Host freigegeben wird.
ContainerReleaseType-Eigenschaft	Gibt an, ob ein aktives Dokument in der Visual FoxPro-Laufzeitumgebung geöffnet ist, wenn das aktive Dokument von seinem Host freigegeben wird.

(Fortsetzung)

Neue Sprachelemente für Aktive Dokumente	Beschreibung
ContinuousScroll-Eigenschaft	Gibt an, ob der Bildlauf innerhalb eines Formulars beständig erfolgt oder nur dann, wenn ein Bildlauffeld freigegeben wird.
DEFINE PAD-Befehl	Unterstützt neue NEGOTIATE-Optionen zur Angabe einer Menütitel-Position für aktive Dokumente.
GETHOST( )-Funktion	Gibt einen Objektverweis auf den Container eines aktiven Dokuments zurück.
GoBack-Methode	Navigiert rückwärts in der History-Liste eines Hosts aktiver Dokumente.
GoFoward-Methode	Navigiert vorwärts in der History-Liste eines Hosts aktiver Dokumente.
HideDoc-Ereignis	Tritt auf, wenn Sie von einem aktiven Dokument aus navigieren.
HscrollSmallChange-Eigenschaft	Gibt die Schrittgröße an, um die für ein Formular in horizontaler Richtung ein Bildlauf durchgeführt wird, wenn Sie auf einen horizontalen Bildlaufpfeil drücken.
Hyperlink-Objekt	Erstellt ein Hyperlink-Objekt.
ISHOSTED( )-Funktion	Gibt einen logischen Wert zurück, der angibt, ob das aktive Dokument sich in einem Container aktiver Dokumente befindet.
NavigateTo-Methode	Navigiert in einem Container aktiver Dokumente an eine angegebene Position.
Run-Ereignis	Tritt auf, wenn ein aktives Dokument die Koordinierung mit seinem Host und mit COM beendet hat und bereit ist, benutzerdefinierten Code auszuführen.
_RUNACTIVEDOC-Systemvariable	Gibt eine Anwendung an, die ein aktives Dokument startet.
ScrollBars-Eigenschaft	Nun für Formulare verfügbar. Wenn ein Formular sich in einem aktiven Dokument befindet, werden die Bildlaufleisten automatisch angezeigt, wenn die Größe des Containers aktiver Dokumente kleiner als die Formulargröße ist.
Scrolled-Ereignis	Nun für Formulare verfügbar. Ermöglicht Ihnen festzustellen, ob auf die horizontalen oder vertikalen Bildlaufleisten geklickt oder ein Bildlauffeld verschoben worden ist.

(Fortsetzung)

Neue Sprachelemente für Aktive Dokumente	Beschreibung
SetViewPort-Methode	Setzt die Werte für die Eigenschaften **ViewPortLeft** und **ViewPortTop** eines Formulars.
ShowDoc-Ereignis	Tritt auf, wenn Sie zu einem aktiven Dokument navigieren.
SYS(4204) – Debugging aktiver Dokumente	Aktiviert oder deaktiviert die Debugging-Unterstützung für aktive Dokumente im Visual FoxPro-Debugger.
ViewPortHeight-Eigenschaft	Enthält die Viewport-Höhe für ein Formular.
ViewPortLeft-Eigenschaft	Enthält die linke Koordinate des im Viewport sichtbaren Formulars.
ViewPortTop-Eigenschaft	Enthält die obere Koordinate des im Viewport sichtbaren Formulars.
ViewPortWidth-Eigenschaft	Enthält die Viewport-Breite für ein Formular.
VscrollSmallChange-Eigenschaft	Gibt die Schrittweite an, mit dem für ein Formular der vertikale Bildlauf durchgeführt wird, wenn Sie auf einen Bildlaufpfeil klicken.

Neue Sprachelemente für Projekt-Manager-Angeln	Beschreibung
ActiveProject-Eigenschaft	Enthält einen Objektverweis auf das Projekt-Objekt für das aktuell aktive Fenster des Projekt-Managers.
Add-Methode	Fügt einem Projekt eine Datei hinzu.
AddToSCC-Methode	Fügt eine Datei in einem Projekt der Quellcode-Kontrolle hinzu.
AfterBuild-Ereignis	Tritt nach der Neuerstellung eines Projekts auf oder nachdem eine Anwendungsdatei (.app), eine Dynamic Link Library (.dll) oder eine ausführbare Datei (.exe) aus einem Projekt erstellt worden ist.
AutoIncrement-Eigenschaft	Gibt an, ob die erstellte Version eines Projekts jedesmal automatisch inkrementiert wird, wenn ein vertriebsfähiges .exe oder eine innerprozeßliche .dll erstellt worden ist.
BeforeBuild-Ereignis	Tritt auf, bevor ein Projekt neu erstellt wird oder eine Anwendungsdatei (.app), eine Dynamic Link Library (.dll) oder eine ausführbare Datei (.exe) aus einem Projekt erstellt wird.

(Fortsetzung)

Neue Sprachelemente für Projekt-Manager-Angeln	Beschreibung
Build-Methode	Erstellt ein Projekt, oder erstellt aus einem Projekt eine Anwendungsdatei (.app), eine Dynamic Link Library (.dll) oder eine ausführbare Datei (.exe).
BuildDateTime-Eigenschaft	Enthält Datum und Uhrzeit der letzten Erstellung für ein Projekt.
CheckIn-Methode	Überprüft die an einer Datei in einem Projekt, das sich unter Quellcode-Kontrolle befindet, vorgenommenen Änderungen.
CheckOut-Methode	Checkt eine Datei aus, die sich in einem Projekt unter Quellcode-Kontrolle befindet, wodurch Sie Änderungen an der Datei vornehmen können.
CleanUp-Methode	Säubert eine Projekttabelle durch Entfernen der zum Löschen markierten Datensätze und durch Packen der Memofelder.
Close-Methode	Schließt ein Projekt und gibt die ProjectHook des Projekts und die Projekt-Objekte frei.
CLSID-Eigenschaft	Enthält den registrierten CLSID (Klassenbezeichner) für einen Server in einem Projekt.
CodePage-Eigenschaft	Enthält die Codeseite einer Datei in einem Projekt.
Count-Eigenschaft	Die Anzahl der Projekt-, Datei- oder Server-Objekte in einer Projekt-, Datei- bzw. Server-Auflistung.
CREATE PROJECT-Befehl	In Visual FoxPro 6.0 verbessert. Unterstützt die beiden neuen Optionen NOSHOW und NOPROJECTHOOK zur Verwendung mit den neuen Projekt-Manager-Hooks.
Debug-Eigenschaft	Gibt an, ob mit dem kompilierten Quellcode Debugging-Informationen in ein Projekt eingebaut werden.
Description-Eigenschaft	Für ein Dateiobjekt die Beschreibung der Datei. Für ein Server-Objekt die Beschreibung der Server-Klasse.
Encrypted-Eigenschaft	Gibt an, ob der kompilierte Quellcode in einem Projekt verschlüsselt ist.
Exclude-Eigenschaft	Gibt an, ob eine Datei bei der Erstellung aus einem Projekt aus einer Anwendung (.app), einer Dynamic Link Library (.dll) oder einer ausführbaren Datei (.exe) ausgeschlossen wird.

(Fortsetzung)

Neue Sprachelemente für Projekt-Manager-Angeln	Beschreibung
FileClass-Eigenschaft	Enthält den Namen der Formularklasse, auf der ein Formular in einem Projekt basiert.
FileClassLibrary-Eigenschaft	Enthält den Namen der die Klasse, auf der ein Formular in einem Projekt basiert, enthaltenden Klassenbibliothek.
Datei-Objekt	Stellt Verweise auf bestimmte Dateien in einem Projekt bereit.
Dateien-Auflistung	Eine Auflistung von Datei-Objekten.
GetLatestVersion-Methode	Holt die neueste Version einer Datei in einem Projekt aus der Quellcode-Kontrolle und kopiert eine nur lesbare Version auf Ihre lokale Festplatte.
HomeDir-Eigenschaft	Gibt das Basisverzeichnis für ein Projekt an.
Instancing-Eigenschaft	Gibt an, wie ein Server in einem Projekt instantiiert werden kann.
Item-Methode	Gibt einen Objektverweis auf das angegebene Element in einer Projektauflistung zurück.
LastModified-Eigenschaft	Enthält Datum und Uhrzeit der letzten an einer Datei im Projekt vorgenommenen Modifikation.
MainClass-Eigenschaft	Enthält den Namen einer als Hauptprogramm in einem Projekt gesetzten ActiveDoc-Klasse.
MainFile-Eigenschaft	Enthält Namen und Pfad der als Hauptprogramm in einem Projekt gesetzten Datei.
Modify-Methode	Öffnet eine Datei in einem Projekt für Modifizierung im passenden Designer oder Editor.
MODIFY PROJECT-Befehl	In Visual FoxPro 6.0 verbessert. Unterstützt die beiden neuen Optionen NOSHOW und NOPROJECTHOOK zur Verwendung mit den neuen Projekt-Manager-Angeln.
ProgID-Eigenschaft	Enthält den registrierten PROGID (Programmatic Identifier, programmgesteuerten Bezeichner) für einen Server in einem Projekt.
Projekt-Objekt	Instantiiert, wenn ein Projekt erstellt oder geöffnet wird.
ProjectHook-Objekt	Instantiiert, wenn ein Projekt geöffnet wird; bietet programmgesteuerten Zugriff auf die Projekt-Ereignisse.

(Fortsetzung)

Neue Sprachelemente für Projekt-Manager-Angeln	Beschreibung
ProjectHook-Eigenschaft	Ein Objektverweis auf das für ein Projekt instantiierte ProjectHook-Objekt.
ProjectHookClass-Eigenschaft	Die standardmäßige ProjectHook-Klasse für ein Projekt.
ProjectHookLibrary-Eigenschaft	Die .vcx-Bibliothek visueller Klassen, die die standardmäßige ProjectHook-Klasse für ein Projekt enthält.
Projektauflistung	Eine Auflistung von Projekt-Objekten.
QueryAddFile-Ereignis	Tritt unmittelbar, bevor eine Datei zu einem Projekt hinzugefügt wird, auf.
QueryModifyFile-Ereignis	Tritt unmittelbar, bevor eine Datei in einem Projekt modifiziert wird, auf.
QueryRemoveFile-Ereignis	Tritt unmittelbar, bevor eine Datei aus einem Projekt entfernt wird, auf.
QueryRunFile-Ereignis	Tritt unmittelbar, bevor eine Datei in einem Projekt ausgeführt oder eine Seitenansicht für einen Bericht oder eine Beschriftung gemacht wird, auf.
Remove-Methode	Entfernt eine Datei aus seiner Dateiauflistung und dem Projekt.
RemoveFromSCC-Methode	Entfernt eine Datei in einem Projekt aus der Quellcode-Kontrolle.
Run-Methode	Führt eine Datei in einem Projekt aus oder führt eine Seitenansicht durch.
SCCProvider-Eigenschaft	Der Name des Anbieters der Quellcode-Kontrolle für ein Projekt.
SCCStatus-Eigenschaft	Enthält einen numerischen Wert, der den Status der Quellcode-Kontrolle einer Datei in einem Projekt angibt.
Server-Objekt	Ein Objektverweis auf einen Server in einem Projekt.
Servers-Auflistung	Eine Auflistung von Server-Objekten.
ServerClass-Eigenschaft	Enthält den Namen einer Serverklasse in einem Projekt.
ServerClassLibrary-Eigenschaft	Enthält den Namen der Klassenbibliothek oder des Programms, die/das eine Server-Klasse enthält.
ServerHelpFile-Eigenschaft	Die Hilfedatei für die für Server-Klassen in einem Projekt erstellte Typbibliothek.

(Fortsetzung)

Neue Sprachelemente für Projekt-Manager-Angeln	Beschreibung
ServerProject-Eigenschaft	Der Name des Projekts, das Server-Klassen enthält.
SetMain-Methode	Bestimmt die Hauptdatei in einem Projekt.
Type-Eigenschaft	Der Dateityp für eine Datei in einem Projekt.
TypeLibCLSID-Eigenschaft	Der registrierte CLSID (Klassenbezeichner) für eine für Server-Klassen in einem Projekt erstellte Typbibliothek.
TypeLibDesc-Eigenschaft	Die Beschreibung der für Server-Klassen in einem Projekt erstellten Typbibliothek.
TypeLibName-Eigenschaft	Der Name der für Server-Klassen in einem Projekt erstellten Typbibliothek.
UndoCheckOut-Methode	Verwirft alle an einer Datei vorgenommenen Änderungen und checkt die Datei wieder für Quellcode-Kontrolle ein.
VersionComments-Eigenschaft	Die Kommentare für ein Projekt.
VersionCompany-Eigenschaft	Die Firmennamen-Information für ein Projekt.
VersionCopyright-Eigenschaft	Die Copyright-Information für ein Projekt.
VersionDescription-Eigenschaft	Die Beschreibung für ein Projekt.
VersionLanguage-Eigenschaft	Die Sprachinformation für ein Projekt.
VersionNumber-Eigenschaft	Die Erstellungsnummer für ein Projekt.
VersionProduct-Eigenschaft	Die Produktnamen-Information für ein Projekt.
VersionTrademarks-Eigenschaft	Die Markeninformation für ein Projekt.

Neue Sprachelemente für OLE-Drag & Drop	Beschreibung
ClearData-Methode	Entfernt alle Daten und Datenformate aus dem OLE-Drag & Drop-DataObject.
DataObject-Objekt	Container für Daten, die von einer OLE-Drag-Quelle an ein OLE-Drop-Ziel übertragen werden.
GetData-Methode	Ruft Daten aus dem OLE-Drag & Drop-DataObject ab.
GetFormat-Methode	Bestimmt, ob Daten eines bestimmten Formats im OLE-Drag & Drop-DataObject verfügbar sind.

(Fortsetzung)

Neue Sprachelemente für OLE-Drag & Drop	Beschreibung
OLECompleteDrag-Ereignis	Tritt auf, wenn Daten auf dem Drop-Ziel abgelegt werden oder die OLE-Drag & Drop-Operation abgebrochen wurde.
OLEDrag-Methode	Startet eine OLE-Drag & Drop-Operation.
OLEDragDrop-Ereignis	Tritt auf, wenn Daten auf einem Drop-Ziel abgelegt werden und die Eigenschaft **OLEDropMode** des Drop-Ziels auf 1 (aktiviert) gesetzt ist.
OLEDragMode-Eigenschaft	Gibt an, wie eine Drag-Operation initiiert worden ist.
OLEDragOver-Ereignis	Tritt auf, wenn Daten über ein Drop-Target gezogen werden und die Eigenschaft **OLEDropMode** des Drop-Ziels auf 1 (aktiviert) gesetzt ist.
OLEDragPicture-Eigenschaft	Gibt das Bild an, das während einer OLE-Drag & Drop-Operation unter dem Mauszeiger angezeigt wird. Sie können eine Bilddatei des Typs .bmp, .dib, .jpg, .gif, .ani, .cur und .ico angeben.
OLEDropEffects-Eigenschaft	Gibt den Typ der vom OLE-Drop-Ziel unterstützten Drop-Operationen an.
OLEDropHasData-Eigenschaft	Gibt an, wie eine Drop-Operation verwaltet wird.
OLEDropMode-Eigenschaft	Gibt an, wie ein Drop-Ziel OLE-Drop-Operationen verwaltet.
OLEDropTextInsertion-Eigenschaft	Gibt an, ob Sie im Textfeldteil eines Steuerelements Text in der Mitte eines Wortes ablegen können.
OLEGiveFeedBack-Ereignis	Tritt nach jedem **OLEDragOver**-Ereignis auf. Ermöglicht der Drag-Quelle den Typ der OLE-Drag & Drop-Operation und die visuelle Rückmeldung anzugeben.
OLESetData-Ereignis	Tritt auf einer Drag-Quelle auf, wenn ein Drop-Ziel die Methode **GetData** aufruft und es im OLE-Drag & Drop-DataObject keine Daten des angegebenen Formats gibt.
OLEStartDrag-Ereignis	Tritt beim Aufruf der Methode **OLEDrag** auf.
SetData-Methode	Plaziert Daten auf dem OLE-Drag & Drop-DataObject.
SetFormat-Methode	Plaziert ein Datenformat auf dem OLE-Drag & Drop-DataObject.

Neue Sprachelemente für Server-Verbesserungen	Beschreibung
COMARRAY( )-Funktion	Gibt an, wie Arrays an COM-Objekte übergeben werden.
COMCLASSINFO( )-Funktion	Gibt Registrierungsinformationen über ein COM-Objekt wie etwa einen Visual FoxPro-Automatisierungsserver zurück.
COMRETURNERROR( )-Funktion	Füllt die COM-Ausnahmestruktur mit Informationen, die COM-Clients dazu verwenden können, die Quelle von Automatisierungsfehlern zu bestimmen.
CREATEOBJECTEX( )-Funktion	Erstellt eine Instanz eines registrierten COM-Objekts (wie etwa eines Visual FoxPro-Automatisierungsservers) auf einem Remote-Computer.
ServerName-Eigenschaft	Enthält den vollständigen Pfad und den Dateinamen für einen Automatisierungsserver.
StartMode-Eigenschaft	Enthält einen numerischen Wert, der angibt, wie die Instanz von Visual FoxPro gestartet wurde.
SYS(2335) – Unbewachter Server-Modus	Aktiviert oder deaktiviert modale Zustände für vertriebsfähige Visual FoxPro-.exe-Automatisierungsserver.
SYS(2334) – Aufrufmodus des Automatisierungsservers	Gibt einen Wert zurück, der angibt, wie ein Visual FoxPro-Automatisierungsserver aufgerufen wurde, oder ob eine eigenständige ausführbare Anwendung (.exe) in Ausführung befindlich ist.

Andere neue Sprachelemente	Beschreibung
AddProperty-Methode	Fügt einem Objekt eine neue Eigenschaft hinzu.
AGETFILEVERSION( )	Erstellt ein Array, das Informationen über Dateien mit Microsoft Windows-Versionsressourcen, wie etwa .exe-, .dll- und .fll-Dateien, oder in Visual FoxPro erstellte Automatisierungsserver enthält. Entspricht der GetFileVersion( )-Funktion in Foxtools.
AGETCLASS( )-Funktion	Zeigt Klassenbibliotheken im Dialogfeld **Öffnen** an und erstellt ein Array, das den Namen der Klassenbibliothek und die gewählte Klasse enthält.
ALINES( )-Funktion	Kopiert jede Zeile in einem Zeichenausdruck oder Memofeld in eine entsprechende Zeile in einem Array.
AMOUSEOBJ( )-Funktion	Gibt Mauszeiger-Positionsinformationen zurück sowie Objektverweise für das Objekt und den Container des Objekts, über dem der Mauszeiger positioniert ist.

(Fortsetzung)

Andere neue Sprachelemente	Beschreibung
ANETRESOURCES( )-Funktion	Plaziert die Namen von gemeinsam genutzten Netzwerk-Objekten oder -Druckern in ein Array und gibt dann die Anzahl der Ressourcen zurück.
AVCXCLASSES( )-Funktion	Plaziert die Informationen über die Klassen einer Klassenbibliothek in ein Array.
DisplayCount-Eigenschaft	Gibt die Anzahl der im Listenteil eines Kombinationsfeld-Steuerelements angezeigten Elemente an.
FILETOSTR( )-Funktion	Gibt die Inhalte einer Datei als Zeichenfolge zurück.
_GALLERY-Systemvariable	Gibt das Programm an, das ausgeführt wird, wenn Sie aus dem Menü **Extras** die Komponentengalerie auswählen.
_GENHTML-Systemvariable	Gibt ein HTML-Generierungsprogramm (Hypertext Markup Language) an, das eine Textdatei erstellt, die eine HTML-Version eines Formulars, Menüs, Berichts oder einer Tabelle enthält.
_GETEXPR-Systemvariable	Gibt das Programm an, das ausgeführt wird, wenn Sie einen GETEXPR-Befehl starten oder das Dialogfeld **Ausdruck erstellen** angezeigt wird.
GridHitTest-Methode	Gibt als Ausgabeparameter die Komponenten eines Datenraster-Steuerelements an, das den angegebenen horizontalen (X) und vertikalen (Y) Koordinaten entspricht.
_INCLUDE-Systemvariable	Gibt eine standardmäßige Vorspanndatei an, die mit benutzerdefinierten Klassen, Formularen und Formularsätzen eingebunden wird.
INDEXSEEK( )-Funktion	Sucht in einer indizierten Tabelle nach dem ersten Auftreten eines Datensatzes, dessen Indexschlüssel zu einem angegebenen Ausdruck paßt, ohne den Datensatzzeiger zu verschieben.
NEWOBJECT( )-Funktion	Erstellt eine neue Klasse oder ein Objekt unmittelbar aus einer .vcx-Bibliothek visueller Klassen oder einem Programm.
NewObject-Methode	Fügt eine neue Klasse oder ein Objekt zu einem Objekt direkt aus einer .vcx-Bibliothek visueller Klassen oder einem Programm hinzu.
_SAMPLES-Systemvariable	Enthält den Pfad des Verzeichnisses, in dem die Visual FoxPro-Beispiele installiert sind.

(Fortsetzung)

Andere neue Sprachelemente	Beschreibung
SET BROWSEIME-Befehl	Gibt an, ob der IME (Input Method Editor) geöffnet ist, wenn Sie zu einem Textfeld in einem Browse-Fenster navigieren.
SET STRICTDATE-Befehl	Gibt an, ob zweideutige Datums- und Datums-/Zeitkonstanten zu Fehlern führen.
STRTOFILE( )-Funktion	Schreibt die Inhalte einer Zeichenfolge in eine Datei.
SYS(3055) – Komplexität von FOR- und WHERE-Klauseln	Setzt die Komplexitätsebene der FOR- und WHERE-Klauseln in Befehlen und Funktionen, die diese unterstützen.
SYS(3056) – Registrierungseinstellungen lesen	Zwingt Visual FoxPro, erneut seine Registrierungseinstellungen zu lesen und sich selbst mit den aktuellen Registrierungseinstellungen zu aktualisieren.
TitleBar-Eigenschaft	Gibt eine Titelleiste an, die oben auf einem Formular erscheint.
VARTYPE( )-Funktion	Gibt den Datentyp eines Ausdrucks zurück.

Verbesserte Sprachelemente	Beschreibung
=-Operator	Läßt sich in Visual FoxPro 6.0 dazu verwenden festzustellen, ob sich zwei Objektverweise auf dasselbe Objekt beziehen.
ALTER TABLE – SQL-Befehl	Unterstützt eine neue FOR-Klausel für die Klauseln ADD PRIMARY KEY und ADD FOREIGN KEY. Mit FOR können Sie gefilterte Primär- und Fremdindexe erstellen.
APPEND FROM-Befehl	Unterstützt eine neue XL8-Option zum Importieren von Daten aus einem Microsoft Excel 97-Arbeitsblatt sowie eine neue CSV-Option zum Importieren von Daten aus einer mit Kommas separierten Wertedatei.
Century-Eigenschaft	Der Standard dafür ist nun 1 (An). Der Jahrhundertteil des Datums wird nun in einem Textfeld angezeigt, um für Verträglichkeit mit dem Jahr 2000 zu sorgen.
CheckBox-Steuerelement	Unterstützt nun die Eigenschaft ReadOnly.
Spaltenobjekt	Unterstützt nun die Eigenschaften Comment und Tag und die Methode SaveAsClass.
COMPILE DATABASE-Befehl	COMPILE DATABASE komprimiert nun Memofelder in der .dct-Memodatei für die Datenbank, um ungenutzten Speicherplatz aus der Memodatei zu entfernen.
Container-Objekt	Unterstützt nun die Eigenschaft Tag.

(Fortsetzung)

Verbesserte Sprachelemente	Beschreibung
Steuerelement-Objekt	Unterstützt nun die Eigenschaft Tag.
COPY TO-Befehl	Unterstützt eine neue CSV-Option zum Exportieren von Daten als durch Kommas separierte Wertedatei.
CREATE FORM-Befehl	Unterstützt eine neue AS-Klausel, mit deren Hilfe Sie eine neues Formular oder einen Formularsatz aus einem Formular oder Formularsatz in einer .vcx-Bibliothek visueller Klassen erstellen können.
Cursor-Objekt	Unterstützt nun die Eigenschaften Comment und Tag sowie die Methoden ReadExpression, ReadMethod, SaveAsClass und WriteExpression.
Benutzerdefiniertes Objekt	Unterstützt nun die Eigenschaft Tag.
DataEnvironment-Objekt	Unterstützt nun die Eigenschaften Comment und Tag sowie die Methoden ReadExpression, ReadMethod, SaveAsClass und WriteExpression.
DATE( )-Funktion	Unterstützt nun die numerischen Argumente, mit deren Hilfe Sie Datumswerte erstellen können, die sich mit dem Jahr 2000 vertragen.
DATETIME( )-Funktion	Unterstützt nun optionale numerische Argumente, mit deren Hilfe Sie Datums-/Zeitwerte erstellen können, die sich mit dem Jahr 2000 vertragen.
DEFINE CLASS-Befehl	Unterstützt neue Access- und Assign-Methoden, mit deren Hilfe Sie immer dann Code ausführen können, wenn eine Eigenschaft abgefragt oder versucht wird, den Wert einer Eigenschaft zu ändern.
FDATE( )-Funktion	Unterstützt nun ein optionales Argument, mit deren Hilfe Sie ohne Zeichenverarbeitungsfunktionen die Uhrzeit bestimmen können, zu der eine Datei zuletzt modifiziert worden ist.
Formular-Objekt	Unterstützt nun die Eigenschaft Scrollbars und das Ereignis Scrolled.
FormSet-Objekt	Unterstützt nun die Eigenschaften Parent und Tag.
GETDIR( )-Funktion	Das Dialogfeld **Verzeichnis auswählen** wurde vergrößert, um mehr Verzeichnisinformationen anzuzeigen.

(Fortsetzung)

Verbesserte Sprachelemente	Beschreibung
GETFILE( )-Funktion	Unterstützt eine neue Option, *cTitleBarCaption*, mit deren Hilfe Sie Überschrift in der Titelleiste des Dialogfelds **Öffnen** bestimmen können.
GETFONT( )-Funktion	Ermöglicht Ihnen die Angabe einer Schriftart, einer Schriftgröße und eines Schriftstiles, die initial beim Anzeigen des Dialogfelds **Schriftart** ausgewählt werden.
Spaltenkopf-Objekt	Unterstützt nun die Eigenschaften Comment und Tag und die Methode SaveAsClass.
HOME( )-Funktion	Ermöglicht Ihnen nun die Bestimmung der Verzeichnisse für Visual FoxPro- und Visual Studio-Beispiele, für Extras, für Grafiken sowie der allgemeinen Verzeichnisse.
Image-Steuerelement	Unterstützt nun die Eigenschaft ToolTipText.
IMPORT-Befehl	Unterstützt eine neue XL8-Option zum Importieren von Daten aus einem Microsoft Excel 97-Arbeitsblatt.
Label-Steuerelement	Unterstützt nun die Eigenschaft ToolTipText.
MODIFY MEMO-Befehl	Syntaxfarbe ist nun in Bearbeitungsfenstern für Memofelder in vertriebsfähigen Laufzeitanwendungen deaktiviert.
OS( )-Funktion	Unterstützt nun eine Option, mit deren Hilfe Sie bestimmen können, ob das Betriebssystem DBCS (Doppelbyte-Zeichensätze) unterstützt.
Seiten-Objekt	Unterstützt nun die Eigenschaft Tag und die Methode SaveAsClass.
Seitenrahmen-Steuerelement	Unterstützt nun die Eigenschaft Tag.
PEMSTATUS( )-Funktion	PEMSTATUS( ) unterstützt nun eine neue Option 6 für *nAttribute*, mit der Sie bestimmen können, ob eine Eigenschaft, ein Ereignis oder eine Methode von einem Objekt oder einer Klasse geerbt wurde.
PROGRAM( )-Funktion	Unterstützt nun –1 als Argument, und damit können Sie die aktuelle Programmebene bestimmen.
Refresh-Methode	Ermöglicht Ihnen nun die Aktualisierung der visuellen Anzeige des Projekt-Managers, und unterstützt einen neuen Parameter zum Aktualisieren des Status der Quellcode-Kontrolle für Dateien in einem Projekt.

(Fortsetzung)

Verbesserte Sprachelemente	Beschreibung
Beziehungs-Objekt	Unterstützt nun die Eigenschaften Comment und Tag, die Ereignisse Destroy, Error und Init sowie die Methoden ReadExpression, ReadMethod und WriteExpression.
REPORT Command	Unterstützt nun eine PREVIEW IN SCREEN-Klausel, mit deren Hilfe Sie das Seitenanzeigefenster im Visual FoxPro-Hauptfenster unterbringen können.
Separator-Objekt	Unterstützt nun die Eigenschaften Comment und Tag sowie die Methoden ReadExpression, ReadMethod, SaveAsClass und WriteExpression.
SET BELL	Eine Dauer für den Klang in Wave-Form ist nicht mehr nötig.
SET('PRINTER')	Unterstützt einen neue Option 3, mit deren Hilfe Sie den aktuellen Visual FoxPro-Standarddrucker bestimmen können, der in den Visual FoxPro-Dialogfeldern **Drucken** oder **Druckereinstellungen** gesetzt ist.
SET('BELL')	Läßt sich nur dazu verwenden, den Klang in Wave-Form zu bestimmen, der beim Ertönen des akustischen Signals gespielt wird.
STRCONV( )-Funktion	Unterstützt ein neues *nLocaleID*-Argument, mit Hilfe dessen Sie den lokalen ID angeben können, der für die Konvertierung zu verwenden ist.
SYS(2333) – ActiveX-Dualschnittstellen-Unterstützung	Ermöglicht Ihnen nun die Bestimmung der aktuellen Einstellung, und die beim Start vorliegende Standardeinstellung für die ActiveX-Dualschnittstellen-Unterstützung wurde von aktiviert in Visual FoxPro 5.0 zu deaktiviert in Visual FoxPro 6.0 abgeändert.
TABLEUPDATE( )-Funktion	Wenn beim Aktualisieren von Datensätzen ein von einem einfachen Übernahmefehler verschiedener Fehler auftritt, enthält das erste Element des Fehler-Array nunmehr –1, und Sie können AERROR( ) verwenden, um festzustellen, warum die Änderungen nicht übernommen werden konnten.
Symbolleisten-Objekt	Unterstützt nun die Eigenschaft Tag und die Methode Release.
TRANSFORM( )-Funktion	Der *cFormatCodes*-Formatcode ist nun optional. Es wird eine Standardtransformation verwendet, wenn der *cFormatCodes*-Formatcode weggelassen wird.

(Fortsetzung)

Verbesserte Sprachelemente	Beschreibung
VERSION( )-Funktion	Unterstützt zwei neue Optionen für *nExpression*, nämlich 4 und 5, um bei Formaten, die sich einfach analysieren lassen, lediglich die Visual FoxPro-Versionsnummer zurückzugeben.

Foxtools-Funktionen	Beschreibung
Die folgenden Funktionen wurden aus Foxtools zu Visual FoxPro 6.0 hinzugefügt; sie lassen sich nun ohne Ausführung von SET LIBRARY TO FOXTOOLS verwenden.	Beachten Sie, daß Sie alle Programme, Klassenbibliotheken, Beschriftungen oder Berichte, die in früheren Versionen von Visual FoxPro erstellt worden sind, neu kompilieren müssen, wenn sie welche der folgenden Funktionen enthalten.
ADDBS( )-Funktion	Fügt (bei Bedarf) einen umgekehrten Schrägstrich zu einem Pfadausdruck hinzu.
AGETFILEVERSION( )-Funktion	Erstellt ein Array, das Informationen über Dateien mit Windows-Versionsressourcen enthält, wie etwa .exe-, .dll- und .fll-Dateien oder in Visual FoxPro erstellte Automatisierungsserver. Entspricht der GetFileVersion( )-Funktion in Foxtools.
DEFAULTEXT( )-Funktion	Gibt einen Dateinamen mit einer neuen Erweiterung zurück, wenn bisher noch keine vorhanden ist.
DRIVETYPE( )-Funktion	Gibt den Typ des angegebenen Laufwerks zurück.
FORCEEXT( )-Funktion	Gibt eine Zeichenfolge zurück, in der die alte Dateinamenserweiterung durch eine neue ersetzt wurde.
FORCEPATH( )-Funktion	Gibt einen Dateinamen zurück, in dem der alte Pfadname durch einen neuen ersetzt wurde.
JUSTDRIVE( )-Funktion	Gibt den Laufwerksbuchstaben aus einem vollständigen Pfad zurück.
JUSTEXT( )-Funktion	Gibt die dreibuchstabige Erweiterung aus einem vollständigen Pfad zurück.
JUSTFNAME( )-Funktion	Gibt den Dateinamenteil aus einem vollständigen Pfad- und Dateinamen zurück.
JUSTPATH( )-Funktion	Gibt den Pfadteil aus einem vollständigen Pfad- und Dateinamen zurück.
JUSTSTEM( )-Funktion	Gibt den Stammnamen (den Dateinamen vor der Erweiterung) aus einem vollständigen Pfad- und Dateinamen zurück.

Verbesserungen der Leistungsfähigkeit von Visual FoxPro

Die Leistungsfähigkeit der Zeichenfolgen-Verkettung wurde in Visual FoxPro 6.0 erheblich verbessert. Zeichenfolgen-Verkettung wird typischerweise beim Erstellen von Web-Seiten mit Code wie dem folgenden verwendet:

```
cMyString = cMyString + <html tags>
cMyString = cMyString + <more html tags>
cMyString = cMyString + <even more html tags>
```

Die Leistungsfähigkeit der Objekterstellung und –instantiierung wurde ebenfalls verbessert und ist typischerweise mindestens zehnmal schneller als in früheren Versionen.

Verbesserungen der Robustheit von Visual FoxPro

Visual FoxPro 6.0 erfaßt nun GPFs (General Protection Faults) in ActiveX-Steuerelementen, die auf ein Formular plaziert werden, oder COM-Objekten, die innerhalb von Visual FoxPro instantiiert werden. Ein GPF in einem ActiveX-Steuerelement oder COM-Objekt wird nun als auffangbarer Visual FoxPro-Fehler behandelt (Fehler 1440 – OLE-Objekt kann beschädigt sein).

Verbesserungen der Verwendbarkeit von Visual FoxPro

Sie können die Kommentarzeichenfolge für den Visual FoxPro-Editor in der Windows-Registrierung angeben. Mit Hilfe des Windows Registrierungseditors (RegEdit) öffnen Sie den Visual FoxPro 6.0-Optionenordner und klicken mit der rechten Maustaste auf den Ordner. Wählen Sie **Neu** und dann **Zeichenfolgenwert**. Geben Sie den Namen „EditorCommandString" als Namen für den neuen Zeichenfolgenwert an. Klicken Sie mit der rechten Maustaste auf den Zeichenfolgenwert, und wählen Sie **Modifizieren**. Geben Sie die Editor-Kommentarzeichenfolge ein. (*!* ist der Standardwert, der verwendet wird, wenn dieser Eintrag in der Registrierung nicht vorhanden ist.)

Das Formularmenü ist nunmehr von innerhalb des Formularcode-Fenster verfügbar. Außerdem können Sie ein Formular mit dem Tastenkürzel CTRL+E starten, und zwar sogar von innerhalb des Formularcode-Fenster aus.

Datumsunterstützung für das Jahr 2000

Visual FoxPro 6.0 wurde hinsichtlich der Datumsunterstützung für das Jahr 2000 verbessert. Dieser Abschnitt beschreibt die an Visual FoxPro vorgenommenen Verbesserungen zur einfacheren Erstellung von Anwendungen, die mit dem Jahr 2000 verträglich sind.

SET CENTURY TO

Die Visual FoxPro 5.0-Dokumentation besagt, daß das Absetzen von SET CENTURY TO ohne zusätzliche Argumente das Jahrhundert auf das aktuelle Jahrhundert setzt. Dies stimmt nur für das 20. Jahrhundert, da das Jahrhundert unabhängig vom aktuellen Jahrhundert auf 19 gesetzt wird. In Visual FoxPro 6.0 setzt SET CENTURY TO das Jahrhundert auf das aktuelle Jahrhundert. Darüber hinaus wird der Wert von SET CENTURY TO in neuen Datensitzungen anfänglich auf das aktuelle Jahrhundert gesetzt.

Außerdem wurde in Visual FoxPro 6.0 der standardmäßige ROLLOVER-Wert für SET CENTURY auf die beiden letzten Stellen des aktuellen Jahrs 50 abgeändert; wenn das aktuelle Jahr 1998 ist, ist *nYear* 48, nämlich die letzten beiden Stellen von 2048 (1998 + 50). In Visual FoxPro 5.0 ist der Standardwert 0.

Weitere Informationen finden Sie unter „SET CENTURY".

Festgelegte Datenformate

Normalerweise werden Datums- und Datums-/Zeitkonstanten oder -ausdrücke basierend auf den aktuellen Einstellungen von SET DATE und SET CENTURY zu der Zeit, zu der die Konstanten oder Ausdrücke kompiliert werden, interpretiert. Dies bedeutet, daß viele Datumskonstanten mehrdeutig sind, da sie in Abhängigkeit davon, wann sie kompiliert wurden und welche Datumseinstellungen zur Kompilierzeit wirksam waren, evtl. zu unterschiedlichen Werten ausgewertet werden.

Ist also beispielsweise die Datumskonstante {10/11/12} der 11. Oktober 1912, der 11. Oktober 2012, der 10. November 1912, der 12. November 1910 oder der 12. November 2010?

Das hängt alles von den aktuellen Einstellungen von SET DATE und SET CENTURY TO ab. Dies kann zu neuen Fehlern in vorhandenem Visual FoxPro-Code führen, wo Datums- oder Datums-/Zeitkonstanten oder -ausdrücke zur Laufzeit entweder kompiliert oder ausgewertet werden, wie etwa in Berichts- und Objektausdrücken. Dies kann bei vorhandenem Code zu Unverträglichkeiten mit dem Jahr 2000 führen, wenn die Einstellung von SET CENTURY in das Jahr 2000 überläuft und kein vierstelliges Jahr angegeben ist.

Zur Vermeidung von Unverträglichkeiten ist nun in Visual FoxPro 6.0 (und Visual FoxPro 5.0) ein festgelegtes Datumsformat verfügbar. Ein festgelegtes Datum wird unabhängig von irgendwelchen Datumseinstellungen immer zum selben Datums- oder Datums-/Zeitwert ausgewertet. Das festgelegte Datumsformat ist folgendes:

^yyyy-mm-dd[,][hh[:mm[:ss]][a|p]]

Das Zirkumflex (^) bezeichnet immer ein festgelegtes Datumsformat und bewirkt, daß Daten und Zeiten immer im YMD-Format interpretiert werden. Gültige Datums- und Datums-/Zeitseparatoren sind Bindestriche, Schrägstriche, Punkte und Leerzeichen.

Leere Daten und Zeiten werden nicht als mehrdeutig angesehen und sind immer gültig. Zu den gültigen leeren Datums- und Datums-/Zeitformate gehören {}, {--} und {--,:}.

Mit festgelegten Datumsformaten ist eine größerer Bereich von Datums- und Datums-/Zeitwerten verfügbar. In Visual FoxPro 5.0 ist der kleinste formulierbare Datumswert {^0100/1/1}, d. h. der 1. Januar 100 n. Chr. Dies liegt daran, daß Jahrwerte unter 100 basierend auf der Einstellung von SET CENTURY immer auf das nächste Jahrhundert aufgerundet wurden.

Das kleinste gültige Datum in Visual FoxPro 6.0 ist {^0001-01-01}, d. h. der 1. Januar 1 n. Chr. Das größte gültige Datum in Visual FoxPro 6.0 ist {^9999-12-31}, d. h. der 31. Dezember 9999 n. Chr.

Beachten Sie, daß das festgelegte Datumsformat die TAIWAN-Einstellung für SET DATE ignoriert, so daß das Jahr eines festgelegten Datums- oder Datums-/Zeitformats immer dem westlichen Kalender entspricht. (Beachten Sie, daß dies in Visual FoxPro 5.0 nicht gilt.)

SET STRICTDATE

Mit dem neuen Befehl SET STRICTDATE lassen sich mit dem Jahr 2000 verträgliche Datumskonstanten und Datumszeichenfolgen erzwingen.

SET STRICTDATE TO 0

STRICTDATE auf 0 zu setzen, bedeutet, das die Überprüfung des festgelegten Datumsformats ausgeschaltet ist. Dies ist kompatibel mit Visual FoxPro 5.0. 0 ist die Standardeinstellung für die Visual FoxPro-Laufzeitunterstützung und ODBC-Treiber. Wenn STRICTDATE auf 0 gesetzt ist, werden ungültige Datums- und Datums-/Zeitwerte zu einem leeren Datum ausgewertet.

SET STRICTDATE TO 1

Wird STRICTDATE auf 1 gesetzt, müssen alle Datums- und Datums-/Zeitkonstanten im festgelegten Datumsformat sein. Alle Datums-/Zeitkonstanten, die nicht im festgelegten Format sind oder zu einem ungültigen Wert ausgewertet werden, führen entweder während der Kompilierung, zur Laufzeit oder während einer interaktiven Visual FoxPro-Sitzung zu einem Fehler. 1 ist die Standardeinstellung für eine interaktive Visual FoxPro-Sitzung.

SET STRICTDATE TO 2

Dies ist identisch damit, STRICTDATE auf 1 zu setzen, führt aber außerdem zu einem Kompilierungsfehler (2033 – CTOD und CTOT können falsche Ergebnisse hervorrufen), wenn im Code die Funktionen CTOD( ) und CTOT( ) enthalten sind.

Da die von CTOD( ) und CTOT( ) zurückgegebenen Werte für die Interpretation der Datumszeichenfolgen SET DATE und SET CENTURY brauchen, sind sie für Unverträglichkeiten bzgl. des Jahrs 2000 anfällig. Verwenden Sie DATE( ) und DATETIME( ) mit den optionalen numerischen Argumenten zum Erstellen von Datums- und Datums-/Zeitkonstanten und -ausdrücken.

Diese Einstellung ist während Debugging-Sitzungen die nützlichste, um Code zu erwischen, der Unverträglichkeitsfehler im Zusammenhang mit dem Jahr 2000 enthalten kann.

Fehler des festgelegten Datumsformats

Die folgenden neuen Fehler wurden zu Visual FoxPro 6.0 hinzugefügt und können hervorgerufen werden, wenn SET STRICTDATE auf 1 oder 2 gesetzt ist.

Fehler 2032: Mehrdeutige Datums- oder Datums-/Zeitkonstante

Dieser Fehler tritt auf, wenn ein Datum oder eine Uhrzeit sich nicht an das festgelegte Format hält. Die folgenden Bedingungen führen zu diesem Fehler:

- Das Zirkumflex (^) fehlt.
- Als Datumsseparatoren wurden nicht die verlangten Bindestriche, Schrägstriche, Punkte oder Leerzeichen verwendet.
- Das Jahrfeld enthält weniger als vier Zeichen ({^98-02-16}).
- Das Monats- oder Datumsfeld ist leer ({^1998-02}).

Fehler 2033: CTOD und CTOT können falsche Ergebnisse hervorrufen

Dieser Fehler tritt aus den gleichen Gründen wie Fehler 2032 auf, aber CTOD( ) und CTOT( ) sind evtl. nicht verträglich oder mehrdeutig. Verwenden Sie stattdessen die Funktionen DATE( ) oder DATETIME( ).

Fehler 2034: Datum oder Datum/Zeit zu einem ungültigen Wert ausgewertet

Datum oder Datum/Zeit ist nicht im gültigen Datums- oder Datums-/Zeitformat oder außerhalb des gültigen Datums- oder Datums-/Zeitbereichs.

Wenn SET STRICTDATE auf 0 gesetzt ist, werden ungültige Datums- oder Datums-/Zeitkonstanten zu leeren Daten/Zeiten ausgewertet. Wenn SET STRICTDATE auf 1 oder 2 gesetzt ist, führen ungültige Datumskonstanten, wie etwa {^2000-02-31}, 31. Februar, oder {^2000-01-01,25:00}, 25 Uhr, zu diesem Fehler.

Folgendes sind Beispiele für ein ungültiges Datum oder ungültige Datum/Zeit:

- {^2000-02-31}, 31. Februar 2000.
- {^2000-01-01,25:00} 25 Uhr.
- {^2000-01-01, 14a}, 14 A.M.

Fehler 2035: Datum oder Datum/Zeit enthält ungültige Zeichen

Die Datums- oder Datums-/Zeitkonstante enthält Zeichen, die in Datums- oder Datums-/Zeitkonstanten nicht unterstützt werden.

Wenn SET STRICTDATE auf 0 gesetzt ist, wird die Datums- oder Datums-/Zeitkonstante, die die nicht erlaubten Zeichen enthält, zu einem leeren Datum bzw. Datum/Zeit ausgewertet. Wenn SET STRICTDATE auf 1 oder 2 gesetzt ist, ruft die Datums- oder Datums-/Zeitkonstante mit dem nicht erlaubten Zeichen zu einem Fehler.

Beachten Sie, daß sich die Einstellung von SET STRICTDATE nicht auf die Eigenschaft StrictDateEntry auswirkt. Die Eigenschaft **StrictDateEntry** bleibt in Visual FoxPro 6.0 unverändert.

Dialogfeld Optionen

Die Registerkarte Allgemein des Dialogfeldes **Optionen** enthält nun ein Dropdown-Listenfeld **Jahr 2000-Einhaltung**, das die Einstellung von SET STRICTDATE angibt. Wie bei allen anderen Elementen des Dialogfelds **Optionen** wird der Wert für die aktuelle Visual FoxPro-Sitzung gesetzt; die Auswahl von **Als Standardeinstellung verwenden** speichert die Einstellung in der Windows-Registrierung für die nächste Visual FoxPro-Sitzung.

DATE( )- und DATETIME( )-Funktionen

Die Funktionen DATE( ) und DATETIME( ) unterstützen nun optionale numerische Argumente, mit denen Sie Datums- oder Datums-/Zeitwerte erstellen können, die mit dem Jahr 2000 verträglich sind. Die an diesen Funktionen vorgenommenen Verbesserungen bieten eine vorzügliche Methode zum Erstellen von Datums- und Datums-/Zeitwerten; es ist nicht mehr nötig, zum Erstellen von Datums- und Datums-/Zeitwerten Funktionen zur Zeichenverarbeitung zu verwenden.

Funktion FDATE( )

Die Funktion FDATE( ) unterstützt nun ein optionales Argument, mit dessen Hilfe Sie ohne Funktionen zur Zeichenverarbeitung die Uhrzeit bestimmen können, zu der eine Datei zuletzt modifiziert wurde. Beispielsweise war es in früheren Versionen von Visual FoxPro nötig, Code wie den folgenden zu schreiben, um festzustellen, wann die Visual FoxPro-Ressourcendatei zuletzt modifiziert wurde:

```
tLastModified = CTOT(DTOC(FDATE('Foxuser.dbf')) + ' ' ;
  + FTIME('Foxuser.dbf')
```

Dieser Code läßt sich nun durch folgenden ersetzen:

```
tLastModified = FDATE('Foxuser.dbf', 1)
```

Eigenschaft Century

In Visual FoxPro 6.0 ist der Standardwert für die Eigenschaft Century 1 (An). Der Jahrhundertteil des Datums wird in einem Textfeld angezeigt. In vorherigen Versionen von Visual FoxPro ist der Standardwert 2, d. h. die Einstellung von SET CENTURY bestimmt, ob der Jahrhundertteil des Datums angezeigt wird.

Index

! (Ausrufezeichen)
    Qualifizieren von Tabellennamen 196
    Spezifizieren von Datenbanken 122
!=
    Operator
        Erstellen einfacher optimierbarer Ausdrücke 446
#
    Operator
        Erstellen einfacher optimierbarer Ausdrücke 446
&
    Befehl
        Auswirkungen auf die Leistung 453
:
    Geltungsbereich-Auflösungsoperator 59
<
    Operator
        Erstellen einfacher optimierbarer Ausdrücke 446
        Beschreibung 328
        Spezifizieren von Zugriffstasten für
            Steuerelemente 328
<=
    Operator
        Erstellen einfacher optimierbarer Ausdrücke 446
<>
    Operator
        Erstellen einfacher optimierbarer Ausdrücke 446
=
    Operator
        Erstellen einfacher optimierbarer Ausdrücke 446
>
    Operator
        Erstellen einfacher optimierbarer Ausdrücke 446
>=
    Operator
        Erstellen einfacher optimierbarer Ausdrücke 446
1
    1-Beziehungen
        Einführung 107
        Erstellen 111
    n-Beziehungen
        Benötigte Indexarten 126
        Einführung 107
        Erstellen 108
        Zugreifen mit Hilfe des Primärschlüssel 569
16 mal 16 .ICO-Dateien 694
1-Seite
    Filtern 568

32 mal 32 .ICO-Dateien 694
32-Bit-Bibliotheken 707, 722

A

Abbilden
    Abbilden von Visual FoxPro-Parametern in Remote-
        Datentypen 638
    Indextypen im SQL Server-Upsizing-Assistent 586
    Regeln *588*
Abbilden
    Datentypen im SQL Server-Upsizing-Assistenten 585
Abbildung
    Objekte *584*
Abbildungs-Steuerelemente
    Anzeigen von Informationen 316
    Haupteigenschaften (Liste) 316
Abfrage
    Einstellung der Eigenschaft RowSourceType 294
Abfrage-Designer
    Erstellen von SELECT - SQL-Anweisungen 374
Abfrageergebnisse
    Anzeigen in Fenstern 377
    Drucken in Berichte oder auf Etiketten 377
    Füllen von Formular-Steuerelementen 376
    Speichern in Tabellen, Datenfeldern oder Cursor 375
    Spezifizieren von Cursor als Abfrageziel 376
    Spezifizieren von Datenfeldern als Abfrageziel 375
    Spezifizieren von Tabellen als Abfrageziel 375
Abfragen
    Abfragen als Hauptdatei für Anwendungen 408
    Abrufen nichtentsprechender Datensätze 201
    Abrufen von Benutzereingaben bei Abfragen 404
    Beschleunigen 644
    Beschränkung der Größe der Datensatzmengen 645
    Definieren mehrerer Verknüpfungsbedingungen 202
    Hinzufügen mittels SELECT - SQL-Anweisungen 373
    Hinzufügen zu Anwendungen 373
    Hinzufügen zu Berichten 403
    Integrieren von Abfragen und Berichten 402
    Optimieren der Client/Server-Leistung 639
    Parametrisierte Abfragen
        Siehe auch Parametrisierte Abfragen
        Zugreifen auf mengenbasierte Daten 567
    Runaway-Abfragen
        Stoppen 230
    Verwenden von Indizes zum Optimieren 187

Abfragen *(Fortsetzung)*
    Verwenden von Verknüpfungen in der
        WHERE-Klausel 202
    Zeitpunkt der Optimierung 446
Abgekürzte Namen von Verbindungseigenschaften 612
Ablauf
    Steuern des Programmablaufs 13
Abrufen
    Abrufen nichtentsprechender Datensätze 201
    Beschleunigen des Abrufens von Daten 641
    Daten
        Abrufen von Daten mittels Ansichten 195
        Definieren und Verändern von
            Verknüpfungsbedingungen 199
        Lokale Daten 196
Abschluß-Code
    Ausführen von Tasks mit Befehlen 352
    Ausführen von Tasks mit Prozeduren 353
    Hinzufügen zu Menüsystemen 343, 355
Abschlußprozedur
    Kontrollkästchen
        Dialogfeld Allgemeine Optionen 355
Absolute Dateinamen 421
Absolute Pfade 421
Absteigende Indizes
    Fehlende Unterstützung in SQL Server 586
Absteigende Reihenfolge
    Zugreifen auf Datensätze 183
Abstraktion
    Definition 40
Abtrennen von Zeichenausdrücken 384
ActiveControl
    Eigenschaft
        Verweisen auf Objekte in Objekthierarchien 267
ActiveForm
    Eigenschaft
        _SCREEN-Objekt 265
        Verweisen auf Objekte in Objekthierarchien 267
ActivePage
    Eigenschaft
        Programmgesteuertes Ändern von Seiten 339
ActivePage
    Eigenschaft
        Verweisen auf Objekte in Objekthierarchien 267
ActiveX-Steuerelemente (.OCX-Dateien)
    Siehe auch .OCX-Dateien (ActiveX-Steuerelemente)
    Arbeiten mit nichtinteraktiven Steuerelementen 709
    Beschreibung 476
    Erstellen einfacher ActiveX-Steuerelemente 716
    Erstellen in Code 708
    Erstellen und Fehlerbeseitigung 738
    Erstellen 715
    Fehlerbeseitigung 740
    Festlegen allgemeiner Eigenschaften 479

ActiveX-Steuerelemente (.OCX-Dateien) *(Fortsetzung)*
    Gerüste für Steuerelemente
        Erstellen 716
    Hinzufügen von Eigenschaften und Methoden 717
    Hinzufügen von Visual FoxPro-API-Routinen 723
    Hinzufügen zu Formularen 477
    Optimieren 454
    Registrieren 739
    Übergeben von Parametern 724
    Vertreiben 700
    Verwalten gebundener ActiveX-Steuerelemente 477
    Verwenden in Unternehmenslösungen 771
    Visible
        Eigenschaft 709
    Vorteile 716
    Zugreifen auf ActiveX-Steuerelemente 708
    Zurückgeben von Werten 729
ADD OBJECT
    Klausel
        Hinzufügen von Objekten zu Container-Klassen 65
AddItem
    Methode
        Listenfelder 292
AddObject
    Methode
        Hinzufügen von Objekten zu Container-Klassen 65
AddObject
    Methode
        Anzeigen von Steuerelementen in
            Datenblattspalten 324
        Hinzufügen und Erstellen von Klassen 65
ADVAPI32.DLL
    Registrieren von DLLs 710
AfterRowChange
    Ereignis
        Bedingte Formatierung in Datenblättern 328
Aktionen
    Ausführen von Aktionen in bestimmten Intervallen 313
    Definieren von Symbolleisten-Aktionen 363
Aktive Ansicht
    Aktualisierungen über den Cursor einer aktiven Ansicht
        Ermöglichen 627
Aktive Datenbank *Siehe* Aktuelle Datenbank
Aktive Verbindungen 204
Aktivierfolge
    Festlegen für Steuerelemente 329
Aktualisierbare Ansichten
    Optimieren 458
Aktualisierbare Datenmengen *Siehe* Ansichten
Aktualisierbare Felder
    Beschreibung 526
    Vergleichen mit Schlüsselfeldern 529

Index 881

Aktualisierungen
　Abbrechen von Offline-Aktualisierungen 229
　Aktualisierungskonflikte
　　Steuern 526
　Am wenigsten restriktive Aktualisierung 528
　Batch-Aktualisierungen
　　Verbessern der Leistung durch Batch-
　　　Aktualisierungen 649
　Beschleunigen von Aktualisierungsvorgängen 647
　Einmischen 571
　Erzwingen 630
　Fehlerbehebung von Fehlermeldungen 630
　Optimieren der Leistung 650
　Restriktivste Aktualisierung 529
　Sekundäre Aktualisierungen
　　Durchführen mit Server-Triggern 575
　Spezifizieren der Durchführung von Aktualisierungen
　　mit SQL Pass-Through-Technologie 621
　Zwei Methoden zur Übergabe an Remote-Server 628
Aktualisierungen von Remote-Daten
　Steuern des Timings 628
Aktuelle Datenbank
　Auswählen von Tabellen 135
　Erstellen von Objekten 135
　Festlegen 134
　Steuern 135
Aktuelle Feldwerte
　Ermitteln 535
Aktuelles Datum
　Einfügen in Berichte 384
Alias
　Einstellung der Eigenschaft RowSourceType 293
Aliasnamen
　Auswählen eines Arbeitsbereichs 190
　Erstellen von benutzerdefinierten Aliasnamen 190
　Verwenden eines von Visual FoxPro zugewiesenen
　　Aliasnamens 190
　Zuweisen zu DLL-Funktionen 710
Allgemeine Optionen
　Dialogfeld
　　Ausführen von Tasks mit Befehlen 352
Allgemeine Optionen
　Dialogfeld
　　Ausführen von Tasks mit Prozeduren 354
　　Hinzufügen von Initialisierungs-Code zu
　　　Menüsystemen 355
　Dialogfeld
　　Definieren der Position von Menünamen 368
　　Kontrollkästchen OLE-Position 368
　　Standardprozeduren für Menüsysteme 369
　Feld Ergebnis
　　Ausführen von Tasks mit Befehlen 352
　Feld Meldung
　　Anzeigen von Statusleistenmeldungen 367

Allgemeine Optionen *(Fortsetzung)*
　Kontrollkästchen Abschlußprozedur
　　Hinzufügen von Abschluß-Code zu
　　　Menüsystemen 355
AllowTabs
　Eigenschaft
　　Bearbeitungsfelder 307
ALTER TABLE
　Befehl
　　Erstellen von persistenten Beziehungen 125
AlwaysOnTop
　Eigenschaft
　　Formulare 260
AND
　Logischer Operator
　　Kombinieren einfacher optimierbarer Ausdrücke 447
anderen 726
Änderungsprotokollierung
　Quellcode 747
Anfänger
　Programmieren 3
Anfügen von Datensätzen an Tabellenpuffer 514, 516
Anmeldeinformation
　Spezifizieren von Anmeldeinformationen für Remote-
　　Datenquellen 204
Anpassen von Menüsystemen 367
Ansicht
　Ansichtsdefinitionen
　　Definition 195
　Ansichtsfelder
　　Erstellen von Regeln 221
　　Erstellen von Standardwerten 221
　Anzahl oder prozentualer Anteil von Datensätzen 374
　Eigenschaften
　　Dauerhaftes Speichern in Datenbanken 213
　　Festlegen 213
　Felder
　　Zuordnen zu Basistabellenfeldern 217
　Parameter
　　Auswerten von Ansichtsparametern als Visual FoxPro-
　　　Ausdrücke 208
　　Bereitstellen von Parametern zur Laufzeit 208
　　Leerzeichen in Ansichtsparameterausdrücken 208
　　Programmgesteuerte Übergabe 208
　　Spezifizieren von Parametern mit dem
　　　Symbol „?" 208
　Standardeinstellungen
　　Aktualisierungseigenschaften von Ansichten 216
Ansicht-Aktualisierungseigenschaften
　Beschreibung 627
Ansicht-Aktualisierungseigenschaften (Liste) 627
Ansichten
　Abrufen von Datenmengen 210
　Abrufen von nichtentsprechenden Datensätzen 201
　Aktualisieren einzelner Datensätze 228

Ansichten *(Fortsetzung)*
　Aktualisieren von Daten 216
　Aktualisieren von lokalen und Remote-Daten 223
　Aktualisieren von mehreren Tabellen in Ansichten 219
　Aktualisieren 299
　Ändern des Ergebnisses 200
　Ansichten erben Eigenschafteneinstellungen vom
　　Umgebungs-Cursor 213
　Ansichten neuer Server-Tabellen 585
　Ansichtsdefinitionen 195
　Anzeigen der Standardeinstellungen 217
　Anzeigen der Struktur einer Ansicht ohne Daten 211
　Anzeigen und Aktualisieren von Daten 206
　Auf Remote-Tabellen basierende Ansichten 207
　Basierend auf anderen Ansichten 222
　Batch-Aktualisierungen von Datensätzen in lokalen
　　Tabellen 227
　Batch-Aktualisierungen von Datensätzen in Remote-
　　Tabellen 227
　Bereitstellen von Parametern zur Laufzeit 208
　Beschleunigen 644
　Client/Server-Anwendungen 571
　Definieren mehrerer Verknüpfungsbedingungen 202
　Definition durch SQL-Anweisungen 195
　Einschränken des Geltungsbereich 207, 208
　Erben der Eigenschafteneinstellungen 213
　Erhöhen der Leistung 207
　Erstellen mit gespeicherten SQL SELECT-
　　Anweisungen 197
　Erstellen von Client/Server-Prototypen mit Ansichten 573
　Erstellen von Indizes für Ansichten 212
　Erstellen von temporären Beziehungen zwischen
　　Ansichten 212
　Erstellen 195
　Exportieren mittels Upsizing-Assistenten 577
　Festlegen der Anzahl der in eine Ansicht
　　herunterzuladenden Zeilen 229
　Geltungsbereich von in Ansichten verwendeten
　　Datenbanken 196
　Geöffnet als Cursor 206
　Hinzufügen von Tabellen 199
　Hinzufügen zu Berichten 403
　Hinzufügen zum Datenumgebungs-Designer 240
　In Datenbanken gespeicherte Ansichten 213
　Kombinieren mit SQL Pass-Through 573
　Kombinieren von lokalen und Remote-Daten 222
　Kombinieren 222
　Leistung 212
　Lokale Ansichten
　　Definition 196
　　Erstellen von lokalen Prototypen mit lokalen
　　　Ansichten 573
　　Erstellen 196
　　Verwenden der Visual FoxPro-SQL-Syntax 196
　Löschen 198

Ansichten *(Fortsetzung)*
　Makrosubstitution in Ansichten 207
　Mehrstufige Ansichten
　　Aktualisieren von Daten 223
　　Beschreibung 222
　Mehrtabellenansichten
　　Aktualisierbar machen 219
　　Aktualisieren 531
　　Erstellen 195, 198
　　Programmgesteuert Erstellen 199
　Neuerstellen nach dem Hinzufügen von Zeitstempeln 648
　Oberste Ebene 222
　Offline Arbeiten 223
　Offline-Ansichten
　　Erstellen 225
　Öffnen ohne Daten 211
　Öffnen von Datenbanken 196
　Öffnen von mehreren Instanzen 210
　Optimieren der Leistungsfähigkeit 229
　Optimieren für Client/Server-Anwendungen 458
　Optimieren von aktualisierbaren Ansichten 458
　Optimieren 597
　Parametrisierte Ansichten
　　Siehe auch Parametrisierte Ansichten
　　Beschreibung 208
　　Verwenden in Unternehmenslösungen 777
　Programmgesteuerter Zugriff 206
　Qualifizieren von Feldnamen 217
　Remote-Ansichten
　　Aktualisieren von Listen 299
　　Beschreibung 203
　　Definition 196
　　Erstellen 205
　　Remote-SQL-Syntax 196
　　SQL-Anweisungen verwenden den systemeigenen
　　　Server-Dialekt 205
　　Weglassen von Datenquellen 206
　　Weglassen von Verbindungen 206
　Schließen von Basistabellen 216
　Shortcuts
　　Erstellen mittels SQL-Zeichenfolgen 199
　Shortcuts beim Erstellen 199
　Sperren in Teamentwicklungsumgebungen 767
　Standardmäßige Aktualisierbarkeit 216
　Standardmäßiges Zwischenspeichern 216
　Tabellenweise Aktualisierung 219
　Umbenennen 197
　Upsizing von Anwendungen
　　Upsizing von Anwendungen 578
　Verändern von Eigenschaften zum Erhöhen der
　　Leistung 206
　Verändern von Feldern 528
　Verändern von Mehrtabellenansichten 199
　Verändern 197

Ansichten *(Fortsetzung)*
   Verwenden
      Beschreibung 206
      Projekt-Manager 206
   Verwenden des Datenwörterbuchs 220
   Verwenden im Projekt-Manager 196
   Verwenden von Verknüpfungen in der WHERE-
      Klausel 202
   Visual FoxPro-Ausdrücke
      SQL-Anweisungen 208
Ansichten in Team-Entwicklungsumgebungen 767
Ansichts-Designer
   Erstellen von SELECT - SQL-Anweisungen 374
   Symbolleiste
      Hinzufügen von Tabellen zu Ansichten 199
Ansichtsparameter
   Dialogfeld
      Anzeigen 209
Antwortzeit
   Verkürzen 221
Anwendungen
   Ändern des Standardtitels 694
   Anpassen der verwendeten Datentypen 636
   Anzeigen der ursprünglichen Benutzeroberfläche 410
   Betrieb in der Systemumgebung 420
   Client/Server-Anwendungen *Siehe* Client/Server-
      Anwendungen
   Dreistufige Anwendungen in Unternehmenslösungen 778
   Einfügen von Menüs 348
   Entwickeln
      Berücksichtigen der Benutzeraktivitäten 31
      Datenbankgröße 32
      Erstellen von Datenbanken 35
      Erstellen von Klassen 35
      Gewähren des Zugriffs auf die Funktionalität 35, 36
      Lokale Daten vs. Remote-Daten 32
      Mehrbenutzerbetrieb 32
      Projekt-Manager 34
      Testen und Fehlerbeseitigung 36
      Übersicht 31, 32
   Entwickeln in Teams *Siehe* Entwickeln in Teams
   Erstellen aus Projekten 416, 417
   Erstellen lokaler Prototypen 578
   Erstellen von SDI- und MDI-Anwendungen 242
   Erstellen von Standard-Visual FoxPro-Anwendungen 695
   Erstellen zum Vertrieb 681
   Fehlerbeseitigung 419
   Funktionale Komponenten 407
   Hauptdatei
      Beschreibung 408
      Programm als Hauptdatei 412
   Hilfe im .DBF-Format
      Abstimmen der Hilfe auf die Anwendung 678
   Hinzufügen von Abfragen und Berichten 373
   Hinzufügen von Abfragen 373

Anwendungen *(Fortsetzung)*
   Hinzufügen von Berichten und Etiketten 378
   Hinzufügen von Hilfe 693
   Hinzufügen von OLE 465
   Hinzufügen von OLE-Objekten 469
   Internationale Anwendungen
      Siehe auch Internationale Anwendungen
      Testen 557
      Vertreiben 700
   Kiosk-Anwendung 777
   Kompilieren
      Einrichten der Anwendungsumgebung 409
      Festlegen des Ausgangspunkts 408
   Kompilieren
      Übersicht 407
   Laufzeit
      Koordinieren von Menüs zur Laufzeit 684
   Mehrbenutzeranwendungen
      Entdecken von Änderungen anderer Benutzer 630
   OLE-Anwendungen *Siehe* OLE-Anwendungen
   Optimieren der Client/Server-Leistung 639
   Optimieren 439
   Planen 31
   Plattformübergreifende Anwendungen *Siehe*
      Plattformübergreifende Anwendungen
   Portierbar machen 128
   Prototypen in Unternehmenslösungen 776
   Schaffen eines einheitlichen Erscheinungsbildes 46
   Strukturieren 407
   Symbole
      Ändern des Standardsymbols einer Anwendung 694
   Testen
      Befehlszeilenparameter -E 683
      Übersicht 419
   Testen und Fehlerbeseitigung 36
   Vertreiben
      ActiveX-Steuerelemente 700
      Auswählen des Typs der ausführbaren Datei 682
      Beschreibung 699
      Diskettenabbildverzeichnis 700
      Einbinden der Visual FoxPro-Laufzeitversion 700
      Erstellen von Setup-Programmen 699
      Konfigurationsdateien 700
      Setup-Assistent 699
      Spezifizieren von Diskettenabbildern 702, 703
      Übersicht 681
      Vertrieb von Anwendungen
      Vertriebsverzeichnisstruktur 700, 702
   Verwenden der Datenumgebung beim Upsizing 578
   Verwenden von Ansichten beim Upsizing 578
   Verwenden von Menüs 341
   Verwenden von Seiten 336
   Visual FoxPro-Daten anderen Anwendungen zugänglich
      machen 777

Anwendungen *(Fortsetzung)*
  Visual FoxPro-Objekte und -Befehle anderen Anwendungen zugänglich machen 777
  Vorbereiten für den Vertrieb 682
  WinHelp-Funktion in Anwendungen 665
Anwendungs-Front-End
  Verwenden von Visual FoxPro als Anwendungs-Front-End 770
Anwendungsumgebung
  Einrichten 409
  Wiederherstellen der ursprünglichen Anwendungsumgebung 412
Anzeigen von Feldern nur auf Anforderung 647
API-Bibliotheksdateien
  Vertrieb von Anwendungen mit API-Bibliotheksdateien 685
API-Routinen
  Visual FoxPro-API-Routinen *Siehe* Visual FoxPro-API-Routinen
.APP-Dateien
  Erstellen 417
  Vertreiben mit internationalen Anwendungen 682
APPEND GENERAL
  Befehl
    Speichern von OLE-Objekten in Tabellen 469
    Verwenden 469
APPEND-Befehle
  BLANK 452
  Datensätze 504
  Spezifizieren von Code-Seiten für Textdateien 548
Arbeitsbereiche
  Anzeigen 187
  Auswählen eines Arbeitsbereichs mit Hilfe eines Aliasnamens 190
  Basistabellen
    Auf Remote-Tabellen basierende Basistabellen 207
  Bezugnehmen auf in anderen Arbeitsbereichen geöffnete Tabellen 191
  Definition 187
  Maximale Anzahl 187
  Öffnen von Ansichten als Cursor 206
  Öffnen von Ansichten in mehreren Arbeitsbereichen 210
  Öffnen von Tabellen 188
  Referenzieren 189
  Schließen von Tabellen 188
Arbeitsmappen-Objekt
  Zugreifen mittels Automatisierung 480
Arbeitssitzungsnummer
  Spezifizieren mit Hilfe der Klausel NOREQUERY 211
Arbeitsspeichergegebenheiten
  Vertrieb von Anwendungen 683
Arbeitsspeicherkennungen *Siehe* Kennungen
Architektur
  Datenbankarchitektur *Siehe* Datenbanken

Argumente
  Übergabe an Prozeduren oder Funktionen 26
AS
  Klausel
    Befehl CREATE SQL VIEW 197
Assistenten
  Dokumentierungs-Assistent 692
  Pivot-Tabellen-Assistent
    Verwenden in Unternehmenslösungen 773
  Serienbrief-Assistent
    Verwenden in Unternehmenslösungen 773
  Verwenden in Unternehmenslösungen 773
Assistentendateien
  Eingeschränkt nutzbare Assistentendateien 689
Asynchrones Lesen
  Remote-Ansichten vs. SQL Pass-Through-Technologien 601
Asynchronmodus
  Abbrechen 632
  Aktivieren 632
  Erstellen einer Verlaufsanzeige 631
  Verwenden 635
  Vorteile 631
Asynchronmodus/Batch-Modus 635
Asynchronmodus/Nicht-Batch-Modus 635
Asynchronous
  Eigenschaft
    Prüfen der Einstellung 632
  Engine-Eigenschaft 615
Attribute
  Objekte 38
Aufrufen
  Funktionen 11, 26
  Methoden 62
  Prozeduren 26
Aufsteigende Indizes
  Fehlende Unterstützung in SQL Server 586
Aus
  Spezifizieren mittels Kontrollkästchen 301
Auschecken
  Quellcode 746
Auschecken von Dateien 759
Auscheck-History
  Anzeigen 765
Auscheckvorgang
  Rückgängigmachen 761
Ausdrücke
  Ausdrücke als Parameter in SQL Pass-Through-Abfragen 607
  Auswerten als Parameter 607
  Behandeln nichtumgewandelter Ausdrücke 598
  Direktes Abbilden im SQL Server-Upsizing-Assistenten 591, 593

Ausdrücke *(Fortsetzung)*
  Einfache optimierbare Ausdrücke *Siehe* Einfache optimierbare Ausdrücke
  Entwerfen von Ausdrücken für die Rushmore-Optimierung 445
  Festlegen von Eigenschaften auf Ergebnisse benutzerdefinierter Ausdrücke 260
  Festlegen von Eigenschaften mit Ausdrücken 259
  Festlegen von Eigenschaften zur Laufzeit mit Hilfe von Ausdrücken 268
  Indizieren nach Ausdrücken 180
  Kombinieren von einfachen optimierbaren Ausdrücken 447
  Kombinieren zwecks Optimierung 448
  Kombinieren zwecks Optimierung 448
  Nicht optimierbare Ausdrücke 447
  Optimierbare Ausdrücke 446
  Optimieren von Parameterausdrücken 645
  Optimieren von Rushmore-Ausdrücken 445
  Teilweise optimierbare Ausdrücke 447
  Verwenden in Feld-Steuerelementen 382
  Verwenden von Ausdrücken zum Verhindern von Duplikatwerten 180
  Vollständig optimierbare Ausdrücke 447
Ausdruckseditor
  Dialogfeld 351
Ausführbare Dateien
  Erstellen 417, 696
Ausführen von Programmen im Befehlsfenster 5
Ausführung
  Ausführungszeit
    Steuern der Ausführungszeit auf der Remote-Datenquellen 230
  Bedingtes Unterbrechen der Ausführung 427, 428
  Unterbrechen der Ausführung bei Veränderungen von Werten 426
  Unterbrechen der Programmausführung 424
  Verhindern der Ausführung des Basisklassen-Codes 67
Ausgabe
  Anzeigen 431
Ausrichten von Text in Feldern 388
Authentifizierung
  Verwenden bei der Remote-Automatisierung 496
AutoActivate
  Methode 476
AutoCenter
  Eigenschaft
    Formulare 260
AutoCloseTables
  Eigenschaft
    Datenumgebung 240
AutoFill von Datenblättern 249
AutoIncrement 304
Automatische Zuweisung von Datensitzungen
  Außer Kraft setzen 510

Automatischer Zieh-Modus
  Gültige Drop-Zonen für Steuerelemente 334
  Reagieren, wenn der Benutzer das Objekt ablegt 333
Automatischer Zieh-Modus für Steuerelemente
  Aktivieren 333
Automatisches Sperren 502
Automatisierung
  Manipulieren von Objekten mittels Automatisierung 478
  Optimieren 454, 455
  Remote-Automatisierung *Siehe* Remote-Automatisierung
  Verwenden in Unternehmenslösungen 773
  Vorteile in Unternehmenslösungen 773
  Zugreifen auf Arbeitsmappenobjekte 480
Automatisierungsserver
  Aktivieren von Fehlermeldungen von Automatisierungsservern 493
  Erstellen 487
  Kompilieren 489
  Out-of-Process und In-Process 488
  Registrieren 491
  Verwenden in Unternehmenslösungen 778
AutoOpenTables
  Eigenschaft
    Datenumgebung 240, 569
AutoSize
  Eigenschaft
    Beschriftungen 317
AutoVerbMenu
  Methode 476
AutoYield
  Eigenschaft 477

B

BackColor
  Eigenschaft
    Formulare 260
Back-End
  Verwenden von Visual FoxPro als Back-End 776
Back-End-Server
  Gespeicherte Prozeduren
    Ablegen von Daten auf der jeweils optimalen Plattform 570
BackStyle
  Eigenschaft
    Beschriftungen 317
Basisklassen
  Erstellen von Unterklassen von Visual FoxPro-Basisklassen 47
  Mindesteigenschaftenmenge 47
  Mindestereignismenge 46
  Visual FoxPro-Basisklassen 46
Basisklassen-Code
  Verhindern der Ausführung 67

Basistabellen
    Auf Remote-Tabellen basierende Basistabellen werden
        nicht in Arbeitsbereichen geöffnet 207
    Definition 195, 206
    Felder
        Zuordnen von Ansichtsfeldern 217
    Lokale Basistabellen
        Automatisches Schließen 216
    Lokale oder Remote-Basistabellen 222
    Schließen von Ansichten 216
Batch-Aktualisierungen
    Siehe auch Aktualisierungen
    Verwenden zum Optimieren von Client/Server-
        Anwendungen 459
Batchmode
    Engine-Eigenschaft 615
Batch-Modus
    Verarbeiten im Batch-Modus 633
    Zurückgeben von Parameterwerten 610
BatchUpdateCount
    Cursor-Eigenschaft 621
    Engine-Eigenschaft 615
Bearbeiten
    Direktes Bearbeiten 475
Bearbeitungsfelder
    Allgemeine Eigenschaften (Liste) 307
    Anzeigen von Informationen mit Bearbeitungsfeldern 317
    Auswirkungen der Einstellungen der Eigenschaft
        ControlSource 285
    Bearbeiten von markiertem Text 307
    Beschreibung
        Beschreibung 251
    Ermöglichen des Bearbeitens von Memofeldern in
        Bearbeitungsfeldern 305
    Ermöglichen des Bearbeitens von Textdateien in
        Bearbeitungsfeldern 305
    Verwenden 305
Bedingte Formatierung in Datenblättern 327
Bedingte Schleife 13
Bedingte Verzweigung 13, 14
Bedingungen
    Drucken der eine Bedingung erfüllenden Datensätze 399
Beendigungsroutinen
    Aufrufen 692
Befehle
    Anderen Anwendungen zugänglich machen 777
    Ausführen von Tasks 352
    Befehle zum Erstellen und Bearbeiten von Tabellen 140
    Öffnen von Tabellen für exklusive Verwendung 500
    Schleifen-Befehle 14
    Steuern von Transaktionen 518
    Suche nach den richtigen Befehlen 18
    Verwenden 12

Befehlsfenster
    Deaktivieren der Anzeige zum Optimieren 453
    Programmdatei vs. Befehlsfenster 4
    Verwenden 5
Befehlsschaltfläche
    Steuerelement
        Beschreibung 251
Befehlsschaltflächen
    Befehlsschaltflächengruppen 249
Befehlsschaltflächen
    Allgemeine Eigenschaften (Liste) 311
    Anzeigen von Bitmaps 318
    Bestimmen einer Befehlsschaltfläche zur
        Standardwahlmöglichkeit 311
    Verwalten von Befehlsschaltflächen-Wahlmöglichkeiten
        auf Gruppenebene 312
    Verwenden 311
Befehlsschaltflächengruppen
    Allgemeine Eigenschaften (Liste) 312
    Befehlsschaltflächen 249
    Ereigniscode 83
    Optionsfelder 249
    Verwenden 311
Befehlszeile
    Spezifizieren einer Laufzeit-Ressourcendatei 562
Befehlszeilenparameter
    Übergehen der Visual FoxPro-Laufzeitbibliothek 683
BEGIN TRANSACTION
    Befehl
        Steuern von Transaktionen 518
Beispieldatenbank
    Tasmanische Handelsgesellschaft 95
Beispiele
    Bestimmen der Aufgabe einer Datenbank 97
    Erstellen eines Hauptprogramms 412
    Hilfe
        Siehe auch Bibliotheksvorlagen
Beispiel-Hilfedatei im .DBF-Format 672
Beispielprogramme Siehe Beispielprogramme
    Entfernen nichtnumerischer Zeichen in einem Feld aus
        allen Datensätzen 24
    Erhöhen des Höchstbestellbetrags 4
    Erzeugen eindeutiger Kennungen 15
    Gehaltserhöhung 13
    Konvertieren von Programmen in Funktionen 29
    Stopwatch-Klasse 53
Belegt
    Testen, ob eine Verbindung belegt ist 233
Benannte Verbindungen
    Definition 203
    Erstellen 203
    Verwendung von Remote-Ressourcen 204
Benannte Verbindungen
    Erstellen für Prototypen 582

Index

Benennungskonventionen
    Benennungskonventionen für exportierte Objekte 585
    Trigger 589
Benennungspriorität für Verbindungen 204
Benötigte Pixel
    Attribute des Visual FoxPro-Hauptfensters 279
Benutzeraktivitäten beim Entwickeln von Anwendungen 31
Benutzerdefinierte Aliasnamen
    Erstellen 190
Benutzerdefinierte Ausdrücke
    Festlegen von Eigenschaften auf Ergebnisse
        benutzerdefinierter Ausdrücke 260
Benutzerdefinierte Fehlerwerte
    SQL Server-Upsizing-Assistent 591
Benutzerdefinierte Funktionen
    Berichte 385
    Einbeziehen in Indexnamen 183
    Verwenden 25
Benutzerdefinierte Klassen
    Erstellen 48
Benutzerdefinierte Methoden
    Erstellen für Formulare 257
Benutzerdefinierte Objekte
    Hinzufügen zu Formularen 252
Benutzerdefinierte OLE-Objekte *Siehe* OLE-Objekte
Benutzerdefinierte Symbolleisten
    Siehe auch Symbolleisten
    Festlegen der Eigenschaften 363
    Hinzufügen zu Formularsätzen 360
    Koordinieren von Menüs und benutzerdefinierten
        Symbolleisten 364
Benutzerdefinierte Symbolleistenklassen
    Hinzufügen von Objekten 360
Benutzereingabe
    Abrufen mit Abfragen 404
    Auffordern zur Eingabe von Parameterwerten 209
Benutzeroberfläche
    Anzeigen der ursprünglichen Benutzeroberfläche der
        Anwendung 410
Benutzeroberflächen
    Entwerfen für Internationale Anwendungen 539
    Entwerfen 539
    Erstellen von Meldungen 539
Beobachten des Auftretens von Ereignissen 86
Berechnungen
    Erstellen von Berichtsvariablen für Berechnungen 385
Berechtigungen
    Festlegen auf SQL Server-Datenbanken 580
    Festlegen der Berechtigungen 595
    Festlegen der Datenbank-Anmeldeberechtigungen 595
    Objektbezogene Berechtigungen
        Festlegen 595
Berichte
    Ändern der Farbe von Berichts-Steuerelementen 391
    Ändern von Schriftarten 390

Berichte *(Fortsetzung)*
    Arbeiten mit Quellcodekontroll-Software 758
    Ausrichten von Text in Feldern 388
    Auswahl der zu druckenden Datensätze 398
    Auswählen von Gruppen-Kopfzeilenoptionen 396
    Definieren von Berichtsvariablen 385
    Definieren von Feld-Steuerelement-Formaten 388
    Dehnen von Steuerelementen 392
    Drucken der eine Bedingung erfüllenden Datensätze 399
    Drucken einer Menge oder eines Bereichs von
        Datensätzen 398
    Drucken in Dateien 401
    Drucken unterdrückter Werte beim Gruppenwechsel 396
    Drucken von Abfrageergebnissen 377
    Drucken von Steuerelementen mit Werten variabler
        Länge 392
    Drucken 400
    Einfügen des aktuellen Datums 384
    Einfügen von Seitennummern 385
    Einfügen von verketteten Feld-Steuerelementen 383
    Einstellen der Druckoptionen für Steuerelemente 394
    Einstellung von Seitenumbrüchen für Gruppen 396
    Erstellen von Druckausdrücken 395
    Festlegen der Anfangswerte von Variablen 386
    Formatieren von Feld-Steuerelementen 387
    Hinzufügen von Abfragen, Ansichten und
        Programmen 403
    Hinzufügen von Feld-Steuerelementen 382
    Hinzufügen von Kommentaren zu Steuerelementen 383
    Hinzufügen zu Anwendungen 373, 378
    Integrieren von Abfragen und Berichten 402
    Mehrspaltige Berichte 380
    Neuordnen von Berichtsvariablen 386
    Prüfen auf Unterschiede 763
    Seitenansicht 401
    Steuern der Ausgabe 397
    Steuern der Auswahl von Datensätzen 400
    Steuern des Drucks 391
    Steuern von Datenquellen 378
    Unterdrücken von Leerzeilen 395
    Unterdrücken wiederholter Werte 394
    Verändern 404
    Verschiebbare Steuerelemente 392
    Wiederholen von Gruppenkopfzeilen 397
    Zeichenausdrücke
        Abtrennen und Verketten von Zeichenausdrücken 384
Berichtsausdruck
    Dialogfeld 382
Berichts-Designer
    Berechnungen 385
    Berichtsvariablen 385
    Erstellen von Code 8
Berichtsgenerator
    Beschreibung 382, 389

Berichtsvariablen
    Berechnungen 385
    Neuordnen 386
    Tips 385
Beschränkungen
    Siehe auch Gültigkeitsregeln
    Index
        Eigenständige .IDX-Indizes 177
        Nichtstrukturierte .CDX-Indizes 177
        Strukturierte .CDX-Indizes 177
    Indizes
        Anzahl der geöffneten Indexdateien 170
    Tabellenbeschränkungen 584
    Zeitpunkt der Umsetzung 153
Beschriftung
    Beschreibung 251
Beschriftungen
    Allgemeine Eigenschaften (Liste) 317
    Anzeigen von Informationen 317
    Beschriftungen vs. Listenfelder 317
    Erstellen für Felder 152
    Erstellen im Datenwörterbuch 220
    Feldbeschriftungen 119
    Hinzufügen oder Ändern 160
    Text 152
    Verwalten von langen Beschriftungen auf
        Registerkarten 338
BETWEEN( )
    Funktion
        Erstellen einfacher optimierbarer Ausdrücke 446
Bezeichner
    Siehe auch IDs
Bezeichner (Liste) 732
Beziehungen
    1
        n-Beziehungen *Siehe* 1:n-Beziehungen
    Bearbeiten im Datenumgebungs-Designer 242
    Erstellen von temporären Beziehungen zwischen
        Ansichten 212
    Festlegen im Datenumgebungs-Designer 241
    Festlegen mit dem Befehl SET RELATION 242
    Festlegen mit dem Befehl SET SKIP 242
    Persistente Beziehungen
        Siehe auch Persistente Beziehungen
        Festlegen im Datenumgebungs-Designer 241
    Standard-Beziehungen 125
    Temporäre Beziehungen
        Ansichten 212
Beziehungen
    Bestimmen 96
Bezugnehmen auf Objekte in der Container-Hierarchie 60
Bibliothek
    Erstellen von Funktionsbibliotheken 707

Bibliotheken
    Erstellen in C 715
    Erstellen in C++ 715
    Erstellen und Fehlerbeseitigung 738
    Erstellen von Funktionsbibliotheken 715
    Erstellen 715
    Externe Bibliotheken
        Zugriff *Siehe* Externe Bibliotheken
    Fehlerbeseitigung 740
    Funktionsbibliotheken *Siehe* Funktionsbibliotheken
    Stapelspeicherverwaltung 737
    Vertreiben von Support-Bibliotheken 700
Bibliotheksvorlagen
    C++-Beispielvorlage 719
    C-Beispielvorlage 718
    Einrichten 718
    Elemente 718
    Pro_ext.h
        Beispiel-Headerdatei 719
    Verwenden für .FLLs 719
Bilder
    Hinzufügen von Bildern zu Einträgen einer Liste 300
    Listenfelder mit Bildern 301
    Schaltflächen
        Entfernen von weißen Flächen 319
    Zuschneiden 390
Bildschablonen
    Erstellen für .BMPs 319
    Verwenden für Steuerelemente 319
Bildschirmanzeige
    Optimieren 451, 453
Bild-Steuerelement
    Beschreibung 251
Binäre Dateien
    Einchecken 760
Binäre Daten
    Optimieren 460
Bitmaps
    Anzeigen auf Befehlsschaltflächen 318
    Anzeigen auf Kontrollkästchen 318
    Anzeigen auf Optionsfeldern 318
    Anzeigen mittels Steuerelementen 318
    Erstellen von Bildschablonen für Bitmaps 319
    Hinzufügen von Bildern zu Einträgen einer Liste 300
    Optimieren 455
    Verwenden 541
BLOB-Felder
    Optimieren 460
Blockierung
    Definition 531
.BMP-Dateien *Siehe* Bitmaps
Boolesche Zustände
    Spezifizieren von Booleschen Zuständen mittels
        Kontrollkästchen 301

BorderStyle
    Eigenschaft
        Formulare 260
BorderStyle
    Eigenschaft
        Abbildungs-Steuerelemente 316
BorderWidth
    Eigenschaft
        Linien-Steuerelemente 318
_BreakPoint( )
    Routine
        Fehlerbeseitigung in ActiveX-Steuerelementen 740
Buffering
    Cursor-Eigenschaft 621
    Engine-Eigenschaft 615
BUILD DLL
    Befehl 489
BUILD EXE
    Befehl 489
ButtonCount
    Eigenschaft
        Befehlsschaltflächengruppen 312
        Festlegen der Anzahl der Optionsfelder 287
        Optionsfeldgruppe 249
ButtonCount Eigenscaft
    Eigenschaft
        Optionsfeldgruppe 287

C

C
    Erstellen von Bibliotheken in C 715
C/C++-Programme
    Hinzufügen von Visual FoxPro-API-Aufrufen 723
    Übergeben von Datenfeldern an C/C++-Programme 724
    Zurückgeben von Werten an Visual FoxPro 729
C++
    Erstellen von Bibliotheken in C++ 715
CallFn( )
    Öffnen von Hilfethemen 665
Caption
    Eigenschaft
        Befehlsschaltflächengruppen 312
Caption
    Eigenschaft
        Befehlsschaltflächen 311
        Beschriftungen 317
        Formulare 260
        Spezifizieren von Zugriffstasten für Steuerelemente 328
        Verwenden von Optionsfeldern zum Speichern in Tabellen 290
    Engine-Eigenschaft 615

.CDX-Indexdateien
    Allgemeine Tips zur Optimierung 441
    Arbeiten mit Quellcodekontroll-Software 758
    Beschränkungen 170
    Entfernen 142
    Nichtstrukturierte .CDX-Indexdateien 170, 177
    Optimieren mit Hilfe der Rushmore-Technologie 442
    Strukturierter komprimierter Mehrfachindex 169
ChildOrder
    Eigenschaft
        Datenblätter 323, 327
CHR( )
    Funktion
        Verhindern der Übersetzung von Daten 550
Circle
    Methode
        Formulare 318
CLEAR DLLS
    Befehl
        Entfernen von DLLs aus dem Arbeitsspeicher 710
CLEAR EVENTS
    Befehl
        Beschreibung 355
CLEAR EVENTS
    Befehl
        Testen von Menüsystemen 367
Click-Ereignisse
    Reagieren auf Click-Ereignisse 63
    Zugreifen auf Objekte in verschiedenen Formularen 272
Client/Server-Anwendungen
    Siehe auch Remote-Daten
    Ablegen von Daten auf der jeweils optimalen Plattform 570
    Auswählen des besten Client-Server-Entwurfs 568
    Datenumgebung 569
    Engine-Eigenschaften 615
    Entdecken von Änderungen anderer Benutzer 630
    Entwerfen 565
    Entwurfsziele
        Hohe Leistung 566
    Entwurfsziele
        Skalierbarkeit 565
    Erhalten der Datenintegrität 575
    Gewährleisten von Datenintegrität 574
    Gewährleisten von Genauigkeit 574
    Herunterladen nur der benötigten Daten 566
    Implementieren 601
    Intelligente Datenabruftechniken 568
    Lokale Datennavigationstechniken 568
    Nicht optimierte Strategie 568
    Optimieren der Leistung 574, 639
    Optimieren mittels Memofeldern 460
    Optimieren von Ansichten für Client/Server-Anwendungen 458
    Optimieren 457

Client/Server-Anwendungen *(Fortsetzung)*
    Planen des Upsizing 574
    Prototypen
        Erstellen mit Ansichten 573
    Schnelles Entwickeln 573
    Schrittweises Implementieren von Anwendungs-Prototypen 574
    Schutz gegen Datenverlust 575
    Server-Syntaxfehler 607
    SQL Pass-Through 571, 572
    Systemanalyse 566
    Umwandeln von Datentypen 609
    Upsizing-Assistent 579
    Verarbeitung
        Optimieren der lokalen und der Remote-Verarbeitung 645
    Verarbeitung von Ergebnismengen und Fehlern durch den Server 607
    Verwenden von Ansichten für Datenverwaltungsaufgaben 571
    Verwenden von Batch-Aktualisierungen zum Optimieren 459
    Verwenden von gespeicherten Prozeduren von SQL Server 608
    Verwenden von Schlüsselwörtern zum Optimieren 459
    Verwenden von SQL Server-Ein-/Ausgabeparametern 608
    Vorteile 565
    Zurückgeben von Parameterwerten 610
Clients
    Vorbereiten für Prototypen 582
Closable
    Eigenschaft
        Formulare 260
Cls
    Methode
        Formulare 318
Clustered Unique
    Indextyp
        Abbilden im SQL Server-Upsizing-Assistenten 586
Code
    Abschluß-Code *Siehe* Abschluß-Code
    Basisklassen-Code
        Verhindern der Ausführung 67
    Code-Seiten
        Ändern für .DBF-Dateien 547
        Ermitteln der Code-Seiten von Projektdateien 548
        Internationale Anwendungen 538
        Spezifizieren für Textdateien 547
    Code-Seitenmarkierungen
        Entfernen mit dem Programm CPZERO 545, 546
        Hinzufügen 545
        Überprüfen auf Code-Seitenmarkierungen mit dem Befehl SET CPDIALOG 545
        Überprüfen 544

Code *(Fortsetzung)*
    Ereigniscode
        Siehe auch Ereigniscode
        Beschreibung 262
        Zuweisen 66
    Erstellen von Code mittels Visual FoxPro-Designern 8
    Initialisierungs-Code *Siehe* Initialisierungscode
    Koordinieren von Symbolleisten und Formularen mittels Code 361
    Methodencode
        Siehe auch Methodencode
        Zuweisen 66
    Rationalisierte Pflege 42
    Verfolgen
        Behebung von bei der Programmverfolgung gefundenen Problemen 424
        Beschreibung 423
    Zuweisen zu Ereignissen 92
Code
    Erfassungsprotokoll 432
Code-Fenster
    Wechsel zwischen Prozeduren im Code-Bearbeitungsfenster 262
Code-Seiten
    Arbeiten mit Code-Seiten 543
    Definition 543
COLLATE
    Anweisung
        Spezifizieren der Sortierreihenfolge 553
Collection-Eigenschaften
    Zugreifen auf Visual FoxPro-Objekte 486
Collection-Eigenschaften (Tabelle) 486
ColumnCount
    Eigenschaft
        Datenblätter 327
ColumnCount
    Eigenschaft
        Datenblätter 249
        Dropdown-Listenfelder 291
        Listenfelder 291, 296
ColumnWidth
    Eigenschaft
        Anzeigen mehrerer Spalten in Listenfeldern 296
Comment
    Engine-Eigenschaft 615
COM-Objekte
    Erstellen 715
CompareMemo
    Cursor-Eigenschaft 621
    Engine-Eigenschaft 615
COMPILE
    Befehl
        Kompilieren von Programmen 549

Index

CONFIG.FPW
   Konfigurationsdatei
      Vertreiben mit Anwendungen 686
ConnectBusy
   Engine-Eigenschaft 615
ConnectHandle
   Cursor-Eigenschaft 621
   Engine-Eigenschaft 615
ConnectName
   Cursor-Eigenschaft 621
   Engine-Eigenschaft 615
ConnectString
   Engine-Eigenschaft 615
ConnectTimeout
   Engine-Eigenschaft 615
Container
   Container und Nicht-Container 43
   Container-Hierarchie
      Referenzieren von Objekten in der Container-Hierarchie 60
   Container-Klassen
      Beschreibung 44, 48
      Hinzufügen von Objekten 50, 65
      Inhalt 44
   Container-Objekte
      Datenblätter als Container-Objekte 320
      Grundsätzliches 249
   Container-Objekten
      Hinzufügen zu Formularen 249
   Container-Symbole
      Festlegen für Klassen 56
   Hinzufügen von Visual FoxPro-Containern 249
   Steuerelementereignisse und Container 82
ControlCount
   Eigenschaft
      Formulare 255
Controls[n]
   Eigenschaft
      Formulare 255
ControlSource
   Eigenschaft
      Datenblätter 322
      Dropdown-Listenfelder 291
      Kombinationsfelder 309
      Listenfelder 291
      Spalten 328
      Steuerelemente 45
      Verwenden in Client/Server-Anwendungen 569
COPY TO
   Befehl
      Ändern von Code-Seiten für .DBF-Dateien 547
Count-Eigenschaften (Tabelle) 486
CPCONVERT( )
   Funktion
      Übersetzen von Daten in Variablen 549

CPDBF( )
   Funktion
      Überprüfen auf Code-Seitenmarkierungen 544
CPZERO
   Programm
      Entfernen von Code-Seitenmarkierungen 545, 546
CREATE CLASS
   Befehl
      Beschreibung 359
      Erstellen von Klassenbibliotheken 56
      Erstellen von Unterklassen von Klassendefinitionen 49
CREATE CLASSLIB
   Befehl
      Erstellen von Klassenbibliotheken 56
CREATE DATABASE
   Befehl
      Erstellen von Datenbanken 117
CREATE SQL VIEW
   Befehl
      Klausel AS 197
CREATE TABLE
   Befehl
      Erstellen von persistenten Beziehungen 125
CREATEOBJECT( )
   Funktion
      Erstellen von ActiveX-Steuerelementen 709
      Hinzufügen und Erstellen von Klassen 65
CREATEOFFLINE( )
   Funktion
      Arbeiten mit Offline-Ansichten 225
CurrentControl
   Eigenschaft
      Datenblätter 324
      Spalten 328
Cursor
   Aktive Ansicht *Siehe* Aktive Ansicht-Cursor
   Ansicht
      Kontinuierliches Lesen 641
   Asynchron erstellter Cursor
      Kontinuierliches Lesen 641
   Erstellen mit SQL Pass-Through 572
   Füllen von Formular-Steuerelementen 376
   Lesen des angeforderten Cursors 635
   Lokale Cursor
      Ermitteln, ob Visual FoxPro einen lokalen Cursor erstellt hat 642
      Löschen 642
   Öffnen von Ansichten als Cursor 206
   Speichern von Abfrageergebnissen 375
   Spezifizieren als Abfrageziel 376
Cursor ist nicht aktualisierbar
   Fehlermeldung 630
Cursor-Aktualisierungseigenschaften 627
Cursor-Dateien (.CUR) 332

Cursor-Definition
  Anzeigen 621
Cursor-Eigenschaften
  Ändern der Eigenschaften des aktiven Cursors 625
  Ändern der Standard-Eigenschaften 625
  Festlegen für Remote-Daten 621
  Festlegen mit SQL Pass-Through-Technologie 625
  ODBC-Verbindungen erben die Standardeigenschaften für Cursor von der Datensitzung 625
  Steuern 624
  Temporäre Cursor-Eigenschaften 625
  Vererbung von Cursor-Eigenschaften 624
  Verschwinden der temporären Einstellungen 625
  Verwenden der Registerkarte Remote-Daten im Dialogfeld Optionen 624
  Vom Umgebungs-Cursor geerbt 625
Cursor-Eigenschaften (Liste) 621
Cursornamen
  Austauschbare Cursornamen im Nicht-Batch-Modus 633
CURSORSETPROP( )
  Funktion
    Aktivieren der Datensatzpufferung 513
    Aktivieren der Tabellenpufferung 514
    Beschreibung 460
CURVAL( )
  Funktion 458
Curvature
  Eigenschaft
    Figuren 317

D

Database
  Engine-Eigenschaft 615
DataSession
  Eigenschaft
    Beschreibung 507
    Formulare 260, 276
DataSessionID 509
DataSource
  Engine-Eigenschaft 615
DataType
  Engine-Eigenschaft 615
Datei
  Menü 6, 7
Datei
  Menü 6
Datei sperren
  Beschreibung 501
Dateien
  Abrufen der neuesten Version einer Datei 762
  Anzeigen der Auscheck-History 765
  Anzeigen in Listenfeldern 295
  Anzeigen von Dateiinformationen 765, 766

Dateien *(Fortsetzung)*
  Aufforderung, neue Dateien unter Quellcodekontrolle zu stellen 755
  Auschecken 759
  Ausschließen modifizierbarer Dateien 414
  Drucken von Berichten in Dateien 401
  Einchecken von Textdateien 761
  Einchecken 760
  Einfügen in Formulare mittels #INCLUDE 257
  Eingeschränkt nutzbare Visual FoxPro-Dateien 689
  Entfernen aus der Quellcodekontrolle 757
  Entfernen eingeschränkt nutzbarer Visual FoxPro-Dateien 688
  Erstellen von Textversionen 765
  Hinzufügen zu Projekten 413
  Hinzufügen zu quellcodekontrollierten Projekten 754
  Manuelles Hinzufügen zu Projekten 413
  Optimieren des Öffnens und Schließens von Dateien 452
  Optimieren 452
  Referenzieren modifizierbarer Dateien 414
  Vergleichen für die Quellcodekontrolle 762
  Verwalten in internationalen Anwendungen 560
  Vom SQL Server-Upsizing-Assistenten erstellte Dateien 593
  Zugreifen auf Daten in Dateien 499
Dateien
  Einstellung der Eigenschaft RowSourceType 295
Dateikonfiguration
  Grunddateikonfiguration 420
Dateinamen
  Absolute Dateinamen 421
Dateisperren
  Anpassen des Intervalls für Sperrversuche 456
Daten
  Ablegen von Daten auf der jeweils optimalen Plattform 570
  Abrufen
    Auswählen des besten Client-Server-Entwurfs 568
    Beschleunigen 641
  Abrufen mit SQL Pass-Through-Funktionen 603
  Abrufen mittels Ansichten 195
  Aktualisieren mit SQL Pass-Through-Technologie 621
  Aktualisieren von Daten in Ansichten 216
  Anbinden von Steuerelementen 45
  Anzeigen der Struktur einer Ansicht ohne Daten 211
  Arbeiten mit Offline-Daten 223, 571
  Datenanalysen mittels Pivot-Tabellen 773
  Eingeben in Tabellen 164
  Einschränkung der heruntergeladenen Daten mit parametrisierten Abfragen 567
  Entsperren 506
  Erfolgreiches Aktualisieren 531
  Exportieren mit Hilfe des SQL Server-Upsizing-Assistenten 583

Daten *(Fortsetzung)*
   Festlegen der Quelle der im Datenblatt angezeigten
      Daten 322
   Filtern
      Beschreibung 184, 186
      Mengenbasierte Datenzugriffstechniken 566
   Filtern der 1-Seite 568
   Filtern der n-Seite 568
   Gefilterte Daten
      Navigieren mit Hilfe des Befehls SKIP 568
   Gemeinsame Nutzung
      Aktivieren mehrerer Datensitzungen 507
      Programmieren für gemeinsame Nutzung 499
   Gemeinsame Nutzung in
      Unternehmenslösungen 774, 775
   Gewährleisten der Gültigkeit von Daten in
      Datenbanken 287
   Gültigkeitsprüfung in Textfeldern 303
   Heruntergeladene Daten
      Umfang beschränken 569
   Herunterladen nur der benötigten Daten 566
   Integrieren von Objekten und Daten
      Eigenschaften 80
   Internationale Daten *Siehe* Internationale Daten
   Kombinieren von lokalen und Remote-Daten in
      Ansichten 222
   Lokale Daten vs. Remote-Daten
      Entwickeln von Anwendungen 32
   Manipulieren
      Beschreibung 9
      Verwenden von Operatoren 9
   Manipulieren mehrerer Datenzeilen mittels
      Steuerelementen 320
   Mengenbasierter Datenzugriff 566
   Offline-Daten
      Siehe auch Offline-Daten
   Öffnen von Ansichten ohne Daten 211
   Remote-Ansicht
      Herunterladen oder Hochladen von Daten über eine
         Remote-Ansicht 636
   Remote-Daten *Siehe* Remote-Daten
   Sortieren von DBCS-Daten 556
   Sortieren *Siehe* Sortieren von Daten
   Speichern mittels Objekten 78
   Speichern 8
   Sperren 501
   Steuerelemente und Daten 45
   Überprüfen der Daten vor dem Senden an die Remote-
      Datenquelle 222
   Upsizing von Visual FoxPro-Daten 776
   Verhindern der Übergabe fehlerhafter Daten an Remote-
      Datenquellen 222
   Verwalten mit Ansichten in Client/Server-
      Anwendungen 571

Daten *(Fortsetzung)*
   Verwandte Daten
      Verwenden in Unternehmenslösungen 774
   Visual FoxPro-Daten anderen Anwendungen zugänglich
      machen 777
   Zugreifen
      Effizienter Zugriff auf mengenbasierte Daten 566
   Zugreifen auf Daten in Dateien 499
   Zugriff auf große Datenmengen 207
Daten
   Binden von Daten
      Optimieren der Leistung 450
   Gültigkeitsprüfung
      Optimieren 461
   Steuern des Datenzugriffs 499
   Übersetzen
      Verhindern 550
   Übersetzen
      Übersetzen von Daten in Variablen 549
Datenabruf
   Beschleunigen 645
Datenbank
   Datenbankeigenschaften
      Anzeigen und Festlegen 128
   Datenbankgröße
      Entwickeln von Anwendungen 32
   Datenbankobjekte
      Befehle und Funktionen zum Manipulieren 120
   Datenbanktabellen
      Siehe auch Tabellen
      Definition 122
      Eigenschaften 122
   Datenbanktabellen vs. freie Tabellen 139
Datenbankdatei (.DBC)
   Gemeinsame Nutzung für die Teamentwicklung 766
Datenbank-Designer
   Anzeigen von Datenbank-Schemata 129
   Durchsuchen von Datenbank-Dateien 130
   Einrichten der referentiellen Integrität 128
   Entfernen von Tabellen aus Datenbanken 123
   Erstellen von gespeicherten Prozeduren 128
   Erstellen von persistenten Beziehungen 127
Datenbanken
   Siehe auch .DBC-Dateien
   Abschätzen der SQL Server-Datenbankgröße 580
   Aktuelle Datenbank
      Festlegen 135
   Änderungen
      Protokollieren von Datenbankänderungen 158
   Anlagen von SQL Server-Datenbanken auf mehreren
      Medien 582
   Ansichten
      Öffnen von Datenbanken 196
      Arbeiten mit Quellcodekontroll-Software 758
      Befehle und Funktionen zum Manipulieren 120

Datenbanken *(Fortsetzung)*
   Beispieldatenbank
      Tasmanische Handelsgesellschaft 95
   Beispieldiagramme 115
   Bestimmen der Aufgabe einer Datenbank
      Beispiel 97
   Dateien
      Erweitern 131
   Datenbank-Anmeldeberechtigungen
      Festlegen 595
   Datenbankarchitektur
      Anzeigen und Verändern 129
   Datenbanktabellen
      Siehe auch Tabellen
      Gültigkeitsregeln 153
      Verwenden von Tabellen ohne Hinzufügen zu
         Datenbanken 122
   .DBC-Dateien
      Inhalt 130
   Definition 95
   Durchsuchen von Dateien 130
   Eigenschaften
      Anzeigen und Festlegen 128
   Entfernen aus Projekten 132
   Entfernen von Tabellen 123, 157
   Entwerfen
      Bestimmen der benötigten Felder 101
      Bestimmen der benötigten Tabellen 99
      Festlegen von Beziehungen 105
      Fremdschlüssel 106
      Kombinieren von Feldern zu eindeutigen
         Schlüsselausdrücken 110
      Übersicht 95
      Verfeinern des Entwurfs 96, 112
   Entwickeln und Verändern in Teams 766
   Entwurfsschritte 96
   Erstellen
      Beschreibung 35, 119
      CREATE DATABASE 119
   Erstellen von Kommentaren 128
   Erstrecken über mehrere Medien 582
   Festlegen der Aufgabe
      Beschreibung 96
   Gewährleisten der Gültigkeit von Daten 287
   Gültigkeitsprüfung 131
   Hinzufügen von Tabellen 122
   Hinzufügen zu Projekten 124
   Löschen 132
   Manipulieren 120
   Öffnen
      Automatisches Öffnen mit dem Projekt-Manager 196
   Öffnen mehrerer Datenbanken 134
   Schemata
      Anzeigen 129

Datenbanken *(Fortsetzung)*
   Sichern
      Prototypen 582
   Sichern der Master-Datenbank 596
   Spezifizieren mit dem Symbol „!" 122
   Übertragen mit Upsizing-Assistenten 577
   Verwalten 122
   Verwenden mehrerer physischer Datenträger oder
      Medien 581
   Verwenden von Tabellen aus anderen Datenbanken 122
   Verwenden 95
   Zugriff auf Tabellen außerhalb von Datenbanken 122
Datenblattentwurfmodus
   Wechseln zum Datenblattentwurf 321
Datenblätter
   Allgemeine Eigenschaften (Liste) 327
   Anzeigen von Detail-Datensätzen für Tabellen 323
   Anzeigen von Steuerelementen in jeder Zeile eines
      Datenblattes 326
   Bedingte Formatierung in Datenblättern 327
   Datenblätter als Container-Objekte 320
   Datenblattspalten
      Anzeigen von Steuerelementen 324
   Definieren 73
   Einrichten eines 1
      n-Formulars mit Hilfe eines Datenblatt-
         Steuerelements 323
   Festlegen der Quelle der angezeigten Daten 322
   Festlegen der Spaltenzahl 321
   Formulare 249
   Hinzufügen von Steuerelementen 73
   Hinzufügen zu Formularen 320
   Linien
      Bedingte Formatierung in Datenblättern 327
   Manipulieren mehrerer Datenzeilen mittels
      Datenblättern 320
   Manuelles Anpassen der Datenblattanzeige zur
      Entwurfszeit 321
   Seiten 249
   Seitenrahmen 249
   Spalten 249
      Standardnamen 152
   Spaltenbreite 321
   Zeilenhöhe 321
Datenblattfenster
   Standardziel für Abfrageergebnisse 377
Datenblattfenster
   Benennen von Spaltenkopfzeilen 152
Datenblattmodus
   Hinzufügen von Datensätzen 164
Daten-Container 9
Dateneingabe
   Beschleunigung duch Standardwerte 150
Datenfeld
   Einstellung der Eigenschaft RowSourceType 294

Datenfeldeigenschaften
   Erstellen 52, 256
   Verwalten mehrerer Instanzen eines Formulars 276
Datenfelder
   Datenfelder von OLE-Objekten 481
   Erstellen von Objektdatenfeldern 78
   Mehrdimensionale Datenfelder
      Füllen einer Liste mit den Elementen eines mehrdimensionalen Datenfelds 295
   Optimieren 452
   Speichern von Abfrageergebnissen 375
   Spezifizieren von Datenfeldern als Abfrageziel 375
   Übergeben als Parameter an DLLs 712
   Übergeben an C/C++-Programme 724
   Verwenden von Kennungen mit Zeiger-Datenfeldern 736
Datenfelder
   Elemente
      Erstellen 77
Datenfeldverweise
   Übergeben an OLE-Objekte 481
Datenintegrität
   Erhalten in Client/Server-Anwendungen 575
   Erhalten mit Server-Regeln 575
   Erhalten mit Server-Triggern 575
   Erhalten mit Visual FoxPro-Regeln 575
   Gewährleisten in Client/Server-Anwendungen 574
Datenlager
   Verwenden in Unternehmenslösungen 778
   Vorteile 778
Datenlager
   Definition 778
Datenmengen
   Abrufen in Ansichten 210
   Aktualisierbare Datenmengen *Siehe* Ansichten
Datenquelle
   Verwenden von Visual FoxPro als Datenquelle 776
Datenquellen
   Benennungspriorität 204
   Festlegen der Quelle der im Datenblatt angezeigten Daten 322
   Installieren 203
   ODBC-Datenquellen 196
   Remote-Datenquellen
      Beschreibung 196
      Spezifizieren von Anmeldeinformationen 204
      Steuern der Ausführungszeit 230
      Verbinden 203
   Steuern von Berichtts-Datenquellen 378
   Trennen mit Hilfe der Funktion SQLDISCONNECT( ) 603
   Übergeben von SQL-Anweisungen 607
   Überprüfen von Daten vor dem Senden an die Remote-Datenquelle 222

Datenquellen *(Fortsetzung)*
   Verhindern der Übergabe fehlerhafter Daten an Remote-Datenquellen 222
   Weglassen in Remote-Ansichten 206
Datenquelleninformationen
   SQL Pass-Through-Funktionen 604
Datensatz
   Merkmale der Datensatzsperrung 503
   Sortieren
      Mehrere Möglichkeiten 172
Datensätze
   Aktualisieren einzelner Datensätze 228
   Anfügen an Tabellenpuffer 514, 516
   Anfügen von Datensätzen aus einer anderen Tabelle 163
   Anzeigen zum Bearbeiten 164
   Arbeiten mit Datensätzen 162
   Auswahl der zu druckenden Datensätze 398
   Auswählen einer Anzahl oder eines prozentualen Anteils von Datensätzen 374
   Batch-Aktualisierungen in lokalen Tabellen 227
   Batch-Aktualisierungen in Remote-Tabellen 227
   Bearbeiten von Datensätzen in Tabellen 164
   Detail-Datensätze
      Anzeigen in Listen 300
   Drucken einer Menge oder eines Bereichs von Datensätzen 398
   Eindeutiges Identifizieren 104
   Entfernen aller Datensätze aus Tabellen 168
   Entfernen der zum Löschen markierten Datensätze 167
   Ermöglichen der Auswahl eines Datensatzes durch Auswahl eines Wertes aus einem Listenfeld 298
   Festlegen der Anzahl der auf einmal gelesenen Datensätze 642
   Festlegen der maximalen Anzahl der herunterzuladenden Datensätze 229
   Für die gemeinsame Nutzung geöffnete Datensätze
      Sperren 501
   Geänderte Datensätze
      Ermitteln 534
   Herstellen von Beziehungen zwischen Datensätzen in einer einzelnen Tabelle 193
   Hinzufügen im Datenblattmodus 164
   Hinzufügen 163
   Löschen
      Beschreibung 165
   Löschen aus Tabellenpuffern 514
   Markieren von Datensätzen zum Löschen 166
   Reihenfolge des Zugriffs
      Steuern 173
   Sichtbarkeit nach dem Markieren zum Löschen 166
   Sortieren 168
      Alphabetisch 168
      Sortieren durch Klicken auf Spaltenkopfzeilen 175
      Spaltenweises Sortieren 174
   Steuern der Auswahl zu druckender Datensätzen 400

Datensätze *(Fortsetzung)*
　Tabellenpuffer
　　Entfernen angefügter Datensätze 516
　　Zugreifen in absteigender Reihenfolge 183
　　Zurückrufen von zum Löschen markierten
　　　Datensätzen 166
Datensatzebene
　Regeln auf Datensatzebene
　　Ablegen auf der jeweils optimalen Plattform in
　　　Client/Server-Anwendungen 570
　Regeln auf Datensatzebene
　　Auswirkungen von Änderungen der
　　　Datensatzwerte 157
　　Beschreibung 119
　　Fehlerbehandlungscode 157
　　Gültigkeitsprüfung 156
　　Zeitpunkt der Prüfung 157
　　Zeitpunkt der Umsetzung 153
　Regeln auf Datensatzebene und zwischengespeicherte
　　Daten 157
Datensatzpufferung
　Auswählen von Methoden 511
　Beschreibung 510
Datensatzpufferung
　Aktivieren 513
Datensatzreihenfolgen
　Erstellen 168
　Festlegen zur Laufzeit 174
Datensatzreihenfolgen
　Festlegen in Formularen
　　Interaktiv 174
Datensatzsperren
　Anpassen des Intervalls für Sperrversuche 456
　Beschreibung 501, 598
Datensatzwerte
　Auswirkungen von Änderungen auf Regeln auf
　　Datensatzebene 157
Datensatzzeiger
　Verschieben 157
Datensitzungen
　Aktivieren mehrerer Datensitzungen 507
　Auswirkung des Schließens von Datenbanken auf
　　Formulare 136
　Automatische Zuweisung
　　Außer Kraft setzen 510
　Standardeigenschaften 213
　Verwenden 187, 506
Datenspeicherung
　Beschreibung 9
Datenspeicherung
　Erweitern in Unternehmenslösungen 774

Datenstrukturen
　Visual FoxPro-Datenstrukturen
　　Siehe auch Visual FoxPro-API; Visual FoxPro-API-
　　　Datentypen
　　EventRec 733
　　FoxInfo 720, 721, 733
　　FoxTable 722, 733
　　Locator 733
　　ParamBlk 733, 737
　　Point 733
　　Rect 733
　　Value 726, 733
　　Visual FoxPro-API 733
Datentabellen
　Verwenden mit Quellcodekontroll-Software 748
Datenträger
　Mehrere physische Datenträger auf einem Server 581
　Verwenden mehrerer SQL Server-Datenträger 581
Datentyp
　Übereinstimmungsfehler
　　Vermeiden 10
Datentypen
　Auswählen 147
　Client/Server-Datentypen
　　Abbilden 585
　　Abbilden 638
　　Anpassen 636
　　Festlegen der Datentypumwandlungen 636
　　Herunterladen oder Hochladen von Daten über eine
　　　Remote-Ansicht 636
　　ODBC-Datentypen 636, 637
　　Umwandeln von Visual FoxPro-Parametern in
　　　Datentypen einer Remote-Ansicht 637
　Einführung 8
　Hinzufügen oder Ändern 160
　Optimieren von Programmen 452
　Spezifizieren 145
　Umwandeln 609
Datentypen (Liste) 732
Datentypen für DLL-Parameter 710
Datentypen für FLL-Bibliotheken 721
Datentypumwandlung
　Steuern in Client/Server-Anwendungen 636
Datenumgebung
　Allgemeine Eigenschaften 240
　Beschreibung 212
　Einrichten eines 1
　　n-Formulars mit Hilfe der Datenumgebung 323
　　n-Formulars ohne Hilfe der Datenumgebung 323
　Festlegen der Datenumgebung 239
　Funktion der Datenumgebung 239
　Optimieren von Formularen 449
　Speichern von Tabellenbeziehungen in einer
　　Datenumgebung 193

Datenumgebung *(Fortsetzung)*
    Upsizing von Anwendungen 578
    Verwenden in Client/Server-Anwendungen 569
Datenumgebungs-Designer
    Bearbeiten von Beziehungen 242
    Entfernen von Tabellen 241
    Festlegen von Beziehungen 241
    Hinzufügen von Ansichten 240
    Hinzufügen von Tabellen 240
    Öffnen 239
Datenverlust
    Schutz in Client/Server-Anwendungen 575
Datenwörterbuch
    Erstellen von Tabellen 139
    Verwenden in Ansichten 220
    Verwenden 119
Datenzugriff
    Optimieren in Unternehmenslösungen 774
    Zwischenspeicherung 510
Datum
    Aktuelles Datum *Siehe* Aktuelles Datum
Datumswerte
    DBCS (Zwei-Byte-Zeichensätze) 559
    Eingeben von Datumswerten in Textfelder 304
dBASE-Indizes
    Zeichenfolgenvergleich
        Sortierreihenfolge 555
.DBC-Dateien
    Arbeiten mit Quellcodekontroll-Software 758
    Einschränkungen bei der gemeinsamen Nutzung 766
    Gemeinsame Nutzung für die Teamentwicklung 766
    Inhalt 130
    Memofeld User 131
    Speichern von Verbindungsdefinitionen 204
    Verändern der Struktur 131
    Verwenden mit Quellcodekontroll-Software 748
.DBC-Dateien
    Inhalt 129
DBCS
    Zeichenfolgenfunktionen 558
DBCS (Zwei-Byte-Zeichensätze)
    Arbeiten mit Datums-, Zeit- und Währungsformaten 559
    Arbeiten mit Zeichenfolgen 558
    Arbeiten mit Zwei-Byte-Zeichensätzen 555
    Benennen von Elementen 556
    Beschreibung 558
    Sortieren von Daten 556
.DBF-Dateien
    Ändern von Code-Seiten 547
    Arbeiten mit Quellcodekontroll-Software 758
    Verwenden mit Quellcodekontroll-Software 748
.DBF-Format
    Hilfe im .DBF-Format
        Abstimmen der Hilfe auf die Anwendung 678
        Anpassen 676

.DBF-Format *(Fortsetzung)*
    Hilfe im .DBF-Format *(Fortsetzung)*
        Anzeigen von Themen 676
        Auswählen von Themen nach ihrem Namen 676
        Beispieldatei 672
        Entwerfen 671
        Erstellen kontextbezogener Hilfethemen 677
        Erstellen 671
        Kontextbezogenheit 677
        Navigieren 671
        Querverweise in TTRADE 674
        Spezifizieren von Hilfetabellen 676
        Tabellenanforderungen 673
        TTRADE-Themen 674
        Vertreiben mit internationalen Anwendungen 687
        Verwenden 675
DBSETPROP( )
    Funktion
        Beschreibung 460
        Erstellen von Beschriftungen 152
        Festlegen der Eigenschaft comment 129
.DCT-Dateien
    Arbeiten mit Quellcodekontroll-Software 758
.DCX-Dateien
    Arbeiten mit Quellcodekontroll-Software 758
Deaktivieren
    Feld 350
DEBUG
    Befehl
        Öffnen des Debuggers 423
DEBUGOUT
    Befehl
        Anzeigen der Ausgabe 431
DECLARE
    Befehl
        Registrieren von DLLs 710
DefaultValue
    Engine-Eigenschaft 615
DEFINE BAR
    Befehl
        Aktivieren und Deaktivieren von Menüeinträgen 350
        Programmgesteuertes Hinzufügen von Menüs 347
DEFINE CLASS
    Befehl
        Beschreibung 359
        Programmgesteuertes Definieren von Klassen 63
DEFINE PAD
    Befehl
        Aktivieren und Deaktivieren von Menüeinträgen 350
        Klausel NEGOTIATE 476
        Programmgesteuertes Hinzufügen von
            Menüs 347, 348
DEFINE POPUP
    Befehl
        Programmgesteuertes Hinzufügen von Menüs 347

DEFINE WINDOW
  Befehl
    Erstellen von internationalen Zeichen 542
#DEFINE
  Präprozessoranweisung 560
Deklarative referentielle Integrität 591, *Siehe* Referentielle Integrität
DELETE
  Befehl 502
DELETE
  Klausel
    Spezifizieren der Durchführung von Aktualisierungen mit SQL Pass-Through-Technologie 621
DELETE DATABASE
  Befehl
    Klausel DELETETABLES 133
DELETE FILE
  Befehl
    Löschen von freien Tabellen 143, 145
DELETETABLES
  Klausel
    Befehl DELETE DATABASE 133
DeleteTrigger
  Engine-Eigenschaft 615
Designer
  Erstellen von Code in Visual FoxPro 8
Design-Tools
  Erweitern für Unternehmenslösungen 770
Desktop
  Eigenschaft 245
Detail-Datensätze
  Anzeigen in Listen 300
  Anzeigen mit Hilfe eines Datenblatt-Steuerelements 323
Diagramme
  Beispieldatenbank 115
  Erstellen in Unternehmenslösungen 772
  MS Graph *Siehe* MS Graph-Diagramme
Diakritische Zeichen
  Beschreibung 538
  Zeichenfolgenvergleich
    Sortierreihenfolge 554
Dialogfeld
  Namen 382, 387
Dialogfelder
  Allgemeine Optionen
    Ausführen von Tasks mit Befehlen 352
  Ausdruckseditor 351
  Klasseninfo 488
  Neue Klasse
    Erstellen von Klassenbibliotheken 56
  ODBC-Anmeldedialogfeld
    Steuern der Anzeige 612
  Optionen 252

Digitaluhr
  Beispiel
    Reagieren auf Zcitgcbcr-Ereignisse 315
Direktes Bearbeiten 475
Direkthilfe
  HTML-Hilfe
    Beschreibung 656
    Implementieren 657
Direkthilfe
  Hilfe
    Beschreibung 662
    Implementieren 665
DisabledBackColor
  Eigenschaft
    Textfelder 304
DisabledForeColor
  Eigenschaft
    Textfelder 304
DisabledPicture
  Eigenschaft
    Befehlsschaltflächen 311, 318
    Kontrollkästchen 318
    Optionsfelder 318
Disketten
  Erstellen von Vertriebsdisketten 696
Diskettenabbilder
  Spezifizieren 702, 703
Diskettenabbildverzeichnis 700
DISPLAY STATUS
  Befehl
    Einrichten der Anwendungsumgebung 409
DISPLAY STRUCTURE
  Befehl
    Verhindern der Übersetzung von Daten 550
DispLogin
  Engine-Eigenschaft 615
DispWarnings
  Engine-Eigenschaft 615
DKCONTRL.CDX 701
DKCONTRL.DBF 701
DLL-Dateien (Dynamic-Link Library)
  Entfernen von Komponenten aus der Registrierung 492
.DLL-Dateien (Dynamic-Link Library)
  Beschreibung 669
.DLL-Dateien (Dynamic-Link Library)
  Erstellt beim Erstellen des Projekts 491
  Registrieren von Komponenten 492
DLL-Funktionen
  Entfernen aus dem Speicher 710
  Zuweisen von Aliasnamen 710
DLLs
  Aufrufen 710
  Registrieren 710
  Übergeben von Datenfeldern an DLLs 712
  Übergeben von Parametern 710

Index 899

DLLs *(Fortsetzung)*
  Übergeben von Strukturen 711
  Übergeben von Zeigern 711
  Vertreiben 700
  Zugreifen 707, 709
  Zuweisen von Aliasnamen zu Funktionen 710
DO
  Befehl
    Beschreibung 7
    Integrieren von koordinierten Symbolleisten und Menüs 365
DO FORM
  Befehl
    Ausführen von Formularen 264
    Manipulieren von Formularobjekten 265
    Zurückgeben von Werten aus Formularen 275
    Zuweisen des Formulars zu Formular-Objektvariablen mit Hilfe des Schlüsselworte LINKED 265
  Befehl
    Benennen von Formularobjekten mit der Klausel NAME 264
DO WHILE ... ENDDO
  Schleifen
    Allgemeine Leistungstips 452
DockIt
  Methode 363
Documentation
  Quellcode 692
DODEFAULT( )
  Funktion
    Beschreibung 66
    Optimieren des Klassenentwurfs 59
Dokumentieren des Quellcodes 691
Dokumentierungs-Assistent 692
DoubleClick
  Ereignis
    Reagieren auf DoubleClick-Ereignisse 63
DoVerb
  Methode
    Beschreibung 476, 480
    Verwenden von Methoden von OLE-Objekten 479
DownPicture
  Eigenschaft
    Befehlsschaltflächen 311, 318
    Kontrollkästchen 318
    Optionsfelder 318
Drag
  Methode
    Automatisches oder manuelles Ziehen von Steuerelementen zulassen 332
Drag & Drop
  Vorgänge mit mehreren Formularen 331
Drag & Drop von Steuerelementen
  Zulassen 331

Drag & Drop-Vorgang
  Bewirken einer Steuerelementverschiebung 335
Drag & Drop-Vorgänge für Steuerelemente
  Aufzeichnen der Ausgangsposition des Mauszeigers 335
DragDrop
  Ereignis
    Automatisches oder manuelles Ziehen von Steuerelementen zulassen 332
    Reagieren auf DragDrop-Ereignisse 63
    Reagieren, wenn der Benutzer das Steuerelement ablegt 333
DragIcon
  Eigenschaft
    Automatisches oder manuelles Ziehen von Steuerelementen zulassen 332
    Beschreibung 332
    Gültige Drop-Zonen für Steuerelemente 334
DragMode
  Eigenschaft
    Automatisches oder manuelles Ziehen von Steuerelementen zulassen 332
DragOver
  Ereignis
    Automatisches oder manuelles Ziehen von Steuerelementen zulassen 332
Drehfelder
  Allgemeine Eigenschaften (Liste) 310
  Anzeigen in Datenblattspalten 324
  Auswirkungen der Einstellungen der Eigenschaft ControlSource 285
  Durchblättern von nichtnumerischen Werten 310
  Festlegen des Wertebereichs, den Benutzer in einem Drehfeld wählen können 309
  Steuerelement
    Beschreibung 251
  Vermindern eines Drehfeldwerts, wenn der Benutzer auf die Schaltfläche mit dem nach oben zeigenden Pfeil klickt 310
  Verwenden 309
Dropdown-Kombinationsfelder *Siehe* Kombinationsfelder
Dropdown-Listenfelder
  Anzeigen in Datenblattspalten 324
Druckausdrücke
  Erstellen in Berichten 395
Drucken
  Auswahl der zu druckenden Datensätze 398
  Berichte und Etiketten 400
  Drucken der eine Bedingung erfüllenden Datensätze 399
  Drucken einer Menge oder eines Bereichs von Datensätzen 398
  Rückgabewerte 11
  Steuerelemente mit Werten variabler Länge 392
  Steuern der Auswahl von Datensätzen 400
  Steuern des Drucks von Berichten 391

Index

Druckoptionen
  Einstellen der Druckoptionen für Steuerelemente 394
Duplikatwerte
  Primärschlüsselfelder 104
  Steuern 170
  Verhindern 170
  Verwenden von Ausdrücken zum Verhindern 180
  Zulassen 171
Durchsuchen von Datenbank-Dateien 130
dwData
  Parameter
    WinHelp-Funktionen 667
Dynamic-Link Libraries (DLL)
  Hilfedateien 669
Dynamic-Link Libraries (DLLs) *Siehe* DLLs (Dynamic-Link Libraries)
  Stapelspeicherverwaltung 737
Dynamische Eigenschaften
  Bedingte Formatierung in Datenblättern 327
Dynamischer Speichermanager
  Zugriff 735

E

_E
  Befehlszeilenparameter 683
EDLINE
  Datentyp 732
EDPOS
  Datentyp 732
Eigenreferentielle Beziehungen 193
Eigenschaft
  Eigenschaftsausdrücke
    Zeitpunkt der Auswertung 260
  Einstellungen
    Überschreiben der Standardeinstellungen 58
  Mindesteigenschaftsmenge
    Basisklassen 47
Eigenschaften
  Abgekürzte Namen von Verbindungseigenschaften 612
  Datenfeldeigenschaften
    Erstellen 256
  Einstellen der Umgebungseigenschaften 614
  Erstellen neuer Eigenschaften 255
  Erstellen neuer Eigenschaften 51
  Erstellen von Datenfeldeigenschaften 52
  Festlegen der Eigenschaften für benutzerdefinierte Symbolleisten 363
  Festlegen der Eigenschaften von Objekten 258
  Festlegen mehrerer Egenschaften 62
  Festlegen mehrerer Eigenschaften 268
  Festlegen mit Hilfe von Ausdrücken zur Laufzeit 268
  Festlegen mittels Ausdrücken 259
  Festlegen von Eigenschaften anderer Formulare 271

Eigenschaften *(Fortsetzung)*
  Festlegen von Eigenschaften anderer Steuerelemente innerhalb des gleichen Formulars 270
  Festlegen von Eigenschaften auf Ergebnisse benutzerdefinierter Ausdrücke 260
  Festlegen von Eigenschaften zur Laufzeit 266
  Festlegen von Standardwerten 55
  Festlegen von Verbindungseigenschaften 612
  Festlegen zur Entwurfszeit 258
  Geschützte Eigenschaften 53
  Hinzufügen zu ActiveX-Steuerelementen 717
  Hinzufügen zu Formularen 255
  Hinzufügen zu Klassen 51
  Integrieren von Objekten und Daten 80
  Klasseneigenschaften
    Anzeigen mit Klasseninfo 54
  Manipulieren durch Verweisen auf Objekte in Objekthierarchien 267
  Neue auf die Klasse beschränkte Eigenschaften 51
  Objekteigenschaften 38
    Festlegen 61
  Optimieren der Verweise auf Eigenschaften 453
  Schreibgeschützt zur Entwurfszeit 259
  Überprüfen von Eigenschaften eines anderen Formulars 273
  Zeichenwerte verlangende Eigenschaften 259
Eigenschaftenfenster
  Festlegen von Objekteigenschaften zur Entwurfszeit 259
Eigenständige .IDX-Indizes
  Beschreibung 177, 178
  Löschen 180
Ein
  Spezifizieren mittels Kontrollkästchen 301
Ein-/Ausgabeparameter
  Verwenden mit gespeicherten Prozeduren von SQL Server 608
  Verwenden von SQL Server-Ein-/Ausgabeparametern 608
Einchecken
  Quellcode 746
Einchecken von Binärdateien 760
Einchecken von Dateien
  Beschreibung 760
Einchecken von Textdateien 761
Eindeutige Indizes
  Duplikatwerte in eindeutigen Indizes 171
  Hinzufügen wegen Aktualisierbarkeit 595
Eindeutige Kennungen
  Erzeugungsprogramm 15
Eindeutige Schlüssel
  Aktualisierbare Tabelle 217
Eindeutiger Index
  Indextyp
    Abbilden im SQL Server-Upsizing-Assistenten 586

Einfache Ausdrücke
  Indizieren nach einfachen Ausdrücken 180
Einfache Indizes
  Definition 171
  Festlegen 171
Einfache optimierbare Ausdrücke
  Einführung 445
  Erstellen 445
  Kombinieren 447
Einfacher Index
  Indextyp
    Abbilden im SQL Server-Upsizing-Assistenten 586
Einfügbare OLE-Objekte *Siehe* OLE-Objekte
Eingabeaufforderungen zur Anmeldung
  Anzeigen von Eingabeaufforderungen zur ODBC-Anmeldung 204
Eingabemethoden-Editor(IME) *Siehe* IME (Eingabemethoden-Editor)
Eingaben
  Akzeptieren von Eingaben in Steuerelementen 302
Eingebettete OLE-Objekte 466
Eingeschränkt nutzbare Visual FoxPro-Dateien 689
Eingeschränkt nutzbare Visual FoxPro-Elemente 688
Einheitliches Erscheinungsbild
  Schaffen eines einheitlichen Erscheinungsbildes für die Anwendung 46
Einstellungen
  Festlegen von Projekteinstellungen 738
Elemente
  Benennen von Elementen mittels DBCS (Zwei-Byte-Zeichensätze) 556
  Entfernen eingeschränkt nutzbarer Visual FoxPro-Elemente und -Dateien 688
  Erstellen von Datenfeldern von Elementen 77
EMPTY( )
  Funktion
    Nicht Rushmore-optimierbar 446
Enabled
  Eigenschaft
    Aktivieren und Deaktivieren von Steuerelementen 331
    Befehlsschaltflächen 311
    Zeitgeber-Steuerelemente 314
END TRANSACTION
  Befehl
    Entsperren von Daten 506
    Steuern von Transaktionen 518
Engine-Eigenschaften (Liste) 615
Entdecken von Änderungen anderer Benutzer 630
Entsperren von Daten 506
Entwickeln
  Anwendungen *Siehe* Anwendungen
  Entwickeln in Teams *Siehe* Teamentwicklung
Entwicklungszeit
  Verkürzen mit Prototypen 577

Entwurf
  Objektorientiert *Siehe* Objektorientierter Entwurf
Entwurfsfläche
  Festlegen der Entwurfsfläche für Formulare 278
Entwurfszeit
  Festlegen des Entwurfszeit-Erscheinungsbilds von Klassen 56
  Manuelles Einstellen der Datenblattanzeige zur Entwurfszeit 321
Ereigniscode
  Aufrufen in der Klassenhierarchie 66
  Bearbeiten 262
  Befehlsschaltflächengruppe 83
  Hinzufügen von SELECT - SQL-Anweisungen 374
  Optionsfeldgruppe 83
  Zuweisen 66
Ereignisfolgen
  Szenarien 86
  Überprüfen 85
  Visual FoxPro-Ereignisfolge 90
Ereignismodell
  Grundsätzliches 81
Ereignisprozeduren
  Ausführen beim Eintreten von Ereignissen 269
Ereignisreihenfolge
  Vergleichen 597
Ereignisschleife
  Steuern 411
Ereignisse
  Beobachten des Auftretens 86
  Click
    Reagieren auf Click-Ereignisse 63
  DoubleClick
    Reagieren auf DoubleClick-Ereignisse 63
  DragDrop
    Reagieren auf DragDrop-Ereignisse 63
  Erstes Ereignis in der Ereignisfolge 92
  Kernereignisse (Tabelle) 81
  Load-Ereignis 92
  MouseMove
    Reagieren auf MouseMove-Ereignisse 63
  Objektereignisse 39
  Reagieren auf Ereignisse 63, 269
  Steuerelementereignisse
    Klassenhierarchie und Steuerelementereignisse 84
  Steuerelementereignisse
    Klassen und Steuerelementereignisse 84
  Steuerelementereignisse und Container 82
  Übersicht 81
  Überwachen 421
  Verknüpfen von Code mit Ereignissen 92
  Zu überwachende Ereignisse 422
  Zuweisen von Code 92
Erfassungsprotokoll
  Umwandeln in Tabellen 433

Ergebnis
    Feld
        Dialogfeld Allgemeine Optionen 352
Ergebnismenge
    Ändern der Standardnamen für Ergebnismengen 633
    Anfordern mehrerer Ergebnismengen im Synchronmodus/Batch-Modus 635
    Erstellen mit SQL Pass-Through-Funktionen 606
    Herunterladen aller Zeilen 229
    Mehrere Ergebnismengen 610
    Spezifizieren der Anzahl der auf einmal gelesenen Zeilen 621
    Spezifizieren der Anzahl der maximalen Anzahl gelesener Zeilen 621
    Spezifizieren der minimalen Spaltengröße 621
    Verarbeiten mehrerer Ergebnismengen 632
    Verarbeitung von Ergebnismengen durch den Server 607
Erhöhen des Höchstbestellbetrags
    Programm 4
Error
    Ereignis
        Behandeln von Fehlern in Klassen und Objekten 436
Erscheinungsbild
    Schaffen eines einheitlichen Erscheinungsbildes für die Anwendung 46
Erstellen von Prototypen
    Siehe auch Prototypen
Erstellter SQL-Code
    Speichern und Verwenden 593, 594
Etiketten
    Arbeiten mit Quellcodekontroll-Software 758
    Drucken von Abfrageergebnissen 377
    Drucken 400
    Hinzufügen zu Anwendungen 378
    Seitenansicht 401
    Steuern der Ausgabe 397
    Verändern 404
ev_handle
    Feld
        Value-Struktur 726
ev_length
    Feld
        Value-Struktur 726
ev_long
    Feld
        Value-Struktur 726
ev_real
    Feld
        Value-Struktur 726
ev_type
    Feld
        Value-Struktur 726
ev_width
    Feld
        Value-Struktur 726

EventRec
    Struktur 733
.EXE-Dateien
    Erstellen 417
    Erstellt beim Erstellen des Projekts 491
    Festlegen der zu verwendenden Version von Visual FoxPro 683
    Komponenten aus der Registrierung entfernen 492
    Registrieren von Komponenten 492
    Vertreiben mit internationalen Anwendungen 682
Exklusive Verwendung
    Befehle zum Öffnen von Tabellen für exklusive Verwendung 500
    Beschreibung 500
Exklusiver Zugriff auf Daten 499
Explizite Transaktionsverwaltung 621
Externe Bibliotheken
    Zugreifen 707
Externe Routinen
    Regeln für Kennungen 737

F

F1
    Reservieren für HTML-Hilfe 657
    Reservieren 668
    Zugreifen auf Hilfe 661
    Zugreifen auf HTML-Hilfe 655
FALSE
    Spezifizieren mittels Kontrollkästchen 301
Farben
    Ändern der Farbe von Berichts-Steuerelementen 391
    Bedingte Formatierung in Datenblättern 327
    Festlegen der Farben für Objekte 258
FCHAN
    Datentyp 732
Fehler
    Aktivieren von Fehlermeldungen von Automatisierungsservern 493
    Anzeigen beim Erstellen von Projekten 416
    Laufzeitfehler
        Behandeln 433
    Nicht behandelte Fehler 438
    Nicht übereinstimmender Datentyp 10
    Prozedurale Fehler
        Behandeln 435
    Server-Syntaxfehler 607
    Verarbeitung von Fehlern durch den Server 607
    Vorauskalkulieren 434
Fehlerbehandlung
    Siehe auch Fehler
    Behandeln von Fehlern in Klassen und Objekten 436
    Beschreibung 531, 534
    Erstellen von ON ERROR-Routinen 435

Fehlerbehandlung *(Fortsetzung)*
   Laufzeitfehler
      Nützliche Befehle und Funktionen 433
   Laufzeitfehler
      Beschreibung 433
   Remote-Daten 575
   Rückkehr vom Fehlerbehandlungs-Code 438
   SQL Pass-Through-Technologie 638
Fehlerbehandlungsroutinen
   Aufrufen 692
Fehlerbehebung
   RowSource-Einstellung
      Listenfelder 294
Fehlerbehebung
   Fehlerbehebung aktualisierungsbezogener
      Fehlermeldungen 630
Fehlerbeseitigung
   Siehe auch Testen
   ActiveX-Steuerelemente 740
   Anwendungen 36
   Festlegen von Haltepunkten bei Code-Zeilen 424
   Festlegen von Zusicherungen 421
   Funktionsbibliotheken
      Fehlerbeseitigung mit anderen Debuggern 740
      Fehlerbeseitigung mit Microsoft Visual C++ 740
   Menüsysteme 366
   Stabilitätsgrade 419
   Überwachen von Ereignissen 421
   Unterbrechen der Ausführung bei Veränderungen von
      Werten 426
   Unterstützung durch den Befehl SET DOHISTORY 453
Fehlermeldungen
   Benutzerdefinierte Fehlermeldungen
      Hinzufügen zu Regeln auf Feldebene 155
   Benutzerdefinierte Fehlermeldungen für Tabellen-
      Gültigkeitsregeln 156
   Cursor ist nicht aktualisierbar 630
   Fehlerbehebung aktualisierungsbezogener
      Fehlermeldungen 630
   Standard-Fehlermeldungen
      Ändern für Regeln auf Feldebene 155
   Steuern der Anzeige 612
   Ungültiges ODBC-Objekt 630
Fehlernummern
   SQL Server 591
Feldbeschriftungen 119
Feldebene
   Regeln auf Feldebene
      Beschreibung 119

Feldebene
   Ändern der Standard-Fehlermeldungen für Regeln auf
      Feldebene 155
   Regeln auf Feldebene
      Ablegen auf der jeweils optimalen Plattform in
         Client/Server-Anwendungen 570
      Erstellen von Regeln auf Feldebene 154
   Regeln auf Feldebene
      Benutzerdefinierte Fehlermeldungen 155
      Erstellen in Datenwörterbuch 220
      Festlegen oder Ändern 162
      Zeitpunkt der Prüfung 155
      Zeitpunkt der Umsetzung 153
Felder
   Aktualisierbare Felder 526
   Aktuelle Werte
      Ermitteln 535
   Anzeigen von Feldern nur auf Anforderung 647
   Ausrichten von Text in Feldern 388
   Auswählen von Datentypen 147
   Automatisches Füllen 149
   Benennen 145
   Beschränken von Werten 154
   Beschriftungen
      Hinzufügen oder Ändern 160
   Bestimmen der benötigten Felder 96, 101
   Datentypen
      referentieller Integritäte 160
   Eingeben von Nullwerten 165
   Einstellung der Eigenschaft RowSourceType 295
   Entfernen nichtnumerischer Zeichen in einem Feld aus
      allen Datensätzen
         Programm 24
   Erstellen im Datenwörterbuch 220
   Erstellen von Beschriftungen 152
   Erstellen 145
   Feldbreite
      Hinzufügen oder Ändern 160
      Spezifizieren 145
   Felder als Attribute von Tabellen 101
   Feldnamen
      Hinzufügen oder Ändern 160
      Lange und kurze Feldnamen 146
      Spezifizieren 145
   Feld-Steuerelement-Formate
      Definieren 388
   Geänderte Felder
      Ermitteln 534
   Hinzufügen von Kommentaren 149
   Hinzufügen zu Formularen 251
   Hinzufügen 160
   Indizieren der für eine Verknüpfung verwendeten
      Felder 439
   Kombinieren zu eindeutigen Schlüsselausdrücken 110

Felder *(Fortsetzung)*
  Kommentare
    Beschreibung 119
    Hinzufügen oder Ändern 160
  Lange Feldnamen 119
  Logische Felder
    Indizieren zwecks Leistung 440
  Löschen 161
  Memofelder
    Inhalt wird nicht automatisch heruntergeladen 643
  Objektfelder
    Inhalt wird nicht automatisch heruntergeladen 643
  Objektfelder in Tabellen 339
  Originalwerte 534
  Primärschlüssel 104
  Standardwerte
    Beschleunigung der Dateneingabe 150
    Beschreibung 119, 149
    Hinzufügen oder Ändern 160
    Spezifizieren 145
  Standardwerte und NOT NULL-Felder 151
  Tips zum Bestimmen der benötigten Felder 101
  Trigger
    Hinzufügen oder Ändern 160
  Umbenennen 161
  Visual FoxPro-API
    Zugreifen von .OCX/.FLL-Dateien 734
  Ziehen auf Formulare oder Seiten 251

Feldnamen
  Qualifizieren für Ansichten 217

Feld-Steuerelemente
  Formatieren 387
  Hinzufügen zu Berichten 382
  Verkettete Feld-Steuerelemente
    Einfügen 383
  Verwenden von Ausdrücken und Funktionen 382

Fenster
  Siehe auch Formulare
  Anzeigen von Abfrageergebnissen 377
  Erstellen von SDI- und MDI-Anwendungen 242
  Hilfefenster
    Festlegen der Position bei Hilfe im .DBF-Format 678
  Kennungen 732

Festgelegte Wahlmöglichkeiten
  Bereitstellen einer Gruppe von festgelegten Wahlmöglichkeiten 287

FetchAsNeeded
  Cursor-Eigenschaft 621
  Eigenschaft 641
  Engine-Eigenschaft 615

FetchMemo
  Cursor-Eigenschaft 621
  Engine-Eigenschaft 615

FetchSize
  Steuern des kontinuierlichen Lesens 229

FetchSize
  Cursor-Eigenschaft 621
  Engine-Eigenschaft 615

Figur
  Steuerelement
    Verwenden 251

Figur-Steuerelemente
  Allgemeine Eigenschaften (Liste) 317
  Anzeigen von Informationen 317

FillStyle
  Eigenschaft
    Figuren 317

Filter
  Beschränkung der Größe der Datensatzmengen 645

Filtern
  Filtern der 1-Seite 568
  Filtern der n-Seite 568

Flags
  FoxInfo-Struktur 720

.FLL-Dateien
  Stapelspeicherverwaltung 737
  Vertreiben 700

FLL-Funktionsbibliotheken
  Aufrufen als Wert 726
  Zugreifen auf Parameterwerte
    Beispiel 728
    Beschreibung 726
  Zurückgeben von Werten 730

FLLs (Visual FoxPro-Bibliotheken)
  Anzahl und Typen der Parameter 720
  Aufrufen 712
  Beschreibung 707
  C++-Beispielvorlage 719
  C-Beispielvorlage 718
  Datentypen (Liste) 721
  Einrichten von Bibliotheksvorlagen 718
  Erstellen einfacher Visual FoxPro-Bibliotheken 718
  Erstellen von Projekten für Visual FoxPro-Bibliotheken 718
  Fehlerbeseitigung 740
  FoxInfo-Struktur 720
  Freigeben 713
  Parameter für FLL-Bibliotheken 721
  Registrieren 712
  Übergeben von Parametern als Wert 726
  Übergeben von Parametern 725
  Verlassen 713
  Zugreifen 712

Fokus
  Markieren von Text, wenn das Textfeld den Fokus erhält 303

FOR
  Klauseln
    Optimieren mit Rushmore-Technologie 443

Index

FOR
  Ausdrücke
    Kombinieren einfacher optimierbarer Ausdrücke 447
  Klauseln
    Kombinieren einfacher optimierbarer Ausdrücke 447
    Optimieren mit Hilfe der Rushmore-Technologie 444
    Rushmore-Technologie 442
    Verwendung ohne Rushmore-Technologie 444

FOR ... ENDFOR
  Schleifen
    Allgemeine Leistungstips 452

Formate
  Definieren von Feld-Steuerelement-Formaten 388

Formatieren
  Bedingte Formatierung in Datenblättern 327
  Option
    Dialogfeld Optionen 692

Formatieren der Ausgabe 387

Formatvorlage (Berichte) 389

FormCount
  Eigenschaft
    _SCREEN-Objekt 265

Formeln
  Berechnen in Unternehmenslösungen 772

Forms
  Eigenschaft
    _SCREEN-Objekt 265

Formular-Designer
  Erstellen von Code 8
  Füllen von Formular-Steuerelementen mit Tabellen oder Cursor 376
  Koordinieren von Symbolleisten und Formularen 360
  Registrieren von Klassenbibliotheken 253
  Übergeben von Parametern an Formulare 275

Formulare
  Anzeigen mit Hilfe der Eigenschaft Visible 248
  Arbeiten mit Quellcodekontroll-Software 758
  Aufrufen von Methodencode anderer Formulare 273
  Ausblenden 274
  Ausführen
    Beschreibung 264
  Ausführen aus Programmen 264
  Ausführen in Laufzeitumgebungen 684
  Beispielformular
    Hinzufügen von Einträgen zu Listenfeldern 256
  Beschleunigen 645
  Bestimmen der Steuerelemente in einem Formular 255
  Definieren des Formularverhaltens 260
  Einfügen von Header-Dateien 257
  Einfügen von Hilfeschaltflächen 668
  Einfügen von HTML-Hilfeschaltflächen 658
  Einfügen von vordefinierten Konstanten 257
  Einfügen von Zeitgeber-Steuerelementen 314

Formulare *(Fortsetzung)*
  Einrichten eines 1
    n-Formulars mit Hilfe eines Datenblatt-Steuerelements 323
  Einrichten von 1
    n-Formularen mit Hilfe der Datenumgebung 323
    n-Formularen ohne Hilfe der Datenumgebung 323
  Entwerfen
    Beschreibung 237
  Entwerfen für Internationale Anwendungen 540
  Erstellen
    Beschreibung 237
    Übersicht 237
  Erstellen neuer Methoden 257
  Erstellen von SDI- und MDI-Anwendungen 242
  Erweitern durch Formularsätze 247
  Erweitern mittels Seitenrahmen 335
  Festlegen der Entwurfsfläche 278
  Festlegen von Eigenschaften anderer Formulare 271
  Formulare als Hauptdatei für Anwendungen 408
  Formulare als Objekte 237
  Formulare der obersten Ebene
    Anzeigen von Unterformularen 245
    Beschreibung 243
  Formularsätze 249
  Freigeben von Formularen in Formularsätzen 266
  Freigeben 275
  Hinzufügen und Entfernen von Formularen zu/aus Formularsätzen 247
  Hinzufügen von ActiveX-Steuerelementen 477
  Hinzufügen von benutzerdefinierten Objekten 252
  Hinzufügen von Container-Objekten 249
  Hinzufügen von Datenblättern 320
  Hinzufügen von Eigenschaften 255
  Hinzufügen von Klassen 58
  Hinzufügen von Methoden 255
  Hinzufügen von Objekten aus Klassenbibliotheken 254
  Hinzufügen von Objekten 248
  Hinzufügen von OLE-Objekten 472
  Hinzufügen von Seitenrahmen 337
  Hinzufügen von Tabellenfeldern 251
  Hinzufügen von Visual FoxPro-Steuerelementen 251
  Interaktives Festlegen der Datensatzreihenfolge 174
  Koordinieren von Symbolleisten und Formularen im Formular-Designer 360
  Koordinieren von Symbolleisten und Formularen im Formular-Designer mittels Code 361
  Maximieren 243
  Minimieren
    Unterschiede zwischen Formulararten 243
  Optimieren
    Beschreibung 449
  Optimieren der Client/Server-Leistung 639
  Optimieren durch Verzögern der Bildschirmaktualisierung 451

Formulare *(Fortsetzung)*
  Prüfen auf Unterschiede 763
  Schließen von aktiven Formularen 266
  Seitenrahmen, Datenblätter, Steuerelemente 249
  Speichern
    Beschreibung 263
  Speichern als Klassen 263
  Speichern in .SCX-Dateien 248
  Spezifizieren des Formulartyps 244
  Übergeben von Parametern 275
  Überprüfen von Eigenschaften eines anderen
    Formulars 273
  Unterformulare
    Anzeigen in einem Formular der obersten Ebene 245
    Beschreibung 243
    Spezifizieren 245
  Verschiebbare Formulare
    Beschreibung 243
  Verschiebbare Formulare
    Spezifizieren 245
  Verschiedene Instanzen
    Programmieren für verschiedene Instanzen 499
  Verwalten mehrerer Instanzen 276
  Verwalten 274
  Ziehen von Feldern auf Formulare 251
  Zugreifen auf Objekte in verschiedenen Formularen 272
  Zurückgeben von Werten 275
  Zuweisen zu Objektvariablen 265
  Zuweisen zu SDI-Menüs 349
  Zuweisen zur Objektvariablen 265
Formulare der obersten Ebene *Siehe* Formulare
Formulargrafiken
  Eigenschaften (Liste) 318
Formulargrafiken
  Anzeigen von Informationen 318
Formularobjekte
  Benennen 264
  Manipulieren 265
Formularsätze
  Einfügen von Header-Dateien 257
  Einfügen von vordefinierten Konstanten 257
  Erstellen neuer Formularsätze 247
  Erstellen neuer Methoden 257
  Erweitern von Formularen 247
  Festlegen der Entwurfsfläche 278
  Formulare, Symbolleisten 249
  Formularsätze als Objekte 237
  Freigeben von Formularen 266
  Hinzufügen und Entfernen von Formularen 247
  Hinzufügen von benutzerdefinierten Symbolleisten 360
  Hinzufügen von Eigenschaften 255
  Hinzufügen von Klassen 58
  Hinzufügen von koordinierten Symbolleisten und
    Menüs 365
  Hinzufügen von Methoden 255

Formularsätze *(Fortsetzung)*
  Optimieren von Formularen 450
  Vorteile 247
  Zuordnen neuer Eigenschaften 255
Formularsatz-Vorlagen 283
Formular-Steuerelemente
  Füllen von Formular-Steuerelementen mit
    Abfrageergebnissen 376
Formularvorlagen
  Festlegen 281
  Spezifizieren von Standard-Formularvorlagen 282
  Verwenden 283
  Vorteile 282
FoxInfo-Struktur
  Siehe auch FoxTable-Struktur
  Beschreibung 720, 721, 733
  Verwenden für FLLs 720
FoxTable-Struktur
  Beschreibung 722, 733
  Definition 722
  Verwenden für FLLs 720
FOXTOOLS.FLL
  Bibliothek 666
  SYS(2004) 665
FOXUSER-Ressourcendateien
  Beschreibung 685
  FOXUSER-Ressourcendateien vs. Gebietsspezifische
    Ressourcendateien 687
FPDI
  Datentyp 732
FPFI
  Datentyp 732
FPOLE.DLL 483
.FPT-Memodateien
  Entfernen 142
Freie Tabellen
  Beschreibung 141
  Definition 122, 139
  Löschen 143
Freier Speicherplatz
  Abschätzen des freien Speicherplatzes auf einem SQL
    Server-Medium
      Beschreibung 581
  Abschätzen des freien Speicherplatzes in einem SQL
    Server-Medium
      Anzeigen von SQL Server-Medien 581
Freigeben von Kennungen 736, 737
Fremde Objekte
  Freigeben 482
Fremdschlüssel
  Definition 106
.FRP-Dateien
  Arbeiten mit Quellcodekontroll-Software 758
.FRT-Dateien
  Arbeiten mit Quellcodekontroll-Software 758

.FRX-Dateien
    Arbeiten mit Quellcodekontroll-Software 758
    Erstellen von Textversionen 763
    Verwenden mit Quellcodekontroll-Software 748
Funktionalität
    Gewähren des Zugriffs 35
    Kapseln generischer Funktionalität mit Klassen 45
Funktionen
    Aufrufen 11, 26
    Benutzerdefinierte Funktionen 25
    Beschreibung 18
    Konvertieren von Programmen in Funktionen 29
    Konvertierungsfunktionen
        Verwenden 11
    Rückgabewerte 11, 27
    Übergabe von Werten 26
    Überprüfen von Parametern 28
    Verwenden in Feld-Steuerelementen 382
    Verwenden von SQL Pass-Through-Funktionen 603
    Verwenden 11
    Zuweisen von Aliasnamen 710
Funktionsbibliotheken
    32-Bit-Funktionsbibliotheken 707, 722
    Erstellen 707, 715
    Fehlerbeseitigung mit anderen Debuggern 740
    Fehlerbeseitigung mit Microsoft Visual C++ 740
    Kompilieren 739
    Übernehmen von Parametern 724
    Verknüpfen 739
Funktionsdeklarationen
    Pro_ext.h
        Beispiel-Headerdatei 719

G

GDI32.DLL
    Registrieren von DLLs 710
Geänderte Datensätze
    Ermitteln 534
Geänderte Felder
    Ermitteln 534
Gebietsschema
    Definition 537
Gebietsspezifische Laufzeitdateien
    Ressourcendateien
        Vertreiben 561
    Vertreiben 561
Gebietsspezifische Ressourcendateien
    Beschreibung 687
    Gebietsspezifische Ressourcendateien vs. FOXUSER-Ressourcendateien 687
Gebundene OLE-Objekte *Siehe* OLE-Objekte
Gebundenes OLE-Objekt 339
Gefilterte Indizes
    Erstellen 184

Geldautomat
    Bespielanwendung 539
Geltungsbereich von in Ansichten verwendeten Datenbanken 196
Geltungsbereich-Auflösungsoperator (::)
    Optimieren des Klassenentwurfs 59
Geltungsbereichsauflösung 136
Gemeinsam genutzte Verbindungen
    Optimieren der Verwendung 639
Gemeinsame Nutzung von Daten
    Aktivieren mehrerer Datensitzungen 507
Gemeinsamer Zugriff
    Beschreibung 499
    Leistung
        Verwalten 525
    Programmieren für gemeinsamen Zugriff 499
    Verwenden von Tabellen mit gemeinsamem Zugriff 500
Genauigkeit
    Gewährleisten in Client/Server-Anwendungen 574
Generische Funktionalität
    Kapseln mit Klassen 45
Geöffnet
    Spezifizieren mittels Kontrollkästchen 301
Geschäftsregeln
    Optimieren 461
    Verwenden in Unternehmenslösungen 778
Geschäftsregeln
    Umsetzen 153
Geschlossen
    Spezifizieren mittels Kontrollkästchen 301
Geschwindigkeit
    Beschleunigung der Dateneingabe durch Standardwerte 150
    Optimieren in Client/Server-Anwendungen 574
Gespeicherte Prozeduren
    Ablegen auf der jeweils optimalen Plattform in Client/Server-Anwendungen 570
    Auswirkungen des Entfernens von Tabellen aus Datenbanken 150
    Beschreibung 119
    Einbeziehen in Indexnamen 183
    Erstellen 128, 597
    Löschen von Tabellen 159
    Verbessern der Leistung 649
GETCP( )
    Funktion
        Spezifizieren von Code-Seiten für Textdateien 548
Global eindeutige Kennung (GUID) 491
Grafiken
    Siehe auch Bitmaps
    Erstellen in Unternehmenslösungen 772
    Hilfesystem 659
    Hinzufügen zu Tabellen 165

Grafikorientierte Hilfe
  Auswählen von Hilfemerkmalen 659
  Erstellen 653–668
  Erstellen mit Hilfe des Microsoft Help Workshop 653
  Verlassen 669
Grafikorientierte HTML-Hilfe
  Erstellen 658
Größe
  Stapelspeichergröße 737
Grunddateikonfiguration 420
  Einrichten 420
Gruppen
  Drucken unterdrückter Werte beim Gruppenwechsel 396
  Wiederholen von Gruppenkopfzeilen 397
Gruppenentwicklung *Siehe* Teamentwicklung
Gruppen-Kopfzeilenoption
  Auswählen 396
  Vermeiden von alleinstehenden Gruppenkopfzeilen 396
Gruppierte Indizes *Siehe* Indizes
GUID (Global eindeutige Kennung) 491
Gültigkeit
  Gewährleisten in Datenbanken 287
Gültigkeitsprüfung
  Gültigkeitsprüfung von Daten in Textfeldern 303
Gültigkeitsprüfung von Daten
  Optimieren 461
Gültigkeitsregeln
  Siehe auch Regeln auf Datensatzebene; Regeln auf Feldebene
  Auswirkungen des Verschiebens des Datensatzzeigers 157
  Datenbanktabellen 153
  Für alle Benutzer der Tabelle Umsetzen 153
  Rekursives Auslösen von Triggern 157
  SQL Server 584
  SQL Server-Standard-Gültigkeitsregeln 598
  Standardwerte und Gültigkeitsregeln 150
  Tabellen-Gültigkeitsregeln
    Benutzerdefinierte Fehlermeldungen 156
  Umsetzen 153
  Zeitpunkt der Umsetzung 153

H

Haltepunkte
  Einführung 424
  Entfernen 429
Haltepunkte
  Festlegen von Haltepunkten bei Code-Zeilen 424
Handbuch für Hilfeautoren 653
_HandToPtr( )
  Routine 736
Hardwaregegebenheiten
  Vertrieb von Anwendungen 683

Hardwareplattform
  Niedrigste Hardwareplattform
    Testumgebung 420
Hauptdatei
  Definition 408
Hauptprogramm
  Strukturieren 412
Header-Dateien
  Einfügen in Formulare 257
  Kompilierzeitkonstanten 257
Heaps 737
HELP_CONTEXT
  Parameter wCmd 667
HELP_FINDER
  Parameter wCmd 660
HELP_HELPONHELP
  Parameter wCmd 667
HELP_HELPONHELP
  Parameter wCmd 667
HELP_INDEX
  Parameter wCmd 667
HELP_KEY
  Parameter wCmd 667
HELP_MULTIKEY
  Parameter wCmd 667
HELP_QUIT
  Parameter wCmd 667
HELP_SETINDEX
  Parameter wCmd 667
Heruntergeladene Daten
  Umfang beschränken 569
HIDDEN
  Schlüsselwort
    Beschreibung 53
HIDDEN keyword
  Ausblenden von Klassenelementen 64
HideSelection
  Eigenschaft
    Bearbeitungsfelder 307
Hierarchien
  Container-Hierarchien *Siehe* Container-Hierarchie
  Klassenhierarchien *Siehe* Klassenhierarchie
Hilfe
  Siehe auch Grafikorientierte Hilfe 659
  Direkthilfe
    Beschreibung 662
    Implementieren 665
  Grafikorientierte Hilfe *Siehe* Grafikorientierte Hilfe
  Hilfe im .DBF-Format *Siehe* Hilfe im .DBF-Format
  Hilfefenster
    Steuern der Hilfe im .DBF-Format 678
  Hinzufügen von Kontextbezogenheit 661
  Hinzufügen zu Anwendungen 693
  Online-Hilfe *Siehe* Online-Hilfe
  Programmieren von Anwendungen für Hilfe 665

Hilfe *(Fortsetzung)*
 Verlassen 669
 Visual FoxPro-Eigenschaften 663
 Wartung abwärtskompatibler Hilfe 671
 Zugreifen mit F1 661
Hilfedateien
 (DLL) Dynamic-Link Library 669
 Dynamic-Link Library (DLLs) 669
 Eingeschränkt nutzbare Hilfedateien 689
 Spezifizieren 662
 Vertreiben mit Anwendungen 693
Hilfeschaltflächen
 Einfügen in Formularen 668
Hilfe-Suchfenster 655, 660
Hilfesystem
 Grafiken 659
 Hotspots 659
 Makros 659
 Schriftarten 659
Hilfetabellen
 Anforderungen *Siehe* Hilfe im .DBF-Format
 Spezifizieren 676
Hilfethemen
 Erstellen kontextbezogener Hilfethemen 677
 Zuweisen zu Menüs 662
 Zuweisen zu Objekten 662
 Zuweisen zu Visual FoxPro-Objekten 661
Hintergrundprozesse
 Zeitgeber-Steuerelemente und Hintergrundprozesse 313
History
 Auscheck-History *Siehe* Ausscheck-History
 Quellcode 747
Höchstbestellbetrag
 Programm zum Erhöhen 4
Hotspots
 Hilfesystem 659
HTML
 Speichern von Berichten als HTML 391
HTML-Hilfe
 Direkthilfe
  Beschreibung 656
  Implementieren 657
 Hinzufügen von Kontextbezogenheit 655
 Online-Hilfe *Siehe* Online-Hilfe
 Programmieren von Anwendungen für HTML-Hilfe 657
 Visual FoxPro-Eigenschaften 656
 Zugreifen mit F1 655
HTML-Hilfe
 Hilfeschaltflächen
  Einfügen auf Formulare 658
HTML-Hilfedateien
 Spezifizieren 655

HTML-Hilfethemen
 Zuweisen zu Menüs 656
 Zuweisen zu Objekten 656
 Zuweisen zu Visual FoxPro-Objekten 655
hWnd
 Parameter
  WinHelp-Funktion 666
Hypergrafiken
 Segmentierte Hypergrafiken *Siehe* Segmentierte Hypergrafiken
Hyperlink-Objekt 313
Hyperlinks
 Verwenden 313

I

.ICO-Dateien
 16 mal 16 und 32 mal 32 694
Identitätsspalten
 Beschreibung 586
 Erstellen 586
IdleTimeout
 Engine-Eigenschaft 615
IDXCOLLATE( )
 Funktion
  Überprüfen von Sortierreihenfolgen 554
.IDX-Indexdateien
 Allgemeine Tips zur Optimierung 441
 Arbeiten mit Quellcodekontroll-Software 758
 Beschränkungen 170
 Optimieren mit Hilfe der Rushmore-Technologie 442
#IF...#ENDIF
 Präprozessoranweisung 560
IME (Eingabemethoden-Editor)
 Eingeben von Zeichen 542
IMEMode
 Eigenschaft 543
IMESTATUS( )
 Funktion 543
Implizite Dateien
 Arbeiten mit Quellcodekontroll-Software 758
IMPORT
 Befehl
  Spezifizieren von Code-Seiten für Textdateien 548
#INCLUDE
 Präprozessoranweisung
  Einfügen von Dateien in Formulare 257
 Präprozessoranweisung
  Verwenden 560
Increment
 Eigenschaft
  Drehfelder 310
IncrementalSearch
 Eigenschaft
  Kombinationsfelder 309

Index
Indcx
    Indexausdrücke
        Nullwerte in Indexausdrücken 181
        Regeln für Indexausdrücke 182
    Indexdateien
        Erstellen 169
        Neuerstellen aktiver Indexdateien 186
        Steuern 174
    Indexnamen
        Einbeziehen von benutzerdefinierten Funktionen 183
        Einbeziehen von gespeicherten Prozeduren 183
        Löschen zur Verbesserung der Leistungsfähigkeit 179
        Verwenden von Daten in Feldern anderer Tabellen 183
        Verwenden von Visual FoxPro-Funktionen in Indexnamen 182
    Indexnamen
        Steuern 174
    Indexschlüssel
        Hinzufügen 172
    Indexschlüssel
        Erstellen 168
INDEX
    Befehl
        Rushmore-Technologie 442
Indexnamen
    Löschen aus .CDX-Dateien 179
Indextypen
    Abbilden im SQL Server-Upsizing-Assistenten 586
Indizes
    Anzahl der geöffneten Indexdateien 170
    Anzeigen von Indexinformationen 170
    Aufsteigende Indizes *Siehe* Ansteigend
    Auswirkungen des Entfernens von Tabellen auf Indizes 146
    Basierend auf einzelnen Feldern 180
    Basierend auf mehreren Feldern 180
    Beeinflussung durch Nullwerte 148
    Beziehungsarten und Indizes 126
    Definition 168
    Duplikatwerte
        Steuern 170
        Verhindern 170
        Zulassen 171
    Effiziente Verwendung 186
    Eigenständige Indizes 178
    Einfacher Index
        Definition 171
        Festlegen 171
    Erstellen von Indizes für Ansichten 212
    Erstellen zum Optimieren 444
    Gruppierte Indizes 645
    Hinzufügen eindeutiger Indizes
        Aktualisierbarkeit 595

Indizes *(Fortsetzung)*
    Hinzufügen von Remote-Tabellen 645
    Indextypen (Liste) 177
    Lokale, nicht persistente Indizes 212
    Löschen 179
    Nichtstrukturierte Indizes 170
    Optimieren der Leistung 441
    Optimieren der Visual FoxPro-Leistung mittels Indizes 439
    Optimieren mit Hilfe der Rushmore-Technologie 442
    Optimieren 439
    Potentielle Indizes
        Siehe auch Primärindizes
        Definition 170
        Festlegen 170
    Primärindizes
        Definition 170
        Festlegen 170
        Optimieren der Visual FoxPro-Leistung 439
    Speicherort 171
    Strukturierter komprimierter Mehrfachindex 169
    Verwenden zum Optimieren von Abfragen 187
    Zeichenfolgenvergleich
        Sortierreihenfolge 555
Indizieren
    Indizieren der für eine Verknüpfung verwendeten Felder 439
    Logische Felder 440
Initialisierungs-Code
    Siehe auch Abschluß-Code
    Hinzufügen zu Menüsystemen 355
InitialSelectedAlias
    Eigenschaft
        Datenumgebung 240
INLIST( )
    Funktion
        Erstellen einfacher optimierbarer Ausdrücke 446
In-Process-Automatisierungsserver 488
InputMask
    Eigenschaft
        Formatieren von Text in Textfeldern 303
        Textfelder 304
INSERT
    Klausel
        Spezifizieren der Durchführung von Aktualisierungen mit SQL Pass-Through-Technologie 621
INSERT - SQL-Befehl
    Allgemeine Leistungstips 452
InsertTrigger
    Engine-Eigenschaft 615
Instanzen von Klassen 38
Integrität
    Daten *Siehe* Datenintegrität
    Relationale Integrität im SQL Server-Upsizing-Assistenten 588

Internationale Anwendungen
    Anwenden benutzerdefinierter Einstellungen 687
    Benutzeroberflächen
        Entwerfen 539
    Beschreibung 32
    Code-Seiten 538
    Daten
        Manipulieren 549
        Vorbereiten 538
    Einbinden von .OCX-Dateien 685
    Entfernen eingeschränkt nutzbarer Visual FoxPro-
        Elemente und -Dateien 688
    Entwerfen von Benutzeroberflächen 539
    Entwerfen 539
    Entwickeln 537
    Gebietsspezifische Laufzeitdateien
        Vertreiben 561
    Gebietsspezifische Ressourcendateien 687
    Komponenten 539
    Optimieren 461
    Planen 537
    Sicherstellen eines korrekten Laufzeitverhaltens 684
    Testen 539
    Vertreiben der Laufzeit-Version von Visual FoxPro 561
    Vertreiben von gebietsspezifischen
        Ressourcendateien 561
    Vertreiben von Hilfedateien im .DBF-Format 687
    Verwalten von Dateien 560
    Vorbereiten internationaler Daten 538
    Zeichen
        Beschreibung 538
        Eingeben 541
Internationale Versionen
    Testen für internationale Versionen 557
Internet
    Verwenden von Visual FoxPro als Internet-
        Suchmaschine 779
Interval
    Eigenschaft
        Drehfelder 310
        Zeitgeber-Steuerelemente 314
Intervalle
    Ausführen von Aktionen in bestimmten Intervallen
        Beschreibung 313
    Ausführen von Aktionen in bestimmten Intervallen duch
        Steuerelemente
        Spezifizieren des Zeitüberschreitungsintervalls 612
Intranet
    Verwenden von Visual FoxPro als Intranet-
        Suchmaschine 779
IpzFileName
    Argument
        WinHelp-Funktion 666

ISBLANK( )
    Funktion
        Nicht Rushmore-optimierbar 446
ISNULL( )
    Funktion
        Erstellen einfacher optimierbarer Ausdrücke 446
ITEMID
    Datentyp 732

K

Kapseln generischer Funktionalität mit Klassen 45
Kapselung
    Definition 41
Keine
    Einstellung der Eigenschaft RowSourceType 292
Kennungen
    Siehe auch Spezifische Kennungen
    Beschreibung 736
    Bezeichner 732
    Erhalten von Kennungen mit SQL Pass-Through-
        Technologie 611
    Umwandeln in Zeiger
        Routine _HandToPtr( ) 736
    Verwendungsregeln 737
Kennwörter
    Akzeptieren in Textfeldern 304
KERNEL32.DLL
    Registrieren von DLLs 710
Kernereignisse (Tabelle) 81
KeyboardHighValue
    Eigenschaft
        Drehfelder 310
KeyboardLowValue
    Eigenschaft
        Drehfelder 310
KeyField
    Ansichtseigenschaft 627
    Engine-Eigenschaft 615
KeyFieldList
    Cursor-Eigenschaft 621
    Engine-Eigenschaft 615
Kioskanwendung *Siehe* Anwendungen
Klassen
    Anpassen an Aufgaben 45
    Ausnutzen der Fähigkeiten 41
    Basisklassen *Siehe* Basisklassen
    Behandeln von Fehlern in Klassen 436
    Container-Klassen *Siehe* Container-Klassen
    Eigenschaften
        Anzeigen mit Klasseninfo 54
        Integrieren von Objekten und Daten 80
    Entfernen von Klassen aus Klassenbibliotheken 57
    Entscheiden, wann Klassen zu erstellen sind 45
    Entscheiden, welcher Klassentyp zu erstellen ist 46

Klassen *(Fortsetzung)*
    Erstellen
        Beschreibung 35
        Klassen-Designer 48
        Übersicht 48
        Verwenden von Klassenbibliotheksdateien 56
    Erstellen von nichtvisuellen Klassen 48
    Erstellen von Unterklassen von Visual FoxPro-Basisklassen 47
    Erweitern der Visual FoxPro-Basisklassen 47
    Festlegen des Entwurfszeit-Erscheinungsbilds 56
    Festlegen von Container-Symbolen für Klassen 56
    Festlegen von Symbolleisten-Symbolen 56
    Grundsätzliches 40
    Hinzufügen und Erstellen in Methodencode 65
    Hinzufügen von Eigenschaften 51
    Hinzufügen von Methoden 51
    Hinzufügen zu Formularen, Formularsätzen und Symbolleisten 58
    Instanzen 38
    Kapseln generischer Funktionalität mit Klassen 45
    Klassen und Steuerelementereignisse 84
    Klassen vs. Objekte 38
    Klassendefinitionen
        Erstellen von Unterklassen 49
        Verändern 49
    Kopieren von Klassen aus einer Klassenbibliothek in eine andere 57
    Methoden
        Anzeigen 54
    Programmgesteuertes Definieren 63
    Programmgesteuertes Erstellen von Objekten aus Klassen 64
    Speichern von Formularen als Klassen 263
    Speichern von Steuerelementen als Klassen 263
    Steuerelementklassen *Siehe* Steuerelementklassen
    Symbolleistenklassen
        Definieren 358
    Umbenennen 57
    Verwalten 57
    Ziehen von Klassen aus einer Bibliothek in eine andere 57
Klassen in Klassenbibliotheken
    Kopieren und Entfernen 57
Klassenbibliotheken
    Arbeiten mit Quellcodekontroll-Software 758
    Entfernen von Klassen 57
    Entwickeln in Teams 767
    Erstellen 56
    Hinzufügen von Objekten aus Klassenbibliotheken zu Formularen 254
    Hinzufügen zur Steuerelemente-Symbolleiste 252
    Kopieren von Klassen aus einer Bibliothek in eine andere 57

Klassenbibliotheken *(Fortsetzung)*
    Registrieren
        Beschreibung 58, 252
        Registrieren im Formular-Designer 253
    Unter Quellcodekontrolle stellen 768
    Verwalten mit dem Klassenkatalog 57
Klassendefinitionen
    Erstellen von Unterklassen 49
    Programmgesteuertes Definieren von Klassen 63
    Verändern 49
Klassen-Designer
    Erstellen von Klassen 48
    Verwenden 50
Klassenelemente
    Ausblenden 64
    Erstellen von Datenfeldern von Klassenelementen 77
    Schützen 53, 64
    Verbergen 53
Klassenhierarchien
    Aufrufen von Ereigniscode 66
    Klassenhierarchien und Steuerelementereignisse 84
    Visual FoxPro-Klassenhierarchien 42
Klasseninfo
    Menü Klasse 54
Klasseninfo
    Dialogfeld 488
Klassenkatalog
    Verwalten von Klassen und Klassenbibliotheken 57
Kombinationsfeld
    Steuerelement
        Beschreibung 251
Kombinationsfeld
    Kombination der Funktionalität von Listenfeldern und Textfeldern 308
Kombinationsfelder
    Auswählen der Art der Daten 292
    Füllen 292
    Verwenden 308
    Zwei Arten 308
Kombinationsfelder
    Allgemeine Eigenschaften (Liste) 309
    Auswirkungen der Einstellungen der Eigenschaft ControlSource 285
    Dropdown-Kombinationsfelder
        Beschreibung 308
        Hinzufügen von Benutzereinträgen 308
Kommentare
    Erstellen für Datenbanken 128
    Erstellen im Datenwörterbuch 220
    Felder 119
    Hinzufügen oder Ändern 160
    Hinzufügen zu Berichts-Steuerelementen 383
    Hinzufügen zu Feldern 149

Kompilieren
    Anwendungen 441
    Funktionsbibliotheken 739
    Programme 549
Komplexe Ausdrücke
    Indizieren nach komplexen Ausdrücken 182
    Kombinieren
        Optimierung 448
Konfigurationsdateien
    Vertreiben mit Anwendungen 686, 700
Konflikte
    Daten-Aktualisierungskonflikte
        Definition 531
        Ermitteln und Lösen 534
        Verwalten 531
    Zusammenführungskonflikt
        Quellcodekontrolle 761
Konstanten
    Kompilierzeitkonstanten in Header-Dateien 257
    Vordefinierte Konstanten
        Einfügen in Formulare 257
Kontextbezogenheit
    Hilfe im .DBF-Format 677
    Hinzufügen von Kontextbezogenheit für die HTML-
        Hilfe 655
    Hinzufügen 661
Kontextmenüs *Siehe* Menüs
Kontinuierliches Lesen
    Siehe auch Lesen
    Beschleunigen des Abrufens von Daten 641
    Deaktivieren 641
Kontrollkästchen
    Auswirkungen der Einstellung der Eigenschaft
        ControlSource 285
    Steuerelement
        Beschreibung 251
Kontrollkästchen
    Anzeigen in Datenblattspalten 324
    Anzeigen von Bitmaps 318
    Spezifizieren von Booleschen Zuständen 301
    Verwenden 301
Konvertieren von Prozeduren in Funktionen 29
Konvertierung
    Funktionen 11
Koordinierte Menüs *Siehe* Menüs
Kopfzeilen
    Wiederholen in Berichten 397
Kopfzeilen
    Spalten 249

L

LABEL
    Befehl
        Steuern der Etikettenausgabe 397

Lagerbestandsstatistiken
    Beispiel 97
Lange Feldnamen 119
Lange Tabellennamen 131, 141
Laufzeit
    Aufrufen von Methoden zur Laufzeit 269
    Festlegen von Eigenschaften mit Hilfe von Ausdrücken
        zur Laufzeit 268
    Festlegen von Eigenschaften zur Laufzeit 266
    Steuern von Menüs zur Laufzeit 356
Laufzeitanwendungen
    Koordinieren von Menüs 684
Laufzeit-Ressourcendateien
    Spezifizieren in der Befehlszeile 562
Laufzeitumgebung
    Ausführen von Formularen in einer
        Laufzeitumgebung 684
Laufzeitversion
    Visual FoxPro-Laufzeitversion
        Einbinden in Vertriebsdisketten 700
.LBT-Dateien
    Arbeiten mit Quellcodekontroll-Software 758
.LBX-Dateien
    Arbeiten mit Quellcodekontroll-Software 758
    Erstellen von Textversionen 763
    Verwenden mit Quellcodekontroll-Software 748
Leere Zeichenfolge
    Standardwert für Eigenschaften 55
Leerzeichen
    Leerzeichen in Ansichtsparameterausdrücken 208
Leerzeilen
    Unterdrücken in Berichten 395
Leistennummer
    Feld
        Referenz für Menüeinträge 356
Leistung
    Siehe auch Optimieren
    Aktualisierungen
        Optimieren 650
    Allgemeine Leistungstips 452
    Beschleunigen von Lösch- und
        Aktualisierungsvorgängen 647
    Hohe Leistung
        Entwurfsziel für Client/Server-Anwendungen 566
    Löschvorgänge
        Optimieren der Leistung 650
    Optimieren der Serverleistung in
        Unternehmenslösungen 776
    Optimieren der Visual FoxPro-Leistung
        Beschreibung 439
        Öffnen und Schließen von Dateien 452
        Verwalten der Leistung von Verknüpfungen 440

Leistung *(Fortsetzung)*
　Optimieren der Visual FoxPro-Leistung
　　Deaktivieren der Statusanzeige 453
　　Vermeiden von Makrosubstitution 453
　　Verwalten von Objekteigenschaften 453
　Optimieren der Visual FoxPro-Leistung durch Verwenden des Arbeitsspeichers 452
　Optimieren der Visual FoxPro-Leistung durch Verwenden des Befehls SET DOHISTORY 453
　Optimieren der Visual FoxPro-Leistung durch Verwenden des Projekt-Managers 441
　Optimieren der Visual FoxPro-Leistung mittels dynamischer Speicherzuordnung 439
　Optimieren in Client/Server-Anwendungen 574, 639
　Verändern von Ansichtseigenschaften zum Erhöhen der Leistung 206
　Verbessern der Leistung mittels Transaktionen 648
　Verbessern durch Verwenden gespeicherter Prozeduren 649
　Verbessern mittels Batch-Aktualisierungen 649
　Verwalten der Leistung für gemeinsamen Zugriff 525
Leistungsfähigkeit
　Optimieren der Leistungsfähigkeit von Ansichten 229
Lesen
　Kontinuierliches
　　Siehe auch Kontinuierliches Lesen
　Kontinuierliches Lesen
　　Synchrone SQL Pass-Through-Anweisungen unterstützen kein kontinuierliches Lesen 641
　　Verwenden 641
　Lesen des Cursors
　　Steuern 642
　Verzögertes Lesen von Memofeldern
　　Definition 643
　　Verwenden 643
Lesen
　Asynchrones Lesen
　　Remote-Ansichten vs. SQL Pass-Through-Technologien 601
　Kontinuierliches Lesen
　　Beschleunigen des Abrufens von Daten 641
　Verzögertes Lesen von Memofeldern
　　Beschleunigen des Abrufens von Daten 641
Lesen des Cursors
　Programmgesteuertes Lesen des Cursors 642
　Steuern 642
Lesen des Cursors mit SQL Pass-Through im Asynchronmodus 642
Leseumfang
　Beschreibung 642
　Festlegen
　　Beschleunigen des Abrufens von Daten 641
Line
　Methode
　　Formulare 318

LineSlant
　Eigenschaft
　　Linien-Steuerelemente 318
Linie
　Steuerelement 251
Linien
　Allgemeine Eigenschaften (Liste) 318
　Anzeigen von Informationen 317
LINKED
　Schlüsselwort
　　Befehl DO FORM 265
LinkMaster
　Eigenschaft
　　Datenblätter 323, 327
Listenfeld
　Steuerelement
　　Beschreibung 251
Listenfelder
　Aktualisieren
　　Ansichten 299
　　Basierend auf lokalen oder Remote-Ansichten 299
　　Lokale Tabellen 298
　Aktualisieren einer auf einem Listenwert basierenden 1 n-Anzeige 298
　Allgemeine Eigenschaften und Methoden (Liste) 291
　Allgemeine Methoden (Liste) 292
　Anzeigen von Dateien 295
　Anzeigen von Detail-Datensätzen 300
　Anzeigen von mehrspaltigen Listenfeldern 296
　Auswählen der Art der Daten 292
　Auswirkungen der Einstellungen der Eigenschaft ControlSource 285
　Bilder 301
　Eigenschaft Selected 297
　Ermöglichen der Auswahl eines Datensatzes durch Auswahl eines Wertes 298
　Ermöglichen der Auswahl mehrerer Einträge 297
　Ermöglichen der Eingabe von Daten aus Listenfeldern in Tabellen 298
　Ermöglichen des Hinzufügens von Einträgen 297
　Erstellen mehrspaltiger Listenfelder 296
　Filtern mit Optionsfeldern 289
　Füllen mit den Elementen eines mehrdimensionalen Datenfelds 295
　Füllen 292
　Hinzufügen von Bildern zu Einträgen in einer Liste 300
　Hinzufügen von Einträgen 256
　Interaktives Hinzufügen von Einträgen 297
　Listenfelder vs. Beschriftungen 317
　RowSourceType 292
Load
　Ereignis 92
_Load( )
　Routine 737

LOCATE
  Befehl
    Rushmore-Technologie 442
  LOCATE FOR ... CONTINUE
    Zeichenfolgenvergleich
      Sortierreihenfolge 554
Locator-Strukturen 726, 728, 733
Locking
  Anpassen des Intervalls für Sperrversuche 456
LockScreen
  Eigenschaft
    Formulare 262
    Optimieren der Anzeige von Formularen 451
Logische Felder
  Standardwerte 588
Logische Operatoren
  Kombinieren einfacher optimierbarer Ausdrücke 447
Lokale Ansichten 119, *Siehe* Ansichten
Lokale Basistabellen *Siehe* Basistabellen
Lokale Daten
  Entwickeln von Anwendungen mit lokalen Daten 32
Lokale Prototypen
  Erstellen mit lokalen Ansichten 573
Lokale Tabellen
  Aktualisieren 298
Löschen
  Entfernen der zum Löschen markierten Datensätze 167
  Markieren von Datensätzen zum Löschen 166
  Zurückrufen von zum Löschen markierten Datensätzen 166
Löschen von Datensätzen aus Tabellenpuffern 514
Löschvorgänge
  Beschleunigen von Löschvorgängen 647
  Optimieren der Leistung 650

M

m
  n-Beziehungen
    Einführung 107
    Erstellen 109
MainHWND( )
  Funktion
    Microsoft Visual FoxPro 666
Makros
  Hilfesystem 659
Makrosubstitution
  Erstellen von Ansichten 197
  Makrosubstitution in Ansichten 207
Manipulieren von Daten
  Siehe auch Daten
  Operatoren
    Verwenden 9
Manuelles Sperren 502, 504

Markierungen
  Code-Seitenmarkierungen *Siehe* Code-Seitenmarkierungen
Master als Ansichten in temporären Beziehungen 212
Master-Datenbank
  Sichern 596
Mauszeiger
  Anzeigen mittels Asynchronmodus 631
  Aufzeichnen der Ausgangsposition des Mauszeigers bei Drag & Drop-Vorgängen 335
Mauszeiger-Anzeige
  Ändern 330
MaxButton
  Eigenschaft
    Formulare 260
Maximieren von Formularen *Siehe* Formulare
MaxRecords
  Eigenschaft
    NODATA-Klausel 212
MaxRecords
  Cursor-Eigenschaft 621
  Engine-Eigenschaft 615
MDI-Anwendungen *Siehe* Benutzeroberflächen
MDIForm
  Eigenschaft 245
Medien
  Verwenden mehrerer Medien 581
  Verwenden mehrerer SQL Server-Medien 581
Mediengröße
  Abschätzen der SQL Server-Mediengröße 581
Mediumspiegelung 596
Mehrbenutzeranwendungen
  Optimieren 456
Mehrbenutzerbetrieb
  Erwägungen beim Entwickeln von Anwendungen 32
Mehrbenutzerentwicklung 745
  Siehe auch Teamentwicklung
Mehrere Dateien
  Arbeiten mit Komponenten aus mehreren Dateien
    Quellcodekontrolle 758
Mehrere Medien 581
Mehrerere physische Datenträger
  Verwenden mehrerer physischer Datenträger 581
Mehrspaltige Berichte 380
Mehrspaltige Listenfelder
  Erstellen 296
Mehrtabellenansichten *Siehe* Ansichten
Meldung
  Kontrollkästchen
    Dialogfeld Allgemeine Optionen 367
Meldungen
  Erstellen für Benutzeroberflächen 539
Memo
  Verzögertes Lesen 229

Memo
    Steuern des Lesens 229
Memofelder
    Ermöglichen des Bearbeitens von Memofeldern in Bearbeitungsfeldern 305
    Inhalt wird nicht automatisch mit den Zeilen heruntergeladen 643
    Optimieren in Client/Server-Anwendungen 460
    Verhindern der Übersetzung von Daten in Memofeldern 550
Mengenbasierter Datenzugriff
    Definition 566
    Einführung 566
    Parametrisierte Abfragen 567
Menüblockname
    Feld
        Beschreibung 357
        Referenz für Menüeinträge 356
Menü-Designer
    Erstellen von Code 8
Menüebene
    Feld
        Dialogfeld Allgemeine Optionen 354
Menüeinträge
    Aktivieren und Deaktivieren 350
    Erstellen 346
    Gruppieren 347
    Kennzeichnen des Status 351
    Zuweisen von Tasks 352
MENUID
    Datentyp 732
Menünamen
    Definieren der Position 368
    Visuelle Bearbeitung 368
Menüs
    Arbeiten mit Quellcodekontroll-Software 758
    Einfügen in Anwendungen 348
    Kontextmenüs
        Erstellen 345
        Zuweisen zu Steuerelementen 348
    Koordinieren in Laufzeitanwendungen 684
    Koordinierte Menüs
        Erstellen 364
        Hinzufügen zu Formularsätzen 365
    SDI-Menüs
        Erstellen 346
        Zuweisen zu Formularen 349
    Steuern zur Laufzeit 356
    Verwenden in Anwendungen 341
    Visual FoxPro-Standardmenüs
        Ändern 694
    Zuweisen von Hilfethemen 662
    Zuweisen von HTML-Hilfethemen 656

Menüsysteme
    Abschluß-Code 343
    Anpassen 367
    Deaktivieren
        Kontrollkästchen 350
    Definition 341
    Entwerfen
        Beschreibung 341
    Entwerfen für Internationale Anwendungen 540
    Erstellen mit dem Standardmenü 344
    Erstellen 341
        Beschreibung 344
    Fehlerbeseitigung 366
    Hinzufügen von Abschluß-Code 355
    Hinzufügen von Initialisierungs-Code 355
    Initialisierungs-Code 343
    Koordinieren von Menüs und benutzerdefinierten Symbolleisten 364
    Koordinieren von Menüs und Symbolleisten 366
    Menüeinträge
        Aktivieren und Deaktivieren 350
        Erstellen 346
        Gruppieren 347
    Planen 343
    Programmgesteuertes Hinzufügen von Menüs 347
    Programmgesteuertes Hinzufügen 347
    Seitenansicht
        Beschreibung 366
    Seitenansicht während des Entwurfs 366
    Speichern und Wiederherstellen 369
    Standardprozeduren 369
    Systemmenü
        Festlegen 369
    Testen 366, 367
    Trennlinien
        Gruppieren von Menüeinträgen 347
    Untermenüs
        Erstellen 347
    Visual FoxPro-Hauptfenster
        Benötigte Pixel 279
    Wiederherstellen 369
    Zuweisen von Tasks 349, 352
    Zuweisen von Tastatur-Shortcuts 350
    Zuweisen von Zugriffstasten 349
MESSAGEBOX( )
    Standardprozeduren für Menüsysteme 369
Methoden
    Aufrufen von Objektmethoden 62
    Aufrufen zur Laufzeit 269
    Benutzerdefinierte Methoden
        Erstellen für Formulare 257
    Definition 39
    Erstellen neuer Methoden
        Beschreibung 51
    Erstellen neuer Methoden für Formulare 257

Methoden *(Fortsetzung)*
    Festlegen von Objektmethoden 62
    Geschützte Methoden 53
    Hinzufügen zu ActiveX-Steuerelementen 717
    Hinzufügen zu Formularen 255
    Hinzufügen zu Klassen 51
    Klassenmethoden
        Anzeigen 54
    Neue auf die Klasse beschränkte Methoden 51
    Objektmethoden 39
    Übergeben von Parametern 62
Methodencode
    Aufrufen von Methodencode anderer Formulare 273
    Bearbeiten 262
    Hinzufügen und Erstellen von Klassen 65
    Zuweisen 66
MHANDLE
    Datentyp 732
MHANDLE
    Datentyp 732
Microsoft Excel
    Arbeitsmappen
        Erstellen von einfachen Arbeitsmappen 480
    Diagramm-Assistent
        Verwenden in Unternehmenslösungen 773
        Verwenden in Unternehmenslösungen 772
Microsoft Help Workshop
    Erstellen einer grafikorientierten Hilfe 653
Microsoft Visual C++
    Fehlerbeseitigung in Funktionsbibliotheken mit Microsoft Visual C++ 740
Microsoft Visual SourceSafe 748
Microsoft Word
    Speichern von Dokumenten in Tabellen 470
    Verwenden in Unternehmenslösungen 772
MinButton
    Eigenschaft
        Formulare 260
Mindesteigenschaftenmenge
    Basisklassen 47
Mindestereignismenge
    Basisklassen 46
Mindestereignismenge
    Basisklassen 46
Minimieren des Speichereinsatzes 736
Minimieren von Formularen *Siehe* Formulare
.MNT Dateien
    Arbeiten mit Quellcodekontroll-Software 758
.MNX-Dateien
    Arbeiten mit Quellcodekontroll-Software 758
    Erstellen von Textversionen 763
    Verwenden mit Quellcodekontroll-Software 748

Modifizierbare Dateien
    Ausschließen 414
    Einfügen beim Erstellen 414
    Referenzieren 414
MODIFY CLASS
    Befehl
        Speichern von Formularen als Klassen 264
MODIFY CLASS
    Befehl
        Beschreibung 359
MODIFY COMMAND
    Befehl
        Spezifizieren von Code-Seiten für Textdateien 548
MODIFY COMMAND
    Befehl
        Beschreibung 6, 7
MODIFY DATABASE
    Befehl
        Anzeigen von Schemata 129
MODIFY FILE
    Befehl
        Spezifizieren von Code-Seiten für Textdateien 548
MODIFY LABEL
    Befehl
        Verändern von Etiketten 404
MODIFY PROCEDURE
    Befehl
        Erstellen von gespeicherten Prozeduren 128
MODIFY QUERY
    Befehl
        Spezifizieren von Code-Seiten für Textdateien 548
MODIFY REPORT
    Befehl
        Verändern von Berichten 404
MODIFY STRUCTURE
    Befehl
        Verhindern der Übersetzung von Daten 550
Modus 620, 648
MouseMove
    Ereignis
        Reagieren auf MouseMove-Ereignisse 63
Movable
    Eigenschaft
        Formulare 260
Movable
    Eigenschaft
        Beschreibung 363
MoverBars
    Eigenschaft
        Dropdown-Listenfelder 291
        Listenfelder 291
MPR.DLL
    Registrieren von DLLs 710

MS Graph
    Diagramme 471
    Wiederherstellen 470
MULTILOCKS
    Aktivieren der Zwischenspeicherung 513
MultiSelect
    Eigenschaft
        Dropdown-Listenfelder 291
        Listenfelder 291, 297

N

Nachschlagetabellen
    Lokales Speichern 646
nAction-Werte
    Steuern des Beginns und des Endes des Zieh-Vorgangs 334
Name
    Eigenschaft
        Formulare 255
NAME
    Klausel des Befehls DO FORM
        Benennen von Formularobjekten 264
Namen
    Formularobjekt 264
Namensausdrücke
    Verwenden von Namensausdrücken anstelle Makrosubstitution 453
Namenstabellen 734
Namenstabellenindex (NTI) 734
Navigation
    Navigationsschaltflächen
        Erstellen eines Satzes von Tabellennavigationsschaltflächen 67
NEGOTIATE
    Klausel
        Befehl DEFINE PAD 476
Netzwerke
    Festlegen der Paketgröße zum Optimieren der Leistung 460
    Netzwerkanwendungen
        Optimieren 456
    Netzwerkbelastung
        Vermindern 649
    Netzwerk-Ressourcen
        Verringern der Netzwerkbelastung 221
    Netzwerkumgebung
        Programmieren für eine Netzwerkumgebung 499
    Reduzieren der Netzwerkbelastung durch Anpassen des Intervalls für Sperrversuche 456
    Reduzieren der Netzwerkbelastung 207
Netzwerkgegebenheiten
    Vertrieb von Anwendungen 683

Neu
    Befehl
        Menü Datei 6
Neue Klasse
    Dialogfeld
        Erstellen von Klassenbibliotheken 56
NEXT
    Bereichsklausel
        Optimieren mit Hilfe der Rushmore-Technologie 444
Nicht verfügbare Informationen
    Verwenden von Nullwerten zum Dokumentieren von nicht verfügbaren Informationen 148
Nicht-Batch-Modus
    Austauschbare Cursornamen 633
    Beschreibung 633
    Zurückgeben von Parameterwerten 610
Nicht-Container und Container 43
Nichtnumerische Werten
    Durchblättern von nichtnumerischen Werten 310
Nichtstrukturierte .CDX-Indexdateien
    Löschen von Indexnamen 179
    Verwenden 177
Nichtumgewandelte Ausdrücke
    Behandeln 598
Nichtvisuelle Klassen
    Erstellen 48
NoDataOnLoad
    Eigenschaft 299
Non-Unique
    Indextyp
        Abbilden im SQL Server-Upsizing-Assistenten 586
NOREQUERY
    Klausel
        Spezifizieren der Arbeitssitzungsnummer 211
NOT
    Logischer Operator
        Kombinieren einfacher optimierbarer Ausdrücke 447
NOT NULL-Felder
    Standardwerte und NOT NULL-Felder 151
n-Seite
    Filtern 568
NTI
    Datentyp 732
        Namenstabellenindex 732
NULL-Gültigkeitsprüfung
    Zeitpunkt der Umsetzung 153
Nullwerte
    Auswirkungen auf das Sortieren 181
    Beeinflussung von Tabellen und Indizes 148
    Eingeben in Felder 165
    Feldweises Steuern 17
    Nicht zulässig in Primärschlüsselfeldern 104
    Nullwerte in allen Tabellenfeldern 148
    Spezifizieren in Kontrollkästchen 301
    Verwenden in Indexausdrücken 181

Nullwerte *(Fortsetzung)*
    Verwenden in Tabellen 148
    Verwenden zum Dokumentieren von nicht verfügbaren Informationen 148
Numerische Eingaben
    Akzeptieren von numerischen Eingaben innerhalb eines bestimmten Bereichs 309

O

Objekte
    Abbildung von Objekten im SQL Server-Upsizing-Assistenten 584
    Anderen Anwendungen zugänglich machen 777
    Attribute 38
    Aufrufen von Methoden 62
    Ausrichten 258
    Behandeln von Fehlern 436
    Benennungskonventionen für exportierte Objekte 585
    Benutzerdefinierte Objekte
        Hinzufügen zu Formularen 252
    Container-Objekte 249
    Eigenschaften für das Integrieren von Objekten und Daten 80
    Entfernen aus dem Speicher 77
    Erstellen
        Beschreibung 37
    Erstellen von Objektdatenfeldern 78
    Erstellen von Objekten in der aktuellen Datenbank 135
    Erstellen von Objektverweisen 76
    Festlegen der Eigenschaften 258
    Festlegen der Farben 258
    Festlegen von Größe und Position 258
    Festlegen von Methoden 62
    Formulare als Objekte 237
    Formularsätze als Objekte 237
    Fremde Objekte
        Freigeben 482
    Hinzufügen von benutzerdefinierten Objekten aus der Steuerelemente-Symbolleiste 254
    Hinzufügen von Objekten aus Klassenbibliotheken zu Formularen 254
    Hinzufügen zu benutzerdefinierten Symbolleistenklassen 360
    Hinzufügen zu Container-Klassen 65
    Hinzufügen zu Formularen 248
    Hinzufügen zu Steuerelement- oder Container-Klassen 50
    Manipulieren 258, 269
    Objekte in Visual FoxPro 37
    Objekte vs. Klassen 38
    Objekteigenschaften
        Beschreibung 38
        Festlegen mehrerer Objekteigenschaften 62
        Festlegen 61

Objekte *(Fortsetzung)*
    Programmgesteuertes Erstellen aus Klassen 64
    Referenzieren von Objekten in der Container-Hierarchie 60
    Referenzieren 60
    Relatives Referenzieren 61
    Rückgabe eines Verweises auf Objekte 76
    Speichern von Daten 78
    Steuerelement-Objekte 249
    Übergeordnete Objekte 249
    Überprüfen der Existenz 77
    Verweisen auf Objekte in Objekthierarchien 266
    Visual FoxPro-Objekte *Siehe* Visual FoxPro-Objekte
    Zugeordnete Ereignisse 39
    Zugeordnete Methoden 39
    Zugreifen auf Objekte in verschiedenen Formularen 272
    Zugreifen auf Sammlungen von Objekten 480
    Zuweisen von Hilfethemen 662
    Zuweisen von HTML-Hilfethemen 656
Objekteigenschaften
    Beispiel für das Festlegen von Objekteigenschaften 267
    Verwalten zum Optimieren der Visual FoxPro-Leistung 453
Objektfelder *Siehe* Felder
Objekthierarchien
    Verweisen auf Objekte 266
Objektorientierter Entwurf 37
Objektorientiertes Programmieren
    Übersicht 37
    Vorteile 37
Objektvariablen
    Zuweisen von Formularen 265
.OCX-Dateien (ActiveX-Steuerelement)
    Siehe auch ActiveX-Steuerelemente
.OCX-Dateien (ActiveX-Steuerelemente)
    Kompilieren und Verknüpfen 739
    Zugreifen auf Visual FoxPro-Variablen und -Felder 734
.OCX-Dateien (ActiveX-Steuerelemente)
    Beschreibung 707
    Einbinden von .OCX-Dateien beim Vertrieb internationaler Anwendungen 685
    Vertreiben 700
ODBC
    Eingabeaufforderungen zur ODBC-Anmeldung
        Anzeigen im Verbindungs-Designer 204
        Anzeigen 204
    ODBC-Administrator
        Konfigurieren von Remote-Datenquellen 203
    ODBC-Anmeldedialogfeld
        Steuern der Anzeige 612
    ODBC-API-Funktionen
        Aufrufen 612

ODBC *(Fortsetzung)*
  ODBC-Datenquellen
    Benannte Ansichten und Verbindungen 213
    Erstellen für Prototypen 582
    Verbindungen erben Cursor-Eigenschaften 625
  ODBC-Datenquellen
    Beschreibung 196
  ODBC-Datentypen *Siehe* Datentypen
  ODBC-Erweiterungen für SQL
    Verwenden 611
  ODBC-Treiber
    Installieren von ODBC-Treibern für Remote-Server 203
    Verwenden in Unternehmenslösungen 775
    Steuern der Interaktionen mit Visual FoxPro 621
    Testanwendung 203
  Ungültiges ODBC-Objekt
    Fehlermeldung 630
ODBC.INI-Datei
  Verwalten von Verbindungen mit SQL Pass-Through-Technologie 611
ODBChdbc
  Engine-Eigenschaft 615
ODBChstmt
  Engine-Eigenschaft 615
Offline
  Engine-Eigenschaft 615
Offline-Ansichten 571
Offline-Daten
  Abbrechen von Aktualisierungen 229
  Aktualisieren 226
  Anzeigen und Verändern 226
  Arbeiten mit Offline-Daten 223, 571
  Verwalten 226
  Verwenden 226
Öffnen
  Befehl
    Menü Datei 7
OLDVAL( )
  Funktion 458
OLE
  Hinzufügen von OLE zu Anwendungen 465
OLE
  Visuelle Bearbeitung
    Definieren der Position von Menünamen 368
OLE Anwendungen
  Entwerfen 465
OLEClass
  Eigenschaft 478
OLE-Container-Steuerelement 339
olecontrol
  Erstellen von ActiveX-Steuerelementen 709
OLE-DLL-Dateien
  Vertreiben mit internationalen Anwendungen 682

OLE-Objekte
  Bearbeiten 368
  Direktes Bearbeiten 475
  Einfügbare OLE-Objekte 466
  Eingebettete OLE-Objekte 466
  Erstellen von benutzerdefinierten OLE-Objekten 482
  Freigeben 482
  Gebundene OLE-Objekte
    Definition 468
  Hinzufügen zu Anwendungen 469
  Hinzufügen zu Formularen 472
  Hinzufügen zu Tabellen 469
  Manipulieren der Eigenschaften 478
  Manipulieren 478
  Speichern in Tabellen 469
  Übergeben von Datenfeldverweisen 481
  Ungebundene OLE-Objekte
    Definition 468
  Verknüpfen oder Einbetten 466
  Verknüpfte OLE-Objekte 466
  Verwenden von Datenfeldern von OLE-Objekten 481
  Verwenden von Methoden von OLE-Objekten 479
  Visuelles Bearbeiten 476
  Zentrieren 391
  Zuschneiden 390
OLE-Position
  Kontrollkästchen
    Dialogfeld Allgemeine Optionen 368
OLEPUBLIC
  Schlüsselwort 487
OLERequestPendingTimeout
  Eigenschaft 480
OLEServerBusyRaiseError
  Eigenschaft 480
OLEServerBusyTimeout
  Eigenschaft 480
ON ERROR
  Erstellen von ON ERROR-Routinen 435
OneToMany
  Eigenschaft
    Auf Falsch (.F.) setzen 242
Online-Hilfe
  Planen des Zugriffs 654
  Planen des Zugriffs 659
Operatoren
  Erstellen einfacher optimierbarer Ausdrücke 446
  Relationale Operatoren
    Erstellen einfacher optimierbarer Ausdrücke 446
  Verwenden 9
Optimierbare Ausdrücke 446
Optimieren
  Ansichten 597
  Client/Server-Anwendungen 574
  Lokale und Remote-Verarbeitung 645
  Parameterausdrücke 645

Optimieren
    ActiveX-Steuerelemente 454
    Aktualisierbare Ansichten 458
    Ansichten für Client/Server-Anwendungen 458
    Anwendung 439
    Automatisierung 454, 455
    Bildschirmanzeige 451, 453
    Bitmaps 455
    Client/Server-Anwendungen
        Beschreibung 457
        Memofelder 460
    Dateien 452
    Datenfelder 452
    Deaktivieren der Anzeige des Befehlsfensters 453
    Effizienter Einsatz von Sortierfolgen 461
    Erstellen von .APP- oder .EXE-Dateien 441
    Erstellen von Indizes für die Rushmore-Technologie 444
    Formulare und Steuerelemente 449
    Geschäftsregeln 461
    Gültigkeitsprüfung 461
        Daten 461
    Internationale Anwendungen 461
    Mehrbenutzeranwendungen 456
    Netzwerkanwendungen 456
    Optimierbare Ausdrücke 446
    Optimieren der Verweise auf Eigenschaften 453
    Optimieren von Netzwerken mit Hilfe der Paketgrößeneinstellungen 460
    Paketgrößeneinstellungen 460
    Programme 452
    Regeln 461
    SQL-Anweisungen 457
    Tabellen 443, 452
    Transaktionsverarbeitung 456
    Verwenden der Rushmore-Technologie 442, 445
    Verwenden von Batch-Aktualisierungen für Client/Server-Anwendungen 459
    Verwenden von Datentypen in Programmen 452
    Verwenden von Schlüsselwörtern zum Optimieren von Client/Server-Anwendungen 459
    Zeitpunkt der Optimierung von Abfragen 446
    Zugriff auf Remote-Daten 457
Optimistische Tabellenpufferung
    Tabellenpufferung 629
Optimistische Tabellensperrung 628
Optimistische Zellenpufferung 216
Optimistische Zeilenpufferung 628
Optimistische Zeilensperrung 628
Optimistische Zwischenspeicherung 512
Optimistisches Sperren
    Aktivieren 513
Optionen
    Dialogfeld 252

Optionsfelder
    Anzeigen von Bitmaps 318
    Auswirkungen der Einstellungen der Eigenschaft ControlSource 285
    Befehlsschaltflächengruppen 249
    Bestimmen des gewählten Optionsfelds 288
    Ereigniscode 83
    Festlegen der Anzahl in Optionsfeldgruppen 287
    Festlegen der Eigenschaften von Optionsfeldern 288
    Festlegen von Eigenschaften 288
    Filtern von Listen 289
    Optionsfeldgruppen 249
    Verwenden von Optionsfeldern zum Speichern der Benutzerauswahl in einer Tabelle 290
    Verwenden 287
Optionsfeldgruppen
    Festlegen der Anzahl der Optionsfelder 287
    Feststellen der ausgewählten Optionsfelder 288
    Optionsfelder 249
OR
    Logischer Operator
        Kombinieren einfacher optimierbarer Ausdrücke 447
Oracle Upsizing-Assistent
    Aufrufen 599
Oracle-Server
    Exportieren von Datenbanken, Tabellen und Ansichten 577
Originalfeldwerte
    Ermitteln 534
Out-of-Process-Automatisierungsserver 488

P

PacketSize
    Engine-Eigenschaft 615
PageCount
    Eigenschaft
        Hinzufügen von Seitenrahmen zu Formularen 337
        Optionsfeldgruppe 249
        Seitenrahmen 339
Paketgröße
    Optimieren der Leistung 460
ParamBlk
    Struktur 725, 733, 737
Parameter
    Abbilden von Visual FoxPro-Parametern auf Remote-Datentypen 638
    Ansicht
        Bereitstellen von Parametern zur Laufzeit 208
    Anzahl der Parameterwerte 720
    Auswerten von Ausdrücken als Parameter 607
    Definieren von SQL-Server-Ein-/Ausgabeparametern 609
    .FLL-Bibliotheksvorlagen 720
    Funktionsbibliotheken übernehmen Parameter 724

Parameter *(Fortsetzung)*
 Übergeben als Wert
  FLL-Funktionsbibliotheken 726
 Übergeben an ActiveX-Steuerelemente 724
 Übergeben an DLLs 710
 Übergeben an FLLs 725
 Übergeben an Formulare 275
 Übergeben an Prozeduren oder Funktionen 26
 Übergeben an Visual FoxPro 724
 Übergeben an Visual FoxPro-API-Funktionen 732
 Übergeben and Methoden 62
 Überprüfen in Prozeduren oder Funktionen 28
 Verwenden von SQL Server-Ein-
  /Ausgabeparametern 608
 Von der Anwendung nicht übergebene Parameter 608
 Zugreifen auf Parameter für FLL-Funktionsbibliotheken
  Beispiel 728
 Zurückgeben im Batch-Modus/Nicht-Batch-Modus 610
 Zurückgeben in Client/Server-Anwendungen 610
Parameter
 Übergeben von Parametern als Referenz
  FLL-Funktionsbibliotheken 726
PARAMETER
 Anweisung
  Übergeben von Parametern an Formulare 275
Parameter für FLL-Bibliotheken 721
Parameterausdrücke
 Optimieren 645
ParameterList
 Engine-Eigenschaft 615
Parameterwerte
 Auffordern des Benutzers zur Eingabe eines
  Parameters 209
 Auffordern zur Eingabe 608
 Zugreifen auf Parameterwerte in FLL-
  Funktionsbibliotheken 726
Parametrisierte Abfragen
 Einschränkung der heruntergeladenen Daten 567
 Erstellen mit SQL Pass-Through-Funktionen 607
 Zugreifen auf mengenbasierte Daten 567
Parametrisierte Ansichten
 Siehe auch Ansichten
 Beschreibung 299
Parametrisierte Ansichten in Unternehmenslösungen 777
Parent
 Eigenschaft
  Beispiel für das Festlegen von
   Objekteigenschaften 267
  Verweisen auf Objekte in Objekthierarchien 267
Password
 Engine-Eigenschaft 615
PasswordChar
 Eigenschaft
  Listenfelder 304

Path
 Engine-Eigenschaft 615
Persistente Ansichten in Client/Server-Anwendungen 571
Persistente Beziehungen
 Beschreibung 119
 Erstellen 125
 Festlegen im Datenumgebungs-Designer 241
 Referentielle Integrität 589
Pessimistische Zwischenspeicherung 512
Pessimistisches Sperren
 Aktivieren 513
Pfade
 Absolute Pfade 421
Picture
 Eigenschaft
  Abbildungs-Steuerelemente 316
  Befehlsschaltflächen 311, 318
  Beschreibung 360
  Kontrollkästchen 318
  Listenfelder 300
  Optionsfelder 318
Pivot-Tabellen
 Verwenden in Unternehmenslösungen 773
Pivot-Tabellen-Assistent
 Verwenden in Unternehmenslösungen 773
.PJM-Dateien (Projektmetadateien) 751
.PJM-Dateien
 Prüfen auf Unterschiede 763
.PJT-Dateien
 Verwenden in Team-Entwicklungsumgebungen 751
.PJX-Dateien
 Verwenden in Team-Entwicklungsumgebungen 751
Planen von Sicherungen 596
Plattform
 Ablegen von Daten auf der jeweils optimalen
  Plattform 570
Plattformen
 Niedrigste Hardwareplattform
  Testumgebung 420
 Niedrigste Softwareplattform
  Testumgebung 420
Plattformübergreifende Anwendungen
 Wartung abwärtskompatibler Hilfe 671
Point
 Struktur 733
POP MENU
 Beschreibung
  Beschreibung 369
 Hinzufügen von Initialisierungs-Code zu
  Menüsystemen 355
Popup-Fenster *Siehe* Verschiebbare Formulare
PostDock
 Ereignis 363

Potentielle Indizes
    Siehe auch Indizes
    Definition 170
    Festlegen 170
    Zeitpunkt der Umsetzung 153
Potentielle/Primäre Indizes
    Zeitpunkt der Umsetzung 153
Potentieller Index
    Indextyp
        Abbilden im SQL Server-Upsizing-Assistenten 586
Potentieller Indexschlüssel 119
Präprozessoranweisungen 560
PreDock
    Ereignis 363
Prepare
    Cursor-Eigenschaft 621
Prepared
    Eigenschaft 645
    Engine-Eigenschaft 615
.PRG-Dateien
    Prüfen auf Unterschiede 763
    Verwenden mit Quellcodekontroll-Software 748
Primärindex
    Indextyp
        Abbilden im SQL Server-Upsizing-Assistenten 586
Primärindizes
    Siehe auch Indizes
    Definition 170
    Festlegen 170
Primärschlüssel
    Beschreibung 119
    Zugreifen auf 1
    n-Beziehungen 569
Primärschlüsselfelder
    Duplikatwerte sind unzulässig 104
    Duplikatwerte und Nullwerte sind unzulässig 104
    Einführung 104
    Festlegen 104
    Größe 104
    Tabellen ohne Primärschlüsselfelder 217
PrimaryKey
    Engine-Eigenschaft 615
Print
    Methode
        Formulare 318
Pro_ext.h
    Beispiel-Headerdatei 719
Pro_ext.h
    Beispiel-Headerdatei
        Hinzufügen von Visual FoxPro-API-Aufrufen zu C/C++-Programmen 723
PROCEDURE
    Befehl
        Ausführen von Tasks mit Prozeduren 353

Programmfluß
    Steuern 13
Programme
    Ausführen von Formularen 264
    Ausführen 7
    Befehlsfenster
        Verwenden des Befehlsfensters vs. Schreiben von Programmen 4
    Beispielprogramme *Siehe* Beispielprogramme
    Dokumentieren 692
    Erstellen eines einfachen Hauptprogramms 412
    Erstellen neuer Programme 19
    Erstellen 6, 557
    Formatieren 692
    Hinzufügen zu Berichten 403
    Kompilieren 549
    Konvertieren in Funktionen 29
    Optimieren 452
    Programme als Hauptdatei für Anwendungen 408
    Speichern 6
    Stabilität von Programmen erhöhen 24
    Unterbrechen der Programmausführung 424
    Verändern 7, 557
    Vollständiger Test 23
    Vorteile 4
Programmieren 16
    Anfänger 3
    Anwendungen für Hilfe 665
    Anwendungen für HTML-Hilfe 657
    Einführung 3
    Grundkonzepte 8
    Grundschritte 16
    Objektorientiertes Programmieren *Siehe* Objektorientierte Programmierung
    Probleme aufführen 17
    Probleme aufteilen 17
    Programmieren für gemeinsamen Zugriff 499
    Prozedurales Programmieren *Siehe* Prozedurale Programmierung
    Stabilität von Programmen erhöhen 24
    Teile konstruieren 18
    Teile testen 21
    Teile zusammenfügen 22
    Verschiedene Instanzen von Formularen 499
    Visual FoxPro 5
    Vollständiger Test 23
    Vorteile 3, 4
Projektdateien
    Ermitteln der Code-Seiten 548
    Verwenden in Team-Entwicklungsumgebung 751
Projekte
    Beim Erstellen von Projekten erzeugte Dateien 491
    Erstellen von Anwendungen aus Projekten 416, 417
    Erstellen 416
    Hinzufügen von Dateien 413

Projekte *(Fortsetzung)*
    Hinzufügen von Datenbanken 132
    Manuelles Hinzufügen von Dateien 413
    Visual FoxPro-Projekte
        Aktualisieren von Projektlisten 756
        Anschließen an vorhandene quellcodekontrollierte Projekte 755
        Anzeigen von Unterschieden 763
        Aufforderung, neue Dateien unter Quellcodekontrolle zu stellen 755
        Erstellen quellcodekontrollierter Projekte 753
        Erstellen von Textversionen von Dateien in Visual FoxPro-Projekten 765
        Festlegen der Projekteinstellungen 738
        Gemeinsame Nutzung von Dateien in quellcodekontrollierten Projekten 758
        Hinzufügen von Dateien zu quellcodekontrollierten Projekten 754
        Integrieren von Quellcodekontrolle in Visual FoxPro-Projekte 748
        Projekte aus der Quellcodekontrolle herausnehmen 757
        Vergleichen für die Quellcodekontrolle 762
        Vorhandenes Projekt unter Quellcodekontrolle stellen 753
Projektliste
    Anzeigen von Unterschieden 763
Projektlistendateien
    Anzeigen der Auscheck-History 765
    Anzeigen von Dateiinformationen 766
    Verwenden in Team-Entwicklungsumgebungen 751
Projekt-Manager
    Code-Seiten
        Ermitteln der Code-Seiten von Projektdateien 548
    Entwickeln von Anwendungen 34
    Erstellen von Anwendungen aus Projekten 417
    Hinzufügen von Dateien zu Projekten 413
    Integrieren von Quellcodekontrolle in den Projekt-Manager 748
    Öffnen
        Automatisches Öffnen von Datenbanken 196
    Optimieren der Visual FoxPro-Leistung 441
    Symbole der Quellcodekontrolle 749
    Verändern von Klassendefinitionen 49
    Verwalten von Dateien in internationalen Anwendungen 560
    Verwenden von Ansichten 196, 206
Projektmetadateien *Siehe* .PJM-Dateien
Projektverwaltung
    Quellcode 747
PROTECTED
    Schlüsselwort 53, 64

Protokolldateien
    Erstrecken über mehrere Medien 582
    Verwenden mehrerer physischer Datenträger oder Medien 582
Protokolle
    Erfassungsprotokoll 432
        Umwandeln in Tabellen 433
Prototypen
    Erstellen lokaler Prototypen für Anwendungen 578
    Erstellen mit Ansichten 573
    Erstellen von benannten Verbindungen 582
    Erstellen von ODBC-Datenquellen 582
    Lokale Prototypen
        Erstellen mit lokalen Ansichten 573
    Remote-Ansichten 574
    Schrittweises Implementieren 574
    Sichern von Datenbanken 582
    Upsizing lokaler Prototypen 578
    Upsizing-Assistent 579
    Vorbereiten des Clients 582
    Ziele 577
Prototypen-Anwendungen in Unternehmenslösungen 776
Prozedurales Programmieren
    Einführung 3
Prozeduren
    Aufrufen 26
    Ausführen von Tasks 353
    Ereignisprozeduren *Siehe* Ereignisprozeduren
    Gespeicherte Prodzeduren
        Verwenden in Unternehmenslösungen 775
    Gespeicherte Prozeduren
        Erstellen 597
    Standardprozeduren für Menüsysteme 369
    Übergabe von Werten 26
    Überprüfen von Parametern 28
    Verwenden von gespeicherten Prozeduren zur Verbesserung der Leistung 649
    Verwenden 25
    Wechsel zwischen Prozeduren im Code-Bearbeitungsfenster 262
PSet
    Methode
        Formulare 318
PUSH MENU
    Befehl
        Hinzufügen der koordinierten Symbolleiste und des koordinierten Menüs 365
PUSH MENU
    Befehl
        Beschreibung 369

PUSH MENU Befehl
Befehl
    Hinzufügen von Initialisierungs-Code zu
    Menüsystemen 355

Q

Qualifizierte Tabellennamen *Siehe* Tabellennamen
Quellcode
    Dokumentieren 692
    Schützen und Dokumentieren 691
    Sichern 695
Quellcodekontrolle
    Aktivieren in Visual FoxPro 750
    Aktualisieren von Projektlisten 756
    Anschließen an vorhandene quellcodekontrollierte
        Projekte 755
    Anzeigen der Auscheck-History 765
    Anzeigen von Datei- und Projektinformationen 766
    Anzeigen von Dateiinformationen 765
    Anzeigen von Unterschieden in Projekten 763
    Anzeigen von Unterschieden in Projektlisten 763
    Arbeiten mit einer Quellcodekontroll-Software in Visual
        FoxPro 747
    Arbeiten mit Komponenten aus mehreren Dateien 758
    Aufforderung, neue Dateien unter Quellcodekontrolle zu
        stellen 755
    Auschecken von Dateien 759
    Einchecken 760
    Entfernen von Dateien aus der Quellcodekontrolle 757
    Erstellen von Projekten 753
    Gemeinsame Nutzung von Dateien in
        quellcodekontrollierten Projekten 758
    Grundsätzliches 746
    Herausnehmen von Projekten aus der
        Quellcodekontrolle 757
    Im Projekt-Manager verwendete Symbole 749
    Integrieren in den Projekt-Manager 748
    Integrieren in Visual FoxPro-Projekte 748
    Klassenbibliotheken unter Quellcodekontrolle stellen 768
    Neueste Version einer Datei 762
    Rückgängigmachen von Auscheckvorgängen 761
    Spezifizieren von Dienstprogrammen zur
        Textumwandlung 764
    Unterschiede in Berichten 763
    Unterschiede in Formularen 763
    Unterschiede in Tabellendateien 763
    Vergleichen von Dateien oder Projekten 762
    Verwerfen von Änderungen 761
    Vorhandene Projekte unter Quellcodekontrolle
        stellen 753
    Zusammenführungskonflikte 761
Quelle beim Drag & Drop von Steuerelementen 333

Querverweise
    Hilfe im .DBF-Format
        Beschreibung 674
        Erstellen 675
QueryTimeOut
    Engine-Eigenschaft 615
QuickInfo-Text
    Anzeigen 330
    Festlegen 330
Quit
    Methode
        Freigeben fremder Objekte 482

R

READ EVENTS
    Befehl
        Beschreibung 355
READ EVENTS
    Befehl
        Testen von Menüsystemen 367
ReadOnly
    Eigenschaft
        Bearbeitungsfelder 307, 317
        Steuerelemente in Spalten 328
        Textfelder 317
Rechtschreibprüfungsdateien
    Eingeschränkt nutzbare Rechtschreibprüfungsdateien 689
RecordSource
    Eigenschaft
        Datenblätter 327
RecordSource
    Eigenschaft
        Datenblätter 322
RecordSourceType
    Eigenschaft
        Datenblätter 322, 327
Rect
    Struktur 733
Referentielle Integrität
    Abbilden zwischen Visual FoxPro und SQL Server 590
    Assistent für referentielle Integrität 127
    Deklarative referentielle Integrität 589
    Einrichten 127
    Persistente Beziehungen 589
    SQL Server 584
    Trigger-basierte Referentielle Integrität 589
    Umsetzen mit Triggern 158
Referenz
    Übergeben von Parametern als Referenz in FLL-
        Bibliotheken 726
Referenzieren
    Relatives Referenzieren 61

Regeln
  Abbilden im SQL Server-Upsizing-Assistenten 588
  Ablegen auf der jeweils optimalen Plattform in
    Client/Server-Anwendungen 570
  Erstellen für Ansichtsfelder 221
  Optimieren 461
Regeln
  Fehlermedlungen
    Erstellen in Datenwörterbuch 220
  Regeln auf Datensatzebene 119
  Regeln auf Feldebene 119
RegFn
  Variable
    Microsoft Visual FoxPro 665
Registerkarten
  Verwalten von langen Beschriftungen 338
Reihenfolge
  Datensatzreihenfolge 168
  Sortieren *Siehe* Sortierreihenfolge
REINDEX
  Zeichenfolgenvergleich
    Sortierreihenfolge 555
Relationale Integrität im SQL Server-Upsizing-
  Assistenten 588
Relationale Operatoren
  Erstellen einfacher optimierbarer Ausdrücke 446
RelationalExpr
  Eigenschaft
    Datenblätter 323
    Standardeinstellung 242
Relatives Referenzieren 61
RELEASE
  Befehl
    Freigeben fremder Objekte 482
RELEASE ALL
  Befehl 713
RELEASE LIBRARY
  Befehl 713
RELEASE THISFORMSET
  Befehl
    Freigeben von Formularen in Formularsätzen 266
Remote Automation Connection Manager
  Bereich System Security Policy 496
  Beschreibung 494
Remote Procedure Call (RPC) 497
Remote-Ansichten
  Siehe auch Ansichten
  Ablegen auf der jeweils optimalen Plattform in
    Client/Server-Anwendungen 570
  Aktualisieren modifizierter Felder 528
  Beschreibung 119
  Erstellen von Prototypen mit Remote-Ansichten 574
Remote-Automatisierung
  Fehlerbehebung 497
  Konfigurieren von Servern 494

Remote-Automatisierung *(Fortsetzung)*
  Verwenden von Authentifizierung 496
  Verwenden 493
Remote-Daten
  Siehe auch Client/Server
  Aktualisieren mit SQL Pass-Through-Technologie 627
  Aktualisierungen
    Steuern des Timings 628
  Aktualisierungen über den Cursor einer aktiven
    Ansicht 627
  Entwickeln von Anwendungen mit Remote-Daten 32
  Erzwingen von Aktualisierungen 630
  Fehlerbehandlung 575
  Festlegen der Cursor-Eigenschaften 621
  Herunterladen nur der benötigten Daten 210
  Optimieren des Zugriffs 457
  SQL Pass-Through-Technologie 621
  Verwenden von Transaktionen mit Remote-Daten 620
  Zugriff 203
Remote-Datenquellen
  Beschreibung 196
  Verbindungen als Bindeglied zu Remote-
    Datenquellen 203
  Verbindungen 119, 203
Remote-Server
  Installieren von ODBC-Treibern für Remote-Server 203
  Verbindungen 203
  Zwei Methoden zur Übergabe von Aktualisierungen 628
Remote-SQL-Syntax
  Remote-Ansichten 196
REMOVE CLASS
  Befehl
    Entfernen von Klassen aus Klassenbibliotheken 57
RemoveItem
  Methode
    Listenfelder 292
RENAME CLASS
  Befehl
    Umbenennen von Klassen 57
REPLACE
  Befehl
    Allgemeine Leistungstips 452
REPORT
  Befehl
    Seitenansicht von Berichten und Etiketten 401
    Steuern der Berichtsausgabe 397
Requery
  Eigenschaft
    Listenfelder 292
REQUERY
  Befehl
    Zugreifen auf mengenbasierte Daten mit
      parametrisierten Abfragen 567
REQUERY( )
  Funktion 299

REQUERY( )-Operationen 645
Reservierte Wörter
　　SQL Server 585
Ressourcen
　　Netzwerk-Ressourcen
　　　　Verwendung durch benannte Verbindungen 204
　　Remote-Resssourcen
　　　　Verwendung durch benannte Verbindungen 204
Ressourcen
　　Einbinden in Anwendungen 685
Ressourcenbelastung
　　Verringern durch gemeinsam genutzte Verbindungen 232
Ressourcendateien
　　API-Bibliotheksdateien 685
　　FOXUSER-Ressourcendateien 685
　　Gebietsspezifische Ressourcendateien vs. FOXUSER-Ressourcen 687
　　Gebietsspezifische Ressourcendateien 687
RETURN
　　Befehl
　　　　Zurückgeben von Werten aus Formularen 275
_RetVal( )
　　Routine 737
ROLLBACK
　　Befehl
　　　　Steuern von Transaktionen 518
RowSource
　　Eigenschaft
　　　　Listenfelder 291
RowSource
　　Eigenschaft
　　　　Anzeigen mehrerer Spalten 296
　　　　Dropdown-Listenfelder 291
　　　　Fehlerbehebung 294
RowSourceType
　　Eigenschaft
　　　　Dropdown-Listenfelder 291
　　　　Listenfelder 291, 296
RPC (Remote Procedure Call) 497
Rückgabewerte
　　Drucken 11
　　Funktionen 11
　　Zuweisen an Variablen 11
Rückverweise 123, 133
RuleExpression
　　Engine-Eigenschaft 615
RuleText
　　Engine-Eigenschaft 615
Runaway-Abfragen
　　Stoppen 230
Rushmore-Ausdrücke
　　Optimieren 445

Rushmore-Technologie 444
　　Bedingungen, unter denen die Rushmore-Technologie nicht verwendet wird 444
　　Deaktivieren 445
　　Erstellen von Indizes für die Rushmore-Technologie 444
　　Optimieren mit Hilfe der Rushmore-Technologie 442
　　Verwenden mit Tabellen 443

S

Sammlungen
　　Zugreifen auf Objekte in Sammlungen 480
ScaleMode
　　Eigenschaft
　　　　Formulare 260
SCAN FOR ... ENDSCAN
　　Zeichenfolgenvergleich
　　　　Sortierreihenfolge 554
SCATTER MEMVAR
　　Befehl
　　　　Allgemeine Leistungstips 452
SCATTER TO ARRAY
　　Befehl
　　　　Allgemeine Leistungstips 452
SCCTEXT.PRG
　　Dienstprogramm 764
Schaltflächen
　　Aktivieren und Deaktivieren in Gruppen 331
　　Tabellennavigationsschaltflächen
　　　　Erstellen eines Satzes von Tabellennavigationsschaltflächen 67
Schleifen
　　Bedingte Schleifen *Siehe* Bedingte Verzweigungen
　　Erstellen mittels Asynchronmodus 631
　　Schleifenbefehle 14
Schlüssel
　　Anzahl der Schlüssel verschiedener Indextypen 177
　　Potentieller Schlüssel 119
　　Primärschlüssel 119
Schlüsselfelder
　　Vergleichen mit allen aktualisierbaren Feldern 529
　　Vergleichen 528
Schlüsselwörter
　　Hilfe-Suche 659
　　Optimieren von Client/Server-Anwendungen 459
Schriftarten
　　Ändern in Berichten 390
　　Bedingte Formatierung in Datenblättern 327
　　Hilfesystem 659
　　Visual FoxPro-Schriftarten
　　　　Vertreiben 700
Schützen des Quellcodes 691
_SCREEN-Objekte
　　Hinzufügen von Zeitgeber-Steuerelementen 314

ScrollBars
    Eigenschaft
        Bearbeitungsfelder 307
.SCT-Dateien
    Arbeiten mit Quellcodekontroll-Software 758
.SCX-Dateien
    Arbeiten mit Quellcodekontroll-Software 758
    Formulare
        Speichern 248
    Prüfen auf Unterschiede 763
    Verwenden mit Quellcodekontroll-Software 748
SDI-Anwendungen *Siehe* Benutzeroberflächen
SDI-Menüs *Siehe* Menüs
SEEK
    Befehl
        Spezifizieren der Sortierreihenfolge 553
    Zeichenfolgenvergleich
        Sortierreihenfolge 554
Segmentierte Hypergrafiken
    Definition 659
Seiten
    Auswählen anderer Seiten im Seitenrahmen 338
    Datenblätter, Steuerelemente 249
    Hinzufügen von Steuerelementen 338
    Programmgesteuertes Ändern von Seiten 339
    Schichtweise Anordnung 335
    Seitenrahmen 249
    Seitenrahmen 335
    Verwenden in Anwendungen 336
    Ziehen von Feldern auf Seiten 251
Seitennummern
    Einfügen in Berichte 385
Seitenrahmen
    Allgemeine Eigenschaften (Liste) 339
    Auswählen anderer Seiten 338
    Datenblätter 249
    Definition 335
    Erweitern von Formularen 335
    Formulare 249
    Hinzufügen zu Formularen 337
    Seiten 249
Seitenumbrüche
    Einstellung von Seitenumbrüchen für Gruppen in Berichten 396
Sekundäre Aktualisierungen
    Durchführen mit Server-Triggern 575
SELECT - SQL-Anweisungen
    Erstellen 374
    Hinzufügen von Abfragen mittels SELECT - SQL-Anweisungen 373
    Hinzufügen zu Ereigniscode 374
    TOP-Klausel
        Anzahl oder prozentualer Anteil von Datensätzen 374

SELECT - SQL-Befehl
    Optimieren mit Hilfe der Rushmore-Technologie 443
    Spezifizieren der Sortierreihenfolge 553
    Zeichenfolgenvergleich
        Sortierreihenfolge 555
Selected
    Eigenschaft
        Listenfelder 297
SelectedBackColor
    Eigenschaft
        Textfelder 304
SelectedForecolor
    Eigenschaft
        Textfelder 304
SelLength
    Eigenschaft
        Bearbeitungsfelder 307
SelStart
    Eigenschaft
        Bearbeitungsfelder 307
SelText
    Eigenschaft
        Bearbeitungsfelder 307
SendUpdates
    Cursor-Eigenschaft 621
    Eigenschaft
        Hauptschalter für Aktualisierungen 217
    Engine-Eigenschaft 615
Sequences
    event *See* Event sequences
Serienbrief-Assistent
    Verwenden in Unternehmenslösungen 773
Serienbriefe
    Verwenden in Unternehmenslösungen 773, 775
Server
    Eigenschaften
        Festlegen mit SQL Pass-Through 572
    Gespeicherte Prozeduren
        Verbessern der Leistung 649
        Zugreifen mit SQL Pass-Through 572
    Konfigurieren für Remote-Automatisierung 494
    Mehrerere physische Datenträger 581
    Optimieren der Serverleistung in Unternehmenslösungen 776
    Regeln
        Erhalten der Datenintegrität in Client/Server-Anwendungen 575
    Remote-Server *Siehe* Remote-Server
Server-Dialekte
    Verwenden von Server-Dialekten in Remote-Ansichten 205
Server-Trigger
    Erhalten der Datenintegrität in Client/Server-Anwendungen 575
    Syntaxfehler 607

Server *(Fortsetzung)*
    Verwenden in Unternehmenslösungen 774
    Visual FoxPro als Server 483
    Vorbereiten für das Upsizing 580
    Zugriff
        Zulassen mit SQL Pass-Through 572
Servers
    Anpassen der verwendeten Datentypen 636
SET ASSERT
    Befehl 421
SET CLASSLIB
    Befehl
        Hinzufügen von Symbolleisten zu
            Formularsätzen 361
        Programmgesteuertes Erstellen von Objekten
            aus Klassen 64
SET COLLATE TO
    Befehl
        Spezifizieren der Sortierreihenfolge 553
SET COLLATE( )
    Funktion
        Überprüfen von Sortierreihenfolgen 553
SET COVERAGE
    Befehl
        Erfassungsprotokoll 432
SET CPCOMPILE
    Befehl
        Kompilieren von Programmen 549
SET CPDIALOG
    Befehl
        Spezifizieren von Code-Seiten für Textdateien 548
        Überprüfen auf Code-Seitenmarkierungen 545
SET DOHISTORY
    Befehl
        Optimieren der Visual FoxPro-Leistung 453
SET ECHO ON
    Befehl
        Öffnen des Debuggers 423
SET EXACT
    Befehl
        Zeichenfolgenvergleich 554
SET FILTER TO
    Befehl
        Filtern von Listen mit Optionsfeldern 289
SET HELP TO
    Befehl
        Spezifizieren von Hilfedateien 662
SET HELP TO
    Befehl
        Spezifizieren von HTML-Hilfedateien 655
SET LIBRARY
    Befehl
        Aufrufen von FLLs 712
SET LIBRARY TO
    Microsoft Visual FoxPro 665

Set Main
    Befehl
        Festlegen des Ausgangspunkts für Anwendungen 408
SET MARK OF
    Befehl
        Kennzeichnen des Status von Menüeinträgen 351
SET MULTILOCKS OFF
    Befehl
        Entsperren von Daten 506
SET OPTIMIZE
    Befehl
        Deaktivieren der Rushmore-Technologie 445
SET ORDER TO
    Befehl
        Optimieren mit Hilfe der Rushmore-Technologie 444
SET PROCEDURE TO
    Befehl
        Ausführen von Tasks mit Befehlen 352
        Beschreibung 361
SET RELATION
    Befehl
        Festlegen von Beziehungen 242
SET SKIP
    Befehl
        Festlegen von Beziehungen 242
SET STEP ON
    Befehl
        Öffnen des Debuggers 423
SET TALK
    Befehl
        Optimieren der Visual FoxPro-Leistung 453
SET TOPIC TO
    Befehl 662
        Zuweisen von Hilfethemen zu Menüs 662
        Zuweisen von HTML-Hilfethemen zu Menüs 656
SetAll
    Methode
        Festlegen der Eigenschaften von Optionsfeldern 288
SetAll
    Methode
        Aktivieren und Deaktivieren von Schaltflächen in
            Gruppen 331
        Optionsfeldgruppen 288
SETSYSMENU
    Befehl
        Festlegen des Systemmenüs 369
SETUP.INF 701
SETUP32.STF 701
Setup-Assistent
    Setup-Dateien 701
    Vertrieb von Anwendungen 699
    Verwenden 701, 702
Setup-Programme
    Erstellen 699

ShareConnection
    Engine-Eigenschaft 615
Shortcuts
    Tastatur-Shortcuts *Siehe* Tastatur-Shortcuts
ShowTips
    Eigenschaft
        Formulare 330
ShowWindow
    Eigenschaft 245
Sicherheitsaspekte
    Unternehmenslösungen 775
Sichern
    Datenbank
        Prototypen 582
Sichern der Master-Datenbank 596
Sichern des Quellcodes 695
Sicherungen
    Datenbank
        Planen 596
Siehe auch-Querverweise
    Erstellen 675
Skalierbarkeit
    Entwurfsziel für Client/Server-Anwendungen 565
SKIP
    Befehl
        Navigieren in gefilterten Daten 568
SKIP FOR
    Aktivieren und Deaktivieren von Menüeinträgen 350
Softwareplattform
    Niedrigste Softwareplattform
        Testumgebung 420
SORT
    Befehl
        Optimieren mit Hilfe der Rushmore-Technologie 444
Sortieren
    Alphabetisches Sortieren 168
    Auswirkungen von Nullwerten 181
    Beschreibung 551
    DBCS-Daten 556
    Sortierreihenfolgen 551
Sortierreihenfolge
    Siehe auch Sortieren; Zeichenfolgenvergleich
    Beschreibung 551
    Effektive Verwendung 461
    Erkennen der Wirkung von Sortierreihenfolgen 554
    Grundsätzliches 551
    Richtlinien 552
    Spezifizieren 552
    Überprüfen 553
SourceName
    Engine-Eigenschaft 615
SourceType
    Engine-Eigenschaft 615
Spalten
    Allgemeine Eigenschaften (Liste) 328
    Auswirkungen der Einstellung der Eigenschaft ControlSource 285
    Datenblatt 249
    Festlegen der Spaltenzahl in Datenblättern 321
    Identitätsspalten *Siehe* Identitätsspalten
    Spaltenkopfzeilen
        Benennen für Datenblattfenster 152
        Beschreibung 249
        Sortieren von Datensätzen durch Klicken auf Spaltenkopfzeilen 175
    Zeitstempelspalten *Siehe* Zeitstempelspalten
Spaltenbreite
    Datenblatt
        Anpassen 321
        Beschreibung 321
Sparen von Speicherplatz in Memodateien 167
Sparse
    Eigenschaft
        Spalten 328
SpecialEffect
    Eigenschaft
        Figuren 317
Speicher
    Entfernen von DLL-Funktionen 710
    Freigeben von Objekten 77
    Freigeben von Verweisen 77
    Optimieren der Visual FoxPro-Leistung 452
Speichermanager
    Zugriff auf den dynamischen Speichermanager 735
Speichern
    Daten *Siehe* Datenspeicherung
Speichern als HTML
    Speichern von Berichten als HTML 391
Speichern als HTML
    Speichern von Berichten als HTML 402
Speichern unter
    Befehl
        Menü Datei 6
Speichern von Programmen 6
Speicherplatz
    Sparen 167
Speicherzuteilungen
    Anforderungen
        Zurückgeben einer Kennung 735
    Schutz vor Mißbrauch 736
    Stapelspeicher 737
    Verwalten 736
Sperren
    Automatisches Sperren 502
    Daten 501
    Datensatz 598
    Manuelles Sperren 502, 504

Sperren *(Fortsetzung)*
  Modus
    Optimistisches Sperren 512
    Pessimistisches Sperren 512
  Speicherzuteilungen
    Warnung 736
  Speicherzuteilungen
    API-Routinen für das Sperren von
      Speicherzuteilungen 736
Spiegeln
  Medium 596
SpinnerHighValue
  Eigenschaft
    Drehfelder 310
SpinnerLowValue
  Eigenschaft
    Drehfelder 310
SQL
  Erstellter SQL-Code
    Speichern und Verwenden 593, 594
  SQL Pass-Through
    Erstellen von Cursor 572
    Kombinieren von Ansichten und SQL Pass-
      Through 573
    Verwenden in Client/Server-Anwendungen 572
    Zulassen von Zugriffen auf den Server 572
  SQL Pass-Through in Client/Server-
    Anwendungen 571, 572
  SQL Pass-Through-Abfragen
    Ausdrücke als Parameter in SQL Pass-Through-
      Abfragen 607
  SQL Pass-Through-Funktionen (Tabelle) 604
  SQL Pass-Through-Funktionen 603
    Erstellen vom parametrisierten Abfragen mit SQL
      Pass-Through-Funktionen 607
    Unterbrechen 604
SQL
  Cursor-Eigenschaft 621
  Engine-Eigenschaft 615
SQL Pass-Through
  Verwenden in Unternehmenslösungen 775
SQL Pass-Through-Technologie
  Aktualisieren von Remote-Daten 627
  Arbeiten mit Remote-Daten 621
  Definition 601
  Fehlerbehandlung 638
  Festlegen von Cursor-Eigenschaften 625
  Inklusionsverknüpfungen mit Remote-Daten 610
  Steuern von Umgebungseigenschaften 612
  Steuern von Verbindungseigenschaften 612
  Übersicht 601
  Vergleich mit der Remote-Ansicht-Technologie 601
  Verwalten von Verbindungen 611
  Verwenden des Asynchronmodus 631
  Verwenden von ODBC-Erweiterungen 611

SQL Pass-Through-Technologie *(Fortsetzung)*
  Vorteile 602
  Wählen eines effizienten SQL Pass-Through-
    Verarbeitungsmodus 631
SQL Server
  Abbilden von Ausdrücken im SQL Server-Upsizing-
    Assistenten 591
  Abschätzen der Mediengröße 581
  Anlegen von Datenbanken oder Protokolldateien in
    mehreren Medien 582
  Beschränkungen 591
  Daten
    Abschätzen der Datenbankgröße 580
    Abschätzen der Mediengröße 581
  Datenbanken
    Abschätzen der Größe 580
    Festlegen der Berechtigungen 580
  Datensatzsperre 598
  Exportieren von Datenbanken, Tabellen und
    Ansichten 577
  Fehlende Unterstützung für absteigende Indizes 586
  Fehlende Unterstützung für aufsteigende Indizes 586
  Fehlernummern 591
  Festlegen der Berechtigungen 595
  Gespeicherte Prozeduren
    Verwenden von SQL Server-Ein-/Ausgabeparametern
      mit gespeicherten Prozeduren 608
  Gültigkeitsregeln 584
  Indextypen
    Abbilden im SQL Server-Upsizing-Assistenten 586
  Medien
    Abschätzen der Größe 580
  Referentielle Integrität 584
  Reservierte Wörter 585
  Standardfeldwerte 597
  Standard-Gültigkeitsregeln 598
  Standardwerte 587
  Trigger 588
  Übergeben von Parameter an Visual FoxPro 608
  Verwenden mehrerer Datenträger oder Medien 581
  Verwenden von SQL-Server-Ein-
    /Ausgabeparametern 608
SQL Server-Upsizing-Assistent
  Abbilden der referentiellen Integrität zwischen Visual
    FoxPro und SQL Server 590
  Abbilden von Ausdrücken 591
  Abbilden von Datentypen 585
  Abbilden von Indextypen 586
  Abbilden von Objekten 584
  Abbilden von Regeln 588
  Abschätzen der SQL Server-Mediengröße 581
  Aufrufen 583
  Ausdrücke
    Direktes Abbilden 593
  Benutzerdefinierte Fehlerwerte 591

932 Index

SQL Server-Upsizing-Assistent *(Fortsetzung)*
  Datenexport-Methoden 583
  Erstellte Dateien 593
  Funktion 583
  Relationale Integrität 588
SQL-Anweisung
  Einstellung der Eigenschaft RowSourceType 293
SQL-Anweisungen
  Ansichten
    Visual FoxPro-Ausdrücke 208
  Ausführen und Steuern
    SQL Pass-Through-Funktionen 604
  Definieren von Ansichten 195
  Optimieren für Client/Server-Anwendungen 457
  Übergeben an Datenquellen 607
  Verwenden mehrerer Sortierfolgen 462
SQL-Befehle
  Verwalten der Leistung zum Optimieren der Visual FoxPro-Leistung 440
SQLDISCONNECT( )
  Funktion 603
SQLEXEC( )-Anweisungen
  Abbrechen 642
SQL-Syntax
  Von Remote-Ansichten verwendete Remote-SQL-Syntax 196
SQL-Zeichenfolgen
  Verwenden als Shortcuts beim Erstellen von Ansichten 199
Stabilität
  Testen und Fehlerbeseitigung 419
Stabilität von Programmen erhöhen 24
Standardbeziehungen
  Definieren 125
Standard-Beziehungen
  Spezifizieren 125
Standardeinstellungen
  Aktualisierungseigenschaften von Ansichten 216
  Standardeinstellungen für Ansichten
    Anzeigen 217
  Standardeinstellungen für Eigenschaften
    Überschreiben 58
Standard-Fehlermeldungen
  Ändern für Regeln auf Feldebene 155
Standardmenü
  Erstellen von Menüs 344
Standardmenüs
  Ändern der Visual FoxPro-Standardmenüs 694
Standardprozedur
  Menüsystem 369
Standard-Suchpfad 136
Standardsymbole
  Ändern des Standardsymbols einer Anwendung 694
Standard-Tabellennamen 141

Standardtitel
  Ändern des Standardtitels der Anwendung 694
Standard-Verknüpfungsbedingungen
  Spezifizieren 125
Standardwahlmöglichkeit
  Bestimmen einer Befehlsschaltfläche zur Standardwahlmöglichkeit 311
Standardwerte
  Anfügen von Datensätzen 151
  Ansichtsfelder 221
  Auswirkungen des Entfernens von Tabellen aus Datenbanken 150
  Automatisches Auffüllen von Zeilen 221
  Beschleunigung der Dateneingabe 150
  Felder 119, 220
  Festlegen oder Ändern 162
  Festlegen von Standardwerten für Eigenschaften 55
  Gültigkeitsregeln 150
  Hinzufügen oder Ändern 160
  Logische Visual FoxPro-Felder 588
  NOT NULL-Felder 151
  SQL Server 587
  SQL Server 597
  Zeitpunkt der Auswertung des Datentyps 150
  Zeitpunkt der Zuweisung 151
  Zulässige Standardwerte 150
Standard-Zwischenspeicherung von Ansichten 216
Stapelspeicher
  Verwalten 737
Statusanzeige
  Optimieren der Visual FoxPro-Leistung durch Deaktivieren der Statusanzeige 453
Statusleisten
  Visual FoxPro-Hauptfenster
    Benötigte Pixel 279
Statusleistenmeldungen
  Anzeigen 367
  Erstellen 367
Steuerelemente
  Aktivieren und Deaktivieren 331
  Akzeptieren von nicht vorhergesehenen Eingaben 302
  Akzeptieren von numerischen Eingaben innerhalb eines bestimmten Bereichs 309
  An Daten in Tabellen gebundene Steuerelemente 45
  Anbinden an Daten 45
  Anzeigen in Datenblattspalten 324
  Anzeigen in jeder Zeile eines Datenblattes 326
  Anzeigen von Informationen 316
  Ausführen von Aktionen in bestimmten Intervallen 313
  Ausrichten 258
  Auswirkungen der Einstellungen der Eigenschaft ControlSource 285
  Bestimmen der Steuerelemente in einem Formular 255
  Bewirken einer Steuerelementverschiebung in einem Drag & Drop-Vorgang 335

Steuerelemente *(Fortsetzung)*
   Datenblatt
      Definieren 73
   Drucken von Steuerelementen mit Werten variabler
      Länge 392
   Dynamisches Laden von Seiten-Steuerelementen zum
      Optimieren von Formularen 450
   Einstellen der Druckoptionen 394
   Erleichtern der Verwendung 328
   Ermöglichen von bestimmten Aktionen 311
   Erstellen von Steuerelementen mit mehreren
      Komponenten 48
   Festlegen der Aktivierfolge 329
   Festlegen von Eigenschaften anderer Steuerelemente
      innerhalb des gleichen Formulars 270
   Formulare 249
   Gebundener OLE-Container 339
   Grundsätzliches 45
   Hinzufügen von Visual FoxPro-Steuerelementen zu
      Formularen 251
   Hinzufügen zu Datenblättern 73
   Hinzufügen zu Seiten 338
   Manipulieren mehrerer Datenzeilen mittels
      Steuerelementen 320
   OLE-Container 339
   OLE-Steuerelemente *Siehe* ActiveX-Steuerelemente
   Optimieren
      Beschreibung 449
   Optimieren durch dynamisches Binden an Daten 450
   Seiten 249
   Sichtbarkeit 326
   Speichern als Klassen 263
   Spezifizieren von Zugriffstasten 328
   Ungebundene Steuerelemente 45
   Verbessern der Anzeige von Steuerelementen 318
   Verwenden von Bildschablonen 319
   Visual FoxPro-Steuerelemente (Liste) 251
   Visuelle Hinweise auf gültige Drop-Zonen 334
   Wählen des richtigen Steuerelements für eine
      Aufgabe 286
   Zuweisen von Kontextmenüs 348
Steuerelemente
   Registerkarte
      Dialogfeld Optionen 252
Steuerelementereignisse
   Klassenhierarchie 84
   Steuerelementereignisse und Container 82
Steuerelementereignisse
   Klassen und Steuerelementereignisse 84
Steuerelemente-Symbolleiste
   Beschreibung 360
   Hinzufügen von benutzerdefinierten Objekten aus der
      Steuerelemente-Symbolleiste 254
   Hinzufügen von Klassenbibliotheken 252
   Hinzufügen von Seitenrahmen zu Formularen 337

Steuerelementklassen
   Beschreibung 45
   Hinzufügen von Objekten 50
Steuerelement-Objekte
   Grundsätzliches 249
Stopwatch
   Klasse 53
Stretch
   Eigenschaft
      Abbildungs-Steuerelemente 316
StrictDateEntry 304
Struktur
   Vertriebsverzeichnisstruktur *Siehe*
      Vertriebsverzeichnisstruktur
Struktur
   Einstellung der Eigenschaft RowSourceType 296
Strukturen
   Beispiel-Headerdatei Pro_ext.h 719
   FoxInfo-Strukturen 720, 721
   FoxTable-Strukturen 722
   Locator-Strukturen 726, 728
   ParamBlk 737
   Übergeben von Strukturen als Parameter an DLLs 711
   Value-Struktur 726
Strukturierte .CDX-Indexdateien
   Beschreibung 177
   Löschen von Indexnamen 179
Style
   Bedingte Formatierung in Datenblättern 327
Style
   Eigenschaft
      Kombinationsfelder 309
Suche nach Hilfe bzgl. der richtigen Befehle und
   Funktionen 18
Suchmaschine
   WWW 779
Suchpfad 136
Such-Schlüsselwörter
   Hilfe 659
Support-Bibliotheken
   Vertreiben 700
Symbole
   Ändern des Standardsymbols einer Anwendung 694
   Container-Symbole
      Festlegen für Klassen 56
   Quellcodekontrolle 749
   Symbolleisten-Symbole
      Festlegen für Klassen 56
   Verwenden 541
Symbolleiste für Steuerelemente
   Festlegen von Symbolleisten-Symbolen für Klassen 56
Symbolleisten
   Benutzerdefinierte Symbolleisten
      Siehe auch Benutzerdefinierte Symbolleisten
      Definieren von Symbolleistenklassen 358

Symbolleisten *(Fortsetzung)*
  Benutzerdefinierte Symbolleisten *(Fortsetzung)*
    Erstellen 358, 361
    Hinzufügen zu Formularsätzen 360
    Koordinieren von Menüs und benutzerdefinierten
      Symbolleisten 364
  Entwerfen 341
  Formularsätze 249
  Hinzufügen von Klassen 58
  Koordinieren mit Menüs 366
  Koordinieren von Symbolleisten und Formularen im
    Formular-Designer 360
  Koordinieren von Symbolleisten und Formularen mittels
    Code 361
  Koordinierte Symbolleisten
    Hinzufügen zu Formularsätzen 365
  Steuerelemente-Symbolleiste 360
  Symbolleistenschaltflächen
    Eigenschaft Picture 360
Symbolleisten-Aktionen
  Definieren 363
Symbolleisten-Basisklassen 358
Symbolleistenklassen
  Benutzerdefinierte Symbolleistenklassen
    Hinzufügen von Objekten 360
  Definieren 358
Symbolleistenschaltflächen
  Picture
    Eigenschaft 360
Symbolleisten-Symbole
  Festlegen für Klassen 56
Symboltabellen
  Fehlerbeseitigung in ActiveX-Steuerelementen 740
Synchrone SQL Pass-Through Anweisungen
  Fehlende Unterstützung des kontinuierlichen Lesens 641
Synchronmodus
  Verwenden 634
  Vorteile 631
Synchronmodus/Batch-Modus
  Anfordern mehrerer Ergebnismengen 635
Synchronmodus/Batch-Modus
  Beschreibung 635
Synchronmodus/Nicht-Batch-Modus 635
SYS(1016)
  Funktion
    Optimieren der Visual FoxPro-Leistung durch
      Verwenden des Arbeitsspeichers 453
    Überprüfen des verfügbaren Arbeitsspeichers 369
SYS(2004)
  Microsoft Visual FoxPro 665
System Security Policy
  Bereich
    Remote Automation Connection Manager 496
Systemanalyse
  Client/Server-Anwendungen 566

Systemmenü
  Festlegen 369
Systemuhr
  Überprüfen durch ein Zeitgeber-Steuerelement 313
Systemverwaltungsaufgaben
  Verwenden in Unternehmenslösungen 775

T

Tabelle
  Aliasnamen
    Definition 187
    Definitionsregeln 190
    Referenzieren von Arbeitsbereichen 189
    Verwenden eines von Visual FoxPro zugewiesenen
      Aliasnamens 190
  Anforderungen
    Hilfe im .DBF-Format 673
  Beziehungsarten 106
  Merkmale der Tabellensperrung 504
  Regeln
    Festlegen oder Ändern 162
  Speichern von Tabellenbeziehungen in einer
    Datenumgebung 193
  Sperren
    Beschreibung 501
  Struktur *Siehe* Tabellen
  Tabellennamen
    Qualifizierte Tabellennamen 196
  Tabellenpuffer
    Anfügen und Löschen von Datensätzen 514
    Anfügen von Datensätzen 516
    Entfernen angefügter Datensätze 516
  Tabellenpufferung
    Aktivieren der optimistischen Sperrung 513
    Aktivieren der pessimistischen Sperrung 513
    Aktivieren 514
    Auswählen der Methode 512
    Beschreibung 510
    Eigenschaften 514
    Optimistische Tabellenpufferung 629
  Tabellensperrung
    Optimistische Tabellensperrung 628
Tabellen
  Ablegen auf der jeweils optimalen Plattform in
    Client/Server-Anwendungen 570
  Aktualisieren von mehreren Tabellen in Ansichten 219
  Anfügen von Datensätzen anderer Tabellen 163
  Anfügen von OLE-Objekten 469
  Ansichten
    Auf Remote-Tabellen basierende Ansichten 207
  Ansichten neuer Server 585
  Anzeigen von Datensätzen zum Bearbeiten 164
  Anzeigen von Detail-Datensätzen mit Hilfe von
    Datenblatt-Steuerelementen 323

Tabellen *(Fortsetzung)*
    Arbeiten mit Quellcodekontroll-Software 758
    Arbeiten mit Tabellen 139
    Auswählen von Tabellen in der aktuellen Datenbank 135
    Basistabellen *Siehe* Basistabellen
    Bearbeiten
        Befehle 140
    Bearbeiten von Datensätzen in Tabellen 164
    Beeinflussung durch Nullwerte 148
    Befehle zum Erstellen und Bearbeiten 140
    Benennen 141
    Beschränkungen 584
    Bestimmen der benötigten Tabellen 96, 99
    Bezugnehmen auf in anderen Arbeitsbereichen geöffneten Tabellen 191
    Datenbanktabellen
        Eigenschaften 122
    Datenbanktabellen
        Definition 139
    Datenbanktabellen vs. freie Tabellen 139
    Definition 95
    Eingeben von Daten 164
    Entfernen
        Auswirkungen auf den Index 146
    Entfernen aller Datensätze 168
    Entfernen aus Datenbanken 123, 157
    Entfernen aus dem Datenumgebungs-Designer 241
    Entfernen von Rückverweisen 133
    Ermöglichen der Eingabe von Daten aus Listenfeldern 298
    Erstellen
        Befehle 140
        Beschreibung 139, 140
    Exportieren mit Upsizing-Assistenten 577
    Felder als Attribute von Tabellen 101
    Festlegen von Beziehungen 105
    Festlegen von temporären Beziehungen zwischen Tabellen 191
    Freie *Siehe* freie Tabellen
    Füllen von Formular-Steuerelementen 376
    Herstellen von Beziehungen zwischen Datensätzen in einer einzelnen Tabelle 193
    Hilfetabellen *Siehe* Hilfetabellen
    Hinzufügen von Datensätzen 163
    Hinzufügen von Feldern 160
    Hinzufügen von Grafiken 165
    Hinzufügen von OLE-Objekten 469
    Hinzufügen zu Ansichten 199
    Hinzufügen zum Datenumgebungs-Designer 240
    Indexschlüssel
        Erstellen 168
    Kommentare 119

Tabellen *(Fortsetzung)*
    Lange Feldnamen
        Beschreibung 141
        Hinzufügen 141
        Verwenden 146
    Lange Tabellennamen 119
    Lokale Tabellen
        Batch-Aktualisierungen von Datensätzen 227
        Löschen von Feldern 161
        Löschen 142
    Nachschlagetabellen
        Lokales Speichern von Nachschlagetabellen zwecks Beschleunigen von Formularen 646
    Objektfelder 339
    Öffnen
        Exklusives Öffnen für Prototypen 583
        Öffnen in Arbeitsbereichen 188
        Öffnen mit benutzerdefinierten Aliasnamen 190
    Optimieren
        Beschreibung 439, 452
        Optimieren der Leistung 441
        Optimieren mit Hilfe der Rushmore-Technologie 443
    Remote-Tabellen
        Batch-Aktualisierungen von Datensätzen 227
        Hinzufügen von Indizes 645
    Rückverweis
        Definition 123
    Schließen für Prototypen 583
    Schließen von Tabellen 188
    Speichern von Abfrageergebnissen 375
    Speichern von Microsoft Word-Dokumenten 470
    Sperren von für die gemeinsame Nutzung geöffneten Tabellen 501
    Spezifizieren von Tabellen als Abfrageziel 375
    Standard-Tabellennamen 141
    Struktur
        Verändern 160
    Tabellen ohne Primärschlüsselfelder 217
    Tabellennavigationsschaltflächen
        Erstellen eines Satzes von Tabellennavigationsschaltflächen 67
    Temporär verknüpfte Tabellen 191
    Umbenennen von Feldern 161
    Verbindung
        Definition 110
    Verwenden mehrerer Tabellen 187
    Verwenden mit Quellcodekontroll-Software 748
    Verwenden von Nullwerten 148
    Verwenden von Tabellen aus anderen Datenbanken 122
    Verwenden von Tabellen ohne Hinzufügen zu Datenbanken 122
    Vorteile des exklusiven Öffnens 583
    Ziehen auf Formulare oder Seiten 251
    Zugriff auf Tabellen außerhalb von Datenbanken 122

Tabellen *(Fortsetzung)*
  Zusätzliche Indexschlüssel
    Erstellen 172
Tabellendateien
  Prüfen auf Unterschiede 763
Tables
  Ansichtseigenschaft 627
  Cursor-Eigenschaft 621
  Engine-Eigenschaft 615
TABLEUPDATE( )
  Funktion
    Entsperren von Daten 506
Tabs
  Eigenschaft
    Seitenrahmen 339
TabStop
  Eigenschaft
    Textfelder 304
TabStretch
  Eigenschaft
    Verwalten von langen Beschriftungen auf
      Registerkarten 338
Tasks
  Ausführen mit Befehlen 352
  Ausführen mit Prozeduren 353
  Zuweisen zu Menüeinträgen 352
  Zuweisen zu Menüs 352
  Zuweisen zu Menüsystemen 349
Tasmanische Handelsgesellschaft
  Beispieldatenbank 95
Tasmanische Handelsgesellschaft
  Beispielanwendung 330
Tastatur
  Eingeben von Zeichen 542
Tastatur-Shortcut
  Kontrollkästchen 350
Tastatur-Shortcuts
  Siehe auch Zugriffstasten
  Zuweisen zu Menüsystemen 350
Tasten
  Zugriffstasten *Siehe* Zugriffstasten
Tastenname
  Feld
    Dialogfeld Optionen zur Bezeichnung 350
Tastentext
  Feld
    Dialogfeld Optionen zur Bezeichnung 350
Teamentwicklung
  Arbeiten mit Ansichten 767
  Arbeiten mit Verbindungen 767
  Beschreibung 745
  Einschränkungen bei der gemeinsamen Nutzung von
    .DBC-Dateien 766
  Entwickeln und Verändern von Datenbanken 766
  Entwickeln von Klassenbibliotheken 767

Teamentwicklung *(Fortsetzung)*
  Quellcodekontrolle 746
  Rahmenbedingungen 745
  Sperren von Ansichten 767
  Sperren von Verbindungen 767
Testen
  Siehe auch Fehlerbeseitigung
  Anwendungen 36
  Anzeigen der Ausgabe 431
  Anzeigen von gespeicherten Werten 429
  Bedingtes Unterbrechen der Ausführung 427, 428
  Behandeln prozeduraler Fehler 435
  Behandeln von Laufzeitfehlern 433
  Entfernen von Haltepunkten 429
  Erfassungsprotokoll 432
    Umwandeln in Tabellen 433
  Fehlerbehandlung
    Erstellen von ON ERROR-Routinen 435
  Festlegen der Zusicherungen 421
  Festlegen von Haltepunkten bei Code-Zeilen 424
  Haltepunkte 424
  Internationale Anwendungen 539
  Internationale Versionen 557
  Menüsysteme 366
  Stabilitätsgrade 419
  Testumgebung *Siehe* Umgebungen
  Überwachen von Ereignissen 421
  Unterbrechen der Ausführung bei Veränderungen von
    Werten 426
  Unterbrechen der Programmausführung 424
  Vorauskalkulieren von Fehlern 434
Text
  Ausrichten in Feldern 388
  Bearbeiten von markiertem Text in
    Bearbeitungsfeldern 307
  Formatieren in Textfeldern
    Beschreibung 303
    Eigenschaft InputMask 303
  Markieren von Text, wenn das Textfeld den Fokus
    erhält 303
  Programmgesteuertes Manipulieren in Textfeldern 302
  QuickInfo-Text
    Festlegen 330
Textdateien
  Einchecken 761
  Ermöglichen des Bearbeitens in Bearbeitungsfeldern 305
  Spezifizieren von Code-Seiten für Textdateien 547
  Zusammenführen 761
Textfelder
  Akzeptieren von Benutzereingaben 302
  Akzeptieren von Benutzerkennwörtern 304
  Allgemeine Eigenschaften (Liste) 304
  Anzeigen in Datenblattspalten 324
  Anzeigen von Informationen 317

Textfelder *(Fortsetzung)*
  Auswirkungen der Einstellungen der Eigenschaft
    ControlSource 285
  Beschreibung
    Beschreibung 251
  Eingeben von Datumswerten 304
  Formatieren von Text
    Beschreibung 303
  Formatieren von Text
    Eigenschaft InputMask 303
  Gültigkeitsprüfung von Daten 303
  Markieren von Text, wenn das Textfeld den Fokus
    erhält 303
  Programmgesteuertes Manipulieren des angezeigten
    Textes 302
Textumwandlung
  Spezifizieren eines Dienstprogramms zur
    Textumwandlung 764
Textversionen
  Erstellen von Textversionen für Dateien von
    Projekten 765
Themen
  Auswählen von Themen nach ihrem Namen 676
  .DBF-Format
    Hilfe im .DBF-Format 676
Themennamen
  Auswählen von Themen nach ihrem Namen 676
THIS
  Schlüsselwort
    Beispiel für das Festlegen von
      Objekteigenschaften 267
    Verweisen auf Objekte in Objekthierarchien 267
THISFORM
  Schlüsselwort
    Festlegen von Eigenschaften anderer Steuerelemente
      innerhalb des gleichen Formulars 270
    Verweisen auf Objekte in Objekthierarchien 267
THISFORM keyword
  Schlüsselwort
    Beispiel für das Festlegen von
      Objekteigenschaften 267
THISFORMSET
  Schlüsselwort
    Beispiel für das Festlegen von
      Objekteigenschaften 267
    Verweisen auf Objekte in Objekthierarchien 267
Tips für Berichtsvariablen 385
.TLB-Dateien (Typbibliothek)
  Erstellt beim Erstellen des Projekts 491
ToolTipText
  Eigenschaft
    Spezifizieren von QuickInfo-Text 330
TOP
  Klausel
    Abfrage 374

Transactions
  Engine-Eigenschaft 615
Transaktionen
  Ablegen auf der jeweils optimalen Plattform in
    Client/Server-Anwendungen 570
  Befehle zum Steuern von Transaktionen 518
  Explizite Transaktionsverwaltung 621
  Festlegen der Verwaltung 620
  Modus 620, 648
  Standardmäßige automatische
    Transaktionsverwaltung 620
  Verbessern der Leistung durch Transaktionen 648
  Verhaltensweisen 520
  Verschachteln 520
  Verschachtelte Transaktionen 621
  Verwalten von Aktualisierungen mit Transaktionen 517
  Verwenden mit Remote-Daten 620
  Verwenden 519
Transaktionsverarbeitung
  Optimieren 456
  Verwenden in Unternehmenslösungen 775
Transaktionsverwaltung
  Remote-Ansichten vs. SQL Pass-Through-
    Technologien 601
Trennlinien
  Gruppieren von Menüeinträgen 347
Trigger
  Ablegen auf der jeweils optimalen Plattform in
    Client/Server-Anwendungen 570
  Benennungskonventionen 589
  Beschreibung 119
  Definition 158
  Entfernen beim Löschen von Tabellen 158
  Entfernen oder Löschen 159
  Erstellen 158, 597
  Hinzufügen oder Ändern 160
  Löschen von Tabellen 159
  Maximale Anzahl je Tabelle 158
  Server-Trigger *Siehe* Server-Trigger
  SQL Server 588
  Verändern 159
  Zeitpunkt der Umsetzung 153
  Zwischengespeicherte Daten 158
Trigger-basierte Referentielle Integrität *Siehe* Referentielle
  Integrität
TRUE
  Spezifizieren mittels Kontrollkästchen 301
TrueType-Schriftarten
  Eingeschränkt nutzbare TrueType-Schriftarten 689
TTRADE
  Querverweise 674
  TTRADE-Themen 674
Typdefinitionen
  Beispiel-Headerdatei Pro_ext.h 719

Typen
    Datentypen *Siehe* Datentypen
    Datentypen *Siehe* Datentypen

U

Übergehen der Visual FoxPro-Laufzeitbibliothek 683
Übergeordnete Objekte 249
Übersetzen
    Siehe auch Übersetzen von Daten; Internationale Daten
    Daten
Übersetzen von Daten
    Verhindern 550
Überwachen
    Ereignisüberwachung 421
Umgebungen
    Anwendungsumgebung *Siehe* Anwendungsumgebung
    Einstellungen
        Befehle zum Festlegen der aktuellen Umgebungseinstellungen 410
    Fehler
        Anzeigen 614
    Systemumgebung 420
    Testumgebung
        Erstellen 420
        Niedrigste Hardwareplattform 420
        Niedrigste Softwareplattform 420
    Umgebungs-Cursor
        Ansichten erben Eigenschafteneinstellungen vom Umgebungs-Cursor 213
    Umgebungseigenschaften
        Steuern mit SQL Pass-Through-Technologie 612, 614
Umsetzen von Geschäftsregeln 153
Umwandeln
    Kennungen in Zeiger
        Routine _HandToPtr( ) 736
Umwandeln von Kennungen in Zeiger
    Routine _HandToPtr( ) 736
Umwandlungen
    Festlegen der Datentypumwandlungen 636
#UNDEF
    Präprozessoranweisung 560
Unique
    Indextyp
        Abbilden im SQL Server-Upsizing-Assistenten 586
Unload
    Ereignis
        Formulare 275
Unterbrechen von SQL Pass-Through-Funktionen 604
Unterdrücken wiederholter Werte 394
Unterdrückte Werte
    Drucken unterdrückter Werte beim Gruppenwechsel 396
Unterformulare *Siehe* Formulare

Unterklassen
    Definition 41
    Erstellen für Unternehmenslösungen 771
    Erstellen von Unterklassen der Visual FoxPro Basisklassen 47
Untermenüs
    Erstellen 347
Unternehmenslösungen
    Beschreibung 769, 780
    Dreistufige Anwendungen 778
    Entwickeln in Visual FoxPro 769
    Erstellen von Unterklassen 771
    Erweitern der Datenspeicherfähigkeiten 774
    Gemeinsame Nutzung von Daten aus anderen Programmen 775
    Gemeinsame Nutzung von Daten 774
    Optimieren der Serverleistung 776
    Optimieren des Datenzugriffs 774
    Prototypen-Anwendungen 776
    Sicherheitsaspekte 775
    Systemverwaltungsaufgaben 775
    Upsizing von Visual FoxPro-Daten 776
    Verwenden der Transaktionsverarbeitung 775
    Verwenden des Microsoft Excel-Diagramm-Assistenten 773
    Verwenden gespeicherter Prozeduren 775
    Verwenden verwandter Daten 774
    Verwenden von ActiveX-Steuerelementen 771
    Verwenden von Assistenten 773
    Verwenden von Automatisierung 773
    Verwenden von Automatisierungsserver 778
    Verwenden von Datenlagern 778
    Verwenden von Geschäftsregeln 778
    Verwenden von Microsoft Word und Microsoft Excel 772
    Verwenden von ODBC-Treibern 775
    Verwenden von parametrisierten Ansichten in Unternehmenslösungen 777
    Verwenden von Pivot-Tabellen 773
    Verwenden von Serienbriefen 773, 775
    Verwenden von Servern 774
    Verwenden von SQL Pass-Through 775
    Verwenden von Visual FoxPro als Anwendungs-Front-End 770
    Verwenden von Visual FoxPro als Datenquelle 776
    Verwenden von Visual FoxPro-ODBC-Treibern 777
    Visual FoxPro-Daten anderen Anwendungen zugänglich machen 777
    Visual FoxPro-Objekte und -Befehle anderen Anwendungen zugänglich machen 777
    Vorteile der Automatisierung in Unternehmenslösungen 773
    Vorteile von Datenlagern 778
Unterschiedsprüfung
    Quellcode 747

Index

Updatable
    Ansichtseigenschaft 627
    Engine-Eigenschaft 615
UpdatableFieldList
    Cursor-Eigenschaft 621
    Engine-Eigenschaft 615
UPDATE
    Klausel
        Spezifizieren der Durchführung von Aktualisierungen mit SQL Pass-Through-Technologie 621
UpdateName
    Ansichtseigenschaft 627
UpdateName
    Engine-Eigenschaft 615
UpdateNameList
    Cursor-Eigenschaft 621
    Engine-Eigenschaft 615
UpdateTrigger
    Engine-Eigenschaft 615
UpdateType
    Cursor-Eigenschaft 621
    Engine-Eigenschaft 615
UPPER( )
    Funktion
        Zeichenfolgenvergleich 554
Upsizing
    Abschließen 594
    Behandeln nichtumgewandelter Ausdrücke 598
    Planen in Client/Server-Anwendungen 574
    Visual FoxPro-Daten 776
    Vorbereiten der Server 580
    Vorbereiten des Upsizing 579
Upsizing-Assistent
    Verwenden 579
Upsizing-Assistenten
    Exportieren von Ansichten 577
    Exportieren von Datenbanken 577
    Exportieren von Tabellen 577
UseMemoSize
    Cursor-Eigenschaft 621
    Engine-Eigenschaft 615
User
    Memofeld 130
USER32.DLL
    Registrieren von DLLs 710
UserID
    Engine-Eigenschaft 615

V

VALID
    Klausel
        Zeitpunkt der Umsetzung 153
Validierung
    Werte auf Datensatzebene 156

Value
    Eigenschaft
        Optionsfeldgruppe 288
Value-Struktur 726, 733
Variablen
    Beschreibung 9
    Übersetzen von Daten in Variablen 549
    Visual FoxPro-API-Variablen
        Zugreifen aus .OCX/.FLL-Dateien 734
    Zuweisen von Rückgabewerten 11
.VBR-Dateien (Registrierung)
    Erstellt beim Erstellen des Projekts 491
.VCT-Dateien
    Arbeiten mit Quellcodekontroll-Software 758
.VCX-Klassendateien
    Arbeiten mit Quellcodekontroll-Software 758
    Beschreibung 264
    Erstellen von Textversionen 763
    Verwenden mit Quellcodekontroll-Software 748
Verankerte Symbolleisten
    Visual FoxPro-Hauptfenster
        Benötigte Pixel 279
Verarbeitung
    Optimieren der lokalen und der Remote-Verarbeitung 645
Verarbeitungsmodi
    Asynchronmodus
        Verwenden 635
        Vorteile 631
    Asynchronmodus/Batch-Modus 635
    Asynchronmodus/Nicht-Batch-Modus 635
    Batch-Modus 633
    Nicht-Batch-Modus 633
    Synchronmodus
        Verwenden 634
        Vorteile 631
    Synchronmodus/Batch-Modus 635
    Synchronmodus/Nicht-Batch-Modus 635
    Wählen eines effizienten SQL Pass-Through-Verarbeitungsmodus 631
Verbindung 0
    Standardeigenschaften 213
Verbindungen
    Aktive Verbindungen 204
        Geerbte Eigenschaften 213
    Benannte Verbindungen 203
    Benennungspriorität 204
    Bestimmen von vorhandenen Verbindungen 205
    Bindeglied zu Remote-Datenquellen 203
    Definieren 203
    Eigenschaften
        Festlegen 213
    Erben von Eigenschaften 213
    Erzwingen des Schließen unbenutzter Verbindungen 639

Verbindungen *(Fortsetzung)*
  Fehlerwerte
    Steuern mit SQL Pass-Through-Technologie 612
  Festlegen der Dauer der Zeitüberschreitung für
    Leerlauf 639
  Festlegen des Verbindungszeitlimits 640
  Festlegen von Verbindungseigenschaften 612
  Gemeinsame Nutzung 232
  Globale Verbindungseigenschaften
    Steuern mit SQL Pass-Through-Technologie 612
  Mehrere Verbindungen zu einer Datenquelle
    SQL Pass-Through-Technologie 611
  Optimieren der Verwendung gemeinsam genutzter
    Verbindungen 639
  Optimieren der Verwendung 639
  Remote-Daten 203
  Remote-Datenquellen 119
  Sperren in Teamentwicklungsumgebungen 767
  Suchen 204
  Testen, ob eine Verbindung belegt ist 233
  Trennen zwecks Optimieren 640
  Verbindungen in Team-Entwicklungsumgebungen 767
  Verbindungen zu Datenquellen mit SQL Pass-Through-
    Funktionen 603
  Verbindungsdefinition
    In einer .DBC-Datei gespeicherte
      Verbindungsdefinition 204
  Verbindungseigenschaften
    Steuern mit SQL Pass-Through-Technologie 612
  Verifizieren 203
  Vermindern der Anzahl 232
  Vermindern der Kosten 232
  Verwalten mit SQL Pass-Through-Technologie
    Beschreibung 611
    ODBC.INI-Datei 611
    Windows NT-Registrierung 611
  Verwaltung
    Remote-Ansichten vs. SQL Pass-Through-
      Technologien 601
  Verwaltung mit SQL Pass-Through-Funktionen 604
  Verwenden von bestehenden Verbindungen 205
  Weglassen in Remote-Ansichten 206
  Zeitüberschreitungsfehler 612
Verbindungs-Designer
  Anzeigen von Eingabeaufforderungen zur ODBC-
    Anmeldung 204
Verbindungseigenschaften
  Ändern der Standardeigenschaften von Verbindungen 625
  Standardeigenschaften von Verbindungen 625
  Steuern 624
Verbindungstabellen
  Definition 110
Verbindungszeitlimit 640

Vererbung
  Cursor-Eigenschaften 624
  Definition 42
Verfolgen
  Code *Siehe* Code
Vergrößern des zugeteilten Arbeitsspeichers 736
Verkaufs- und Lagerbestandsstatistiken
  Beispiel 97
Verkaufsstatistiken
  Beispiel 97
Verketten von Zeichenausdrücken 384
Verkettete Feld-Steuerelemente
  Einfügen in Berichte 383
Verkleinern des zugeteilten Arbeitsspeichers 736
Verknüpfen von Funktionsbibliotheken 739
Verknüpfte OLE-Objekte 466
Verknüpfungen
  Definieren und Verändern 199
  Erstellen 198
  Optimieren 440
  Verändern der Verknüpfungsart 201
  Verwenden in der WHERE-Klausel 202
Verknüpfungsbedingungen
  Beschreibung 199
  Definieren von mehreren Verknüpfungsbedingungen 202
Verlassen der Hilfe 669
Verlaufsanzeige
  Verwenden des Asynchronmodus zum Erstellen einer
    Verlaufsanzeige 631
Verschachteln von Transaktionen 520
Verschachtelte Transaktionen 621
Verschiebbare Formulare *Siehe* Formulare
Verschiedene Steuerungsmöglichkeiten
  SQL Pass-Through-Funktionen 604
Version
  Engine-Eigenschaft 615
VERSION( )
  Funktion
    Testen für internationale Versionen 557
Versionen
  Internationale Versionen *Siehe* Internationale Versionen
Vertreiben
  Vertreiben von gebietsspezifischen Laufzeitdateien 561
Vertrieb
  Erstellen von Anwendungen zum Vertrieb 681
  Vorbereiten von Anwendungen 682
Vertrieb von Anwendungen
  Siehe auch Anwendungen
  API-Bibliotheksdateien 685
  Ausführbare Dateien
    Erstellen 696
  Auswählen des Typs der ausführbaren Datei 682
  Dokumentierungs-Assistent 692
  Einbinden von Ressourcen 685

Vertrieb von Anwendungen *(Fortsetzung)*
   Entfernen eingeschränkt nutzbarer Visual FoxPro-Dateien 689
   Entfernen eingeschränkt nutzbarer Visual FoxPro-Elemente 688
   Erstellen von Standard-Visual FoxPro-Anwendungen 695
   Erstellen von Vertriebsdisketten 696
   Hardwaregegebenheiten 683
   Hinzufügen von Hilfedateien 693
   Konfigurationsdateien 686
   Quellcode
      Schützen und Dokumentieren des Quellcodes 691
   Vertreiben von Hilfedateien 693
Vertriebsdisketten
   Erstellen 696, 698, 699
Vertriebsprozeß
   Übersicht 681
Vertriebsverzeichnisse
   Erstellen 696
Vertriebsverzeichnisstruktur
   Beschreibung 700, 702
   Definition 696
Verwalten des Arbeitsspeichers
   Zugriff auf den dynamischen Speichermanager 735
Verwandte Daten *Siehe* Daten
Verweise
   Freigeben von Objekten 77
   Objektverweise
      Erstellen 76
      Rückgabe 76
Verwerfen von Änderungen an ausgecheckten Dateien 761
Verzeichnisse
   Diskettenabbildverzeichnisse 700
   Erstellen von Vertriebverzeichnissen 696
Verzögertes Lesen von Memofeldern *Siehe* Lesen
Verzweigung
   Bedingte Verzweigung *Siehe* Bedingte Verzweigungen
VFP6R.DLL-Datei
   Beschreibung 700
   Vertreiben mit internationalen Anwendungen 682
VFPENU.DLL 561
Visible
   Eigenschaft
      ActiveX-Steuerelemente 709
      Anzeigen von Formularen 248
      Beschreibung 246
Visual FoxPro
   Aktivieren der Quellcodekontrolle in Visual FoxPro 750
   Anwendungsobjektmodell 484
   API-Bibliotheken *Siehe* Bibliotheken
   Arbeiten mit Quellcodekontroll-Software 747
   Ausdrücke
      SQL-Anweisungen für Ansichten 208

Visual FoxPro *(Fortsetzung)*
   Basisklassen
      Beschreibung 46
      Erweitern 47
   Container
      Hinzufügen 249
   Entfernen eingeschränkt nutzbarer Visual FoxPro-Elemente und -Dateien 688
   Entfernen eingeschränkt nutzbarer Visual FoxPro-Elemente 688
   Entwickeln von Unternehmenslösungen 769
   Erweitern der Design-Tools 770
   Klassenhierarchie 42
   Laufzeitversion
      Einbinden in Vertriebsdisketten 700
   Leistung
      Optimieren 439
   Objekte in Visual FoxPro 37
   Programmieren 5
   Regeln
      Erhalten der Datenintegrität in Client/Server-Anwendungen 575
   SQL Pass-Through-Funktionen (Tabelle) 604
   SQL-Syntax 196
   Steuern der Interaktionen mit ODBC 621
   Übergeben von Parametern an SQL Server 608
   Übergeben von Parametern 724
   Unternehmenslösungen 769, 780
   Vertreiben der Laufzeitversion 561
   Verwenden als Anwendungs-Front-End 770
   Verwenden als Back-End 776
   Verwenden als Datenquelle 776
   Verwenden als Internet-Suchmaschine 779
   Visual FoxPro-Ausdrücke
      Auswerten von Ansichtsparametern 208
   Visual FoxPro-Daten anderen Anwendungen zugänglich machen 777
   Visual FoxPro-Steuerelemente
      Siehe auch Steuerelemente
   Visual FoxPro-Steuerelemente (Liste) 251
   Zugreifen auf die Windows-API 715
   Zurückgeben von Werten von C/C++-Programmen 729
Visual FoxPro als Server 483
Visual FoxPro-Anwendungsobjekt 483
Visual FoxPro-API
   Beispiel-Headerdatei Pro_ext.h 719
   Beschreibung 707, 715
   CallFn( ) 665
   FOXTOOLS.FLL
      SYS(2004) 665
   FOXTOOLS.FLL
      Bibliothek 666
   Hinzufügen von Routinen zu ActiveX-Steuerelementen 723

942 Index

Visual FoxPro-API *(Fortsetzung)*
  MainHWND( )
    Funktion 666
  RegFn
    Variable 665
  SET LIBRARY TO 665
  SYS(2004) 665
  Testen 723
  Übergeben von Parametern 732
  Visual FoxPro-API-Datenstrukturen (Liste) 733
  Visual FoxPro-API-Datentypen (Liste) 732
  Visual FoxPro-API-Routinen
    Kategorien 722
Visual FoxPro-Bibliotheken (FLLs) *Siehe* FLLs (Visual FoxPro-Bibliotheken)
Visual FoxPro-Hauptfenster
  Ausblenden 246
  Benötigte Pixel für Attribute 279
Visual FoxPro-Laufzeitbibliothek
  Übergehen 683
Visual FoxPro-Objekte
  Zugreifen auf Objekte über die Collection-Eigenschaften 486
  Zuweisen von Hilfethemen 661
  Zuweisen von HTML-Hilfethemen 655
Visual FoxPro-ODBC-Treiber
  Verwenden in Unternehmenslösungen 777
Visual FoxPro-Schriftarten
  Vertreiben 700
Visuelles Bearbeiten von OLE-Objekten 476
Vollständig optimierbare Ausdrücke 447
Vollständiger Pfad
  Spezifizieren 136
Vordefinierte Konstanten
  Einfügen in Formulare 257
Vorlagen
  Bibliotheksvorlagen *Siehe* Bibliotheksvorlagen
  Formularsatzvorlagen *Siehe* Formularsatzvorlagen
  Formularvorlagen *Siehe* Formularvorlagen
Vorspann
  Merkmale der Vorspannsperrung 504
Vorteile
  Objektorientiertes Programmieren 37
Vorteile von Programmen 4

W

Wahlmöglichkeiten
  Festgelegte Wahlmöglichkeiten *Siehe* Festgelegte Wahlmöglichkeiten
Währungsdaten
  DBCS (Zwei-Byte-Zeichensätze) 559
WaitMode
  Methode 330

WaitTime
  Engine-Eigenschaft 615
wCmd
  Parameter
    Werte (Liste) 667
wCmd
  Definierte Werte
    WINHELP.TXT 667
  Parameter
    Microsoft Visual FoxPro 665
    Werte (Liste) 667
Weiße Flächen von Bildschablonen entfernen 319
Wert
  Einstellung der Eigenschaft RowSourceType 293
Werte
  Anzeigen von gespeicherten Werten 429
  Aufrufen als Wert in FLL-Bibliotheken 726
  Beschränken von Werten eines Feldes 154
  Drucken unterdrückter Werte 396
  Rückgabewerte von Funktionen 27
  Rückgabewerte *Siehe* Rückgabewerte
  Übergabe an Prozeduren oder Funktionen 26
  Unterdrücken wiederholter Werte 394
  Zurückgeben aus Formularen 275
  Zurückgeben von Werten von ActiveX-Steuerelementen 729
  Zurückgeben von Werten von FLL-Funktionsbibliotheken 730
Wertebereich
  Akzeptieren von numerischen Eingaben innerhalb eines bestimmten Bereichs 309
  Drehfelder 309
WHANDLE
  Datentyp 732
WHERE
  Klausel
    Spezifizieren der Durchführung von Aktualisierungen mit SQL Pass-Through-Technologie 621
    Spezifizieren von Verknüpfungsbedingungen für Ansichten 199
    Verwenden von Verknüpfungen in der WHERE-Klausel 202
WhereType
  Cursor-Eigenschaft 621
  Engine-Eigenschaft 615
WHILE
  Klauseln
    Verwendung ohne Rushmore-Technologie 444
Wiederherstellbarkeit
  Gewährleisten 596
Wiederholte Werte *Siehe* Werte
WIN32API
  Registrieren von DLLs 710
Windows
  Zugreifen auf Windows-Funktionen 707

Windows API
    Zugreifen aus Visual FoxPro 715
Windows NT-Registrierung
    Verwalten von Verbindungen mit SQL Pass-Through-Technologie 611
WindowState
    Eigenschaft
        Formulare 260
WindowState
    Eigenschaft
        Formulare 260
WindowType
    Eigenschaft
        Formulare 260
WindowType
    Eigenschaft
        Formulare 275, 684
WinHelp
    Funktion 665
WinHelp
    Funktion 660
WINHELP.TXT
    Definition im Parameter wCmd 667
WinHelp-Anwendungen
    Verlassen der Hilfe 669
WITH ... ENDWITH
    Festlegen mehrerer Eigenschaften 268
WordWrap
    Eigenschaft
        Beschriftungen 317
WWW (World Wide Web)
    Verwenden von Visual FoxPro als WWW-Suchmaschine 779
WZSETUP.INI
    Setup-Assistent 701

Z

Zeichen
    Eingeben über die Tastatur 542
    Entfernen nichtnumerischer Zeichen in einem Feld aus allen Datensätzen 24
    Feststellen, ob das Zeichen numerisch ist 20
    Internationale Zeichen *Siehe* Internationale Zeichen
Zeichenausdrücke
    Abtrennen und Verketten von Zeichenausdrücken in Berichten 384
    Zeichenfolgen-Vergleichsoperator (==) 554
Zeichenfelder
    Verhindern der Übersetzung von Daten in Zeichenfeldern 550
Zeichenfolgen
    Arbeiten mit Zeichenfolgen in DBCS-Umgebungen 558
    Verwenden in internationalen Anwendungen 557

Zeichenfolgen *(Fortsetzung)*
    Zeichenfolgenvergleich
        Erkennen der Wirkung von Sortierreihenfolgen 554
Zeichenfolgenvergleich
    Sortierreihenfolge
        Beschreibung 554
        Indizes 555
        SELECT-SQL 555
Zeichentabelle
    Erstellen von internationalen Zeichen 542
Zeichenwert
    Zeichenwerte verlangende Eigenschaften 259
Zeiger
    Übergeben an DLLs 711
    Umwandeln aus Kennungen
        Routine _HandToPtr( ) 736
Zeiger-Datenfelder
    Verwenden von Kennungen mit Zeiger-Datenfeldern 736
Zeilen
    Erstellen von Regeln 221
    Herunterladen aller Zeilen der Ergebnismenge 229
    Kontinuierliches Lesen 229
    Manipulieren mehrerer Datenzeilen mittels Steuerelementen 320
Zeilenhöhe
    Datenblatt 321
Zeilenpufferung
    Optimistische Zeilenpufferung 628
Zeilensperrung
    Optimistische Zeilensperrung 628
Zeitdaten
    DBCS (Zwei-Byte-Zeichensätze) 559
Zeitgeber
    Einfügen in Formularen 314
    Einschränkungen 314
    Hinzufügen zum _SCREEN-Objekt 314
    Initialisieren 314
    Setzen mittels Asynchronmodus 631
Zeitgeber-Ereignisse
    Reagieren auf Zeitgeber-Ereignisse 315
Zeitstempel
    Ablegen auf der jeweils optimalen Plattform in Client/Server-Anwendungen 570
    Neuerstellen von Ansichten nach dem Hinzufügen von Zeitstempeln 648
    Verbessern der Leistung bei Aktualisierungen und Änderungen 648
    Vergleichen des Zeitstempel für alle Felder in Remote-Datensätzen 529
Zeitstempelfelder
    Aktualisieren 531
Zeitstempelspalten 586
Zeitüberschreitung
    Leerlaufzeit
        Spezifizieren 612

Zeitüberschreitungsfehler
    Verbindung 612
Zentrieren von OLE-Objekten 391
Ziehen von Steuerelementen
    Steuern des Beginns und des Endes des Zieh-
        Vorgangs 334
Zieh-Modus für Steuerelemente
    Aktivieren des automatischer Zieh-Modus für
        Steuerelemente 333
Ziel beim Drag & Drop von Steuerelementen 333
Zu überwachende Ereignisse
    Liste 422
Zugeteilter Speicher 735–737
Zugreifen
    Datensätze
        Steuern der Reihenfolge des Zugriffs auf
            Datensätze 173
Zugriff
    Datenzugriff
        Steuern 499
        Zwischenspeichern 510
    Eingeschränkter Zugriff
        Programmieren für eingeschränkten Zugriff 499
    Exklusiver Zugriff
        Beschreibung 499
        Programmieren für exklusiven Zugriff 499
    Gemeinsamer Zugriff
        Beschreibung 499
        Verwenden von Tabellen mit gemeinsamem
            Zugriff 500
    Gewähren des Zugriffs auf Informationen 36
Zugriffstasten *Siehe* Zugriffstasten
    Festlegen 328
    Spezifizieren für Steuerelemente 328
    Zuweisen zu Menüsystemen 349

Zurücksetzen von Berichtsvariablen 386
Zusammenführen
    Quellcode
        Definition 747
Zusammenführungskonflikte
    Beschreibung 761
    Lösen 761
Zuschneiden von Bildern und OLE-Objekten 390
Zusicherungen
    Festlegen 421
Zwei-Byte-Zeichensätze (DBCS) *Siehe* DBCS (Zwei-Byte-Zeichensätze)
Zwischenspeichern
    Auswählen der Methoden 511
    Datensatzpufferung
        Beschreibung 510
    Datensatzpufferung
        Siehe auch Datensatzpufferung
        Aktivieren 513
    Methoden
        Auswählen 511
    Optimistische Zeilenpufferung 216
    Optimistische Zwischenspeicherung 512
    Pessimistische Zwischenspeicherung 512
    Spezifizieren der Cursor-Pufferung mit SQL Pass-
        Through-Technologie 621
    Standardmäßiges Zwischenspeichern von Ansichten 216
    Tabelle
        Aktivieren 514
    Tabellenpufferung
        Siehe auch Tabellenpufferung
        Beschreibung 510
Zwischenspeichern von Daten 510

Wissen aus erster Hand

Die Datenbankprogrammierung und die Datenbankanbindung von Applikationen stellen eine der wichtigsten Aufgaben dar, die ein Visual Basic-Programmierer heutzutage beherrschen muß. In diesem Handbuch hat das Microsoft Entwicklungsteam von Visual Basic, entsprechend der Online-Dokumentation, die wichtigsten Informationen und Konzepte zusammengefaßt, die jeder Visual Basic-Programmierer benötigt, um effizient und schnell zu Ergebnissen im Umgang mit Datenbanken zu kommen. Besonderes Augenmerk wird hierbei auf die Active Data Objects (ADO) gelegt, die ältere Objektmodelle wie DAO und RDO ablösen, die aber ebenfalls noch ausführlich erläutert werden.

Autor	Microsoft Corporation
Umfang	500 Seiten
Reihe	Visual Studio Dokumentation
Preis	DM 79,00
ISBN	3-86063-060-1

Microsoft Press-Titel erhalten Sie im Buchhandel, PC-Fachhandel und in den Fachabteilungen der Warenhäuser

Microsoft Press

Wissen aus erster Hand

Inside Microsoft Windows NT, 2. Auflage ermöglicht Ihnen den genauen Einblick in die Architektur und Funktionsweise von Windows NT 4 und stellt Ihnen alle Informationen zur Verfügung, die Sie als Administrator oder Programmierer für effizientes Arbeiten benötigen. Dieses Buch entstand in enger Zusammenarbeit mit dem Entwicklungsteam von Windows NT und beinhaltet somit das kompetenteste und aktuellste Wissen, das es zu Windows NT 4 gibt, inklusive vieler Programmiertips. Zusätzlich finden Sie viele Anmerkungen und ein eigenes Kapitel zu Windows NT 5 mit einem Ausblick auf die Veränderungen und neuen Möglichkeiten, die es mit sich bringen wird.

Autor	Helen Custer, David Solomon
Umfang	700 Seiten
Reihe	Fachbibliothek
Preis	DM 79,00
ISBN	3-86063-435-6

Microsoft Press-Titel erhalten Sie im Buchhandel, PC-Fachhandel und in den Fachabteilungen der Warenhäuser

Microsoft Press